资治通鉴精选新绎（三）

张大可 选绎

文化发展出版社
Cultural Development Press

目　录

卷第一百七十五 陈纪九

陈宣帝太建十三年至陈长城公至德元年（581—583）

【起重光赤奋若（辛丑，581），尽昭阳单阏（癸卯，583），凡三年】

【大事提要】

本卷记述581年至583年南北朝三年史事。时当陈朝宣帝太建十三年、十四年、后主至德元年，北朝周隋交替，北周静帝大定元年，隋文帝开皇元年、二年、三年。隋朝初建，隋文帝任贤、纳谏，约法省刑，颁布刑律，对内励精图治，对外坚决抗击突厥，北朝出现了新气象，隋朝欣欣向荣。南朝陈宣帝辞世，陈叔陵狂愚，发动政变未遂，暴露了陈朝的腐朽。于是，隋文帝有灭陈之志，北方名将贺若弼出镇广陵，韩擒虎出镇庐江，南北统一，曙光初现。

【原文】

高宗宣皇帝下之下

太建十三年（辛丑，581）

春，正月，壬午[①]，以晋安王伯恭为尚书左仆射，吏部尚书袁宪为右仆射。宪，枢之弟也。

周改元大定[②]。

二月，甲寅[③]，隋王始受相国、百揆、九锡[④]，建台置官[⑤]。丙辰[⑥]，诏进王妃独孤氏[⑦]为王后，世子勇为太子。

开府仪同大将军庾季才，劝隋王宜以今月甲子应天受命[⑧]。太傅李穆、开府仪同大将军卢贲亦劝之。于是周主下诏，逊[⑨]居别宫。甲子[⑩]，命兼太傅杞公椿奉册，大宗伯赵煚奉皇帝玺绂[⑪]，禅位于隋。隋主冠远游冠[⑫]；受册、玺，改服纱帽[⑬]、黄袍；入御临光殿，服衮冕，如元会之仪[⑭]。大赦，改元开皇。命有司奉册祀于南郊。遣少冢宰元孝矩[⑮]代太子勇镇洛阳。孝矩名矩，以字行，天赐之孙[⑯]也；女为太子妃。

少内史崔仲方劝隋主除周六官[17]，依汉、魏之旧，从之。置三师、三公及尚书、门下、内史、秘书、内侍五省[18]，御史[19]、都水[20]二台，太常等十一寺[21]，左右卫等十二府[22]，以分司统职。又置上柱国至都督十一等勋官[23]，以酬勤劳；特进至朝散大夫七等散官[24]，以加文武官之有德声者。改侍中为纳言[25]。以相国司马高颎为尚书左仆射，兼纳言，相国司录京兆虞庆则[26]为内史监[27]，兼吏部尚书，相国内郎[28]李德林为内史令[29]。

乙丑[30]，追尊皇考[31]为武元皇帝，庙号太祖；皇妣[32]吕氏为元明皇后。丙寅[33]，修庙社[34]。立王后独孤[35]为皇后，王太子勇为皇太子。丁卯[36]，以太尉[37]赵煚为尚书右仆射。己巳[38]，封周静帝为介公。周氏诸王皆降爵为公。

初，刘、郑[39]矫诏以隋主辅政，杨后[40]虽不预谋，然以嗣子幼冲[41]，恐权在他族，闻之，甚喜。后知其父有异图[42]，意颇不平，形于言色[43]，及禅位，愤惋[44]逾甚。隋主内甚愧之，改封乐平公主，久之，欲夺其志[45]；公主誓不许，乃止。

隋主与周载下大夫[46]北平荣建绪[47]有旧，隋主将受禅，建绪为息州[48]刺史；将之官[49]，隋主谓曰："且踌躇[50]，当共取富贵。"建绪正色曰："明公此旨，非仆所闻。"及即位，来朝，帝谓之曰："卿亦悔不？"建绪稽首曰："臣位非徐广[51]，情类杨彪[52]。"帝怒曰："朕虽不晓书语，亦知卿此言不逊！"

上柱国窦毅之女，闻隋受禅，自投堂下，抚膺[53]太息[54]曰："恨我不为男子，救舅氏之患！"毅及襄阳公主[55]掩其口曰："汝勿妄言，灭吾族！"毅由是奇之。及长，以适唐公李渊[56]。渊，昞之子也。

虞庆则劝隋主尽灭宇文氏，高颎、杨惠亦依违[57]从之，李德林固争，以为不可，隋主作色[58]曰："君书生，不足与议此！"于是周太祖孙谯公乾恽、冀公绚，闵帝子纪公湜，明帝子酆公贞、宋公实，高祖子汉公赞、秦公贽、曹公允、道公充、蔡公兑、荆公元，宣帝子莱公衍[59]、郢公术皆死。德林由此品位不进。

乙亥[60]，上耕藉田。

隋主封其弟邵公慧[61]为滕王，安公爽为卫王，子雁门公广[62]为晋王，俊[63]为秦王，秀[64]为越王，谅[65]为汉王。

隋主赐李穆诏曰："公既旧德，且又父党[66]。敬惠来旨，义无有违。

即以今月十三日恭膺[67]天命。”俄而穆入朝，帝以穆为太师，赞拜不名；子孙虽在襁褓，悉拜仪同，一门执象笏[68]者百余人，贵盛无比。又以上柱国窦炽为太傅，幽州总管于翼为太尉。李穆上表乞骸骨[69]，诏曰：“吕尚[70]以期颐[71]佐周，张苍[72]以华皓[73]相汉，高才命世[74]，不拘常礼。”仍以穆年耆[75]，敕蠲朝集，有大事，就第询访。

美阳公苏威[76]，绰之子也，少有令名，周晋公护强以女妻之。威见护专权，恐祸及己，屏居山寺，以讽读[77]为娱。周高祖闻其贤，除车骑大将军、仪同三司，又除稍伯下大夫[78]，皆辞疾不拜；宣帝就除开府仪同大将军。隋主为丞相，高颎荐之，隋主召见，与语，大悦；居月余，闻将受禅，遁归田里。颎请追之，隋主曰：“此不欲预吾事耳，置之。”及受禅，征拜太子少保，追封其父为邳公，以威袭爵。

丁丑[79]，隋以晋王广为并州总管。三月，戊子[80]，以上开府仪同三司贺若弼[81]为吴州[82]总管，镇广陵；和州[83]刺史河南韩擒虎[84]为庐州[85]总管，镇庐江。隋主有并吞江南之志，问将帅于高颎，颎荐弼与擒虎，故置于南边，使潜为经略。

戊戌[86]，以太子少保苏威兼纳言、度支尚书[87]。

初，苏绰在西魏，以国用不足，制征税法颇重，既而叹曰：“今所为者，譬如张弓[88]，非平世法也。后之君子，谁能弛之！”威闻其言，每以为己任。至是，奏减赋役，务从轻简，隋主悉从之，渐见亲重，与高颎参掌朝政。帝尝怒一人，将杀之；威入閤进谏，帝不纳，将自出斩之，威当帝前不去；帝避之而出，威又遮止[89]。帝拂衣而入，良久，乃召威谢曰：“公能若是，吾无忧矣。”赐马二匹，钱十余万，寻复兼大理卿[90]、京兆尹[91]、御史大夫[92]，本官悉如故。

治书侍御史[93]安定梁毗，以威兼领五职[94]，安繁恋剧[95]，无举贤自代之心，抗表劾威，帝曰：“苏威朝夕孜孜[96]，志存远大，何遽迫之！”因谓朝臣曰：“苏威不值[97]我，无以措[98]其言；我不得苏威，何以行其道。杨素才辩无双，至于斟酌古今，助我宣化[99]，非威之匹[100]也。威若逢乱世，南山四皓[101]，岂易屈哉！”威尝言于帝曰：“臣先人每戒臣云：‘唯读《孝经》[102]一卷，足以立身治国，何用多为！’”帝深然之。

高颎深避权势，上表逊位[103]，让于苏威，帝欲成其美[104]，听解仆射。数日，帝曰：“苏威高蹈[105]前朝，颎能推举。吾闻进贤受上赏，宁可使之去宫！”命颎复位。颎、威同心协赞[106]，政刑大小，帝无不与之谋议，然后行之。故革命[107]数年，天下称平。

太子左庶子[108]卢贲，以颎、威执政，心甚不平，时柱国刘昉亦被疏忌[109]。贲因讽昉及上柱国[110]元谐[111]、李询、华州[112]刺史张宾[113]等谋黜颎、威，五人相与辅政。又以晋王广有宠于帝，私谓太子曰：“贲欲数谒殿下，恐为上所谴，愿察区区之心[114]。”谋泄，帝穷治其事，昉等委罪于宾、贲。公卿奏二人当死，帝以故旧，不忍诛，并除名[115]为民。

庚子[116]，隋诏前代品爵[117]，皆依旧不降。

丁未[118]，梁主遣其弟太宰[119]岩入贺于隋。

夏，四月，辛巳[120]，隋大赦。戊戌[121]，悉放太常[122]散乐[123]为民，仍禁杂戏。

散骑常侍[124]韦鼎[125]、兼通直散骑常侍[126]王瑳[127]聘于周。辛丑[128]，至长安，隋已受禅，隋主致之介国[129]。

隋主召汾州刺史韦冲[130]为兼散骑常侍。时发稽胡筑长城，汾州胡千余人，在涂亡叛。帝召冲问计，对曰：“夷狄[131]之性，易为反覆，皆由牧宰[132]不称[133]之所致。臣请以理绥静[134]，可不劳兵而定。”帝然之，命冲绥怀叛者，月余皆至，并赴长城之役。冲，夐之子也。

五月，戊午[135]，隋封邗公雄[136]为广平王，永康公弘为河间王。雄，高祖之族子也。

隋主潜害[137]周静帝而为之举哀，葬于恭陵；以其族人洛[138]为嗣。

（以上为第一段，写隋文帝受禅，以及一系列人事安排，建立和巩固了隋朝。）

【注释】

①壬午：正月初一日。 ②改元大定：周改大象二年为大定元年。 ③甲寅：二月初四日。 ④九锡：据章校，“锡”下应补“之命”二字。 ⑤建台置官：谓建立官署，设置百官。台，官署。 ⑥丙辰：二月初六日。 ⑦独孤氏（553—602）：河南洛阳人，独孤信之女，后为隋文帝皇后。事见《隋书·后妃传》《北史·后妃传下》。 ⑧应天受命：谓适应天意，接受天命，指登天子位。 ⑨逊：退位。 ⑩甲子：二月十四日。 ⑪皇帝玺绂（fú）：周制，皇帝八玺，有神玺、传国玺。神玺，明受之于天；传国玺，明受之于运。另有六玺，一皇帝行玺，封命诸侯及三公时用；二皇帝之玺，与诸侯和三公书时

用；三皇帝信玺，调兵遣将时用；四天子行玺，封命蕃国之君时用；五天子之玺，与蕃国之君书时用；六天子信玺，征蕃国之兵时用。 ⑫远游冠：冠名。制如通天冠。 ⑬纱帽：一名高顶帽。冠名。古代君主或官员所戴的一种帽子，以纱制成，故名。 ⑭元会之仪：元旦大朝会时，文物充庭，百官依次而坐，再拜。上公一人，诣西阶，解剑升阶贺，降阶，带剑复位而拜。群官在位者再拜，播笏三称万岁。 ⑮元孝矩：河南洛阳人。历仕周、隋，官至泾州刺史。传见《隋书》卷五十。 ⑯天赐之孙：按《魏书·汝阴王天赐传》第五子修义；又《隋书·元孝矩传》，孝矩祖为修义，则孝矩乃是天赐之曾孙。此处"孙"上脱一"曾"字。 ⑰周六官：周定六官事详见本书卷一百六十六《梁纪》二十二敬帝绍泰元年。 ⑱五省：朝廷总枢要的五个部门，即尚书、门下、内史、秘书、内侍五省。尚书省置令、左仆射、右仆射各一人，总吏部、礼部、兵部、都官、度支、工部六曹事。门下省置纳言、给事黄门侍郎、散骑常侍、侍郎、通直、员外、谏议大夫等官。内史省即中书省，避武元皇帝杨忠讳，改称内史，置监、令、侍郎、舍人等官。秘书省置监、丞、郎等官，领著作、太史二曹。内侍省皆宦官，置监、少监、内侍等官。 ⑲御史：御史台，置大夫、治书侍御史、侍御史、殿内侍御史、监察御史等官。 ⑳都水：都水台，置使者及丞、参军、河堤谒者等官。 ㉑太常等十一寺：包括太常、光禄、卫尉、宗正、太仆、大理、鸿胪、司农、太府九寺，与御史、都水二台合为十一寺。 ㉒左右卫等十二府：包括左右卫，左右武卫，左右武候，左右领左右，左右监门，左右领军，各置大将军、将军、长史、司马、录事等官。 ㉓十一等勋官：隋沿北周之制，置上柱国、柱国、上大将军、大将军、上开府仪同三司、开府仪同三司、上仪同三司、仪同三司、大都督、帅都督、都督，总十一等勋官，授给有功者，但无职事。 ㉔七等散官：包括特进、左右光禄大夫、金紫光禄大夫、银青光禄大夫、朝议大夫、朝散大夫凡七等。散官，无职务者为散官，但表明本官的品秩。 ㉕纳言：即侍中，因避杨坚父讳而改。 ㉖虞庆则（？—597）：本姓鱼，京兆栎阳（今陕西西安市临潼区东北）人。历仕周、隋，官至尚书右仆射。传见《隋书》卷四十、《北史》卷七十三。 ㉗内史监：官名。内史省长官。总掌机要，辅弼天子，实为宰相。 ㉘内郎：官名，即从事中郎，避杨坚父讳改为内郎。掌相国府诸曹。 ㉙内史令：官名。职掌与内史监略同。 ㉚乙丑：二月十五日。 ㉛皇考：对亡父的尊称。此指杨忠。 ㉜皇妣（bǐ）：对亡母的尊称。 ㉝丙寅：二月十六日。 ㉞庙社：宗庙。 ㉟独孤：据章校，"孤"下应补"氏"字。 ㊱丁卯：二月十七日。 ㊲太尉：据章校，"尉"下应补"大将军"三字。《隋书·赵煚传》正作"太尉大将军"。 ㊳己巳：二月十九日。 ㊴刘、郑：指刘昉、郑译。 ㊵杨后：即周宣帝皇后，名丽华，杨坚之女。 ㊶幼冲：年纪小。 ㊷异图：不良意图，指杨坚有篡位意图。㊸形于言色：不满情绪表现在说话与脸色上。㊹愤惋：悲愤惋惜。㊺夺其志：迫使其改变本志，意为改嫁。㊻载下大夫："载"下逸"师"字，载师下大夫。官名。《周礼》地官之属，掌管土地之法，如园廛、郊甸、漆林之类。㊼荣建绪：传附《隋书·荣毗传》《北史·荣毗传》。㊽息州：州名。北周改东豫州置。治所广陵城，在今河南息县。㊾之官：赴任。㊿踌躇：驻足，止步。51徐广：东晋秘书监，晋恭帝禅位于宋王刘裕，他悲感流涕。52杨彪：东汉人，官至三公。曹丕篡汉，欲以他为太尉，他却不以为荣，乃止。53抚膺：拍胸。抚，与"拊"同，拍。膺，胸。54太息：愤然长叹。55襄阳公主：宇文泰之女，下嫁窦毅。56唐公李渊（566—635）：周唐国公李昞之子，袭爵，仕隋为太原留守，后起兵建唐，是为唐高祖。事见《旧唐书·高祖本纪》《新唐书·高祖本纪》。57依违：心里以为不可，却不敢明言其事。58作色：脸上变色。59莱公衍：《殿本考证》以周静帝曾名衍，兄弟不应同名，当从本纪作"衎"。60乙亥：二月二十五日。61邵公慧：传附《周书·杨忠传》。62雁门公广：即杨广（569—618），杨坚次子，先封晋王，后夺宗立为太子，即位，是为隋炀帝。事见《隋书·炀帝纪》《北史·炀帝纪》。63俊：即杨俊（571—600），隋文帝第三子。封为秦王。传见《隋书》卷四十五、《北史》卷七十一。64秀：即杨秀（？—618），隋文帝第四子。封为越王。传见《隋书》卷四十五、《北史》卷七十一。65谅：即杨谅（？—604），一名杰。隋文帝第五子。封汉王。传见《隋书》卷四十五、《北史》卷七十一。66父党：谓李穆与杨坚父杨忠共事周王室，皆为有功之臣。67膺：受，当。68象笏：以象牙所制的笏。自西魏以来，五品以上官用象笏。69乞骸骨：谓人臣致身以事君主，身非己有，求闲者自言乞骸骨。70吕尚：姜姓，吕氏，名尚。辅佐周武王灭商，封于齐。传见《史记》卷三十二。71期颐：称百岁之人。72张苍：西汉丞相，辅佐汉文帝。以病免相，百余岁乃卒。事见《史记》卷九十二、《汉书》卷四十二。73华皓：白首。74命世：著名于当世。后称治世之才为命世。75年耆：年老。六十岁称耆。76苏威（534—621）：字无畏，京兆武功（今陕西武功县西北）人。历仕周、隋与唐，官至尚书右仆射。参与制定律、令、格、式。传见《周书》卷二十三、《隋书》卷四十一、《北史》卷六十三。77讽读：诵读。78稍伯下大夫：周官名。79丁丑：二月二十七日。80戊子：三月八日。81贺若弼（544—607）：字辅伯，河南洛阳（今河南洛阳市）人。历仕周、隋，官至右武候大将军，封宋国公。传见《隋书》卷五十二、《北史》卷六十八、《周书》卷二十八。82吴州：州名。治所吴县，在今江苏苏州市。83和州：州名。治所历阳县，在今安徽和县。84韩擒虎（538—592）：字子通，河南东垣（今河南新安县东）人。历仕周、隋，官至庐州总管。传见《隋书》卷五十二、《北史》卷六十八。85庐州：

州名。治所庐江，在今安徽庐江县。 ⑧⑥戊戌：三月十八日。 ⑧⑦度支尚书：官名。掌管度支、户部、金部、仓部。 ⑧⑧张弓：把弓弦拉得很紧。 ⑧⑨遮止：拦截阻止。 ⑨⑩大理卿：官名。大理寺长官，掌刑狱。 ⑨①京兆尹：官名。京兆府长官，掌制京师。 ⑨②御史大夫：官名。御史台长官，掌监察、执法。 ⑨③治书侍御史：官名。掌御史台簿领。 ⑨④五职：指苏威兼领纳言、度支尚书、大理卿、京兆尹、御史大夫。 ⑨⑤安繁恋剧：贪心于繁剧的职务。剧，繁重。 ⑨⑥孜孜：勤奋不怠。 ⑨⑦值：相遇。 ⑨⑧措：施行。 ⑨⑨宣化：传布德化。 ⑩⑩匹：对手。 ⑩①南山四皓：四皓指东园公、绮里季、夏黄公、角里先生，遭秦末之乱，隐居商山，须眉皓白，故称四皓。商山在长安南，故称南山。因在北周时，苏威曾隐避多年，故隋文帝这样说。 ⑩②《孝经》：书名。宣扬封建孝道和孝治思想的书。有今文和古文两种。今文本郑玄注，分十八章；古文本孔安国注，分二十二章。⑩③逊位：退位。 ⑩④成其美：成全其让贤之美。 ⑩⑤高蹈：谓其隐避不仕。蹈，践，履。⑩⑥协赞：协同赞助。 ⑩⑦革命：实施变革以应天命。古代认为帝王受命于天，因称朝代更替为革命。 ⑩⑧太子左庶子：官名。东宫官，与右庶子分统门下、典书二坊事。 ⑩⑨疏忌：被疏远而受猜疑。 ⑪⑩上柱国：勋官名。十一等勋官中的最高等。 ⑪①元谐：历仕周、隋，官至宁州刺史。传见《隋书》卷四十、《北史》卷七十三。 ⑪②华州：州名。治所郑县，在今陕西渭南市华州区。 ⑪③张宾：道士。传见《隋书·艺术传》《北史·艺术传上》。 ⑪④区区之心：爱慕、思念之心。 ⑪⑤除名：谓除去官籍。 ⑪⑥庚子：三月二十日。 ⑪⑦品爵：谓官品爵位。 ⑪⑧丁未：三月二十七日。 ⑪⑨太宰：官名。六卿之首，也称冢宰。辅佐天子以治理国家。 ⑫⑩辛巳：四月二日。 ⑫①戊戌：四月十九日。 ⑫②太常：官署名。掌礼乐郊庙社稷事宜。 ⑫③散乐：指民间歌舞，因不在官乐之内，故称散。⑫④散骑常侍：官名。掌禁令，纠违失。 ⑫⑤韦鼎（514—592）：仕陈为秘书监，陈亡归隋，官至光州刺史。传见《隋书》卷七十八、《北史》卷五十八。 ⑫⑥通直散骑常侍：官名。因员外散骑常侍与散骑常侍通员直，故有此名。掌禁令，纠违失。 ⑫⑦王瑳：传见《南史·恩幸传》。 ⑫⑧辛丑：四月二十二日。 ⑫⑨介国：周静帝之封国。古国名。故地在今山东胶州西南。 ⑬⑩韦冲（540—605）：字世冲，历仕周、隋，官至民部尚书。传附《隋书·韦世康传》《北史·韦孝宽传》。 ⑬①夷狄：泛指少数民族。古代习称北方地区的少数民族为狄，东方地区的为夷。 ⑬②牧宰：牧守县宰，泛指州、县地方官。 ⑬③不称：不相称，不胜任。 ⑬④绥静：安定平服。也作“绥靖”。 ⑬⑤戊午：五月初十日。 ⑬⑥邗公雄：即邗公惠，后改名雄。隋文帝时封安德王，隋炀帝又进封观王。据胡三省注与章校，“邗”应改作“邘”字。 ⑬⑦潜害：暗中杀害。 ⑬⑧洛：即宇文洛，字永洛，虞国公宇文仲之孙，宇文兴之子。袭爵虞国公。周静帝死，嗣为介国公。传附《周书·虞国公仲传》《北史·周宗室传》。

【译文】

高宗宣皇帝下之下

陈宣帝太建十三年（辛丑，581）

春季，正月初一日，陈宣帝任命晋安王陈伯恭为尚书左仆射，吏部尚书袁宪为右仆射。袁宪，是袁枢的弟弟。

北周改年号为大定。

二月初四日，隋王杨坚正式接受相国、百揆、九锡等任命和赏赐，设置台省。二月初六日，北周静帝下诏进封隋王妃独孤氏为王后，隋王嫡长子杨勇为王太子。

开府仪同大将军庾季才，劝隋王杨坚应在本月甲子日顺应天命，即皇帝位。太傅李穆、开府仪同大将军卢贲也劝进。于是北周静帝下诏，禅让帝位，迁居别宫。二月十四日，北周静帝命令兼太傅杞公宇文椿捧持册书，大宗伯赵煚捧持皇帝玉玺，禅位给隋文帝。隋文帝戴上远游冠，接受了册书、玉玺，改戴纱帽，穿上黄袍，然后进入临光殿，穿戴冠冕衮服，按照元旦皇帝朝会百官的礼仪举行朝会。大赦天下，改元年号为开皇。命令主管部门捧持册书在南郊祭天。又派小冢宰元孝矩接替太子杨勇镇守洛阳。元孝矩，名矩，以字号行世，是元天赐的曾孙；元孝矩之女是太子杨勇的妃子。

少内史崔仲方劝隋文帝废除北周六官制度，改用汉魏旧制，隋文帝听从了。设置三师、三公，以及尚书、门下、内史、秘书、内侍五省，御史、都水两台，太常等十一个寺，左右卫等十二府，用以分别统领各司官职。又设置上柱国到都督十一级勋官，用以酬报建功的人；特进到朝散大夫有七等散官，用来给有德政声望的文武官员作加官。改侍中为纳言。任用相国司马高颎为尚书左仆射，兼职纳言，相国司录京兆人虞庆则为内史监，兼吏部尚书，相国内郎李德林为内史令。

二月十五日，追尊皇考杨忠为武元皇帝，庙号太祖；皇妣吕氏为元明皇后。二月十六日，修缮庙社。册立王后独孤氏为皇后，立王太子杨勇为皇太子。二月十七日，任命太尉赵煚为尚书右仆射。二月十九日，封北周静帝宇文衍为介公，原北周宗室各位王爵都降为公。

当初，刘昉、郑译假称北周天元皇帝诏书，引杨坚入宫辅政，虽然天元杨皇后没有参与谋划，但由于静帝年幼，担心政权落入外人手中，听说召请自己的父亲辅政，心中非常高兴。后来觉察到父亲别有野心，内心十分气愤，表露在说话脸色上，等到北周静帝禅位给杨坚，她更加愤恨和悲伤。隋文帝内心也感到惭愧，改封杨皇后为乐平公主，又过了一些日子，想逼乐平公主改嫁，乐平公主誓死不从，这才罢手。

隋文帝与原北周载下大夫北平人荣建绪是老朋友，杨坚准备接受禅让，荣建绪为息州刺史，打算赴任，杨坚对他说："请暂时停留，与我一起取富贵。"荣建绪严肃地说："明公想要说的话，我不想听。"等到杨坚登上帝位，荣建绪入朝，隋文帝对他说："你后悔了吧？"荣建绪叩头说："我的处境虽然比不上晋宋禅让时东晋臣子徐广，大概可以与汉魏禅让时汉臣杨彪差不多。"隋文帝听后发怒说："朕不懂你的引经据典，可知道你说的话很不恭敬！"

原北周上柱国窦毅的女儿听到隋禅代了北周，气愤得倒在了堂下，拍打着胸脯叹息说："只恨我不是一个男子，没法去拯救舅家的灾难！"窦毅和襄阳公主赶紧捂住她的嘴说："你不要乱说，当心惹下灭门的祸！"窦毅由此看出女儿不平凡，等到长大以后，嫁给了唐公李渊。李渊，是李昞的儿子。

隋朝内史监虞庆则劝隋文帝杀尽宇文氏，高颎、杨惠也违心地赞成，只有内史令李德林坚决反对，认为不可以，隋文帝变了脸色说："你是一个书呆子，不够资格讨论这件事！"于是周太祖宇文泰的孙子谯国公宇文乾恽、冀国公宇文绚，北周闵帝宇文觉的儿子纪国公宇文湜，北周明帝宇文毓的儿子酆国公宇文贞、宋国公宇文实，北周高祖宇文邕的儿子汉国公宇文赞、秦国公宇文贽、曹国公宇文允、道国公宇文充、蔡国公宇文兑、荆国公宇文元，北周宣帝宇文赟的儿子莱国公宇文衍、郢国公宇文术全都被处死。李德林因为这事官职再没有升迁。

二月二十五日，陈宣帝举行亲耕籍田典礼。

隋文帝册封弟弟邵公杨慧为滕王，安公杨爽为卫王，册封皇子雁门公杨广为晋王、杨俊为秦王、杨秀为越王、杨谅为汉王。

隋文帝赐给并州总管李穆的诏书说："你德高望重，又是家父的同辈好友。承蒙你来信劝我顺应天命，于义于理不敢违背。已于本月十三日恭敬地接受天命。"不久，李穆入朝，隋文帝任用他为太师，特许在朝拜时司仪不直呼他的名字；子孙即使是幼婴，一律授予仪同三司的官职，李穆家族，执笏封官的有一百多人，尊贵隆盛没有人可比。又任用上柱国窦炽为太傅，幽州总管于翼为太尉。李穆上表请求退休，隋文帝下诏说："姜太公吕尚百岁高龄尚能辅佐周朝，张苍白发老翁做了汉朝的丞相，高才伟人出现在世上，不应拘泥于常礼。"确实考虑到李穆年事已高，敕令他免了朝会，碰上有军国大事，便派人到他府第咨询访问。

美阳公苏威，是苏绰的儿子，年少时就有很好的名声，北周晋国公宇文护硬把女儿嫁给他。苏威看到宇文护专权，害怕自己受牵连遭祸，便隐居到山林寺院中，以诵读诗书打发日子。北周武帝宇文邕听说他贤能，任用他为车骑大将军、仪同三司，又册封他为稍伯下大夫，苏威都称病没有接受；北周宣帝宇文赟时他才接受开府仪同大将军。隋文帝当了丞相，高颎推荐苏威，杨坚召见，与苏威谈话，非常高兴；苏威在京住了一个多月，听说杨坚要禅代北周，就逃回故里。高颎请求追苏威回京，隋文帝说："这一举动就是不想参与我们的事，别管他。"等到受禅以后，隋文帝征召苏威，任命他为太子少保，追封他的父亲为邳公，由苏威承袭爵位。

二月二十七日，隋文帝任命晋王杨广为并州总管，三月初八日，任命上开府仪同三司贺若弼为吴州总管，镇守广陵；任命和州刺史韩擒虎为庐州总管，镇守庐江。隋文帝有吞并江南的雄心壮志，问高颎谁可担任将帅，高颎推荐贺若弼和韩擒虎，因此特别安置他们两人镇守南部边境，要他们暗中准备讨伐陈朝的工作。

三月十八日，隋文帝任命太子少保苏威兼任纳言、度支尚书。

当初，苏绰在西魏时，因为国家财政吃紧，所以制定了较重的征税法，实行后他感慨地说："我今天的所作所为，就像拉满的弓，不是太平时期的法度。后世的君子，谁能够放宽它呢！"苏威听到了这番话，时时把这件事作为自己的责任。到了这时，苏威上奏请求减轻赋税徭役，一定从轻从简，隋文帝一一听从，日益受到信任和重用，与高颎一起参议执掌朝政。隋文帝曾经恼怒一个人，将要杀掉他；苏威进入殿阁劝谏，隋文帝不听，准备亲自出去监斩那个人，苏威挡在隋文帝的前边不离开；隋文帝避开他绕过去，苏威又走上前去拦住。隋文帝一怒之下拂衣回到宫中，过了好一阵，才召见苏威致歉说："你能够这样，我没有什么忧虑了。"赏赐苏威马两匹、钱十余万，不久又任命苏威兼大理卿、京兆尹、御史大夫，原任官职不变。

治书侍御史安定人梁毗，认为苏威兼任五个职位，安心于繁重的事务，贪恋高官显爵，没有举荐贤才分担自己的心思，于是上表弹劾苏威，隋文帝发话说："苏威从早到晚孜孜不倦地工作，志向远大，你为什么要逼他辞去兼职呢！"便又对当朝众臣说："苏威如果没有遇上我，就无法说出他的改革理想；朕如果没有得到苏威，就无法推行安邦定国的制度。杨素口才识见，天下没有第二个，说到斟酌古今改革制度，辅弼我宣导教化，却比不上苏威。苏威如果碰上乱世，如同汉初南山四皓，难道能轻易地让他屈身出仕吗？”苏威曾经对隋文帝说：“臣的父亲经常告诫我说：‘只要熟读一部《孝经》，就足可以立身治国，何必读很多书？’”隋文帝深深赞赏。

高颎极力避开权势，上表请求辞职，让位给苏威，隋文帝想成全他让贤的美名，允准他辞去仆射的职务。过了几天，隋文帝说：“苏威在前朝隐居不仕，高颎推荐了他。我听说应当给予举荐贤才的人最高的奖赏，怎么能让他辞官呢？”命令高颎官复原职。高颎、苏威同心协力辅佐，无论大小的政令和案件，隋文帝没有不先找他俩商议，然后才颁布施行的。所以，隋文帝禅代改变天命只几年工夫，天下便告治平。

太子左庶子卢贲，因高颎、苏威执掌朝政，心中非常不平。当时柱国刘昉也被疏远和猜忌。于是卢贲暗示刘昉和上柱国元谐、李询、华州刺史张宾等五人密谋废黜高颎、苏威，由他们五人共同辅政。又由于晋王杨广受到隋文帝的宠爱，卢贲就暗地里对太子杨勇说：“我本想经常来拜谒殿下，但担心被皇上察觉受到责备，希望殿下明白我的一片诚心。”后来他们的密谋败露，隋文帝彻底追查元凶，刘昉等人把罪责推到张宾和卢贲头上。公卿大臣上奏论张宾、卢贲两人应处死，隋文帝考虑到他们是故旧，不忍心处死，只将他们削职为民。

三月二十日，隋文帝下诏，公卿百官，凡在前朝北周时所任官职，依旧原任，不予改任降职。

三月二十七日，后梁国主萧岿派遣他的弟弟太宰萧岩到长安祝贺隋文帝登基。

夏季，四月初二日，隋朝大赦。四月十九日，全部释放在太常寺演奏散乐的乐籍人为平民，并禁演杂戏。

陈朝宣帝派遣散骑常侍韦鼎、兼通直散骑常侍王瑳出使北周。四月二十二日，王瑳到达长安，隋文帝已接受禅位，隋文帝就把他们送到周静帝受封的介国。

隋文帝征召汾州刺史韦冲入朝，任命为兼散骑常侍。当时征发稽胡族人修筑长城，汾州胡人有一千多在半途逃亡。隋文帝召见韦冲询问办法，韦冲回答说：“夷狄人的天性，反复无常，这都是由于州县长官不称职造成的。臣请求前去以理招抚，不必用兵镇压即可安定。”隋文帝认为说得对，就命令韦冲前去安抚叛逃的胡人，只一个多月，逃散的胡人就都回来了，并且全都到长城上去服役筑城。韦冲，是韦夐的儿子。

五月初十日，隋朝册封邗公杨雄为广平王，永康公杨弘为河间王。杨雄，是隋文帝的族子。

隋文帝暗中杀害了周静帝，然后为他举行葬礼，下葬在恭陵；把他的族人宇文洛过继为后嗣。

【原文】

六月，癸未[①]，隋诏郊庙[②]冕服[③]必依《礼经》[④]。其朝会之服、旗帜、牺牲[⑤]皆尚赤，戎服以黄[⑥]，常服通用杂色。秋，七月，乙卯[⑦]，隋主始服黄，百僚毕贺。于是百官常服，同于庶人，皆著黄袍；隋主朝服亦如之，唯以十三环带为异。

八月，壬午[⑧]，隋废东京官[⑨]。

吐谷浑寇凉州[⑩]，隋主遣行军元帅乐安公元谐等步骑数万击之。谐击破吐谷浑于丰利山[⑪]，又败其太子可博汗于青海[⑫]，俘斩万计。吐谷浑震骇，其王侯三十人各帅所部来降。吐谷浑可汗夸吕[⑬]帅亲兵远遁。隋主以其高宁王移兹裒为河南王，使统降众。以元谐为宁州[⑭]刺史，留行军总管贺娄子干镇凉州。

九月，庚午[⑮]，将军周罗睺攻隋故墅[⑯]，拔之。萧摩诃攻江北。

隋奉车都尉[⑰]于宣敏[⑱]奉使巴、蜀还，奏称："蜀土沃饶，人物殷阜[⑲]，周德之衰，遂成戎首[⑳]。宜树建藩屏[㉑]，封殖[㉒]子孙。"隋主善之。辛未[㉓]，以越王秀为益州总管，改封蜀王。宣敏，谨之孙也。

隋[㉔]以上柱国长孙览、元景山并为行军元帅，发兵入寇；命尚书左仆射高颎节度诸军。

初，周、齐所铸钱凡四等，及民间私钱，名品甚众[㉕]，轻重不等。隋主患之，更铸五铢钱，背、面、肉、好[㉖]皆有周郭[㉗]，每一千重四斤二两。悉禁古钱及私钱。置样于关[㉘]；不如样者，没官销毁之。自是钱币始壹[㉙]，民间便之。

隋郑译以上柱国归第，赏赐丰厚。译自以被疏，呼道士醮章[㉚]祈福，为婢所告，以为巫蛊[㉛]，译又与母别居，为宪司[㉜]所劾，由是除名。隋主下诏曰："译若留之于世，在人为不道之臣；戮之于朝，入地为不孝之鬼。有累幽显[㉝]，无所置之。宜赐以《孝经》，令其熟读。"仍遣与母共居。

初，周法比于齐律，烦而不要，隋主命高颎、郑译及上柱国杨素、率更令[34]裴政[35]等更加修定。政练习[36]典故[37]，达于从政[38]，乃采魏、晋旧律，下至齐、梁，沿革[39]重轻，取其折衷[40]。时同修者十余人，凡有疑滞[41]，皆取决于政。于是去前世枭[42]、轘[43]及鞭[44]法，自非谋叛以上，无收族[45]之罪。始制死刑二，绞[46]、斩；流刑[47]三，自二千里至三千里；徒刑[48]五，自一年至三年；杖刑[49]五，自六十至百；笞刑[50]五，自十至五十。又制议、请、减、赎、官[51]当之科[52]以优士大夫。除前世讯囚酷法[53]，考掠[54]不得过二百；枷[55]杖大小，咸有程式。民有枉屈[56]，县不为理者，听以次经郡及州；若仍不为理，听诣阙[57]伸诉。

冬，十月，戊子[58]，始行新律。诏曰："夫绞以致毙，斩则殊形[59]，除恶之体，于斯已极。枭首、轘身，义无所取，不益惩肃之理，徒表安忍[60]之怀。鞭之为用，残剥肤体，彻骨[61]侵肌，酷均脔切[62]。虽云往古之式[63]，事乖[64]仁者之刑。枭、轘及鞭，并令去之。贵带砺[65]之书，不当徒罚；广轩冕[66]之荫[67]，旁及诸亲。流役六年，改为五载；刑徒五岁，变从三祀[68]。其余以轻代重，化死为生，条目甚多，备于简策[69]。杂格[70]、严科，并宜除削。"自是法制遂定，后世多遵用之。

隋主尝怒一郎[71]，于殿前笞之。谏议大夫[72]刘行本[73]进曰："此人素清[74]，其过又小，愿少宽之。"帝不顾。行本于是正当帝前曰："陛下不以臣不肖[75]，置臣左右，臣言若是，陛下安得不听；若非，当致之于理[76]。"因置笏于地而退。帝敛容[77]谢之[78]，遂原所笞者。行本，璠之兄子也。

独孤皇后，家世贵盛[79]而能谦恭，雅好[80]读书，言事多与隋主意合，帝甚宠惮[81]之，宫中称为"二圣"。帝每临朝，后辄与帝方辇[82]而进，至阁[83]乃止。使宦官伺帝，政有所失，随即匡谏[84]。候帝退朝，同反燕寝[85]。有司奏称："《周礼》[86]百官之妻，命于王后，请依古制。"后曰："妇人与政[87]，或从此为渐[88]，不可开其源也。"大都督崔长仁，后之中外兄弟[89]也，犯法当斩，帝以后故，欲免其罪。后曰："国家之事，焉可顾私！"长仁竟坐死[90]。后性俭约，帝尝合止利[91]药，须胡粉[92]一两。宫内不用，求之，竟不得。又欲赐柱国刘嵩妻织成衣领，宫内亦无之。

然帝惩[93]周氏之失，不以权任假借[94]外戚，后兄弟不过将军、刺史。帝外家[95]吕氏，济南[96]人，素微贱[97]，齐亡以来，帝求访，不知所在。及即位，始求得舅子吕永吉[98]，追赠外祖双周为太尉，封齐郡公，以永吉袭爵。永吉从父道贵[99]，性尤顽骏[100]，言词鄙陋，帝厚加供给，而不许接对朝士。拜上仪同三司，出为济南太守；后郡废，终于家。

壬辰[101]，隋主如岐州[102]。

岐州刺史安定梁彦光[103]，有惠政，隋主下诏褒美，赐束帛[104]及御伞[105]，以厉[106]天下之吏，久之，徙相州刺史。岐俗质厚[107]，彦光以静镇之，奏课[108]连为天下最。及居相，部如岐州法。邺自齐亡，衣冠士人[109]多迁入关，唯工商乐户[110]移实州郭[111]，风俗险诐[112]，好兴谣讼，目彦光为“著帽饧[113]”。帝闻之，免彦光官。岁余，拜赵州[114]刺史。彦光自请复为相州，帝许之。豪猾[115]闻彦光再来，皆嗤[116]之。彦光至，发擿奸伏[117]，有若神明，豪猾潜窜，阖境大治。于是招致名儒，每乡立学，亲临策试[118]，褒勤黜怠[119]。及举秀才[120]，祖道[121]于郊，以财物资之。于是风化[122]大变，吏民感悦，无复讼者。

时又有相州刺史陈留樊叔略[123]，有异政，帝以玺书褒美，班示天下，征拜司农[124]。

新丰[125]令房恭懿[126]，政为三辅[127]之最，帝赐以粟帛。雍州诸县令朝谒，帝见恭懿，必呼至榻前，咨以治民之术。累迁德州[128]司马。帝谓诸州朝集使[129]曰：“房恭懿志存体国[130]，爱养我民，此乃上天宗庙之所祐。朕若置而不赏，上天宗庙必当责我。卿等宜师范之。”因擢为海州刺史。由是州县吏多称职，百姓富庶。

十一月，丁卯[131]，隋遣兼散骑侍郎[132]郑抝来聘。

十二月，庚子[133]，隋主还长安，复郑译官爵。

广州[134]刺史马靖，得岭表[135]人心，兵甲精练，数有战功。朝廷疑之，遣吏部侍郎[136]萧引[137]观靖举措，讽令送质[138]，外托收督赕物[139]，引至番禺[140]。靖即遣子弟入质。

是岁，隋主诏境内之民任听出家，仍令计口出钱，营造经像。于是时俗随风而靡[141]，民间佛书，多于《六经》[142]数十百倍。

突厥佗钵可汗病且卒[143]，谓其子庵逻[144]曰：“吾兄不立其子，委位于我。我死，汝曹当避大逻便[145]。”及卒，国人将立大逻便。以其母贱，众不服；庵逻实贵[146]，突厥素重之。摄图[147]最后至，谓国人曰：“若立庵逻者，我当帅兄弟事之。若立大逻便，我必守境，利刃长矛以相待。”摄图长，且雄勇，国人莫敢拒，竟立庵逻为嗣。大逻便不得立，心不服庵逻，每遣人詈辱[148]之。庵逻不能制，因以国让摄图。国中相与议曰：“四可汗[149]子，摄图最贤。”共迎立之，号沙钵略可汗，居都斤山[150]。庵逻降居独洛水[151]，称第二可汗。大逻便乃谓沙钵略曰：“我与尔俱可汗子，各承父后。尔今极尊[152]，我独无位，何也？”沙钵略患之，以为阿波可汗，还领所部。又沙钵略从父玷厥[153]，居西面，号达头可汗。诸可汗各统部众，分居四面。沙钵略勇而得众，北方皆畏附之。

隋主既立，待突厥礼薄，突厥大怨。千金公主伤其宗祀覆灭[154]，日夜言于沙钵略，请为周室复仇。沙钵略谓其臣曰：“我，周之亲也。今隋主自立而不能制，复何面目见可贺敦[155]乎！”乃与故齐营州刺史高宝宁合兵为寇。隋主患之，敕缘边[156]修保障[157]，峻长城[158]，命上柱国武威阴寿[159]镇幽州，京兆尹虞庆则镇并州，屯兵数万以备之。

初，奉车都尉[160]长孙晟送千金公主入突厥，突厥可汗爱其善射，留之竟岁[161]，命诸子弟贵人与之亲友，冀[162]得其射法。沙钵略弟处罗侯[163]，号突利设，尤得众心，为沙钵略所忌，密托心腹阴与晟盟。晟与之游猎，因察山川形势，部众强弱，靡[164]不知之。

及突厥入寇，晟上书曰：“今诸夏[165]虽安，戎虏[166]尚梗[167]，兴师致讨，未是其时[168]，弃于度外，又相侵扰，故宜密运筹策[169]，有以攘之[170]。玷厥之于摄图，兵强而位下，外名相属，内隙已彰[171]；鼓动其情，必将自战[172]。又，处罗侯者，摄图之弟，奸多势弱[173]，曲取众心，国人爱之，因为摄图所忌，其心殊[174]不自安，迹示弥缝[175]，实怀疑惧。又，阿波[176]首鼠[177]，介[178]在其间，颇畏摄图，受其牵率[179]，唯强是与，未有定心。今宜远交而近攻，离强而合弱。通使[180]玷厥，说合阿波，则摄图回兵，自防右地[181]。又引处罗，遣连[182]奚[183]、霫[184]，则摄图分众，还备左方[185]。首尾猜嫌，腹心离阻[186]，十数年后，乘衅[187]讨之，必可一举而空其国[188]矣。”帝省表[189]，大悦，因召与语。晟复口陈[190]形势，手画山川，写其虚实，皆如指掌[191]，帝深嗟异[192]，皆纳用之。遣太仆[193]元晖[194]出伊吾[195]道，诣达头，赐以狼头纛[196]。达头使来，引居沙钵略使上。以晟为车骑将军[197]，出黄龙[198]道，赍币赐奚、霫、契丹，遣为乡导[199]，得至处罗侯所，深布心腹，诱之内附。反间既行，果相猜贰[200]。

始兴王叔陵，太子之次弟也，与太子异母，母曰彭贵人。叔陵为江州刺史，性苛刻狡险。新安王伯固，以善谐谑[201]，有宠于上及太子；叔陵疾之，阴求其过失，欲中之以法[202]。叔陵入为扬州刺史，事务多关涉[203]省阁[204]，执事[205]承意顺旨[206]，即讽上进用之；微致违忤[207]，必抵[208]以大罪，重者至殊死[209]。伯固惮之，乃谄求其意。叔陵好发古冢[210]，伯固好射雉[211]，常相从郊野，大相款狎[212]，因密图不轨。伯固为侍中，每得密语[213]，必告叔陵。

（以上为第二段，重点写隋文帝杨坚初即位在开皇元年约法省刑、纳谏治国，赢得民心的情形。）

【注释】

①癸未：六月初五日。 ②郊庙：指郊祀与庙制。 ③冕服：古代统治者的礼服。举行吉礼时都用冕服。 ④《礼经》：书名。所指不同，一指《仪礼》，周公所制礼经，《汉书·艺文志》称之《礼古经》；二指《周礼》，《汉书·艺文志》称之《周官经》。 ⑤牺牲：古代供祭祀用的全部纯色牲畜。 ⑥以黄：据章校，“黄”下应补“在外”二字。 ⑦乙卯：七月初八日。 ⑧壬午：八月初五日。 ⑨东京官：指北周灭北齐后，由相州迁于东京（洛阳）的六府官。 ⑩凉州：州名。治所姑臧县，在今甘肃武威市。 ⑪丰利山：山名。故址在今青海湖东。 ⑫青海：湖名。即今青海湖，在青海西宁市西。 ⑬夸吕（？—591）：吐谷浑可汗，在位近百年。事见《梁书》《魏书》《周书》《隋书》《南史》《北史》中的《吐谷浑传》。 ⑭宁州：州名。治所安定州市，在今甘肃宁县。 ⑮庚午：九月二十四日。 ⑯故墅：按《隋书·高祖本纪》作“胡墅”。《北史》同。据此当改。胡墅，地名。在今江苏南京市长江北岸，与江南石头城相对。 ⑰奉车都尉：官名。掌御乘舆马。 ⑱于宣敏：字仲达。历仕周、隋，官至奉车都尉。传附《隋书·于义传》《北史·于栗磾传》。 ⑲殷阜：富实。 ⑳戎首：战争的主谋，发动战争的人。此指王谦起兵。 ㉑藩屏：藩篱屏蔽。 ㉒封殖：培植。封，厚。殖，长。 ㉓辛未：九月二十五日。 ㉔隋：据章校，“隋”上应补“壬申”二字。壬申，九月二十六日。 ㉕名品甚众：指钱的名称和种类甚多。隋初，既用齐、周官制钱，又有民间私钱，混杂使用。 ㉖背、面、肉、好：背，钱的背面。面，钱的正面，标明重量，如五铢。肉，钱体称肉。好，钱孔称好。 ㉗周郭：外圆内方之间，称周郭。 ㉘关：指各关卡。 ㉙始壹：才统一。 ㉚醮章：相传道士有消灾度厄之法，依照阴阳五行术数，推人寿命，书写如章表仪式，并具备钱币，烧香诵读，说是上奏天帝，请求除厄，谓为上章。夜中于星辰之下，摆设酒果、钱币等物，祭祀天皇、五星，书写上章，恭敬上奏，名为醮。 ㉛巫蛊（gǔ）：古代迷信，谓巫师使用邪术加祸于人为巫蛊。蛊，毒虫。 ㉜宪司：指御史台官。 ㉝幽显：指阳世与阴间。 ㉞率更令：官名。即太子率更令，掌伎乐漏刻。 ㉟裴政：字

德表，河东闻喜（今山西闻喜县）人。历仕周、隋，官至襄州总管。传见《隋书》卷六十六、《北史》卷七十七。㊱练习：熟悉。㊲典故：常例、典制和掌故。㊳从政：执政。㊴沿革：累世循用而不变为沿，其中有变更者为革。㊵折衷：即折中，调和二者，取其中正，无所偏颇。㊶疑滞：疑难而不通晓。㊷枭：古代死刑之一，杀人而悬其头于木杆上示众。㊸轘（huàn）：车裂人的酷刑。㊹鞭：古代的一种刑罚。鞭用皮革制成（一说竹制），其长短大小都有定制。㊺收族：拘捕同亲族人，古代连坐法，一人犯罪，株连家族。㊻绞：古代死刑之一，勒颈断气而死。㊼流刑：将犯人流放荒僻之地服劳役的一种刑罚。根据罪行轻重而流放远近不同。㊽徒刑：判处有期苦刑。㊾杖刑：用木棍击打犯人臀或腿部的一种刑罚。㊿笞刑：用竹板或荆条打犯人背或臀部的一种刑罚。51议、请、减、赎、官：议，《周礼》有八议之法，凡帝王亲故、贤能、功臣等八议之人犯死罪，皆先奏请，议定其罪。请，凡在八议之科的则可请而减罪。减，七品以上官犯罪皆例减一等。赎，九品以上官犯罪则可缴纳一定数量的铜以减罪。如笞刑，交铜一斤，可免打十板；徒刑一年交铜二十斤可免刑。官，官职抵罪。52科：法律条款。53讯囚酷法：指在审讯犯人时所使用的刑罚。54考掠：拷打。泛指刑讯。考，通“拷”。掠，笞打。55枷：古代套在犯人颈上的木制刑具。56枉屈：冤屈。57诣阙：赴皇帝的殿廷。阙（què），宫阙，皇帝所居之处。58戊子：十月十二日。59殊形：身体变异，指身首分离。60安忍：安心于残忍之事。61彻骨：深透入骨。62脔（luán）切：切成块状的鱼肉。碎割。63式：法式，法令。64乖：违背。65带砺：汉高祖分封功臣时发誓说：“使黄河如带，泰山若砺，国以永存，爰及苗裔。”意思说即使黄河狭窄如衣带，泰山小如砺石，国犹永存。后以“带砺”比喻功臣爵禄。66轩冕：卿大夫的轩车和冕服。此指官位爵禄。67荫：古代子孙因先世有功勋而推恩得赐官爵称荫。68三祀：三年。祀，年。69简策：古代以竹片为简，数简串联为策。此指成文的法令。70格：法令的一种，官吏处事的规则。71郎：郎官。72谏议大夫：官名。掌论议、规谏。73刘行本：沛（今江苏沛县）人。历仕周、隋，官至黄门侍郎。传见《隋书》卷六十二、《北史》卷七十。74素清：一向清廉、公正。75不肖：不才，不正派。76于理：据章校，“理”下应补“岂得轻臣而不顾也”八字。77敛容：脸色变得严肃。78谢之：向刘行本道歉。79贵盛：尊贵。独孤皇后父独孤信仕西魏及周，列于元功。姊为周明帝皇后，女儿又为周宣帝后。80雅好：平素爱好。雅，平常。81宠惮：宠爱而惧怕。82方辇：两辇并排。辇（niǎn），车，一般尊称天子的车为辇。83閤：宫殿小门。84匡谏：劝谏而纠正过失。85同反燕寝：一同回到寝宫。反，通“返”。燕寝，周制王有六寝，一是正寝，其余五寝在后，通称宴寝。燕，通“宴”。86《周礼》：

书名。原名《周官》，也称《周官经》。西汉末列为经而属于礼，故有《周礼》之名。㉗与政：参与朝政。㊳渐：渐进，逐渐。㊴中外兄弟：中表亲兄弟。中指舅父子女，为内兄弟；外指姑母子女，为外兄弟。㊵坐死：判为死罪。坐，判罪。㊶止利：止泄。泄泻不止称利。㊷胡粉：铅粉，一名铅华，是一种化妆品。㊸惩：惩戒，以周氏的失败作为教训。㊹假借：借助。㊺外家：外祖父家。㊻济南：郡名。治所历城县，在今山东济南市。㊼微贱：卑贱。㊽吕永吉：隋文帝舅父之子，传见《隋书·外戚传》《北史·外戚传》。㊾道贵：即吕道贵，吕永吉从父。传见《隋书·外戚传》《北史·外戚传》。⑩⓪顽騃（ái）：愚昧，呆傻。⑩①壬辰：十月十六日。⑩②岐州：州名。治所雍县，在今陕西宝鸡市凤翔区东南义坞堡。⑩③梁彦光（534—593）：字修芝，安定乌氏（今甘肃泾川县东）人。历仕周、隋，官至相州刺史。传见《隋书》卷七十三、《北史》卷八十六。⑩④束帛：五匹帛捆在一起，称束帛。⑩⑤伞：用以遮光避雨的用具，古代习称盖，形状类今日的雨伞。⑩⑥厉：激励，鼓励。⑩⑦质厚：质朴忠厚。⑩⑧奏课：每年上奏朝廷的本州户口及所缴赋税等。⑩⑨衣冠士人：指士大夫。⑪⓪乐户：古时犯罪的妇女或犯人的妻女没入官府，充当官妓，名隶乐籍，户称乐户。⑪①郭：外城称郭。同“廓”。⑪②险诐（bì）：邪谄不正。⑪③著帽饧（xíng）：谓彦光软弱如团饧，不过戴个帽子而已。饧，糖饴，软而甜。⑪④赵州：州名。治所大陆县，在今河北隆尧县东。⑪⑤豪猾：豪强不守法度。⑪⑥嗤：讥笑。⑪⑦发擿奸伏：举发暗藏的奸人。发擿，揭露，揭发检举。奸伏，潜伏的奸邪隐恶之人。⑪⑧策试：古代举士选官，出题答问，叫作对策。这种考试方法叫策试。⑪⑨褒勤黜怠：褒扬勤勉之人，斥退怠惰之人。⑫⓪秀才：才能优秀的人。隋朝每年由各州推举，到中央参加考试。⑫①祖道：古人在出行前祭祀路神称祖道。后饯行也称祖道。⑫②风化：风俗，教化。⑫③樊叔略（536—594）：陈留（今河南开封）人。历仕周、隋，官至司农卿。传见《隋书》卷七十三、《北史》卷八十六。⑫④司农：本传作“司农卿”，官名。掌管钱、粮。⑫⑤新丰：县名。县治在今陕西西安市临潼区新丰镇东南。⑫⑥房恭懿：字慎言，河南洛阳人。历仕周、隋，官至海州刺史。传见《隋书》卷七十三、《北史》卷七十五。⑫⑦三辅：即西汉时于京畿之地所设京兆尹、左冯翊、右扶风的合称，相当于今陕西关中地区。⑫⑧德州：州名。治所平原县，在今山东平原县西南。⑫⑨朝集使：每年元会，各州派使者赴京朝集，称为朝集使。⑬⓪体国：《周礼·天官·序官》“体国经野”的省说。体，划分。国，都城。经，丈量。野，田野。划分都城为若干区域，由“国人”居住。丈量田野为方块耕地，使“野人”居住。意即治理国家。⑬①丁卯：十一月二十二日。⑬②散骑侍郎：官名。侍从皇帝，掌讽议、献纳。⑬③庚子：十二月二十五日。⑬④广州：州名。治所番禺县，在今广东广州市。⑬⑤岭表：

即岭南。指五岭以南之地。相当于今广东、广西等地。 ⑬⑥吏部侍郎：官名。吏部副长官，协助尚书，主管选举官吏。 ⑬⑦萧引：字叔休，历仕梁、陈，官至吏部侍郎。传见《陈书》卷二十一、《南史》卷十八。 ⑬⑧送质：送子弟入质。 ⑬⑨赕（tàn）物：蛮夷输送中央的货物称赕。 ⑭⓪番禺：城名。广州治所，故址在今广东广州市。 ⑭①靡：倒下。⑭②《六经》：儒家的六部经典著作，包括《诗经》《尚书》《周礼》《乐经》《周易》《春秋》。⑭③且卒：将要死。 ⑭④庵逻：突厥佗钵可汗之子，称第二可汗。事见《隋书·突厥传》《北史·突厥传》。 ⑭⑤大逻便：突厥木杆可汗之子。后为阿波可汗。事见《隋书·突厥传》《北史·突厥传》。 ⑭⑥实贵：按《隋书·突厥传》作"毋贵"，"实"当作"毋"。⑭⑦摄图：突厥逸可汗之子。后为沙钵略可汗。事见《隋书·突厥传》《北史·突厥传》。⑭⑧詈（lì）辱：骂而侮辱别人。 ⑭⑨四可汗：谓逸可汗及木杆可汗、褥但可汗、佗钵可汗。 ⑮⓪都斤山：地名。或名于都斤山、郁督军山、乞督军山、尉都犍山、乌德鞬山、乌德健山、乌都鞬山、乌罗德健山。即今蒙古国境内的杭爱山。 ⑮①独洛水：又作独洛河，即今蒙古国境内土拉河。 ⑮②极尊：犹如至尊，指突厥可汗之位。 ⑮③玷厥：木杆可汗兄弟，号达头可汗。事见《隋书·突厥传》《北史·突厥传》。 ⑮④宗祀覆灭：国破家亡。⑮⑤可贺敦：突厥的君长称可汗，其妻称可贺敦。 ⑮⑥缘边：沿着边疆一带。 ⑮⑦保障：保护障蔽。 ⑮⑧峻长城：把长城加高。 ⑮⑨阴寿：历仕周、隋，官至幽州总管，封赵国公。传见《隋书》卷三十九、《北史》卷七十三。 ⑯⓪奉车都尉：官名。掌御乘车马。 ⑯①竟岁：终年。竟，终，尽。 ⑯②冀：希望。 ⑯③处罗侯：摄图之弟，后立为叶护可汗。事见《隋书·突厥传》《北史·突厥传》。 ⑯④靡：无。 ⑯⑤诸夏：指华夏各族。 ⑯⑥戎虏：泛指西北方的少数民族。此指突厥。 ⑯⑦梗：病，灾祸。 ⑯⑧未是其时：不是时机。 ⑯⑨运筹策：运用谋划、策略。 ⑰⓪攘（rǎng）之：驱逐突厥入侵者。攘，排斥。 ⑰①内隙已彰：内部嫌隙已经明显。隙，间隙。彰，显明。 ⑰②自战：谓突厥内部相互残杀。 ⑰③奸多势弱：其心多奸巧，而势力较弱。 ⑰④殊：极，特别。 ⑰⑤迹示弥缝：在行动上表示弥补缝合。 ⑰⑥阿波：指阿波可汗大逻便。 ⑰⑦首鼠：首鼠两端。 ⑰⑧介：处于二者之间。⑰⑨牵率：牵引。也作"牵帅"。 ⑱⓪通使：派遣使者，沟通联系。 ⑱①右地：指突厥西部地区。 ⑱②遣连：派人去联络。 ⑱③奚：少数民族名。本名库莫奚，东部胡的一支，生活在松漠（今河北、辽宁、内蒙古交界之处）之间。 ⑱④霫（xí）：少数民族名。匈奴族中的一支，居潢水北。 ⑱⑤左方：指突厥东部地区。 ⑱⑥腹心离阻：内部分裂。 ⑱⑦衅：缝隙、裂痕。 ⑱⑧空其国：灭其国。空，罄尽。 ⑱⑨省表：看了表章。 ⑲⓪口陈：口述。⑲①指掌：指之于掌。比喻事理浅近明白。 ⑲②嗟（juē）异：慨叹称奇。 ⑲③太仆：官名。掌皇帝舆马和马政。 ⑲④元晖：字叔平。历仕周、隋，官至兵部尚书。传见《隋书》卷

四十六、《北史》卷十五。 ⑲伊吾：地名。在今新疆哈密。 ⑲狼头纛（dào）：绣有狼头的旗。相传突厥以狼为图腾，子孙做君长，牙门挂狼头纛，示不忘本。纛，军队中的大旗。 ⑲车骑将军：将军号。无职事。 ⑲黄龙：地名。黄龙即合龙，故址在今辽宁朝阳市。 ⑲乡导：带路的。乡，通“向”。 ⑳猜贰：猜忌。 ⑳谐谑（xié xuè）：诙谐逗趣，犹如现在说的开玩笑。 ⑳中之以法：以法制裁。中（zhòng），着，击中。 ⑳关涉：联系。 ⑳省阁：谓中书、尚书二省。 ⑳执事：各部门的专职人员，百官。 ⑳承意顺旨：迎合顺从别人的意旨。 ⑳违忤（wǔ）：违背，违反。 ⑳抵（dǐ）：抵偿，当。 ⑳殊死：身首异处为殊死。 ⑳发古冢（zhǒng）：发掘古坟墓。 ㉑雉（zhì）：野鸡。 ㉑款狎：亲近，亲密。 ㉑密语：谓省中机密。

【译文】

六月初五日，隋文帝下诏规定：在郊祀上天和祭祀祖先时，冠冕服饰都必须按照《礼经》；在朝会时所穿的朝服、典礼时所用的旗帜、祭祀的牺牲，一律用红色为尊，军队将士的军服用黄色，官吏平民所用的常服可以是杂色。秋季，七月初八日，隋文帝第一次穿上黄色衣服，文武百官一齐庆贺。于是百官的常服，与平民百姓相同，都穿黄袍；隋文帝的朝服也同大家一样，只有一点不同，隋文帝的衣服系有十三环金带。

八月初五日，隋朝废除了东京官。

吐谷浑侵犯凉州，隋文帝派遣行军元帅乐安公元谐等统领步骑数万出击。元谐在丰利山大败吐谷浑，又在青海打败了吐谷浑太子可博汗，杀死和俘虏的有一万多人。吐谷浑惊骇震恐，他们的王侯有三十人带领所部投降。吐谷浑可汗夸吕率领亲兵远逃。隋文帝册封吐谷浑高宁王移兹裒为河南王，由他统领归降的吐谷浑部众。任命元谐为宁州刺史，留行军总管贺娄子干镇守凉州。

九月二十四日，陈朝大将周罗睺攻打隋朝的胡墅城，并占领了这座城。陈将萧摩诃攻打江北地区。

隋朝奉车都尉于宣敏出使巴蜀还朝，上奏说：“蜀地肥沃富饶，人才辈出，物产丰富，周朝德运衰弱之后，于是王谦得以起兵。陛下应当在那里建立藩国，封立王室子孙。”隋文帝非常赞成。九月二十五日，任命越王杨秀为益州总管，改封蜀王。于宣敏，是于谨的孙子。

隋朝任命上柱国长孙览、元景山并为行军元帅，发兵入侵陈朝；任命尚书左仆射高颎掌控各路军队。

起初，北周、北齐所铸造的钱币分为四等，以及民间私铸的钱币，名称品种很多，轻重也不一样。隋文帝十分忧虑，便下令重铸五铢钱。所铸钱的背面、正面、钱身、钱孔、外圆内方都符合规范，每一千枚五铢钱总重四斤二两。前代古币和民间私铸的钱一律禁用。在全国各个关口，放置五铢钱样品，不合样品的钱，一律没收重铸。从这以后，钱币统一，百姓感到十分方便。

隋朝郑译以上柱国职位退休归家，赏赐的物品非常丰厚。郑译认为自己被疏远，便请来道士做法事，祈求福助，被奴婢告发，说他用巫蛊法术咒人，郑译又与母亲分居，被主管御史弹劾，最终被削职为民。隋文帝颁下诏书说："郑译如果留在人世间，做人是一个不守臣道的臣子；如果把他在朝堂上处死，到了地下会是一个不孝的恶鬼。不论是死是活，都牵累阴阳两界，实在没地方安置他。应当赐给他一部《孝经》，强制他熟读。"并命令他与母亲同住在一起。

起初，北周的刑律和北齐相比，条文烦琐不简要，隋文帝命令高颎、郑译，以及上柱国杨素、率更令裴政等人重新修订。裴政熟悉典章故事，懂得如何执政，于是采取魏晋旧律，参考齐、梁法典，考察前后沿袭变革，宽严轻重的取舍，折中适宜。当时，一同参与修订刑律的有十余人，凡有疑难之处，皆由裴政裁定。于是废除了前代斩首示众、车裂，以及鞭打致死等酷刑条例。只要不是谋反以上的重罪，不收捕家族株连。新律规定死刑有两等，一是绞，二是斩；流放刑律有三等，流放二千里至三千里；徒刑有五等，服刑一年到三年；杖刑有五等，杖六十至一百；笞刑有五等，用竹板打十至五十板。又制定了对行政官员的八议、申请减罪、官品减罪、纳钱赎罪、官职抵罪等条款，用来优待士大夫。又废除前代审讯囚徒时使用的酷刑，规定刑讯拷打不得超过二百下，刑具枷杖的大小，也作出了规定。平民百姓不服判决的冤案，县府不受理复审的，可以依次向郡、州提起上诉，如果郡、州仍不受理的，准许到京城直接向朝廷申诉。

冬季，十月十二日，隋朝开始颁行新律。隋文帝下诏说："绞刑能致人死命，斩刑则使人身首分离，除奸去恶的刑法，这两项已达到极点。斩首示众、车裂，这种极刑没有人道，它对于惩恶肃纪没有好处，只是表现了安于残忍的狠心。用鞭子抽打的刑法，故意摧残囚犯的体肤，侵害肌肉，痛入骨髓，它酷虐的程度如同用刀切割，虽然是古代沿袭下来的，实在有损仁者的刑法。因此，斩首示众、车裂，以及鞭刑，全都废除。尊重功臣勋爵，不对他们使用徒刑；扩大高官显贵的荫庇，旁及他们的宗亲。前代旧法最高流刑六年，减为五年；前代五年徒刑，减为三年。其他惩罚条款，都以轻代重，改变死刑为有期徒刑的条款很多，全都载在法典上。其余烦琐的条律、严酷的禁令，也一律削除。”从隋朝开始，宽缓的刑律制度确定下来，后世各代多遵用隋律。

隋文帝曾经恼恨一位郎官，就在殿前用竹板打他。谏议大夫刘行本上前劝阻说：“这位郎官一向清廉，犯的过失又小，希望陛下宽恕他。”隋文帝不理睬。刘行本于是站到隋文帝跟前说：“陛下不认为臣无能，把我安置在左右，臣说的话如果是对的，陛下怎能不听？如果说错了，交给司法审理。”说罢，便将笏板丢在地上退朝。隋文帝严肃地向刘行本道歉，宽赦了那个郎官。刘行本，是刘璠哥哥的儿子。

独孤皇后，家族世代显贵，而她却能够谦恭待人，喜欢读书学习，议论政事多与隋文帝的心意暗合，隋文帝很宠幸她，也敬畏她，宫中并称帝后为“二圣”。隋文帝每天上朝，独孤皇后都与隋文帝并辇前往，一直送到阁门才停止。独孤皇后还派宦官伺察文帝的言行，只要朝政有什么缺失，随即谏正。隋文帝退朝后，独孤皇后又陪同他一起回到寝宫。主管部门奏称：“按照《周礼》，百官妻子的封号，应由皇后裁定，请求依照古制。”独孤皇后说：“妇人干政，或许就会从这里开始蔓延，我不能带这个头。”大都督崔长仁是独孤皇后的表兄，犯法应当斩首，隋文帝看在皇后的面上，想要赦免他的罪行。独孤皇后说：“国家的事情，不能顾念私情。”崔长仁终于被依法处死。独孤皇后生性俭约，隋文帝曾经要配制一服止泻药，须用胡粉一两。皇后宫中平常不用这些化妆品，竟然找不到。隋文帝又要赏赐上柱国刘嵩的妻子一件织成的衣领，宫中也没有。

由于隋文帝吸取北周丧失天下的教训，从不把大权要职授给外戚，独孤皇后的兄弟最高职位只不过是将军、刺史。隋文帝的外祖家族吕氏，是济南人，贫寒微贱，北齐灭亡后，隋文帝多方寻找，始终没有下落。等到即了皇帝位，才找到舅舅的儿子吕永吉，追赠外祖父吕双周为太尉，封齐郡公，让吕永吉继承爵位。吕永吉的叔父吕道贵，生性冥顽痴呆，说话鄙陋粗俗，隋文帝供给他丰厚的生活物质，不许他与朝士大夫接触交友。封吕道贵为上仪同三司，外出为济南太守；后来废了济南郡，吕道贵失职，终老于家。

十月十六日，隋文帝到岐州。

岐州刺史安定人梁彦光有德政，隋文帝下诏嘉奖他，赏赐束帛和御伞，用以激励全国的官员。过了一阵，迁调梁彦光为相州刺史。岐州民风淳厚，梁彦光无为而治，奏课连年为全国第一位。等到迁调为相州刺史，治理方法同在岐州一样。但相州治所邺城，自从北齐灭亡以后，衣冠士族大多迁入关中，只有那些手工业者、商户、乐户迁入充实邺城，因此民风奸险邪僻，喜欢生事诉讼，把梁彦光看成“戴帽的饴糖”。隋文帝听说后，罢免了梁彦光。一年以后，起用为赵州刺史。梁彦光请求复官为相州刺史，隋文帝准许了。相州的豪强猾吏听说后都嘲笑他。梁彦光到任后，举发奸邪所犯的隐秘案件，审理惩治有如神明，豪强猾吏潜逃隐伏，全境大治。梁彦光于是延请名儒，在每一个乡设立学校，亲自到学校主持考试，嘉奖勤奋上进的学生，开除怠惰落后的学生。推举秀才进京考试，梁彦光送行，资助路费。于是相州的社会风气大变，官吏百姓都感激心服，再没有打官司的人。

当时，相州又出了一个刺史陈留人樊叔略，政绩突出，隋文帝颁下玺书给予表扬，传示全国，征召入京任命为大司农。

新丰县令房恭懿的政绩在三辅地区列第一，隋文帝赏赐给他粟米绢帛。每当雍州所属各县令朝谒皇上，隋文帝看到房恭懿，一定召他到跟前就座，向他询问治民的方略。一次次升迁做了德州司马。隋文帝对各州派遣到京师的朝集使说：“房恭懿一心为国，爱护百姓，这是上天和祖先赐下的福佑。朕如果视而不见，不对房恭懿赏赐，上天和祖先一定责怪我。你们一定以他为榜样。”于是升迁房恭懿为海州刺史。因此，当时州县的长官大多称职，百姓富足安定。

十一月二十二日，隋朝派遣兼散骑侍郎郑㧑出使陈朝。

十二月二十五日，隋文帝返回长安，恢复郑译的官职和爵位。

陈朝的广州刺史马靖，在岭南地区深得人心，兵马器械精良，多次立有战功。朝廷猜忌他，派吏部侍郎萧引监视他的动静，暗示马靖向朝廷送交人质。萧引表面上是到岭南督收蛮夷部族向朝廷送交的贡物。萧引到达番禺，马靖立即送子弟到朝廷做人质。

这一年，隋文帝下诏全国，听任老百姓出家为僧尼，并按人口摊派出钱营造佛经、佛像。这样一来，民风时俗随风转向，民间的佛经书籍，多于《六经》数十倍到一百倍。

突厥佗钵可汗病危快要死时，对儿子庵逻说：“我的哥哥木杆可汗不立儿子大逻便，而传位给我。我死后，你们兄弟应当避让大逻便。”等到佗钵可汗死后，国人遵照他的遗言拥立大逻便为可汗，但因大逻便的母亲出身微贱，众贵臣不服；而庵逻的母亲出身尊贵，突厥贵臣一向尊重她。摄图最后一个到会，告诉国人说：“如果拥立庵逻的话，我带领兄弟们服从他；如果拥立了大逻便，我一定保有我的境地与他兵戎相见。”摄图年长，而且又雄健武勇，国人没哪个敢违抗他，终于拥立了庵逻为大可汗。大逻便没有被拥立为大可汗，心中不服庵逻，常常派人去辱骂他。庵逻控制不了大逻便，因此把国家让给了摄图。国人互相议论说："四位可汗的儿子，摄图最能干。"于是大家共同拥立摄图为大可汗，称为沙钵略可汗，居住在都斤山。庵逻退居到独洛水，称为第二可汗。大逻便对沙钵略可汗说："我和你都是可汗的儿子，各自继承父业，你如今位极尊贵，我却没有职位，为什么呢？"沙钵略心中畏惧，就封大逻便为阿波可汗，让他回去统领自己的部众。沙钵略的叔父玷厥，居住在西面，称达头可汗。各位可汗各自统领自己的部属，分居四面。沙钵略勇武，深得众心，因此北方各少数部落民族都依附他。

隋文帝即皇帝位以后，对突厥恩礼很薄，突厥人非常怨恨。北周千金公主哀痛自己宗族被覆灭，日夜向沙钵略可汗进言，请求他替北周报仇。沙钵略对臣下说："我是周国的亲戚，如今杨坚自立为帝，我若不能制止，有什么脸面见可贺敦呢？"于是与原北齐营州刺史高宝宁合兵入侵隋朝边境。隋文帝很忧虑这事，下令沿边修建城堡停障，加固长城，并派上柱国武威人阴寿镇守幽州，京兆尹虞庆则镇守并州，沿边屯兵数万防御突厥。

当初，北周奉车都尉长孙晟奉命送千金公主到突厥，突厥可汗喜爱长孙晟善于射箭，留了整整一年，命令众子弟和部落贵人与长孙晟亲近，结为朋友，希望学到他的射法。沙钵略可汗的弟弟处罗侯，称为突利设，非常得民心，遭到沙钵略可汗的猜忌，处罗侯密遣心腹与长孙晟结盟。长孙晟就和处罗侯到处游猎，趁此考察山川形势及突厥各部众的强弱，对突厥全境了如指掌。

等到突厥入侵隋朝边境，长孙晟上书说："如今华夏虽然安定，北方突厥尚未归服，发兵征讨，还不是时候，如果置之不理，又时常侵扰，因此应当暗中周密策划，制定出攘除外祸的办法。突厥达头可汗玷厥，与沙钵略可汗摄图相比，虽然兵马强盛，但地位低下，名义上臣属摄图，其实内部嫌隙已经十分明显。只要我们离间挑拨，煽动仇恨情绪，他们一定会自相残杀。另外，处罗侯是摄图的弟弟，心眼极多，势力弱小，他用尽心机争取人心，国人爱戴他，因而遭到摄图的猜忌，使他内心很不安定。处罗侯表面上与摄图示好弥补缝隙，其实内心怀有疑虑和恐惧。还有，阿波可汗大逻便摇摆不定，在玷厥和摄图之间中立，因为害怕摄图，受摄图控制，总是倒向势力强大的一边，并没有坚定的诚心。如今我们的对策要远交近攻，离间强大的，联合弱小的。派出使者，联络玷厥，劝说玷厥与阿波可汗大逻便联合，这样摄图就会撤退南下侵犯隋朝的军队，在本土防备西部地区。另外，再拉拢处罗侯，派出使者联络库莫奚族和霫族，那么摄图就要分兵，防备东部。这样，突厥首尾猜嫌，内部离心离德，十多年后，再乘机征讨，一定可以灭掉突厥。”隋文帝看了奏章，非常高兴，便召见长孙晟谈话。长孙晟一边口述形势，一边手画山川，指示突厥虚实所在，了如指掌。隋文帝深深赞叹，全部采纳长孙晟的建议。于是派出太仆元晖西出伊吾道，前往达头可汗玷厥住所，赐给他一面绣有狼头的大旗。达头可汗派出使者回访隋朝，隋朝把他的地位安置在沙钵略使者的上头。隋朝任命长孙晟为车骑将军，经黄龙道出塞，携带钱财礼品赏赐库莫奚、霫、契丹等族，还让他们做向导，才得以到达处罗侯的住地。长孙晟与处罗侯推心置腹交谈，劝诱他内附隋朝。长孙晟的反间计执行后，果然引发突厥各部众之间互相猜疑，出现分裂。

陈朝始兴王陈叔陵，是太子陈叔宝的二弟，与太子同父异母。陈叔陵的生母是彭贵人。陈叔陵曾任江州刺史，性情苛刻，狡诈阴险。新安王陈伯固，擅长诙谐戏谑，得到陈宣帝和皇太子的宠信。陈叔陵因此嫉恨陈伯固，就暗中收集他的过失，想要依法治罪。后来陈叔陵入朝为扬州刺史，州府事务很多牵涉到中书、尚书两省，办事的人顺从陈叔陵的旨意，陈叔陵就劝说皇上晋升重用；如果稍有违背触犯他，他一定找机会诬陷大罪，严重的被处以死刑。陈伯固害怕他，就对他阿谀奉承，投其所好。陈叔陵喜欢发掘古墓，陈伯固喜欢射野鸡，因此两人经常一起到郊外游玩，十分亲密，进而密谋叛乱。当时陈伯固任侍中，每当听到宫中的机密，一定告诉陈叔陵。

【原文】

十四年（壬寅，582）

春，正月，己酉[①]，上不豫，太子与始兴王叔陵、长沙王叔坚并入侍疾[②]。叔陵阴有异志[③]，命典药吏[④]曰：“切药刀甚钝，可砺[⑤]之！”甲寅[⑥]，上殂。仓猝[⑦]之际，叔陵命左右于外取剑。左右弗悟，取朝服木剑[⑧]以进，叔陵怒。叔坚在侧，闻之，疑有变，伺其所为。乙卯[⑨]，小敛[⑩]。太子哀哭俯伏[⑪]。叔陵抽剉药刀[⑫]斫太子，中项[⑬]，太子闷绝[⑭]于地；母柳皇后[⑮]走来救之，又斫后数下。乳媪[⑯]吴氏自后掣其肘，太子乃得起；叔陵持太子衣，太子自奋[⑰]得免。叔坚手扼[⑱]叔陵，夺去其刀，仍牵就柱，以其褶袖[⑲]缚之。时吴媪已扶太子避贼，叔坚求太子所在，欲受生杀之命[⑳]。叔陵多力，奋袖[㉑]得脱，突走[㉒]出云龙门，驰车还东府[㉓]，召左右断青溪[㉔]

道，赦东城[25]囚以充战士，散金帛赏赐；又遣人往新林[26]追所部兵；仍自被甲，著白布帽，登城西门招募百姓；又召诸王将帅，莫有至者，唯新安王伯固单马赴之，助叔陵指挥。叔陵兵可千人，欲据城自守。

时众军并缘江防守，台内[27]空虚。叔坚白柳后，使太子舍人[28]河内司马申[29]，以太子命召右卫将军萧摩诃入见受敕，帅马步数百趣东府，屯城西门。叔陵惶恐，遣记室[30]韦谅[31]送其鼓吹[32]与摩诃，谓曰："事捷，必以公为台辅[33]。"摩诃绐报[34]之曰："须王心膂节将自来，方敢从命。"叔陵遣其所亲戴温、谭骐驎诣摩诃，摩诃执以送台[35]，斩其首，徇东城。

叔陵自知不济[36]，入内，沈其妃张氏及宠妾七人于井，帅步骑数百自小航[37]渡，欲趣新林，乘舟奔隋。行至白杨路，为台军所邀[38]。伯固见兵至，旋[39]避入巷，叔陵驰骑拔刃追之，伯固复还，叔陵部下多弃甲溃去。摩诃马容[40]陈智深[41]迎刺叔陵僵仆，陈仲华就斩其首，伯固为乱兵所杀，自寅至巳[42]乃定。叔陵诸子并赐死，伯固诸子宥为庶人。韦谅及前衡阳[43]内史彭暠[44]、谘议参军[45]兼记室郑信[46]、典签[47]俞公喜并伏诛。暠，叔陵舅也。信、谅有宠于叔陵，常参谋议。谅，粲之子也。

丁巳[48]，太子即皇帝位，大赦。

（以上为第三段，写陈宣帝病逝，陈朝发生未遂政变，陈后主即位。）

【注释】

①己酉：正月初五日。 ②侍疾：侍奉病人。 ③异志：有叛变的意图。 ④典药吏：官名。掌管医药。 ⑤砺：磨刀。 ⑥甲寅：正月十日。 ⑦仓猝：匆忙的样子。 ⑧朝服木剑：朝服的木剑，作为仪饰之用，故用木制。 ⑨乙卯：正月十一日。 ⑩小敛：给死者穿衣为小敛。 ⑪俯伏：面朝下，身体前倾。 ⑫剉药刀：即切药刀。 ⑬中项：砍中脖子。 ⑭闷绝：昏倒。 ⑮柳皇后：名敬言，陈宣帝皇后。传见《陈书》卷七、《南史》卷十二。 ⑯乳媪：乳母。今称为奶妈。 ⑰自奋：自己猛然用力。 ⑱扼：掐住，捉住。 ⑲褶袖：宽袖。褶，上衣。多用布做成。 ⑳生杀之命：指生杀的意旨。 ㉑奋袖：挥动袖子，尽力挣扎。 ㉒突走：谓冲撞奔走。 ㉓东府：指扬州刺史的治所，在今江苏南京市东。 ㉔青溪：渠名。三国时吴国在建业城（今江苏南京）东凿东渠，称为青溪。六朝时为首都漕运要道。 ㉕东城：即东府城。 ㉖新林：地名。即今江苏南京西南善桥镇。 ㉗台内：禁城内。南朝谓朝廷禁省为台，故禁城称台城。 ㉘太子舍人：官名。掌文记（写表启）。 ㉙司马申（？—586）：字季和，历仕梁、陈，官至右卫将

军。传见《陈书》卷二十九、《南史》卷七十七。 ㉚记室：官名。掌章表、书记、文檄。 ㉛韦谅：事附《陈书·始兴王叔陵传》《南史·韦睿传》。 ㉜鼓吹：乐名。本为军中之乐，将军以上官配以鼓吹。 ㉝台辅：辅相，宰臣。 ㉞绐（dài）报：用欺骗的语言回答。 ㉟送台：送往台城。 ㊱不济：不能成功。 ㊲小航：渡口正对建业城朱雀门的称大航，正对东府门的称小航。 ㊳为台军所邀：遭到官军的截击。邀，拦截。 ㊴旋：转身，很快。 ㊵马容：行军时的前驱者。 ㊶陈智深：传附《陈书·萧摩诃传》《南史·萧摩诃传》。 ㊷自寅至巳：从早三时至十一时。寅，指清晨三时至五时。巳，指九时至十一时。 ㊸衡阳：郡名。治所衡山县，在今湖南衡阳。 ㊹彭暠（？—582）：叔陵之舅，传附《陈书·始兴王叔陵传》。 ㊺谘议参军：官名。王府中官，咨询谋议军事。 ㊻郑信（？—582）：事附《陈书·始兴王叔陵传》。 ㊼典签：官名。南朝诸王任刺史的，朝廷设长史、典签作为佐属官，往往与长史掌握大权。 ㊽丁巳：正月十三日。

【译文】

陈宣帝太建十四年（壬寅，582）

春季，正月初五日，陈宣帝生病，太子陈叔宝与始兴王陈叔陵、长沙王陈叔坚一同入宫侍奉皇上疾病。陈叔陵暗中有非分的图谋，命令掌管药品的官员说：“切药的刀太钝了，可以磨得锋利一些！”正月初十日，陈宣帝病逝。在匆忙之中，陈叔陵命令亲信到室外取剑，亲信没明白陈叔陵的意思，取来朝服上装饰用的木剑送到跟前，陈叔陵大怒。陈叔坚在旁边，听到了陈叔陵的说话，怀疑将有变故，便暗中监视陈叔陵的行动。正月十一日，陈宣帝遗体入殓，太子陈叔宝伏在地上哀哭。陈叔陵突然抽出锉药的刀子砍太子，砍中了脖子，太子昏倒在地。太子的母亲柳皇后跑上来救护太子，陈叔陵向柳皇后连砍了几刀。太子乳母吴氏从陈叔宝的后面拉他的胳膊肘，太子才趁机爬起来；陈叔陵扯住太子的衣服，太子奋力挣脱幸免于难。这时陈叔坚上前用手扼住陈叔陵的脖子，夺下他手中的锉刀，并拖着陈叔陵靠向一根房屋柱子，用陈叔陵衣服的长袖把他捆在屋柱上。这时乳母吴氏已把太子扶出殿外躲避。陈叔坚寻找太子，向他请示是杀掉陈叔陵，还是留下活口。陈叔陵力气大，从捆绑的袖子中奋力挣脱出来，冲出云龙门，驱车回到扬州治所东府城。陈叔陵立即召集亲信阻断青溪通道，释放东府关押的囚徒充当战士，散发金帛钱财赏赐他们；又派人到新林，调来属下兵马。陈叔陵亲自穿上甲胄，戴上白布帽，登上东府城西门招募民兵，又征调宗室各位王府亲兵将领，但没有一个人来，只有新安王陈伯固单枪匹马地赶到，协助陈叔陵指挥。

陈叔陵的军队大约一千人，想占据东府城自守。

当时陈朝军队都部署在沿江据点守卫，京城空虚。陈叔坚报告了柳皇后，派太子舍人河内人司马申，以太子的名义宣召右卫将军萧摩诃入宫见太子接受敕令，带领几百名马步兵赶到东府城，驻屯在东府城西门外。陈叔陵惶恐害怕，派记室参军韦谅把自己的鼓吹仪仗送给萧摩诃，对萧摩诃说："大事办成，一定授命将军做台阁宰辅。"萧摩诃欺骗陈叔陵，故意让韦谅回报说："一定要王爷的心腹持节前来，才能接受命令。"陈叔陵派他的心腹戴温、谭骐骥到萧摩诃军营，萧摩诃立即将他们抓起来送到台城，朝廷将二人斩首，在东府城示众。

陈叔陵自知事情无法成功，于是回到府衙，把妃子张氏以及宠爱的七个小妾沉入井中，率领步骑数百人从小航渡过秦淮河，想逃到新林，乘船渡过长江投降隋朝。刚走到台城白杨路，就被守军截住。陈伯固看到大军到来，转身逃入小巷，陈叔陵驰马抽刀追赶陈伯固，陈伯固从小巷退回。陈叔陵的部下大多丢下武器逃散。萧摩诃的马容陈智深迎面将陈叔陵刺落马下，陈叔陵直挺挺地躺在地上，陈仲华上前割下陈叔陵的首级。陈伯固被乱兵杀死。从寅时到巳时，这场叛乱才平定。陈叔陵的几个儿子全部赐死，陈伯固的几个儿子免死废为庶民。韦谅以及原衡阳内史彭暠、谘议参军兼记室郑信、典签俞公喜等全都被斩首。彭暠，是陈叔陵的舅舅。郑信、韦谅受到陈叔陵的宠信，经常参与密谋。韦谅，是韦粲的儿子。

正月十三日，陈朝皇太子陈叔宝即皇帝位，大赦天下。

【原文】

辛酉[①]，隋置河北道行台于并州[②]，以晋王广为尚书令；置西南道行台于益州[③]，以蜀王秀为尚书令。隋主惩周氏孤弱而亡，故使二子分莅[④]方面[⑤]。以二王年少，盛选贞良[⑥]有才望者为之僚佐[⑦]；以灵州[⑧]刺史王韶[⑨]为并省右仆射，鸿胪卿[⑩]赵郡李雄[⑪]为兵部尚书，左武卫将军朔方李彻[⑫]总晋王府军事，兵部尚书元岩[⑬]为益州总管府长史。王韶、李雄、元岩俱有骨鲠[⑭]名，李彻前朝旧将，故用之。

初，李雄家世以学业自通，雄独习骑射。其兄子旦让之曰："非士大夫之素业也。"雄曰："自古圣贤，文武不备而能成其功业者鲜矣。雄虽不敏，颇观前志，但不守章句[⑮]耳。既文且武，兄何病[⑯]焉！"及将如并省，帝谓雄曰："吾儿更事[⑰]未多，以卿兼文武才，吾无北顾[⑱]之忧矣。"

二王欲为奢侈非法，韶、岩辄不奉教[19]，或自锁[20]，或排闼[21]切谏[22]。二王甚惮之，每事谘而后行，不敢违法度。帝闻而赏之。

又以秦王俊为河南道行台尚书令、洛州[23]刺史，领[24]关东兵。

癸亥[25]，以长沙王叔坚为骠骑将军[26]、开府仪同三司、扬州刺史；萧摩诃为车骑将军[27]、南徐州刺史，封绥远公，始兴王[28]家金帛累巨万，悉以赐之。以司马申为中书通事舍人[29]。

乙丑[30]，尊皇后为皇太后。时帝病创[31]，卧承香殿，不能听政[32]。太后居柏梁殿，百司众务，皆决于太后，帝创愈，乃归政焉。

丁卯[33]，封皇弟叔重为始兴王，奉昭烈王[34]祀。

隋元景山出汉口[35]，遣上开府仪同三司邓孝儒将卒四千攻甑山[36]。镇将军陆纶以舟师救之，为孝儒所败；涢口[37]、甑山、沌阳[38]守将皆弃城走。戊辰[39]，遣使请和于隋，归其胡墅。

己巳[40]，立妃沈氏[41]为皇后，辛未[42]，立皇弟叔俨为寻阳王，叔慎为岳阳王，叔达为义阳王[43]，叔熊[44]为巴山王，叔虞[45]为武昌王。

隋高颎奏，礼不伐丧[46]；二月，己丑[47]，隋主诏颎等班师。

三月，己巳[48]，以尚书左仆射晋安王伯恭为湘州刺史，永阳王伯智[49]为尚书仆射。

夏，四月，庚寅[50]，隋大将军韩僧寿[51]破突厥于鸡头山[52]，上柱国李充[53]破突厥于河北山[54]。

丙申[55]，立皇子永康公胤[56]为太子。胤，孙姬之子，沈后养以为子。

五月，己未[57]，高宝宁引突厥寇隋平州[58]，突厥悉发五可汗[59]控弦[60]之士四十万入长城。

壬戌[61]，隋任穆公于翼卒。

甲子[62]，隋更命传国玺[63]曰“受命玺”。

六月，甲申[64]，隋遣使来吊。

乙酉[65]，隋上柱国李光[66]败突厥于马邑。突厥又寇兰州[67]，凉州总管贺娄子干败之于可洛峐[68]。

隋主嫌长安城制度狭小，又宫内多妖异。纳言苏威劝帝迁都，帝以初受命，难之；夜，与威及高颎共议。明旦，通直散骑庾季才奏曰：“臣仰观乾象[69]，俯察图记[70]，必有迁都之事。且汉营此城，将八百岁，水皆咸卤[71]，不甚宜人。愿陛下协[72]天人之心，为迁徙之计。”帝愕然，谓颎、威曰："是何神也！"太师李穆亦上表请迁都。帝省表曰："天道[73]聪明[74]，已有征应[75]；太师人望[76]，复抗[77]此请；无不可矣。"丙申[78]，诏高颎等创造新都于龙首山[79]。以太子左庶子宇文恺有巧思，领营新都副监[80]。恺，忻之弟也。

秋，七月，辛未[81]，大赦。

九月，丙午[82]，设无导[83]大会于太极殿，舍身及乘舆[84]御服。大赦。

丙午[85]，以长沙王叔坚为司空，将军、刺史如故。

冬，十月，癸酉[86]，隋太子勇屯兵咸阳[87]以备突厥。

十二月，丙子[88]，隋命新都曰大兴城。

乙酉[89]，隋遣沁源公虞庆则屯弘化[90]以备突厥。

行军总管达奚长儒将兵二千，与突厥沙钵略可汗遇于周槃[91]，沙钵略有众十余万，军中大惧。长儒神色慷慨[92]，且战且行，为虏所冲[93]，散而复聚，四面抗拒。转斗三日，昼夜凡十四战，五兵咸尽[94]，士卒以拳殴之，手皆骨见[95]，杀伤万计。虏气[96]稍夺[97]，于是解去[98]。长儒身被五疮[99]，通中[100]者二；其战士死者[101]什八九。诏以长儒为上柱国，余勋回授一子。

时柱国冯昱[102]屯乙弗泊[103]，兰州总管叱列长叉守临洮[104]，上柱国李崇屯幽州，皆为突厥所败。于是突厥纵兵自木硖[105]、石门[106]两道入寇，武威[107]、天水[108]、金城、上郡[109]、弘化、延安[110]，六畜咸尽。

沙钵略更欲南入，达头不从，引兵而去。长孙晟又说沙钵略之子染干[111]诈告沙钵略曰："铁勒[112]等反，欲袭其牙[113]。"沙钵略惧，回兵出塞。

隋主既立，待遇梁主，恩礼弥厚。是岁，纳梁主女为晋王妃，又欲以其子玚尚兰陵公主[114]。由是罢江陵总管[115]，梁主始得专制其国。

（以上为第四段，写隋朝、陈朝、突厥、后梁等四国的战和关系，隋朝与突厥的争战是主线。隋朝初建，为了全力抵御突厥，暂停南伐，高颎借口义不伐丧，撤军北还。）

【注释】

①辛酉：正月十七日。 ②并州：州名。治所晋阳县，在今山西太原西南。 ③益州：州名。治所成都县，在今四川成都。 ④分莅：分别到各地治理政事。莅，临。 ⑤方面：一个方面，东西南北中之一方。 ⑥贞良：正直而有操守的人。 ⑦僚佐：诸王府幕僚，

佐诸王治理政事。⑧灵州：州名。治所富平县，在今宁夏灵武西南。⑨王韶：字子相，历仕周、隋，官至行台右仆射。传见《隋书》卷六十二、《北史》卷七十五。⑩鸿胪卿：官名。掌外蕃朝见、吉凶吊祭。⑪李雄：字毗卢，赵郡高邑（今河北高邑）人，历仕周、隋，官至鸿胪卿。传见《隋书》卷四十六。⑫李彻：字广达，历仕周、隋，官至扬州总管司马。传见《隋书》卷五十四、《北史》卷六十六。⑬元岩（？—593）：字君山，历仕周、隋，官至兵部尚书。传见《隋书》卷六十二、《北史》卷七十五。⑭骨鲠：比喻正直。也作"骨梗"。⑮章句：分析古书的章节句读。⑯病：忧虑，为难。⑰更事：经历世事。⑱北顾：北面。并州位在隋都长安以北。⑲不奉教：不遵从二王的教令。⑳自锁：自我捆绑，以规谏二王。㉑排闼：推开门。排，推开。㉒切谏：直言极谏。切，极力。㉓洛州：州名。治所洛阳，在今河南洛阳。㉔领：统管。古代以兼任较低的职务称领。㉕癸亥：正月十九日。㉖骠骑将军：将军名号。无职事。㉗车骑将军：将军名号。无职事。㉘始兴王：据章校，"王"下应补"叔陵"二字。㉙中书通事舍人：官名。掌诏命及呈奏案章。㉚乙丑：正月二十一日。㉛病创：指被始兴王叔陵砍伤。创，创伤。㉜听政：谓处理政事。㉝丁卯：正月二十三日。㉞昭烈王：即陈武帝兄道谭，仕梁，死于侯景之乱，谥昭烈，后陈武帝又改封为始兴郡王。事见《陈书》卷二十八、《南史》卷六十五。㉟汉口：地名。即汉水入长江之口。在今湖北武汉。㊱甑山：地名。在今湖北汉川东南汉江南岸。㊲涢口：地名。即沮水入汉水之口。㊳沌（zhuàn）阳：地名。在今湖北武汉市蔡甸区东临嶂山下。㊴戊辰：正月二十四日。㊵己巳：正月二十五日。㊶沈氏：陈后主皇后，名婺华。传见《陈书》卷七、《南史》卷十二。㊷辛未：正月二十七日。㊸叔俨、叔慎、叔达：分别为陈宣帝第十五、十六、十七子。传俱见《陈书》卷二十八、《南史》卷六十五。㊹叔熊：陈宣帝第十八子。《陈书》本传"熊"作"雄"，《南史》同。当改作"雄"。㊺叔虞：宣帝第十九子。传俱见《陈书》卷二十八、《南史》卷六十五。㊻礼不伐丧：《周礼》规定，不讨伐正办理丧事的国家。此时陈正为宣帝办理丧事。㊼己丑：二月十五日。㊽己巳：三月二十五日。㊾永阳王伯智：陈文帝第十二子。传见《陈书》卷二十八、《南史》卷六十五。㊿庚寅：四月十七日。(51)韩僧寿（548—612）：字玄庆，韩擒虎弟。历仕周、隋，官至蔚州刺史。传附《隋书·韩擒虎传》《北史·韩擒虎传》。(52)鸡头山：一名笄头山、崆峒山、簿洛山。在今宁夏隆德东。(53)李充：传附《隋书·刘方传》。(54)河北山：山名。即今内蒙古狼山与阴山的合称。(55)丙申：四月二十三日。(56)永康公胤：字承业，陈后主长子。先立为太子，后废为吴兴王。传见《陈书》卷二十八、《南史》卷六十五。(57)己未：五月十六日。(58)平州：州名。治所肥如县，在今河北卢龙县北。

⑲五可汗：沙钵略可汗、第二可汗、达头可汗、阿波可汗、贪汗可汗，共五可汗。 ⑳控弦：拉弓。引申称士兵。 ㉑壬戌：五月十九日。 ㉒甲子：五月二十一日。 ㉓传国玺：皇帝的印章。因玺上有“受命于天”四字，隋乃改为受命玺。 ㉔甲申：六月十二日。 ㉕乙酉：六月十三日。 ㉖李光：按《隋书·高祖本纪上》“光”作“充”。《北史》同。据此，应改作“充”。 ㉗兰州：州名。治所子城县，在今甘肃兰州。 ㉘可洛峐：地名。确址不详，疑在今甘肃境内。 ㉙乾象：乾卦象天，故称天象为乾象。 ㉚图记：地理志。 ㉛咸卤（lǔ）：味咸涩。 ㉜协：和合，服从。 ㉝天道：自然的规律。古人认为天道是支配人类命运的天神意志。 ㉞聪明：明智，聪察。 ㉟征应：证验和应和。 ㊱人望：众人所仰望。 ㊲抗：此为“抗表”的省说。上奏请求皇上重新考虑先前下达的旨意称抗表。 ㊳丙申：六月二十四日。 ㊴龙首山：山名。在今陕西西安北部。《三秦记》载：龙首山长六十里，首入渭水，尾达樊川，头高二十丈，尾部渐低下，可六七丈，色赤。旧时传说有黑龙从南山出来到渭水饮水，其行道便成山，因名龙首山。 ㊵副监：是监领营造新都的副职。 ㊶辛未：七月二十九日。 ㊷丙午：九月初五日。 ㊸导（ài）：佛书用字，同“碍”。今译为“遮”。 ㊹舆：皇帝乘坐的车子。 ㊺丙午：与前“丙午”重复。按《陈书·后主本纪》“午”作“寅”。《南史》同。据此，“午”当改作“寅”。丙寅，九月二十五日。 ㊻癸酉：十月初三日。 ㊼咸阳：地名。故址在今陕西咸阳东北汉长陵。 ㊽丙子：十二月初七日。 ㊾乙酉：十二月十六日。 ㊿弘化：郡名。治所合水县，在今甘肃庆阳北。 (91)周槃（pán）：地名。故址在今甘肃庆阳县境。 (92)慷慨：意气风发，情绪激昂。 (93)冲：突击。 (94)五兵咸尽：五种兵器全都用光。五兵，习惯指矛、戟、弓、剑、戈五种兵器。 (95)骨见（xiàn）：皮肉绽开，露出骨头。 (96)虏气：突厥军的气势。 (97)稍夺：渐渐丧失。 (98)解去：解围而去。 (99)疮：创伤。 (100)通中：贯通，穿透身体。 (101)死者：据章校，“死”下应补“伤”字。 (102)冯昱：传附《隋书·刘方传》《北史·刘方传》。 (103)乙弗泊：湖泊名。故址在今青海海东乐都区西。 (104)临洮：县名。县治在今甘肃岷县。 (105)木硖：关名。故址在今宁夏固原西南。 (106)石门：关名。亦在固原西南。 (107)武威：郡名。治所姑臧县，在今甘肃武威。 (108)天水：郡名。治所上邽县，在今甘肃天水。据章校，“水”下应补“安定”二字。 (109)上郡：郡名。治所洛文县，在今陕西富县。 (110)延安：郡名。治所肤施县，在今陕西延安市城东延河东岸。 (111)染干：沙钵略之子，后为突利可汗。事见《隋书·突厥传》《北史·突厥传》。 (112)铁勒：少数民族名。本匈奴族苗裔，生活在今西起中俄交界处，东至俄蒙之间的广大地区。 (113)牙：指突厥沙钵略可汗牙帐。 (114)兰陵公主：隋文帝第五女，字阿五。传见《隋书·列女传》《北史·列女传》。 (115)罢江陵总管：西魏迁后梁主萧詧于江陵，设置助防，称“防主”，后遂

置总管，今又罢免。

【译文】

正月十七日，隋朝在并州建置河北道行台，任命晋王杨广为尚书令；在益州建置西南道行台，任命蜀王杨秀为尚书令。隋文帝吸取北周孤弱亡国的教训，所以让两个儿子各自镇守一方。由于两王年少，便精心选择忠贞贤良而又有名望的人为两王的部属，任命灵州刺史王韶为并州行台尚书省的右仆射，鸿胪卿赵郡人李雄为兵部尚书，左武卫将军朔方人李彻总管晋王府军事，兵部尚书元岩为益州总管府长史。王韶、李雄、元岩都是有名的耿直大臣，李彻是前朝北周旧臣，所以隋文帝选用了这些人。

当初，李雄家族世代以精通经学而显达，李雄唯独练习骑射。他的哥哥李子旦责备他说："习武不是士大夫的常业。"李雄说："从古以来的圣贤，不能兼备文武而能成就大功业的很少。我李雄虽然不聪敏，却也读了不少古书，只是不墨守章句训诂罢了。我能文能武，兄长为何责备我呢？"等到李雄即将到并州上任，隋文帝对李雄说："我的儿子杨广经事不多，因为你文武兼备，我把北方事务委托给你，我就没有北顾之忧了。"

杨广、杨秀两王喜好奢侈，想要违规办事，王韶、元岩总是拒绝执行两王的命令，有时自加刑铐请罪，有时推开阁门直谏。两王十分敬畏，每件大事都是先与王韶、元岩商议，然后才办，不敢违犯规章。隋文帝听到后，下令嘉奖王韶、元岩。

隋文帝又任命秦王杨俊为河南道行台尚书令、洛州刺史，统领关东兵马。

正月十九日，陈后主陈叔宝任命长沙王陈叔坚为骠骑将军、开府仪同三司、扬州刺史；萧摩诃为车骑将军、南徐州刺史，封为绥远公，还把始兴王陈叔陵的家财亿万金帛，全部赏赐给萧摩诃。任命司马申为中书通事舍人。

正月二十一日，陈后主尊崇柳皇后为皇太后。当时，陈后主伤势很严重，卧病在承香殿，不能听理朝政。柳太后居住在柏梁殿，百官大臣禀奏的繁多事务，都由太后裁决，直到陈后主伤势好转，才把政务归还给陈后主。

正月二十三日，陈后主册封皇弟陈叔重为始兴王，奉祠昭烈王祭祀。

隋朝行军元帅元景山从汉口出兵，派上开府仪同三司邓孝儒率领四千士兵攻打陈朝甑山。陈朝驻镇将军陆纶率领水军救援，被邓孝儒打败；涢口、甑山、沌阳守将都弃城逃走。正月二十四日，陈朝遣使与隋朝讲和，归还去年夺取的胡墅城。

正月二十五日，陈后主册立皇妃沈氏为皇后。正月二十七日，册封皇弟陈叔俨为寻阳王，陈叔慎为岳阳王，陈叔达为义阳王，陈叔熊为巴山王，陈叔虞为武昌王。

隋朝尚书左仆射高颎上奏，按礼不讨伐有丧事的国家。二月十五日，隋文帝下诏高颎等伐陈诸军班师回国。

三月二十五日，陈后主任命尚书左仆射晋安王陈伯恭为湘州刺史，永阳王陈伯智为尚书仆射。

夏季，四月十七日，隋朝大将军韩僧寿在鸡头山打败突厥军队，上柱国李充在河北山打败突厥军队。

四月二十三日，陈后主册立皇子永康公陈胤为皇太子。陈胤，是孙姬生的儿子，沈皇后养为己子。

五月十六日，原北齐营州刺史高宝宁引导突厥军队侵犯隋朝平州，突厥发动了五个可汗的军队四十万人进入长城。

五月十九日，隋朝任穆公于翼去世。

五月二十一日，隋朝改传国玺名为“受命玺”。

六月十二日，隋朝派遣使者到陈朝吊唁。

六月十三日，隋朝上柱国李光在马邑打败突厥军队。突厥军队侵犯兰州，隋朝凉州总管贺娄子干在可洛峐打败了突厥。

隋文帝认为长安宫城规模小，而且宫中时常出现妖异，纳言苏威劝隋文帝迁都，隋文帝认为刚即位，迁都困难。入夜，隋文帝与苏威、高颎一起商议。第二天早上，通直散骑常侍庾季才上奏说：“臣仰观天象，俯察图记，一定有迁都的事。况且自汉朝营建此城以来，已经过了八百多年，水质变咸，不宜饮用。希望陛下上应天意，下顺人心，做好迁都的打算。”隋文帝十分惊讶，对高颎、苏威说：“怎么这样神奇！”太师李穆也上奏请求迁都。隋文帝看罢奏章说：“天道神明，已经有了征兆应验，太师是有名望的人，也上奏了迁都的表章，看来迁都没什么不可以的了。”六月二十四日，隋文帝下诏高颎等人在龙首山下营建新宫城。因为太子左庶子宇文恺有精善巧妙的构思，让他担任营造新宫城的副监。宇文恺，是宇文忻的弟弟。

秋季，七月二十九日，陈朝大赦天下。

九月初五日，陈朝在太极殿举行佛教无遮大法会，陈后主舍身，布施车驾、衣服，大赦天下。

九月二十五日，陈后主任命长沙王陈叔坚为司空，兼领原职骠骑将军、扬州刺史。

冬季，十月初三日，隋朝皇太子杨勇屯兵咸阳防御突厥。

十二月初七日，隋朝命名新都为大兴城。

十二月十六日，隋朝派遣沁源县公虞庆则领兵屯驻弘化防御突厥。

隋朝行军总管达奚长儒领兵两千，与突厥沙钵略可汗在周槃遭遇，沙钵略领兵十余万，隋兵大惧。达奚长儒神色镇定，慷慨激昂，边战边退，队伍遭到突厥军队的冲击，几度冲散又重新聚合，四面抵抗，转战三天三夜，交锋十四次，各种兵器都已耗尽，士兵赤手空拳搏斗，手掌皮开肉绽，露出了骨头，杀伤敌人一万多。突厥军队士气丧失，于是解围而去。达奚长儒身上五处受伤，穿透身体的重伤两处，部下士兵死伤十之八九。隋文帝下诏晋升达奚长儒为上柱国，把他的余勋授给他的一个儿子。

当时隋朝柱国冯昱驻兵在乙弗泊，兰州总管叱列长叉镇守在临洮，上柱国李崇屯驻在幽州，都被突厥打败。于是突厥大肆进兵，从木硖、石门分两路入侵，武威、天水、金城、上郡、弘化、延安等郡的牲畜都被抢掠一空。

沙钵略可汗还想南侵，达头可汗不赞同，引本部兵马离去。长孙晟劝说沙钵略可汗的儿子染干，让他对沙钵略谎报："铁勒等部族起兵造反，要袭击你的牙帐。"沙钵略可汗害怕了，于是退兵出塞。

隋文帝即位后，对待后梁国主萧岿恩礼更厚。这一年，娶后梁国主的女儿为晋王杨广的妃子，还想把五女兰陵公主嫁给后梁国主的儿子萧玚。由于姻亲，隋文帝撤销了江陵总管，后梁国主才得以全权统治梁国。

【原文】

长城公[①]上

至德元年（癸卯，583）

春，正月，庚子[②]，隋将入新都，大赦。

壬寅[③]，大赦，改元[④]。

初，上病创，不能视事，政无大小，皆决于长沙王叔坚，权倾朝廷。叔坚颇骄纵，上由是忌之。都官尚书[⑤]山阴孔范[⑥]，中书舍人施文庆[⑦]，皆恶叔坚而有宠于上，日夕求其短，构[⑧]之于上。上乃即叔坚骠骑将军本号，用三司之仪，出为江州[9]刺史。以祠部尚书[10]江总[11]为吏部尚书。

癸卯[12]，立皇子深[13]为始安王。

二月，己巳朔[14]，日有食之。

癸酉[15]，遣兼散骑常侍贺彻等聘于隋。

突厥寇隋北边。

癸巳[16]，葬孝宣皇帝于显宁陵，庙号高宗。

右卫将军兼中书通事舍人司马申既掌机密，颇作威福，多所谮毁[17]。能候人主颜色[18]，有忤己者，必以微言谮之[19]；附己者，因机[20]进之。是以朝廷内外，皆从风[21]而靡。

上欲用侍中、吏部尚书毛喜为仆射，申恶喜强直[22]，言于上曰："喜，臣之妻兄，高宗时称陛下有酒德[23]，请逐去宫臣[24]，陛下宁忘之邪？"上乃止。

上创愈，置酒于后殿以自庆[25]，引吏部尚书江总以下展乐[26]赋诗。既醉而命毛喜。于时山陵初毕[27]，喜见之，不怿；欲谏，则上已醉。喜升阶，阳为心疾[28]，仆[29]于阶下，移出省中。上醒，谓江总曰："我悔召毛喜，彼实无疾，但欲阻我欢宴，非我所为[30]耳。"乃与司马申谋曰："此人负气[31]，吾欲乞鄱阳兄弟[32]，听其报仇[33]，可乎？"对曰："彼终不为官[34]用，愿如圣旨。"中书通事舍人北地傅縡[35]争之曰："不然。若许报仇，欲置先皇何地？"上曰："当乞一小郡，勿令见人事耳。"乃以喜为永嘉[36]内史。

三月，丙辰[37]，隋迁于新都。

初令民二十一成丁[38]，减役者每岁十二番[39]为二十日役，减调绢一匹为二丈。周末榷[40]酒坊、盐池、盐井，至是皆罢之。

秘书监牛弘上表，以"典籍屡经丧乱[41]，率多散逸[42]。周氏聚书，仅盈万卷。平齐所得，除其重杂[43]，裁[44]益五千。兴集之期，属膺圣世[45]。为国之本，莫此为先。岂可使之流落私家，不归王府[46]！必须勒之以天威[47]，引之以微利，则异典[48]必臻[49]，观阁[50]斯积[51]"。隋主从之。丁巳[52]，诏购求遗书于天下，每献书一卷，赉[53]缣[54]一匹。

夏，四月，庚午[55]，吐谷浑寇隋临洮。洮州[56]刺史皮子信出战，败死[57]；汶州[58]总管梁远击走之。又寇廓州[59]，州兵击走之。

壬申[60]，隋以尚书右仆射赵煚兼内史令。

突厥数[61]为隋寇。隋主下诏曰："往者周、齐抗衡，分割诸夏[62]，突厥之虏，俱通二国。周人东虑[63]，恐齐好之深，齐氏西虞[64]，惧周交之厚；谓虏意轻重，国遂安危[65]，盖并有大敌之忧，思减一边之防也。朕以为厚敛兆庶[66]，多惠豺狼[67]，未尝感恩，资而为贼[68]。节之以礼，不为虚费，省徭薄赋[69]，国用有余。因[70]入贼之物，加赐将士；息道路之民[71]，务为耕织；清边制胜，成策[72]在心。凶丑[73]愚暗[74]，未知深旨，将大定之日，比战国之时；乘昔世之骄，结今时之恨；近者尽其巢窟[75]，俱犯北边，盖上天所忿，驱就齐斧[76]。诸将今行，义兼含育[77]，有降者纳[78]，有违者死[79]，使其不敢南望，永服威刑。何用侍子[80]之朝，宁劳渭桥之拜[81]！"

于是命卫王爽等为行军元帅，分八道出塞击之。爽督总管李充等四将出朔州道[82]，己卯[83]，与沙钵略可汗遇于白道[84]。李充言于爽曰："突厥狃[85]于骤胜，必轻我而无备，以精兵袭之，可破也。"诸将多以为疑，唯长史李彻赞成之，遂与充帅精骑五千掩击[86]突厥，大破之。沙钵略弃所服金甲，潜草中而遁。其军中无食，粉骨为粮，加以疾疫，死者甚众。

幽州总管阴寿帅步骑十[87]万出卢龙塞[88]，击高宝宁。宝宁求救于突厥，突厥方御隋师，不能救。庚辰[89]，宝宁弃城奔碛北[90]，和龙诸县悉平。寿设重赏以购宝宁，又遣人离其腹心；宝宁奔契丹，为其麾下所杀。

己丑[91]，郢州[92]城主[93]张子讥遣使请降于隋，隋主以和好，不纳[94]。

辛卯[95]，隋主遣兼散骑常侍薛舒[96]、兼散骑常侍王劭[97]来聘。劭，松年之子也。

癸巳[98]，隋主大雩。

甲子[99]，突厥遣使入见于隋。

隋改度支尚书为民部[100]，都官尚书为刑部[101]。命左仆射判[102]吏、礼、兵三部事，右仆射判民、刑、工[103]三部事。废光禄[104]、卫尉[105]、鸿胪寺[106]及都水台[107]。

五月，癸卯[108]，隋行军总管李晃破突厥于摩那度口[109]。

乙巳[110]，梁太子琮[111]入朝于隋，贺迁都。

辛酉[112]，隋主祀方泽[113]。

隋秦州总管窦荣定[114]帅九总管步骑三万出凉州，与突厥阿波可汗相拒于高越原[115]，阿波屡败。荣定，炽之兄子也。

前上大将军京兆史万岁[116]，坐事配敦煌[117]为戍卒，诣荣定军门，请自效，荣定素闻其名，见而大悦。壬戌[118]，将战，荣定遣人谓突厥曰："士卒何罪而杀之！但当各遣一壮士决胜负耳。"突厥许诺，因遣一骑挑战。荣定遣万岁出应之，万岁驰斩其首而还。突厥大惊，不敢复战，遂请盟，引军而去。

长孙晟时在荣定军中为偏将[119]，使谓阿波曰，"摄图每来，战皆大胜。阿波才入，遽即奔败，此乃突厥之耻也。且摄图之与阿波，兵势本敌[120]。今摄图日胜[121]，为众所崇[122]；阿波不利，为国生辱[123]。摄图必当以罪归阿波，成其宿计[124]，灭北牙[125]矣。愿自量度[126]，能御之乎？"阿波使至，晟又谓之曰："今达头与隋连和，而摄图不能制，可汗何不依附天子，连结达头，相合为强，此万全计也，岂若丧兵负罪，归就摄图，受其戮辱[127]邪！"阿波然之，遣使随晟入朝。

沙钵略素忌阿波骁悍[128]；自白道败归，又闻阿波贰[129]于隋，因先归，袭击北牙，大破之，杀阿波之母。阿波还，无所归[130]，西奔达头。达头大怒，遣阿波帅兵而东，其部落归之者将十万骑，遂与沙钵略相攻，屡破之，复得故地，兵势益强。贪汗可汗[131]素睦于阿波，沙钵略夺其众而废之，贪汗亡奔达头。沙钵略从弟地勤察，别统部落，与沙钵略有隙，复以众叛归阿波。连兵不已，各遣使诣长安请和求援。隋主皆不许。

六月，庚辰[132]，隋行军总管梁远破吐谷浑于尔汗山[133]。

突厥寇幽州，隋幽州总管广宗壮公李崇帅步骑三千拒之。转战十余日，师人[134]多死，遂保砂城[135]。突厥围之，城荒颓[136]，不可守御，晓夕[137]力战，又无所食，每夜出掠虏营，得六畜以继军粮，突厥畏之，厚为其备，每夜中结陈[138]以待之。崇军苦饥，出辄遇敌，死亡略尽，及明，奔还城者尚百许人[139]，然多重伤，不堪更战[140]。突厥意欲降之，遣使谓崇曰："若来降者，封为特勒[141]。"崇知不免，令其士卒曰："崇丧师徒[142]，罪当万死。今日效命[143]，以谢国家。汝[144]俟[145]吾死，且可降贼，便散走，努力还乡。若见至尊[146]，道崇此意。"乃挺刃[147]突陈，复杀二人，突厥乱射，杀之。秋，七月[148]，以豫州刺史代人周摇[149]为幽州总管。命李崇子敏[150]袭爵。

敏娶乐平公主之女娥英，诏假一品羽仪[151]，礼如尚帝女。既而将侍宴，公主谓敏曰："我以四海与至尊，唯一婿，当为尔求柱国；若余官，汝慎勿谢[152]。"及进见，帝授以仪同及开府，皆不谢。帝曰："公主有大功于我，我何得于其婿而惜官乎！今授汝柱国。"敏乃拜而蹈舞[153]。

八月，丁卯朔[154]，日有食之。

长沙王叔坚未之江州，复留为司空，实夺之权。

壬午[155]，隋遣尚书左仆射高颎出宁州[156]道，内史监虞庆则出原州[157]道，以击突厥。

九月，癸丑[158]，隋大赦。

冬，十月，甲戌[159]，隋废河南道行台省，以秦王俊为秦州[160]总管，陇右[161]诸州尽隶焉。

丁酉[162]，立皇弟叔平为湘东王，叔敖为临贺王，叔宣为阳山王，叔穆为西阳王[163]。

戊戌[164]，侍中建昌侯徐陵卒。

癸丑[165]，立皇弟叔俭为安南王，叔澄为南郡王，叔兴为沅陵王，叔韶为岳山王，叔纯为新兴王[166]。

十一月[167]，遣散骑常侍周坟、通直散骑常侍袁彦聘于隋。帝闻隋主状貌异人，使彦画像而归。帝见，大骇曰："吾不欲见此人。"亟[168]命屏之[169]。

隋既班律令，苏威屡欲更易事条[170]，内史令李德林曰："修律令时，公何不言？今始颁行，且宜专守，自非大为民害，不可数更。"

河南道行台兵部尚书杨尚希[171]曰："窃见当今郡县，倍多[172]于古。或地无百里，数县并置；或户不满千,二郡分领。具僚[173]已众，资费日多；吏卒增倍，租调岁减；民少官多，十羊九牧[174]。今存要去闲[175]，并小为大，国家则不亏粟帛，选举则易得贤良。"苏威亦请废郡。帝从之。甲午[176]，悉罢诸郡为州。

十二月，乙卯[177]，隋遣兼散骑常侍曹令则、通直散骑常侍魏澹[178]来聘[179]。澹，收之族也。

丙辰[180]，司空长沙王叔坚免。叔坚既失恩，心不自安，乃为厌媚[181]，醮日月[182]以求福。或上书告其事，帝召叔坚，囚于西省，将杀之，令近侍宣敕数之。叔坚对曰："臣之本心，非有他故，但欲求亲媚耳。臣既犯天宪[183]，罪当万死。臣死之日，必见叔陵，愿宣明诏，责之于九泉[184]之下。"帝乃赦之，免官而已。

隋以上柱国窦荣定为右武卫大将军。荣定妻，隋主姊安成公主也。隋主欲以荣定为三公，辞曰："卫、霍、梁、邓[185]，若少自贬损[186]，不至覆宗[187]。"帝乃止。

帝以李穆功大，诏曰：“法备小人，不防君子。太师申公，自今虽有罪，但非谋逆[188]，纵有百死，终不推问[189]。”

礼部尚书牛弘请立明堂，帝以时事草创[190]，不许。

帝览刑部奏，断狱[191]数犹至万，以为律尚严密，故人多陷罪[192]。又敕苏威、牛弘等更定[193]新律，除死罪八十一条，流罪一百五十四条，徒杖等千余条，唯定留五百条，凡十二卷[194]。自是刑网简要，疏而不失[195]。仍置律博士弟子员[196]。

隋主以长安仓廪[197]尚虚，是岁，诏西自蒲、陕[198]，东至卫、汴[199]，水次[200]十三州[201]，募丁运米。又于卫州置黎阳仓[202]，陕州置常平仓[203]，华州置广通仓[204]，转相灌输[205]。漕[206]关东及汾、晋之粟以给长安。

时刺史多任武将，类不称职[207]。治书侍御史柳彧[208]上表曰：“昔汉光武[209]与二十八将[210]，披荆棘，定天下，及功成之后，无所任职。伏见诏书，以上柱国和千子为杞州[211]刺史。千子前任赵州，百姓歌之曰：‘老禾不早杀[212]，余种秽良田。’千子，弓马武用，是其所长；治民莅众[213]，非其所解[214]。如谓优老尚年[215]，自可厚赐金帛；若令刺举[216]，所损殊大。”帝善之。千子竟免。

彧见上勤于听受，百僚奏请，多有烦碎，上疏谏曰：“臣闻上古圣帝，莫过唐、虞[217]，不为丛脞[218]，是谓钦明[219]。舜任五臣[220]，尧咨四岳[221]，垂拱[222]无为，天下以治。所谓劳于求贤，逸于任使。比见陛下留心治道，无惮疲劳，亦由群官惧罪，不能自决，取判天旨[223]，闻奏过多。乃至营造细小之事，出给轻微之物，一日之内，酬答百司[224]。至乃日旰[225]忘食，夜分[226]未寝，动以文簿忧劳圣躬[227]。伏愿察臣至言[228]，少减烦务，若经国[229]大事，非臣下裁断者，伏愿详决，自余细务，责成所司[230]；则圣体尽无疆之寿，臣下蒙覆育[231]之赐。”上览而嘉之，因曰：“柳彧直士[232]，国之宝也。”

彧以近世风俗，每正月十五夜，然灯游戏[233]，奏请禁之，曰：“窃见京邑[234]，爰及[235]外州，每以正月望夜[236]，充街塞陌[237]，聚戏朋游[238]，鸣鼓聒天[239]，燎炬[240]照地，竭赀[241]破产，竞此一时。尽室并孥[242]，无问贵贱，男女混杂，缁素[243]不分。秽行[244]因此而成，盗贼由斯而起，因循弊风，曾无先觉[245]。无益于化，实损于民，请颁天下，并即禁断。”诏从之。

（以上为第五段，写南朝陈后主昏庸，任用亲信小人，贤才遭忌，恰与北朝隋文帝亲贤远佞形成鲜明对比。隋文帝纳谏、识才，对外打击突厥，对内约法省刑，励精图治，号称圣明。）

【注释】

①长城公：陈朝末代皇帝陈叔宝，宣帝嫡长子，字元秀，小字黄奴，史称后主。长城公是他死后隋文帝所追封的爵号。 ②庚子：正月初一日。 ③壬寅：正月初三日。④改元：由太建十五年改为至德元年。 ⑤都官尚书：官名。后改为刑部尚书，掌刑法。⑥孔范：字法言。仕陈，官至都官尚书。传见《南史》卷七十七。 ⑦施文庆（？—589）：陈朝权奸，传附《陈书·任忠传》《南史·恩幸传》。 ⑧构：设法造成犯罪事实。⑨江州：州名。治所湓口城，在今江西九江。 ⑩祠部尚书：官名。掌宗庙祭祀之礼。⑪江总（519—594）：字总持，济阳考城（今河南民权县东北）人，历仕梁、陈，官至尚书令。传见《陈书》卷二十七、《南史》卷三十六。 ⑫癸卯：正月初四日。 ⑬皇子深：陈后主第四子，传见《陈书》卷二十八、《南史》卷六十五。 ⑭己巳朔：二月初一日。 ⑮癸酉：二月初五日。 ⑯癸巳：二月二十五日。 ⑰谮（zèn）毁：诬陷诋毁。 ⑱候人主颜色：看君主脸色行事。 ⑲微言谮之：指司马申向皇帝打小报告，陷害违忤自己的大臣。微言，打小报告。 ⑳因机：乘机。 ㉑从风：即跟风。比喻跟随得迅速。 ㉒强（jiàng）直：固执而正直。 ㉓酒德：周公曾告诫成王说："无若殷王受之迷乱，酗于酒德哉！"意思是不要像纣王心迷政乱，以酗酒为德。 ㉔宫臣：指太子东宫臣僚。 ㉕自庆：为自己创伤愈合而高兴。 ㉖展乐：陈设乐舞。 ㉗山陵初毕：谓料理宣帝丧事刚刚完毕。 ㉘阳为心疾：假装心脏病发作。阳，通"佯"，假装。 ㉙仆：跌倒。㉚非我所为：言毛喜以后主所为为非。 ㉛负气：谓恃其意气，不肯屈服于人。 ㉜鄱阳兄弟：鄱阳王陈伯山，陈文帝第三子。鄱阳兄弟指陈文帝诸子。 ㉝听其报仇：因宣帝篡位时，杀刘师知、刘仲举父子以及始兴王伯茂，皆由毛喜谋划，故让鄱阳兄弟杀毛喜以报仇。 ㉞官：陈朝臣子多称其君为官。 ㉟傅縡：字宜事。仕陈，官至秘书监。传见《陈书》卷三十、《南史》卷六十九。 ㊱永嘉：郡名。治所永宁县，在今浙江温州。㊲丙辰：三月十八日。 ㊳二十一成丁：即二十一岁成为丁壮劳力。古代规定成丁后即向国家纳税服役。 ㊴十二番：每年十二番，则服役三十六日。番，古代农民要轮番向国家服役。每月三日，称为一番。 ㊵榷（què）：专利，专卖。周末，官府置酒坊收利，盐池、盐井皆禁百姓采用。 ㊶丧乱：死丧祸乱。多指战乱。 ㊷散逸：闲散，散失。 ㊸重（chóng）杂：重复杂芜。 ㊹裁：与"才"同。 ㊺属膺圣世：降临在太平盛世。属，托付。膺，受，当。 ㊻王府：官府，国家。 ㊼天威：天帝的威严。后也指帝王的威严。 ㊽异典：珍贵的典籍。 ㊾臻：至，来到。 ㊿观阁：藏书之所。汉

代有东观、石渠阁等藏书之所。 ㉛斯积：堆满。斯，皆，尽。 ㉜丁巳：三月十九日。 ㉝赉（lài）：赐予。 ㉞缣（jiān）：双丝织的微带黄色的细绢。 ㉟庚午：四月初三日。 ㊱洮州：州名。治所美相县，故址在今甘肃临潭西南。 ㊲败死：谓兵败而死。 ㊳汶（wèn）州：州名。治所广阳县，在今四川汶川茂县西北。 ㊴廓州：州名。治所浇河城，在今青海贵德县。 ㊵壬申：四月初五日。 ㊶数：屡次，多次。 ㊷诸夏：古代汉族自称为夏，如诸夏、华夏等。 ㊸东虑：齐国在东，故周担心齐入侵为东虑。 ㊹西虞：周国在西，故齐对周的戒备为西虞。虞，忧虑，戒备。 ㊺虏意轻重，国遂安危：突厥的意向，决定了周国与齐国的安危，虏，指突厥。 ㊻厚敛兆庶：向老百姓征收重税。兆庶，即兆民，万民。 ㊼豺狼：此指突厥族。 ㊽贼：盗贼。此指突厥攻掠边民。 ㊾省徭薄赋：减省徭役，少征赋税。 ㊿因：用。 71息道路之民：使人民休养生息。 72成策：已定的策略。 73凶丑：此指突厥。 74愚暗：愚昧。 75尽其巢窟：谓倾国而来。 76齐斧：用于征伐之斧。凡出师必斋戒入祖庙受斧，故曰齐斧。齐（zī），通“资”。 77含育：上天含生之德。此指安抚。 78有降者纳：有来降的突厥人应当接纳。 79有违者死：敢于抗拒官军的突厥，坚决消灭。 80侍子：古代诸侯或属国的王遣子入侍皇帝，称侍子。 81渭桥之拜：汉宣帝时，匈奴呼韩邪单于率众降汉，宣帝登渭桥，单于及诸少数民族君长、王侯迎拜于渭桥下，呼喊万岁。渭桥，渭水之上的桥，故址在陕西咸阳东北。 82朔州道：地名。自马邑出塞。马邑在今山西朔州。 83己卯：四月十二日。 84白道：地名。在今内蒙古呼和浩特市西北，是河套东北地区通往阴山以北的交通要道。 85狃（niǔ）：习惯。 86掩击：乘人不备，突然袭击。 87步骑十：据章校，“十”应改作“数”字。 88卢龙塞：关塞名。故址在今河北喜峰口附近。古有塞道，是河北通往东北的交通要道。 89庚辰：四月十三日。 90碛（qì）北：地名。大漠以北，指今蒙古国东部一带。 91己丑：四月二十二日。 92郢（yǐng）州：州名。治所江夏县，在今湖北武汉市武昌区。 93城主：一城之主。 94不纳：没有接受郢州城主的投降。纳，受。 95辛卯：四月二十四。 96薛舒：传附《北史·薛憕传》。 97王劭：字君懋，太原晋阳（今山西太原西南）人。历仕北齐、周与隋，隋炀帝时官至秘书少监。前后任史官二十多年，著有《齐志》《齐书》《隋书》等。传见《隋书》卷六十九、《北史》卷三十五。 98癸巳：四月二十六日。 99甲子：四月己巳朔，无甲子。《隋书·高祖纪》“甲子”作“甲午”，《北史》作“甲申”，按“子”“午”形近，作“甲午”，是。甲午，四月二十七日。 100民部：此当作民部尚书，官名。职掌同度支尚书。 101刑部：此亦当作刑部尚书，官名。掌刑法。 102判：古代官制，以高官兼任低职称判。 103工：即工部，官署名。尚书省六部之一，掌百工之事。 104光禄（寺）：官署名。掌宫殿门户。

⑯卫尉（寺）：掌门卫屯兵。⑯鸿胪寺：掌宾客礼仪。⑰都水台：官署名。掌山泽、水利。⑱癸卯：五月初六日。⑲摩那度口：地名。地址不详。《隋书》卷一“度”作“渡”。⑩乙巳：五月初八日。⑪梁太子琮：即萧琮，萧岿之子，字仁远。梁国废后，封梁公，官至内史令。传附《周书·萧岿传》《隋书·萧岿传》《北史·萧岿传》。⑫辛酉：五月二十四日。⑬祀方泽：夏至日祭地之处。掘地为方池，贮水而祭，故称方泽。⑭窦荣定（530—586）：扶风平陵（今陕西咸阳西北）人。历仕周、隋，官至左武卫大将军。传见《周书》卷三十、《隋书》卷三十九、《北史》卷六十一。⑮高越原：地名。故址在今内蒙古阿拉善右旗和甘肃民勤县西北一带。⑯史万岁（？—600）：京兆杜陵（今陕西西安市东南）人。历仕周、隋，官至河州刺史。传见《隋书》卷五十三、《北史》卷七十三。⑰敦煌：郡名。治所敦煌市，故址在今甘肃敦煌市西。⑱壬戌：五月二十五日。⑲偏将：非主力军之将，即偏裨。⑳本敌：本来势均力敌。㉑日胜：一天天取胜。㉒崇：尊敬，崇拜。㉓生辱：造成了耻辱。㉔宿计：一向就有的计谋。㉕北牙：指阿波可汗。阿波可汗建牙帐在摄图之北。㉖量度：审察，测定。㉗戮辱：刑辱。㉘骁悍：勇捷而凶悍。㉙贰：两属。此指阿波可汗既依附于突厥沙钵略可汗，又依附于隋朝。㉚无所归：回去后无地方落脚。㉛贪汗可汗：隋时突厥可汗之一。事见《隋书·突厥传》《北史·突厥传》。㉜庚辰：六月十四日。㉝尔汗山：地名。故址今在何处，不详。㉞师人：兵士。㉟砂城：地名。故址在今河北怀来县。㊱荒颓：荒废坍塌。㊲晓夕：早晚。㊳结陈：排成阵列。陈，同“阵”。㊴百许人：一百多人。㊵不堪更战：不能再战。㊶特勒：突厥族对可汗子弟的称呼。按：特勒，钱大昕《十驾斋养新录》卷六《特勤当从石刻》，近时在蒙古发现唐人契苾明碑、阙特勤碑，碑文及碑额皆作“特勤”。据此，“特勒”应改从“特勤”为是。㊷师徒：兵士。㊸效命：舍命报效。㊹汝：你。㊺俟：等待。㊻至尊：极其尊贵。指天子。㊼挺刃：拔刀。㊽七月：据章校，“月”下应补“辛丑”二字。㊾周摇：字世安。初以普乃氏为姓，后改为周氏。历仕周、隋，官至幽州总管。传见《隋书》卷五十五、《北史》卷七十三。㊿子敏：即李崇之子李敏（579—615），字树生。仕隋，官至将作监。传附《隋书·李穆传》《北史·李贤传》。⑮一品羽仪：仪仗队规制同一品官。⑮谢：谢恩。⑮蹈舞：臣下朝贺时对皇帝表示敬意的一种仪节。⑮丁卯朔：八月初一日。⑮壬午：八月十六日。⑮宁州：州名。治所安定州市，在今甘肃宁县。⑮原州：州名。治所高平县，在今宁夏固原。⑮癸丑：九月十八日。⑮甲戌：十月九日。⑯秦州：州名。治所上邽县，在今甘肃天水。⑯陇右：旧指陇山以西至黄河以东之地。⑯丁酉：十月丙寅朔，无丁酉。按《南史·陈后主纪》作“十一月，丁

酉”，是。丁酉，十一月三日。丁酉前应补“十一月”三字。 ⑯叔平、叔敖、叔宣、叔穆：叔平，陈宣帝第二十子；叔敖，宣帝第二十一子；叔宣，宣帝第二十二子；叔穆，宣帝第二十三子。传俱见《陈书》卷二十八、《南史》卷六十五。 ⑯戊戌：十一月四日。⑯癸丑：十一月十九日。 ⑯叔俭、叔澄、叔兴、叔韶、叔纯：叔俭，陈宣帝第二十四子；叔澄，宣帝第二十五子；叔兴，宣帝第二十六子；叔韶，宣帝第二十七子；叔纯，宣帝第二十八子。传俱见《陈书》卷二十八、《南史》卷六十五。 ⑯十一月：“十一月”三字当上移至“丁酉”之前。 ⑯亟：赶快，急速。 ⑯屏之：除去隋主画像。 ⑰更易事条：更改其中某些条款。 ⑰杨尚希（534—590）：历仕周、隋，官至蒲州刺史。传见《隋书》卷四十六、《北史》卷七十五。 ⑰倍多：数量多。倍，多。 ⑰具僚：配备应有的僚佐。此指官僚。 ⑰十羊九牧：羊比喻民，牧比喻官。意思是民少官多，赋敛剥削较重。 ⑰存要去闲：谓精减官员。因官多民少，致使无事可做。 ⑰甲午：《隋书》本纪同，《北史》同。然十一月丙申朔，无甲午，疑“甲午”前脱“十二月”三字。甲午，十二月二十九日。 ⑰乙卯：十二月乙丑朔，无乙卯。按《隋书·高祖纪》作“闰十二月，乙卯”，盖“十”前脱一“闰”字，当补。乙卯，闰十二月二十二日。 ⑰魏澹：字彦深，巨鹿下曲阳（今河北晋州西）人。历仕北齐、周与隋，官至行台礼部侍郎。曾撰《后魏书》九十二卷，以纠正魏收所著《魏书》中的谬误。传见《隋书》卷五十、《北齐书》卷二十三、《北史》卷五十六。 ⑰来聘：来到我梁朝访问。即出使。 ⑱丙辰：闰十二月二十三日。 ⑱厌媚：用迷信的方法，祈祷鬼神或诅咒。媚，通“魅”。 ⑱醮日月：设坛祭祀日月。 ⑱天宪：朝廷的法令。 ⑱九泉：地下深处。指人死后埋葬的地方。⑱卫、霍、梁、邓：卫、霍两姓为西汉外戚，卫氏被诛于武帝末年，霍氏被诛于宣帝时；梁、邓两姓为东汉外戚，因专权，桓帝诛灭梁氏，安帝废弃邓氏。 ⑱贬损：抑制，压低。 ⑱覆宗：覆灭宗族。 ⑱谋逆：阴谋反叛朝廷。 ⑱推问：指犯罪后推究审问。 ⑲草创：凡事初设均称草创。 ⑲断狱：审理和判断案件。 ⑲陷罪：本不致犯罪，因刑法严密而陷于罪。 ⑲更定：修改审定。 ⑲凡十二卷：一名例，二卫禁，三职制，四户婚，五厩库，六擅兴，七贼盗，八斗讼，九诈伪，十杂律，十一捕亡，十二断狱，计为十二卷。 ⑲疏而不失：刑法宽大，犯法的仍得以治罪。 ⑲律博士：法律博士。弟子员：学生，从律博士学习法律。 ⑲仓廪：储藏米谷的仓库。 ⑲蒲、陕：皆州名。蒲州，治所蒲坂县，在今山西永济市西南。陕州，治所陕县，在今河南三门峡市西。⑲卫、汴：皆州名。卫州，治所汲县，在今河南卫辉市。汴州，治所浚仪，在今河南开封市。 ⑳水次：水边。 ⑳十三州：指华、陕、谷、洛、管、汴、汾、晋、蒲、绛、怀、卫、相，凡十三州。 ⑳黎阳仓：仓名。故址在今河南浚县西南。 ⑳常平仓：仓名。故址在今河南灵宝市北。 ⑳④广通仓：仓名。又名永丰仓。故址在今陕西华阴市东北。渭河入黄河口处。 ⑳⑤灌输：灌注输送。 ⑳⑥漕：水运称漕。 ⑳⑦类不称（chèn）职：大都不胜任。类，大抵，一般。 ⑳⑧柳彧：字幼文，河东解（今山西运城市朔州）人。历仕周、隋，官至仪同三司，加员外散骑常侍。传见《隋书》卷六十二、《北史》卷七十七。 ⑳⑨汉光武：即光武帝刘秀，东汉开国皇帝，25年至57年在位。 ㉑⓪二十八将：中兴二十八将，俱东汉开国功臣。 ㉑①杞州：州名。治所雍丘县，在今河南杞县。㉑②杀：收割。 ㉑③治民莅众：治理百姓。莅（lì），临视。 ㉑④解：晓得，明白。 ㉑⑤优老尚年：优待老年人。 ㉑⑥刺举：汉置刺史，掌刺举郡县吏。刺举原有侦察检举之意。㉑⑦唐、虞：即唐尧、虞舜，传说中的上古圣王。 ㉑⑧丛脞（cuǒ）：烦琐，细碎。 ㉑⑨钦明：钦，敬。《尚书·尧典》："钦明文思安安。" ㉒⓪舜任五臣：舜任用五臣而天下大治。五臣指禹、稷、契、皋陶、伯益。 ㉒①四岳：相传为唐尧臣子羲和的四个儿子，分掌四岳之诸侯。 ㉒②垂拱：垂衣拱手。形容无为而治。 ㉒③取判天旨：取决于皇帝旨意。判，决。 ㉒④酬答百司：应对众多有关部门。 ㉒⑤日旰（gàn）：日已晚。 ㉒⑥夜分：半夜。 ㉒⑦圣躬：圣体，指皇帝的身体。 ㉒⑧至言：至理之言。 ㉒⑨经国：治国。 ㉓⓪所司：事情所属的部门。 ㉓①覆育：天地的庇护化育。 ㉓②直士：正直之士。 ㉓③然：通"燃"，点燃。 游戏：指正月十五闹元宵之游戏。 ㉓④京邑：京城。 ㉓⑤爰及：于，及。爰为语首助语，无实意。 ㉓⑥望夜：每月十五日夜。月旦以日月合，谓之朔；十五日以日月相望，称为望。 ㉓⑦充街塞陌：塞满了大街小巷。陌，街道。 ㉓⑧朋游：朋友旧交。㉓⑨聒（guō）天：声音震天。聒，声音嘈杂。 ㉔⓪燎炬：火把，火炬。 ㉔①赀：同"资"。㉔②孥（nú）：此指奴婢。 ㉔③缁（zī）素：僧徒、百姓。缁，僧徒所穿衣服。素，指俗众。㉔④秽行：鄙贱、不正经的行为。 ㉔⑤先觉：预先认识揽察。

【译文】

长城公上

陈长城公至德元年（癸卯，583）

春季，正月初一日，隋朝准备迁都大兴城，大赦天下。

正月初三日，陈朝大赦，改年号为至德。

当初，陈后主受伤，不能上朝理政，事务无论大小，都由长沙王陈叔坚决断，权倾满朝。陈叔坚很是骄纵，陈后主因此猜忌他。都官尚书山阴人孔范，中书舍人施文庆，都讨厌陈叔坚而受到陈后主宠幸。两人从早到晚，寻找陈叔坚的短处，向陈后主打小报告。于是陈后主就让陈叔坚以骠骑将军的称号，用仪同三司的仪仗，外放为江州刺史，任命祠部尚书江总为吏部尚书。

正月初四日，陈后主册立皇子陈深为始安王。

二月初一日，发生日食。

二月初五日，陈朝派兼散骑常侍贺彻等出使隋朝。

突厥侵犯隋朝北方边境。

二月二十五，陈朝安葬陈宣帝于显宁陵，庙号高宗。

陈朝右卫将军兼中书通事舍人司马申掌管机密后，借势作威作福，许多人被他在陈后主面前诬陷。司马申善于看陈后主的脸色行事，凡是冒犯了自己的人，一定在陈后主面前进谗言诬陷；依附自己的人，便找机会向陈后主推荐提升。因此，朝廷内外，很多人巴结他成为一时风气。

陈后主想任命侍中、吏部尚书毛喜为尚书仆射，司马申厌恶毛喜刚强正直，于是对陈后主说："毛喜，是臣的内兄，他在高宗时曾说过陛下酗酒成性，请求高宗皇帝逐走东宫的侍臣，陛下难道忘了吗？"陈后主于是打消了用毛喜为尚书仆射的念头。

陈后主伤势痊愈，在后殿摆下酒宴庆贺，请来吏部尚书江总以下的公卿大臣观看音乐演奏，赋诗助兴。陈后主醉酒以后，命令毛喜赋诗。当时，陈宣帝刚刚下葬，毛喜看到陈后主如此作乐，很不高兴，想要进谏，见陈后主已经喝醉。毛喜登上台阶，假装心病发作，扑倒在台下，被人抬出宫中。陈后主酒醒后，对江总说："我后悔召毛喜赴宴，他根本没有病，只是想阻止我办宴会，不赞成我的做法。"于是与司马申商议，说："这个人太高傲，我想听任鄱阳王兄弟找毛喜报仇，可以吗？"司马申回答说："他终究不为陛下所用，就按皇上的意思办。"中书通事舍人北地人傅縡争辩说："不能这样。如果让鄱阳王兄弟报仇，把先皇宣帝置于何地？"陈后主说："那就把毛喜外放到一个小郡，不要让他看到朝廷的事。"于是外放毛喜为永嘉内史。

三月十八日，隋朝迁都到大兴城。

隋朝颁布新法令，规定平民男丁二十一岁为成年人，将成年男子每年服役三十天减为二十天；不服役者缴纳绢一匹四丈减为两丈。北周末由官府专营的酒坊、盐池、盐井，这时也解除了禁令。

隋朝秘书监牛弘上表，认为"国家收藏的典籍，经过多次战乱，大多散失。北周积聚的藏书，仅有一万多卷。平定北齐得到的典籍，除去重复的，只增加了五千卷。大规模收藏典籍，只有在圣明的太平盛世才能做到。治国的根本，没有比这更重要的了。怎能让典籍长久流落私人手中，而不集中于国家呢？必须运用皇上的天威来动员私人献书，并给献书的人少许的报酬，那么，奇书秘籍一定会送来，国家书库就会越聚越多。”隋文帝采纳了牛弘的建议。三月十九日，隋朝下诏向全国征集失散的典籍，每献书一卷，赏绢一匹。

夏季，四月初三日，吐谷浑侵犯隋朝临洮郡。洮州刺史皮子信出战，兵败战死；汶州总管梁远出击赶走了吐谷浑。吐谷浑又侵犯了廓州，州兵将来犯之敌击退。

四月初五日，隋朝任命尚书右仆射赵煚兼内史令。

突厥多次侵犯隋朝。隋文帝下诏说：“先前周、齐对抗，分裂华夏，突厥与两国都通使交好。周人忧虑东边，害怕齐人与突厥友好太深；齐人忧虑西边，害怕周人与突厥交谊太厚，都认为突厥的动向关系国家的安危。这是因为大敌当前，双方都想减轻另一边防御的负担。朕认为加重百姓的赋税，送给豺狼般的突厥，一点也不感恩，反而助长了突厥攻掠的贼心。朕认为用礼来节制突厥，不再浪费财物，这样可以轻徭薄赋，国家支出也有盈余。所以要把原来送给突厥贼人的财物，用来赏赐给将士；减少运送物资的民夫，让他们专心耕织；清除边患，克敌制胜，心中已有成功的算计。突厥凶顽愚蠢，根本不懂这些道理，它把当前天下太平的好日子，看作是称雄争霸的战国之世，凭借前代养成的骄气，结下今日的仇恨。近来突厥倾巢出动，齐来侵犯我国北边的疆土，这是上天愤怒，驱使他们来挨利斧。各位将帅，这次出征，兼有讨伐与安抚的目的，凡是来投降的要接纳，负隅顽抗的予以歼灭，务必让突厥不敢向南张望，永远服从我大隋朝的威刑，何必等待沙钵略送质子入朝，也无须他亲自跪拜在渭桥之下。”

于是命令卫王杨爽等人为行军元帅，分兵八路出塞反击突厥。杨爽命令行军总管李充等四位将领由朔州道出塞。四月十二日，隋朝大军在白道与沙钵略军队遭遇。李充对杨爽说：“近来突厥多次获胜，一定轻视我军不加防备，如果我们用精兵攻击，一定能取胜。”众将官大多数有疑虑，只有元帅府长史李彻赞成，于是李彻和李充率领精骑五千人突击突厥，大获全胜。沙钵略丢弃了身穿的金甲，潜伏在深草中才得以逃脱。突厥军队缺少粮食，便捣碎尸骨为粮，加上疾病，死亡的人非常多。

幽州总管阴寿率领步骑十万从卢龙塞出击，进攻高宝宁。高宝宁向突厥求救，突厥正在抵御隋军，不能派兵救援。四月十三日，高宝宁丢弃和龙城，逃奔大漠以北，和龙城所属各县全部被平定。阴寿悬重赏购高宝宁的人头，又派人离间他的心腹；高宝宁逃奔到契丹，被他的部下杀死。

四月二十二日，陈朝郢州城主张子讥派使者向隋朝投降，隋文帝因为隋陈两国和好，不肯接纳。

四月二十四日，隋文帝派遣兼散骑常侍薛舒、王劭出使陈朝。王劭，是王松年的儿子。

四月二十六日，隋文帝举行祈雨典礼。

四月二十七日，突厥派出使者朝见隋文帝。

隋朝改度支尚书为民部，都官尚书为刑部，又命令尚书左仆射兼职吏、礼、兵三部事务，命令尚书右仆射兼职民、刑、工三部事务。裁撤光禄寺、卫尉寺、鸿胪寺以及都水台。

五月初六日，隋朝行军总管李晃在摩那度口击破突厥军队。

五月初八日，后梁国太子萧琮入隋朝见隋文帝，祝贺隋朝迁都。

五月二十四日，隋文帝祭祀方泽。

隋朝秦州总管窦荣定率领九位总管步骑三万从凉州西出，在高越原与突厥阿波可汗展开激战，阿波可汗屡战屡败。窦荣定，是太傅窦炽哥哥的儿子。

前上大将军京兆人史万岁，因犯罪被发配到敦煌为戍卒，他来到窦荣定军营，请求立功赎罪。窦荣定早就听说史万岁的英勇，见面后很高兴。五月二十五日，两军将要交战，窦荣定派人对突厥说："士兵们没有什么罪过，何必让他们互相厮杀！今天两军各派一个壮士来决胜负就罢了。"突厥同意，便派出一员骑将挑战，窦荣定派史万岁出阵应战，史万岁驰马斩敌首级而还。突厥非常害怕，不敢再战，于是请求议和，领兵退走。

长孙晟当时在窦荣定军中当偏将，他派人对阿波可汗说："沙钵略可汗摄图每次入塞，都获大胜。你阿波可汗，刚一入塞，立即败逃，这是突厥的耻辱。况且摄图与阿波兵力势均力敌。如今摄图一天天打胜仗，为众人推崇，阿波一败再败，为国家蒙羞。摄图一定会把罪名加在你头上，了却他向来的心愿，灭掉北边的牙帐。希望你自己度量一下，能够抵挡摄图吗？"阿波可汗的使者来到隋营，长孙晟又对他说："如今达头可汗玷厥已经与隋朝联合，而摄图不能控制他，阿波可汗何不依顺大隋天子，与达头可汗联合，合起来势力强大，这才是万全的计划，难道不比打败仗背罪名，依附摄图，遭到他的羞辱、杀戮强吗？"阿波可汗认为长孙晟说得对，派使者随着长孙晟入隋朝见天子。

沙钵略可汗一向猜忌阿波可汗骁勇强悍；沙钵略从白道战败回归，又听说阿波可汗背叛自己倒向隋朝，于是抢先回国，袭击北边阿波可汗的牙帐，大败阿波可汗部众，杀了他的母亲。阿波可汗回去后，没了住处，只得西奔达头可汗。达头可汗大怒，便派阿波可汗率军向东杀回，阿波可汗失散的部众纷纷前来归附约十万骑。于是阿波可汗就与沙钵略可汗交战，屡次大捷，收复了失地，兵势更加强盛。贪汗可汗一向与阿波可汗友好和睦，沙钵略可汗兼并了贪汗可汗的部众并废黜了他，贪汗可汗逃奔达头可汗。沙钵略可汗的从弟地勤察另外统有部落，地勤察与沙钵略可汗有嫌隙，也率领部落叛归阿波可汗。于是双方交战不已，后来，阿波可汗、沙钵略可汗都派使者到长安向隋朝请和求援，隋文帝都不准许。

六月十四日，隋朝行军总管梁远在尔汗山打败了吐谷浑的军队。

突厥入侵幽州，隋朝幽州总管广宗壮公李崇率领三千步骑抵抗。激战十多天，隋军伤亡惨重，退守砂城。突厥军包围砂城，砂城荒废坍塌，无法据城守御，加上日夜苦战，又没有粮草，隋军不得已乘夜去抢掠突厥军营，夺取牛羊等六畜充作军粮，突厥军队害怕，就严加戒备，每夜集结战阵等待隋军。李崇军队苦于饥饿，仍派兵去劫营，遭到反击，结果死亡殆尽，天明后，逃回城来的只有一百多人，而且大多身负重伤，不能再作战。突厥想使隋军投降就派遣使者对李崇说："如果来投降，就封你为特勒。"李崇知道难逃一死，就对部下士卒说："我李崇损兵折将，罪该万死。今天只有牺牲性命，用以报效国家。你们等我死后，可暂时投降敌军，然后寻找机会分散逃走，努力回乡。如能见到皇上，要奏报我李崇已尽力为国捐躯。"于是拔刀冲入敌阵，连杀二人，突厥军队乱箭齐发，将李崇射死。秋季，七月，隋朝任命豫州刺史代郡人周摇为幽州总管。又任命李崇的儿子李敏继承父爵为广宗公。

李敏娶乐平公主的女儿娥英为妻，隋文帝下诏赐给一品羽仪，礼仪依照娶皇帝之女。礼毕，李敏将入宫侍宴隋文帝，乐平公主对李敏说："我把天下都让给了皇上，现在仅有你这个女婿，应当为你求得柱国高官；如果皇上授予你别的官，你千万不要拜谢。"等到李敏进宫见了隋文帝，隋文帝授给李敏仪同三司，接着又授给李敏开府仪同三司，李敏都不拜谢。于是隋文帝说："乐平公主对我有大功，我怎么能不授给她的女婿以高官呢？现在就授给你柱国。"李敏这才跪拜谢恩。

八月初一日，发生日食。

陈朝长沙王陈叔坚还没有来得及到江州赴任，陈后主又留下他在京师担任司空，实际上是剥夺他的实权。

八月十六日，隋朝派尚书左仆射高颎从宁州道出发，内史监虞庆则从原州道出发，兵分两路，攻打突厥。

九月十八日，隋朝大赦天下。

冬季，十月初九日，隋朝废除河南道行台省，任命秦王杨俊为秦州总管，陇右各州隶属秦王管辖。

十一月初三日，陈后主封皇弟陈叔平为湘东王，陈叔敖为临贺王，陈叔宣为阳山王，陈叔穆为西阳王。

十一月初四日，陈朝侍中建昌侯徐陵去世。

十一月十九日，陈后主封皇弟陈叔俭为安南王，陈叔澄为南郡王，陈叔兴为沅陵王，陈叔韶为岳山王，陈叔纯为新兴王。

十一月，陈朝派遣散骑常侍周坟、通直散骑常侍袁彦出使隋朝。陈后主听说隋文帝相貌与常人不同，就让袁彦画下隋文帝的像带回来。陈后主见了画像非常害怕，说："我不想看到这个人。"赶忙命人把画像拿走。

隋朝颁布新律令以后，纳言苏威多次要求修改其中某些条款，内史令李德林说："修订律令时，为什么您不早说？现在新律令刚刚颁行，就应该严格遵守，除非是对平民有严重伤害，否则不能轻易更改。"

隋朝河南道行台兵部尚书杨尚希上奏说："臣发现如今的郡县，比古代多了一倍。有的地方，方圆不到百里，境内却设置数县；有的地方居民不足千户，却设置两郡管辖。白吃俸禄而不做事的官吏太多，资财费用的开支日益增加；差役吏卒成倍增多，租调收入却逐年减少；人民少，官吏多，十只羊却有九个牧人。目前应该保留重要的官职而裁减多余的官员，合并小的郡县为大的郡县。这样，国家就不会浪费俸禄，选拔官吏也容易得到贤才。"纳言苏威也请求废郡。隋文帝采纳了他们的建议。十二月二十九日，隋文帝下诏废除郡级行政区，郡并为州。

闰十二月二十二日，隋朝派遣兼散骑常侍曹令则、通直散骑常侍魏澹出使陈朝。魏澹是魏收同族的人。

闰十二月二十三日，陈朝司空、长沙王陈叔坚被免职。陈叔坚失宠后，心中不安，便搞厌媚邪术，祭祀日月以祈求福祐。有人上书告发他，陈后主就叫来陈叔坚，把他囚禁在中书省，打算将他处死，命令侍卫近臣宣读敕书，列举他的罪过。陈叔坚回答说："我本无他意，只是想讨好陛下而已。如今我既然犯了国法，罪该万死。我死的那一天，必定会在阴间见到陈叔陵，我希望向他宣读明确罪状的诏令，到阴间去谴责他。"陈后主于是赦其死罪，只免其官职。

隋朝任命上柱国窦荣定为右武卫大将军。窦荣定的妻子是隋文帝的姐姐安成公主。隋文帝想封窦荣定为三公，他推辞说："汉代卫氏、霍氏、梁氏、邓氏四姓外戚，如果能稍微谦恭退让，也不至于覆宗灭族。"隋文帝听后，只好作罢。

隋文帝认为太师李穆功劳大，下诏书说："制定法律是为了防备小人，而不是防备君子。太师申公李穆，从今以后即使有罪，只要不是谋反，即使有百死之罪，也不要追究。"

礼部尚书牛弘请求建立明堂，隋文帝因为政权初建，许多事都在草创之中，没有允许。

隋文帝阅览刑部奏章，发现断狱结案多达上万件，认为律令还是太严酷，所以人们多触犯法律而获罪。于是又敕令纳言苏威、礼部尚书牛弘等人重修律令，删除死罪八十一条，流刑一百五十四条，徒刑、杖刑等一千余条，只保留五百条，共计十二卷。隋朝法律简明切要，疏而不漏，仍设置法律博士弟子名额。

隋文帝看到京师长安仓库粮食储备不足，这年，下诏令西起蒲州、陕州，东至卫州、汴州等沿河流域十三州招募丁壮运米。又在卫州设置黎阳仓，在陕州设置常平仓，在华州设置广通仓，由水陆依次转运充实各仓。漕运潼关以东地区和汾州、晋州的粟米供给长安。

当时州刺史多由武将担任，很多不称职。治书侍御史柳彧上表说："从前汉光武帝与二十八将一起披荆斩棘，平定天下，等到功成业就之后，二十八将都未任职。臣拜读陛下诏书，任命上柱国和千子为杞州刺史。和千子以前任赵州刺史时，老百姓用歌谣讽刺他说：'老禾不早割除，落种荒芜良田。'和千子擅长骑马射箭、带兵打仗，至于治理民众，他并不明白。陛下如果要优礼年老功臣可多赐给他金帛钱财；如果让他担任州牧刺举郡县官吏，那么会造成很大损失。"隋文帝采纳他的意见。和千子被免除刺史职务。

柳彧看到隋文帝辛勤地接受群臣的奏请，而百官奏请的事情，大多是琐碎的杂务，于是上疏劝谏说："我听说上古圣明帝王，没有谁比得上唐尧、虞舜。唐尧、虞舜从不过问琐碎小事，所以称为圣明。虞舜任用禹、稷、契、皋陶、伯益五位贤臣，唐尧则经常向掌管四方的诸侯询问治国方略，拱手垂袖，无为而治。这就是所谓劳于求贤，而逸于任使。近来见陛下留心治国安民之道，不辞辛劳，这也是由于群臣担心获罪，遇事不敢自断，都要取决于陛下圣断，因此奏请过多。甚至像建筑这样的小事，调拨供给细小物品，都要奏请陛下，在一日之内，陛下要亲自听取许多部门官员的奏请，并作出答复，以致常常天晚忘食，夜半未寝，整天为文书簿籍劳神。希望陛下体察微臣的一番至诚之言，减少烦琐事务。如果是经国安邦的大事，不是百官大臣能裁断的，请陛下详察明断；除此一切细碎事务，可以责成主管部门长官裁决处理。那么圣体可享无量之寿，臣也可蒙受陛下覆庇养育之恩。”隋文帝看了柳彧的奏疏后大加称赞，说：“柳彧这样的正直之士，是国家之宝。”

柳彧发现近世民间风俗，在每年正月十五夜晚，人们都要点燃灯笼，游戏玩耍，于是上奏请求禁止，说：“臣见京师以及外州各地，每年在正月十五日夜里，满街满巷，人们聚集嬉戏，成群游荡，锣鼓大作，火炬照地，不惜倾家荡产，只为一时的痛快。人们扶老携幼，全家出动，不论贵贱，男女混杂，僧俗不分。淫秽之事由此而成，盗贼因此而起，一般人因循沿袭这一弊风陋习，竟然没有人事先看到它的危害性。这对政教风化毫无补益，对黎民百姓实在有很大损害。请求陛下颁诏书普告天下，马上禁止这种不良风俗。”隋文帝赞同，于是颁下诏书实行。

【评析】

隋文帝派高颎南伐，恰值陈宣帝去世，陈朝请和，高颎以义不伐丧班师。王夫之认为这一事件暴露了陈朝之愚、隋朝之智，隋灭陈，契机已现。因为当时，隋朝初建，内部人心未固，而外部突厥和北齐残余高宝宁联兵大举入塞，隋军急欲停止南征而全力防北。陈朝没有抓住这一时机，君臣固守，以待隋军疲惫而退，反而主动求和，示人以弱，使急欲脱身之军，获得义不伐丧之名，振旅而回。“一智一愚，一兴一亡，于此决矣。”（《读通鉴论》卷十九）王夫之所论智愚之见，一决于形势，隋强陈弱，弱者求和，于理固当；二决于陈朝政局不稳，陈宣帝死，陈叔陵发难伤及太子，“内不靖而未遑外御”，这才是根本。俗话说“家内不和邻里欺”，古今皆然，这是历史的深刻教训。

卷第一百七十六 陈纪十

陈长城公至德二年至祯明二年（584—588）

【起阏逢执徐（甲辰，584），尽著雍涒滩（戊申，588），凡五年】

【大事提要】

本卷载述584年至588年南北朝五年史事，当陈后主至德二年至祯明二年，隋文帝开皇四年至八年。五年中，南北朝形势发生巨大变化。北朝隋文帝代周，建立新朝，带来新气象。隋文帝治国，对内约法省刑，颁布新历新律，休养生息，筑长城于农闲，二旬即止，国力大增；对外恩威并施，臣服了突厥，招徕吐谷浑内附。隋朝欣欣向荣，全力备战南伐而外示友好。南朝陈后主君臣奢靡，君子退，小人进，国势日非而狂傲骄矜，纳后梁之降，犯大国之忌，既不设防，又触犯天威，陈朝灭亡已成必然之势。北强南弱，统一大势不可逆转，于是隋朝大举南伐。

【原文】

长城公下

至德二年（甲辰，584）

春，正月，甲子[①]，日有食之。

己巳[②]，隋主享太庙；辛未[③]，祀南郊。

壬申[④]，梁主入朝于隋，服通天冠、绛纱袍，北面[⑤]受郊劳[⑥]。及入见于大兴殿[⑦]，隋主服通天冠、绛纱袍，梁主服远游冠、朝服，君臣并拜。赐缣万匹，珍玩称是[⑧]。

隋前华州刺史张宾、仪同三司刘晖等造《甲子元历》[⑨]成，奏之。壬辰[⑩]，诏颁新历。

癸巳[⑪]，大赦。

二月，乙巳[⑫]，隋主饯[⑬]梁主于灞上[⑭]。

突厥苏尼部男女万余口降隋。

庚戌[15]，隋主如陇州[16]。

突厥达头可汗请降于隋。

夏，四月，庚子[17]，隋以吏部尚书虞庆则为右仆射。

隋上大将军贺娄子干发五州兵[18]击吐谷浑，杀男女万余口，二旬而还。

帝以陇西[19]频被寇掠，而俗不设村坞[20]，命子干勒民[21]为堡，仍营田[22]积谷。子干上书曰："陇右、河西[23]，土旷民稀，边境未宁，不可广佃[24]。比见屯田之所，获少费多，虚役人功[25]，卒逢践暴；屯田疏远者请皆废省。但陇右之人以畜牧为事，若更屯聚[26]，弥不自安。但使镇戍[27]连接，烽堠[28]相望，民虽散居，必谓无虑。"帝从之。

以子干晓习[29]边事，丁巳[30]，以为榆关[31]总管。

五月，以吏部尚书江总为仆射[32]。

隋主以渭水[33]多沙，深浅不常，漕者[34]苦之，六月，壬子[35]，诏太子左庶子宇文恺帅水工凿渠，引渭水，自大兴城[36]东至潼关三百余里，名曰广通渠。漕运通利，关内赖之。

秋，七月，丙寅[37]，遣兼散骑常侍谢泉等聘于隋。

八月，壬寅[38]，隋邓恭公窦炽卒。

乙卯[39]，将军夏侯苗请降于隋，隋主以通和[40]，不纳。

九月，甲戌[41]，隋主以关中饥，行如洛阳。

隋主不喜词华[42]，诏天下公私文翰[43]并宜实录。泗州刺史司马幼之[44]文表华艳[45]，付所司[46]治罪。治书侍御史赵郡李谔[47]亦以当时属文[48]，体尚[49]轻薄[50]，上书曰："魏之三祖[51]，崇尚文词，忽君人[52]之大道[53]，好雕虫之小艺[54]。下之从上，遂成风俗。江左[55]、齐、梁，其弊弥甚：竞一韵之奇，争一字之巧；连篇累牍[56]，不出月露之形，积案[57]盈箱，唯是风云之状。世俗以此相高，朝廷据兹[58]擢士。禄利[59]之路既开，爱尚[60]之情愈笃[61]。于是闾里童昏[62]，贵游[63]总丱[64]，未窥六甲[65]，先制五言，至如羲皇[66]、舜、禹之典[67]，伊、傅[68]、周、孔[69]之说，不复关心，何尝入耳。以傲诞为清虚[70]，以缘情[71]为勋绩，指儒素[72]为古拙，用词赋为君子。故文笔日繁，其政日乱，良由弃大圣之轨模[73]，构无用以为用也。今朝廷虽有是诏[74]，如闻外州远县，仍踵[75]弊风；躬仁孝之行[76]者，摈落[77]私门，不加收齿[78]；工轻薄之艺者，选充吏职，举送天朝[79]。盖由刺史、县令未遵风教[80]。请普加采察[81]，送台[82]推劾[83]。”又上言：“士大夫矜伐[84]干进[85]，无复廉耻，乞明加罪黜[86]，以惩风轨[87]。”诏以谔前后所奏颁示四方。

突厥沙钵略可汗数为隋所败，乃请和亲[88]。千金公主自请改姓杨氏[89]，为隋主女。隋主遣开府仪同三司徐平和使于沙钵略，更封千金公主为大义公主[90]。晋王广请因衅乘之[91]，隋主不许。

沙钵略遣使致书曰：“从天生大突厥天下贤圣天子伊利居卢设莫何沙钵略可汗[92]致书大隋皇帝：皇帝，妇父，乃是翁比[93]。此[94]为女夫，乃是儿例[95]。两境虽殊，情义如一。自今子子孙孙，乃至万世，亲好不绝。上天为证，终不违负！此国[96]羊马，皆皇帝之畜。彼[97]之缯彩，皆此国之物。”

帝复书曰：“大隋天子贻[98]书大突厥沙钵略可汗：得书，知大有善意。既为沙钵略妇翁[99]，今日视沙钵略与儿子不异。时遣大臣往彼省[100]女，复省沙钵略也。”于是遣尚书右仆射虞庆则使[101]于沙钵略，车骑将军长孙晟副之[102]。

沙钵略陈兵列其珍宝，坐见庆则，称病不能起，且曰：“我诸父以来，不向人拜。”庆则责而谕之。千金公主私谓庆则曰：“可汗豺狼性；过与争[103]，将啮[104]人。”长孙晟谓沙钵略曰：“突厥与隋俱大国天子，可汗不起，安敢违意。但可贺敦[105]为帝女，则可汗是大隋女婿，奈何不敬妇翁！”沙钵略笑谓其达官[106]曰：“须拜妇翁！”乃起拜顿颡[107]，跪受玺书，以戴于首。既而大惭[108]，与群下相聚恸哭[109]。庆则又遣称臣，沙钵略谓左右曰：“何谓臣？”左右曰：“隋言臣，犹此云奴耳。”沙钵略曰：“得为大隋天子奴，虞仆射之力也。”赠庆则马千匹，并以从妹[110]妻之[111]。

（以上为第一段，写隋文帝提倡质朴文风，惩治浮华，与突厥和好，安定边境。）

【注释】

①甲子：正月初一日。 ②己巳：正月初六日。 ③辛未：正月初八日。 ④壬申：正月初九日。 ⑤北面：古代君主见臣，尊长见卑幼，面南而坐，而臣子则面朝北，故以北面指向人称臣。 ⑥郊劳：到郊外迎接慰劳。 ⑦大兴殿：宫殿名，是隋新都正殿。 ⑧称

是：是说珍玩价值与万匹缣相称。 ⑨《甲子元历》：张宾等人依南朝刘宋何承天所撰历法稍加增删而成，以上元甲子己巳以来，至开皇四年岁在甲辰积算起。详见《隋书·律历志中》。 ⑩壬辰：正月二十九日。 ⑪癸巳：按《陈书·后主纪》云："癸巳，大赦天下。"癸巳前脱"二月"两字，《资治通鉴》沿其误。癸巳当是二月初一日。 ⑫乙巳：二月十三日。 ⑬饯（jiàn）：以酒食送行。 ⑭灞（bà）上：地名。故址在今陕西西安市东。 ⑮庚戌：二月十八。 ⑯陇州：州名。治所汧源县，在今陕西陇县。 ⑰庚子：四月初八日。⑱发五州兵：当时调动河西五州兵，指凉州、甘州、瓜州、鄯州、廓州。 ⑲陇西：郡名。治所襄武县，在今甘肃陇西县东南。 ⑳村坞：建有壁垒土堡之类的村庄。坞，土堡，小城。 ㉑勒民：强制人民。 ㉒营田：屯田。 ㉓河西：北朝时泛指今山西吕梁山以西黄河西岸的地区。 ㉔广佃（tián）：大量地耕作。 ㉕虚役人功：白白浪费人力。㉖屯聚：把散居游牧的人聚集起来。 ㉗镇戍：戍守。 ㉘烽堠（hòu）：即烽火台。堠，古代瞭望敌情的土堡。 ㉙晓习：通晓，熟习。 ㉚丁巳：四月二十六日。 ㉛榆关：关名。一作渝关，又名临榆关。故址在今内蒙古准格尔旗黄河东岸托克托县、和林格尔县一带。 ㉜仆射：官名。即尚书仆射，尚书省副长官，辅佐皇帝治理朝政，实际上的宰相。一般设左、右仆射，不说左、右，即设仆射一人，总揽尚书省事。 ㉝渭水：即今渭河，黄河主要支流之一，发源于甘肃渭源县西北，流经陕西省境，至潼关，入黄河。㉞漕者：即漕运者，指在河上运输的人。 ㉟壬子：六月二十二。 ㊱大兴城：即隋新都城。故址在今陕西西安市。 ㊲丙寅：七月初六日。 ㊳壬寅：八月十三日。 ㊴乙卯：八月二十六日。 ㊵通和：互通友好。 ㊶甲戌：九月十五日。 ㊷词华：诗文的文采。 ㊸公私文翰：指公文和私人信札。 ㊹司马幼之：仕隋，卒于眉州刺史。传附《北齐书·司马子如传》《北史·司马子如传》。 ㊺华艳：文辞华丽。 ㊻所司：主管部门或主管官吏。 ㊼李谔：历仕北齐、周与隋，卒官通州刺史。传见《隋书》卷六十六、《北史》卷七十七。 ㊽属文：写作。谓连缀字句而成文章。 ㊾尚：推崇，崇尚。 ㊿轻薄：轻浮刻薄，不厚道。 (51)魏之三祖：指曹魏太祖武皇帝曹操、高祖文皇帝曹丕和烈祖明皇帝曹叡三人。 (52)君人：指皇帝或国君。 (53)大道：大道理，也指常理正道。 (54)雕虫之小艺：指作辞赋爱雕章琢句，也比喻小技、末道。雕，刻符。虫，虫书，西汉儿童学习秦书八体，虫书、刻符为其中两体，纤巧难工。 (55)江左：长江下游以东地区。古人叙地理以东为左，故江东称江左。此指东晋王朝。 (56)连篇累牍：形容文辞冗长。牍，古代写字的木简。 (57)积案：堆满刀案。 (58)兹：代词。同"此"。 (59)禄利：指官职之利。(60)爱尚：爱好崇尚。 (61)笃：真诚，纯一。 (62)童昏：言儿童年幼无知。 (63)贵游：指王公子弟。游，无官职。 (64)总丱（guàn）：也称"总角"，古代儿童把头发束成两角的样子。 ⑥5六甲：古代八岁入小学，学六甲五方书计之事。六甲是用天干地支相配计算时日，其中有甲子、甲戌、甲申、甲午、甲辰、甲寅，称六甲。 ⑥6羲皇：即伏羲氏。传说中太古时的圣人。 ⑥7典：记载法则、典章制度的重要典籍。 ⑥8伊、傅：伊尹、傅说（yuè）。两人均是商朝贤臣。伊尹，商朝开国大臣，又佐太丁、外丙、中壬、太甲四任国君。傅说，商王武丁任以为相，使殷中兴。 ⑥9周、孔：周公旦、孔子两位先贤。⑦0傲诞：骄傲虚妄。清虚：清静虚无。 ⑦1缘情：抒发感情。 ⑦2儒素：儒者的品德操行。 ⑦3轨模：犹法式，楷模。 ⑦4是诏：此诏。指禁浮华之诏。 ⑦5踵：追逐，跟随。⑦6躬仁孝之行：身体力行仁孝。 ⑦7摈落：排斥。 ⑦8收齿：录用。 ⑦9天朝：朝廷。⑧0风教：风俗，教化。 ⑧1采察：理会，察看。 ⑧2台：指御史台。 ⑧3推劾：追究其罪状。 ⑧4矜伐：居功自夸。矜，崇尚。 ⑧5干进：谋求进身为官。 ⑧6罪黜：以罪罢免。黜，贬，废免。 ⑧7风轨：风纪轨范。 ⑧8和亲：和睦相亲。一般多为与敌议和，结为姻亲。 ⑧9改姓杨氏：千金公主本周宗室女，姓宇文，曾请沙钵略为其复仇，因突厥内外交困，故请改姓杨氏以和亲。 ⑨0大义公主：千金公主释前仇以言和，大义灭亲，故改封大义公主。 ⑨1因衅乘之：乘突厥内部分裂、屡战失利之机以出兵。 ⑨2伊利居卢设莫何沙钵略可汗：这是沙钵略可汗的另一称号。据章校，“居”应改作“俱”。 ⑨3翁比：与父亲相同。 ⑨4此：这，沙钵略自称。 ⑨5儿例：例同儿子，儿辈。 ⑨6此国：指突厥国。⑨7彼：隋朝。 ⑨8贻（yí）：赠送。 ⑨9妇翁：妻父。 ⑩0省（xǐng）：察看。 ⑩1使：出使。 ⑩2副之：作为虞庆则的副手。 ⑩3过与争：过分地与沙钵略争执。 ⑩4啮（niè）：咬，啃。 ⑩5可贺敦：突厥可汗之妻称可贺敦。 ⑩6达官：显要之官。突厥子弟特勒、大臣叶护、屈律啜、阿波、俟利发、吐屯、俟斤、阎洪达、颉利发、达干皆是达官。⑩7顿颡：屈膝下拜，以额触地。颡，额。 ⑩8大惭：十分羞愧。 ⑩9恸哭：痛哭。 ⑪0从（zòng）妹：同一祖父的妹妹。 ⑪1妻之：嫁与他为妻。

【译文】

长城公下

陈长城公至德二年（甲辰，584）

春季，正月初一日，发生日食。

正月初六日，隋文帝祭祀太庙；正月初八日，到南郊祭天。

正月初九日，后梁国主萧岿到长安朝见隋文帝，戴通天冠，穿深红色纱袍，在长安郊外朝北站立接受隋朝使者的迎接。随后进入大兴殿朝见隋文帝。隋文帝戴通天冠，穿深红色纱袍，后梁国主改戴远游冠，穿朝服，君臣互相礼拜。隋文帝赏赐后梁国主绢一万匹，以及价值一万匹绢的珍玩器物。

隋朝前华州刺史张宾、仪同三司刘晖等修造《甲子元历》完成，上奏隋文帝。正月二十九日，隋文帝下诏颁行新历。

二月初二日，陈朝大赦。

二月十三日，隋文帝在灞上设宴为后梁国主饯行。

突厥苏尼部男女万余口投降隋朝。

二月十八日，隋文帝到陇州。

突厥达头可汗请求降附隋朝。

夏季，四月初八日，隋朝任命吏部尚书虞庆则为尚书右仆射。

隋朝上大将军贺娄子干调发河西五州的军队出击吐谷浑，杀死男女一万多口，历时二十天，班师回朝。

隋文帝认为陇西一带经常遭受戎狄侵犯劫掠，而自古以来民间不建立定居点村庄坞壁，于是命令贺娄子干强制百姓建造城堡，并屯田积粮。贺娄子干上书说："陇右、河西地区地广人稀，边境尚未安宁，还不能全面进行耕作。我近来发现一些屯田地区，收获少而费力多，白白浪费了许多人力，最终还遭到敌人的践踏破坏。凡是偏远的屯田据点应该全部撤除。只是陇右地区的老百姓一向从事畜牧业，如果强迫他们集中定居，会更加惊恐不安。不过要多建立镇守哨所和烽火台，使其彼此连接，互相呼应，老百姓即使分散居住，也能确保安全。"隋文帝采纳了他的建议。

由于贺娄子干熟悉边疆情况，四月二十六日，隋文帝任命他为榆关总管。

五月，陈朝任命吏部尚书江总为尚书仆射。

隋文帝对渭河多流沙、河水深浅不定、漕运粮食的困难颇为苦恼，六月二十二日，诏令太子左庶子宇文恺率领民工开凿渠道，导引渭水，从新都大兴城向东直到潼关，长三百多里，名叫"广通渠"。从此，漕运通畅，关内粮食的供给，都依赖这条水渠来输送。

秋季，七月初六日，陈朝派遣兼散骑常侍谢泉等人出使隋朝。

八月十三日，隋朝邓恭公窦炽逝世。

八月二十六日，陈朝将军夏侯苗请求投降隋朝，隋文帝因为陈、隋两国通使和好，就没有接受。

九月十五日，隋文帝因为关内发生饥荒，巡幸洛阳。

隋文帝讨厌辞章华丽，诏令天下公私文书都应实话实说。泗州刺史司马幼之上奏的表章浮华艳丽，隋文帝下令把他交给主管部门治罪。治书侍御史赵郡人李谔也认为当时流行的文章崇尚轻薄浮艳，于是上书说：“从前曹魏太祖曹操、高祖曹丕、烈祖曹叡，崇尚文辞，忽略国君治理万民的大道，喜欢雕琢词句的小技，上行下效，于是形成一种社会风尚。到了东晋、齐、梁时代，这种文风积弊更深：为了竞逐一韵之新奇，争比一字之技巧，文章连篇累牍，不外乎刻画月华初露之形，作品积案满箱，不过是描写风起云涌之状。世俗以此攀比高下，朝廷据此选拔官吏。获取功名利禄的道路既然开通，人们崇尚华丽轻浮的情绪更加执着。因此，不论是乡间孩童，还是王公贵族子弟，六十甲子还不会数，便先学作五言诗；至于那些伏羲、虞舜、夏禹的典籍，伊尹、傅说、周公、孔子的学说，全都漠不关心，怎么能够传入人们的耳中？把傲慢怪诞当作清静玄雅，把缘情体物当作丰功伟绩，把有德的硕儒看作古板迂腐的人，把擅长辞赋之士当成君子大人。所以文翰日益繁盛，政治却日益紊乱。这都是人们长久以来抛弃了上古圣贤制定的法式、法则，竞相撰写无益于治道的华文艳词，把无用当作有用的缘故。如今朝廷尽管颁布了禁绝浮华文风的诏令，但是我听说一些边远州县，依然沿袭旧日衰败的风气。躬行仁义孝悌的人，被权势之家摒弃而不加录用；擅长写作轻薄浮华文辞的人，却被选拔为官，荐举到朝廷。其原因是刺史、县令没有执行陛下教化的诏令。请求陛下派人普遍察访，若发现有不执行诏令的送交御史台查劾问罪。”其后又上书说：“有些士大夫仗恃、炫耀自己的功绩门第以谋求进身做官，不再有羞愧廉耻之心，请求陛下对这些人公开加以治罪贬黜，以正社会风气。”隋文帝诏令将李谔前后奏言颁示天下四方。

突厥沙钵略可汗多次被隋朝击败，便请求和亲。千金公主宇文氏也主动请求改姓杨，作隋文帝的女儿。隋文帝派遣开府仪同三司徐平和出使突厥沙钵略可汗，改封千金公主为大义公主。晋王杨广请求乘突厥内外交困的机会派兵讨伐，隋文帝不允许。

沙钵略可汗遣使向隋文帝递交国书说：“从天生大突厥天下贤圣天子伊利居卢设莫何沙钵略可汗致书大隋皇帝：皇帝陛下，您是我夫人的父亲，也就是我的岳父。我是您的女婿，也就像是您的儿子。我们两国的礼俗尽管不同，但人的情义却是一样的。从今以后，子子孙孙以至千秋万世，亲善友好，永不断绝。上天可以作见证，始终不会背离！我国所有的羊马，都是皇帝陛下的牲畜；贵国所有的缯彩，也都是我国的财物。”

隋文帝回信沙钵略可汗说：“大隋天子致书大突厥沙钵略可汗：惠书收悉，

知你有和好的善意。朕既然是沙钵略可汗的岳父，如今当然看待沙钵略可汗如同儿子一样。朕立刻派遣大臣到突厥看望女儿，也看望沙钵略可汗。”于是派遣尚书右仆射虞庆则出使突厥沙钵略可汗，车骑将军长孙晟作为副使。

突厥沙钵略可汗摆下军阵，陈列珍宝，高坐帐中接见虞庆则，假装身体有病而不能起立，并且说：“自我父辈以来，从不向人叩头下拜。”虞庆则责备他，并晓以道理。千金公主私下对虞庆则说：“沙钵略可汗豺狼本性，与他过分争执，怕他会吞噬人。”长孙晟对沙钵略可汗说：“突厥可汗和隋朝皇帝都是大国天子，可汗不肯起身跪拜，作为使臣，岂敢违背您的意思？但是可贺敦是大隋皇帝的女儿，那么可汗就是大隋皇帝的女婿，女婿怎么能不尊敬岳父？”沙钵略可汗笑着对手下显要的官员说：“是应该跪拜岳父。”于是起身下拜，跪着接受了隋文帝的玺书，顶在头上。隋使走后，沙钵略可汗感到很羞惭，与部下相聚痛哭。虞庆则又要求突厥对隋称臣，沙钵略可汗问左右亲近的人说：“什么叫臣？”左右的人回答说：“隋朝所说的臣，就是我们所说的奴。”沙钵略可汗说：“我能够做大隋天子的奴，是虞仆射的功劳。”于是赠给虞庆则马一千匹，并将堂妹许配给他为妻。

【原文】

冬，十一月，壬戌[①]，隋主遣兼散骑常侍薛道衡等来聘，戒道衡“当识朕意，勿以言辞相折[②]”。

是岁，上于光昭殿前起临春、结绮、望仙三阁，各高数十丈，连延[③]数十间，其窗、牖、壁带、县楣、栏、槛[④]皆以沈、檀[⑤]为之，饰以金玉[⑥]，间以珠翠[⑦]，外施珠帘，内有宝床、宝帐，其服玩瑰丽[⑧]，近古所未有。每微风暂至[⑨]，香闻数里。其下积石为山[⑩]，引水为池，杂植奇花异卉。

上自居临春阁，张贵妃[⑪]居结绮阁，龚、孔二贵嫔[⑫]居望仙阁，并复道[⑬]交相往来。又有王、李二美人[⑭]，张、薛二淑媛，袁昭仪、何婕妤、江修容[⑮]，并有宠，迭游[⑯]其上。以宫人有文学者袁大舍等为女学士。仆射江总虽为宰辅，不亲政务，日与都官尚书孔范、散骑常侍王瑳[⑰]等文士十余人，侍上游宴后庭，无复尊卑之序[⑱]，谓之“狎客[⑲]”。上每饮酒，使诸妃、嫔及女学士与狎客共赋诗，互相赠答，采其尤艳丽者，被以新声[⑳]，选宫女千余人习而歌之，分部迭进[㉑]。其曲有《玉树后庭花》[㉒]《临春乐》[23]等，大略皆美诸妃嫔之容色。君臣酣歌[24]，自夕达旦[25]，以此为常。

张贵妃名丽华，本兵家女，为龚贵嫔侍儿，上见而悦之，得幸，生太子深。贵妃发长七尺，其光可鉴[26]，性敏慧[27]，有神彩，进止详华[28]，每瞻视眄睐[29]，光采溢目[30]，照映左右。善候人主颜色，引荐诸宫女；后宫咸德之[31]，竞言其善。又有厌魅之术；常置淫祀[32]于宫中，聚女巫[33]鼓舞。上怠于政事，百司启奏，并因宦者蔡脱儿、李善度进请；上倚隐囊[34]，置张贵妃于膝上，共决之[35]。李、蔡所不能记者，贵妃并为条疏[36]，无所遗脱。因参访外事[37]，人间有一言一事，贵妃必先知白之；由是益加宠异[38]，冠绝[39]后庭。宦官近习[40]，内外连结，援引宗戚[41]，纵横不法，卖官鬻狱，货赂公行[42]；赏罚之命，不出于外[43]。大臣有不从者，因而谮之。于是孔、张之权熏灼[44]四方，大臣执政皆从风谄附。

孔范与孔贵嫔结为兄妹；上恶闻过失，每有恶事，孔范必曲为文饰[45]，称扬[46]赞美，由是宠遇优渥[47]，言听计从。群臣有谏者，辄以罪斥之[48]。中书舍人施文庆[49]，颇涉书史[50]，尝事上于东宫，聪敏强记，明闲[51]吏职，心算口占[52]，应时条理，由是大被亲幸。又荐所善吴兴沈客卿[53]、阳惠朗、徐哲、暨慧景等，云有吏能，上皆擢用之；以客卿为中书舍人。客卿有口辩[54]，颇知朝廷典故[55]，兼掌金帛局[56]。旧制：军人、士人并无关市之税[57]。上盛修宫室，穷极耳目[58]，府库空虚，有所兴造，恒苦不给[59]。客卿奏请不问士庶并责[60]关市之征，而又增重其旧。于是以阳惠朗为太市令[61]，暨慧景为尚书金、仓都令史[62]，二人家本小吏，考校[63]簿领[64]，纤毫不差；然皆不达大体，督责[65]苛碎[66]，聚敛[67]无厌，士民嗟怨[68]。客卿总督之，每岁所入，过于常格[69]数十倍。上大悦，益以施文庆为知人，尤见亲重[70]，小大众事，无不委任；转相汲引[71]，珥貂蝉者[72]五十人。

孔范自谓文武才能，举朝莫及，从容白上曰：“外间诸将，起自行伍[73]，匹夫[74]敌耳。深见远虑[75]，岂其所知！”上以问施文庆，文庆畏范，亦以为然；司马申复赞之[76]。自是将帅微有过失，即夺其兵，分配[77]文吏；夺任忠部曲以配范及蔡徵[78]。由是文武解体[79]，以至覆灭。

（以上为第二段，写陈朝后主亲信群小，主荒政谬，与隋文帝的励精治国形成鲜明对比。）

【注释】

①壬戌：十一月初四日。 ②相折：顶撞、伤害对方。 ③连延：连续的样子。 ④牖、壁带、县楣、栏、槛：牖（yǒu），窗户。壁带，墙壁中露出像带一样的横木。县（xuán）楣，横木，用于连接两柱，又称挂楣。栏，安装在房檐下台阶两侧的称栏。槛，安装在窗户之间的称槛。栏、槛皆供人手扶用。 ⑤沈、檀：皆香木。 ⑥饰以金玉：用金或玉装饰。 ⑦间以珠翠：中间用珠翠。 ⑧瑰丽：珍奇，华丽。 ⑨暂至：一时而来，此为微风一吹之意。 ⑩积石为山：堆积石头，做成假山。 ⑪张贵妃（？—589）：名丽华，陈后主贵妃。传见《陈书》卷七、《南史》卷十二。 ⑫贵嫔：女官名。与贵妃、贵姬称为三夫人。 ⑬复道：楼阁间上下有重通道，而架空者称复道。俗称天桥。 ⑭美人：女官名。位于妃嫔之下。 ⑮淑媛、昭仪、婕妤、修容：女官名。各为九嫔之一，位在后妃之下。 ⑯迭游：轮流，更替地游玩。 ⑰王瑳（cuō）：人名，仕陈，官至散骑常侍，传见《南史·恩幸传》。 ⑱尊卑之序：贵贱之别。序，秩序。 ⑲狎（xiá）客：指亲昵接近常共嬉游饮宴之人。 ⑳被以新声：为诗词谱上新曲。 ㉑分部迭进：分批上进宫里。 ㉒《玉树后庭花》：乐府吴声歌曲。陈后主与幸臣制其歌词，歌词艳丽，男女唱和，其音悲哀。 ㉓《临春乐》：歌曲名，言临春阁之乐，以阁命名。 ㉔酣歌：尽兴高歌。 ㉕自夕达旦：从天黑到天亮。 ㉖其光可鉴：其光亮可以照见人。 ㉗敏慧：聪慧伶俐。 ㉘详华：据章校，“详”应改作“闲”。按“详华”系本《陈书·后妃传》总论，原作“进止闲暇”，章校正以“详”为“闲”，但“华”字仍误。 ㉙眄（miǎn）睐：顾盼。斜看称眄，旁视称睐。 ㉚溢目：目不胜视。 ㉛德之：感激她。 ㉜淫祀：滥设的祠庙。 ㉝女巫：古代以舞接神，司占卜祈祷的女官。 ㉞隐囊：犹如靠枕。把细而柔软的东西装在口袋里，放在座旁，坐倦了则侧身曲腿倚靠它。 ㉟共决之：指后主与张贵妃共同批答百官的奏请。 ㊱条疏：条理。 ㊲外事：指宫廷以外的事。 ㊳宠异：宠爱优待，不同于众人。 ㊴冠绝：远远超过。 ㊵近习：指皇帝亲幸的人。 ㊶宗戚：同宗的亲属。 ㊷货赂公行：公开以财货贿赂人。 ㊸不出于外：言赏罚之命不由中书，而出于宫掖。 ㊹熏灼：比喻气焰逼人。 ㊺曲为文饰：委婉地文过饰非，掩盖错误。 ㊻称扬：宣扬。称，声言，说。 ㊼优渥（wò）：本指雨水充足，后来泛指丰厚优裕为优渥。 ㊽以罪斥之：加以罪名，贬斥而去。 ㊾施文庆（？—589）：仕陈，官至中书舍人。传附《陈书·任忠传》《南史·恩幸传》。 ㊿书史：典籍。 51明闲：通晓熟习。 52口占：不用起草而随口成文。 53沈客卿（？—589）：仕陈，官至中书舍人。传附《陈书·任忠传》《南史·恩幸传》。 54口辩：能言善辩。 55典故：常例、典制和掌故。 56金帛局：官署名。陈制中书舍人分掌中书二十一局事。金帛局盖掌钱物。 57关市之税：进入关、市

所交之税。 ⑱穷极耳目：极尽所见所闻。 ⑲恒苦不给：常常苦于供给不足。不给，不足。 ⑳责：求，索取。 ㉑太市令：官名。隶属太府卿，掌征收关市税。 ㉒金、仓都令史：官名。金部、仓部都令史掌库藏金宝货物、度量衡和仓廪之事。 ㉓考校（jiào）：考查。 ㉔簿领：登记的文簿。 ㉕督责：督察责罚。 ㉖苛碎：严峻烦琐。 ㉗聚敛：搜刮财货。 ㉘嗟怨：慨叹怨恨。 ㉙常格：平时法令所规定的。格，律令的一种，官吏处事的规则。 ㉚尤见亲重：特别被亲近重视。见，助动词，表示被动。 ㉛转相汲引：互相提拔。汲引，用绳桶提取水。 ㉜珥（ěr）貂蝉者：泛指贵近之臣。珥，耳饰。貂，貂尾，汉中常侍、侍中之冠插貂尾。蝉，头上的一种装饰品。 ㉝行（háng）伍：古代军队编制，五人为伍，二十五人为行，故以“行伍”作为军队代称。 ㉞匹夫：独夫，带有轻蔑的意思。 ㉟深见远虑：见识深远，考虑周密。 ㊱赞之：帮助施文庆。 ㊲配：配给。 ㊳蔡徵：字希祥。历仕梁、陈，官至吏部尚书。传见《陈书》卷二十九、《南史》卷六十八。 ㊴解（jiě）体：肢体解散，比喻人心离叛。

【译文】

冬季，十一月初四日，隋文帝派遣兼散骑常侍薛道衡等人出使陈朝，并告诫薛道衡“应当明白朕的善意，不要以言辞羞辱对方”。

这一年，陈后主在光昭殿前建造临春、结绮、望仙三座楼阁，各高数十丈，连绵几十间，它的窗户、壁带、悬楣、栏杆等都用沉香木和檀香木制成，装饰黄金、玉石，镶嵌珍珠、翡翠，室外门窗悬挂珠帘，室内陈设宝床、宝帐，一切服饰玩赏之物都非常瑰丽堂皇，近古以来不曾有过。每当微风吹拂，香飘数里。楼阁下面地上积石为假山，引水为池，栽种奇花异草。

陈后主居住在临春阁，张贵妃居住在结绮阁，龚氏、孔氏两贵妃居住在望仙阁，楼阁之间用复道连接交通。还有王氏、李氏两个美人，张氏、薛氏两个淑媛，袁昭仪、何婕妤、江修容等，都受到陈后主的宠爱，轮番到三座楼阁上游玩。陈后主又任命有文才的宫女袁大舍等人为女学士。尚书仆射江总尽管位为宰辅，却不亲理政务，整天与都官尚书孔范、散骑常侍王瑳等文士十余人，陪伴皇上在后庭游乐宴饮，不再区分君臣尊卑等，得称外号为“狎客”。陈后主每次饮酒，便要一些妃、嫔以及女学士们跟狎客一起赋诗，互相赠答，挑选其中特别华丽的，谱上新曲，再挑选宫女千余人练习歌唱，分为若干部，依次演唱。其中，乐曲名有《玉树后庭花》《临春乐》等，大多是赞美各位妃、嫔的美丽容貌。君臣彻夜酣饮歌唱，习以为常。

张贵妃名叫丽华，原本是一个武将的女儿，做龚贵嫔的侍女，陈后主一见就喜欢上她，于是得到宠幸，生下了皇太子陈深。张贵妃的一头秀发长约七尺，光泽照人。她生性聪慧伶俐，神采照人，举止淑雅。她双眸左顾右盼，光彩四射，映照左右。张贵妃善于从陈后主的神色中体察他的心意，向后主引荐了很多宫女；后宫妃嫔宫女非常感激她，都在后主面前说她的好话。张丽华还擅长祈祷鬼神的厌魅方术，经常在后宫中搞各种不合礼制的祭祀请神，聚集女巫击鼓跳舞。陈后主懒于上朝理政，朝中百官的启奏，都要经过宦官蔡脱儿、李善度转呈请示；陈后主侧身躺在松软的靠垫上，让张贵妃坐在他的膝盖上，一起裁决批答。蔡脱儿、李善度两人没有记全陈后主的批示，张贵妃都能一一记录清楚，没有什么遗漏。张贵妃经常参与探访宫外之事，外面的一言一行，她一定首先知道，然后转告陈后主，因此她更受宠爱，超过后宫，无人可比。后宫宦官与陈后主近侍内外勾结，援引亲属亲戚，横行霸道，卖官鬻爵，公然行贿；升迁赏罚的命令，不发自外朝中书，而出于宫掖。外朝大臣有不顺从的，就找机会谗毁。因此，孔贵嫔、张贵妃的权势膨胀，执政大臣也都见风使舵，竞相谄媚附从。

都官尚书孔范与孔贵嫔结拜为兄妹；陈后主厌恶听到别人批评他的过失，每当有了过失，孔范必定曲意逢迎，替陈后主文过饰非，反而颂扬他的圣明。因此，陈后主更加宠信孔范，礼遇优厚，言听计从。百官大臣有敢于直言进谏的人，就乱加罪名，驱逐出朝。中书舍人施文庆涉猎书史颇多，陈后主做太子时曾在东宫供职，他聪明敏慧，记忆力强，精通吏职政务，筹度谋划，口授机宜，处理紧急事务井井有条，因此大受陈后主的宠信。施文庆又向陈后主推荐了他所亲信的吴兴人沈客卿、阳惠朗、徐哲、暨慧景等人，说他们有办事才能，陈后主全都提拔重用，还任用沈客卿为中书舍人。沈客卿能言善辩，熟悉朝廷典章制度，兼掌中书省金帛局。旧制规定：朝廷不向军人、士人征收关市之税。陈后主因大修宫室，极尽声色之乐，因此府库空虚，再要有所兴造，总苦于财用不足。沈客卿上奏请求无论士人或百姓，都要缴纳关市税，并且还在原有的数量上加重征收。陈后主于是任命阳惠朗为太市令，暨慧景为尚书金部、仓部都令史。阳、暨二人本是小吏出身，擅长考核稽查，管理簿籍，一丝不苟；但是不识为政大体，督责苛刻琐碎，搜括聚敛，没有止境，使得士大夫和百姓非常怨恨。沈客卿总领负责，每年征税收入，超过正常数额几十倍。陈后主非常高兴，更加认为起用施文庆有知人之明，对他尤其亲信重用，把朝廷大小政务都交给他处理。施文庆一伙人层层提拔亲信，这个帮派，成为达官显贵的多达五十人。

孔范自以为有文武全才，满朝没有人能比得上他，曾神色自若地对后主说：“朝外那些带兵的将帅，都是行伍出身，只有匹夫之勇。至于深谋远虑，他们怎知道！”陈后主以此询问施文庆，施文庆惧怕孔范，也就附和孔范说得对；中书通事舍人司马申也在一边帮腔。自此以后，将帅如果稍有过失，就立刻剥夺兵权，交给文职官吏；领军将军任忠的部众就被削夺分配给孔范和蔡徵。由此陈朝文臣武将人心离散，最终导致灭亡。

【原文】

三年（乙巳，585）

春，正月，戊午朔[①]，日有食之。

隋主命礼部尚书牛弘修五礼[②]，勒[③]成百卷；戊辰[④]，诏行新礼。

三月，戊午[⑤]，隋以尚书左仆射高颎为左领军大将军[⑥]。

丰州[⑦]刺史章大宝[⑧]，昭达之子也，在州贪纵，朝廷以太仆卿李晕代之。晕将至，辛酉[⑨]，大宝袭杀晕，举兵反。

隋大司徒郢公王谊与隋主有旧，其子尚帝女兰陵公主。帝待之恩礼稍薄，谊颇怨望。或告谊自言名应图谶[⑩]，相表[⑪]当王；公卿奏谊大逆不道。壬寅[⑫]，赐谊死。

戊申[⑬]，隋主还长安。

章大宝遣其将杨通攻建安[⑭]，不克。台军[⑮]将至，大宝众溃，逃入山，为追兵所擒，夷三族[⑯]。

隋度支尚书长孙平[⑰]奏“令民间每秋家出粟麦一石以下，贫富为差，储之当社[⑱]，委社司[⑲]检校[⑳]，以备凶年[㉑]，名曰‘义仓’”，隋主从之。五月，甲申[㉒]，初诏郡、县置义仓。时民间多妄称老、小[㉓]以免赋役，山东承北齐之弊政，户口租调[㉔]，奸伪尤多。隋主命州县大索貌阅[㉕]，户口不实者，里正、党长[㉖]远配[㉗]；大功[㉘]以下，皆令析籍[㉙]，以防容隐[㉚]。于是计帐[㉛]得新附一百六十四万余口。高颎[㉜]请为输籍法[㉝]，偏下诸州，帝从之，自是奸无所容矣。

诸州调物，每岁河南自潼关，河北自蒲坂[㉞]，输长安者相属于路，昼夜不绝者数月。

梁主殂，谥曰孝明皇帝，庙号世宗。世宗孝慈俭约，境内安之。太子琮[㉟]嗣位。

初，突厥阿波可汗既与沙钵略有隙[36]，阿波浸[37]强；东距都斤，西越金山[38]，龟兹[39]、铁勒[40]、伊吾[41]及西域[42]诸胡悉附之，号西突厥[43]。隋主亦遣上大将军元契使于阿波以抚之。

秋，七月，庚申[44]，遣散骑常侍王话等聘于隋。

突厥沙钵略既为达头所困，又畏契丹，遣使告急于隋，请将部落度漠南，寄居白道川[45]。隋主许之，命晋王广以兵援之，给以衣食，赐之车服[46]鼓吹[47]。沙钵略因西击阿波，破之。而阿拔国[48]乘虚掠其妻子，官军为击阿拔，败之，所获悉与沙钵略。

沙钵略大喜，乃立约，以碛[49]为界，因上表曰："天无二日，土无二王，大隋皇帝真皇帝也，岂敢阻兵[50]恃险，偷窃名号！今感慕淳风[51]，归心有道[52]，屈膝稽颡，永为藩附。"遣其子库合真入朝。

八月，丙戌[53]，库合真至长安。隋主下诏曰："沙钵略往[54]虽与和，犹是二国；今作君臣，便成一体。"因命肃告[55]郊庙[56]，普颁远近，凡赐沙钵略诏，不称其名。宴库合真于内殿，引见皇后，赏劳甚厚。沙钵略大悦，自是岁时[57]贡献不绝。

九月，将军湛文彻侵隋和州[58]，隋仪同三司费宝首击擒之。

丙子[59]，隋使李若[60]等来聘。

冬，十月，壬辰[61]，隋以上柱国杨素为信州[62]总管。

初，北地傅縡以庶子[63]事上于东宫，及即位，迁秘书监、右卫将军兼中书通事舍人，负才[64]使气，人多怨之。施文庆、沈客卿共谮縡受高丽[65]使金，上收縡下狱。

縡于狱中上书曰："夫君人[66]者，恭事上帝，子爱下民[67]，省嗜欲，远谄佞[68]，未明求衣[69]，日旰忘食，是以泽被区宇[70]，庆[71]流子孙。陛下顷来[72]酒色过度，不虔[73]郊庙大神，专媚淫昏之鬼[74]，小人在侧，宦竖弄权，恶忠直若仇雠[75]，视生民如草芥，后宫曳绮绣，厩[76]马余菽[77]粟，百姓流离，殭[78]尸蔽野，货贿公行；帑藏[79]损耗，神怒民怨，众叛亲离，臣恐东南王气[80]自斯[81]而尽。"

书奏，上大怒。顷之，意稍解[82]，遣使谓縡曰："我欲赦卿，卿能改过不[83]？"对曰："臣心如面[84]，臣面可改，则臣心可改。"上益怒，令宦者李善庆穷治[85]其事，遂赐死狱中。

上每当郊祀，常称疾[86]不行，故縡言及之。

是岁，梁大将军戚昕以舟师[87]袭公安[88]，不克而还。

隋主征梁主叔父太尉吴王岑入朝，拜大将军，封怀义公，因留不遣；复置江陵总管以监之。

梁大将军许世武密以城召荆州刺史宜黄侯慧纪；谋泄，梁主杀之。慧纪，高祖之从孙[89]也。

隋主使司农少卿[90]崔仲方发丁[91]三万，于朔方[92]、灵武[93]筑长城，东距河，西至绥州[94]，绵历[95]七百里，以遏胡寇。

（以上为第三段，写隋文帝普查户口，外和突厥，国势日盛；而陈后主沉湎酒色，排斥忠良，国势日衰。）

【注释】

①戊午朔：正月初一日。 ②五礼：指吉礼、凶礼、军礼、宾礼、嘉礼。 ③勒：治，整理。 ④戊辰：正月十一日。 ⑤戊午：三月初二日。 ⑥左领军大将军：武官名。设有领军府，与右领军将军并掌禁卫官。 ⑦丰州：州名。治所侯官，在今福建福州市。⑧章大宝：章昭达之子，袭封邵陵郡公，官至丰州刺史。传附《陈书·章昭达传》《南史·章昭达传》。 ⑨辛酉：三月初五日。 ⑩图谶（chèn）：是一种预言，它借用神灵名义，向人们预告吉凶祸福、治乱兴衰。因为往往附有图，故称图谶。 ⑪相表：观察其外貌。⑫壬寅：三月丁巳朔，无壬寅。按《隋书·高祖本纪》壬寅在四月，《北史》同。盖壬寅前脱“四月”二字。据此当补。壬寅，四月十六日。 ⑬戊申：四月二十二日。 ⑭建安：郡名。治所建安市，在今福建建瓯市南。 ⑮台军：官军。 ⑯夷三族：夷灭三族。三族，说法不一，一说指父族、母族与妻族；二说指父昆弟、己昆弟和子昆弟；三说指父、子、孙三族。 ⑰长孙平：字处均。历仕周、隋，官至工部尚书。传见《隋书》卷四十六、《北史·长孙道生传》。 ⑱社：古代地方基层行政单位，一般以二十五家为社。⑲社司：社的主持人。 ⑳检校：代管。 ㉑凶年：指灾荒之年。 ㉒甲申：五月二十九日。 ㉓老、小：隋承周制，男女三岁以下为黄，十岁以下为小，六十岁者为老。老、小俱免赋役。 ㉔租调：指地租与户调。地租收粟，户调征绢（或布）。 ㉕大索貌阅：普查人口。大索，普遍检查。貌阅，检视貌相以验正老小，看是否属实。 ㉖里正、党长：俱地方基层组织负责人。隋制每五家为保，保有长；五保为闾，四闾为族，皆有正。畿外置里正，同闾正。党长，同族正。 ㉗远配：发配远方，以服劳役。 ㉘大功：丧服五服之一，堂兄弟，其服大功，服期九月。 ㉙析籍：分家另居。 ㉚容隐：隐瞒包庇。㉛计帐：犹计簿，全国的户籍册。 ㉜高颎：据章校，“颎”下应补“又有民间课输无定

簿，难以推校”十三字。 ㉝输籍法：是由政府先划定国家编户的等级，各县再按中央的规定确定每一户纳税等级的高下，然后照此纳税。 ㉞蒲坂：地名。河东郡治所，故址在今山西永济市西南蒲州镇。 ㉟太子琮：即萧琮，后梁明帝之子，嗣位二年国废。在位二年。是后梁第三任皇帝。传见《隋书》卷七十九、《北史》卷九十三。 ㊱有隙：据章校，“隙”下应补“分而为二”四字。 ㊲浸：渐进，逐渐。 ㊳金山：山名。即今阿尔泰山，位于新疆西北部。 ㊴龟（qiū）兹：西域城国。位于天山南麓。 ㊵铁勒：匈奴之后裔，建国于今新疆西北部。 ㊶伊吾：地名。故址在今新疆哈密市。 ㊷西域：地区名。狭义指今玉门关和阳关以西、葱岭以东的新疆地区，广义则包括中亚乃至更远的地方。 ㊸号西突厥：据岑仲勉考证，西突厥是室点密之后，于时其子达头可汗方在位，阿波则是木杆可汗之子大逻便，属东突厥。详见《通鉴隋唐纪比事质疑》。 ㊹庚申：七月初六日。 ㊺白道川：地名。故址在今内蒙古呼和浩特市北。 ㊻车服：车和章服。㊼鼓吹：本为军中之乐，出自北方民族，具有一定地位的官将才得以具备鼓吹。 ㊽阿拔国：国名。不详，大概是突厥中的一部。 ㊾碛（qì）：地名。故址在今内蒙古苏尼特右旗西。 ㊿阻兵：拥兵。阻，恃，依仗。 (51)淳风：敦厚朴实的风俗。 (52)有道：指政治清明。 (53)丙戌：八月初二日。 (54)往：过去，是说往事。 (55)肃告：敬告。肃，恭敬。(56)郊庙：天地和祖庙。 (57)岁时：岁，指年。时，指春夏秋冬四时。 (58)和州：州名。治所历阳县，在今安徽和县。 (59)丙子：九月二十三日。 (60)李若：历仕北齐、周、隋，官至仪同三司。传附《北史·李崇传》。 (61)壬辰：十月初九日。 (62)信州：州名。治所鱼复县，在今重庆奉节白帝城。 (63)庶子：官名。为东宫官，掌门下、典书二坊事。 (64)负才：仗恃才能。负，仗恃。 (65)高丽：国名。当时朝鲜半岛有高丽、百济、新罗三国鼎立，高丽居其北，与隋相邻。 (66)君人：指皇帝或国君。 (67)子爱下民：爱护平民像爱护自己的儿子一样。子爱，爱之如子。下民，指平民百姓。 (68)远谄佞：远离奸佞的人。远，远离，疏远。谄佞，惯于献媚的奸佞之人。 (69)未明求衣：指天未亮则穿衣起床。形容勤奋。 (70)泽被区宇：恩泽普施天下。泽，恩泽、恩惠。被，及。区宇，疆土境域。此指全国，全天下。区，指疆域。宇，指上下四方。 (71)庆：幸福。 (72)顷来：近来。(73)不虔（qián）：不尊敬。虔，恭敬。 (74)专媚淫昏之鬼：谓宠张贵妃，使女巫在宫中鼓舞、淫祀等。 (75)仇雠：仇敌。 (76)厩：马棚。 (77)菽：豆类。 (78)殭（jiāng）：死。同“僵”。 (79)帑（tǎng）藏：国库。帑，库，此指库藏的金帛。 (80)王气：旧指象征帝王运数的祥瑞之气。 (81)自斯：从此。 (82)稍解：稍微消散。 (83)不：同“否”。 (84)面：颜面，脸。 (85)穷治：彻底处理、整治。穷，终极。 (86)称疾：本无疾病，却声称有疾病。称，声言，说。 (87)舟师：指水军。 (88)公安：县名。县治在今湖北公安县西北。 (89)从孙：兄弟的孙子。从（zòng），同一宗族次于至亲者叫从。 ⑨⓪司农少卿：官名。为司农寺副官，与司农卿共掌仓市薪米、园池果实。 ⑨①丁：壮丁。隋以男子十八岁（后改为二十一岁）为丁，六十岁为老。 ⑨②朔方：郡名。治所岩绿县，在今陕西靖边县东北白城子。 ⑨③灵武：郡名。治所灵武县，在今宁夏灵武市西南。 ⑨④绥州：州名。治所上县，在今陕西绥德县。 ⑨⑤绵历：绵延。

【译文】

陈长城公至德三年（乙巳，585）

春季，正月初一日，发生日食。

隋文帝命礼部尚书牛弘纂修五礼，编成一百卷；正月十一日，隋文帝下诏颁行新礼。

三月初二日，隋朝任命尚书左仆射高颎为左领军大将军。

陈朝丰州刺史章大宝，是章昭达的儿子，他在丰州贪纵枉法，朝廷改派太仆卿李晕去替换他。李晕快到达时，三月初五日，章大宝袭杀李晕，领兵造反。

隋朝大司徒郢公王谊与隋文帝是故交，他的儿子娶文帝的女儿兰陵公主为妻。后来隋文帝对他的恩宠礼遇渐渐淡薄，王谊非常怨恨牢骚。有人告发王谊说他名应图谶，从相貌仪表来看应该称王；公卿大臣上奏弹劾王谊犯了大逆不道之罪。四月十六日，隋文帝赐王谊自杀。

四月二十二日，隋文帝从洛阳回到长安。

陈朝叛将章大宝派遣部将杨通攻打建安，没能取胜。朝廷的军队将要到达丰州，章大宝部众溃散，章大宝也逃入山中，被追兵擒获，遭灭三族。

隋朝度支尚书长孙平上奏“请下令民间，每年秋收后每家缴纳粟麦一石以下，再按贫富状况等差缴纳，将缴纳的粮食都储存在自己所居的社内，委派社中员吏验收看管，以备灾年赈济之用，称为‘义仓’”。隋文帝听从了他的建议。五月二十九日，下诏令各郡、县都设置义仓。当时很多百姓向官府谎报年老、年幼，以此来逃避赋税徭役，山东地区承袭原北齐的弊政，在户口登记和租调征收方面，弄虚作假的特别多。隋文帝下令在全国州县进行户口普查，如果申报不实，里正、党长发配戍边；堂兄弟以下仍旧同居的大家庭，都命令他们分家居住，各立门户，以防止隐瞒人丁户口。这次人口普查，全国统计的户籍簿上新增加了一百六十四万多人口。左领军大将军高颎又奏请制定、核实户籍等第，按定额征收赋税的输籍法，颁行各州，隋文帝接受了他的建议，此后弄虚作假逃避赋税的人无法藏身了。

隋朝制定了全国各地每年上调给中央的各种物资定额，黄河以南的经由潼关，黄河以北的经由蒲坂，分道输往长安，昼夜不停，长达数月之久。

后梁国主萧岿逝世，谥号孝明皇帝，庙号世宗。梁世宗孝悌仁慈，勤俭节约，境内所以安定太平。太子萧琮继位。

当初，突厥阿波可汗与沙钵略可汗有了嫌隙，后来阿波可汗逐渐强盛，势力东抵都斤山，西越金山，西域龟兹、铁勒、伊吾诸部，以及诸胡各小国都臣服了他，称为西突厥。隋文帝也派遣上大将军元契出使西突厥，以安抚阿波可汗。

秋季，七月初六日，陈朝派遣散骑常侍王话等人出使隋朝。

突厥沙钵略可汗遭到达头可汗侵逼，又害怕契丹的攻击，便派使者到隋朝告急，请求允许他率领所属部落迁徙到大漠以南，寄居在白道川一带。隋文帝允准了他的请求，命晋王杨广率军支援，并供给他衣服食品，赐给他车驾服饰及鼓吹。沙钵略可汗乘机西击阿波可汗，打败了他。但阿拔国却乘虚而入劫掠沙钵略的妻儿家小；隋朝军队替沙钵略打败了阿拔军队，并把所缴获的战利品都给了沙钵略可汗。

沙钵略可汗大喜，于是与隋朝缔约，以大漠为两国边界，并上表说："天无二日，地无二王，大隋皇帝是真正的皇帝，我怎敢依恃兵众险隘，窃取帝王名号！如今钦慕南国淳朴风俗，归心有道之君，情愿屈膝叩拜，永为大隋藩属。"并派遣他的儿子库合真入隋朝见隋文帝。

八月初二日，库合真到达长安。隋文帝下诏说："突厥沙钵略可汗以前虽然与隋朝和亲友好，但还是两个国家，现在成为君臣关系，便是一国。"于是下令到南郊天坛和太庙去敬告天地和祖先，并颁下诏书布告远近臣民。凡是赐给沙钵略可汗的诏书，不直接称呼他的名。隋文帝还在内殿宴请库合真，并把他引见给独孤皇后，赏赐慰劳的东西极为丰盛。沙钵略可汗很高兴，自此，一年四季都向隋朝进贡物品。

九月，陈朝将军湛文彻侵犯隋朝的和州，隋朝仪同三司费宝首率军反击，俘虏了湛文彻。

九月二十三日，隋朝派遣李若等人出使陈朝。

冬季，十月初九日，隋朝任命上柱国杨素为信州总管。

当初，北地人傅縡曾在陈朝东宫任太子庶子侍奉陈后主，等到太子即位后，傅縡晋升为秘书监、右卫将军兼中书通事舍人，他自恃有才，盛气凌人，大家非常怨恨他。施文庆与沈客卿一同诬告傅縡收受了高丽国使者的贿赂，陈后主将傅縡拘捕下狱。

傅縡在狱中上书说："统治万民的国君，应该恭敬地事奉上天，爱民如子，节制嗜欲，疏远谄媚奸佞的臣子，天未明就穿衣起床，时已晚忘了吃饭，这样做才能恩泽普施于天下，福庆流传给子孙。但是陛下近来纵酒好色过度，祭奉天地宗庙之神不虔诚，只是专心媚事淫昏之鬼；小人留在身边，放任宦官专权；讨厌忠直之士如同仇敌，轻视生民之命如同草芥；后宫妃嫔服饰绮绣锦缎拖长及地，御用厩马喂食菽粟常有剩余，而天下百姓却流离失所，僵尸遍野；官吏公然收受贿赂，国库财物亏空，天怒人怨，众叛亲离，臣担心江南王气从此丧尽。"

傅縡上书呈进，陈后主读后大为光火。过了一会儿，稍微消了气，就派人对傅縡说："我想赦免你，你能否改正以前的过错？"傅縡回答说："臣的心性如同臣的面貌，假如面貌能够改变，那么臣的心性才能改变。"陈后主听了后更加愤怒，命令宦官李善庆没完没了地审理傅縡的罪案，最终赐他在狱中自尽。

陈后主每当举行郊祀的时候，经常称病不去参加，因此傅縡上书提及这件事。

这一年，后梁大将军戚昕率水军攻打陈朝荆州治所公安城，不胜退走。

隋文帝征召梁主的叔父太尉吴王萧岑入朝，拜授大将军，封怀义公，借机将他扣留在长安，不让他回国，重新设置江陵总管来监管后梁。

后梁大将军许世武打算献城投降陈朝，暗中派人去招引陈朝荆州刺史宜黄侯陈慧纪领兵前来接应，由于事情败露，后梁国主杀了许世武。陈慧纪是陈高祖陈霸先兄弟的孙子。

隋文帝派遣司农少卿崔仲方征调壮丁三万人，在朔方、灵武之间修筑长城，东起黄河，西抵绥州，绵延七百里，以抵御北方胡人入侵。

【原文】

四年（丙午，586）

梁改元广运[①]。

甲子[②]，党项羌[③]请降于隋。

庚午[④]，隋颁历于突厥。

二月，隋始令刺史上佐[⑤]每岁暮[⑥]更入朝，上考课[⑦]。

丁亥[⑧]，隋复令崔仲方发丁十五万，于朔方以东，缘边险要，筑数十城。

丙申[⑨]，立皇弟叔谟为巴东王，叔显为临江王，叔坦为新会王，叔隆为新宁王[⑩]。

庚子[⑪]，隋大赦。

三月，己未[⑫]，洛阳男子高德上书，请隋主为太上皇，传位皇太子。帝曰："朕承天命，抚育苍生[⑬]，日旰孜孜[⑭]，犹恐不逮。岂效近代帝王，传位于子，自求逸乐者哉！"

夏，四月，己亥[⑮]，遣周磻等聘于隋。

五月，丁巳[⑯]，立皇子庄[⑰]为会稽王。

秋，八月，隋遣散骑常侍裴豪等来聘。

戊申[⑱]，隋申明公[⑲]李穆卒，葬以殊礼。

闰月，丁卯[⑳]，隋太子勇镇洛阳。

隋上柱国郕公梁士彦讨尉迟迥，所当必破，代迥为相州刺史；隋主忌之，召还长安。上柱国杞公宇文忻与隋主少相厚[㉑]，善用兵，有威名；隋主亦忌之，以谴[㉒]去官，以[㉓]柱国舒公刘昉皆被疏远，闲居无事，颇怀怨望，数相往来，阴谋不轨。

忻欲使士彦于蒲州起兵，己为内应，士彦之甥裴通预其谋而告之。帝隐其事，以士彦为晋州[㉔]刺史，欲观其意；士彦忻然[㉕]，谓昉等曰："天也！"又请仪同三司薛摩儿为长史[㉖]，帝亦许之。后与公卿朝谒[㉗]，帝令左右执士彦、忻、昉于行间[㉘]，诘[㉙]之，初犹不伏[㉚]；捕薛摩儿适至，命之庭对[㉛]，摩儿具论始末[㉜]，士彦失色，顾谓摩儿曰："汝杀我！"丙子[㉝]，士彦、忻、昉皆伏诛，叔侄、兄弟免死除名。

九月，辛巳[㉞]，隋主素服[㉟]临射[㊱]殿，命百官射三家资物以为诫。

冬，十月，己酉[㊲]，隋以兵部尚书杨尚希为礼部尚书。隋主每旦临朝，日昃不倦，尚希谏曰："周文王[㊳]以忧勤损寿，武王[㊴]以安乐延年。愿陛下举大纲[㊵]，责成宰辅。繁碎之务，非人主所宜亲也。"帝善之而不能从。

癸丑[㊶]，隋置山南道行台[㊷]于襄州[㊸]；以秦王俊为尚书令。俊妃崔氏生男，隋主喜，颁赐群官。

直秘书内省[㊹]博陵李文博[㊺]，家素贫，人往贺之，文博曰："赏罚之设，功过所存。今王妃生男，于群官何事，乃妄受赏也！”闻者愧之。

癸亥[46]，以尚书仆射江总为尚书令，吏部尚书谢伷为仆射。

十一月，己卯[47]，大赦。

吐谷浑可汗夸吕[48]在位百年，屡因喜怒废杀太子。后太子惧，谋执夸吕而降；请兵于隋边吏[49]，秦州总管河间王弘[50]请以兵应之，隋主不许。

太子谋泄，为夸吕所杀，复立其少子嵬王诃为太子。迭州[51]刺史杜粲请因其衅而讨之，隋主又不许。

是岁，嵬王诃复惧诛，谋帅部落万五千户降隋，遣使诣阙[52]，请兵迎之。隋主曰：“浑贼[53]风俗，特异人伦[54]，父既不慈，子复不孝。朕以德训人，何有成其恶逆[55]乎！”乃谓使者曰：“父有过失，子当谏争[56]，岂可潜谋[57]非法，受不孝之名！溥天[58]之下皆朕臣妾[59]，各为善事，即称朕心。嵬王既欲归朕，唯教嵬王为臣子之法，不可远遣兵马，助为恶事！”嵬王诃乃止。

（以上为第四段，写隋文帝以仁德慈孝治理国家，和睦周边，不贪小利，布教四方。）

【注释】

①改元广运：后梁改天保二十五年为广运元年。 ②甲子：正月十三日。按《隋书·高祖本纪》“甲子”前有“春，正月”三字；《北史》同。应补。前又书梁改元事，“春，正月”三字当补于“梁”字前。 ③党项羌：少数民族国。为三苗之后裔，生活在今甘肃、四川、青海等地。 ④庚午：正月十九日。 ⑤上佐：官名。佐刺史以治理州行政与军事。 ⑥岁暮：年终。 ⑦考课：考察官吏政绩称为考课。 ⑧丁亥：二月初六日。 ⑨丙申：二月十五日。 ⑩叔谟、叔显、叔坦、叔隆：陈宣帝第二十九、三十、三十一、三十二子。传均见《陈书》卷二十八、《南史》卷六十五。 ⑪庚子：二月十九日。 ⑫己未：三月初八日。 ⑬苍生：指百姓，众民。 ⑭孜孜：勤勉不倦的样子。 ⑮己亥：四月十九日。 ⑯丁巳：五月初七日。 ⑰皇子庄：陈后主第八子。传见《陈书》卷二十八、《南史》卷六十五。 ⑱戊申：八月三十日。 ⑲申明公：李穆生前封爵为申国公，死后谥号为明，因李穆生前能知机保身，故谥曰明。 ⑳丁卯：闰八月十九日。 ㉑少相厚：小时候友情深厚。 ㉒谴：官吏谪降称谴。 ㉓以：据章校，“以”应作“与”。按“以”作“与”是，作“以”语意欠通顺。 ㉔晋州：州名。治所平阳县，在今山西临汾市。 ㉕忻然：欣喜得意的样子。忻，通“欣”。 ㉖长史：官名。刺史僚佐，掌兵

马。㉗朝谒（yè）：朝见。谒，晋见。㉘行（háng）间：指百官队列中。㉙诘：责问，审讯。㉚不伏：不伏罪。㉛庭对：在殿庭当面对质。㉜始末：始终。㉝丙子：闰八月二十八日。㉞辛巳：九月四日。㉟隋主素服：梁士彦、宇文忻、刘昉等三人虽以叛国罪被诛，但三人均为隋文帝旧臣，又有拥戴之功，故隋文帝穿素服致哀。㊱射：猜赌。此句指隋文帝没收梁士彦等三家的财产，用猜赌形式分赐百官，并借以为鉴诫。㊲己酉：十月初二日。㊳周文王：姓姬名昌。殷时西方诸侯，曾极力准备灭殷。㊴武王：即周文王之子，名发，起兵伐纣，建立周王朝。㊵大纲：重要纲领，要点。㊶癸丑：十月初六日。㊷行台：在地方代表朝廷行使尚书省职权的机构称行台。㊸襄州：州名。治所襄阳县，在今湖北襄阳市。㊹直秘书内省：官名。掌典校秘书省内外阁之藏书。㊺李文博：仕隋，官至校书郎。传见《隋书》卷五十八、《北史》卷八十三。㊻癸亥：十月十六日。㊼己卯：十一月初三日。㊽夸吕：吐谷浑首领伏连筹之子，即位后始称可汗。按，“夸吕”诸史记载不同，《隋书·吐谷浑传》作“吕夸”，《梁书·河南王传》又作“呵罗真”。盖夸吕（或吕夸）是其称号，呵罗真是其名。夸吕与吕夸疑有一误。㊾边吏：边疆的官将。㊿河间王弘：即隋文帝从祖弟杨弘（？—607），官至蒲州刺史，封河间王。传见《隋书》卷四十三、《北史》卷七十一。(51)迭州：州名。治所迭川县，在今甘肃迭部县境。(52)诣阙：赴皇帝的殿廷。阙，皇帝的住所。(53)浑贼：对吐谷浑的蔑称。(54)特异人伦：谓吐谷浑没有正常的人伦关系，与中原不同。(55)成：助成，成全。恶逆：叛逆，反叛。(56)谏争：直言规劝，止人过失。争，同“诤”。(57)潜谋：暗中密谋。(58)溥天：普天。溥（pǔ），普遍。(59)臣妾：本指奴隶，男为臣，女为妾。此指臣子。

【译文】

陈长城公至德四年（丙午，586）

后梁改年号为广运。

春季，正月十三日，党项羌请求归附隋朝。

正月十九日，隋朝向突厥颁授历法。

二月，隋朝下令每年岁末各州刺史以及长史、司马轮流入朝，呈奏本州官吏当年的考绩簿书。

二月初六日，隋朝再次命令崔仲方征调壮丁十五万人，在朔方以东，沿边境险要地方修筑几十座哨所城堡。

二月十五日，陈后主册封皇弟陈叔谟为巴东王，陈叔显为临江王，陈叔坦为新会王，陈叔隆为新宁王。

二月十九日，隋朝大赦。

三月初八日，洛阳男子高德上书，请求隋文帝做太上皇，传皇位给皇太子。隋文帝说："朕奉承天命，抚育百姓，从早到晚孜孜不倦，仍然担心不能治理好天下。怎敢效法近代那些帝王传位给太子，而自求安逸享乐呢？"

夏季，四月十九日，陈朝派遣周磻等人出使隋朝。

五月初七日，陈后主册封皇子陈庄为会稽王。

秋季，八月，隋朝派遣散骑常侍裴豪等人出使陈朝。

八月三十日，隋朝申明公李穆去世，隋文帝用很高的规格将其安葬。

闰八月十九日，隋朝皇太子杨勇出镇洛阳。

隋朝上柱国郕公梁士彦讨伐尉迟迥，每战必胜，平定尉迟迥后，取代尉迟迥为相州刺史；隋文帝猜忌他，将他召回长安。上柱国杞公宇文忻与隋文帝少年时非常友好，宇文忻因善于用兵，有很高的威望；隋文帝也因此猜忌他，找借口罢了他的官。梁士彦、宇文忻与柱国舒公刘昉都被疏远，闲居无聊，满腹怨恨，他们多次互相往来，暗中图谋造反。

宇文忻要梁士彦在蒲州起兵，自己在长安做内应，梁士彦的外甥裴通参与阴谋，却告发了他们。隋文帝不动声色，故意任命梁士彦为晋州刺史，用以观察他的动静。梁士彦非常高兴，对刘昉等人说："这是苍天保佑我们啊！"他又奏请朝廷任命仪同三司薛摩儿为晋州长史，隋文帝答应他的请求。不久梁士彦等人与公卿大臣一起上朝见皇上，隋文帝命左右侍卫在朝列中拘捕梁士彦、宇文忻、刘昉三人，审问他们为何造反，起初他们还不认罪；这时薛摩儿正好被捕获带到，隋文帝命他在殿堂上与梁士彦等人当面对质，薛摩儿详细供出了梁士彦等三人谋反的情况，梁士彦大惊失色，对薛摩儿说："是你杀了我！"闰八月二十八日，梁士彦、宇文忻、刘昉三人都被处死，他们的叔侄、兄弟免除死罪，被削职为民。

九月初四日，隋文帝身穿丧服亲临射殿，将梁士彦等三家物品以猜赌形式分赐百官，以为鉴戒。

冬季，十月初二日，隋朝任命兵部尚书杨尚希为礼部尚书。隋文帝每日清早就临朝听政，到太阳偏西还不休息，杨尚希进谏说："周文王由于忧勤劳苦而折寿，周武王则因安乐颐养而延年。希望陛下只抓大政方针，责成宰相处理政务。至于繁碎细事，人主不宜亲自处理。"隋文帝很赞同他的意见，但却不能采纳。

十月初六日，隋朝在襄州设置山南道行台，任命秦王杨俊为行台尚书令。杨俊妃崔氏生了男孩，隋文帝很高兴，下令赏赐百官。

直秘书内省博陵人李文博，家道素来贫寒，而今蒙隋文帝赐物，人们都去祝贺他，李文博却说："赏罚的设立，本是为了赏功罚罪。如今王妃生了男孩，与群臣百官有什么关系，却滥受赏赐！"在旁听到这番话的人都感到十分惭愧。

十月十六日，陈朝任命尚书仆射江总为尚书令，吏部尚书谢伷为尚书仆射。

十一月初三日，陈朝大赦。

吐谷浑可汗夸吕在位百年之久，多次因为喜怒无常而废黜或诛杀太子。后来所立的太子害怕，密谋劫持夸吕可汗投降隋朝，于是派使者向隋朝边防官吏请求援助，秦州总管河间王杨弘奏请朝廷派兵去接应，隋文帝不允。

吐谷浑太子密谋败露，被夸吕可汗杀掉，夸吕又立他的小儿子嵬王诃为太子。隋朝迭州刺史杜粲又向朝廷请求乘机讨伐吐谷浑，隋文帝仍旧不准许。

这一年，吐谷浑太子嵬王诃也因担心被父王杀害，密谋率领所属部落一万五千户投降隋朝，派遣使者来到长安，请求隋朝派兵接应。隋文帝说："吐谷浑风俗败坏，与中原习俗很不相同，缺乏人伦亲情，做父亲的既不慈爱自己的儿子，做儿子的也不孝顺自己的父亲。朕以仁德教化百姓，哪有助成嵬王诃叛逆作恶的道理！"于是对嵬王诃的使者说："父亲有了过失，儿子应以死谏诤，岂能阴谋反叛，落个不孝之名！普天之下，都是朕的臣民，各自尽忠尽孝，即可使朕称心如意。嵬王诃既然想归附于朕，朕只能教导嵬王诃如何做忠臣孝子的道理，决不能远派军队，帮助嵬王诃的叛逆作恶！"嵬王诃于是作罢。

【原文】

祯明元年（丁未，587）

春，正月，戊寅[①]，大赦，改元[②]。

癸巳[③]，隋主享太庙。

乙未[④]，隋制诸州岁贡士[⑤]三人。

二月，丁巳[⑥]，隋主朝日于东郊[⑦]。

遣兼散骑常侍王亨等聘于隋。

隋发丁男十万余人修长城，二旬而罢。

夏，四月，于扬州[⑧]开山阳渎[⑨]以通运。

突厥沙钵略可汗遣其子入贡于隋，因请猎于恒、代[⑩]之间，隋主许之，仍遣人赐以酒食。沙钵略帅部落再拜受赐。

沙钵略寻卒，隋为之废朝[11]三日，遣太常吊祭。

初，沙钵略以其子雍虞闾懦弱，遗令立其弟叶护[12]处罗侯[13]。雍虞闾遣使迎处罗侯，将立之，处罗侯曰："我突厥自木杆可汗以来，多以弟代兄，以庶夺嫡[14]，失先祖之法，不相敬畏。汝当嗣位，我不惮拜汝。"雍虞闾曰："叔与我父，共根连体[15]。我，枝叶也，岂可使根本反从枝叶，叔父屈于卑幼乎！且亡父之命，何可废也！愿叔勿疑！"遣使相让者五六，处罗侯竟立，是为莫何可汗。以雍虞闾为叶护。遣使上表言状[16]。

隋使车骑将军长孙晟持节[17]拜之[18]，赐以鼓吹、幡旗[19]。莫何勇而有谋，以隋所赐旗鼓西击阿波；阿波之众以为得隋兵助之，多望风降附。遂生擒阿波，上书请其死生之命[20]。

隋主下其议[21]，乐安公元谐请就彼枭首；武阳公李充请生取入朝，显戮[22]以示百姓。隋主谓长孙晟："于卿何如？"晟对曰："若突厥背诞[23]，须齐之以刑[24]。今其昆弟自相夷灭[25]，阿波之恶非负国家[26]。因其困穷，取而为戮，恐非招远[27]之道。不如两存之。"左仆射高颎曰："骨肉相残，教之蠹[28]也，宜存养[29]以示宽大。"隋主从之。

甲戌[30]，隋遣兼散骑常侍杨同等来聘。

五月，乙亥朔[31]，日有食之。

秋，七月，己丑[32]，隋卫昭王爽[33]卒。

八月，隋主征梁主入朝。梁主帅其群臣二百余人发江陵；庚申[34]，至长安。

隋主以梁主在外，遣武乡公崔弘度将兵戍江陵。军至都州[35]，梁主叔父太傅安平王岩[36]、弟荆州刺史义兴王瓛[37]等恐弘度袭之，乙丑[38]，遣都官尚书沈君公[39]诣荆州刺史宜黄侯慧纪请降。九月，庚寅[40]，慧纪引兵至江陵城下。辛卯[41]，岩等驱文、武、男、女十万口来奔。

隋主闻之，废梁国[42]；遣尚书左仆射高颎安集遗民；梁中宗、世宗[43]各给守冢[44]十户；拜梁主琮上柱国，赐爵莒公。

甲午[45]，大赦。

冬，十月，隋主如同州；癸亥[46]，如蒲州。

十一月，丙子[47]，以萧岩为开府仪同三司、东扬州[48]刺史，萧瓛为吴州刺史。

丁亥[49]，以豫章王叔英[50]兼司徒。

甲午[51]，隋主如冯翊[52]，亲祠故社[53]；戊戌[54]，还长安。

是行也，内史令李德林以疾不从，隋主自同州敕书追之[55]，与议伐陈之计。及还，帝马上举鞭南指曰："待平陈之日，以七宝[56]装严公，使自山[57]以东无及公者。"

初，隋主受禅以来，与陈邻好甚笃，每获陈谍，皆给衣马礼遣之，而高宗[58]犹不禁侵掠。故太建[59]之末，隋师入寇；会高宗殂，隋主即命班师[60]，遣使赴吊，书称姓名[61]顿首。帝答之益骄，书末云："想彼统内[62]如宜，此宇宙清泰[63]。"隋主不悦，以示朝臣，上柱国杨素以为主辱臣死[64]，再拜请罪。

隋主问取陈之策于高颎，对曰："江北地寒，田收差[65]晚；江南水田早熟。量[66]彼收获之际，微征士马[67]，声言掩袭[68]，彼必屯兵守御，足得废其农时[69]。彼既聚兵，我便解甲[70]。再三若此，彼以为常；后更集兵，彼必不信。犹豫之顷，我乃济师[71]；登陆而战，兵气益倍[72]。又，江南土薄，舍多茅竹，所有储积皆非地窖。若密遣行人因风纵火，待彼修立[73]，复更烧之，不出数年，自可财力俱尽。"隋主用其策，陈人始困。

于是杨素、贺若弼及光州[74]刺史高劢[75]、虢州[76]刺史崔仲方等争献平江南之策。仲方上书曰："今唯须武昌[77]以下，蕲、和、滁、方、吴、海[78]等州，更帖[79]精兵，密营度计[80]；益、信、襄、荆、基、郢[81]等州，速造舟楫[82]，多张形势[83]，为水战之具。蜀[84]、汉二江是其上流，水路冲要[85]，必争之所。贼虽流头[86]、荆门[87]、延洲[88]、公安[89]、巴陵[90]、隐矶[91]、夏首[92]、蕲口[93]、湓城[94]置船，然终聚汉口[95]、峡口[96]，以水战大决[97]。若贼必以上流有军，令精兵赴援者，下流诸将即须择便横渡；如拥众自卫，上江诸军[98]鼓行以前。彼虽恃九江[99]、五湖[100]之险，非德无以为固；徒有三吴[101]、百越[102]之兵，非恩不能自立矣。"隋主以仲方为基州刺史。

及受萧岩等降，隋主益忿，谓高颎曰："我为民父母，岂可限一衣带水[103]不拯之乎！"命大作战船。人请密之[104]，隋主曰："吾将显行天诛，何密之有！"使投其柹[105]于江，曰："若彼惧而能改，吾复何求！"

杨素在永安[106]，造大舰，名曰"五牙"。上起楼五层，高百余尺；左右前后置六拍竿[107]，并高五十尺，容战士八百人；次曰"黄龙"，置兵百人。自余平乘、舴艋[108]各有等差。

晋州刺史皇甫绩[109]将之官，稽首言陈有三可灭。帝问其状，曰："大吞小，一也。以有道伐无道，二也。纳叛臣萧岩，于我有词，三也。陛下若命将出师，臣愿展丝发[110]之效！”隋主劳而遣之。

时江南妖异特众，临平湖[111]草久塞，忽然自开。帝恶之[112]，乃自卖于佛寺为奴以厌[113]之。又于建康[114]造大皇寺，起七级浮图[115]；未毕，火从中起而焚之。

吴兴章华[116]，好学，善属文，朝臣以华素无伐阅[117]，竞排诋之，除太市令[118]。华郁郁不得志，上书极谏，略曰：“昔高祖[119]南平百越，北诛逆虏[120]，世祖[121]东定吴会[122]，西破王琳[123]，高宗克复淮南，辟地千里，三祖之功勤[124]亦至矣。陛下即位，于今五年，不思先帝之艰难，不知天命之可畏；溺于嬖宠，惑于酒色；祠七庙[125]而不出，拜三妃[126]而临轩[127]；老臣宿将[128]弃之草莽[129]，谄佞谗邪升之朝廷。今疆埸[130]日蹙[131]，隋军压境，陛下如不改弦易张[132]，臣见麋鹿复游于姑苏[133]矣！”帝大怒，即日斩之。

（以上为第五段，写隋朝吞并后梁，筹谋平陈；而陈朝后主仍然醉生梦死，不思更张，不听劝谏，灭亡指日可待。）

【注释】

①戊寅：正月初三日。 ②改元：陈改至德五年为祯明元年。 ③癸巳：正月十六日。 ④乙未：正月十八日。 ⑤贡士：地方向中央举荐人才称乡贡，经乡贡考试合格者称贡士。 ⑥丁巳：二月十二日。 ⑦朝日于东郊：隋开皇初年，于都城长安东春明门外设坛，每年在春分朝日祀天。 ⑧扬州：州名。治所广陵，在今江苏扬州市西北。 ⑨山阳渎：古运河名。因北起山阳县境而有此名。它北起山阳县（今江苏淮安），南至广陵郡（今江苏扬州西北），沟通了长江与淮河两大水系，方便了水路运输。 ⑩恒、代：地名。北魏起初以平城（故址在今山西大同市）为都，建为代都，设置司州及代都尹，后迁都洛阳，改司州为恒州，故称此地为恒、代。 ⑪废朝：停止朝见，以表示对沙钵略死之哀悼。 ⑫叶护：突厥官名。百官中的显要官职。 ⑬处罗侯，沙钵略之弟，继沙钵略为可汗，史称叶护可汗，事见《隋书》卷八十四、《北史》卷九十九。 ⑭夺嫡：以庶子夺取嫡子的地位。封建时代，凡以庶子嗣位而废嫡子，都称夺嫡。 ⑮共根连体：谓同父母所生。 ⑯言状：说明情况。状，情状。 ⑰持节：古代使臣出使，必持节以作凭证。节，符节。 ⑱拜之：拜处罗侯为可汗。 ⑲幡旗：旗帜。 ⑳请其死生之命：莫何不敢擅杀阿波而向隋廷请命。 ㉑下其议：隋文帝将莫何请命之事交给百官商议如何处理。 ㉒显戮：明正典刑，处决示众。 ㉓背诞：违命放纵，不受节制而妄为。 ㉔齐之以刑：

谓用刑法整治。齐，整治。㉕夷灭：消灭。㉖非负国家：指阿波兄弟自相残杀，并未辜负隋朝。负，辜负。㉗招远：招引远方国家或民族。㉘蠹：败坏，损坏，蛀蚀。㉙存养：保全，抚养。㉚甲戌：二月三十日。㉛乙亥朔：五月初一日。㉜己丑：七月十六日。㉝卫昭王爽：即杨爽（563—587），隋文帝异母弟，小字明达，封卫王。传见《周书》卷十九、《隋书》卷四十四、《北史》卷七十一。㉞庚申：八月十八日。㉟都州：隋无都州。按《隋书·萧琮传》作“鄀州”，《北史》同。据此“都州”当是“鄀州”之讹。鄀（ruò）州，州名。治所在今湖北荆门市西北。㊱安平王岩：即萧岩，后梁宣帝萧詧第五子，官至太傅。后降陈。传附《周书·萧詧传》《北史·僭伪附庸传》。㊲义兴王瓛：后梁明帝萧岿第三子。后降陈。传附《周书·萧詧传》《隋书·萧岿传》《北史·僭伪附庸传》。㊳乙丑：八月二十三日。㊴沈君公（？—589）：陈后主沈皇后叔父。传附《陈书·后主沈皇后传》《周书·萧詧传》《南史·沈君理传》。㊵庚寅：九月十八日。㊶辛卯：九月十九日。㊷废梁国：后梁自中宗即位，历三帝，三十三年。㊸梁中宗、世宗：中宗指后梁开国皇帝宣帝萧詧庙号，世宗是后梁第二代皇帝明帝萧岿庙号。㊹守冢：守护坟墓的人。㊺甲午：九月二十二日。㊻癸亥：十月二十二日。㊼丙子：十一月初五日。㊽东扬州：州名。治所山阴县，在今浙江绍兴市。㊾丁亥：十一月十六日。㊿豫章王叔英：陈宣帝第三子，字子烈。传见《陈书》卷二十八、《南史》卷六十五。(51)甲午：十一月二十三日。(52)冯翊：郡名。治所高陆县，在今陕西西安市高陵区。(53)祠故社：隋文帝生于冯翊，故去祭祀社庙。(54)戊戌：十一月二十七日。(55)追之：指召回李德林。(56)七宝：用多种宝物装饰的器物，泛称七宝。(57)山：此指太行山。(58)高宗：陈宣帝庙号。(59)太建：陈宣帝年号，569—582年。(60)班师：指军队出征回来。此指中途撤军。(61)书称姓名：信函中称自己姓名，不称隋帝，以示谦逊。(62)统内：统辖之内。(63)清泰：清明安然。(64)主辱臣死：君主受到侮辱，是臣子的死罪。(65)差：比较，略微。(66)量：衡量，估计。(67)士马：兵马。(68)掩袭：乘人不备，突然袭击。(69)农时：指春耕、夏耘、秋收，农事之三时。此指秋收时。(70)解甲：脱下战衣，引申为罢军休兵。(71)济师：谓举兵渡江。(72)兵气益倍：谓士气倍增。因隋兵登岸，后有大江，兵士无反顾之心，败则必死，故意气倍增。(73)修立：修葺完好。(74)光州：州名。梁置。治所光城县，在今河南光山县。(75)高劢（mài）：字敬德，河北蓨（今河北景县）人。历仕北齐、周、隋，官至洮州刺史。传见《北齐书》卷十三、《隋书》卷五十五、《北史》卷五十一。(76)虢州：州名。隋置。治所卢氏县，在今河南卢氏县。(77)武昌：郡名。治所武昌县，在今湖北鄂州市。(78)蕲、和、滁、方、吴、海：皆州名。当今武汉以东沿长江北岸地区，跨湖北、安徽、江苏三省。(79)帖：同“贴”，增加。⑧0密营度计：暗中经营筹划。⑧1益、信、襄、荆、基、郢：皆州名。长江上游沿江地区，跨四川、湖北两省。⑧2楫（jí）：船桨。短的称楫，长的称棹。⑧3形势：军事阵势。⑧4蜀：江名。胡注：蜀江出三峡，过南郡（今湖北江陵县）。据此，蜀江当指长江流经今重庆东部及湖北西部的一段。⑧5冲要：在军事或交通等方面有重要作用的地方。⑧6流头：地名。即流头滩，在今湖北宜昌市与秭归县之间的长江中。⑧7荆门：山名。在今湖北宜都市西北长江两岸。⑧8延洲：洲名。在今湖北宜都市附近长江中。⑧9公安：县名。在今湖北公安县东北。⑨0巴陵：郡名，治所巴陵县，在今湖南岳阳市。⑨1隐矶（jī）：地名。故址在今湖南岳阳市东北。⑨2夏首：地名。即夏口，以夏水入江而得名。故址在今湖北武汉市。⑨3蕲口：地名。以蕲水入江而得名。故址在今湖北蕲春西南长江北岸蕲州镇。⑨4湓城：地名。江州治所。在今江西九江市。皆沿长江要害之地。⑨5汉口：即夏口。以汉水入江而得名。在今湖北武汉市。⑨6峡口：即西陵峡口。故址在今湖北宜昌市西。⑨7大决：重大决定。此指决战。⑨8上江诸军：谓蜀江、汉江顺流东下之军。⑨9九江：长江水系的九条河，各说不一。⑩0五湖：说法不一。有以太湖及附近四湖为五湖。⑩1三吴：地区名。说法不一。一般指吴兴、吴郡、会稽为三吴。⑩2百越：古代越族生活在东南沿海一带，江浙闽粤之地，皆为越族所居，故称百越。⑩3一衣带水：像一条衣带那么宽的河流，形容极其狭窄。此指长江。⑩4密之：谓暗中造战船，不张扬出去。⑩5柿（fèi）：砍下的木片。⑩6永安：郡名。治所鱼复县，在今重庆市奉节东白帝城故址。⑩7拍竿：战舰上用以拍击敌船的装置。⑩8平乘、舴艋（zé měng）：俱船名。小船。⑩9皇甫续：据章校，“续”应改作“绩”。按皇甫绩，《隋书》《北史》俱有传，且与事合。据此，“续”乃“绩”字之误。⑪0丝发：蚕丝和头发。比喻细微。⑪1临平湖：湖名。故址在今浙江杭州市临安区。⑪2恶之：厌恶临平湖草塞自开一事。⑪3厌（yā）：用卖身为奴以积善积德的方法来抵制与压服将来可能出现的灾殃。⑪4建康：地名。即陈都城，在今江苏南京。⑪5七级浮图：七层佛塔。浮图，塔。⑪6章华（？—587）：仕陈，官至太市令。传附《陈书·傅縡传》《南史·傅縡传》。⑪7伐阅：功劳和阅历。积累功劳称伐，经历称阅。⑪8太市令：官名。掌市场税收。⑪9高祖：陈朝开国皇帝陈霸先。557—559年在位。⑫0逆虏：指侯景。⑫1世祖：陈朝第二代皇帝陈蒨。560—566年在位。⑫2东定吴会：指击杀杜龛、张彪事。⑫3西破王琳：王琳本梁将帅，梁亡，立永嘉王梁庄于荆州，被陈文帝击败，投降北齐。⑫4功勤：功劳，勤劳。⑫5七庙：古代天子七庙，三昭、三穆（左右排列顺序）与太祖之庙，共七庙。⑫6三妃：指龚、孔、张妃三人。⑫7临轩：殿前堂陛之间，近檐处两边有槛栏，如车之轩（车前横木），故皇帝至殿前称临轩。此指后主不去祀祖庙，却亲自册拜三妃。⑫8宿将：老将。

⑫⑨草莽：草野。莽，泛指荒野。 ⑬⓪疆埸（yì）：国界。 ⑬①日蹙：一天比一天紧迫。 ⑬②改弦易张：调整乐器之弦，使声音和谐。比喻改变法度和做法。 ⑬③麋鹿复游于姑苏：春秋时伍子胥规谏吴王灭越，而吴王不听，说："臣见麋鹿游于姑苏矣。"吴国终于为越所灭。此警告陈后主国将灭亡。姑苏，地名。春秋时吴国都城，即今江苏苏州市。

【译文】

陈长城公祯明元年（丁未，587）

春季，正月初三日，陈朝大赦，改年号为祯明。

正月十六日，隋文帝到太庙祭祀祖先。

正月十八日，隋朝规定各州每年向朝廷荐举三个士人。

二月十二日，隋主在东郊举行迎拜太阳的典礼。

陈朝派遣兼散骑常侍王亨等人出使隋朝。

隋朝征调民夫十万余人修筑长城，二十天就停下了。

夏季，四月，隋朝在扬州开凿山阳渎，用来沟通长江和淮河之间的运输。

突厥沙钵略可汗派遣他的儿子入隋朝贡，并请求朝廷允许突厥在恒州、代州之间打猎，隋文帝准许了突厥的请求，并派遣使者赐给酒食。沙钵略可汗率领突厥部落再拜接受赏赐。

不久，沙钵略可汗去世，隋朝停止朝会三日，以示哀悼，并派遣太常寺卿前往吊祭。

当初，沙钵略可汗认为儿子雍虞闾懦弱无能，临终遗命立弟弟叶护处罗侯为可汗。雍虞闾遵命派遣使者前往迎接处罗侯，将拥立他为可汗。处罗侯不同意，说："我突厥国自木杆可汗以来，多是以弟代兄继位，以庶夺嫡，丢弃了祖宗之法，乱了尊卑敬畏的秩序，你是嫡子，理当继位，我不怕对你下拜。"雍虞闾说："叔父与我父亲乃同胞兄弟，其根连体。我是侄儿，好比枝叶，岂能使根本反而服从枝叶，叔父屈居于侄儿之下呢？况且先父的遗命，怎么能违背呢？希望叔父不要再疑虑。"双方派遣使者相互推让了五六次，最后处罗侯即位，这就是莫何可汗。莫何可汗任命雍虞闾为叶护，并派遣使者向隋朝呈上表章，说明即位情况。

隋朝派遣车骑将军长孙晟为使者，持节册拜莫何为突厥可汗，并赏赐给他鼓吹、幡旗。莫何可汗有勇有谋，他利用隋朝所赐的旗鼓，向西进攻西突厥阿波可汗。阿波可汗的部众以为莫何可汗得到了隋军助战，便都望风降附。莫何可汗于是活捉阿波可汗，又上书隋文帝，请示怎样处置他。

隋文帝召集群臣商议此事，乐安公元谐提议将阿波可汗就地处斩，枭首示众。武阳公李充建议将阿波可汗押回长安，由朝廷处死，用以昭示天下百姓。隋文帝问长孙晟："你的意见怎样？"长孙晟回答说："若阿波可汗是违背朝命，就应当将他刑杀正法。如今只是他们兄弟之间自相残杀，阿波可汗的罪恶并不是有负于我国。假如我们趁他困穷之时，将他押来处死，恐怕不是招徕荒远之民所应采取的办法。不如赦免阿波可汗，使突厥两雄并存。"尚书左仆射高颎也说："骨肉自相残杀，败坏伦常教化，应该赦免阿波可汗，以示朝廷宽大。"隋文帝接纳了他们的建议。

二月三十日，隋朝派遣兼散骑常侍杨同等出使陈朝。

五月初一日，发生日食。

秋季，七月十六日，隋朝卫昭王杨爽去世。

八月，隋文帝征召后梁国主萧琮入朝。萧琮率领群臣二百余人从江陵起程；八月十八日，到达长安。

隋文帝认为后梁国主萧琮独立在外，便派武乡公崔弘度率军去戍守江陵。大军行至鄀州，后梁国主的叔父太傅安平王萧岩、萧琮弟荆州刺史义兴王萧瓛等人担心崔弘度借机袭取江陵，八月二十三日，萧岩、萧瓛派遣都官尚书沈君公向陈朝荆州刺史宜黄侯陈慧纪请求投降。九月十八日，陈慧纪率军到达江陵城下接应。九月十九日，萧岩、萧瓛等人带领后梁国文武官吏、平民男女共十万人投降陈朝。

隋文帝得知消息，下令废掉梁国；又派遣尚书左仆射高颎前去安置留在江陵没有投降陈朝的百姓，并下令给梁中宗、梁世宗各十户人家守护陵墓；还任命后梁国主萧琮为上柱国，降爵封为莒公。

九月二十二日，陈朝大赦。

冬季，十月，隋文帝到同州；十月二十二日，隋文帝由同州转往蒲州。

十一月初五日，陈朝任命萧岩为开府仪同三司、东扬州刺史，萧瓛为吴州刺史。

十一月十六日，陈朝任命豫章王陈叔英兼任司徒。

十一月二十三日，隋文帝到达冯翊，亲自到故乡里社祭祀；十一月二十七日，隋文帝回到长安。

隋文帝这次出巡，内史令李德林因病未能随从，隋文帝从同州下敕书催李德林前去，共商伐陈大计。他们一起回京，文帝在马上扬鞭指着南方说：“等朕平定陈朝的那一天，要用七种珍宝之物装扮你，使崤山以东的士大夫没有人能比得上你。”

起初，隋文帝自受禅即位以来，与陈朝和睦友好，每次抓到陈朝的间谍，都赠送衣服、马匹，非常客气地遣返他们回去。但陈宣帝仍不阻止陈朝边将侵扰隋境。所以，太建末年隋朝军队进攻陈朝，适逢陈宣帝逝世，隋文帝立即下令班师，并派使者前往吊唁，在给陈后主的信中自称姓名写有“杨坚顿首”之语。而陈后主的回信却自高自大，信末说：“想必你统治的境内还算可以，我国陈朝如同一统天下那样清静安泰。”隋文帝看了回信很不高兴，并把它传示朝臣，上柱国杨素认为君主受到羞辱，为臣的该死，一再跪拜叩头请罪。

隋文帝向高颎询问平陈之计，高颎回答说：“长江以北地区天气寒冷，田里庄稼收获较晚；而江南地区水田里庄稼成熟较早。估量在他们收获的时候，我们稍微征集兵马，扬言要进攻江南，他们一定屯兵守卫，这样足以让他们荒废农时。在他们聚集兵马之后，我们便马上解甲散兵，这样一而再，再而三，他们就会习以为常；然后我们再调集大军真正发动进攻，他们一定不信。趁他们犹豫之际，我军就大举渡江；兵既渡江，登陆而战，我军士气就会倍增。再说江南土地低湿，房舍多用茅草竹片搭成，所有的储积都不是藏在地窖里。假如我们秘密派人借风放火，烧毁他们的粮仓，等他们重新建好，我们再去焚烧。如此不出数年，他们必定力竭财尽。”隋文帝接受了高颎的计策，陈人开始感到形势严峻。

于是，杨素、贺若弼以及光州刺史高劢、虢州刺史崔仲方等人都争献平陈计策。崔仲方上书说：“如今只需自武昌以下，在蕲、和、滁、方、吴、海等州增加精兵，秘密进行渡江筹划；在益、信、襄、荆、基、郢等州迅速建造舟船，多方大造声势，做水战的准备。蜀、汉二江在长江的上流，是水陆要冲，为兵家必争之地。陈朝尽管在流头滩、荆门、延洲、公安、巴陵、隐矶、夏首、蕲口、溢城等地置备了船只，但最后还是要在汉口、西陵峡口聚集大军，以水战与我们一决雌雄。如果陈朝认为我们只在上游部署重兵，因而命令精锐部队赶赴上游增援，我们在下游的众将领即可率军乘机横渡长江；如果陈朝集中兵力坚守下游，那么我方上游诸军即可顺流而下，鼓行而前。他们虽然据有九江、五湖的险要，但失德则地利之险不足为凭；徒有三吴、百越的骁勇之兵，因为没有恩泽则不能自立。”于是隋文帝任命崔仲方为基州刺史。

等到陈朝接受后梁萧岩等人投降，隋文帝更加愤怒，对高颎说：“我作为天下百姓的父母，怎么能因为只有一衣带宽的江流阻隔，就不去拯救江南的百姓呢？”下令上游各州大造战船。有人建议应该秘密进行，隋文帝说：“我是奉行天命，要公开进行讨伐，有什么可保密的呢？”并让造船的人把砍削下来的碎木片投进江里，让它们顺流而下，隋文帝说：“假如陈朝害怕大军讨伐，能改过自新，我还要求什么呢？”

杨素在永安建造大船，名叫“五牙”战舰。上建五层楼，高一百余尺；左右前后设置六根拍竿，均高五十尺，能乘载士兵八百人。略小的战船名叫“黄龙”舰，能乘载士兵一百人。其余还有“平乘”“舴艋”等大小船只。

晋州刺史皇甫续将要赴任，在向隋文帝叩拜辞行时，上言有三条可以平定陈朝的理由，隋文帝问具体情况，皇甫续回答说：“以大国吞并小国，这是第一条理由。以有道讨伐无道，这是第二条理由。陈朝接纳叛臣萧岩等人，我们师出有名，这是第三条理由。陛下如果下令出师，我愿意效微薄之力！”隋文帝对他加以慰劳，随后让他前去赴任。

当时江南妖异怪事非常多，临平湖面久被水草淤塞，后来水草突然自动散开。陈后主很厌恶这些事，便把自身卖给佛寺为奴，想以此来镇住妖异。陈后主还下令在建康修建大皇寺，内造七层宝塔；尚未完工，佛塔起火全部被毁。

吴兴人章华，勤奋好学，善于写文章，朝中群臣因为他并没有功劳资历，便竞相排挤诋毁他，只授任他为太市令。章华郁郁不得志，于是上书极言谏诤，大略说：“从前高祖南平百越，北诛叛逆侯景；世祖文皇帝东边平定吴兴、会稽地区，西边打败王琳；高宗收复了淮南，拓地千里。三祖的功劳可说是到了顶峰。陛下即位，到现在已有五年，从不考虑先帝创业的艰难，也不知天命的可畏；受嬖妾宠臣的蛊惑，沉迷于酒色宴乐之中，祭祀太庙时借口不出宫，册封妃子时则亲临殿庭；老臣旧将，弃置于草莽之中；谄佞奸邪之人，升之于朝堂之上。如今国家边界日渐缩小，隋朝军队大兵压境，陛下若不能改革更新，臣恐怕很快就要看到吴国灭亡麋鹿游于姑苏的悲剧重演。”陈后主大怒，下令将章华斩首。

【原文】

二年（戊申，588）

春，正月，辛巳[①]，立皇子恮[②]为东阳王，恬[③]为钱塘王。

遣散骑常侍袁雅等聘于隋；又遣散骑常侍九江周罗睺[④]将兵屯峡口，侵隋峡州[⑤]。

三月，甲戌[6]，隋遣兼散骑常侍程尚贤等来聘。

戊寅[7]，隋主下诏曰："陈叔宝据手掌之地[8]，恣溪壑[9]之欲，劫夺阎闾[10]，资产俱竭，驱逼内外，劳役弗已[11]；穷奢极侈，俾[12]昼作夜；斩直言之客，灭无罪之家；欺天造恶，祭鬼求恩；盛粉黛[13]而执干戈[14]，曳罗绮而呼警跸；自古昏乱，罕或能比。君子潜逃，小人得志。天灾地孽[15]，物怪人妖。衣冠[16]钳口[17]，道路以目[18]。重以背德违言，摇荡疆埸；昼伏夜游，鼠窃狗盗[19]。天之所覆[20]，无非朕臣[21]，每关听览，有怀伤恻[22]。可出师授律，应机[23]诛殄[24]；在斯一举，永清吴越[25]。"又送玺书[26]暴帝二十恶；仍散写诏书三十万纸[27]，遍谕江外[28]。

太子胤[29]，性聪敏，好文学，然颇有过失；詹事袁宪[30]切谏，不听。时沈后[31]无宠，而近侍左右数于东宫往来，太子亦数使人至后所，帝疑其怨望，甚恶之。张、孔二贵妃日夜构成后及太子之短，孔范之徒又于外助之。帝欲立张贵妃子始安王深[32]为嗣，尝从容[33]言之。吏部尚书蔡徵顺旨称赞，袁宪厉色[34]折[35]之曰："皇太子国家储副[36]，亿兆[37]宅心[38]，卿是何人，轻言废立！"帝卒从徵议。夏，五月，庚子[39]，废太子胤为吴兴王，立扬州刺史始安王深为太子。徵，景历之子也。深亦聪惠，有志操[40]，容止[41]俨然[42]，虽左右近侍未尝见其喜愠[43]。帝闻袁宪尝谏胤，即用宪为尚书仆射。

帝遇沈后素薄，张贵妃专后宫之政，后澹然[44]，未尝有所忌怨[45]，身居俭约，衣服无锦绣之饰，唯寻阅经史[46]及释典[47]为事，数上书谏争。帝欲废之而立张贵妃，会国亡，不果。

冬，十月，己亥[48]，立皇子蕃为吴郡王。

己未[49]，隋置淮南行省[50]于寿春[51]，以晋王广为尚书令。

帝遣兼散骑常侍王琬、兼通直散骑常侍许善心[52]聘于隋，隋人留于客馆。琬等屡请还，不听。

甲子[53]，隋以出师，有事于太庙[54]，命晋王广、秦王俊、清河公杨素皆为行军元帅。广出六合[55]，俊出襄阳，素出永安，荆州刺史刘仁恩[56]出江陵，蕲州刺史王世积[57]出蕲春[58]，庐州总管韩擒虎出庐江[59]，吴州总管贺若弼出广陵，青州[60]总管弘农燕荣出东海[61]，凡总管九十，兵五十一万八千，皆受晋王节度。东接沧海，西拒巴、蜀[62]，旌旗舟楫[63]，横亘[64]数千里。以左仆射高颎为晋王元帅长史[65]，右仆射王韶为司马，军中事皆取决焉；区处[66]支度[67]，无所凝滞[68]。

十一月，丁卯[69]，隋主亲饯将士；乙亥[70]，至定城[71]，陈师誓众。

丙子[72]，立皇弟叔荣为新昌王，叔匡为太原王[73]。

隋主如河东[74]；十二月，庚子[75]，还长安。

突厥莫何可汗西击邻国[76]，中流矢[77]而卒。国人立雍虞闾[78]，号颉伽施多那都蓝可汗。

隋军临江，高颎谓行台吏部郎中薛道衡曰："今兹[79]大举，江东必可克乎？"道衡曰："克之。尝闻郭璞[80]有言：'江东分王[81]三百年，复与中国[82]合。'今此数将周[83]，一也。主上恭俭勤劳，叔宝荒淫骄侈，二也。国之安危在所委任，彼以江总为相，唯事诗酒，拔[84]小人施文庆，委以政事，萧摩诃、任蛮奴[85]为大将，皆一夫之用[86]耳，三也。我有道而大，彼无德而小，量其甲士不过十万，西自巫峡[87]，东至沧海，分之则势悬而力弱，聚之则守此而失彼，四也。席卷[88]之势，事在不疑。"颎忻然曰："得君言成败之理，令人豁然[89]。本以才学相期，不意[90]筹略乃尔[91]。"

秦王俊督诸军屯汉口，为上流节度。诏以散骑常侍周罗睺都督巴峡缘江诸军事以拒之。

杨素引舟师下三峡[92]，军至流头滩。将军戚昕以青龙百余艘[93]，守狼尾滩[94]，地势险峭[95]，隋人患之[96]。素曰："胜负大计，在此一举。若昼日下船，彼见我虚实，滩流迅激，制不由人，则吾失其便；不如以夜掩之。"素亲帅黄龙数千艘，衔枚[97]而下，遣开府仪同三司王长袭引步卒自南岸击昕别栅，大将军刘仁恩帅甲骑自北岸趣白沙[98]，迟明[99]而至，击之；昕败走，悉俘其众，劳而遣之，秋毫不犯[100]。

素帅水军东下[101]，舟舻被江[102]，旌甲[103]曜日。素坐平乘大船，容貌雄伟，陈人望之，皆惧，曰："清河公[104]即江神也！"江滨镇戍[105]闻隋军将至，相继奏闻；施文庆、沈客卿并抑而不言[106]。

初，上以萧岩、萧瓛，梁之宗室，拥众来奔，心忌之，故远散其众[107]，以岩为东扬州刺史，瓛为吴州刺史；使领军任忠出守吴兴郡[108]，以襟带[109]二州。使南平王嶷[110]镇江州，永嘉王彦[111]镇南徐州。寻召二王赴明年元会[112]，命缘江诸防船舰悉从二王还都，为威势以示梁人之来者。由是江中无一斗船，上流诸州兵皆阻杨素军，不得至。

湘州[113]刺史晋熙王叔文[114]，在职既久，大得人和，上以其据有上流，阴忌之；自度[115]素与群臣少恩，恐不为用[116]，无可任者，乃擢施文庆为都督、湘州刺史，配以精兵二千，欲令西上；仍征叔文还朝。文庆深喜其事，然惧出外之后，执事者[117]持己短长[118]，因进其党沈客卿以自代。

未发间，二人共掌机密。护军将军樊毅[119]言于仆射袁宪曰："京口[120]、采石[121]俱是要地，各须锐兵五千，并出金翅[122]二百，缘江上下，以为防备。"宪及骠骑将军萧摩诃皆以为然，乃与文武群臣共议，请如毅策。施文庆恐无兵从己，废其述职[123]，而客卿又利文庆之任[124]，己得专权，俱言于朝："必有论议，不假面陈[125]；但作文启[126]，即为通奏。"宪等以为然，二人赍启入。白帝曰："此是常事，边城将帅足以当之。若出人船，必恐惊扰。"

及隋军临江，间谍骤至[127]，宪等殷勤奏请[128]，至于再三。文庆曰："元会将逼[129]，南郊之日[130]，太子多从；今若出兵，事便废阙[131]。"帝曰："今且出兵，若北边无事，因以水军从郊，何为不可！"又曰："如此则声闻邻境，便谓国弱。"后又以货动[132]江总，总内为之游说[133]，帝重违其意[134]，而迫群官之请，乃令付外[135]详议。总又抑宪等，由是议久不决。

帝从容谓侍臣曰："王气在此。齐兵三来[136]，周师再来[137]，无不摧败。彼何为者邪！"都官尚书孔范曰："长江天堑[138]，古以为限隔南北[139]，今日虏军岂能飞渡邪！边将欲作功劳，妄言事急。臣每患官卑，虏若渡江，臣定作太尉公[140]矣。"或妄言北军马死，范曰："此是我马[141]，何为而死！"帝笑以为然，故不为深备，奏伎[142]、纵酒、赋诗不辍。

是岁[143]，吐谷浑裨王[144]拓跋木弥请以千余家降隋。隋主曰："普天之下，皆是朕臣，朕之抚育，俱存仁孝。浑贼惛狂[145]，妻子怀怖[146]，并思归化[147]，自救危亡。然叛夫背父[148]，不可收纳。又其本意正自避死，今若违拒，又复不仁。若更有音信，但宜慰抚，任其自拔，不须出兵应接。其妹夫及甥[149]欲来，亦任其意，不劳劝诱也。"

河南王移兹裒卒，隋主令其弟树归袭统其众。

（以上为第六段，写隋文帝大举伐陈，而陈朝君臣们仍浑然不寤，亡国之君，大抵如是。）

【注释】

①辛巳：正月十一日。　②皇子恮（quán）：陈后主第九子。传见《陈书》卷

二十八、《北史》卷六十五。③恬：陈后主第十一子，传见《陈书》卷二十八、《南史》卷六十五。④周罗睺（hóu）：字公布。历仕陈、隋。官至右武候大将军，传见《隋书》卷六十五、《北史》卷七十六。⑤峡州：州名。治所夷陵县，在今湖北宜昌市东南。⑥甲戌：三月初五日。⑦戊寅：三月初九日。⑧手掌之地：言陈朝疆域如同手掌那么大。⑨壑：水沟，山谷。⑩阎闾：阎，里中门。闾，里门。此泛指民间。⑪弗已：不止。弗，不。⑫俾：使。⑬盛粉黛：贪求美色。粉黛，妇女化妆品。粉以傅面，黛以画眉。借喻美女。⑭干戈：兵器。干，盾牌。戈，长矛。此指代战争。⑮地孽：人间的灾祸。孽，灾害，妖祸。⑯衣冠：指士大夫。⑰钳口：闭口不说话。⑱道路以目：周厉王暴虐，令人监督止谤。形容国人慑于暴政，敢怒而不敢言。⑲鼠窃狗盗：比喻小窃小盗。⑳覆：遮盖，掩蔽。㉑朕臣：我的臣民。朕，皇帝的自称。㉒伤恻：伤痛。㉓应（yìng）机：适应时机。㉔诛殄（tiǎn）：杀绝。殄，断绝，灭绝。㉕吴越：古代的吴国、越国，在今江浙一带。此指陈朝统治的江南之地。㉖玺书：古代用印章封记的文书。㉗纸：量词。一张称作一纸。㉘江外：江南。中原人称江南为江外。㉙太子胤：陈后主长子，后废为吴兴王。传见《陈书》卷二十八、《南史》卷六十五。㉚袁宪（529—598）：字德章，历仕梁、陈、隋三朝，官至尚书右仆射。传见《陈书》卷二十四、《南史》卷二十六。㉛沈后：陈后主皇后。传见《陈书》卷七、《南史》卷十二。㉜始安王深：陈后主第四子，封始安王，后立为太子。传见《陈书》卷二十八、《南史》卷六十五。㉝从容：安逸舒缓，不慌不忙。㉞厉色：严厉的面色。㉟折：挫折，反对。㊱储副：君主之副，即皇太子，被认为是君位的继承者。㊲亿兆：言其极多。㊳宅心：居之于心。㊴五月，庚子：五月己巳朔，无庚子。按《陈书·后主纪》庚子在六月；《南史》同。据此，"五月"当改作"六月"。庚子，六月初三日。㊵志操：志向操守。㊶容止：形貌举动。㊷俨然：形容矜持庄重。俨，庄重。㊸喜愠：高兴与恼怒。愠，恼怒。㊹澹（dàn）然：恬静，安定无事的样子。㊺忌怨：嫉妒，怨恨。㊻经史：经书和史籍。㊼释典：佛经。㊽己亥：十月初三日。㊾己未：十月二十三日。㊿行省：即行台，是设在地方行使尚书省职权的机构。51寿春：县名。县治在今安徽寿县。52许善心（558—618）：字务本，高阳北新城（今河北高阳县）人。历仕陈、隋，官至礼部侍郎。曾撰《梁史》七十卷。已佚失。传见《隋书》卷五十八、《北史》卷八十三、《陈书》卷三十四。53甲子：十月二十八日。54有事于太庙：古代帝王出征前，先往太庙祭告祖宗。55六合：县名，隋以尉氏县改名，县治在今江苏南京市六合区。56刘仁恩：仕隋，官至刑部尚书。传附《隋书·张煚传》《北史·张煚传》。57王世积：阐熙新国（今陕西靖边县西）人。历仕周、隋，官至凉州总管。传见《隋书》卷

四十、《北史》卷六十八、《周书》卷二十九。 ㊽蕲春：县名。蕲州治所，故址在今湖北蕲春东北。 ㊾庐江：县名。庐州治所，在今安徽庐江。 ㊿青州：州名。治所益都县，在今山东青州。 (61)东海：郡名。治所安流，在今江苏连云港市东南。 (62)巴、蜀：地区名。泛指今四川及重庆一带。 (63)舟楫：船和桨。 (64)亘（gèn）：连接。 (65)长史：官名。掌军事。 (66)区处：分别处置、安排。 (67)支度：计算、支出。 (68)凝滞：拘泥，粘滞。形容办事不畅。 (69)丁卯：十一月初二日。 (70)乙亥：十一月初十日。 (71)定城：地名。故址在今陕西华阴市东。 (72)丙子：十一月十一日。 (73)叔荣：陈宣帝第三十三子，封新昌王。 叔匡：陈宣帝第三十四子，封太原王。传见《陈书》卷二十八、《南史》卷六十五。 (74)河东：郡名。治所蒲坂县，在今山西永济西南蒲州镇。 (75)庚子：十二月初五日。 (76)邻国：据岑仲勉《通鉴隋唐纪比事质疑》，邻国系指波斯。 (77)流矢：飞矢，乱箭。 (78)雍虞闾：突厥人，继莫何之后立为可汗，号颉伽施多那都蓝可汗。事见《隋书·突厥传》。 (79)兹：同“此”。 (80)郭璞：字景纯，河东闻喜人。晋术士。传见《晋书》卷七十二。 (81)分王：分立称王。 (82)中国：古代指中原地区。 (83)周：合，相符。 (84)拔：擢用，提拔。 (85)任蛮奴：即任忠，小名蛮奴。历仕梁、陈，后降隋。终官开府仪同三司。传见《陈书》卷三十、《南史》卷六十七。 (86)一夫之用：匹夫之勇。一夫，一人。 (87)巫峡：地名。在今重庆巫山东、湖北巴东西之间的长江两岸。 (88)席卷：有如卷席，谓全部占领。 (89)豁然：开朗的样子。 (90)不意：不料，没有想到。 (91)乃尔：犹言如此。 (92)三峡：峡名。在重庆奉节至湖北宜昌之间的长江两岸。 (93)青龙：船名。盖与黄龙相似，能载百余人的较大战舰。 百余艘：据章校，“艘”下应补“兵数千人”四字。 (94)狼尾滩：地名。故址在今湖北宜都境长江中。 (95)险峭：险而峻峭。峭，陡直。 (96)患之：因地势险峻而忧虑。 (97)衔枚：枚如筷子，横衔口中，以禁喧哗。古代夜间行军多用此法。 (98)白沙：地名。陈将戚昕驻地，大致在狼尾滩附近。 (99)迟明：将近黎明。迟，未。 (100)秋毫不犯：不取民一点一滴。形容军纪严明。秋毫，鸟兽秋天新生的细羽毛。 (101)东下：由三峡顺流而下。 (102)舟舻：船。 被江：覆盖江面。 (103)旌甲：旌旗和盔甲。 (104)清河公：杨素封为清河公。 (105)镇戍：戍守。 (106)抑而不言：扣压而不上奏。 (107)远散其众：将其部众远远疏散。 (108)吴兴郡：郡名。治所乌程县，在今浙江湖州市吴兴区南下菰城。 (109)襟带：如襟如带，比喻地势险要。 (110)南平王嶷：陈后主第二子陈嶷，封南平王。传见《陈书》卷二十八、《南史》卷六十五。 (111)永嘉王彦：陈后主第三子，封永嘉王。传见《陈书》卷二十八、《南史》卷六十五。 (112)元会：皇帝元旦朝见群臣叫元会，也叫正会。 (113)湘州：州名。治所临湘县，在今湖南长沙市。 (114)晋熙王叔文：陈宣帝第十二子，封晋熙王。后降隋。传见《陈书》卷二十八、《南史》卷六十五。 (115)自度：自己估计。 ⑯为用：为自己尽力。 ⑰执事者：执行政事的人。犹言百官。 ⑱短长：是非，优劣。 ⑲樊毅（？—589）：字智烈，南阳湖阳（今河南唐河县西南湖阳镇）人。历仕梁、陈，官至护军将军，荆州刺史。传见《陈书》卷三十、《南史》卷六十七。 ⑳京口：镇名。南徐州治所，在今江苏镇江市。 ㉑采石：镇名。在今安徽当涂县北采石，是沿长江重地。 ㉒金翅：船名。 ㉓述职：诸侯朝见天子称为述职。此以出守藩方为述职。 ㉔之任：赴任就职。之，往。任，职。 ㉕不假面陈：不须面见陈主陈述事情。 ㉖文启：成文的表启。 ㉗骤至：屡次来到。骤，屡次，多次。 ㉘殷勤奏请：情意恳切地将此事奏请陈后主。殷勤，情意恳切的样子。 ㉙逼：逼近，临近。 ㉚南郊之日：陈承梁制，以间岁正月上辛日祀天地于南、北二郊。按例，来年正月当行此礼。 ㉛废阙：因出兵御隋而无法祭祀天地，故此礼废而有所缺失。 ㉜货动：即行使贿赂，使江总出面相助。 ㉝游说：四处活动，劝说别人服从自己的观点或做法。 ㉞重违其意：难以违背江总的意见。重，难。 ㉟付外：交付外廷百官。 ㊱齐兵三来：北齐曾三次出兵南下，第一次是梁敬帝绍泰元年（555）徐嗣徽、任约率齐兵袭建康，占据石头。第二次是太平元年（556）齐军再次攻破采石，逼近建康。第三次是世祖天嘉元年（560），齐将刘伯球等助王琳下芜湖。皆失败。 ㊲周师再来：天嘉元年周将独孤盛等攻入湘州，临海王光大元年（567）宇文直等助华皎作战。皆败。 ㊳天堑：天然的堑坑。堑，壕沟。 ㊴古以为限隔南北：典出三国。魏文帝伐吴，见江涛汹涌，叹气说："固天所以限南北也。" ㊵太尉公：官名。即太尉。晋宋以来，习称三公为太尉公、司徒公、司空公。 ㊶此是我马：谓北军马若过江不能北还，必归我所有。此是孔范说大话。 ㊷奏伎：演奏女乐。伎，女乐。 ㊸是岁：这一年。是，此，这。 ㊹裨（pí）王：吐谷浑的小王之称。如同裨将。 ㊺惛（hūn）狂：昏暗而猖狂。惛，神志不清。 ㊻怀怖：心里怀有恐惧之情。 ㊼归化：归顺，服从。 ㊽叛夫背父：背叛了丈夫和父亲。 ㊾妹夫及甥：史书不书主名。按文意当指拓跋木弥之妹夫与外甥。

【译文】

陈长城公祯明二年（戊申，588）

春季，正月十一日，陈后主册封皇子陈恮为东阳王，陈恬为钱塘王。

陈朝派遣散骑常侍袁雅等人出使隋朝，又派遣散骑常侍九江人周罗睺率兵屯驻峡口，进攻隋朝峡州。

三月初五日，隋朝派遣兼散骑常侍程尚贤等回访陈朝。

三月初九日，隋文帝下诏说："陈叔宝占据巴掌大一块土地，却欲壑难填，劫掠百姓，使他们倾家荡产，驱使逼迫都城内外百姓劳役不休；穷奢极侈，夜以继日；诛杀直言之士，族灭无罪之家；欺瞒苍天，无恶不作，却去祭祀鬼神，妄求赐福；与后宫妃嫔出游，侍卫手执干戈前呼后拥，清道戒严，自古以来昏庸腐败的帝王，没人能和他相比。正人君子潜逃归隐，奸臣小人为所欲为。天灾地孽接连发生，物怪人妖层出迭现。士大夫钳口结舌，道路之人敢怒而不敢言。加之背德违约，侵扰边疆，白天潜伏，夜晚偷袭，如同鼠窃狗盗一般。普天之下无一人不是朕的臣民，每当听到或审阅有关江南百姓受苦受难的奏疏，朕心中都很难过。现今可以出动师旅，颁下军令，随应时机，诛灭暴君；永远扫平吴越，在此一举。"又派遣使者送国书给陈朝，历数陈后主二十条罪状，并命人抄写了诏书三十万份，向江南地区广为散发。

陈朝皇太子陈胤聪明敏捷，喜爱文学，却有很多过失；太子詹事袁宪恳切进谏，陈胤不听。当时沈皇后失宠，身边的近侍随从时常往来东宫，皇太子也屡次派人到沈皇后住处，陈后主猜忌他们怀恨在心，很讨厌他们。张贵妃、孔贵妃又日夜在陈后主面前捏造皇后和太子的罪状，都官尚书孔范等人又在宫外火上浇油。陈后主便想立张贵妃的儿子始安王陈深为太子，曾经神情庄重地讲过这事。吏部尚书蔡徵依照陈后主的旨意，大为称赞，袁宪非常严肃地当面驳斥他说："皇太子是国家的储君，万民敬仰，你是什么人，胆敢随便谈论废立大事！"陈后主最终听从了蔡徵的建议。夏季，五月，庚子日，陈后主废黜皇太子陈胤，改封他为吴兴王，而册立扬州刺史始安王陈深为皇太子。蔡徵是蔡景历的儿子。陈深非常聪明，有志气节操，举止庄重，即便是他的近侍随从，也从未见过他喜笑和恼怒。陈后主听说袁宪曾经劝谏过陈胤，便任用他为尚书右仆射。

陈后主对沈皇后向来冷淡，张贵妃专主后宫之政，沈皇后淡然处之，没有嫉妒和怨恨。她自身居处俭约，衣着朴素，不穿锦缎，每天只是翻阅经史书籍和佛经，还多次上书向陈后主进谏。陈后主想要废掉沈皇后而另立张贵妃，适逢国亡，没有能实现。

冬季，十月初三日，陈后主册封皇子陈蕃为吴郡王。

十月二十三日，隋朝在寿春设立淮南行台，任命晋王杨广为行台尚书令。

陈后主派兼散骑常侍王琬、兼通直散骑常侍许善心出使隋朝，隋朝把他们扣留在客馆。王琬等人多次请求回国复命，隋文帝不允。

十月二十八日，隋文帝下令出师讨伐陈朝，在太庙祭告祖先，并任命晋王杨广、秦王杨俊、清河公杨素三人都为行军元帅。命杨广从六合出兵，杨俊从襄阳出兵，杨素从永安出兵，荆州刺史刘仁恩从江陵出兵，蕲州刺史王世积从蕲春出兵，庐州总管韩擒虎从庐江出兵，吴州总管贺若弼从广陵出兵，青州总管弘农人燕荣从东海出兵，共有行军总管九十名，兵力五十一万八千人，全军统一接受晋王杨广的调度指挥。东接沧海，西抵巴蜀，旌旗蔽日，舟楫满江，横亘连绵数千里。任命尚书左仆射高颎为晋王元帅府长史，并州行台尚书右仆射王韶为元帅府司马，军中大小事务全由他们裁断处理；他们安排处理军情急务，分配调度军需供应，都没有耽搁迟误。

十一月初二日，隋文帝亲自为出征将士饯行；十一月初十日，隋文帝到达定城，举行誓师大会。

十一月十一日，陈后主册封皇弟陈叔荣为新昌王，陈叔匡为太原王。

隋文帝到河东。十二月初五日，返回长安。

突厥莫何可汗进犯西边邻国，不幸中流箭去世。突厥人拥立雍虞闾，号为颉伽施多那都蓝可汗。

隋军进抵长江北岸，晋王元帅府长史高颎问行台吏部郎中薛道衡，说："此次大举伐陈，江东地区一定能攻克吗？"薛道衡回答说："一定能攻取。我听说晋朝郭璞曾经预言：'江东分王立国三百年后，又会与中原统一。'现在三百年的周期将满，这是一。皇上生活俭朴，勤于政事，而陈叔宝却荒淫奢侈，骄横放纵，这是二。国家的安危兴亡在于用人，陈朝任用的宰相江总，只会赋诗饮酒，提拔的文臣施文庆，是一个小人，却把政事都交付他，而重用的大将萧摩诃、任蛮奴等人，全是有勇无谋的一介匹夫，这是三。我隋朝政治清明，国土广大，陈朝政治黑暗，地域狭小，估计他们的军队顶多十万人，西起巫峡，东至大海，战线过长，假如分兵四处戍守则势单力弱，如果集中兵力重点防卫就会顾此而失彼，这是四。所以，拿下江东，此事确定无疑。"高颎听后非常高兴地说："听了你的成败分析，令人豁然开朗。我原本只是佩服你的才学，没想到你运筹帷幄竟如此不凡。"

秦王杨俊督率各军进驻汉口，节度指挥上游诸军。陈后主诏令散骑常侍周罗睺都督巴陵沿江诸军事，以抗击隋朝军队进攻。

杨素率领水军由三峡顺流而下，进至流头滩。陈朝将军戚昕率领青龙战船一百余艘扼守狼尾滩，这里地势险峻，隋朝将士十分忧虑。杨素说："胜负关键，在此一举。如果白天顺江而下，敌军就会知道我军情况，加上滩流湍急，行船难于控制，对我军非常不利，不如改在夜里突然袭击。"杨素亲自率领黄龙舰船数千艘，将士衔枚，顺流而下，又派开府仪同三司王长袭率领步兵由南岸进击戚昕别营，大将刘仁恩率领骑兵由北岸向白沙进发，全在黎明时赶到，两岸夹击陈军；戚昕大败而逃，隋军俘虏了他的部众，慰劳后加以遣返，秋毫不犯。

杨素率领水军顺流东下，舰船布满江面，旌旗甲胄与日辉映。杨素坐在一只平板大船上，很是雄伟，陈军远远望见，都心里害怕，说："清河公简直是长江水神！"陈朝沿江镇戍听说隋军将到，都相继上书告急；但是施文庆、沈客卿将奏章全部扣压，不向陈后主奏报。

起初，陈后主认为萧岩、萧瓛是后梁宗室，率领了众多江陵军民降附陈朝，便心生疑虑，就把随他们而来的军民隔离分散到各处，而任命萧岩为东扬州刺史，萧瓛为吴州刺史，并派遣领军将军任忠镇守吴兴郡，就近挟制二州；又派遣南平王陈嶷镇守江州，永嘉王陈彦镇守南徐州，严加防范。不久又召回陈嶷、陈彦二王回京城参加明年正月元旦朝会，并命令沿江各防地的船舰全部随二王开回京师，想趁机向后梁降附军民显示强大的军威。所以中下游江面上连一只战船也没有，而上流各州的军队都受到杨素军队的阻截，不能赶来增援。

陈朝湘州刺史晋熙王陈叔文，在湘州任职时间长，深受人们爱戴，陈后主认为他据有长江上流，暗地里很不放心。陈后主意识到平时对待群臣缺少恩礼，怕他们不肯为自己卖力，一时又没有可以替换陈叔文的人，就提升施文庆为都督、湘州刺史，调给他精兵两千人，希望他西上就职；同时征召陈叔文回朝。施文庆非常高兴得到这一职务，但又害怕自己出朝之后，掌权的人抓住自己的短处，于是推荐他的党羽沈客卿接替自己中书舍人的职务。

当施文庆还未出发就任时，他与沈客卿两人共掌朝政。护军将军樊毅对尚书仆射袁宪说："京口、采石都是江防要地，两地各需精兵五千人，并出动金翅舰船两百艘，沿江上下巡行，以便防备。"袁宪和骠骑将军萧摩诃都认为樊毅说得对，便与文武群臣一起商议，请求按照樊毅的计策部署军队。施文庆担心这样一来就会没有兵员随从自己，朝廷便会撤销自己出守藩职，而沈客卿又认为施文庆出朝任职，自己就可以专擅朝政大权，于是，他们二人便对朝臣们说："若有什么议论，不必当面向皇上陈奏；只需写好表启，立即代为呈奏。"袁宪等人信以为真，施文庆、沈客卿两人便拿着群臣的表启入宫。二人却对陈后主说："敌寇入侵，这是常事，边镇将帅足以抵挡。若从京师派人派船出巡江防，必然会引起惊扰。"

待到隋军进抵长江北岸，间谍大批潜入，袁宪等人又多次上奏请求。施文庆对陈后主说："元旦朝会将临，南郊祭天之日，必须由太子多带军队随从；现在如果调派军队出去，南郊祭天之事就得取消。”陈后主说：“现在暂且出兵，如果北边战场无事，就用水军护从郊祀，又有什么不可？”施文庆又说：“如果这样做的话，消息传到邻国，隋朝便会认为我们弱小。”后来施文庆又贿赂尚书令江总，江总入宫为施文庆游说，陈后主难于违背江总的意见，但又迫于群臣的请求，于是下令交付外廷再仔细讨论。在讨论中江总又多方压制袁宪等人，所以讨论了很久都无法决定下来。

陈后主曾经神色自若地对侍卫近臣说：“帝王之气本在这个地方。齐军曾经三次来犯，周军也曾经两次入侵，无不遭到挫败。现在隋军来犯又能如何？”都官尚书孔范附和说：“长江天堑，自古以来隔绝南北，今天敌军难道能飞渡过来吗？边镇将帅想立功劳，所以谎报边事紧急。我常常觉得自己官职卑微，如果敌军能越过长江，我一定能立功荣升为太尉了。”有人谎报说隋军马匹死亡，孔范又口出大言说：“这些马本来将归我所有，怎么还没渡江就先死了呢？”陈后主听了大笑，认为孔范说得好，所以不严加防备，还是每天有女乐进献乐舞，后主与幸臣纵酒宴饮，赋诗赠答，没有休止。

这一年，吐谷浑裨王拓跋木弥请求率所属部落一千余家降附隋朝。隋文帝说：“普天之下，都是朕的臣民，朕抚育苍生黎民，都以仁孝为本。吐谷浑可汗夸吕昏乱狂暴，结果他的妻儿恐怖不安，都想归化本朝，以拯救自己免遭屠戮。但是背叛丈夫和父亲，不忠不孝，朕不能接纳。不过他们的本意只是逃避死亡，现在如果拒绝，又显得不仁不义。若再传来要求降附的音讯，只应该加以慰勉安抚，听任他们自己率领所属部落前来归附，不必出兵接应。如果他的妹夫和外甥想来归附，也任随其意，不要进行劝诱。”

隋朝所封吐谷浑河南王移兹裒去世，隋文帝诏令他的弟弟树归继承王位，并统领其部众。

【评析】

本卷平行记载隋、陈史事，隋朝君明臣贤，精心治国，以图统一；陈朝主昏臣佞，荒淫误国，末世景象，形成鲜明对照。隋文帝治国察纳雅言，善政多多。贺娄子干熟悉边事，任命为榆关总管；李谔上书历数轻薄文风之弊，隋文帝禁浮华；沙钵略上书请内附，隋文帝宽待平戎；群臣建言平陈，隋文帝择善而从。陈后主荒淫放纵，大臣不言，小臣切谏，傅縡、章华枉送性命。大军压境，君臣还大言相欺，陈朝不亡，天理不容，何其晚也。

卷第一百七十七　隋[1]纪一

隋文帝开皇九年至十一年（589—591）

【起屠维作噩（己酉，589），尽重光大渊献（辛亥，591），凡三年】

【大事提要】

本卷载述589年至591年隋朝统一全国初始三年史事。时当隋文帝开皇九年至十一年。本卷着重记述开皇九年隋灭陈的过程。隋灭陈，以大吞小，隋文帝为英武之主，陈后主是昏庸信谗的亡国之主，以英武对昏庸，故隋灭陈如摧枯拉朽，陈旬月即亡。

【原文】

高祖文皇帝[2]上之上

开皇九年[3]（己酉，589）

春，正月，乙丑朔[4]，陈主朝会群臣，大雾四塞，入人鼻，皆辛酸，陈主昏睡，至晡时[5]乃寤。

是日，贺若弼自广陵引兵济江。先是弼以老马多买陈船而匿之，买弊船五六十艘，置于渎[6]内。陈人觇之，以为内国[7]无船。弼又请缘江防人每交代之际，必集广陵，于是大列旗帜，营幕被野，陈人以为隋兵大至，急发兵为备，既知防人交代[8]，其众复散；后以为常，不复设备。又使兵缘江时猎[9]，人马喧噪[10]。故弼之济江，陈人不觉。韩擒虎将五百人自横江[11]宵济采石[12]，守者皆醉，遂克之。晋王广帅大军屯六合镇[13]桃叶山[14]。

丙寅[15]，采石戍主徐子建驰启告变；丁卯[16]，召公卿入议军旅[17]。戊辰[18]，陈主下诏曰："犬羊[19]陵纵，侵窃郊畿[20]，蜂虿[21]有毒，宜时扫定。朕当亲御六师[22]，廓清[23]八表[24]，内外并可戒严。"以骠骑将军萧摩诃、护军将军樊毅、中领军鲁广达并为都督，司空司马消难、湘州刺史施文庆并为大监军[25]，遣南豫州刺史樊猛[26]帅舟师出白下[27]，散骑常侍皋文奏将兵镇南豫州。重立赏格[28]，僧、尼、道士，尽令执役[29]。

庚午[30]，贺若弼攻拔京口，执南徐州刺史黄恪。弼军令严肃，秋毫不犯，有军士于民间酤酒[31]者，弼立斩之。所俘获六千余人，弼皆释之，给粮劳遣[32]，付以敕书，令分道宣谕[33]。于是所至风靡。

樊猛在建康[34]，其子巡摄行[35]南豫州事。辛未[36]，韩擒虎进攻姑孰[37]，半日，拔之，执巡及其家口。皋文奏败还。江南父老素闻擒虎威信，来谒军门者昼夜不绝。

鲁广达之子世真[38]在新蔡[39]，与其弟世雄及所部降于擒虎，遣使致书招广达。广达时屯建康，自劾[40]，诣廷尉[41]请罪；陈主慰劳之，加赐黄金，遣还营。樊猛与左卫将军蒋元逊将青龙八十艘于白下游弈[42]，以御六合兵[43]，陈主以猛妻子在隋军，惧有异志，欲使镇东大将军任忠代之，令萧摩诃徐谕[44]猛，猛不悦，陈主重伤其意[45]而止。

于是贺若弼自北道[46]，韩擒虎自南道[47]并进，缘江诸戍，望风尽走；弼分兵断曲阿之冲[48]而入。陈主命司徒豫章王叔英屯朝堂，萧摩诃屯乐游苑，樊毅屯耆阇寺，鲁广达屯白土冈[49]，忠武将军孔范屯宝田寺，己卯[50]，任忠自吴兴[51]入赴，仍屯朱雀门[52]。

辛未[53]，贺若弼进据钟山[54]，顿白土冈之东。晋王广遣总管杜彦[55]与韩擒虎合军，步骑二万屯于新林。蕲州总管王世积以舟师出九江，破陈将纪瑱于蕲口，陈人大骇，降者相继。晋王广上状[56]，帝大悦，宴赐群臣。

时建康甲士尚十余万人，陈主素怯懦，不达[57]军士[58]，唯日夜啼泣，台内处分[59]，一以委施文庆。文庆既知诸将疾已，恐其有功，乃奏曰："此辈怏怏，素不伏官，迫此事机，那可专信！"由是诸将凡有启请，率皆不行。

贺若弼之攻京口也，萧摩诃请将兵逆战[60]，陈主不许。及弼至钟山，摩诃又曰："弼悬军深入，垒堑[61]未坚，出兵掩袭，可以必克。"又不许。陈主召摩诃、任忠于内殿议军事，忠曰："兵法：客[62]贵速战，主[63]贵持重。今国家足兵足食，宜固守台城，缘淮立栅，北军[64]虽来，勿与交战；分兵断江路，无令彼信得通。给臣精兵一万，金翅[65]三百艘，下江径掩六合；彼大军必谓其渡江将士已被俘获，自然挫气[66]。淮南土人[67]与臣旧相知悉，今闻臣往，必皆景从[68]。臣复扬声[69]欲往徐州，断彼归路，则诸军不击自去。待春水既涨，上江[70]周罗睺等众军必沿流赴援。此良策也。”陈主不能从。明日，欻然[71]曰：“兵久不决，令人腹烦[72]，可呼萧郎[73]一出击之。”任忠叩头苦请勿战。孔范又奏：“请作一决，当为官勒石燕然[74]。”陈主从之，谓摩诃曰：“公可为我一决！”摩诃曰：“从来行陈[75]，为国为身；今日之事，兼为妻子。”陈主多出金帛赋[76]诸军以充赏。甲申[77]，使鲁广达陈于白土冈，居诸军之南，任忠次之，樊毅、孔范又次之，萧摩诃军最在北。诸军南北亘[78]二十里，首尾进退不相知。

贺若弼将轻骑登山，望见众军，因驰下，与所部七总管杨牙、员明[79]等甲士凡八千，勒陈[80]以待之。陈主通[81]于萧摩诃之妻，故摩诃初无战意；唯鲁广达以其徒力战，与弼相当。隋师退走者数四，弼麾下死者二百七十三人，弼纵烟[82]以自隐，窘而复振。陈兵得人头，皆走献陈主求赏，弼知其骄惰，更引兵趣孔范；范兵暂交即走，陈诸军顾之[83]，骑卒乱溃，不可复止，死者五千人。员明擒萧摩诃，送于弼，弼命牵斩之，摩诃颜色自若，弼乃释而礼之。

任忠驰入台，见陈主言败状，曰：“官[84]好住，臣无所用力矣！”陈主与之金两縢[85]，使募人出战，忠曰：“陛下唯当具舟楫，就上流众军[86]，臣以死奉卫[87]。”陈主信之，敕忠出部分，令宫人装束以待之，怪其久不至。时韩擒虎自新林进军，忠已帅数骑迎降于石子冈[88]。领军蔡徵守朱雀航[89]，闻擒虎将至，众惧而溃。忠引擒虎军直入朱雀门，陈人欲战，忠挥之曰：“老夫尚降，诸军[90]何事！”众皆散走。于是城内文武百司[91]皆遁，唯尚书仆射袁宪在殿中，尚书令江总等数人居省中。陈主谓袁宪曰：“我从来接遇[92]卿不胜余人，今日但以追愧[93]。非唯朕无德，亦是江东衣冠道尽[94]。”

陈主遑遽[95]，将避匿，宪正色曰：“北兵之入，必无所犯。大事如此，陛下去欲安之！臣愿陛下正衣冠，御正殿，依梁武帝见侯景故事[96]。”陈主不从，下榻驰去，曰：“锋刃之下，未可交当[97]，吾自有计！”从宫人十余出后堂景阳殿，将自投于井，宪苦谏不从；后阁舍人[98]夏侯公韵以身蔽井，陈主与争，久之，乃得入。既而军人窥井，呼之，不应，欲下石，乃闻叫声；以绳引之，惊其太重，及出，乃与张贵妃、孔贵嫔同束而上。沈后居处如常。太子深[99]年十五，闭阁而坐，舍人孔伯鱼侍侧，军士叩阁而入，深安坐，劳之曰：“戎旅在途，不至劳也！”军士咸致敬焉。时陈人宗室王侯在建康者百余人，陈主恐其为变，皆召入，令屯朝堂，使豫章王叔英总督之，又阴为之备，及台城失守，相帅出降。

贺若弼乘胜至乐游苑，鲁广达犹督余兵苦战不息，所杀获数百人，会日暮，乃解甲，面台[100]再拜恸哭，谓众曰："我身不能救国，负罪深矣！"士卒皆流涕歔欷，遂就擒。诸门卫皆走，弼夜烧北掖门入，闻韩擒虎已得陈叔宝，呼视之，叔宝惶惧，流汗股栗，向弼再拜。弼谓之曰："小国之君当大国之卿[101]，拜乃礼也。入朝不失作归命侯[102]，无劳恐惧。"既而耻功在韩擒虎后，与擒虎相询[103]，挺刃而出；欲令蔡徵为叔宝作降笺，命乘骡车归己，事不果。弼置叔宝于德教殿，以兵卫守。

高颎先入建康，颎子德弘为晋王广记室[104]，广使德弘驰诣颎所，令留张丽华[105]，颎曰："昔太公蒙面以斩妲己[106]，今岂可留丽华！"乃斩之于青溪。德弘还报，广变色曰："昔人云，'无德不报'，我必有以报高公[107]矣！"由是恨颎。

丙戌[108]，晋王广入建康，以施文庆受委[109]不忠，曲为谄佞以蔽耳目[110]，沈客卿重赋厚敛以悦其上[111]，与太市令阳慧朗、刑法监[112]徐析、尚书都令史暨慧皆为民害，斩于石阙下，以谢三吴。使高颎与元帅府记室裴矩[113]收图籍，封府库，资财一无所取，天下皆称广，以为贤。矩，让之之弟子也。

广以贺若弼先期[114]决战，违军令，收以属吏[115]。上驿召之，诏广曰："平定江表[116]，弼与韩擒虎之力也。"赐物万段；又赐弼与擒虎诏，美其功。

开府仪同三司王颁，僧辩之子，夜，发陈高祖陵[117]，焚骨取灰，投水而饮之。既而自缚，归罪于晋王广；广以闻，上命赦之。诏陈高祖、世祖、高宗陵，总给五户分守之[118]。

上遣使以陈亡告许善心，善心衰服号哭于西阶[119]之下，藉草[120]东向坐三日，敕书唁焉[121]。明日，有诏就馆[122]，拜通直散骑常侍，赐衣一袭[123]。善心哭尽哀，入房改服[124]，复出，北面立，垂泣[125]，再拜受诏，明日乃朝，伏泣于殿下，悲不能兴[126]。上顾左右曰："我平陈国，唯获此人。既能怀其旧君，即我之诚臣也。"敕以本官直[127]门下省。

陈水军都督周罗睺与郢州刺史荀法尚守江夏，秦王俊督三十总管水陆十余万屯汉口[128]，不得进，相持逾月。陈荆州刺史陈慧纪[129]遣南康内史吕忠肃屯岐亭[130]，据巫峡[131]，于北岸凿岩，缀[132]铁锁三条，横截上流以遏隋船，忠肃竭其私财以充军用。杨素、刘仁恩奋兵击之，四十余战，忠肃守险力争，隋兵死者五千余人，陈人尽取其鼻以求功赏。既而隋师屡捷，获陈之士卒，三纵之。忠肃弃栅而遁，素徐去其锁；忠肃复据荆门之延洲，素遣巴蜑[133]千人，乘五牙[134]四艘，以拍竿碎其十余舰，遂大破之，俘甲士二千余人，忠肃仅以身免。陈信州刺史顾觉屯安蜀城[135]，弃城走。陈慧纪屯公安，悉烧其储蓄，引兵东下，于是巴陵[136]以东无复城守者。陈慧纪帅将士三万人，楼船[137]千余艘，沿江而下，欲入援建康，为秦王俊所拒，不得前。是时，陈晋熙王叔文罢湘州[138]，还，至巴州，慧纪推叔文为盟主[139]。而叔文已帅巴州刺史毕宝等致书请降于俊，俊遣使迎劳之。会建康平，晋王广命陈叔宝手书招上江诸将，使樊毅诣周罗睺，陈慧纪子正业诣慧纪谕指[140]。时诸城皆解甲，罗睺乃与诸将大临[141]三日，放兵散，然后诣俊降，陈慧纪亦降，上江皆平。杨素下至汉口，与俊会。王世积在蕲口，闻陈已亡[142]，告谕江南诸郡，于是江州司马黄偲[143]弃城走，豫章诸郡太守皆诣世积降。

癸巳[144]，诏遣使者巡抚[145]陈州郡。二月，乙未[146]，废淮南行台省[147]。

（以上为第一段，写隋文帝灭陈，破建康，消灭陈朝主力军队的战斗过程。）

【注释】

①隋：隋朝国号。初杨忠以功封随国公，子坚袭爵受周禅，遂以随为国号。因恶随字带之，之训为走，故去之为隋。 ②高祖文皇帝：隋朝开国皇帝杨坚，581—604年在位。③开皇九年：隋文帝于陈宣帝太建十三年（581）受周禅，至此年平陈，统一天下。《资治通鉴》纪事，才以开皇系年。 ④乙丑朔：正月初一日。 ⑤晡时：古人进餐习惯，吃第二顿饭是在晡时。它指每天下午三时至五时。古时“晡”与“铺”相通。 ⑥渎（dú）：沟渠；水道。 ⑦内国：即中国。隋避杨忠讳，改中作内。 ⑧交代：换防。 ⑨时猎：经常打猎。时，时常。 ⑩喧噪：大声喧闹。 ⑪横江：津渡名。即横江浦，在今安徽和县东南长江北岸。 ⑫采石：地名。即采石矶，在今安徽当涂县北采石，是沿长江重地。 ⑬六合镇：地名。在今江苏南京市六合区。 ⑭桃叶山：地名。在今江苏南京市六合区南。 ⑮丙寅：正月初二日。 ⑯丁卯：正月初三日。 ⑰军旅：军事，战争。 ⑱戊辰：正月初四日。 ⑲犬羊：是陈后主对隋军的蔑称。 ⑳郊畿：指陈都城地区。古代称距都城百里为郊，天子所直辖之地为畿。 ㉑蜂虿（chài）：蜂与蝎。毒虫的泛称。 ㉒六师：

即六军。周制，天子有六军。后作为军队的统称。㉓廓清：肃清，澄清。㉔八表：八方之外，指极远的地方。㉕大监军：官名。掌监察军事。㉖樊猛：陈朝人，官至南豫州刺史。后降隋。传附《陈书·樊毅传》《南史·樊毅传》。㉗白下：地名。在今江苏南京北。㉘赏格：悬赏所定的等级、标准。㉙执役：服役。㉚庚午：正月初六日。㉛酤酒：买酒。酤，买。㉜劳遣：安慰而遣送。㉝宣谕：宣传，告诉。谕同“喻”。㉞建康：陈朝都城，在今江苏南京市。㉟摄行：代理。此指樊巡代替其父处理南豫州军政之事。㊱辛未：正月初七日。㊲姑孰：南豫州治所。在今安徽当涂县境。㊳世真：鲁广达长子，事附《陈书·鲁广达传》《南史·鲁广达传》。㊴新蔡：郡名。治所苞信县，在今河南息县东北包信镇。㊵自劾：自己弹劾自己的罪行。㊶廷尉：官名。古代九卿之一。掌刑法。㊷游弈：来回巡逻。㊸六合兵：指隋军。此时晋王杨广率大军驻扎于六合镇桃叶山。㊹徐谕：慢慢地告诉。㊺重伤其意：难以伤害樊猛的心意。重，难的意思。㊻北道：指从京口进军。京口在建康偏北，故称北道。㊼南道：指从姑孰进军。姑孰在建康偏南，故称南道。㊽断曲阿之冲：曲阿，本指云阳，秦朝时，传说此地有天子气，凿北冈以败其势，截直道使阿曲，因名曲阿县。在今江苏丹阳。贺若弼为阻止三吴之兵援救建康，故分兵断其要冲。㊾白土冈：地名。在今江苏南京东。㊿己卯：正月十五日。51吴兴：郡名。治所乌程县，在今浙江湖州市吴兴区南下菰城。52朱雀门：城门名。一名大航门，建康城南面城门。53辛未：前已有辛未，此恐误。按《陈书》卷八《后主纪》作“辛巳，贺若弼进据钟山”。《南史》同。据此，“未”当改为“巳”。辛巳，正月十七日。54钟山：山名。即紫金山。在今江苏南京东。55杜彦（542—601）：云中（今内蒙古和林格尔县西北土城子）人。官至云州总管。传见《隋书》卷五十五、《北史》卷七十三。56上状：把伐陈的进军情状上奏隋文帝。状，文体的一种，向上级陈述事实的文书。57达：通达，通晓。58军士：据章校，“士”应改作“事”字。59台内处分：朝廷政事处置。台，晋、宋时称朝廷禁省为台。60逆战：迎战，迎击敌军。61垒堑：军营的围墙和护营的濠。62客：指进攻的一方。63主：指被进攻的一方。64北军：指隋军。隋军自北方而来，故称北军。65金翅：战舰名。66挫气：挫伤锐气。67土人：土著人，当地人。68景（yǐng）从：紧相追随，如影随形。景，“影”本字。69扬声：声言，公开宣称。70上江：长江上游。71欻（xū）然：忽然。迅疾的样子。72腹烦：心中烦恼。腹，心中。73萧郎：指萧摩诃。74勒石燕然：东汉窦宪曾出击匈奴，取得胜利，在燕然山立碑，以纪其功。勒石，刻文于石。燕然，山名。在蒙古国杭爱山。75行陈：军队行列。此指出军打仗。行陈也作“行阵”。

⑯赋：给予，分给。 ⑰甲申：正月二十日。 ⑱亘（gèn）：连绵。 ⑲员明：隋将。官至开府。事附《隋书·贺若弼传》。员（yùn），姓。 ⑳勒陈：统兵列阵。陈同“阵”。 ㉑通：私通，通奸。 ㉒纵烟：放火生烟。 ㉓顾之：看见孔范军队败走。 ㉔官：对陈后主的称呼。 ㉕縢：用绳子捆扎起来的物品。 ㉖就上流众军：谓乘船到长江上游周罗睺等的军队中去。 ㉗奉卫：侍卫。奉，对陈后主的敬词。 ㉘石子冈：地名。在今江苏南京西南。 ㉙朱雀航：东晋、南朝时建康正南朱雀门外的古浮桥。以船舶连接而成。战时有警，则撤航为备。故址在今江苏南京镇淮桥东。航，舟船相连称航。 ㉚军：或作“君”。 ㉛百司：百官。 ㉜接遇：对待。 ㉝追愧：回忆往事，表示惭愧。 ㉞江东衣冠道尽：指陈朝运数已尽。衣冠，指士大夫。 ㉟遑遽：惶恐不安。 ㊱依梁武帝见侯景故事：太清三年（549），侯景之乱，乱军已攻入台城，梁武帝安坐殿上不动，侯景入殿，梁武帝又神色不变。详见《资治通鉴》卷一百六十二《梁纪十八·武帝太清三年》。 ㊲交当：抵挡。当同“挡”。 ㊳后阁舍人：官名。殿中舍人，主守后阁。 ㊴太子深：即陈后主第四子陈深。先封始安王，后立为太子。传见《陈书》卷二十八、《南史》卷六十五。 ㊵面台：面向台城。 ㊶小国之君当大国之卿：谓小国的君主与大国之卿的地位相当。 ㊷归命侯：爵位名。三国末，晋武帝灭东吴，吴主孙皓投降，封为归命侯。归命，归顺之意。 ㊸相询：互相对骂。询，同“诟”。 ㊹记室：官名。即记室参军，掌章表书记文檄。 ㊺张丽华：即陈后主的张贵妃。 ㊻太公蒙面以斩妲（dá）己：妲己是有苏氏美女，商纣王宠妃。周武王灭商，被杀。太公，即姜尚，周初政治家。 ㊼以报高公：高颎违背了晋王旨意，杀死了张贵妃，晋王广因此怀恨在心，发誓要报复他。高公，指高颎。 ㊽丙戌：正月二十二日。 ㊾受委：接受委任。 ㊿以蔽耳目：指遮蔽君主耳目，使君主不能了解下情。 ⑪以悦其上：以取悦、讨好其主子。 ⑫刑法监：官名。掌管刑法。 ⑬裴矩（548—627）：本名裴世矩，唐人因避李世民讳而省。字弘大，河东闻喜（今山西闻喜）人。历仕北齐、北周、隋与唐，官至太子詹事、兼检校侍中。著《开业平陈记》十二卷。传见《隋书》卷六十七、《北史》卷三十八、《新唐书》卷一百、《旧唐书》卷六十三。 ⑭先期：谓决战日期提前，没按规定日期行事。 ⑮收以属吏：谓将贺若弼收押，交给主管官吏处理。 ⑯江表：指长江以南地区。从中原看，地在长江之外，故称江表。 ⑰发陈高祖陵：挖掘陈高祖的坟墓。高祖，指武帝陈霸先。曾杀王颁之父僧辩，故颁为他报仇。 ⑱分守之：由五户分别守护陈高祖、世祖、高宗三陵。 ⑲西阶：宾客所在处之阶。 ⑳藉草：丧礼。因陈亡，故许善心行丧礼，表示痛悼。 ㉑敕书唁（yàn）焉：发敕书对许善心表示安慰。唁，慰问遇有丧事的人。 ㉒就馆：回到客馆。去年许善心聘隋，被留于客馆。 ㉓袭：衣服一套称袭。 ㉔改服：谓脱下丧服，换上赐服。

⑫5垂泣：无声而出涕。 ⑫6兴：起来。 ⑫7直：当值，值勤。 ⑫8汉口：地名。汉水入长江之口，又称沔口。在今湖北武汉。 ⑫9陈慧纪：字元方。陈高祖之从孙。官至荆州刺史。传见《陈书》卷十五、《南史》卷六十五。 ⑬0岐亭：地名。故址在今湖北宜昌西北长江西陵峡口。 ⑬1巫峡：按杨素水军于去年冬已过夷陵狼尾滩，在巫峡东。当从《隋书·杨素传》，巫峡作"江峡"。 ⑬2缀：连接。 ⑬3巴蜑（dàn）：古代南方民族之一。居今湖北巴东一带，习水性。 ⑬4五牙：大舰名。上起楼五层，容纳战士八百人。 ⑬5安蜀城：地名。故址在今湖北宜昌市西北长江西陵峡口。 ⑬6巴陵：巴州治所。在今湖南岳阳。 ⑬7楼船：有迭层的大船，多作为战船。 ⑬8湘州：州名。治所新化县，在今湖北大悟县东北。 ⑬9盟主：同盟的领袖。晋熙王叔文是陈后主之弟，陈慧纪欲联合陈宗室及陈将抗隋，故推他为领袖。 ⑭0谕指：告知旨意。指，通"旨"。 ⑭1大临：哭吊。因陈朝灭亡而痛哭哀悼。 ⑭2已亡：据章校，"亡"下有"移书"二字。 ⑭3黄偲：人名。陈朝江州司马。偲（cāi），又读"sī"。 ⑭4癸巳：正月二十九。 ⑭5巡抚：巡视，安抚。⑭6乙未：二月初一日。 ⑭7废淮南行台省：祯明二年（588）十月，隋文帝为消灭陈朝，于寿春置淮南行省，以晋王杨广为尚书令。今陈已亡，故废。

【译文】

高祖文皇帝上之上

隋文帝开皇九年（己酉，589）

春季，正月初一日，陈后主举行元日朝会，突然间大雾漫天，呼吸入鼻，又辣又酸，陈后主昏昏沉睡，直到下午晡时才醒过来。

这一天，隋朝大将贺若弼从广陵率军渡过长江。起先，贺若弼卖掉许多老马来买陈朝的船，把船藏匿起来，又买了五六十艘破船摆放在入江的水道之中。陈朝间谍侦察后，误认为北方中原没有大规模渡江的船。贺若弼请求在沿江戍守换防时，一定在广陵集中，大肆张扬旗帜，营帐遍野，故意让陈朝误判为是隋兵要大举南进，急忙调兵防守，事后知道是隋军换防，交接完毕集结的兵力解散，此后反复了几次，陈朝军队不再防备。贺若弼又派兵沿江打猎，人马喧闹，陈朝军队也习以为常。所以贺若弼渡江，陈朝军人并没有发觉。韩擒虎带领五百人从横江浦夜渡采石，陈朝守军都喝醉了，于是防守据点被攻占。晋王杨广率领大军屯驻在六合镇桃叶山。

正月初二日，陈朝戍守采石的主将徐子建飞骑赴都城上表告急；正月初三日，陈后主召集公卿大臣进宫商议军事。正月初四日，陈后主下诏书说："犬羊敌军肆意凌逼，侵犯我朝都城郊区，犹如有毒的蜂虿，应赶快消灭。朕要亲率六军，肃清八方，京城内外一律戒严。”于是任命骠骑将军萧摩诃、护军将军樊毅、中领军鲁广达都担任都督，任命司空司马消难、湘州刺史施文庆都担任大监军，并派遣南豫州刺史樊猛统率水军从白下出发，散骑常侍皋文奏率兵镇守南豫州。又下令设立重赏，令僧人、尼姑、道士等都服役。

正月初六日，贺若弼攻占京口，俘虏陈朝南徐州刺史黄恪。贺若弼军纪严明，秋毫无犯，有士兵到百姓家买酒喝，贺若弼将他抓来立即斩首。贺若弼将被俘的陈朝军队六千余人全部释放，还发给粮食，加以安慰，遣返回家，并把隋文帝的敕书交给他们分别带往各地散发。所以，隋军所到之处望风披靡。

樊猛当时在建康，由他儿子樊巡代理南豫州事。正月初七日，韩擒虎进攻姑孰，半天时间就攻克了姑孰，活捉了樊巡及其家属。皋文奏大败而回。江南父老早就听说过韩擒虎的威名，前来军营拜谒的日夜不断。

鲁广达的儿子鲁世真在新蔡，与其弟鲁世雄率领部众投降了韩擒虎，并派使者送信招降父亲鲁广达。鲁广达当时驻守建康，于是上表弹劾自己，并到廷尉请求治罪；陈后主安慰他，还赏赐很多黄金，遣他返回军营。樊猛和左卫将军蒋元逊率领八十艘青龙战船在白下巡逻，防御从六合方面来进攻的隋军；陈后主因为樊猛的妻子儿女全在隋军手中，恐怕他有二心，想派镇东大将军任忠代替他，又让萧摩诃慢慢劝导樊猛，樊猛很不高兴，陈后主感到十分为难，只好作罢。

这时，贺若弼率军从建康北面的京口进军，韩擒虎率军从建康南面的姑孰进军，两路并进，夹攻陈朝都城建康。陈朝沿江戍所要塞守军都望风而逃；贺若弼派兵攻占曲阿，切断交通要道，进逼建康。陈后主命司徒豫章王陈叔英驻守朝堂，萧摩诃驻守乐游苑，樊毅驻守耆阇寺，鲁广达驻守白土冈，忠武将军孔范驻守宝田寺。正月十五日，任忠从吴兴来援救京师，驻军在朱雀门。

正月十七日，贺若弼率军占领钟山，驻军白土冈东面。晋王杨广派总管杜彦与韩擒虎会师，合并后有步骑兵两万人驻扎在新林。隋蕲州总管王世积率水军从九江出发，在蕲口打败陈将纪瑱，陈朝将士十分惊慌，纷纷向隋军投降。晋王杨广上表奏报战况，隋文帝十分高兴，赐宴文武百官。

当时建康的陈朝军队还有十余万人，但陈后主向来懦弱，又不懂军事，只是昼夜哭泣，台省内的所有事务，全交给施文庆处理。施文庆知道众将领痛恨自己，担心他们建立战功，便上奏说：“这些人心怀不满，一向不诚心服从陛下，如今的危急关头，不可完全相信他们！”因此众将领的启奏请求，大都得不到批准。

贺若弼攻打京口时，萧摩诃请求率军迎战，陈后主不许。等到贺若弼占据了钟山，萧摩诃又上奏说："贺若弼孤军深入，营垒战壕还没有筑得坚固，我们出兵突袭，一定大胜。"陈后主还是不准。陈后主召集萧摩诃、任忠在内殿商议军事，任忠说："兵法云：进攻的一方利于速战速决，守卫的一方最好稳扎稳打。现在我们兵力雄厚，粮食充足，应该固守宫城，并沿秦淮河建立栅栏，隋军即使来攻，我们不交战；同时派兵截断长江水路，不让敌人音信相通。陛下只要给我一万名精兵，三百艘金翅战船，便可顺江而下，直取六合镇。这样，隋军必定会认为他们渡过长江的将士已经被俘，士气就会低落。淮南当地百姓从前就与臣熟悉，现在得知是臣率军前去，一定会如影随形群起响应。臣再扬言要攻打徐州，截断敌人归路，那么各路隋军就会不战而退。等到春天雨季江河水涨，上游周罗睺等各路军队必然顺流而下来救援。这是上策。"陈后主不肯采纳他的建议。第二天，陈后主忽然说："两军相持久不决战，真叫人心烦，可叫萧郎出兵攻击。"任忠叩头请求不要出战。忠武将军孔范又上奏说："请求与隋军一决胜负，我将为陛下在燕然山刻石纪功。"陈后主听从了孔范的意见，对萧摩诃说："你可为我决此一战！"萧摩诃说："向来打仗是一半为国，一半为自己，今天决战，还要为妻子儿子。"陈后主拿出许多金银丝帛，分发给各军作奖赏。正月二十日，派鲁广达在白土冈布阵，位置在各军的最南边，在他的北边是任忠，再往北是樊毅、孔范，萧摩诃军队的位置在最北边。各军阵列南北长达二十里，前后进退调度互相不知道。

贺若弼率领轻骑兵登上山头，望见陈朝各军出动，立即奔驰下山，与所部七位总管杨牙、员明等领兵八千人摆开阵列准备迎战。陈后主和萧摩诃的妻子有私情，因此萧摩诃一开始就无心作战。只有鲁广达率领部下拼死战斗，他的军队与贺若弼的军队不相上下。隋军曾多次被击退，贺若弼部下战死的有二百七十三人，贺若弼在军中燃起浓烟隐蔽自己，才脱险振作。陈朝士兵斩得隋军人头，都跑去献给陈后主请求奖赏，贺若弼知道陈军十分骄傲懈惰，于是转而率军进击孔范；孔范的士兵与隋军刚一交战就败退，陈朝其他军队望见了，骑兵步卒纷纷逃命，无法阻止，死了五千人。员明擒获了萧摩诃，送交贺若弼，贺若弼命令拉出去斩首，萧摩诃面不改色，贺若弼反而给他松绑并以礼相待。

任忠快马跑进台城，谒见陈后主，陈述了战败情况，然后说："陛下好好保重，臣无能为力了！"陈后主给他两袋金子，要他重新招兵出战，任忠说："陛下最好赶紧备船，往上游投奔周罗睺等众军，臣当拼死保驾。”陈后主信以为真，命令他出外安排，又命后宫宫女收拾行装等待，奇怪的是等了很久任忠还没有来。当时韩擒虎从新林进军，任忠已经率领部下数名骑兵到石子冈投降了他。领军将军蔡徵率军防守朱雀航，听说韩擒虎快到了，军心恐慌，大家一哄而散。任忠引导韩擒虎的军队直接进入朱雀门，陈朝守军还想抵抗，任忠对他们招手说：“老夫我都投降了，你们还抵抗什么！”陈军全都逃散。这时台城内群臣都已逃走，只有尚书仆射袁宪在殿内，尚书令江总等人在尚书省中。陈后主对袁宪说：“我以前对你不如对别人好，今日却只能追悔惭愧而已。这不但表明朕无德无行，也表明江东士大夫的气节全都丧失了。”

陈后主心慌意乱，想躲藏起来，袁宪严肃地对陈后主说：“北兵进入皇宫，一定不会侵侮陛下。事已如此，陛下还能躲到哪里去？臣希望陛下整理衣冠，端坐正殿，效法以前梁武帝见侯景的做法。”陈后主不听，下了坐床飞奔而逃，还说：“刀锋底下，不能与它对抗，我自有办法！”于是带领十几个宫人逃出后堂景阳殿，想要往井里跳，袁宪苦苦劝说，后主就是不听；后阁舍人夏侯公韵用自己的身体挡住井口，陈后主和他争夺，争了很久，才跳进井里。紧接着来了隋军士兵向井里窥探，并大声呼叫，没有人答应，扬言要投下石头，才听到井里传来喊叫声，便抛下绳子往上拉，奇怪的是非常沉重，等拉出井口，才看见是陈后主与张贵妃、孔贵嫔三人拴在一起拉上来。沈皇后还住皇后宫中，跟平常一样。皇太子陈深当年十五岁，闭门而坐，太子舍人孔伯鱼在旁侍立，隋军士兵推门进去，陈深端坐不动，慰问他们说：“一路行军打仗，实在辛苦了！”隋兵都纷纷向他表示敬意。当时陈朝的宗室王侯在建康的有一百多人，陈后主担心他们发生变乱，就全召进宫中，集中住留在朝堂之上，派豫章王陈叔英统领，又私下加以防备。台城失守后，他们便一窝蜂出宫投降。

贺若弼乘胜进抵乐游苑，陈朝都督鲁广达还督率残部苦战，杀死、俘获隋军数百人，当时天色已晚，鲁广达才卸下盔甲，面向台城叩头痛哭，对部下说：“我不能救国，罪大啊！”部下也都流泪叹息，于是全部被俘。台城所有宫门卫队都已逃散，贺若弼夜晚烧毁北掖门进入皇宫，听说韩擒虎已经抓到陈叔宝，就命押来看看，陈叔宝惊惶恐惧，冷汗直流，浑身发抖，向贺若弼拜了又拜。贺若弼对陈后主说：“小国的君王，只相当于大国的公卿大臣，向我叩拜合乎礼节。你到了隋朝少不了封一个归命侯，不必害怕。”后来贺若弼因耻于功劳在韩擒虎之后，便和韩擒虎相骂，拔刀相向；贺若弼又想命令蔡徵替陈叔宝撰写投降书，命陈叔宝乘坐骡车到自己这边投降，但事情没有办成。贺若弼把陈叔宝囚禁在德教殿，并派兵看守。

高颎比晋王杨广先一步进入建康，高颎的儿子高德弘是晋王杨广的记室参军，杨广派高德弘驰马急奔到高颎住处，传令留下陈叔宝宠妃张丽华，高颎说："从前姜太公蒙面斩了妲己，如今怎可留下张丽华？"于是把张丽华押到青溪斩首。高德弘回去报告，杨广脸色大变，说："古人说'无德不报'，我一定有办法回报高公！"从此痛恨高颎。

正月二十二日，晋王杨广进入建康，认为原陈朝中书舍人施文庆接受委命没有尽忠，极尽谄谀邪佞之能事，使天子受到蒙蔽；中书舍人沈客卿加重赋税，极力搜刮盘剥，以取悦皇上，与太市令阳慧朗、刑法监徐析、尚书都令史暨慧等人都是平民的祸害，将他们在石阙下斩首，以此向三吴地区民众谢罪。杨广又派遣高颎和元帅府记室裴矩一起收集档案图书，封存了国库，钱财分文不取，天下的人都称赞晋王杨广贤明。裴矩，是裴让之的侄儿。

杨广认为贺若弼在决战中提前发动攻击，违犯了军令，下令逮捕他交付军法审判。隋文帝派驿使召贺若弼入朝，并下诏给杨广说："平定江南，是贺若弼与韩擒虎两人的功劳。"赏赐布帛一万段；又赐贺若弼与韩擒虎诏书，赞美他们的功勋。

开府仪同三司王颁，是王僧辩的儿子，一天晚上，他掘开陈武帝陈霸先陵墓，把陈霸先尸骨焚烧成灰，再把骨灰掺到水中喝了，然后把自己绑起来，向晋王杨广请罪。杨广奏报皇上，隋文帝诏命赦免了他。另下诏书命令安排五户人给陈高祖、陈世祖、陈高宗三座坟陵守墓。

隋文帝派使者把灭陈的消息告诉去年出使隋朝被扣留下来的陈朝使臣许善心，许善心身穿丧服在西阶之下号哭，在地上铺上干草面朝东方独坐了三天；隋文帝下敕书慰问他。第二天，诏命许善心到客馆，拜授通直散骑常侍，赐朝服一套。许善心又大哭，十分哀痛，然后进入房里脱掉丧服，改穿所赐朝服，出来后朝北站立，流着眼泪，再拜，接受诏命。第二天上朝，又趴在殿下哭泣，极度悲哀，无法起立。隋文帝环顾左右朝臣说："我平定陈国，只得到这一个人。他既然能怀念旧日的国君，就一定会是我的忠臣。"敕令他以通直散骑常侍值事门下省。

陈朝水军都督周罗睺和郢州刺史荀法尚据守江夏，秦王杨俊督率三十名总管及水陆大军十多万人驻军汉口，不能前进，相持了一个多月。陈朝荆州刺史陈慧纪派南康内史吕忠肃驻兵岐亭，扼守巫峡，在北岸岩石上凿洞，连接三条铁链，横江拦阻隋军船舰，吕忠肃竭尽个人财物以补充军用。杨素、刘仁恩挥兵猛攻，大小四十余战，吕忠肃据守险要，奋勇抵抗，隋军士兵战死五千多人，陈军将士把他们的鼻子割下来去邀功请赏。后来隋军屡战屡捷，俘获陈军士兵，一批一批地释放了。吕忠肃军心瓦解，只好放弃阵地逃走，杨素便慢慢拆除锁链；吕忠肃又退守荆门的延洲，杨素派遣一千个巴蜑人，乘坐四艘五牙战舰，用拍竿击破陈军十余艘战舰，因此大破陈军，俘虏带甲士卒二千余人，吕忠肃只身逃走。陈朝信州刺史顾觉驻守安蜀城，弃城逃跑。陈慧纪驻兵公安，也烧掉全部物资储备，率兵东下，自此巴陵以东再没有据城而守的陈军。陈慧纪率领将士三万人，楼船一千余艘，顺江而下，想救援建康，但被秦王杨俊阻截，不能前进。这时候，陈朝晋熙王陈叔文被解除湘州刺史职务，返回建康，行到巴州，陈慧纪便推举陈叔文为盟主。但是陈叔文已经率领巴州刺史毕宝等人向杨俊递交了请降书，杨俊派出使者迎接慰劳他们。恰逢建康平定，晋王杨广命陈叔宝写信招降上游诸将，派樊毅到周罗睺处，陈慧纪之子陈正业到陈慧纪处传达陈叔宝的意旨。这时各城都放下武器，停止战斗，周罗睺于是和众将一起痛哭了三天，才把军队解散，然后投降杨俊，陈慧纪也跟着投降，上游全部平定。杨素顺江而下到达汉口，与杨俊会师。王世积在蕲口，听说陈朝已经灭亡，就告谕江南各郡，于是江州司马黄偲弃城逃走，豫章各郡太守都向王世积投降。

正月二十九日，隋文帝下诏派使臣巡视安抚原陈朝各州郡。二月初一日，撤销淮南行台省。

【原文】

苏威奏请五百家置乡正[①]，使治民，简辞讼[②]。李德林以为：“本废乡官[③]判事[④]，为其里闾[⑤]亲识，剖断[⑥]不平，今令乡正专治五百家，恐为害更甚。且要荒[⑦]小县，有不至五百家者，岂可使两县共管一乡！”帝不听。丙申[⑧]，制：“五百家为乡，置乡正一人；百家为里，置里长[⑨]一人。”

陈吴州刺史萧瓛能得物情[⑩]，陈亡，吴人推瓛为主，右卫大将军武川宇文述[⑪]帅行军总管元契、张默言等讨之。落丛公燕荣[⑫]以舟师自东海至，陈永新侯陈君范自晋陵[⑬]奔瓛，并军拒述。述军且至，瓛立栅于晋陵城东，留兵拒述，遣其将王褒守吴州，自义兴[⑭]入太湖[⑮]，欲掩[⑯]述后。述进破其栅，回兵击瓛，大破之；又遣兵别道袭吴州，王褒衣道士服弃城走。瓛以余众保包山[17]，燕荣击破之。瓛将左右数人匿民家，为人所执。述进至奉公埭[18]，陈东扬州[19]刺史萧岩[20]以会稽降，与瓛皆送长安，斩之。

杨素之下荆门也，遣别将庞晖将兵略地，南至湘州，城中将士，莫有固志[21]。刺史岳阳王叔慎[22]，年十八，置酒会文武僚吏[23]。酒酣[24]，叔慎叹曰："君臣之义，尽于此乎！"长史谢基伏而流涕。湘州助防[25]遂兴侯正理在坐，乃起曰："主辱臣死。诸君独非陈国之臣乎！今天下有难，实致命之秋也；纵其无成，犹见臣节，青门之外，有死不能[26]！今日之机，不可犹豫，后应者斩！"众咸许诺。乃刑牲结盟[27]，仍遣人诈奉降书于庞晖。晖信之，克期[28]入城，叔慎伏甲待之，晖至，执之以狥[29]，并其众皆斩之。叔慎坐于射堂[30]，招合士众，数日之中，得五千人。衡阳[31]太守樊通、武州[32]刺史邬居业皆请举兵助之。隋所除湘州刺史薛胄[33]将兵适至，与行军总管刘仁恩共击之；叔慎遣其将陈正理与樊通拒战，兵败。胄乘胜入城，禽[34]叔慎，仁恩破邬居业于横桥[35]，亦擒之，俱送秦王俊，斩于汉口。

岭南未有所附[36]，数郡共奉高凉郡太夫人洗氏[37]为主，号圣母，保境拒守。诏遣柱国韦洸[38]等安抚岭外，陈豫章太守徐璒据南康[39]拒之，洸等不得进。晋王广遣陈叔宝遗夫人书，谕以国亡，使之归隋。夫人集首领数千人，尽日恸哭，遣其孙冯魂[40]帅众迎洸。洸击斩徐璒，入，至广州，说谕[41]岭南诸州皆定；表冯魂为仪同三司[42]，册洗氏为宋康郡夫人。洸，夐之子也。

衡州司马任瓌劝都督王勇[43]据岭南，求陈氏子孙，立以为帝；勇不能用，以所部来降，瓌弃官去。瓌，忠之弟子也。

于是陈国皆平[44]，得州三十，郡一百，县四百。诏建康城邑宫室，并平荡耕垦，更于石头置蒋州[45]。

晋王广班师，留王韶镇石头城，委以后事。三月，己巳[46]，陈叔宝与其王公百司发建康，诣长安，大小在路，五百里累累不绝[47]。帝命权分长安士民宅以俟之[48]，内外修整，遣使迎劳；陈人至者如归。夏，四月，辛亥[49]，帝幸骊山，亲劳旋师[50]。乙巳[51]，诸军凯入[52]，献俘于太庙，陈叔宝及诸王侯将相并乘舆服御[53]、天文图籍[54]等以次行列，仍以铁骑围之，从晋王广、秦王俊入，列于殿庭。拜广为太尉，赐辂车[55]、乘马、衮冕之服、玄圭[56]、白璧[57]。丙辰[58]，帝坐广阳门[59]观，引陈叔宝于前，及太子、诸王二十八人，司空司马消难以下至尚书郎[60]凡二百余人，帝使纳言宣诏劳之；次使内史令宣诏，责以君臣不能相辅，乃至灭亡。叔宝及其群臣并愧惧[61]伏地，屏息[62]不能对。既而宥之。

初，武元帝[63]迎司马消难，与消难结为兄弟，情好甚笃，帝每以叔父礼事之。及平陈，消难至，特免死，配为乐户[64]，二旬而免，犹以旧恩引见；寻卒于家。

庚戌[65]，帝御广阳门宴将士，自门外夹道列布帛之积，达于南郭[66]，班赐各有差[67]，凡用三百余万段。故陈之境内，给复[68]十年，余州免其年租赋。

乐安公元谐进曰："陛下威德远被，臣前请以突厥可汗为候正[69]，陈叔宝为令史[70]，今可用臣言矣。"帝曰："朕平陈国，本以除逆，非欲夸诞[71]。公之所奏，殊非朕心。突厥不知山川[72]，何能警候；叔宝昏醉[73]，宁堪驱使[74]！"谐默然而退。

辛酉[75]，进杨素爵为越公，以其子玄感[76]为仪同三司，玄奖[77]为清河郡公，赐物万段，粟万石。命贺若弼登御坐[78]，赐物八千段，加位上柱国，进爵宋公。仍各加赐金宝及陈叔宝妹为妾。

贺若弼、韩擒虎争功于帝前。弼曰："臣在蒋山[79]死战，破其锐卒，擒其骁将，震扬威武，遂平陈国；韩擒虎略不交陈[80]，岂臣之比！"擒虎曰："本奉明旨，令臣与弼同时合势以取伪都[81]，弼乃敢先期，逢贼遂战，致令将士伤死甚多。臣以轻骑五百，兵不血刃[82]，直取金陵[83]，降任蛮奴[84]，执陈叔宝，据其府库，倾其巢穴。弼至夕方扣[85]北掖门，臣启[86]关而纳之，斯乃救罪不暇[87]，安得与臣相比！"帝曰："二将俱为上勋[88]。"于是进擒虎位上柱国，赐物八千段。有司劾擒虎放纵士卒，淫污[89]陈宫；坐[90]此不加爵邑。

加高颎上柱国，进爵齐公，赐物九千段。帝劳之曰："公伐陈后，人言公反，朕已斩之。君臣道合[91]，非青蝇所能间[92]也。"帝从容命颎与贺若弼论平陈事，颎曰："贺若弼先献十策[93]，后于蒋山苦战破贼。臣文吏耳，焉敢与大将论功！"帝大笑，嘉其有让[94]。

帝之伐陈也，使高颎问方略于上仪同三司[95]李德林，以授晋王广；至是，帝赏其功，授柱国，封郡公[96]，赏物三千段。已宣敕讫，或说高颎曰："今归功于李德林，诸将必当愤惋[97]，且后世观公有若虚行[98]。"颎入言之，乃止。

以秦王俊为扬州总管四十四州诸军事，镇广陵。晋王广还并州。

晋王广之戮陈五佞[99]也，未知都官尚书[100]孔范、散骑常侍王瑳、王仪、御史中丞沈瓘之罪，故得免；及至长安，事并露，乙未[101]，帝暴其过恶，投之边裔，以谢吴、越之人。瑳刻薄贪鄙，忌害才能；仪倾巧[102]侧媚[103]，献二女以求亲昵；瓘险惨[104]苛酷，发言邪谄，故同罪焉。

帝给赐陈叔宝甚厚，数得引见，班同三品[105]；每预宴，恐致伤心，为不奏吴音[106]。后监守者奏言："叔宝云：'既无秩位[107]，每预朝集[108]，愿得一官号。'"帝曰："叔宝全无心肝！"监者又言："叔宝常醉，罕有醒时。"帝问："饮酒几何？"对曰："与其子弟日饮一石[109]。"帝大惊，使节[110]其酒，既而曰："任其性；不尔[111]，何以过日！"帝以陈氏子弟既多，恐其在京城为非，乃分置边州[112]，给田业使为生，岁时[113]赐衣服以安全之。

诏以陈尚书令江总为上开府仪同三司，仆射袁宪、骠骑[114]萧摩诃、领军任忠皆为开府仪同三司，吏部尚书吴兴姚察为秘书丞。上嘉袁宪雅操[115]，下诏，以为江表称首[116]，授昌州[117]刺史。闻陈散骑常侍袁元友数直言于陈叔宝，擢拜主爵侍郎[118]。谓群臣曰："平陈之初，我悔不杀任蛮奴。受人荣禄[119]，兼当重寄[120]，不能横尸[121]徇国[122]，乃云无所用力，与弘演纳肝[123]何其[124]远也！"

帝见周罗睺，慰谕之，许以富贵。罗睺垂泣对曰："臣荷[125]陈氏厚遇，本朝沦亡，无节可纪。得免于死，陛下之赐也，何富贵之敢望！"贺若弼谓罗睺曰："闻公郢、汉捉兵[126]，即知扬州可得。王师利涉[127]，果如所量。"罗睺曰："若得与公周旋[128]，胜负未可知。"顷之，拜上仪同三司。先是[129]，陈将羊翔来降，伐陈之役，使为乡导[130]，位至上开府仪同三司，班在罗睺上。韩擒虎于朝堂戏之曰："不知机变[131]，乃立在羊翔之下，能无愧乎！"罗睺曰："昔在江南，久承令问[132]，谓公天下节士[133]；今日所言，殊非所望。"擒虎有愧色。

帝之责陈君臣也，陈叔文独欣然[134]有得色[135]。既而复上表自陈[136]："昔在巴州，已先送款[137]，乞知此情，望异常例！"帝虽嫌其不忠，而欲怀柔[138]江表，乃授叔文开府仪同三司，拜宜州刺史。

初，陈散骑常侍韦鼎聘于周，遇帝而异之，谓帝曰："公当大贵，贵则天下一家[139]，岁一周天[140]，老夫当委质[141]于公。”及至德[142]之初，鼎为太府卿[143]，尽卖田宅，大匠卿[144]毛彪问其故，鼎曰：“江东王气[145]，尽于此矣！吾与尔当葬长安。”及陈平，上召鼎为上仪同三司。鼎，睿之孙也。

壬戌[146]，诏曰：“今率土大同[147]，含生[148]遂性；太平之法，方可流行。凡我臣民，澡身浴德[149]，家家自修，人人克念[150]。兵可立威，不可不戢；刑可助化[151]，不可专行。禁卫九重[152]之余，镇守四方之外，戎旅[153]军器，皆宜停罢。世路既夷[154]，群方无事，武力之子[155]，俱可学经；民间甲仗[156]，悉皆除毁。颁告天下，咸悉此意。”

贺若弼撰其所画策[157]上之，谓为《御授平陈七策》[158]。帝弗省[159]，曰：“公欲发扬我名，我不求名；公宜自载家传[160]。”弼位望隆重，兄弟并封郡公，为刺史、列将[161]，家之珍玩，不可胜计，婢妾曳罗绮[162]者数百，时人荣之。其后突厥来朝，上谓之曰：“汝闻江南有陈国天子乎？”对曰：“闻之。”上命左右引突厥诣韩擒虎前曰：“此是执得陈国天子者。”擒虎厉色顾之，突厥惶恐，不敢仰视。

（以上为第二段，写隋文帝平定陈朝全境，以及实施巩固统一的措施，妥善安置降人陈朝君臣，封赏立功将士。隋文帝并提贺若弼、韩擒虎两员大将，用心公允，避免了纷争。）

【注释】

①乡正：官名。掌一乡之政教禁令。　②使治民，简辞讼：此处字句有误。按《隋书·李德林传》云：“威又奏置五百家乡正，即令理民间辞讼。”据此“简”当作“间”。此句应作“使治民间辞讼”。辞讼，争讼，诉讼。　③乡官：治理一乡事务的官吏。④判事：审理案件。　⑤里闾：里巷，乡里。　⑥剖断：辨明是非而加以判处。　⑦要荒：泛指边远地方。　⑧丙申：二月初二日。　⑨里长：古代的乡职，谓一里之长。　⑩物情：众望，人心归向。　⑪宇文述（？—616）：字伯通，代郡武川（今内蒙古武川西南）人。历仕周、隋，官至左卫大将军，加开府仪同三司，封许国公。传见《隋书》卷六十一、《北史》卷七十九。　⑫燕荣：历仕周、隋，官至幽州总管。传见《隋书》卷七十四、《北史》卷八十七。　⑬晋陵：郡名。治所晋陵县，在今江苏常州市。　⑭义兴：郡名。治所阳羡县，在今江苏宜兴市。　⑮太湖：湖名。在今江苏苏州市西南，跨江苏、浙江二省。⑯掩：乘其不备而袭击对方。　⑰包山：地名。又名洞庭山，在太湖中，四面环水。⑱奉公埭（dài）：地名。故址在今浙江杭州市萧山区西。　⑲东扬州：侨州名。治所山阴

县，在今浙江绍兴。 ⑳萧岩（？—589）：后梁萧詧第五子，降陈，封东扬州刺史。传附《周书·萧詧传》。 ㉑固志：固守城池的意志。据章校，“志”下应补“刻日请降”四字。 ㉒岳阳王叔慎（572—589）：即陈宣帝第十四子陈叔慎，字子敬，封岳阳王。传见《陈书》卷二十八、《南史》卷六十五。 ㉓僚吏：执役服事的人，即官吏。 ㉔酒酣：形容酒兴正浓。 ㉕助防：官名。城防为正职，助防为副职，协助城防保卫城池。 ㉖青门之外，有死不能：意谓陈国臣民宁死也不效法秦时召平，种瓜青门之外，做新朝隋的顺民。青门，即汉长安城东青门。秦时人召平，封东陵侯，秦亡为民，种瓜于青门外。㉗刑牲结盟：杀牲口取血，以结成同盟。 ㉘克期：约定日期。 ㉙狥（xùn）：宣示众人，即示众。 ㉚射堂：行射礼的处所。 ㉛衡阳：郡名。治所湘西县，在今湖南株洲市西南。 ㉜武州：州名。治所武陵县，在今湖南常德。 ㉝薛胄：字绍玄，河东汾阳（今山西万荣县西南）人，历仕周、隋，官至刑部尚书。传见《隋书》卷五十五、《北史》卷三十六。 ㉞禽：同“擒”，捉住。 ㉟横桥：桥名。故址在今陕西咸阳东北。 ㊱附：归附，服从。 ㊲高凉郡太夫人冼（xiǎn）氏：高凉（今广东阳江西）人，世为岭南少数民族领袖。隋文帝封她为谯国夫人。传见《隋书》卷八十、《北史》卷九十一。 ㊳韦洸（guāng，又读“huǎng”）：字世穆。历仕周、隋，官至广州总管。传见《隋书》卷四十七、《北史》卷六十四。 ㊴南康：郡名。治所赣县，在今江西赣州西南。 ㊵冯魂：冯融之孙，其祖母为冼夫人。 ㊶说谕：劝说告谕。 ㊷仪同三司：官名。隋文帝以为文散官，无职掌。 ㊸王勇（？—589）：仕陈，官至东衡州刺史，总督衡、广、交、桂、武等二十四州诸军事。后降隋。传附《陈书·南康愍王昙朗传》。 ㊹陈国皆平：自陈武帝于557年受梁禅建立陈朝，至此而亡，凡历五主，三十三年。 ㊺蒋州：州名。治所石头城，在今江苏南京市石头山后。 ㊻己巳：三月初六日。 ㊼累累不绝：连绵不断。累累，接连成串。 ㊽俟之：等待陈叔宝与其王公百官。 ㊾辛亥：《隋书》卷二《高祖纪》上“辛亥”作“己亥”，《北史》同。当改。己亥，四月初六日。 ㊿旋师：回军。旋，返还，归来。师，军队。 (51)乙巳：四月十二日。 (52)凯入：高奏凯乐而入。 (53)乘舆：皇帝、诸侯乘坐的车子。服御：衣服车马之类。 (54)天文：此指历法。图籍：地图与户籍。(55)辂（lù）车：大车。 (56)玄圭（guī）：黑色的玉，古代帝王举行典礼所用的一种玉器。(57)白璧：古代以白璧为重要宝器。 (58)丙辰：四月二十三日。 (59)广阳门：长安宫城正南门。后改称承天门。 (60)尚书郎：官名。宫廷的近侍。 (61)愧惧：羞愧而又害怕。 (62)屏息：抑制呼吸不敢出声，形容恭谨畏惧的神态。 (63)武元帝：即隋文帝之父杨忠，谥武元帝。 (64)乐户：古代犯罪的妇女或犯人的妻女没入官府，充当官妓，从事吹弹歌唱，供统治者取乐，名隶乐籍，户称乐户。 (65)庚戌：四月十七日。按四月甲午朔，庚戌当在“丙辰”（四月二十三日）之前。此处干支错乱。又，据章校，“庚”上应补“鲁广达追伤本朝沦覆，得疾不疗，愤慨而卒”十七字。 ⑥⑥郭：外城。 ⑥⑦班赐：颁赐。 各有差：多少各有差别。 ⑥⑧复：免除赋税或徭役。 ⑥⑨候正：官名。掌斥候警戒。 ⑦⑩令史：官名。官位次于郎，掌文书。 ⑦①夸诞：夸大，虚妄。 ⑦②山川：山河。指地理情况。 ⑦③昏醉：迷乱，糊涂，犹如人喝醉了酒一样。 ⑦④宁堪驱使：岂能役使。宁，副词。岂，难道。驱使，役使。 ⑦⑤辛酉：四月二十八日。 ⑦⑥玄感（?—613）：杨素长子。官至礼部尚书，袭爵楚国公。后叛乱，被杀。传见《隋书》卷七十、《北史》卷四十一。 ⑦⑦玄奖（？—613）：杨素之子。官至义阳太守，封清河郡公。事附《隋书·杨玄感传》《北史·杨玄感传》。 ⑦⑧御坐：皇帝的座位。 ⑦⑨蒋山：地名。即今江苏南京中山门外钟山。 ⑧⑩交陈：两兵交战。陈，同“阵”。 ⑧①伪都：陈都城建康。隋以本朝为正统，故称陈都为伪都。 ⑧②兵不血刃：不经激战就取得胜利。兵，兵器。血刃，血染刀口，指杀人。 ⑧③金陵：地名。即今江苏南京。 ⑧④任蛮奴：任忠字蛮奴，隋讳忠字，故称其字。 ⑧⑤方扣：才敲。指贺若弼军至夕才到宫门。 ⑧⑥启：开。 ⑧⑦不暇：忙不过来，没时间。 ⑧⑧上勋：上等功勋。 ⑧⑨淫污：奸淫。 ⑨⑩坐：因。 ⑨①道合：指思想一致。 ⑨②青蝇：语出《诗经·小雅·青蝇》，常用以比喻进谗言的佞人。 间（jiàn）：离间。 ⑨③献十策：《资治通鉴》不载十策内容，按《隋书》本传亦不详。 ⑨④嘉：称赞。 有让：能谦让。 ⑨⑤上仪同三司：官名。位在仪同三司上，文散官，无职事。 ⑨⑥郡公：爵名。九等爵位中的第四等。 ⑨⑦愤惋：悲愤惋惜。 ⑨⑧虚行：白走一趟。 ⑨⑨陈五佞：指陈朝的施文庆、沈客卿、阳慧朗、徐析、暨慧景五个佞人。 ⑩⑩都官尚书：官名。南北朝有都官尚书，隋改为刑部尚书，掌刑法。 ⑩①乙未：按孔范等投之边裔事，《隋书》卷二《高祖纪》系于“己未”下。《资治通鉴》作“乙未”，当误。己未，四月二十六日。 ⑩②倾巧：狡诈，看风行事。 ⑩③侧媚：以不正当的手段讨好别人。 ⑩④险惨：邪恶而狠毒。 ⑩⑤班同三品：指安排陈后主上朝时列位相当于三品官的职位。班，秩位，官位。三品，自晋以后，官分九品，三品为第三等。 ⑩⑥吴音：指吴语。江南三吴地区之方言。 ⑩⑦秩位：官职的品级。 ⑩⑧朝集：朝会。 ⑩⑨石（shí，今读dàn）：容量单位。十斗为一石。 ⑪⑩节：控制，节制。 ⑪①不尔：不这样。 ⑪②分置边州：分别安置在边远的州地。 ⑪③岁时：岁，一年。时，指春、夏、秋、冬四季。 ⑪④骠骑：将军名号。骠骑将军的省略语。位在三公之下。 ⑪⑤雅操：高尚的操行。 ⑪⑥称首：称为第一。 ⑪⑦昌州：州名。治所枣阳县，在今湖北枣阳市。 ⑪⑧主爵侍郎：官名。隶属吏部尚书，掌选举。 ⑪⑨荣禄：官职和俸禄。 ⑫⑩重寄：重托，重任。 ⑫①横尸：尸首横陈，自杀之意。 ⑫②徇国：为国献身。 ⑫③弘演纳肝：弘演，春秋时为卫大夫。翟人攻卫，杀卫懿公，尽食其肉，舍其肝。弘演见后大哭，因自杀，把卫懿公肝纳入自己腹内。详见《吕氏春秋·忠廉》等书。 ⑫④何其：多么。 ⑫⑤荷：承受。 ⑫⑥捉兵：掌管军队。捉，把，持。 ⑫⑦利涉：顺利渡河。此指隋军顺利渡过长江，攻下建康。 ⑫⑧周旋：追逐，交战。 ⑫⑨先是：此前，在这以前。 ⑬⓪乡导：带路的人。 ⑬①机变：随机应变。 ⑬②令问：好名声。令，善，美好。 ⑬③节士：有节操之人。节，气节，操守。 ⑬④欣然：喜悦的样子。 ⑬⑤得色：得意的脸色。 ⑬⑥自陈：自述。 ⑬⑦送款：递送诚意，指向隋投诚。 ⑬⑧怀柔：招徕安抚。 ⑬⑨天下一家：谓天下统一，消灭南北对峙的局面。 ⑭⓪岁一周天：岁，指岁星，即木星。约十二年运行一周天。 ⑭①委质：委，托付，引申为致送之意。质，通“贽”。旧时初次求见人时所送的礼物。委质就是古代臣下向君主献礼，表示献身的意思。 ⑭②至德：年号。583年，陈长城公（后主）即位，改元至德。 ⑭③太府卿：官名。太府长官，掌库藏财物。 ⑭④大匠卿：官名。即将作大匠，掌皇族宫庙建筑。 ⑭⑤王气：古代指象征帝王运数的祥瑞之气。 ⑭⑥壬戌：四月二十九日。 ⑭⑦率土大同：全国统一。率土，谓境域以内，指全国、全境。大同，谓太平盛世，指统一。 ⑭⑧含生：指一切生物。 ⑭⑨澡身浴德：身受恩德的意思。 ⑮⓪克念：约束自己的欲望。 ⑮①助化：有助于教化。 ⑮②九重：谓天子所居之处。古称天有九重。 ⑮③戎旅：指军队。 ⑮④世路既夷：指世界太平。夷，平。 ⑮⑤武力之子：意指武人或武人之子。 ⑮⑥甲仗：盔甲器械。 ⑮⑦画策：计划，谋划。 ⑮⑧《御授平陈七策》：按《隋书》本传及《高颎传》皆作“十策”，《资治通鉴》本卷前此亦作“十策”，疑“七”为“十”字之误。 ⑮⑨弗省：不看。 ⑯⓪家传：子孙叙述其父祖事迹的传记。 ⑯①列将：位在将军之列。 ⑯②罗绮：经纬组织显椒眼纹的称为罗，素地织起花的丝织物称作绮。

【译文】

苏威奏请每五百家设置乡正一人，让乡正治理民政，审理讼案。李德林认为：“当初撤销乡官审理讼案，就是因为乡里之间，不是亲戚，就是朋友，判案很难公平。现在令乡正专管五百家，恐怕危害更严重。更何况偏远小县，有不到五百家的，难道可以让两个县共同管理一个乡吗？”隋文帝不听。二月初二日，下达诏书规定：“五百家为乡，设乡正一人；一百家为里，设里长一人。”

陈朝吴州刺史萧瓛很有人望，陈朝灭亡后，吴地民众推举萧瓛为首领。右卫大将军武川人宇文述率领行军总管元契、张默言等前去讨伐。落丛公燕荣率领水军从东海进攻到吴州，陈朝永新侯陈君范从晋陵投奔萧瓛，联合抵抗宇文述。宇文述军队即将到达，萧瓛在晋陵城东设立木栅栏，留下部分兵力阻截宇文述，另派他的将领王褒防守吴州，而自己亲率大军从义兴进入太湖，打算从宇文述背后发动突然袭击。宇文述进兵攻破晋陵城东的栅栏，又回兵痛击萧𤩽，把他打得大败；又派兵从另外一条路偷袭吴州，王褒换上道士服装弃城逃走。萧𤩽带领残余部众退守包山，燕荣又击败了他。萧𤩽带领左右数人躲藏在老百姓家里，被人抓获。宇文述进抵奉公埭，陈朝东扬州刺史萧岩献出会稽城投降，他同萧𤩽一起被押送到长安斩首。

杨素攻下荆门后，派副将庞晖率兵攻城略地，向南进军到湘州，城内陈军将士无心坚守。湘州刺史岳阳王陈叔慎，年纪十八岁，摆设酒席宴请文武僚佐。酒喝到尽兴时，陈叔慎叹息说："我们的君臣关系，到今天就结束了吗？"长史谢基拜伏在地，痛哭流涕。湘州助防遂兴侯陈正理在场，这时站起身说道："人主受辱，臣子效死。在座诸君难道有谁不是陈朝的臣子？现在国家有难，正是我们献身报国的时候；即使不能成功，也能够表明做臣子的节操。如果陈朝灭亡我们宁愿一死，决不做亡国奴苟活！今天已经到了危急关头，不能再犹豫了，不迅速响应的人立即斩首！"大家都一致赞成。于是杀牲歃血共结盟誓，并派人送交诈降书给庞晖。庞晖信以为真，并约定日期入城受降，陈叔慎埋伏武士等待他。庞晖进城后，立即被伏兵抓获，并斩首示众，连同他率领的部众也全部杀掉。陈叔慎坐在射堂之上，召集士众，几天之内就召集到五千人。衡阳太守樊通、武州刺史邬居业都请求率军协助陈叔慎。此时，隋朝所任命的湘州刺史薛胄领兵正好赶到，和行军总管刘仁恩一起攻打湘州；陈叔慎派部将陈正理与樊通一起抵抗，但都被隋军击败。薛胄乘胜攻入城内，擒获了陈叔慎；刘仁恩在横桥打败邬居业，也擒获了他，一起押送到秦王杨俊处，在汉口将他们斩首。

岭南还没有归附，几个还没有降隋的郡联合起来，共同推举高凉郡太夫人冼氏为盟主，称为"圣母"，保境抵抗。隋文帝诏令派柱国韦洸等人安抚岭南，陈朝豫章太守徐璒据守南康郡进行抵抗，韦洸等人不能前进。晋王杨广派陈叔宝写信送给冼夫人，告诉她陈朝已经灭亡，让她归附隋朝。冼夫人集合首领数千人，为陈朝灭亡哀哭了一整天，然后派她的孙子冯魂率部众迎接韦洸。韦洸率军击败徐璒并将他斩首，进入岭南，到达广州，游说告谕岭南各州，全部平定了岭南；又上表请朝廷授任冯魂为仪同三司，册封冼氏为宋康郡夫人。韦洸，是韦夐的儿子。

衡州司马任瓌劝说都督王勇占据岭南，寻求陈氏子孙，拥立为皇帝，王勇没有采用他的意见，率领部下投降了隋朝，任瓌弃官而去。任瓌，是任忠弟弟的儿子。

于是，陈国被全部平定，隋朝获得三十个州，一百个郡，四百个县。隋文帝诏令将建康的城邑、宫殿、房屋全部摧毁拆除，开垦为耕地，另外在石头城设置蒋州。

晋王杨广班师回朝，留下王韶镇守石头城，委托他处理善后事宜。三月初六日，陈叔宝及其王公百官从建康出发，前往长安，大大小小踏上路途，前后五百里连绵不断。隋文帝命令临时征用长安一些私人住宅腾空等待，内外重新装修，派使者迎接慰劳，陈朝降人到达后就像回到家里一样。夏季，四月初六日，隋文帝驾临骊山，亲自慰问凯旋大军。四月十二日，各路大军高奏凯歌入城，到太庙献俘，陈叔宝和陈朝王侯将相连同他们的车驾服饰、天文图籍等依次排开行列，并由铁甲骑兵四面围住，跟随着晋王杨广、秦王杨俊进入，排列在殿庭上。隋文帝授杨广为太尉，赏赐他辂车、乘马、衮服冠冕、黑圭、白璧。四月二十三日，隋文帝坐在广阳门城楼上，派人把陈叔宝带到跟前，还有陈朝太子、宗室诸王二十八人，以及司空司马消难以下至尚书郎共二百多人，隋文帝让纳言宣读诏书慰劳他们，接着又让内史令宣读诏书，责备他们君臣不能互相辅助，以致国家灭亡。陈叔宝及其群臣都羞愧难当，拜伏在地，大气不敢出，无言以对。隋文帝随后宽恕了他们。

当初，隋文帝的父亲武元帝杨忠迎接司马消难自北齐投降北周，与司马消难结拜为兄弟，感情很深厚，隋文帝也经常以事奉叔父的礼节事奉他。及至平定陈朝，司马消难作为俘虏被押送到长安，隋文帝特下令免掉他的死罪，发配为身份低下的乐户，二十天后又免除乐户身份，仍然以旧日情谊特别接见他。不久，司马消难死在家里。

四月十七日，隋文帝驾临广阳门，宴请将士，从门外两侧堆积布匹绸缎，一直堆到南边的外城，按照功勋等级分别赏赐，一共用去三百多万段。原陈朝境内，免除十年田租赋税，其他的各州免除本年田租赋税。

乐安公元谐进言说："陛下威德远播四海，臣以前请求任命突厥可汗为候正，任命陈叔宝为令史，现在可以采纳臣的建议了。"隋文帝说："朕平定陈国，原本是为了铲除叛逆，并不是为了好大喜功，你的奏请，一点也不符合我的心思。突厥可汗不了解山川形势，怎么能够侦候警戒；陈叔宝整天昏醉不醒，怎么能够派遣任事！"元谐哑口无言而退。

四月二十八日，隋文帝进封杨素的爵位为越公，任命他的儿子杨玄感为仪同三司，杨玄奖为清河郡公，赏赐一万段绢帛、一万石粟。命贺若弼坐上御座，赏赐八千段绢帛，加位上柱国，晋封为宋公。另外又分别加赐金银珍宝，并把陈叔宝的妹妹赏赐给他为妾。

贺若弼、韩擒虎在文帝面前争功。贺若弼说："臣在蒋山拼死力战，打败了陈朝的精兵，俘获了他们的骁勇将领，名声大振，十分威武，终于平定陈国；而韩擒虎几乎没有临阵交战，怎么能与臣相比？"韩擒虎说："原本接到晋王的命令，命臣与贺若弼同时合力攻取伪都，可是贺若弼竟敢擅自提前进军，遭逢敌军便交战，致使将士伤亡很多，而臣率领轻快骑兵五百人，兵不血刃，直取金陵，降伏任忠，活捉了陈叔宝，占领他们的府库，捣毁了他们的巢穴。贺若弼到了晚上才进攻到北掖门，是臣打开城门让他进城，他连赎罪都来不及，哪能与臣相比！"隋文帝说："你们二位都建立了上等功勋。"于是进封韩擒虎爵位为上柱国，赏赐八千段绢帛。掌管司法的官员弹劾韩擒虎放纵士兵奸淫陈朝宫女，故而没有晋升为公的爵位，不增加采邑。

加授高颎上柱国，晋封为齐公，赏赐九千段绢帛。隋文帝慰劳他说："你出都讨伐陈国，有人说你要拥兵造反，朕已把他斩首。君臣道义相合，不是谗言可以离间的。"隋文帝让高颎与贺若弼随意谈论平定陈国之事，高颎说："贺若弼先进献平陈十策，后来又苦战蒋山，打败贼兵，臣只是一个文职官员，怎敢与大将争功？"隋文帝大笑，称赞他的谦让。

隋文帝开始讨伐陈朝时，派高颎向上仪同三司李德林请教谋略，然后转告晋王杨广；现在隋文帝要嘉奖李德林出谋划策的功劳，授予他上柱国，晋封为郡公，赏赐三千段绢帛。敕令已经宣布，有人告诉高颎说："如今把功劳都归给李德林，诸将必定愤愤不平，而且在后世看来，您在平陈之中只是白跑了一趟。"高颎进宫陈奏，隋文帝收回成命，李德林的封赏作罢。

任命秦王杨俊为扬州总管四十四州诸军事，镇守广陵。晋王杨广回到并州镇守。

晋王杨广诛杀陈朝施文庆等五个奸臣的时候，还不知道都官尚书孔范，散骑常侍王瑳、王仪，御史中丞沈瓘的罪行，因此他们能免于一死；等到了长安，事情都暴露出来，四月二十六日，隋文帝公布了他们的罪恶，把他们流放到边疆，用来向吴越地区的百姓谢罪。王瑳为人刻薄，贪婪鄙陋，忌恨陷害有才能的人；王仪狡诈奸巧，善于阿谀奉承，向陈后主进献两个女儿以求亲近；沈瓘阴险残忍，说话就邪恶谄媚，所以一同治罪。

隋文帝赏赐给陈叔宝的财物十分丰厚，又屡次召见，班位和三品官相同；每当陈叔宝参加宴会时，害怕引起他伤心，特意禁止演奏吴地音乐。后来监护看守的人上奏说："陈叔宝说：'既没有官秩爵位，却每次参加朝会宴集，希望有一个官号。'"隋文帝说："陈叔宝完全没有心肝！"监护的人又说："陈叔宝常常喝醉，极少有清醒的时候。"隋文帝问道："喝多少酒？"回答说："和他的子弟每天喝一石酒。"隋文帝大惊，命人节制他的酒量，不久又说："让他随心所欲吧！不然他怎么过日子呢？"隋文帝因为陈氏的子弟很多，怕他们在京城惹是生非，就把他们分散安置到边远州郡，分给他们农田作为生计，年节和四时都赏赐衣服以安定他们的生活。

隋文帝下诏任命原陈朝尚书令江总为上开府仪同三司，尚书仆射袁宪、骠骑将军萧摩诃、领军将军任忠都为开府仪同三司，任命吏部尚书吴兴人姚察为秘书丞。皇上称赞袁宪有高尚的品德情操，颁下诏书，称赞他是江东第一人，授任昌州刺史。听说原陈朝散骑常侍袁元友多次向陈叔宝直言进谏，因此提升他为主爵侍郎。隋文帝对群臣说："陈朝刚平定时，我后悔没有杀了任忠，他接受陈朝高官厚禄，又担当重任，不能以身殉国，危急时却说自己已无能为力，这和春秋时期卫国大臣弘演为战死的卫懿公纳肝以身殉国的所作所为相差太远了！"

隋文帝接见周罗睺，安慰勉励他，答应给他富贵。周罗睺流着眼泪回答说："臣深受陈氏厚待，现在前朝已经灭亡，我没有殉职尽节。能够免死，是陛下的恩赐，岂敢奢望富贵！"贺若弼对周罗睺说："听说你在郢、汉地区掌握兵权，就知道扬州可以取得。王师渡江果然胜利，正如所预料的那样。"周罗睺说："假如能够和您交手，胜败还不一定。"不久，周罗睺被授上仪同三司。起先，陈朝将领羊翔投降隋朝，在讨陈之战中，派他做隋军向导，到现在位至上开府仪同三司，班位还在周罗睺之上。韩擒虎在朝堂上取笑周罗睺说："你不能随机应变，到现在班位还在羊翔之下，难道不觉得羞愧吗？"周罗睺说："以前在江南，我久仰您的美名，认为您是天下节义之士，今天您说这种话，使我很失望。"韩擒虎听了满脸羞愧。

隋文帝责备陈朝君臣时，陈叔文独自扬扬得意喜形于色。接着他又上表陈述："从前在巴州，我已先向隋朝表示诚心归附，请陛下明察，希望封赏打破常例！"隋文帝虽然讨厌他的不忠，但是为了安抚江南地区，仍然授予陈叔文开府仪同三司，任命为宜州刺史。

当初，陈朝散骑常侍韦鼎出使北周，见到隋文帝，觉得他不同凡响，就对隋文帝说："您以后一定大贵，您大贵时就会天下统一，十二年之后，老夫将委身做您的臣下。”到了至德初年，韦鼎为陈朝太府卿时，把田地房屋全部卖光，大匠卿毛彪问他是什么原因，韦鼎说：“江南的帝王之气，到现在已经结束，我和你将会葬在长安。”等到陈朝平定，隋文帝于是召见韦鼎并任命为上仪同三司。韦鼎，是韦睿的孙子。

四月二十九日，隋文帝下诏说：“如今天下已经统一，万物都可顺适本性；太平时代的法令规章，正可普遍推行。凡是隋朝臣民，都要砥砺志行，沐浴圣德，家家修养自身，人人都要立志。武力可以树立国威，但是不能不停止；刑罚可以帮助推动教化，但是不可以任意专行。从此除了保卫京师皇宫的禁卫军和镇守四方的边防军之外，其余的军队都要解散，武器要停止使用。社会已经安定，各方无事，军人的子弟，都要开始学习儒家经书；民间的武器，全部予以销毁。通告天下，让大家都明白遵行。”

贺若弼撰写了他所筹划的平陈计策上奏隋文帝，题为《御授平陈七策》，隋文帝并不审阅，说：“你想替我扬名，我不求名，你应该自己记载在家传里面。”贺若弼位高望重，兄弟都封为郡公，担任刺史、将军，家中的珍宝古玩，不计其数，身穿绫罗绸缎拖地的婢妾有几百名，世人都认为十分荣耀。后来突厥派使节来朝见，隋文帝对使节说：“你听说过江南有陈国天子吗？”使节回答说：“听说过。”皇上命左右侍从把突厥使节带到韩擒虎面前，对他说：“这就是活捉陈国天子的人。”韩擒虎眼光凌厉逼人，看了使节一眼，突厥使节恐惧不安，不敢抬头看。

【原文】

左卫将军庞晃[①]等短高颎于上，上怒，皆黜[②]之，亲礼逾[③]密。因谓颎曰：“独孤公[④]，犹镜也，每被磨莹[⑤]，皎然[⑥]益明。”初，颎父宾[⑦]为独孤信僚佐，赐姓独孤氏，故上常呼为独孤而不名。

乐安公元谐，性豪侠[⑧]，有气调[⑨]，少与上同学，甚相爱，及即位，累历显仕[⑩]。谐好排诋[⑪]，不能取媚左右。与上柱国王谊善，谊诛，上稍疏忌[⑫]之。或告谐与从父弟上开府仪同三司滂、临泽侯田鸾、上仪同三司祈[⑬]绪等谋反，下有司按验[⑭]，奏：“谐谋令祈绪勒[⑮]党项兵断[⑯]巴、蜀。又，谐尝与滂同谒上，谐私谓滂曰：‘我是主人[⑰]，殿上者贼[⑱]也。’因令滂望气[⑲]，滂曰：‘彼云似蹲狗走鹿[⑳]，不如我辈有福德云。’”上大怒，谐、滂、鸾、绪并伏诛。

闰月[21]，己卯[22]，以吏部尚书苏威为右仆射。六月，乙丑[23]，以荆州总管杨素为纳言。

朝野皆称封禅，秋，七月，丙午[24]，诏曰："岂可命一将军除一小国，遐迩[25]注意，便谓太平。以薄德而封名山，用虚言而干上帝，非朕攸[26]闻。而今而后，言及封禅，宜即禁绝！"

左卫大将军广平王雄，贵宠特盛，与高颎、虞庆则、苏威称为四贵。雄宽容下士[27]，朝野倾属[28]，上恶其得众，阴忌之，不欲其典[29]兵马；八月，壬戌[30]，以雄为司空，实夺之权。雄既无职务，乃杜门不通[31]宾客。

帝践阼[32]之初，柱国沛公郑译请修正雅乐[33]，诏太常卿牛弘、国子祭酒辛彦之[34]、博士[35]何妥[36]等议之，积年不决。译言："古乐[37]十二律[38]，旋相为宫[39]，各用七声，世莫能通。"译因龟兹人苏祇婆[40]善琵琶，始得其法，推演[41]为十二均[42]、八十四调[43]，以校太乐[44]所奏，例皆乖越[45]。译又于七音[46]之外更立一声，谓之应声[47]，作书宣示朝廷。与邳公[48]世子苏夔[49]议累黍定律[50]。

时人以音律久无通者，非译、夔一朝可定。帝素不悦学[51]，而牛弘不精音律，何妥自耻宿儒[52]反不逮[53]译等，常欲沮坏其事，乃立议，非十二律旋相为宫[54]及七调，竞为异议，各立朋党；或欲令各造乐，待成，择其善者而从之。妥恐乐成善恶易见，乃请帝张乐[55]试之，先白帝云："黄钟[56]象人君之德。"及奏黄钟之调，帝曰："滔滔和雅[57]，甚与我心会[58]。"妥因奏止用黄钟一宫，不假余律。帝悦，从之。

时又有乐工万宝常[59]，妙达钟律[60]。译等为黄钟调成，奏之，帝召问宝常，宝常曰："此亡国之音也。"帝不悦。宝常请以水尺[61]为律，以调乐器，上从之。宝常造诸乐器，其声率下[62]郑译调二律，损益[63]乐器，不可胜纪[64]。其声雅淡，不为时人所好，太常善声者多排毁之。苏夔尤忌宝常，夔父威方用事，凡言乐者皆附之而短宝常，宝常乐竟为威所抑，寝不行[65]。

及平陈，获宋、齐旧乐器，并江左乐工，帝令廷奏[66]之，叹曰："此华夏[67]正声[68]也。"乃调五音为五夏[69]、二舞[70]、登歌[71]、房内十四调[72]，宾祭用之。仍诏太常置清商署[73]以掌之。

时天下既壹[74]，异代[75]器物，皆集乐府。牛弘奏："中国旧音多在江左，前克荆州[76]得梁乐，今平蒋州[77]又得陈乐，史传相承以为合古[78]，请加修缉[79]以备雅乐。其后魏之乐及后周所用，杂有边裔之声，皆不可用，请悉停之。”冬，十二月[80]，诏弘与许善心、姚察及通直郎虞世基参定雅乐。世基，荔之子也。

己巳[81]，以黄州[82]总管周法尚为永州[83]总管，安集岭南，给黄州兵三千五百人为帐内[84]，陈桂州[85]刺史钱季卿等皆诣法尚降。定州[86]刺史吕子廓，据山洞，不受命，法尚击斩之。

以驾部侍郎[87]狄道辛公义[88]为岷州[89]刺史。岷州俗畏疫，一人病疫，合家避之，病者多死。公义命皆舆置[90]己之听事[91]，暑月，病人或至数百，听廊皆满，公义设榻，昼夜处其间，以秩禄[92]具[93]医药，身自省问[94]。病者既愈，乃召其亲戚谕之曰：“死生有命，岂能相染[95]！若相染者，吾死久矣。”皆惭谢而去。其后人有病者，争就使君[96]，其家亲戚固留养之，始相慈爱，风俗遂变。后迁牟州[97]刺史，下车，先至狱中露坐[98]，亲自验问[99]。十余日间，决遣[100]咸尽，方还听事受领新讼。事皆立决[101]；若有未尽，必须禁[102]者，公义即宿听事[103]，终不还阁。或谏曰：“公事有程[104]，使君何自苦[105]！”公义曰：“刺史无德，不能使民无讼，岂可禁人在狱而安寝于家乎！”罪人闻之，咸自款服[106]。后有讼者，乡闾[107]父老遽晓之曰：“此小事，何忍勤劳使君！”讼者多两让[108]而止。

（以上为第三段，写隋文帝平陈后，开始转向文治，制礼作乐，注意地方官的选举，任用贤吏。）

【注释】

①庞晃（532—603）：字元显，榆林（今内蒙古准格尔旗东北）人，历仕周、隋，官至原州总管，封比阳公。传见《隋书》卷五十、《北史》卷七十五。 ②黜：贬，废免。 ③逾：通“愈”，更加。 ④独孤公：指高颎。因其父高宾曾被赐姓独孤氏。 ⑤磨莹：磨治。 ⑥皎（jiǎo）然：白而亮的样子。 ⑦颎父宾：高颎父高宾，北齐人，后背齐归周，官至都州刺史。事附《隋书·高颎传》《北史·高颎传》。 ⑧豪侠：强横任侠。 ⑨气调：气概风度。 ⑩累历显仕：屡次担任显官。显仕，显要的官职。 ⑪排诋：排斥诋毁别人。 ⑫稍疏忌：渐渐疏远而猜忌。 ⑬祈：据章校“祈”作“祁”。《隋书·高颎传》同。据此，当改作“祁”字。 ⑭按验：审查，查验。 ⑮勒：率领。 ⑯断：阻断。指欲阻断巴、蜀二地与隋朝的联系。 ⑰主人：人主，人君。 ⑱殿上者贼：指坐在殿廷上的隋文帝是贼。 ⑲望气：古代觇候之法，望云气附会人事，预言吉凶。 ⑳彼

云似蹲狗走鹿：彼云，指隋文帝的云气。蹲狗走鹿，指云气如蹲着的狗、跑着的鹿，没有福德的样子。㉑闰月：闰四月。㉒己卯：闰四月十七日。㉓乙丑：六月初四日。㉔丙午：七月初十日。㉕遐迩：远近。㉖攸：所。㉗下士：谦恭对待贤士。㉘倾属：深得民心，尽心于杨雄。㉙典：主典，统领。㉚壬戌：八月初二日。㉛通：交通，交接。㉜践阼：即位，登基。㉝雅乐：用于郊庙朝会的正乐。㉞辛彦之（？—591）：陇西狄道（今甘肃临洮）人。历仕周、隋，官至礼部尚书。传见《隋书》卷七十五、《北史》卷八十二。㉟博士：即太常博士。官名。掌宗庙礼仪诸事。㊱何妥：字栖凤，西域（今新疆和田境）人。历仕周、隋，官至国子祭酒。著《周易讲疏》十三卷、《孝经义疏》三卷等。传见《隋书》卷七十五、《北史》卷八十二。㊲古乐：古代帝王祭祀、朝会所奏音乐，亦称雅乐。㊳十二律：即古乐的十二调。其中阳律六，阴律六。㊴宫：五音之一。宫、商、角、徵、羽为五音，也叫五声。㊵苏祇婆：龟兹人，从突厥皇后入北周，善弹琵琶，精通音律，曾帮助隋修正雅乐。事见《隋书·音乐志》中。㊶推演：推求演变。㊷均：古乐器中的调律器。㊸调：指乐律。㊹太乐：官名。太常寺属官，掌奏乐的乐人。㊺乖越：错过，不相称。㊻七音：古乐理以宫、商、角、徵、羽、变宫、变徵为七音。也称七声。㊼应声：琴瑟的弦音互相配应。㊽邳公：指苏威。苏威曾封邳国公，故称为邳公。㊾苏夔：字伯尼。官至鸿胪少卿。传附《隋书·苏威传》《北史·苏威传》。㊿累黍定律：古代以黍粒为计量基准，累黍是以一定方式排列黍粒，为分、寸、尺等，来计算音律管的长度。51悦学：喜欢读书学习。52宿儒：知名博学的读书人。53不逮：不及，比不上。54旋相为宫：古代谐音之法。以十二律与七声相配而成众调。55张乐：奏乐。56黄钟：古乐十二律之一，声调最为洪大响亮。57和雅：谐和而高雅。58心会：心合，想法一致。59万宝常：隋代音乐家。北齐时，因父罪被配为乐户，因而精音律。隋开皇中奉诏造诸乐器，其声雅淡，不为时人所喜。撰《乐谱》六十四卷。贫病而死，临终时焚烧几尽。传见《隋书》卷七十八、《北史》卷九十。60妙达钟律：精通钟乐。61水尺：调整五音律吕的仪器。62率下：一般降低。63损益：增减，改动。64胜纪：多得不能全记下来。胜，尽，全。65寝不行：停止而不使用。66廷奏：在朝廷上演奏。67华夏：初指我国中原地区，后来包举我国全部领土而言。68正声：纯正的乐声。69五夏：指昭夏、皇夏、诚夏、需夏、肆夏。70二舞：文、武二舞。71登歌：升堂上而歌，匏竹在下，贵人之歌声。72房内十四调：隋文帝称帝前，弹琵琶作了《地厚》《天高》二首歌，托言夫妻之义，故称房内曲。十四调用北周故事，悬钟、磬法七正七倍，合为十四调。73清商署：官署名。隶属太常寺，掌乐器。74既壹：已经统一。75异代：不同朝代。指隋以前各代。76克荆州：指灭后梁。因梁以荆州为都，故称克荆州。 ⑰平蒋州：指灭陈。因隋已毁建康城邑宫室，开垦耕种，并于石头城置蒋州，以治其地。故称平蒋州。 ⑱合古：当时多以南朝为正统，承继华夏之音乐，故称陈乐与古乐相合。 ⑲修缉：修定整理。 ⑳十二月：据章校，“月”下有“甲子”二字，《隋书》卷二《高祖纪》下同，据此当补。甲子，十二月初五日。 ㉑己巳：十二月十一日。 ㉒黄州：州名。治所南安县，在今湖北武汉市新洲区。 ㉓永州：州名。治所零陵县，在今湖南永州市零陵区。 ㉔帐内：帐中，亲信兵。㉕桂州：州名。治所始安县，在今广西桂林市。 ㉖定州：州名。治所信安县，在今湖北麻城东北。 ㉗驾部侍郎：官名。属兵部，掌舆辇、传乘、邮驿、厩牧之事。 ㉘辛公义：陇西狄道（今甘肃临洮）人。历仕周、隋，官至司隶大夫。传见《隋书》卷七十三、《北史》卷八十六。 ㉙岷州：州名。治所溢乐县，在今甘肃岷县。 ㉚舆置：用车拉来安置。 ㉛听事：谓刺史办公的场所。听，同“厅”。 ㉜秩禄：俸禄。 ㉝具：备办。 ㉞省（xǐng）问：探望，照顾。 ㉟染：传染。 ㊱使君：人们对州郡长官的尊称。㊲牟州：州名。治所掖县，在今山东莱州。 ㊳露坐：坐在室外露天里。 ㊴验问：审问验证。 ㊵决遣：结案发遣。 ㊶立决：立时裁决无遗。 ㊷禁：囚禁。 ㊸即宿听事：就住宿在办事厅里。听，同“厅”。 ㊹程：指办事程序。 ㊺自苦：自讨苦吃。 ㊻款服：诚服。款，诚。 ㊼乡闾：即乡里。 ㊽两让：双方谦让。

【译文】

左卫将军庞晃等在隋文帝面前说高颎的坏话，隋文帝大怒，全部罢免了他们的官职，对高颎更加亲近礼遇。隋文帝对高颎说：“独孤公就像镜子，每次被打磨后，就更加明亮。”当初，高颎的父亲高宾是独孤信的僚佐，赐姓独孤氏，因此隋文帝常称呼他独孤公，而不叫他的名字。

乐安公元谐，性情豪放，行侠仗义，气度非凡，年少时和隋文帝一起学习，彼此十分友爱，隋文帝即位后，元谐屡次升任重要职位。元谐喜欢信口攻击别人，不能博取隋文帝左右近臣的欢心。元谐与上柱国王谊友情深厚，王谊被诛杀，隋文帝对元谐渐渐疏远疑忌。有人控告元谐和堂弟上开府仪同三司元滂、临泽侯田鸾、上仪同三司祈绪等人谋反，于是被交付司法官吏审理调查，司法官吏奏报说：“元谐阴谋派遣祈绪统领党项兵切断通向巴蜀地区的交通要道。有一次，元谐曾经和元滂一同谒见皇上，元谐私下对元滂说：‘我才是主人，坐在殿上的是窃国盗贼。’就让元滂观察气象，元滂说：‘皇上的云气像一只蹲着的狗，又像一只奔跑的鹿，不像我们有象征福德的云气。’”隋文帝听了十分愤怒，于是处死了元谐、元滂、田鸾、祈绪。

夏季，闰四月十七日，任命吏部尚书苏威为尚书右仆射。六月初四日，任命荆州总管杨素为纳言。

朝野上下都说应该封禅泰山。秋季，七月初十日，隋文帝下诏书说："怎可因我朝派遣了一位将军灭掉了一个小国，引起远近的人都注意，就说天下已经太平。以微薄的德业而封禅名山，用虚假的话去祭告上天，这不是朕愿听的。从今以后，有关封禅的事，应该禁止再谈！"

左卫大将军广平王杨雄，特别尊贵荣宠，和高颎、虞庆则、苏威一起被称为"四贵"。杨雄宽厚容人，礼贤下士，朝野上下都倾服他。隋文帝讨厌他得人心，暗暗猜忌他，不想让他掌握军队；八月初二日，任命杨雄为司空，实际上是为了夺他的兵权。杨雄既然无实权，便紧闭家门，不与宾客来往。

隋文帝即位之初，柱国沛公郑译请求修订雅乐，诏令太常卿牛弘、国子祭酒辛彦之、博士何妥等人商议，经过多年没有成果。郑译进言说："古乐有十二律，每律都可以作为宫音，循环转调，各调又分用宫、商、角、变徵、徵、羽、变宫七个音阶，世人没有能通晓的。"郑译因为龟兹人苏祇婆善于弹琵琶，就向他学习，才懂得确定音调乐律的方法，推演为十二均、八十四调，用来校订太乐署乐师所演奏的音乐，发现大都不正确。郑译又在七音之外另提出一声，称为应声，并写成文章在朝廷宣示传阅。他还和邳公苏威的长子苏夔商量用排列黍粒的方法测量并确定律管长度，以便重定乐律。

当时的人认为音律已经很久没有人通晓，不是郑译、苏夔一朝一夕能够确定的。隋文帝向来不注重学问，而牛弘也不精通音律，何妥自愧身为饱学宿儒而在音律方面反不如郑译等人，常想阻挠破坏修订雅乐之事，所以提出意见，反对用十二律循环转调为宫及七调，这一下引发各种不同的意见纷纷提出，互相争论，各立朋党；有人提出让各派按照自己主张的原理造出一种乐调，等完成以后，选择其中最好的来使用。何妥恐怕乐调造成后好坏很容易看出，就奏请隋文帝立即演奏比试各种乐调，并抢先告诉隋文帝说："黄钟调象征人君的德业。"等到演奏黄钟乐调时，隋文帝说："滔滔不绝，和顺雅致，与我的心意十分契合。"何妥于是奏请只用黄钟一种乐调，不用其他的乐律。隋文帝很高兴，采用他的建议。

当时还有一个名叫万宝常的乐师，精通音律，郑译等人制成黄钟调后，进行演奏，隋文帝召见万宝常问他效果如何，万宝常回答说："这是亡国之音。"隋文帝非常不高兴。万宝常请求用水尺调定五音律吕，用来校正乐器，隋文帝接受了他的建议。万宝常制造出了各种乐器，其乐调比郑译等人定调低二律，他对乐器的增损改进，难于详述。这些乐器的声音雅淡，不为当时的人所喜欢，太常寺中懂得声律的人大多排斥诋毁这种音乐。苏夔非常忌恨万宝常，苏夔的父亲苏威正当政专权，凡是谈论音乐的人都附和苏夔而批评万宝常，万宝常的乐调因而被苏威所压制，不能流传。

等到平定陈朝时，获得刘宋、南齐时代的乐器与江左乐师，隋文帝命他们在殿廷上演奏，赞叹道："这才是华夏的正声啊！"于是调整五音为五夏、二舞、登歌、房内十四调，在宴宾和祭祀时使用，并诏令在太常寺设置清商署负责管理。

当时全国统一，不同时代的乐器用品，都集中在乐府。牛弘上奏说："中原的历史古乐多留存江左，攻取荆州时获得了梁朝的音乐，现在平定蒋州又获得陈朝的音乐，史册书传相承，都认为合于古乐。请下令派人加以修订编辑，来充实雅乐。至于北魏的音乐和北周所使用的，都掺杂边疆夷乐，都不可使用，请全部停止。"冬季，十二月初五日，诏令牛弘与许善心、姚察以及通直郎虞世基共同修订雅乐。虞世基，是虞荔的儿子。

十二月十一日，隋文帝任命黄州总管周法尚为永州总管，前往安抚平定岭南地区，让他率领黄州兵三千五百人作为亲兵，陈朝桂州刺史钱季卿等都向周法尚投降。定州刺史吕子廓据守山洞，不接受命令，周法尚发动攻击，将其斩首。

任命驾部侍郎狄道人辛公义为岷州刺史。岷州向来最怕瘟疫，若一个人染上了瘟疫，全家都躲避他，因此病人大多死亡。辛公义命人将病人都抬到自己的办公厅堂内，时值三伏暑热季节，送来的病人多达数百人，厅堂和走廊里都塞满了病人，辛公义设置床榻，昼夜守在那里，用自己的俸禄请医生，付药费，还亲自探问病情。生病的人痊愈之后就召集他们的亲属，告诉他们："一个人的生死是命中注定的，岂能互相感染疾病呢？若会互相感染，我早就死了。"病人的亲属都惭愧地道谢而去。后来有生病的人，都争着要到刺史那里去，病人的亲属都坚持要病人留下来自己看护，于是开始相互关心爱护，改变了原来的坏风俗。辛公义后来迁调牟州刺史，一下车就先到监狱露天坐下，亲自复查审问囚犯，十多天之内，全部判决发遣结束，方才回到州衙厅堂受理新的案件。案件都当堂结案，如果有的案件不能马上处理，必须囚禁的，辛公义就在厅堂住宿，不肯回家。有人劝他说："公事有一定的程序，使君您何苦要这样辛苦？"辛公义说："刺史没有德业，不能使人民不诉讼，岂能把人囚禁在监狱而自己在家中安然睡觉呢？”犯罪的人听了这些话，都主动坦白认罪。后来又有人要打官司，乡里父老马上劝阻他说：“这是件小事，怎么忍心去烦劳刺史大人！”要打官司的人大多因为双方互谅互让而和解了。

【原文】

十年（庚戌，590）

春，正月，乙未[①]，以皇孙昭[②]为河南王，楷为华阳王。昭，广之子也。

二月[③]，上幸晋阳，命高颎居守[④]。夏，四月，辛酉[⑤]，至自晋阳。

成安文子[⑥]李德林，恃其才望，论议好胜，同列多疾之；由是以佐命[⑦]元功[⑧]，十年不徙级[⑨]。德林数与苏威异议，高颎常助威，奏德林狠戾[⑩]，上多从威议。上赐德林庄店，使自择之，德林请逆人[⑪]高阿那肱卫国县[⑫]市店，上许之。及幸晋阳，店人诉称高氏强夺民田，于内造店赁[⑬]之。苏威因奏德林诬罔[⑭]，妄奏自入[⑮]，司农卿[⑯]李圆通[⑰]等复助之曰：“此店收利如食千户[⑱]，请计日追赃。”上自是益恶之。虞庆则等奉使关东巡省[⑲]，还，皆奏称：“乡正专理辞讼，党与爱憎[⑳]，公行货贿[㉑]，不便于民。”上令废之。德林曰：“兹事臣本以为不可，然置来始尔，复即停废，政令不一，朝成暮毁[㉒]，深非帝王设法之义。臣望陛下自今群臣于律令辄欲改张[㉓]，即以军法从事；不然者，纷纭未已。”上遂发怒，大诟[㉔]云：“尔欲以我为王莽[㉕]邪！”先是，德林称父为太尉谘议[㉖]以取赠官，给事黄门侍郎[㉗]猗氏陈茂[㉘]等密奏：“德林父终于校书[㉙]，妄称谘议。”上甚衔之[㉚]。至是，上因数之曰：“公为内史，典朕机密，比不可豫[㉛]计议者，以公不弘[㉜]耳，宁自知乎！又罔冒取店，妄加父官，朕实忿之，而未能发，今当以一州相遣耳。”因出为湖州[㉝]刺史。德林拜谢曰：“臣不敢复望内史令，请但预散参[㉞]。”上不许，迁怀州刺史而卒。

李圆通，本上微时[㉟]家奴，有器干[㊱]，及为隋公，以圆通及陈茂为参佐[㊲]，由是信任之。梁国之废也，上以梁太府卿柳庄[㊳]为给事黄门侍郎。庄有识度[㊴]，博学，善辞令，明习典故[㊵]，雅达[㊶]政事，上及高颎[㊷]皆重之。与陈茂同僚，不能降意[㊸]，茂谮之于上，上稍疏之，出为饶州[㊹]刺史。

上性猜忌[45]，不悦学，既任智[46]以获大位，因以文法[47]自矜，明察临下，恒令左右觇视[48]内外，有过失则加以重罪。又患令史赃污[49]，私使人以钱帛遗之，得犯立斩。每于殿庭棰人，一日之中，或至数四；尝怒问事[50]挥楚不甚[51]，即命斩之。尚书左仆射高颎、治书侍御史柳彧等谏，以为"朝堂非杀人之所，殿廷非决罚之地"。上不纳。颎等乃尽诣朝堂请罪，上顾谓领左右都督[52]田元曰："吾杖重乎？"元曰："重。"帝问其状[53]，元举手曰："陛下杖大如指，捶人三十者，比[54]常杖[55]数百，故多死。"上不怿[56]，乃令殿内去杖，欲有决罚，各付所由[57]。后楚州[58]行参军[59]李君才上言："上宠高颎过甚。"上大怒，命杖之，而殿内无杖，遂以马鞭捶杀之，自是殿内复置杖。未几[60]，怒甚，又于殿廷杀人；兵部侍郎[61]冯基固谏[62]，上不从，竟于殿廷杀之。上亦寻悔，宣慰[63]冯基，而怒群臣之不谏者。

五月，乙未[64]，诏曰："魏末丧乱，军人权置[65]坊府[66]，南征北伐，居处无定，家无完堵[67]，地罕包桑[68]，朕甚愍[69]之。凡是军人，可悉属州县，垦田、籍帐[70]，一与民同。军府统领，宜依旧式[71]。罢山东、河南及北方缘边之地新置军府。"

六月，辛酉[72]，制民年五十免役收庸[73]。

秋，七月，癸卯[74]，以纳言杨素为内史令。

冬，十一月，辛丑[75]，上祀南郊[76]。

江表自东晋已来，刑法疏缓，世族[77]陵驾寒门[78]；平陈之后，牧民者[79]尽更变之。苏威复作《五教[80]》，使民无长幼悉诵之，士民嗟怨[81]。民间复讹言[82]隋欲徙之入关，远近惊骇。于是婺州[83]汪文进、越州[84]高智慧、苏州[85]沈玄桧皆举兵反，自称天子，署置百官。乐安[86]蔡道人、蒋山李棱[87]、饶州吴世华、温州[88]沈孝彻、泉州[89]王国庆、杭州杨宝英、交州[90]李春等皆自称大都督，攻陷州县。陈之故境，大抵皆反，大者有众数万，小者数千，共相影响，执县令，或抽其肠，或脔[91]其肉食之，曰："更能使侬[92]诵《五教》邪！"诏以杨素为行军总管以讨之。

素将济江，使始兴麦铁杖[93]戴束藁[94]，夜，浮渡江觇贼[95]，还而复往，为贼所擒，遣兵仗三十人防之。铁杖取贼刀，乱斩防者，杀之皆尽，割其鼻，怀之以归；素大奇之，奏授仪同三司。

素帅舟师自杨子津[96]入，击贼帅朱莫问于京口，破之。进击晋陵[97]贼帅顾世兴、无锡[98]贼帅叶略，皆平之。沈玄侩败走，素追擒之。高智慧据浙江[99]东岸为营，周亘[100]百余里，船舰被江；素击之。子总管[101]南阳来护儿[102]言于素曰："吴人[103]轻锐，利在舟楫，必死之贼，难与争锋，公宜严陈以待之，勿与接刃[104]。请假奇兵数千潜渡江，掩破其壁[105]，使退无所归，进不得战，此韩信破赵[106]之策也。"素从之。护儿以轻舸[107]数百直登江岸，袭破其营，因纵火，烟焰涨天。贼顾火而惧，素因纵兵奋击，大破之，贼遂溃。智慧逃入海，素蹑之[108]至海曲，召行军记室[109]封德彝[110]计事，德彝坠水，人救，获免，易衣见素，竟不自言。素后知之，问其故，曰："私事也，所以不白。"素嗟异之。德彝名伦，以字行，隆之之孙也。汪文进以蔡道人为司空，守乐安，素进讨，悉平之。

素遣总管史万岁[111]帅众二千，自婺州别道逾岭越海，攻破溪洞，不可胜数。前后七百余战，转斗千余里，寂无声问[112]者十旬，远近皆以万岁为没[113]。万岁置书竹筒中，浮之于水，汲者得之，言于素。素上其事，上嗟叹，赐万岁家钱十万。

素又破沈孝彻于温州，步道向天台[114]，指临海[115]，逐捕遗逸[116]，前后百余战，高智慧走保闽、越[117]。上以素久劳于外，令驰传入朝。素以余贼未殄[118]，恐为后患，复请行，遂乘传[119]至会稽。王国庆自以海路艰阻，非北人[120]所习，不设备；素泛海[121]奄至，国庆惶遽弃州走。余党散入海岛，或守溪洞，素分遣诸将，水陆追捕。密令人说国庆，使斩送智慧以自赎[122]；国庆乃执送智慧，斩于泉州，余党悉降。江南大定。

素班师，上遣左领军将军独孤陀[123]至浚仪[124]迎劳；比到京师，问者[125]日至。拜素子玄奖为仪同三司，赏赐甚厚。陀，信之子也。

杨素用兵多权略[126]，驭众[127]严整，每将临敌，辄求人过失而斩之，多者百余人，少不下十数，流血盈前[128]，言笑自若[129]。及其对陈，先令一二百人赴敌，陷陈则已，如不能陷而还者，无问多少，悉[130]斩之；又令二三百人复进，还如向法[131]。将士股慄，有必死之心，由是战无不胜，称为名将。素时贵幸，言无不从，其从素行者，微功必录[132]，至他将虽有大功，多为文吏所谴却[133]，故素虽残忍，士亦以此愿从焉。

以并州总管晋王广为扬州总管，镇江都[134]，复以秦王俊为并州总管。

番禺[135]夷王仲宣反，岭南首领多应之，引兵围广州[136]。韦洸中流矢卒，诏以其副慕容三藏[137]检校广州道行军事[138]。又诏给事郎[139]裴矩巡抚岭南，矩至南康，得兵数千人。仲宣遣别将周师举围东衡州[140]，矩与大将军鹿愿击斩之，进至南海[141]。

高凉冼夫人遣其孙冯暄将兵救广州，暄与贼将陈佛智素善[142]，逗留不进；夫人知之，大怒，遣使执暄，系州狱[143]，更遣孙盎[144]出讨佛智，斩之。进会鹿愿于南海，与慕容三藏合击仲宣，仲宣众溃，广州获全。冼氏亲被甲，乘介马[145]，张锦伞[146]，引彀骑[147]卫，从裴矩巡抚二十余州。苍梧[148]首领陈坦等皆来谒见，矩承制[149]署为刺史、县令，使还统其部落，岭表遂定。

矩复命，上谓高颎、杨素曰："韦洸将二万兵不能早度岭[150]，朕每患其兵少。裴矩以三千弊卒[151]径至南海，有臣若此，朕亦何忧！"以矩为民部侍郎[152]。拜冯盎高州[153]刺史，追赠冯宝广州总管、谯国公。册冼氏为谯国夫人，开谯国夫人幕府，置长史以下官属，官给印章，听发部落六州兵马，若有机急[154]，便宜行事[155]。仍敕以夫人诚效之故，特赦暄逗留之罪，拜罗州[156]刺史。皇后赐夫人[157]首饰及宴服[158]一袭，夫人并盛于金箧[159]，并梁、陈赐物，各藏一库，每岁时大会，陈之于庭，以示子孙，曰："我事三代主，惟用一忠顺之心，今赐物具存，此其报也；汝曹皆念之，尽赤心于天子！"

番州[160]总管赵讷贪虐[161]，诸俚、獠[162]多亡叛。夫人遣长史张融上封事[163]，论安抚之宜，并言讷罪，不可以招怀远人。上遣推[164]讷，得其赃贿，竟致于法；委夫人招慰亡叛。夫人亲载诏书，自称使者，历十余州，宣述[165]上意，谕诸俚、獠，所至皆降。上嘉之，赐夫人临振县[166]为汤沐邑[167]，赠冯仆[168]崖州[169]总管、平原公。

（以上为第四段，写开皇十年，隋朝平定江南反叛，安抚岭南地区，以及杨素用兵的情形。）

【注释】

①乙未：正月初七日。 ②皇孙昭（？—606）：隋炀帝长子，先封为河南王，隋炀帝即位后立为太子。传见《隋书》卷五十九、《北史》卷七十一。 ③二月：据章校，"月"下应补"庚申"二字。庚申，二月初二日。 ④居守：留守。 ⑤辛酉：四月初四日。 ⑥成安文子：成安，县名。文，李德林谥号。子，爵号。 ⑦佐命：古代帝王建立王朝，自谓承天受命，故称辅佐之臣为佐命。 ⑧元功：一等功。 ⑨徙级：升级、迁升。

⑩狼戾：狂暴。 ⑪逆人：反叛之人。逆，叛逆。 ⑫卫国县：县名。县治在今山东济南市章丘区西南。 ⑬赁（lìn）：佣工，租借。 ⑭诬罔：以不实之词欺骗人。 ⑮妄奏自入：指李德林奏报不实，强占卫国县平民市店，妄称为叛逆人之产。妄奏，欺君罔上之奏。自入，占为己有。 ⑯司农卿：官名。古代九卿之一，主管钱粮。 ⑰李圆通（？—606）：京兆泾阳（今陕西泾阳）人。历仕周、隋，官至兵部尚书。传见《隋书》卷六十四、《北史》卷七十五。 ⑱收利如食千户：指市店收的利息如同食封千户的租赋一样多。 ⑲巡省：巡视。 ⑳党与爱憎：指乡正在处理狱讼时袒护同党和以自己的爱憎行事。 ㉑货贿：以财货贿赂人。 ㉒朝成暮毁：早晨做成的，到了晚上又毁，如朝令夕改。 ㉓改张：改动，改弦更张。 ㉔大诟（gòu）：大声辱骂。 ㉕王莽：西汉末外戚王莽篡汉，以频频变更法令而亡，隋文帝以为李德林拿王莽来比况自己。 ㉖太尉谘议：太尉僚佐，咨询商议。 ㉗给事黄门侍郎：官名。侍卫之官，掌侍从左右，给事中使，内外联络。隋炀帝改称黄门侍郎。 ㉘陈茂：河东猗氏（今山西临猗南）人。历仕周、隋与唐，官至梁州总管。传见《隋书》卷六十四、《北史》卷七十五。 ㉙校书：官名。即校书郎，掌校雠典籍。 ㉚衔之：衔恨李德林。 ㉛豫：通“与”，参与。 ㉜弘：光大。 ㉝湖州：州名。治所乌程县，在今浙江湖州市。 ㉞散参：谓散官无职务，而预朝参。 ㉟微时：未显达之时。 ㊱器干：才干，本领。 ㊲参佐：僚属，部下。 ㊳柳庄：字思敬，河东解（今山西临猗县）人。历仕后梁与隋，官至给事黄门侍郎。传见《隋书》卷六十六、《北史》卷七十、《周书》卷四十二。 ㊴识度：见识与度量。 ㊵明习典故：熟习典章制度。 ㊶雅达：非常通晓。雅，极，甚。 ㊷高颎：据章校，“颎”下应补“苏威”二字。 ㊸降意：抑制心意，屈居人下。 ㊹饶州：州名。治所鄱阳县，在今江西鄱阳县。 ㊺性猜忌：性好猜疑妒忌。 ㊻任智：凭借智慧、计谋。 ㊼文法：法制，法令条文。 ㊽觇（chān）视：窥视，侦察。 ㊾赃污：贪污受贿。 ㊿问事：执行杖法的人。 (51)挥楚不甚：杖打得不厉害，不重。楚，木名，即牡荆，枝干坚劲，可以作杖。 (52)领左右都督：官名。北齐有领左、右府，将军之下置正、副都督，隋因齐制。掌侍卫。 (53)状：情状。 (54)比：等于。 (55)常杖：一般官府所用的杖。 (56)怿：欢喜，快乐。 (57)所由：主管官吏。犹言有关官吏。 (58)楚州：州名。治所山阳县，在今江苏淮安市。 (59)行参军：官名。州府僚佐，掌参预军事。 (60)未几：时过不久。 (61)兵部侍郎：官名。兵部副长官。掌天下军卫、武官选授的政令等。 (62)固谏：坚持劝说。固，一定，坚持。 (63)宣慰：安抚。 (64)乙未：五月初九日。 (65)权置：临时设置。 (66)坊府：西魏兵制有六坊，也称六府。 (67)完堵：完整的墙。形容家里破弊不堪。堵，土墙。 (68)包桑：包桑树根，须经多时。比喻民安其居。“家无完堵，地罕包桑”是民不安居的意思。 (69)愍：哀怜，忧伤。

⑦⓪籍帐：管理户籍与赋税缴纳。⑦①旧式：过去的法令规定。式，法式。⑦②辛酉：六月初五日。⑦③免役收庸：指农民到五十岁时，即可以庸代役。隋制：每天纳绢三尺可代役一日。⑦④癸卯：七月十八日。⑦⑤辛丑：十一月十七日。⑦⑥南郊：隋于长安城南，太阳门外道西设坛，坛高七尺，广四丈。⑦⑦世族：又称士族，几世连做高官的家族，在东晋、南朝均享有经济与政治特权。⑦⑧寒门：又称庶族。父祖官位不显，是地主阶级中的下层。⑦⑨牧民者：官吏。牧民，治民。⑧⓪五教：五种封建伦理道德，即父义、母慈、兄友、弟恭、子孝。⑧①嗟（juē）怨：慨叹又怨恨。⑧②讹言：谣言，谣传。⑧③婺（wù）州：州名。治所金华县，在今浙江金华市。⑧④越州：州名。治所会稽县，在今浙江绍兴市。⑧⑤苏州：州名。治所吴县，在今江苏苏州市。⑧⑥乐安：郡名。治所千乘县，在今山东广饶县北。⑧⑦李悛：据章校，"悛"应改作"棱"。⑧⑧温州：州名。治所永嘉县，在今浙江温州市。⑧⑨泉州：州名。治所原丰县，在今福建福州市。⑨⓪交州：州名。治所交趾县，在今越南河内。⑨①脔：碎割。⑨②侬：你。江南方言。⑨③麦铁杖（？—612）：始兴（今广东韶关市东南莲花岭下）人。官至右屯卫大将军。传见《隋书》卷六十四、《北史》卷七十八。⑨④藁（gǎo）：禾柴。⑨⑤觇贼：侦察敌情。⑨⑥杨子津：又称扬子桥。渡口名。故址在今江苏扬州市南。⑨⑦晋陵：县名。县治在今江苏常州市。⑨⑧无锡：县名。县治在今江苏无锡市。⑨⑨浙江：水名。又名之江，因为多曲折，故称浙江。上游有二源，北为新安江，南为兰溪，二水合于建德市东南，东北流至桐庐为桐江，至杭州市富阳区为富春江，至旧钱塘县境为钱塘江。⑩⓪周亘（gèn）：周围连绵。⑩①子总管：领兵的裨将，隶属总管。⑩②来护儿（？—618）：隋代著名将领。官至左翊卫大将军，封荣国公。传见《隋书》卷六十四、《北史》卷七十六。⑩③吴人：泛指今江浙一带人。⑩④接刃：交战。⑩⑤壁：壁垒，栅寨。⑩⑥韩信破赵：韩信派轻骑诱赵军出壁垒，然后用伏兵攻入赵壁，使赵军退无归路，遂降。事详本书《资治通鉴》卷十《汉纪二·高帝三年》。⑩⑦轻舸（gě）：即轻船。舸，大船。⑩⑧蹑之：紧随在高智慧军后边。⑩⑨行军记室：官名。外出作战时掌管文书、羽檄。⑪⓪封德彝（568—627）：名伦，字德彝，观州蓨（今河北景县）人。历仕隋、唐，官至尚书右仆射。事附《隋书·卫玄传》《旧唐书》卷六十三、《新唐新》卷一百。⑪①史万岁（？—600）：京兆杜陵（今陕西西安市东南）人。历仕周、隋，官至河州刺史。传见《隋书》卷五十三、《北史》卷七十三。⑪②寂无声问：杳无音讯。声问，音讯，消息。⑪③为没：已战死。⑪④天台：山名。在今浙江天台县北。⑪⑤临海：县名。县治在今浙江临海市。⑪⑥遗逸：逃亡四散的。⑪⑦闽、越：皆州名。闽州，治所侯官县，在今福建福州市。越州，治所会稽县，在今浙江绍兴市。⑪⑧未殄（tiǎn）：没有被消灭。殄，灭绝，消灭。⑪⑨乘传：

乘用驿站的车。 ⑳北人：指隋军。 ㉑泛海：渡海。泛，漂浮。 ㉒自赎：自我立功以赎罪。赎，赎罪。 ㉓独孤陀：字黎邪。历仕周、隋。官至上大将军、延州刺史。传见《隋书》卷七十九、《北史》卷六十一。 ㉔浚仪：县名。县治在今河南开封市。 ㉕问者：慰劳，慰问的人。 ㉖权略：权变的谋略。 ㉗驭众：统领众军。驭，驾驭，整治。 ㉘盈前：面前满是。 ㉙自若：自如，和平常一样。 ㉚悉：全部。 ㉛向法：过去的方法。 ㉜微功必录：小的战功也都加以记载。录，记载，采取。 ㉝谴却：降低或推辞不受。谓不能计功行赏。 ㉞江都：地名。扬州总管府治所，在今江苏扬州市。 ㉟番禺：县名。广州旧治所，隋徙治南海县，番禺遂变为县。县治在今广东广州市。 ㊱广州：州名。治所南海县，在今广东广州市。 ㊲慕容三藏（？—611）：历仕北齐、北周与隋，官至和州刺史。传见《隋书》卷六十五、《北史》卷五十三。 ㊳检校广州道行军事：谓在广州道代理行使军事权力。检校，未得实授的加官，或兼领某官为检校，即代理任职。广州道，是中央派出去的设在广州的统治机关。 ㊴给事郎：官名。隶属吏部，掌省读奏案。 ㊵东衡州：侨州名。治所曲江县，在今广东韶关市南武水西。 ㊶南海：郡名。治所番禺县，在今广东广州市。 ㊷素善：一向很要好。 ㊸州狱：州府所辖监狱。 ㊹盎（àng）：即冯盎，高凉冼夫人之孙，官至高州刺史。事附《隋书·谯国夫人传》《北史·谯国夫人传》。 ㊺介马：披甲的战马。介，披甲。 ㊻张锦伞：打着锦伞。 ㊼彀（gòu）骑：持弓弩的骑兵。彀，张满弓弩。 ㊽苍梧：郡名。封州治所，在今广西梧州市。 ㊾承制：秉承皇帝旨意，以皇帝名义权宜行事。 ㊿岭：五岭山脉简称岭。 (151)弊卒：战斗力不强的士卒，与“精兵”相对。弊，破旧不堪。 (152)民部侍郎：官名。民部副长官，协助民部尚书掌国家财政。唐改民部为户部。 (153)高州：州名。治所高凉县，在今广东阳江市西。 (154)机急：谓紧急时机。机，时机，机会。 (155)便宜行事：不待上奏，自行决断处置。便宜，因利乘便，方便行事。 (156)罗州：州名。治所石龙县，在今广东化州市。 (157)夫人：古代妇女的封号。隋时皇帝之妃亦称夫人。 (158)宴服：宴饮聚会时所穿衣服。 (159)箧（qiè）：箱子之类的器具。大的称箱，小的称箧。 (160)番州：州名。治所南海县，在今广东广州市。 (161)贪虐：贪婪暴虐。 (162)俚、獠：古代生活在五岭以南的少数民族。 (163)封事：密封的章奏。古代百官上书机密事，为防泄露，用皂囊封缄呈奏，故称封事。 (164)推：推问查证。 (165)宣述：宣布述说。 (166)临振县：县名。县治在今海南三亚市东北。 (167)汤沐邑：天子赐给诸侯的封邑。邑内收入供诸侯汤沐之用。又称朝宿邑，意思是备朝见时食宿之处。 (168)冯仆：冼夫人之子，官至石龙太守。事附《隋书·谯国夫人传》《北史·谯国夫人传》。 (169)崖州：州名。治所义伦县，在今海南儋州市西北。

【译文】

隋文帝开皇十年（庚戌，590）

春季，正月初七日，册封皇孙杨昭为河南王，杨楷为华阳王。杨昭，是杨广的儿子。

二月初二日，隋文帝出巡晋阳，命高颎留守京师。夏季，四月初四日，隋文帝从晋阳回到京师。

成安文子李德林，他的才能声望，喜欢辩论争胜，同僚大多嫉恨他；因此他尽管是辅佐王命的首功，却十年没有升迁。李德林屡次和苏威的意见不合，高颎都是帮助苏威，上奏李德林贪狠暴戾，隋文帝多采纳苏威的意见。隋文帝赏赐李德林庄园店舍，让他选择，李德林请求得到叛逆人高阿那肱在卫国县的市店，隋文帝同意了。等到隋文帝出巡晋阳时，店舍的人控诉说高氏强夺民田，在里面建造店舍出租营利。苏威于是上奏李德林欺君，说他妄奏民田为高阿那肱的市店，以归于己。司农卿李圆通等人又趁机帮助苏威，上奏说："这些店舍的收利如同享有千户封邑的王侯，请求按日计算，追回李德林收取的租金赃款。"隋文帝因而更加讨厌他。虞庆则等人奉派到关东巡视，回来之后都奏称："乡正治理讼案独断专行，偏私亲友，爱憎不明，公然索取贿赂，不利于民。"隋文帝因此命令废除。李德林说："设置乡正这件事臣本来认为不好，但是刚刚设置，又马上停废，政令不能划一，朝令夕改，这实在不是帝王设置法令的正道。臣希望陛下从现在开始，凡是群臣对于律令有要求更改的，就一律用军法来处置他；不然的话，议论政令就不会停止。"隋文帝因此发怒，大骂他说："你想把我比作王莽吗？"起先，李德林说他的父亲是太尉谘议，以取得死后赠官，给事黄门侍郎猗氏县人陈茂等秘密上奏："李德林的父亲死时只是个校书郎，假冒说是谘议。"隋文帝十分痛恨此事。这时，隋文帝把心中积恨一并发出，便责备李德林说:"你是内史，典掌朕的机密，近来不能让你参与计议的原因，是因为你的气度不够恢宏，你自己难道不知道吗？你欺蒙假冒，索人店舍，又乱加父亲的官职，朕的确很气愤，但是都压下火气没有发出，如今送你一州之地，外出做州官吧。"因此出调他为湖州刺史。李德林拜谢说："臣不敢再奢望做内史令，只请求做无职务而能参与朝会的散官。"隋文帝不准许，迁调他为怀州刺史，不久他就去世了。

李圆通原本是皇上地位微贱时候的家奴，有器识才干；等到隋文帝袭爵为隋公时，就任命李圆通和陈茂为参佐，从此很信任他。梁国萧氏被废置的时候，隋文帝任命原后梁太府卿柳庄为给事黄门侍郎。柳庄有才识器度，学问广博，善于辞令，熟悉典故，深通政事，隋文帝和高颎都很器重他。柳庄和陈茂同僚，互不迁就，陈茂常在隋文帝面前说柳庄的坏话，隋文帝逐渐疏远了柳庄，后来便命他出任饶州刺史。

隋文帝生性好猜忌，不喜欢学习，由于是运用智略权术而获得皇位的，就以精于律令自夸，以明察制驭臣下，时常命令左右的人探察朝廷内外，只要有人犯了过错，就判处重罪。又担心令史贪赃枉法，于是暗中派人拿金钱丝帛赠送他们，抓到犯法的立刻斩杀。常常在殿廷上捶打人，有时一天之内发生好几次，曾经因为愤怒行杖的人用力不重，就下令把行杖人杀了。尚书左仆射高颎、治书侍御史柳彧等人劝谏，认为“朝堂不是杀人的地方，殿廷也不是审案的场所”。隋文帝不采纳。高颎等人于是全部到朝堂请罪，隋文帝回头询问领左右都督田元说：“我刑杖太重了吗？”田元说：“太重了。”隋文帝又问刑杖太重的情状，田元举手比画着说：“陛下的刑杖大如手指，捶打人三十下，等于一般刑杖的几百下，很多人因此被打死。”隋文帝听了不高兴，但还是下令殿内除去刑杖，如果有处罚行刑，分别交给主管的人去处理。后来楚州行参军李君才上奏说：“皇上宠信高颎太过了。”隋文帝看了奏表十分生气，命令用刑杖处罚他，可是殿内没有刑杖便用马鞭把他打死了，从此殿内又设置刑杖。不多久，隋文帝盛怒，又在殿廷杀人；兵部侍郎冯基坚持劝谏，隋文帝不接受，竟在殿廷上杀死了他。隋文帝不久又后悔，抚慰冯基的家属，对群臣中竟没有一个愿意劝谏的人非常气愤。

五月初九日，隋文帝下诏说：“自北魏末年丧乱的时候，军人临时设置坊府，南征北战，没有固定的住所，家里没有完好的墙垣，地里很少有高大的桑树，朕非常同情。凡是军人，可以一律隶属州县，受田开垦、田籍账簿全部和百姓相同。士兵还由军府统领，但应遵守旧有的规章。撤销山东、河南以及北方沿边界之地新设置的军府。”

六月初五日，隋朝制定平民百姓年满五十岁可免除征役，而收取绢或布作为劳役的代金。

秋季，七月十八日，任用纳言杨素为内史令。

冬季，十一月十七日，隋文帝在南郊祭天。

江南自东晋以来，刑法疏阔弛缓，世家大姓欺压贫穷低下的平民；平定陈朝以后，郡县治民官吏完全改变了这种情况。苏威又制定《五教》，要百姓不管长幼都背诵，为此士民都嗟叹怨恨。民间又谣传隋朝要把他们迁徙入关，远近的人都惊骇。因此婺州的汪文进、越州的高智慧、苏州的沈玄侩都举兵造反，自称天子，设置百官。乐安的蔡道人、蒋山的李愎、饶州的吴世华、温州的沈孝彻、泉州的王国庆、杭州的杨宝英、交州的李春等人都自封为大都督，攻占许多州县。陈朝旧境之内，大部分州县都造反了，力量大的有数万人，力量小的有几千人，互相呼应鼓动，捉拿县令，有的抽出他们的肠子，有的把他们的肉切成块来吃，说："还能要我们背诵《五教》吗？"隋文帝诏令任命杨素为行军总管去镇压他们。

杨素将要渡江，派始兴人麦铁杖顶着一束稻草，趁夜浮水渡过长江，去探察贼兵情况，返回后再次派出，被贼兵捉住，派了三十人带着武器看守他。铁杖夺过贼兵手中的刀，乱砍防守他的人，把他们全杀光了，割下他们的鼻子带着回来，杨素非常惊奇，奏报授为仪同三司。

杨素率领水军从杨子津攻入，在京口攻击贼兵主帅朱莫问，打败了他。又进兵攻击晋陵贼兵主帅顾世兴、无锡贼兵主帅叶略，全都平定了。沈玄侩战败逃跑，杨素追赶擒住。高智慧据守浙江东岸，扎下营寨，绵亘一百多里，船舰满布江面。杨素发动攻击。子总管南阳人来护儿报告杨素说："吴地的人轻快敏锐，长于舟船作战，我们很难和这些抱着必死决心的贼兵争锋，您应该严密布阵以等待他们，不要和他们交战。请给我数千名奇兵暗渡长江，突然袭击，攻破他们的营垒，使他们撤退没有根据地，前进找不到战机，这是韩信打败赵军的计策。"杨素听从了他的建议。于是来护儿用数百艘轻便的船径直登上江岸，攻破敌人的营垒，接着又放火焚烧，浓烟烈火弥漫天空。贼兵回头看见大火，心中恐惧，杨素便率兵奋力攻击，大败他们，贼兵因此溃散。高智慧逃进海里，杨素跟踪追击到海湾，宣召行军记室封德彝商议军事，封德彝掉进水中，被人救起幸免不死。换好衣服来见杨素，始终不讲这件事。杨素后来知道了，问他是何原因，他说："这是私事，所以不说。"杨素惊异叹服。封德彝名伦，以字号行世，是封隆之的孙子。汪文进任命蔡道人为司空，防守乐安，杨素进兵讨伐，全都平定了。

杨素派遣总管史万岁率领两千人，从婺州小路越岭跨海，攻破溪洞不计其数。前后七百多次战役，辗转战斗一千多里，杳无音讯一百多天，远近的人都以为史万岁战死了。史万岁把信放在竹筒里，浮在水面，被打水的人得到，告诉杨素。杨素把这件事上奏隋文帝，隋文帝赞叹不已，赏赐史万岁家十万钱。

杨素在温州打败沈孝彻后，向天台进军，直达临海县，一路上追捕残余逃命的敌人，前后达一百多次战役，迫使高智慧逃亡到闽、越自保。隋文帝认为杨素长期在外辛苦，下令驿站驰送他入朝。杨素因为残余的贼兵还没有消灭，担心成为后患，又请求进兵，于是乘传车到达会稽。王国庆自以为海路艰难险阻，不是北方人所能熟习的，就不设防备，杨素渡海突然到达，王国庆仓皇弃城而逃。残余的同党逃散到海岛，有的退守溪洞，杨素派遣众将领从水陆两路追捕。又秘密派人游说王国庆，让他斩杀或捆送高智慧替自己赎罪；王国庆因此捉住高智慧送来，杨素在泉州把他处死，残余的同党全部投降。江南因而大定。

杨素班师回京，隋文帝派遣左领军将军独孤陀到浚仪迎接慰劳；等到抵达京师，每天有人来慰问。隋文帝拜授杨素的儿子杨玄奖为仪同三司，赏赐很优厚。独孤陀，是独孤信的儿子。

杨素用兵多权变谋略，统御士众非常严格，每次将要临阵对敌的时候，往往挑寻一些人的过失在阵前斩杀，多者一百多人，少者也有十多人，在他面前血流满地，他却仍旧谈笑自若。等到和敌人对阵的时候，先命令一二百人奔赴敌阵，若陷阵则已，若不能陷阵而退回来，不论是多少人，全部斩首；又下令二三百人再前进，还是用和前一次相同的方法。将士都很害怕，有死战之心，所以他战无不胜，被称为名将。杨素当时受到宠信，所说的话隋文帝没有不听从的，那些跟随杨素征战的人，很小的功劳也一定记录下来，至于别的将军，即使有大的功劳，也常常被文官所压低，所以杨素虽然很残忍，士兵却由于这个缘故愿意跟随他。

隋文帝任命并州总管晋王杨广为扬州总管，镇守江都，又任命秦王杨俊为并州总管。

番禺夷人王仲宣叛乱，岭南各族很多首领响应他，王仲宣率兵围攻广州。韦洸被流箭射中而死，诏令以他的副职慕容三藏检校广州道代行军事。又诏令给事郎裴矩巡抚岭南，裴矩到达南康，得到数千名兵力。王仲宣派遣别将周师举围攻东衡州，裴矩和大将军鹿愿击杀了周师举，进兵到达南海。

高凉洗夫人派遣她的孙子冯暄带兵救援广州，冯暄和贼兵将领陈佛智平时关系很好，故逗留而不进兵；洗夫人知道了，非常生气，派使者逮捕冯暄，关押在州府狱中，另外派遣孙子冯盎出兵讨伐佛智，并杀死了佛智。冯盎又进兵到南海与鹿愿会师，同慕容三藏合力攻打王仲宣，王仲宣的军队溃散了，广州获得保全。洗夫人亲自穿上战甲，乘着披甲的战马，张挂丝锦伞盖，率领手持弓弩的骑兵卫队，跟从裴矩巡抚二十多州。苍梧首领陈坦等人都来晋见，裴矩承奉隋文帝旨意，授任他们为刺史、县令，让他们回去统领各自的部落，岭南由此安定了。

裴矩回京禀报，隋文帝对高颎、杨素说："韦洸率领两万人不能早日度过南岭，朕经常担心他的兵力太少。裴矩以三千名衰疲的士卒径直到达南海，有这样的臣子，朕还有什么担忧的呢？”任命裴矩为民部侍郎。又授冯盎为高州刺史，追赠冯宝为广州总管、谯国公。册命冼夫人为谯国夫人，开设谯国夫人幕府，署置长史以下的官属，朝廷还授给冼夫人印信，准她有权调拨部落所属六州兵马。如果有紧急情况，可以自行决断处置。另下诏令说，由于冼夫人效诚的原因，特赦冯暄逗留不进的罪过，拜为罗州刺史。皇后赏赐冼夫人首饰和宴客的礼服一件，冼夫人都装在金箱里面，连同梁朝、陈朝时赏赐的东西分别藏在一库之中。每年岁时大会，陈列在大庭中，给子孙们看，说：“我事奉三朝的君主，只有一颗忠顺的心，现在所赏赐的东西都保存着，这就是忠顺的报偿；你们都要记住，对天子要克尽诚心。”

番州总管赵讷为人贪婪暴虐，众俚人、獠人多逃亡背叛。冼夫人派长史张融呈上密封奏章，论述安抚事宜，并说明赵讷的罪状，不能任用他招抚怀柔边远之人。皇上派人追查赵讷，查出他所贪得的财贿，结果对他依法惩办；另外委派冼夫人去抚慰叛亡的人。冼夫人亲自拿着诏书，以皇帝使者的名义，经历十几个州府，宣明皇上的旨意使众俚人、獠人明白，她所到之处都降服了。隋文帝嘉奖，赏赐冼夫人临振县作为封邑，追赠冯仆为崖州总管、平原公。

【原文】

十一年（辛亥，591）

春，正月[①]，皇太子妃元氏薨。

二月，戊午[②]，吐谷浑遣使入贡。吐谷浑可汗夸吕闻陈亡，大惧，遁逃保险[③]，不敢为寇。夸吕卒，子世伏[④]立，使其兄子无素奉表称藩[⑤]，并献方物，请以女备[⑥]后庭。上谓无素曰：“若依来请，他国闻之，必当相效，何以拒之！朕情存安养，各令遂性，岂可聚敛[⑦]子女以实后宫乎！”竟不许。

平乡[⑧]令刘旷[⑨]有异政[⑩]，以义理晓谕，讼者皆引咎[⑪]而去，狱中草满，庭可张罗[⑫]；迁临颍[⑬]令。高颎荐旷清名善政为天下第一，上召见，劳勉之，谓侍臣曰：“若不殊奖[⑭]，何以为劝[⑮]！”丙子[⑯]，优诏擢[⑰]为莒州[⑱]刺史。

辛巳晦[⑲]，日有食之。

初，帝微时，与滕穆王瓒[⑳]不协。帝为周相，以瓒为大宗伯，瓒恐为家祸，阴欲图帝[21]，帝隐之[22]。瓒妃，周高祖妹顺阳公主也，与独孤后素不平，阴为咒诅[23]；帝命出之[24]，瓒不可。秋，八月[25]，瓒从帝幸栗园[26]，暴薨[27]，时人疑其遇鸩。乙亥[28]，帝至自栗园[29]。

沛达公郑译卒。

（以上为第五段，写开皇十一年，隋文帝安抚吐谷浑，因猜忌而暗除杨瓒的事件。本年隋朝无大事。）

【注释】

①正月：据章校，“月”下应补“丙午”二字。丙午，正月二十三日。 ②戊午：二月初六日。 ③保险：据守险要。 ④世伏：吐谷浑主，在位一年，国乱被杀。事见《隋书·吐谷浑传》《北史·吐谷浑传》。 ⑤称藩：称臣。藩，藩国，封建王朝的属国。 ⑥备：充。 ⑦聚敛：聚集。 ⑧平乡：县名。县治在今河北平乡县西南。 ⑨刘旷：籍贯不详。官至莒州刺史。传见《隋书》卷七十三、《北史》卷八十六。 ⑩异政：特异的政绩。 ⑪引咎：承认过失。 ⑫张罗：支起罗网捕雀。形容政治清明，狱中无有罪犯，监狱荒芜。 ⑬临颍：县名。县治在今河南临颍县西北。 ⑭殊奖：特别奖励。 ⑮劝：劝勉。 ⑯丙子：二月二十四日。 ⑰擢：提拔，选拔。 ⑱莒州：州名。治所团城，在今山东沂水。 ⑲辛巳晦：辛巳，二月二十九日。晦，每月最后一日称晦。 ⑳滕穆王瓒：即杨瓒（550—591），字恒生，隋文帝弟，封为滕王。传见《隋书》卷四十四、《北史》卷七十一。 ㉑图帝：谋害隋文帝。 ㉒隐之：隋文帝知道滕穆王欲谋害自己的事，但隐而不揭发。 ㉓咒诅：咒骂。诅，请神加给某人祸殃称诅。 ㉔出之：弃逐。 ㉕八月：据章校，“八月”后应补“壬申”二字。壬申，八月二十三日。 ㉖栗园：地名。故址在今陕西西安市南。 ㉗暴薨：突然死亡。薨，古代王侯之死习称薨。 ㉘乙亥：八月二十六日。 ㉙至自栗园：谓自栗园还长安宫室。

【译文】

隋文帝开皇十一年（辛亥，591）

春季，正月二十三日，皇太子妃元氏去世。

二月初六日，吐谷浑派遣使者到隋朝纳贡。吐谷浑可汗夸吕听说陈朝亡国，极为恐惧，于是逃奔远方，据守险要自保，不敢再来侵犯。不久夸吕去世，他的儿子世伏继位，世伏派遣他哥哥的儿子无素到隋朝呈上表章，请求作为藩属，进献地方物产，请求把女儿送到皇帝后宫。隋文帝对无素说：“如果答应了世伏的请求，别的国家听说了，就一定会竞相仿效，朕用什么理由拒绝他们呢？朕一心想使天下百姓安居乐业，各顺天性发展，怎能搜聚女子充实后宫呢？”最终没有答应世伏的请求。

平乡县令刘旷有显著的政绩，他对前来告状的人都能晓之以理，使他们自责而离去，监狱中因为没有犯人关押，庭院长满了杂草，县衙厅堂里由于没有人来打官司，冷清得可以张网捉鸟了。刘旷调任临颍县令。尚书左仆射高颎推荐刘旷，认为他的清廉名声和良好政绩为天下第一，隋文帝于是召见了他，对他慰劳勉励，并对侍臣说：“如果不给特殊奖励，如何劝勉天下官吏？”二月二十四日，特下诏命，提升刘旷为莒州刺史。

二月二十九日，发生日食。

当初，隋文帝地位卑微时，与滕穆王杨瓒不和。后来隋文帝担任北周丞相，任命杨瓒为大宗伯，杨瓒害怕招致灭族之祸，曾暗中谋划除掉隋文帝，隋文帝忍在心中，没有泄露这件事。杨瓒的妃子是北周高祖的妹妹顺阳公主，与独孤皇后素来不和，常暗中用巫术诅咒独孤皇后。隋文帝下令杨瓒休掉顺阳公主，杨瓒不答应。秋季，八月二十三日，杨瓒跟隋文帝前往栗园，突然死了，当时人们怀疑是被毒死的。八月二十六日，隋文帝从栗园回来。

沛达公郑译去世。

【评析】

本卷评说兴衰两帝王，即兴业之主隋文帝与亡国之主陈后主。在中国历史上，隋文帝是可以与秦始皇、宋太祖、元世祖等并称的杰出皇帝。隋文帝有四大历史功绩：一是结束了自东汉以后长达360余年的分裂局面，实现了中华民族发展史上的第二次大统一，其功可以与秦始皇并提。二是完善封建王朝的国家政治制度，隋文帝创立的三省六部制和机构精简，对后世影响很大。三是实施均田制，促进了社会经济的发展。四是开放思想，完善科举制度，促进文化发展。隋文帝还推行民族融合政策，直接影响唐代的开疆拓土。本卷着重载述隋文帝的统一战争，优抚陈朝的亡国之君与遗民，对待功臣一碗水端平，迅速地使统一王朝全境安定下来，显示了一个兴业之主的睿智与博大胸怀。陈后主是一个亡国之君，平庸、昏聩，但不残暴，是一个与君子处则为君子，与小人处则为小人的中庸之才。陈亡，诸王及公卿大臣竞相投降，只有尚书仆射袁宪守在后主身旁，后主愧对袁宪，自省无德无行，由此可见陈后主尚有知耻之心，还不是大恶之君。

卷第一百七十八 隋纪二

隋文帝开皇十二年至十九年（592—599）

【起玄黓困敦（壬子，592），尽屠维协洽（己未，599），凡八年】

【大事提要】

本卷载述592年至599年，凡八年史事，当隋文帝开皇十二年至十九年，是隋文帝统治的中期。此时期，隋朝国力发展，府库充盈。对外，安定四夷，大破北方突厥；对内，隋文帝制礼作乐，完善明堂制度，制定新历法、雅乐，废公廨钱而设置职分田，努力安定民生，尚能纳谏称明主。另外，隋文帝日益滋长猜忌心，借故兴大狱，诛功臣；又兴建仁寿宫，穷极奢侈，开始从节俭步入奢侈。

【原文】

高祖文皇帝上之下

开皇十二年（壬子，592）

春，二月，己巳[①]，以蜀王秀为内史令兼右领军大将军。

国子博士[②]何妥与尚书右仆射邳公苏威争议事，积不相能[③]。威子夔为太子通事舍人[④]，少敏辩，有盛名，士大夫多附之。及议乐，夔与妥各有所持；诏百僚署[⑤]其所同，百僚以威故，同夔者什八九。妥恚[⑥]曰："吾席间函丈[⑦]四十余年，反为昨暮儿[⑧]之所屈邪！"遂奏："威与礼部尚书[⑨]卢恺、吏部侍郎薛道衡、尚书右丞[⑩]王弘、考功侍郎[⑪]李同和等共为朋党。省中呼弘为世子，同和为叔，言二人如威之子弟也。"复言威以曲道[⑫]任其从父弟彻、肃罔冒[⑬]为官等数事。上命蜀王秀、上柱国虞庆则等杂按[⑭]之，事颇有状[⑮]。上大怒。秋，七月，乙巳[⑯]，威坐免官爵，以开府仪同三司就第[⑰]；卢恺除名，知名之士坐威得罪者百余人。

初，周室[⑱]以来，选无清浊[⑲]；及恺摄吏部，与薛道衡甄别士流[⑳]，故涉朋党之谤，以至得罪。未几，上曰："苏威德行者，但为人所误耳！"

命之通籍[21]。威好立条章，每岁责民间五品[22]不逊，或答云，“管内[23]无五品之家。”其不相应领，类多如此。又为余粮簿，欲使有无相赡[24]；民部侍郎郎茂[25]以为烦迂不急，皆奏罢之。茂，基之子也，尝为卫国[26]令，有民张元预兄弟不睦，丞、尉请加严刑，茂曰：“元预兄弟本相憎疾，又坐得罪，弥益[27]其忿，非化民[28]之意也。”乃徐谕之以义。元预等各感悔，顿首请罪，遂相亲睦，称为友悌[29]。

己巳[30]，上享太庙。

壬申晦[31]，日有食之。

帝以天下用律者多踳驳[32]，罪同论异[33]，八月，甲戌[34]，制：“诸州死罪，不得辄决[35]，悉移大理[36]按覆[37]，事尽，然后上省奏裁。”

冬，十月，壬午[38]，上享太庙。十一月，辛亥[39]，祀南郊。

己未，新义公韩擒虎卒。

十二月，乙酉[40]，以内史令杨素为尚书右仆射，与高颎专掌朝政。素性疏辩[41]，高下在心[42]，朝臣之内，颇推[43]高颎，敬牛弘，厚接[44]薛道衡，视苏威蔑如[45]也，自余朝贵，多被陵轹[46]。其才艺风调[47]优于颎；至于推诚体国[48]，处物平当[49]，有宰相识度[50]，不如颎远矣。

右领军大将军贺若弼，自谓功名出朝臣之右[51]，每以宰相自许[52]。既而杨素为仆射，弼仍为将军，甚不平，形于言色[53]，由是坐免官，怨望愈甚。久之，上下弼狱，谓之曰：“我以高颎、杨素为宰相，汝每昌言[54]曰：‘此二人惟堪啖饭[55]耳。’是何意也？”弼曰：“颎，臣之故人；素，臣舅子。臣并知其为人，诚有此语。”公卿奏弼怨望，罪当死。上曰：“臣下守法不移，公可自求活理。”弼曰：“臣恃至尊威灵[56]，将八千兵渡江，擒陈叔宝，窃以此望活。”上曰：“此已格外重赏，何用追论！”弼曰：“臣已蒙格外重赏，今还格外望活。”既而上低回[57]数日，惜其功，特令除名。岁余，复其爵位，上亦忌之，不复任使[58]，然每宴赐，遇之甚厚。

有司[59]上言：“府藏皆满，无所[60]容，积于廊庑[61]。”帝曰：“朕既薄赋于民，又大经[62]赐用，何得尔也[63]？”对曰：“入者[64]常多于出，略计每年赐用，至数百万段，曾无减损。”于是更辟[65]左藏院[66]以受之。诏曰：“宁积于人，无藏府库。河北、河东今年田租三分减一[67]，兵减半功[68]，调[69]全免。”时天下户口岁增，京辅[70]及三河[71]地少而人众，衣食不给[72]，帝乃发使四出，均天下之田，其狭乡每丁才至二十亩，老少又少焉[73]。

（以上为第一段，着重写隋文帝的三大重臣苏威、杨素、贺若弼与公卿大臣的微妙关系，以及在开皇十二年之际的升沉。）

【注释】

①己巳：按二月丁丑朔，无己巳。己巳疑为“乙巳”之误。乙巳，二月二十九日。②国子博士：官名。于国子学掌经学教授。 ③积不相能：谓争执不下。积，多。 ④太子通事舍人：官名。掌宣传令旨，内外启奏。 ⑤署：签名。 ⑥恚（huì）：发怒，怨恨。 ⑦席间函丈：谓在席上从师就学。函丈，席方三尺三寸三分，称为函丈。后来多用于弟子对老师的敬称。 ⑧昨暮儿：初生的婴儿，极言其幼稚。 ⑨礼部尚书：官名。掌礼部、祠部、主客、膳部四曹，主管礼仪、祭享、贡举等。 ⑩尚书右丞：官名。掌尚书省兵部、刑部、工部等十二司。 ⑪考功侍郎：官名。属吏部，掌考察内外百官及功臣家传、碑、颂、诔、谥等事。 ⑫曲道：不正直，与直道相对。 ⑬罔冒：欺骗，冒称。⑭杂按：推问审查。杂，共，俱。 ⑮有状：有情状，有犯罪事实。 ⑯乙巳：七月初一日。 ⑰就第：谓罢官归家。 ⑱周室：指北周王朝。 ⑲选无清浊：谓选官不分清官与浊官。清浊，在南北朝时，高门士族士人任清官，寒门庶族子弟任浊官。 ⑳甄（zhēn）别士流：谓区别士庶。 ㉑通籍：谓通籍殿中，可以参与朝请活动。 ㉒五品：即五常。一家之内，尊卑之差，即父、母、兄、弟、子。 ㉓管内：即州、县所辖区内。 ㉔有无相赡（shàn）：有无互相周济。赡，供给，供养。 ㉕郎茂：字蔚之，恒山新市（今湖北京山东北）人。历仕齐、周、隋，官至尚书左丞。传见《隋书》卷六十六、《北史》卷五十五。 ㉖卫国：县名。县治在今山东章丘西南。 ㉗弥益：越发，更加。 ㉘化民：教化人民。 ㉙友悌：友爱兄弟。悌，敬爱兄长。 ㉚己巳：七月二十五日。 ㉛壬申晦：七月二十九日。 ㉜踳驳（chǔn bó）：杂乱。踳，乖违。驳，错。 ㉝罪同论异：犯同样的罪，但论罪都不同。 ㉞甲戌：八月初一日。 ㉟辄决：专决。辄，独，专擅。 ㊱大理：官署名。即大理寺。掌管刑法。 ㊲按覆：审理复核。 ㊳壬午：十月初十日。 ㊴辛亥：十一月初九日。 ㊵乙酉：十二月十四日。 ㊶疏辩：性情粗犷，口才好。 ㊷高下在心：谓不照法则办事，随心任意。 ㊸颇推：很尊崇。 ㊹厚接：厚待。 ㊺蔑如：没有什么了不起，轻视之意。 ㊻陵轹：同“凌轹”，欺压。轹，车轮碾过。 ㊼风调：风度，韵致。 ㊽体国：营建国中的宫城门途，如身之有四体。后泛指治理国家。 ㊾平当：公平允当。 ㊿识度：见识度量。 51右：古代以右为尊。 52自许：自己称许自己。许：赞同，承认。 53形于言色：在言谈和表情上表现出来。 54昌言：放声高言，大言。55啖（dàn）饭：吃饭，白吃饭。啖，吃。 56威灵：声威与神灵。 57低回：徘徊，犹

豫。低，降意。回，回心转意。 ⑱任使：差遣，使用。 ⑲有司：官司，指主管部门。古代设官分职，事各有专司，故称有司。 ⑳无所：没地方。所，处所。 ㉑廊庑：堂前廊屋。廊，堂下周屋。庑，堂下周围的走廊，廊屋。 ㉒大经：大量。 ㉓何得尔也：怎能如此呢？尔，如此，这样。 ㉔入者：指每年收入府库的赋税。 ㉕更辟：再开设，增加。 ㉖左藏院：府库名。隋原有左藏、黄藏令等府库，至此又开设左藏院。 ㉗三分减一：即减收三分之一的田租。 ㉘兵减半功：隋寓兵于农，按人受田，计亩收租，如今也减少一半。 ㉙调：指户调，每户每年调绢一匹、绵三两。 ㉚京辅：地区名，指关中地区。 ㉛三河：指河东、河南、河内三郡为三河，大致包括今山西南部和河南北部、中部地区。 ㉜不给：不足，不够用。 ㉝焉：于此。

【译文】

高祖文皇帝上之下

隋文帝开皇十二年（壬子，592）

春季，二月二十九日，隋文帝任命蜀王杨秀为内史令兼右领军大将军。

国子博士何妥和尚书右仆射邳公苏威议事时经常发生争吵，长久以来互不相让。苏威的儿子苏夔担任太子通事舍人，年纪轻轻，敏捷善辩，非常有名气，士大夫大都依附他。等到讨论修订乐律时，苏夔和何妥各持己见；文帝诏令百官署名表示赞同谁的主张，百官由于苏威的缘故，十有八九赞同苏夔。何妥很气愤地说：“我当博士四十多年了，难道被一个乳臭未干的小子所屈辱吗？”于是上奏隋文帝说：“苏威和礼部尚书卢恺、吏部侍郎薛道衡、尚书右丞王弘、考功侍郎李同和等人结党营私。尚书省中称呼王弘为世子，称李同和为叔，这是说他们二人犹如苏威的大儿子和兄弟。”又告发苏威用不正当手段让他的堂弟苏彻、苏肃假冒为官等多桩事件。因此隋文帝命蜀王杨秀、上柱国虞庆则等人共同查办，发现所揭发的事都有证据。隋文帝大怒，秋季，七月初一日，苏威因罪被罢免官职爵位，仅保留开府仪同三司官衔回家闲居。卢恺被免职除名，知名人士由于受苏威牵连而受处罚的有一百多人。

当初，从北周以来，选官不分清廉与污浊，等到卢恺兼管吏部，与薛道衡一起甄别官吏士子的才德，所以招致结党营私的名声，并因此获罪。没过多久，隋文帝说：“苏威是一个有德行的人，只是被别人陷害了。”于是下令把苏威的名字列入可以上朝的名籍中。苏威喜欢制定各种章程条例，每年都要责令地方上报不重视“五品”道德的人家，有的人说：“在我的辖区内没有不重视‘五品’道德的人。”他做事不切实际，大多如此。苏威又提出编制余粮账簿，让民间有无互相调节；民部侍郎郎茂认为烦琐迂腐，不是紧要的事，奏请一律停止。郎茂，是郎基的儿子，他曾经做过卫国县令，平民张元预兄弟不和睦，县丞、县尉请求用严刑处罚，郎茂说：“张元预兄弟原本互相仇视，又因此受罪，会更加仇恨，这不是教化平民的本意。”于是慢慢用义来劝谕两兄弟，张元预等人各自感悟悔恨，叩头请罪，从此兄弟和睦亲爱，受到人们称赞。

七月二十五日，隋文帝祭祀太庙。

七月二十九日，发生日食。

隋文帝认为执法官员对法律的理解多有错误，并常常发生罪行相同而判决不同的事。八月初一日，下制书说：“各州犯死罪的，州府不要轻易判决定案，全部要移交大理寺复审，复审完毕，然后送尚书省裁决。”

冬季，十月初十日，隋文帝到太庙祭祀。十一月初九日，隋文帝到南郊祭天。

十一月十七日，新义公韩擒虎去世。

十二月十四日，任命内史令杨素为尚书右仆射，与尚书左仆射高颎共掌朝政。杨素性情疏旷，口才辩捷，随意褒贬他人，在朝臣之中，他非常推崇高颎，尊敬太常卿牛弘，厚待薛道衡，却一点也看不起苏威，别的朝廷权贵，都被他欺凌侮辱过。杨素的才能风度比高颎强，但在推诚待人，关心国事，处事公正，做宰相的见识和度量方面，就比高颎差多了。

右领军大将军贺若弼自以为功劳名望在群臣之上，常常以宰相自居。后来杨素升为仆射，贺若弼仍旧为将军，心中愤愤不平，并在言谈表情上显露出来，因此获罪被罢官，怨恨牢骚情绪更加强烈。最后，隋文帝把贺若弼关进了监狱，对他说：“我任用高颎、杨素为宰相，你经常扬言说：‘这两个人只配白吃饭。’这是什么意思？”贺若弼说：“高颎，是臣的老友；杨素，是臣的舅父之子。臣知道这两人的行为，确实说过这样的话。”公卿上奏贺若弼怨恨朝廷，犯了死罪。隋文帝说：“公卿大臣依法不徇私情，你可以自己找活命的理由。”贺若弼说：“臣依靠皇上的声威和神灵，率领八千子弟兵横渡长江，抓获陈叔宝，自认为靠这个功劳可以活命。”隋文帝说：“这已经给了你特别的重奖，提这些往事没有用。”贺若弼说：“臣确实已经蒙受皇上的特别重赏，今日还希望皇上格外开恩。”随后隋文帝反复思考犹豫了好几天，爱惜贺若弼的功劳，特别下令免官除名。一年之后，恢复了贺若弼的爵位，但隋文帝还是猜忌他，不委任他担任有实权的职务，然而每次宴请赏赐，对待贺若弼特别优厚。

主管官员上奏说："国家的府库都装满了钱粮，没有地方放了，就堆积在厅堂走廊上。"隋文帝说："朕已经减轻了赋税，又大量赏赐耗用，怎么会这样呢？"回答说："收入府库的多，支出的要少，大略统计每年赏赐耗用的，最多用几百万段绢帛，对府库的收藏没有太大的影响。"于是，另外兴建左藏院收藏新征收来的钱粮。同时下诏书说："宁愿藏富于民，不希望收藏在国家的府库。河北、河东今年的田租减收三分之一，兵户的田租减收二分之一，户调全免。"当时全国户口年年增加，京辅和三河地区地少人多，衣食不足，隋文帝因此派遣使者到全国各地，重新均分田地，地少人多的狭乡每个成年男丁只能分到二十亩土地，老人与未成年人分到的土地就更少了。

【原文】

十三年（癸丑，593）

春，正月，壬子[①]，上祀感生帝[②]。

壬戌[③]，行幸岐州。

二月，丙午[④]，诏营仁寿宫[⑤]于岐州之北，使杨素监之[⑥]。素奏前莱州[⑦]刺史宇文恺检校[⑧]将作大匠，记室封德彝为土木监[⑨]。于是夷山堙[⑩]谷以立宫殿，崇台累榭[⑪]，宛转相属[⑫]。役使严急，丁夫多死，疲顿[⑬]颠仆，推填坑坎[⑭]，覆以土石，因而筑为平地。死者以万数。

丁亥[⑮]，上至自岐州。

己卯[⑯]，立皇孙暕为豫章王。暕，广之子也。

丁酉[⑰]，制："私家不得藏纬候[⑱]、图谶[⑲]。"

秋，七月，戊辰晦[⑳]，日有食之。

是岁，上命礼部尚书牛弘等议明堂[㉑]制度。宇文恺献明堂木样，上命有司规度安业里[㉒]地，将立之；而诸儒异议，久之不决，乃罢之。

上之灭陈也，以陈叔宝屏风赐突厥大义公主[㉓]。公主以其宗国[㉔]之覆，心常不平，书屏风，为诗叙陈亡以自寄[㉕]；上闻而恶之，礼赐渐薄。彭公刘昶先尚周公主，流人[㉖]杨钦亡入突厥，诈言昶欲与其妻作乱攻隋，遣钦密告大义公主，发兵扰边。都蓝可汗信之，乃不修职贡[㉗]，颇为边患。上遣车骑将军长孙晟使于突厥，微观[㉘]察之。公主见晟，言辞不逊，又遣所私[㉙]胡人安遂迦与杨钦计议，扇惑[㉚]都蓝。晟至京师，具以状闻。上遣晟往索钦；都蓝不与，曰："检校[㉛]客内无此色人[㉜]。"晟乃赂其达官，知钦所在，夜，掩获[33]之，以示都蓝，因发[34]公主私事，国人大以为耻。都蓝执安遂迦等，并以付晟。上大喜，加授开府仪同三司，仍遣入突厥废公主。内史侍郎[35]裴矩请说都蓝使杀公主。

时处罗侯之子染干，号突利可汗，居北方，遣使求婚，上使裴矩谓之曰："当杀大义公主，乃许婚。"突利复谮之于都蓝，都蓝因发怒，杀公主，更表请婚，朝议[36]将许之。长孙晟曰："臣观雍虞闾[37]反复无信，直以与玷厥[38]有隙，所以欲依倚[39]国家，虽与为婚，终当叛去。今若得尚公主，承藉威灵，玷厥、染干必受其征发[40]。强而更反，后恐难图。且染干者，处罗侯之子，素有诚款[41]，于今两代；前乞通婚，不如许之，招令南徙[42]，兵少力弱，易可抚驯[43]，使敌[44]雍虞闾以为边捍。"上曰："善。"复遣晟慰谕染干，许尚公主。

牛弘使协律郎[45]范阳祖孝孙[46]等参定雅乐，从陈阳山[47]太守毛爽[48]受京房[49]律法，布管飞灰，顺月皆验。又每律生五音，十二律为六十音，因而六之，为三百六十音，分直一岁之日以配七音，而旋相为宫之法[50]，由是著名。弘等乃奏请复用旋宫法，上犹记何妥之言，注弘奏下，不听作旋宫，但用黄钟一宫。于是弘等复为奏，附顺[51]上意，其前代金石[52]并销毁之，以息异议。弘等又作武舞[53]，以象隋之功德；郊庙[54]飨[55]用一调[56]，迎气用五调[57]。旧工稍尽，其余声律，皆不复通。

（以上为第二段，写隋文帝招抚突厥，牛弘主持完成隋代雅乐的制定。由于新律只用黄钟作宫音，其他宫音的传统古乐从此失传。）

【注释】

①壬子：正月十一日。 ②感生帝：隋以火德王，以赤帝赤熛怒为感生帝。即隋文帝是赤帝下凡而生。 ③壬戌：正月二十一日。 ④丙午：二月辛未朔，无丙午。按《隋书》卷二《高祖纪》下"丙午"作"丙子"，《北史》同，此误。丙子，二月初六日。 ⑤仁寿宫：宫名。故址在今陕西麟游西。 ⑥监之：指监修造仁寿宫。 ⑦莱州：州名。治所掖县，在今山东莱州。 ⑧检校：隋制，未实授的加官，或暂领其职务者，称为检校官。 ⑨土木监：官名。掌土木建筑事，因营建仁寿宫而临时设置的官员，不是常设之官。 ⑩堙（yīn）：填，堵。 ⑪崇台累榭（xiè）：台榭高耸重叠。台，高而上平的建筑物。榭，台上盖的高屋。 ⑫宛转：展转，曲折。 相属：互相连接在一起。 ⑬疲顿：劳苦困顿。 ⑭推填坑坎：谓把伤病跌倒的劳工推填到坑洼之处。 ⑮丁亥：二月

十七日。按二月辛未朔，丁亥不应记在己卯（九日）前，史文当有讹误或颠倒。 ⑯己卯：二月初九日。 ⑰丁酉：二月二十七日。 ⑱纬候：纬书与《尚书中候》的合称。亦指谶纬之学，多指天象符瑞、占验灾异之术。 ⑲图谶（chèn）：图是河图。谶是假借神灵的一种预言。 ⑳戊辰晦：七月三十日。 ㉑明堂：古代帝王宣明政教的地方。凡朝会、祭祀、庆赏、选士、养老、教学等大典，均在此处举行。后来宫室逐渐完备，另在都城近郊东南修建明堂，以保存古制。 ㉒安业里：地名。在今陕西西安南部。 ㉓大义公主（？—593）：早年称千金公主，北周赵王宇文招之女。事见《隋书》卷八十四、《北史》卷九十九《突厥传》。 ㉔宗国：指北周。 ㉕自寄：寄托自己的情思。 ㉖流人：因有罪而被流放的人。 ㉗不修职贡：谓不尽职守与贡纳。 ㉘微观：暗地观察。 ㉙所私：指与大义公主私通的人。 ㉚扇惑：扇动蛊惑。 ㉛检校：查核。 ㉜无此色人：没有这个人。此色，此种。色，种类。 ㉝掩获：乘其不备而将其抓获。 ㉞发：检举，告发。 ㉟内史侍郎：官名。内史省（即中书省）副长官，专掌诏制草稿。 ㊱朝议：又称廷议。即在朝廷中商议国家大事。 ㊲雍虞闾：即突厥颉伽施多那都蓝可汗，简称都蓝。㊳玷（diàn）厥：即突厥达头可汗。 ㊴依倚：凭借，依靠。 ㊵征发：调遣。一般指上级征集动用下级的人力和物力。 ㊶诚款：恳挚，忠诚。 ㊷徙（xǐ）：迁移，移动。㊸抚驯：安抚而控制。 ㊹敌：抵御。 ㊺协律郎：官名。属太常寺，掌和六律六吕，辨四季之气，监试太乐鼓吹教乐。 ㊻祖孝孙：幽州范阳（今河北涿州）人。隋唐音乐家。曾撰《大唐雅乐》。事见《隋书》卷十六《律历志》上，传见《旧唐书》卷七十九。㊼阳山：郡名。治所含洭县，在今广东英德西北。 ㊽毛爽：隋朝音乐家，曾仕陈朝为阳山太守。参与议定律吕，著有《律谱》。事见《隋书》卷十六《律历志》上。 ㊾京房：西汉人，今文《易》学京氏学的创始人。本姓李，好音律，推律自京为京氏。传见《汉书》卷七十五。 ㊿旋宫法：秦汉以前谱音之法。以十二律与七声相配而成众调。 (51)附顺：迎合顺从。 (52)金石：指钟磬类乐器。 (53)武舞：是武士身披盔甲，手执兵器跳的一种舞蹈。 (54)郊庙：指郊祀和庙祭。 (55)飨（xiǎng）：合祭。祫祭先王。 (56)一调：即只用黄钟一宫。 (57)迎气用五调：即春用角，夏用徵，中央用宫，秋用商，冬用羽。气，季节。

【译文】

隋文帝开皇十三年（癸丑，593）

春季，正月十一日，隋文帝祭祀感生帝。

正月二十一日，隋文帝巡视岐州。

二月初六日，隋文帝诏令在岐州北边新建仁寿宫，派杨素监督施工。杨素奏请前莱州刺史宇文恺为检校将作大匠，记室封德彝为土木监。于是平山填谷营造宫殿，高台累榭，宛转相连。工期紧急，督使严厉残酷，很多服役丁夫劳累死了。有些人疲惫不堪，倒地而死，便全都推填到土坑里，用土石掩盖，随即填为平地，死了上万人。

二月十七日，隋文帝从岐州回到长安。

二月初九日，册立皇孙杨暕为豫章王。杨暕是杨广的儿子。

二月二十七日，隋文帝下制书说："不准民间私藏占卜吉凶的纬候、图谶等书。"

秋季，七月三十日，发生日食。

这一年，隋文帝命令礼部尚书牛弘等人讨论明堂制度。宇文恺献上木制的明堂模型，隋文帝命令主管官吏在长安南城安业里测量规划出施工区域，准备建造明堂；但是众儒意见各异，很久不能决定，于是作罢。

隋文帝讨灭陈朝时，把陈叔宝的屏风赏赐给突厥大义公主。大义公主因为自己的宗国北周灭亡，心里一直愤慨不平，便写了叙述陈朝灭亡的诗篇在屏风上，借以寄托自己对故国思念的情怀；隋文帝知道了心里很厌恶大义公主，对她的礼遇和赏赐渐渐淡薄。彭公刘昶原先娶了周室公主为妻，流放之人杨钦逃入突厥，谎称刘昶准备和他的妻子一起反叛隋朝，派遣自己来密告大义公主，请求派兵侵犯隋朝边境。都蓝可汗听信了杨钦的话，就不再进献贡物，还时常派兵侵犯隋朝边境。隋文帝派车骑将军长孙晟出使突厥，暗中打探情况。大义公主接见长孙晟的时候，言辞不敬。大义公主又派和她有私情的胡人安遂迦与杨钦商议，煽动蛊惑都蓝可汗。长孙晟回到京师，把全部情形奏报了隋文帝。隋文帝再派长孙晟前往突厥索取杨钦，都蓝可汗不肯给，说："经过查核，我们的宾客中没有此人。"长孙晟便贿赂突厥的高官，得知了杨钦躲藏的地方，一天夜里，突然下手将他逮捕，带给都蓝可汗看，并揭发了公主的私情，突厥人认为非常羞耻。都蓝可汗抓捕了安遂迦等人，一起交给长孙晟。隋文帝非常高兴，加官长孙晟为开府仪同三司，再次派他去突厥废除大义公主。内史侍郎裴矩请求劝说都蓝可汗，要他杀掉公主。

当时处罗侯的儿子染干，号突利可汗，居住在北方，派使者到隋朝来求婚，隋文帝让裴矩告诉来使说："突厥杀了大义公主，才能答应通婚。"突利可汗便向都蓝可汗说大义公主的坏话，都蓝可汗因此发怒，杀了大义公主，再次上表请求通婚，朝臣商议准备答应他。长孙晟说："臣观察雍虞闾（都蓝可汗）这个人反复无常，只因他与达头可汗玷厥有怨恨，所以才想要依附皇上，即使和他通了婚，到最后一定会叛离。现在如果让都蓝可汗和隋朝公主结婚，依靠皇上的威灵，玷厥、染干一定会听凭他都蓝可汗调遣。都蓝可汗凭此而逐渐强大，然后再起来反叛，那将恐怕很难对付了。何况染干这个人，是处罗侯的儿子，本来就诚心归附，已经有两代了，前次曾请求通婚，不如答应他，令他向南迁徙，他兵少力弱，容易驯服，让他同雍虞闾对抗，作为我们北方边疆的一道屏卫。"隋文帝说："很好。"于是又派长孙晟前往突厥安慰劝谕染干，答应他通婚尚公主的请求。

牛弘让协律郎范阳人祖孝孙等参加制定雅乐的工作，祖孝孙向原陈朝阳山太守毛爽学习京房的律法，排列律管吹动葭灰，以测候节气，顺着时月十分灵验。又每律产生五音，十二律有六十音，重复六次为三百六十音，分别和一年的三百六十日相应，再和宫、商、角、变徵、徵、羽、变宫七个音阶配合，以形成各种律调，也就是用十二律轮流作为宫音，以构成各种不同音阶的方法，这样产生的乐律十分鲜明。牛弘等人于是奏请重新用转相为宫的方法，隋文帝还记得何妥说的"黄钟象人君之德"的话，在牛弘的奏疏上批注自己的意见，不准采用十二律转相为宫的方法，只用第一律黄钟作官音。于是牛弘等人又上奏，迎合隋文帝的旨意，把前代的金石乐器全都毁了，以平息众人的议论。牛弘等人又作武舞，象征隋朝的功德；郊庙祭祀只用黄钟宫一个调，迎接时令的乐律用五个调，即春用角，夏用徵，中央用官，秋用商，冬用羽。旧日的乐工逐渐减少，其余声律，全都从此失传。

【原文】

十四年（甲寅，594）

春，三月，乐成。夏，四月，乙丑①，诏行新乐，且曰："民间音乐，流僻②日久，弃其旧体，竞造繁声，宜加禁约③，务存其本。"万宝常听太常所奏乐，泫然④泣曰："乐声淫厉⑤而哀，天下不久将尽！"时四海全盛⑥，闻者皆谓⑦不然；大业之末，其言卒验⑧。宝常贫而无子，久之，竟饿死。且死，悉取其书烧之，曰："用此何为！"

先是，台⑨、省⑩、府⑪、寺⑫及诸州皆置公廨钱⑬，收息取给⑭。工部尚书⑮苏孝慈⑯以为："官司⑰出举兴生，烦扰百姓，败损风俗，请皆禁止，给地以营农[18]。”上从之。六月，丁卯[19]，始诏：“公卿以下皆给职田[20]，毋得治生[21]，与民争利。”

秋，七月，乙未[22]，以邳公苏威为纳言。

初，张宾历既行，广平刘孝孙[23]、冀州秀才刘焯[24]并言其失。宾方有宠于上，刘晖[25]附会之，共短孝孙，斥罢之。后宾卒，孝孙为掖县[26]丞，委官[27]入京，上其事，诏留直太史[28]，累年不调，乃抱其书，使弟子舆榇[29]来诣阙下，伏而恸哭；执法拘而奏之。帝异焉，以问国子祭酒[30]何妥，妥言其善。乃遣与宾历比校短长[31]。直太史勃海张胄玄[32]与孝孙共短宾历，异论锋起[33]，久之不定。上令参问日食事，杨素等奏：“太史[34]凡奏日食二十有五，率皆无验，胄玄所刻[35]，前后妙中[36]，孝孙所刻，验亦过半。”于是上引孝孙、胄玄等亲自劳徕[37]。孝孙请先斩刘晖，乃可定历，帝不怿，又罢之。孝孙寻卒。

关中大旱，民饥，上遣左右视民食，得豆屑杂糠以献。上流涕以示群臣，深自咎责[38]，为之不御酒肉，殆将一朞[39]。八月，辛未[40]，上帅民就食[41]于洛阳，敕斥候不得辄有驱逼。男女参厕[42]于仗卫之间，遇扶老携幼者，辄引马避之，慰勉而去；至艰险之处，见负担者，令左右扶助之。

冬，闰十月，甲寅[43]，诏以齐、梁、陈宗祀[44]废绝，命高仁英、萧琮、陈叔宝以时修[45]祭，所须器物[46]，有司给之。陈叔宝从帝登邙山，侍饮，赋诗曰：“日月光天德，山河壮帝居；太平无以报[47]，愿上东封[48]书。”并表请封禅。帝优诏答之。他日，复侍宴，及出，帝目之曰：“此败岂不由酒！以作诗之功，何如思安时事[49]！当贺若弼渡京口，彼人密启告急，叔宝饮酒，遂不之省。高颎至日，犹见启在床下，未开封。此诚[50]可笑，盖天亡之也。昔苻氏[51]征伐所得国，皆荣贵[52]其主，苟欲求名，不知违天命；与之官，乃违天也。”

齐州[53]刺史卢贲坐民饥闭民粜[54]，除名。帝后复欲授以一州[55]，贲对诏失旨[56]，又有怨言，帝大怒，遂不用。皇太子为言：“此辈[57]并有佐命功，虽性行轻险[58]，诚不可弃。”帝曰：“我抑屈[59]之，全[60]其命也。微[61]刘昉、郑译、卢贲、柳裘、皇甫绩等，则我不至此。然此等皆反覆子也，当周宣帝时，以无赖得幸[62]。及帝大渐[63]，颜之仪等请以赵王辅政，此辈行诈[64]，顾命于我。我将为政，又欲乱之，故昉谋大逆[65]，译为巫蛊。如贲之例，皆不满志[66]，任之[67]则不逊，置之[68]则怨望，自为难信，非我弃之。众人见此，谓我薄于功臣，斯不然矣。”赍遂废，卒于家。

晋王广帅百官抗表[69]，固请封禅。帝令牛弘创定仪注[70]，既成，帝视之，曰：“兹事体[71]大，朕何德以堪之！但当东巡，因致祭泰山耳。”十二月，乙未[72]，车驾东巡。

上好禨祥[73]小数[74]，上仪同三司萧吉[75]上书曰：“甲寅、乙卯，天地之合[76]也。今兹甲寅之年，以辛酉朔旦冬至，来年乙卯，以甲子夏至。冬至阳始，郊天之日，即至尊本命；夏至阴始，祀地之辰，即皇后本命。至尊德并乾[77]之覆育[78]，皇后仁同地之载养[79]，所以二仪元气[80]并会本辰。”上大悦，赐物五百段。吉，懿之孙也。员外散骑侍郎[81]王劭言上有龙颜[82]戴干[83]之表，指示群臣。上悦，拜著作郎[84]。劭前后上表言上受命符瑞[85]甚众，又采民间歌谣，引图书谶纬，捃摭[86]佛经，回易[87]文字，曲加诬饰[88]，撰《皇隋灵感志》三十卷奏之，上令宣示天下。劭集诸州朝集[89]，使盥手[90]焚香[91]而读之，曲折其声[92]，有如歌咏，经涉[93]旬朔[94]，遍而后罢。上益喜，前后赏赐优洽[95]。

（以上为第三段，写隋文帝的双重性格，一方面，同情平民大众，为灾民减膳；另一方面，隋文帝又好大喜功，定历法、制乐律、议封禅，牛弘等大臣顺风承旨，滋长了隋文帝的骄矜。）

【注释】

①乙丑：四月初一日。 ②流僻：流传的邪弊。僻，邪。 ③禁约：限制，禁止。④泫（xuàn）然：流泪的样子。 ⑤淫厉：淫即淫声，古称郑卫之音等俗乐为淫声，后来以淫声指浮靡不正派的乐调乐曲。厉，凄厉。 ⑥四海全盛：全国正处于繁盛时期。⑦谓：认为。 ⑧卒验：终于得到验证。卒，终于，最后。 ⑨台：中央官署。此时隋设有御史、都水、谒者三台。 ⑩省：中央官署，隋设有尚书、门下、内史、秘书、内侍五省。 ⑪府：中央直属的地方官署，隋有京兆、河南府。 ⑫寺：中央低于省一级的官署，此时设太常、光禄、卫尉、宗正、太仆、大理、鸿胪、司农、太府等九寺。⑬公廨钱：各级官府的办公费用。 ⑭收息取给：收取利息以供使用。 ⑮工部尚书：据章校，“书”下应补“扶风”二字。 ⑯苏孝慈：扶风（今陕西宝鸡市凤翔区）人。历仕周、隋，官至兵部尚书。传见《隋书》卷四十六、《北史》卷七十五。 ⑰官司：指百官。⑱营农：经营农业，种地收获。 ⑲丁卯：六月初四日。 ⑳职田：又称职分田，此制始于北周，按官品的高低给田，多少不等。 ㉑治生：谋生计，经商取利。 ㉒乙未：七月

初三日。㉓刘孝孙：广平（今河北鸡泽县东南）人。通晓历法，官至掖县丞。事见《隋书》卷十七《律历志》中。㉔刘焯（544—610）：字士元，信都昌亭（今河北衡水市冀州区）人。官至太学博士，与王劭同修国史，兼参议律历。著有《稽极》十卷、《历书》十卷、《五经述议》等。传见《隋书》卷七十五、《北史》卷八十二。㉕刘晖：官至仪同、太史令，参议律历。事见《隋书》卷十七《律历志》中。㉖掖县：县名。县治在今山东莱州。㉗委官：弃官不做。㉘留直太史：以他官入太史曹，当值太史。㉙舆榇（chèn）：载棺前往，表示必死的决心。㉚国子祭酒：官名。掌国子学之政。㉛短长：优劣。㉜张胄玄：勃海蓨（今河北景县）人。官至员外散骑侍郎，兼太史令，参议律历，改定新历。传见《隋书》卷七十八、《北史》卷八十九。㉝锋起：锋，亦作"蜂"，众多之意。㉞太史：官名。即太史令，掌天文历法。㉟刻：刻定，测定日食的刻度。㊱妙中：恰好相符。㊲劳徕：劝勉。亦作"劳来"。㊳咎责：引咎自责。㊴殆将一朞：差不多一整年。殆，几乎。朞（jī），一周年。㊵辛未：八月初九日。㊶就食：移至粮多之处，就地取得食物。㊷参厕：掺杂。㊸甲寅：闰十月二十三日。㊹宗祀：庙祭。祭祀祖宗。㊺以时：按季节。修：整治。㊻器物：指祭祀所用器皿供物。㊼报：回报，回答。㊽东封：指到泰山封禅。因泰山位于长安东，故称东封。㊾时事：当时的政事。指陈叔宝灭亡前事。㊿诚：实在。(51)苻氏：指前秦帝苻坚。他在位时，曾一度统一了北方地区。传见《晋书》卷一百十三、《魏书》卷九十五。(52)荣贵：谓以官爵尊宠之。(53)齐州：州名。治所历城县，在今山东济南市。(54)闭民粜（tiào）：禁止老百姓出卖粮食。粜，卖出谷物。(55)授以一州：即授任某一州刺史的官职。(56)失旨：不符合皇帝的旨意。(57)此辈：这些人。包括卢贲、刘昉、郑译等人。(58)轻险：轻佻邪恶。(59)抑屈：压抑；摧折。(60)全：保全。(61)微：没有。(62)得幸：受到宠幸。(63)大渐：皇帝病危。渐，加剧之意。(64)行诈：使用欺骗的手法。(65)大逆：封建时代，凡干犯君主及谋毁陵庙、宫阙者，皆为大逆罪。(66)不满志：其志意得不到满足。(67)任之：指任用他们做官。(68)置之：搁置起来。指不用他们做官。(69)抗表：上表直言。(70)仪注：礼节制度。此指封禅时的礼仪制度。(71)事体：事之体统；事情。(72)乙未：十二月五日。(73)机祥：吉凶。(74)小数：小的技能。(75)萧吉：字文休。梁宗室后裔。历仕后梁、周、隋，官至太府少卿。精通阴阳术，著有《金海》三十卷、《葬经》六卷、《乐谱》二十卷。传见《隋书》卷七十八、《北史》卷八十九。(76)天地之合：谓天干地支之和。(77)乾：《易》乾象天、象君、象阳。(78)覆育：指天的庇护化育。(79)载养：人们生活在大地上，承受大地的养育。(80)二仪元气：指天地未分前混一之气。二仪，指天地。(81)员外散骑侍郎：官名。侍从皇帝左右，掌规谏。(82)龙颜：谓眉骨圆起，后称皇帝的颜貌为龙颜。 ⑧3干：盾牌。 ⑧4著作郎：官名。隋著作郎掌秘书省太史、著作二曹的历法、修史等。 ⑧5符瑞：吉祥的征兆。 ⑧6捃摭（jún zhí）：拾取。 ⑧7回易：改换。 ⑧8诬饰：捏造粉饰。 ⑧9朝集：官名。各州每年朝集京师者。又称朝集使。 ⑨0盥（guàn）手：洗手。 ⑨1焚香：据章校，"香"下应补"闭目"二字。 ⑨2曲折其声：使读书的声调委婉动听。 ⑨3经涉：经过。 ⑨4旬朔：十天或一月。旬，十天。朔，农历每月初一。 ⑨5优洽：优厚而普遍。

【译文】

隋文帝开皇十四年（甲寅，594）

春季，三月，雅乐制定完成。夏季，四月初一日，诏令颁行新乐，诏令说："民间的音乐，放荡邪僻，流传已经很久，又抛弃了旧有的格调，争相制作繁杂的新声，应当加以禁止约束，必须保持其传统的根本。"万宝常听了太常所演奏的音乐，伤心地流着眼泪说："乐音淫靡凄厉而哀伤，天下不久就要灭亡。"当时隋朝全国正处于繁盛时期，别人听了万宝常的话都摇头不信；大业末年，他的话终于应验了。万宝常家境贫困，又没有儿子，后来竟然被饿死了。临死的时候，万宝常气愤得把他的书全部烧毁了，说："这些书有什么用？"

原先，朝廷台、省、府、寺，以及地方各州都设置办公费用，放贷收取利息以供使用。工部尚书苏孝慈认为："官府放贷公钱，收取利息，这样做损害百姓利益，败坏风俗，请求一律禁止，应当给各级官员拨给职分田，出租给农民，收取租谷以供官用。"隋文帝听从了。六月初四日，初次下诏说："公卿以下都按级别授给职分田，不允许再放高利贷，与民争利。"

秋季，七月初三日，任命邳公苏威为纳言。

当初，张宾修撰的《甲子元历》颁行以后，广平人刘孝孙、冀州秀才刘焯都说它有失误。张宾当时正得到隋文帝的宠信，刘晖附和他，一起攻击刘孝孙，把刘孝孙赶出京师。后来张宾去世，刘孝孙担任掖县县丞，他弃官进京，上奏陈述关于历法的事，隋文帝诏令他留京在太史曹为当直太史，从此以后好多年不迁调他的职务，刘孝孙于是抱着自己的书，要弟子们用车拉着棺材，来到宫阙之下，伏地痛哭；执法人员把他抓起来，奏报皇上。隋文帝觉得很诧异，便询问国子祭酒何妥，何妥说刘孝孙的历法确实好。于是派人比较刘孝孙历和张宾历的好坏。当直太史勃海人张胄玄和刘孝孙一同指出张宾历法的缺点，这时反对的意见一哄而起，议论纷纷，很久不能作出结论。隋文帝询问两种历法对日食观测的应验，杨素等人上奏说："太史一共奏报日食二十五次，大部分没有应验；张胄玄所推定的日食，前后都预测准确；刘孝孙所推定的日食，应验的超过一半。"因此，皇上召见刘孝孙、张胄玄，加以慰劳勉励。刘孝孙请求先将刘晖斩首，才可以议定历法，隋文帝很不高兴，又罢斥了他。刘孝孙过了不久就死了。

关中大旱，人民饥荒，隋文帝派左右近臣察看灾民的饭食，他们看到人们吃的是豆屑掺合糠皮，就拿回呈献给隋文帝看。隋文帝流着眼泪拿给群臣看，深深地引咎自责，为此不饮酒不吃肉，将近一年时间。八月初九日，隋文帝带领灾民前往洛阳度荒，敕令侦察放哨的士兵不许随便驱赶他们。男男女女混杂在仪仗卫队之间行进，遇到有扶老携幼的灾民，隋文帝就勒马让路，好言慰勉之后才走；到了难行的地方，看见有背东西或挑担子的人，便命令左右的人帮助他们。

冬季，闰十月，二十三日，隋文帝下诏，由于齐朝、梁朝、陈朝的宗庙祭祀已经继绝，特命高仁英、萧琮、陈叔宝分别在四季向祖先致祭，所需要的器物祭品，由主管官吏供给。陈叔宝跟随隋文帝登上邙山，陪侍隋文帝饮酒，吟诗说："日月光天德，山河壮帝居；太平无以报，愿上东封书。"并上表请求封禅泰山。隋文帝赐嘉奖诏书回复了陈叔宝。又有一天，陈叔宝陪侍隋文帝饮酒，等陈叔宝离去时，隋文帝从后面望着陈叔宝说："此人的失败亡国，难道不就是由于饮酒吗？为什么不把饮酒赋诗的功夫，用来思考国事！当贺若弼率军渡江攻击京口的时候，他们中有人密奏告急，陈叔宝正在饮酒，竟看也不看。高颎进入宫城的那天，还看见告急密奏扔在床下，竟还没有开封！这真是可笑啊，大概是天要亡他吧！从前苻坚征伐别的国家，把俘获的亡国之君都授予高官厚爵，使他们尊荣显贵，苻坚一心想博得好名声，殊不知这有背天意；给亡国之君官职，就是违背天意。"

齐州刺史卢贲在百姓闹饥荒时禁止向百姓出售粮食，获罪被免官除名。隋文帝后来又想要授任他为一个州的刺史，卢贲复命时不但未能符合皇上的旨意，而且还口出怨言，隋文帝大怒，所以不予任用。皇太子替他进言说："这些人都有佐命大功，虽然性情行为轻薄险诈，但还不至于丢开不用。"隋文帝说："我贬抑他，是保全他的性命。没有刘昉、郑译、卢贲、柳裘、皇甫绩这些人，我不会达到今天这样的地位。然而这些人全是翻手为云覆手为雨的家伙，北周宣帝时，他们靠狡猾无赖得到了宠信。等到周宣帝病危时，颜之仪等人请求让赵王辅政，这些人行使诈骗，伪托遗诏，让我辅政。到我将要执政时，他们又想作乱，所以刘昉策划谋反，郑译用巫术诅咒害人。像卢贲这些人，都是贪得无厌，任用他们就翘尾巴，不用他们就牢骚满腹，他们自己的所作所为难以让人相信，不是朕要丢弃他们。众人只看到了表面，说成薄待功臣，事实不是这样的。”卢贲终于被废黜，死在家中。

晋王杨广率领百官直言上奏，坚决请求封禅。隋文帝命令牛弘起草封禅的礼仪制度，完成以后，隋文帝看了说：“这件事规模宏大，朕有何德能够承受呢？但是应该巡视东方，顺便祭祀泰山罢了。”十二月初五日，隋文帝起驾巡视东方。

隋文帝喜好祈求鬼神、占卜吉凶这种小技。上仪同三司萧吉上书奏事说：“甲寅、乙卯，是天地相合的时候。今年是甲寅年，朔旦冬至在辛酉日，明年是乙卯年，夏至在甲子日。冬至日阳气开始产生，是到南郊祭天的日子，恰好是皇上的本命日子；夏至日阴气开始产生，是祭祀地的日子，恰好是皇后的本命日。皇上的恩德如同苍天覆盖养育众生，皇后的仁爱如同大地载养万物，所以天地阴阳二气都在这个时候会合。”隋文帝高兴极了，赏赐萧吉绢绸五百段。萧吉，是萧懿的孙子。员外散骑侍郎王劭说隋文帝的颜面简直是龙颜，眼眶上鬓角突起像龙角，并指示群臣仔细察看。隋文帝非常高兴，拜授王劭为著作郎。王劭先后多次上奏章，讲了很多皇上承受天命的祥瑞，又采集了民间歌谣，引用谶纬图书，摘取佛经句子，糅合在一起改换字句，捏造粉饰，撰写了《皇隋灵感志》三十卷上奏，隋文帝下令向全天下公布。王劭又召集全国各州派往京城呈交治绩文书的朝集使，要他们洗手焚香，诵读《皇隋灵感志》，讲究声调委婉动听，抑扬顿挫，如同唱歌，诵读了十几天，从头到尾读完全书这才停止。隋文帝更加高兴，先后赏赐非常优厚。

【原文】

十五年（乙卯，595）

春，正月，壬戌[①]，车驾顿[②]齐州。庚午[③]，为坛于泰山，柴燎祀天，以岁旱谢愆咎[④]，礼如南郊；又亲祀青帝[⑤]坛。赦天下。

二月，丙辰[⑥]，收天下兵器，敢私造者坐之[⑦]；关中、缘边[⑧]不在其例。

三月，己未[⑨]，至自东巡。

仁寿宫成。丁亥[⑩]，上幸仁寿宫。时天暑，役夫死者相次[⑪]于道，杨素悉焚除之，上闻之，不悦。及至，见制度[⑫]壮丽，大怒曰：“杨素殚民力为离宫[⑬]，为吾结怨天下。”素闻之，惶恐，虑获谴[⑭]，以告封德彝，曰："公勿忧，俟[15]皇后至，必有恩诏[16]。"明日，上果[17]召素入对，独孤后劳之曰："公知吾夫妇老，无以自娱，盛饰[18]此宫，岂非忠孝！"赐钱百万，锦绢三千段。素负贵恃才，多所陵侮[19]，唯赏重德彝，每引之与论宰相职务，终日忘倦，因抚其床曰："封郎必须据吾此坐。"屡荐于帝，帝擢为内史舍人[20]。

夏，四月，己丑朔[21]，赦天下。

六月，戊子[22]，诏凿底柱[23]。

庚寅[24]，相州刺史豆卢通[25]贡绫文布，命焚之于朝堂。

秋，七月，纳言苏威坐从祠泰山不敬，免，俄而复位。上谓群臣曰："世人言苏威诈清[26]，家累金玉，此妄言[27]也。然其性狠戾，不切世要[28]，求名太甚，从己则悦，违之必怒，此其大病耳。"

戊寅[29]，上至自仁寿宫。

冬，十月，戊子[30]，以吏部尚书韦世康为荆州总管。世康，洸之弟也，和静谦恕[31]，在吏部十余年，时称廉平[32]。常有止足之志[33]，谓子弟曰："禄岂须多，防满则退；年不待暮[34]，有疾便辞。"因恳乞骸骨[35]。帝不许，使镇荆州。时天下惟有四总管，并、扬、益、荆，以晋、秦、蜀三王及世康为之，当时以为荣。

十一月，辛酉[36]，上幸温汤[37]。

十二月，戊子[38]，敕："盗边粮[39]一升已上，皆斩，仍籍没其家[40]。"

己丑[41]，诏文武官以四考受代[42]。

汴州[43]刺史令狐熙来朝，考绩[44]为天下之最，赐帛三百匹，颁告天下。熙，整之子也。

（以上为第四段，着重记述隋文帝对四位大臣的嘉奖。杨素监造仁寿宫穷极奢侈，讨好皇上；苏威严厉；韦世康廉洁谦让；令狐熙在地方政绩第一。）

【注释】

①壬戌：正月初三日。②顿：停留，止息。③庚午：正月十一日。④愆咎：过错。⑤青帝：天帝名。东方之神。⑥丙辰：二月二十七日。⑦坐之：对私造兵器者判罪。⑧缘边：边疆一带。⑨己未：三月一日。⑩丁亥：三月二十九日。⑪相次：排列。⑫制度：规模。⑬离宫：古代帝王于正宫之外，别造宫室，以便随时游处，称为离宫。⑭获谴：受到谴责。⑮俟（sì）：等到，待。⑯恩诏：因感激杨素修仁寿

宫之功劳而下的优诏。⑰果：果然。⑱盛饰：极力装饰。⑲陵侮：欺凌侮辱。陵同“凌”。⑳内史舍人：官名。掌起草诏制。后改为中书舍人。㉑己丑朔：四月初一日。㉒戊子：六月初一日。㉓底柱：即砥柱，地名。位于黄河三门峡。相传大禹治水，山陵挡住水路，故凿开以通河水。河水分流，包山而过，山现于水中，若柱一样，遂称砥柱。㉔庚寅：六月初三日。㉕豆卢通（539—597）：一名会。历仕周、隋，官至相州刺史，封南陈郡公。传附《隋书·豆卢勣传》《北史·豆卢勣传》。㉖诈清：假装清正。㉗妄言：胡说，不合实际。㉘不切世要：不符合当时的需要。切，合，靠近。㉙戊寅：七月二十二日。㉚戊子：十月初三日。㉛谦恕：谦逊而宽容。㉜廉平：廉洁而公平合理。㉝止足之志：即志在知止知足，不贪求名利。㉞年不待暮：年岁不能等到暮年。㉟乞骸骨：同“乞骸”。古代官吏因年老请求退职，常称乞骸骨。言使骸骨得以归葬故乡。㊱辛酉：十一月初七日。㊲温汤：即温泉，在今陕西西安市临潼区骊山。因为其泉水温热若汤，故称温汤。㊳戊子：十二月初四日。㊴边粮：指运送给边防军的粮食。㊵籍没其家：指将盗边粮者家中财产没入官府。㊶己丑：十二月初五日。㊷四考受代：即任官期满四年才能迁转。考，一年为一考，考查官吏的政绩。㊸汴州：州名。治所浚仪县，在今河南开封市。㊹考绩：考核官吏的政绩。

【译文】

隋文帝开皇十五年（乙卯，595）

春季，正月初三日，隋文帝车驾在齐州停留。正月十一日，在泰山上修筑祭坛，举行燃烧柴火的祭天典礼，由于去年天旱，向天谢过请罪，就像在南郊的祭天仪式。隋文帝又亲自祭祀青帝，大赦天下。

二月二十七日，下诏令收缴天下的兵器，敢于私造兵器的人要判罪；关中和沿边地区不在限令之内。

三月初一日，隋文帝从东方巡视回到长安。

仁寿宫落成，三月二十九日，隋文帝游幸仁寿宫。当时天气炎热，服役的民工一个接一个地死在路上，杨素把尸体全部清除焚烧掩埋，隋文帝听说了，很不高兴。隋文帝到了仁寿宫，看见规模宏伟华丽，就勃然大怒，说：“杨素穷尽民力修建行宫，使天下人都怨恨。”杨素听了惶恐不安，担心受到处罚，就去告诉封德彝，封德彝说：“您不必担忧，等皇后驾到，一定有诏令恩赏。”第二天，隋文帝真的召杨素入宫，独孤皇后慰劳他说：“您知道我们夫妇年老，没有什么可以娱乐，所以特别修建这座行宫，这难道不是一片忠孝之心？”于是赏赐钱一百万、锦绢三千段。杨素凭仗自己贵显的地位，又有才干，对朝臣多有欺凌；唯独赏识器重封德彝，常常和他谈论宰相的职务，从早到晚不知疲倦，并抚摸自己的坐榻，说："封郎必定会继承我这个座位。"他多次向隋文帝推荐，隋文帝提拔封德彝为内史舍人。

夏季，四月初一日，大赦天下。

六月初一日，诏令开凿砥柱山。

六月初三日，相州刺史豆卢通进贡绫纹布，隋文帝下令在朝堂上把布烧掉。

秋季，七月，纳言苏威因跟随隋文帝祭祀泰山时犯了不敬之罪，被免职，不久又恢复职位。隋文帝对群臣说："世人都说苏威伪装清廉，实际上家中堆满金玉财宝，这完全是胡说八道。但是他的性情凶狠暴戾，不近人情，求名之心又太重，顺从自己就喜欢，违背自己就恼怒，这是他的大缺点。"

七月二十二日，隋文帝从仁寿宫返回长安。

冬季，十月初三日，任命吏部尚书韦世康为荆州总管。韦世康是韦洸的兄弟，为人平和沉静、谦虚宽厚，在吏部任职十多年，当时人都称赞他廉洁公正。他常有知足知止之心，对子弟们说："俸禄岂能越多越好，要防止过满就应退让；做官不要一直做到年老，有了病就可以辞职。"因此恳请退休。隋文帝没有批准，派他镇守荆州。当时全国只设置了四个总管，并州、扬州、益州、荆州，分别由晋王杨广、秦王杨俊、蜀王杨秀，以及韦世康担任，当时人们认为这是韦世康的光荣。

十一月初七日，隋文帝巡幸骊山温泉。

十二月初四日，隋文帝敕令："偷盗边疆军粮一升以上的，就要杀头，并且查抄家中全部财产。"

十二月初五日，隋文帝下诏书文武百官任职四年经过四次考核调转提升。

汴州刺史令狐熙进京朝见，考核为全国第一，隋文帝奖励给他绢帛三百匹，并通报全国嘉奖。令狐熙是令狐整的儿子。

【原文】

十六年（丙辰，596）

春，正月，丁亥①，以皇孙裕为平原王，筠为安成王，嶷为安平王，恪为襄城王，该为高阳王，韶为建安王，煚为颍川王，皆勇之子也。

夏，六月，甲午②，初制工商不得仕进③。

秋，八月，丙戌[4]，诏："决[5]死罪者，三奏然后行刑。"

冬，十月，己丑[6]，上幸长春宫[7]，十一月，壬子[8]，还长安。

党项寇会州[9]，诏发陇西兵讨降之。

帝以光化公主[10]妻吐谷浑可汗世伏[11]；世伏上表请称公主为天后，上不许。

（以上为第五段，记述开皇十六年有两项重大政令，一是隋文帝首次用政令方式重申自秦汉以来的重农抑商传统政策，不允许工商之民做官；二是对处决死囚的重视，要三次奏报才可执行。）

【注释】

①丁亥：正月甲寅朔，无丁亥。《资治通鉴》本《隋书·高祖纪》误。按《北史》卷十一《隋本纪》上第十一作"春二月丁亥"。疑作"二月丁亥"为是。丁亥，二月初四日。 ②甲午：六月十三日。 ③工商不得仕进：从事手工业生产与商业活动的人不许入仕做官。这是封建时代一贯的重农抑商政策。仕进，进身为官。 ④丙戌：八月初六日。⑤决：判决，判定。 ⑥己丑：十月初十日。 ⑦长春宫：离宫名。故址在今陕西大荔县朝邑镇西北。 ⑧壬子：十一月初三日。 ⑨会州：州名。治所广阳县，在今四川茂县西北。 ⑩光化公主：隋宗室女。 ⑪世伏：吐谷浑国主，591—597年在位。事见《隋书》卷八十三、《北史》卷九十六。

【译文】

隋文帝开皇十六年（丙辰，596）

春季，二月初四日，隋文帝册封皇孙杨裕为平原王，杨筠为安成王，杨嶷为安平王，杨恪为襄城王，杨该为高阳王，杨韶为建安王，杨煚为颍川王，都是太子杨勇的儿子。

夏季，六月十三日，第一次颁布从事工商业的人不得做官。

秋季，八月初六日，隋文帝下诏："判处死罪的人，要三次奏报，然后执行。"

冬季，十月初十日，隋文帝巡幸长春宫，十一月初三日，回到长安。

党项人侵扰会州，隋文帝下诏调发陇西军队前往征讨，收降党项人。

隋文帝把光化公主嫁给吐谷浑可汗世伏为妻，世伏上奏表请求称光化公主为天后，隋文帝不允许。

【原文】

十七年（丁巳，597）

春，二月，癸未[1]，太平公史万岁击南宁羌[2]，平之。初，梁睿之克王谦也，西南夷、獠[3]莫不归附，唯南宁州酋帅爨震恃远不服。睿上疏，以为："南宁州，汉世牂柯[4]之地，户口殷众[5]，金宝富饶。梁南宁州刺史徐文盛[6]为湘东王[7]征赴荆州，属东夏[8]尚阻，未遑远略[9]，士民爨瓒遂窃据一方，国家遥授刺史，其子震相承至今。而震臣礼多亏[10]，贡赋不入，乞因平蜀之众，略定南宁[11]。"其后南宁夷爨玩来降，拜昆州刺史，既而复叛。乃以左领军将军史万岁为行军总管，帅众击之，入自蜻蛉川[12]，至于南中[13]。夷人前后屯据要害，万岁皆击破之；过诸葛亮纪功碑[14]，渡西洱河[15]，入渠滥川[16]，行千余里，破其三十余部，虏获男女二万余口。诸夷大惧，遣使请降，献明珠径寸[17]，于是勒石[18]颂美隋德。万岁请将爨玩入朝，诏许之。爨玩阴有贰心，不欲诣阙，赂万岁以金宝，万岁于是舍玩而还。

庚寅[19]，上幸仁寿宫。

桂州俚[20]帅李光仕作乱，帝遣上柱国王世积与前桂州总管周法尚讨之，法尚发岭南[21]兵，世积发岭北[22]兵，俱会尹州[23]。世积所部遇瘴[24]，不能进，顿于衡州，法尚独讨之。光仕战败，帅劲兵[25]走保白石洞[26]。法尚大获家口[27]，其党有来降者，辄以妻子还之，居旬日，降者数千人；光仕众溃而走，追斩之。

帝又遣员外散骑侍郎何稠[28]募兵讨光仕，稠谕降其党莫崇等，承制署首领为州县官。稠，妥之兄子也。

上以岭南夷、越[29]数反，以汴州刺史令狐熙为桂州总管十七州诸军事，许以便宜从事，刺史以下官得承制补授。熙至部，大弘[30]恩信，其溪洞渠帅[31]更相谓曰："前时总管皆以兵威相胁，今者乃以手教[32]相谕，我辈其可违乎！"于是相帅归附。先是州县生梗[33]，长吏[34]多不得之官[35]，寄政[36]于总管府，熙悉遣之，为建城邑[37]，开设学校，华、夷感化焉。俚帅宁猛力，在陈世已据南海[38]，隋因而抚之，拜安州[39]刺史，猛力恃险骄倨[40]，未尝参谒[41]，熙谕以恩信，猛力感之，诣府请谒，不敢为非。熙奏改安州为钦州。

帝以所在属官[42]不敬惮[43]其上，事难克举[44]，三月，丙辰[45]，诏：“诸司论属官罪，有律轻情重[46]者，听于律外[47]斟酌决杖[48]。”于是上下相驱，迭行[49]捶楚[50]，以残暴为干能，以守法为懦弱。

帝以盗贼繁多，命盗一钱[51]以上皆弃市，或三人共盗一瓜，事发即死。于是行旅皆晏起早宿[52]，天下懔懔[53]，有数人劫执事而谓之曰：“吾岂求财者邪！但为枉人[54]来耳。而为我奏至尊：自古以来，体国立法[55]，未有盗一钱而死者也。而不为我以闻[56]，吾更来，而属[57]无类矣！”帝闻之，为停此法。

帝尝乘怒，欲以六月杖杀人[58]，大理少卿[59]河东赵绰[60]固争曰：“季夏之月，天地成长庶类[61]，不可以此时诛杀。”帝报曰：“六月虽曰生长，此时必有雷霆；我则天[62]而行，有何不可！”遂杀之。

大理掌固[63]来旷上言大理官司[64]太宽，帝以旷为忠直，遣每旦于五品行中[65]参见。旷又告少卿赵绰滥免徒囚，帝使信臣[66]推验[67]，初无阿曲[68]，帝怒，命斩之。绰固争，以为旷不合死，帝拂衣入阁。绰矫言[69]：“臣更不理旷，自有他事，未及奏闻。”帝命引入阁，绰再拜请曰：“臣有死罪三，臣为大理少卿，不能制御[70]掌固，使旷触挂[71]天刑[72]，一也。囚不合死，而臣不能死争，二也。臣本无他事，而妄言求入，三也。”帝解颜。会独孤后在坐，命赐绰二金杯酒，并杯赐之。旷因免死，徙广州。

萧摩诃子世略在江南作乱，摩诃当从坐[73]，上曰：“世略年未二十，亦何能为，以其名将之子，为人所逼耳。”因赦摩诃。绰固谏不可，上不能夺[74]，欲绰去而赦之，因命绰退食[75]。绰曰：“臣奏狱[76]未决，不敢退。”上曰：“大理其为朕特赦摩诃也！”因命左右释之。

刑部侍郎辛亶尝衣绯裈[77]，俗云利官[78]；上以为厌蛊[79]，将斩之。绰曰：“法不当死，臣不敢奉诏[80]。”上怒甚，曰：“卿惜辛亶而不自惜也！”命引绰斩之。绰曰：“陛下宁杀臣，不可杀辛亶。”至朝堂，解衣当斩，上使人谓绰曰：“竟何如[81]?”对曰：“执法一心，不敢惜死。”上拂衣而入，良久，乃释之。明日谢绰[82]，劳勉之，赐物三百段。

时上禁行恶钱[83]，有二人在市，以恶钱易好者，武候[84]执以闻，上令悉斩之，绰进谏曰：“此人所坐当杖[85]，杀之非法。”上曰：“不关卿事[86]。”绰曰：“陛下不以臣愚暗[87]，置在法司[88]，欲妄杀人，岂得不关臣事！”上曰：“撼大木[89]，不动者当退。”对曰：“臣望感天心[90]，何论动木。”上复曰：“啜羹[91]者热则置之，天子之威，欲相挫[92]邪！”绰拜而益前，诃之[93]，不肯退，上遂入。治书侍御史柳彧复上奏切谏，上乃止。

上以绰有诚直之心，每引入阁中，或遇上与皇后同榻[94]，即呼绰坐，评论得失，前后赏赐万计。与大理卿薛胄同时，俱名平恕[95]；然胄断狱以情[96]而绰守法[97]，俱为称职。胄，端之子也。

帝晚节用法益峻[98]，御史[99]于元日不劾[100]武官衣剑之不齐[101]者，帝曰：“尔为御史，纵舍自由。”命杀之；谏议大夫毛思祖谏，又杀之。将作寺丞以课麦䴵[102]迟晚，武库令[103]以署庭荒芜，左右出使，或授牧宰[104]马鞭、鹦鹉，帝察知，并亲临斩之。

帝既喜怒不恒，不复依准科律[105]。信任杨素，素复任情[106]不平，与鸿胪少卿[107]陈延有隙，尝经蕃客馆[108]，庭中有马屎，又众仆于毡上樗蒲，以白帝。帝大怒，主客令[109]及樗蒲者皆杖杀之，棰陈延几死。

帝遣亲卫大都督[110]长安屈突通[111]往陇西检覆群牧，得隐匿马二万余匹，帝大怒，将斩太仆卿[112]慕容悉达及诸监官千五百人。通谏曰：“人命至重，陛下奈何以畜产之故杀千有余人！臣敢以死请！”帝瞋目[113]叱之，通又顿首曰：“臣一身分死，就陛下丐[114]千余人命。”帝感寤[115]，曰：“朕之不明，以至于此！赖有卿忠言耳。”于是悉达等皆减死论，擢通为左武候将军[116]。

上柱国[117]刘昶与帝有旧，帝甚亲之；其子居士，任侠不遵法度，数有罪，上以昶故，每原之[118]。居士转[119]骄恣，取公卿子弟雄健[120]者，辄将至家，以车轮括其颈而棒之，殆死[121]能不屈者，称为壮士，释而与交[122]。党与[123]三百人，殴击路人[124]，多所侵夺，至于公卿妃主[125]，莫敢与校[126]。或告居士谋为不轨，帝怒，斩之，公卿子弟坐居士除名者甚众。

杨素、牛弘等复荐张胄玄历术[127]。上令杨素与术数人[128]立议六十一事，皆旧法久难通者，令刘晖等与胄玄等辩析。晖杜口[129]一无所答，胄玄通者五十四，上乃拜胄玄员外散骑侍郎兼太史令，赐物千段，令参定新术[130]。至是，胄玄历成。夏，四月，戊寅[131]，诏颁新历；前造历者刘晖四人并除名。

秋七月，桂州人李世贤反，上议讨之。诸将数人请行[132]，上不许，顾右武候大将军虞庆则曰：“位居宰相[133]，爵乃上公[134]，国家有贼，遂无行意，何也？”庆则拜谢，恐惧，乃以庆则为桂州道行军总管，讨平之。

秦王俊，幼仁恕[135]，喜佛教，尝请为沙门[136]，不许。及为并州总管，渐好奢侈，违越制度[137]，盛治宫室。俊好内[138]，其妃崔氏，弘度之妹也，性妒[139]，于瓜中进毒，由是得疾，征还京师。上以其奢纵[140]，丁亥[141]，免俊官，以王就第。崔妃以毒王，废绝[142]，赐死于家。左武卫将军[143]刘昇谏曰："秦王非有他过，但费官物，营廨舍[144]而已，臣谓可容。"上曰："法不可违。"杨素谏曰："秦王之过，不应至此，愿陛下详之[145]！"上曰："我是五儿之父[146]，非兆民之父？若如公意，何不别制天子儿律！以周公之为人，尚诛管、蔡[147]，我诚不及周公远矣，安能亏法乎！"卒不许。

戊戌[148]，突厥突利可汗来逆女，上舍之太常，教习六礼[149]，妻以宗女安义公主。上欲离间都蓝，故特厚其礼，遣太常卿[150]牛弘、纳言苏威、民部尚书斛律孝卿相继为使。

突利本居北方，既尚主，长孙晟说其帅众南徙，居度斤旧镇[151]，锡赉优厚。都蓝怒曰："我，大可汗也，反不如染干！"于是朝贡遂绝，亟来抄掠边鄙。突利伺知动静，辄遣奏闻，由是边鄙每先有备。

九月，甲申[152]，上至自仁寿宫。

何稠之自岭南还也，宁猛力请随稠入朝，稠见其疾笃，遣还钦州，与之约曰："八九月间，可诣京师相见。"使还，奏状，上意不怿。冬，十月，猛力病卒。上谓稠曰："汝前不将猛力来，今竟死矣！"稠曰："猛力与臣约，假令身死，当遣子入侍[153]。越人性直，其子必来。"猛力临终，果戒[154]其子长真曰："我与大使[155]约，不可失信，汝葬我毕，宜即登路。"长真嗣为刺史，如言入朝。上大悦曰："何稠著信[156]蛮夷，乃至于此！"

鲁公虞庆则之讨李世贤也，以妇弟[157]赵什住为随府长史[158]。什住通于庆则爱妾，恐事泄，乃宣言庆则不欲此行，上闻之，礼赐甚薄。庆则还，至潭州[159]临桂岭[160]，观眺山川形势，曰："此诚险固，加以足粮，若守得其人，攻不可拔。"使什住驰诣京师奏事，观上颜色[161]，什住因告庆则谋反，下有司按验。十二月，壬子[162]，庆则坐死[163]，拜什住为柱国。

高丽王汤[164]闻陈亡，大惧，治兵积谷，为拒守之策。是岁，上赐汤玺书[165]，责以"虽称藩附[166]，诚节未尽"。且曰："彼之一方，虽地狭人少，今若黜王[167]，不可虚置，终须更选官属，就彼安抚。王若洒心易行[168]，率由宪章[169]，即是朕之良臣，何劳别遣才彦[170]！王谓辽水[171]之广，何如长江？高丽之人，多少陈国？朕若不存含育[172]，责王前愆，命一将军，何待多力！殷勤[173]晓示，许王自新耳。"汤得书，惶恐，将奉表陈谢[174]。会病卒，子元嗣立，上使使拜元为上开府仪同三司，袭爵辽东公。元奉表谢恩，因请封王，上许之。

吐谷浑大乱，国人杀世伏，立其弟伏允[175]为主，遣使陈废立之事，并谢专命[176]之罪，且请依俗尚主；上从之。自是朝贡岁至。

（以上为第六段，记述隋文帝开皇十七年成功地抚夷安边和晚年用法苛酷但尚能纳谏两大政绩。这一年，隋文帝平定了岭南的叛乱，安抚西边的吐谷浑、东边的高丽，羁縻北方突厥，用人得当，都取得了成功。隋文帝晚年用法苛酷，大理寺少卿赵绰执法公平，与屈突通等人冒死谏诤，避免一些大案、冤案的发生，缓解了矛盾，隋朝政治稳定。）

【注释】

①癸未：二月初六日。 ②南宁羌：指生活在南宁一带的羌族人。南宁，州名。治所味县，在今云南曲靖市西。 ③西南夷、獠：指生活在今四川南部和云南一带的少数民族。 ④牂柯：郡名。西汉武帝时设置，治所且兰，在今贵州凯里市西北。 ⑤殷众：众多。 ⑥徐文盛（？—548）：梁秦州刺史。传见《梁书》卷四十六、《南史》卷六十四。 ⑦湘东王：即梁元帝萧绎，传见《梁书》卷五、《南史》卷八。 ⑧东夏：指中国的东部。古代称中国为夏。 ⑨未遑：没有时间，来不及。 远略：经略远方。 ⑩臣礼多亏：没有尽到臣子的礼节。亏，少，不足。 ⑪南宁：据章校，“宁”下应补“帝以天下初定，未之许”九字。 ⑫蜻蛉川：地名。汉蜻蛉县境，在今云南大姚、姚安县境。 ⑬南中：相当于今四川南部及云南贵州地区。 ⑭诸葛亮纪功碑：纪念诸葛亮平南中之功，故址在今云南保山市境。 ⑮西洱河：河名。一名叶榆泽，即今云南西部洱海。 ⑯渠滥川：城名。在今云南大理市东。 ⑰径寸：谓明珠直径为一寸。 ⑱勒石：于石碑上刻文字，以纪功德。 ⑲庚寅：二月十三日。 ⑳桂州俚：指生活在桂州（在今广西桂林市）一带的俚族人。 ㉑岭南：泛指五岭以南地区。 ㉒岭北：泛指五岭以北的地区。 ㉓尹州：州名。治所郁林县，在今广西贵港市东南郁江南岸。 ㉔瘴（zhàng）：指瘴气。古代指我国南部和西南部地区山林间湿热蒸发致人疾病之气。 ㉕劲兵：精锐的兵士。 ㉖白石洞：地名。故址在今广西桂平市南。 ㉗家口：指李光仕兵士家属。 ㉘何稠：字桂林。历仕后梁、周、隋、唐，官至将作少匠。传见《隋书》卷六十八、《北史》卷九十。 ㉙岭南夷、越：指生活在今福建、广东、广西一带的夷、越等少数民族。 ㉚大弘：尽量扩大、弘扬。 ㉛渠帅：魁首。渠，大。 ㉜手教：即手书。 ㉝生梗：十分阻塞。 ㉞长吏：指州县一级官长。 ㉟之官：上任就职。 ㊱寄政：把治理州县事委托给总管府。 ㊲城

邑：城市。邑，小城称邑。㊳南海：郡名。治所番禺县，在今广东广州市西。㊴安州：州名。治所宋寿县，在今广西钦州市东北。㊵倨：傲慢。㊶参谒：古代指下级见上级或进见受尊敬的人。㊷所在属官：所有下属官吏。所在，到处。㊸敬惮：尊敬而惧怕。㊹克举：成功，成事。克，能够。㊺丙辰：三月初九日。㊻律轻情重：指从法律的条文上说，并未犯重法，但从情理上看，却是严重的。㊼律外：法律以外。指不必完全依法行事。㊽决杖：罚以杖刑。㊾迭行：指主管上级一级压一级，轮翻压迫下级。迭，轮流，更替。㊿捶楚：用杖或板打。指杖刑。(51)一钱：古代钱的单位，指一文钱。(52)晏起早宿：起得晚，睡得早。晏，晚。(53)懔懔：畏惧的样子。(54)枉人：受冤枉的人。(55)体国立法：经理国家，制定法律。(56)以闻：指把此事上奏给皇帝。(57)而属：即汝辈，你们。(58)六月杖杀人：古代行刑，一般规定在秋季。(59)大理少卿：官名。大理寺副长官。掌刑法。(60)赵绰：河东（今山西永济市西南）人。历仕周、隋，官至大理少卿。传见《隋书》卷六十二、《北史》卷七十七。(61)成长庶类：指各种生物都在成长时期。庶类，众多的物类。(62)则天：以天为法。则，法则。(63)掌固：官名。掌看守仓库及陈设等。(64)官司：讼事，断狱案。(65)五品行（háng）中：在五品官行列中。(66)信臣：诚恳而信用的臣子。(67)推验：推究检验。(68)阿曲：指不以法行事，循私、曲从等。(69)矫言：假称，假装。(70)制御：制服。御，驾驭。(71)触挂：触犯。(72)天刑：刑法。对隋文帝所制刑法的尊称。(73)从坐：古代以参与犯罪或受牵连而判罪称从坐。同案犯人主谋者为首，随从者也称从坐。(74)夺：迫使人改变本意。(75)退食：退朝就餐。(76)奏狱：指奏请萧摩诃当从坐的事。(77)绯裈（kūn）：绯色有裆的内裤。绯，红色。(78)利官：谓有利于官职的迁转。(79)厌蛊：古代迷信，能以诅咒害人称厌，能以邪术害人称蛊。(80)奉诏：谓奉行处斩辛亶的诏命。(81)竟何如：究竟怎样？(82)谢绰：向赵绰认错道歉。(83)恶钱：古代私自铸造的钱，质料低劣而又分量较轻的钱称为恶钱。(84)武候：武官名。隶属左右武候将军，掌昼夜巡察、执捕奸盗。(85)所坐当杖：指所犯的罪行，应当处以杖刑。(86)不关卿事：指此事与赵绰无关。因赵绰时任大理少卿，故称他为卿。(87)愚暗：愚蠢而昏暗。(88)法司：指掌司法刑狱的官署。(89)撼大木：摇动大树。(90)感天心：指赵绰欲以自己的言行来感动隋文帝，使他回心转意。(91)啜羹（chuò gēng）：喝羹汤。啜，饮，吃。羹，一种和味的汤。(92)相挫：指打击天子的威望。挫，打击。(93)诃（hē）之：大声呵斥赵绰。诃，怒斥，大声呵斥，同“呵”。(94)同榻：同坐一个榻上。榻，狭长而低的坐卧用具。(95)平恕：公平而能宽容人。恕，宽容。(96)断狱以情：审定狱讼根据情理。(97)守法：遵守法律条文，以法断案。(98)益峻：更加严酷。(99)御史：官名。掌纠察。(100)于元日不劾：不检举弹劾在元日朝会上有过错的官员。元日，正月初一日。 ⑩衣剑之不齐：指穿衣、佩剑不规范。 ⑩将作寺丞：官名。掌治土木工程、宫室营建。隋初承北齐制，置将作寺，后改为将作监。 课麦䅌（juān）：收麦秆。课，纳课，税收。䅌，麦秸。 ⑩武库令：官名。属卫尉寺，掌管武器府库。 ⑩牧宰：州官称牧，县官称宰。牧宰，泛指州县长官。 ⑩依准科律：依照法律办事。科律，法令，条律。 ⑩任情：任性，随意所为。 ⑩鸿胪少卿：官名。鸿胪寺副长官，掌典客、司仪二署。 ⑩蕃客馆：外国或外族来宾所居住的客馆。当时习称外国或外族为蕃。 ⑩主客令：官名。鸿胪寺典客署之长，掌蕃客辞见、迎送、宴会等。⑩亲卫大都督：武官名。掌宿卫之事。 ⑪屈突通（557—628）：雍州长安（今陕西西安市）人。历仕隋、唐，官至刑部尚书。传见《旧唐书》卷五十九、《新唐书》卷八十九。⑫太仆卿：官名。太仆寺长官，掌厩马及畜牧。 ⑬瞋（chēn）目：张目，瞪大眼睛。⑭丐（gài）：乞求。 ⑮感寤：有所感而觉醒。寤，觉，睡醒。 ⑯左武候将军：武官名。掌帝出入时侍卫，并掌京城昼夜巡逻，追捕盗贼。 ⑰上柱国：据章校，“国”下应补“彭公”二字。 ⑱每原之：每次都原宥刘居士的罪过。 ⑲转：变得，反而。 ⑳雄健：勇武健壮。 ㉑殆死：将近死亡。殆，近，几乎。 ㉒与交：与他交为好友。 ㉓党与：同党的人。 ㉔路人：在路行走的人。 ㉕妃主：王妃与公主。 ㉖与校：跟他计较。校，较量，计较。 ㉗历术：历法。 ㉘术数人：又称术士。惯用阴阳五行相生相克的数理来推断人事的吉凶，如占候、卜筮、星命等。 ㉙杜口：闭口不言。 ㉚新术：新的历法。 ㉛戊寅：四月初二日。 ㉜请行：请求让自己率兵前去平定李世贤反叛。 ㉝位居宰相：虞庆则曾任尚书右仆射，宰相之职。 ㉞爵乃上公：时虞庆则授上柱国，封鲁国公。上公，公爵的尊称，言位在诸爵之上。 ㉟仁恕：善良，宽容。 ㊱沙门：僧徒。也称“桑门”。梵语室罗摩拏的音译。为勤息、勤修善法、止息恶行之义。㊲违越制度：违背和超过了有关制度的规定。 ㊳好内：喜欢女色，宫人。内，女色。㊴性妒：生性妒嫉。 ㊵奢纵：奢侈放纵。 ㊶丁亥：七月十三日。 ㊷废绝：废掉王妃身份。断绝夫妻关系。 ㊸左武卫将军：武官名。掌理禁卫。左武卫，隋十二卫之一。㊹廨（xiè）舍：官吏办事及居住的处所。 ㊺详之：审慎地处理此事。详，审慎，审察。 ㊻五儿之父：隋文帝有五个儿子，依次是太子杨勇、晋王杨广、秦王杨俊、蜀王杨秀、汉王杨谅。 ㊼诛管、蔡：管、蔡即周武王弟管叔、蔡叔。周武王灭商，封管、蔡为诸侯，以监视商纣王子武庚。武王死，子成王年幼，周公摄政，管、蔡同武庚叛乱，为周公所杀。详见《史记》卷三十三《鲁周公世家》。 ㊽戊戌：七月二十四日。 ㊾六礼：古代婚制六礼包括纳采、问名、纳吉、纳征、请期、亲迎。 ㊿太常卿：官名。太常寺长官，掌陵庙、礼乐、天文、仪制等。 (151)度斤旧镇：即都斤山。 (152)甲申：九月十一日。

⑮③遣子入侍：派遣子弟入京师侍卫。⑮④戒：命令，告诫。⑮⑤大使：指何稠。这年二月，何稠以员外散骑侍郎的身份出讨李光仕，岭南夷、越族把他视为隋朝的使臣。⑮⑥著信：树立信用。著，标举。⑮⑦妇弟：妻子的弟弟，俗称内弟。⑮⑧随府长史：官名。行军总管府的临时官员，掌军政。⑮⑨潭州：州名。治所长沙县，在今湖南长沙市。⑯⓪临桂岭：地名。在今湖南长沙市附近。⑯①观上颜色：观察皇帝对此事的态度、反应。颜色，脸色。⑯②壬子：十二月十日。⑯③坐死：判为死刑。⑯④高丽王汤（？—597）：高句丽昭烈帝六世孙，北周武帝封为辽东王，隋文帝改封高丽王。事见《隋书》卷八十一、《北史》卷九十四。⑯⑤玺书：古代天子用印章封记的文书。⑯⑥藩附：指向隋称臣，附属于隋。⑯⑦黜王：废掉汤的王号。⑯⑧洒心易行：表示悔改。洒心，洗心。易，改变。⑯⑨率由宪章：谓遵循成规旧事之意。⑰⓪才彦：才德杰出的人。⑰①辽水：水名。即今辽河，有东西两源，东辽河源出吉林东辽县境，西辽河上游西拉木伦源出内蒙古克什克腾旗境。两河在辽宁昌图汇合后称辽河，折西南至盘山入海。⑰②含育：包容养育。⑰③殷勤：指亲切的情意。⑰④奉表陈谢：上表陈述原由，表示道歉。⑰⑤伏允（？—635）：吐谷浑国主。详见《隋书》卷八十三、《北史》卷九十六、《旧唐书》卷一百九十八、《新唐书》卷二百二十一上。⑰⑥专命：指事先未经隋朝批准而就国主之位。

【译文】

隋文帝开皇十七年（丁巳，597）

春季，二月初六日，太平公史万岁攻击南宁州羌人，平定了他们。当初，梁睿攻克王谦的时候，西南夷、獠人统统归服，只有南宁州酋帅爨震依仗偏远不降附。梁睿上书说："南宁州在汉代叫牂柯郡，人口众多，物产丰富。梁朝南宁州刺史徐文盛被湘东王萧绎征调到荆州去讨伐侯景，当时受到华夏东部战乱的影响，顾不上经略边远地方，南宁州的土著百姓爨瓒于是趁机割据一方，朝廷只好遥授爨瓒为刺史，他的儿子爨震继承刺史职位直到今天。可是爨震不守臣道，不缴纳贡赋，臣梁睿请求借重平定蜀地的兵力，去平定南宁州。"此后南宁州夷人爨玩来投降，拜授他为昆州刺史，不久，爨玩又叛乱。于是任命左领军将军史万岁为行军总管，领兵讨伐他。史万岁从蜻蛉川攻入，到达南中。夷人先后屯兵据守的险要地方，全都被史万岁攻破；史万岁率众经过诸葛亮纪功碑，渡过西洱河，进入渠滥川，行军千余里，又攻破了三十多个部落，俘获男女两万多人。各部夷人十分害怕，纷纷派遣使臣请求投降，贡献直径一寸大的明珠，于是立石刻碑称颂隋朝功德。史万岁请求带爨玩入朝，隋文帝批准。爨玩暗中怀有二心，不愿意入朝，便用金银珠宝贿赂史万岁，史万岁于是留下爨玩班师回朝。

二月十三日，隋文帝驾临仁寿宫。

桂州俚人部落酋长李光仕叛乱，隋文帝派上柱国王世积和前桂州总管周法尚领兵前去征讨，周法尚调发岭南军队，王世积调发岭北军队，一起在尹州会师。王世积率领的军队遇到瘴疫，不能前进，停留在衡州，周法尚只得单独进军讨伐。李光仕战败，率领精锐部众退守白石洞。周法尚俘获了李光仕部属的很多家属，李光仕部众有来投降的，周法尚就把他们的妻子儿女交还，过了十天，来归降的有几千人；李光仕的军队最后溃散逃走，周法尚派兵追杀了李光仕。

隋文帝又派员外散骑侍郎何稠招募军队讨伐李光仕，何稠劝降了李光仕的党羽莫崇等人，又以朝廷的命令安置这些人担任州县官吏。何稠是何妥的侄儿。

隋文帝因为岭南夷人、越人多次起兵造反，任命汴州刺史令狐熙为桂州总管十七州诸军事，允许他可以不先上奏，自行决断处置紧急事务，授权他可以以朝廷的命令任命刺史以下官职。令狐熙到任后，广施恩德信义，那些溪洞中的夷人、越人酋长互相商量说："以前的几任总管都是用军队杀伐来威逼，现在的总管却是用亲笔教令来劝说开导，我们怎能违背他的好意呢？"于是相继率领所属部落归附。以前岭南各州县抗拒朝命，刺史、县令都不能前往就职，只能寄住在总管府。现在令狐熙把他们全部派遣到职，并为各州县修建城邑，兴办学堂，汉、夷百姓同受教化。俚人部落酋长宁猛力，在陈朝时就已割据南海，隋朝也就承认安抚他，拜授他为安州刺史，宁猛力凭借险要，态度傲慢，从来不到总管府拜谒长官。令狐熙用恩德信义晓谕他，宁猛力醒悟感动，也到总管府请示拜谒，不敢为非作歹。令狐熙奏请改安州为钦州。

隋文帝认为各地的下属官吏，都不敬畏他们的长官，所以什么事情都很难办成，三月初九日，诏令："官府各部门给下属官员定罪，若遇到按法律处罚很轻，而犯罪情节严重的情况，允许在法律规定之外根据情况处以杖刑。"于是上下各部门都虐待他们的属官，一级压一级施用拷打，把残酷暴虐当作本事，把遵纪守法当作懦弱无能。

隋文帝认为盗贼太多，下令偷窃一个钱以上的全要在闹市斩首，还要暴尸街头。有的三个人一起偷了一个瓜，事情被发现便都立即处死。因此行路的人天亮了也不早起赶路，天未晚就急忙投宿，天下人心惶惶。有几个人劫持了执政官员，对他说："我们今天找你岂是贪求钱财！只是为冤枉的人来讨一个说法。你替我们奏报皇上：自古以来，治国立法，没有偷一个钱就被处死的。你若不把我们的话奏报皇上，等我们再来，你们一个也活不成。”隋文帝接到了奏报，就废止了这条法令。

隋文帝曾经在盛怒之下，想在六月盛夏杖刑杀人，大理寺少卿河东人赵绰尽力谏诤说：“盛夏月份，天地间万物正在蓬勃成长，不可以在这个时候杀人。”隋文帝回答说：“六月份虽然是万物生长，但此时也一定有天帝雷霆。我效法上天而行，有何不可？”终于下令将人用刑杖打死。

大理寺掌固来旷上奏说大理寺断案判刑太宽，隋文帝认为来旷忠心耿直，派他每天早朝时在五品官员行列中参拜。来旷又控告大理寺少卿赵绰随随便便赦免囚徒。隋文帝派亲信近臣去调查验证，赵绰原本就没有徇私枉法，隋文帝大怒，下令将来旷斩首。赵绰极力谏诤，认为来旷不应处死，隋文帝不听，拂衣起身进殿中去了。赵绰假装大声说：“臣不再说来旷的事，本来还有别的事，没有来得及上奏。”隋文帝派人把赵绰引进殿中，赵绰叩了两次头，向隋文帝请罪说：“臣有三条死罪：臣任职大理寺少卿，没能管束好掌固，使得来旷触犯国法，这是第一条；囚犯不应判死罪，而为臣的我不能以死谏诤，这是第二条；臣本来没有别的事，可是说谎话请求进殿来见皇上，这是第三条。”隋文帝脸上的怒容缓和下来。恰好独孤皇后坐在旁边，便赏赐赵绰两金杯酒，连同金杯也赏赐给赵绰。来旷因此被免除了死罪，被流放到广州。

原陈朝将军萧摩诃儿子萧世略在江南反叛，萧摩诃应当株连判罪，隋文帝说：“萧世略还不满二十岁，他有什么能耐，因为他是名将的儿子，被别人逼迫罢了。”于是赦免了萧摩诃。赵绰极力谏诤，认为不可以赦免，隋文帝不能使赵绰屈服，想等赵绰离开后再赦免萧摩诃，便让赵绰先退朝回去吃饭。赵绰说：“臣奏报的狱案还没有结果，不敢退下。”隋文帝只好说：“大理卿你就看朕的面子特别赦免萧摩诃吧！”就命令左右侍臣释放了萧摩诃。

刑部侍郎辛亶曾经穿红色裤子，世俗认为有利于官运亨通；隋文帝认为这是巫蛊一类的妖术，想把辛亶斩首。赵绰说：“按照法律他不应当处死，臣不能接受诏命。”隋文帝更加恼怒，说：“你难道顾惜辛亶而不顾惜自己吗？”便下令将赵绰拉出去斩首。赵绰说：“陛下就是杀了臣，也不可杀辛亶。”走到朝堂，脱下衣服，将要斩首，隋文帝派人再问赵绰说：“再给你一次机会，你想好没有？”赵绰回答说：“一心执法，决不怕死。”隋文帝拂袖而起走进后殿，过了很久，才释放了赵绰。第二天隋文帝向赵绰道歉，慰勉他，赏赐三百段绢帛。

当时隋文帝禁止劣质铜钱流通，有两个人在市集上用被禁止的劣质铜钱兑换正品真币，负责巡察的武候抓住了他们，并奏报朝廷，隋文帝命令将这两个人都斩首，赵绰进谏说："这两个人所犯的罪，应当受杖刑，将他们斩首是不合法律量刑的规定。"隋文帝说："这不关你的事。"赵绰说："陛下不因为臣愚暗不明，把臣安排在法官的位置上，现在您想任意杀人，怎么说不关臣的事？"隋文帝说："摇撼大树，若摇不动就要赶快退下。"赵绰说："臣希望感动天子的圣心，岂止是摇动大树！"隋文帝又说："喝汤的人，汤太热就先放一下，难道天子的神威，你还敢冒犯吗？"赵绰拜伏在地上越来越往前移，隋文帝呵斥赵绰，赵绰也不肯退后，隋文帝于是转身进入殿内。治书侍御史柳彧又上奏苦苦劝谏，隋文帝才罢休。

隋文帝因为赵绰忠诚正直，常常召他进入殿中，有时碰上隋文帝和皇后同榻而坐，就招呼赵绰也坐，评论政事的得失，对赵绰前前后后的赏赐，要以万为单位来计算。赵绰与大理寺卿薛胄同时，都以公平宽恕闻名于世；然而薛胄断案倾向于情理，赵绰则谨守法律，两人都很称职。薛胄是薛端的儿子。

隋文帝晚年用法更加严厉，曾有个御史在正月元旦朝会时没有纠劾一个着装佩剑不整齐的武官，隋文帝说："你身为御史，竟这样放任自流。"于是命人杀了他；谏议大夫毛思祖劝谏，又被杀了。将作寺丞因为征收麦秸迟缓，武库令因为府署大堂荒芜，左右近臣出使，有的人接受州牧县宰赠送的马鞭、鹦鹉，隋文帝发现了，都一律处死，并亲自监斩。

隋文帝已经喜怒无常，不再遵守法律。隋文帝信任杨素，而杨素又恣意放纵，处事待人不公平。杨素与鸿胪寺少卿陈延有矛盾，曾经经过接待外来使节的蕃客馆，发现庭中有马粪，还有许多仆人挤在毛毡上赌博，杨素禀报了皇上。隋文帝勃然大怒，下令将主客令和参加赌博的人都用刑杖打死，并捶打陈延，陈延也差点被打死。

隋文帝派亲卫大都督长安人屈突通去陇西，复查畜牧情况，查出隐瞒马两万多匹，隋文帝大怒，要把太仆卿慕容悉达和其他监官一千五百人全部斩首，屈突通劝谏说："人命最为宝贵，陛下为何为了几头牲畜就要杀死一千多人？臣愿冒死请求陛下宽恕！"隋文帝怒目圆睁，厉声呵责，屈突通又叩头说："臣一个人罪当处死，特向陛下哀求一千多条人命。"隋文帝深受感动，猛然醒悟，说："朕糊涂不明，居然到如此地步！幸亏有你直言相劝。"于是慕容悉达等都被免除死罪，另外量刑处罚，隋文帝还因此提拔屈突通为左武候将军。

上柱国刘昶和隋文帝是旧交，隋文帝十分宠信他；他的儿子刘居士，胡作非为，不遵守法度，多次违法犯罪，隋文帝因为刘昶的缘故，每次都原谅了他。刘居士反而更加骄横放肆，常常劫持身体雄健的公卿子弟，带到家中，把车轮挂在他们的脖子上，再用棍棒毒打，打到奄奄一息仍不叫屈的，就称为壮士，释放他并和他结交。他的党羽共有三百人，常常在街巷路途行凶打人，抢劫财物，连公卿大臣王妃公主都不敢和他们计较。后来有人控告刘居士想造反，隋文帝大怒，将他斩首，公卿子弟受牵连而被免官除名的很多。

杨素、牛弘等人再次推荐张胄玄的历法。隋文帝命杨素同几位律历学者讨论提出了六十一个问题，都是旧历法很久不能解决的疑难问题，命刘晖等人与张胄玄等人辩论解析。结果刘晖哑口无言不能回答，而张胄玄可以解释清楚的有五十四个问题，隋文帝于是拜授张胄玄为员外散骑侍郎兼太史令，赏赐一千段绢帛，命他参加制定新历法。至此，张胄玄历法修订完成。夏季，四月初二日，诏令颁行新历。以前制定历法的刘晖等四人都被免官除名。

秋季，七月，桂州人李世贤起兵造反，隋文帝召集大臣们商议出兵讨伐。有几位将领请求出征，隋文帝没有允准，却回头望着右武候大将军虞庆则说："你位居宰相，爵为上公，国家有了反贼，你竟然没有请缨出征的意思，怎么回事？"虞庆则急忙跪拜谢罪，十分恐惧。隋文帝便任命虞庆则为桂州道行军总管，讨伐李世贤，全部平定。

秦王杨俊，年幼时仁慈宽厚，喜欢佛教，曾请求出家当和尚，没被准许。等到担任了并州总管，渐渐爱好奢侈，违反制度规定，大规模修建宫室。杨俊贪恋女色，他的王妃崔氏是崔弘度的妹妹，她生性嫉妒，便在瓜中放了毒药，杨俊吃了中毒得病，被召回京师。隋文帝因为他骄奢放纵，七月十三日，下令罢免了杨俊的官职，保留王爵回到府第。崔妃因为毒害秦王，被废除，赐在家中自尽。左武卫将军刘昇进谏说："秦王并没有别的过错，只是浪费点儿官府财物，营造一些房舍罢了，臣认为可以宽容他。"隋文帝说："法律不可违反。"杨素劝谏说："秦王的过错，还不至于违反法律，希望陛下明察。"皇上说："我是五个儿子的父亲，难道不是天下人民的君父？若按您的意思，为什么不另外制定一部皇帝儿子的法律！像周公那样宽厚的人，况且杀了管叔、蔡叔，我确实远远赶不上周公，怎么可以徇私枉法呢？"终于没有宽容。

七月二十四日，突厥突利可汗来迎娶公主，隋文帝安置突利可汗住在太常寺，派人教他学习汉人迎亲的六礼：纳采、问名、纳吉、纳征、请期、亲迎。隋文帝把宗室女安义公主许配突利可汗为妻。隋文帝想离间都蓝和突利的关系，因此礼仪特别隆重，派遣太常卿牛弘、纳言苏威、民部尚书斛律孝卿相继为使臣。

突利可汗原本住在大漠北方，已经娶了公主，长孙晟便劝说他率众南移，定居在度斤旧镇，赏赐的财物特别优厚。都蓝非常愤怒，说："我是最高的大可汗，反而不如染干！"于是断绝了向隋朝的朝请贡献，还不断地到边境侵扰。突利可汗打探到了消息，及时派遣使臣上奏，因此边境上每次都事先有了准备。

九月十一日，隋文帝从仁寿宫回到京师。

何稠从岭南回京的时候，宁猛力请求随同入朝，何稠见他病重，就把他送回钦州，并和他约定："八九月间，可以到京城相见。"何稠回到京师，奏报了这些情况，隋文帝很不高兴。冬季，十月，宁猛力病死，隋文帝对何稠说："你先前不带宁猛力来京，如今竟然死了！"何稠说："宁猛力与臣相约，如果他死了，一定派儿子入朝侍奉，越人生性直率，他的儿子一定会来。"宁猛力临死的时候，果真告诫他的儿子宁长真说："我与朝廷大使有约在先，不可失信，你安葬我之后，应当立即上路。"宁长真接任钦州刺史，遵从父亲的遗言进京朝请。隋文帝非常高兴，说："何稠在蛮人、夷人中享有信誉，竟然到了这个境地。"

鲁公虞庆则征讨李世贤时，任用他的内弟赵什住担任随府长史。赵什住与虞庆则的爱妾私通，担心事情败露，就扬言虞庆则本意不想出征，隋文帝听到后，接待的礼仪赏赐十分微薄。虞庆则回朝，到达潭州临桂岭，观赏眺望山川形胜，说："这里真是险要坚固，加上充足的粮食，如果有得力的人把守，是无法攻克的。"虞庆则派赵什住先行飞驰京师上奏，观察皇上的态度。赵什住趁机诬告虞庆则谋反，虞庆则被逮捕交给主管部门调查审判。十二月十日，虞庆则被定为死罪，赵什住被提升拜授为柱国。

高丽王高汤得知陈朝灭亡，十分恐惧，于是训练军队，积聚粮草，做好抵抗防守的准备。这一年，隋文帝赐给高汤加盖玺印的国书，责备他"虽然自己称藩属归附大隋，却没有尽到臣属的忠诚之节"，并且说："你们那一片地方，虽然地小人少，现在如果把你废黜，也不能没有人治理，最终还是要另外选派官员到你们那里安抚。你如果抛却杂念，改变行为，完全遵循朝廷规章制度，就是朕的好臣子，何必让朕劳神费力另派高人？你认为辽水广阔，能和长江相比吗？高丽人口兵力，是多是少能与陈国相比吗？朕如果不存有包容化育的心怀，就不会来责备你以往的过失，只需命令一名将军征讨，何必花费如此多的气力？这样诚恳深切的晓喻规劝，是给你一个自新的机会。"高汤接到了问责玺书，惶恐不安，准备奉表陈情谢罪，不巧患病死了。儿子高元继位，隋文帝派使者封高元为上开府仪同三司，承袭爵位为辽东公。高元奉上表章谢恩，并请求封王，隋文帝答应了。

吐谷浑大乱，国人杀死世伏可汗，立他的弟弟伏允为国主，派遣使者向隋文帝报告废立之事，并对专擅废立表示请罪，同时请求依照惯例娶公主为妻，隋文帝同意了。从此，吐谷浑每年都派使臣入朝进贡。

【原文】

十八年（戊午，598）

春，二月，甲辰[①]，上幸仁寿宫。

高丽王元帅靺鞨[②]之众万余寇辽西[③]，营州[④]总管韦冲[⑤]击走之。上闻而大怒，乙巳[⑥]，以汉王谅、王世积并为行军元帅，将水陆三十万伐高丽，以尚书左仆射高颎为汉王长史，周罗睺为水军总管。

延州刺史独孤陀[⑦]有婢曰徐阿尼，事猫鬼，能使之杀人，云每杀人，则死家财物潜移[⑧]于畜猫鬼家。会独孤后及杨素妻郑氏俱有疾，医皆曰："猫鬼疾也。"上以陀，后之异母[⑨]弟，陀妻，杨素异母妹，由是意陀所为，令高颎等杂治[⑩]之，具得其实。上怒，令以犊车[⑪]载陀夫妻，将赐死[⑫]，独孤后三日不食，为之请命[⑬]曰："陀若蠹政害民[⑭]者，妾[⑮]不敢言；今坐为妾身，敢请其命。"陀弟司勋侍郎[⑯]整[⑰]诣阙求哀，于是免陀死，除名为民，以其妻杨氏为尼。先是，有人讼其母为猫鬼所杀者，上以为妖妄，怒而遣之。至是，诏诛被讼行猫鬼家。夏，四月，辛亥[⑱]，诏："畜猫鬼、蛊毒[⑲]、厌媚野道之家，并投于四裔[⑳]。"

六月，丙寅[㉑]，下诏黜高丽王元官爵。汉王谅军出临渝关[㉒]，值水潦[㉓]，馈运不继[㉔]，军中乏食，复遇疾疫。周罗睺自东莱[㉕]泛海趣平壤城[㉖]，亦遭风，船多飘没。秋，九月，己丑[㉗]，师还，死者什八九。高丽王元亦惶惧遣使谢罪，上表称"辽东[㉘]粪土臣元"，上于是罢兵，待之如初。

百济王昌遣使奉表，请为军导[㉙]，帝下诏谕以"高丽服罪，朕已赦之，不可致伐。"厚其使而遣之。高丽颇知其事，以兵侵掠其境。

辛卯[㉚]，上至自仁寿宫。

冬，十一月，癸未[㉛]，上祀南郊。

十二月，自京师至仁寿宫，置行宫[㉜]十有二所。

南宁夷爨玩复反。蜀王秀奏："史万岁受赂纵贼，致生边患。"上责万岁，万岁诋谰[33]；上怒，命斩之。高颎及左卫大将军[34]元旻[35]等固请曰："万岁雄略过人，将士乐为致力[36]，虽古名将，未能过也。"上意少解，于是除名为民。

（以上为第七段，写隋文帝惩治妖术，远征高丽失利。）

【注释】

①甲辰：二月初三日。 ②靺鞨（mò hé）：古代民族名。在高丽之北。商周时称肃慎，汉魏时称挹娄，北朝时称勿吉，隋朝改为靺鞨。其活动区域在长白山与黑龙江流域。 ③辽西：郡名。治所柳城，在今辽宁朝阳市。 ④营州：州名。治所柳城，在今辽宁朝阳市。 ⑤韦冲（540—605）：历仕周、隋，官至民部尚书，封义丰县侯。传附《隋书·韦世康传》《北史·韦孝宽传》。 ⑥乙巳：二月初四日。 ⑦独孤陀（？—598）：字黎邪。历仕周、隋，官至延州刺史。传见《隋书》卷七十九、《北史》卷六十一。 ⑧潜移：慢慢地转移。 ⑨异母：同父不同母。 ⑩杂治：共同治办。杂，俱，共。 ⑪犊车：牛车。官品低下者所乘。犊，小牛，牛子。 ⑫将赐死：据章校，"死"下应补"于家"二字。 ⑬为之请命：替独孤陀祈求保全他的生命。 ⑭蠹（dù）政害民：败坏政治，残害人民。蠹，一种蛀虫，能败坏各种物品。 ⑮妾：古代妇女自称的谦词。 ⑯司勋侍郎：官名。属于吏部，掌校定勋绩、论官赏勋、官告身等。 ⑰整：独孤整，官至幽州刺史，传附《隋书·独孤陀传》《北史·独孤陀传》。 ⑱辛亥：四月十一日。 ⑲蛊毒：毒害。 ⑳四裔：四方极远的地方。 ㉑丙寅：六月二十七日。 ㉒临渝关：关名。故址在今河北秦皇岛市抚宁区榆关镇。 ㉓水潦：指雨后的大水。 ㉔馈运不继：运送的粮草接济不上。馈，供给。 ㉕东莱：郡名。治所掖县，在今山东莱州市。 ㉖平壤城：地名。当时高丽国都城，即今朝鲜平壤。 ㉗己丑：九月二十一日。 ㉘辽东：辽水以东地区，大致包括今辽宁东南部辽河以东地区。 ㉙军导：军事上的向导。 ㉚辛卯：九月二十三日。 ㉛癸未：十一月十六日。 ㉜行宫：京城的宫室以外，供帝王出行时居住的宫殿称行宫。 ㉝诋谰（dǐ lán）：抵赖。诋，拒绝谈所隐讳的事。谰，狂言，抵赖。 ㉞左卫大将军：武官名。掌禁卫营兵。 ㉟元旻（？—590）：官至左卫大将军，封五原公。其事散见《隋书》与《北史》诸传。 ㊱致力：尽力。致，尽，极。

【译文】

隋文帝开皇十八年（戊午，598）

春季，二月初三日，隋文帝巡幸仁寿宫。

高丽王高元率领靺鞨一万多人侵扰辽西郡，营州总管韦冲打退了高元。隋文帝得知极为震怒。二月初四日，隋文帝下令，任命汉王杨谅、上柱国王世积同为行军元帅，率领水陆军队三十万人讨伐高丽，任命尚书左仆射高颎为汉王长史，周罗睺为水军总管。

延州刺史独孤陀有一个婢女叫徐阿尼，她事奉猫鬼，能指使猫鬼杀人，并说每杀一个人，能让死者的家财暗中转移到养猫鬼的人家。恰好独孤皇后和杨素的妻子郑氏都生了病。看病的医生都说："这是猫鬼作祟带来的病。"隋文帝认为，独孤陀是独孤皇后的同父异母弟弟，独孤陀的妻子杨氏是杨素同父异母妹妹，因此就认定是独孤陀使的坏，下令高颎等人共同审理，一一得到实情。隋文帝大怒，命令用牛拉车载送独孤陀夫妻到京师，打算赐死。独孤皇后三天不吃饭，替独孤陀讲情，说："独孤陀如果是误国害民，妾不敢说什么；如今是因为妾个人生病而犯罪，斗胆地为他们请命。"独孤陀的弟弟司勋侍郎独孤整也到宫阙下苦苦求情，这才免了独孤陀的死刑，免官除名贬为平民，他的妻子杨氏发落出家为尼。早先，有人控告他的母亲被猫鬼杀害，隋文帝认为是妖言妄语，怒气冲冲地把告状人赶走。到这时，才又下诏诛杀上次被控告用猫鬼害人的那家人。夏季，四月十一日，隋文帝下诏："畜养猫鬼、蛊毒，以及从事诅咒妖术的人家，统统流放到偏远的四方边地。"

六月二十七日，隋文帝下诏罢黜高丽王高元的爵位。汉王杨谅大军从临渝关出发，正碰上大雨成灾，粮食运输受阻，军中缺乏食物，又遇到瘟疫流行。周罗睺从东莱渡海指向平壤城，中途遇到大风，船舰大多漂散沉没。秋季，九月二十一日，隋朝远征大军撤回，水陆两军十之八九都死亡。高丽王高元也惶恐不安派遣使者来请罪，上表章自称"辽东粪土臣高元"，隋文帝于是休兵，对待高元和原来一样。

百济王余昌派使者奉上表章，请求担任征讨大军的向导，隋文帝下诏告诉他："高丽已经服罪，朕已经赦免了高元，不可以再讨伐了。"赠送百济使者很多的礼物，送他回国。高丽多少知道了一些消息，就派兵侵扰百济边境。

九月二十三日，隋文帝从仁寿宫回到京师。

冬季，十一月十六日，隋文帝在南郊祭天。

十二月，隋文帝从京师到仁寿宫，设置行宫十二座。

南宁夷族首领爨玩又起兵造反。蜀王杨秀奏告称："史万岁收受贿赂，放纵贼兵，以致产生边患。"隋文帝斥责史万岁，史万岁百般抵赖掩饰，隋文帝大怒，命人将他处死。高颎和左卫大将军元旻等一再请求说："史万岁雄才武略超过一般的人，将士都乐意为他效力，即使古代的名将，也未必能超过他。"隋文帝稍微消了些怒气，于是罢免了史万岁的官职，贬为平民。

【原文】

十九年（己未，599）

春，正月，癸酉[①]，赦天下。

二月，甲寅[②]，上幸仁寿宫。

突厥突利可汗因长孙晟奏言都蓝可汗作攻具[③]，欲攻大同城[④]。诏以汉王谅为元帅，尚书左仆射高颎出朔州道[⑤]，右仆射杨素出灵州道，上柱国燕荣[⑥]出幽州道以击都蓝，皆取汉王节度；然汉王竟不临戎[⑦]。

都蓝闻之，与达头可汗结盟，合兵掩袭突利，大战长城下，突利大败。都蓝尽杀其兄弟子侄，遂渡河入蔚州[⑧]。突利部落散亡，夜，与长孙晟以五骑南走，比旦[⑨]，行百余里，收得数百骑。突利与其下谋曰："今兵败入朝，一降人耳，大隋天子岂礼[⑩]我乎！玷厥[⑪]虽来，本无冤隙[⑫]，若往投之[⑬]，必相存济[⑭]。"晟知之，密遣使者入伏远镇[⑮]，令速举烽[⑯]。突利见四烽俱发，以问晟，晟绐之曰："城高地迥[⑰]，必遥见贼来。我国家法，若贼少，举二烽；来多，举三烽；大逼[⑱]，举四烽。彼见贼多而又近耳。"突利大惧，谓其众曰："追兵已逼，且可投城。"既入镇，晟留其达官执室领其众，自将突利驰驿入朝。夏，四月，丁酉[⑲]，突利至长安。帝大喜，以晟为左勋卫骠骑将军[⑳]，持节[㉑]护突厥[㉒]。

上令突利与都蓝使者因头特勒相辩诘[㉓]，突利辞直，上乃厚待之。都蓝弟郁[㉔]速六弃其妻子，与突利归朝，上嘉之，使突利多遗之珍宝以慰其心。

高颎使上柱国赵仲卿[㉕]将兵三千为前锋，至族蠡山[㉖]，与突厥遇，交战七日，大破之；追奔至乞伏泊[㉗]，复破之，虏千余口，杂畜万计。突厥复大举而至，仲卿为方陈，四面拒战，凡五日。会高颎大兵至，合击之，突厥败走，追度白道，逾秦山[㉘]七百余里而还。杨素军与达头遇。先是诸将与突厥战，虑其骑兵奔突[29]，皆以戎车步骑相参[30]，设鹿角[31]为方陈，骑在其内。素曰："此乃自固之道[32]，未足以取胜也。"于是悉除旧法，令诸军为骑陈[33]。达头闻之，大喜曰："天赐我也！"下马仰天[34]而拜，帅骑兵十余万直前。上仪同三司周罗睺曰："贼陈未整，请击之。"帅精骑逆战，素以大兵继之，突厥大败，达头被重创[35]而遁，杀伤不可胜计，其众号哭而去。

六月，丁酉[36]，以豫章王暕为内史令。

宜阳公王世积为凉州[37]总管，其亲信安定皇甫孝谐有罪，吏捕之，亡抵[38]世积，世积不纳[39]。孝谐配防[40]桂州，因上变[41]，称"世积尝令道人相其贵不[42]，道人答曰：'公当为国主[43]，又将之[44]凉州。'其所亲谓世积曰：'河西[45]天下精兵处，可图大事[46]。'世积曰：'凉州土旷人希[47]，非用武之国。'"世积坐诛[48]，拜孝谐上大将军。

独孤后性妒忌，后宫莫敢进御[49]。尉迟迥女孙[50]，有美色，先没宫中，上于仁寿宫见而悦之，因得幸[51]。后伺上听朝[52]，阴杀之，上由是大怒，单骑[53]从苑中出，不由径路[54]，入山谷间二十余里。高颎、杨素等追及上，扣马苦谏。上太息[55]曰："吾贵为天子，不得自由！"高颎曰："陛下岂以一妇人而轻天下！"上意少解，驻马良久，中夜[56]方还宫。后俟上于阁内，及至，后流涕拜谢，颎、素等和解之，因置酒极欢。先是后以高颎父之家客[57]，甚见亲礼[58]，至是，闻颎谓己为一妇人，遂衔之。

时太子勇失爱于上，潜有废立之志，从容谓颎曰："有神告晋王妃，言王必有天下，若之何[59]?"颎长跪[60]曰："长幼有序[61]，其可废乎[62]！"独孤后知颎不可夺，阴欲去之[63]。

会上令选东宫卫士以入上台[64]，颎奏称："若尽取强者，恐东宫宿卫太劣。"上作色[65]曰："我有时出入，宿卫须得勇毅。太子毓德春宫[66]，左右何须壮士！此极弊法。如我意者，恒于交番[67]之日，分向东宫，上下团伍[68]不别，岂非佳事！我熟见[69]前代，公不须仍踵旧风[70]。"颎子表仁[71]，娶太子女，故上以此言防之。

颎夫人卒，独孤后言于上曰："高仆射老矣，而丧夫人，陛下何能不为之娶！"上以后言告颎。颎流涕谢曰："臣今已老，退朝，唯斋居[72]读佛经而已，虽陛下垂哀[73]之深！至于纳室[74]，非臣所愿。"上乃止。既而颎爱妾生男，上闻之，极喜，后甚不悦。上问其故，后曰："陛下尚复信高颎邪？始，陛下欲为颎娶，颎心存爱妾，面欺[75]陛下。今其诈已见[76]，安得信之！”上由是疏[77]颎。

伐辽之役，颎固谏，不从，及师[78]无功，后言于上曰：“颎初不欲行，陛下强遣之，妾固知其无功矣！”又，上以汉王年少，专委军事于颎，颎以任寄隆重[79]，每怀至公[80]，无自疑[81]之意，谅所言多不用。谅甚衔之，及还，泣言于后曰：“儿幸免高颎所杀。”上闻之，弥不平。

及击突厥，出白道[82]，进图入碛[83]，遣使请兵，近臣缘此[84]言颎欲反。上未有所答，颎已破突厥而还。及王世积诛，推核[85]之际，有宫禁中事，云于颎处得之，上大惊。有司又奏：“颎及左右卫大将军元旻、元胄，并与世积交通[86]，受其名马之赠。”旻、胄坐免官。上柱国贺若弼、吴州总管宇文弢[87]、刑部尚书薛胄、民部尚书斛律孝卿、兵部尚书柳述[88]等明颎无罪，上愈怒，皆以属吏，自是朝臣无敢言者。秋，八月，癸卯[89]，颎坐免上柱国、左仆射，以齐公[90]就第。

未几，上幸秦王俊第，召颎侍宴。颎歔欷悲不自胜，独孤后亦对之泣[91]。上谓颎曰：“朕不负公，公自负[92]也。”因谓侍臣曰：“我于高颎，胜于儿子，虽或不见，常似目前；自其解落[93]，瞑然忘之[94]，如本无高颎。人臣不可以身要君[95]，自云第一也。”顷之，颎国令[96]上颎阴事[97]，称其子表仁谓颎曰：“司马仲达[98]初托疾不朝，遂有天下，公今遇此[99]，焉知非福！”于是上大怒，囚颎于内史省而鞫之[100]。宪司[101]复奏沙门真觉尝谓颎云：“明年国有大丧[102]。”尼令晖复云：“十七、十八年，皇帝有大厄[103]，十九年不可过。”上闻而益怒，顾谓群臣曰：“帝王岂可力求！孔子以大圣[104]之才，犹不得天下。颎与子言，自比晋帝[105]，此何心乎！”有司请斩之。上曰：“去年杀虞庆则，今兹斩王世积，如更诛颎，天下其谓我何！”于是除名为民。

颎初为仆射，其母戒之曰：“汝富贵已极，但有一斫头[106]耳，尔其慎之[107]！”颎由是常恐祸变[108]。至是，颎欢然[109]无恨色。先是国子祭酒元善[110]言于上曰：“杨素粗疏，苏威怯懦，元胄、元旻正似鸭[111]耳。可以付社稷[112]者，唯独高颎。”上初然之[113]。及颎得罪，上深责之，善忧惧而卒。

九月[114]，以太常卿牛弘为吏部尚书。弘选举先德行而后文才，务在审慎，虽致停缓，其所进用，并多称职。吏部侍郎高孝基[115]鉴赏机晤，清慎[116]绝伦[117]，然爽俊[118]有余，迹[119]似轻薄，时宰[120]多以此疑之；唯弘深识其真，推心任委。隋之选举得人，于斯为最，时论[121]弥服弘识度之远。

冬，十月，甲午[122]，以突厥突利可汗为意利珍豆启民可汗，华言“意智健[123]”也。突厥归启民者男女万余口，上命长孙晟将五万人于朔州，筑大利城[124]以处之。时安义公主已卒，复使晟持节送宗女义成公主以妻之[125]。

晟奏：“染干部落，归者益众，虽在长城之内，犹被雍虞闾抄掠，不得宁居。请徙五原[126]，以河为固，于夏、胜[127]两州之间，东西至河，南北四百里，掘为横堑[128]，令处其内，使得任情[129]畜牧。”上从之。

又令上柱国赵仲卿屯兵二万为启民防达头，代州[130]总管韩洪[131]等将步骑一万镇恒安[132]。达头骑十万来寇，韩洪军大败，仲卿自乐宁镇[133]邀击，斩首千余级。

帝遣越公杨素出灵州，行军总管韩僧寿[134]出庆州[135]。太平公史万岁出燕州[136]，大将军武威姚辩[137]出河州[138]，以击都蓝。师未出塞，十二月，乙未[139]，都蓝为部下所杀，达头自立为步迦可汗，其国大乱。长孙晟言于上曰：“今官军临境，战数有功，虏内[140]自携离[141]，其主被杀，乘此招抚，可以尽降。请遣染干部下分道招慰。”上从之。降者甚众。

（以上为第八段，写开皇十九年，隋文帝用兵大破突厥，保持对外英武的形象，而内政多疑偏信，杀大臣王世积，罢斥高颎，渐露专制君主晚年昏聩的迹象。）

【注释】

①癸酉：正月初七日。 ②甲寅：二月十九日。 ③攻具：攻城的装置、工具。④大同城：地名。故址在今内蒙古乌拉特前旗东北。 ⑤朔州道：谓从朔州出击突厥。朔州治所马邑县，在今山西朔州市朔城区。道，指外出作战的进军路线。 ⑥燕荣（？—603）：字贵公，华阴弘农（今河南灵宝东北）人。历仕周、隋，官至幽州总管。传见《隋书》卷七十四、《北史》卷八十七。 ⑦临戎：亲临战场。对阵。 ⑧蔚州：州名。治所灵丘县，在今山西灵丘县。 ⑨比旦：到了天亮时。比，及。 ⑩礼：谓以礼相待。 ⑪玷厥：即达头可汗之名。 ⑫冤隙：怨恨，仇恨。冤，怨仇。 ⑬投之：投奔达头可汗部。 ⑭存济：安顿，保全。 ⑮伏远镇：地名。故址不详。 ⑯举烽：点燃烽火，向内地报警。烽，也作“熢”，古代边防报警的烟火。 ⑰迥：远。 ⑱大逼：敌军众多且逼近城池。逼，近。 ⑲丁酉：四月初二日。 ⑳左勋卫骠骑将军：武官名。掌宫廷侍卫。 ㉑持节：古代使臣出使，必持节以作凭证。节，符节。 ㉒护

突厥：谓总领突厥事务。㉓相辩诘：相互辩论，以弄清是非。诘，责问。㉔都蓝弟郁：据章校，"郁"应改为"都"字。㉕赵仲卿（542—605）：天水陇西（今甘肃陇西东南）人。历仕周、隋，官至检校司农卿，判兵部、工部二曹尚书事。传见《隋书》卷七十四、《北史》卷六十九。㉖族蠡（lǐ）山：山名。今在何处不详。㉗乞伏泊：湖名。即今内蒙古察哈尔右翼前旗境内黄旗海。㉘秦山：山名。即今内蒙古黄河东北部的大青山。㉙奔突：奔驰冲突。㉚相参：互相混合。㉛鹿角：古时设在阵地营寨前的一种防御工事。把带枝的树木削尖，半埋入地下，以阻止敌人进入。㉜自固之道：坚固阵地的方法。固，牢固。㉝骑陈：用骑兵组成阵势。㉞仰天：抬起头，脸朝天。㉟重创：重伤。创，创伤。㊱丁酉：六月初三日。㊲凉州：州名。治所姑臧县，在今甘肃武威市。㊳亡抵：逃亡到。亡，逃跑。抵，到达。㊴不纳：不接受。㊵配防：配隶军队，去充当防守。㊶上变：向朝廷密告谋反叛乱之事。㊷相其贵不：给世积相面，看其能否富贵。不，同"否"。㊸国主：一国之君主。㊹之：往。㊺河西：泛指黄河以西的甘肃地区。又称河右。㊻大事：重大的事情。指发动政变，夺取皇位。㊼土旷人希：土地辽阔，人烟稀少。旷，辽阔，广大。希，稀少，通"稀"。㊽坐诛：被判为死刑。㊾进御：指向皇帝进用美女。㊿女孙：孙女。51得幸：得到皇帝的宠遇。封建时代称皇帝亲临为幸。52听朝：帝王主持朝会以处理政事。听，治理。53单骑：谓隋文帝独自乘马，没有从骑。54径路：道路。55太息：出声长叹。56中夜：半夜。57后以高颎父之家客：高颎父宾，为皇后父独孤信参佐，独孤信被杀后，皇后以宾为独孤信的部下，多往来其家，故称家客。58亲礼：亲近而尊敬。59若之何：怎么办。若，奈，怎样。60长跪：直身而跪。古代人席地而坐，坐时两膝据地以臀部着脚跟。跪时则伸直腰、腿，以表示庄重。61长幼有序：按宗法制，立太子要按照先长后幼的顺序。62其可废乎：据章校，"乎"下应补"上默然而止"五字。63去之：指除去高颎。去，去掉，除去。64上台：宫禁。65作色：脸上变色。66太子毓（yù）德春宫：太子在东宫静心修养。毓，生长，养育，此指修养、培养。春宫，即东宫，太子所居之处。67交番：番卫交接，轮换。68团伍：当时禁卫的军事组织，三百人为团，五人为伍。69熟见：熟悉，明了。70仍踵旧风：仍然因袭旧的习惯。踵，跟随，因袭。71表仁：即高表仁，高颎第三子，封渤海郡公。传附《隋书·高颎传》。72斋居：清心寡欲而居。73垂哀：怜爱。垂，俯，下。74纳室：娶妻。室，妻。75面欺：当面欺骗。76已见（xiàn）：已经明显。见，显露，"现"的本字。77疏：疏远，不亲近。78师：出军，出师。79任寄隆重：受托的责任重大。任寄，任用委托。隆重，重要。80每怀至公：每处理一事，即为公着想。至，极，甚。

㉛自疑：不自信，自我疑虑。 ㉜白道：地名。故址在今内蒙古呼和浩特西北。 ㉝进图入碛（qì）：进一步合计欲深入大漠。碛，沙漠。 ㉞缘此：因此。缘，凭借。 ㉟推核：推究查问。核，审察。 ㊱交通：交结往来。 ㊲宇文弼（546—607）：字公辅，河南洛阳（今河南洛阳）人。历仕周、隋，官至礼部尚书。传见《隋书》卷五十六、《北史》卷七十五。弼（bì），古“弼”字。 ㊳柳述：字业隆。官至兵部尚书。传附《隋书·柳机传》《北史·柳虬传》。 ㊴癸卯：八月初十日。 ㊵齐公：高颎曾封为齐国公。 ㊶对之泣：面对着高颎哭泣。 ㊷自负：自恃。自以为了不起。 ㊸解落：谓解官落职。 ㊹瞑然忘之：闭上眼睛，什么也看不到，被忘记了。 ㊺要（yāo）君：要挟君主。 ㊻国令：官名。王国、公国皆有令，掌封国的政事。 ㊼阴事：秘密的事。 ㊽司马仲达：曹魏重臣丞相司马懿，字仲达，是西晋篡夺曹魏的奠基人，事详见《资治通鉴》卷七十五《魏纪》邵陵厉公嘉平元年。 ㊾公今遇此：指高颎被罢官解职归家之事。 ⑩鞫（jū）之：审查高颎。鞫，审讯，查问。 ⑩宪司：法司。魏、晋以来御史的别称。 ⑩大丧：指帝王、皇后及其嫡长子的丧礼。 ⑩大厄：大的危难。厄，危难，灾难。 ⑩大圣：至圣，指道德高尚完备的人。 ⑩晋帝：指司马懿。曹魏丞相，其孙司马炎代魏称帝，建立晋朝，追谥为宣帝。 ⑩斫（zhuó）头：杀头。斫，用刀砍。 ⑩尔其慎之：你还是要谨慎从事。尔，你。 ⑩祸变：发生灾祸。 ⑩欢然：欢喜的样子。 ⑩元善（540—599）：河南洛阳（今河南洛阳）人。官至国子祭酒。传见《隋书》卷七十五、《北史》卷十六。 ⑪似鸭：鸭子常浮在水上，随波上下。以此比喻元胄等人随波逐流，以保全自己。 ⑪付社稷：谓交付国家大事。社稷，国家政权的象征。 ⑪初然之：起初以为是这样。 ⑪九月：据章校，“月”下应补“乙丑”二字。乙丑，九月三日。 ⑪高孝基：官至吏部侍郎，事附《隋书·牛弘传》《北史·牛弘传》。 ⑪清慎：廉洁而慎重。 ⑪绝伦：无与伦比。伦，同类，同辈。 ⑪爽俊：爽朗而有才智。 ⑪迹：踪迹，行动。 ⑫时宰：当时的执政官。 ⑫时论：当时的舆论。 ⑫甲午：十月初二日。 ⑫意智健：意智犹言智慧，健是雄健之意。 ⑫大利城：城名。故址在今内蒙古和林格尔县东北。 ⑫以妻之：把义成公主嫁给启民可汗为妻子。妻，以女嫁人。 ⑫五原：郡名。治所九原县，在今内蒙古包头市西北。 ⑫夏、胜：两州名。夏州，治所岩绿县，在今陕西靖边东北白城子。胜州，治所榆林县，在今内蒙古准格尔旗东北黄河南岸十二连城。 ⑫横堑（qiàn）：横沟。堑，壕沟。 ⑫任情：任意，随便。 ⑬代州：州名。治所雁门县，在今山西代县。 ⑬韩洪（548—610）：字叔明，韩擒虎三弟。官至陇西太守。传附《隋书·韩擒虎传》《北史·韩雄传》。 ⑬恒安：镇名。故址在今山西大同市东北古城。 ⑬乐宁镇：镇名。故址不详。 ⑬韩僧寿（547—612）：字玄庆，韩擒虎二弟。官至蔚州刺史，封新蔡郡公。

传附《隋书·韩擒虎传》《北史·韩雄传》。⑬⑤庆州：州名。治所合水县，在今甘肃庆城县。⑬⑥燕州：州名。治所怀戎县，在今河北涿鹿西南。⑬⑦姚辩（？—611）：武威（今甘肃武威市）人。官至右光禄大夫、左屯卫大将军，事散见《隋书》本纪。⑬⑧河州：州名。治所枹罕县，在今甘肃临夏县西南。⑬⑨乙未：十二月初四日。⑭⓪虏内：指突厥内部。当时中原人习称突厥为虏。⑭①携离：背叛。

【译文】

隋文帝开皇十九年（己未，599）

春季，正月初七日，大赦天下。

二月十九日，隋文帝巡幸仁寿宫。

突厥突利可汗通过长孙晟上奏说都蓝可汗正在制造攻城器具，想要攻打大同城。于是，隋文帝下诏任命汉王杨谅为元帅，令尚书左仆射高颎从朔州道出发，右仆射杨素从灵州道出发，上柱国燕荣从幽州道出发，多路同时讨伐都蓝，统一受汉王杨谅指挥，可是汉王却没有亲临前线。

都蓝听到消息，便与达头可汗结盟，合兵偷袭突利可汗，在长城下大战，最终突利大败。都蓝把他的兄弟子侄全部杀光，乘胜渡过黄河侵入蔚州。突利的部落溃散逃亡，到了夜晚，只剩下突利可汗与长孙晟连同五名骑兵往南逃，等到天亮时，跑了一百多里，在途中收拢了数百骑兵。突利和部下商议说："现在打了败仗，进京朝见，只不过是一个投降的人，隋朝天子岂能以礼待我？玷厥虽然这次来袭击我，但是我和他原本没有什么仇怨，我如果去投奔他，他一定会保全我。"长孙晟得知这一情况，便暗中派使者进入伏远镇，命令军士立即点燃告急烽火。突利可汗见四堆烽火同时点燃，便问长孙晟，长孙晟骗他说："伏远镇城池很高，地势辽阔，一定是远远望见敌军来了。我们国家规定：若是敌军少，燃起两堆烽火；敌军来得多，燃起三堆烽火；若是大军压境，就燃起四堆烽火。现在他们是望见敌军很多而又渐渐逼近啊！"突利可汗非常害怕，对他的部众说："追兵已经逼近，我们先进城躲避一下。"进入伏远镇之后，长孙晟留下突利可汗的达官执室统领可汗部众，自己带领突利可汗乘驿马入朝。夏季，四月初二日，突利可汗到达长安。隋文帝非常高兴，封长孙晟为左勋卫骠骑将军，持节监护突厥。

隋文帝命突利可汗和都蓝的使者因头特勒两人互相辩论，突利理直气壮，隋文帝因此厚待他。都蓝的弟弟郁速六抛弃妻子儿女，和突利可汗一起归附朝廷，隋文帝非常赞许郁速六，让突利可汗送给他许多珍宝表示安慰。

高颎派上柱国赵仲卿领兵三千为先锋，前进到了族蠡山，与突厥军队遭遇，交战七天，大败突厥军队；又追击逃敌直到乞伏泊，再次打败突厥兵，俘虏了一千多人，各种牲畜以万计。突厥军队又一次集结大举来犯，赵仲卿收拢军队为一个方阵，四面拒敌，苦战了五天，正好高颎率领的主力大军赶到，内外合力夹攻，突厥军队大败逃走，隋军乘胜追击，渡过白道川，又翻过秦山追击七百多里，然后得胜班师。杨素的军队和达头可汗相遇。起先，隋军众将与突厥交战，担心突厥骑兵横冲直撞，便把战车、步兵、骑兵混合编队，又设置鹿角障碍构成方阵，骑兵布置在方阵之内。杨素说："这只是一种自我防卫的阵法，不是以攻击取胜。"于是完全废除这种方阵，命令各军摆出骑兵阵列。达头知道后，非常高兴地说："这是上天赐给我取胜良机！"便下马向苍天叩拜，随即率领十余万骑兵径直奔袭隋军。上仪同三司周罗睺说："趁敌军的阵列还没整齐，请立即出击。"便率领精锐骑兵迎战，杨素率领大军随后投入战斗，突厥军队大败，达头受重伤而逃，死伤不计其数，剩下的部众哀号痛哭，向北逃去。

六月初三日，任命豫章王杨暕为内史令。

宜阳公王世积任凉州总管，他的亲信安定人皇甫孝谐犯了罪，官吏缉拿他，他逃到王世积那里，王世积没有接纳。皇甫孝谐最后被捕，发配到桂州当兵，为此他上书举报王世积阴谋造反，说："王世积曾经让道士给他看相，看他是否能大贵。道士给他看了相后说：'您会成为一国之主，又将要迁调凉州。'他的亲信对他说：'河西集中了天下的精兵，可以图谋大事。'王世积说：'凉州地广人稀，不是用武的地方。'"于是王世积被定罪杀头，皇甫孝谐反而拜授为上大将军。

独孤皇后生性嫉妒，宫女没有人敢去侍候皇上。尉迟迥的孙女，姿色美艳，早先被没入宫中。隋文帝在仁寿宫看见了她，很喜爱，因而得到宠幸。独孤皇后趁隋文帝上朝听政的时候，暗中派人杀了她。隋文帝因此极为愤怒，独自一人骑马从皇宫花园出走，不走大路，沿着偏僻小路深入山谷，走了二十多里。高颎、杨素等人从后面追了上来，拉住马头苦苦劝谏。隋文帝叹息说："我贵为天子，却没有丝毫自由！"高颎说："陛下难道为了一个妇人而看轻天下？"隋文帝怒气才稍微缓解，停住马蹄，过了许多，半夜才回宫内。独孤皇后在后宫等候隋文帝，等到隋文帝回来了，独孤皇后泪流满面，跪拜谢罪，高颎、杨素等人又从中劝说，隋文帝才摆下酒宴，极尽欢乐。原先，独孤皇后因高颎是自己父亲家中的常客，对他十分亲近礼遇，现在，听到高颎说自己是一个妇人，便对他心怀愤恨。

当时，由于太子杨勇已经失宠，隋文帝暗中有废黜杨勇另立太子的打算，曾经从容地对高颎说："有神灵告诉晋王妃，说晋王一定会统治天下，你说该怎么办？"高颎长跪在地上，说："长幼有序，怎么可以废除太子呢？"独孤皇后知道高颎护卫太子的意志不会改变，便暗中想要除掉他。

正巧隋文帝下令选调一部分东宫卫士入宫宿卫，高颎上奏说："如果完全挑选强壮的，恐怕东宫宿卫力量太弱。"隋文帝听了这话，变了脸色，说："我时常要进出，宿卫之士必须骁勇强健。太子在东宫修养德行，身边何必要强壮勇士？东宫卫队强大是一个严重弊端。依我的想法，应当经常在禁卫军轮值交接的时候，分一部分去宿卫东宫，使皇宫卫队和东宫卫队编制不分开，岂不是件好事？我非常熟悉前代的利弊，您不要仍然沿袭旧制。"高颎的儿子高表仁娶太子之女为妻，所以隋文帝用这些话来警戒他。

高颎夫人逝世，独孤皇后对皇上说："高仆射年老，又死了夫人，陛下怎能不为他再娶一位？"隋文帝把独孤皇后的话转告了高颎。高颎流泪致谢说："臣现已年老，退朝后，只能在家中吃斋念佛罢了，虽然陛下关心哀怜我，但是再娶不是臣所愿意的。"隋文帝于是作罢。后来高颎的爱妾生了男孩，隋文帝听说了，很是喜悦，独孤皇后却很不高兴。隋文帝问是什么原因，独孤皇后说："陛下还在相信高颎吗？一开始，陛下想替高颎再娶，高颎心里想着爱妾，却当面蒙骗陛下。现在他的欺诈已经全暴露出来了，怎么还信任他呢？"隋文帝因此疏远了高颎。

隋文帝讨伐高丽的战役，高颎极力劝谏，隋文帝没有听从，等到大军无功退还，独孤皇后对隋文帝说："高颎当初不愿出征，陛下强行派遣他，妾当时就知道高颎不会建功。"另外，隋文帝认为汉王杨谅年少，把军事全权委托高颎掌管，高颎深感责任重大，胸怀坦荡无私，不避嫌疑，汉王杨谅的话大多不采纳。杨谅内心怀恨，等到班师回朝，杨谅在独孤皇后面前哭诉说："儿子万幸，差点被高颎杀害。"隋文帝听了，更加气愤。

后来北伐突厥，高颎率领主力从白道川出击，计划深入大漠，派使者向朝廷请求增兵，隋文帝身边的近臣以此为由说高颎要谋反。隋文帝还没有答复，高颎已经打败突厥班师回朝。等到王世积被处死，在审判调查中，牵涉到许多宫中的机密，都说是从高颎那里得到的，隋文帝非常吃惊。主管部门又奏称："高颎和左右卫大将军元旻、元胄，都和王世积交往密切，接受王世积赠送的名马。”元旻、元胄被罢官。上柱国贺若弼、吴州总管宇文弢、刑部尚书薛胄、民部尚书斛律孝卿、兵部尚书柳述等证明高颎无罪，隋文帝更加震怒，把他们全都交给法官审问，从此朝中大臣没有人再敢说话。秋季，八月初十日，高颎被解除上柱国、左仆射官职，保留齐公的爵位，回到家中。

不久，隋文帝驾临秦王杨俊宅第，召高颎陪侍酒宴。高颎哭泣抽咽，十分悲伤，独孤皇后也对着他哭泣。隋文帝对高颎说：“朕没有对不起你，是你自认为了不起。”便对左右侍臣说：“我对待高颎比对儿子还好，即使有时见不到他，也好像近在眼前；可是自从他解官免职，便逐渐淡忘，好像世界上原本没有高颎这个人。做臣子的不该拿自己的功劳要挟君王，目中无人。”不久，高颎的国令上奏揭发高颎隐秘的事，说高颎的儿子高表仁对高颎说：“司马仲达当初托称有病不入宫朝见，后来却夺取天下，您今天这种境遇，又怎么知道不是将来之福呢？”于是隋文帝大怒，把高颎囚禁在内史省审讯。执法部门又上奏揭发，和尚真觉曾经对高颎说：“明年国家将有大丧。”尼姑令晖也说：“开皇十七、十八年，皇上有难，十九年却过不了。”隋文帝听了更加愤怒，回头对群臣说：“帝王难道是人力可以求得的吗？孔子以大圣的才干，尚不能得到天下。高颎与他儿子谈话，把自己比作晋宣帝司马懿，这打的是什么主意！”执法官吏奏请处死高颎，隋文帝说：“去年杀死虞庆则，今年斩了王世积，如果再杀高颎，天下人将会怎么说我呢？”于是将高颎罢官为平民。

高颎当初担任尚书仆射时，他的母亲告诫他说：“你富贵达到了极点，只差砍头罢了，你要小心啊！”高颎因此常常担心灾祸临头。到这次免官除名，没有杀头，高颎反而感到高兴，一点也没有怨恨。起先，国子祭酒元善对隋文帝说：“杨素为人粗略疏阔，苏威个性胆怯懦弱，元胄、元旻只不过像鸭子一样随波逐流。可以托付朝廷大事的，只有高颎一人。”隋文帝起初认为元善说得对。等到高颎获罪，隋文帝严厉责备元善，元善因此恐惧忧虑而死。

九月，隋文帝任命太常卿牛弘为吏部尚书。牛弘选拔官吏首先看德行，然后才看文才，力求严格慎重，虽然选授迟缓，但是他所进用的人大多都称职。吏部侍郎高孝基有鉴别赏识人才的能力，机警聪明，清廉谨慎，没人比得上，但是过于爽朗洒脱，行为似嫌轻薄，当时很多执政大臣因此不信任高孝基。只有牛弘最为了解他的真实才情，对他推心置腹，委以重任。隋朝选举得到真正的人才，以此时期为最多。当时大家都很佩服牛弘的远见卓识和器量。

冬季，十月初二日，册封突厥突利可汗为意利珍豆启民可汗，汉语的意思是“意志强健”。突厥归附启民可汗的男女百姓有一万多人，隋文帝命长孙晟率领五万人到朔州，修筑大利城安置他们。这时安义公主已经逝世，又派长孙晟持节送皇室之女义成公主嫁给启民可汗。

长孙晟上奏说：“染干（突利可汗）的部落，归附的人越来越多，虽然居住在长城之内，但仍时常遭到雍虞闾（都蓝可汗）的袭击抢掠，不得安宁。请求把他们迁徙到五原，以黄河为屏障，在夏州、胜州之间，东西以黄河河曲为界，南北相距四百里，挖掘两条横向深沟，让他们居住在这个范围之内，使他们能够随意放牧。”隋文帝采纳了他的建议。

隋文帝又命令上柱国赵仲卿统领军队两万人驻扎在启民部众新定居的地域，为他们防备达头可汗的侵犯，代州总管韩洪等率领步骑兵一万人镇守恒安。达头可汗率领骑兵十万人来犯，虽然韩洪军队大败，而赵仲卿却从乐宁镇拦击达头军队，斩杀一千多人。

隋文帝派遣越公杨素从灵州出兵，行军总管韩僧寿从庆州出兵，太平公史万岁从燕州出兵，大将军武威人姚辩从河州出兵，各路同时向都蓝发动攻击。大军还没出塞，十二月初四日，都蓝可汗被部下杀死，达头自立为步迦大可汗，突厥国内动乱。长孙晟对隋文帝说：“现在官军深入敌境，几次作战都胜了，敌人内部四分五裂，可汗也被杀了，如果借此机会招抚他们，一定会全部投降。请派染干的部属分几路去招抚。”隋文帝听从了他的建议。投降的突厥人果然很多。

【评析】

本卷所载隋文帝治国已成开皇之治的盛世局面，国力大增，府库充实，四夷平定。但同时隋文帝开始从励精图治步入畜疑御下，不遗余力芟夷有功大臣，初露专制帝王晚年昏聩之迹。功臣史万岁、王世积、虞庆则，受奸人诬告，隋文帝不加细察就斧钺相加，王世积、虞庆则成了冤鬼。隋文帝倚为腹心的开国元勋贺若弼、高颎、李德林均受猜疑，贺若弼下狱差点被处死，高颎被免官为民，李德林贬处一州。而阴狠毒辣之杨素，阿谀顺意，独受信任。杨素监造仁寿宫，穷极奢侈，工期紧迫，民夫死以万计，不仅未受责罚，而且获得重赏，只因独孤皇后的私情袒护，隋文帝的是非就模糊了。独孤皇后误国，隋文帝听之信之，为隋朝速亡设下伏笔。

卷第一百七十九　隋纪三

隋文帝开皇二十年至仁寿三年（600—603）

【起上章涒滩（庚申，600），尽昭阳大渊献（癸亥，603），凡四年】

【大事提要】

本卷载述600年至603年四年史事，当隋文帝开皇二十年至仁寿三年。此时期是隋文帝执政从开明到昏暴的一个转折时期，最大的政治事件是废太子杨勇，更立太子杨广。太子杨勇并无大过，近声色，亲嬖倖，只是小过，不如杨广之甚。杨勇任性率直，友爱兄弟，不施报复，闻过有悔改之意，不被废黜，隋朝不会短祚灭亡。而杨勇之被废黜，完全是一个人为制造的大冤案，本卷作了详尽的记载。

【原文】

高祖文皇帝中

开皇二十年（庚申，600）

春，二月，熙州[①]人李英林反。三月，辛卯[②]，以扬州总管司马[③]河内张衡[④]为行军总管，帅步骑五万讨平之。

贺若弼复坐事下狱，上数[⑤]之曰："公有三太猛：嫉妒心太猛，自是[⑥]、非人[⑦]心太猛，无上心太猛。"既而释之。他日，上谓侍臣曰："弼将伐陈，谓高颎曰：'陈叔宝可平也。不作高鸟尽、良弓藏[⑧]邪？'颎云：'必不然。'及平陈，遽索[⑨]内史，又索仆射。我语颎曰：'功臣正宜授勋官[⑩]，不可预朝政[⑪]。'弼后语颎：'皇太子于己，出口入耳[⑫]，无所不尽。公终久何必不得弼力，何脉脉[⑬]邪！'意图广陵，又图荆州，皆作乱之地[⑭]，意终不改也。"

夏，四月，壬戌[⑮]，突厥达头可汗犯塞[⑯]，诏命晋王广、杨素出灵武道，汉王谅、史万岁出马邑道以击之。

长孙晟帅降人[17]为秦州行军总管，受晋王节度[18]。晟以突厥饮泉，易可行毒[19]，因取诸药毒水上流，突厥人畜饮之多死，于是大惊曰："天雨恶水[20]，其亡我乎！"因夜遁。晟追之，斩首千余级。

史万岁出塞，至大斤山[21]，与虏相遇。达头遣使问："隋将为谁？"候骑报："史万岁也。"突厥复问："得非敦煌戍卒[22]乎？"候骑曰："是也。"达头惧而引去。万岁驰追百余里，纵击[23]，大破之，斩数千级；逐北[24]，入碛[25]数百里，虏远遁而还。诏遣长孙晟复还大利城，安抚新附。

达头复遣其弟子俟利伐从碛东攻启民，上又发兵助启民守要路；俟利伐退走入碛。启民上表陈谢曰："大隋圣人可汗[26]怜养百姓，如天无不覆，地无不载[27]。染干如枯木更叶，枯骨更肉[28]，千世万世，常为大隋典羊马[29]也。"帝又遣赵仲卿为启民筑金河、定襄[30]二城。

秦孝王俊久疾未能起，遣使奉表陈谢。上谓其使者曰："我戮力[31]创兹大业，作训[32]垂范，庶[33]臣下守之，汝为吾子而欲败之，不知何以责汝！"俊惭怖[34]，疾遂笃，乃复拜俊上柱国；六月丁丑[35]，俊薨。上哭之，数声而止；俊所为侈丽之物，悉命焚之。王府僚佐[36]请立碑[37]，上曰："欲求名，一卷史书足矣，何用碑为！若子孙不能保家[38]，徒与人作镇石[39]耳。"俊子浩[40]，崔妃所生也；庶子曰湛。群臣希旨，奏："汉之栗姬子荣[41]、郭后子强[42]皆随母废，今秦王二子，母皆有罪，不合承嗣。"上从之，以秦国官为丧主[43]。

初，上使太子勇参决军国政事，时有损益；上皆纳之。勇性宽厚，率意任情，无矫饰[44]之行。上性节俭，勇尝文饰[45]蜀铠[46]，上见而不悦，戒之曰："自古帝王未有好奢侈而能久长者。汝为储后[47]，当以俭约为先，乃能奉承宗庙[48]。吾昔日衣服，各留一物，时复观之以自警戒。恐汝以今日皇太子之心忘昔时之事，故赐汝以我旧所带刀一枚，并菹酱[49]一合，汝昔作上士[50]时常所食也。若存记[51]前事，应知我心。"

后遇冬至，百官皆诣勇，勇张乐[52]受贺。上知之，问朝臣曰："近闻至日[53]内外百官相帅朝东宫，此何礼也？"太常少卿辛亶对曰："于东宫，乃贺也，不得言朝。"上曰："贺者正可三数十人，随情各去，何乃[54]有司征召，一时普集[55]！太子法服[56]设乐以待之，可乎？"因下诏曰："礼有等差，君臣不杂[57]。皇太子虽居上嗣[58]，义兼臣子，而诸方岳牧[59]正冬朝贺，任土作贡[60]，别上东宫；事非典则[61]，宜悉停断。"自是恩宠始衰，渐生猜阻[62]。

勇多内宠[63]，昭训云氏[64]尤幸。其妃元氏无宠，遇心疾，二日而薨，独孤后意有他故，甚责望[65]勇。自是云昭训专内政，生长宁王俨[66]，平原王裕，安成王筠；高良娣[67]生安平王嶷，襄城王恪；王良媛[68]生高阳王该，建安王韶；成姬生颍川王煚；后宫生孝实，孝范。后弥不平，颇遣人伺察，求勇过恶。

晋王广弥[69]自矫饰，唯与萧妃居处，后庭有子皆不育[70]，后由是数称[71]广贤。大臣用事者，广皆倾心与交[72]。上及后每遣左右至广所，无贵贱，广必与萧妃迎门接引，为设美馔[73]，申[74]以厚礼；婢仆[75]往来者，无不称其仁孝。上与后尝幸其第，广悉屏匿[76]美姬于别室，唯留老丑者，衣以缦彩[77]，给事[78]左右；屏帐[79]改用缣素；故绝乐器之弦，不令拂去尘埃。上见之，以为不好声色，还宫，以语[80]侍臣，意甚喜，侍臣皆称庆[81]，由是爱之特异诸子。

上密令善相者[82]来和[83]遍视诸子，对曰："晋王眉上双骨隆起，贵不可言。"上又问上仪同三司韦鼎："我诸儿谁得嗣位[84]？"对曰："至尊、皇后所最爱者当与之，非臣敢预知也。"上笑曰："卿不肯显言[85]邪！"

晋王广美姿仪[86]，性敏慧，沈深严重[87]，好学，善属文[88]；敬接朝士，礼极卑屈[89]；由是声名籍甚[90]，冠于诸王。

广为扬州总管，入朝，将还镇，入宫辞后，伏地流涕，后亦泫然泣下。广曰："臣性识[91]愚下，常守平生昆弟[92]之意，不知何罪失爱东宫[93]，恒蓄盛怒，欲加屠陷[94]。每恐谗谮[95]生于投杼[96]，鸩毒遇于杯勺，是以勤忧积念，惧履[97]危亡。"后忿然曰："睍地伐[98]渐不可耐，我为之娶元氏女，竟不以夫妇礼待之，专宠阿云，使有如许豚犬[99]。前新妇遇毒而夭[100]，我亦不能穷治[101]，何故复于汝发如此意！我在尚尔[102]，我死后，当鱼肉[103]汝乎！每思东宫竟无正嫡[104]，至尊千秋万岁之后[105]，遣汝等兄弟向阿云儿前再拜问讯，此是几许[106]苦痛邪！"广又拜，呜咽[107]不能止，后亦悲不自胜[108]。自是后决意欲废勇立广矣。

广与安州[109]总管宇文述素善，欲述近己，奏为寿州[110]刺史。广尤亲任总管司马张衡，衡为广画[111]夺宗[112]之策。广问计于述，述曰："皇太子失爱已久，令德[113]不闻于天下。大王仁孝著称，才能盖世[114]，数经将领[115]，频有大功；主上之与内宫[116]，咸所钟爱[117]，四海之望，实归大王。然废立者国家大事，处人父子骨肉[118]之间，诚未易谋也。然能移主上意者，唯杨素耳，素所与谋者唯其弟约[119]。述雅知[120]约，请朝京师，与约相见，共图之。”广大悦，多赍金宝，资述入关[121]。

约时为大理少卿，素凡有所为，皆先筹[122]于约而后行之。述请约，盛陈[123]器玩，与之酣畅[124]，因而共博[125]，每阳[126]不胜，所赍金宝尽输之约。约所得既多，稍以谢述，述因曰：“此晋王之赐，令述与公为欢乐耳。”约大惊曰：“何为尔[127]?”述因通广意，说之曰：“夫守正履道[128]，固人臣之常致；反经[129]合义，亦达者[130]之令图[131]。自古贤人君子，莫不与时消息[132]以避祸患。公之兄弟，功名盖世，当涂用事[133]有年矣，朝臣为足下家所屈辱者，可胜数哉！又，储后以所欲不行，每切齿于执政；公虽自结于人主，而欲危公者[134]固亦多矣！主上一旦弃群臣[135]，公亦何以取庇[136]！今皇太子失爱于皇后，主上素有废黜[137]之心，此公所知也。今若请立晋王，在贤兄之口耳。诚能因此时建大功，王必永铭骨髓，斯则去累卵之危[138]，成太山[139]之安也。”约然之[140]，因以白素。素闻之，大喜，抚掌[141]曰：“吾之智思殊不[142]及此，赖汝启予[143]。”约知其计行，复谓素曰：“今皇后之言，上无不用，宜因机会早自结托[144]，则长保荣禄，传祚[145]子孙。兄若迟疑，一旦有变，令太子用事，恐祸至无日[146]矣！”素从之。

后数日，素入侍宴，微称“晋王孝悌恭俭[147]，有类至尊。”用此揣[148]后意。后泣曰：“公言是也！吾儿大孝爱，每闻至尊及我遣内使[149]到，必迎于境首[150]；言及违离[151]，未尝不泣。又其新妇亦大可怜，我使婢去，常与之同寝共食。岂若睍地伐与阿云对坐，终日酣宴[152]，昵近[153]小人，疑阻[154]骨肉！我所以益怜阿麽[155]者，常恐其潜杀[156]之。”素既知后意，因盛言太子不才。后遂遗素金，使赞上废立。

勇颇知其谋，忧惧，计无所出，使新丰人王辅贤造诸厌胜[157]；又于后园作庶人[158]村，室屋卑陋[159]，勇时于中寝息，布衣草褥，冀以当之。上知勇不自安，在仁寿宫，使杨素观勇所为。素至东宫，偃息[160]未入，勇束带[161]待之，素故久不进以激怒勇；勇衔[162]之，形于言色[163]。素还言：“勇怨望，恐有他变，愿深防察[164]！”上闻素谮毁，甚疑之。后又遣人伺觇[165]东宫，纤介[166]事皆闻奏，因加诬饰[167]以成其罪。

上遂疏忌[168]勇，乃于玄武门[169]达至德门[170]量置候人[171]，以伺动静，皆随事奏闻。又，东宫宿卫之人，侍官[172]以上，名籍悉令属诸卫府[173]，有勇健者咸屏去之。出左卫率[174]苏孝慈[175]为淅州[176]刺史，勇愈不悦。太史令袁充[177]言于上曰："臣观天文，皇太子当废。"上曰："玄象[178]久见，群臣不敢言耳。"充，君正之子也。

晋王广又令督王府军事[179]姑臧段达[180]私赂东宫幸臣姬威，令伺太子动静，密告杨素；于是内外谊谤[181]，过失日闻。段达因胁姬威曰："东宫过失，主上皆知之矣。已奉密诏，定当废立；君能告之，则大富贵！"威许诺，即上书告之。

秋，九月，壬子[182]，上至自仁寿宫。翌日[183]，御大兴殿[184]，谓侍臣曰："我新还京师，应开怀欢乐；不知何意翻邑然[185]愁苦！"吏部尚书牛弘对曰："臣等不称职，故至尊忧劳。"上既数闻谮毁，疑朝臣悉知之，故于众中发问，冀闻太子之过。弘对既失旨[186]，上因作色[187]，谓东宫官属曰："仁寿宫此去不远，而令我每还京师，严备仗卫[188]，如入敌国。我为下利[189]，不解衣卧。昨夜欲近厕，故在后房恐有警急，还移就前殿，岂非尔辈[190]欲坏我家国邪！"于是执太子左庶子[191]唐令则[192]等数人付所司讯鞫[193]；命杨素陈东宫事状以告近臣。

素乃显言之曰："臣奉敕向京[194]，令皇太子检校[195]刘居士[196]余党。太子奉诏，作色奋厉[197]，骨肉飞腾[198]，语臣云：'居士党尽伏法，遣我何处穷讨！尔作右仆射，委寄不轻，自检校之，何关我事！'又云：'昔大事[199]不遂[200]，我先被诛，今作天子，竟乃令我不如诸弟，一事以上，不得自遂[201]！'因长叹回视云：'我大觉[202]身妨。'"上曰："此儿不堪承嗣久矣，皇后恒劝我废之。我以布衣[203]时所生，地复居长[204]，望其渐改，隐忍至今。勇尝指皇后侍儿谓人曰：'是皆我物。'此言几许异事[205]！其妇初亡，我深疑其遇毒，尝责之，勇即怼[206]曰：'会杀[207]元孝矩[208]。'此欲害我而迁怒[209]耳。长宁[210]初生，朕与皇后共抱养之，自怀彼此，连遣来索。且云定兴女，在外私合[211]而生，想此由来，何必是其体胤[212]！昔晋太子[213]取屠家女，其儿即好屠割。今傥非类，便乱宗祏[214]。我虽德惭尧、舜，终不以万姓[215]付不肖[216]子！我恒畏其加害，如防大敌；今欲废之以安天下！"

左卫大将军五原公元旻谏曰："废立大事，诏旨若行，后悔无及。谗言罔极[217]，惟陛下察之。"上不应，命姬威悉陈[218]太子罪恶。威对曰："太子由来与臣语，唯意在骄奢，且云：'若有谏者，正当斩之，不杀百许人[219]，自然永息。'营起台殿，四时[220]不辍。前苏孝慈解左卫率，太子奋髯扬肘[221]曰：'大丈夫会当[222]有一日，终不忘之，决当快意。'又宫内所须[223]，尚书多执法不与，辄怒曰：'仆射以下，吾会戮一二人，使知慢[224]我之祸。'每云：'至尊恶我多侧庶[225]，高纬、陈叔宝岂孽子[226]乎！'尝令师姥[227]卜吉凶[228]，语臣云：'至尊忌在十八年，此期促矣。'"上泫然曰："谁非父母生，乃至于此！朕近览《齐书》[229]，见高欢纵其儿子，不胜忿愤，安可效尤[230]邪！"于是禁勇及诸子，部分[231]收其党与。杨素舞文[232]巧诋，锻炼[233]以成其狱。

居数日，有司承素意，奏元旻常曲事于勇，情存附托[234]，在仁寿宫，勇使所亲裴弘以书与旻，题云"勿令人见"。上曰："朕在仁寿宫，有纤介事，东宫必知，疾于驿马[235]，怪之甚久，岂非此徒邪！"遣武士执旻于仗[236]。右卫大将军元胄时当下直[237]，不去，因奏曰："臣向不下直者，为防元旻耳。"上以旻及裴弘付狱。

先是，勇见老枯槐，问："此堪何用？"或对曰："古槐尤宜取火。"时卫士皆佩火燧[238]，勇命工造数千枚，欲以分赐左右；至是，获于库。又药藏局[239]贮艾数斛[240]，索得之，大以为怪，以问姬威，威曰："太子此意别有所在，至尊在仁寿宫，太子常饲马千匹，云：'径往守城门[241]，自然饿死。'"素以威言诘勇，勇不服，曰："窃闻公家马数万匹，勇忝备[242]太子，马千匹，乃是反乎！"素又发东宫服玩[243]，似加雕饰[244]者，悉陈之于庭，以示文武群臣，为太子之罪。上及皇后迭遣使[245]责问勇，勇不服。

冬，十月，乙丑[246]，上使人召勇，勇见使者惊曰："得无[247]杀我邪？"上戎服陈兵，御武德殿[248]，集百官立于东面，诸亲[249]立于西面，引勇及诸子列于殿庭，命内史侍郎[250]薛道衡宣诏，废勇及其男、女为王、公主者[251]。勇再拜言曰："臣当伏尸[252]都市[253]，为将来鉴戒；幸蒙哀怜，得全性命！"言毕，泣下流襟，既而舞蹈而去，左右莫不闵默[254]。长宁王俨上表乞宿卫，辞情哀切；上览之闵然[255]。杨素进曰："伏望[256]圣心同于螫手[257]，不宜复留意[258]。"

己巳[259]，诏："元旻、唐令则及太子家令[260]邹文腾、左卫率司马[261]夏侯福、典膳[262]监元淹、前吏部侍郎萧子宝、前主玺下士[263]何竦并处斩，妻妾子孙皆没官。车骑将军榆林阎毗[264]、东郡公崔君绰[265]、游骑尉[266]沈福宝、瀛州术士章仇太翼[267]，特免死，各杖一百，身及妻子、资财、田宅皆没官。副将作大匠[268]高龙叉、率更令[269]晋文建、通直散骑侍郎[270]元衡皆处尽[271]。"

于是集群官于广阳门[272]外，宣诏戮之。乃移勇于内史省，给五品料食[273]。赐杨素物三千段，元胄、杨约并千段，赏鞫勇之功也。

文林郎[274]杨孝政上书谏曰："皇太子为小人所误，宜加训诲，不宜废黜。"上怒，挞其胸。

（以上为第一段，写隋文帝开皇十九年废黜太子杨勇的过程。）

【注释】

①熙州：州名。治所怀宁县，在今安徽潜山市。 ②辛卯：三月初二日。 ③总管司马：官名。掌总管府军事。 ④张衡（？—612）：字建平，河内（今河南沁阳市）人。历仕周、隋，官至御史大夫。传见《隋书》卷五十六、《北史》卷七十四。 ⑤数（shǔ）：责备，数落。 ⑥自是：自以为是。 ⑦非人：责难、诋毁别人。 ⑧高鸟尽、良弓藏：春秋时越国人范蠡对大夫文种说的话。用以比喻诛杀功臣，见《史记·越王勾践世家》。 ⑨遽索：马上要求。索，索取，要求。 ⑩勋官：官职的一种。无具体职掌，是授予有功之臣的一种荣誉职衔。 ⑪预朝政：参与朝廷政事。 ⑫出口入耳：语出《左传》，指两人之间私下相传，没有第三者知道。 ⑬脉脉：相视的样子。 ⑭作乱之地：谋反、叛乱的要地。荆州、扬州自古就是长江中下游的军事要冲。 ⑮壬戌：四月初四日。 ⑯犯塞：指侵犯隋朝边塞。 ⑰降人：指突厥原突利可汗部下。 ⑱节度：节制调度。 ⑲行毒：指在突厥士卒饮用的泉水中下毒药。 ⑳天雨恶水：雨，降落。恶水，有毒的水，指已下过毒药的泉水。 ㉑大斤山：山名。即位于今内蒙古黄河东北部的大青山。 ㉒敦煌戍卒：即史万岁。史万岁原为上大将军，在至德元年（583）因事被发配为敦煌戍卒，曾威镇突厥。 ㉓纵击：肆意击杀敌人。纵，发，放。 ㉔逐北：追杀败逃的敌军。北，败北，失败者。 ㉕碛（qì）：沙漠，不生草木的沙石地。 ㉖大隋圣人可汗：是突厥对隋朝皇帝的尊敬称呼。可汗，突厥之主的称呼。 ㉗天无不覆，地无不载：比喻恩德大如天地。 ㉘枯木更叶，枯骨更肉：干枯的树木又长出树叶，干枯的骨头又长出肉来。比喻隋朝使染干可汗死而复生。 ㉙典羊马：主典羊马。指染干可汗永远臣服于隋朝，为其效力尽忠。 ㉚金河、定襄：两城。金河，故址在今内蒙古托克托县境。定襄，故址在今山西大同市。 ㉛戮（lù）力：并力，勉力。 ㉜作训：制定法则。训，教诲，法则。 ㉝庶：副词，表示希望。 ㉞惭怖：惭愧而恐惧。 ㉟丁丑：六月二十日。 ㊱王府僚佐：秦王府的幕僚，主要包括师、友、文学、长史、司马、谘议参军、掾、属、主簿、录事、功曹等。 ㊲碑：埋葬时所立，臣子追述君父之功，书写于碑上。 ㊳保家：指守住祖宗开创的帝业。 ㊴镇石：压物之石。 ㊵俊子浩（？—618）：秦孝王杨俊嫡子，炀帝立

为秦王，曾被宇文化及立为帝。传附《隋书·秦孝王传》《北史·秦孝王传》。㊶栗姬子荣：栗姬为汉景帝妃，荣为其子，曾立为太子，后栗姬被杀，荣也被废。㊷郭后子强：郭后为光武帝皇后，因失宠被废，其子强也被废。㊸丧主：主持丧事的人。㊹矫饰：故意做作，以掩盖其真实情况。㊺文饰：修饰，装饰。㊻蜀铠：蜀人制作的铠甲，做工精巧。㊼储后：储君。后，君主。㊽奉承宗庙：指能保守帝王之业。㊾菹（zū）酱：酸菜酱。菹，腌菜。㊿上士：官名。周有上士、中士、下士之分。上士为六卿一类的官。杨勇在北周时曾做过上士。51存记：关注，留心。52张乐：陈设乐舞。张，陈设，打开。53至日：指冬至日。54何乃：何必，为什么。55普集：全部集合。56太子法服：法服是礼法所规定的标准服装。《隋书》卷十二《礼仪志》七载：皇太子法服为衮冕，下垂白珠九旒，红组缨，犀牛角簪笄，青纩琉耳，绀衣，纁裳，去日月星辰为九章。57君臣不杂：指君主与臣子在礼法上各有等级，不能混淆。58上嗣：古代君主的嫡长子。59岳牧：相传尧舜时有四岳、十二州牧分管政务和方国诸侯，合称岳牧。后用为封疆大吏的泛称。60任土作贡：任其力势所能生育，并且以之制定贡赋。61典则：典制，法则。62猜阻：猜疑。63内宠：姬妾。64昭训云氏：昭训，东宫女官名。云氏，名阿云，云定兴之女，太子杨勇昭训。事见《隋书》卷四十五、《北史》卷七十一。65责望：责难抱怨。66长宁王俨（？—607）：杨勇长子，封长宁王。传附《隋书·文四子传》《北史·文帝四王传》。67良娣：东宫女官名。68良媛：东宫女官名。69弥：据章校："弥"上应补"知之"二字。70有子皆不育：指后宫人怀孕后堕胎不让生育。71数称：一再称赞，夸奖。数，屡次，数次。72倾心与交：一心与其相交结。73美馔：美好的食品。馔，食物。74申：一再，重复。75婢（bì）仆：女奴，女仆人。76屏匿（nì）：隐退，隐藏。匿，藏。77缦（màn）彩：无花纹图案的丝织物。78给事：供职，供人役使。79屏帐：屏风和帷幕。80以语：把见到的情况告诉侍臣。81称庆：道贺。庆，庆贺。82相者：观察人的形貌以占测其命运的人。83来和：字弘顺，京兆长安（今陕西西安）人，善相术，著《相经》四十卷。官至开府。传见《隋书》卷七十八、《北史》卷八十九。84嗣位：继承皇位。85显言：明白地说出来。86姿仪：形貌仪表。87严重：处事认真，严肃、庄重。88属文：写文章。属，撰写。89卑屈：谦虚恭敬。90声名籍甚：名声甚盛。91性识：思想意识。92昆弟：兄弟。引申为友好亲爱。93东宫：指太子杨勇。94屠陷：宰杀与陷害。95谗谮：说别人的坏话，以陷害别人。96投杼（zhù）：战国时有与曾参同名的人杀了人，有人告诉曾母说曾参杀人，曾母不信，依然织布，至第三人来告时，曾母误信为真，遂投杼逾墙而走。比喻传闻可以动摇原来的信心。杼，织布梭，两头尖。97惧履：恐怕走上。

履，踏，踩。 ⑨⑧睍（xiàn）地伐：杨勇的小字。 ⑨⑨豚（tún）犬：三国时曹操曾说："生子当如孙仲谋（权），刘景升（表）儿子若豚犬耳！"豚犬乃轻贱之词，后常用以谦称自己的儿子。 ⑩⑩夭：少壮而死。 ⑩①穷治：追究到底。 ⑩②尚尔：尚且如此。 ⑩③鱼肉：如鱼肉任人宰割。比喻被欺凌屠戮。 ⑩④正嫡：嫡子。 ⑩⑤千秋万岁之后：婉言帝王之死。 ⑩⑥几许：副词。多么。 ⑩⑦呜咽：悲泣的声音。 ⑩⑧悲不自胜：悲痛得忍受不了。胜，经得起。 ⑩⑨安州：州名。治所安陆县，在今湖北安陆市。 ⑪⑩寿州：州名。治所寿春县，在今安徽寿县。 ⑪①画：筹划，谋划。 ⑪②夺宗：古代宗法，宗子为诸侯，即失去宗子的权力，称夺宗。后来泛称争夺继承之权为夺宗。 ⑪③令德：美德。 ⑪④盖世：谓压倒当世。 ⑪⑤数经将领：谓屡次率兵外出征战。数，屡次。 ⑪⑥内宫：即中宫，指皇后，隋讳中，故称内。 ⑪⑦钟爱：极其喜爱。 ⑪⑧父子骨肉：父子之情如同骨肉，比喻至亲。 ⑪⑨其弟约：即杨素弟杨约，字惠伯，官至内史令，封修武县公。传附《隋书·杨素传》《北史·杨敷传》。 ⑫⑩雅知：平时知道。 ⑫①入关：进入关中，赴京师。 ⑫②筹：谋划。 ⑫③盛陈：陈列很多。 ⑫④酣畅：饮酒时的畅快之情。 ⑫⑤博：即六博，古代的一种游戏，用十二棋，六棋白，六棋黑，以较胜负。 ⑫⑥阳：同"佯"，假装。 ⑫⑦何为尔：为什么这样做？ ⑫⑧守正履道：遵守正道。 ⑫⑨反经：违反常道。 ⑬⑩达者：通达事理的人。 ⑬①令图：好的谋略。 ⑬②与时消息：谓随时代的变化而变化。消息，一消一长，互为变化。 ⑬③当涂用事：谓执掌大政。当涂与当路同。 ⑬④危公者：危害杨约的人。公，指杨约。 ⑬⑤弃群臣：指君主丢弃群臣而死去。 ⑬⑥取庇：得到庇护。 ⑬⑦废黜：废除。黜，废免，摈弃。 ⑬⑧累卵之危：堆累起来的蛋，极易倾倒打碎，比喻非常危险。 ⑬⑨太山：即泰山，比喻地位安如泰山，不能动摇。 ⑭⑩然之：以为这样正确。 ⑭①抚掌：拍手，表示高兴的样子。 ⑭②殊不：一点儿也不。 ⑭③启予：启发了我。予，我。 ⑭④结托：结交依托。 ⑭⑤传祚（zuò）：把福禄传给后代。祚，福。 ⑭⑥无日：无时日。犹言不久，随时。 ⑭⑦孝悌恭俭：孝悌，孝顺父母，尊敬兄长。恭俭，谦恭，有礼貌。 ⑭⑧揣：揣度，试探。 ⑭⑨内使：中使，宫廷里派出的使者。隋讳中，故称内。 ⑮⑩境首：边境上。 ⑮①违离：离开。 ⑮②酣宴：饮宴。 ⑮③昵近：亲近。 ⑮④疑阻：猜疑。 ⑮⑤阿麽：杨广小字阿麽。 ⑮⑥潜杀：暗中杀害。 ⑮⑦厌（yā）胜：古代迷信，以为能以诅咒制胜。 ⑮⑧庶人：泛指无官爵的平民、百姓。 ⑮⑨卑陋：低矮而简陋。 ⑯⑩偃（yǎn）息：安卧不动。 ⑯①束带：整饰衣帽，束紧衣带，表示恭敬。 ⑯②衔：衔恨，怨望。 ⑯③言色：言谈和脸色。 ⑯④防察：防备和观察其变化。 ⑯⑤伺觇（chān）：侦察窥视。 ⑯⑥纤介：细微。介也作"芥"。 ⑯⑦诬饰：诬陷粉饰。 ⑯⑧疏忌：疏远而猜忌。 ⑯⑨玄武门：隋大兴宫城正北门。 ⑰⑩至德门：在宫城东北角。 ⑰①候人：道路上迎送宾客的官吏。此为侦察太子情况的人。 ⑰侍官：侍卫之官。东宫侍官包括直阁、直寝、直斋、直后、备身、直长等官，由东宫率府统辖，略同十二卫府。 ⑰名籍悉令属诸卫府：指东宫侍卫，隶属于国家卫府掌管，太子无指挥权。名籍，东宫侍官的名册。诸卫府，指十二卫府。⑰左卫率：官名。掌东宫门卫卫士。 ⑰苏孝慈（？—601）：扶风（今陕西宝鸡市凤翔区）人。历仕周、隋，官至兵部尚书。传见《隋书》卷四十六、《北史》卷七十五。⑰淅州：州名。治所修阳县，在今河南西峡县北。 ⑰袁充（544—618）：字德符，陈郡夏阳（今河南周口市淮阳区）人。历仕陈、隋，官至秘书令。传见《隋书》卷六十九、《北史》卷七十四。 ⑰玄象：天象。日月星辰，在天成象，故称玄象。 ⑰督王府军事：官名。掌亲王府军事。 ⑱段达（？—621）：武威姑臧（今甘肃武威市）人。官至开府仪同三司，兼纳言。传见《隋书》卷八十五、《北史》卷七十九。 ⑱谊谤：大声诽谤。谊，大声而嘈杂，同“喧”。 ⑱壬子：九月二十六日。 ⑱翌（yì）日：第二天。⑱大兴殿：新都大兴城的正殿。 ⑱邑（yì）然：忧郁的样子。邑，忧郁，通“悒”。⑱失旨：不符合皇帝旨意。 ⑱作色：脸上变色，指生气。 ⑱仗卫：仪仗侍卫。 ⑱下利：泄利，拉肚子。 ⑲尔辈：你们。指东宫官属。 ⑲太子左庶子：官名。与右庶子分掌东宫门下坊、典书坊事。 ⑲唐令则（？—600）：历仕周、隋，官至太子左庶子。传附《周书·唐瑾传》《北史·唐永传》。 ⑲讯鞫：审讯。鞫，审讯犯人，通“鞠”。 ⑲向京：杨素自仁寿宫奉敕去长安。 ⑲检校：检查，清理。 ⑲刘居士：上柱国刘昶之子，骄横不法，于开皇十七年（597）处死。 ⑲作色奋厉：脸色变得愤怒严厉。奋，愤怒。 ⑲骨肉飞腾：雄健踊跃的样子。此指愤怒异常。 ⑲昔大事：指夺取北周政权事。 ⑳不遂：不成。遂，成功。 ⑳自遂：自我顺心如意。遂，顺，如意。 ⑳大觉：大梦醒觉。 ⑳布衣：百姓，未做官之时。 ⑳地复居长：兄弟排行又居长位。 ⑳异事：怪事。 ⑳怼（duì）：怨恨。 ⑳会杀：应当杀死。会，应当。 ⑳元孝矩：太子元妃之父。传见《隋书》卷五十。 ⑳迁怒：把愤怒转移给他人。 ㉑长宁：杨勇长子俨，后封长宁王。 ㉑在外私合：即野合，指不合礼仪的婚配。 ㉑体胤（yìn）：亲生子女。胤，后代。 ㉑晋太子：晋惠帝之子，娶屠家女，其儿好屠割，所称斤两，轻重不差。事见《资治通鉴》卷八十三《晋纪五·惠帝元康九年》。 ㉑宗祏（shí）：宗庙中藏神主的石室。祏，宗庙中藏神主的石匣。 ㉑万姓：百姓，意指国家政权。 ㉑不肖：不才，不正派。 ㉑罔极：无穷尽。罔，副词，毋，不。 ㉑悉陈：尽量详细陈述。 ㉑不杀百许人，自然永息：此句文理不通。按《隋书·文四子传》“杀”上脱一“过”字，《北史》同。据此应补。 ㉒四时：四季。时，季。 ㉒奋髯扬肘：震怒的样子。髯（rán），胡须。 ㉒会当：应当，当须。 ㉒须：通“需”，求，索取。 ㉒慢：

怠慢。㉕侧庶：妾生的儿子。㉖孽（niè）子：庶子。非正妻所生之子。㉗师姥：巫婆。㉘卜吉凶：以占卜的形式预测吉凶。卜，古人用火灼龟甲取兆，以预测吉凶。㉙《齐书》：书名。此时李百药《齐书》未出，可能是崔子发所撰《齐纪》，记北齐史事。㉚效尤：明知有错误而仿效。尤，罪过，过失。㉛部分：处分，部署。㉜舞文：玩弄法令条文以行奸诈。㉝锻炼：罗织罪名。㉞附托：依附。㉟驿马：驿站的马。供载人或传邮之用。㊱仗：左卫仗。因元旻时为左卫大将军，在左卫仗值班。㊲下直：值班已毕而退，即下班。㊳火燧：取火的木头。燧，古时取火的工具。㊴药藏局：官署名。属东宫门下坊，掌保管药物。㊵斛（hú）：量器名。也为容量单位。古代以十斗为一斛。南宋末年改为五斗一斛，两斛为一石。㊶径往守城门：意即守住城门，阻止隋文帝回京城。径往，直接去。㊷忝（tiǎn）备：惭愧地聊以充数。忝，羞愧。备，谦词，聊以充数。㊸服玩：服用与玩赏的用品。㊹雕饰：刻镂文彩，加以装饰。雕，刻镂，雕饰。㊺迭遣使：三番五次派遣使者。迭，更替，轮流。㊻乙丑：十月初九日。㊼得无：能不。㊽武德殿：殿名。在延恩殿西。㊾诸亲：谓皇族宗亲。㊿内史侍郎：官名。即中书侍郎，掌侍从、制敕、册命、敷奏文表等。251公主者：据章校，“者”下应补“并为庶人”四字。252伏尸：倒在地上的尸体。253都市：城市。此指都城长安。254闵（mǐn）默：哀怜而不敢出声。闵，怜恤，哀伤。255闵然：哀伤的样子。256伏望：希望，请求。伏，身体前倾，面向下。257圣心同于螫手：蝮蛇螫手，壮士断腕。比喻为保全大局，忍痛牺牲局部。258留意：留心。259己巳：十月十三日。260太子家令：官名。东宫官，掌刑法、食膳、仓库、物品、奴婢等。261左卫率司马：官名。东宫官，左卫率属吏，掌军事。262典膳：官名。东宫门下坊典膳局长官，掌膳食。263主玺下士：官名。北周官，掌印玺。264阎毗（pí）：榆林盛乐（今内蒙古托克托县）人。历仕周、隋，官至殿内少监。传见《隋书》卷六十八、《北史》卷六十一。265崔君绰：清河东武城（今河北清河县东北）人，历仕周、隋，嗣爵东郡公。传附《周书·崔彦穆传》《北史·崔彦穆传》。266游骑尉：官名。掌流动突袭的骑兵。267章仇太翼：字协昭。隋炀帝赐姓卢，故又名卢太翼，河间（今河北河间市）人。传见《隋书》卷七十八、《北史》卷八十九。268副将作大匠：官名。将作监副长官。掌城廓宫室建筑。269率更令：官名。掌东宫伎乐、漏刻。270通直散骑侍郎：官名。东宫官，掌文书奏事。271处尽：处置其罪，使自尽。272广阳门：长安宫城南面五门，正南为广阳门，唐神龙元年（705）改为承天门。273五品料食：按五品官料食的标准供给杨勇。274文林郎：官名。文散官，取北齐征文学之士以充文林馆之义。

【译文】

高祖文皇帝中

隋文帝开皇二十年（庚申，600）

春季，二月，熙州人李英林反叛。三月初二日，隋文帝任命扬州总管司马河内人张衡为行军总管，率领步骑五万征讨，平定了叛乱。

贺若弼又犯罪下狱，隋文帝责备他说："你有三个方面太过分：嫉妒心太强；自以为是，却对人过严；太不尊重皇上。"不久，又释放了他。有一天，隋文帝对身边的侍臣说："贺若弼在将要讨伐陈朝的时候，对高颎说：'陈叔宝是可以平定的，只是我们立功后怕是要落到飞鸟尽、良弓藏的下场啊！'高颎说：'一定不会的。'等到平定了陈朝，贺若弼立即就要求做内史令，又要求做尚书仆射。我对高颎说：'功臣最适合授勋官，不可以干预朝政。'贺若弼后来对高颎说：'皇太子和我很亲密，我们两人之间无话不说。你怎么知道日后就一定不需要我的帮助？你为什么沉默不说话？'贺若弼一心想要广陵，又想要荆州，那都是作乱的地方，他的这个心意一点都没有改变。"

夏季，四月初四日，突厥达头可汗侵犯边塞，隋文帝下诏任命晋王杨广、越国公杨素出兵灵武道，汉王杨谅、史万岁出兵马邑道迎击达头可汗。

长孙晟率领归降的突厥军队出任秦州行军总管，接受晋王杨广指挥。长孙晟认为突厥人的饮水泉容易投毒，便把很多毒药水投放在泉水的上游，突厥人和牲畜饮用后大多死亡，突厥人于是大惊说："上天降下毒水，是要灭亡我们吗？"便连夜逃走。长孙晟乘机追击，杀死一千多人。

史万岁出塞，进军到大斤山，与突厥人遭遇。达头可汗派使臣询问："隋朝领兵将领是哪一个？"侦察骑兵回答说："叫史万岁。"突厥达头使者又问："莫非是当年镇守敦煌的那个老兵吗？"侦察骑兵说："正是他。"达头可汗害怕了，立即撤退。史万岁快马加鞭追赶了一百多里，纵兵攻击，大败突厥，杀死了几千人；又乘胜追击，深入沙漠几百里，直到敌人逃远了才回军。隋文帝诏令长孙晟仍然回到大利城，安抚新归附的突厥人。

达头可汗又派他弟弟的儿子俟利伐从大漠的东边攻击启民可汗，隋文帝又发兵援助启民可汗把守要害地方。俟利伐退兵回到大漠。启民可汗上表致谢说："大隋圣明天子怜爱百姓，恩德大如天地。染干我就像枯木逢春，朽骨生肉，愿意千世万世，永远替大隋牧羊放马。"隋文帝派赵仲卿为启民可汗修筑金河、定襄两座城。

秦孝王杨俊长久患病不能痊愈，他派使者奏表陈情谢罪。隋文帝对他的使者说："我努力开创这大业，制定规章，树立典范，希望臣下遵循；你是我的儿子，却想要败坏它，我不知道怎样责备你！"杨俊既惭愧又恐惧，病更加严重，隋文帝便重新拜授杨俊为上柱国。六月二十日，杨俊病逝。隋文帝只哭了几声就止住了；杨俊制作的奢侈华丽物品，隋文帝下令全都烧掉。秦王府僚属佐吏请求立碑，隋文帝说："要想求名，一卷史书就够了，何必要立碑呢？如果子孙后代不能保住家业，只是给别人做镇石罢了。"杨俊的嫡子杨浩，为崔妃所生。庶子名叫杨湛。群臣迎合皇上的旨意，上奏说："汉代栗姬的儿子刘荣、郭后的儿子刘强，都随母亲而被废黜，如今秦王的两个儿子，母亲都有罪，不应当承继嗣位。"隋文帝采纳了上奏的意见，命秦王府的官员做丧主。

当初，隋文帝让太子杨勇参与决策军国大事，他时常提出一些增减的建议，隋文帝全都采纳了。杨勇性情宽厚，直率坦诚，从不虚假伪装。隋文帝生性俭朴，杨勇曾经把蜀地制造的精美铠甲再加以纹饰，隋文帝看见了很不高兴，告诫他说："自古以来的帝王，没有喜欢奢侈而能江山坐得久的。你身为储君，应当以节俭为先，才能够奉承宗庙。我往日的衣服，每个式样留下一件，时常拿出来看看，用来警诫自己。恐怕你今天用皇太子的身份和心态，而忘记了过去之事，特地赐给你我以前用的佩刀一把，以及腌菜一盒，这是你以前做北周上士时常吃的食物。你如果能记住以前的事，应该知道我的用心。"

后来遇到冬至，百官都到杨勇那里，杨勇陈设乐队接受贺礼。隋文帝知道了，问朝臣们说："近来听说冬至日朝廷内外官员互相结队去朝贺太子，这是什么礼仪？"太常少卿辛亶回答说："到东宫，是庆贺节日，不能说是朝见。"隋文帝说："庆贺节日，正常情况是三五人或数十人，随便来去，恐怕不应当由主管部门召集，大家同时到齐吧？太子身穿礼服，陈设乐队来接待百官，可以这样吗？"于是，隋文帝特下诏书说："礼仪有等级差别，君与臣之间是不能混淆的。皇太子尽管是皇位继承人，但在大义上他既是臣子，又是儿子。可是各地方长官冬至日前去朝贺，各自进贡土产，送给东宫；此事不符合礼法规章，应马上停止。"这事发生后隋文帝对太子的恩宠开始衰减，还逐渐产生了猜疑。

杨勇有很多宠爱的姬妾，昭训云氏特别受到宠幸。太子妃元氏不受宠爱，突然心脏病发作，两天后就死了，独孤皇后认为有其他原因，严厉责备杨勇。从此云昭训总掌东宫内政，她生了长宁王杨俨、平原王杨裕、安成王杨筠；高良娣生了安平王杨嶷、襄城王杨恪；王良媛生了高阳王杨该、建安王杨韶；成姬生了颍川王杨煚；另有宫女生了杨孝实、杨孝范。独孤皇后更加愤愤不平，经常派人窥探，专找杨勇的过错。

晋王杨广更加谨慎伪装掩饰自己，只和萧妃生活在一起，后宫姬妾有了身孕也不让生育，独孤皇后因此常常称赞杨广贤德。朝中掌权的大臣，杨广都用心用意和他们交往。隋文帝和独孤皇后每次派遣左右侍从到杨广那里，来者不论身份贵贱，杨广一定和萧妃一起在门口迎接，还设宴用精美食品招待，另外还送上一份厚礼。来往的婢女仆人，没有不称赞他的仁爱和孝心。隋文帝与独孤皇后曾经驾临他的住宅，杨广把漂亮的姬妾全都藏匿在别的房间，只留下老丑的在房间，穿上朴素不带花纹的衣服，在身边伺候；房间的屏帐换上浅色的丝绢；故意弄断乐器上的弦，不让擦去上面的尘埃。隋文帝看到了，认为杨广不爱好音乐女色，回到宫中，告诉身边的侍臣，心里非常高兴，侍臣都称赞祝贺。因此，隋文帝疼爱杨广超过了其他的儿子。

隋文帝秘密地命令一个善于看相的名叫来和的人，给几个儿子一个一个看了相，然后来和报告说："晋王杨广眉上双骨隆起，富贵不可言说。"隋文帝又问上仪同三司韦鼎，说："我的几个儿子谁应该继承大位？"韦鼎回答说："皇上、皇后最喜欢谁就是谁来接班，不是臣能够预先知道的。"隋文帝笑着说："卿不敢把话说穿吧！"

晋王杨广仪表堂堂，生性机敏聪慧，而又深沉稳重，爱好学习，写得一手好文章，能恭敬地接待朝中官员，非常礼貌恭谦，因此，名声越来越好，远在诸王之上。

杨广任职扬州总管，入京朝见，将要回到镇所扬州，进宫拜别母亲独孤皇后，趴在地上痛哭，独孤皇后也陪着潸然泪下。杨广说："臣生性愚笨，才识浅薄，经常维护兄弟间平时的感情，不知有什么罪过让太子不喜欢我，总是怒气冲冲，想要陷害我。我时时担心，遭到连亲人也相信的谗言加身，更担心酒杯汤勺之中有毒药，因此日夜忧虑惶恐，生怕踏上灭亡的境地。"独孤皇后生气地说："睍地伐（杨勇）越来越使人不可忍耐，我替他娶了元氏女，竟敢不以夫妇之礼对待她，一心只宠爱阿云，使她生下一大堆猪狗。先前新娶的媳妇遭到毒害而死，我没有深究，为何又对你动了杀害的念头！我还活着况且这样，我要死了，那不把你们当鱼肉吗？我常常想到太子竟然没有正妻生的嫡子，皇上千秋万岁后，让你们兄弟去向阿云的儿子叩头问安，这是何等的痛苦啊！"杨广接着叩头，呜咽悲伤不能停止，独孤皇后也悲伤得控制不住。从这此后，独孤皇后铁定了心要废除杨勇而立杨广为太子。

杨广和安州总管宇文述一向交情深厚，他想让宇文述更加靠近自己，便奏请让他担任寿州刺史。杨广特别亲近信任总管司马张衡，张衡替杨广拟订了夺取太子地位的策略。杨广向宇文述请教，宇文述说："皇太子失宠已经很久，他的美德不为天下人所知。大王的仁爱忠孝闻名天下，才能无人可比，又多次带兵打仗，屡建大功；皇上和皇后，都十分喜爱你，四海万民瞩望，实际已经归向大王。然而废黜太子另立储君，是国家大事，我处在别人父子骨肉之间，确实不容易出谋划策。但是能够改变皇上心意的，只有杨素一人而已，而杨素能够接受与他一起议事的人只有他的弟弟杨约。我宇文述十分了解杨约，让我入京师朝见，便能同杨约会面，共同商议。"杨广非常高兴，送给他很多金银财宝，以便宇文述入京打点。

杨约当时任大理寺少卿，杨素凡是要做什么事，都要先和杨约商议后再行动。宇文述约请杨约，摆了很多珍宝古玩，和他一起畅饮，又一起赌博，每次假装输给他，所带的金银财宝全都输给了杨约。杨约赢了很多财宝，向宇文述略微表示歉意。宇文述趁机说："这些东西都是晋王送的，让我与你一同娱乐罢了。"杨约大惊说："为什么要这样？"宇文述便告诉了杨广的心意，并劝杨约说："遵守正道，本应是做臣子的准则；但是违反常规而合于义理，也是通达事理的人的最好谋划。自古以来的贤人君子，无不是顺应潮流的避免祸患。你们兄弟，功劳名望超过了世人，位居权要已经有很多年了，朝中大臣遭受你家凌辱的不知有多少。还有，皇太子要求的很多事没有办成，时常对掌权的人切齿痛恨；你虽然得到当今皇上的宠信，可是一心想谋害你的人一直很多。皇上一旦抛弃群臣，你到哪里去找靠山？如今皇太子失去了皇后的宠爱，皇上一向有废黜太子的心意，这是你知道的事。现今如果请求皇上立晋王杨广为太子，只不过是你哥哥的一句话罢了。如果真的借这机会建立了大功，晋王一定刻骨铭心，牢牢记住，这样，你们兄弟就可以排除累卵的危险，而成就像泰山一样稳固。"杨约非常赞同，便报告给了杨素。杨素听了，非常高兴，拍掌说："在我的思考谋划中，还没有考虑太子废立的事，全靠你提醒我。"杨约知道自己的计谋已经收到成效，便又对杨素说："如今皇后说的话，皇上没有不听的，应当趁这时机早一点巴结上皇后，就能长保荣华富贵，把福禄传给子孙后代。兄长如果迟疑，一旦发生变故，让太子掌权，恐怕大祸就要临头了。"杨素听从了。

几天以后，杨素进宫陪伴酒宴，婉转地说："晋王孝顺友爱，尊敬节俭，有些像皇上。"用这话来揣摩独孤皇后的心意。皇后笑着说："你说得好！我的阿摩儿（杨广）最孝敬友爱，每次听到皇上和我派的内使要到达，必定亲自远迎；说起远离双亲，没有不伤心流泪的。还有他新娶的媳妇也十分可爱，我派婢女去看望，经常让婢女和她同床睡觉，同桌吃饭。哪里像晛地伐（杨勇）只和阿云面对面相坐，整天饮酒玩乐，亲近小人，猜疑陷害骨肉兄弟！我所以特别怜爱阿麽，时常担心晛地伐暗害他。”杨素既然明白了独孤皇后的心意，趁机添油加醋地说太子不成器。独孤皇后于是送给杨素很多金银，让杨素帮助劝说隋文帝废除太子另立杨广。

杨勇也察觉到这种阴谋，忧愁恐惧，不知道怎么办，便让新丰人王辅贤造设了许多巫术诅咒之物来镇伏；又在后园修建了一个平民村，房屋低矮简陋，杨勇时常在里面睡觉休息，穿粗布衣服，垫草褥席，希望以此来抵消谗言。隋文帝知道杨勇内心不安，在仁寿宫派杨素到长安观察杨勇的作为。杨素到了东宫，在宫外停留休息，让杨勇穿戴衣冠等候，杨素故意逗留很久不进去，以此来激怒杨勇，杨勇怨恨在心，接见杨素时，便在言辞和脸色上表现出来。杨素于是回报说："杨勇满怀怨恨，恐怕要发生其他的事变，希望严加防备！"隋文帝听了杨素的诬陷，更加猜疑杨勇。独孤皇后又派人暗中监视东宫，细小琐事都随时奏报皇上，再加上诬告增饰，以构成杨勇的罪状。

隋文帝于是疏远并且猜忌杨勇，便在玄武门到至德门中间，按一定距离布置密探，侦察杨勇的动静，随时奏报。另外，侍卫东宫的人，凡是侍官以上的，名册全部划归十二禁军府，有勇武健壮的，全都调走。又调出东宫左卫率苏孝慈为淅州刺史，杨勇更加不高兴。太史令袁充对隋文帝说："臣夜观天文，应该废黜太子。"隋文帝说："天象已经出现很久了，只是群臣不敢说罢了。"袁充是袁君正的儿子。

晋王杨广又命督王府军事姑臧人段达暗中贿赂东宫宠臣姬威，要他监视太子行踪，秘密报告杨素；因此朝廷内外喧闹诽谤，太子的过失每天都可以听到。段达还威胁姬威说："太子的过失，皇上都已知道。已经接到密诏，决定要废立太子。你如果能抢先告发，那么一定能大富大贵！"姬威答应了，便马上上书告发。

秋季，九月二十六日，隋文帝从仁寿宫回到京师。第二天，登上大兴殿，对侍臣说："我刚刚回到京师，应当心胸开朗，高兴快乐，不知为什么反而郁闷愁苦。"吏部尚书牛弘回答说："臣等不称职，所以让皇上忧愁劳苦。"隋文帝既然多次听到了诽谤太子的谗言，怀疑满朝大臣都知道，故意当众发问，希望听到说太子的坏话。牛弘的回答不合心意，隋文帝于是变了脸色，斥责东宫的官员说："仁寿宫离这里没多远，而我每次返回京师，都要严密设置兵仗警卫，就像进入敌国。我甚至拉肚子，也不敢脱下衣服睡觉。昨晚睡觉，想靠近厕所，便住在后房，又担心有紧急事变，只得又搬回前殿，这难道不是你们想要毁掉我的家国吗？”于是逮捕太子左庶子唐令则等数人，交给司法部门审问，命杨素陈述东宫的情况，通报近臣让大家都知道。

杨素于是公开指控太子说：“臣从仁寿宫奉手谕到京师，让皇太子清理刘居士的党羽，太子接了诏令，变了脸色，怒气冲冲，暴跳如雷，对臣说：‘刘居士同党全都伏法，派我到哪里去追查？你任职右仆射尚书，责任不轻，你应自己去追查，与我有何相干！’又说：‘先前禅让大事如果不成功，我第一个被诛杀，现今做了天子，竟然待我还不如几个弟弟，做任何一件事，我都不遂心意！’便长叹一声，回头看着阿云说：‘我大梦初醒才知道身不由己。’”隋文帝说：“我早就知道这个儿子不能继承帝位，皇后常常劝我废黜他。我看在他是我还是平民时所生的，又是长子，希望他慢慢改过，所以一直克制忍耐拖到今天。杨勇曾经指着皇后的侍女对人说：‘这些都将属于我。’这话说得太怪了！他的妻子刚死，我深深怀疑是中毒死的，曾经责备他，杨勇当即怨恨地说：‘应当杀掉元孝矩。’这是想害我而迁怒到岳父头上啊！长宁王杨俨刚出生的时候，朕与皇后一起抱过来抚养他，杨勇自己心怀隔阂，几次派人来要回，并且说是云定兴的女儿，在外面与人私通生下的儿子。想想这个由来，怎能断定是他的亲生骨肉？从前晋惠帝的太子娶了屠户的女儿，所生的儿子就喜欢杀猪。现在如果传位不伦不类，就会乱了皇家宗祠。我虽然自愧德行不如尧舜，也断不会把天下百姓交给不肖的儿子！我经常害怕他加害于我，如同防大敌似的，今天想把他废黜了以安定天下。”

左卫大将军五原公元旻劝谏隋文帝，说：“废立是国家大事，诏旨颁行以后，后悔就来不及了。谗言无孔不入，希望皇上明察。”隋文帝不吭声，命令姬威尽情陈述太子的罪恶。姬威说：“太子与臣讲话，从来只留心骄纵奢侈，他还说：‘如果有人来劝谏，就应杀他的头，只要杀他一百多，劝谏就会永远消失。’太子营造亭台殿阁，一年四季都不停止。先前苏孝慈被解除了左卫率，太子气得吹胡子瞪眼睛，不停地挥舞拳头说：‘大丈夫会有扬眉吐气的一天，我永远不会忘记这件事，一定要报仇才能消我心中的气。’还有，东宫所需的物品，尚书大多按法规定下的标准供给，太子就发怒说：‘尚书仆射以下，我要杀他一两个，才会知道怠慢我是什么样的下场。’他还经常说：‘皇上讨厌我有很多小妾生的儿子，北齐末主高纬、陈朝末主陈叔宝难道是庶子吗？’太子曾经命巫婆占卜吉凶，对臣说：‘皇上开皇十八年将归天，这个期限快到了。’”隋文帝泪流满面，说：“谁人不是父母所生，太子竟然到了这个地步。朕近来翻阅《齐书》，看到高欢放纵儿子，真是气愤难忍，我怎么能够效法高欢呢？”于是拘禁了杨勇和他的几个儿子，派人分头抓捕太子的党羽。杨素舞文弄墨，歪曲捏造，罗织罪名把太子打成铁案。

过了几天，司法官吏按照杨素的旨意，向隋文帝奏告说元旻经常曲意事奉杨勇，一心攀附。隋文帝在仁寿宫时，杨勇曾派亲信裴弘送一封信给元旻，信上题写“不要让别人看见”。隋文帝说：“朕在仁寿宫，有一点点小事，东宫都知道，速度比驿马传信还快，长时间以来我都觉得很奇怪，肯定是这个家伙泄密的！”因此隋文帝派武士到左卫禁军行列中抓捕元旻。右卫大将军元胄当时正要下朝，却不肯离去，便上奏说：“臣刚才没有回家去，就是为了防备元旻。”隋文帝把元旻以及裴弘一齐关进监狱。

起初，杨勇看到一棵老枯槐树，问身边的人说：“这树还有用吗？”有人回答说：“古槐最适用于取火。”当时卫士随身带有火燧，杨勇命令工匠制作了几千枚火燧，打算分配赐给下属；到现在，这些东西在藏库中查获。此外，在药藏局储存了数斛艾草，也搜查出来了，隋文帝感到非常奇怪，便问姬威，姬威说：“太子这样做另有目的。皇上在仁寿宫，太子经常养马一千匹，说：‘只要直接守住城门，皇上自然就要饿死。’”杨素用姬威的话去审问杨勇，杨勇不服，说：“我听说你家养马几万匹，我身为太子，养马千匹，能说是谋反吗？”杨素又把从东宫收缴来的服饰珍玩以及加工雕饰过的物品，全部摆在殿庭之中，让群臣参观，作为太子谋反的罪证。隋文帝和独孤皇后轮番派出使者责问杨勇，杨勇不认罪。

冬季，十月初九日，隋文帝派使者召见杨勇，杨勇见到使者吃惊地说：“该不是要杀我吧？”隋文帝穿上戎装，出动军队戒严，登上武德殿，集合文武百官站立在东面，皇室宗亲站立在西面，带领杨勇和他的几个儿子站在殿堂中间，命令内史侍郎薛道衡宣读诏书，杨勇以及他有王爵、公主封号的儿女都贬为庶民。杨勇连续叩头说：“臣应当陈尸长安闹市，为后来的人鉴戒；蒙陛下哀怜，保全了性命！”说完，泪流满襟，随后跪拜退出，左右的人无不默默悲伤。长宁王杨俨上表请求担任京师的宿卫，言辞情意哀伤恳切，隋文帝看了也感动悲切。杨素进言说：“臣拜伏希望圣上下狠心，就像毒蛇咬伤手指，壮士挥刀断腕一样，不要留下温情。”

十月十三日，隋文帝下诏说：“元旻、唐令则，以及太子家令邹文腾、左卫率司马夏侯福、典膳元淹、前吏部侍郎萧子宝、前主玺下士何竦，一律问斩，妻妾子孙都籍没入官为奴。车骑将军林阎毗、东郡公崔君绰、游骑尉沈福宝、瀛州术士章仇太翼特赦免死罪，各处杖刑一百，但本人及妻子儿女、家产田地房屋都籍没入官府。副将作大匠高龙叉、率更令晋文建、通直散骑侍郎元衡，赐其自尽。”于是在广阳门外集合朝官，宣读诏书，对罪臣执行死刑。然后将杨勇转送内史省，给他五品官员的俸禄。赐给杨素三千段绢帛，元胄、杨约各一千段，赏赐他们审讯杨勇的功劳。

文林郎杨孝政上书进谏说：“皇太子被小人迷误，应该加强训诲教导，不应该废黜。”隋文帝大怒，命人鞭打他的前胸。

【原文】

初，云昭训父定兴，出入东宫无节[①]，数进奇服异器以求悦媚[②]；左庶子裴政[③]屡谏，勇不听。政谓定兴曰：“公所为不合法度。又，元妃暴薨，道路籍籍[④]，此于太子，非令名[⑤]也。公宜自引退[⑥]，不然，将及祸。”定兴以告勇，勇益疏政，由是出为襄州总管。唐令则为勇所昵狎[⑦]，每令以弦歌教内人[⑧]，右庶子[⑨]刘行本[⑩]责之曰：“庶子当辅太子以正道，何有取媚于房帷[⑪]之间哉！”令则甚惭而不能改。时沛国刘臻[⑫]、平原明克让[⑬]、魏郡陆爽[⑭]，并以文学为勇所亲；行本怒其不能调护，每谓三人曰：“卿等正解读书[⑮]耳！”夏侯福尝于阁内与勇戏，福大笑，声闻于外。行本闻之，待其出，数之曰：“殿下宽容，赐汝颜色[⑯]。汝何物小人，敢为亵慢[⑰]！”因付执法者治之。数日，勇为福致请，乃释之。勇尝得良马，欲令行本乘而观之，行本正色曰：“至尊置臣于庶子，欲令辅导殿下，非为殿下作弄臣[⑱]也。”勇惭而止。及勇败，二人已卒，上叹曰：“向使[⑲]裴政、刘行本在，勇不至此。”

勇尝宴宫臣[⑳]，唐令则自弹琵琶，歌《妩媚娘》[㉑]。洗马[㉒]李纲[㉓]起白勇曰：“令则身为宫卿[㉔]，职当调护[㉕]；乃于广坐[㉖]自比倡优，进淫声，秽[㉗]视听。事若上闻，令则罪在不测[㉘]，岂不为殿下之累邪！臣请速治其罪！”勇曰：“我欲为乐耳，君勿多事。”纲遂趋出。及勇废，上召东宫官属切责[㉙]之，皆惶惧无敢对者。纲独曰：“废立大事，今文武大臣皆知其不可而莫肯发言，臣何敢畏死，不一为陛下别白[㉚]言之乎！太子性本中人[㉛]，可与为善，可与为恶。向[㉜]使陛下择正人辅之，足以嗣守[㉝]鸿基[㉞]。今乃以唐令则为左庶子，邹文腾为家令，二人唯知以弦歌鹰犬娱悦[㉟]太子，安得[㊱]不至于是邪！此乃陛下之过，非太子之罪也。”因伏地流涕呜咽。上惨然[㊲]良久曰：“李纲责[㊳]我，非为[㊴]无理，然[㊵]徒[㊶]知其一，未知其二；我择汝为宫臣，而勇不亲任，虽更得正人，何益哉！”对曰：“臣所以不被亲任[42]者，良由奸人[43]在侧故也。陛下但斩令则、文腾，更选贤才以辅太子，安知臣之终见疏弃也。自古[44]废立冢嫡[45]，鲜[46]不倾危[47]，愿陛下深留圣思[48]，无贻[49]后悔。”上不悦，罢朝，左右皆为之股栗。会尚书右丞[50]缺，有司请人，上指纲曰：“此佳右丞也！”即用之。

太平公史万岁还自大斤山，杨素害其功[51]，言于上曰：“突厥本降，初不为寇[52]，来塞上畜牧耳。”遂寝之。万岁数抗表陈状[53]，上未之悟[54]。上废太子，方穷[55]东宫党与。上问万岁所在，万岁实在朝堂，杨素曰：“万岁谒东宫矣！”以激怒上。上谓为信然[56]。令召万岁。时所将[57]将士在朝堂称冤者数百人，万岁谓之曰：“吾今日为汝极言[58]于上，事当决矣。”既见上，言：“将士有功，为朝廷所抑！”词气愤厉[59]。上大怒，令左右摄杀[60]之。既而[61]追之[62]，不及，因下诏陈其罪状，天下共冤惜之。

十一月，戊子[63]，立晋王广为皇太子。天下地震，太子请降章服[64]，宫官不称臣。十二月，戊午[65]，诏从之。以宇文述为左卫率。始，太子之谋夺宗也，洪州[66]总管郭衍[67]预焉，由是征衍为左监门率[68]。

帝囚故太子勇于东宫，付太子广掌之。勇自以废非其罪，频请见上申冤，而广遏[69]之不得闻。勇于是升树大叫，声闻帝所，冀得引见。杨素因言勇情志昏乱[70]，为癫鬼[71]所著[72]，不可复收。帝以为然，卒不得见。

（以上为第二段，写废立太子前前后后的错综关系。杨勇蒙冤，却也咎由自取。杨广与杨素阴谋夺嫡成功，又继续扩大冤案，因而史万岁遭冤杀，隋朝的清平政治开始走下坡路。）

【注释】

①无节：没有节制，很随便。 ②悦媚：取悦献媚。 ③裴政：字德表，河东闻喜（今山西闻喜县）人，历仕梁、周、隋，官至左庶子，传见《隋书》卷六十六、《北史》卷七十七。 ④籍籍：语声喧哗，指议论纷纷。 ⑤令名：美名。 ⑥引退：谓辞职。 ⑦昵狎（xiá）：亲昵。狎，亲近而不庄重。 ⑧内人：妻妾。此指宫中女伎艺人。 ⑨右庶子：官名。东宫官，掌门下典书坊。 ⑩刘行本：沛（今江苏沛县）人。历仕后梁、周与隋，官至左庶子。传见《隋书》卷六十二、《北史》卷七十。 ⑪房帷：又作“帷房”。指妇女居住的内室。 ⑫刘臻（527—598）：字宣挚，沛国相（今江苏沛县）人。传见《隋书》卷七十六、《北史》卷八十三。 ⑬明克让：字弘道，平原鬲（今山东陵县）人。历

仕后梁、周与隋，官至率更令，封历城县侯。著《孝经》一卷、《古今帝代记》一卷等书。传见《隋书》卷五十八、《北史》卷八十三。 ⑭陆爽（539—591）：字开明，魏郡临漳（今河北临漳县西南）人。传见《隋书》卷五十八、《北史》卷二十八。 ⑮正解读书：谓只能读书，即读死书，什么都不会做。 ⑯赐汝颜色：赏给你脸面。 ⑰亵（xiè）慢：轻慢，不庄重。 ⑱弄臣：为帝王亲近狎玩之臣。 ⑲向使：假使。 ⑳宫臣：东宫里的官吏。 ㉑《妩媚娘》：乐曲名。 ㉒洗马：官名。东宫官。隶司经局，掌侍奉及经史图籍。㉓李纲（547—631）：字文纪，观州蓨（今河北景县）人。历仕周、隋与唐三代，官至太子少师。传见《旧唐书》卷六十二、《新唐书》卷九十九。 ㉔宫卿：东宫左、右庶子称为宫卿。 ㉕调护：调理保护，即辅导。 ㉖广坐：众人会聚的场所。 ㉗秽（huì）：污浊，丑陋。 ㉘罪在不测：罪名难以预料。指有危险之意。 ㉙切责：严词谴责。 ㉚别白：分辨明白。 ㉛中人：平常人。 ㉜向：从前，旧时。 ㉝嗣守：继承和守住。 ㉞鸿基：帝王事业。鸿，大，通“洪”。 ㉟娱悦：欢娱以取悦。 ㊱安得：怎能，怎么能。㊲惨然：悲痛、凄惨的样子。 ㊳责：诘问，批评。 ㊴非为：不是。 ㊵然：转折词。但是。 ㊶徒：副词。只，仅。 ㊷亲任：亲近而信任。 ㊸奸人：邪恶不正之人。㊹自古：据章校，“古”下应补“国家”二字。 ㊺冢嫡：嫡长子。冢，大。 ㊻鲜：少。㊼倾危：倾侧欲倒的样子。 ㊽圣思：臣下称皇帝的思考。 ㊾贻（yí）：留下，遗留。㊿尚书右丞：官名。与左丞分掌尚书省诸司纠察驳议。 (51)害其功：妒忌史万岁的功劳。 (52)为寇：侵犯边塞。 (53)陈状：陈述其功状况。 (54)未之悟：因受杨素欺骗而未明白其情状。 (55)穷：穷究，追查到底。 (56)谓为信然：以为是这样。信然，诚然，确实。(57)所将：所率领的。 (58)极言：极力主张，尽情说出。 (59)词气：言辞和气色。愤厉：愤怒而严厉。 (60)摞（bó）杀：击杀。摞，掷击。 (61)既而：过后，事后。 (62)追之：追改成命，免其死刑。 (63)戊子：十一月初三日。 (64)请降章服：古代认为地震是上天对天子的谴告，故太子请下章服，以表示自责。 (65)戊午：十二月初三日。 (66)洪州：州名。治所南昌县，在今江西南昌市。 (67)郭衍（？—611）：字彦文，太原介休（今山西介休市）人。历仕周、隋，官至左武卫大将军。传见《隋书》卷六十一、《北史》卷七十四。 (68)左监门率：官名。东宫设左、右监门率，掌监门卫。 (69)遏：阻止。 (70)情志昏乱：精神错乱。 (71)癫鬼：得狂病而死者称癫鬼。 (72)著：附着。

【译文】

当初，云昭训的父亲云定兴，可以随意进出东宫，不受节制。云定兴多次进献一些奇装异服、珍贵器物，用来讨好太子。左庶子裴政常劝谏，杨勇不听。裴政对云定兴说："您的做法违反法度。而且，元妃突然死了，人们议论纷纷，到处传扬，对于太子来说，并不是什么好名声。您应当自行引退，不然，将要大祸临头。"云定兴把裴政说的话转告了杨勇，杨勇更加疏远裴政，最后还把他调去做襄州总管。唐令则一直受到杨勇的亲近宠爱，常常命他教宫女妃妾弹琴唱歌，右庶子刘行本责备他说："太子庶子应当用正道辅佐太子，哪有在房帷之间献媚取宠的道理！"唐令则深感惭愧，但却不能够改正。当时沛国人刘臻、平原人明克让、魏郡人陆爽，都因为有文学才华受到杨勇宠爱。刘行本痛恨他们不能辅导太子，常常对这三个人说："你们只知道死读书罢了！"夏侯福曾经在后阁和杨勇嬉戏，夏侯福哈哈大笑的声音传到外面，刘行本听到了，等他出来之后，责备他说："殿下宽宏大度，赏脸给你。你算什么东西，竟敢这样轻慢无理！"便把他交付执法官员治罪。过了几天，杨勇替夏侯福说情，才释放了他。杨勇曾得到一匹好马，想让刘行本骑上马欣赏一下，刘行本很严肃地说："皇上把臣安排在太子庶子这个职位上，是要让臣辅导殿下，不是当殿下的弄臣。"杨勇自觉惭愧只好作罢。等到杨勇被废黜，裴政和刘行本早已去世，隋文帝叹息说："假如裴政、刘行本还活着的话，杨勇就不会到这地步。"

杨勇曾经宴请东宫官员，唐令则自弹琵琶，自唱《妩媚娘》。太子洗马李纲起身向杨勇报告说："唐令则身为宫卿，职责是辅导太子，如今他却在大庭广众中扮演一个歌伎的角色，进献靡靡之音，污秽太子的耳朵。这事如果皇上知道了，唐令则的罪责不小，难道不会连累殿下吗？臣请求立即惩处他。"杨勇说："我想取乐，你不要多事。"李纲拂袖退出。等到杨勇被废黜，隋文帝召集东宫官属严厉责备，大家都惊恐慌张，没有人敢说话。只有李纲站出来说："废立太子是国家大事，现在文武大臣都知道不可以，但不敢出来说话。臣怎么敢只是怕死，就不对陛下明明白白说一下是非呢？太子是一个中等人才，可以使他为善，也可以使他为恶。当初陛下如果选择正直的人辅导太子，是可以继承大隋的伟大基业的。如今选用的是唐令则做太子的左庶子，邹文腾做太子的家令，这两个人只知道用声色犬马讨取太子的欢心，怎能不是这个下场？这原本是陛下的过错，并不是太子的过错。"于是伏在地上痛哭流涕，呜咽不止。隋文帝也难过了好一阵，才说："李纲你责备我，不是没有道理，但是你只知道一面，不知道另一面。我选择你为东宫的臣子，可是杨勇不亲任你，即使我选择了别的正直的人，又有什么用！"李纲回答说："臣之所以不被太子信用，实在是因为奸人在太子身边的缘故。陛下只要杀了唐令则、邹文腾，挑选别的正直人才辅导太子，怎么知道臣就不被太子信用呢？自古以来，废黜嫡长子，很少有不倾覆危亡的，希望陛下三思，以免将来后悔。”隋文帝很不高兴，起身退朝，满朝官员都被这一紧张场面吓得浑身发抖。正巧尚书右丞空缺，主管部门请求人选，隋文帝指着李纲说："这就是一个好右丞。”立即任命了李纲。

太平公史万岁从大斤山回来后，杨素嫉妒他的功劳，对隋文帝说：“突厥本来已经投降了，并没有入侵，只不过来塞上放牧罢了。”于是把封赏功劳的事搁置下来。史万岁几次上表陈述战况，隋文帝都没有醒悟。当时，隋文帝废黜了太子，正忙着铲除党羽。隋文帝问史万岁在什么地方，史万岁当时正在朝堂之上，而杨素却说：“史万岁到东宫拜见太子去了！”以此激怒皇上。隋文帝信以为真，传令召见史万岁。当时史万岁所率领的将士在朝堂上声称冤屈的有数百人，史万岁对他们说：“我今天为你们向皇上尽力说明情况，事情会有结果的。”史万岁见到隋文帝后说：“将士作战有功，却被朝廷怠慢！”言词语气激愤严厉。隋文帝大怒，命令左右的人把他拖出去乱棍打死。过了一会派人传令停止行刑，已经来不及了，便下诏列举史万岁的罪状，天下的人都觉得他冤枉，深感悲痛惋惜。

十一月初三日，隋文帝册立晋王杨广为皇太子。国内发生大地震，太子杨广请求礼服降低一等，东宫官属对太子不以臣自称。十二月初三日，隋文帝下诏同意杨广的请求。任命宇文述为左卫率。当初，杨广阴谋夺取太子地位的时候，洪州总管郭衍参与了此事，因此征召郭衍为左监门率。

隋文帝把前太子杨勇囚禁在东宫，交给太子杨广负责掌管。杨勇自认为无罪而被废黜，屡次请求见皇上申诉冤屈，但杨广总是从中阻拦，使杨勇的请求不能让皇上知道。杨勇没办法便爬到树上大声喊叫，让声音传到皇上那里，希望能够被召见。杨素便说杨勇神志已经昏乱，被鬼魂附身，治不好了。隋文帝信以为真，始终没有召见杨勇。

【原文】

初，帝之克陈也，天下皆以为将太平，监察御史房彦谦[①]私谓所亲曰：“主上忌刻[②]而苛酷，太子卑弱，诸王擅权[③]，天下虽安，方忧危乱。”其子玄龄[④]亦密言于彦谦曰：“主上本无功德，以诈取天下，诸子皆骄奢不仁，必自相诛夷[⑤]，今虽承平[⑥]，其亡可翘足待[⑦]。”彦谦，法寿之玄孙[⑧]也。

玄龄与杜杲之兄孙如晦[⑨]皆预选，吏部侍郎高孝基名知人，见玄龄，叹曰："仆阅人多矣，未见如此郎者，异日必为伟器[10]，恨不见其大成[11]耳。"见如晦，谓曰："君有应变[12]之才，必任栋梁之重。"俱以子孙托之。

帝晚年深信佛道鬼神，辛巳[13]，始诏："有毁佛及天尊、岳、镇、海、渎神像[14]者，以不道论；沙门毁佛像，道士毁天尊像者，以恶逆论[15]。"

是岁，征同州刺史蔡王智积[16]入朝。智积，帝之弟子也，性修谨[17]，门无私谒[18]，自奉[19]简素[20]，帝甚怜之。智积有五男，止教读《论语》[21]，不令交通宾客。或问其故，智积曰："卿非知我者！"其意盖恐诸子有才能以致祸也。

齐州行参军[22]章武王伽[23]送流囚李参等七十余人诣京师，行至荥阳，哀其辛苦，悉呼谓曰："卿辈自犯国刑[24]，身婴缧绁[25]，固其职也；重劳援卒[26]，岂不愧心哉！"参等辞谢。伽乃悉脱其枷锁，停援卒，与约曰："某日当至京师，如致前却[27]，吾当为汝受死。"遂舍之而去。流人感悦[28]，如期而至，一无离叛。上闻而惊异，召见与语[29]，称善久之。于是悉召流人，令携负妻子俱入，赐宴于殿庭而赦之。因下诏曰："凡在有生[30]，含灵[31]禀性[32]，咸知善恶，并识是非。若临以至诚，明加劝导，则俗必从化[33]，人皆迁善[34]。往以海内[35]乱离，德教废绝，吏无慈爱之心，民怀奸诈之意。朕思遵圣法，以德化民，而伽深识朕意，诚心宣导[36]，参等感寤[37]，自赴宪司[38]：明是率土[39]之人，非为难教。若使官尽王伽之俦[40]，民皆李参之辈，刑厝[41]不用，其何远哉！"乃擢伽为雍[42]令。

太史令袁充表称："隋兴已后，昼日渐长，开皇元年，冬至之景长一丈二尺七寸二分；自尔[43]渐短，至十七年，短于旧三寸七分。日去极[44]近则景短而日长，去极远则景长而日短；行内道[45]则去极近，行外道则去极远。谨按《元命包》[46]曰：'日月出内道，璇玑[47]得其常。'《京房别对》[48]曰：'太平，日行上道；升平[49]，行次道；霸代[50]，行下道。'伏惟大隋启运[51]，上感乾元[52]，景短日长，振古希有[53]。"上临朝，谓百官曰："景长之庆，天之祐[54]也。今太子新立，当须改元，宜取日长之意以为年号。"是后百工作役，并加程课[55]，以日长故也。丁匠苦之。

（以上为第三段，写有识之士已预感到隋朝盛世已潜伏危机。隋文帝嘉奖王伽释囚事件，表明隋文帝尚未糊涂昏聩；而太史令袁充的上奏，使隋文帝又被阿谀的言词弄昏了头。）

【注释】

①房彦谦：字孝冲，清河（今河北清河县西北）人。历仕周、隋，官至监察御史。传见《隋书》卷六十六、《北史》卷三十九。 ②忌刻：同“忌克”。忌人之能，而欲居人之上。 ③诸王擅权：指秦、晋、蜀三王分别占据各方。 ④玄龄（579—648）：即房玄龄，名乔。历仕隋、唐，官至尚书左仆射，封梁国公。唐代名相。传见《旧唐书》卷六十六、《新唐书》卷九十六。 ⑤诛夷：杀戮。夷，削平。 ⑥承平：太平，治平相承，指太平已久。 ⑦翘（qiáo）足待：即翘足可待。一举足的短时间内即可到来。言极短的时间。 ⑧玄孙：曾孙之子。即本身以下第五世。 ⑨如晦（585—630）：即杜如晦，字克明，京兆杜陵（今陕西西安市东南）人。历仕隋、唐，官至尚书右仆射，封蔡国公。唐代名相。传见《旧唐书》卷六十六、《新唐书》卷九十六。 ⑩伟器：大器，指能担当大事的人。 ⑪大成：指学问、事业等大有成就。 ⑫应变：应付事变。 ⑬辛巳：十二月二十六日。 ⑭佛及天尊、岳、镇、海、渎神像：均民间信仰的各种神像。佛，指佛教寺庙中的神像。天尊，道家对所奉最高神仙的尊称。《道经》载，它生于太元之先，禀受自然之气，其体常存不灭。岳，指五岳之神，东岳泰山，西岳华山，南岳衡山，北岳恒山，中岳嵩山。镇，指山神。一方的主山称镇，如扬州其山镇为会稽、荆州其山镇为衡山、豫州其山镇为华山、青州其山镇为沂山等，并就山立祠。海，指海神。东海于会稽县界，南海于南海镇南，并近海立祠。渎（dú），指河神。四渎，指长江、黄河、淮河、济河。 ⑮以恶逆论：以犯恶逆之罪论处。恶逆，古代刑律十恶大罪之一。指殴打及谋杀祖父母、父母，杀死叔伯父母、姑、兄、姊、外祖父母、夫、夫祖父母、父母的人。 ⑯蔡王智积（？—616）：隋文帝弟杨整之子，封蔡王。传见《隋书》卷四十四、《北史》卷七十一。 ⑰修谨：谨慎。 ⑱私谒：以私事谒见请托。 ⑲自奉：对自己供奉。 ⑳简素：简约朴素。 ㉑《论语》：书名。四书之一。是孔子弟子及其再传弟子关于孔子言行思想的记录。共二十篇。据章校，“语”下应补“孝经”二字。 ㉒行参军：官名。位在诸曹参军之下，参谋军事。 ㉓王伽：河间章武（今河北黄骅市西北）人。官至雍县令。传见《隋书》卷七十三、《北史》卷八十六。 ㉔国刑：国法。 ㉕身婴缧绁（léi xiè）：身上捆绑着绳索。婴，系，戴。缧绁，拘系犯人的绳索。 ㉖重劳援卒：深深连累押送的狱卒。重劳，更劳。援卒，押送之兵士。援，执，持。 ㉗前却：或前或却，不能如期到达。却，后退。 ㉘流人：被判处流刑的罪犯。感悦：感动，心悦诚服。 ㉙与语：与王伽谈话。 ㉚有生：有生命者。一般指人。 ㉛含灵：旧时称人为万物之灵，故称人为含灵。 ㉜秉性：旧称天所赋予人的品性资质。 ㉝从化：顺从归化。 ㉞迁善：改恶从善。 ㉟海内：国内。 ㊱宣导：疏通，引导。 ㊲感寤：有所感而觉悟。寤，通“悟”，醒悟。 ㊳宪司：

司法机关。魏晋以来多是御史的别称。㊴率土：谓境域以内。㊵俦（chóu）：同辈，伴侣。㊶刑厝（cuò）：刑法搁置而不用。厝，安置，通“措”。㊷雍：县名。县治在今陕西宝鸡市凤翔区。㊸自尔：从此。㊹极：顶点，最高限度。指北极。㊺内道：地球围绕太阳运行的路线，天文学称为黄道。㊻《元命包》：书名。纬书中有《春秋元命包》。㊼璇玑（xuán jī）：古代以玉作装饰的天体观测仪器。璇，美玉。㊽《京房别对》：书名。京房为西汉元帝时人，精通五行灾异说，曾以灾异之变对答元帝。详见《汉书》卷七十五。㊾升平：太平。㊿霸代：称霸时代。代，世。51启运：创业，开创帝业。52乾元：天。53振古希有：自古少有。振，自。54祐：指神明的祐助，也作“佑”。55程课：工作量。

【译文】

当初，隋文帝平定陈朝的时候，人们认为天下将要太平了。监察御史房彦谦私下对亲近的人说：“皇上猜忌刻薄而又苛严残酷，太子卑微懦弱，诸王各占一方，专擅政权，天下虽然表面上安定，我正担忧危急祸乱发生。”他的儿子房玄龄也暗中告诉父亲说：“皇上本来没有什么功德，用欺诈方法夺取天下，几个儿子都骄纵奢侈没有仁德，一定会互相残杀，现今虽然太平，它的灭亡会很快到来。”房彦谦，是房法寿的玄孙。

房玄龄和杜杲的侄孙杜如晦都被推荐到吏部接受选拔，吏部侍郎高孝基以识人知名，他见了房玄龄，吃惊地说：“我见过的人很多，还没有见过像你这样的年轻人，日后一定成为一个大人物，遗憾的是我不能亲眼看到你的成功。”高孝基见了杜如晦，对他说：“你有应变的才干，一定能够担当栋梁的重任。”高孝基把子孙同时托付给房玄龄和杜如晦两个人。

隋文帝晚年笃好佛法、道士、鬼神。十二月二十六日，第一次下诏说：“敢有毁坏佛像和道教元始天尊神像，以及五岳、九镇、二海、四渎神像的人，以不道论罪；僧人毁坏佛像，道士毁坏元始天尊像的，以大逆不道论罪。”

这一年，隋文帝征召同州刺史蔡王杨智积入朝。杨智积，是隋文帝弟弟的儿子，生性内向谨慎，家中没有私事请托的，自己日常生活简易朴素，隋文帝非常怜爱他。杨智积有五个儿子，只教他们读《论语》，不让他们与宾客交往。有人问他是什么缘故，杨智积说：“你不了解我。”他的用意大概是担心几个儿子不要因有才能而招来祸患吧！

齐州代理参军章武人王伽押送被判流放的囚徒李参等七十多人上京城，行到荥阳，王伽可怜囚犯疲劳，便把他们全都叫来说："你们犯了国法，身子被绳索捆绑，这是罪有应得；却还要连累押送的狱卒一起受辛苦，你们难道不惭愧吗？"李参等人向王伽谢罪。王伽于是把全体囚犯的枷锁解开，把负责押送的狱卒遣回，自己与囚犯们相约，说："某天你们应当到达京师，如果早到或后到，我当替你们受死。"于是放开他们一人前行。被流放的人感动高兴，都按期到达京师，没有一个人逃走。隋文帝听到后非常惊异。召见王伽，与他谈话，赞不绝口。又召集全体流放的犯人，让他们带着妻子儿女一起入朝，在殿廷上赐宴，然后赦免了他们的罪过，借这件事下诏书说："凡是有生命的人，都有灵气善性，都知道善恶，明辨是非。如果用诚心对待他们，耐心劝导，那么习俗一定能够改变，人人都会一心向善。从前因为海内战乱，道德教化废弛断绝，官吏没有慈爱之心，黎民怀有奸诈的邪念。朕想要遵循古代圣贤的方法，用道德教化民众，而王伽深刻了解朕的心意，诚心宣谕劝导，使李参等人感动醒悟，自动到执法机关认罪，这生动地说明全天下的人，不是很难教育。如果所有的官吏都和王伽一样，所有的黎民都像李参，那么搁置刑法的日子就不远了。"为此还提拔王伽为雍县县令。

太史令袁充上表奏称："隋朝建立以后，白昼渐渐加长，开皇元年，冬至的日影长一丈二尺七寸二分；从那时以后渐渐缩短，到了开皇十七年，日影比从前缩短三寸七分。太阳离北极近，则日影短而白昼长；太阳离北极远，则日影长而白昼短。太阳在黄道之北运行则离北极近，在黄道之南运行则离北极远。谨按《元命包》说：'日月在黄道之北运行，天文仪器观测就正常。'《京房别对》上说：'太平之世，太阳在黄道之北运行；升平之世，在黄道运行；乱世，在黄道之南运行。'臣想大隋创业，感动上天，所以日影短白昼长，这是自古以来很少有的。"隋文帝临朝，对文武百官说："影短日长的吉庆，是上天的福祐。现在太子刚刚册封，应当改年号，可以取白昼增长的意思作为年号。"此后工匠、民夫做工，都加大了工作量，因为白昼时间加长了。民间工匠都深受其苦。

【原文】

仁寿元年（辛酉，601）

春，正月，乙酉朔[①]，赦天下，改元[②]。

以尚书右仆射杨素为左仆射，纳言苏威为右仆射。

丁酉[③]，徙河南王昭[④]为晋王。

突厥步迦可汗犯塞，败代州[⑤]总管韩弘[⑥]于恒安[⑦]。

以晋王昭为内史令。

二月，乙卯朔[8]，日有食之。

夏，五月，己丑[9]，突厥男女九万口来降。

六月，乙卯[10]，遣十六使巡省[11]风俗。

乙丑[12]，诏以天下学校生徒[13]多而不精，唯简留国子学[14]生七十人，太学[15]、四门[16]及州县学[17]并废。殿内将军[18]河间刘炫[19]上表切谏；不听。秋，七月[20]，改国子学为太学。

初，帝受周禅，恐民心未服，故多称符瑞以耀之，其伪造而献者，不可胜计。冬，十一月，己丑[21]，有事于南郊，如封禅礼，版文[22]备述[23]前后符瑞以报谢云。

山獠[24]作乱，以卫尉少卿[25]洛阳卫文昇[26]为资州[27]刺史镇抚之。文昇名玄，以字行。初到官，獠方攻大牢镇[28]，文昇单骑造[29]其营，谓曰："我是刺史，衔天子诏[30]，安养汝等，勿惊惧也！"群獠莫敢动。于是说以利害，渠帅[31]感悦，解兵而去，前后归附者十余万口。帝大悦，赐缣二千匹。壬辰[32]，以文昇为遂州[33]总管。

潮、成[34]等五州獠反，高州酋长冯盎驰诣京师，请讨之。帝敕杨素与盎论贼形势，素叹曰："不意[35]蛮夷中有如是[36]人！"即遣盎发江、岭[37]兵击之。事平，除盎汉阳[38]太守[39]。

诏以杨素为云州道[40]行军元帅，长孙晟为受降使者[41]，挟[42]启民可汗北击步迦[43]。

（以上为第四段，写隋文帝仁寿元年裁减学校，边患再起。）

【注释】

①乙酉朔：正月初一日。朔，初一。 ②改元：由开皇二十一年改为仁寿元年。③丁酉：正月十三日。 ④河南王昭：即隋炀帝长子杨昭（？—606），曾被立为皇太子。传见《隋书》卷五十九、《北史》卷七十一。 ⑤代州：州名。治所雁门县，在今山西代县。 ⑥韩弘（548—610）：字叔明，官至陇西太守。传附《隋书·韩擒虎传》《北史·韩雄传》。按《隋书》本传"弘"作"洪"，《北史》同。此避宋讳改。 ⑦恒安：镇名。故址在今山西大同市东北。 ⑧乙卯朔：二月初一日。 ⑨己丑：五月初七日。 ⑩乙卯：六月初三日。 ⑪巡省：巡视，视察。 ⑫乙丑：六月十三日。 ⑬生徒：学生。 ⑭国子学：古代教育管理机关和最高学府。 ⑮太学：古学校名，即国学。仅次于国子学的较

高的学府。⑯四门：指四门学，于京城四门设立的学校，故称四门学。⑰州县学：在州、县所设立的地方学校。⑱殿内将军：武官名。即殿中将军，隋避讳所改。属左、右卫，掌禁卫。⑲刘炫：字光伯，河间景城（今河北沧州市西景城）人。历仕周、隋，官至殿中将军。著《论语述议》十卷、《春秋攻昧》十卷、《尚书述议》二十卷等。传见《隋书》卷七十五、《北史》卷八十二。⑳七月：据章校，“七月”下应补“戊戌”二字。戊戌，七月十七日。㉑己丑：十一月九日。㉒版文：著文。版，牍，即用以写字的简。㉓备述：详细叙述。㉔山獠：生活在今四川南充市西南的少数民族。㉕卫尉少卿：官名。卫尉寺副长官，监门卫掌宫门屯兵。㉖卫文昇（541—617）：名玄，字文昇，河南洛阳（今河南洛阳市）人。历仕周、隋，官至刑部尚书。传见《隋书》卷六十三、《北史》卷七十六。㉗资州：州名。治所盘石县，在今四川资中县北。㉘大牢镇：地名。故址在今四川荣县。㉙造：到，去。指登门访问。㉚衔天子诏：奉行天子诏命。衔，领受。㉛渠帅：首领。渠，大。㉜壬辰：十一月十二日。㉝遂州：州名。治所方义县，在今四川遂宁市。㉞潮、成：两州名。潮州，治所海阳县，在今广东潮州市潮安区。成州，治所梁信县，在今广东封开县东南。㉟不意：没想到。㊱如是：如此。是，此。㊲江、岭：江指江南，岭指岭南。㊳汉阳：郡名。治所上禄县，在今甘肃礼县南。㊴太守：官名。郡中长官，掌管一郡政事。按，冯盎不当出任在今甘肃的职务，疑是遥领的虚衔。㊵云州道：云州，州名。治所大利县，在今内蒙古和林格尔县西北。道，是一种行军路线，对外作战时，大抵按行军方位、作战地点命名，长官为某某道行军总管或元帅。㊶受降使者：使者名。掌管接受对方投降事宜。㊷挟（xié）：挟持。㊸步迦（jiā）：即步迦可汗，突厥都蓝可汗死，达头可汗自立为步迦可汗。

【译文】

隋文帝仁寿元年（辛酉，601）

春季，正月初一日，大赦天下，改年号为仁寿。

隋文帝任命尚书右仆射杨素为左仆射，纳言苏威为右仆射。

正月十三日，改封河南王杨昭为晋王。

突厥步迦可汗侵犯边塞，在恒安郡打败代州总管韩弘。

隋文帝任命晋王杨昭为内史令。

二月初一日，发生日食。

夏季，五月初七日，突厥男女九万人来隋朝归附。

六月初三日，隋文帝派出十六批使者巡察各地风俗。

六月十三日，颁布诏令说：全国各级学校生员很多，但是学业不精，只挑选七十名学生留在国子学，太学、四门学以及各州各县的州学、县学全都停办。殿内将军河间人刘炫上表恳切地劝谏，隋文帝不听。秋季，七月十七日，把国子学改为太学。

当初，隋文帝接受北周禅让，怕民心不服，就多次声称有符瑞兆应，以此来炫耀自己登基是依天意行事，因此假造符瑞征兆的人不计其数。冬季，十一月初九日，隋文帝到京师南郊祭天，仪式隆重，跟泰山封禅一样，把祭文刻到木版上，详细叙述符瑞出现前前后后的征兆以此来报谢上天。

居住在山中的獠人造反，朝廷任命卫尉少卿洛阳人卫文昇为资州刺史，前往镇抚。卫文昇名玄，以字号行于世。他刚到职时，獠人正在攻打大牢镇，他单枪匹马前往獠人军营，对獠人说："我是刺史，是奉天子诏命前来安抚保护你们的人，不要怕！"獠人不敢乱动。于是卫文昇进一步向他们阐明利害关系，獠人首领为其感动，撤兵而去，前后归附的有十多万人。隋文帝非常高兴，赏赐卫文昇两千匹绢帛。十一月十二日，任命卫文昇为遂州总管。

居住在潮州、成州等五州的獠人造反，高州酋长冯盎急奔京师，请求朝廷派兵去征讨。隋文帝敕令杨素和冯盎讨论这一情况，杨素叹息说："没想到蛮夷中有这样忠心的人！"随即派遣冯盎征调江南、岭南的军队攻打獠人。乱事平定后，任命冯盎为汉阳太守。

隋文帝下诏任命杨素为云州道行军元帅，长孙晟为受降使者，会同启民可汗北上攻击步迦可汗。

【原文】

二年（壬戌，602）

春，三月，己亥[①]，上幸仁寿宫。

突厥思力俟斤[②]等南渡河[③]，掠启民男女六千口、杂畜二十余万而去。杨素帅诸军追击，转战六十余里，大破之，突厥北走。素复进追，夜，及之[④]，恐其越逸[⑤]，令其骑稍后，亲引两骑并降突厥二人与虏并行，虏不之觉；候[⑥]其顿舍[⑦]未定，趣[⑧]后骑掩击，大破之，悉得人畜以归启民。自是突厥远遁[⑨]，碛南无复寇抄[⑩]。素以功进子玄感爵柱国，赐玄纵爵淮南公。

兵部尚书柳述[⑪]，庆之孙也，尚兰陵公主[⑫]，怙宠使气[⑬]，自杨素之属[14]皆下之。帝问符玺直长[15]万年韦云起[16]："外间有不便事，可言之。"述时侍侧，云起奏曰："柳述骄豪[17]，未尝经事，兵机要重，非其所堪，徒以主婿[18]，遂居要职。臣恐物议[19]以为陛下'官不择贤，专私所爱'，斯亦不便之大者。"帝甚然[20]其言，顾谓述曰："云起之言，汝药石[21]也，可师友之。"秋，七月，丙戌[22]，诏内外官各举所知。柳述举云起，除通事舍人[23]。

益州总管蜀王秀，容貌瑰伟[24]，有胆气[25]，好武艺。帝每谓独孤后曰："秀必以恶终[26]，我在当无虑，至兄弟，必反矣。"大将军刘哙之讨西爨[27]也，帝令上开府仪同三司杨武通[28]将兵继进。秀以嬖人万智光为武通行军司马[29]。帝以秀任非其人[30]，谴责之，因谓群臣曰："坏我法者，子孙也。譬如猛虎，物不能害，反为毛间虫[31]所损食[32]耳。"遂分秀所统。

自长史元岩卒后，秀渐奢僭[33]，造浑天仪[34]，多捕山獠[35]充宦者，车马被服，拟于乘舆[36]。

及太子勇以谗废[37]，晋王广为太子，秀意甚不平。太子恐秀终为后患，阴令杨素求其罪而谮之。上遂征秀[38]，秀犹豫，欲谢病不行[39]。总管司马源师[40]谏，秀作色曰："此自我家事，何预卿也！"师垂涕对曰："师忝参[41]府幕[42]，敢不尽忠！圣上有敕追王[43]，以淹[44]时月，今乃迁延[45]未去。百姓不识王心，傥生异议，内外疑骇，发雷霆[46]之诏，降一介[47]之使，王何以自明？愿王熟计之！"朝廷恐秀生变，戊子[48]，以原州总管独孤楷[49]为益州总管，驰传[50]代之。楷至，秀犹未肯行；楷讽谕[51]久之，乃就路。楷察秀有悔色，因勒兵[52]为备；秀行四十余里，将还袭楷，觇知有备，乃止。

八月，甲子[53]，皇后独孤氏崩。太子对上及宫人哀恸绝气[54]，若不胜丧者；其处私室，饮食言笑如平常。又，每朝令进二溢[55]米，而私令取肥肉脯鲊[56]，置竹筒[57]中，以蜡闭口，衣襆[58]裹而纳之。

著作郎[59]王劭上言："佛说：'人应生天上及生无量寿国之时，天佛放大光明，以香花妓乐[60]来迎。'伏惟大行皇后[61]福善祯符，备诸秘记[62]，皆云是妙善菩萨[63]。臣谨按八月二十二日，仁寿宫内再雨金银花[64]；二十三日，大宝殿[65]后夜有神光；二十四日卯时[66]，永安宫[67]北有自然种种音乐，震满虚空；至夜五更[68]，奄然[69]如寐，遂即升遐[70]，与经文所说，事皆符验。"上览之悲喜。

九月，丙戌[71]，上至自仁寿宫。

冬，十月，癸丑[72]，以工部尚书杨达[73]为纳言。达，雄之弟也。

闰月，甲申[74]，诏杨素、苏威与吏部尚书牛弘等修定五礼[75]。

上令上仪同三司萧吉[76]为皇后择葬地，得吉处[77]，云："卜年二千，卜世二百。"上曰："吉凶由人，不在于地。高纬[78]葬父，岂不卜乎！俄而国亡。正如我家墓田，若云不吉，朕不当为天子；若云不凶，我弟不当战没[79]。"然竟从吉言。吉退，告族人萧平仲曰："皇太子遣宇文左率[80]深谢余云：'公前称我当为太子，竟有其验，终不忘也。今卜山陵[81]，务令我早立。我立之后，当以富贵相报。'吾语之云：'后四载，太子御天下[82]。'若太子得政，隋其亡乎！吾前绐云'卜年二千'者，三十字也；'卜世二百'者，取世二传也。汝其识[83]之！"

壬寅[84]，葬文献皇后[85]于太陵。诏以"杨素经营葬事，勤求吉地，论素此心，事极诚孝，岂与夫平戎定寇[86]比其功业！可别封[87]一子义康公，邑[88]万户。"并赐田三十顷，绢万段，米万石，金珠绫锦称是。

蜀王秀至长安，上见之，不与语；明日，使使[89]切让[90]之。秀谢罪，太子诸王流涕庭谢[91]。上曰："顷者秦王糜费[92]财物，我以父道[93]训之。今秀蠹害生民，当以君道[94]绳之[95]。"于是付执法者。开府仪同三司庆整谏曰："庶人勇[96]既废，秦王已薨，陛下见子[97]无多，何至如是！蜀王性甚耿介[98]，今被重责，恐不自全。"上大怒，欲断其舌，因谓群臣曰："当斩秀于市[99]以谢百姓。"乃令杨素等推治[100]之。

太子阴作偶人[101]，缚[102]手钉心，枷锁杻械[103]，书上及汉王姓名，仍云"请西岳[104]慈父圣母[105]收杨坚、杨谅神魂，如此形状[106]，勿令散荡[107]"。密埋之华山下，杨素发之；又云秀妄述图谶，称京师妖异，造蜀地征祥[108]；并作檄文[109]，云"指期问罪"，置秀集[110]中，俱以闻奏。上曰："天下宁有是邪！"十二月，癸巳[111]，废秀为庶人，幽之[112]内侍省[113]，不听与妻子相见，唯獠婢二人驱使[114]，连坐[115]者百余人。秀上表摧[116]谢曰："伏愿慈恩，赐垂矜愍[117]，残息[118]未尽之间，希与瓜子[119]相见；请赐一穴，令骸骨有所。"瓜子，其爱子也。上因下诏数其十罪，且曰："我不知杨坚、杨谅是汝何亲？"后乃听与其子同处。

初，杨素尝以少谴[120]敕送南台[121]，命治书侍御史[122]柳彧治之。素恃贵，坐彧床。彧从外来[123]，于阶下端笏整容[124]谓素曰："奉敕治公之罪！"素遽下。彧据案而坐，立素于庭，辨诘事状[125]。素由是衔之。蜀王秀尝从彧求李文博[126]所撰《治道集》，彧与之；秀遗彧奴婢十口。及秀得罪，素奏彧以内臣交通诸侯[127]，除名为民，配戍[128]怀远镇[129]。

帝使司农卿[130]赵仲卿往益州穷按秀事，秀之宾客经过之处，仲卿必深文[131]致法，州县长吏坐者太半[132]。上以为能，赏赐甚厚。

久之，贝州[133]长史裴肃[134]遣使上书，称，"高颎以天挺[135]良才，元勋[136]佐命，为众所疾，以至废弃；愿陛下录其大功，忘其小过。又二庶人[137]得罪已久，宁无革心[138]！愿陛下弘[139]君父之慈，顾天性[140]之义，各封小国，观其所为：若能迁善，渐更增益[141]；如或不悛[142]，贬削[143]非晚。今者自新之路永绝，愧悔之心莫见，岂不哀哉！"书奏，上谓杨素曰："裴肃忧我家事，此亦至诚[144]也。"于是征肃入朝。太子闻之，谓左庶子张衡曰："使勇自新，欲何为也？"衡曰："观肃之意，欲令如吴太伯、汉东海王[145]耳。"肃至，上面谕以勇不可复收之意而罢遣之。肃，侠之子也。

杨素弟约及从父文思[146]、文纪[147]、族父忌[148]并为尚书、列卿[149]，诸子无汗马之劳，位至柱国、刺史；广营资产，自京师及诸方都会[150]处，邸店[151]、碾硙[152]、便利田宅，不可胜数；家僮千数，后庭妓妾曳绮罗者以千数；第宅华侈，制拟宫禁[153]；亲故吏[154]布列清显[155]。既废一太子及一王，威权愈盛。朝臣有违忤[156]者，或至诛夷；有附会及亲戚，虽无才用，必加进擢[157]；朝廷靡然[158]，莫不畏附。敢与素抗而不桡[159]者，独柳彧及尚书右丞李纲、大理卿梁毗[160]而已。

始，毗为西宁州[161]刺史，凡十一年，蛮夷酋长皆以金多者为豪隽[162]，递相[163]攻夺，略无宁岁，毗患之。后因诸酋长相帅[164]以金遗毗，毗置金坐侧，对之恸哭，而谓之曰："此物饥不可食，寒不可衣，汝等以此相灭，不可胜数，今将此来，欲杀我邪！"一无所纳[165]。于是蛮夷感悟，遂不相攻击。上闻而善之，征为大理卿，处法平允[166]。

毗见杨素专权，恐为国患[167]，乃上封事[168]曰："臣闻臣无有作威作福，其害于而家，凶于而国。窃见左仆射越国公素，幸遇[169]愈重，权势日隆，搢绅[170]之徒，属其视听[171]。忤旨者严霜夏零[172]，阿旨[173]者甘雨冬澍[174]；荣枯由其唇吻[175]，废兴候其指麾；所私皆非忠谠[176]，所进咸是亲戚，子弟布列，兼州连县[177]。天下无事，容息[178]异图；四海有虞[179]，必为祸始。夫奸臣擅命[180]，有渐[181]而来，王莽[182]资之于积年，桓玄[183]基之于易世[184]，而卒殄汉祀[185]，终倾晋祚[186]。陛下若以素为阿衡[187]，臣恐其心未必伊尹也。伏愿揆鉴[188]古今，量为处置，俾洪基永固，率土幸甚！”书奏，上大怒，收毗系狱[189]，亲诘之。毗极言：“素擅宠弄权[190]，将领之处，杀戮无道[191]。又太子、蜀王罪废之日，百僚无不震竦[192]，唯素扬眉奋肘[193]，喜见容色，利国家有事以为身幸[194]。”上无以屈，乃释之。

其后上亦寖疏忌素，乃下敕曰：“仆射国之宰辅[195]，不可躬亲细务[196]，但三五日一向省，评论大事。”外示优崇[197]，实夺之权也。素由是终仁寿之末，不复通判[198]省事。出杨约为伊州[199]刺史。

素既被疏，吏部尚书柳述益用事，摄兵部尚书，参掌机密[200]，素由是恶之。

太子问于贺若弼曰：“杨素、韩擒虎、史万岁皆称良将，其优劣何如？”弼曰：“杨素猛将，非谋将[201]；韩擒虎斗将，非领将[202]；史万岁骑将[203]，非大将[204]。”太子曰：“然则大将谁也？”弼拜曰：“唯殿下所择！”弼意自许[205]也。

交州[206]俚[207]帅李佛子作乱，据越王故城[208]，遣其兄子大权据龙编城[209]，其别帅李普鼎据乌延城[210]。杨素荐瓜州[211]刺史长安刘方[212]，有将帅之略，诏以方为交州道行军总管，统二十七营而进。方军令严肃，有犯必斩；然仁爱士卒，有疾病者亲临抚养，士卒亦以此怀之。至都隆岭[213]，遇贼，击破之。进军临佛子营，先谕以祸福。佛子惧，请降，送之长安。

（以上为第五段，写仁寿二年的政事变故。独孤皇后去世，蜀王杨秀被废，奸臣杨素被疏远。）

【注释】

①己亥：三月二十一日。 ②思力俟斤：即阿勿思力俟斤可汗。当时突厥内部分为多部，此为各部可汗之一。 ③河：指黄河。 ④及之：指杨素军追上了突厥兵。 ⑤越逸：四散逃亡。逸，逃散。 ⑥候：等到，待。 ⑦顿舍：安顿休息。顿，止息，停止。 ⑧趣（cù）：催促。 ⑨遁（dùn）：逃走。 ⑩寇抄：抄掠。 ⑪柳述：字业隆。官至兵部尚书。传附《隋书·柳机传》《北史·柳虬传》。 ⑫兰陵公主：字阿五，隋文帝第五女。传见《隋书》卷八十、《北史》卷九十一。 ⑬怙（hù）宠：恃宠而骄横。怙，依靠，倚仗。 使气：意气用事。 ⑭属：类、辈。 ⑮符玺直长：官名。门下省符玺局官员，掌符玺。 ⑯韦云起（？—626）：雍州万年（今陕西西安市南）人，历仕隋、唐，官至司农卿。传

见《旧唐书》卷七十五、《新唐书》卷一百零三。 ⑰骄豪：骄横。豪，强横。 ⑱徒以主婿：只因为是公主的丈夫。徒以，仅因为。主婿，公主的丈夫。 ⑲物议：众人的议论。 ⑳甚然：很以为然。 ㉑药石：药物总称。比喻规戒。 ㉒丙戌：七月初十日。 ㉓通事舍人：官名。隋属内史省，掌呈奏案章。 ㉔瑰（guī）伟：相貌魁异。 ㉕胆气：胆量和勇气。 ㉖恶终：犹言不得好死。 ㉗西爨（cuàn）：史称“南宁夷”，生活在今云南曲靖市一带。其首领爨玩曾多次起兵反隋。 ㉘杨武通：弘农华阴（今陕西华阴市）人，官至左武卫大将军。传附《隋书·刘方传》《北史·刘方传》。 ㉙行军司马：武官名。掌军政，权任很重。 ㉚任非其人：用人不当。 ㉛毛间虫：指藏在毛里的寄生虫。 ㉜损食：伤害蚕食。损，损害，伤害。 ㉝奢僭（jiàn）：过分奢侈。僭，越分。㉞浑天仪：古代观测天体位置的仪器，类似今天的天球仪。 ㉟山獠：指生活在山区里的仡佬族。獠是古代对少数民族仡佬族的侮辱性称呼。 ㊱乘（shèng）舆：指皇帝所乘坐的车子。 ㊲谗废：因别人说坏话而被废掉太子身份。 ㊳征秀：征召蜀王杨秀还京。㊴谢病不行：托病不应征召。 ㊵源师：字践言，河南洛阳（今河南洛阳市）人。历仕周、隋，官至刑部侍郎。传见《北齐书》卷四十三、《隋书》卷六十六、《北史》卷二十八。 ㊶忝参：愧为。忝，有愧于。 ㊷府幕：王府幕僚。 ㊸追王：追令王入京。 ㊹淹：久留，滞留。 ㊺迁延：拖延。 ㊻雷霆：比喻严厉的意思。 ㊼一介：一人。 ㊽戊子：三月十日。 ㊾独孤楷：字修则，本籍不详。本姓李，赐姓独孤氏。历仕周、隋，官至益州总管，封汝阳郡公。传见《隋书》卷五十五、《北史》卷七十三。 ㊿驰传：驾驿站车马急行。 51讽谕：用委婉的话进行劝说。 52勒兵：治兵，统率军队。 53甲子：八月十九日。 54哀恸（tòng）绝气：悲哀得死去活来。恸，极其悲痛。 55溢：古代计量单位。二十两（古一斤为十六两）为一溢。同“镒”。 56脯鲊（zhǎ）：干肉称脯，经过加工制成的鱼肉称鲊。 57筒：竹筒。 58襆（pú）：包袱，巾帕。 59著作郎：官名。属秘书省，专掌编修史书。 60妓乐：歌舞奏乐。妓，歌舞女艺人。 61大行皇后：指未安葬的独孤皇后。大行，古代臣下讳言帝王死亡，用大行（一去不返）做比喻。 62秘记：指谶纬之类的书籍。 63菩萨：言能普济众生。菩，普。萨，济。 64金银花：忍冬花的别称，药草。藤生，冬天不凋谢。 65大宝殿：寝殿，在仁寿宫中。 66卯时：指早晨五至七时。 67永安宫：隋永安宫在今重庆奉节城中。 68五更：天将亮时。 69奄然：忽然。 70升遐：升天。指帝王之死。此指独孤皇后之死。 71丙戌：九月十一日。72癸丑：十月九日。 73杨达（551—612）：字士达。历仁周、隋，官至纳言。传附《隋书·观德王雄传》《北史·杨绍传》。 74甲申：闰十月十日。 75五礼：指吉礼、凶礼、军礼、宾礼、嘉礼。 ⑯萧吉（？—614）：字文休，梁武帝兄长沙宣武王懿之孙，官至上仪同三司。精通阴阳算术，著《金海》三十卷、《葬经》六卷、《乐谱》二十卷等。传见《隋书》卷七十八、《北史》卷八十九。 ⑰吉处：吉祥的葬地。 ⑱高纬：北齐后主，565—576年在位。事见《北齐书》卷八、《北史》卷八。 ⑲我弟不当战没：隋文帝弟杨整从周武帝伐齐，战死并州（今山西太原）。 ⑳宇文左率：即宇文述，时为左卫率。 ㉑山陵：帝王陵墓。 ㉒御天下：君临天下。御，统治，驾驭。 ㉓识：记。 ㉔壬寅：闰十月二十八日。 ㉕文献皇后：即独孤皇后，谥曰文献。 ㉖平戎定寇：平定戎狄寇贼。 ㉗别封：另封。 ㉘邑：食邑。指享受编户上缴的租税。 ㉙使使：派遣使者。前“使”为动词。后“使”为名词。 ㉚切让：严厉责备。让，责备。 ㉛庭谢：到朝廷谢罪。庭，朝廷。通“廷”。 ㉜縻费：浪费。縻，浪费。通“靡”。 ㉝父道：父亲治家的法则。 ㉞君道：君主治国的法则。 ㉟绳之：绳之以法，即以法制裁。 ㊱庶人勇：即废太子杨勇。 ㊲见（xiàn）子：现有的儿子。见，同“现”。 ㊳耿介：正直。守志不趋时。介，耿直。 ㊴斩秀于市：在闹市刑场行刑，即公示处死刑。市，市场。长安有东、西两市。 ⑩⓪推治：审查治罪。推，推究。 ⑩①偶人：用土木制成的人像。 ⑩②缚：捆绑。 ⑩③杻（chǒu）械：手铐脚镣。杻，刑具名。 ⑩④西岳：五岳之一，即华山。在陕西华阴市南。 ⑩⑤圣母：据章校，“母”下应补“神兵”二字。 ⑩⑥如此形状：即如缚手钉心、戴着刑具的偶人那样。 ⑩⑦散荡：散开。 ⑩⑧征祥：吉祥的预兆。征，与“祯”同。 ⑩⑨檄（xí）文：古代用于申讨的文书。 ⑪⓪集：文集。 ⑪①癸巳：十二月二十日。 ⑪②幽之：把他幽闭。 ⑪③内侍省：官署名。中央官署，管领内侍、内常侍等官。 ⑪④驱使：使唤。 ⑪⑤连坐：谓受株连而被判罪。 ⑪⑥摧：伤痛。 ⑪⑦垂矜愍：降下怜惜之心。垂，降下。 ⑪⑧残息：仅存的喘息。临近死亡。 ⑪⑨瓜子：《隋书》卷四十五《文四子传》瓜作“爪”，《北史》同。 ⑫⓪少谴：小罪。谴，罪过。 ⑫①南台：即御史台。朝堂在北，台省皆在南，故尚书省称南省，御史台称南台。 ⑫②治书侍御史：官名。唐以后称御史中丞，掌纠察百官过失。 ⑫③外来：据章校，“来”下应补“见之”二字。 ⑫④整容：整理衣帽，态度端庄认真。 ⑫⑤辨诘事状：审问罪状。辨诘，分辨追问。事状，罪状。 ⑫⑥李文博：博陵（今河北定州市）人。仕隋，官至校书郎。好读书，著《治道集》十卷。传见《隋书》卷五十八、《北史》卷八十三。 ⑫⑦彧以内臣交通诸侯：柳彧身为朝中大臣与诸侯王交通，违反禁令。中国古代历代专制帝王均禁止大臣与诸侯王交通，犯此为大逆罪。内臣，宫廷内的臣僚。诸侯，杨秀时封为蜀王，镇定一方，故称为诸侯。 ⑫⑧配戍：因罪被流放边疆戍守。 ⑫⑨怀远镇：地名。故址在今辽宁沈阳市辽中区。 ⑬⓪司农卿：官名。司农寺长官，掌农林仓廪。 ⑬①深文：援用法律条文，苛细周纳，以治人罪。 ⑬②坐者太半：获罪的人超过半数。 ⑬贝州：州名。治所清河县，在今河北清河县东北。 ⑭裴肃：字神封，河东闻喜（今山西闻喜县）人。历仕周、隋，官至贝州长史。传见《周书》卷三十五、《隋书》卷六十二、《北史》卷三十八。 ⑮天挺：犹言天生。挺，拔。 ⑯元勋：首功。 ⑰二庶人：指被废为庶人的原太子杨勇和蜀王杨秀。 ⑱革心：谓洗心改过。 ⑲弘：光大，弘扬。通“宏”。 ⑳天性：天然的品质或特性。 ㉑增益：增加。 ㉒悛（quān）：悔改。 ㉓贬削：贬职和削去爵位。贬，降职。 ㉔至诚：极为忠诚。至，极，大。 ㉕汉东海王：光武帝之子刘强，郭皇后所生。先立为太子，后因郭后被废，心里不安，遂辞去太子位，备位藩国。光武帝以其无罪，又去就有礼，故封为东海王。事见《后汉书》卷四十二《光武十王列传》。 ㉖文思：字温才，杨素从叔。历仕周、隋，官至纳言。传附《隋书·杨素传》《北史·杨敷传》。 ㉗文纪：字温范。历仕周、隋，官至荆州总管。传附《隋书·杨素传》《北史·杨敷传》。 ㉘忌：《隋书》卷四十六作“异”，《北史》同。疑误。异，即杨异，字文殊。历仕周、隋，官至刑部尚书。传见《隋书》卷四十六、《北史》卷四十一。 ㉙列卿：指在九卿之列。 ㉚都会：大城市。 ㉛邸（dǐ）店：古代兼具堆栈、商店、客舍性质的市肆。 ㉜碾硙（niǎn wèi）：利用水力，使水磨的机械装置自然转动，可以作灌溉及粮食加工之用。碾，即石碾。硙，石磨。 ㉝制拟宫禁：制度比拟皇宫。宫禁，皇帝居住的地方，宫中禁卫森严，臣下不得任意出入，故称宫禁。 ㉞亲故吏：按《隋书》卷四十八《杨素传》作“亲戚故吏”，此脱“戚”字。 ㉟清显：政事清简而重要的官。 ㊱违忤（wǔ）：背犯，违反。 ㊲进擢（zhuó）：进用和提拔。擢，提升。 ㊳靡然：趋附的样子。靡，披靡。 ㊴桡（náo）：屈从。 ㊵梁毗（？—610）：字景和，安定乌氏（今甘肃泾川县东北）人。历仕周、隋，官至刑部尚书。 ㊶西宁州：州名。治所越隽县，在今四川西昌市。 ㊷豪隽（jùn）：豪杰。隽，才智出众，通“俊”“儁”。 ㊸递相：互相。递，交替。 ㊹帅：同“率”。 ㊺纳：收受。 ㊻处法：执法。 平允：公平而允当。 ㊼国患：国家的大患。 ㊽上封事：向皇帝呈密封的奏章。 ㊾幸遇：得到皇帝的宠遇。 ㊿搢绅：士大夫。搢绅原指把笏插于带间，后代指士大夫。搢，插。绅，衣带。 (171)视听：耳目。 (172)零：凋落。 (173)阿旨：迎合旨意。 (174)澍（shù）：通“注”，灌。 (175)唇吻：言辞，说句话。 (176)忠谠（dǎng）：忠诚正直。 (177)兼州连县：很多州县。指杨素子弟在地方上权势很大。兼，加倍。 (178)容息：宽容姑息。 (179)虞：忧虑。 (180)擅命：擅自发号施令，不受节制。 (181)有渐：逐渐，渐进。 (182)王莽：西汉末年外戚，逐渐专权擅命，最后代汉而称帝。详见《汉书》卷九十九。 (183)桓玄：东晋后期权臣，曾举兵作乱，被杀。详见《晋书》卷九十九、《魏书》卷九十七。 (184)易世：即易代，不止一代之意。 (185)汉祀：指西汉政权。祀，祭祀。

⑱晋祚：东晋政权。祚，皇位。 ⑱阿衡：商代之官名。伊尹曾为阿衡。 ⑱揆鉴：鉴戒。揆，测度。 ⑱系狱：囚禁于牢狱。系，拘囚。 ⑲擅宠弄权：凭借皇帝宠信而专擅权柄。擅宠，特受宠信。弄权，玩弄权势。 ⑲无道：残暴，无德政。 ⑲震竦（sǒng）：震惊。竦，惧怕。 ⑲扬眉奋肘：扬扬得意的样子。 ⑲身幸：本人的幸运。 ⑲宰辅：皇帝的辅政大臣，一般指宰相或三公。 ⑲躬亲：亲身去做。躬，亲自。细务：琐事。 ⑲优崇：优待尊崇。 ⑲通判：全面管理。通，全部。判，治理。 ⑲伊州：州名。治所伏流县，在今河南嵩县东北。 ⑳参掌机密：参与国家机密大事，职掌同宰相。 ⑳谋将：指有谋略的将领。 ⑳领将：统率全军的将领。 ⑳骑将：骑兵将领。 ⑳大将：此指智勇双全、可独当一面的高级将领。 ⑳自许：自以为胜任。 ⑳交州：州名。治所交趾县，在今越南河内市。 ⑳俚：古代对黎族的称呼。 ⑳越王故城：地名。大概是秦、汉间骆越之王所筑。故址不详。 ⑳龙编城：即龙编县城。故址在今越南北宁仙游。 ㉑乌延城：地名。故址不详。 ㉑瓜州：州名。治所敦煌市，在今甘肃敦煌市西。 ㉑刘方（？—605）：京兆长安（今陕西西安）人。历仕周、隋，官至瓜州刺史。传见《隋书》卷五十三、《北史》卷七十三。 ㉑都隆岭：地名。故址不详。

（注：以上注释序号依次为186—213。）

【译文】

隋文帝仁寿二年（壬戌，602）

春季，三月二十一日，隋文帝临幸仁寿宫。

突厥思力俟斤可汗等人南渡黄河，掳掠启民可汗部落男女六千人、各种牲畜二十多万头而后离去。杨素率领各路大军追击，追了六十多里，将思力俟斤打得大败。突厥人又向北逃跑，杨素紧追不舍，终于在夜里追上。杨素担心敌人四散逃跑，便命令骑兵稍稍拉开距离在后面尾随，自己亲率两名骑兵和两名投降的突厥人混入敌军中一起行进，敌人没有发觉。等到敌人停下住宿还没有安顿妥当的时候，急令尾追的骑兵发起突然袭击，彻底打败了突厥人，全部收回被俘的人口与牲畜，归还启民可汗。从这以后，突厥人跑得远远的，大漠南边再没有突厥人的侵扰。杨素因为这次战功，他的儿子杨玄感被赐爵柱国，杨玄纵被赐爵淮南公。

兵部尚书柳述，是柳庆的孙子，娶隋文帝第五女兰陵公主，他恃宠骄横，任性霸道，连杨素他都看不起。隋文帝问符玺直长万年人韦云起，说："宫外有不便说的事，你不妨说一说。"柳述当时陪坐在旁边，韦云起奏说："柳述骄横放纵，没办过大事，兵机重事，他担当不起，只因是皇上的女婿，于是担任了要职，臣担心舆论会认为陛下'用人不择贤，而是用人唯亲'，这是最不便说的事。”隋文帝非常赞同韦云起的话，回头对柳述说：“韦云起说的话，对你是治病的苦口良药，你应当把他当作你的良师和益友。”秋季，七月初十日，隋文帝下诏让朝内朝外的官员推荐自己了解的贤才，柳述荐举韦云起，隋文帝任命韦云起为通事舍人。

益州总管蜀王杨秀，容貌伟壮威猛，有胆有识，爱好练武。隋文帝常常对独孤皇后说：“杨秀一定不得善终，我在世的时候当然不必担心，等到他们兄弟当政时，杨秀肯定要反叛。”大将军刘哙讨伐西爨的时候，文帝曾命令上开府仪同三司杨武通率领军队随后继进。杨秀派他的宠信弄臣万智光担任杨武通的行军司马，隋文帝认为杨秀任用的人不合适，便责备他，还对群臣说：“破坏我的法度的，是我的子孙。这好比是老虎，别的动物伤不了它，反倒是它自己身上皮毛间的小虫子却可以损害它。”于是减少了杨秀统领的军队数量。

自从长史元岩去世后，杨秀日益奢侈僭越，竟然制造了天子用的浑天仪，又捕捉了很多的山居獠人充当宦官，车马服饰，比拟皇上的仪仗。

等到太子杨勇因为谗言伤害而被废黜，晋王杨广做了太子，杨秀心意更加不平衡。太子杨广担心杨秀成为后患，暗中让杨素找他的过错谗害杨秀，隋文帝于是征召杨秀入朝，杨秀迟疑不决，假托有病不启程。总管司马源师进言规劝，杨秀变了脸色说：“这是我的家事，与你有什么相干？”源师流着眼泪说：“源师忝列王府幕僚，怎敢不尽忠心？圣上有敕令催促大王，已经拖延了很长时间了，如今还在拖延不动身。百姓不了解大王的心意，如果生出种种非议，朝廷内外猜疑震惊，皇上颁下雷霆震怒的诏书，再派出一个使臣来问罪，大王将用什么来解释清楚呢？希望大王认真考虑。”朝廷担心杨秀生出变乱，三月初十日，隋文帝任命原州总管独孤楷为益州总管，乘驿站车马快速去接替杨秀。独孤楷到了益州，杨秀仍不愿意启程；独孤楷劝说了很长时间，杨秀才上了路。独孤楷观察杨秀启程后又有后悔之意，便部署军队，做了防备；杨秀走了四十多里，打算返回袭击独孤楷，侦察得知独孤楷已有了防备，这才罢休。

八月十九日，独孤皇后逝世。太子杨广当着皇上和宫女宦官的面悲伤欲绝，仿佛承受不了一样；可是回到府中，和平时一样吃喝谈笑。另外，杨广每天早上使人只送进府中两镒米，而暗中却命人把肥肉、干肉、腌鱼等，放在竹筒里，用蜡封口，用包头巾裹着送进府中。

著作郎王劭上奏说：“佛经说：‘人的灵魂应当升天的和进入极乐世界的，到时候天上的佛会放大光明，并用香花和女子乐舞来迎接。’臣私下认为，大行皇后的福缘善果，祯祥符瑞，在各种秘籍里都有记载，都说是妙善菩萨。臣谨慎考虑，八月二十二日，仁寿宫内再次从天上降下金银花；二十三日，大宝殿后面在夜晚出现神奇的光彩；二十四日卯时，永安宫北面出现天乐，响彻空中；到了夜晚五更，万籁俱静，如入梦境，皇后圣洁的灵魂随即升天，与佛家经文所说的，事事全都符合。”隋文帝看了奏章悲喜交加。

九月十一日，隋文帝从仁寿宫回到京师。

冬，十月初九日，任命工部尚书杨达为纳言。杨达是杨雄的弟弟。

闰月，初十日，诏令杨素、苏威和吏部尚书牛弘等修订五礼。

隋文帝命令上仪同三司萧吉替独孤皇后选择葬地。萧吉选得一处风水宝地，上奏说：“占卜年代，隋朝可享年二千岁；占卜世代，皇家可传二百代。”隋文帝说:“吉凶在于人，不在于地。北齐高纬埋葬父亲，难道没有占卜选择葬地吗？不久国家就灭亡了。正如我家的墓地，如果说不吉利，朕就不该当为天子；如果说不凶险，我弟弟就不该当战死。”但是最终还是采纳了萧吉的意见。萧吉退出后，告诉族人萧平仲说：“皇太子派左卫率宇文述向我深表感谢，说：‘你以前说我当为太子，竟真的应验了，我不会忘记的。现今占卜选择皇后葬地，一定要让我早日即位，我即位之后，一定用富贵报答你。’我告诉他说：‘四年以后，太子要统治天下。’如果太子当政，隋朝就要灭亡了啊！我先前不过是骗他说‘占卜年代，隋朝可享二千年’，其实是‘三十’两字；‘占卜世代，皇家可传二百世’，是取能传二世的意思。你把这件事记住！”

闰十月二十八日，在太陵安葬了文献皇后。隋文帝下诏说：“杨素办理丧事，辛苦找寻吉地，他的这份心意至诚至孝，平定夷狄寇贼的功劳怎能与此相比？可另外封一个儿子为义康公，食邑一万户。”并赏赐田地三十顷、绢一万段、米一万石，另外还有与这价值相当的金珠绫锦等物品。

蜀王杨秀到达长安，隋文帝见了他，没有和他说话；第二天，派使者严厉谴责他。杨秀谢罪认错，太子和几个王也在殿庭上流泪求情。隋文帝说：“不久前秦王浪费财物，我以父亲的身份教训他。现在杨秀残害百姓，应当以为君之道制裁他。”于是把他交给执法官吏。开府仪同三司庆整劝谏说：“庶人杨勇已经废黜，秦王杨俊也死了，陛下现有的儿子不多了，何必要这样处置？蜀王性格十分耿直刚强，现今受到严厉责罚，恐怕他会出事。”隋文帝大怒，要割掉庆整的舌头，便又对群臣说：“应当把杨秀在闹市斩首，以向百姓谢罪。”于是命令杨素等人审处。

太子杨广暗中制作了两个木偶，用绳子绑了双手，用铁钉钉在心上，再加上枷锁和脚镣手铐，写上皇上杨坚和汉王杨谅的姓名，还写上“请求西岳慈父圣母收杨坚、杨谅的魂魄，就像这个样子，不要让他们四处游荡”。秘密埋在华山脚下，由杨素把它挖出来；太子还指控杨秀胆大妄为，引述图谶，声称京师有妖怪，捏造蜀地有种种祥瑞；还制作了檄文，说“到时兴师问罪”，把这篇檄文收进杨秀的文集中，这些材料全部上奏皇上。隋文帝说：“天下难道有这样的事？”十二月二十日，废黜杨秀为庶人，囚禁在内侍省，不让与妻子儿子相见，只派两个獠女婢子供驱使，株连判罪的有一百多人。杨秀呈上奏表，悲伤哀痛地谢罪说：“恳求陛下慈悲施恩，赐下怜悯，让我在苟延残喘的时候，能够和我儿瓜子见上一面；请求赐一个墓穴，让尸骨有一个安葬的处所。”瓜子是杨秀最疼爱的儿子。隋文帝于是下诏书列举杨秀十大罪状，并说：“我不知道杨坚、杨谅是你的什么亲人？”后来还是让杨秀和他的儿子在一起。

当初，杨素曾经因为一点小过错被敕令送到御史台，命令诏书侍御史柳彧治罪。杨素凭借贵宠，坐在柳彧床上。柳彧从外面进来，在台阶下端持笏板，整齐衣饰，严肃仪容，对杨素说：“奉皇上敕令治你的罪。”杨素赶快下床。柳彧坐在文案后面，杨素站立在厅堂上，接受案情调查。杨素从此怀恨在心。蜀王杨秀曾经向柳彧求索李文博的《治道集》，柳彧给了杨秀，杨秀送给柳彧十个奴婢。等到杨秀获罪，杨素奏告柳彧身为朝内大臣交通诸侯，柳彧因此被罢官除名，贬为平民，发配到怀远镇戍边。

隋文帝派司农卿赵仲卿前往益州追查杨秀犯罪事实，凡是杨秀的宾客所到之处、所往来的人，赵仲卿一定苛刻地曲解法律条文构成犯罪，加以处罚，州县长吏有一大半受牵连获罪。隋文帝认为赵仲卿能干，赏赐给他很丰厚的财物。

过了很久，贝州长史裴肃派遣使者上书，说：“高颎以天生的优异才能，成为开国元勋，却遭到众人的嫉妒，以至于被免官除名。希望陛下念他的大功，忘记他的小过。另外，杨勇、杨秀两人被废黜为平民，获罪受罚已经很久了，难道就没有悔过自新的表现？希望陛下发扬君父的慈爱，念及父子的情义，各封他们一个小国，观察他们的作为：如果能够改过向善，就逐渐增加封邑；如果仍不悔改，再贬黜削夺也不迟。如今是改过自新之路永远断绝，他们惭愧悔恨的心意无法见到，岂不令人悲哀？”上书奏报后，隋文帝对杨素说：“裴肃忧虑朕的家事，也是一片诚心。”于是征召裴肃入朝。太子杨广得知消息，对左庶子张衡说：“让杨勇自新，意图是什么？”张衡说：“看来裴肃的意思，是想让杨勇做周时的吴太伯、汉代的东海王罢了。”裴肃到了京师，隋文帝面谕杨勇不可能再收为太子的原因，然后打发他回去。裴肃，是裴侠的儿子。

杨素的弟弟杨约和叔父杨文思、杨文纪以及族叔杨忌都担任尚书、列卿，他们的儿子都没有什么功劳，却得高官柱国、刺史；杨家大肆扩充家产，从京城到地方各大都会，客店、磨坊、上等的田产和宅第不计其数；有几千个家奴，养在庭院穿着绫罗绸缎拖地的歌伎姬妾也有几千人；宅第豪华奢侈，规模制度可以和皇宫相比；亲戚和旧属都安置高官显位。当皇室废黜了一个太子和一个王以后，杨素家族的声威权势更加显赫。朝廷大臣敢冒犯杨素的人，就要杀头，甚至灭族；攀附杨素以及沾亲带故的人，即使没有才干，也一定会得到升迁提拔；朝廷官随风一边倒，没人敢不畏惧他、不附从他。敢与杨素叫板不屈服的人，只有侍御史柳彧、尚书右丞李纲、大理寺卿梁毗几个人。

当初，梁毗担任西宁州刺史，共任职十一年，当地的蛮夷酋长都以金子多的人为英雄豪杰，因此他们总是互相攻击掠夺，简直没有安宁的日子，梁毗深感忧虑。后来，各酋长都争着送金子给梁毗，梁毗把金子放在座位旁边，对着金子痛哭，并对送金子的豪酋们说：“这种东西饥饿的时候不能吃，寒冷的时候不能穿，你们为了这种东西互相残杀，死了无数的人，现在又把这种东西拿来给我，是想害死我！”他一点金子也不要。于是蛮夷都受感化，从此不再互相残杀。隋文帝听说此事十分称赞，征召梁毗入朝，并任命他为大理寺卿，他执法公正。

梁毗见杨素专权，担心他成为国家的祸患，于是呈上一封密奏说：“臣听说人臣不可以作威作福，那样将要伤害家庭，毁灭国家。臣私下看到尚书左仆射越国公杨素所受到的宠幸恩遇越来越重，权势一天比一天隆盛，在朝做官的人，全都听他指挥，冒犯他的，夏天也遭寒霜；承奉他的，冬季也降甘霖；一个人是荣华富贵还是身败名裂，全凭他口中一句话；一个人飞黄腾达还是罢黜杀戮，决定于他挥手之间。他所宠爱的都不是忠诚正直的人士，他所荐举提拔的人全是他的亲戚，子弟遍布全国，连州跨县。天下若太平无事，他们或许止息背叛的图谋；四海如果有什么动静，他们必定成为祸乱之根源。奸臣专擅权力，是逐渐形成的，王莽凭借多年的积累，桓玄依据两代的基业，最后才灭掉了西汉王朝，倾覆了晋朝皇位。陛下假若以杨素为宰辅，臣恐怕他的心未必能像伊尹。臣恳求陛下考察古今，酌情处置，使王朝大业永远稳固，天下百姓就万幸了！”密奏呈上，隋文帝大怒，把梁毗抓起来投入监狱，亲自审问他。梁毗极力陈言：“杨素依恃宠信，专擅用权，他率兵所到之处，屠杀平民，残酷无道。此外太子、蜀王获罪被废的时候，百官无不震惊恐惧，只有杨素扬眉吐气，喜形于色，把国家的灾难当作自己的幸事。”隋文帝不能使梁毗屈服，便释放了他。

此后，隋文帝也逐渐疏远猜忌杨素，便下敕令说：“尚书仆射是国家的宰辅，不可以事事躬亲去处理一些细事，只需三五天到一次尚书省，处理大事。”表面上看起来是对他优礼尊崇，其实是剥夺他的实权。因此直到仁寿末年，杨素都不再掌理尚书省政事。隋文帝还外放杨约为伊州刺史。

杨素被疏远之后，吏部尚书柳述更加专权，他兼任兵部尚书，参与决策国家大事。杨素因此厌恶他。

太子问贺若弼说：“杨素、韩擒虎、史万岁并称为良将，他们各自的长短究竟如何？”贺若弼回答说：“杨素是猛将，不是运筹帷幄的谋将；韩擒虎是斗将，绝不是统率全军的将领；史万岁是骑将，不是大将。”太子说：“那么大将是谁呢？”贺若弼叩拜说：“全靠殿下察断！”贺若弼言下之意是以大将自比。

交州俚人豪帅李佛子叛乱，占据了越王旧城，派遣他哥哥的儿子李大权攻占了龙编城，他的部将李普鼎占据了乌延城。杨素举荐瓜州刺史长安人刘方，称他有将帅的才略。隋文帝下诏任命刘方为交州道行军总管，统领二十七营军队进讨。刘方军令严肃，违犯军令的人一定斩杀；但他又爱兵如子，有生病的士兵，他亲自慰问照料，士兵们因此十分拥戴他。刘方进军到都隆岭，遭遇贼兵，打败了敌人。大军进逼李佛子的兵营，先派人晓谕李佛子利害关系。李佛子害怕了，请求投降，被押解到长安。

【原文】

三年（癸亥，603）

秋，八月，壬申[①]，赐幽州总管燕荣[②]死。荣性严酷，鞭挞[③]左右，动至千数。尝见道次[④]丛荆[⑤]，以为堪作杖，命取之，辄以试人。人或自陈[⑥]无罪，荣曰：“后有罪，当免汝。”既而有犯，将杖之，人曰：“前日被杖，使君[⑦]许以有罪宥[⑧]之。”荣曰：“无罪尚尔，况有罪邪！”杖之自若。

观州[⑨]长史元弘嗣[⑩]迁幽州长史，惧为荣所辱，固辞。上敕荣曰：“弘嗣杖十已上罪，皆须奏闻。”荣忿曰：“竖子[⑪]何敢玩我！”于是遣弘嗣监纳仓粟，飏[⑫]得一糠一秕[⑬]，皆罚之。每笞虽不满十，然一日之中，或至三数。如是历年，怨隙[⑭]日构[⑮]。荣遂收弘嗣付狱，禁绝其粮，弘嗣抽絮杂水咽之。其妻诣阙称冤，上遣使按验[⑯]，奏荣暴虐，赃秽[⑰]狼籍；征还，赐死。元弘嗣代荣为政，酷又甚之。

九月，壬戌[18]，置常平官[19]。

是岁，龙门王通[20]诣阙献《太平十二策》，上不能用，罢归。通遂教授于河、汾之间[21]，弟子自远至者甚众，累征不起[22]。杨素甚重之，劝之仕，通曰："通有先人之弊庐足以蔽风雨，薄田[23]足以具饘粥[24]，读书谈道足以自乐。愿明公正身以治天下，时和岁丰[25]，通也受赐多矣，不愿仕也。"或谮通于素曰："彼实慢公，公何敬焉？"素以问通，通曰："使[26]公可慢，则仆[27]得矣；不可慢，则仆失矣：得失在仆，公何预焉！"素待之如初。

弟子贾琼问息谤[28]，通曰："无辩。"问止怨，曰："不争。"通尝称："无赦[29]之国，其刑必平；重敛之国，其财必削[30]。"又曰："闻谤而怒者，谗之囮[31]也；见誉而喜者，佞[32]之媒也：绝囮去媒，谗佞远矣。"大业[33]末，卒于家，门人谥曰文中子[34]。

突厥步迦可汗所部大乱，铁勒仆骨[35]等十余部，皆叛步迦降于启民。步迦众溃，西奔吐谷浑；长孙晟送启民置碛口[36]，启民于是尽有步迦之众。

（以上为第六段，仁寿三年无大事，略记二三事：隋文帝惩治暴吏，杨素礼遇王通，西突厥众溃。隋文帝赐令暴吏幽州刺史燕荣自裁，但继任者暴虐更甚。由于隋文帝晚年为政暴虐，上行下效，虽然惩治了个别暴吏，但无济于风气的改变。）

【注释】

①壬申：八月初三日。 ②燕荣（？—603）：字贵公，华阴弘农（今河南灵宝市）人。历仕周、隋，官至幽州总管。传见《隋书》卷七十四、《北史》卷八十七。 ③鞭挞：即鞭打。挞，打。 ④道次：道路附近。次，处。 ⑤丛荆：灌木荆。 ⑥自陈：自己诉说。陈，说，述说。 ⑦使君：汉以后对州郡长官的尊称。 ⑧宥（yòu）：赦免。 ⑨观州：州名。治所东光县，在今山东东光县。 ⑩元弘嗣（565—613）：河南洛阳（今河南洛阳市）人，官至木工监。传见《隋书》卷七十四、《北史》卷八十七。 ⑪竖子：对人的鄙称。犹言"小子"。 ⑫飏（yáng）：扬起。 ⑬粃（bǐ）：中空或不饱满的谷粒。同"秕"。 ⑭怨隙：怨恨。隙，嫌隙。 ⑮日构：一天一天结怨。 ⑯按验：审查，查验。 ⑰赃秽：贪污、受贿的丑恶事情。 ⑱壬戌：九月二十三日。 ⑲常平官：官名。

掌义仓事。义仓于开皇初年设立，为赈济灾荒之用。 ⑳王通（584—617）：字仲淹，绛州龙门（今山西河津市西北）人。官至蜀郡司户书佐，后辞官以讲学为业，并有著述。卒后门人私谥曰文中子。传附《旧唐书·王勃传》。 ㉑河、汾之间：黄河、汾河之间的地区。大致在今山西新绛县一带。 ㉒累征不起：朝廷屡次征调他任官，却辞不就职。 ㉓薄田：土质瘠薄的土地。 ㉔饘（zhān）粥：稠粥。饘，同“饘”。 ㉕时和岁丰：风雨调和，年成丰收。据章校，“时”上应补一“使”字；“岁”应改作“年”字。 ㉖使：假使。 ㉗仆：仆人。此是王通的谦称。 ㉘息谤：使诽谤之言止息。 ㉙无赦：不实行大赦。 ㉚削：减少。 ㉛囮（yóu，又读“é”）：鸟媒。原意是指用经过训练的鸟引诱他鸟前来，伺机捕捉。引申为媒介，引诱。 ㉜佞（nìng）：奸巧谄谀，花言巧语。 ㉝大业：隋炀帝年号，605—617年。 ㉞文中子：王通死，弟子共议谥号。取《易经》“黄裳元吉，文在中也”之语，请谥曰文中子。 ㉟仆骨：突厥中的一部，生活在独洛河（即今图勒河，在蒙古国乌兰巴托市以西）流域。 ㊱碛口：地名。在今内蒙古苏尼特右旗西、中蒙边境处。

【译文】

隋文帝仁寿三年（癸亥，603）

秋季，八月初三日，隋文帝赐幽州总管燕荣自裁。燕荣生性暴虐，经常鞭打左右的人，一打就是上千棍。他曾经看到路旁长着一丛一丛的荆条，认为是做刑杖的好材料，派人砍伐回来，就找一个人来试验。被试验的人陈述没有罪过，燕荣说：“以后有罪，可以免除你的杖刑。”不久，有人犯罪，将要施以杖刑，那个人说：“前些天被杖打，使君答应以后有罪就赦免我。”燕荣说：“上次没有罪还遭了杖刑，何况有罪呢？”照样施以杖刑。

观州长史元弘嗣被调任为幽州长史，害怕遭受燕荣的凌辱，坚决推辞。隋文帝敕令燕荣：“元弘嗣若犯罪应受杖刑，十棍以上，都要事先向朝廷奏报。”燕荣气愤地说：“这小子胆敢戏耍我！”于是派元弘嗣监收仓库粟米，如果从粟米中扬出一粒糠一粒秕，都要处罚。每次责打虽然不满十下，但是一天之中，有时连遭三次杖刑。这样过了一年，双方的仇怨隔阂日益加深。燕荣于是逮捕元弘嗣关进监狱，不给饭吃，元弘嗣抽取棉絮用水吞吃。他的妻子到宫阙喊冤，隋文帝派遣使者查验，上奏燕荣残暴酷虐，贪赃枉法非常严重，被征召回朝，赐死。元弘嗣代替燕荣为幽州刺史，残暴程度更超过了燕荣。

九月二十三日，设置常平官。

这一年，龙门人王通到宫阙进献《太平十二策》，隋文帝没有采纳，王通只好作罢返回。王通于是在黄河汾水之间讲学授徒，学生从远方到来的很多。朝廷多次征召，他都不出来做官。杨素非常敬重他，劝他出来做官。王通说："我王通有祖辈留下来的破旧住房，可以遮风避雨，几亩薄田可以供我喝点稠粥，读书论道也足以怡然自乐。希望明公端正身心治理天下，四时和顺，年年丰收，那我王通所受到的恩赐就很多了，不愿意做官。"有人在杨素面前说王通的坏话："他实际上是怠慢您，您为何还这样尊敬他？"杨素便问王通，王通说："假使您是可以怠慢的，那么我就有所得；假使您不可以怠慢，那么我就有所失。得与失都在于我，与您有何干呢？"杨素对待他一如既往。

学生贾琼问王通怎样才能止住诽谤，王通说："不要辩解。"又问怎样消除怨恨，王通说："不要相争。"王通曾经说："不用下达赦令的国家，它的刑法一定公平；横征暴敛的国家，它的财力必然削弱。"又说："听到诽谤就发怒的人，是招引谗言的媒介；听到赞扬就欢喜的人，是招致谄佞的媒介：断绝这两种媒介，谗言邪佞就会远离而去。"大业末年，王通在家中去世，学生们送他一个谥号叫文中子。

突厥步迦可汗所统部落大乱，铁勒仆骨等十多个部落，都背叛步伽降附启民可汗。步迦可汗部众溃散，向西逃往吐谷浑；长孙晟把启民可汗送到碛口，启民可汗于是统领了步迦可汗的部众。

【评析】

本卷记载的最大事件是隋文帝废黜太子杨勇，更立太子杨广。杨勇沉溺于声色，亲爱群小，铺张浪费，不是一个理想的继位人。杨广有平陈之功，又矫饰伪善投父母之好，处心积虑地夺取太子之位，结交权臣，施恩下人，杨勇的悲剧在情理之中。杨广心狠手辣，怎么伪装，也难免不露马脚。他伪造谎言陷害兄长，制造伪证嫁祸弟弟杨秀，而杨勇从不言杨广之过，一个宽厚，一个狠毒，可以说泾渭分明。独孤皇后偏听偏爱，与一个妒悍之妇的性情相合。而隋文帝却迷惑不悟，殊难理解。大概隋文帝因运用诈术取天下，心性本来就不正，在悍妇、权臣、群小的重围中迷失方向，也许就是正常的吧！隋文帝晚年暴虐、拒谏、刚愎，惧失天下，违心废黜蜀王杨秀，担心身后他造反，亦不忍之人矣。之后，杨广弑父弑君，隋文帝得了现世报，亦如杨勇之失太子位，也是咎由自取啊！

卷第一百八十　隋纪四

隋文帝仁寿四年至隋炀帝大业三年（604—607）

【起阏逢困敦（甲子，604），尽强圉单阏（丁卯，607），凡四年】

【大事提要】

本卷载述604年至607年凡四年史事，当隋文帝仁寿四年至隋炀帝大业三年。这是隋朝多事和盛衰转折的一个时期。重大史事有：隋炀帝弑君弑父得以继位；平定汉王杨谅的叛乱，国家遭受一次大浩劫，平叛后杀戮流放者达二十万人；隋炀帝建东宫、修运河、筑长城、巡游江都、耀兵北疆、通西域，加之赏赐无节，耗费了隋朝大量资财。由于当时天下承平，无内忧外患，隋朝尚能支撑。

【原文】

高祖文皇帝下

仁寿四年（甲子，604）

春，正月，丙午①，赦天下。

帝将避暑于仁寿宫，术士章仇太翼固谏；不听。太翼曰："是行恐銮舆②不返！"帝大怒，系之长安狱，期③还而斩之。甲子④，幸仁寿宫。乙丑⑤，诏赏赐支度⑥，事无巨细⑦，并付皇太子。夏，四月，乙卯⑧，帝不豫⑨。六月庚申⑩，赦天下。秋，七月，甲辰⑪，上疾甚，卧与百僚辞诀⑫，并握手歔欷，命太子赦章仇太翼。丁未⑬，崩于大宝殿。

高祖性严重⑭，令行禁止。每⑮旦听朝，日昃⑯忘倦。虽啬⑰于财，至于赏赐有功，即无所爱⑱；将士战没，必加优赏⑲，仍遣使者劳问⑳其家。爱养百姓，劝课㉑农桑㉒，轻徭薄赋㉓。其自奉养㉔，务㉕为俭素㉖，乘舆御物㉗，故弊㉘者随宜补用；自非享宴㉙，所食不过一肉；后宫皆服浣濯㉚之衣。天下化之，开皇、仁寿之间，丈夫率衣绢布，不服绫绮，装带不过铜铁骨角，无金玉之饰。故衣食滋殖㉛，仓库盈溢。受禅之初，民户不满四百万，末年，踰㉜八百九十万，独冀州㉝已一百万户。然猜忌苛察㉞，信受㉟谗言，功臣故旧㊱，无始终保全者；乃至子弟，皆如仇敌，此其所短也。

初，文献皇后既崩，宣华夫人陈氏㊲、容华夫人蔡氏㊳皆有宠。陈氏，陈高宗之女；蔡氏，丹阳人也。上寝疾于仁寿宫，尚书左仆射杨素、兵部尚书柳述、黄门侍郎元岩㊴皆入阁侍疾，召皇太子入居大宝殿。太子虑上有不讳㊵，须预防拟㊶，手自为书，封出问素；素条录㊷事状以报太子。宫人误送上所㊸，上览而大恚㊹。陈夫人平旦出更衣，为太子所逼㊺，拒之，得免，归于上所；上怪其神色有异㊻，问其故。夫人泫然曰："太子无礼！"上恚，抵㊼床曰："畜生㊽何足付大事！独孤误我㊾！"乃呼柳述、元岩曰："召我儿！"述等将呼太子，上曰："勇也。"述、岩出阁为敕书。杨素闻之，以白太子，矫诏执述、岩，系大理狱㊿；追东宫兵士帖[51]上台宿卫，门禁出入，并取[52]宇文述、郭衍[53]节度；令右庶子张衡入寝殿侍疾，尽遣后宫出就别室；俄而上崩。故中外颇有异论[54]。陈夫人与后宫闻变[55]，相顾战栗失色。晡后[56]，太子遣使者赍小金合，帖纸于际[57]，亲署封字，以赐夫人。夫人见之，惶惧，以为鸩毒[58]，不敢发。使者促之，乃发，合中有同心结[59]数枚，宫人咸悦，相谓曰："得免死矣！"陈氏恚而却坐，不肯致谢；诸宫人共逼之，乃拜使者。其夜，太子蒸[60]焉。

（以上为第一段，写隋文帝暴崩于仁寿宫，太子杨广弑父弑君，蒸淫陈夫人。）

【注释】

①丙午：正月初九日。②銮舆：又称銮驾，指天子的车驾。③期：要约。④甲子：正月二十七日。⑤乙丑：正月二十八日。⑥支度：财政支出。⑦巨细：大小。⑧乙卯：四月丙寅朔，无乙卯。当是己卯之误。己卯，四月十四日。⑨不豫：天子有病称不豫。⑩庚申：六月乙丑朔，无庚申。按《北史·帝纪》作"庚午"，是。庚午，六月初六日。⑪甲辰：七月初十日。⑫辞诀：告别。诀，别。⑬丁未：七月十三日。⑭严重：谨严持重。⑮每：据章校，"每"上应补"勤于政事"四字。⑯日昃（zè）：太阳偏西。⑰啬（sè）：悭吝。⑱爱：舍不得，爱惜。⑲优赏：优厚的奖赏。优，丰厚。⑳劳问：慰问。问，问候。㉑劝课：劝勉考查。课，凡定有程式而试验考核，均称课。㉒农桑：农耕与蚕桑。指耕织。㉓轻徭薄赋：减轻劳役，收轻薄的赋

税。徭，劳役。赋，田地税。㉔奉养：进奉供养。㉕务：必须。㉖俭素：节约朴素。㉗御物：御用之物。指天子用品。㉘故弊：破旧。故，陈旧。㉙享宴：宴会。享，宴会。㉚浣濯（huàn zhuó）：洗去污垢。㉛滋殖：增殖。㉜踰：超越。同“逾”。㉝冀州：州名。治所信都县，在今河北衡水市冀州区。隋冀州包括信都、清河、辽西等三十一郡，兼有以前幽、并、营三州之地，故其户数最多。㉞苛察：细刻急疾之意。㉟信受：听信。㊱故旧：故交，老友。㊲宣华夫人陈氏：陈宣帝之女，陈灭，选入宫为嫔，封为宣华夫人。传见《隋书》卷三十八、《北史》卷十四。㊳容华夫人蔡氏：丹阳（今江苏南京市）人，陈灭，选入宫，封为贵人，后加号容华夫人。传见《隋书》卷三十六、《北史》卷十四。㊴元岩：河南洛阳（今河南洛阳市）人，官至黄门侍郎，封龙涸县公。传附《隋书·华阳王楷妃传》《北史·华阳王楷妃传》。㊵不讳：死的婉词。意为人死不可避免，无可忌讳。㊶防拟：犹言防备。拟，揣度，估量。㊷条录：逐条记载。㊸上所：天子所居之处。㊹大恚（huì）：十分恼怒。恚，发怒。㊺逼：胁迫。此指意图奸污。㊻神色有异：脸色与平常不一样。㊼抵：触。㊽畜生：骂人的话。言其无识无礼，如同牛马猪狗一样。㊾独孤误我：独孤皇后坏了我的大事。独孤，指独孤皇后。误我，毁坏了我的大事。指废立太子之事。㊿大理狱：大理寺所属监狱。(51)帖：裨，补。(52)取：受。(53)郭衍（？—611）：字彦文，自称太原介休（今山西介休市）人。历仕周、隋，官至左武卫大将军。传见《隋书》卷六十一、《北史》卷七十四。(54)颇有异论：谓不得善终。《大业略记》《通历》等书记载了太子弑文帝之事。(55)闻变：听说有变故，指文帝被弑事。(56)晡（bū）后：即下午三至五时。(57)际：指金盒缝口。(58)鸩（zhèn）毒：毒酒。鸩，传说中一种有毒的鸟，其羽毛有剧毒，放在酒里，饮后立即死亡。(59)同心结：用锦带制成的菱形连环回文结，表示恩爱之意。(60)蒸：下淫上称蒸。

【译文】

高祖文皇帝下

隋文帝仁寿四年（甲子，604）

春季，正月初九日，大赦天下。

隋文帝将要到仁寿宫去避暑，术士章仇太翼极力劝阻，隋文帝不听。章仇太翼说：“这次出行恐怕圣驾回不了京师。”隋文帝大怒，把章仇太翼逮捕下狱，期限是回京时斩首。正月二十七日，隋文帝驾临仁寿宫。正月二十八日，隋文帝下诏，凡是赏赐、财政支出，事无巨细，全都交给太子杨广处理。四月十四日，隋文帝生病。六月初六日，大赦天下。秋季，七月初十日，隋文帝病重，卧床与百官诀别，并与大臣们握手呜咽，命太子杨广赦免章仇太翼。七月十三日，隋文帝在大宝殿驾崩。

隋高祖杨坚，生性谨严持重，所发号令，坚决执行，所要禁止，坚决不做。每天早上听朝理政，到了太阳偏西仍不知疲倦。虽然吝啬钱财，可是赏赐有功之臣，却十分慷慨；将士战死，一定优厚抚恤，并派使者慰问家属。他爱护百姓，鼓励农桑，轻徭薄赋。他自己的日常生活，力求节俭，乘坐的御车以及日常用品，破旧了的还随时修补再用；除了宴请宾客，平时吃饭只有一个肉菜；后宫嫔妃都穿洗旧了的衣服。全国风气都受到感化，开皇、仁寿年间，男人们都穿绢布衣物，不穿绫罗绸缎，装饰用品不出铜铁骨角，没有用金银珠玉装饰。所以国民吃穿增加，国家仓库装满。隋文帝接受禅让的初年，编民之户不满四百万，到了仁寿末年，超过了八百九十万户，单单冀州就过了一百万户。但是，隋文帝猜疑忌刻心太重，喜欢苛求细察，听信谗言，功臣故旧，没有能保全始终的；甚至对自己的子弟，也都当作仇敌，这是他的短处。

当初，独孤皇后去世以后，宣华夫人陈氏、容华夫人蔡氏都受到隋文帝的宠幸。陈氏是陈宣帝的女儿，蔡氏是丹阳人。隋文帝卧病仁寿宫，尚书左仆射杨素、兵部尚书柳述、黄门侍郎元岩都进宫侍候，召皇太子杨广进宫住在大宝殿。杨广想到皇上万一去世，必须预先做好应变防备，他亲自写了一封密函，派人送出来询问杨素。杨素把各种情况及要采取的措施，一条条地写下来回复太子，宫人把回信误送到了皇上那里，隋文帝看后十分气愤。陈夫人天亮时出去上厕所，被太子逼迫非礼，陈夫人竭力抗拒，才得以逃脱，她回到隋文帝寝宫，隋文帝看到她神色失常，问是什么原因，陈夫人流泪说："太子无礼！"隋文帝大怒，用手捶床说："这个畜生怎么能交付给他国家大事！独孤害了我！"便叫来柳述、元岩说："召见我儿！"柳述等人准备去叫杨广。隋文帝说："是勇儿。"柳述、元岩出了寝宫、撰写敕书。杨素听到消息，告诉了太子杨广，于是假传隋文帝诏令逮捕柳述、元岩，关进大理寺牢狱。迅速追调东宫的士兵增补台省宿卫，宫禁出入全由宇文述、郭衍调度指挥；命令东宫右庶子张衡进入寝宫侍候，把寝宫的宫女宦官全部驱赶到其他地方。一会儿，隋文帝驾崩。因此朝廷内外有各种不同的议论。陈夫人与后宫女子听到变故，面面相觑，全身发抖，面无人色。黄昏时分，太子派使者送来一个小金盒，接口处贴上纸条，太子亲自题字签封，赐给陈夫人。陈夫人看见小金盒，惊恐不安，以为是毒药，不敢打开。使者催促她，她才打开，盒内却放有几枚同心结。宫女们都很喜悦，互相说："可以免死了！"陈夫人很气愤，退后坐下，不肯答谢。宫女们一起催逼她，才拜谢使者。当天夜里，太子杨广奸淫陈夫人。

【原文】

乙卯[①]，发丧，太子即皇帝位。会伊州刺史杨约来朝，太子遣约入长安，易留守者[②]，矫称高祖[③]之诏，赐故太子勇死，缢杀之；然后陈兵集众，发高祖凶问[④]。炀帝闻之，曰："令兄[⑤]之弟，果堪大任[⑥]。"追封勇为房陵王，不为置嗣[⑦]。八月，丁卯[⑧]，梓宫[⑨]至自仁寿宫；丙子[⑩]，殡[⑪]于大兴前殿[⑫]。柳述、元岩并除名，述徙龙川[⑬]，岩徙南海[⑭]。帝令兰陵公主与述离绝，欲改嫁之；公主以死自誓，不复朝谒[⑮]，上表请与述同徙，帝大怒。公主忧愤而卒，临终，上表请葬于柳氏，帝愈怒，竟不哭，葬送甚薄。

太史令袁充奏言："皇帝即位，与尧受命[⑯]年合。"讽百官表贺[⑰]。礼部侍郎许善心议，以为"国哀[⑱]甫尔，不宜称贺"。左卫大将军宇文述素恶[⑲]善心，讽御史劾之；左迁[⑳]给事郎[㉑]，降品二等。

汉王谅有宠于高祖，为并州总管，自山[㉒]以东，至于沧海[㉓]，南距[㉔]黄河，五十二州皆隶焉；特许以便宜从事，不拘[㉕]律令。谅自以所居天下精兵处，见太子勇以谗废，居常怏怏[㉖]，及蜀王秀得罪，尤不自安，阴蓄异图。言于高祖，以"突厥方强，宜修武备[㉗]"。于是大发工役，缮治[㉘]器械，招集亡命[㉙]，左右私人殆将[㉚]数万。突厥尝寇边，高祖使谅御之，为突厥所败；其所领将帅坐除解者[㉛]八十余人，皆配防岭表[㉜]。谅以其宿旧[㉝]，奏请留之，高祖怒曰："尔为藩王[㉞]，惟当敬依朝命，何得私论宿旧，废国家宪法[㉟]邪！嗟乎[㊱]小子[㊲]，尔一旦无我，或欲妄动，彼取尔如笼内鸡雏耳，何用腹心为！"

王頍[㊳]者，僧辩之子，倜傥[㊴]好奇略，为谅谘议参军，萧摩诃，陈氏旧将，二人俱不得志，每郁郁[㊵]思乱，皆为谅所亲善，赞成其阴谋。

会荧惑[㊶]守东井[㊷]，仪曹[㊸]邺人傅奕[㊹]晓星历，谅问之曰："是何祥也？"对曰："天上东井，黄道[㊺]所经，荧惑过之，乃其常理，若入地上井，则可怪耳。"谅不悦。

及高祖崩，炀帝遣车骑将军屈突通[㊻]以高祖玺书征之。先是，高祖与谅密约："若玺书召汝，敕字傍别加一点，又与玉麟符[47]合者，当就徵。"及发书无验[48]，谅知有变。诘通，通占对[49]不屈，乃遣归长安。谅遂发兵反。

总管司马安定皇甫诞[50]切谏，谅不纳，诞流涕曰："窃料大王兵资非京师之敌；加以君臣位定[51]，逆顺势殊[52]，士马虽精，难以取胜。一旦陷身叛逆，絓于刑书[53]，虽欲为布衣，不可得也。"谅怒，囚之。

岚州[54]刺史乔钟葵将赴谅，其司马京兆陶模[55]拒之曰："汉王所图不轨，公荷[56]国厚恩，当竭诚效命，岂得身为厉阶[57]乎！"钟葵失色曰："司马反邪！"临之以兵[58]，辞气[59]不挠，钟葵义[60]而释之。军吏曰："若不斩模，无以压众心[61]。"乃囚之。于是从谅反者凡十九州。

王頍说谅曰："王所部将吏，家属尽在关西[62]，若用此等，则宜长驱[63]深入，直据京都，所谓疾雷不及掩耳[64]，若但欲割据旧齐之地[65]，宜任东人[66]。"谅不能决，乃兼用二策，唱言[67]杨素反，将诛之。

总管府兵曹[68]闻喜裴文安说谅曰："井陉[69]以西，在王掌握之内，山东[70]士马，亦为我有，宜悉发之；分遣羸兵[71]屯守要害，仍命随方略地[72]，帅其精锐，直入蒲津[73]。文安请为前锋，王以大军继后，风行雷击[74]，顿于霸上[75]。咸阳[76]以东，可指麾[77]而定。京师震扰，兵不暇集[78]，上下相疑，群情离骇[79]；我陈兵号令[80]，谁敢不从！旬日[81]之间，事可定矣。"谅大悦，于是遣所署大将军余公理出太谷[82]，趣河阳[83]，大将军綦良出滏口[84]，趣黎阳，大将军刘建出井陉，略燕、赵[85]，柱国乔钟葵出雁门[86]，署[87]文安为柱国，与柱国纥单[88]贵、王聃[89]等直指京师。

帝以右武卫将军[90]洛阳丘和[91]为蒲州刺史，镇蒲津。谅选精锐数百骑戴幂䍦[92]，诈称谅宫人还长安，门司[93]弗觉[94]，径入蒲州，城中豪杰亦有应之者；丘和觉其变，逾城，逃归长安。蒲州长史勃海高义明、司马北平荣毗[95]皆为反者所执。裴文安等未至蒲津百余里，谅忽改图[96]，令纥单贵断河桥[97]，守蒲州，而召文安还。文安至，谓谅曰："兵机[98]诡速[99]，本欲出其不意。王既不行，文安又返，使彼计成，大事去矣。"谅不对。以王聃为蒲州刺史，裴文安为晋州[100]刺史，薛粹为绛州[101]刺史，梁菩萨为潞州[102]刺史，韦道正为韩州[103]刺史，张伯英为泽州[104]刺史。代州总管天水李景[105]发兵拒谅，谅遣其将刘暠袭景；景击斩之。谅复遣乔钟葵帅劲勇[106]三万攻之，景战士不过数千，加以城池不固，为钟葵所攻，崩毁相继，景且战且筑，士卒皆殊死[107]斗，钟葵屡败。司马冯孝慈[108]、司法[109]吕玉并骁勇善战，仪同三司侯莫陈乂[110]多谋画，工[111]拒守之术，景知三人可用，推诚[112]任之，己无所关预[113]，唯在阁持重[114]，时抚循[115]而已。

杨素将轻骑五千袭王聃、纥单贵于蒲州，夜，至河际，收商贾[116]船，得数百艘，船内多置草，践之无声，遂衔枚[117]而济，迟明[118]，击之；纥单贵败走，聃惧，以城降。有诏征素还。初，素将行，计日[119]破贼，皆如所量[120]，于是以素为并州道行军总管、河北道安抚大使[121]，帅众数万以讨谅。

谅之初起兵也，妃兄豆卢毓[122]为府主簿[123]，苦谏，不从，私谓其弟懿曰："吾匹马归朝，自得免祸，此乃身计[124]，非为国也，不若且伪从之，徐伺其便[125]。"毓，勣之子也。毓兄显州[126]刺史贤[127]言于帝曰："臣弟毓素怀志节[128]，必不从乱，但逼凶威，不能自遂，臣请从军，与毓为表里[129]，谅不足图也。"帝许之。贤密遣家人赍敕书至毓所，与之计议。

谅出城，将往介州[130]，令毓与总管属[131]朱涛留守。毓谓涛曰："汉王构逆[132]，败不旋踵[133]，吾属岂可坐受夷灭，孤负[134]国家邪！当与卿出兵拒之。"涛惊曰："王以大事相付，何得有是语！"因拂衣而去，毓追斩之。出皇甫诞于狱，与之协计，及开府仪同三司宿勤武[135]等闭城拒谅。部分[136]未定，有人告谅，谅袭击之。毓见谅至，绐其众曰："此贼军也！"谅攻城南门，稽胡[137]守南城[138]，不识谅，射之；矢[139]下如雨，谅移攻西门，守兵识谅，即开门纳之，毓、诞皆死。

綦良攻慈州[140]刺史上官政，不克，引兵攻行相州事[141]薛胄，又不克，遂自滏口攻黎州，塞白马津[142]。余公理自太行[143]下河内[144]，帝以右卫将军史祥[145]为行军总管，军[146]于河阴[147]。祥谓军吏曰："余公理轻[148]而无谋，恃众[149]而骄，不足破也。"公理屯河阳，祥具舟南岸，公理聚兵当之。祥简精锐于下流潜济，公理闻之，引兵拒之，战于须水[150]。公理未成列[151]，祥击之，公理大败。祥东趣黎阳，綦良军不战而溃。祥，宁之子也。

帝将发幽州兵，疑幽州总管窦抗[152]有贰心，问可使取抗者于杨素，素荐前江州[153]刺史勃海李子雄[154]，授上大将军，拜广州刺史[155]。又以左领军将军[156]长孙晟为相州刺史，发山东兵，与李子雄共经略之。晟辞以男行布[157]在谅所部，帝曰："公体国之深，终不以儿害义，朕今相委，公其勿辞。"李子雄驰至幽州，止传舍[158]，召募得千余人。抗来诣子雄，子雄伏甲擒之。抗，荣定之子也。

子雄遂发幽州兵步骑三万，自井陉西击谅。时刘建围戍将京兆张祥于井陉，子雄破建于抱犊山[159]下，建遁去。李景被围月余，诏朔州刺史代人杨义臣[160]救之。义臣帅马步二万，夜出西陉[161]，乔钟葵悉众拒之。义臣自以兵少，悉取军中牛驴，得数千头，复令兵数百人，人持一鼓潜驱之，匿于涧谷间。晡后，义臣复与钟葵战，兵初合[162]，命驱牛驴者疾进，一时鸣鼓，尘埃涨天[163]，钟葵军不知，以为伏兵发，因而奔溃[164]；义臣纵击，大破之。晋、绛、吕[165]三州皆为谅城守[166]，杨素各以二千人縻[167]之而去。谅遣其将赵子开拥众十余万，栅绝径路[168]，屯据高壁[169]，布陈五十里。素令诸将以兵临之，自引奇兵潜入霍山[170]，缘崖谷而进。素营于谷口，自坐营外，使军司[171]入营简[172]留三百人守营，军士惮北兵[173]之强，不欲出战，多愿守营，因尔致迟。素责所由，军司具对，素即召所留三百人出营，悉斩之；更令简留，人皆无愿留者。素乃引军驰进，出北军之北，直指其营，鸣鼓纵火；北军不知所为，自相蹂践，杀伤数万。谅所署介州刺史梁修罗屯介休[174]，闻素至，弃城走。

谅闻赵子开败，大惧，自将众且十万，拒素于蒿泽[175]。会大雨，谅欲引军还，王頍谏曰："杨素悬军[176]深入，士马疲弊，王以锐卒自将击之，其势必克。今望敌而退，示人以怯，沮[177]战士之心，益西军[178]之气，愿王勿还。"谅不从，退守清源[179]。

王頍谓其子曰："气候[180]殊不佳，兵必败，汝可随我。"杨素进击谅，大破之，擒萧摩诃。谅退保晋阳，素进兵围之，谅穷蹙[181]，请降，余党悉平。帝遣杨约赍手诏[182]劳素。王頍将奔突厥，至山中，径路断绝，知必不免，谓其子曰："吾之计数不减杨素[183]，但坐言不见从[184]，遂至于此，不能坐受擒获，以成竖子名，吾死之后，汝慎勿过亲故。"于是自杀，瘗[185]之石窟[186]中。其子数日不得食，遂过其故人，竟为所擒；并获頍尸，枭[187]于晋阳。

群臣奏汉王谅当死，帝不许，除名为民，绝其属籍[188]，竟以幽死。谅所部吏民坐谅死徙者二十余万家。初，高祖与独孤后甚相爱重，誓无异生之子[189]，尝谓群臣曰："前世天子，溺[190]于嬖幸，嫡庶[191]分争，遂有废立，或至亡国；朕旁无姬侍[192]，五子同母，可谓真兄弟也，岂有此忧邪！"帝又惩周室诸王微弱[193]，故使诸子分据大镇，专制方面[194]，权侔帝室。及其晚节[195]，父子兄弟迭相[196]猜忌，五子皆不以寿终[197]。

臣光曰：昔辛伯[198]谂[199]周桓公[200]曰："内宠[201]并后，外宠[202]贰政[203]，嬖子[204]配嫡[205]，大都[206]偶国[207]，乱之本也。"人主诚能慎此四者，乱何自生哉！隋高祖徒知嫡庶之多争，孤弱之易摇，曾不知势钧[208]位逼，虽同产[209]至亲，不能无相倾夺。考诸辛伯之言，得其一而失其三乎！

冬，十月，己卯[210]，葬文皇帝[211]于太陵，庙号高祖，与文献皇后同坟异穴。

诏除妇人及奴婢、部曲[212]之课，男子二十二成丁[213]。

章仇太翼言于帝曰："陛下木命[214]，雍州为破木之冲[215]，不可久居。又谶云：'修治洛阳还晋家。'"帝深以为然。十一月，乙未[216]，幸洛阳，留晋王昭守长安。杨素以功拜其子万石、仁行、侄玄挺为仪同三司，赉物五万段，绮罗千匹，谅妓妾二十人。

丙申[217]，发丁男数十万掘堑，自龙门东接长平[218]、汲郡[219]，抵临清关[220]，渡河至浚仪[221]、襄城[222]，达于上洛[223]，以置关防。

壬子[224]，陈叔宝卒；赠大将军、长城县[225]公，谥曰炀[226]。

癸丑[227]，下诏于伊洛[228]建东京[229]，仍曰："宫室之制，本以便生，今所营构，务从俭约。"

蜀王秀之得罪也，右卫大将军元胄坐与交通除名，久不得调。时慈州刺史上官政坐事徙岭南，将军丘和以蒲州失守除名，胄与和有旧，酒酣，谓和曰："上官政，壮士也，今徙岭表，得无大事乎！"因自拊[230]腹曰："若是公者，不徒然[231]矣。"和奏之，胄竟坐死。于是征政为骁卫将军[232]，以和为代州刺史。

（以上为第二段，写隋炀帝讨平汉王杨谅的反叛。）

【注释】

①乙卯：七月二十一日。 ②易留守者：替换监视废太子杨勇的人。 ③高祖：隋文帝庙号。 ④凶问：死讯。凶，不吉利，死。 ⑤令兄：对别人之兄的敬称。此指杨素。 ⑥大任：重任。 ⑦置嗣：设立后嗣。 ⑧丁卯：八月初三日。 ⑨梓宫：天子的棺材，梓木所制。 ⑩丙子：八月十二日。 ⑪殡：停柩。 ⑫大兴前殿：即大兴宫正殿。 ⑬龙川：郡名。治所归善县，在今广东惠州市惠阳区东北。 ⑭南海：郡名，治所番禺县，在今广东广州。 ⑮朝谒：朝见。谒，晋见。 ⑯受命：即帝位。古代帝王托神权以

巩固统治，自称受命于天。 ⑰表贺：上表庆贺。 ⑱国哀：帝王之死，举国哀悼，称国哀。 ⑲素恶（wù）：一向憎恶。 ⑳左迁：降职。古代以右为尊，以左为卑，故降职称左迁。 ㉑给事郎：官名。掌顾问应对。 ㉒山：指太行山。 ㉓沧海：大海，此指渤海与黄海。 ㉔距：去。 ㉕不拘：不拘泥，不受约束。 ㉖怏怏（yàng）：不服气，不乐意。 ㉗武备：军备。 ㉘缮治：修整，整治。 ㉙亡命：指逃亡的人。 ㉚殆将：将近。 ㉛除解者：罢官的人。除，除名。解，解官。 ㉜岭表：指五岭以外之地。即岭南。 ㉝宿旧：旧好。 ㉞藩王：古代皇帝诸子分封外地为王，以藩屏王室，故称藩王。 ㉟宪法：法律。 ㊱嗟乎：叹词。 ㊲小子：尊者命卑者之辞。 ㊳王頍（kuǐ）（551—604）：字景文。历仕后梁、周、隋，官至王府谘议参军。著《五经大义》三十卷。已佚。传见《隋书》卷七十六、《北史》卷八十四。 ㊴倜傥：洒脱，不拘束。 ㊵郁郁：忧闷。 ㊶荧惑：火星别名。因隐现不定，令人迷惑，故称荧惑。 ㊷东井：星名。即井宿。 ㊸仪曹：官名。王府属官。掌礼仪。 ㊹傅奕（555—639）：相州邺（今河南安阳）人。精通天文历数，历仕隋、唐，官至太史令。传见《旧唐书》卷七十九、《新唐书》卷一百零七。 ㊺黄道：地球上的人看太阳于一年之内在恒星之间所走的视觉路径，即地球的公转轨道平面和天球相交的大圆。 ㊻屈突通（557—628）：雍州长安（今陕西西安市）人。历仕隋、唐，官至工部尚书，封蒋国公。传见《旧唐书》卷五十九、《新唐书》卷八十九。 ㊼玉麟符：符是过去皇帝调兵遣将的凭证，因状似玉麒麟，故称玉麟符。隋以文帝三子分镇并、扬、益三州，管辖甚广，特颁玉麟符。 ㊽无验：得不到验证。 ㊾占对：应口对答。 ㊿皇甫诞（？—604）：字玄虑（洪颐煊《诸史考证》皇甫诞碑作“字玄宪”），安定乌氏（今甘肃泾川县东北）人。传见《隋书》卷七十一、《北史》卷七十。 (51)君臣位定：即太子已即位为国君，汉王杨谅身居臣位。 (52)逆顺势殊：谋反为逆，保卫皇权为顺，二者情势不同。 (53)絓（guà）于刑书：明白地记载于刑书。絓，绊住。通“罣”“挂”。刑书，刑法的条文。 (54)岚（lán）州：州名。治所宜芳县，在今山西岚县北之岚城。 (55)陶模：《北史 · 皇甫璠传》本作“陶世模”，《隋书》避唐太宗讳改。京兆（今陕西西安市）人。传见《隋书》卷七十一、《北史》卷七十。 (56)荷：承受。 (57)厉阶：祸端。厉，恶。阶，上下的台阶。 (58)临之以兵：把兵器高举在上方，欲砍杀的样子。兵，指刀剑等兵器。 (59)辞气：言辞声调。 (60)义：善。称道他的临危不惧。 (61)压众心：压服众人之心。 (62)关西：此关西指蒲津关以西，即今陕西大荔县东旧朝邑县以西。 (63)长驱：迅速地向很远的目的地走。 (64)疾雷不及掩耳：事发神速，使人不及预防。 (65)旧齐之地：旧齐指北齐，南至黄河，北尽燕、代，皆是北齐之地。 (66)东人：即关东人，即函谷关以东，包括今山西、河北、河南、山东等地。 (67)唱言：即倡言，首先陈述意见。唱，通“倡”。 ⑥⑧兵曹：官名，即兵曹参军。掌管军防的烽火、驿马传送、门禁、田猎、仪仗等事。 ⑥⑨井陉（xíng）：山名。太行山的支脉，有要隘名井陉口。在今河北井陉县西北。 ⑦⓪山东：泛指太行山以东的地区。 ⑦①羸（léi）兵：疲弱的兵士。羸，瘦弱，疲病。 ⑦②略地：攻取地。略，取。 ⑦③蒲津：关名。在今陕西大荔县东旧朝邑县东北。 ⑦④风行雷击：形容行动迅速，气势壮盛。 ⑦⑤顿于霸上：兵临霸上。顿，停留，止息。霸上，地名，在今陕西西安市东。 ⑦⑥咸阳：地名，故址在今陕西咸阳市东北。 ⑦⑦指麾：同“指挥”。本指手的动作，引申为发令调遣。 ⑦⑧兵不暇集：没有空暇调集军队。 ⑦⑨群情离骇：人心离散而又惧怕。 ⑧⓪号令：发号施令。 ⑧①旬日：十天。一旬为十天。 ⑧②太谷：县名。县治在今山西晋中市太谷区。 ⑧③趣河阳：指向河阳。河阳，县名。县治在今河南孟州市南。 ⑧④滏（fú）口：古隘道名。太行八陉之一。在今河北磁县西北石鼓山。 ⑧⑤略燕、赵：攻取燕、赵旧地，大致包括今河北、辽宁部分地区。 ⑧⑥雁门：郡名。治所雁门县，在今山西代县。 ⑧⑦署：旧时指代理，暂任或试充官职。 ⑧⑧纥单：北方少数族复姓。 ⑧⑨王聃（dān）：又称王聃子。原为柱国。从汉王杨谅叛乱。事迹散见《隋书》卷四十五、卷四十八各传。 ⑨⓪右武卫将军：武官名。与左武卫将军共领外军宿卫。 ⑨①丘和（552—637）：河南洛阳（今河南洛阳）人。历仕周、隋与唐，官至左武候大将军，封谭国公。传见《旧唐书》卷五十九、《新唐书》卷九十。 ⑨②幂䍦（mì lí）：面纱。古时妇女障面之巾。 ⑨③门司：官名。蒲州掌城门的人。 ⑨④弗觉：没有发现，弗，不，没有。 ⑨⑤荣毗：字子谌，北平无终（今天津市蓟州区）人。历仕周、隋，官至治书侍御史。传见《隋书》卷六十六、《北史》卷七十七。 ⑨⑥改图：改变原来的策略、谋画。 ⑨⑦河桥：指蒲津之桥。 ⑨⑧兵机：用兵的机宜。 ⑨⑨诡速：欺诈与神速。 ⑩⓪晋州：州名。治所白马城，在今山西临汾市。 ⑩①绛州：州名。治所龙头城，在今山西闻喜县东北。 ⑩②潞州：州名。治所上党县，在今山西长治。 ⑩③韩州：州名。治所襄垣县，在今山西襄垣县。 ⑩④泽州：州名。治所丹川县，在今山西晋城市东北。 ⑩⑤李景（？—618）：字道兴，天水休官（今甘肃天水）人。历仕周、隋，官至右武卫大将军，封滑国公。传见《隋书》卷六十五、《北史》卷七十六。 ⑩⑥劲勇：强劲勇猛的士卒。 ⑩⑦殊死：拼死，决死。 ⑩⑧冯孝慈（？—613）：官至右候卫将军。事散见《隋书》卷四、卷六十四、卷六十五等。 ⑩⑨司法：官名。即法曹参军。掌刑法狱讼事。 ⑪⓪侯莫陈乂：人名。侯莫陈，北方少数民族的复姓。 ⑪①工：擅长。 ⑪②推诚：以诚意相待。 ⑪③关预：参与，干涉。 ⑪④持重：慎重，稳重固守。 ⑪⑤抚循：安抚。同“拊循”。 ⑪⑥商贾：经商的人。行曰商，坐曰贾。 ⑪⑦衔枚：枚形状如筷子，横衔口中，以禁喧哗。 ⑪⑧迟明：黎明。 ⑪⑨计日：计算日期。 ⑫⓪量：估量。 ⑫①安抚大使：官名。帝王特派出的临时使节，主管安顿官民。 ⑫豆卢毓（577—604）：字道生，昌黎徒河（今辽宁锦州市）人。官至仪同三司。传附《隋书·豆卢勣传》《北史·豆卢宁传》。 ⑫府主簿：官名。掌管王府文记簿书。 ⑫身计：为了自身安危之计。 ⑫徐伺其便：慢慢观察，伺机下手。 ⑫显州：州名。治所比阳县，在今河南泌阳县。 ⑫贤：即豆卢贤，官至显州刺史、大理少卿。传附《隋书·豆卢勣传》《北史·豆卢宁传》。 ⑫志节：志尚节操。 ⑫表里：内外相应。 ⑬介州：州名。治所隰城县，在今山西汾阳市。 ⑬总管属：总管府僚佐，位在掾下。 ⑬构逆：图谋反叛。构，图谋。 ⑬旋踵：转足之间，形容迅速。 ⑬孤负：亏负。孤，有负。 ⑬宿勤武：人名。宿勤，北方少数民族复姓。 ⑬部分：处分，部署。 ⑬稽胡：即步落稽，少数民族，散居在今山西介休市、吕梁市离石区一带。 ⑬南城：即城南门一带。 ⑬矢：箭。以竹为箭，以木为矢。 ⑭慈州：州名。治所滏阳县，在今河北磁县。 ⑭行相州事：治理相州事。行，官阶高而所理职低称行。相州，州名。治所安阳县，在今河南安阳市。 ⑭白马津：古代黄河一著名渡口。故址在今河南滑县东北。 ⑭太行：关名。又称天井关、楚雄关、平阳关。在山西晋城市太行山上。 ⑭河内：郡名。治所河内县，在今河南沁阳市。 ⑭史祥：字世休，朔方（今内蒙古杭锦旗）人。历仕周、隋，官至左骁卫大将军。传见《隋书》卷六十三、《北史》卷六十一。 ⑭军：驻扎。 ⑭河阴：县名。县治在今河南孟州市南。 ⑭轻：轻佻，不稳重。 ⑭恃众：依仗人多。 ⑮须水：胡注以须水镇在河南荥阳市，而双方战于河北，非须水。《通典》卷一百五十三作“惧水”，“须”字误，当从改。 ⑮成列：摆成队列，阵势。 ⑮窦抗（？—621）：字道生，扶风平陵（今陕西咸阳西北）人。历仕隋、唐，官至左武候大将军，领左右千牛备身大将军。传见《隋书》卷三十九、《北史》卷六十一、《旧唐书》卷六十一、《新唐书》卷九十五。 ⑮江州：州名。治所湓口城，在今江西九江市。 ⑮李子雄（？—613）：《北史》称“李雄”。渤海蓨（今河北景县）人。历仕周、隋，官至右武候大将军，后从杨玄感作乱。传见《隋书》卷七十、《北史》卷七十四。 ⑮拜广州刺史：号拜广州刺史，却赴幽州，未到广州赴任。 ⑮左领军将军：武官名。掌十二军籍帐、差役、诉讼之事。 ⑮行布（？—604）：长孙晟长子，官至库真。传附《隋书·长孙晟传》《北史·长孙道生传》。 ⑮传舍：古时供来往行人休止住宿的处所。 ⑮抱犊山：山名。故址在今河北石家庄市鹿泉区。 ⑯杨义臣：代（今山西代县）人，本姓尉迟氏，隋文帝赐姓杨氏。历仕周、隋，官至礼部尚书。传见《隋书》卷六十三、《北史》卷七十三。 ⑯西陉：关名。故址在今山西代县西北。 ⑯初合：双方兵刚一交战。 ⑯涨天：冲天。涨，弥漫，充满。 ⑯奔溃：奔跑溃散而去。 ⑯吕：州名。治所霍邑县，在今山西霍州市。 ⑯城守：据城防守。 ⑯縻：本指牛鼻绳，引申为束缚，牵制。

⑯⑧栅绝径路：设置木栅，以断绝道路。⑯⑨高壁：岭名。故址在今山西灵石县南。⑰⓪霍山：山名。也称霍太山或太岳山。在今山西霍州市东北。⑰①军司：官名。为监军之职。⑰②简：选择。⑰③北兵：即汉王杨谅军。杨谅镇守太原，在长安之北，故称北军。⑰④介休：县名。县治在今山西介休市。⑰⑤蒿泽：湖泊名。在今山西平遥、祁县境内。⑰⑥悬军：孤军深入敌境。⑰⑦沮（jǔ）：败坏。⑰⑧西军：杨素军从长安来，故称之为西军。⑰⑨清源：县名。因县西清源水为名。县治在今山西清徐县。⑱⓪气候：气象。意指交战形势。⑱①穷蹙（cù）：走投无路。蹙，皱缩。⑱②手诏：帝王亲自写的诏书。也称“手敕”。⑱③吾之计数不减杨素：我的谋略不比杨素差。计数，计谋。不减，不少。⑱④不见从：不被采纳。从，听从，采纳。⑱⑤瘗（yì）：埋葬。⑱⑥石窟：山中石洞穴。⑱⑦枭：将首级挂在树木上。⑱⑧属籍：家族的名册。⑱⑨异生之子：指除独孤皇后外，不与其他妃嫔生子。⑲⓪溺（nì）：溺爱。⑲①嫡庶：正妻生子称嫡，妾生子称庶。⑲②姬侍：侍妾。⑲③惩周室诸王微弱：借鉴北周之亡，因皇室诸侯王弱。惩，鉴戒。指鉴于前事而知戒。周室诸王微弱，指北周诸王封国小。⑲④专制：独断独行。方面：谓居一方将帅之任。⑲⑤晚节：晚年。⑲⑥迭相：互相。迭，更替，轮流。⑲⑦寿终：自然死亡。⑲⑧辛伯：春秋时人。周桓王大夫。事见《史记》卷四。⑲⑨谂（shěn）：规谏，告知。⑳⓪周桓公：当是周公黑肩，事见《左传》桓公十八年、闵公二年及《史记》卷四。⑳①内宠：帝王所宠爱的人，指妃嫔。⑳②外宠：宠臣。⑳③贰政：政谓正卿，执宰相之权者二人。⑳④嬖子：宠爱的儿子。⑳⑤配嫡：与嫡子相匹对。⑳⑥大都：大的都会。⑳⑦偶国：与国都相等。偶，同辈。⑳⑧势钧：势力相均衡。钧通“均”。⑳⑨同产：同母兄弟。㉑⓪己卯：十月十六日。㉑①文皇帝：文为隋高祖谥号。㉑②部曲：豪门大族的家丁、门客等依附农民。㉑③成丁：成为丁壮劳力，开始向国家纳税服徭役。㉑④木命：古代术士把人生之年和木金水火土五行相结合，以推测人运气的好坏。㉑⑤破木之冲：章仇太翼称，隋炀帝本旺（运气）在卯，在东方，而雍州在西，称为破木之冲，不吉利。㉑⑥乙未：十一月三日。㉑⑦丙申：十一月四日。㉑⑧长平：郡名。治所玄氏县，在今山西高平市。㉑⑨汲郡：郡名。治所卫县，在今河南淇县东。㉒⓪临清关：关名。故址在今河南新乡市东北。㉒①浚仪：县名。县治在今河南开封市。㉒②襄城：县名。县治在今河南襄城县。㉒③上洛：郡名。治所上洛县，在今陕西商洛市商州区。㉒④壬子：十一月二十日。㉒⑤长城县：县名。县治在今浙江长兴县。㉒⑥谥曰炀：帝王、贵族、大臣等死后，依其生前事迹给予的称号叫谥。炀，《谥法》，好内怠政称炀。㉒⑦癸丑：十一月二十一日。㉒⑧伊洛：伊水和洛水。二河在今河南偃师汇合。㉒⑨东京：洛阳城，在长安东，故称东京，在今河南洛阳市。㉓⓪拊（fǔ）：拍，轻击。㉓①徒然：枉然。空。㉓②骁卫将

军：武官名。掌管宿卫。

【译文】

七月二十一日，发丧，太子杨广即皇帝位。正巧伊州刺史杨约来朝见，杨广派杨约进入长安，调换了看守杨勇的宿卫，假传隋文帝的诏命，赐死故太子杨勇，结果杨勇被人勒死；然后陈列军队会集朝官，发布高祖驾崩的消息。隋炀帝得知这一切，对杨素说："令弟果然能担负大任。"追封杨勇为房陵王，但不立爵位继承人。八月初三日，隋文帝灵柩从仁寿宫运到京师；八月十二日，设灵堂于大兴前殿。柳述、元岩一起被罢官除名，柳述发配到龙川，元岩发配到南海。隋炀帝强迫兰陵公主与柳述离婚，要她改嫁；公主誓死不从，不再朝请，上表请求陪伴柳述发配，隋炀帝大怒。兰陵公主忧愤而死，临死的时候又上表请求埋葬在柳氏墓地，隋炀帝更加愤怒，竟然不去哀悼，致送的葬礼也很微薄。

太史令袁充上奏说："新皇帝即位的时日，与帝尧接受天命的时间相合。"暗示百官上表庆贺。礼部侍郎许善心提出异议，认为"国丧刚开始，不应当庆贺"。左卫大将军宇文述一向憎恨许善心，暗示御史弹劾许善心，贬为给事郎，官品降二等。

汉王杨谅很受隋文帝的宠爱，担任并州总管，从太行山以东，直到大海，南到黄河，有五十二州的地方隶属于并州。还特许汉王可以不上奏，自行处置事务，不必拘泥法律条文。杨谅自认为他所在的地方是天下精兵会聚的地方，他看到太子杨勇因受诬陷而被废黜，常常闷闷不乐。等到蜀王杨秀获罪，杨谅更加不安，暗中怀有异图。他对隋文帝说，由于"突厥正日益强盛，应该整修武备"。于是大规模征调工匠夫役，修理器械，召集亡命之徒，安置在自己身边，这样的私人武装有数万人。突厥人曾侵扰边境，高祖派杨谅抵御，他被突厥人打败，他所率领的将帅因罪被解职除名的有八十余人，都被发配到岭南戍守。杨谅因为这些人是他多年的旧部，奏请留下他们。高祖发怒说："你作为藩主，只应服从朝廷命令，怎么可以因私而强调故旧关系，废弃国家的法令呢？你这小子，你一旦没有了我，假如轻举妄动，人家抓你就像抓笼子里的小鸡一样，你那些心腹将领又有何用？"

王頍是王僧辩的儿子，性格豪爽，善于谋略，担任杨谅的谘议参军。萧摩诃是陈朝的旧将。两个人都不得志，经常郁郁寡欢，图谋作乱，都受杨谅宠信，赞同杨谅的阴谋。

正巧，荧惑处在井宿的位置，仪曹邺人傅奕通晓占星术，杨谅问他说：“这是什么征兆？”傅奕回答：“天上的井宿，在黄道带上，荧惑通过，是正常的现象，假如进入地上井宿的分野，那就奇怪了。”杨谅听了十分不高兴。

到隋文帝去世时，隋炀帝派车骑将军屈突通持高祖玺书召杨谅进京。原来，隋文帝曾与杨谅秘密约定：“假若用玺书召你，敕字旁另外加有一点，而又和玉麟符相合的话，你就应当接受。”等到打开玺书一看没有符验，杨谅就知道出了事。杨谅盘问屈突通，屈突通从容应对，没有屈服，便打发他回长安，杨谅于是起兵造反。

总管司马安定人皇甫诞恳切劝阻，杨谅不听，皇甫诞流着泪说：“我料定大王的兵力和装备不能和京师相抗衡；加上君臣的名分已经确定，逆顺的形势悬殊，大王虽兵强马壮，但也难以取胜。一旦陷身为叛逆，按刑律治罪，纵然想只做一个平民也不可能了。”杨谅大怒，把他投入了牢狱。

岚州刺史乔钟葵将要追随杨谅，他的司马京兆人陶模阻止，说：“汉王图谋不轨，您身受国家厚恩，理应竭诚效命，怎么能身陷祸端呢？”乔钟葵变了脸色，说：“司马你反了吗？”把刀架到他脖子上，陶模言辞气度毫不屈服，乔钟葵佩服他大义凛然，就放了他。军吏说：“如果不杀陶模，无法使大家心服。”于是把他囚禁起来。当时共有十九个州跟从杨谅造反。

王頍进言杨谅说：“大王的部属将吏，家属都在关西，如果用这些人，那么应当长驱深入，直接去占领京师，这就叫迅雷不及掩耳，如果只打算割据旧齐的地方，应当任用东部的人。”杨谅拿不定主意，就兼用两策，声言杨素反叛，将起兵诛讨。

总管府兵备参军闻喜人裴文安进言杨谅说：“井陉以西的地方，在大王控制之内，太行山以东的兵马，也归我有，应当全部集中起来，分派老弱驻守要害地方，并命令他们随机扩张土地，率领精锐部队直接进入蒲津关。我裴文安请求作为先锋，大王统领大军继后，如风行雷击，挺进霸上。咸阳以东的地方，就可以很容易得手，这样京师震动纷扰，军队来不及调集，上下相互猜疑，人心离散，我军严阵以待，发号施令，谁敢不听？十天之内，大事可定。”杨谅非常高兴，于是派遣所任命的大将军余公理从太谷出兵，指向河阳；大将军綦良从滏口出兵，指向黎阳；大将军刘建从井陉出兵，攻略燕赵地区，柱国乔钟葵从雁门出兵，任命裴文安为柱国，与柱国纥单贵、王聃等直接指向京师。

隋炀帝任命右武卫将军洛阳人丘和为蒲州刺史，镇守蒲津。杨谅挑选了几百个精锐骑兵，戴上妇女的面纱，诈称是杨谅的宫人回到长安，守门的卫兵没有发觉，径直进入蒲州城，城中也有一些亡命徒响应，丘和觉察了变故，翻过城墙逃回长安。蒲州长史勃海人高义明、司马北平人荣毗都被叛军抓获。裴文安等人到达距蒲津关一百余里处，杨谅忽然改变主意，派纥单贵拆断河桥，据守蒲州，而召裴文安回来。裴文安回来后，对杨谅说："用兵的机要贵在诡诈神速，本来想出其不意。大王既没有前行，文安又被召回，让对方制定好计划，我们的大事就完了。"杨谅不语。他任命王聃为蒲州刺史，裴文安为晋州刺史，薛粹为绛州刺史，梁菩萨为潞州刺史，韦道正为韩州刺史，张伯英为泽州刺史。代州总管天水人李景率兵抵抗杨谅。杨谅派将领刘嵩攻击李景，李景斩杀了刘嵩。杨谅又派乔钟葵率领三万精兵攻打代州，李景手下士兵只有几千人，加上城池不稳固，受到乔钟葵进攻，城墙相继崩塌，李景一边作战一边筑城，士卒们都拼死战斗，乔钟葵的多次进攻被击退。代州司马冯孝慈、司法吕玉都骁勇善战，仪同三司侯莫陈乂足智多谋，善于防御战术。李景知道这三人可以重用，便诚心诚意任用他们，自己不干预交战事务，只是在衙署内主持大计，并经常抚慰巡视而已。

杨素率领轻骑兵五千人指向蒲州攻击王聃、纥单贵。夜里杨素到达河边，收集商人船只，得到几百艘，船内铺上许多草，人马踏到上面没有声音，又让马口含上木片不能出声，静悄悄地渡过黄河。黎明时分发起攻击，纥单贵战败逃走，王聃非常恐惧，献出城池投降。隋炀帝下诏召回杨素。当初，杨素将要出发，计算日期打败叛贼，结果完全和预料的一样。于是任命杨素为并州道行军总管、河北道安抚大使，率领数万军队征讨杨谅。

杨谅最初起兵的时候，王妃的哥哥豆卢毓任汉王府主簿，苦苦劝谏，杨谅不听。豆卢毓私下对他弟弟豆卢懿说："我如果一人回归朝廷，自然能够免祸，但这只是为自己打算，不是为国家。不如暂且假装服从，慢慢等待机会。"豆卢毓是豆卢勣的儿子。豆卢毓的哥哥显州刺史豆卢贤对隋炀帝说："臣的弟弟豆卢毓平素就有气节，一定不会跟着作乱，只是在凶威逼迫之下，不能够按自己心意办事。我请求带兵出征，与豆卢毓里应外合，打败杨谅没有问题。"隋炀帝同意了。豆卢贤派家人带上敕书到豆卢毓的住所，和他商量。

杨谅出城，将要到介州，命豆卢毓与总管属朱涛留守。豆卢毓对朱涛说："汉王发动叛乱，很快就要失败，我们难道可以坐等灭族，有负国家吗？我和你应当出兵抵抗汉王。"朱涛吃惊地说："大王把大事交给我们，怎么能说这种话？"便拂袖而去，豆卢毓追上去杀了朱涛。接着从牢狱中放出皇甫诞，与他商议，并和开府仪同三司宿勤武等共同关闭城门抵抗杨谅。还没有部署妥当，有人报告了杨谅，杨谅领兵攻城，豆卢毓看到杨谅到来，就哄骗守城士兵说："这是敌军。"杨谅攻打南门，稽胡人守卫南城，不认识杨谅，用弓弩射杀，箭矢如雨，杨谅转攻西门，守城士兵认识杨谅，立即开门让杨谅进城，豆卢毓、皇甫诞都被杀死。

綦良进攻慈州刺史上官政，没能攻克，转攻代理相州刺史薛胄，又没有取胜，于是从滏口进攻黎州，封锁白马津。余公理从太行直下河内，隋炀帝任命右卫将军史祥为行军总管，驻军在河阴。史祥对军吏说："余公理轻率无谋，依靠兵多而骄傲，很容易打败他。"余公理驻扎在河阳，史祥在南岸准备好了船只，余公理集中兵力抵挡。史祥挑选精锐在下流偷偷渡河，余公理得到消息，领兵抵抗，两军在须水相遇交战。余公理还没有摆好阵势，史祥就发起了攻击，余公理大败。史祥领兵东指黎阳，綦良的军队还没有交战就溃散了。史祥，是史宁的儿子。

隋炀帝要调发幽州军队，怀疑幽州总管窦抗要背叛，就问杨素谁能擒获窦抗。杨素推荐前江州刺史勃海人李子雄，隋炀帝任命李子雄为上大将军、广州刺史。又任命左领军将军长孙晟为相州刺史，去征调山东的军队，与李子雄合兵取幽州。长孙晟以他的儿子长孙行布是杨谅的部下为由推辞就任相州刺史，隋炀帝说："你体谅国家为重，终不会因为儿子而损害大义，朕托付你大事，不要推辞。"李子雄驰马到达幽州，停留在驿站，招募了一千多人。窦抗来见李子雄，李子雄埋伏武士抓获了窦抗。窦抗，是窦荣定的儿子。

李子雄于是调发幽州兵步骑三万，从井陉向西攻击杨谅。当时刘建围攻井陉戍将京兆人张祥，李子雄在抱犊山下打败了刘建，刘建逃走。李景被围攻了一个多月，隋炀帝诏令朔州刺史代郡人杨义臣救援。杨义臣率领步骑两万，乘夜出西陉关，乔钟葵率领全部兵马迎击。杨义臣因为自己兵少，全部抽出军中的牛驴，共有数千头，又派了几百个兵丁，每人拿一个鼓暗中驱赶牛驴，隐藏在山谷中。晡时，杨义臣再次与乔钟葵交战，刚一交兵，杨义臣命令驱赶牛驴的士兵迅速驱赶前进，一时间鼓声大震，尘埃满天，乔钟葵军不知虚实，认为埋伏的士兵出击，立即溃逃，杨义臣全线出击，大败叛军。晋州、绛州、吕州三座州城都是杨谅兵驻守，杨素每州留下两千人牵制，大部队离开州城向前推进。杨谅派部将赵子开率领十余万人，用栅栏阻断交通，在高壁岭上据守，连营五十里。杨素命令众将靠拢高壁岭，自己率领一支轻骑出奇兵潜入霍山，沿着悬崖陡壁前进。杨素驻扎在山谷口，自己坐在营帐外边，派军司入营选派三百人守营，士兵害怕杨谅军队强大，不愿出战，多愿守营，因而迟迟定不下来，杨素责问原因，军司据实回答，杨素立即召唤留守的三百人出营，全部杀头。他重新下令选派留守的人，再没有人愿意留下。杨素于是率领军士飞驰前进，在杨谅军队的北边突然出现，直冲杨谅的军营，鸣鼓放火。杨谅军队不知所措，自相践踏，死伤数万，杨谅委派的介州刺史梁修罗屯守介休，听到杨素到来，丢了城池逃跑。

杨谅得知赵子开打了败仗，十分恐惧，亲自率领近十万大军，在蒿泽抵抗杨素。正赶上大雨，杨谅想率领军队退回，王頍劝阻说："杨素孤军深入，人困马疲，大王亲自率领精兵攻击，看这情势一定取胜。如今望见敌人就退走，向人显示胆怯，挫伤我军将士的斗志，增强敌人的士气，希望大王不要后退。"杨谅不听，退守清源。

王頍对他儿子说："形势不好，我军必败，你要紧紧跟着我。"杨素进击杨谅，将他打得大败，并擒获了萧摩诃。杨谅撤退到晋阳防守，杨素进军包围，杨谅窘迫无路，请求投降，余党都被扫平。隋炀帝派杨约送亲笔诏书慰劳杨素。王頍打算投奔突厥，走到山中，道路断绝，他自知一定不能幸免，对他的儿子说："我的谋略不比杨素差，但因为言不听计不从，才落到了这种地步。我不能坐在这里等人抓获，让杨素那小子成名。我死后，你小心谨防不要去投亲靠友。"于是自杀，尸体被埋葬在石窟中。他儿子几天吃不上饭，就到朋友家去，终于被人抓获。同时寻获王頍的尸体，一起在晋阳枭首示众。

群臣上奏称汉王杨谅应当处死，隋炀帝不许，只将杨谅削职为民，并从宗室族籍中除名，最后将他囚禁而死。他的部属及平民受牵连而获罪，被处死和流放的有二十余万家。当初，隋文帝与独孤皇后十分亲爱，发誓不和别的姬妾生儿子。隋文帝曾经对群臣说："前朝天子，溺爱宠幸的姬妾，嫡子与庶子互相争斗，便有废立太子之事，严重的因此亡国。我没有别的姬妾生子，五个儿子都是一母所生，都是亲兄弟，难道还有废立的忧患吗？"隋文帝又借鉴北周宗室微弱，所以让几个儿子分据大镇，专制一方，权力与皇室相当。到了晚年，父子兄弟互相猜忌，五个儿子都不得善终。

臣司马光评论说：从前辛伯劝谏周桓公说："内室姬妾与王后平列，外宠重臣专擅政权，庶子与嫡子匹对，大镇与封国都相等，这都是祸乱的根源。"人主真能在这四个方面特别慎重，祸乱就不会发生。隋高祖只知嫡庶之间常有争斗，皇室孤单容易被摇动，却不知道势均力敌地位相当，即使是

同母所生，也不能避免互相倾轧的祸患。考察辛伯说的话，隋高祖只领会了一条，而丢掉了三条啊！

冬季，十月十六日，安葬隋文帝于太陵，庙号高祖，与文献皇后同坟异穴。

隋炀帝下诏免除妇女以及奴婢、部曲的赋税，规定男子二十二岁为成丁。

章仇太翼进言隋炀帝说："陛下是木命，雍州是破木的要冲，不可长久居住。另外，图谶上说：'修治洛阳还晋家。'"隋炀帝极为赞同。十一月初三日，隋炀帝巡幸洛阳，留晋王杨昭守长安。因为杨素的功劳拜授他的儿子杨万石、杨仁行、侄儿杨玄挺为仪同三司，赏赐丝帛五万段、绮罗一千匹，杨谅的歌伎侍妾二十人。

十一月初四日，征发丁男数十万人挖长壕，从龙门起东向接长平、汲郡，直到临清关，越过黄河到浚仪、襄城，到达上洛，沿壕沟布置关卡。

十一月二十日，陈叔宝去世，赠大将军、长城县公，谥号曰炀。

十一月二十一日，隋炀帝下诏在伊水洛水交汇之间营建东京，诏书说："宫室制度，原本是方便起居，如今建造，一定要节约。"

蜀王杨秀获罪时，右卫大将军元胄因与杨秀往来被罢官除名，长久没有起用。当时慈州刺史上官政犯罪发配岭南，将军丘和因为丢失蒲州被罢官除名。元胄与丘和是旧交，喝酒到高兴的时候，对丘和说："上官政，是一位英雄，如今发配岭南，该不会出什么事吧？"然后拍着自己的肚子说："如果是你，不会无所作为吧？"丘和上奏朝廷，元胄竟然因此被处死。于是召回上官政，任命为骁卫将军，任命丘和为代州刺史。

【原文】

炀皇帝[①]上之上

大业元年（乙丑，605）

春，正月，壬辰朔[②]，赦天下，改元[③]。

立妃萧氏为皇后。

废诸州总管府。

丙辰[④]，立晋王昭为皇太子。

高祖之末，群臣有言林邑[⑤]多奇宝者。时天下无事，刘方新平交州，乃授方驩州[⑥]道行军总管，经略林邑。方遣钦州[⑦]刺史宁长真等以步骑万余出越裳[⑧]，方亲帅大将军张愻等以舟师出比景[⑨]，是月，军至海口[⑩]。

二月，戊辰[⑪]，敕有司大陈金宝、器物、锦彩、车马，引杨素及诸将讨汉王谅有功者立于前，使奇章公牛弘宣诏，称扬功伐[⑫]，赐赉各有差。素等再拜舞蹈而出。己卯[⑬]，以素为尚书令[⑭]。

诏天下公除，惟帝服浅色黄衫、铁装带。

三月，丁未[⑮]，诏杨素与纳言杨达、将作大匠宇文恺营建东京，每月役丁二百万人，徙洛州[⑯]郭内居民及诸州富商大贾数万户以实之。废二崤道[⑰]，开葼册道[⑱]。

戊申[⑲]，诏曰："听采舆颂[⑳]，谋及庶民[㉑]，故能审刑政[㉒]之得失；今将巡历淮、海[㉓]，观省风俗。"

敕宇文恺与内史舍人封德彝等营显仁宫[㉔]，南接皂涧[㉕]，北跨洛滨[㉖]。发大江[㉗]之南、五岭[㉘]以北奇材异石，输之洛阳；又求海内嘉木异草、珍禽奇兽，以实园苑。辛亥[㉙]，命尚书右丞皇甫议发河南、淮北[㉚]诸郡民，前后百余万，开通济渠[㉛]。自西苑引谷、洛水[㉜]达于河；复自板渚[㉝]引河历荥泽[㉞]入汴[㉟]；又自大梁[㊱]之东引汴水入泗，达于淮；又发淮南民十余万开邗沟[㊲]，自山阳[㊳]至杨子[㊴]入江。渠广四十步，渠旁皆筑御道[㊵]，树以柳；自长安至江都[㊶]，置离宫四十余所。庚申[㊷]，遣黄门侍郎王弘等往江南造龙舟[㊸]及杂船数万艘。东京官吏督役严急，役丁死者什四五，所司以车载死丁，东至城皋[㊹]，北至河阳，相望于道。又作天经宫[㊺]于东京，四时[㊻]祭高祖。

林邑王梵志[㊼]遣兵守险，刘方击走之。师渡阇黎江，林邑兵乘巨象，四面而至。方战不利，乃多掘小坑，草覆其上，以兵挑之，既战，伪北[㊽]；林邑逐之，象多陷地颠踬[㊾]，转相惊骇，军遂乱。方以弩[㊿]射象，象却走，蹂[51]其陈，因以锐师[52]继之，林邑大败，俘馘[53]万计。方引兵追之，屡战皆捷，过马援铜柱[54]南，八日至其国都。夏，四月，梵志弃城走入海。方入城，获其庙主[55]十八，皆铸金为之；刻石纪功而还。士卒肿足，死者什四五[56]，方亦得疾，卒于道。

初，尚书右丞李纲数以异议忤杨素及苏威，素荐纲于高祖，以为方行军司马[57]。方承素意，屈辱之，几死。军还，久不得调[58]，威复遣纲诣南海应接林邑，久而不召。纲自归奏事，威劾奏纲擅离[59]所职，下吏按问[60]；会赦，免官，屏居[61]于鄠[62]。

五月，筑西苑，周二百里；其内为海，周十余里；为蓬莱、方丈、瀛洲[63]诸山，高出水百余尺，台观殿阁，罗络[64]山上，向背[65]如神。北有龙鳞渠[66]，萦纡[67]注海内。缘渠作十六院，门皆临渠，每院以四品夫人[68]主之，堂殿楼观，穷极华丽。宫树秋冬凋落，则翦彩[69]为华叶，缀于枝条，色渝[70]则易以新者，常如阳春[71]。沼内[72]亦翦彩为荷芰菱芡[73]，乘舆游幸，则去冰而布之。十六院竞以殽羞[74]精丽相高，求市恩宠。上好以月夜从宫女数千骑游西苑，作《清夜游曲》，于马上奏之。

帝待诸王恩薄，多所猜忌；滕王纶[75]、卫王集[76]内自忧惧，呼术者问吉凶及章醮求福。或告[77]其怨望咒诅[78]，有司奏请诛之；秋，七月，丙午[79]，诏除名为民，徙边郡。纶，瓒之子；集，爽之子也。

八月，壬寅[80]，上行幸江都，发显仁宫，王弘遣龙舟奉迎。乙巳[81]，上御小朱航，自漕渠[82]出洛口[83]，御龙舟。龙舟四重[84]，高四十五尺，长二百丈[85]。上重有正殿、内殿、东西朝堂，中二重有百二十房，皆饰以金玉，下重内侍[86]处之。皇后乘翔螭[87]舟，制度差小，而装饰无异。别有浮景九艘，三重，皆水殿也。又有漾彩、朱鸟、苍螭、白虎、玄武、飞羽、青凫[88]、陵波、五楼、道场[89]、玄坛[90]、板艙[91]、黄篾[92]等数千艘，后宫、诸王、公主、百官、僧、尼、道士、蕃客[93]乘之，及载内外百司供奉之物，共用挽船[94]士八万余人，其挽漾彩以上者九千余人，谓之殿脚[95]，皆以锦彩为袍。又有平乘、青龙、艨艟、艚艆[96]、八棹[97]、艇舸[98]等数千艘，并十二卫[99]兵乘之，并载兵器帐幕，兵士自引，不给夫。舳舻[100]相接二百余里，照耀川陆，骑兵翊[101]两岸而行，旌旗蔽野。所过州县，五百里内皆令献食，多者一州至百舆[102]，极水陆珍奇；后宫厌饫[103]，将发[104]之际，多弃埋之。

契丹寇营州[105]，诏通事谒者[106]韦云起[107]护突厥兵讨之，启民可汗发骑二万，受其处分。云起分为二十营，四道俱引，营相去一里，不得交杂，闻鼓声而行，闻角声[108]而止，自非公使[109]，勿得走[110]马，三令五申[111]，击鼓而发。有纥干[112]犯约，斩之，持首以徇。于是突厥将帅入谒，皆膝行[113]股栗，莫敢仰视。契丹本事突厥，情无猜忌。云起既入其境，使突厥诈云向柳城[114]与高丽交易[115]，敢漏泄事实者斩。契丹不为备，去其营五十里，驰进袭之，尽获其男女四万口，杀其男子，以女子及畜产之半赐突厥，余皆收之以归。帝大喜，集百官曰：“云起用突厥平契丹，才兼文武，朕今自举[116]之。”擢为治书侍御史。

初，西突厥[117]阿波可汗为叶护可汗所虏，国人立鞅素特勒之子，是为泥利可汗。泥利卒，子达漫立，号处罗可汗。其母向氏，本中国人，更嫁[118]泥利之弟婆实特勒。开皇末，婆实与向氏入朝，遇达头之乱，遂留长安，舍[119]于鸿胪寺[120]。处罗多居乌孙[121]故地，抚御[122]失道，国人多叛，复为铁勒[123]所困。铁勒者，匈奴之遗种，族类最多，有仆骨、同罗、契苾、薛延陀等部，其酋长皆号俟斤。族姓虽殊，通谓之铁勒，大抵与突厥同俗，以寇抄[124]为生，无大君长，分属东、西两突厥。是岁，处罗引兵击铁勒诸部，厚税[125]其物，又猜忌薛延陀[126]，恐其为变，集其酋长数百人，尽杀之。于是铁勒皆叛，立俟利发俟斤契苾歌楞为莫何可汗，又立薛延陀俟斤字也咥为小可汗，与处罗战，屡破之。莫何勇毅绝伦[127]，甚得众心，为邻国所惮[128]，伊吾[129]、高昌[130]、焉耆[131]皆附之。

（以上为第三段，写隋炀帝大业元年，执政伊始就穷奢极欲，建东都、修运河、下江南。征役数百万，毫不顾惜民力。）

【注释】

①炀皇帝：隋朝第二代皇帝杨广，隋文帝第二子。一名英，小字阿麽。604—618年在位。 ②壬辰朔：正月初一。 ③改元：由仁寿五年改为大业元年。 ④丙辰：正月二十五日。 ⑤林邑：国名。后又称“占城”。故国在今越南南部。 ⑥驩（huān）州：州名。治所九德县，在今越南义安省荣市。 ⑦钦州：州名。治所钦江县，在今广西钦州市北。 ⑧越裳：县名。县治在今越南中部。 ⑨比景：郡名。治所比景县，在今越南中部。 ⑩海口：林邑出海之口。 ⑪戊辰：二月七日。 ⑫称扬功伐：颂扬功业。指颂扬隋炀帝平定汉王杨谅的叛乱。称扬，颂扬，歌颂。伐，积累的功劳称伐。 ⑬己卯：二月十八日。 ⑭尚书令：官名。尚书省最高长官，辅佐皇帝处理全国政事。宰相之职。 ⑮丁未：三月十七日。 ⑯洛州：州名。治所洛阳县，在今河南洛阳市东北。 ⑰二崤道：路名。在今河南洛宁县西北。《元和郡县志》卷五《河南府》载：“崤山分东西二崤，自东崤至西崤三十五里，东崤长坂数里，……车不得方轨；西崤全是石坂十二里。” ⑱葼（zōng）册道：道路名。故址不详。 ⑲戊申：三月十八日。 ⑳舆颂：众人的议论。 ㉑谋及庶民：与庶民谋议。 ㉒刑政：刑罚与政令。 ㉓淮、海：淮指淮河流域，海指东海沿海一带。 ㉔显仁宫：宫名。在今河南宜阳县东南。 ㉕皂涧：河名。在今河南宜阳县西南。 ㉖洛滨：洛水之滨。 ㉗大江：即今长江。 ㉘五岭：山名。说法不一。有称大

庾、骑田、都庞、萌渚、越城为五岭；有称大庾、始安、临贺、桂阳、揭阳为五岭。㉙辛亥：三月二十一日。㉚河南、淮北：指黄河以南、淮河以北地区。㉛通济渠：隋大运河中的一段。从洛阳东板渚至今江苏盱眙，沟通了黄河与淮水。㉜谷、洛水：河名。谷水，发源于河南渑池，东经新安县至洛阳，与洛水汇合。洛水源于陕西洛南县西北，东入河南，经卢氏、洛宁、宜阳、洛阳，至偃师纳伊河后，至巩义市的洛口入黄河。㉝板渚：即板城渚口，古为黄河中段重要渡口。故址在今河南荥阳市汜水镇东北。㉞荥泽：古泽名。故址在今河南荥阳市境内。㉟汴：即汴水，河名。经河南的郑州、开封、商丘，流经江苏旧徐州，合泗水入淮河。㊱大梁：地名。战国时魏国都。故址在今河南开封市。㊲邗（hán）沟：春秋时吴国所开故渠道。从江苏扬州市西北至淮安市北入淮河的运河。㊳山阳：郡名。治所山阳县，在今江苏淮安市。㊴杨子：县名。县治在今江苏扬州市南。㊵御道：皇帝专用道路。㊶江都：郡名。治所江阳县，在今江苏扬州市。㊷庚申：三月三十日。㊸龙舟：帝王所乘，因船身制成龙形刻有龙纹，故称龙舟。㊹城皋：郡名。治所成皋县，在今河南荥阳市西北。㊺天经宫：宫名。因《孝经》说："夫孝，天之经也。"故取名天经宫。㊻四时：谓春、夏、秋、冬四季。时，季。㊼梵（fán）志：林邑国王。事见《隋书》卷八十二、《北史》卷九十五《林邑传》。㊽伪北：假装败北。北，败。㊾颠踬（zhí）：倾跌。踬，跌倒。㊿弩（nǔ）：用机械发射的大弓，也叫窝弓，力强可以射远。(51)蹂（róu）：践踏。(52)锐师：精锐部队。(53)俘馘（guó）：俘，被活捉的敌人。馘，从敌尸上割下的左耳，指杀死的敌人。(54)马援铜柱：在林邑南二千余里，有西屠夷，汉马援所树立两铜柱，以表示边界。马援，东汉开国功臣之一，封新息侯。传见《后汉书》卷二十四。(55)庙主：庙中祭祀的神主。(56)什四五：十分之四五。(57)行军司马：官名。在行军作战中掌军政，权任很重。(58)调：迁转，升迁。(59)擅离：擅自离开。(60)下吏按问：交法官审讯。(61)屏居：隐居。(62)鄠：县名。县治在今陕西西安市鄠邑区。(63)蓬莱、方丈、瀛洲：传说都是仙人所居的山。(64)罗络：分布排列，连在一起。(65)向背：正面与背面。(66)龙鳞渠：渠名。在今河南洛阳市西北。(67)萦纡（yíng yū）：回旋曲折。(68)四品夫人：命妇品级视同百官。(69)翦彩：剪裁彩帛或彩纸。翦，同"剪"。(70)色渝：颜色变了。渝，变更。(71)阳春：温暖的春天。(72)沼（zhǎo）内：池内。沼，水池。(73)荷芰（jì）菱芡（qiàn）：形同荷花的菱角和芡。芰，菱角。芡，水生植物，又名鸡头。(74)殽（yáo）羞：美味的菜肴和食物。殽，同"肴"。羞，美味的食物。(75)滕王纶：滕穆王杨瓒之子。先封邵国公，后袭封滕王。传附《隋书·滕穆王瓒传》《北史·滕穆王瓒传》。(76)卫王集：卫昭王杨爽之子。初封遂安王，袭封卫王。传附《隋书·卫昭王爽传》《北史·卫昭王爽传》。(77)或告：有人告发。⑱咒诅：咒骂。诅，祝诅。⑲丙午：七月十八日。⑳壬寅：八月十五日。㉑乙巳：八月十八日。㉒漕渠：可作漕运用的渠道。㉓洛口：洛水入黄河之口。在今河南巩义市东北。㉔重（chóng）：重叠。层。㉕二百丈：据章校，"丈"应改作"尺"。㉖内侍：在皇帝宫廷听使唤的人。㉗螭（chī）：传说中无角的龙。㉘凫（fú）：野鸭。㉙道场：佛、道二教诵经礼拜成道修道的地方。㉚玄坛：道教的斋坛。㉛艙（tà）：大船。㉜黄篾（miè）：船名。㉝蕃客：外族或外国来客。㉞挽船：用人力拉船前进。㉟殿脚：龙舟、漾彩，帝后所乘，如同宫殿，故称挽船士为殿脚。㊱平乘、青龙、艨艟、艚艖：均战船。㊲八棹：棹本是划船用具，形状似桨。此指船。㊳艇舸：轻便小船。㊴十二卫：官署名。包括左右翊卫、左右骁卫、左右武卫、左右屯卫、左右御卫、左右候卫。⑽舳舻（zhú lú）：泛指船队。舳，船尾。舻，船头。⑾翊（yì）：护卫。⑿轝（yú）：车。⒀厌饫（yù）：饮食饱足。饫，饱。⒁将发：即将出发。⒂营州：州名。治所柳城县。在今辽宁朝阳市。⒃通事谒者：官名。隋炀帝即位后改内史省通事舍人为通事谒者，职掌同通事舍人。⒄韦云起（？—626）：雍州万年（今陕西西安市）人。历仕隋、唐，官至益州行台兵部尚书。传见《旧唐书》卷七十五、《新唐书》卷一百零三。⒅角声：角号声。⒆公使：公事使者。⒇走：跑。⑾三令五申：再三告诫。申，述说。⑿纥（hé）干：突厥小官。⒀膝行：匍匐前行。表示畏服。⒁柳城：柳城县治在今辽宁朝阳市。⒂交易：交换货物。指物物交换。⒃自举：亲自举荐。⒄西突厥：太建四年（572），突厥木杆可汗死，其子大逻便与新立沙钵略可汗有矛盾，突厥分裂，大逻便居西，称为西突厥。⒅更嫁：改嫁。⒆舍：居住。⒇鸿胪寺：中央官署名。掌与周边少数民族国家与外国的外交来往。⒈乌孙：汉西域城国名。少数民族建立的国家。先居于甘肃敦煌、祁连之间，被匈奴所逼而西迁，驱逐大月氏（yuè zhī）而建立乌孙国。参见《汉书》卷六十一、卷九十一下。⒉抚御：安抚而控御。⒊铁勒：古代北方民族名。匈奴族后裔中的一支，南北朝时曾为突厥兼并。其部主要有仆骨、同罗、薛延陀等。⒋寇抄：攻劫掠夺。⒌厚税：多征收赋税。⒍薛延陀：部族名。铁勒中的一部。初与薛族杂居，后并延陀部，因称薛延陀。其酋长曾称莫何可汗。后又成为突厥的附庸。⒎绝伦：无与伦比。⒏惮（dàn）：惧怕。⒐伊吾：西域城国名。故址在今新疆哈密市。⒑高昌：西域城国名。故址在今新疆吐鲁番市境内。⒒焉耆（qí）：西域城国名。故址在今新疆焉耆回族自治县境。

【译文】

炀皇帝上之上

隋炀帝大业元年（乙丑，605）

春季，正月初一日，大赦天下，改年号为大业。

册立王妃萧氏为皇后。

撤销各州总管府。

正月二十五日，册立晋王杨昭为皇太子。

隋文帝晚年时，群臣中有人说林邑出产许多稀奇珍宝。当时天下太平，刘方刚刚平定交州，隋炀帝于是任命刘方为驩州道行军总管，开拓林邑。刘方派钦州刺史宁长真等率领步骑一万多出兵越裳，刘方亲自率领大将军张愻等以水师向比景进兵，当月，到达林邑的出海口。

二月初七日，隋炀帝敕命主管部门大量陈列金宝、器物、锦彩、车马，引导杨素以及平定汉王杨谅的各位有功将领站在前面，让奇章公牛弘宣读诏书，表彰功劳，赏赐各有等级。杨素等人一再拜谢离去。二月十八日，任命杨素为尚书令。

下诏全国良民一律除去丧服，只有隋炀帝穿浅色黄衫，系黑色腰带。

三月十七日，下诏命杨素与纳言杨达、将作大匠宇文恺等营建东京，每月投入的工役二百万丁男，迁移洛州城内的居民，以及各州富商大贾数万户用以充实东京，废除二崤道，开通葼册道。

三月十八日，下诏说："君王应当听取民众的意见，与庶民百姓一起商议治国大事，这样才能了解刑政的得失，朕现今将巡视淮、海，观察各地民俗风气。"

隋炀帝下令宇文恺与内史舍人封德彝等人营建显仁宫，南边连接皂涧，北边横跨洛水。征调大江以南、五岭以北的奇材异石，运送到洛阳。又征求全国所产嘉木异草、珍禽奇兽，用来充实皇家园林。三月二十一日，命令尚书右丞皇甫议征发河南、淮北各郡的民夫前后百余万，挖通济渠。从西苑导引谷水、洛水通达黄河；又从板渚引河水经荥泽进入汴水；又从大梁的东边引汴水进入泗水，通达淮水；又征发淮南民夫十余万挖邗沟，从山阳经杨子进入长江。运河宽四十步，河旁修筑御道，栽种柳树。从长安直到江都，沿途修建离宫四十余处。三月三十日，派黄门侍郎王弘等前往江南造龙舟，以及其他船只数万艘。修建东宫的官吏催督工期十分严厉紧急，服役的民夫十分之四五死亡，主管部门用车载死尸，东到成皋，北到洛阳，沿途不断。又在东京建造天经宫，四时祭祀高祖。

林邑王梵志派兵把守险要，刘方进攻把他们赶走。隋军渡过阇黎江，林邑兵乘坐大象，从四面包围上来，刘方交战失利。于是隋军挖了许多小土坑，用草盖在上面，用兵挑战，交战以后，假装败退；林邑人追赶，很多大象踏陷入土坑摔倒，林邑兵惊慌害怕，互相波及，军队大乱，刘方用箭弩射大象，大象转身逃跑，践踏林邑军的阵列，刘方趁机用精锐兵攻击，林邑军大败，被俘被杀数以万计。刘方领兵追击，多次战斗都胜利了，经过汉代马援铜柱以南，八天就到达了林邑国都。夏季，四月，林邑王梵志弃城逃到海上。刘方进城，获得林邑庙主牌位十八个，都是用黄金铸成，立碑纪功班师。士兵不服水土，患了脚肿病，死亡的占十之四五。刘方也生了病，死在半道。

当初，尚书右丞李纲因为多次发表不同建议冒犯了杨素和苏威。杨素向高祖推荐李纲，任命为刘方的行军司马。刘方秉承杨素的旨意，凌辱李纲，李纲差点因此死亡。军队回朝，长久不提升。苏威又派李纲到南海处理林邑事务，长久不召他回朝。李纲自己回京奏报公务，苏威弹劾李纲擅离职守，交由司法官审理，恰遇大赦，罢免官职，隐居在鄠县。

五月，营建东京西苑，周长二百里。苑内有海，周长十余里，海中造蓬莱、方丈、瀛洲几座神山，高出水面一百多尺，亭台楼阁，排列山上，从正面背面各个角度看，都美如仙山。海的正面有龙鳞渠，渠水弯弯曲曲地流入海内。沿着渠水，建造了十六处宫院，院门都面临渠水，每院安置一个四品夫人主持。殿堂楼观，极其华丽。秋冬时节，宫中树木绿叶凋落，就剪彩绸为绿叶花朵，缀连在树枝上，要是褪了颜色就换新的，使常年保持阳春三月景象。在池沿之中也剪彩绸为荷叶菱角，如果皇上在冬天来游玩，就除去池中水棱，用彩绸布置成荷塘春色。十六院的夫人争相用精美的食品比试高低，用以求得皇上恩宠。隋炀帝喜欢在月夜带领几千名宫女，骑马游西苑，就在马背上奏演《清夜游曲》。

隋炀帝对待诸王薄情寡恩，猜忌防范；滕王杨纶、卫王杨集心怀忧惧，便叫来方术士问吉凶祸福，以及打醮求福。有人控告二王怨望诅咒，主管部门奏请诛杀二王。秋季，七月十八日，隋炀帝下诏废黜二王，除名为平民，发配到边郡。杨纶，是杨瓒的儿子；杨集，是杨爽的儿子。

八月十五日，隋炀帝巡幸江都，从显仁宫出发，王弘派龙舟北上迎接。八月十八日，隋炀帝乘坐小朱航，从漕渠使出洛口，换乘龙舟。龙舟高四层，有四十五尺，长二百丈，最上层有正殿、内殿、东西朝堂，中间两层有一百二十间房，都用金玉装饰，底层是内侍居住的地方。萧皇后乘坐的翔螭舟，稍微小一些，然而装饰没有差别。另外有浮景船九艘，三层楼，都是水上宫殿。又有漾彩、朱鸟、苍螭、白虎、玄武、飞羽、青凫、陵波、五楼、道场、玄坛、板艙、黄篾等名号的船数千艘，供后宫、诸王、公主、百官、僧尼、道士、蕃客乘坐，以及运载内外百官向隋炀帝献纳的物品。一共征发了拉纤的船工八万多人，其中拉漾彩这一级的纤夫才九千多人，称为殿脚。纤夫都身穿锦缎彩绸的袍服，还有平乘、青龙、艨艟、艚艔、八棹、艇舸等几千艘兵船，供十二卫的士兵乘坐，以及运载兵器。兵船由士兵自己牵引，不配民夫。船舰前后相接，连绵二百多里，灯火照耀河面及两岸陆地，骑兵夹岸行进，旌旗遍野。所经过的州县，五百里以内都奉命供给食物，多的一个州要出动一百多辆车来运送，所产的水陆珍奇物品都要贡献，后宫美女都吃腻了，每从停留的一站将要起程的时候，吃不完的食物都扔掉掩埋。

契丹入侵营州，下诏通事谒者韦云起监护突厥兵去讨伐，启民可汗调集两万骑兵，接受韦云起指挥。韦云起分为二十营，四路并进，每营相隔一里，不得相混，听到鼓声前行，听到角声停止，除传递公事的乘骑以外，不得驰马，三令五申，然后击鼓出发。突厥军的一个纥干犯了军令，立即斩首示众。于是突厥将帅入见韦云起，都要膝行而前，两脚发抖，没有人敢仰视。契丹人原本是归附突厥的，双方没有猜忌之心。韦云起进入契丹境内，让突厥人谎称到柳城去与高丽人做生意，敢泄露真实情况的就杀头。契丹人没有防备，在距离契丹兵营只有五十里时，突然快骑行进发起袭击，全部俘虏了契丹男女四万人，把男子都杀死，妇女及畜产的一半赏赐给突厥人，其余的都集中起来作为战利品带回。隋炀帝非常高兴，召集百官说：“韦云起用突厥人平定了契丹，兼备文武才能，朕今天要亲自提拔他。”于是升迁韦云起为治书侍御史。

当初，西突厥阿波可汗被叶护可汗俘获，国人拥立鞅素特勒的儿子，称他为泥利可汗。泥利去世，儿子达漫继位，称处罗可汗。达漫的母亲向氏原本是中原人，在泥利去世后改嫁泥利之弟婆实特勒。开皇末年，婆实特勒和向氏到长安觐见，正遇上达头可汗叛乱，只得留居长安，住在鸿胪寺。处罗可汗经常停留在乌孙国故地，由于安抚不当，很多国人叛乱，外部又受到铁勒人侵扰。铁勒是匈奴后裔，分为很多部族，有仆骨、同罗、契苾、薛延陀等部，酋长都称俟斤。各部族姓氏都不同，但都统称铁勒，大致与突厥人的习俗相同，以抢劫掠夺为生，没有大的君长，分别属于东、西两突厥。这一年，处罗可汗率兵袭击铁勒各部，对铁勒人的财物课以重税，又猜忌薛延陀部，担心发生变故，于是召集薛延陀部酋长几百人，全部屠杀。因此，铁勒各部族全都叛变，拥戴俟利发俟斤契苾歌楞为莫何可汗，又拥立薛延陀部俟斤字也咥为小可汗。与处罗部交战，多次打败处罗可汗。莫何可汗勇猛刚毅，无与伦比，很受部众拥护，使邻国十分畏惧，伊吾、高昌、焉耆等国都归附他。

【原文】

二年（丙寅，606）

春，正月，辛酉①，东京成，进将作大匠宇文恺位开府仪同三司。

丁卯②，遣十使并省③州县。

二月，丙戌④，诏吏部尚书牛弘等议定舆服、仪卫制度⑤。以开府仪同三司何稠为太府少卿，使之营造，送江都。稠智思⑥精巧，博览图籍⑦，参会⑧古今，多所损益；衮冕⑨画日、月、星、辰，皮弁⑩用漆纱为之。又作黄麾⑪三万六千人仗，及辂辇⑫车舆，皇后卤簿⑬，百官仪服⑭，务为华盛，以称上意。课州县送羽毛，民求捕之，网罗被⑮水陆，禽兽有堪氅毦⑯之用者，殆无遗类。乌程⑰有高树，逾百尺，旁无附枝，上有鹤巢，民欲取之，不可上，乃伐其根；鹤恐杀其子，自拔氅毛⑱投于地，时人或称以为瑞，曰："天子造羽仪⑲，鸟兽自献羽毛。"所役工十万余人，用金银钱帛钜亿⑳计。帝每出游幸，羽仪填街溢路㉑，亘二十余里。三月，庚午㉒，上发江都，夏，四月，庚戌㉓，自伊阙㉔陈法驾，备千乘万骑入东京。辛亥㉕，御端门㉖，大赦，免天下今年租赋。制五品已上文官乘车，在朝弁服，佩玉；武官马加珂㉗，戴帻㉘，服袴褶㉙。文物㉚之盛，近世莫及也。

六月，壬子㉛，以杨素为司徒；进封豫章王暕为齐王。

秋，七月，庚申㉜，制百官不得计考㉝增级，必有德行、功能灼然㉞显著者进擢之。帝颇惜名位，群臣当进职者，多令兼假㉟而已；虽有阙员㊱，留而不补。时牛弘为吏部尚书，不得专行其职，别敕纳言苏威、左翊卫大将军㊲宇文述、左骁卫大将军张瑾、内史侍郎虞世基㊳、御史大夫裴蕴㊴、黄门侍郎裴矩参掌选事，时人谓之"选曹㊵七贵"。虽七人同在坐，然与夺㊶之笔，虞世基独专之，受纳贿赂，多者超越等伦㊷，无者注色㊸而已。蕴，邃之从曾孙也。

元德太子昭自长安来朝，数月，将还，欲乞少留；帝不许。拜请无数，体素肥，因致劳疾，甲戌[44]，薨。帝哭之，数声而止，寻奏声伎[45]，无异平日。

楚景武公[46]杨素，虽有大功，特为帝所猜忌，外示殊礼[47]，内情甚薄。太史言隋分野[48]有大丧，乃徙素为楚公，意言楚与隋同分[49]，欲以厌之。素寝疾，帝每令名医诊候[50]，赐以上药，然密问医者，恒恐[51]不死。素亦自知名位已极，不肯饵药[52]，亦不将慎，谓其弟约曰："我岂须更活邪！"乙亥[53]，素薨，赠太尉公[54]、弘农等十郡太守，葬送甚盛。

八月，辛卯[55]，封皇孙倓[56]为燕王，侗[57]为越王，侑[58]为代王，皆昭之子也。

九月，乙丑[59]，立秦孝王[60]子浩为秦王。

帝以高祖末年，法令峻刻[61]，冬，十月，诏改修律令。

置洛口仓[62]于巩[63]东南原[64]上，筑仓城，周回二十余里，穿三千窖，窖容八千石以还，置监官并镇兵千人。十二月，置回洛仓[65]于洛阳北七里，仓城周回十里，穿三百窖。

初，齐温公[66]之世，有鱼龙[67]、山车[68]等戏，谓之散乐[69]，周宣帝时，郑译奏征之。高祖受禅，命牛弘定乐，非正声[70]清商[71]及九部四舞[72]之色，悉放遣之。帝以启民可汗将入朝，欲以富乐[73]夸之。太常少卿裴蕴希旨，奏括[74]天下周、齐、梁、陈乐家子弟皆为乐户；其六品以下至庶人，有善音乐者，皆直[75]太常。帝从之。于是四方散乐，大集东京，阅之于芳华苑[76]积翠池侧。有舍利兽先来跳跃，激水满衢，鼋鼍[77]、龟鳌、水人、虫鱼，偏覆于地。又有鲸鱼喷雾翳[78]日，倏忽化成黄龙，长七八丈。又二人戴竿，上有舞者，欻然[79]腾过，左右易处[80]。又有神鳌负山，幻人[81]吐火，千变万化。伎人皆衣锦绣缯彩，舞者鸣环佩[82]，缀花毦[83]；课京兆[84]、河南[85]制其衣，两京锦彩为之空竭。帝多制艳篇[86]，令乐正[87]白明达造新声播之，音极哀怨。帝甚悦，谓明达曰："齐氏偏隅[88]，乐工曹妙达[89]犹封王；我今天下大同，方且贵汝，宜自修谨！"

（以上为第四段，写大业二年隋炀帝制仪仗，创艳乐，穷奢极侈，歌舞升平，以及权臣杨素之死。）

【注释】

①辛酉：正月初六日。 ②丁卯：正月十二日。 ③并省：裁减。 ④丙戌：二月一

日。 ⑤舆服、仪卫制度：舆服，车服。车乘衣冠章服的总称。古代的车服制度，表明了个人的等级。仪卫，仪仗与卫士的统称。不同地位的人，仪卫形式也不相同。 ⑥智思：智谋心计。 ⑦图籍：图画与书籍。 ⑧参会：综合，调合。 ⑨衮冕（gǔn miǎn）：衮衣和冠冕。古代帝王及士大夫的礼服和礼帽。 ⑩皮弁（biàn）：古冠名。用白鹿皮制作，为视朝的常服。 ⑪黄麾：皇帝仪仗所用的黄色旌旗。 ⑫辂辇（lù niǎn）：辂，大车，天子所用的车子。辇，原是人拉的车，自汉以来也为天子所乘用。 ⑬卤（lǔ）簿：天子驾出时扈从的仪仗队。自汉以后，后妃、太子、大臣也给卤簿。 ⑭仪服：礼服。⑮被：及。 ⑯氅毦（chǎng ěr）：羽毛装饰。 ⑰乌程：县名。县治在今浙江湖州市。⑱氅毛：羽毛。 ⑲羽仪：仪仗中以羽毛装饰的旌旗之类。 ⑳钜亿：指极大的数目。钜，大，通"巨"。 ㉑填街溢路：充满了街道。 ㉒庚午：三月十六日。 ㉓庚戌：四月二十六日。 ㉔伊阙：县名。县治在今河南洛阳市南，即春秋周阙塞。 ㉕辛亥：四月二十七日。 ㉖端门：东京皇城南面三门，中间称端门。 ㉗珂（kē）：马笼头上的装饰品。 ㉘帻（zé）：包头巾。 ㉙袴褶（kù xí）：服装名。上服褶而下服袴，其外不再穿裘裳，故称袴褶。 ㉚文物：旧指礼乐典章制度。 ㉛壬子：六月二十九日。 ㉜庚申：七月八日。 ㉝计考：累计考核。考，考查，古代对官员政绩大小进行定期考查，然后迁转。 ㉞灼（zhuó）然：明显的样子。灼，同"焯"。 ㉟兼假：兼任或假摄，即代理。㊱阙员：官员中有缺额。阙，同"缺"。 ㊲左翊卫大将军：武官名。即左卫大将军，隋炀帝所改。掌禁卫。 ㊳虞世基（？—617）：字茂世，会稽余姚（今浙江余姚）人。历仕陈、隋，官至内史侍郎，专典机密。传见《隋书》卷六十七、《北史》卷八十三。 ㊴裴蕴（？—617）：河东闻喜（今山西闻喜县）人。历仕陈、隋，官至御史大夫。传见《隋书》卷六十七、《北史》卷七十四。 ㊵选曹：官署名。主铨选官吏事。 ㊶与夺：给予或剥夺。 ㊷等伦：同辈。 ㊸注色：填写入仕的履历。履历，古称脚色，省称色。 ㊹甲戌：七月二十二日。 ㊺声伎：古代宫廷及贵族官僚家中的歌舞伎。 ㊻楚景武公：楚公为杨素封爵。景武为杨素谥号。 ㊼殊礼：特殊的礼遇。 ㊽分野：古天文学说，把十二星辰的位置与地上州、国的位置相对应，如以鹑火（星次名，南方七宿中部）对应周，鹑尾（星次名，指翼、轸二宿）对应楚。就天文说，称分星；就地面说，称分野。古人迷信，通常以天象的变异来比附州、国的吉凶。 ㊾同分：谓分野相同。 ㊿诊候：看病。51恒恐：常常担心。 52饵药：服药。饵，吃。 53乙亥：七月二十三日。 54太尉公：太尉为三公之一，故称太尉公。 55辛卯：八月九日。 56皇孙倓（602—617）：字仁安，元德太子长子，封燕王。传附《隋书·元德太子传》《北史·元德太子传》。 57侗（？—619）：元德太子次子，封越王。隋炀帝死，曾被立为帝。传附《隋书·元德太子传》《北史·元德太子传》。 ⑱侑（605—619）：元德太子第三子，封代王。曾被唐高祖李渊拥立为傀儡皇帝。传见《隋书》卷五、《北史》卷十二。 ⑲乙丑：九月十四日。 ⑳秦孝王：秦王杨俊谥号为秦孝王。 ㉑峻刻：严厉而苛刻。 ㉒洛口仓：粮仓名。隋著名粮仓之一，因在洛水入黄河之口，故称洛口仓。 ㉓巩：县名。县治在今河南巩义东。 ㉔原：宽阔平坦之地。 ㉕回洛仓：粮仓名。隋著名粮仓之一，故址在今河南洛阳市东隋洛阳故城北七里。 ㉖齐温公：北齐后主高纬降周后，周封为温公。 ㉗鱼龙：杂戏名。据张衡《西京赋》载：鱼龙戏称为舍利之兽，先于庭尽头游戏，然后入殿前激水、化成比目鱼，跳跃漱水，作雾障日，最后化成黄龙八丈，出水遨游于庭，炫耀日光。 ㉘山车：杂戏名。车上设立棚阁，用缯彩加以装饰，做成山林之状。 ㉙散乐：古代乐舞名。包括俳优歌舞杂戏，因不在官乐之内，故称散乐。 ㉚正声：纯正的乐声。此指郑译所定之乐。 ㉛清商：隋平陈，设清商署，管宋齐旧乐，即清乐。 ㉜九部四舞：九部，指规定的清商、西凉、龟兹、天竺、康国、疏勒、安国、高丽、礼毕为九部乐。四舞，指鞞、铎、巾、拂四舞。 ㉝富乐（lè）：富足而欢乐。 ㉞括：搜求。 ㉟直：当值，做事。 ㊱芳华苑：据《唐两京城坊考》卷五载："唐之东都苑，隋之会通苑也，又曰上林苑，武德初改为芳华苑"。因在宫城之西，故多称西苑。 ㊲鼋鼍（yuán tuó）：鼋，一种大鳖。鼍，一名鼍龙，又名猪婆龙，或称扬子鳄。 ㊳翳（yì）：遮蔽。 ㊴欻（xū）然：忽然。 ㊵易处：变换处所。 ㊶幻人：能作幻术的人，如同今天的魔术师。 ㊷鸣环佩：环佩随着舞蹈发出响声。环佩，也作"环珮"，衣服上的佩玉。 ㊸花毦：鲜花。毦，花草。 ㊹京兆：郡名。隋京兆郡统大兴、长安等关中中部二十二县。 ㊺河南：郡名。隋河南郡统河南、洛阳等十八县。即东京洛阳地区。 ㊻艳篇：文词华丽的诗篇。 ㊼乐正：官名。即清商署乐师。 ㊽偏隅：一隅之地。 ㊾曹妙达：曹僧奴之子，善弹琵琶，齐后主为他开府封王。传附《北史·恩幸传》。

【译文】

隋炀帝大业二年（丙寅，606）

春季，正月初六日，东京营建完成，将作大匠宇文恺升迁为开府仪同三司。

正月十二日，隋炀帝派出十路使者执行州县的裁撤合并。

二月初一日，下诏吏部尚书牛弘等制定皇帝的车服仪仗制度。任命开府仪同三司何稠为太府少卿，由他负责制造，送到江都。何稠聪慧巧思，博览图书典籍，参照古今式样，有许多增删改进。皇帝衮服和冠冕都绣上日、月、星、辰，鹿皮冠改用漆纱帽。何稠又制作朝会所用三万六千人的黄麾仪仗，以及皇帝的御车御轿和皇后的仪仗，文武百官的礼服，都力求华丽壮观以博皇上欢心。又督责各州县送交羽毛，百姓为了能捕捉到鸟兽，水上陆地设下了天罗地网，不管是飞禽还是走兽，只要有羽毛、皮毛可作装饰品的，几乎都被捕尽杀绝。乌程有一棵高树，高超过一百尺，树干没有可以攀附的枝条，这棵树上有鹤鸟建巢，人们想捉鹤取羽毛，但爬不上树，就用斧头砍伐树根。鹤担心它的幼鹤跌死，就自己把羽毛拔下来扔在地上。当时有人认为是一种吉兆，说："天子造有羽饰的仪仗，鸟兽自动呈献羽毛。"制造仪仗所役使的工匠达十万余人，耗费的金银钱帛多得数以亿计。隋炀帝每次出行，仪仗队伍都堵塞街巷，连绵二十余里。三月十六日，隋炀帝从江都出发。夏季，四月二十六日，迎接他的仪仗从伊阙开始排列车驾，共有车乘一千辆，骑兵一万人，浩浩荡荡，簇拥圣驾进入东京。四月二十七日，隋炀帝驾临端门，下诏大赦天下，免去当年的租赋。又制定文武百官的服饰，五品以上文官的乘车，上朝穿弁服，佩挂碧玉；武官的马勒加白螺装饰，要戴包头巾，着"骑马装"。文物典制的隆盛，近世没有比得上的。

六月二十九日，任命杨素为司徒；进封豫章王杨暕为齐王。

秋季，七月初八日，规定百官不能仅凭考绩优秀就可升迁，一定要德行、功劳和才能显著的人才能得以升迁。隋炀帝很吝惜名位，群臣中有应当进升官职的，大多署为兼职暂代。即使职务有空缺，宁可空留着也不让人补上。当时牛弘任吏部尚书，不能独立行使自己的权力，而另外敕令纳言苏威、左翊卫大将军宇文述、左骁卫大将军张瑾、内史侍郎虞世基、御史大夫裴蕴、黄门侍郎裴矩一起掌理选用官吏之事，时人称之为"选曹七贵"。虽然这七个人都在座，但是用与不用的实权，由虞世基独掌。他接受贿赂，行贿多的人可以破格提拔，不行贿的人就只在名册上登记一下姓名履历而已。裴蕴，是裴邃的堂曾孙。

元德太子杨昭从长安来朝见皇上，停留数月，要返回长安，他请求再留住一些时日，隋炀帝不允许。杨昭跪拜请求了很多次，由于身体本来很肥胖，以至过于劳苦而得病，七月二十二日，太子杨昭病死。隋炀帝装模作样地哭了几声就停止了，立即又命女伎演奏音乐，与平日没有什么不同。

楚景武公杨素，虽然立有大功，特别遭到隋炀帝的猜忌，表面上受到特殊礼遇，内心感情十分淡薄。太史令说隋地分野内会有大丧，隋炀帝就把越国公杨素改封为楚国公，用意是因楚与隋在同一分野内，用杨素来压邪。杨素患病卧床，隋炀帝经常派名医去看病，赐给上等医药，但暗中询问医生，担心他不死。杨素也自认为名声地位到了极点，不肯服用医药，也不悉心调养，对他的弟弟杨约说："我哪里还想再活啊！"七月二十三日，杨素病死，追赠太尉公、弘农等十郡太守，赙仪丰厚，葬礼十分隆重。

八月初九日，隋炀帝册封皇孙杨倓为燕王，杨侗为越王，杨侑为代王，他们都是杨昭的儿子。

九月十四日，册立秦孝王的儿子杨浩为秦王。

隋炀帝认为隋文帝晚年法令严峻苛刻，冬季，十月，下诏命令修改法令。

隋炀帝在巩义市东南平原上建造洛口仓，修筑仓城，方圆二十余里，开凿三千口地窖，每口地窖可存粮食八千石以上，设置粮仓监官和镇守的士兵一千人。十二月，在洛阳北七里建造回洛仓，仓城方圆十里，开凿三百口地窖。

当初，齐温公高纬在位时，有鱼龙、山车等杂戏，叫散乐。周宣帝在位时，郑译奏请征召这些杂戏乐人。隋高祖受周禅让后，命令牛弘制定雅乐，凡是不属正声清商和牛弘制定的九部乐和四舞的乐舞，全部遣散不用。隋炀帝由于启民可汗将要入朝，想要向他炫耀隋朝如何富庶欢乐，太常少卿裴蕴迎合隋炀帝的心意，奏请征召天下原周、齐、梁、陈等国的乐家子弟都编入乐户。此外，六品官员以下和庶民百姓，凡擅长音乐的，都要到太常寺当差。隋炀帝采纳了这个建议。于是，全国各地各种乐舞都荟萃到了东京，在芳华苑积翠池旁边公开表演。首先出场的是舍利兽，欢腾跳跃，突然激水满街，鼋鼍、龟鳖、会泅水的人、虫鱼，游动翻腾铺满了街。又有一个节目是鲸鱼喷水成雾遮天蔽日，忽然间化作黄龙，长七八丈。又一个节目是二人头顶长竿，竿子上有人起舞，一眨眼两竿上的人飞腾而过，互相交换了位置。还有神鳌背负大山、魔术师吐火等节目，千变万化。艺人们都穿绫罗绸缎，跳舞的人身上环佩叮当作响，还用彩色羽毛作装饰。分派京兆、河南两地制作艺人所穿的彩服，以至长安、洛阳两京绸缎为之一空。隋炀帝亲自创作了许多篇艳诗命乐师白明达谱上新曲教人演奏，音调极为哀婉愁怨。隋炀帝非常喜悦，对白明达说："齐氏偏在一隅，乐工曹妙达况且能够封王，我现在天下统一，正要让你显贵，你应当慎重努力！"

【原文】

三年（丁卯，607）

春，正月，朔旦[①]，大陈文物。时突厥启民可汗入朝，见而慕之，请袭冠带[②]，帝不许。明日，又率其属上表固请，帝大悦，谓牛弘等曰："今衣冠[③]大备，致单于[④]解辫[⑤]，卿等功也！"各赐帛甚厚。

三月，辛亥[6]，帝还长安。

癸丑[7]，帝使羽骑尉[8]朱宽入海求访异俗，至流求国[9]而还。

初，云定兴、阎毗坐媚事[10]太子勇，与妻子皆没官为奴婢。上即位，多所营造，闻其有巧思[11]，召之，使典其事，以毗为朝请郎[12]。时宇文述用事，定兴以明珠络帐赂述，并以奇服新声求媚于述；述大喜，兄事之[13]。上将有事四夷[14]，大作兵器，述荐定兴可使监造，上从之。述谓定兴曰："兄所作器仗，并合上心，而不得官者，为长宁兄弟[15]犹未死耳。"定兴曰："此无用物，何不劝上杀之。"述因奏："房陵[16]诸子年并成立，今欲兴兵诛讨，若使之从驾，则守掌为难；若留于一处，又恐不可。进退无用，请早处分。"帝然之，乃鸩杀长宁王俨，分徙其七弟于岭表，仍遣间使[17]于路尽杀之。襄城王恪之妃柳氏自杀以从恪。

夏，四月，庚辰[18]，下诏欲安辑河北，巡省赵、魏[19]。

牛弘等造新律成，凡十八篇，谓之《大业律》[20]；甲申[21]，始颁行之。民久厌严刻，喜于宽政[22]。其后征役繁兴，民不堪命，有司临时迫胁以求济事[23]，不复用律令矣。旅骑尉[24]刘炫预修律令，弘尝从容问炫曰："《周礼》士多而府史少[25]，今令史[26]百倍于前，减则不济，其故何也？"炫曰："古人委任[27]责成[28]，岁终考其殿最[29]，案[30]不重校，文[31]不繁悉[32]，府史之任，掌要目而已。今之文簿[33]，恒虑覆治，若锻炼不密，则万里追证百年旧案。故谚云：'老吏抱案死[34]。'事繁政弊，职此之由也。"弘曰："魏、齐之时，令史从容而已，今则不遑[35]宁处，何故？"炫曰："往者州唯置纲纪[36]，郡置守、丞，县置令而已。其余具僚[37]则长官自辟，受诏赴任，每州不过数十。今则不然，大小之官，悉由吏部，纤介[38]之迹，皆属考功[39]。省官不如省事，官事不省而望从容，其可得乎！"弘善其言而不能用。

壬辰[40]，改州为郡；改度量权衡[41]，并依古式。改上柱国以下官为大夫[42]；置殿内省[43]，与尚书、门下、内史、秘书为五省；增谒者[44]、司隶台[45]，与御史为三台；分太府寺[46]置少府监[47]，与长秋[48]、国子、将作、都水[49]为五监，又增改左、右翊卫等为十六府[50]；废伯、子、男爵，唯留王、公、侯三等。

丙寅[51]，车驾北巡；己亥[52]，顿赤岸泽[53]。五月，丁巳[54]，突厥启民可汗遣其子拓特勒来朝。戊午[55]，发河北十余郡丁男凿太行山[56]，达于并州，以通驰道。丙寅[57]，启民遣其兄子毗黎伽特勒来朝。辛未[58]，启民遣使请自入塞奉迎舆驾[59]，上不许。

初，高祖受禅，唯立四亲庙[60]，同殿异室而已，帝即位，命有司议七庙之制[61]。礼部侍郎摄太常少卿许善心等奏请为太祖、高祖各立一殿，准周文、武二祧[62]，与始祖而三，余并分室而祭，从迭毁之法。至是，有司请如前议，于东京建宗庙。帝谓秘书监柳䛒[63]曰："今始祖及二祧已具，后世子孙处朕何所？"六月，丁亥[64]，诏为高祖建别庙，仍修月祭礼。既而方事巡幸，竟不果[65]立。

帝过雁门，雁门太守丘和[66]献食甚精，至马邑[67]，马邑太守杨廓独无所献，帝不悦。以和为博陵[68]太守，仍使廓至博陵观和为式[69]。由是所至献食，竞为丰侈。

戊子[70]，车驾顿榆林郡[71]。帝欲出塞耀兵[72]，径突厥中，指于涿郡[73]，恐启民惊惧，先遣武卫将军长孙晟谕旨。启民奉诏，因召所部诸国奚、霫[74]、室韦等酋长数十人咸集。晟见牙帐[75]中草秽[76]，欲令启民亲除之，示诸部落，以明威重，乃指帐前草曰："此根大香。"启民遽嗅之，曰："殊不香也。"晟曰："天子行幸所在[77]，诸侯躬自洒扫，耕除[78]御路，以表至敬之心；今牙内芜秽[79]，谓是留香草耳！"启民乃悟曰："奴之罪也！奴之骨肉皆天子所赐，得效筋力，岂敢有辞。特以边人[80]不知法耳，赖将军教之；将军之惠，奴之幸也。"遂拔所佩刀，自芟[81]庭草。其贵人及诸部争效之。于是发榆林北境，至其牙[82]，东达于蓟[83]，长三千里，广[84]百步，举国就役，开为御道。帝闻晟策，益嘉之。

丁酉[85]，启民及义成公主来朝行宫。己亥[86]，吐谷浑、高昌[87]并遣使入贡。

甲辰[88]，上御北楼观渔于河，以宴百僚。定襄[89]太守周法尚朝于行宫，太府卿[90]元寿[91]言于帝曰："汉武[92]出关，旌旗千里。今御营之外，请分为二十四军，日别遣一军发，相去三十里，旗帜相望，钲鼓[93]相闻，首尾相属，千里不绝，此亦出师之盛者也。"法尚曰："不然，兵亘千里，动间山川，猝有不虞[94]，四分五裂；腹心有事，首尾未知，道路阻长，难以相救，虽有故事，乃取败之道也。"帝不怿，曰："卿意如何？"法尚曰："结为方陈，四面外拒[95]，六宫及百官家属并在其内；若有变起[96]，所当之面，即令抗拒，内引奇兵，出外奋击，车为壁垒[97]，重设钩陈[98]，此与据城[99]，理亦何异！若战而捷，抽骑追奔，万一不捷，屯营自守，臣谓此万全之策也。”帝曰：“善！”因拜法尚左武卫将军[100]。

启民可汗复上表，以为“先帝[101]可汗怜臣，赐臣安义公主，种种[102]无乏。臣兄弟嫉妒，共欲杀臣。臣当是时，走无所适[103]，仰视唯天，俯视唯地，奉身委命[104]，依归先帝。先帝怜臣且死，养而生之，以臣为大可汗，还抚突厥之民。至尊今御天下，还如先帝养生臣及突厥之民，种种无乏。臣荷戴[105]圣恩，言不能尽。臣今非昔日突厥可汗，乃是至尊臣民，愿率部落变改衣服，一如华夏[106]。”帝以为不可。秋，七月，辛亥[107]，赐启民玺书，谕以“碛北未静，犹须征战，但存心恭顺，何必变服？”

帝欲夸示突厥，令宇文恺为大帐，其下可坐数千人；甲寅[108]，帝于城东御大帐，备仪卫[109]，宴启民及其部落，作散乐。诸胡骇悦[110]，争献牛羊驼马数千万头。帝赐启民帛二千[111]万段，其下各有差。又赐启民路车[112]乘马，鼓吹幡旗[113]，赞拜[114]不名[115]，位在诸侯王上。

又诏发丁男百余万筑长城，西拒榆林，东至紫河[116]。尚书左仆射苏威谏，上不听，筑之二旬而毕。帝之征散乐也，太常卿高颎谏，不听。颎退，谓太常丞[117]李懿曰：“周天元[118]以好乐而亡，殷鉴[119]不远，安可复尔！”颎又以帝遇启民过厚，谓太府卿何稠曰：“此虏颇知中国虚实，山川险易[120]，恐为后患。”又谓观王雄[121]曰：“近来朝廷殊无纲纪。”礼部尚书宇文弢私谓颎曰：“天元之侈，以今方[122]之，不亦甚乎？”又言：“长城之役，幸非急务。”光禄大夫[123]贺若弼亦私议宴可汗太侈。并为人所奏。帝以为诽谤朝政，丙子[124]，高颎、宇文弢、贺若弼皆坐诛[125]，颎诸子徙边，弼妻子没官为奴婢。事连苏威，亦坐免官。颎有文武大略，明达世务[126]，自蒙寄任[127]，竭诚尽节，进引贞良[128]，以天下为己任；苏威、杨素、贺若弼、韩擒虎皆颎所推荐，自余立功立事者不可胜数；当朝执政将二十年，朝野推服[129]，物无异议，海内富庶，颎之力也。及死，天下莫不伤之。先是，萧琮以皇后故，甚见亲重，为内史令，改封梁公，宗族缌麻[130]以上，皆随才擢用，诸萧昆弟，布列朝廷。琮性澹雅[131]，不以职务为意，身虽羁旅[132]，见北间[133]豪贵，无所降下。与贺若弼善，弼既诛，又有童谣曰：“萧萧亦复起[134]。”帝由是忌之，遂废于家，未几而卒。

八月，壬午[135]，车驾发榆林，历云中，溯[136]金河[137]。时天下承平，百物丰实，甲士五十余万，马十万匹，旌旗辎重[138]，千里不绝。令宇文恺等造观风行殿[139]，上容侍卫者数百人，离合为之，下施轮轴，倏忽推移。又作行城，周二千步，以板为干[140]，衣之以布，饰以丹青[141]，楼橹[142]悉备。胡人惊以为神，每望御营，十里之外，屈膝稽颡，无敢乘马。启民奉庐帐[143]以俟车驾；乙酉[144]，帝幸其帐，启民奉觞[145]上寿，跪伏恭甚，王侯以下袒割[146]于帐前，莫敢仰视。帝大悦，赋诗曰："呼韩[147]顿颡至，屠耆[148]接踵来；何如汉天子，空上单于台[149]！"皇后亦幸义成公主帐。帝赐启民及公主金瓮各一，并衣服被褥锦彩，特勒以下，受赐各有差。帝还，启民从入塞，己丑[150]，遣归国。

癸巳[151]，入楼烦关[152]；壬寅[153]，至太原，诏营晋阳宫。帝谓御史大夫张衡曰："朕欲过公宅，可为朕作主人。"衡乃先驰至河内[154]，具牛酒。帝上太行，开直道九十里，九月，己未[155]，至济源[156]，幸衡宅。帝悦其山泉，留宴三日，赐赉甚厚。衡复献食，帝令颁赐公卿，下至卫士，无不沾洽[157]。己巳[158]，至东都。

壬申[159]，以齐王暕为河南尹[160]；癸酉[161]，以民部尚书杨文思为纳言。

冬，十月，敕河南[162]诸郡送一艺户[163]陪东都三千余家，置十二坊[164]于洛水南以处之。

西域诸胡多至张掖[165]交市[166]，帝使吏部侍郎裴矩掌之。矩知帝好远略，商胡至者，矩诱访诸国山川风俗，王及庶人仪形服饰，撰《西域图记》[167]三卷，合四十四国，入朝奏之。仍别造地图，穷其要害，从西倾[168]以去，纵横[169]所亘，将二万里，发自敦煌[170]，至于西海[171]，凡为三道，北道从伊吾[172]，中道从高昌[173]，南道从鄯善[174]，总凑[175]敦煌。且云："以国家威德，将士骁雄，泛濛汜[176]而越昆仑[177]，易如反掌。但突厥、吐浑[178]分领羌、胡之国，为其壅遏[179]，故朝贡不通。今并因商人密送诚款[180]，引领翘首[181]，愿为臣妾。若服而抚之，务存安辑，皇华[182]遣使，弗动兵车，诸蕃既从，浑、厥[183]可灭，混壹[184]戎、夏，其在兹乎！"帝大悦，赐帛五百段，日[185]引矩至御坐，亲问西域事。矩盛言："胡中多诸珍宝，吐谷浑易可并吞。"帝于是慨然[186]慕秦皇、汉武之功[187]，甘心将通西域；四夷经略，咸以委之。以矩为黄门侍郎，复使至张掖，引致诸胡，啖[188]之以利，劝令入朝。自是西域胡往来相继，所经郡县，疲于送迎，糜费[189]以万万计，卒令中国疲弊以至于亡，皆矩之唱导[190]也。

铁勒[191]寇边，帝遣将军冯孝慈出敦煌击之，不利。铁勒寻遣使谢罪，请降；帝使裴矩慰抚之。

（以上为第五段，写隋炀帝大业三年，巡视北疆，观兵突厥；筑长城，诛大臣，刚愎拒谏；通商西域，奢靡夸富，对外赏赐无节，导致隋朝府库衰竭。）

【注释】

①朔旦：正月初一早晨。旦，早晨。 ②袭冠带：穿汉人官服。袭，穿衣。冠带，帽子和衣带。指汉人官服。 ③衣冠：原指士大夫的穿戴，此指文明礼教。 ④单（chán）于：突厥等少数民族首领的称呼。 ⑤解辫：解开辫子，穿汉人衣冠。 ⑥辛亥：三月二日。 ⑦癸丑：三月四日。 ⑧羽骑尉：武官名。八尉之一。掌羽林军骑兵。 ⑨流求国：国名。隋代称今台湾为流求国。 ⑩媚事：巴结，逢迎。 ⑪巧思：高妙的构思。 ⑫朝请郎：官名。为文散官，无职掌。古代诸侯朝见天子，春季朝见称朝，秋季朝见称请。 ⑬兄事之：像对待兄长那样对待云定兴。 ⑭有事四夷：指兵伐四夷。有事，用兵打仗。四夷，指隋周边的少数民族或国家。 ⑮长宁兄弟：指废太子杨勇子长宁王杨俨弟兄们。 ⑯房陵：废太子杨勇被炀帝杀死，追封为房陵王。 ⑰间（jiàn）使：负有伺隙行事使命的使者。 ⑱庚辰：四月初二日。 ⑲赵、魏：指战国时赵、魏旧地。赵大致包括今河北南部、山西北部，魏大致包括今河南大部、山东西南部等地。 ⑳《大业律》：因牛弘等所造新律于隋炀帝大业年间颁行，故取名为《大业律》。 ㉑甲申：四月初六日。 ㉒宽政：谓政刑宽松。 ㉓迫胁：威迫。济事：成事。 ㉔旅骑尉：武官名。开皇六年设八尉，此是其一，掌羽林军。 ㉕士多而府史少：士、府、史，均官名。士是各部门长官下面分管事务的长官。《周礼》各官所属有上士、中士、下士，人数甚多；府、史，是低于士官的吏员，公派给士官承办具体的文牍案卷，人数比士官少。 ㉖令史：官名。隋前令史有品秩，可补升为郎。隋朝令史没有品秩，成为三省六部的低级官员。 ㉗委任：付托，信任。 ㉘责成：督责完成任务。 ㉙殿最：政绩优劣。殿，后。最，前。 ㉚案：官府处理公事的文书、成例及狱讼判定结论叫案。 ㉛文：行文。 ㉜繁悉：烦琐详尽。 ㉝文簿：公文案卷。 ㉞老吏抱案死：形容文簿繁多。 ㉟不遑（huáng）：来不及、不得。遑，闲暇。 ㊱纲纪：指主持政务的地方长吏、司马等职官。 ㊲具僚：备具僚佐。 ㊳纤介：细小。 ㊴考功：官名。即考功侍郎，掌考察内外文武官员的政绩与功过。 ㊵壬辰：四月十四日。 ㊶度量权衡：度指量长度，如丈尺等；量指容量，如石斗等；权衡指重量，如斤两等。权，秤锤。 ㊷改上柱国以下为大夫：过去上柱国下至都督凡十一等，今改为光禄、左光禄、右光禄、金紫、银青光禄、正议、通议、朝请、朝散九大夫。 ㊸殿内省：中央官署名。掌宫廷供奉。 ㊹谒者：即谒者台。中央

官署名。掌受诏出使劳问、安抚、持节审理冤案而申奏朝廷。 ㊺司隶台：中央官署名。掌管巡察事宜。 ㊻太府寺：官署名。掌管左藏、右藏、黄藏等府库。 ㊼少府监：官署名。掌尚方、司织、司染、铠甲、弓弩等部门。 ㊽长秋：官署名。由内侍省所改。㊾都水：官署名。掌管水利。 ㊿十六府：原为十二卫，现增改左、右卫为左、右翊卫，左、右备身为左、右骁卫，左、右武卫不变，改领军为左、右屯卫，增加左、右御卫，改左、右武候为左、右候卫，共十二卫。改左、右府为左、右备身府，左、右监门不变，计十六府。 51丙寅：四月己卯朔，无丙寅。按《隋书》卷三《炀帝纪》作“丙申”；《北史》同。据此应改。丙申，四月十八日。 52己亥：四月二十一日。 53赤岸泽：湖名。故址在今陕西渭南市华州区北。 54丁巳：五月九日。 55戊午：五月十日。 56太行山：山名。绵延山西、河北、河南三省界的大山脉。 57丙寅：五月十八日。 58辛未：五月二十三日。 59舆驾：皇帝车驾。 60四亲庙：一是皇高祖太原府君庙，二是皇曾祖康王庙，三是皇祖献王庙，四是皇考太祖武元皇帝庙。 61七庙之制：历代帝王为进行宗法统治，设七庙供奉七代祖先。《礼记·王制》载：“天子七庙，三昭三穆（左右顺序），与太祖之庙而七。” 62文、武二祧（tiāo）：周文王、武王二庙。祧，祭远祖、始祖之庙。63柳䛒（biàn）：字顾言，本河东（今山西永济市西南）人。历仕陈、隋，官至秘书监。著《晋王北伐记》十五卷。传见《隋书》卷五十八、《北史》卷八十三。 64丁亥：六月十日。 65果：此为实现之意。 66丘和（552—637）：河南洛阳（今河南洛阳市）人。历仕周、隋与唐，官至稷州刺史。传见《旧唐书》卷五十九、《新唐书》卷九十。 67马邑：郡名。治所善阳县，在今山西朔州市。 68博陵：郡名。治所鲜虞县，在今河北定州市。 69式：榜样，规格。 70戊子：六月十一日。 71榆林郡：郡名。治所榆林县，在今内蒙古准格尔旗东北。 72耀兵：炫耀武力。 73涿郡：郡名。治所蓟县，在今北京市西南。 74霫（xí）：古代部族名。匈奴别支，居住在潢水北。 75牙帐：突厥可汗所居帐幕。 76草秽：指野草荒芜，遍地是野草。 77所在：天子所居之处。 78耕除：铲除。79芜秽：杂乱，杂草丛生。 80边人：边远之人。 81芟（shān）：除草。 82牙：牙旗的简称，指突厥启民可汗居所。 83蓟：县名。涿郡治所，在今北京市西南。 84广：宽。 85丁酉：六月二十日。 86己亥：六月二十二日。 87高昌：古代城国名。北朝时柔然以阚伯周为高昌王，建立高昌国，治高昌郡，在今新疆吐鲁番市东哈拉和卓堡。88甲辰：六月二十七日。 89定襄：郡名。治所大利县，在今内蒙古和林格尔县西北。90太府卿：官名。太府寺长官，掌左、右藏及黄藏等府库。 91元寿（548—610）：字长寿，河南洛阳（今河南洛阳市）人。历仕周、隋，官至内史令。传见《隋书》卷六十三、《北史》卷七十五。 92汉武：即西汉武帝刘彻，传见《史记》卷十二、《汉书》卷六。

⑬钲（zhēng）鼓：古代军中乐器名。鸣钲作为鼓的节奏。 ⑭猝有不虞：突然有不测。猝，突然。虞，意料。 ⑮外拒：对外防守。拒，抵御。 ⑯变起：发生事变。 ⑰壁垒：军营的围墙。此指用车作为防守的工事。 ⑱钩陈：把阵弯曲如钩，像天上的钩陈星。钩陈，星名。在紫微垣内，最近北极，天文家多用以测极，称为极星。 ⑲据城：据守城防。 ⑽左武卫将军：武官名。掌管宿卫。 ⑾先帝：指隋文帝。 ⑿种种：件件，事事。 ⒀走无所适：没有藏身的处所。适，往，去。 ⒁委命：寄托性命。 ⒂荷戴：蒙受。 ⒃华夏：初指我国中原地区，后来包举我国全部领土。 ⒄辛亥：七月初四日。⒅甲寅：七月初七日。 ⒆仪卫：仪仗与卫士的统称。文的称仪，武的称卫。 ⒇骇悦：又诧异又喜悦。 ⑪二千：据章校，"千"应改作"十"字。 ⑫路车：古代天子及诸侯贵族所乘的车，即辂车。 ⑬幡旗：旗帜。 ⑭赞拜：臣子朝见君王，司仪宣读行礼的仪式。 ⑮不名：不直呼其名，以示宠优。 ⑯紫河：河名。即今内蒙古乌兰察布市南境一条黄河支流。 ⑰太常丞：官名。掌行礼及祭祀，总署曹事，检举庙中非法之事。 ⑱周天元：即周宣帝，传位后，自称天元皇帝，故称周天元。 ⑲殷鉴：指殷商亡国的教训。 ⑳险易：险要与平坦。易，平坦。 ㉑观王雄：杨雄由安德郡王改封观王。㉒方：比拟。 ㉓光禄大夫：官名。文散官，不治事。 ㉔丙子：七月二十九日。 ㉕坐诛：获罪被杀。坐，获罪。 ㉖世务：时务。 ㉗寄任：委任。寄，委托，托付。 ㉘贞良：正直忠良。贞，言行一致。 ㉙推服：推许佩服。 ㉚缌麻：丧服名。是五服中最轻的服制，服期三月。高祖父母、曾伯叔祖父母、族伯叔父母，外祖父母、岳父母、中表兄弟、婿、外孙等都属缌麻之亲。 ㉛澹（dàn）雅：清高典雅。澹，恬静，安定。㉜羁（jī）旅：寄居作客。因萧琮原为后梁人，故归隋后称寄居。 ㉝北间：后梁在南，故称隋地为北间。 ㉞萧萧亦复起：意指后梁萧氏再起。 ㉟壬午：八月初六日。㊱溯：逆水而上。 ㊲金河：河名。古代黄河支流。故址在今内蒙古托克托县以北。㊳辎（zī）重：行军携载的物资。 ㊴行殿：能移动的宫殿。 ㊵干（gàn）：栏杆。㊶丹青：泛指绘画用的颜色。丹指丹砂，青指石青（即蓝铜矿），两种可制颜料的矿石。 ㊷楼橹：古时军中用以瞭望敌军的高台。 ㊸庐帐：帐幕做的房子，帐篷。 ㊹乙酉：八月初九日。 ㊺奉觞：举杯。 ㊻袒割：脱去上衣，露着臂膀切割肉。 ㊼呼韩：即呼韩邪单于，归降西汉。 ㊽屠耆：即屠耆单于，西汉时匈奴握衍朐鞮单于从兄。初封日逐王，后为呼韩邪所杀。 ㊾单于台：地名。故址在今山西大同市。 ㊿己丑：八月十三日。 151癸巳：八月十七日。 152楼烦关：关名。故址在今山西宁武县东北阳方口。153壬寅：八月二十六日。 154河内：郡名。治所野王县，在今河南沁阳市。 155己未：九月十三日。 156济源：县名。县治在今河南济源市。 157沾洽：指受其恩泽。霑，润泽。

亦作“沾”。洽，沾润。 ⑱己巳：九月二十三日。 ⑲壬申：九月二十六日。 ⑳河南尹：官名。河南郡最高长官，管一郡政刑。洛阳在隋初称洛州，隋炀帝初年改为河南郡，置尹。 ⑯①癸酉：九月二十七日。 ⑯②河南：据章校，“南”字应改作“北”字。 ⑯③艺户：擅长伎艺的家庭称艺户。 ⑯④坊：城市中街市里巷的通称。 ⑯⑤张掖：郡名。治所在今甘肃张掖市。 ⑯⑥交市：互市，互相进行市场交易。 ⑯⑦《西域图记》：书名。记载西域四十四国风俗及山川险易、君长姓族、物产、服章等。 ⑯⑧西倾：山名。在今甘肃碌曲县南。 ⑯⑨纵横：南北称纵，东西称横。 ⑰⓪敦煌：郡名。治所在今甘肃敦煌市西。 ⑰①西海：地名。在条支（今伊朗西南部布什尔港附近）以西。即波斯湾。 ⑰②伊吾：郡名。治所伊吾县，在今新疆哈密市境。 ⑰③高昌：地名。故址在今新疆吐鲁番东。 ⑰④鄯善：郡名。治所鄯善城，在今新疆若羌县。 ⑰⑤凑：会合，聚集。 ⑰⑥泛濛汜：渡过濛汜河。泛，浮起，渡过。濛汜，河名。在今何处不详。 ⑰⑦昆仑：山名。在新疆与西藏之间，西接帕米尔高原，东延入青海境内。 ⑰⑧吐浑：即吐谷浑。羌、胡之国，泛指西域一带的部族城国。 ⑰⑨壅遏：阻塞。 ⑱⓪诚款：恳挚，忠诚。 ⑱①翘首：抬头而望，形容盼望殷切。 ⑱②皇华：《诗·小雅》有《皇皇者华》，《诗序》谓为君遣使臣之作。后来遂用为使人或出使的典故。 ⑱③浑、厥：指吐谷浑、突厥。 ⑱④混壹：统一。壹，同一。 ⑱⑤日：每天。 ⑱⑥慨然：感慨的样子。 ⑱⑦秦皇、汉武之功：指秦始皇、汉武帝开拓疆域的功劳。 ⑱⑧啖（dàn）：以利诱人。 ⑱⑨糜费：浪费。 ⑲⓪唱导：倡导。唱，通“倡”。 ⑲①铁勒：古代北方民族名，部族很多，隋时生活在今新疆乌鲁木齐市西南一带。

【译文】

隋炀帝大业三年（丁卯，607）

春季，正月初一日，早晨，陈列大量礼乐车服以及观赏物品。当时，突厥启民可汗入朝，看了非常羡慕，请求穿戴隋朝服饰，隋炀帝没有允许。第二天，启民可汗又带领随从部属上表恳切请求，隋炀帝非常高兴，对牛弘等人说：“现今衣冠十分完备，以至于单于也要解开辫子，更换服饰，这都是你们臣子的功劳。”给每个臣子赏赐了丰厚的丝帛。

三月初二日，隋炀帝回到长安。

三月初四日，隋炀帝下令羽骑尉朱宽出海寻访外国习俗，朱宽到达流求后返回。

当初，云定兴、阎毗巴结太子杨勇被判罪，与妻子儿女都罚没为官奴婢。隋炀帝即位，大兴土木，听说他们俩心思奇巧，就召见两人，派他们掌管营建事务。阎毗被任用为朝请郎。当时宇文述掌权，云定兴用夜明珠细罗帐贿赂宇文述，宇文述很高兴，待他如兄长。隋炀帝将要讨伐四夷，大造兵器，宇文述推荐云定兴监造，隋炀帝同意了。宇文述对云定兴说："兄长制造的兵器，皇上非常满意，可是没有给你封官，因为你的外甥长宁王兄弟还在世。"云定兴说："这都是无用的东西，为什么不劝皇帝把他们杀了呢？"宇文述便上奏说："房陵王杨勇的几个儿子长大成人，现今皇上正要出师征讨，如果让他们跟随圣驾，那么看管很困难，如果把他们留在一个地方，恐怕要出事，左右为难，请求早做了断。"隋炀帝认为很好，就用毒酒杀死了长宁王杨俨，把他的七个弟弟分别发配到岭南，又派密使在半道把他们都杀了。襄城王杨恪的王妃柳氏自杀殉夫。

夏季，四月初二日，隋炀帝下诏安抚河北，巡视赵、魏地区。

牛弘等人修订新律完成，共十八篇，叫作《大业律》，四月初六日，颁布生效。百姓长久以来怨恨旧律严酷苛刻，喜欢新律宽缓。但不久就征发劳役接连不断，人民不能忍受，而官吏们就临时设立名目压迫百姓，以求达成征发指标，不再用律令了。旅骑尉刘炫参与律令起草，牛弘曾经随意地问刘炫说："按照《周礼》制度，主管事务的官员多而承办具体文牍案卷的属吏少，现今属吏百倍于官员，减少了还不行，这是什么缘故呢？"刘炫说："古代任命官吏责以成效，年终要考核分出最好最坏，案件审结不再重复，文书不求烦琐，属吏的责任仅仅是掌握大纲节目罢了。现在的文案簿书，时常担心复查，如果办理不周密，就要不远万里去追查百年旧案。所以谚语说：'老吏抱着案卷累死。'事务烦琐，政令衰败，这就是属吏多而效率低的原因。"牛弘说："北魏、北齐时期，属吏们清闲自在，如今却忙忙碌碌不得休闲，又是什么原因？"刘炫说："先前，官员由朝廷委任，州衙只设置长史、司马，郡衙设置郡守、郡丞，县衙设置县令，仅此而已，其他办事僚属则由长官自己任命，接受诏命上任的，每州不过几十人罢了。现今不是这样，大大小小的官，全都由吏部选任，细小的事，也要由考功曹来核准。减少官吏不如减少事务，官吏们的事务不减省，还想要清闲，能办得到吗？"牛弘很是赞赏刘炫说的话，但是不能采用。

四月十四日，改州为郡，又改革度量衡，全部恢复古制。改上柱国以下的官叫大夫，增设殿内省，与尚书省、门下省、内史省、秘书省一共有五省。增设谒者台、司隶台，与御史台一起合称三台；分太府寺设置少府监，以及长秋、国子、将作、都水四监共为五监；又增改左、右翊卫等为十六府；废除伯爵、子爵、男爵，仅留王、公、侯三等爵位。

四月十八日，隋炀帝巡视北方。四月二十一日，车驾停留赤岸泽。五月初九日，突厥启民可汗派遣他的儿子拓特勒入朝。五月初十日，征发河北十几个郡的男丁开凿太行山，直达并州，计划修筑驰道。五月十八日，启民可汗又派遣他哥哥的儿子毗黎伽特勒入朝。五月二十三日，启民可汗遣使上奏，要求亲自入塞迎接圣驾，隋炀帝不允准。

当初，隋高祖接受禅位，只设立了四座亲庙，而且都在同一个殿堂之内，只是再分为四个不同的房间。隋炀帝即位以后，命令有关部门讨论建七庙的仪制，礼部侍郎兼太常少卿许善心等人上奏请求为太祖、高祖各建一座殿，按照周代标准，建文王、武王两座祖庙，与始祖庙共是三座祖庙，其余的祖先都在一座庙里只是分室祭祀，依照“亲尽则毁”的原则，后代每增加一主，就把最先的那个祖先撤去，永保七庙之数。到现在，有关部门上奏请求按照以前议定的那样，在东京建立宗庙。隋炀帝对秘书监柳䛒说：“如今始祖与两座祖庙都已具备，后世子孙把朕又放到何处呢？”六月初十，隋炀帝下诏令为高祖另外建立一庙，仍然每月致祭。后来由于忙于巡游的事务，最终没有建立。

隋炀帝经过雁门，雁门太守丘和进献的食物十分精美；到达马邑，马邑太守杨廓没有奉献什么东西，隋炀帝很不高兴。任命丘和为博陵太守，并且要杨廓到博陵去参观，向丘和学习。从此以后，隋炀帝所到之处地方官员竞相进献食物，互相攀比奢侈。

六月十一日，圣驾暂时留驻榆林郡。隋炀帝想出塞显示军威，穿越突厥境内，直达涿郡。担心启民可汗畏惧，先派武卫将军长孙晟宣谕旨意。启民可汗接到诏命，就把他属下的奚、霫、室韦等部族的酋长几十人都召集起来。长孙晟见启民可汗牙帐内长满杂草，想让启民可汗亲自除掉，以向各部落显示天子的威严，就指着帐前的草对启民可汗说：“这草非常香。”启民可汗急忙闻了一下，说：“一点儿都不香。”长孙晟说：“天子巡幸所到的地方，诸侯都要亲自洒扫，清除道路，以表示崇敬的心意。现在牙帐内杂草丛生，所以把它说成是留下的香草嘛！”启民可汗恍然大悟，说：“这是我的罪过！我身上的骨肉都是天子赐给的，能为天子效力，怎敢推辞呢？只是因为边远之人不懂法度，幸亏有将军教诲，将军的恩惠，乃是我的荣幸。”于是拔出佩刀，亲自割草。其他贵族和各部酋长都竞相仿效他。于是从榆林北境开始除草，西到可汗牙帐，东到蓟城，开辟出长三千里、宽一百步的御驾车道，突厥人全都投入了这一工程。隋炀帝得知是长孙晟的计谋，更加赞赏。

六月二十日，启民可汗和义成公主来行宫朝见。六月二十二日，吐谷浑、高昌都派遣使者前来朝见、进贡。

六月二十七日，隋炀帝登上北楼观看渔人在黄河中捕鱼，宴请百官。定襄太守周法尚到行宫朝见。太府卿元寿对隋炀帝说："汉武帝出关，旌旗连绵千里。现在除了御营卫队以外，请把军队分成二十四军，每天派遣一军出发，相隔三十里，前后旗帜可以互相望见，钲鼓号令也听得清楚，首尾相连，千里不断。这可以显示出师的盛况。"周法尚说："不对。军队连绵千里，时时被山川所阻隔，突然遭到不测，队伍就会四分五裂。若中间受到攻击，而首尾都不知道，况且道路险阻漫长，难以相救，虽然历史上有先例，但却是导致失败的办法。"隋炀帝听了不高兴，说："那你说该怎么办？"周法尚道："将军队列成为方阵，四面向外防御，六宫及百官家属都在方阵中心，如果有变乱发生，受敌的一方马上抵抗，并从阵内派奇兵，冲出阵外奋力攻击，以车辆作为壁垒，再设置弯弯曲曲的钩阵，这和据守城池的道理一样。假如交战得胜，就抽调骑兵追赶，万一不胜，也可以屯营自守，臣认为这是万全之策。"隋炀帝说："好！"于是拜授周法尚为左武卫将军。

启民可汗又上表，以为"先帝可汗可怜臣，赏赐给臣安义公主。供应物资，使我们办什么事都不缺乏。臣的兄弟嫉妒，要共同杀我，臣在当时，走投无路，抬头只看到天，低头只看到地，便把自身托付给了先帝。先帝可怜臣将死，便收留抚养，还让臣做了大可汗，回来安抚突厥的人民，供给物资，什么都不缺，臣深蒙圣上的恩德，用语言难以尽意。臣现今不是先前的突厥可汗，而是皇上的臣民，臣愿意率领部落百姓改变服饰，同华夏一样"。隋炀帝认为不可以这样做。秋季，七月初四日，赏赐启民可汗玺书，告谕他"漠北还没有安定，还要有征讨，只要诚心恭顺朝廷，何必改变服饰？"

隋炀帝想向突厥炫耀，下令宇文恺制作大帐，帐内能坐下几千人。七月初七日，隋炀帝在城东设置大帐，备好仪仗侍卫，宴请启民可汗和他的部落，表演各种杂戏。各胡族的人非常惊喜，争着贡献牛羊骆驼马匹达几千万头。隋炀帝赏赐启民可汗锦帛两千万段，他的部落按照不同的等级都有赏赐。又赏赐给启民可汗路车、坐骑和鼓吹幡旗等仪仗，特许他朝拜时司仪不呼其名，列位在诸侯王之上。

隋炀帝又下诏征发一百余万人修筑长城，西起榆林，东到紫河。尚书左仆射苏威劝谏，隋炀帝不听，修筑了两个月完工。隋炀帝又征集全国各种杂戏艺人，太常卿高颎劝谏，隋炀帝不听，高颎退朝后，对太常丞李懿说：“周天元皇帝因为爱好音乐而亡国，殷鉴不远，怎么能再这样呢？”高颎又认为隋炀帝对待启民可汗太优厚，就对太府卿何稠说：“这个胡人非常熟悉中原的情况，山川险要，恐怕要成为后患。”高颎又对观王杨雄说：“近来朝廷太没有纲常法纪了。”礼部尚书宇文弼私下对高颎说：“周天元皇帝奢侈，拿今天的情况相比，不是更严重吗？”又说：“修筑长城也不是当务之急！”光禄大夫贺若弼也私下议论宴请启民可汗太奢侈。这些情况被人上奏，隋炀帝认为是诽谤朝政。七月二十九日，高颎、宇文弼、贺若弼都被诛杀，高颎的几个儿子被发配边疆，贺若弼的妻子儿女籍没为官奴。这事牵连到苏威，也被罢官。高颎有文武才略，精通世务，自从蒙受重任以来，竭尽忠诚操守，推荐忠贞贤良人才，以天下为己任。苏威、杨素、贺若弼、韩擒虎都是高颎推荐的人才，其余建功业的人不胜枚举。高颎在朝执政近二十年，朝野上下都推心敬服，他办的事都没有异议。国家富足，与高颎的贡献分不开。当他被杀，全国的人没有不伤心的。起先，萧琮因为皇后的缘故，受到隋炀帝的亲近推重，任命为内史令，改封梁国公。萧氏宗族，五服以内的人都被量才使用，萧琮的几个兄弟，都为朝廷大臣。萧琮性情恬淡儒雅，不把高官当回事，虽然客居北方，却对隋朝的豪族贵胄，从不低声下气。与贺若弼友好，贺若弼被杀，有童谣说：“萧萧苏复起。”隋炀帝听到了因此猜忌萧琮，便让他免职回家，没多久萧琮就死了。

八月初六日，圣驾从榆林出发，经过云中，逆行金河。当时天下太平，百物丰实，甲士五十多万，马十万匹，旌旗辎重，绵延千余里。隋炀帝命令宇文恺制造观景的移动宫殿，殿上可容纳侍卫几百人。行殿可以拆开，重新安装组合，下设轮轴，可以快速推移。宇文恺还制造移动城堡，城堡周长两千步，用木板制成骨架，用布覆盖，画上彩画，城堡上的城楼、瞭望台一应俱全。突厥人惊叹认为是天神创造的，每次望见御营，十里之外就跪下叩头，无人敢骑马。启民可汗恭奉庐帐以等待圣驾。八月初九日，隋炀帝驾幸启民可汗营帐，启民可汗捧着酒杯为皇上祝寿，跪伏在地上很是恭敬。突厥王侯以下的人都站立在帐前袒衣割肉，不敢仰视。隋炀帝非常高兴，即兴赋诗云：“呼韩顿颡至，屠耆接踵来。何如汉天子，空上单于台！”皇后萧氏也临幸义成公主营帐。隋炀帝赐启民可汗和义成公主每人一只金瓮，另外还有衣服、被褥、彩缎。特勒以下，得到的赏赐各有等差。隋炀帝返回，启民可汗跟随入塞。八月十三日，隋炀帝让启民可汗回国。

八月十七日，隋炀帝入楼烦关；八月二十六日，到达太原，诏令营建晋阳宫。隋炀帝对御史大夫张衡说："朕想看看你的家，你可要作为主人招待。"张衡便先骑马回到河内，准备酒宴。隋炀帝登上太行山，命令开辟九十里的直道通达张衡的家。九月十三日，抵达济源，驾幸张衡宅第。隋炀帝喜爱这里的山泉，便住下来欢宴三天，赏赐的财物非常丰富。张衡又进献食物，隋炀帝下令赏赐臣下、公卿大臣及卫士，没有一人不沾圣恩。九月二十三日，回到东都。

九月二十六日，任命齐王杨暕为河南尹；九月二十七日，任命民部尚书杨文思为纳言。

冬季，十月，敕令河南各郡选送一家艺户到东京协助原有的三千余户艺户，在洛水南边设置十二坊来安置他们。

西域很多胡人都到张掖做生意。隋炀帝委派吏部侍郎裴矩负责管理。裴矩知道隋炀帝好大喜功，做生意的胡人来了，裴矩就探询各国的山川地理和风俗情况，以及国王、平民的仪表形貌和服饰，写成《西域图记》三卷，共记有四十四国，入朝上奏皇帝。另外还绘制地图，详细说明西域所有险要的地方，从西倾山以西，纵横连亘将近二万里。从敦煌出发，前往西海，一共有三条路：北路从伊吾起，中路从高昌起，南路从鄯善起，三条路东边总汇到敦煌。裴矩还说："以国家的威德，将士的骁勇，渡过濛汜水，越过昆仑山，易如反掌。但是突厥、吐谷浑分别控制羌人、胡人的国家，由于他们从中阻挡，所以不能来朝贡。现在都通过商人暗地里送达诚恳的心意，伸长脖子，翘首盼望，希望成为大隋的臣民。如果使他们归服，用心安抚，促使他们安定和睦，只需由朝廷派出使者，不必劳师动众，诸蕃就会归服大隋，那么，吐谷浑、突厥就可以吞灭。统一戎狄、华夏，当前是最好的时机。"隋炀帝非常高兴，赏赐裴矩丝帛五百段，每天让裴矩坐到御座旁，亲自询问西域的事务。裴矩极力夸张地说："西域有很多珍宝，吐谷浑很容易吞并。"隋炀帝十分感慨，羡慕秦始皇、汉武帝的功业，一心要再次开通西域，于是把开拓四夷的事，都交付裴矩。隋炀帝任命裴矩为黄门侍郎，又派他到张掖招引西域各国的胡人，用重利引诱，劝告他们入朝。从这以后，西域胡人相继来到中原。胡人经过的郡县，忙于招待迎接，耗费的资财以万万计，最终导致隋王朝疲困灭亡，这都是裴矩引起的。

铁勒人侵入边境，隋炀帝派将军冯孝慈从敦煌出击，没有取胜。不久，铁勒人遣使入朝请罪，愿意归附，隋炀帝派裴矩安抚他们。

【评析】

王夫之在《读通鉴论》中评论高颎、贺若弼之死，非常中肯。隋炀帝弑父弑君，屠戮兄弟，子死不哀，骄淫无度，是一个狼心狗肺不可理喻的残忍之人，满朝文武都心知肚明。所以杨素病重不治，只求速死免祸。高颎、贺若弼盛年时叱咤风云，一世之人杰。高颎料敌如神，眼睛能看千里之远，机敏透彻；贺若弼看不起杨素、韩擒虎，自诩为大将。可是两人在残暴之君隋炀帝面前，看不清形势，摆不正位置，侧身在奸佞之臣李懿、何稠之间混日子，他们议论隋炀帝的小过，不敢触及其大恶。隋炀帝征求杂戏，对启民可汗赏赐无度，对国家存亡无关宏旨。高、贺二人对隋炀帝骄奢淫逸之大恶，噤若寒蝉，还是遭到杀身之祸。高颎、贺若弼死得冤，也死得不值。他们昔日的睿智与铮铮硬骨，丝毫不存。原因是他们年老体衰，智术已尽，富贵已极，子孙拖累，血气不存，既不能奋起蹈仁，又不能引退避祸，最终落得身首异处的下场，真是可悲！

卷第一百八十一　隋纪五

隋炀帝大业四年至八年（608—612）

【起著雍执徐（戊辰，608），尽玄黓涒滩（壬申，612），凡五年】

【大事提要】

本卷载述608年至612年，凡五年史事，当隋炀帝大业四年至八年。此时期隋炀帝的统治用四个字概括，就是“外征内作”。大业四年招抚西突厥，兵伐伊吾，南通赤土；大业五年亲征吐谷浑；大业七年、八年举国动员，兵伐高丽；只有大业六年无战事，又大兴土木，扩建东都，营建洛阳宫、江都宫、汾阳宫，可以说隋炀帝无年不生事。老子说：“治大国若烹小鲜。”只有开皇年间十余年的承平积蓄，怎能支撑如此荒唐的折腾？

【原文】

炀皇帝上之下

大业四年（戊辰，608）

春，正月，乙巳[①]，诏发河北[②]诸军百余万穿永济渠[③]，引沁水[④]南达于河，北通涿郡。丁男不供[⑤]，始役妇人。

壬申[⑥]，以太府卿元寿为内史令。

裴矩闻西突厥处罗可汗思其母，请遣使招怀之。二月，己卯[⑦]，帝遣司朝谒者[⑧]崔君肃[⑨]赍诏书慰谕之。处罗见君肃甚倨[⑩]，受诏不肯起，君肃谓之曰：“突厥本一国，中分为二，每岁交兵，积数十岁而莫能相灭者，明知其势敌[⑪]耳。然启民举其部落百万之众，卑躬[⑫]折节[⑬]，入臣天子者，其故何也？正以切恨[⑭]可汗，不能独制，欲借兵于大国，共灭可汗耳。群臣咸欲从启民之请，天子既许之，师出有日[⑮]矣。顾可汗母向夫人惧西国[⑯]之灭，旦夕守阙[⑰]，哭泣哀祈[⑱]，匍匐[⑲]谢罪，请发使召可汗，令入内属[⑳]。天子怜之，故复遣使至此。今可汗乃倨慢如此，则向夫人为诳天子，必伏尸[21]都市，传首虏庭[22]。发大隋之兵，资东国[23]之众，左提右挈以击可汗，亡无日矣！奈何爱两拜之礼[24]，绝慈母之命，惜一语称臣，使社稷为墟[25]乎！”处罗矍然[26]而起，流涕再拜，跪受诏书，因遣使者随君肃贡汗血马[27]。

三月，壬戌[28]，倭王[29]多利思比孤[30]入贡[31]，遗帝书曰：“日出处[32]天子致书日没处[33]天子无恙。”帝览之，不悦，谓鸿胪卿曰：“蛮夷书无礼者，勿复以闻。”

乙丑[34]，车驾幸五原[35]，因出塞巡长城。行宫设六合板城[36]，载以枪车[37]。每顿舍[38]，则外其辕以为外围，内布铁菱[39]；次施弩床[40]，皆插钢锥，外向；上施旋机弩[41]，以绳连机，人来触绳，则弩机[42]旋转，向所触而发。其外又以矰[43]周围，施铃柱、槌磐[44]以知所警。

帝募能通绝域[45]者，屯田主事[46]常骏等请使赤土[47]，帝大悦，丙寅[48]，命骏赍物五千段，以赐其王。赤土者，南海中远国也。

帝无日不治宫室，两京[49]及江都，苑囿[50]亭殿虽多，久而益厌，每游幸，左右顾瞩[51]，无可意者，不知所适[52]。乃备责天下山川之图，躬自历览[53]，以求胜地[54]可置宫苑者。夏，四月，诏于汾州之北汾水之源，营汾阳宫[55]。

初，元德太子薨，河南尹齐王暕次[56]当为嗣，元德吏兵二万余人，悉隶于暕，帝为之妙选僚属[57]，以光禄少卿[58]柳謇之[59]为齐王长史，且戒之曰：“齐王德业修备，富贵自钟卿门[60]，若有不善，罪亦相及。”謇之，庆之从子也。暕宠遇日隆，百官趋谒[61]，阗咽[62]道路。暕以是骄恣，昵近小人，所为多不法。遣左右乔令则、库狄[63]仲锜、陈智伟求声色。令则等因此放纵，访人家有美女，辄矫暕命呼之，载入暕第，淫而遣之。仲锜、智伟诣陇西[64]，挝[65]炙诸胡，责其名马，得数匹以进暕；暕令还主，仲锜等诈言王赐，取归其家，暕不知也。乐平公主[66]尝奏帝，言柳氏女美，帝未有所答。久之，主复以柳氏进暕，暕纳之。其后，帝问主：“柳氏女安在？”主曰：“在齐王所。”帝不悦。暕从帝幸汾阳宫，大猎，诏暕以千骑入围，暕大获麋鹿[67]以献；而帝未有得也，乃怒从官，皆言为暕左右所遏，兽不得前。帝于是发怒，求暕罪失。时制[68]：县令无故不得出境；有伊阙[69]令皇甫诩，得幸于暕，违禁，携之至汾阳宫。御史韦德裕希旨[70]劾奏暕，帝令甲士千余人大索暕第，因穷治[71]其事。暕妃韦氏早卒，暕与妃姊元氏妇通[72]，产一女。暕召相工[73]令偏视后庭，相工指妃姊曰："此产子者当为皇后。"暕以元德太子有三子[74]，恐不得立，阴挟左道[75]为厌胜，至是皆发。帝大怒，斩令则等数人，赐妃姊死，暕府僚皆斥之边远[76]。柳謇之坐不能匡正[77]，除名。时赵王杲[78]尚幼，帝谓侍臣曰："朕唯有暕一子，不然者，当肆[79]诸市朝[80]以明国宪[81]。"暕自是恩宠日衰，虽为京尹[82]，不复关预时政。帝恒令虎贲郎将[83]一人监其府事，暕有微失，虎贲辄奏之。帝亦常虑暕生变，所给左右，皆以老弱，备员[84]而已。太史令庾质[85]，季才之子也，其子为齐王属[86]，帝谓质曰："汝不能一心事我，乃使儿事齐王，何向背[87]如此！"对曰："臣事陛下，子事齐王，实是一心，不敢有二。"帝犹怒，出为合水[88]令。

乙卯[89]，诏以突厥启民可汗遵奉朝化[90]，思改戎俗，宜于万寿戍[91]置城造屋，其帷帐床褥以上，务从优厚。

秋，七月，辛巳[92]，发丁男二十余万筑长城，自榆谷[93]而东。

裴矩说铁勒，使击吐谷浑，大破之。吐谷浑可汗伏允东走，入西平[94]境内，遣使请降求救；帝遣安德王雄出浇河[95]，许公[96]宇文述出西平迎之。述至临羌城[97]，吐谷浑畏述兵盛，不敢降，帅众西遁；述引兵追之，拔曼头[98]、赤水[99]二城，斩三千余级，获其王公以下二百人，虏男女四千口而还。伏允南奔雪山[100]，其故地皆空，东西四千里，南北二千里，皆为隋有，置州、县[101]、镇、戍，天下轻罪徙居之。

八月，辛酉[102]，上亲祠恒岳[103]，赦天下。河北道[104]郡守毕集，裴矩所致西域十余国皆来助祭[105]。

九月，辛未[106]，征天下鹰师[107]悉集东京。至者万余人。

冬，十月，乙卯[108]，颁新式[109]。

常骏等至赤土境，赤土王利富多塞遣使以三十舶[110]迎之，进金锁以缆[111]骏船，凡泛海百余日，入境月余，乃至其都[112]。其王居处器用，穷极珍丽，待使者礼亦厚，遣其子那邪迦随骏入贡。

帝以右翊卫将军河东薛世雄[113]为玉门道[114]行军大将，与突厥启民可汗连兵击伊吾，师[115]出玉门，启民不至。世雄孤军度碛，伊吾初谓隋军不能至，皆不设备[116]；闻世雄军已度碛，大惧，请降。世雄乃于汉故伊吾城[117]东筑城，留银青光禄大夫[118]王威以甲卒千余人戍之而还。

（以上为第一段，写隋炀帝大业四年向外扩张，招抚西突厥，兵伐伊吾，通使南海赤土国。齐王骄恣失宠。）

【注释】

①乙巳：正月初一。 ②河北：黄河以北，大致包括今河北及山东、辽宁部分地区。③永济渠：隋大运河之一段。引沁水南通于黄河，北到涿郡（今北京市），沟通了沁水、黄河与海河水系。 ④沁水：河名。黄河支流。发源于山西沁源东北的羊头山，南流经安泽县，经河南武陟县入黄河。 ⑤不供：供应不足。 ⑥壬申：正月二十八日。 ⑦己卯：二月初六日。 ⑧司朝谒者：官名。谒者台副长官。掌朝觐及奉诏出使。 ⑨崔君肃：历仕周、隋，官至司朝谒者。传附《周书·崔彦穆传》《北史·崔彦穆传》。 ⑩倨：傲慢。⑪势敌：双方力量不相上下，势均力敌。 ⑫卑躬：低身。表示恭敬。 ⑬折节：屈己下人，降低本人的身份。 ⑭切恨：十分怨恨。 ⑮有日：谓有明确日期。 ⑯西国：指西突厥。 ⑰阙：宫门曰阙。 ⑱哀祈：苦苦祈求。祈，求的意思。 ⑲匍匐：伏地而行。⑳内属：内附。 ㉑伏尸：倒在地上的尸体。 ㉒虏庭：即东突厥启民可汗庭。 ㉓东国：指东突厥。 ㉔两拜之礼：指拜受天子诏书的仪礼。 ㉕社稷为墟：社稷变成废墟。意指西突厥亡国。 ㉖矍（jué）然：惊惶的样子。 ㉗汗血马：古代一种骏马。据说汗从前膊出，如血，号一日千里。 ㉘壬戌：三月十九日。 ㉙倭（wō）王：日本国王。古时称日本人为倭。 ㉚多利思比孤：日本国王。姓阿每，字多利思比孤。事见《隋书·倭国传》《北史·倭国传》。 ㉛入贡：据章校，"入"上应补"遣使"二字。 ㉜日出处：因日本在东，故称日出处。 ㉝日没处：指隋朝。因隋在日本西，故称日没处。 ㉞乙丑：三月二十二日。 ㉟五原：郡名。治所九原县，在今内蒙古五原县西南。 ㊱六合板城：木城。城方圆一百二十步，高四丈二尺。六合是指用方一尺的六个立方体，外面一方有板。称为一板。垒六为城，高三丈六尺，上面加上女墙，板高六尺，开南北二门。城四角立敌楼二个，门观、门楼皆涂上颜色。木城里还造有六合殿、千人帐等。 ㊲枪车：一种装有发射弩机关的车子。 ㊳顿舍：停顿住宿。 ㊴铁蒺：又称铁蒺藜，散布路上，防敌人通过。 ㊵弩床：发射弩机的座。 ㊶旋机弩：装有旋转机械的弩。 ㊷弩机：弩的部件，青铜制成，装置在弩的木臂后部。 ㊸矰（zēng）：古代系有生丝以射鸟的箭。㊹槌磐（chuí pán）：一种用敲击以报警的装置。槌，敲打，通"捶"。 ㊺绝域：极远的地域。 ㊻屯田主事：官名。属工部尚书屯田曹，掌屯田曹事。 ㊼赤土：国名。即赤土国，扶南族的一支，在南海中。 ㊽丙寅：三月二十三日。 ㊾两京：指长安与洛阳。㊿苑囿：蓄养禽兽的圈地。 (51)顾瞩：看，望。 (52)适：往。 (53)历览：一一观看。历，经过，依次。 (54)胜地：名胜的地方。 (55)汾阳宫：宫名。修建于汾水之源燕京山上的天

池周围。故址在今山西宁武县西南。 ㊿次：依次，按照兄弟长幼次序。 ㊼僚属：所属官吏。 ㊽光禄少卿：官名。光禄寺副长官。除掌宫殿掖庭门户外，兼掌诸膳食、帐幕。 ㊾柳謇之：字公正。历仕周、隋，官至黄门侍郎。传见《隋书》卷四十七、《北史》卷六十四。 ⑥⓪自钟卿门：自然都集于你家。钟，聚。卿，指柳謇之。 ⑥①趋谒：前往进见。 ⑥②阗咽：挤满。阗，盛，满。咽，塞。 ⑥③库狄：复姓。 ⑥④陇西：郡名。治所狄道县，在今甘肃临洮县。 ⑥⑤挝（zhuā）：敲打，击。 ⑥⑥乐平公主（561—609）：名丽华，隋文帝长女，周宣帝皇后。隋文帝代周后，改封乐平公主。传见《周书》卷九、《北史》卷十四。 ⑥⑦麋（mí）鹿：鹿的一种。雄的有角，角像鹿，尾像驴，蹄像牛，颈像骆驼。也叫四不像。 ⑥⑧时制：当时规定。制，制令。 ⑥⑨伊阙：县名。县治在今河南洛阳市南。 ⑦⓪希旨：迎合皇帝的旨意。希，迎合。 ⑦①穷治：追究到底。 ⑦②通：私通，通奸。 ⑦③相工：观察人的形貌以占测其命运的人。 ⑦④三子：指杨侑、杨倓、杨侗三人。 ⑦⑤左道：邪门旁道。古代多指斥未经官府认可的巫蛊、方术等。 ⑦⑥斥之边远：贬斥到边远的地方。 ⑦⑦匡正：扶正。 ⑦⑧赵王杲（606—617）：齐王杨暕之子。封赵王。传附《隋书·齐王暕传》《北史·齐王暕传》。 ⑦⑨肆：执行死刑后陈尸示众。 ⑧⓪市朝：市，交易买卖的场所。朝，官府治事的场所。 ⑧①国宪：国家的法制刑律。 ⑧②京尹：即河南尹，因东京在河南郡管辖下，故又称京尹。 ⑧③虎贲（bēn）郎将：武官名。十二卫将军之副职，掌宿卫。 ⑧④备员：凑数。谓虚其位，聊以充数。 ⑧⑤庾质：字行修，新野（今河南新野县）人。历仕周、隋，官至太史令。传附《隋书·庾季才传》《北史·庾季才传》。 ⑧⑥齐王属：即齐王府官吏。 ⑧⑦向背：支持和反对。 ⑧⑧合水：县名。县治在今甘肃庆阳市。 ⑧⑨乙卯：四月十三日。 ⑨⓪朝化：隋朝的教化。 ⑨①万寿戍：军镇名。故址在今内蒙古托克托县北。 ⑨②辛巳：七月十日。 ⑨③榆谷：地名。故址在今青海尖扎、贵德二县之间黄河以南。 ⑨④西平：郡名。治所湟水县，在今青海海东市乐都区。 ⑨⑤浇河：郡名。治所河津县，在今青海贵德县。 ⑨⑥许公：时宇文述封许国公。故简称许公。 ⑨⑦临羌城：临羌县城。县治在今青海湟源县东南。 ⑨⑧曼头：城名。故址在今青海共和县西南。 ⑨⑨赤水：城名。河源郡治所，在今青海兴海县东南黄河西岸。 ⑩⓪雪山：此雪山指蜀西山之西雪山，即今青海阿尼玛卿山。 ⑩①置州、县：据章校，"州"应作"郡"字。在此地新设鄯善、且末、西海、河源四郡与显武、济远、肃宁、伏戎、宣德、威定、远化、赤水等县。 ⑩②辛酉：八月二十一日。 ⑩③恒岳：北岳恒山。 ⑩④河北道：指太行山以东、黄河以北地区。这里的道是指一种行政区划，与行军道不同。早在两汉时期，即出现了道这一行政区划，唐朝也先后将全国因山川形势之便分为十道和十五道。而隋道如何区划，语焉不详，难以考述。 ⑩⑤助祭：古代祭祀，分主祭与助祭。帝王主祭，诸侯只能助祭。 ⑯辛未：九月初一。 ⑰鹰师：善于调养训练鹰隼的人。 ⑱乙卯：十月十六日。 ⑲新式：去年四月改度量权衡，并依古式，现在颁行天下。 ⑳舶（bó）：大船，海船。 ㉑缆：系船。 ㉒其都：指赤土国都城僧祇城。 ㉓薛世雄（552—614）：字世英，河东汾阴（今山西万荣县西南）人。历仕周、隋，官至左御卫大将军，领涿郡留守。传见《隋书》卷六十五、《北史》卷七十六。 ㉔玉门道：指从玉门进军的路线。玉门，县名。县治在今甘肃玉门市西北赤金堡稍东。 ㉕师：军队，指隋军。 ㉖设备：设兵防备。 ㉗汉故伊吾城：西汉伊吾旧城。故址在今新疆哈密市西。 ㉘银青光禄大夫：官名。文散官，无职掌。

【译文】

炀皇帝上之下

隋炀帝大业四年（戊辰，608）

春季，正月初一日，隋炀帝下诏征调河北各郡的军队一百多万人开凿永济渠，引导沁水向南流入黄河，向北通达涿郡。丁男不够数量，开始征用妇女服役。

正月二十八日，任用太府卿元寿为内史令。

裴矩得知西突厥处罗可汗思念母亲，派遣使者招抚他。二月初六日，隋炀帝派遣司朝谒者崔君肃带着诏书去安抚晓谕处罗可汗。处罗可汗接见崔君肃时，态度傲慢，接受诏书又不肯起身叩拜，崔君肃对他说："突厥原本是一国，后来中分为两国，每年交战，经过了几十年谁也吃不了谁，明摆着两国势均力敌。但是，启民可汗率领百万之众的部落，谦卑屈身，臣服大隋天子，又是什么原因呢？正因为他切齿痛恨你处罗可汗，又不能独自制服你，想从大国借兵，一同灭掉你罢了。群臣都想接受启民可汗的请求，天子也已经同意了，眼看就要发兵了。考虑到你的母亲向夫人害怕西突厥遭到灭亡，从早到晚守在宫门外，哭泣哀求，匍匐在地上谢罪，请求天子派遣使臣来召唤可汗，让你归服。天子可怜夫人，所以派使臣到这里。如今你的态度如此傲慢，那么向夫人岂不是对天子说了谎话，一定会在闹市上被处斩，将把首级传送到西域各国示众。大隋的兵马就要出发，借助东突厥的力量，两面夹击你，灭亡就不远了。为什么要吝惜一个臣服叩拜的礼节，去断送慈母的生命，为了不愿说一句称臣的话，却让国家灭亡呢？"处罗可汗惊惶地站起来，流着泪拜了两拜，跪着接了诏书，也派出使者随崔君肃入朝贡献汗血马。

三月十九日，倭王多利思比孤遣使进贡，送国书给隋炀帝说："日出处天子致信给日落处天子，问候您身体平安！"隋炀帝看后非常不高兴，对鸿胪卿说："蛮夷书信凡是不懂礼仪的，都不要再给我看了。"

三月二十二日，隋炀帝临幸五原，趁便出塞巡视长城。行宫设有木制的六合城，用枪车来装载，每到一个地方暂住，便把车辕朝外作外围，里面布置铁蒺藜；还安设弩床，全都插上钢锥，钢锥朝外；上面装置旋机弩，用绳子系在弩的扳机上，如果有人触动绳子，弩机就旋转，向触动的方向射箭。在弩机外边环绕一周安置能弋射的短箭，并装设铃柱、木槌、石磬，只要有人触动，就发出声音报警。

隋炀帝招募能够出使外国极远的人，屯田主事常骏等人上奏请求出使赤土，隋炀帝很高兴。三月二十三日，命令常骏带上丝帛五千段，用以赏赐赤土国王。赤土国，是地处南海遥远的国家。

隋炀帝每天都在建造宫室，长安、洛阳两京，以及江都，林园苑囿、亭台楼阁虽然很多，时间久了也感到厌烦，每次巡游，左顾右盼，没有赏心悦目的东西，不知到哪里去好。于是遍求天下山川的地理图形，亲自一一察看，寻找可以建造宫苑的好地方。夏季，四月，隋炀帝下诏在汾州北边汾水源头的地方营建汾阳宫。

当初，元德太子杨昭死了，河南尹齐王杨暕依序当为嗣子，元德太子所属两万余名官兵，全部隶属杨暕。隋炀帝为他精心挑选了僚属，任命光禄少卿柳謇之为齐王长史，并且告诫柳謇之说："齐王的德行和学业都兼备，那么荣华富贵就会进你家门，若果齐王不好，罪过就伴随你。"柳謇之，是柳庆之的侄儿。杨暕受到宠信日益隆盛，文武百官竞相去拜谒他，以至于进进出出的车马堵塞了道路。杨暕因此骄傲放纵，亲近小人，干了许多不法的事。杨暕派亲近乔令则、库狄仲锜、陈智伟去寻找歌伎美女。乔令则等人因此肆意横行，打听哪户人家有美女，就假传杨暕的命令召唤出来，拉上车子送进杨暕的府第，奸淫后把美女赶走。库狄仲锜、陈智伟到了陇西，用酷刑拷打各部落的胡人，勒索名马，得到了几匹好马进献给杨暕，杨暕让他们归还原主人，库狄仲锜谎称是齐王的赏赐，牵马回了自家，杨暕还蒙在鼓里。乐平公主曾经上奏隋炀帝说，柳家的女子长得很美，隋炀帝没有回答。过了很久，乐平公主又把柳氏女子进献给杨暕，杨暕收纳了。这之后，隋炀帝问乐平公主说："柳氏美女在哪里？"乐平公主回答说："在齐王府里。"隋炀帝很不高兴。杨暕随从隋炀帝游幸汾阳宫，举行大规模的围猎，隋炀帝下诏杨暕带领一千人围猎，杨暕猎获了大批麋鹿进献，而隋炀帝却没有什么猎获。隋炀帝对随从官员发脾气，官员们奏称是杨暕的人阻拦，野兽到不了跟前。隋炀帝于是大怒，寻找杨暕的过失。当时制度规定：县令无故不得出境。有一位叫皇甫诩的伊阙县令，受到杨暕的宠信，杨暕违反制度，把皇甫诩带进了汾阳宫。御史韦德裕迎合隋炀帝的心意弹劾杨暕。隋炀帝命令一千多甲士去搜查杨暕的府第，严厉追查这件事。杨暕的妃子韦氏早死，杨暕与王妃姐姐元氏妇私通，生了一个女儿。杨暕召来一个相面师，一一相面王府宫中的姬妾，相面师指着王妃姐姐说："这个生了孩子的女人应当成为皇后。"杨暕认为元德太子生有三个儿子，担心自己不能继位，于是想暗中靠妖术，用诅咒来求胜，这些事到现在全都被揭发出来了。隋炀帝大怒，将乔令则等人斩首，赐王妃姐姐自尽，杨暕府中的僚属都流放到边疆。柳謇之因为不能辅助齐王纠正过失，被免官除名。当时赵王杨杲尚幼，隋炀帝对侍臣说："我只有杨暕一子，否则应当将他在闹市斩杀示众，用以昭明国法。"杨暕受到的恩宠从此一天不如一天，虽然担任京尹之职务，却不能参加议政。隋炀帝一直派一名虎贲郎将负责监视齐王府，杨暕有点小过失，虎贲郎便会立即奏报隋炀帝。隋炀帝也常常担忧杨暕会作乱，所以派到杨暕身边的人，都是年老体弱的，只是充数而已。太史令庾质是庾季才的儿子，他的儿子是齐王府的府属。隋炀帝对庾质说："你不能忠心侍奉我，让你儿子去侍奉齐王，为何背离我到这种样子？"庾质回答说："我侍奉陛下，儿子侍奉齐王，都是忠心的，不敢有别的念头。"隋炀帝仍然怒气冲冲，便把庾质调出京师去做合水县令。

四月十三日，隋炀帝下诏令说，突厥启民可汗敬慕隋朝教化，想变更戎狄习俗，可以在万寿戍建城造屋，所需帷帐、床褥等物，一定要从优供应。

秋季，七月初十日，征调二十余万丁男修筑长城，从榆谷向东修筑。

裴矩说服铁勒，出兵攻打吐谷浑，把吐谷浑打得大败。吐谷浑可汗伏允向东逃亡，逃到西平境内，派人向隋朝请降求救，隋炀帝派遣安德王杨雄从浇河郡出发、许公宇文述从西平郡出发迎接。宇文述抵达临羌城，吐谷浑惧怕宇文述兵强马壮，竟不敢投降，于是率领部众向西逃亡；宇文述领兵追击，攻破曼头、赤水两城，斩杀二千余人，俘虏王公以下二百人，以及男女平民四千人班师。伏允可汗向南逃到雪山，吐谷浑原有故土全部空无一人，东西四千里，南北二千里，都被隋朝占领，隋朝设置了州、县、镇、戍，把全国轻罪囚犯发配到这里居住。

八月二十一日，隋炀帝亲自到北岳恒山祭祀，下诏大赦天下。河北道郡守都集中到恒山，裴矩招抚的十几个西域国都派了使者来赞助祭祀。

九月初一日，征召全国的驯鹰师集中到东京，到达的有一万多人。

冬季，十月十六日，颁布新制度量衡。

常骏等到达赤土境内，赤土王利富多塞派遣三十只大船迎接，进献黄金锁拴缆常骏的船只。常骏等在海上共行走了一百多天，登岸后又陆行了一个多月，才到达了赤土都城。赤土王的王宫器甲都非常珍贵华丽，接待使者的礼仪很优厚。赤土王派他的儿子那邪迦随同常骏入朝。

隋炀帝任命右翊卫将军河东人薛世雄为玉门道行军大将，与突厥启民可汗合兵攻击伊吾。隋朝军队出了玉门关，启民可汗没有发兵。薛世雄孤军穿过戈壁，伊吾人起初认为隋军不会来伐，没有做好防备，得知薛世雄已经穿过戈壁，极为恐惧，请求投降。薛世雄就在汉时故伊吾城的东边筑城，留银青光禄大夫王威领兵一千余人镇守，大军班师回朝。

【原文】

五年（己巳，609）

春，正月，丙子[①]，改东京为东都。

突厥启民可汗来朝，礼赐益厚。

癸未[②]，诏天下均田[③]。

戊子[④]，上自东都西还。

己丑[⑤]，制民间铁叉、搭钩[⑥]、穳刃[⑦]之类皆禁之。

二月，戊申[⑧]，车驾至西京。

三月，己巳[⑨]，西巡河右[⑩]；乙亥[⑪]，幸扶风[⑫]旧宅。夏，四月，癸亥[⑬]，出临津关[⑭]，渡黄河，至西平[⑮]，陈兵讲武[⑯]，将击吐谷浑。五月，乙亥[⑰]，上大猎于拔延山[⑱]，长围亘二十里。庚辰[⑲]，入长宁谷[⑳]，度星岭[㉑]；丙戌[㉒]，至浩亹川[㉓]。以桥未成，斩都水使者[㉔]黄亘[㉕]及督役者九人，数日，桥成，乃行。

吐谷浑可汗伏允帅众保覆袁川[㉖]，帝分命内史元寿南屯金山[㉗]，兵部尚书段文振[㉘]北屯雪山[㉙]，太仆卿杨义臣东屯琵琶峡[㉚]，将军张寿西屯泥岭[㉛]，四面围之。伏允以数十骑遁出，遣其名王诈称伏允，保车我真山[㉜]。壬辰[㉝]，诏右屯卫大将军[㉞]张定和[㉟]往捕之。定和轻其众少，不被甲，挺身登山，吐谷浑伏兵射杀之；其亚将[㊱]柳武建击吐谷浑，破之。甲午[37]，吐谷浑仙头王穷蹙[38]，帅男女十余万口来降。六月，丁酉[39]，遣左光禄大夫梁默[40]等追讨伏允，兵败，为伏允所杀。卫尉卿刘权[41]出伊吾道，击吐谷浑，至青海[42]，虏获千余口，乘胜追奔，至伏俟城[43]。

辛丑[44]，帝谓给事郎蔡徵[45]曰："自古天子有巡狩[46]之礼；而江东诸帝多傅脂粉，坐深宫，不与百姓相见，此何理也？"对曰："此其所以不能长世。"丙午[47]，至张掖。帝之将西巡也，命裴矩说高昌王麴伯雅及伊吾吐屯设[48]等，啖以厚利，召使入朝。壬子[49]，帝至燕支山[50]，伯雅、吐屯设等及西域二十七国谒于道左，皆令佩金玉，被[51]锦罽[52]，焚香奏乐，歌舞喧噪。帝复令武威、张掖士女盛饰纵观，衣服车马不鲜者，郡县督课[53]之。骑乘嗔咽，周亘[54]数十里，以示中国之盛。吐屯设献西域数千里之地，上大悦。癸丑[55]，置西海[56]、河源[57]、鄯善[58]、且末[59]等郡，谪[60]天下罪人为戍卒以守之。命刘权[61]镇河源郡积石镇[62]，大开屯田，扞御[63]吐谷浑，以通西域之路。

是时天下凡有郡一百九十，县一千二百五十五，户八百九十万有奇。东西九千三百里，南北万四千八百一十五里。隋氏之盛，极于此矣。

帝谓裴矩有绥怀[64]之略，进位银青光禄大夫。自西京诸县及西北诸郡，皆转输塞外，每岁钜亿万计；经途险远及遇寇钞[65]，人畜死亡不达[66]者，郡县皆征破其家[67]。由是百姓失业，西方先困矣。

初，吐谷浑伏允使其子顺来朝，帝留顺不遣[68]。伏允败走，无以自资[69]，帅数千骑客于党项[70]。帝立顺为可汗，送至玉门，令统其余众；以其大宝王尼洛周为辅。至西平，其部下杀洛周，顺不果入而还。

丙辰[71]，上御观风殿[72]，大备文物，引高昌王麴伯雅及伊吾吐屯设升殿宴饮，其余蛮夷使者陪阶庭者二十余国，奏九部乐[73]及鱼龙戏以娱之，赐赉有差。戊午[74]，赦天下。

吐谷浑有青海，俗传置牝马[75]于其上，得龙种[76]。秋，七月[77]，置马牧于青海，纵牝马二千匹于川谷以求龙种，无效而止。

车驾东还，经大斗拔谷[78]，山路隘险[79]，鱼贯[80]而出，风雪晦冥[81]，文武饥馁[82]沾湿，夜久不逮[83]前营，士卒冻死者太半，马驴什八九，后宫妃、主或狼狈相失，与军士杂宿山间。九月，乙未[84]，车驾入西京。冬，十一月，丙子[85]，复幸东都。

民部侍郎裴蕴以民间版籍[86]，脱漏户口及诈注[87]老小尚多，奏令貌阅[88]，若一人不实，则官司[89]解职。又许民纠[90]得一丁者，令被纠之家代输[91]赋役。是岁，诸郡计帐[92]进丁二十[93]万三千，新附口六十四万一千五百。帝临朝览状[94]，谓百官曰："前代无贤才，致此罔冒[95]；今户口皆实，全由裴蕴。"由是渐见亲委[96]，未几，擢授御史大夫，与裴矩、虞世基参掌机密。蕴善候伺[97]人主微意，所欲罪者，则曲法[98]锻[99]成其罪；所欲宥者，则附从轻典[100]，因而释之。是后大小之狱，皆以付蕴，刑部、大理莫敢与争，必禀承[101]进止[102]，然后决断。蕴有机辩[103]，言若悬河[104]，或重或轻，皆由其口，剖析[105]明敏[106]，时人不能致诘。

突厥启民可汗卒，上为之废朝[107]三日，立其子咄吉[108]，是为始毕可汗；表请尚公主，诏从其俗。

初，内史侍郎薛道衡以才学有盛名，久当枢要[109]，高祖末，出为襄州总管；帝即位，自番州[110]刺史召之，欲用为秘书监。道衡既至，上《高祖文皇帝颂》[111]，帝览之，不悦，顾谓苏威曰："道衡致美[112]先朝，此《鱼藻》[113]之义也。"拜司隶大夫[114]，将置之罪。司隶刺史[115]房彦谦劝道衡杜绝宾客，卑辞[116]下气[117]，道衡不能用。会议新令，久不决，道衡谓朝士曰："向使[118]高颎不死，令决[119]当久行[120]。"有人奏之，帝怒曰："汝忆[121]高颎邪！"付执法者推之[122]。裴蕴奏："道衡负才恃旧[123]，有无君之心，推恶于国，妄造祸端。论其罪名，似如隐昧[124]；原[125]其情意，深为悖逆[126]。"帝曰："然。我少时与之行役[127]，轻我童稚[128]，与高颎、贺若弼等外擅威权；及我即位，怀不自安[129]，赖天下无事，未得反耳。公论其逆，妙体[130]本心。"道衡自以所坐非大过，促宪司[131]早断，冀奏日帝必赦之，敕[132]家人具馔[133]，以备宾客来候[134]者。及奏，帝令自尽，道衡殊不意[135]，未能引决[136]。宪司重奏，缢而杀之，妻子徙[137]且末。天下冤之。

帝大阅军实[138]，称器甲之美，宇文述因进言："此皆云定兴之功。"帝即擢定兴为太府丞[139]。

（以上为第二段，写大业五年，隋炀帝无事亲征吐谷浑，枉杀大臣薛道衡。）

【注释】

①丙子：正月初八日。 ②癸未：正月十五日。 ③均田：早在隋文帝开皇年间已颁行均田令，此均田是重申均田法令。 ④戊子：正月二十日。 ⑤己丑：正月二十一日。⑥搭钩：一种柄上装有铁钩，能钩挂东西的工具。 ⑦矟（zuǎn）刃：小矛之类的兵器。

⑧戊申：二月二十一日。 ⑨己巳：三月初二日。 ⑩河右：即河西。泛指今青海、甘肃二省黄河以西的河西走廊一带。 ⑪乙亥：三月初八日。 ⑫扶风：郡名。治所雍县，在今陕西宝鸡市凤翔区。 ⑬癸亥：四月二十七日。 ⑭临津关：关名。故址在今青海循化撒拉族自治县东。 ⑮西平：郡名。治所湟水县，在今青海乐都县。 ⑯讲武：讲习武事，军事演习。 ⑰乙亥：五月初九日。 ⑱拔延山：山名。在今青海化隆回族自治县西北。 ⑲庚辰：五月十四日。 ⑳长宁谷：山谷名。故址在今青海西宁市北。 ㉑星岭：山岭名。在今青海大通回族自治县附近。 ㉒丙戌：五月二十日。 ㉓浩亹（gé mén）川：河名。即今大通河，也称阁门河。源出祁连山脉东段托来南山与大通山之间，东南流经甘肃、青海边境，在民和县入湟水。 ㉔都水使者：官名。由都水监所改。管舟楫、河渠二署。 ㉕黄亘（？—609）：官至朝散大夫。传附《隋书·何稠传》《北史·何稠传》。 ㉖覆袁川：河名。在今青海湖东北。 ㉗金山：山名。在今青海西宁市西北。 ㉘段文振（？—612）：北海期原（今山东青州市）人。历仕周、隋，官至兵部尚书。传见《隋书》卷六十、《北史》卷七十六。 ㉙雪山：山名。即今冷龙岭，在青海祁连县东北，青海与甘肃交界之处。 ㉚琵琶峡：峡谷名。位于浩亹川与长宁川水之间，在今青海门源回族自治县西南。 ㉛泥岭：即今大通山。在青海祁连县西南。 ㉜车我真山：山名。在今青海祁连县东南。 ㉝壬辰：五月二十六日。 ㉞右屯卫大将军：武官名。十二卫大将军之一，掌羽林军。 ㉟张定和（？—609）：字处谧，京兆万年人。官至左屯卫大将军。传见《隋书》卷六十四、《北史》卷七十八。 ㊱亚将：副将。 ㊲甲午：五月二十八日。 ㊳穷蹙：紧迫，走投无路。 ㊴丁酉：六月二日。 ㊵梁默（？—609）：历仕周、隋，官至大将军。传附《隋书·梁士彦传》《北史·梁士彦传》《周书·梁士彦传》。 ㊶刘权：据章校，“刘”上应补“彭城”二字。 ㊷青海：即今青海湖，在青海海晏县西、刚察县南。 ㊸伏俟城：城名。吐谷浑都城，在今青海湖西。 ㊹辛丑：六月初六日。 ㊺蔡徵：历仕陈、隋，官至礼部侍郎。事散见《隋书》《北史》各传。 ㊻巡狩（shòu）：同“巡守”，天子出巡。 ㊼丙午：六月十一日。 ㊽吐屯设：突厥设置守伊吾的官员。 ㊾壬子：六月十七日。 ㊿燕支山：山名。在今甘肃永昌县与民乐县之间。 51被（pī）：同“披”。 52罽（jì）：一种毛织品。 53督课：督责考核。 54周亘：周围连绵。 55癸丑：六月十八日。 56西海：郡名。治所伏俟城，在今青海湖西。 57河源：郡名。治所赤水城，在今青海兴海县东南。 58鄯善：郡名。治所古楼兰城，在今新疆若羌县境。 59且末：郡名。治所古且末城，在今新疆且末县境。 60谪：因罪流放或贬官。 61刘权：字世略。历仕齐、周与隋，官至司农卿。传见《隋书》卷六十三、《北史》卷七十六。 62积石镇：镇名。故址在今青海省兴海县一带。 63扞御：抵御。 64绥怀：安抚关切。

⑥⑤寇钞：攻劫掠夺。 ⑥⑥不达：运输达不到目的地。 ⑥⑦征破其家：征收繁重，以致其家破产。 ⑥⑧不遣：不放回。 ⑥⑨自资：自己解决生活资用。 ⑦⓪党项：羌族的一种。三苗的后裔。其部族有宕昌、白狼等，生活在今青海南部、甘肃南部、四川北部、西藏的东北部一带。 ⑦①丙辰：六月二十一日。 ⑦②观风殿：即观风行殿。 ⑦③九部乐：包括清乐、龟兹、西凉、天竺、康国、疏勒、安国、高丽、礼毕等九部乐。 ⑦④戊午：六月二十三日。 ⑦⑤牝（pìn）马：雌性马。俗称母马。 ⑦⑥龙种：指优良品种的马。相传，冬季把牝马放养在青海湖小山上，则得“龙种”马，能日行千里。 ⑦⑦七月：据章校，“月”下应补“丁卯”二字。丁卯，七月初二日。 ⑦⑧大斗拔谷：山谷名。故址在今甘肃民乐县南、甘肃与青海二省交界的地方。 ⑦⑨隘险：狭窄又险峻。 ⑧⓪鱼贯：指连续而进，如鱼群相接。 ⑧①晦冥：昏暗。冥，暗。 ⑧②馁（něi）：饥饿。 ⑧③逮：及，到。 ⑧④乙未：九月乙丑朔，无乙未。据章校，“乙”应改作“癸”字。癸未，九月十九日。 ⑧⑤丙子：十一月十三日。 ⑧⑥版籍：户口册。 ⑧⑦诈注：注册不实。诈，欺，伪。 ⑧⑧貌阅：看其外貌，以检查其和户口册所注年龄是否相符。 ⑧⑨官司：百官。后泛称官府为官司。此指官府。 ⑨⓪纠：检举。 ⑨①输：缴纳。 ⑨②计帐：计簿。由国家根据各地户籍情况编制而成。 ⑨③二十：据章校，“十”下应补“四”字。 ⑨④览状：观看计帐的情状。 ⑨⑤罔冒：弄虚作假，以伪乱真。 ⑨⑥亲委：宠爱信任。 ⑨⑦候伺：侦察。 ⑨⑧曲法：曲解法律，使法律符合自己的心意。曲，弯曲。 ⑨⑨锻：编织。 ⑩⓪轻典：轻法。 ⑩①禀承：承受，听命。 ⑩②进止：进退，去留。 ⑩③机辩：智巧善辩。机，机巧，灵巧。 ⑩④悬河：比喻论辩不绝或文辞流畅奔放。 ⑩⑤剖析：辨别，分析。 ⑩⑥明敏：清楚而敏捷。 ⑩⑦废朝：停止朝会。废，废除，停止。 ⑩⑧咄吉（？—619）：又叫咄吉世。启民可汗卒后，即位为突厥始毕可汗。事见《隋书》卷八十四、《北史》卷九十九、《旧唐书》卷一百九十四上、《新唐书》卷二百一十五上。 ⑩⑨枢要：中心。指中央政权中机要的部门或官职。 ⑪⓪番（pān）州：州名。原为广州，仁寿元年改。治所在今广东广州市。 ⑪①《高祖文皇帝颂》：颂扬隋文帝的文章。颂，是古代的一种文章体裁。 ⑪②致美：极力美化。致，尽，极。 ⑪③《鱼藻》：《诗经·小雅》篇名。小序曰：“《鱼藻》，刺周幽王。也言万物失其性，王居镐京，将不能以自乐，故君子思古之武王焉。”隋炀帝以为薛道衡颂扬高祖，意在讽刺他本人，所以很不高兴。 ⑪④司隶大夫：官名。司隶台（隋炀帝改雍州牧为司隶台）长官。掌诸巡察。 ⑪⑤司隶刺史：官名。隶属司隶台，掌巡察京畿以外诸郡。 ⑪⑥卑辞：恭恭敬敬的话。 ⑪⑦下气：态度恭顺。 ⑪⑧向使：假使。 ⑪⑨令决：法令确定。 ⑫⓪久行：早已颁布执行。 ⑫①忆：想念。 ⑫②推之：追究薛道衡的罪行。 ⑫③恃旧：凭借是隋文帝时的旧臣。 ⑫④隐昧：不明显。 ⑫⑤原：本来，推其根源。 ⑫⑥悖（bèi）逆：违乱忤逆。悖，

违反，乱逆。 ⑫⑦行役：谓军旅之事。此指南伐陈朝之事。 ⑫⑧童稚：幼小。稚，小儿。⑫⑨怀不自安：心里自我不安。怀，胸前，引申为心意。 ⑬⓪体：领悟，体察。 ⑬①宪司：司法部门。魏晋以来为御史的别称。 ⑬②敕：告诫。 ⑬③具馔（zhuàn）：准备酒食。馔，食品。 ⑬④候：探望，问候。 ⑬⑤殊不意：一点儿也没想到。 ⑬⑥引决：也作“引诀”。自裁，自杀。 ⑬⑦徙：迁，移，此是遣送、流放之意。 ⑬⑧军实：指器械、粮饷及作战俘获的军事物资。 ⑬⑨太府丞：官名。属太府寺，掌管寺事，如左右库藏帐，请受输纳等。

【译文】

隋炀帝大业五年（己巳，609）

春季，正月初八日，改东京为东都。

突厥启民可汗入朝，迎接的礼仪和赏赐更加优厚。

正月十五日，隋炀帝下诏重申均田令。

正月二十日，隋炀帝从东都起程回西京长安。

正月二十一日，规定民间禁止使用铁叉、搭钩、铁矛一类器具。

二月十一日，隋炀帝驾临西京。

三月初二日，隋炀帝西巡河西地。三月初八日，驾临扶风郡杨氏故宅。夏季，四月二十七日，车驾出临津关，渡过黄河，到达西平，进行军事演习，将要攻击吐谷浑。五月初九日，隋炀帝到拔延山大规模围猎，所设长围绵延二十里。五月十四日，进入长宁谷，翻过星岭。五月二十日，到达浩亹川。过河的桥没有完工，隋炀帝就杀了都水使者黄亘以及监督官员九人，几天以后，桥建成，又继续前行。

吐谷浑可汗伏允领兵防守覆袁川，隋炀帝分兵，命令内史元寿驻守南面的金山，兵部尚书段文振驻守北面的雪山，太仆卿杨义臣驻守东面的琵琶峡，将军张寿驻守西面的泥岭，四面围攻。伏允可汗带领数十骑逃出，派他的一位名王谎称是伏允可汗，据守车我真山。五月二十六日，隋炀帝下诏右屯卫大将军张定和进兵车我真山捕获伏允可汗。张定和认为吐谷浑兵少，就不穿铠甲，领头登山，被吐谷浑的伏兵射死。张定和的副将柳武建进兵攻击吐谷浑，打败了敌人。五月二十八日，吐谷浑仙头王走投无路，率领男女十余万口投降。六月初二日，隋炀帝派左光禄大夫梁默等追击伏允，打了败仗，梁默被伏允杀死。卫尉卿刘权从伊吾道出兵，攻击吐谷浑，到达青海，俘虏千余人，乘胜追击，直到伏俟城。

六月初六日，隋炀帝对给事郎蔡徵说：“自古天子都要到各地去举行巡狩的礼仪；可是先前江东南朝的皇帝大多喜欢涂脂抹粉，坐在深宫之内，不与百姓相见，这是什么道理呢？”蔡徵回答说：“这正是他们不能世代长久的道理。”六月十一日，隋炀帝到达张掖。在隋炀帝将要西巡时，命令裴矩去劝说高昌王麴伯雅和伊吾吐屯设等，以厚利相诱惑，召令他们入朝。六月十七日，隋炀帝抵达燕支山，麴伯雅、吐屯设及西域二十七国国王、使者皆迎驾于路边。隋炀帝下令让他们都佩戴金玉，穿上绸缎和毛织品，奏乐焚香，歌舞欢庆。隋炀帝又让武威、张掖两郡青年男女盛装艳服供人观赏，衣服、车马不新颖漂亮的，由郡县督责改换。于是马匹车辆堵塞于道，绵延几十里，用来表示中国的富强。吐屯设献上几千里土地，隋炀帝非常高兴。六月十八日，设置西海、河源、鄯善、且末等郡，贬谪天下的罪人作为戍卒守卫这些地方。又命刘权镇守河源郡积石镇，大量开荒垦田，蓄聚粮食，防备吐谷浑，以确保西域道路通畅。

此时，全国一共有一百九十个郡，一千二百五十五个县，八百九十多万户；东西长九千三百里，南北宽一万四千八百一十五里。隋朝达到了强盛的巅峰。

隋炀帝认为裴矩有安抚怀柔的才能，于是晋升他的爵位为银青光禄大夫。从西京各县以及西北各郡，都要千里辗转运送粮食物资到塞外，每年耗费数以亿计，所经路途遥远而艰险，经常遭到抢劫，人畜死亡的缺额，郡县就要重新征调，造成许多的人家破人亡。因此百姓常失生计，西部郡县首先陷于贫困。

当初，吐谷浑可汗伏允让他的儿子顺入朝，隋炀帝将顺留下。伏允失败逃死，生计困难，就率领几千名骑兵在党项境内客居下来。隋炀帝册立顺为可汗，把他送到玉门，让他统领吐谷浑余部，又让吐谷浑的大宝王尼洛周做他的辅佐。顺抵达西平时，他的部下杀了尼洛周，顺无法进入吐谷浑而返回。

六月二十一日，隋炀帝在行宫举行观风典礼，陈列仪仗、规模很大，邀请高昌王麴伯雅和伊吾的吐屯设上殿宴饮，其余陪同的蛮夷使者共有二十多个国家。演奏九部乐，并表演鱼龙杂戏，用来欢庆娱乐，各国来使都得到不同等级的赏赐。六月二十三日，大赦天下。

吐谷浑占据青海湖时，民间传说只要把母马带到湖中山上，就会有龙来交配。秋季，七月，在青海设置牧马场，把两千匹母马赶到川谷间，希望得到龙种，没有得到验证，停止了这项配种活动。

隋炀帝车驾向东回返，途经大斗拔谷，山路险峻，人马只能单行鱼贯而出。风雪交加昏天黑地，文武百官衣服湿透，又冻又饿深夜还没有到达前面的营地，士卒冻死的有大半，马驴冻死的十之八九，后宫的嫔妃、公主有的狼狈走失，与士兵混在一起留宿山中。九月十九日，车驾回到西京。冬季，十一月十三日，隋炀帝再次临幸东都。

民部侍郎裴蕴认为民间的户籍中脱漏户口以及登记老少不实的情况很多，于是奏请查阅形貌以验老少。如果有一个人不真实，主管的官员就要被免职。又鼓励人人检举揭发，只要有人检举一个人，就让被检举的人替检举人缴纳赋税或代替他服役。这一年，各郡呈报户口统计，原有户口男丁增加了二十万三千人，新增加的户口人数竟达到了六十四万一千五百人。隋炀帝上朝阅览奏章，对群臣说："前代没有贤才，导致户口虚假不实，现在户口都确实了，这都是裴蕴的功劳。"因此对他亲信有加，不久，提升他为御史大夫，让他和裴矩、虞世基一起掌管机密。裴蕴善于观察逢迎皇上深微的心意，凡是隋炀帝想要加罪的人，裴蕴就曲解法律条文罗织罪状；隋炀帝想要赦免的人，裴蕴就附和意旨，一定要寻出从轻的条款，予以开脱。此后各种狱案，都交给裴蕴办理。刑部、大理寺都不敢与裴蕴争论，一定顺着裴蕴的意向，然后才敢决断。裴蕴机警善辩，口若悬河，犯人的罪过轻重，全都由裴蕴一人说了算，他说得头头是道，当场的人无法对他提出诘问。

突厥启民可汗去世，隋炀帝为此停止朝会三天。册立启民可汗的儿子咄吉，称为始毕可汗。他上表要求娶庶母义成公主，诏命遵从突厥风俗。

当初，内史侍郎薛道衡由于有才能学问而享有盛名，长期掌管枢要，隋文帝晚年，调任襄州总管。隋炀帝即位，把他从番州召回，想任用他为秘书监。薛道衡回到京城，上奏《高祖文皇帝颂》，隋炀帝看了，心中不高兴，对苏威说："薛道衡颂扬前朝皇帝，这是效法《鱼藻》诗来寄托讽刺。"因此隋炀帝只授给他司隶大夫职位，想找机会治他的罪。司隶刺史房彦谦劝薛道衡闭门谢绝宾客，要言辞谦虚，低声下气，薛道衡不听。恰好要商议新的律令，长久争执不决，薛道衡对朝臣们说："要是高颎没死，这律令早就施行了。"有人上奏，隋炀帝大怒，说："他还在怀念高颎啊！"把薛道衡交给司法部门治罪。裴蕴上奏说："薛道衡依仗有才能又是老臣，眼里看不起皇上，把过恶推给国家，随意制造祸端。真要判他的罪又不明显，但他的真实内心，实在是大逆不道。"隋炀帝说："正是这样。我年轻时与他一起讨伐陈朝，就看轻我年少，与高颎、贺若弼等人在外专权；等到我即位，心怀不安，幸亏天下无事，才没来得及造反罢了。你认为他悖逆，真是看透了他的内心。"薛道衡自认为没有犯大错，就催司法部门早些判决，希望在上奏那天皇上一定赦免，还送信给家里人，要求备办酒席，好招待前来问候的宾客。等到判决上奏，隋炀帝让他自尽，大出薛道衡的意料，薛道衡不愿自杀。司法部门再次上奏，隋炀帝派人绞死了薛道衡，把他的妻子儿女流放到且末，天下的人都认为他冤枉。

隋炀帝大规模检阅军队，尤其称赞器械精美。宇文述趁机进言说："这都是云定兴的功劳。"隋炀帝提升云定兴为太府丞。

【原文】

六年（庚午，610）

春，正月，癸亥朔①，未明三刻②，有盗数十人，素冠③练衣④，焚香持华⑤，自称弥勒佛⑥，入自建国门⑦，监门者皆稽首⑧。既而夺卫士仗，将为乱；齐王暕遇而斩之。于是都下⑨大索⑩，连坐者千余家。

帝以诸蕃酋长毕集⑪洛阳，丁丑⑫，于端门街⑬盛陈百戏，戏场周围五千步，执丝竹⑭者万八千人，声闻数十里，自昏至旦，灯火光烛天地；终月而罢，所费巨万。自是⑮岁以为常⑯。

诸蕃请入丰都⑰市交易，帝许之。先命整饰店肆⑱，檐宇⑲如一，盛设帷帐，珍货充积，人物华盛，卖菜者亦藉⑳以龙须席㉑。胡客㉒或过酒食店，悉令邀延㉓就坐，醉饱而散，不取其直㉔，绐之㉕曰："中国丰饶，酒食例㉖不取直。"胡客皆惊叹。其黠㉗者颇觉之，见以缯帛缠树，曰："中国亦有贫者，衣不盖形㉘，何如以此物与之，缠树何为？"市人惭不能答。

帝称裴矩之能，谓群臣曰："裴矩大识㉙朕意，凡所陈奏，皆朕之成算㉚，未发之顷，矩辄以闻；自非奉国㉛尽心，孰㉜能若是！"是时矩与右翊卫大将军宇文述、内史侍郎虞世基、御史大夫裴蕴、光禄大夫郭衍皆以谄谀㉝有宠。述善于供奉，容止㉞便辟㉟，侍卫者咸取则㊱焉。郭衍尝劝帝五日一视朝㊲，曰："无效高祖，空自勤苦㊳。"帝益以为忠，曰："唯有郭衍心与朕同。"

帝临朝凝重㊴，发言降诏，辞义㊵可观；而内存声色，其在两都及巡游，常以僧、尼、道士、女官㊶自随，谓之四道场。梁公萧钜㊷，琮之弟子；千牛左右㊸宇文皛㊹，庆之孙也；皆有宠于帝。帝每日于苑中林亭间盛陈酒馔㊺，敕燕王倓与钜、皛及高祖嫔御㊻为一席，僧、尼、道士、女官为一席，帝与诸宠姬为一席，略相连接，罢朝即从之宴饮，更相劝侑[47]，酒酣殽乱[48]，靡所不至，以是为常。杨氏妇女之美者，往往进御[49]。晶出入宫掖[50]，不限门禁，至于妃嫔、公主皆有丑声，帝亦不之罪[51]也。

帝复遣朱宽招抚流求，流求不从，帝遣虎贲郎将[52]庐江陈稜[53]、朝请大夫[54]同安张镇周发东阳[55]兵万余人，自义安[56]泛海击之。行月余，至其国，以镇周为先锋。流求王渴剌兜遣兵逆战[57]；屡破之，遂至其都[58]。渴剌兜自将出战，又败，退入栅；稜等乘胜攻拔[59]之，斩渴剌兜，虏其民万余口而还。二月，乙巳[60]，稜等献流求俘，颁赐百官，进稜位右光禄大夫[61]，镇周金紫光禄大夫[62]。

乙卯[63]，诏以"近世茅土[64]妄假，名实相乖[65]，自今唯有功勋乃得赐封，仍令子孙承袭。"于是旧赐五等爵[66]，非有功者皆除之。

庚申[67]，以所征周、齐、梁、陈散乐悉配太常，皆置博士弟子以相传授，乐工至三万余人。

三月，癸亥[68]，帝幸江都宫。

初，帝欲大营汾阳宫[69]，令御史大夫张衡具图[70]奏之。衡乘间[71]进谏曰："比年[72]劳役繁多，百姓疲弊，伏愿留神，稍加抑损[73]。"帝意甚不平，后目衡谓侍臣曰："张衡自谓由其计画[74]，令我有天下也。"乃录[75]齐王暕携皇甫诩从驾及前幸涿郡祠恒岳时父老谒见者衣冠多不整，谴衡以宪司不能举正[76]，出为榆林太守。久之，衡督役筑楼烦城[77]，因帝巡幸，得谒帝。帝恶衡不损瘦[78]，以为不念咎[79]，谓衡曰："公甚肥泽[80]，宜且还郡。"复遣之榆林。未几，敕衡督役江都宫。礼部尚书杨玄感使至江都，衡谓玄感曰："薛道衡真为枉死。"玄感奏之；江都郡丞王世充[81]又奏衡频减顿具[82]。帝于是发怒，锁诣江都市，将斩之，久乃得释，除名为民，放还田里。以王世充领江都宫监。

世充本西域胡人，姓支氏，父收，幼从其母嫁王氏，因冒其姓。世充性谲诈[83]，有口辩[84]，颇涉[85]书传，好兵法，习[86]律令。帝数幸江都，世充能伺候颜色[87]为阿谀，雕饰池台，奏献珍物，由是有宠。

夏，六月，甲寅[88]，制江都太守秩[89]同京尹[90]。

冬，十二月，己未[91]，文安宪侯[92]牛弘卒。弘宽厚恭[93]俭，学术精博，隋室旧臣，始终信任，悔吝[94]不及者，唯弘一人而已。弟弼，好酒而酗[95]，尝因醉射杀弘驾车牛。弘来还宅，其妻迎谓之曰："叔射杀牛。"弘无所怪问，直答云："作脯[96]。"坐定，其妻又曰："叔忽射杀牛，大是异事！”弘曰：“已知之矣。”颜色自若，读书不辍。

敕穿江南河[97]，自京口[98]至余杭[99]，八百余里，广十余丈，使可通龙舟，并置驿宫[100]、草顿[101]，欲东巡会稽[102]。

上以百官从驾皆服袴褶[103]，于军旅间不便，是岁，始诏“从驾涉远者，文武官皆戎衣[104]，五品以上，通著紫袍，六品以下，兼用绯[105]绿，胥史[106]以青，庶人以白，屠商[107]以皂[108]，士卒以黄。”

帝之幸启民帐也，高丽使者在启民所，启民不敢隐，与之见帝。黄门侍郎裴矩说帝曰：“高丽本箕子[109]所封之地，汉、晋皆为郡县；今乃不臣[110]，别为异域。先帝欲征之久矣，但杨谅不肖，师出[111]无功。当陛下之时，安可不取，使冠带[112]之境，遂为蛮貊[113]之乡乎！今其使者亲见启民举国从化，可因其恐惧，胁[114]使入朝。”帝从之。敕牛弘宣旨曰：“朕以启民诚心奉国，故亲至其帐。明年当往涿郡，尔还日语[115]高丽王：勿[116]自疑惧，存育[117]之礼，当如启民。苟或不朝，将帅启民往巡彼土[118]。”高丽王元惧，藩礼[119]颇阙[120]，帝将讨之；课天下富人买武马[121]，匹至十万钱；简阅[122]器仗，务令精新，或有滥恶，则使者立斩。

（以上为第三段，写隋炀帝大业六年起，大办岁首灯节，厚敛以奉胡人，夸饰国威，耗费民脂。继续大兴土木，营建汾阳宫，扩建江都宫，二下江都，荒淫无度。）

【注释】

①癸亥朔：正月初一。 ②刻：计时的单位。古代以铜漏计时，一昼夜分为一百刻，至清代始用时钟，以十五分为一刻，四刻为一小时。 ③素冠：白帽子。 ④练衣：白色的衣服。练，白。 ⑤华：同“花”。 ⑥弥勒佛：佛名。弥勒是姓，为慈氏。字阿逸多，义为无胜。 ⑦建国门：东京洛阳皇城正南有三门，正南为建国门，唐称端门。 ⑧稽首：古代所行的跪拜礼，叩头额触地。 ⑨都下：京城。 ⑩大索：广泛搜索。 ⑪毕集：全都会集。毕，全部。 ⑫丁丑：正月十五日。 ⑬端门街：即洛阳皇城端门外的大街。 ⑭丝竹：指弦乐器和管乐器。 ⑮自是：从此。是，这。 ⑯岁以为常：每年都是这样。常，常事。 ⑰丰都：东都有三市，东市称丰都。 ⑱店肆：商店。肆，商店、客栈、旅馆等。 ⑲檐宇：屋檐。 ⑳藉：坐卧其上。 ㉑龙须席：一种用龙须草编织的席子。 ㉒胡客：外族或外国客人。胡，古代对北方或西北方少数民族或外国人的习称。 ㉓邀延：邀请。延，延请。 ㉔其直：酒饭钱。 ㉕绐之：欺骗胡客。绐，欺骗。

㉖例：一概。㉗黠（xiá）：聪慧，机敏。㉘衣不盖形：衣服遮蔽不住身体。形容穷困。形，形体。㉙大识：特别能认识、领会。㉚成算：预定的计划。㉛奉国：以国家为重。㉜孰：疑问代词，谁。㉝谄谀：奉承，谄媚，用不实之词奉承人。㉞容止：形貌举动。㉟便辟：逢迎谄媚的样子。㊱取则：取法，仿效。㊲视朝：天子临朝听政。㊳空自勤苦：白白地自我劳苦。㊴凝重：庄重，端庄。㊵辞义：言谈举止。义，礼仪，容止。㊶女官：即女道士。㊷萧钜（？—617）：小名藏。传附《隋书·萧岿传》《北史·萧岿传》。㊸千牛左右：武官名。掌供御弓箭。㊹宇文皛（xiǎo）（？—618）：字婆罗门。传附《隋书·宇文庆传》《北史·宇文庆传》。㊺盛陈酒馔：大摆宴席。㊻嫔御：古代帝王的侍妾、宫女。㊼劝侑（yòu）：劝说，鼓励。侑，劝人吃喝。㊽酒酣殽乱：酒兴很浓，杯盘杂乱。殽，同“肴”。㊾进御：进宫侍奉皇帝。㊿宫掖：掖，掖庭，宫内的旁舍，是妃嫔居住的地方，因称皇宫为宫掖。51不之罪：不罪之，不加治罪的意思。52虎贲郎将：武官名。掌虎贲宿卫。53陈稜（？—619）：字长威，庐江襄安（今安徽巢湖市）人。官至右御卫将军。传见《隋书》卷六十四、《北史》卷七十八。54朝请大夫：官名。文散官，无职掌。55东阳：郡名。治所东阳县，在今浙江金华市。56义安：郡名。治所海阳县，在今广东潮州市潮安区。57逆战：迎战。58其都：即流求王所居之地，叫婆罗檀洞，外有沟堑木栅三重，流水环绕，有荆棘为藩屏。59攻拔：攻克。60乙巳：二月十三日。61右光禄大夫：官名。文散官，无职掌。62金紫光禄大夫：官名。文散官，金章紫绶，无职掌。63乙卯：二月二十三日。64茅土：谓受封为王侯。古代帝王社祭之坛以五色土建成，以茅包上，称为茅土，给受封者在封国内立社。65相乖：互相背离，不一致。66五等爵：一般指公、侯、伯、子、男五个爵位等级。67庚申：二月二十八日。68癸亥：三月初二日。69汾阳宫：宫名。故址在今山西宁武县西南管涔山上。70具图：绘制汾阳宫图样。具，备办。71乘间：趁空。间，间隙。72比年：近年。73抑损：控制并减少。74计画：指张衡入宫侍疾，弑隋文帝之事。75录：收集。76举正：纠正。77楼烦城：即楼烦郡城。当时隋炀帝在此建造汾阳宫，故筑城。在今山西静乐县。78损瘦：减瘦。损，减少。79念咎：思考自己的罪过。咎，罪过。80肥泽：肌肉丰润。泽，光润。81王世充（？—621）：字行满，本姓支，西域胡人。其父死，幼随母嫁王氏，遂姓王。仕隋为将军，宇文化及弑炀帝后，拥越王杨侗为帝。后杀杨侗而伪称帝，国号郑。传见《隋书》卷八十五、《北史》卷七十九、《旧唐书》卷五十四、《新唐书》卷八十五。82顿具：筑宫的大型用具。83谲（jué）诈：欺诈，诈骗。84口辩：能言善辩。85涉：涉及。此指阅读。86习：通晓，熟悉。87伺候颜色：察颜观色，看人脸色行事。88甲寅：六月二十四日。89秩：官

吏的职位或品级。 ⑩京尹：官名。京兆尹的省称，掌管京都政刑。 ⑪己未：十二月初三日。 ⑫文安宪侯：牛弘爵位为奇章郡公，卒后赠文安县侯，谥曰宪，这里记其赠官与谥号。 ⑬恭：肃敬，有礼貌。 ⑭悔吝：悔恨。吝，恨惜。 ⑮酌（xù）：醉酒撒酒疯。同“酗”。 ⑯作脯：制作肉干。脯，干肉。 ⑰江南河：隋代大运河中的一段。 ⑱京口：地名。即今江苏镇江市。 ⑲余杭：郡名。治所钱塘县，在今浙江杭州市。 ⑽驿宫：沿途供皇帝临时住宿的宫馆。 ⑽草顿：简单的住所。 ⑽会（kuài）稽：郡名。治所会稽县，在今浙江绍兴市。 ⑽袴褶（kù xí）：服装名。上服褶而下缚袴，其外不再穿裘裳，故称为袴褶。袴，套裤。褶，上衣。 ⑽戎衣：军服。 ⑽绯（fēi）：红色。⑽胥史：官府中办理文书的小吏。 ⑽屠商：宰杀牲畜和经商的人。 ⑽皂：黑色。⑽箕子：商朝人。纣王的父辈，封国于箕（据说封地在今朝鲜半岛），故称为箕子。纣王暴虐，箕子规谏而不听，遂披发装疯为奴，被纣王囚禁。周武王灭商后获释，归镐京。事见《史记》卷三。 ⑾不臣：不向隋朝称臣。 ⑾师出：出军。 ⑾冠带：帽子和腰带。本指服制，引申为文明之称。 ⑾蛮貊（mò）：泛指少数民族。此处引申为不开化之意。 ⑾胁：胁迫，逼迫。 ⑾语：告诉。 ⑾勿：据章校，“勿”上应补“宜早来朝”四字。 ⑾存育：保全，养育。存，抚养，保全。 ⑾往巡彼土：去你国土上巡视。即加兵于高丽的意思。彼，指高丽。 ⑾藩礼：藩国向臣服国应尽的礼节。 ⑿阙：同“缺”。⑿武马：战马。 ⑿简阅：挑选检查。

【译文】

隋炀帝大业六年（庚午，610）

春季，正月初一日，天没亮，三更时分，有几十个盗贼，戴着白帽，穿着白衣，燃着香，手持一束花，自称是弥勒佛，从建国门进城，守城门的卫士都向他们叩头，这些人趁便抢了卫士的武器，将要作乱。齐王杨暕正好遇上，杀了这群人。于是京都大搜捕，受牵连被判罪的有一千多人家。

隋炀帝因为各民族的部落酋长都会集洛阳，于是正月十五日，在端门街举行盛大的活动表演百戏。剧场周围五千步，奏乐的有一万八千人，乐声远传几十里，从黄昏开始直到天亮，灯火照亮了天地，整整一个月才结束，耗费金钱亿万。从这以后，每年都如此。

各民族部落酋长请求在东都东边的丰都市场做生意，隋炀帝同意了。先下令整修装饰店铺，屋檐式样统一，设置漂亮的帷帐，珍稀货物堆积成山，商人们衣饰华丽富贵，卖菜的人也坐在用龙须草编织成的席子上。胡人若有路过酒食店的，店主邀请他们进店就座，酒足饭饱之后就离开，不要他们付钱，并骗他们说："中原很富，喝酒吃饭向来不用付钱。"胡人都惊奇赞叹。其中聪明的人有些觉察，看到用丝绸缠树，就问："中原也有许多穷苦人，他们穿布衣服，为什么不把这些丝绸送给这些贫苦人，缠在树上做什么？"市集上的人非常惭愧无言以对。

隋炀帝赞赏裴矩的才干，对群臣说："裴矩十分了解朕的心意，只要是他陈述奏报的事，都是朕已经考虑好的，只是还没有讲出来，裴矩就上奏说出来了，如果他不是尽忠国家，怎么能够做到这点？"这时裴矩与右翊卫大将军宇文述、内史侍郎虞世基、御史大夫裴蕴、光禄大夫郭衍都因为善于谄媚而受到炀帝宠爱，宇文述很会奉承隋炀帝，一举一动都迎合皇上心意，侍卫隋炀帝的人都学他的样子。郭衍曾经劝说隋炀帝五天上一次朝，还说："不要学高祖，白白自己辛苦。"隋炀帝更加相信郭衍忠心，说："只有郭衍的心和朕想的一样。"

隋炀帝上朝时态度严肃，讲话下诏，文辞义理粲然可观；可是他心里却喜好声色，他在东、西两京以及到各地巡游的时候，常常携带和尚、尼姑、道士、道姑陪同，称之为四道场。梁公萧钜，是萧琮的侄子；千牛左右宇文皛，是宇文庆的孙子，两人都受隋炀帝宠信。隋炀帝天天都在苑中林亭间摆酒席，让燕王杨倓与萧钜、宇文皛以及高祖的妃嫔同坐一席；和尚、尼姑、道士、道姑竟然也同坐席间；隋炀帝和他的宠姬同坐一席，各席差不多互相连接。隋炀帝一退朝就入席，他们互相劝酒，酒醉饭饱之后就混乱不堪，不管什么事都做得出来，经常都是这样。杨氏女子中有长相好的，常常被送给炀帝。宇文皛进出皇宫不受门禁限制，有丑闻的妃嫔、公主，隋炀帝也不加罪。

隋炀帝又派遣朱宽去招抚流求。流求不愿臣服，隋炀帝就派虎贲郎将庐江人陈稜、朝请大夫同安人张镇周征调一万余名东阳兵，从义安渡海发动进攻。海上航行一个多月后，抵达流求，张镇周为先锋。流求王渴刺兜派兵迎战，隋军连续击败流求军，一直打到流求都城，渴刺兜亲自出战，也败了，于是退入营寨，陈稜等人乘胜攻下流求都城，杀死了渴刺兜，俘虏一万余人班师。二月十三日，陈稜等人向隋炀帝进献流求俘虏，隋炀帝颁赏百官，进升陈稜为右光禄大夫，张镇周为金紫光禄大夫。

二月二十三日，隋炀帝下诏，说："近世以来赐封的各级爵位采邑有虚假，有的人名实不符，从今以后只有立功的人才可以得到赐封，仍由子孙继承。"于是清理以前赐封的五等爵位，无功的人都被免除。

二月二十八日，把征召来的，原属北周、北齐、梁、陈旧时的杂戏艺人，全都配属太常，并都设置博士弟子传授技艺，乐工总数有三万多人。

三月初二日，隋炀帝巡幸江都宫。

当初，隋炀帝想要大规模营建汾阳宫，让御史大夫张衡绘制好图样奏报。张衡趁这个机会进言劝谏，说："连年劳役繁多，百姓疲困，希望皇上留意，稍稍减省。"隋炀帝心里很不高兴，事后隋炀帝眼睛盯着张衡的背影说："张衡自认为是他的谋划，才使我有了天下。"于是翻出旧账，先前齐王杨暕私带皇甫诩随从车驾到汾阳宫，又巡幸涿郡祭祀恒山，父老拜见时有很多人衣冠不整，作为执法官的张衡没能举劾匡正，隋炀帝给以申斥，调张衡出朝为榆林太守。过了很久，张衡监督修筑楼烦城，因为隋炀帝巡幸，张衡得以拜谒隋炀帝。隋炀帝厌恶张衡没有瘦下来，认为他没有自省悔过，对张衡说："你这么肥胖，还应该回到榆林郡。"又让张衡去做榆林郡守。没多久，敕令张衡去做江都宫的监督。礼部尚书杨玄感出使到江都，张衡对杨玄感说："薛道衡死得冤枉。"杨玄感上奏了。江都郡丞王世充又上奏张衡一次又一次削减筑宫器具。隋炀帝大怒，命令用枷锁锁住张衡押送到闹市，将要斩首，过了很久又把他放了，免官除名，回到原籍。任命王世充为江都宫的督造总监。

王世充原本是西域胡人，姓支氏，父亲叫支收，年幼时随母嫁王氏，冒用王姓。王世充，生性诡诈，能言会道，读了许多典籍史传，爱好兵法，学习律令。隋炀帝几次巡幸江都，王世充善于观察皇上脸色阿谀奉承，精心装饰水池亭台，进献奇珍异宝，因此受到宠信。

夏季，六月二十四日，规定江都太守俸禄与京尹等同。

冬季，十二月初三日，文安宪侯牛弘去世。牛弘宽弘忠厚，谦逊节俭，学问渊博，隋朝的老臣，始终得到两代皇帝信任，没有罪咎和灾祸的，只有牛弘一个人。弟弟牛弼喜欢喝酒，常撒酒疯，曾经因醉酒射杀了牛弘的驾车牛。牛弘回到家里，他妻子对他说："叔叔射死了你的驾车牛。"牛弘没有责备，也不询问原因，随口回答说："把死牛拿去做牛肉干。"坐定之后，妻子又说："叔叔突然射死了牛，真是奇怪。"牛弘平静地说："知道了。"脸色平静，只顾埋头读书。

隋炀帝敕令开凿江南运河，从京口到余杭，长八百余里，宽十多丈，是为了便利龙舟通航无阻，并在沿岸设置驿站、行宫、临时休息站，隋炀帝准备东游会稽。

隋炀帝认为随驾百官穿上衣和套裤相连的服装，在军旅中行动不便，这一年，首次下诏规定："随驾远行之人，不论文武群臣都穿戎服，五品以上的官员，一律穿紫袍，六品以下的官员，要兼用红绿色，文书小吏着青衣，庶民百姓穿白衣，屠户商人穿黑衣，士兵穿黄衣。"

隋炀帝驾临启民可汗营帐时，正好高丽使者也在，启民可汗不敢隐瞒，就和使臣一起去朝见隋炀帝。黄门侍郎裴矩对隋炀帝说："高丽原是西周箕子的封地，汉、晋时都是郡县，现在却不称臣，另立国家。先帝早就想伐高丽，由于杨谅不使力，以致他无功而返。现在正逢陛下盛世，怎么能不讨伐攻取，而使文明之境竟沦为蛮荒之邦呢？今天高丽的使者亲眼看到启民举国归化中原，可以趁他害怕时，胁迫他们入朝。"隋炀帝赞同了他的意见。敕令牛弘对高丽使者宣读诏旨说："朕因为启民诚心崇奉中原，所以亲自驾临他的营帐。明年应当巡视涿郡，你回去转告高丽王，不必惊恐疑惧，朕对你们的存在和保护，对待的礼节与启民可汗一样。如果不来朝贡，将要率领启民可汗到你的国土巡行。"高丽王高元恐惧，因应尽的藩国礼节多有缺失，隋炀帝打算进行征讨。下令征收全国富人捐税，用来购买战马，每匹战马高达十万钱。隋炀帝又下令检查武器，一定要精良新造，如果有粗制滥造的，那么监造军械的使者将立即被处斩。

【原文】

七年（辛未，611）

春，正月，壬寅[①]，真定襄侯[②]郭衍卒。

二月，己未[③]，上升钓台[④]，临杨子津[⑤]，大宴百僚。乙亥[⑥]，帝自江都行幸涿郡，御龙舟，渡河入永济渠，仍敕选部[⑦]、门下、内史、御史四司之官于船前选补，其受选者三千余人，或徒步随船三千余里，不得处分[⑧]，冻馁疲顿[⑨]，因而致死者什一二。

壬午[⑩]，下诏讨高丽。敕幽州总管[⑪]元弘嗣[⑫]往东莱[⑬]海口造船三百艘，官吏督役，昼夜立水中，略[⑭]不敢息，自腰以下皆生蛆，死者什三四。

夏，四月，庚午[⑮]，车驾至涿郡之临朔宫[⑯]，文武从官九品以上，并令给宅安置。

先是，诏总征天下兵，无问远近，俱会于涿[⑰]。又发江淮以南水手一万人，弩手三万人，岭南排镩手[⑱]三万人，于是四远[⑲]奔赴如流。五月，敕河南、淮南、江南造戎车[⑳]五万乘送高阳[㉑]，供载衣甲幔幕[㉒]，令兵士自挽之，发河南、北民夫以供军须[23]。秋，七月，发江、淮以南民夫及船运黎阳[24]及洛口诸仓米至涿郡，舳舻相次[25]千余里，载兵甲及攻取之具，往还在道常数十万人，填咽于道，昼夜不绝，死者相枕[26]，臭秽盈路，天下骚动。

山东、河南大水，漂没[27]三十余郡。冬，十月，乙卯[28]，底柱崩，偃[29]河逆流数十里。

初，帝西巡，遣侍御史韦节召西突厥处罗可汗，令与车驾会大斗拔谷，国人[30]不从，处罗谢使者[31]，辞以他故。帝大怒，无如之何[32]。会其酋长射匮遣使来求婚，裴矩因奏曰："处罗不朝，恃强大耳。臣请以计弱之[33]，分裂其国，即易制也。射匮者，都六之子，达头之孙，世为可汗，君临[34]西面，今闻其失职，附属处罗，故遣使来以结援[35]耳，愿厚礼其使，拜为大可汗，则突厥势分，两从我[36]矣。"帝曰："公言是也。"因遣矩朝夕至馆，微讽谕[37]之。帝于仁风殿召其使者，言处罗不顺之状，称射匮向善，吾将立为大可汗，令发兵诛处罗，然后为婚[38]。帝取桃竹[39]白羽箭一枚以赐射匮，因谓之曰："此事宜速，使疾如箭也。"使者返，路径[40]处罗，处罗爱箭，将留之，使者谲而得免。射匮闻而大喜，兴兵袭处罗；处罗大败，弃妻子，将数千骑东走，缘道[41]被劫，寓[42]于高昌，东保时罗漫山[43]。高昌王麴伯雅上状[44]。帝遣裴矩与向氏亲要左右驰至玉门关[45]晋昌城[46]，晓谕[47]处罗使入朝。十二月，己未[48]，处罗来朝于临朔宫，帝大悦，接以殊礼[49]。帝与处罗宴，处罗稽首，谢入见之晚。帝以温言[50]慰劳之，备设天下珍膳[51]，盛陈女乐，罗绮丝竹，眩[52]曜耳目，然处罗终有怏怏之色。

帝自去岁谋讨高丽，诏山东置府[53]，令养马以供军役。又发民夫运米，积于泸河、怀远[54]二镇，车牛往者皆不返，士卒死亡过半，耕稼失时[55]，田畴[56]多荒。加之饥馑，谷价踊贵[57]，东北边尤甚，斗米直数百钱。所运米或粗恶[58]，令民粜[59]而偿之。又发鹿车[60]夫六十余万，二人共推米三石，道途险远，不足充糇粮[61]，至镇，无可输[62]，皆惧罪亡命。重以官吏贪残[63]，因缘[64]侵渔[65]，百姓困穷，财力俱竭，安居则不胜冻馁，死期交急，剽掠则犹得延生[66]，于是始相聚为群盗。

邹平民王薄[67]拥众据长白山[68]，剽掠齐、济[69]之郊，自称知世郎，言事可知矣；又作《无向辽东浪死[70]歌》以相感劝，避征役者多往归之。

平原[71]东有豆子䴀[72]，负海带河[73]，地形深阻[74]，自高齐[75]以来，群盗多匿其中。有刘霸道者，家于其旁，累世仕宦[76]，赀产富厚。霸道喜游侠，食客常数百人，及群盗起，远近多往依之，有众十余万，号"阿舅贼"。

漳南人窦建德[77]，少尚气侠，胆力过人，为乡党所归附。会募人征高丽，建德以勇敢选为二百人长[78]。同县孙安祖亦以骁勇选为征士[79]，安祖辞以家为水所漂[80]，妻子馁死，县令怒笞之。安祖刺杀令，亡抵[81]建德，建德匿之。官司逐捕[82]，踪迹至建德家，建德谓安祖曰："文皇帝时，天下殷盛[83]，发百万之众以伐高丽，尚为所败。今水潦[84]为灾，百姓困穷，加之往岁西征[85]，行者不归，疮痍[86]未复；主上不恤[87]，乃更发兵亲击高丽，天下必大乱。丈夫[88]不死，当立大功，岂可但为亡虏[89]邪！"乃集无赖少年，得数百人，使安祖将之，入高鸡泊[90]中为群盗，安祖自号将军。时鄃人张金称[91]聚众河曲[92]，蓨人高士达聚众于清河[93]境内为盗。郡县疑建德与贼[94]通，悉收其家属，杀之。建德帅麾下二百人亡归士达，士达自称东海公，以建德为司兵[95]。顷之，孙安祖为张金称所杀，其众尽归建德，兵至万余人。建德能倾身接物[96]，与士卒均劳逸，由是人争附之，为之致死[97]。

自是所在群盗蜂起，不可胜数，徒众多者至万余人，攻陷城邑[98]。甲子[99]，敕都尉[100]、鹰扬[101]与郡县相知追捕，随获斩决[102]；然莫能禁止。

（以上为第四段，写隋炀帝大业十年，横征暴敛讨伐高丽，征兵征役，全国骚动，加上山东、河南广大地区遭受水灾，人民走投无路，聚众起义。山东王薄首倡，河北窦建德、高士达等人相继。很快，山东、河北已成燎原之势。）

【注释】

①壬寅：正月十六日。 ②真定襄侯：郭衍生前爵位为真定州市侯，谥曰襄。③己未：二月初三日。 ④钓台：古迹名。也称钓鱼台。古钓台遗址不一，此钓台是汉淮阴侯韩信垂钓处，故址在今江苏淮安市北。 ⑤杨子津：古津渡名。在今江苏扬州市江都区南，有扬子桥，自古为江滨津要处。 ⑥乙亥：二月十九日。 ⑦选部：官署名。吏部的代称。 ⑧处分：处理。即将受选者任职。 ⑨疲顿：劳苦困顿。 ⑩壬午：二月二十六日。 ⑪幽州总管：大业初已废诸州总管府，这是前任官名。 ⑫元弘嗣（565—613）：河南洛阳人。官至黄门侍郎。传见《隋书》卷七十四、《北史》卷八十七。 ⑬东

莱：郡名。治所掖县，在今山东莱州市。 ⑭略：稍微。 ⑮庚午：四月十五日。 ⑯临朔宫：行宫名。故址在今北京市。 ⑰涿：即涿郡。 ⑱排矟（cuān）手：投掷小矛之类武器的能手。矟，如同飞镖。 ⑲四远：四方边远之地。 ⑳戎车：兵车。 ㉑高阳：县名。县治在今河北高阳县东。 ㉒幔幕：帐幕，帐篷。 ㉓军须：同“军需”。指军用的物资。 ㉔黎阳：仓名。开皇三年（583）置。故址在今河南浚县西南。 ㉕次：按次序排列。 ㉖死者相枕：死尸一个压一个。枕，以头枕物。 ㉗漂没：淹没。 ㉘乙卯：十月三日。 ㉙偃：同“堰”。筑土以堵水。此指因砥柱崩塌而堵住了河水。 ㉚国人：西突厥国内的贵族大臣。 ㉛谢使者：向使者道歉。谢，认错，道歉。 ㉜无如之何：没法把他怎么样，无可奈何。 ㉝弱之：削弱它。之，指西突厥。 ㉞君临：以君主的身份来治理。临，统管，治理。 ㉟结援：结交以求援助。 ㊱两从我：谓射匮、处罗两部皆依从隋朝。 ㊲讽谕：用委婉的话进行劝说。 ㊳为婚：成婚。 ㊴桃竹：竹的一种。又名桃枝竹、桃丝竹。可做箭杆。 ㊵路径：路经。径，走过，通“经”。 ㊶缘道：沿途。缘，围绕，沿着。 ㊷寓：寄居。 ㊸时罗漫山：山名。天山支脉，在今新疆乌鲁木齐市与哈密市之间。 ㊹上状：上言其状。即将处罗逃亡高昌的情况上报隋廷。 ㊺玉门关：古关名。故址在今甘肃玉门市西北。 ㊻晋昌城：城名。故址在今甘肃瓜州县东南锁阳城。 ㊼晓谕：明白开导。谕，同“喻”。 ㊽己未：十二月初八日。 ㊾殊礼：特殊的礼遇。殊，特出，出众。 ㊿温言：温和的言辞。 51珍膳：珍贵的食物。膳，食物。 52眩：光彩夺目。 53府：库府，用以贮藏军用物资。 54泸河、怀远：两镇名。泸河镇，故址在今辽宁义县境。怀远镇与泸河镇相邻，故址在今辽宁义县东北、朝阳市东。 55耕稼失时：耽误了农时。 56田畴（chóu）：耕熟的田地。畴，已耕作的土地。 57踊贵：物价上涨。 58粗恶：谓米粗糙，质量恶劣。 59籴（dí）：买粮。 60鹿车：小车。用人力推挽。 61糇（hóu）粮：道上食用的干粮。 62输：缴纳。 63贪残：贪婪而残狠。 64因缘：借着机会。 65侵渔：侵夺吞没。 66剽（piāo）掠：击杀，抢劫。剽，抢劫。延生：延长生命。 67王薄：邹平（今山东邹平市北）人，首举义旗，拉开了隋末农民战争的序幕。事散见《隋书》卷六十五、六十七、七十一等。 68长白山：山名。在今山东济南市章丘区境内。 69齐、济：两郡名。齐郡，治所历城县，在今山东济南市。济，即济北郡，治所卢县，在今山东聊城市茌平区西南。 70浪死：犹言白白送死。浪，轻率，徒然。 71平原：郡名。治所安德县，在今山东德州市陵城区。 72豆子䴚（gǎng）：地名。故址在今山东商河、惠民北。䴚，盐泽。 73负海带河：谓其地理位置依海傍黄河。 74深阻：形容路途阻隔。 75高齐：即北齐。因北齐皇室姓高，故称高齐。 76累世仕宦：代代做官。 77窦建德（573—621）：贝州漳南（今河北故城县东北）人。

隋末农民起义军领袖。传见《旧唐书》卷五十四、《新唐书》卷八十五。 ⑺长：小头目。 ⑼征士：应募出征高丽的兵士。 ⑽漂：淹没。 ⑾亡抵：逃亡到。 ⑿逐捕：追捕。 ⒀殷盛：富强。 ⒁水潦：雨多成灾。 ⒂西征：指西征吐谷浑事。 ⒃疮痍：创伤。 ⒄恤：顾惜，救济。 ⒅丈夫：成年男子的通称。 ⒆亡虏：逃亡的罪人。 ⒇高鸡泊：湖泊名。广袤数百里，芦苇丛生，可以躲避。故址在今河北故城县西南。 ⑼张金称：鄃县（今山东夏津）人，隋末农民起义领袖之一。事散见《隋书》卷四、六十三、六十七等。 ⑽河曲：地名。清河之曲。故址在今河北清河县境。 ⑾清河：郡名。治所清河县，在今河北清河县西北。 ⑿贼：与上文中的“盗”都是旧史家对农民起义军的诬称。本书译文为“反隋军”。 ⒀司兵：官名。掌军事。 ⒁倾身接物：待人接物谦虚。倾，斜，倒。 ⒂致死：尽以死力。致，极，尽。 ⒃城邑：城镇。邑，城市。 ⒄甲子：十二月十三日。 ⒅都尉：武官名。隋置奉车、驸马都尉，掌禁卫。 ⒆鹰扬：武官名。即鹰扬郎将，由骠骑将军所改。武散官，无职掌。 ⒇随获斩决：抓获后随时斩决。决，绝，完毕。

【译文】

隋炀帝大业七年（辛未，611）

春季，正月十六日，真定襄侯郭衍去世。

二月初三日，隋炀帝登上钓台，观临杨子津，大宴百官。二月十九日，隋炀帝从江都游巡到涿郡，乘坐龙舟，渡过黄河进入永济渠，并敕令吏部、门下省、内史省、御史四个部门的官员，随船办公，选任调补全国的官吏，这一路参加选补的人有三千多人，有的步行随船行进了三千多里，也没有得到选补，这些人挨冻受饿，疲困不堪，因此死亡一两成人。

二月二十六日，隋炀帝下诏征讨高丽，敕令幽州总管元弘嗣到东莱海口造船三百艘，官吏监督工程，服役工匠昼夜站在水中，一点儿也不敢休息，从腰部以下都生了蛆，死亡达十之三四。

夏季，四月十五日，隋炀帝巡幸涿郡的临朔宫，随从的文武官员，九品以上的均由涿郡拨出房舍安置。

起先，下诏在全国征调军队，无论远近都到涿郡集中。又征发江淮以南的水手一万人、弓弩手三万人、岭南排镩手三万人，于是四方赶赴涿郡的人如江河奔流而来。五月，敕令河南、淮南、江南等地制造辎重运输车五万辆送往高阳，用来装载衣服、盔甲、帐幕，让士兵自己拉车；又征发黄河南北地区的民夫运送军用物资。秋季，七月，征发长江、淮河以南的民夫以及船只把黎阳和洛口仓的米运输到涿郡，大小船舶前后依次相连上千里，运输武器铠甲以及攻城器具，道路上来来往往多达几十万人，以至道路拥塞，日夜不停，士兵和民夫在途中大批死亡，尸体压着尸体，污秽满路，恶臭扑鼻，天下因此骚动不安。

山东、河南发大水，三十余郡被淹没。冬季，十月初三日，黄河砥柱崩塌，阻塞河水倒流数十里。

起初，隋炀帝西巡，派遣侍御史韦节征召西突厥处罗可汗，命他前往大斗拔谷与隋炀帝车驾相会，西突厥人不从，处罗可汗用别的借口谢绝了使者。隋炀帝非常恼怒，但又无可奈何。适逢西突厥酋长射匮派使者来求婚，裴矩趁机启奏说："处罗可汗不来朝见，是自恃强大，臣请求用计谋削弱他，使他们国家内部分裂，到那时就容易制服了。射匮是都六可汗的儿子，达头可汗的孙子，世代都是可汗，统治突厥西部，现在听说射匮丢了可汗的职位，已依附处罗可汗。因此才派使者来结交求援，希望皇上用厚礼赏赐他的使者，拜射匮为大可汗，那么突厥势必争斗分裂，两部分都将臣服我们。"隋炀帝说："你说得有理。"于是就派裴矩早晚都到驿馆，委婉地暗示使者。然后，隋炀帝在仁风殿召见使者，讲了处罗可汗不顺从的情况，并对射匮的一向亲善大加称赞，表示将要立他为大可汗，命令他发兵诛灭处罗可汗，事成后再行通婚。隋炀帝取出一支桃竹白羽箭赐给射匮，并对他说："这件事要快，要像箭一样快。"使者返回，路经处罗可汗的地方，处罗可汗很喜欢这支箭，想留下它，射匮的使者用诡计骗他才保住了箭。射匮听了使者的回报，非常高兴，便发兵袭击处罗可汗，处罗可汗大败，抛弃妻儿率领几千名骑兵向东逃窜。沿途不断受到劫掠，最后寄居在高昌境内，东面据守时罗漫山。高昌王麴伯雅上奏报告情况。隋炀帝派遣裴矩和处罗可汗的母亲向氏的亲信驰马到达玉门关晋昌城，劝说处罗可汗入朝。十二月初八日，处罗可汗来到临朔宫朝见，隋炀帝非常高兴，用隆重的礼仪接待。隋炀帝宴请处罗可汗，处罗可汗叩头谢罪，为这么晚才觐见皇帝而谢罪。隋炀帝用好言劝慰，摆出全国各地的美味食品，安排盛大的女子乐队演奏，个个穿着绫罗绸缎，手拿着各种管弦乐器，看得眼花缭乱，可是处罗可汗始终怏怏不乐。

隋炀帝从去年就谋划征讨高丽，下诏山东设置府库，饲养战马以供军用。又征发民夫运输粮米，积储在泸河、怀远两镇。前往的车和牛都没有返回，士兵死亡过半，因此误了耕作，田地荒芜，加上严重饥荒，谷价飞涨，东北边境地区尤其严重，一斗米值数百钱。运送前方的米，有些很粗劣，就强迫百姓买好米来补偿。又征发小车夫六十多万，两人共推米三石，路途遥远艰险，这三石米连给车夫做干粮都不够，到达交粮的镇所，车夫们已经无粮可交，都畏罪逃亡。加上官吏贪污残暴，借机侵蚀盘剥，百姓穷困，财力都枯竭了。安分守己则无法忍受饥寒，死亡迫在眼前，抢掠劫夺还可活命，于是开始聚集为群盗。

山东邹平县平民王薄，聚众占据长白山，劫掠到达了齐郡、济北郡的郊外，自称知世郎，意思是能知世事，又创作了《无向辽东浪死歌》用来号召感动百姓，许多逃避征兵服役的人前去投靠他。

平原郡东部有个叫豆子䴙的地方，靠海带河，地形幽深险阻，自从北齐以来，群盗多隐匿在那里。有个叫刘霸道的人，住在附近，世代为官，家产富有。刘霸道喜欢行侠仗义，家中常有数百食客，及至群盗纷纷兴起，远近的人很多都前去投奔他，他拥有部众十几万人，号称“阿舅贼”。

漳南人窦建德，年轻时就行侠仗义，胆识气力都超过一般人，乡里人都归心依附。恰逢朝廷招募人去征伐高丽，窦建德因勇敢而被挑选为二百人长。同县的孙安祖也因骁勇而被选为征士，孙安祖因为房屋家产全被洪水冲走，妻子儿女又都饿死了，要求免役，县令发怒，用鞭子毒打孙安祖。孙安祖把县令杀了，逃到窦建德家中，窦建德把他藏起来。官府追捕孙安祖，跟踪追寻到窦建德家。窦建德对孙安祖说：“文皇帝的时候，国家富庶强盛，发兵百万讨伐高丽，尚且失败，如今水涝成灾，百姓穷困，加上往年西征吐谷浑，士卒一去不回，国家的元气还没有恢复，皇上不体恤百姓，竟还要出兵亲自攻打高丽，天下必定大乱。大丈夫不死的话，应当建立大功，怎么能只做逃犯呢？”于是聚集无赖少年几百人，由孙安祖率领进入高鸡泊中为盗，孙安祖自称将军。当时还有鄃县人张金称在河曲聚众为盗；蓨郡人高士达在清河郡内聚众为盗。郡县官吏怀疑窦建德与盗贼勾结，逮捕了他的全家，全部杀死。窦建德率领二百人逃跑，投奔高士达，高士达自称东海公，任用窦建德为司兵。不久，孙安祖被张金称杀害，孙安祖的部众归附窦建德，兵力达到一万多人。窦建德能够礼贤下士，与士兵同甘共苦，因此起事的人争着归附他，愿意替他出死力。

从此，各地群盗蜂起，不可胜数，有的兵力多达一万余人，到处攻城略地。十二月十三日，隋炀帝敕令都尉、鹰扬郎将与郡县互相配合追捕盗贼，捕获后立即就地斩首，但是仍然不能禁止。

【原文】

八年（壬申，612）

春，正月，帝分西突厥处罗可汗之众为三，使其弟阙度设[①]将羸弱万余口，居于会宁[②]，又使特勒[③]大奈别将余众居于楼烦[④]，命处罗将五百骑常从车驾[⑤]巡幸，赐号曷婆[⑥]那可汗，赏赐甚厚。

初，嵩高[⑦]道士潘诞自言三百岁，为帝合炼金丹。帝为之作嵩阳观[⑧]，华屋[⑨]数百间，以童男童女各一百二十人充给使，位视三品；常役数千人，所费巨万。云金丹应用石胆、石髓[⑩]，发石工凿嵩高大石深百尺者数十处。凡六年，丹不成。帝诘之，诞对以“无石胆、石髓，若得童男女胆髓各三斛[⑪]六斗，可以代之。”帝怒，锁[⑫]诣涿郡，斩之。且死，语人曰：“此乃天子无福，值我兵解[⑬]时至，我应生梵摩天[⑭]”云。

四方兵皆集涿郡，帝征合水令庾质，问曰：“高丽之众不能当我一郡，今朕以此众伐之，卿以为克不[⑮]?”对曰：“伐之可克。然臣窃有愚见，不愿陛下亲行[⑯]。”帝作色曰：“朕今总兵至此，岂可未见贼而先自退邪？”对曰：“战而未克，惧损威灵[⑰]。若车驾留此，命猛将劲卒，指授方略[⑱]，倍道兼行[⑲]，出其不意，克之必矣。事机[⑳]在速，缓则无功。”帝不悦，曰：“汝既惮行，自可留此。”右尚方署[㉑]监事[㉒]耿询[㉓]上书切谏，帝大怒，命左右斩之，何稠苦救，得免。

壬午[㉔]，诏左十二军出镂方、长岑、溟海、盖马、建安、南苏、辽东、玄菟、扶余、朝鲜、沃沮、乐浪[㉕]等道，右十二军出黏蝉、含资、浑弥、临屯、候城、提奚、蹋顿、肃慎、碣石、东暆、带方、襄平[㉖]等道，骆驿引途[㉗]，总集平壤[㉘]，凡一百一十三万三千八百人，号二百万，其馈运者倍之[㉙]。宜社[㉚]于南桑干水[㉛]上，类上帝[㉜]于临朔宫南，祭马祖[㉝]于蓟城[㉞]北。帝亲授节度：每军大将、亚将[㉟]各一人；骑兵四十队，队百人，十队为团，步卒八十队，分为四团，团各有偏将一人；其铠胄、缨拂、旗幡[㊱]，每团异色；受降使者[㊲]一人，承诏[㊳]慰抚，不受大将节制；其辎重散兵[㊴]等亦为四团，使步卒挟之[㊵]而行；进止立营，皆有次叙仪法[㊶]。癸未[㊷]，第一军发；日遣[㊸]一军，相去四十里，连营渐进；终四十日，发乃尽[㊹]，首尾相继，鼓角相闻，旌旗亘九百六十里。御营内合十二卫、三台[㊺]、五省[㊻]、九寺[㊼]，分隶内、外、前、后、左、右六军，次后发，又亘八十里。近古出师之盛，未之有也。

甲辰[48]，内史令元寿薨。

二月，壬戌[49]，观德王雄[50]薨。

北平襄侯段文振[51]为兵部尚书，上表，以为帝“宠待突厥太厚，处之塞内，资以兵食，戎狄之性，无亲而贪，异日[52]必为国患，宜以时谕遣，令出塞外，然后明设烽候[53]，缘边镇防，务令严重，此万岁之长策也。”兵曹郎[54]斛斯政[55]，椿之孙也，以器干[56]明悟，为帝所宠任，使专掌兵事。文振知政险薄[57]，不可委以机要，屡言于帝，帝不从。及征高丽，以文振为左候卫大将军，出南苏道。文振于道中疾笃，上表曰：“窃见辽东小丑[58]，未服严刑，远降六师[59]，亲劳万乘[60]。但夷狄多诈，深须防拟[61]，口陈降款[62]，毋宜遽受。水潦方降，不可淹迟[63]。唯愿严勒诸军，星驰[64]速发，水陆俱前，出其不意，则平壤孤城，势可拔也。若倾其本根[65]，余城自克；如不时[66]定，脱[67]遇秋霖[68]，深为艰阻，兵粮既竭，强敌在前，靺鞨出后，迟疑不决，非上策也。”三月，辛卯[69]，文振卒，帝甚惜之。

癸巳[70]，上始御师，进至辽水[71]。众军总会，临水为大陈，高丽兵阻水[72]拒守，隋兵不得济。左屯卫大将军麦铁杖[73]谓人曰：“丈夫性命自有所在，岂能然艾灸頞[74]，瓜蒂喷鼻，治黄[75]不差，而卧死儿女手中乎！”乃自请为前锋，谓其三子曰：“吾荷国恩[76]，今为死日！我得良杀[77]，汝当富贵。”帝命工部尚书宇文恺造浮桥三道于辽水西岸，既成，引桥趣[78]东岸，桥短不及岸丈余。高丽兵大至，隋兵骁勇者争赴水接战，高丽兵乘高击之，隋兵不得登岸，死者甚众。麦铁杖跃登岸，与虎贲郎将钱士雄、孟叉等皆战死。乃敛兵，引桥复就西岸。诏赠铁杖宿公，使其子孟才袭爵，次子仲才、季才并拜正议大夫[79]。更命少府监何稠接桥，二日而成，诸军相次继进，大战于东岸，高丽兵大败，死者万计。诸军乘胜进围辽东城[80]，即汉之襄平城也。车驾渡辽，引曷萨那可汗及高昌王伯雅观战处以慑惮[81]之，因下诏赦天下。命刑部尚书卫文昇、尚书右丞[82]刘士龙[83]抚辽左之民，给复[84]十年，建置郡县，以相统摄[85]。

夏，五月，壬午[86]，纳言杨达薨。

诸将之东下也，帝亲戒之曰：“今者吊民伐罪[87]，非为功名。诸将或不识朕意，欲轻兵掩袭，孤军独斗，立一身之名[88]以邀勋赏[89]，非大军行法[90]。公等进军，当分为三道，有所攻击，必三道相知，毋得轻军独进，以致失亡。又，凡军事进止，皆须奏闻待报，毋得专擅。”辽东[91]数出战不利，乃婴城固守，帝命诸军攻之。又敕诸将，高丽若降，即宜抚纳，不得纵兵[92]。辽东城将陷，城中人辄言请降；诸将奉旨不敢赴机[93]，先令驰奏，比[94]报至，城中守御亦备，随出拒战。如此再三，帝终不寤[95]。既而城久不下，六月，己未[96]，帝幸辽东城南，观其城池形势，因召诸将诘责之曰："公等自以官高，又恃家世[97]，欲以暗懦[98]待我邪！在都之日，公等皆不愿我来，恐见病败[99]耳。我今来此，正欲观公等所为，斩公辈耳！公今畏死，莫肯尽力，谓我不能杀公邪！"诸将咸战惧[100]失色。帝因留城西数里，御六合城[101]。高丽诸城各坚守不下。右翊卫大将军来护儿帅江、淮水军，舳舻数百里，浮海[102]先进，入自浿水[103]，去平壤六十里，与高丽相遇，进击，大破之。护儿欲乘胜趣其城，副总管周法尚止之，请俟[104]诸军至俱进。护儿不听，简精甲[105]四万，直造[106]城下。高丽伏兵于罗郭[107]内空寺中，出兵与护儿战而伪败，护儿逐之入城，纵兵俘掠[108]，无复部伍[109]。伏兵发，护儿大败，仅而获免，士卒还者不过数千人。高丽追至船所，周法尚整陈[110]待之，高丽乃退。护儿引兵还屯海浦[111]，不敢复留应接诸军。

左翊卫大将军宇文述出扶余道，右翊卫大将军于仲文出乐浪道，左骁卫大将军荆元恒出辽东道，右翊卫将军薛世雄[112]出沃沮道，左屯卫将军辛世雄出玄菟道，右御卫将军张瑾出襄平道，右武候将军赵孝才[113]出碣石道，涿郡太守检校左武卫将军崔弘昇[114]出遂城[115]道，检校右御卫虎贲郎将卫文昇出增地[116]道，皆会于鸭绿水[117]西。述等兵自泸河、怀远二镇，人马皆给百日粮，又给排甲[118]、枪稍并衣资、戎具、火幕[119]，人别三石[120]已上，重莫能胜致。下令军中："士卒有遗弃米粟者斩！"军士皆于幕下掘坑埋之，才行及中路[121]，粮已将尽。

高丽遣大臣乙支文德[122]诣其营诈降，实欲观虚实。于仲文先奉密旨："若遇高元及文德来者，必擒之。"仲文将执之，尚书右丞刘士龙为慰抚使[123]，固止之。仲文遂听[124]文德还，既而悔之，遣人绐文德曰："更欲有言，可复来。"文德不顾，济鸭绿水而去。仲文与述等既失文德，内不自安，述以粮尽，欲还。仲文议以精锐追文德，可以有功，述固止，仲文怒曰："将军仗十万之众，不能破小贼，何颜[125]以见帝！且仲文此行，固知无功，何则？古之良将能成功者，军中之事，决在一人，今人各有心，何以胜敌！"时帝以仲文有计画[126]，令诸军咨禀[127]节度[128]，故有此言。由是述等不得已而从之，与诸将渡水追文德。文德见述军士有饥色[129]，故欲疲之[130]，每战辄走。述一日之中，七战皆捷，既恃骤胜[131]，又逼群议[132]，于是遂进，东济萨水[133]，去平壤城三十里，因山为营。文德复遣使诈降，请于述曰："若旋师者，当奉高元朝行在所[134]。"述见士卒疲弊，不可复战，又平壤城险固，度[135]难猝拔[136]，遂因其诈而还。述等为方陈而行，高丽四面钞击，述等且战且行[137]。

秋，七月，壬寅[138]，至萨水，军半济[139]，高丽自后击其后军，右屯卫将军辛世雄战死。于是诸军俱溃，不可禁止，将士奔还，一日一夜至鸭绿水，行四百五十里。将军天水王仁恭[140]为殿[141]，击高丽，却之。来护儿闻述等败，亦引还。唯卫文昇一军独全。

初，九军度辽，凡三十万五千，及还至辽东城，唯二千七百人，资储[142]器械巨万计，失亡荡尽。帝大怒，锁系述等。癸卯[143]，引还。

初，百济王璋[144]遣使请讨高丽，帝使之觇[145]高丽动静，璋内与高丽潜通。隋军将出，璋使其臣国智牟来请师期[146]，帝大悦，厚加赏赐，遣尚书起部郎[147]席律诣百济，告以期会[148]。及隋军渡辽，百济亦严兵[149]境上，声言助隋，实持两端。

是行也，唯于辽水西拔高丽武厉逻[150]，置辽东郡[151]及通定镇[152]而已。八月，敕运黎阳、洛阳、洛口、太原等仓谷向望海顿[153]，使民部尚书[154]樊子盖[155]留守涿郡。九月，庚寅[156]，车驾至东都。

冬，十月，甲寅[157]，工部尚书宇文恺卒。

十一月，己卯[158]，以宗女为华容公主，嫁高昌。

宇文述素有宠于帝，且其子士及[159]尚帝女南阳公主[160]，故帝不忍诛。甲申[161]，与于仲文等皆除名为民，斩刘士龙以谢天下。萨水之败，高丽追围薛世雄于白石山[162]，世雄奋击，破之，由是独得免官。以卫文昇为金紫光禄大夫。诸将皆委罪[163]于于仲文，帝既释诸将，独系仲文。仲文忧恚[164]，发病困笃[165]，乃出之[166]，卒于家。

是岁，大旱，疫[167]，山东尤甚。

张衡既放废[168]，帝每令亲人觇衡所为。帝还自辽东，衡妾告衡怨望，谤讪[169]朝政，诏赐尽[170]于家。衡临死大言："我为人作何等事，而望久活！"监刑者塞耳，促令杀之。

（以上为第五段，写隋炀帝大业八年御驾亲征高丽，详细载述了这一战役的全过程。隋朝出动百余万大军征伐一个弹丸小国，出兵之盛，旷古未闻。结果大败而归，并没有出人意外。兵未发，有识之士已预见其败。百万大军，行动迟缓，敌方早做好准备，此其一。隋炀帝亲征，又刚愎自用，还要亲自指挥，不知阵前变化，众将无所适从，连连丧失战机，此其二。兵马未动，粮草先行。隋军后勤辎重粮秣，基地在涿郡，距离辽东仍然遥远，进军平壤，兵士自负粮秣辎重，实际上没有后勤支持，兵愈多，其败愈速，此其三。可以说这是残虐之主发动的一次必败的战争，教训是极为深刻的。）

【注释】

①阙度设：突厥官名。主管军队的称“设”。 ②会宁：郡名。治所鸣沙县，在今甘肃敦煌市。 ③特勒：突厥官名。可汗子弟为特勒。据突厥文《阙特勤碑》，“特勒”应为“特勤”。 ④楼烦：郡名。治所静乐县，在今山西静乐县。 ⑤车驾：马驾的车。又作帝王的代称。 ⑥曷婆：据章校，“婆”应改作“娑”字。 ⑦嵩（sōng）高：山名。即嵩山。在今河南登封市西北。 ⑧嵩阳观：道观名。当在嵩高山上。观，道教的庙宇。 ⑨华屋：金碧辉煌的房屋。华，光辉，光彩。 ⑩石胆、石髓：石胆，石脂类，可入药。石髓，石钟乳，可入药。 ⑪斛（hú）：古代容量名。十斗为一斛。 ⑫锁：拘系。 ⑬兵解：古代学仙的人谓脱去凡骨登仙为尸解，故其徒弟称死为解化。潘诞称被兵器所杀为兵解。 ⑭梵摩天：又称梵天。佛经有梵众天，为梵民所居；梵辅天，为梵佐所居；大梵天，为梵王所居，统称为梵天。 ⑮克不（fǒu）：能否攻克。不，同“否”。 ⑯亲行：亲自出征。 ⑰威灵：声威。 ⑱方略：计谋策略。 ⑲兼行：加倍赶路。 ⑳事机：事情的机会，时机。 ㉑右尚方署：官署名。隶少府监，掌造军器。 ㉒监事：官名。监管作工。 ㉓耿询（？—618）：字敦信，丹阳（今江苏南京）人。历仕陈、隋，官至太史丞。传见《隋书》卷七十八、《北史》卷八十九。 ㉔壬午：正月二日。 ㉕镂方、长岑、溟海、盖马、建安、南苏、辽东、玄菟（tú）、扶余、朝鲜、沃沮（jū）、乐浪（lè làng）：以上地名多用汉时郡县旧名。镂方、长岑、朝鲜，属乐浪郡（治今朝鲜平壤南）。盖马，属玄菟郡（治今辽宁抚顺东）。辽东，汉郡名，治今辽宁辽阳市。溟海，汉乐浪郡海溟县。建安、南苏、扶余，皆高丽国城守之处。沃沮，古地名，在今朝鲜咸镜道境内。 ㉖黏蝉、含资、浑弥、临屯、候城、提奚、蹋顿、肃慎、碣石、东暆（yí）、带方、襄平：以上地名也多是汉时郡县、国旧名。黏蝉、含资、浑弥、提奚、东暆、带方等县，属乐浪郡。候城、襄平属辽东郡。临屯，汉郡名，治今朝鲜江原南道。蹋顿，即汉末辽西乌丸蹋顿所居。肃慎，古国名。其地在今黑龙江松花江流域。碣石，在今朝鲜平壤西南。

㉗引途：上路。㉘平壤：地名。高丽国都城，在今朝鲜平壤市。㉙馈运者倍之：指运送军事供给的人数与出征兵士相比又加倍。㉚宜社：即祭社。㉛桑干水：河名。源出于山西北部，东北流经河北段为桑干河，流经北京段为永定河。㉜类上帝：祭祀名。即祭天。以事类而祭天，求便宜。㉝马祖：马神名。指天驷（房星）。㉞蓟城：即蓟县城，涿郡治所蓟县，在今北京市。㉟亚将：即副将。㊱铠胄、缨拂、旗幡：铠胄，盔甲和头盔。缨拂，结头盔的缨穗。旗幡，旗帜。㊲受降使者：官名。掌管接受与处理敌方投降事宜。㊳承诏：指直接受皇帝指使，受诏命。㊴散兵：古代非正式编制而在军中服役的兵士。㊵挟之：夹持。之，指辎重、散兵。㊶仪法：法度。㊷癸未：正月初三日。㊸日遣：每天派出。㊹发乃尽：指军队才出发完毕。㊺三台：官署名。包括御史、谒者与司隶三台。㊻五省：官署名。包括尚书省、门下省、内史省、秘书省和内侍省。㊼九寺：官署名。包括太常、光禄、卫尉、宗正、太仆、大理、鸿胪、司农、太府等九寺。㊽甲辰：正月二十四日。㊾壬戌：二月十二日。㊿观德王雄：杨雄封为观王，德为谥号。51段文振（？—612）：北海期原（今山东青州市）人。历仕周、隋，官至兵部尚书。赠北平侯，谥曰襄。传见《隋书》卷六十、《北史》卷七十六。52异日：他日。53烽候：即烽火台。古代边防用烽燧报警的土堡哨所。54兵曹郎：官名。即兵部侍郎。隋炀帝改尚书诸曹侍郎为郎。55斛斯政（？—614）：河南人。官至兵部侍郎。传见《隋书》卷七十、《北史》卷四十九。56器干：办事才能。57险薄：邪恶轻薄。58辽东小丑：对高丽国的蔑称。59六师：即六军。军队的统称。60万乘：周制，天子地方千里，出兵万乘。后以万乘称天子。61防拟：提防。拟，揣度。62降款：降服，服罪。款，服顺，服罪。63淹迟：迟缓。淹，久留，停滞。64星驰：如流星飞驰，形容迅速。65本根：草本的根茎，比喻事物的根基。66不时：不及时。67脱：副词。倘若，或许。68秋霖：秋天的霖雨。霖，连绵大雨。69辛卯：三月十二日。70癸巳：三月十四日。71辽水：水名，即今辽河。从辽宁昌图县折西南，流至盘山湾入海。72阻水：依靠辽水。阻，恃，依仗。73麦铁杖（？—612）：始兴（今广东韶关市东南）人。历仕陈、隋，官至右屯卫大将军。赠宿国公，谥曰武烈。传见《隋书》卷六十四、《北史》卷七十八。74頞（è）：鼻梁。75治黄：治黄热病。此病热则头痛，故燃艾灸鼻梁。热则上壅塞鼻，瓜蒂味苦寒，故喷鼻以治鼻塞。76荷国恩：承受国家恩惠。荷，承受。77良杀：好死。78趣：同“趋”，趋赴，趋向。79正议大夫：官名。文散官，取秦大夫掌议论之义，无职掌。80辽东城：即辽东郡城。在今辽宁辽阳市。81慑惮：使其畏惧。82尚书右丞：官名。与尚书左丞分掌尚书诸司纠驳。83刘士龙（？—612）：弘农（今河南灵宝市）人。官至尚书右丞。事散见《隋书》卷四、

六十、六十六、七十四等。 ⑭给复：给予免除徭役。 ⑮统摄：管理。 ⑯壬午：五月初四日。 ⑰吊民伐罪：抚慰人民，讨伐有罪。吊，慰问。 ⑱立一身之名：树立己身和名声。 ⑲勋赏：功劳奖赏。勋，大功劳。 ⑳非大军行法：不是这次大军征行之法。 ㉑辽东：指据守辽东的高丽。 ㉒纵兵：放纵兵士任意杀戮。 ㉓赴机：谓乘机而入。赴，趋往，投入。 ㉔比：等到，及。 ㉕寤：醒悟，理解。 ㉖己未：六月十一日。 ㉗家世：家庭世系，即家庭出身。 ㉘暗懦：昏暗而懦弱。 ㉙病败：因失败而受耻辱。病，耻辱。 ⑩⓪战惧：恐惧，发抖。战，通“颤”。 ⑩①六合城：略如大业三年所造行城，城周围八里，城及女墙高七八丈。 ⑩②浮海：渡海。浮，在水上泛行。 ⑩③浿（pèi）水：河名。在朝鲜境内，即今清川江。 ⑩④俟：等待。 ⑩⑤简精甲：挑选精锐的甲士。简，挑选，选拔。精甲，精锐的甲士。甲，穿盔甲的兵士。 ⑩⑥直造：一直到达。造，到，去。 ⑩⑦罗郭：外城。罗，即罗城，古代为加强防守，在城墙外加建的凸出形小城圈。 ⑩⑧俘掠：俘虏敌兵与抢掠财物。 ⑩⑨部伍：部曲行伍，战斗队列。 ⑪⓪整陈：整顿军队，摆成阵列。陈，同“阵”。 ⑪①海浦：通海之口。浦，河流注入江海的地方。 ⑪②薛世雄（552—614）：字世英，本河东汾阴（今山西万荣县西南）人。历仕周、隋，官至右翊卫将军。传见《隋书》卷六十五、《北史》卷七十六。 ⑪③赵孝才（547—619）：名才，字孝才，张掖酒泉（今甘肃张掖市）人。历仕周、隋，官至右候卫大将军。传见《隋书》卷六十五、《北史》卷七十八。 ⑪④崔弘昇（553—612）：字上客，传附《隋书·崔弘度传》《北史·崔辩传》。 ⑪⑤遂城：县名。县治在今河北保定市徐水区西北遂城。 ⑪⑥增地：地名。在今朝鲜清川江入海处。 ⑪⑦鸭绿水：水名。古名马訾水，一名益州江。其水色绿如鸭头，故名鸭绿江。源出白头山，经集安至丹东市南入黄海。 ⑪⑧排甲：即盾牌。 ⑪⑨火幕：取暖的帐幕。 ⑫⓪石（古读shí，今读dàn）：重量单位。一百二十斤为一石。 ⑫①中路：行程的一半。半道。 ⑫②乙支文德：人名，高丽大臣。乙支，高丽复姓。 ⑫③慰抚使：朝廷临时差遣的官职，到某地行安抚之职。 ⑫④听：听任，允许。 ⑫⑤何颜：有什么脸面。颜，脸色。 ⑫⑥计画：计虑，谋画。 ⑫⑦咨禀：有事要商量禀告。咨，商量，征询。 ⑫⑧节度：部署，节制调度。 ⑫⑨饥色：饥饿时的脸色。 ⑬⓪疲之：使其疲惫。之，指宇文述军士。 ⑬①骤胜：屡次胜利。骤，屡次，频频。 ⑬②逼群议：受大家议论的逼迫。 ⑬③萨水：水名。在今朝鲜境内。 ⑬④行在所：即行在，指封建帝王所在的地方。 ⑬⑤度（duó）：估计，揣度。 ⑬⑥猝（cù）拔：突然攻克。猝，突然。古代多作“卒”。拔，攻克。 ⑬⑦且战且行：一边战斗，一边撤走。且，表示两件事同时进行。 ⑬⑧壬寅：七月二十四日。 ⑬⑨半济：渡过一半。 ⑭⓪王仁恭（558—617）：字元实，天水上邽（今甘肃天水市）人。官至马邑太守。传见《隋书》卷六十五、《北史》卷七十八。 ⑭①为殿：

为后军，断后。 ⑭²资储：物资储备。 ⑭³癸卯：七月二十五日。 ⑭⁴百济王璋：继余昌王之后立为高丽王。事见《隋书·百济传》《北史·百济传》。 ⑭⁵觇（chān）：窥视，侦察。 ⑭⁶师期：发兵日期。 ⑭⁷尚书起部郎：官名。属工部尚书，即工部郎中。掌兴造、工匠、诸公廨屋宇等。 ⑭⁸告以期会：告诉以起兵之期与会师日期。 ⑭⁹严兵：整顿军队。严，整肃。 ⑮⁰武厉逻：高丽于辽水之西设置的警戒观察哨所。 ⑮¹辽东郡：郡名。治所通定镇，在今辽宁新民市东北。 ⑮²通定镇：镇名。故址在今辽宁新民市东北。 ⑮³望海顿：地名。故址在今辽宁凌海市南。 ⑮⁴尚书：据章校，“尚书”下应补“庐江”二字。 ⑮⁵樊子盖（545—616）：字华宗，庐江（今安徽合肥市西）人。历仕周、隋，官至民部尚书，封济公。传见《隋书》卷六十三、《北史》卷七十六。 ⑮⁶庚寅：九月十三日。 ⑮⁷甲寅：十月八日。 ⑮⁸己卯：十一月初三月。 ⑮⁹士及：（？—642）：即宇文士及。雍州长安（今陕西西安市）人。历仕隋、唐，官至中书令。传见《旧唐书》卷六十三、《新唐书》卷一百。 ⑯⁰南阳公主：传见《隋书》卷八十、《北史》卷九十一。 ⑯¹甲申：十一月初八日。 ⑯²白石山：山名。在今朝鲜境内。 ⑯³委罪：把罪责推诿给别人。 ⑯⁴忧恚：忧虑而怨恨。 ⑯⁵困笃：病重垂危。 ⑯⁶出之：从监狱中放出。 ⑯⁷疫：瘟疫，流行性传染病的通称。 ⑯⁸放废：谓罢免官职，放还乡里。 ⑯⁹谤讪：毁谤，讥刺。 ⑰⁰赐尽：赐予自杀。

【译文】

隋炀帝大业八年（壬申，612）

春季，正月，隋炀帝把西突厥处罗可汗的部众分为三部分，命令处罗可汗的弟弟阙度设率领一万多口老弱伤残居住在会宁，又命令特勒大奈率领其余的部众居住在楼烦，命令处罗可汗率领五百名骑兵随从车驾巡幸，赐号曷婆那可汗，赏赐优厚。

当初，嵩高山道士潘诞自称有三百岁，替隋炀帝炼金丹。隋炀帝为他建造了嵩阳观，华丽的房屋几百间，派了童男童女各一百二十人供使唤，官位等同三品。他经常役使几千人，耗费了亿万资财。他说炼金丹要用石胆、石髓，征发石工开凿嵩高山的大石头，深达百尺的有几十处。花了六年时间，金丹还没炼成。隋炀帝责问他，潘诞回答说：“没有石胆、石髓，如果用童男童女的胆和骨髓三斛六斗，就可以代替。”隋炀帝大怒，将潘诞上了枷锁，送到涿郡，把他杀了。潘诞临死时，对人说：“这是天子无福，当我被兵器解脱成仙的时候，我就升上梵摩天了！”

四方的军队都集中到涿郡，隋炀帝召见合水令庾质，问道："高丽的人口还不如我国的一个郡多，今天朕率领这么多的军队讨伐它，你认为能否打败它？"庾质回答："讨伐可以取胜，但臣私下有愚见，不希望陛下亲自出征。"隋炀帝脸色一变，说："朕今天统率大军到此，难道还没看见敌军自己就先后撤吗？"庾质回答说："作战而不能取胜，恐怕有损陛下威望。如果陛下留在涿郡，只派猛将劲卒，指示机宜，倍道兼行，出其不意，一定能够攻克。军机在于神速，迟缓就会无功。"隋炀帝听了不高兴，说："你既然害怕前往，自己可以留在此地。"右尚方署监事耿询上书恳切劝谏，隋炀帝非常恼怒，命令左右将他斩首。何稠苦苦哀求，耿询才幸免一死。

正月初二日，隋炀帝下诏，命令左翼十二军分别出兵进攻镂方、长岑、溟海、盖马、建安、南苏、辽东、玄菟、扶余、朝鲜、沃沮、乐浪；右翼十二军分别出兵进攻黏蝉、含资、浑弥、临屯、候城、提奚、蹋顿、肃慎、碣石、东暆、带方、襄平。各路人马络绎不绝，限期在平壤城会师，军队共达一百一十三万三千八百人，号称二百万，运送军需的人数是士兵人数的两倍。隋炀帝在桑干水的南面祭祀社主，在临朔宫南祭祀上天，在蓟城北郊祭祀马祖。隋炀帝亲自指挥：下令每军设大将、副将各一人；骑兵四十队，每队一百人，十个骑兵队组成一个骑兵团；步兵八十队，分为四个步兵团，每团设偏将一名；头盔铠甲、帽缨马缨、旗帜旌幡，每团有不同的颜色；每团另外设置受降使者一人，直接秉受诏命安抚慰劳投降的人，不受大将指挥；辎重后勤部队也分成四个团，在步兵左右掩护下前进；军队前进、停止、扎营都按一定的次序法度进行。正月初三日，第一军出发，以后每天出发一军，前后相距四十里，一营接着一营前进，过了四十天，全军才出动完毕。各军首尾相继，鼓角相闻，旌旗连绵九百六十里。御营内共有十二卫、三台、五省、九寺，分别隶属内、外、前、后、左、右六军，紧跟着最后出发，又连绵八十里。近古以来出兵征伐，如此盛况是从未有过的。

正月二十四日，内史令元寿去世。

二月十二日，观德王杨雄去世。

北平襄侯段文振任兵部尚书，他上奏表，认为隋炀帝"恩宠突厥太过优厚，让他们住在塞内，又供应他们武器粮食。然而戎狄的本性没有感恩之情，而又贪得无厌，将来一定会成为国家的祸患，应该及时加以晓谕，遣返他们回到塞外，然后设置烽火台及侦察哨所，沿边境加强镇守防御，一定要严密警戒，这才是长治久安的上策”。兵曹郎斛斯政，是斛斯椿的孙子，因为精明强干，得到隋炀帝的宠信，让他专掌军事。段文振深知斛斯政阴险刻薄，不可让他掌管机要，他多次向隋炀帝进言，隋炀帝都没有听从。等到征伐高丽，隋炀帝任命段文振为左候卫大将军，出兵进攻南苏道。段文振在途中身患重病，向隋炀帝上表说：“臣私下认为辽东小丑，不服从朝廷的严令，致使大军长途跋涉，劳烦陛下御驾亲征。但夷狄生性狡诈，一定要严加防备，他们口头上表示投降，不应当马上接受。如今大雨连绵将要成灾，不可逗留迟缓。希望严令众军迅速进军，水陆并进，出敌不意，那么平壤这座孤城，肯定能够攻克。只要摧毁了他们的根本，其他城池就会不攻自破。如果不能及时平定，一旦遇到秋雨连绵，愈加遭受艰难险阻，军粮接济断绝，强敌在我们面前，靺鞨人将攻击我们背后，如果还迟疑不决，就决非上策了。”三月十二日，段文振去世，隋炀帝深感惋惜。

三月十四日，隋炀帝开始亲自统率诸军，进兵到达辽水。各路大军汇合在一起，紧靠辽水岸边摆开庞大的阵势，高丽军队依靠辽水在东岸抵抗，隋军不能渡过辽水。左屯卫大将军麦铁杖对人说：“大丈夫性命自有归宿，怎么可以燃点艾草在鼻梁灸治，用瓜蒂在鼻孔喷汁，治热病不愈，而死于儿女之怀！”于是主动请求担任前锋，并对三个儿子说：“我身受国恩，今天到为国捐躯的日子了，我死得其所，你们应得享富贵。”隋炀帝命工部尚书宇文恺在辽水西岸建造三座浮桥，浮桥建成后，向东岸移动，但桥身太短，还差一丈多不能到达东岸。这时高丽大部队赶到，隋军中骁勇的士兵争相跳进水中与高丽士兵交战，高丽士兵在高岸上拦击，隋军无法上岸，死了很多人。麦铁杖一跃上岸，与虎贲郎将钱士雄、孟叉等都战死了。于是隋军收兵，将桥又移到西岸。隋炀帝下诏追赠麦铁杖为宿公，由他的长子麦孟才继承爵位，次子麦仲才、麦季才都拜授正议大夫。又命少府监何稠接长浮桥，两天才完成，各军按顺序相继进发，与高丽军在东岸大战，高丽军队大败，死亡了几万人。各路大军乘胜进击，包围了辽东城，也就是汉代的襄平城。隋炀帝车驾也渡过了辽水，他带领曷萨那可汗和高昌王麴伯雅一起巡视战场，以使他们恐惧慑服。隋炀帝因取胜下诏大赦天下。命令刑部尚书卫文昇、尚书右丞刘士龙安抚辽东百姓，免除十年徭役赋税，设置郡县，以利于统辖管理。

夏季，五月初四日，纳言杨达去世。

众将领东征出发时，隋炀帝亲自告诫他们说：“这次出兵，是为了解救百姓，讨伐罪逆，不是为了建功立名。各位将领，有的不了解朕的本意，想用轻兵偷袭，孤军独斗，建立个人的功名以获得封赏，这不是大军征伐的目的。你们进攻，应当分为三路，要是发动攻击，要三路相互配合，不要轻军独进，以招致失败。还有，凡是军事运动，无论前进停止都要奏报，等待回复，不得专擅。”辽东高丽军队几次出战不利，于是闭城固守，隋炀帝命令各军加紧进攻，又敕令诸将，高丽人如果请求投降，应立即安抚接纳，不得纵兵进攻。辽东城即将攻破，城中高丽人就放话说投降，诸将奉圣旨不敢抓住战机，而是先派人飞马奏报隋炀帝，等到批奏回来，城中又做好了防守战备，随后继续抵抗。像这样重复了好几次，隋炀帝仍然不醒悟。结果城池久攻不下。六月十一日，隋炀帝巡视辽东城东南郊，察看城池形势，然后把众将领召集起来斥责说：“你们自以为官位高，又依仗是豪门世家，想把我当成是糊涂胆小的人吗？在京都的时候，你们都不愿我来，担心打了败仗蒙羞。我现今来到这里，正是要亲眼看看你们的表现，恨不得砍掉你们的脑袋。你们怕死，没人肯尽力，认为我不能杀你们吗？”众将领都吓得发抖变了脸色。隋炀帝便留在城西几里外的地方，坐镇六合城。高丽各城都坚守很难攻破。右翊卫大将军来护儿率领江淮水军，船舰相连几百里，横渡黄海，首先进入高丽境内，沿汊水前进，离平壤六十里时与高丽军队遭遇，隋水军进攻，把高丽军队打得大败。来护儿乘胜进攻平壤城，副总管周法尚劝阻他，请求等待各路大军到达后一同进攻。来护儿不听，他精选了四万名甲士，直逼城下。高丽人在外城的空寺庙中设下埋伏，出城与来护儿交战，伪装失败，来护儿追击入城，放纵士兵抢劫，乱不成军。高丽伏兵发起攻击，来护儿大败，只身逃出，士兵逃回来的只剩几千人。高丽人追击到停船的地方，周法尚严阵以待，高丽兵才退走。来护儿率军后撤，在海滨驻扎，不敢留下来与后继的各路军会合。

左翊卫大将军宇文述出兵进攻扶余道，右翊卫大将军宇仲文出兵进攻乐浪道，左骁卫大将军荆元恒出兵进攻辽东道，右翊卫将军薛世雄出兵进攻沃沮道，左屯卫将军辛世雄出兵进攻玄菟道，右御卫将军张瑾出兵进攻襄平道，右武候将军赵孝才出兵进攻碣石道，涿郡太守检校左武卫将军崔弘昇出兵进攻遂城道，检校右御卫虎贲郎将卫文昇出兵进攻增地道，全都到鸭绿水西岸会师。宇文述等率各军从泸河、怀远二镇启程，人马都配备一百天的粮食，又供给铠甲、刀枪、长矛，以及衣物、攻城用具、取暖帐篷等，每人都负担三石以上的重量，没有人能够如此重负行军。于是下令军中：“丢弃粮食的士卒一律斩首！”军士们便都在营帐下挖坑把粮食等物埋起来，所以队伍才走到半路，粮食已快要吃光。

高丽派遣大臣乙支文德到隋军军营诈降，其实是想打探虚实。于仲文事先接奉密旨：“要是遇到高元和乙支文德来，一定要抓获。”于仲文想把乙支文德抓起来，尚书右丞刘士龙担任慰抚使，坚决制止，于仲文只好放乙支文德返回，但很快他就后悔了，派人骗乙支文德说："另外还有话说，请回来。"乙支文德头也不回，渡过鸭绿水离去。于仲文与宇文述等人因为让乙支文德跑掉了，心里十分不安。宇文述又因为粮食用尽，想要回军。于仲文建议派精兵追捕乙支文德，以此立功，宇文述坚决阻止。于仲文生气地说："将军统领十万之众，却不能打败一个小敌，有什么脸面去见皇上？况且我于仲文这次出征，原本就知道不能成功。为什么呢？古代良将之所以成功，军中事务，一人决断，现今人各有心，怎么能够战胜敌人呢？"当时，隋炀帝认为于仲文有谋略，命令各军向他咨询，听从指挥，所以他才敢这样说。因此宇文述等不得已听从了于仲文，渡过鸭绿水追击乙支文德。乙支文德看到宇文述士兵面有饥色，因此采用疲劳战术，每次与隋军交战就立即撤退，宇文述在一天之中七战七胜。既然多次打了胜仗，又迫于各种议论，于是推进，向东渡过萨水，离平壤城三十里，依山扎营。乙支文德又派来使者诈降，请求宇文述说："如果大军向后撤退，一定让国王高元朝见行在所。"宇文述看到士兵疲惫，无力再交战，加上平壤城池险要坚固，估计难以迅速攻破，于是趁着高丽人的假投降顺水推舟撤军。宇文述将队伍列成方阵行进，高丽人从四面八方包抄攻击，宇文述边打边退。

秋季，七月二十四日，隋军后撤到达萨水，刚渡过一半，高丽人攻击后卫军，右屯卫将军辛世雄战死，于是各军全线溃败，无法制止。将士拼命逃跑，一天一夜跑到鸭绿水，跑了四百五十里。将军天水人王仁恭殿后，发起反击，才打退了高丽兵。来护儿得知宇文述等兵败，也率军撤退。只有卫文昇一军全军返回。

当初，九路大军渡过辽河，共三十万五千人。等到退回辽东城，只剩下二千七百人，所有军资器械价值亿万，丧失殆尽。隋炀帝大怒，上枷锁拘捕了宇文述等人，七月二十五日，率军返回。

当初，百济国王璋遣使请求讨伐高丽，隋炀帝让他侦察高丽的动静，璋却暗中与高丽勾结。隋军快要出征时，璋派遣使臣国智牟来请问出兵日期，隋炀帝非常高兴，给了优厚的赏赐，并派尚书起部郎席律到百济，通报会师的日期。等到隋军渡过辽水之后，百济也在边境上集结军队，声称支援隋军，实际是坐观成败。

这一次东征，隋军只在辽水西岸攻占了高丽武厉逻，设置了辽东郡和通定镇。八月，敕令运送黎阳、洛阳、洛口、太原等仓的谷到望海顿，委派民部尚书樊子盖留守涿郡。九月十三日，隋炀帝车驾回到东都。

冬季，十月初八日，工部尚书宇文恺去世。

十一月初三日，将宗室女封为华容公主，嫁高昌王。

宇文述一向受到隋炀帝的宠信，他的儿子宇文化及娶隋炀帝的女儿南阳公主，因此隋炀帝不忍心处死宇文述。十一月初八日，宇文述与于仲文等都被罢官除名，贬为平民，只将刘士龙斩首以谢天下。萨水溃败时，高丽军追击包围薛世雄于白石山，薛世雄奋起反击，打败了高丽军队，因此只有他一人没有被罢官。任命卫文昇为金紫光禄大夫。众将领都把罪过推到于仲文身上，隋炀帝赦免了众将领，只把于仲文一人投到牢狱。于仲文忧愁怨恨，生了重病，便放他出狱，于仲文死在了家中。

这一年，大旱，瘟疫流行，山东地区尤为严重。

张衡被免官回到乡里，隋炀帝经常命张衡的亲属监视张衡的行为。隋炀帝从辽东回来之后，张衡的妾告发张衡怀恨在心，诽谤朝政，隋炀帝诏令赐张衡在家自尽。张衡临死时大喊："我替人做了那样的大事，还能指望长久活命吗？"监刑的人赶紧堵住耳朵，下令立即杀死张衡。

【评析】

本卷所载史事，最发人深省的是隋炀帝兵伐高丽之役。隋军之败，固有其因，而高丽何以能抗衡大国更有借鉴意义。高丽是一个小国，举国之众不如隋朝一个大郡。然而不仅昏暴之主隋炀帝兵败辽东，而且隋文帝攻之于前不克，唐太宗征之于后亦丧师。王夫之认为，陈朝的灭亡，给高丽君臣敲了警钟，上下一心，团结民众，选将练兵，积蓄粮草，修治器械，严阵以待大国来犯，所以不可攻克。一个小国有敌国外患之忧，就足可以抗衡大国。三国时，蜀汉灭亡，孙皓不知警惧；南北朝时，北齐高纬灭亡，陈朝陈叔宝不知警惧；五代时后蜀孟昶灭亡，南唐李煜不知警惧，等到兵临城下，不知所措，只有委身投降的份儿。可以说，有敌国外患而知警惧，从而奋起有为，才能自强，方能御辱。像谯周畏敌而不战，宋高宗畏金人而称臣，知惧而不奋起，还不如不知惧。知惧而发愤自强，高丽人做出了榜样。

卷第一百八十二　隋纪六

隋炀帝大业九年至十一年（613—615）

【起昭阳作噩（癸酉，613），尽旃蒙大渊献（乙亥，615），凡三年】

【大事提要】

本卷载述613年至615年，凡三年史事，当隋炀帝大业九年至十一年。三年中，隋炀帝又两征高丽，平定杨玄感之乱，在雁门受困于突厥，民变四起，遍布全国。隋炀帝面临四面楚歌，仍执迷不悟，因隋军还貌似强大，隋炀帝之令，尚能行于朝野。但农民起义的烈火却越烧越旺，隋军征讨，胜利越多，杀戮越重，民变愈炽。正如老子所说："民不畏死，奈何以死惧之。"

【原文】

炀皇帝中

大业九年（癸酉，613）

春，正月，丁丑①，诏征天下兵集涿郡。始募民为骁果②，修辽东古城③以贮军粮。

灵武④贼帅白瑜娑劫掠牧马，北连突厥，陇右多被其患，谓之"奴贼"。

戊戌⑤，赦天下。

己亥⑥，命刑部尚书卫文昇等辅代王侑留守西京。

二月，壬午⑦，诏："宇文述以兵粮不继，遂陷王师⑧；乃军吏⑨失于支料⑩，非述之罪，宜复其官爵。"寻又加开府仪同三司。

帝谓侍臣曰："高丽小虏，侮慢⑪上国⑫，今拔海移山⑬，犹望克果⑭，况此虏乎！"乃复议伐高丽。左光禄大夫⑮郭荣⑯谏曰："戎狄失礼，臣下之事；千钧⑰之弩，不为鼷鼠⑱发机⑲，奈何亲辱⑳万乘以敌小寇乎！"帝不听。

三月，丙子[21]，济阴孟海公[22]起为盗，保据周桥[23]，众至数万，见人称引书史，辄杀之。

丁丑[24]，发丁男十万城大兴[25]。

戊寅[26]，帝幸辽东，命民部尚书[27]樊子盖等辅越王侗留守东都。

时所在[28]盗起：齐郡王薄、孟让、北海[29]郭方预、清河张金称、平原郝孝德、河间[30]格谦、勃海[31]孙宣雅各聚众攻剽[32]，多者十余万，少者数万人，山东苦之。天下承平日久，人不习战，郡县吏每与贼战，望风沮败[33]。唯齐郡丞阌乡张须陁[34]得士众心，勇决善战。将郡兵击王薄于泰山下，薄恃其骤胜，不设备；须陁掩击，大破之。薄收余兵北渡河；须陁追击于临邑[35]，又破之。薄北连孙宣雅、郝孝德等十余万攻章丘[36]，须陁帅步骑二万击之，贼众大败。贼帅裴长才等众二万掩至[37]城下，大掠，须陁未暇集兵，帅五骑与战，贼竞赴[38]之，围百余重，身中数创[39]，勇气弥厉[40]。会城中兵至，贼稍退却，须陁督众击之，长才等败走。庚子[41]，郭方预等合军攻陷北海，大掠而去。须陁谓官属曰："贼恃其强，谓我不能救，吾今速行，破之必矣。"乃简精兵倍道进击，大破之，斩数万级，前后获贼辎重不可胜计。

历城罗士信[42]，年十四，从须陁击贼于潍水[43]上。贼始布陈，士信驰至陈前，刺杀数人，斩一人首，掷空中，以稍盛之，揭[44]以略陈；贼徒愕眙[45]，莫敢近。须陁因引兵奋击，贼众大溃。士信逐北[46]，每杀一人，劓[47]其鼻怀之，还，以验[48]杀贼之数，须陁叹赏，引置左右。每战，须陁先登，士信为副。帝遣使慰谕，并画须陁、士信战陈之状而观之。

夏，四月，庚午[49]，车驾渡辽。壬申[50]，遣宇文述与上大将军杨义臣趣平壤。

左光禄大夫王仁恭出扶余道。仁恭进军至新城[51]，高丽兵数万拒战，仁恭帅劲骑[52]一千击破之，高丽婴城固守。帝命诸将攻辽东，听以便宜从事。飞楼[53]、橦[54]、云梯[55]、地道四面俱进，昼夜不息，而高丽应变拒之，二十余日不拔，主客[56]死者甚众。冲梯[57]竿长十五丈，骁果吴兴沈光[55]升其端，临城与高丽战，短兵接，杀十数人，高丽竞击之而坠；未及地，适[59]遇竿有垂絙[60]，光接而复上。帝望见，壮之，即拜朝散大夫，恒置左右。

（以上为第一段，写大业九年隋炀帝第二次亲征高丽，沉重苛严的征兵征徭，扰动天下，即将进一步激发起全国农民大起义。隋军在河北、山东讨伐，虽然屡次获胜，但无法扑灭农民起义的烈火。）

【注释】

①丁丑：正月初二日。 ②骁（xiāo）果：勇猛敢死之士。 ③辽东古城：城名。隋大业八年置辽东郡，治所通定镇，故址在今辽宁新民市东北。 ④灵武：郡名。治所回乐县，在今宁夏灵武市西南。 ⑤戊戌：正月二十三日。 ⑥己亥：正月二十四日。 ⑦壬午：二月乙巳朔，无壬午。壬午疑为“壬子”之误。壬子，二月初八日。 ⑧陷王师：使王师遭受失败。陷，没入，沉落。王师，指帝王的军队。 ⑨军吏：在军队中供职的人员。 ⑩支料：支度料理。 ⑪侮慢：侮辱轻慢。 ⑫上国：诸侯称帝室为上国。此是隋炀帝以隋朝大国而自居。 ⑬拔海移山：艰难，费力。 ⑭克果：能达到目的。克，能。果，决定，结局。 ⑮左光禄大夫：官名。文散官，无职事。 ⑯郭荣（547—614）：自称太原（今山西太原）人。历仕周、隋，官至右候卫大将军。传见《隋书》卷五十、《北史》卷七十五。 ⑰钧：古代重量单位名。三十斤为一钧。 ⑱鼷（xī）鼠：小老鼠。 ⑲发机：发动弩机。 ⑳辱：抑屈，枉。 ㉑丙子：三月初二日。 ㉒孟海公：济阴（今山东曹县西北）人，隋末农民起义领袖。事散见《隋书》相关各传。 ㉓周桥：地名。故址在今山东曹县西北。 ㉔丁丑：三月初三日。 ㉕城大兴：修筑大兴城。城，筑城。大兴，即西京长安。 ㉖戊寅：三月初四日。 ㉗民部尚书：官名。隋炀帝改户部尚书为民部尚书。 ㉘所在：到处，处处。 ㉙北海：郡名。治所益都县，在今山东青州市。 ㉚河间：郡名。治所河间市，在今河北河间市。 ㉛勃海：郡名。治所饶安县，在今河北盐山县西南。 ㉜攻剽（piāo）：攻劫掠夺，抢劫。 ㉝望风沮败：远远望见敌人便溃败。沮，败坏，毁坏。 ㉞张须陁（563—614）：弘农阌（wén）乡县（今河南灵宝市）人。官至荥阳通守。传见《隋书》卷七十一、《北史》卷八十五。 ㉟临邑：县名。县治在今山东济南市北。 ㊱章丘：县名。县治在今山东济南市章丘区西北。 ㊲掩至：乘其不备突然而至。 ㊳竞赴：争先恐后地奔去。 ㊴创：创伤。 ㊵弥厉：更加振奋。 ㊶庚子：三月二十六日。 ㊷罗士信（603—622）：齐州历城（今山东济南）人。历仕隋、唐，官至绛州总管，封剡国公。传见《旧唐书》卷一百八十七上、《新唐书》卷一百九十一。 ㊸潍水：水名。在今山东潍坊市东，源于诸城市，北流经昌邑市北入莱州湾。 ㊹揭：高举。 ㊺愕眙（chì）：惊视。眙，直看。 ㊻逐北：追击败逃的敌兵。北，败北，败逃。 ㊼劓（yì）：割除，割下。 ㊽验：查对，核查。 ㊾庚午：四月二十七日。 ㊿壬申：四月二十九日。 51新城：地名。故址在今辽宁抚顺市北。 52劲骑：精壮的骑兵。

53飞楼：古代攻城的战具。 54橦（chōng）：通“幢”。古代攻陷敌阵的冲车。 55云梯：古代攻城的战具。以大木做床，下设六轮，上立二梯，各长二丈余，中施转轴，用人力推进，可以爬越城墙，或窥视城中。 56主客：高丽兵守城，称主；隋兵攻城，称客。 57冲梯：冲是古代用来冲撞城墙的战车。冲梯是冲车上的梯子。 58沈光（590—618）：字总持，吴兴（今浙江湖州市吴兴区南）人。官至折冲郎将。传见《隋书》卷六十四、《北史》卷七十八。 59适：恰巧。 60垂緪（gèng）：下垂的绳索。緪，大绳，粗绳。

【译文】

炀皇帝中

隋炀帝大业九年（癸酉，613）

春季，正月初二日，隋炀帝下诏征调军队到涿郡集结。首次招募平民组建骁勇敢死队。修建辽东古城积蓄军粮。

灵武贼帅白瑜娑抢夺牧马，勾结北方突厥，陇右各郡遭受祸害，人们称之为“奴贼”。

正月二十三日，大赦天下。

正月二十四日，命令刑部尚书卫文昇等辅佐代王杨侑留守西京。

二月初八日，隋炀帝下诏说：“宇文述的军队因为缺少军粮，才打了败仗，这是军吏没有及时供应物资的过失，不是宇文述的罪过，应当官复原职。”没多久，又提升为开府仪同三司。

隋炀帝对侍臣说：“高丽小虏，竟敢侮慢上国，如今移山填海，隋朝也能办得到，何况这个小虏。”于是重提讨伐高丽的事。左光禄大夫郭荣劝谏说：“戎狄不懂礼节，是臣下们办的事；千钧大弩，不会向小老鼠发箭，怎能烦劳圣驾去对付一个小小的虏呢？”隋炀帝不听。

三月初二日，济阴人孟海公聚众造反，占据周桥，有众数万。他看到有人说话引经据典，就要杀掉。

三月初三日，征发十万民夫修筑大兴城。

三月初四日，隋炀帝巡视辽东，命令民部尚书樊子盖等人辅佐杨侗留守东都。

当时聚众造反的人遍布各地：齐郡人王薄、孟让，北海人郭方预，清河人张金称，平原人郝孝德，河间人格谦，勃海人孙宣雅各自聚众谋反攻城抢劫，人数多的达十余万，少的也有几万。崤山以东多受其苦。天下太平的日子太久，人们都不熟习打仗，郡县的官吏每次与贼兵交战，都望风而逃，只有齐郡郡丞阌乡人张须陁很得士众之心，他勇敢果断善于打仗，率领郡兵在泰山下进攻王薄。王薄倚仗自己多次打胜仗，疏于防备。张须陁率兵突袭，大败王薄。王薄收集残余部众，北渡黄河，张须陁追击到临邑，再次打败了他。王薄联合北边的孙宣雅、郝孝德等部十余万人攻打章丘，张须陁率领步骑兵两万人迎击，王薄等人被打得大败。贼兵首领裴长才等人率领二万生力军突然杀到章丘城下，大肆劫掠。张须陁来不及集合军队，只带领身边五名骑兵迎战。贼兵蜂拥而上，把张须陁包围了一百余重，张须陁身上多处受伤，但他越战越勇。正好城里官兵赶到，贼兵稍退，张须陁指挥部众攻击，裴长才等人大败而逃。三月二十六日，郭方预等部合兵攻陷北海，大肆抢掠后离去。张须陁对部属说："贼兵依仗人多势众，以为我无力救援北海，我们现在急速进军，一定能出其不意地打败他们。"于是挑选精兵日夜兼程，大破贼兵，斩首数万，前后缴获贼兵辎重物资难以计数。

历城人罗士信，年十四岁，跟随张须陁在潍水攻打贼兵。贼兵刚开始布阵，罗士信已驰马冲到阵前，刺杀了几个人，并斩下一个人头，抛到空中，再用长矛接住，高挑人头在阵前疾驰而过，贼众惊得目瞪口呆，没有人敢靠近。张须陁趁机率兵奋力进攻，贼众大败，罗士信追杀溃逃的贼兵，每杀一人，就割下鼻子揣在怀中，回营之后，清点所杀贼兵的数目。张须陁很喜爱罗士信，就把他留在自己身边。每次打仗，张须陁冲锋陷阵，罗士信紧随其后。隋炀帝派遣使者慰问，并画下张须陁、罗士信阵前作战情形来观赏。

夏季，四月二十七日，隋炀帝车驾渡过辽水。四月二十九日，隋炀帝命令宇文述与上大将军杨义臣进军平壤。

左光禄大夫王仁恭向扶余道进兵。王仁恭挺进到新城，遭到几万高丽兵的抵抗，王仁恭率领精锐骑兵一千多人打败了高丽军，高丽军闭城固守，隋炀帝命令众将攻打辽东，允许众将相机行事。隋军用飞楼、冲车、云梯、地道，绕城四面围攻，昼夜不停，但高丽守军也随机应变，坚决抵抗，围攻了二十多天，仍没有攻破，双方死伤都很惨重。冲车云梯和拍竿长十五丈，骁果战士吴兴人沈光爬到云梯顶端，靠近城墙与高丽兵交战，短兵格斗，沈光杀死了十几个敌兵，高丽士兵群起攻击沈光，沈光从城墙上掉下来，还没落到地面上，恰好抓到了冲车拍竿上垂下的一根绳子。沈光抓住绳子又向上爬，隋炀帝看见了，认为他很勇敢，立即任命他为朝散大夫，经常带在身边。

【原文】

礼部尚书杨玄感，骁勇，便骑射[①]，好读书，喜宾客，海内知名之士多与之游。与蒲山公李密[②]善，密，弼之曾孙也，少有才略，志气雄远，轻财好士，为左亲侍[③]。帝见之，谓宇文述曰："向者左仗[④]下黑色小儿，瞻视异常，勿令宿卫！"述乃讽密使称病自免，密遂屏人事，专务读书。尝乘黄牛读《汉书》[⑤]，杨素遇而异之，因召至家，与语，大悦，谓其子玄感等曰："李密识度如此，汝等不及也！"由是玄感与为深交。时或侮之，密曰："人言当指实，宁可面谀！若决机两陈之间，喑呜[⑥]叱嗟[⑦]，使敌人震慑，密不如公；驱策[⑧]天下贤俊，各申[⑨]其用，公不如密：岂可以阶级[⑩]稍崇而轻天下士大夫邪！"玄感笑而服之。

素恃功骄倨[⑪]，朝宴[⑫]之际，或失臣礼，帝心衔而不言，素亦觉之。及素薨，帝谓近臣曰："使素不死，终当夷族[⑬]。"玄感颇知之，且自以累世贵显[⑭]，在朝文武多父之故吏[⑮]，见朝政日紊[⑯]，而帝多猜忌，内不自安，乃与诸弟潜谋[⑰]作乱。帝方事[⑱]征伐，玄感自言："世荷国恩，愿为将领。"帝喜曰："将门必有将，相门必有相，固[⑲]不虚也。"由是宠遇日隆[⑳]，颇预朝政。

帝伐高丽，命玄感于黎阳督运[㉑]，遂与虎贲郎将王仲伯、汲郡[㉒]赞治[㉓]赵怀义等谋，故[㉔]逗遛漕运，不时[㉕]进发，欲令渡辽诸军乏食；帝遣使者促之，玄感扬言水路多盗，不可前后而发。玄感弟虎贲郎将玄纵，鹰扬郎将万石[㉖]，并从幸辽东，玄感潜遣人召之，二人皆亡还。万石至高阳[㉗]，为监事[㉘]许华所执，斩于涿郡。

时右骁卫大将军来护儿以舟师自东莱将入海趣平壤，玄感遣家奴伪为使者从东方来，诈称护儿反。六月，乙巳[㉙]，玄感入黎阳，闭城，大索男夫[㉚]，取帆布[㉛]为牟[㉜]、甲，署官属，皆准开皇之旧[㉝]。移书傍郡，以讨护儿为名，各令发兵会于仓所[㉞]。郡县官有干用[㉟]者，玄感皆以运粮追集之，以赵怀义为卫州刺史，东光[㊱]尉元务本为黎州刺史，河内郡[㊲]主簿[㊳]唐祎为怀州刺史。

治书侍御史[㊴]游元[㊵]，督运在黎阳，玄感谓曰："独夫[㊶]肆虐，陷身绝域[㊷]，此天亡之时也。我今亲帅义兵以诛无道，卿意如何？"元正色[㊸]曰："尊公荷国宠灵[㊹]，近古无比，公之弟兄，青紫[㊺]交映，当谓竭诚尽节，上答鸿恩[㊻]。岂意坟土未干，亲图反噬[㊼]！仆有死而已，不敢闻命[㊽]！"

玄感怒而囚之，屡胁以兵[49]，不能屈，乃杀之。元，明根之孙也。

玄感选运夫少壮者得五千余人，丹阳[50]、宣城[51]篙梢[52]三千余人，刑三牲[53]誓众，且谕之曰："主上无道，不以百姓为念，天下骚扰[54]，死辽东者以万计。今与君等起兵以救兆民[55]之弊，何如？"众皆踊跃称万岁[56]。乃勒兵部分。唐祎自玄感所逃归河内。

先是玄感阴遣家僮至长安，召李密及弟玄挺赴黎阳。及举兵，密适至[57]，玄感大喜，以为谋主[58]，谓密曰："子[59]常以济物为己任，今其时矣！计将安出？"密曰："天子出征，远在辽外，去幽州犹隔千里。南有巨海，北有强胡[60]，中间一道，理极艰危。公拥兵出其不意，长驱入蓟，据临渝[61]之险，扼[62]其咽喉。归路既绝，高丽闻之，必蹑[63]其后，不过旬月，资粮皆尽，其众不降则溃，可不战而擒，此上计也。"玄感曰："更言其次。"密曰："关中四塞[64]，天府[65]之国，虽有卫文昇，不足为意。今帅众鼓行而西，经城[66]勿攻，直取长安，收其豪杰，抚其士民[67]，据险而守之。天子虽还，失其根本，可徐图[68]也。"玄感曰："更言其次。"密曰："简精锐，昼夜倍道，袭取东都，以号令四方。但恐唐祎告之，先已固守。若引兵攻之，百日不克，天下之兵四面而至，非仆[69]所知也。"玄感曰："不然，今百官家口并在东都，若先取之，足以动其心。且经城不拔，何以示威！公之下计，乃上策也。"遂引兵向洛阳，遣杨玄挺将骁勇千人为前锋，先取河内。唐祎据城拒守，玄挺无所获。

祎又使人告东都越王侗与樊子盖等勒兵为备，修武[70]民相帅守临清关[71]。玄感不得度[72]，乃于汲郡南渡河，从之者如市[73]。使弟积善将兵三千自偃师[74]南缘洛水西入，玄挺自白司马坂[75]逾邙山[76]南入，玄感将三千余人随其后，相去十里许，自称大军。其兵皆执单刀柳楯[77]，无弓矢甲胄。东都遣河南[78]令达奚善意[79]将精兵五千人拒积善，将作监、河南赞治裴弘策将八千人拒玄挺。善意渡洛南，营于汉王寺[80]；明日，积善兵至，不战自溃，铠仗皆为积善所取。弘策出至白司马坂，一战，败走，弃铠仗[81]者太半，玄挺亦不追。弘策退三四里，收散兵，复结陈以待之；玄挺徐至，坐息良久，忽起击之，弘策又败，如是五战。丙辰[82]，玄挺直抵太阳门[83]，弘策将十余骑驰入宫城，自余无一人返者，皆归于玄感。

玄感屯上春门[84]，每誓众曰："我身为上柱国[85]，家累[86]钜万金，至于富贵，无所求也。今不顾灭族者，但为天下解倒悬之急[87]耳！"众皆悦。

父老争献牛酒，子弟诣军门请自效[88]者，日以千数。

（以上为第二段，写杨玄感顺应民心思变，起兵反隋。杨玄感野心勃勃，急于想称帝，不听李密上计置隋炀帝于死地，而妄想侥幸取胜，采用下策向西进兵东都，响应者从之如云。）

【注释】

①便骑射：熟悉骑马射箭。便，熟悉。 ②李密（582—618）：字玄邃，一字法主，本辽东襄平（今辽宁辽阳市）人。袭爵蒲山公。先从杨玄感起兵，后又加入翟让领导的起义军，被称为魏公，后又降唐，拜光禄大夫。因谋反被杀。传见《隋书》卷七十、《北史》卷六十、《旧唐书》卷五十三、《新唐书》卷八十四。 ③左亲侍：官名。隶属左翊卫，侍卫之官。 ④左仗：仪仗队之左。凡朝会仪卫分为五仗，此其一。 ⑤《汉书》：书名。东汉班固著。记西汉一代二百三十年史事。 ⑥喑呜：吞声悲咽。 ⑦咄嗟（duō jiē）：呼吸之间。咄，呵叱。 ⑧驱策：驱使，鞭策。 ⑨申：施展。通"伸"。 ⑩阶级：官阶。 ⑪骄倨：骄傲，傲慢。 ⑫朝宴：朝会与饮宴。 ⑬夷族：消灭家族。夷，削平。 ⑭贵显：高贵，显赫。 ⑮故吏：旧吏。 ⑯日紊：日渐紊乱。 ⑰潜谋：暗中谋划。潜，暗中。 ⑱方事：正从事。方，正在。 ⑲固：固然，本来。 ⑳日隆：一天比一天重厚。 ㉑督运：掌督管运送军事物资。 ㉒汲郡：郡名。治所卫县。在今河南淇县东。 ㉓赞治：官名，隋炀帝改州为郡，置郡太守；罢长史、司马，置赞务一人为副长官。《隋书》作赞务，即赞治，因《隋书》成书于唐，避高宗讳，故改"治"为"务"。 ㉔故：故意，有意。 ㉕不时：不按时，不及时。 ㉖万石（？—613）：人名。官至鹰扬郎将。传附《北史·杨敷传》。 ㉗高阳：县名。县治在今河北高阳县东。 ㉘监事：官名。掌库、仓署事。 ㉙乙巳：六月初三日。 ㉚索男夫：搜索男丁以为兵士。 ㉛帆布：施于船上做帆的布。 ㉜牟（móu）：通"鍪"，兜鍪，即战士戴的头盔。 ㉝准开皇之旧：以文帝开皇初旧官制为准。 ㉞仓所：指黎阳仓所在地。 ㉟干用：办事的才干。 ㊱东光：县名。县治在今河北东光县东。 ㊲河内郡：郡名。郡治野王县，在今河南沁阳市。 ㊳主簿：官名。掌文书簿记。 ㊴治书侍御史：官名。属御史台，掌管律令。 ㊵游元（？—613）：字楚客，广平任县（今河北邢台市任泽区东）人。官至朝请大夫，兼治书侍御史。传见《隋书》卷七十一、《北史》卷八十五。 ㊶独夫：众叛亲离的统治者。犹言一夫。此指隋炀帝。 ㊷绝域：极远的地域。 ㊸正色：古代以纯色为正色，形容表情端庄严肃。 ㊹宠灵：如恩宠，宠异。 ㊺青紫：汉制，丞相、太尉金印紫绶，御史大夫银印青绶，三府崇贵，后称贵官。 ㊻鸿恩：大恩。多指皇恩。鸿，通"洪"。

㊼反噬（shì）：反咬一口。比喻受人恩惠反加陷害，或犯罪者诬指检举者。噬，咬。㊽闻命：听命，服从命令。㊾胁以兵：以杀头相威胁。兵，兵器。㊿丹阳：郡名。治所石头城，在今江苏南京市。51宣城：郡名。治所宛陵县，在今安徽宣城市。52篙（gāo）梢：熟练的驾船人。篙，指撑篙的人。梢，指掌舵的人。53刑三牲：宰杀牛、羊、猪。刑，杀。三牲，指牛、羊、猪。54骚扰：扰乱，政局动乱不安。55兆民：指万民，极言数量之多。兆，数名。古代下数以十万为亿，十亿为兆；中数以万万为亿，万亿为兆；上数以亿亿为兆。56称万岁：叫好，称赞。万岁，原为古代饮酒上寿时的祝词，上下通用。57适至：正好来到。适，恰巧，正好。58谋主：主谋的人。59子：您。古时对男子的尊称，也是通称。60强胡：指鞑靼、契丹等少数民族。61临渝：即临榆。关名。故址在今河北秦皇岛市抚宁区东榆关。62扼：掐住，引申为据守。63蹑（niè）：紧随在后。64四塞：四面险要。旧说关中东有函谷关，南有武关，西有散关，北有萧关，故称关中为四塞之地。65天府：府，藏物之所。天，尊称。后泛指朝廷的仓库。天府在这里是物产丰富的意思。66经城：指西取长安沿途所经过的城市。67士民：士子和庶民。68徐图：慢慢地计议。徐，缓慢。69仆：本指供役使的人。此是自身谦称。70修武：县名。县治在今河南修武县。71临清关：关名。故址在今河南新乡市东北。72度：过。通"渡"。73如市：如集市上的人一样拥挤。74偃师：县名。县治在今河南偃师市东南。75白司马坂：即白马山。故址在今河南洛阳市北邙山北麓。76邙山：在今河南洛阳市北。77柳楯：用柳树条编制的盾。楯即盾牌。78河南：县名。县治在今河南洛阳市。79达奚善意：人名。达奚为复姓，善意为名。80汉王寺：古寺名。故址在今河南偃师市西南。81铠仗：铠甲与兵器。铠，古代战士用以护身的铁甲。82丙辰：六月十四日。83太阳门：据《隋书·地理志》，东都东面三门，有建阳门，无太阳门，疑误。84上春门：城门名。东京外郭城东面三门，最北的称上春门，唐改上东门。85上柱国：官名。勋官，用于酬功劳。又为武散官，无职事。86累：堆集，积聚。87倒悬之急：比喻处境极困苦危急。倒悬，头向下、脚向上地被倒挂。88自效：自我尽力效劳。

【译文】

礼部尚书杨玄感，十分骁勇，精于骑马射箭，爱好读书，喜欢交朋友，全国很多知名人士都与他交往。杨玄感与蒲山公李密是好朋友。李密是李弼的曾孙，从小就有才能谋略，志向远大，疏财仗义，结交好汉，职任左亲侍。隋炀帝看到李密，对宇文述说："刚才在左翊卫队列中那个皮肤黑黑的青年，目光尖锐，非同一般，不要让他担任宿卫！”宇文述便暗示李密假说有病，自己辞职。李密于是断绝与人来往，一心一意读书。李密曾经骑在黄牛身上读《汉书》，杨素碰上了很是惊异，就把李密召到家中，和他交谈，非常高兴，对他的儿子杨玄感等说：“李密的识见气度很不寻常，你们没一个赶得上他。”因此，杨玄感和李密结交成为好朋友。有时杨玄感故意欺侮李密，李密就对他说：“人说话应该诚实，怎么能当面奉承？若两军阵前交战，怒吼呐喊，使敌人震惊慑服，我李密不是您的对手；若是招纳天下贤士俊杰使他们各自发挥才能，您不如我李密。怎么可以因为您地位较高就轻视天下的士大夫呢？”杨玄感笑了笑，十分佩服他。

杨素居功自傲，在朝廷宴会上有时失去人臣礼节，隋炀帝怀恨在心但没说出口，杨素也觉察到了。等到杨素逝世，隋炀帝对近臣说：“假使杨素不死，最终一定会被诛灭九族。”杨玄感很清楚这一情况，而且自知累世显贵，朝中文武大臣很多人都是父亲旧部，他看到朝政日益混乱，隋炀帝又多猜疑忌恨，内心非常不安，便和他的几个弟弟暗中策划谋反。隋炀帝这时正忙于征伐高丽，杨玄感请求说：“我家世代蒙受国恩，愿意率军出征。”隋炀帝高兴地说：“将门一定出将，相门一定出相，果然不假。”因此对杨玄感的宠信一天比一天隆盛，常常让杨玄感参与朝政。

隋炀帝征伐高丽，命令杨玄感在黎阳督运军资。杨玄感于是和虎贲郎将王仲伯、汲郡赞治赵怀义等人策划，故意拖延水上运输，不按时发运，想使渡过辽河的各路隋军缺乏军粮，隋炀帝派遣使者催促，杨玄感声称水路盗贼甚多，不能随时发运。杨玄感的弟弟虎贲郎将杨玄纵、鹰扬郎将杨万石，都随从隋炀帝到了辽东，杨玄感暗中派人召他们回来。二人偷偷逃回。杨万石跑到高阳，被监事许华抓住，在涿郡斩首。

当时右骁卫大将军来护儿率领水军，将要从东莱渡海进攻平壤，杨玄感派家奴伪装成使者从东边来，谎称来护儿反叛。六月初三日，杨玄感进入黎阳，关闭城门，大规模搜索男丁扩充军队，用帆布制作头盔、铠甲，任命委派官职，按照隋文帝开皇年间的旧体制设置。向附近各郡行文，打着讨伐来护儿的名义，命令各郡发兵到黎阳仓集中，郡县官吏中有才干的人，杨玄感就用押运粮草的名义召集起来，任命赵怀义为卫州刺史，东光县尉元务本为黎州刺史，河内郡主簿唐祎为怀州刺史。

治书侍御史游元，在黎阳督运军粮，杨玄感对他说：“独夫横行暴虐，陷身在边远绝域，这是天要灭亡他的时候。我现今亲自率领正义之军诛灭无道昏君，你有何意见？”游元严肃地说：“你父亲享受国家的恩宠，近古以来，没人比得上。你们兄弟个个都是高官显爵，应当对国家竭尽忠诚，遵守臣节，用来报答厚恩，没想到你父亲坟土未干，你却图谋造反。我只有一死而已，不敢听命。”杨玄感大怒，把游元下到监牢，多次用刀威逼他，没能让游元屈服，于是杀了游元。游元，是游明根的孙子。

杨玄感挑选年轻力壮的运粮民夫五千人，丹阳、宣城的水手三千多人，宰杀牛羊猪三牲祭旗，聚众誓师，晓谕众人说：“皇上无道，不体恤老百姓，造成天下动乱，战死在辽东的人成千上万。现今我和大家一同起兵拯救亿万老百姓，怎么样？”全体欢呼踊跃，高喊万岁。于是杨玄感统率军队，部署任务。唐祎从杨玄感军中逃回河内。

起先，杨玄感暗中派家僮回到长安，召李密和他的弟弟杨玄挺到黎阳。等到起兵的一天，李密刚好赶到，杨玄感非常高兴，用李密为谋主，对李密说：“你经常以拯救苍生为己任，现在正是时候，你认为怎样谋划？”李密说：“天子出征，远在辽水之外，距离幽州还有一千里，南边有大海，北边有强大的胡人，中间只有一条通道，按理说极其艰险。你率领军队出其不意，长驱直入占据蓟城，把守临渝关的险要，锁住咽喉，切断归路，高丽人听到了，一定紧追在后边，不过一月光景，军资粮草用尽，东征军不投降也要溃散，可以不战抓住皇上，这是上策。”杨玄感说：“另说第二策。”李密说：“关中四面都是屏障，称为天府之国，虽然有卫文昇，但不必担心。现今率领部队，大张旗鼓地向西挺进，经过城池不去攻取，直取长安，收取那里的豪杰人士，安抚那里的民众，占据险要的地方，守住长安，天子即使从高丽回来，但已失去了根本，我们可以慢慢进取。”杨玄感说：“你另外再说下策。”李密说：“选取精锐士兵，昼夜兼程，袭击东都，用以号令四方。但担心唐祎已经通报东都，提前做好了防守。如果领兵攻打，一百天还没攻下来，天下之兵从四面八方围攻上来，那就不是我能预料的了。”杨玄感说：“不对。如今百官的家属都在东都，如果先攻占了东都，足以扰乱皇家军心。再说，经过城池不加以攻占，怎能显示我们的军威？你说的下策，才真正是上策。”杨玄感于是领兵南下洛阳，派杨玄挺率领一千名骁勇精兵为先锋，首先攻占河内。唐祎占据河内城坚守，杨玄挺一无所获。

唐祎又派人通告留守东都的越王杨侗与樊子盖等部署军队守城。修武县的民众自动组织起来把守临清关，杨玄感无法通过，便在汲郡南边渡过黄河，追随的人像赶集一样。杨玄感派他的弟弟杨积善率领三千名士兵从偃师南边沿着洛水向西进入东都，杨玄挺从白司马坂翻过邙山从南边进入东都，杨玄感率领三千多人紧随其后，相距十里左右，自称主力大军。杨玄感的士兵都拿着单刀和柳木盾牌，没有弓箭，没有头盔铠甲。东都派出河南令达奚善意率领五千精兵迎战杨积善，将作监、河南赞治裴弘策等率领八千人迎战杨玄挺。达奚善意渡过洛水，在南岸汉王寺扎营。第二天，杨积善领兵来到，官兵不战自溃，铠甲兵器全被杨积善的军队缴获。裴弘策出兵到达白司马坡，与杨玄挺的军队一交战就被打败后退，丢弃了一大半铠甲兵器，杨玄挺也不追击。裴弘策后退三四里，收拢散兵，重新结集摆开阵势等待。杨玄挺慢慢赶来，士兵坐下休息了很长一阵，突然发起攻击，裴弘策又被打败，就这样一天五战，裴弘策五战都败。六月十四日，杨玄挺进兵直达太阳门，裴弘策只带了十几名骑兵奔跑，才逃回进入了宫城，其余没有一个人返回，全都投降了杨玄感。

杨玄感在上春门外扎营，每次誓师对部众说："我身为上柱国，家财有价值上亿的黄金，对于富贵，不是我要追求的。可是现今我不顾灭族的危险造反，为的是解救天下老百姓倒悬的危难啊！"部众非常高兴。父老乡亲争着献上牛肉美酒，青年子弟都到军营门口请求投军效力，每天有上千人。

【原文】

内史舍人韦福嗣[①]，洸之兄子也，从军出拒玄感，为玄感所获；玄感厚礼之，使与其党胡师耽共掌文翰[②]。玄感令福嗣为书遗樊子盖，数[③]帝罪恶，云："今欲废昏立明，愿勿拘小礼，自贻[④]伊戚[⑤]。"樊子盖新自外藩[⑥]入为京官，东都旧官多慢之，至于部分军事，未甚承禀。裴弘策与子盖同班[⑦]，前出讨贼失利，子盖更使出战，不肯行，子盖命引出斩之以徇。国子祭酒河东杨汪[⑧]，小有不恭，子盖又将斩之；汪顿首流血，乃得免。于是将吏震肃，无敢仰视，令行禁止。玄感尽锐攻城，子盖随方拒守，玄感不能克。然达官子弟应募从军者，闻弘策死，皆不敢入城。韩擒虎子世咢[⑨]、观王雄子恭道、虞世基子柔、来护儿子渊、裴蕴子爽、大理卿郑善果[⑩]子俨、周罗睺子仲等四十余人皆降于玄感，玄感悉以亲重要任委之。善果，译之兄子也。

玄感收兵得五万余人，分五千守慈涧道[⑪]，五千守伊阙道[⑫]，遣韩世咢将三千人围荥阳[⑬]，顾觉将五千人取虎牢[⑭]。虎牢降，以觉为郑州刺史，镇虎牢。

代王侑使刑部尚书卫文昇帅兵四万救东都，文昇至华阴[15]，掘杨素冢，焚其骸骨，示士卒以必死，遂鼓行出崤、渑[16]，直趋东都城北。玄感逆拒[17]之；文昇且战且行，屯于金谷[18]。

辽东城久不拔，帝遣[19]造布囊百余万口，满贮土，欲积为鱼梁大道[20]，阔三十步，高与城齐，使战士登而攻之，又作八轮楼车[21]，高出于城，夹鱼梁道，欲俯射城内，指期[22]将攻，城内危蹙[23]。会杨玄感反书至，帝大惧，引纳言苏威入帐中，谓曰："此儿聪明，得无为患[24]?"威曰："夫识是非，审[25]成败，乃谓之聪明，玄感粗疏[26]，必无所虑。但恐因此浸成[27]乱阶耳[28]。"帝又闻达官子弟皆在玄感所，益忧之。兵部侍郎斛斯政素与玄感善，玄感之反，政与之通谋，玄纵兄弟亡归，政潜遣之。帝将穷治玄纵等党与，政内不自安，戊辰[29]，亡奔高丽。庚午[30]，夜二更[31]，帝密召诸将，使引军还，军资、器械[32]、攻具[33]，积如丘山，营垒、帐幕，按堵[34]不动，皆弃之而去。众心恟惧[35]，无复部分，诸道分散。高丽即时觉之[36]，然不敢出，但于城内鼓噪。至来日午时，方渐出外，四远[37]觇侦[38]，犹疑隋军诈之。经二日，乃出数千兵追蹑[39]，畏隋兵之众，不敢逼，常相去八九十里；将至辽水，知御营[40]毕渡，乃敢逼后军。时后军犹数万人，高丽随而抄击[41]，最后羸弱数千人为所杀略[42]。

初，帝再征高丽，复问太史令庾质曰："今段[43]何如?"对曰："臣实愚迷[44]，犹执[45]前见，陛下若亲动万乘，劳费实多。"帝怒曰："我自行犹不克，直遣人去，安得有功！"及还，谓质曰："卿前不欲我行，当为此耳。玄感其有成乎?"质曰："玄感地势[46]虽隆，素非人望[47]，因百姓之劳，冀幸[48]成功。今天下一家[49]，未易可动。"

帝遣虎贲郎将陈稜[50]攻元务本于黎阳，又遣左翊卫大将军宇文述、右候卫将军屈突通乘传发兵以讨玄感。来护儿至东莱，闻玄感围东都，召诸将议旋军[51]救之。诸将咸以无敕，不宜擅还[52]，固执不从，护儿厉声曰："洛阳被围，心腹之疾；高丽逆命[53]，犹疥癣[54]耳。公家之事，知无不为，专擅[55]在吾，不关诸人，有沮议[56]者，军法从事！"即日回军。令子弘、整[57]驰驿奏闻。帝时还至涿郡，已敕护儿救东都，见弘、整，甚悦，赐护儿玺书曰："公旋师之时，是朕敕公之日，君臣意合，远同符契[58]。"

先是，右武候大将军李子雄坐事除名，令从军自效，从来护儿在东莱，帝疑之，诏锁子雄送行在所。子雄杀使者，逃奔玄感。卫文昇以步骑二万渡瀍水[59]，与玄感战，玄感屡破之。玄感每战，身先士卒，所向摧陷[60]，又善抚悦[61]其下，皆乐为致死，由是每战多捷，众益盛，至十万人。文昇众寡不敌，死伤太半且尽，乃更进屯邙山之阳[62]，与玄感决战，一日十余合。会杨玄挺中流矢[63]死，玄感军乃稍却。

秋，七月，癸未[64]，余杭民刘元进起兵以应玄感。元进手长尺余[65]，臂垂过膝[66]，自以相表非常，阴有异志。会帝再发三吴[67]兵征高丽，三吴兵皆相谓曰："往岁天下全盛，吾辈父兄征高丽者犹太半不返；今已罢弊[68]，复为此行，吾属[69]无遗类矣！"由是多亡命。郡县捕之急，闻元进举兵，亡命者云集，旬月[70]间，众至数万。

始，杨玄感至东都，自谓天下响应[71]。得韦福嗣，委以心膂[72]，不复专任李密。福嗣每画策[73]，皆持两端[74]；密揣[75]知其意，谓玄感曰："福嗣元[76]非同盟，实怀观望；明公初起大事而奸人在侧，听其是非[77]，必为所误，请斩之！"玄感曰："何至于此！"密退，谓所亲曰："楚公[78]好反而不欲胜，吾属今为虏矣！"

李子雄劝玄感速称尊号[79]，玄感以问密，密曰："昔陈胜[80]自欲称王，张耳[81]谏而被外；魏武[82]将求九锡[83]，荀彧[84]止而见诛。今者密欲正言，还恐追踪二子[85]；阿谀顺意，又非密之本图。何者？兵起以来，虽复频捷，至于郡县，未有从者，东都守御尚强，天下救兵益至，公当挺身力战，早定关中，乃亟欲自尊[86]，何示人不广也！"玄感笑而止。

屈突通引兵屯河阳，宇文述继之，玄感问计于李子雄，子雄曰："通晓习兵事，若一得渡河，则胜负难决，不如分兵拒之。通不能济，则樊、卫[87]失援。"玄感然之，将拒通；樊子盖知其谋，数击其营，玄感不得往。通济河，军于破陵[88]。玄感分为两军，西抗文昇，东拒通。子盖复出兵大战，玄感军屡败，与其党谋之，李子雄曰："东都援军益至[89]，我军数败，不可久留，不如直入关中，开永丰仓[90]以振贫乏[91]，三辅[92]可指麾而定。据有府库[93]，东面而争天下，亦霸王之业也。"李密曰："弘化[94]留守元弘嗣握强兵在陇右，可声言其反，遣使迎公，因此入关，可以绐众。"

会华阴诸杨[95]请为乡导[96]，壬辰[97]，玄感解东都围，引兵西趣潼关[98]，宣言："我已破东都、取关西[99]矣！"宇文述等诸军蹑之。至弘农宫[100]，父老遮[101]说玄感曰："宫城空虚，又多积粟，攻之易下。"玄感以为然。弘农[102]太守蔡王智积[103]谓官属曰："玄感闻大军将至，欲西图关中，若成其计，则难克也；当以计縻之[104]，使不得进，不出一旬，可以成擒。"及玄感军至城下，智积登陴[105]詈[106]之，玄感怒，留攻之。李密谏曰："公今诈众西入，军事贵速，况乃追兵将至，安可稽留[107]！若前不得据关[108]，退无所守，大众一散，何以自全！"玄感不从，遂攻之，烧其城门，智积于内益火，玄感兵不得入。三日不拔，乃引而西。至阌乡[109]，宇文述、卫文昇、来护儿、屈突通等军追及于皇天原[110]。玄感上槃豆[111]，布陈亘五十里，且战且行，玄感一日三败。八月，壬寅[112]，玄感陈于董杜原[113]，诸军击之，玄感大败，独与十余骑奔上洛[114]。追骑至，玄感叱之，皆反走[115]。至葭芦戍[116]，独与弟积善徒步走，自度不免，谓积善曰："我不能受人戮辱[117]，汝可杀我！"积善抽刀斫杀之，因自刺，不死，为追兵所执，与玄感首俱送行在所。磔[118]玄感尸于东都市，三日，复脔[119]而焚之[120]。玄感弟玄奖为义阳[121]太守，将赴玄感，为郡丞周旋玉所杀；仁行为朝请大夫，伏诛于长安。

玄感之围东都也，梁郡[122]民韩相国举兵应之，玄感以为河南道[123]元帅，旬月间众十余万，攻剽郡县；至襄城[124]，闻玄感败，众稍散，为吏所获，传首东都。

帝以元弘嗣，斛斯政之亲也，留守弘化郡，遣卫尉少卿李渊[125]驰往执之，因代为留守，关右[126]十三郡[127]兵皆受征发。渊御众宽简，人多附之。帝以渊相表[128]奇异，又名应图谶，忌之。未几，征诣行在所，渊遇疾未谒，其甥[129]王氏在后宫，帝问曰："汝舅来何迟[130]？"王氏以疾对，帝曰："可得死否？"渊闻之，惧，因纵酒纳赂以自晦[131]。

（以上为第三段，写杨玄感志大才疏，刚愎自用，屯兵于东都坚城之下，又屡误战机，用人不专，西进入关不速，很快兵败身亡。）

【注释】

①韦福嗣（？—613）：隋荆州总管韦世康次子，官至内史舍人。传附《隋书·韦世康传》《北史·韦孝宽传》。 ②文翰：指信札、公文书等。 ③数（shǔ）：责备，述说。 ④贻（yí）：遗留。 ⑤伊戚：忧患，悲哀。 ⑥外藩：地方州郡。 ⑦同班：同为赞治次留守立班，故称同班。 ⑧杨汪（？—621）：字元度，本弘农华阴（今陕西华阴市）人，曾祖时迁居河东。历仕周、隋，官至吏部尚书。传见《隋书》卷五十六、《北史》

卷七十四。 ⑨世弓：韩擒虎之子，袭父爵为上柱国。传附《隋书·韩擒虎传》《北史·韩擒虎传》。 ⑩郑善果（？—629）：郑州荥泽（今河南郑州市西北）人。历仕隋、唐，官至礼部尚书。传见《北史》卷九十一、《旧唐书》卷六十二、《新唐书》卷一百。 ⑪慈涧道：地名。故址在今河南宜阳县境。 ⑫伊阙道：地名。故址在今河南伊川县西南。⑬荥阳：县名。县治在今河南荥阳市。 ⑭虎牢：镇名。故址在今河南荥阳市汜水镇。⑮华阴：县名。县治在今陕西华阴市。 ⑯崤（yáo）、渑（miǎn）：崤，崤谷，即函谷。故址在今河南灵宝市南，是秦的东关。东自崤山，西至潼津，深险如函，通名函谷。渑，即渑池。县名。县治在今河南渑池县东。 ⑰逆拒：抗拒。 ⑱金谷：谷名，故址在今河南洛阳市西北。 ⑲遣：命令。 ⑳鱼梁大道：筑道如同鱼梁的样子，中间高，两边低。 ㉑八轮楼车：楼车下装有八个轮子。楼车，古代战车，上设望楼，可以瞭望敌人。㉒指期：规定日期。 ㉓危蹙：危急，紧迫。 ㉔得无为患：能不能造成祸患。 ㉕审：仔细观察、研究。 ㉖粗疏：粗鲁而不慎密。 ㉗浸成：逐渐变成。 ㉘乱阶：动乱的台阶，指成为发生祸乱的开端和途径。 ㉙戊辰：六月二十六日。 ㉚庚午：六月二十八日。㉛二更：古代把一夜分为甲、乙、丙、丁、戊五段。二更约为夜间十至十一点。 ㉜器械：用具的总称。 ㉝攻具：攻城的器具，如云梯、楼车等。 ㉞按堵：同“安堵”，安居，安定。 ㉟恟惧：震动恐惧。恟，忧恐。 ㊱觉之：发现了隋军的撤退行动。 ㊲四远：四方边远之地。 ㊳觇侦：侦察。 ㊴追蹑：追赶，尾随。蹑，紧紧跟随在后面。㊵御营：隋炀帝所在的军营。 ㊶抄击：从两侧袭击。抄，指斜行而出其前。 ㊷杀略：屠杀和劫夺。 ㊸今段：自今以后一段事。指隋炀帝再征高丽一事。 ㊹愚迷：愚昧而迷惑。 ㊺执：持，坚持。 ㊻地势：地位，权势。 ㊼人望：声望，众人所仰望。 ㊽冀幸：希望，侥幸。 ㊾一家：一个家庭，比喻天下统一。 ㊿陈稜：字长威，庐江襄安（今安徽巢湖）人。官至右御卫将军。传见《隋书》卷六十四、《北史》卷七十八。 (51)旋军：回军。旋，返还，归来。 (52)擅还：擅自回军。 (53)逆命：违抗朝廷命令。 (54)疥癣（jiè xuǎn）：疥疮与癣疮，皆为皮肤病。比喻为小患。 (55)专擅：专断擅命。 (56)沮（jǔ）议：阻止回军的动议。沮，阻止，败坏。 (57)弘、整：来护儿之子来弘、来整。来弘（？—617），官至果毅郎将、金紫光禄大夫。来整（？—617），官至武贲郎将、右光禄大夫。事附《隋书·来护儿传》《北史·来护儿传》。 (58)符契：符命。指来护儿回军与君主符命一致。符，古代朝廷用以传达命令、调兵遣将的凭证。契，投合，符合。 (59)瀍（chán）水：水名。即瀍河。源出于河南洛阳市西北谷城山，南流经洛阳城东，入于洛水。 (60)摧陷：摧垮敌人，攻陷敌阵。 (61)抚悦：安抚部下，取悦人心。 (62)邙山之阳：邙山的南面。阳，山的南面称阳。 (63)流矢：无目标而飞来的乱箭。 (64)癸未：七月十一日。

⑥⑤手长尺余：指从手指顶端至手腕横纹处的长度。 ⑥⑥臂垂过膝：是说双臂垂下则其手过膝。 ⑥⑦三吴：地名。说法不同：一是称吴兴、吴郡、会稽为三吴；二是称吴郡、吴兴、丹阳为三吴，三是称苏州、润州、湖州为三吴。 ⑥⑧罢弊：疲困。罢，通“疲”，疲劳。 ⑥⑨吾属：我们。属，辈，类。 ⑦⓪旬月：一整月。旬，十天。 ⑦①响应：据章校，“应”下应补“功在朝夕”四字。 ⑦②心膂（lǚ）：膂，脊骨。心和膂都是人体重要部分，因以比喻亲信和作为骨干的人。 ⑦③画策：计画，谋划。 ⑦④持两端：动摇不定，怀有二心。 ⑦⑤揣：忖度，推测。 ⑦⑥元：通“原”，原来，本来。 ⑦⑦是非：指纠纷，争执。⑦⑧楚公：指杨玄感。玄感袭父爵楚国公，故称他为楚公。 ⑦⑨尊号：指称皇帝之号。⑧⓪陈胜：秦末农民起义领袖，自立为王。传见《史记》卷四十八、《汉书》卷三十一。⑧①张耳：秦末农民起义军将领，后与陈胜分裂。 ⑧②魏武：即魏武帝曹操，三国魏国的奠基者。谥号武王。传见《三国志》卷一。 ⑧③九锡：传说古代帝王尊礼大臣所给的九种器物。一般指衣服、车马、弓矢、斧钺、虎贲、秬鬯、命珪、朱户、纳陛等。 ⑧④荀彧：曹操谋臣，因反对曹操进爵为魏公，饮药自杀。 ⑧⑤追踪二子：走张耳、荀彧的老路。⑧⑥自尊：指称尊号。 ⑧⑦樊、卫：樊指樊子盖，时为东都留守；卫指卫文昇。 ⑧⑧破陵：地名。故址在今河南孟津县东。 ⑧⑨益至：来的越来越多。益，更，愈加。 ⑨⓪永丰仓：隋著名粮仓名。故址在今陕西华阴市东北渭河口上。 ⑨①振贫乏：救济贫困的人。振，救济，通“赈”。 ⑨②三辅：此指汉三辅之地，包括长安在内的近畿之地扶风、冯翊、京兆等地。 ⑨③府库：仓库。 ⑨④弘化：郡名。治所合水县，在今甘肃庆阳。 ⑨⑤华阴诸杨：指在华阴县故乡杨玄感的宗党。 ⑨⑥乡导：即向导，带路人。乡，方向，通“向”。⑨⑦壬辰：七月二十日。 ⑨⑧潼关：关名。地处今陕西、山西、河南三省的要冲，历代皆为军事重地。故址在今陕西潼关县境。 ⑨⑨关西：地区名。指潼关以西的关中之地。⑩⓪弘农宫：行宫名。故址在今河南灵宝市境内。 ⑩①遮：拦住。 ⑩②弘农：郡名。治所弘农县，在今河南灵宝市。 ⑩③蔡王智积（？—616）：隋文帝弟杨整之子，袭父爵为蔡王。传见《隋书》卷四十四、《北史》卷七十一。 ⑩④縻（mí）之：牵制杨玄感军，使其不得离开弘农郡。縻，牛鼻绳。 ⑩⑤陴（pí）：城上女墙，上有孔穴，可以窥外。 ⑩⑥詈（lì）：骂，责备。 ⑩⑦稽留：停留。稽，停，留止。 ⑩⑧据关：据守关口。关，此指潼关。⑩⑨阌（wén）乡：县名。县治在今河南灵宝市西。阌，原作“閺”，据《隋书》卷七十、《北史》卷四十一改。 ⑪⓪皇天原：地名。故址在今河南灵宝市西北。 ⑪①槃豆：地名。故址也在今河南灵宝市西。 ⑪②壬寅：八月一日。 ⑪③董杜原：地名。故址在今陕西潼关东。 ⑪④上洛：郡名。治所上洛县，在今陕西商洛市。 ⑪⑤反走：反身回跑。走，跑。⑪⑥葭（jiā）芦戍：戍名。故址在今河南卢氏县西。 ⑪⑦戮辱：刑辱。戮，杀，惩罚。

⑱ 磔（zhé）：碎尸。 ⑲ 脔（luán）：碎割。 ⑳ 焚之：指把尸体焚烧。 ㉑ 义阳：郡名。治所义阳县，在今河南信阳市。 ㉒ 梁郡：郡名。治所宋城县，在今河南商丘市。 ㉓ 河南道：地区名，即隋河南地区，包括今河南、山东大部和安徽、江苏的部分地区。 ㉔ 襄城：郡名。治所襄城县，在今河南襄城县。 ㉕ 李渊（566—635）：陇西狄道（今甘肃临洮县）人，袭封唐国公，仕隋，为太原留守，后起兵灭隋，创立唐朝，成为开国皇帝，庙号高祖，传见《旧唐书》卷一、《新唐书》卷一。 ㉖ 关右：关西，函谷关以西。 ㉗ 十三郡：包括天水、陇西、金城、枹罕、临洮、汉阳、灵武、朔方、平凉、弘化、延安、雕阴、上郡等。 ㉘ 相表：外貌。 ㉙ 甥：外甥女。 ㉚ 何迟：多么迟缓。何，副词，多么。 ㉛ 自晦：自己装作晦昧。晦，昏暗，暗昧。

【译文】

内史舍人韦福嗣，是韦洸哥哥的儿子。他从军抵抗杨玄感，被杨玄感俘获，杨玄感厚礼相待，让他和自己的亲信胡师耽共同掌管文书。杨玄感命韦福嗣写信给樊子盖，历数隋炀帝的罪恶。信中说："今日我要废黜昏君另立明主，希望您不要囿于小节，给自己留下祸患。"樊子盖刚从外地调入东都做京官，东都旧有的官吏大多对他比较轻慢，甚至军事部署，也很少向他汇报请示。裴弘策和樊子盖官居同列，前些天出城讨伐贼兵连续失利，樊子盖又派裴弘策出战，裴弘策不肯出战，樊子盖就下令将裴弘策拉出去斩首示众。国子监祭酒河东人杨汪对樊子盖流露出些微不敬，樊子盖又要将他斩首。杨汪叩头叩得流了血，才得免一死。于是东都的将领官吏都震惊畏惧，没有人敢抬头仰视，令出即行，没人再敢犯禁。杨玄感集中全部精兵攻城，樊子盖根据情况顽强抵抗，杨玄感久攻不克。但是，贵族高官子弟应募从军的人，听到裴弘策被处死，都吓得不敢进城。韩擒虎的儿子韩世谔、观王杨雄的儿子杨恭道、虞世基的儿子虞柔、来护儿的儿子来渊、裴蕴的儿子裴爽、大理卿郑善果的儿子郑俨、周罗睺的儿子周仲等四十余人都投降了杨玄感，杨玄感将亲近显贵的要职都授予了他们。郑善果是郑译哥哥的儿子。

杨玄感招募到五万余人的军队，他分兵五千把守慈涧道，五千人把守伊阙道，派韩世谔率三千人围攻荥阳，并派顾觉率五千人攻取虎牢，虎牢隋军投降，杨玄感于是任命顾觉为郑州刺史，镇守虎牢。

代王杨侑命令刑部尚书卫文昇率军四万救援东都，卫文昇到了华阴，挖掘杨素的坟墓，并焚烧了杨素的尸体，向士卒们显示自己必死的决心。于是，卫文昇大张旗鼓进兵，穿过崤谷、渑池，直奔东都城北。杨玄感率军迎击，卫文昇且战且行，驻兵金谷。

辽东城好久不能攻下来，隋炀帝派人制作一百多万口布袋，装满泥土，想堆积成为鱼梁大道，宽三十步，高度与城墙相等，派士兵登上鱼梁大道攻城。又制造八个轮子的楼车，高出城墙，排到鱼梁大道两旁，想居高临下向城内射箭。隋军定下攻城日期，城内危急万分。恰好杨玄感造反的公文到达，隋炀帝非常惊慌，便宣召纳言苏威进入军帐，对苏威说："这小子很聪明，能不能造成祸患？"苏威说："能识别是非，判断成败，才叫作聪明，杨玄感为人粗疏，不必忧虑。只是要提防这个消息会引起更大的动乱。"隋炀帝听说高官显贵的子弟都在杨玄感手下，更加忧虑。兵部侍郎斛斯政一向与杨玄感交情好，杨玄感造反，斛斯政与他暗通信息，杨玄纵兄弟得以逃回，其实是斛斯政偷偷放走的。隋炀帝要彻底追查杨玄纵的同党，斛斯政内心惶恐不安。六月二十六日，斛斯政出逃投奔高丽。六月二十八日，夜里二更时分，隋炀帝秘密召见众将领，命令他们率军撤退，军用物资、辎重器械、攻城器具，堆积如山。营垒、帐幕原封不动地全部丢弃。隋军暗暗撤离，军心惶恐不安，乱成一团，不成建制，各路队伍分散逃亡。高丽也及时发现了，但是不敢出城追击，只在城内击鼓呐喊。到了第二天中午，才逐渐派兵出城，四处远远侦察，仍然怀疑隋军诈退。两天之后，才出动几千人尾随追踪，害怕隋军势众，不敢逼近，远远跟在后边距离八九十里。快要到达辽水，得知隋炀帝御营隋军全部渡过了辽水，才敢逼近隋军的殿后部队。当时隋军的殿后军队还有几万人，高丽军队包抄袭击，最后杀死了几千名老弱的殿后隋军。

当初，隋炀帝准备再次征讨高丽，曾经再次问太史令庾质："这次情况怎么样？"庾质回答："臣确实愚昧，但还是坚持上次的意见，陛下若是御驾亲征，劳苦耗费实在太多。"隋炀帝大怒说："我亲自征伐尚不能取胜，只派别人去，又岂能成功？"等到隋炀帝从高丽回来，对庾质说："你以前不想让我去，应当是为了这桩事。杨玄感能成功吗？"庾质回答："杨玄感虽然地位很高，权势很大，但一向不得人心，他想凭借百姓的力量，侥幸成功。如今天下一统，是不容易摇动的。"

隋炀帝派遣虎贲郎将陈稜进攻黎阳的元务本，又派遣左翊卫大将军宇文述、右候卫将军屈突通乘驿站的快速传车发兵讨伐杨玄感。来护儿率军到达东莱，听说杨玄感已将东都包围，于是召集诸将商讨回师救援。诸将都认为没得到皇帝的敕命，不宜擅自回师，坚持不赞同来护儿的建议。来护儿厉声说道："洛阳被包围，是心腹之患；高丽抗拒王命不过是如皮肤上的疥癣一般的小毛病。国家大事，既然知道了处于危难，怎么能不行动？擅自行动的责任由我一人承担，跟各位无关，再有阻拦回师之事的按军法处置！”来护儿即日回师，命令儿子来弘、来整先乘驿马飞报隋炀帝，隋炀帝当时已经回到涿郡，并且下敕令让来护儿救援东都。隋炀帝见到来弘、来整非常高兴，在赐给来护儿的玺书中说：“你回师之时，正是我下令之日，君臣心意不约而同，虽距离遥远，却如同符契一样相合。”

起先，右武候大将军李子雄因罪被免官除名，发配在军队中效力，他跟随来护儿到东莱，隋炀帝怀疑他，诏令将他上枷锁送到皇帝行宫。李子雄在途中杀死押护使者，逃奔杨玄感。卫文昇率领步骑兵两万人渡过瀍水，与杨玄感交战，被杨玄感多次打败。杨玄感每次战斗都身先士卒，所向披靡。他还善于抚慰部下，大家都甘心为他效命，所以每次作战都能取胜，部众愈来愈多，达十万人。卫文昇寡不敌众，阵地作战使他的部下死伤大半，快要全军覆没。卫文昇改变策略，他挺进驻守在邙山的南面，与杨玄感决战，一天之内双方交战十多个回合。恰巧杨玄挺中流箭而死，杨玄感的军队才稍稍后退。

秋季，七月十一日，余杭人刘元进起兵响应杨玄感。刘元进手长一尺有余，手臂垂下来超过膝盖，他自认为相貌非凡，早就暗下谋反之心，正逢隋炀帝再次征调三吴军队征伐高丽，三吴士兵都议论说：“往年国家全盛之时，我们父兄出征高丽都还有大半没回来；如今国家已经疲惫，又要被征调去打高丽，我们这些人恐怕都会死光！”因此很多人都逃亡。郡县官吏搜捕非常急迫，逃亡的人听说刘元进起兵造反，纷纷前来投奔他，一个月内，部众就有几万人。

起先，杨玄感到达东都，他自认为天下响应。俘获韦福嗣后，把他当作亲信，委以重任，不再专信李密。韦福嗣每次出谋划策，都模棱两可。李密揣摩韦福嗣留一手的心意，就对杨玄感说：“韦福嗣原本不是我们的同盟，实际上他心存观望，你刚起来办大事，就有奸邪小人在身边，若听从他的是非不明的瞎说，一定会被他所误，请求杀了他。”杨玄感说：“还不到这一步。”李密退下来对他亲近的人说：“楚公喜欢谋反，却不想获胜，我们这些人如今都要成为俘虏。”

李子雄劝杨玄感赶快称帝，杨玄感询问李密，李密说：“从前陈胜自己想称王，张耳劝谏，却把他排斥在外边；魏武帝曹操想得到九锡，荀彧劝阻却遭杀害。如今我李密要说出正确意见，恐怕就要追随张耳、荀彧两人去了；但阿谀奉承，随顺上意，又不是我李密愿意的。为什么呢？我们起兵以来，虽然多次打胜仗，但是没有一个郡县响应，东都防守的力量还很强大，全国的救兵越来越多地到来，你应当带头奋起作战，早一点安定关中，如今却要急于称尊号，岂不是向人展示心胸不广吗？”杨玄感一笑作罢。

屈突通率领军队屯驻在河阳，宇文述领兵紧紧跟上来。杨玄感向李子雄询问计策，李子雄说：“屈突通懂得用兵，他一旦渡过了黄河，那么就胜负难料了，我们不如分出一部分兵力抵抗。屈突通不能渡过黄河，那么樊子盖、卫文昇就失去了援兵。”杨玄感赞成这个意见，准备去抵抗屈突通；樊子盖得知了这个计谋，多次袭击杨玄感的军营，杨玄感无法前往。屈突通渡过了黄河，驻扎在破陵。杨玄感分兵为二，西边抵抗卫文昇，东边抵抗屈突通。樊子盖再次出兵大战，杨玄感军多次战败。杨玄感和他的同党商议对策，李子雄说：“东都的援军越来越多地到达，我军多次战败，不可以久留，不如直入关中，打开永丰仓救济贫苦百姓，关中三辅地区就可指日平定，我们占据府库，向东争夺天下，也可以成就霸王之业。”李密说：“弘化郡留守元弘嗣拥有强兵在陇右，我们可以散布流言说他谋反，他派来使者迎接你，趁这机会进入关中，这样可以蒙蔽部众团结一心。”

恰好华阴县杨氏宗族人请求当向导，七月二十日，杨玄感解除对东都的包围，领兵向西进逼潼关，大肆宣扬说：“我军已经攻破了东都，现在要攻取关西了。”宇文述等各支隋军紧紧咬在后头。杨玄感到达弘农宫，父老们挡在路上劝杨玄感说：“弘农宫城空虚，又有很多积粮，攻打它，很容易攻下来。”杨玄感认为说得对。弘农太守蔡王杨智积对众官员部属说：“杨玄感的大军马上就要来到，想西进夺取关中，如果他的计谋成功，那么就难以制服了。应当用计谋来牵制他，使他无法前进，要不了十天，就可以抓获他。”等到杨玄感兵临城下，杨智积登上城墙的女墙上大骂杨玄感，杨玄感被激怒了，就留下来攻城，李密劝阻说：“您如今是蒙蔽众人向西进军，兵贵神速，况且追兵即将赶到，怎么可以停留？如果进不能占据潼关，退后没有地方可以据守，大军一哄而散，您拿什么保全自己？”杨玄感不听，于是率军攻城，他放火烧弘农城的城门，杨智积在内把火加大，杨玄感的士兵无法进入，三天仍未攻克，杨玄感只得率军向西而去。到达阌乡，宇文述、卫文昇、来护儿、屈突通等各路军队在皇天原追上了杨玄感。杨玄感率军据守槃豆，列阵五十里，边战边走，一天之内接连败了三次。八月初一日，杨玄感又在董杜原列阵，各路官军一起进攻，杨玄感大败，只有十余骑随同逃奔上洛，追击的骑兵赶上来了，杨玄感大声训斥，追兵都转身逃走。杨玄感到了葭芦戍，只剩下他和弟弟杨积善徒步逃亡，他自知无法幸免，对杨积善说：“我不愿遭受别人诛杀侮辱，你先把我杀掉！”杨积善抽刀将杨玄感杀死，然后自杀，但未死，被追兵抓住，杨积善和杨玄感的首级都被送到隋炀帝的行宫。隋炀帝下令在东都闹市将杨玄感的尸首处以车裂之刑，陈尸三天，然后又切成碎块焚烧。杨玄感的弟弟杨玄奖担任义阳太守，准备投奔杨玄感，被郡丞周旋玉杀死；杨仁行担任朝请大夫，也在长安被处死。

杨玄感包围东都时，梁郡人韩相国举兵响应杨玄感。杨玄感封韩相国为河南道元帅，韩相国一个月内就拉起了十余万人的部众，率兵攻掠郡县。韩相国攻打襄城时，得知杨玄感败亡的消息，部众逐渐溃散，韩相国也被官吏抓获，处死后其首级被传送至东都示众。

隋炀帝认为元弘嗣是斛斯政的亲戚，留守弘化郡。隋炀帝派卫尉少卿李渊驰马去抓获元弘嗣，趁此代替元弘嗣为留守，关西十三个郡的兵力都受李渊调遣。李渊对待部下宽厚简约，很多人愿意依附他。隋炀帝认为李渊相貌奇特怪异，名字又暗合图谶预言，非常猜忌他。没有多久，隋炀帝下令征召李渊到行在所，李渊正巧生病没有去拜见隋炀帝。李渊的外甥女王氏是后宫的嫔妃，隋炀帝便问王氏:“你舅舅为何迟迟不来见朕？”王氏回答说李渊生了病，隋炀帝脱口说出:“该不会死了吧？”李渊听到了，十分恐惧，于是放纵饮酒，收受贿赂，用来伪装自己。

【原文】

癸卯[①]，吴郡[②]朱燮、晋陵[③]管崇聚众寇掠江左。燮本还俗[④]道人，涉猎经史，颇知兵法，形容[⑤]眇小[⑥]，为昆山县[⑦]博士[⑧]，与数十学生起兵，民苦役者赴之如归。崇长大，美姿容，志气倜傥，隐居常熟[⑨]，自言有王者相[⑩]，故群盗相与奉之。时帝在涿郡，命虎牙郎将[⑪]赵六儿将兵万人屯扬子[⑫]，分为五营以备南贼[⑬]，崇遣其将陆颉渡江，夜，袭六儿，破其两营，收其器械军资而去，众益盛，至十万。

辛酉[⑭]，司农卿[⑮]云阳赵元淑[⑯]坐杨玄感党伏诛。帝使大理卿郑善果、御史大夫裴蕴、刑部侍郎骨仪[⑰]，与留守樊子盖推玄感党与。仪，本天竺[⑱]胡人也。帝谓蕴曰：“玄感一呼而从者十万，益知天下人不欲多，多即相聚为盗耳。不尽加诛，无以惩后。”子盖性既残酷，蕴复受此旨，由是峻法治之，所杀三万余人，皆籍没其家，枉死[⑲]者太半，流徙[⑳]者六千余人。玄感之围东都也，开仓赈给百姓。凡受米者，皆坑之于都城之南。玄感所善文士会稽虞绰[㉑]、琅邪王胄[㉒]俱坐徙边，绰、胄亡命，捕得，诛之。

帝善属文[23]，不欲人出其右[24]。薛道衡死，帝曰："更[25]能作'空梁落燕泥'否！"王胄死，帝诵其佳句曰："'庭草无人随意绿'，复能作此语邪！"帝自负才学[26]，每骄天下之士，尝谓侍臣曰："天下皆谓朕承藉绪余[27]而有四海，设[28]令朕与士大夫[29]高选，亦当为天子矣。"

帝从容谓秘书郎[30]虞世南[31]曰："我性不喜人谏，若位望通显[32]而谏以求名，弥所不耐。至于卑贱之士，虽少宽假[33]，然卒不置之地上。汝其知之！"世南，世基之弟也。

帝使裴矩安集[34]陇右，因之会宁，存问[35]曷萨那可汗部落，遣阙度设寇掠吐谷浑以自富，还而奏状[36]，帝大赏之。

九月，己卯[37]，东海[38]民彭孝才起为盗，有众数万。

甲午[39]，车驾至上谷[40]，以供费[41]不给[42]，免太守虞荷等官。闰月，己巳[43]，幸博陵[44]。

冬，十月，丁丑[45]，贼帅吕明星围东郡[46]，虎贲郎将费青奴击破之。

刘元进帅其众将渡江，会杨玄感败，朱燮、管崇共迎元进，推以为主，据吴郡，称天子，燮、崇俱为尚书仆射，署置百官，毗陵、东阳、会稽、建安[47]豪杰多执长吏[48]以应之。帝遣左屯卫大将军代人吐万绪[49]、光禄大夫下邽鱼俱罗[50]将兵讨之。

十一月，己酉[51]，右候卫将军冯孝慈讨张金称于清河，孝慈败死。

杨玄感之西也，韦福嗣亡诣东都归首[52]，是时如其比者[53]皆不问。樊子盖收玄感文簿[54]，得其书草[55]，封以呈帝；帝命执送行在。李密亡命[56]，为人所获，亦送东都。樊子盖锁送福嗣、密及杨积善、王仲伯等十余人诣高阳，密与王仲伯等窃谋亡去，悉使出其所赍金以示使者曰："吾等死日，此金并留付公，幸用相瘗[57]，其余即皆报德。"使者利其金，许诺，防禁渐弛。密请通市[58]酒食，每宴饮，喧哗竟夕[59]，使者不以为意，行至魏郡[60]石梁驿[61]，饮[62]防守者皆醉，穿墙而逸[63]。密呼韦福嗣同去，福嗣曰："我无罪，天子不过一面[64]责我耳。"至高阳，帝以书草示福嗣，收付大理[65]。宇文述奏："凶逆[66]之徒，臣下所当同疾，若不为重法，无以肃将来。"帝曰："听公所为。"十二月，甲申[67]，述就野外，缚诸应刑者于格[68]上，以车轮括[69]其颈，使文武九品以上皆持兵[70]斫射，乱发矢如猬毛[71]，支体糜碎[72]，犹在车轮中。积善、福嗣仍加车裂，皆焚而扬之。积善自言手杀玄感，冀得免死。帝曰：“然则枭类[73]耳！”因更其姓曰枭氏。

唐县[74]人宋子贤，善幻术[75]，能变佛形，自称弥勒出世，远近信惑，遂谋因无遮大会[76]举兵袭乘舆；事泄，伏诛，并诛党与千余家。

扶风[77]桑门[78]向海明亦自称弥勒出世，人有归心者，辄获吉梦，由是三辅人翕然[79]奉之，因举兵反，众至数万。丁亥[80]，海明自称皇帝，改元白乌。诏太仆卿杨义臣击破之。

帝召卫文昇、樊子盖诣行在；慰劳之，赏赐极厚，遣还所任[81]。

刘元进攻丹阳[82]，吐万绪济江击破之，元进解围去，绪进屯曲阿[83]。元进结栅拒绪，相持百余日；绪击之，贼众大溃，死者以万数。元进挺身[84]夜遁，保其垒。朱燮、管崇等屯毗陵，连营百余里，绪乘胜进击，复破之。贼退保黄山[85]，绪围之，元进、燮仅以身免，于陈[86]斩崇及其将卒五千余人，收其子女三万余口，进解会稽[87]围。鱼俱罗与绪偕行[88]，战无不捷，然百姓从乱者如归市[89]，贼败而复聚，其势益盛。

元进退据建安，帝令绪进讨，绪以士卒疲弊，请息甲[90]待来春；帝不悦。俱罗亦以贼非岁月[91]可平，诸子在洛京[92]，潜遣家仆迎之；帝怒。有司希旨，奏绪怯懦，俱罗败衄[93]，俱罗坐斩，征绪诣行在，绪忧愤，道卒。

帝更遣江都[94]丞王世充发淮南[95]兵数万人讨元进。世充渡江，频战皆捷，元进、燮败死于吴[96]，其余众或降或散。世充召先降者于通玄寺[97]瑞像[98]前焚香为誓，约降者不杀。散者始欲入海为盗，闻之，旬月之间，归首略尽，世充悉坑之于黄亭涧[99]，死者三万余人。由是余党复相聚为盗，官军不能讨，以至隋亡。帝以世充有将帅才，益加宠任。

是岁，诏为盗者籍没其家。时群盗所在皆满，郡县官因之各专威福，生杀任情矣。

章丘杜伏威[100]与临济辅公祏[101]为刎颈交[102]，俱亡命为群盗。伏威年十六，每出则居前[103]，入则殿后[104]，由是其徒推以为帅。下邳苗海潮亦聚众为盗，伏威使公祏谓之曰：“今我与君同苦隋政[105]，各举大义[106]，力分势弱，常恐被擒，若合为一，则足以敌隋矣。君能为主，吾当敬从。自揆[107]不堪，宜来听命；不则一战以决雌雄[108]。”海潮惧，即帅其众降之。伏威转掠淮南，自称将军，江都留守遣校尉[109]宋颢讨之，伏威与战，阳为不胜，引颢众入葭苇[110]中，因从上风纵火，颢众皆烧死。海陵[111]贼帅赵破陈以伏威兵少，轻之[112]，召与并力[113]，伏威使公祏严兵[114]居外，自与左右十人赍牛酒入谒，于座杀破陈，并其众。

（以上为第四段，写隋炀帝平定杨玄感之乱，并未警悟戒惧，而是变本加厉施行暴政，信用群小，赏罚颠倒，民不堪命，江淮地区民众暴动，成为大起义的中心。）

【注释】

①癸卯：八月二日。 ②吴郡：郡名。治所吴县，在今江苏苏州市。 ③晋陵：郡名。治所晋陵县，在今江苏常州市。 ④还俗：出家为僧道后，又再回家为俗人，称还俗。 ⑤形容：容貌，体形。 ⑥眇小：细小，低微。 ⑦昆山县：县名。县治在今江苏苏州市。 ⑧博士：县博士不见于《隋志》，大概位在曹佐、市令以下。 ⑨常熟：县名。县治在今江苏常熟市境。 ⑩王者相：帝王的相貌。 ⑪虎牙郎将：武官名。大概是虎贲郎将之类，掌宿卫。 ⑫扬子：地名。故址在今江苏仪征市东南。 ⑬南贼：指在江南一带活动的刘元进、朱燮、管崇等义军。 ⑭辛酉：八月二十日。 ⑮司农卿：官名。司农寺长官，掌仓市薪米、园池果实等。 ⑯赵元淑（？—613）：博陵（今河北定州市）人。寓居云阳（今陕西泾阳县西北）。历仕周、隋，官至司农卿。传见《隋书》卷七十、《北史》卷四十一。 ⑰胥仪（？—617）：京兆长安（今陕西西安市）人。官至刑部侍郎。传附《隋书·阴寿传》《北史·阴寿传》。 ⑱天竺：古国名，即今印度。 ⑲枉死：受冤枉而死。枉，冤屈。 ⑳流徙：流放。 ㉑虞绰（561—614）：字士裕，会稽余姚（今浙江余姚市）人。历仕陈、隋，官至著作佐郎。传见《隋书》卷七十六、《北史》卷八十三。 ㉒王胄（558—613）：字承基，琅邪临沂（今山东临沂市）人。历仕陈、隋，官至朝散大夫。传见《隋书》卷七十六、《北史》卷八十三。 ㉓属文：写作。属，撰写。 ㉔右：上。古人常以右为尊。 ㉕更：还，再。 ㉖才学：才能与学问。 ㉗承藉绪余：指承继帝王之业。承藉，凭借。藉，借。绪余，业余、遗业。指帝王绪业之余。 ㉘设：假使，假若。 ㉙士大夫：古代指居官有职位的人。 ㉚秘书郎：官名。隶秘书省，掌校写经籍图书。 ㉛虞世南（558—638）：字伯施，越州余姚（今浙江余姚市）人。历仕陈、隋、唐三代，官至银青光禄大夫、弘文馆学士。有文集三十卷。传见《旧唐书》卷七十二、《新唐书》卷一百零二。 ㉜通显：谓官位高、名声大。 ㉝宽假：宽贷，宽容。假，大，宽容。 ㉞安集：安抚聚集。 ㉟存问：慰问，问候。 ㊱奏状：把情况上奏朝廷。状，状况，情状。 ㊲己卯：九月八日。 ㊳东海：郡名。治所朐山县，在今江苏连云港市西南海州区。 ㊴甲午：九月二十三日。 ㊵上谷：郡名。治所易县，在今河北易县。

㊶供费：供应的费用。 ㊷不给：不足。给，丰足。 ㊸己巳：闰九月二十八日。 ㊹博陵：郡名。治所鲜虞县，在今河北定州市。 ㊺丁丑：十月七日。 ㊻东郡：郡名。治所瑕丘，在今山东兖州市。 ㊼毗陵、东阳、会稽、建安：皆郡名。毗陵郡，治所晋陵县，在今江苏常州市。东阳郡，治所金华县，在今浙江金华市。会稽郡，治所山阴县，在今浙江绍兴市。建安郡，治所闽县，在今福建福州市。 ㊽长吏：县令、长、丞等皆称长吏，泛指地方官中地位较高的人。 ㊾吐万绪（？—613）：字长绪，代郡（今山西代县）鲜卑族人。历仕周、隋，官至左屯卫大将军。传见《隋书》卷六十五、《北史》卷七十八。 ㊿鱼俱罗：冯翊下邽（今陕西渭南市北）人。官至车骑将军。传见《隋书》卷六十四、《北史》卷七十八。 51己酉：十一月九日。 52归首：投案自首。 53如其比者：与韦福嗣相同的。比，比拟，类似。 54文簿：公文案卷。 55书草：指给樊子盖书信的草稿。 56亡命：逃亡在外。 57瘗（yì）：埋葬。 58通市：通商。此指以金买物。 59竟夕：终夜。竟，穷，终。夕，夜。 60魏郡：郡名。治所安阳县，在今河南安阳市。 61石梁驿：驿站名。故址在今河南安阳市。 62饮：使防守者饮酒。 63逸：逃亡。 64一面：一次会面。 65大理：官署名。即大理寺，掌刑法狱案。 66凶逆：凶恶的反叛者。凶，恶。 67甲申：十二月十五日。 68格：支架。 69括：结扎，捆束。 70持兵：手拿兵器。兵，兵器。 71猬毛：刺猬毛。形容箭矢之多。 72糜碎：又烂又碎。糜，烂。 73枭类：枭鸟之类。枭，鸟名，猫头鹰。古时传说枭食其母，故以枭比喻恶人。 74唐县：县名。县治在今河北唐县西。 75幻术：幻化的法术、魔术。幻，假而似真，虚而不实。 76无遮大会：佛教举行的一种以布施为中心的法会，梵语般闍于瑟，华言解免。每五年举行一次，故也称般遮大会或五年大会。 77扶风：郡名。治所雍县，在今陕西宝鸡市凤翔区。 78桑门：僧。梵语。即“沙门”的不同译法。 79翕（xī）然：聚合，趋附的样子。翕，合，聚。 80丁亥：十二月十八日。 81遣还所任：命他们各返回留守任所。 82丹阳：据胡注，此丹阳不是《隋志》丹阳郡，而是润州管下丹阳市，本曲阿，县治在今江苏丹阳市。 83曲阿：丹阳市治，在今江苏丹阳市。 84挺身：引身，脱身。 85黄山：山名。一名笔架山，在今江苏苏州市西南。 86陈：通“阵”。 87会稽：郡名。治所山阴县，在今浙江绍兴市。 88偕（xié）行：相伴出发。偕，共同，一起。 89归市：拥向集市。形容人多而踊跃。 90息甲：解除盔甲。停战之意。 91岁月：年月，时序，此指短时间内。 92洛京：指洛阳。洛阳为隋东都，故称为洛京。 93败衄（nǜ）：战败。衄，挫折，失败。 94江都：郡名。治所江阳，在今江苏扬州市。 95淮南：泛指淮河以南地区，大致为今江苏、安徽两省长江以北、淮河以南的地方。 96吴：指吴县。吴郡治所，在今江苏苏州市。 97通玄寺：寺名。故址在今河南洛阳市内。 98瑞像：指

佛像。 ⑨⑨黄亭涧：山涧名。故址在今河南巩义市西南。 ⑩⑩杜伏威（？—622）：齐州章丘（今山东济南市章丘区西北）人。起义后，占有江东、淮南之地。后降唐，官至太子太保，兼行台尚书令。传见《旧唐书》卷五十六、《新唐书》卷九十二。 ⑩①辅公祏：（？—622）：齐州临济（今山东济南市章丘区西北）人。与杜伏威起义，后降唐，又反，被杀。传见《旧唐书》卷五十六、《新唐书》卷八十七。 ⑩②刎颈交：指友谊深挚，可以同生死共患难的朋友。 ⑩③出则居前：每出战则冲锋在前。 ⑩④入则殿后：每回营则在最后断敌。退却在后的意思。殿，行军的尾部，容易受敌人袭击。 ⑩⑤苦隋政：为隋政所苦。 ⑩⑥举大义：指起义兵反隋。 ⑩⑦自揆（kuí）：自己揣度。揆，测度，度量。 ⑩⑧决雌雄：决定胜负。 ⑩⑨校尉：武官名。隋炀帝设置鹰扬府郎将，每府置越骑校尉二人，掌骑兵；步兵校尉二人，掌步兵。 ⑪⓪葭苇：芦苇。 ⑪①海陵：县名。县治在今江苏泰州市。 ⑪②轻之：轻视杜伏威。 ⑪③并力：联合，合力。 ⑪④严兵：严密布置军队。

【译文】

八月初二日，吴郡人朱燮、晋陵人管崇聚众在江东一带抢掠。朱燮是个还俗道人，读过儒家经典和史书，颇通兵法。朱燮形体瘦小，在昆山县当县学博士，他率领几十名学生起事，饱受赋役之苦的百姓都去投奔他。管崇身材高大，相貌英武，志气不凡，隐居常熟，自称有帝王之相，因此群盗都拥护他为首领。当时隋炀帝在涿郡，命令虎牙郎将赵六儿领兵一万人驻守扬子，分为五营以防备南面的刘元进和管崇、朱燮等人。管崇派部将陆颛渡江，夜袭赵六儿，攻破他的两个营垒，缴获官军的武器物资，然后退走。管崇的部众越来越多，多达十万人。

八月二十日，司农卿云阳人赵元淑因为是杨玄感的同党被株连判罪而死。隋炀帝派大理卿郑善果、御史大夫裴蕴、刑部侍郎骨仪与东都留守樊子盖追查杨玄感的同党。骨仪原是天竺胡人。隋炀帝对裴蕴说："杨玄感振臂一呼，响应的人就有十万，我越发知道天下的人不应太多，人多了就容易聚集为盗。不把造反的人完全杀绝，就无法惩戒后人。"樊子盖本来就性情残酷，裴蕴也接受了隋炀帝的这个旨意，因此，用严刑峻法惩治杨玄感同党，屠杀了三万多人，把他们的家产全部没收，冤枉而死的人占了一大半，流放发配边地的有六千余人。杨玄感包围东都时，曾打开粮仓赈济百姓。凡是收受粮米的百姓，都被赶到东都城南活埋。与杨玄感交好的文士会稽人虞绰、琅邪人王胄也被罚流放边疆。虞绰、王胄相机逃亡，后来被抓获，杀了头。

隋炀帝写得一手好文章，但嫉妒别人超过他。薛道衡被赐死，隋炀帝说："还能写‘空梁落燕泥’吗？”王胄被处死，隋炀帝吟诵他的佳句：“‘庭草无人随意绿’，他还能写这样的句子吗？”隋炀帝自负有文才学问，非常骄傲，看不起天下的文士，曾对侍臣说：“天下人都认为朕继承先帝的遗业才拥有天下，实际上即使让朕和士大夫比试选拔，我也应当做天子。”

隋炀帝曾从容地对秘书郎虞世南说：“我生性不喜欢别人进谏，尤其不能容忍位高望重的人还想以进谏来博取名声。那些地位卑贱的士人，虽然可以稍许宽容，但最终也不会让他有安身立命之地。你记住这些话！”虞世南是虞世基的弟弟。

隋炀帝派裴矩安抚聚集陇右。裴矩到了会宁，慰问曷萨那可汗部落，便派阙度设劫掠吐谷浑来增加财富。裴矩回到京都向隋炀帝奏报，隋炀帝大加赞许。

九月初八，东海郡人彭孝才起来造反，有数万之众。

九月二十三日，隋炀帝车驾到达上谷，因为供应物资不足，罢免了太守虞荷等人的官职。闰九月二十八日，隋炀帝巡幸博陵。

冬季，十月初七日，造反头领吕明星围攻东郡，虎贲郎将费青奴打败了他。

刘元进率领众将渡过长江，恰好杨玄感败亡，朱燮、管崇一起迎接刘元进，推举他为头领，攻占吴郡，自称天子，朱燮、管崇都被任命为尚书仆射，并设置了百官，毗陵、东阳、会稽、建安等郡的地方豪绅，抓捕了地方长官，用来响应刘元进。隋炀帝派遣左屯卫大将军代郡人吐万绪、光禄大夫下邽人鱼俱罗领兵讨伐。

十一月初九，右候卫将军冯孝慈在清河郡讨伐张金称，冯孝慈战死。

杨玄感向西进兵的时候韦福嗣逃到东都投案自首，当时像这样的人都不追究。樊子盖收缴了杨玄感的文书信札，发现了韦福嗣所写的文书草稿，就密封后送给隋炀帝，隋炀帝下令把韦福嗣押送到行在所。李密逃亡，被人抓获，也押送到东都。樊子盖把韦福嗣、李密，以及杨积善、王仲伯等十多个人上了枷锁，押送到高阳。李密与王仲伯等人暗中策划逃亡，于是拿出了身边所带的全部金子给使者看，并说：“我们死的那一天，这些金子全部留下交给你，请你用来给我们安葬，剩余的金子你收下算是报答你的恩德。”使者贪图金子，满口答应，慢慢地放松了防备。李密请求使者允许到酒店买酒食，每次大吃大喝，行酒喧哗直到通宵，使者满不在意。走到魏郡石梁驿，再次宴饮，防守的人都喝醉了，李密等人凿穿墙壁逃走。李密叫韦福嗣一起逃走，韦福嗣说：“我没有罪，天子不过当面训斥我一顿罢了。”到了高阳，隋炀帝把缴获的文书草稿给韦福嗣看，把他交给大理寺发落。宇文述上奏说："凶恶叛逆之徒，臣下都应该痛恨，如果不处以重刑，就不能警戒后来。"隋炀帝说："任你处置。"十二月十五日，宇文述在野外，把那些应该受刑的人绑在木头支架上，用车轮套住头颈，让九品以上的官员全都手持兵器，或用刀砍，或用箭射，乱箭射到受刑者身上，多得像刺猬毛一样，受刑者肢体糜烂破碎，仍留在车轮之中。杨积善和韦福嗣另外还要处以车裂之刑，然后再将尸体焚化扬灰。杨积善说亲手杀死了杨玄感，希望能免一死。隋炀帝说："你的行为不过是枭一类的东西！"便改杨积善姓枭。

唐县人宋子贤，擅长幻术，能变幻成佛的形象，自称是弥勒佛出世。远近的人都受他的迷惑，宋子贤于是图谋利用无遮大会的机会举兵袭击隋炀帝车驾；事情泄露，宋子贤被斩首，牵连被杀的同党有一千余家。

扶风和尚向海明也自称是弥勒佛出世，凡是想要归附他的人就会做吉利的梦，因此三辅地方的人都纷纷信奉他，向海明于是举众造反，部众达数万人。十二月十八日，向海明自称皇帝，改年号为白乌。隋炀帝诏命太仆卿杨义臣讨伐，向海明被击败。

隋炀帝宣召卫文昇、樊子盖到行宫，慰劳他们，赏赐极为丰厚，然后命他们回到自己的任上。

刘元进攻打丹阳，吐万绪率兵渡江把他打败，刘元进解围离去，吐万绪追击驻屯曲河。刘元进构筑栅栏抵抗吐万绪，双方相持百余日；吐万绪发起进攻，刘元进部众大败，死者数万计。刘元进突破重围，连夜逃回，坚守自己的营垒。朱燮、管崇等人驻守毗陵，军营连绵一百多里。吐万绪乘胜进击，又将朱燮、刘元进等人击败。朱、刘等人率部众退保黄山，吐万绪将他们包围，刘元进、朱燮只身逃出，官军在阵前斩杀管崇及其将士五千余人，俘获其子女三万余人。吐万绪乘胜进兵，解除了叛乱者对会稽的包围。鱼俱罗与吐万绪一起出征，战无不胜，但是百姓起来造反的人越来越多，多得如同赶集一样，反隋士兵溃散后不久又聚集起来，声势更加浩大。

刘元进退守建安，隋炀帝命令吐万绪继续进军讨伐，吐万绪因士卒疲惫不堪，请求稍事休整，到来年春天再战，隋炀帝非常不高兴。鱼俱罗也认为造反的人不是一年两年就可以平定的，他的几个儿子都在东都洛阳，暗地派家奴来接鱼俱罗，隋炀帝知道了大怒，主管官员迎合隋炀帝的旨意，上奏说吐万绪懦弱怯敌，鱼俱罗常打败仗，于是鱼俱罗获罪被斩，隋炀帝召吐万绪到行宫，吐万绪忧惧悲愤，在途中死去。

隋炀帝另外派遣江都郡丞王世充征调淮南兵几万人讨伐刘元进。王世充率军渡江，多次打胜仗，刘元进、朱爕在吴县兵败身亡，残余部众有的投降，有的四散逃走。王世充召集先投降的人在通玄寺的佛像前焚香盟誓，约定不杀投降的人。逃散的人起先想下海为盗，听到这个消息，一个月内，几乎全部回来自首，但王世充却把这些人在黄亭涧全部活埋，处死了三万多人。于是，其余的人又相聚为盗，直至隋朝灭亡，官军也没能讨伐平定。隋炀帝认为王世充有将帅之才，对他更加宠信重用。

这一年，隋炀帝诏令凡作盗贼的人，他的家属财产都由官府查抄没收。当时遍地都是起义的人，各地郡县官吏借机作威作福，生杀大事随意处置。

章丘人杜伏威和临济人辅公祏两人是生死之交，他们都逃亡聚众为盗。杜伏威十六岁，每次出战都冲锋在前，撤退时则由他殿后，因此得到同伙的敬佩，被推举为首领。下邳人苗海潮也聚众为盗，杜伏威派辅公祏对苗海潮说："如今我和您都深受隋朝苛政之苦，各举义旗聚众造反，但各自为战，势单力薄，常常害怕被擒获，若是我们合为一体，那么就足以与隋朝抗衡了。要是您能当领袖，我理当恭敬顺从；要是您估量自己不能胜任领袖，就应前来听从我的命令，否则我们可以一战以决雌雄。"苗海潮自思不如杜伏威，就率领部众归附了杜伏威。杜伏威率领部众在淮南一带转战掠夺，自称将军。江都留守派校尉宋颢率兵讨伐，杜伏威与宋颢交战，假装战败，把宋颢部众引入芦苇丛中，然后从上风放火，宋颢部众都被烧死。海陵起义军首领赵破陈认为杜伏威兵少，看不起他，就召杜伏威来，想将他纳入旗下。杜伏威派辅公祏在外面布下重兵，自己和左右十个人带着牛肉美酒进入赵破陈的营帐谒见他，杜伏威在座位上把赵破陈杀死，吞并了他的部众。

【原文】

十年（甲戌，614）

春，二月，辛未[①]，诏百僚议伐高丽，数日，无敢言者。戊子[②]，诏复征天下兵，百道俱进。

丁酉[③]，扶风贼帅唐弼立李弘芝为天子。有众十万，自称唐王。

三月，壬子[④]，帝行幸涿郡，士卒在道，亡者相继。癸亥[⑤]，至临渝宫[⑥]，祃祭[⑦]黄帝[⑧]，斩叛军者以衅鼓[⑨]，亡者亦不止。

夏，四月，榆林[⑩]太守成纪董纯[⑪]与彭城贼帅张大虎战于昌虑[⑫]，大破之。斩首万余级。

甲午[13]，车驾至北平[14]。

五月，庚申[15]，延安[16]贼帅刘迦论自称皇王，建元[17]大世，有众十万，与稽胡相表里为寇。诏以左骁卫大将军屈突通为关内讨捕大使[18]，发兵击之，战于上郡[19]，斩迦论并将卒[20]万余级，虏男女数万口而还。

秋，七月，癸丑[21]，车驾次怀远镇。时天下已乱，所征兵多失期[22]不至，高丽亦困弊。来护儿至毕奢城[23]，高丽举兵逆战，护儿击破之，将趣平壤，高丽王元惧，甲子[24]，遣使乞降，囚送斛斯政。帝大悦，遣使持节召护儿还。护儿集众曰："大军三出，未能平贼，此还不可复来，劳而无功，吾窃耻[25]之。今高丽实困，以此众击之，不日[26]可克，吾欲进兵径围平壤，取高元，献捷而归，不亦善乎！"答表请行，不肯奉诏[27]。长史崔君肃固争，护儿不可，曰："贼势破矣，独以相任，自足办之。吾在阃外[28]，事当专决，宁得高元还而获谴[29]，舍此成功，所不能矣！"君肃告众曰："若从元帅违拒[30]诏书，必当闻奏，皆应获罪。"诸将惧，俱请还，乃始奉诏。

八月，己巳[31]，帝自怀远镇班师。邯郸[32]贼帅杨公卿帅其党八千人，抄[33]驾后第八队，得飞黄上厩[34]马四十二匹而去。冬，十月，丁卯[35]，上至东都；己丑[36]，还西京。以高丽使者及斛斯政告太庙；仍征高丽王元入朝，元竟不至。敕将帅严装[37]，更图后举[38]，竟不果行。

初，开皇之末，国家殷盛[39]，朝野皆以高丽为意[40]，刘炫独以为不可，作《抚夷论》[41]以刺之，至是，其言始验。

十一月，丙申[42]，杀斛斯政于金光门[43]外，如杨积善之法，仍烹[44]其肉，使百官啖之，佞者或啖[45]之至饱，收其余骨，焚而扬之。

乙巳[46]，有事[47]于南郊，上不斋于次[48]。诘朝[49]，备法驾[50]，至即行礼。是日，大风。上独献[51]上帝，三公分献五帝[52]。礼毕，御马疾驱而归。

乙卯[53]，离石胡[54]刘苗王反，自称天子，众至数万；将军潘长文讨之，不克。

汲郡[55]贼帅王德仁拥众数万，保林虑山[56]为盗。

帝将如东都，太史令庾质谏曰："比岁[57]伐辽，民实劳弊[58]，陛下宜镇抚关内，使百姓尽力农桑，三五年间，四海稍丰实，然后巡省[59]，于事为宜。”帝不悦。质辞疾不从，帝怒，下质狱，竟死狱中。十二月，壬申[60]，帝如东都，赦天下；戊子[61]，入东都。

东海贼帅彭孝才转掠沂水[62]，彭城[63]留守董纯讨擒之。纯战虽屡捷，而盗贼日滋[64]，或谮纯怯懦；帝怒，锁纯诣东都，诛之。

孟让自长白山寇掠诸郡，至盱眙[65]，众十余万，据都梁宫[66]，阻淮为固[67]。江都丞王世充将兵拒之，为五栅以塞险要，羸形[68]示弱。让笑曰："世充文法小吏[69]，安能将兵！吾今生缚取[70]，鼓行入江都耳！”时民皆结堡自固，野无所掠，贼众渐馁，乃少留兵，围五栅，分人于南方抄掠；世充伺其懈，纵兵出击，大破之，让以数十骑遁去，斩首万余级。

齐郡贼帅左孝友众十万屯蹲狗山[71]，郡丞张须陁列营逼之，孝友窘迫[72]出降。须陁威振东夏[73]，以功迁齐郡通守[74]，领河南道十二郡黜陟讨捕大使[75]。涿郡贼帅卢明月众十余万军祝阿[76]，须陁将万人邀之。相持十余日，粮尽，将退，谓将士曰："贼见吾退，必悉众来追，若以千人袭据[77]其营，可有大利。此诚危事，谁能往者？”众莫对，唯罗士信及历城秦叔宝[78]请行。于是须陁委[79]栅而遁，使二人分将千兵伏葭苇中，明月悉众追之。士信、叔宝驰至其栅，栅门闭，二人超升其楼，各杀数人，营中大乱；二人斩关[80]以纳外兵，因纵火焚其三十余栅，烟焰涨天。明月奔还，须陁回军奋击，大破之，明月以数百骑遁去，所俘斩[81]无算[82]。叔宝名琼，以字行[83]。

（以上为第五段，写大业十年，隋军在全国各地镇压起义军，各路隋军多次打胜仗，但造反的人却越来越多，在全国形成了燎原之势。）

【注释】

①辛未：二月初三日。 ②戊子：二月二十日。 ③丁酉：二月二十九日。 ④壬子：三月十四日。 ⑤癸亥：三月二十五日。 ⑥临渝宫：行宫名。故址在今河北卢龙县境。 ⑦祃（mà）祭：古代行军在所停留处祭神称祃祭。 ⑧黄帝：古代传说中的五帝之一。他曾于阪泉打败炎帝，又于涿鹿之野杀死蚩尤，从而平定天下，诸侯尊他为天子。此指隋炀帝祃祭黄帝是为了求福。 ⑨衅鼓：杀人用血涂鼓。衅，血祭称衅。杀牲后，以牲血涂于器物的缝隙也称衅。 ⑩榆林：郡名。治所榆林县，在今内蒙古准格尔旗东北。 ⑪董纯（？—614）：字德厚，陇西成纪（今甘肃静宁县西南）人。官至榆林太守。传见《隋书》卷六十五、《北史》卷七十八。 ⑫昌虑：县名。县治在今山东滕州东南。 ⑬甲

午：三月二十七日。 ⑭北平：郡名，治所新昌县，在今河北卢龙县。 ⑮庚申：五月二十三日。 ⑯延安：郡名。治所肤施县，在今陕西延安市东。 ⑰建元：年号。 ⑱讨捕大使：官名。隋炀帝临时特派的去镇压各地反叛的使节。 ⑲上郡：郡名。治所洛交县，在今陕西富县。 ⑳并将卒：收编将士。 ㉑癸丑：七月十七日。 ㉒失期：超过预定的日期。 ㉓毕奢城：城名。即卑沙城，在今辽宁大连市东北。 ㉔甲子：七月二十八日。 ㉕窃耻：私下认为是耻辱。窃，自谦之词，指自己，私下。 ㉖不日：不久，不几天。 ㉗奉诏：奉行诏令。 ㉘阃（kǔn）外：指统兵在外。阃，指郭门，国门。引申指统兵在外的将帅。 ㉙获谴：受到治罪。谴，罪过。 ㉚违拒：违背抗拒。 ㉛己巳：八月初四日。 ㉜邯郸：县名。县治在今河北邯郸市。 ㉝抄：掠夺，抢劫。 ㉞飞黄上厩（jiù）：饲养御马的场所。隋尚乘局置左、右六闲，其一是左、右飞黄闲。厩，马棚。㉟丁卯：十月初三日。 ㊱己丑：十月二十五日。 ㊲严装：整齐装束。也作“严妆”。㊳后举：指以后再兴兵讨伐高丽的举动。 ㊴殷盛：富足强盛。殷，富裕。 ㊵以高丽为意：以讨伐高丽为自己的愿望。意，愿望，意图。 ㊶《抚夷论》：文章名。其意以为高丽不可伐，用以讽劝人们。 ㊷丙申：十一月二日。 ㊸金光门：城门名。即大兴城西三门之中的中门。 ㊹烹：古代用鼎镬煮人的酷刑。 ㊺啖：吃。 ㊻乙巳：十一月十一日。 ㊼有事：指祭祀。 ㊽次：泛指所在之处。 ㊾诘朝：明旦，明朝。 ㊿法驾：皇帝的车驾。也称法车。隋炀帝改开皇制度，法驾由六乘改为十二乘。 51献：献祭。52五帝：相传古代有五帝，说法不一。《史记·五帝本纪》所载为黄帝、颛顼、帝喾、尧、舜。 53己卯：十一月二十一日。 54离石胡：离石，郡名。治所离石县，在今山西吕梁市离石区。离石胡即指居住在离石郡一带的胡人。 55汲郡：郡名。治所卫县，在今河南淇县东。 56林虑山：山名。一名隆虑山。故址在今河南林州市西。 57比岁：每年，连年。比，紧靠，密列。 58劳弊：疲劳破弊。 59巡省（xǐng）：巡视。巡，察看。省，察看。 60壬申：十二月初九日。 61戊子：十二月二十五日。 62沂水：水名。今称沂河，源出今山东沂源鲁山，南流经临沂市入江苏境。 63彭城：郡名。治所彭城县，在今江苏徐州市。 64日滋：一天比一天增多。滋，增长。 65盱眙：县名。县治在今江苏盱眙县东北。 66都梁宫：行宫名。故址在今江苏盱眙县境。 67阻淮为固：以淮水相阻隔而为固。 68羸形：虚弱。 69文法小吏：只懂得法令条文的小官。文法，法制，法令条文。 70生缚取：活捉。 71蹲狗山：山名。以形似蹲坐的狗而得名。故址在今山东济南市附近。 72窘迫：困迫，无路可走。 73东夏：中国的东部。夏，中国的古称。74通守：官名。隋炀帝改州为郡，郡置太守，又各加置通守一人，位在太守下，佐助太守，治理郡事。 75黜陟讨捕大使：官名。天子临时差遣，掌督察官吏与讨伐反叛。

黜，降职。陟，升迁。 ⑯军祝阿：扎营祝阿。祝阿，县名。县治在今山东禹城市西南。⑰袭据：袭破而占据。 ⑱秦叔宝（？—638）：名琼，齐州历城（今山东济南市）人。先仕隋，后加入李密领导的起义军，最终归唐，官至左武卫大将军，封翼国公。传见《旧唐书》卷六十八、《新唐书》卷八十九。 ⑲委：丢弃。 ⑳斩关：杀死营门守兵。㉑俘斩：俘虏与斩首。 ㉒无算：无从计算，不可胜数。算，数，计数。 ㉓以字行：古人有名有字，以字代名，称以字行。

【译文】

隋炀帝大业十年（甲戌，614）

春季，二月初三日，隋炀帝下诏百官朝议出兵讨伐高丽。一连几天，都没有人敢说话。二月十二日，下诏再次征调全国军队，被征调的各路军队同时进发。

二月二十九日，扶风的造反首领唐弼拥立一个叫李弘芝的人为天子。有部众十万，自称唐王。

三月十四日，隋炀帝出行驾临涿郡，途中士兵不断有人死亡。三月二十五日，隋炀帝到达临渝宫，在野外祭祀黄帝，斩杀叛逃的士兵并将死者的血涂在鼓上，但逃亡仍无法禁止。

夏季，四月，榆林太守成纪人董纯与彭城反隋兵首领张大虎在昌虑交战，董纯大败张大虎，斩杀一万多人。

三月二十七日，隋炀帝车驾到达北平。

五月二十三日，延安反隋兵首领刘迦论自称皇王，建元年号为大世，拥有部众十万人。刘迦论与稽胡部落里应外合抄掠抢劫。隋炀帝下诏任命左骁卫大将军屈突通为关内讨捕大使，发兵进击刘迦论，在上郡交战，屈突通杀了刘迦论及其部众一万多人，俘虏男女数万人，得胜回军。

秋季，七月十七日，隋炀帝车驾驻停在怀远镇。当时全国大乱，征调的兵马多数不能按期到达，高丽也困乏疲惫。来护儿到达毕奢城，高丽发兵迎战，来护儿打败高丽军队，将要进逼平壤，高丽王高元害怕了。七月二十八日，派遣使者请求投降，把隋朝叛臣斛斯政用囚车遣送。隋炀帝非常高兴，他派使者持节召来护儿回师。来护儿集合众将说："隋朝大军三次出征，没有能够平定高丽，这次回去不可能再来了，付出了辛苦，毫无功劳，我个人深感羞愧。如今高丽确实陷入困境，拿我们这么强大的军队攻击它，要不了多久就可以攻克，我想直接进兵包围平壤，抓获高元，献上捷报然后班师，不是更好吗？"于是来护儿回报奏表请求进兵，不肯接受回军的诏命。长史崔君肃坚决反对，来护儿还是听不进去，说：“高丽已经暴露出了崩溃的形势，我们这一路军队，就足以平定。我现在统兵在外，有事可以独断专行，宁愿抓获高元回来遭受治罪，也不愿丢掉这次成功的机会，我做不到啊！”崔君肃告诉众将官说：“如果听从元帅违抗诏命，我一定要上奏皇上，大家都要被治罪。”众将官都害怕了，一起请求回师，来护儿这才听从了诏命。

八月初四日，隋炀帝从怀远镇班师。途经邯郸，那里的反隋首领杨公卿率领同党八千人，抢劫车驾后面的第八队官兵，抢走了飞黄上厩所养御用骏马四十二匹。冬季，十月初三日，隋炀帝到达东都洛阳。十月二十五日，回到西京长安。隋炀帝用高丽使者和斛斯政祭告主庙，征召高丽王高元入朝觐见，但高元竟然没来。隋炀帝下令将帅准备行装，打算再次东征高丽，结果没有成行。

当初，隋文帝开皇末年，国家殷实富强，朝野上下都想讨伐高丽，唯独刘炫认为不可出征，作《抚夷论》来批评，他的话这时得到了验证。

十一月初二日，在金光门外杀了斛斯政，就像杀杨积善的方法一样，还把他的肉下锅煮熟，让百官吃，一些奸佞之徒甚至吃饱了肚子，最后把剩下的骨头烧成灰散扬。

十一月十一日，隋炀帝在南郊祭天，可是隋炀帝没有在住地斋戒。早上，备好法驾，到达南郊立即举行祭祀典礼。当天，刮起大风，隋炀帝单独向上帝献祭，三公分别向五帝献祭。礼仪完毕，隋炀帝骑上御马飞奔回宫。

十一月二十一日，离石郡胡人刘苗王造反，自称天子，有众数万。隋军将领潘长文征讨，没有取胜。

汲郡反隋军首领王德仁拥有部众几万人，据守林虑山为盗。

隋炀帝要巡幸东都，太史令庾质劝谏说：“连年征伐辽东，百姓实在困苦疲惫，陛下应该安抚关内，使百姓致力农业生产，三五年内，等到国家逐渐殷实富裕了，然后再巡视各地，这样才比较合宜。”隋炀帝听了不高兴。于是庾质假称有病不跟随皇上出行。隋炀帝大怒，把庾质投进监狱，不久庾质死在狱中。十二月初九日，隋炀帝前往东都，大赦天下。十二月二十五日，隋炀帝进入东都。

东海反隋军首领彭孝才辗转抢掠到沂水，彭城留守董纯率兵讨伐并将他擒获。董纯虽然屡战屡捷，但是造反的人却一天比一天多。有人诬陷董纯怯懦，隋炀帝大怒，命人将董纯抓起来，戴上枷锁，押送东都，把他处死。

反隋首领孟让从长白山到各郡抢掠，到达盱眙，有部众十多万，占据都梁行宫，凭借淮水固守。江都丞王世充领兵抵抗孟让，构建了五个营寨阻塞险要地方，故意显示力量薄弱。孟让果真笑道，说："王世充是个文法小吏，哪里会用兵？我今天要活捉他，一鼓作气进攻江都。"当时百姓都构筑堡垒自守，野外没有可供劫掠的东西，孟让的反隋军队开始挨饿。孟让于是留下少量兵力守卫，分兵包围王世充的五处营寨，又分兵到南方抢掠。王世充趁孟让松懈，突然出击，大败孟让，孟让只带了几十个骑兵突围逃走，部众有一万多人被杀死。

齐郡反隋首领左孝友有部众十万，占据了蹲狗山，齐郡郡丞张须陁列阵进逼蹲狗山，左孝友走投无路下山投降。张须陁威震东夏，因为功劳升迁齐郡通守，兼任河南道十二郡黜陟讨捕大使。涿郡反隋军首领卢明月有部众十多万人占据了祝阿县，张须陁带兵一万人攻击，双方相持十多天，粮食快要吃完，将要撤退，张须陁对将士们说："贼兵看见我们后退，一定出动全部人马来追击，如果用一千人袭击并夺取他们的大营，一定能够建立奇功，这当然很危险，谁人能前往？"大家没有吱声，只有罗士信和历城人秦叔宝请求前往。于是张须陁弃营退走，让罗士信和秦叔宝各率一千名士兵埋伏在芦苇丛中，卢明月果然出动所有部众追击张须陁。罗士信、秦叔宝骑马飞驶到卢明月营寨，营门紧闭，于是，二人爬过栅栏登上门楼，各杀死几个人，一时营中大乱；二人砍开营门，放外面官兵进入，并趁势纵火烧毁了三十多处营寨，火光冲天浓烟滚滚。卢明月飞奔回营，张须陁回军迎击，杀得卢明月大败。卢明月率领几百骑逃走，被官军俘获杀死的部众不计其数。秦叔宝名琼，以字号行世。

【原文】

十一年（乙亥，615）

春，正月，增秘书省官百二十员[①]，并以学士[②]补之。帝好读书著述[③]，自为扬州总管，置王府学士至百人，常令修撰[④]，以至为帝，前后近二十载，修撰未尝暂停；自经术[⑤]、文章、兵、农、地理、医、卜、释、道乃至蒱博[⑥]、鹰狗，皆为新书，无不精洽[⑦]，共成三十一部，万七千余卷。初，西京嘉则殿有书三十七万卷，帝命秘书监柳顾言[⑧]等诠次[⑨]，除其复重猥杂[⑩]，得正御本[⑪]三万七千余卷，纳于东都修文殿。又写五十副本，简为三品[⑫]，分置西京、东都宫、省、官府，其正[⑬]书皆装翦华净，宝轴[⑭]锦褾[⑮]。于观文殿前为书室十四间，窗户床褥厨幔，咸极珍丽，每三间开方户，垂锦幔。上有二飞仙，户外地中施机发[⑯]。帝幸书室，有宫人执香炉[17]，前行践机[18]，则飞仙下，收幔而上，户扉[19]及厨扉皆自启，帝出，则垂闭复故。

帝以户口逃亡，盗贼繁多，二月，庚午[20]，诏民悉城居[21]，田随近给。郡县驿亭[22]村坞[23]皆筑城。

上谷[24]贼帅王须拔自称漫天王，国号燕；贼帅魏刀儿自称历山飞：众各十余万，北连突厥，南寇燕、赵。

初，高祖梦洪水没都城，意恶之，故迁都大兴。申明公李穆薨，孙筠袭爵。叔父浑忿其吝啬[25]，使兄子善衡贼杀[26]之，而证其从父弟瞿昙，使之偿死。浑谓其妻兄左卫率宇文述曰："若得绍封[27]，当岁奉[28]国赋[29]之半。"述为之言于太子，奏高祖，以浑为穆嗣。二岁之后，不复以国赋与述，述大恨之。帝即位，浑累官至右骁卫大将军，改封郕公，帝以其门族强盛，忌之。会有方士[30]安伽陁言"李氏当为天子"，劝帝尽诛海内凡[31]李姓者。浑从子将作监敏，小名洪儿，帝疑其名应谶[32]，常面告之，冀其引决[33]。敏大惧，数与浑及善衡屏人私语；述谮之于帝，仍遣虎贲郎将河东裴仁基[34]表告浑反。帝收浑等家，遣尚书左丞元文都[35]、御史大夫裴蕴杂治之，按问数日，不得反状，以实奏闻。帝更遣述穷治之，述诱教敏妻宇文氏为表[36]，诬告浑谋因度辽，与其家子弟为将领者共袭取御营，立敏为天子。述持入，奏之，帝泣曰："吾宗社[37]几倾[38]，赖公获全耳。"三月，丁酉[39]，杀浑、敏、善衡及宗族三十二人，自三从[40]以上皆徙边徼[41]。后数月，敏妻亦鸩死。

有二孔雀自西苑飞集宝城[42]朝堂前，亲卫校尉[43]高德儒等十余人见之，奏以为鸾[44]，时孔雀已飞去，无可得验，于是百僚称贺。诏以德儒诚心冥会[45]，肇见[46]嘉祥，擢拜朝散大夫，赐物百段，余人皆赐束帛；仍于其地造仪鸾殿。

己酉[47]，帝行幸太原；夏，四月，幸汾阳宫避暑。宫城迫隘[48]，百官士卒布散山谷间，结草为营而居之。

以卫尉少卿李渊为山西[49]、河东抚慰大使[50]，承制[51]黜陟选补郡县文武官，仍发河东[52]兵讨捕群盗。渊行至龙门[53]，击贼帅毋端儿，破之。

秋，八月，乙丑[54]，帝巡北塞[55]。

初，裴矩以突厥始毕可汗部众渐盛，献策分其势，欲以宗女[56]嫁其弟叱吉设，拜为南面可汗；叱吉不敢受，始毕闻而渐怨。突厥之臣史蜀胡悉多谋略，为始毕所宠任，矩诈与为互市，诱至马邑[57]下，杀之。遣使诏始毕曰："史蜀胡悉叛可汗来降，我已相[58]为斩之。"始毕知其状[59]，由是不朝。

戊辰[60]，始毕帅骑数十万谋袭乘舆，义成公主先遣使者告变[61]。壬申[62]，车驾驰入雁门[63]，齐王暕以后军保崞县[64]。癸酉[65]，突厥围雁门，上下惶怖[66]，撤[67]民屋为守御之具，城中兵民十五万口，食仅可支二旬，雁门四十一城，突厥克其三十九，唯雁门、崞不下。突厥急攻雁门，矢及御前[68]；上大惧，抱赵王杲而泣，目尽肿。

左卫大将军宇文述劝帝简精锐数千骑溃围[69]而出，纳言苏威曰："城守[70]则我有余力，轻骑[71]乃彼之所长，陛下万乘之主，岂宜轻动！"民部尚书樊子盖曰："陛下乘危徼幸[72]，一朝狼狈[73]，悔之何及！不若据坚城以挫其锐，坐征四方兵使入援。陛下亲抚循士卒，谕以不复征辽，厚为勋格[74]，必人人自奋，何忧不济！"内史侍郎萧瑀[75]以为："突厥之俗，可贺敦预知军谋；且义成公主以帝女嫁外夷，必恃大国之援。若使一介[76]告之，借使[77]无益，庸[78]有何损。又，将士之意，恐陛下既免突厥之患，还事高丽，若发明诏，谕以赦高丽、专讨突厥，则众心皆安，人自为战矣。"瑀，皇后之弟也。虞世基亦劝帝重为赏格[79]，下诏停辽东之役。帝从之。

帝亲巡将士，谓之曰："努力击贼，苟能保全。凡在行陈，勿忧富贵，必不使有司弄刀笔[80]破汝勋劳。"乃下令："守城有功者，无官直除[81]六品，赐物百段；有官以次[82]增益。"使者慰劳，相望于道[83]，于是众皆踊跃[84]，昼夜拒战，死伤甚众。

甲申[85]，诏天下募兵。守令[86]竞来赴难，李渊之子世民[87]，年十六，应募隶屯卫将军[88]云定兴，说定兴多赍旗鼓为疑兵，曰："始毕敢举兵围天子，必谓我仓猝[89]不能赴援故也。宜昼则引旌旗数十里不绝，夜则钲鼓[90]相应，虏必谓救兵大至，望风遁去。不然，彼众我寡，若悉军来战，必不能支。"定兴从之。

帝遣间使求救于义成公主，公主遣使告始毕云："北边有急。"东都及诸郡援兵亦至忻口[91]；九月，甲辰[92]，始毕解围去。帝使人出侦[93]，山谷皆空，无胡马，乃遣二千骑追蹑，至马邑，得突厥老弱二千余人而还。

丁未[94]，车驾还至太原。苏威言于帝曰："今盗贼不息，士马疲弊，愿陛下亟[95]还西京，深根固本[96]，为社稷计。”帝初然之。宇文述曰：“从官妻子多在东都，宜便道[97]向洛阳，自潼关而入。”帝从之。

冬，十月，壬戌[98]，帝至东都，顾眄[99]街衢[100]，谓侍臣曰：“犹大有人在。”意谓曏日[101]平杨玄感，杀人尚少故也。苏威追论勋格太重，宜加斟酌[102]，樊子盖固请，以为不宜失信，帝曰：“公欲收物情[103]邪！”子盖惧，不敢对。帝性吝官赏[104]，初平杨玄感，应授勋[105]者多，乃更置戎秩[106]：建节尉[107]为正六品，次奋武、宣惠、绥德、怀仁、秉义、奉诚、立信[108]等尉，递降[109]一阶。将士守雁门者万七千人，得勋者才千五百人，皆准平玄感勋，一战得第一勋者进一阶，其先无戎秩者止得立信尉，三战得第一勋者至秉义尉，其在行陈而无勋者四战进一阶，亦无赐。会仍议伐高丽，由是将士无不愤怨。

初，萧瑀以外戚有才行，尝事帝于东宫[110]，累迁至内史侍郎，委以机务。瑀性刚鲠[111]，数言事忤旨，帝渐疏之。及雁门围解，帝谓群臣曰：“突厥狂悖[112]，势何能为！少时未散，萧瑀遽相恐动，情不可恕！”出为河池郡[113]守，即日遣之。候卫将军[114]杨子崇[115]从帝在汾阳宫，知突厥必为寇，屡请早还京师[116]，帝怒曰：“子崇怯懦，惊动众心，不可居爪牙之官[117]。”出为离石郡守。子崇，高祖之族弟也。

杨玄感之乱，龙舟水殿皆为所焚，诏江都更造，凡数千艘，制度仍大于旧者。

壬申[118]，卢明月帅众十万寇陈、汝[119]。

东海李子通[120]，有勇力，先依长白山贼帅左才相，群盗皆残忍，而子通独宽仁[121]，由是人多归之，未半岁，有众万人。才相忌之，子通引去，渡淮，与杜伏威合。伏威选军中壮士养为假子，凡三十余人，济阴王雄诞[122]、临济阚稜[123]为之冠。既而李子通谋杀伏威，遣兵袭之。伏威被重创坠马，雄诞负之逃葭苇中，收散兵复振。将军来整击伏威，破之；其将西门君仪之妻王氏，勇而多力，负伏威以逃，雄诞帅壮士十余人卫之，与隋兵力战，由是得免。来整又击李子通，破之，子通帅其余众奔海陵，复收兵得二万人，自称将军。

城父朱粲[124]始为县佐史[125]，从军，遂亡命聚众为盗，谓之“可达寒贼”，自称迦楼罗王，众至十余万，引兵转掠荆、沔[126]及山南[127]郡县，所过噍类[128]无遗。

十二月，庚寅[129]，诏民部尚书樊子盖发关中兵数万击绛[130]贼敬盘陀等。子盖不分臧否[131]，自汾水之北，村坞尽焚之，贼有降者皆坑之；百姓怨愤，益相聚为盗。诏以李渊代之。有降者，渊引置左右，由是贼众多降，前后数万人，余党散入他郡。

（以上为第六段，写大业十一年，隋炀帝因猜忌杀逐李浑宗族，巡幸北疆，受困雁门，差一点儿被突厥人抓获。隋炀帝脱险后，仍执迷不悟，虐政不改，西部地区、西京山南郡县也遍生民变。）

【注释】

①增秘书省官百二十员：隋炀帝改官制，于秘书省增少监一人，减校书郎为十人，加置佐郎四人，又置儒林郎十人，文林郎二十人，增加校书郎员四十人，加置楷书郎员二十人，改制后，秘书省共一百一十七人。 ②学士：学者，文人。 ③著述：撰写文章。 ④修撰：编纂。 ⑤经术：即儒家经学。 ⑥蒱（pú）博：古代的博戏叫摴蒱，如同后世的掷色子。今通称赌博为摴蒱。 ⑦精洽：精致而广博。洽，周遍，广博。 ⑧柳顾言：名䛒，字顾言。历仕后梁与隋。官至秘书监。传见《隋书》卷五十八、《北史》卷八十三。 ⑨诠次：选择和编次。 ⑩猥杂：杂滥，烦琐。 ⑪正御本：供皇帝观看的本子。 ⑫三品：三等。 ⑬正：据章校，“正”下应补“御”字。 ⑭轴：书画卷轴。⑮褾（biǎo）：书轴、画轴正面四边裱的丝织物；也指裱褙。同“裱”。 ⑯机发：安装机关，能自动开闭。 ⑰香炉：焚香炉。用金属或陶瓷做成，以陈设、熏衣、供佛、祀神等用。 ⑱践机：踩动机关。 ⑲户扉：门扇。 ⑳庚午：二月七日。 ㉑城居：谓筑城而居。 ㉒驿亭：古代驿传有亭，为行人休息之所，称为驿亭。 ㉓村坞：村庄。坞，周围高而中间低的地方。 ㉔上谷：郡名。治所易县，在今河北易县。 ㉕吝啬（sè）：小气。啬，悭吝。 ㉖贼杀：杀害。贼，杀害。 ㉗绍封：继承李穆的封爵。绍，承继。㉘岁奉：每年进献。奉，给予。 ㉙国赋：本指国家的税收。此指李穆食封户上缴的赋税。 ㉚方士：方术之士。指古代求仙、炼丹、自言能长生不死的人。 ㉛凡：凡是，只要是。 ㉜应谶：与“李氏当为天子”的谶语相应。因高祖文帝曾梦洪水淹没都城，洪水即以为“洪儿”李敏。 ㉝引决：自裁，自杀。 ㉞裴仁基（？—619）：字德本，河东（今山西永济市西南）人。仕隋至光禄大夫，后归顺李密义军，又为王世充俘获。传见《隋书》卷七十、《北史》卷三十八。 ㉟元文都（？—618）：河南洛阳（今河南洛阳市）人。历仕周、隋，官至左骁卫大将军，封鲁国公。传见《隋书》卷七十一、《北史》卷十七。 ㊱为表：写上表。 ㊲宗社：宗庙和社稷。古代作为国家的代称。 ㊳几倾：

几乎倾覆。 ㊴丁酉：三月五日。 ㊵三从：指同高祖以来的宗亲。 ㊶边徼（jiào）：边疆。徼，边界。 ㊷宝城：即东都洛阳皇城。又说在洛城罗郭之内，自为一城。 ㊸亲卫校尉：武官名。掌亲卫。亲卫是亲、勋、武三卫之一。 ㊹鸾：凤凰之类的神鸟。 ㊺冥会：默契，暗中相合。冥，暗昧。 ㊻肇见：首先发现。肇，开始，最早。 ㊼己酉：三月十七日。 ㊽迫隘：狭隘。 ㊾山西：太行山以西。 ㊿抚慰大使：官名。天子临时差遣，掌安抚慰恤之事。 ⑤①承制：秉承皇帝旨意。 ⑤②河东：郡名。治所蒲坂县，在今山西永济市西南。 ⑤③龙门：县名。县治在今山西河津市西。 ⑤④乙丑：八月五日。 ⑤⑤北塞：北部边塞。 ⑤⑥宗女：皇帝同宗族的女儿。 ⑤⑦马邑：郡名。治所善阳县，在今山西朔州市。 ⑤⑧相：辅助，帮助。 ⑤⑨状：状况，内情。 ⑥⓪戊辰：八月八日。 ⑥①告变：预告非常事变。 ⑥②壬申：八月十二日。 ⑥③雁门：郡名。治所雁门县，在今山西代县。 ⑥④崞（guō）县：县名。县治在今山西原平市北。 ⑥⑤癸酉：八月十三日。 ⑥⑥惶怖：恐惧。 ⑥⑦撤：撤除，拆掉。 ⑥⑧矢及御前：箭矢已射到隋炀帝跟前。御前，天子跟前。 ⑥⑨溃围：突围。溃，水冲破堤防而出。 ⑦⓪城守：城市守备。指守城。 ⑦①轻骑：轻装的骑兵。 ⑦②徼幸：求利不止，意外获得成功或免于不幸。同“侥幸”。 ⑦③狼狈：比喻为难，窘迫。 ⑦④勋格：作战立功受勋赏的等级。 ⑦⑤萧瑀（575—648）：字时文。后梁明帝萧岿之子。历仕隋、唐，官至尚书左仆射，封宋国公。传见《北史》卷九十三、《旧唐书》卷六十三、《新唐书》卷一百零一。 ⑦⑥一介：一人。 ⑦⑦借使：假使。借，假设之词，假使。 ⑦⑧庸：副词。岂，难道。 ⑦⑨赏格：悬赏所定的等差、标准。 ⑧⓪刀笔：指主办文案的官吏。 ⑧①直除：直接任命。除，拜官授职。 ⑧②以次：按照官秩次序。 ⑧③相望于道：使者络绎不绝，形容使者频繁出动。 ⑧④踊跃：欢欣奋起的样子。 ⑧⑤甲申：八月二十四日。 ⑧⑥守令：郡守县令。泛指地方官。 ⑧⑦世民（598—649）：即唐太宗李世民。唐高祖第二子，唐朝第二代皇帝。传见《旧唐书》卷二、卷三、《新唐书》卷二。 ⑧⑧屯卫将军：武官名。十二卫之一，掌禁卫。 ⑧⑨仓猝：匆促。猝，突然。也作“仓卒”。 ⑨⓪钲（zhēng）鼓：古代军中所用乐器名。敲钲以作为鼓节。 ⑨①忻口：地名。故址在今山西忻州市北。 ⑨②甲辰：九月十五日。 ⑨③出侦：出去侦察情况。 ⑨④丁未：九月十八日。 ⑨⑤亟：赶快，急速。 ⑨⑥深根固本：隋以西京为根本，以加强防守。 ⑨⑦便道：方便、有利的道路。 ⑨⑧壬戌：十月初三日。 ⑨⑨顾眄（miǎn）：回视，回头看。顾，回头看。眄，斜看。 ⑩⓪街衢（qú）：街道。衢，四通八达的道路。 ⑩①曏（xiàng）日：往日，旧时。 ⑩②斟酌：考虑，酌情。斟，筛酒不满叫斟，深叫酌。 ⑩③物情：物理人情。 ⑩④吝官赏：吝惜官职和奖赏。 ⑩⑤授勋：指授任勋官。 ⑩⑥戎秩：指武官秩禄。 ⑩⑦建节尉：戎秩官名。无职事。 ⑩⑧奋武、宣惠、绥德、怀仁、秉义、奉诚、立信：皆戎秩官名。无职事。 ⑩⑨递降：顺次降低。递，交替，顺次。 ⑪⑩事帝于东宫：指炀帝做太子时，萧瑀即在东宫事奉。 ⑪⑪刚鲠（gěng）：刚直。鲠，鱼骨。吃鱼时骨留在咽喉称鲠。 ⑪⑫狂悖：狂妄背理，猖獗。悖，违犯，逆乱。 ⑪⑬河池郡：郡名。治所梁泉县，在今陕西凤县东北凤州镇。 ⑪⑭候卫将军：武官名。掌侍从警卫。 ⑪⑮杨子崇（？—617）：隋文帝族弟。官至候卫将军。传见《隋书》卷四十三、《北史》卷七十一。 ⑪⑯京师：据章校，“师”下应补“帝不纳，及解围”六字。 ⑪⑰爪牙之官：捍卫王室的武官。 ⑪⑱壬申：十月十三日。 ⑪⑲陈、汝：皆州名。陈州，治所宛丘县，在今河南周口市淮阳区。汝州，治所承休县，在今河南汝州市东。 ⑫⑩李子通（？—622）：东海丞（今江苏连云港市）人。早年参加隋末农民起义，后降唐。传见《旧唐书》卷五十六、《新唐书》卷八十七。 ⑫⑪宽仁：宽大仁厚。 ⑫⑫王雄诞（？—622）：曹州济阴（今山东曹县西北）人。先参加隋末农民起义，后归唐，官至歙州总管。传见《旧唐书》卷五十六、《新唐书》卷九十二。 ⑫⑬阚稜（？—624）：齐州临济（今山东济南市章丘区西北）人。传见《旧唐书》卷五十六、《新唐书》卷九十二。 ⑫⑭朱粲（？—621）：亳州城父（今安徽亳州市东南）人。早年仕隋，后占山称王，又降王世充，封龙骧大将军。传见《旧唐书》卷五十六、《新唐书》卷八十七。 ⑫⑮县佐史：官名。在县府中参谋议。 ⑫⑯荆、沔：皆州名。荆州，治所江陵县，在今湖北江陵县。沔州，治所沔阳县，在今湖北仙桃市西南。 ⑫⑰山南：指长安南山之南。 ⑫⑱噍（jiào）类：活人。噍，口嚼。 ⑫⑲庚寅：十二月己未朔，无庚寅。张校，“寅”作“辰”，按《隋书》《北史》皆同，当改。庚辰，十二月二十二日。 ⑬⑩绛：郡名。治所正平县，在今山西新绛县。 ⑬⑪臧否（pǐ）：善恶，得失。臧，善。否，恶。

【译文】

隋炀帝大业十一年（乙亥，615）

春季，正月，增加秘书省官员一百二十名，都任用学士补缺。隋炀帝喜好读书写文章，自从做扬州总管起，就设置晋王府学士多达一百人，常年命令学士编撰典籍，直到他登上帝位，前后二十年，从没有中断过编撰。从儒家经典、文学、军事、农业、地理、医药、占卜、佛教、道教，以至赌博、猎鹰犬马等，都编撰成新书，无不精审博洽，总计成书三十一部，一万七千多卷。当初，西京嘉则殿有藏书三十七万卷，隋炀帝命令秘书监柳顾言等人把这些书分类编次整理，剔除其中重复和庞杂的书籍，精选出供皇帝御览的正本三万七千余卷，收藏在东都的修文殿。又抄写了五十部副本，列为三等，分别存放在西京、东都的宫内、省署和官府中。御览的正本书装帧华美整洁，玉石为轴，锦缎为端，隋炀帝在观文殿前设置十四间藏书室，藏书室的门窗、床褥、书橱帷幔都极尽珍贵华丽。每三间藏书室开一个方形门，悬挂丝锦帷幔，上面悬挂两个飞仙，大门之外的地下埋设机关，隋炀帝驾临藏书室时，有宫人手捧香炉，走在前面脚踏机关，飞仙就会下来将帷幔卷上去，门窗和书橱也都自动打开；隋炀帝从藏书室出去后，帷幔又自动垂下，门窗和书橱也关闭如故。

因为人口大量逃亡，造反的人日益增多，二月初七日，隋炀帝诏令平民全都迁入城内居住，就近分给耕地。郡县、驿亭、村落，都修筑城堡自卫。

上谷郡造反首领王须拔自称漫天王，定国号为燕；另一个造反首领魏刀儿自称历山飞，他们的部众各有十多万，北边与突厥勾结，南边寇掠燕赵地区。

当初，隋文帝梦见都城被洪水淹没，心中不快，所以迁都大兴。申明公李穆去世，孙子李筠继承爵位。他的叔父李浑十分痛恨李筠吝啬，就派侄儿李善衡暗杀了李筠，而李浑却诬陷堂弟李瞿昙是凶手，杀了李瞿昙抵命。李浑对他妻兄左卫率宇文述说："如果我得到诏命封赏继承申明公的爵位，我把一半国赋分给你。"宇文述就替李浑在太子杨广面前说情，并通过太子上奏隋文帝，隋文帝就让李浑继承了李穆的爵位。可是两年以后，李浑就不再给宇文述国赋。宇文述对其恨之入骨。隋炀帝即位，李浑不断升官一直做到右骁卫大将军，改封为郕公。隋炀帝看到李浑家族门第强盛，心中起了猜忌。适逢有方士安伽陁说"李氏当为天子"，劝隋炀帝杀尽天下姓李的人。李浑的侄儿将作监李敏，小名洪儿。隋炀帝怀疑这个名字应验了谶语，曾当面告述李敏，暗示李敏自杀。李敏非常恐惧，多次与李浑及李善衡屏退旁人私下商议对策。宇文述在隋炀帝面前说李浑的坏话，又指使虎贲郎将河东人裴仁基上表告发了李浑谋反，隋炀帝于是逮捕李浑全家，派尚书左丞元文都、御史大夫裴蕴共同审理。审问了几天，却没有谋反证据，只得据实奏报隋炀帝，隋炀帝改派宇文述彻底追查李浑的罪状，宇文述诱使李敏的妻子宇文氏上表，诬告李浑企图利用隋炀帝渡辽河的机会，率领李氏为将的子弟袭击御营，立李敏为天子。宇文述拿着宇文氏的揭发奏表进宫，上奏皇上，隋炀帝感激涕零地对宇文述说："我的宗庙社稷差点儿倾覆，全靠您才得到保全。"三月初五日，杀李浑、李敏、李善衡，以及宗族三十二人，三亲以内的家人，都发配到边疆。几个月后，李敏妻子也被毒死。

亲卫校卫高德儒等十几个人看见有两只孔雀从西苑一起飞到宝城朝堂前面，上奏说是鸾鸟。当时孔雀已经飞走，无法验证，于是百官称贺。隋炀帝下诏褒奖高德儒，认为他心地虔诚通达于天，才能看到祥瑞，特别提升为朝散大夫，赏赐绢帛一百段，其余的人都得到一束帛的赏赐，并在孔雀降临地建造仪鸾殿。

三月十七日，隋炀帝巡幸太原。夏季，四月，巡幸汾阳宫避暑。由于宫城狭小，百官和士兵分散在山谷间露宿，只好搭盖草棚栖身。

隋炀帝任命卫尉少卿李渊为山西、河东抚慰大使，可以秉承制命任免郡县文武官吏，并征调河东之兵讨捕群盗。李渊率军进抵龙门，进攻造反军首领毋端儿，将他击败。

秋季，八月初五日，隋炀帝巡幸北地关塞。

当初，裴矩因为突厥始毕可汗势力逐渐强盛，就向隋炀帝献策，应该用计使突厥内部分裂，打算把宗室女嫁给始毕可汗的弟弟叱吉设，封他为南面可汗，但叱吉设不敢接受。始毕可汗知道后就逐渐产生怨恨。突厥的大臣史蜀胡悉足智多谋，深得始毕可汗的宠爱信任。裴矩假称要与史蜀胡悉商谈双方贸易，把史蜀胡悉引诱到马邑，杀害了他。然后派使者向始毕可汗宣布诏命说："史蜀胡悉背叛可汗前来投降，我已经替您将其斩首。"始毕可汗知道实情，从此不再入朝。

八月初八日，始毕可汗率领几十万骑兵打算暗中袭击隋炀帝车驾，义成公主先派使者向隋炀帝密报了变故。八月十二日，隋炀帝车驾驰入雁门城，齐王杨暕率领后军防守崞县。八月十三日，突厥骑兵围攻雁门郡，隋军上下慌作一团，拆毁民房制作守城器具，城中军民有十五万人，粮食仅能支持二十天，雁门郡所属四十一座城池，已被突厥攻陷了三十九座，只剩下雁门、崞县仍未攻克，突厥军队急攻雁门，箭都射到了隋炀帝面前。隋炀帝吓得抱住幼子赵王杨杲哭泣，眼睛都哭肿了。

左卫大将军宇文述劝说隋炀帝挑选精锐骑兵数千人突围出去，纳言苏威阻止说："守城我方尚有余力，而用轻骑兵则是对方长处，陛下是万乘之主，怎么能轻举妄动？"民部尚书樊子盖也说："陛下身处危境而希图侥幸，一旦失败，则后悔莫及！不如固守坚城，挫败敌人的锐气，坐守城池，即刻征召全国各地兵马前来救援，陛下亲自抚慰士卒，宣布不再征伐辽东，增加功勋赏格，一定人人奋勇作战，何必担忧不成功？"内史侍郎萧瑀认为："按突厥的习俗，可汗的妻子可贺敦能够参与军事谋议，况且义成公主以皇帝女儿的身份远嫁外夷，也必须依靠大国作后援。如果派一个使者告诉她现在的情况，即使没有益处，也绝不会有损害。另外，将士们的顾虑，是怕陛下一旦解除了突厥的祸患又会去征伐高丽，如果颁下明诏，宣布赦免高丽，专心征伐突厥，那么大家自然安心，就会人人奋勇作战。”萧瑀是萧皇后的弟弟。虞世基也劝隋炀帝加重赏格，下诏不再征伐辽东。隋炀帝听从了他们的意见。

隋炀帝亲自巡视慰劳将士，对他们说：“你们努力杀敌，如能保住城池，凡是参加战斗的人，不愁没有富贵，保证不会让主管部门的官吏舞文弄墨埋没你们的功劳。”于是颁布命令：“守城有功的人，没有官职的直接提升为六品，赏赐绢帛一百段；已经有官职的，提升官职以及赏赐，依次增加。”派出慰问将士的使者，在路上一批接一批往来不断。于是大家奋勇杀敌，昼夜抵抗，死伤的人很多。

八月二十四日，隋炀帝下诏向全国招募勤王军队，郡守县令纷纷前来解救危难。李渊的儿子李世民，当年十六岁，应募勤王，隶属屯卫将军云定兴，他劝说云定兴多带旗鼓以为疑兵。李世民说：“始毕可汗敢于出兵围攻天子，一定认为我们无力救援突发事变，我们应当在白天多张旌旗，连绵几十里不断，夜晚钲鼓之声互相呼应，敌人认为我方援军大量到达，一定望风逃走。否则，敌众我寡，如果对方全军来战，我军肯定不能支撑。”云定兴听从了李世民的意见。

隋炀帝派密使向义成公主求救，公主派人告知始毕可汗说：“北边告急。”这时东都和各郡援兵已经到达忻口。九月十五日，始毕可汗解围撤退。隋炀帝派人出去侦察，山谷都空了，没有突厥的兵马，便派出两千骑兵追击跟踪，到了马邑，俘获突厥老弱两千多人而回。

九月十八日，隋炀帝车驾回到太原。苏威对隋炀帝说：“如今盗贼一时不能止息，兵马疲惫，希望陛下尽快回到西京，巩固根本，为国家着想。”隋炀帝起初同意了。宇文述却说：“扈从的官员家属多在东都，应当顺便取道洛阳，然后从潼关进京。”隋炀帝听从了。

冬季，十月初三日，隋炀帝到达东都，沿街左顾右盼，对侍臣们说：“街上的人还很多嘛。”意思是说先前平定杨玄感，杀的人太少了。苏威提出追叙功勋赏格太重，应该斟酌，樊子盖再三请求，认为不应该失信，隋炀帝说：“你想收买人心吗？”樊子盖害怕了，不敢回答。隋炀帝吝啬封赏官爵，当初平定杨玄感，应当封赏官爵的人很多，便重新建置军职的品秩；建节尉为正六品，以下依次是奋武、宣惠、绥德、怀仁、秉义、奉诚、立信等尉，依次降低一级。守卫雁门的将士有一万七千人，可是得到勋位的只有一千五百人，都按照平定杨玄感时行赏的标准，一次作战得第一功的人晋升一级，先前无军职品秩的人只能得到立信尉；三次作战得第一功的人提升秉义尉；那些四次参加作战但未立功的人晋升一级，没有物品赏赐。恰好隋炀帝又商议讨伐高丽，因此将士们无不愤怒。

当初，萧瑀以外戚身份，又有才干德行，隋炀帝做太子时他就在东宫任职，经屡次升迁，官至内史侍郎，被委以机密重任。萧瑀性情刚强耿直，因为多次言事违背了隋炀帝的旨意，隋炀帝逐渐疏远他。等到雁门之围解除后，隋炀帝对群臣说："突厥狂妄悖逆，能有多大作为？突厥人暂时没有散开，萧瑀就表现出恐慌动摇，不可宽恕！"于是将萧瑀调出为河池郡守，当天就逼他赴任。候卫将军杨子崇跟随隋炀帝在汾阳宫，他知道突厥必定来犯，一再请求隋炀帝早日回京，隋炀帝大怒说："杨子崇胆小懦弱，动摇军心，不能担任禁卫将军的官职。"于是将其调出为离石郡守。杨子崇是隋文帝的族弟。

杨玄感作乱时，龙舟水殿全被烧毁，隋炀帝于是诏令江都重新建造龙舟水殿，一共几千艘，规模比以前更为庞大。

十月十三日，卢明月率领部众十万人劫掠陈州、汝州。

东海人李子通，有勇力，起先依附长白山反隋军首领左才相，当时群盗都十分残忍，只有李子通宽厚仁慈，因此很多人都愿归附他，不到半年，部众达一万人。左才相猜忌他，李子通于是率领部众离去，南渡淮河，与杜伏威会合。杜伏威挑选军中的壮士收养为义子，共三十余人，济阴人王雄诞、临济人阚稜是其中最杰出的两位。不久李子通图谋刺杀杜伏威，派兵袭击，杜伏威受重伤从马上跌落，王雄诞背着他逃到芦苇丛中隐藏，随后收集残兵败将，军威又重新振作。隋朝将军来整率领官军袭击杜伏威，并且打败了杜伏威；杜伏威的部将西门君仪的妻子王氏勇敢而且力气大，她背着杜伏威逃跑，王雄诞率领壮士十几个人保护，与隋军竭力死战，因此得免于难。来整又袭击李子通，打败了李子通。李子通率领残余部队逃到海陵，收拾残余势力，有两万人，自称将军。

城父人朱粲，开始为县佐吏，后来从军，从军队中逃出聚合部众为盗，叫作"可达寒贼"，自称迦楼罗王，部众十余万。朱粲率兵转辗抢掠荆州、沔阳地区，以及长安南山以南的郡县，所过之处不再有一个活人。

十二月二十二日，隋炀帝下诏命令民部尚书樊子盖征调关中数万官兵攻击绛郡贼人敬盘陀等，樊子盖不分好坏，从汾水以北，村落墙垣全部焚毁，投降的贼人全部活埋。百姓怨恨，更多的人聚集起来造反。隋炀帝下诏任用李渊替代樊子盖，有投降的人，李渊安置在自己的身边，因此很多造反的人降附了他，前前后后归降的有几万人，余众逃散到其他郡县。

【评析】

隋炀帝又两征高丽，无功而返。从表面上看，一是杨玄感兵变，二是农民起义，干扰了隋军的后方，功败垂成。根本原因，高丽国虽小而军民固守，隋朝虽强大而内政已坏，分崩离析，有识者都认为高丽不可伐，有着深沉的原因。强大未必就能战胜弱小，这是本卷带给读者的深思问题之一。杨玄感、李密以公侯之裔，累世为重臣，门生故吏占朝右之半，金钱衣币富可敌国，因此，攘臂一呼，一月之间从者十万，但兵起两月而亡，如同暴风骤雨，来势凶猛，去也匆匆。再看民变首领，王薄、张金称起于淄、济，窦建德、刘元进、朱燮、管崇、杜伏威、刘苗生、王德仁、孟让、魏刀儿、李子通等，攘臂相仍，隋军征讨，屡战屡胜，不但不能根除，而且造反者越来越多，独夫杨广，最终败亡。两相对照，又是强者败，弱者胜，这是本卷带给读者的深思问题之二。王夫之认为，杨玄感虽强，因为树大招风，受到隋朝全力讨伐，因而易败；民变虽然蜂起，未受独夫重视，所以群帅虽败，可以藏身，东山再起，终于亡隋。此是表因。杨玄感出身贵族，力量虽大，却不能与皇室对抗，总体力量仍是弱小。民变首领，起身草莽，根植于民。民为国之本，本固邦宁，本不固，国何以存？隋炀帝为政暴虐，乃一独夫，即使有国，又岂能与民本相抗？这才是隋炀帝国破家亡的根本原因。

卷第一百八十三　隋纪七

隋炀帝大业十二年至隋恭帝义宁元年（616—617）

【起柔兆困敦（丙子,616），尽强圉赤奋若（丁丑,617），凡一年有奇】

【大事提要】

本卷载述616年至617年五月，凡一年半史事，当隋炀帝大业十二年至恭皇帝义宁元年上半年。大业十二年是隋末农民起义的第六年，黄河南北、江淮地区全面爆发大起义，隋炀帝却在权奸包围下昏暴自恣。这年，隋炀帝又违众强行巡幸江都，连杀几位劝谏的大臣，倒行逆施，不可救药。大业十三年李密兵围东都，李渊谋反，隋朝根基动摇。十一月李渊攻克长安，立傀儡皇帝恭皇帝，史称义宁元年。恭皇帝杨侑，十三岁，隋炀帝之孙，元德太子杨昭之子。

【原文】

炀皇帝下

大业十二年（丙子，616）

春，正月，朝集使[①]不至者二十余郡，始议分遣使者十二道发兵讨捕盗贼。

诏毗陵通守路道德集十郡兵数万人，于郡东南起宫苑[②]，周围十二里，内为十六离宫[③]，大抵仿东都西苑之制，而奇丽过之。又欲筑宫于会稽，会乱，不果成。

三月，上巳[④]，帝与群臣饮于西苑水上，命学士杜宝[⑤]撰《水饰图经》[⑥]，采古水事七十二，使朝散大夫黄衮[⑦]以木为之，间以妓航、酒船，人物自动如生，钟磬筝瑟，能成音曲。

己丑[⑧]，张金称陷平恩[⑨]，一朝杀男女万余口；又陷武安[⑩]、巨鹿[⑪]、清河诸县，金称比诸贼尤残暴，所过民无孑遗[⑫]。

夏，四月，丁巳[⑬]，大业殿西院火，帝以为盗起，惊走，入西苑，匿草间，火定乃还。帝自八年以后，每夜眠恒惊悸[14]，云有贼，令数妇人摇抚，乃得眠。

癸亥[15]，历山飞别将甄翟儿众十万寇太原，将军潘长文败死[16]。

五月，丙戌朔[17]，日有食之，既。

壬午[18]，帝于景华宫[19]征求萤火[20]，得数斛，夜出游山，放之，光遍岩谷。

帝问侍臣盗贼，左翊卫大将军宇文述曰："渐少。"帝曰："比从来少几何[21]？"对曰："不能什一[22]。"纳言苏威引身隐柱[23]，帝呼前问之，对曰："臣非所司，不委[24]多少，但患渐近。"帝曰："何谓也？"威曰："他日贼据长白山，今近在汜水[25]。且往日租赋丁役，今皆何在！岂非其人皆化为盗乎！比见奏贼皆不以实[26]，遂使失于支计[27]，不时翦除。又昔在雁门，许罢征辽，今复征发，贼何由息！"帝不悦而罢。寻属五月五日，百僚多馈珍玩，威独献《尚书》[28]。或谮之曰："《尚书》有《五子之歌》[29]，威意甚不逊。"帝益怒。顷之[30]，帝问威以伐高丽事，威欲帝知天下多盗，对曰："今兹[31]之役，愿不发兵，但赦群盗，自可得数十万，遣之东征。彼喜于免罪，争务立功，高丽可灭。"帝不怿。威出，御史大夫裴蕴奏曰："此大不逊！天下何处有许多贼！"帝曰："老革[32]多奸，以贼胁我！欲批其口[33]，且复隐忍[34]。"蕴知帝意，遣河南[35]白衣[36]张行本奏："威昔在高阳典选，滥授[37]人官，畏怯突厥，请还京师。"帝令按验[38]，狱成，下诏数威罪状，除名为民。后月余，复有奏威与突厥阴图不轨者，事下裴蕴推之[39]，蕴处[40]威死。威无以自明，但摧谢[41]而已。帝悯而释之，曰："未忍即杀。"并其子孙三世皆除名。

秋，七月，壬戌[42]，济景公樊子盖卒。

江都新作龙舟成，送东都；宇文述劝幸江都[43]，右候卫大将军酒泉赵才[44]谏曰："今百姓疲劳，府藏空竭[45]，盗贼蜂起，禁令不行，愿陛下还京师，安兆庶[46]。"帝大怒，以才属吏[47]，旬日，意解，乃出之。朝臣皆不欲行，帝意甚坚，无敢谏者。建节尉任宗上书极谏，即日于朝堂杖杀之。甲子[48]，帝幸江都，命越王侗与光禄大夫段达[49]、太府卿元文都、检校民部尚书韦津[50]、右武卫将军皇甫无逸[51]、右司郎[52]卢楚[53]等总留后事。津，孝宽之子也。帝以诗留别宫人曰："我梦江都好，征辽亦偶然。"奉信郎[54]崔民象以盗贼充斥，于建国门[55]上表谏，帝大怒，先解其颐，然后斩之。

戊辰[56]，冯翊孙华举兵为盗。虞世基以盗贼充斥，请发兵屯洛口仓，帝曰："卿是书生，定犹恇怯[57]。"戊辰[58]，车驾至巩[59]。敕有司移箕山、公路[60]二府于仓内，仍令筑城以备不虞[61]。至汜水，奉信郎王爱仁复上表请还西京，帝斩之而行。至梁郡[62]，郡人邀[63]车驾上书曰："陛下若遂幸江都，天下非陛下之有！"又斩之。是时李子通据海陵，左才相掠淮北，杜伏威屯六合[64]，众各数万；帝遣光禄大夫陈稜将宿卫精兵八千讨之，往往克捷。

八月，乙巳[65]，贼帅赵万海众数十万，自恒山[66]寇高阳。

冬，十月，己丑[67]，许恭公宇文述卒。初，述子化及[68]、智及皆无赖。化及事帝于东宫，帝宠昵[69]之，及即位，以为太仆少卿。帝幸榆林，化及、智及冒禁与突厥交市，帝怒，将斩之，已解衣辫发，既而释之，赐述为奴。智及弟士及，以尚主之故，常轻智及，惟化及与之亲昵。述卒，帝复以化及为右屯卫将军，智及为将作少监。

（以上为第一段，写隋炀帝不听忠言以安抚天下，而是在民变蜂起、烈火燎原背景下巡幸江都，有识者知其不返。）

【注释】

①朝集使：官名。各郡派往京城参加元旦大朝会谒见皇帝的使者。 ②宫苑：宫殿和苑囿。苑，古代养禽兽的园林。 ③离宫：古代帝王于正式宫殿之外，别筑宫室，以便随时游处，谓之离宫，意思是说与正式宫殿分离。 ④上巳：农历每月上旬的巳日。三月上巳，为古代节日。汉以前，上巳必取巳日，但不必三月初三；自魏以后，一般习用三月初三，但不定为巳日。 ⑤杜宝：官至著作郎，参预修撰《隋书》，因见其中记述隋炀帝事迹有缺漏，遂著《大业杂记》，加以弥补。 ⑥《水饰图经》：书名。内容不详。⑦黄衮：官至散骑侍郎。传附《隋书·何稠传》《北史·何稠传》。 ⑧己丑：三月初三日。⑨平恩：县名。县治在今河北曲周县东南。 ⑩武安：县名。县治在今河北武安市。⑪巨鹿：县名。县治在今河北巨鹿县西北。 ⑫孑遗：残存，剩余。孑，单独。遗，余。⑬丁巳：四月初一日。 ⑭惊悸：因惊恐而心跳加剧。悸，惊惧，心跳。 ⑮癸亥：四月初七日。 ⑯败死：在战斗中失败而死。 ⑰丙戌朔：五月初一日。 ⑱壬午：五月丙戌朔，无壬午。据张敦仁校，壬午作"甲午"。甲午，五月初九日。 ⑲景华宫：宫名。位于东都西苑之内。 ⑳萤火：虫名。即萤火虫，夜间能发出微弱亮光。 ㉑几何：多少。

㉒什一：十分之一。 ㉓引身隐柱：把身体隐藏在柱后。 ㉔不委：不详细，不确实。委，确实。 ㉕汜（sì）水：县名。县治在今河南荥阳市西北汜水镇。 ㉖以实：据实。㉗支计：收支会计之事。 ㉘《尚书》：书名。也称《书》或《书经》。我国最早的历史文献汇编。是商、周两代统治者的讲话记录及东周、战国时期根据远古材料加工编成的虞、夏史事记载。 ㉙《五子之歌》：《尚书 · 夏书》篇名。《书 · 序》说，太康失国，昆弟五人会于洛汭，作《五子之歌》。后人用作臣子劝戒之辞。 ㉚顷之：不久。 ㉛兹：代词，此，这个。 ㉜老革：皮肤枯瘁之形。形容年老。 ㉝批其口：打他的嘴巴。批，手击。㉞隐忍：克制和忍耐。 ㉟河南：郡名。治所洛阳县，在今河南洛阳市。 ㊱白衣：即布衣，古代未仕者穿布衣。 ㊲滥授：不当授。滥，过度，失实。 ㊳按验：审查，查验。㊴推之：推究追查苏威的罪行。 ㊵处：判定，处理。 ㊶摧谢：痛心谢罪。摧，伤痛。谢，道歉、认错。 ㊷壬戌：七月初八日。 ㊸江都：据章校，“都”下应补“帝从之”三字。 ㊹赵才（546—618）：张掖酒泉（今甘肃酒泉市东南）人。历仕周、隋，官至右候卫大将军。传见《隋书》卷六十五、《北史》卷七十八。 ㊺府藏：库府贮备。空竭：空虚。竭，穷尽。 ㊻兆庶：指百姓。 ㊼属吏：交给所属的官吏，以治其罪。 ㊽甲子：七月初十日。 ㊾段达（？—621）：武威姑臧（今甘肃武威市）人。官至左骁卫大将军。传见《隋书》卷八十五、《北史》卷七十九。 ㊿韦津：历仕隋、唐，官至检校民部尚书。传附《隋书·韦世康传》《北史·韦孝宽传》《旧唐书·韦安石传》《新唐书·韦安石传》。51皇甫无逸：字仁俭，安定乌氏（今宁夏固原市东南）人。历仕隋、唐，官至民部尚书。传见《旧唐书》卷六十二、《新唐书》卷九十一、《隋书》卷七十一、《北史》卷七十。51右司郎：官名。隶尚书都司，掌都省之职。 53卢楚（？—618）：涿郡范阳（今河北定兴西南）人。官至尚书左丞。传见《隋书》卷七十一、《北史》卷八十五。 54奉信郎：官名。隶属谒者台，掌出使慰抚。 55建国门：城门名。东都洛阳罗城门，正南门即建国门。 56戊辰：七月十四日。 57恇（kuāng）怯：懦弱，胆小。恇，恐惧。58戊辰：此“戊辰”重出。 59巩：县名。县治在今河南巩义市东。 60箕山、公路：二府名。按《隋书 · 地理志》不载，《新唐书》卷三十八载河南有巩洛府等三十九，不载此府名，疑移于仓城内，遂合并为巩洛府。 61不虞：没有意料到的事。虞，意料，料度。62梁郡：郡名。治所陈县，在今河南周口市淮阳区。 63邀：阻截，拦住。 64六合：县名。县治在今江苏南京市六合区。 65乙巳：八月二十一日。 66恒山：郡名。治所真定州，在今河北正定南。 67己丑：十月六日。 68化及（？—618）：宇文述之子宇文化及。官至右屯卫将军。后杀隋炀帝。传见《隋书》卷八十五、《北史》卷七十九。 69宠昵：宠爱亲近。

【译文】

炀皇帝下

隋炀帝大业十二年（丙子，616）

春季，正月，有二十多个郡的朝集使没有到达京师，朝廷开始慎重商议讨伐事宜，分派十二路使者出发到各地征调军队，讨伐捕捉盗贼。

隋炀帝下诏命令毗陵郡通守路道德，集中十郡的军队数万人，在毗陵郡东南建造行宫苑囿，周长十二里，内建十六所离宫，大体是仿效东都西苑的规模样式，但更加新奇华丽。还想在会稽建筑离宫，适逢天下大乱，没有建成。

三月上巳节，隋炀帝与群臣在西苑水榭上宴饮，命令学士杜宝撰写《水饰图经》，采集了古代关于水上游乐的七十二个故事，让朝散大夫黄衮用木头雕刻出来，并配上乐伎坐船、酒船，人物自己活动，栩栩如生，还配有钟磬筝瑟，还能自动奏乐。

三月初三日，张金称攻占平恩县，一个早晨就杀了男女一万多人，又攻占了武安、巨鹿、清河等几座县城。张金称比其他的盗贼更加残暴，所过之地，不留一个活口。

夏季，四月初一日，大业殿西院发生火灾，隋炀帝以为是盗贼来了，惊慌而逃，跑进西苑，躲藏在草丛中，直到火被扑灭后才回到宫中。隋炀帝从大业八年起，每天夜里经常被噩梦惊醒，大喊有贼，让几个女人抚摸才能入睡。

四月初七日，历山飞的部将甄翟儿率领部众十万进犯太原，将军潘长文战败身亡。

五月初一日，发生日全食。

五月初九日，隋炀帝在景华宫搜求萤火虫，采得好几斛，夜里游山时，把萤火虫放出来，点点萤火遍布高山深谷。

隋炀帝向侍臣询问造反情况，左翊卫大将军宇文述说："逐渐减少。"隋炀帝说："比过去少多少？"宇文述回答："不到过去的十分之一。"纳言苏威后退躲在殿柱后面，隋炀帝把他叫到座前问他，苏威回答："臣不主管这方面，不甚清楚有多少造反的人，只知反叛的祸患离我们越来越近。"隋炀帝问："这是什么意思？"苏威说："先前盗贼只占据长白山，如今已近在汜水县。而且先前应该缴纳的租赋，应该摊派的徭役，现在到哪里去了？这岂不是人们都造反了吗？近来各地奏报的贼情都不真实，致使朝廷措施失当，不能及时剿灭盗贼。另外，以前在雁门时，已经许诺不再征伐辽东，现在又征调士兵，造反怎么能够平息？”隋炀帝听了很不高兴，宣布退朝。不久临近五月五日，百官都进献珍玩，唯独苏威献上《尚书》。有人诋毁苏威说：“《尚书》中有《五子之歌》，苏威用意甚不恭敬。”隋炀帝更加恼怒。不久，隋炀帝向苏威询问征伐高丽的事情，苏威想暗示隋炀帝天下有很多盗贼，就回答说：“现今征辽，希望不要征调军队，只要赦免群盗，即能得到几十万人，派他们去东征，他们感激被赦免罪过，一定会争着立功，高句丽自可平灭。”隋炀帝很不高兴，苏威退了出来。御史大夫裴蕴上奏说：“这太不恭敬了！天下哪里有这么多盗贼？”隋炀帝说：“这老家伙一肚子坏水，想拿盗贼多来威胁我。我真想打他嘴巴，暂且再忍耐一下。”裴蕴知道隋炀帝的心意，于是让河南郡平民张行本上奏诬告苏威，说：“苏威从前在高阳负责选拔官员时，随便授人官职；又惧怕突厥，请求返回京师。”隋炀帝派人进行审理查验，构成罪案，于是下诏历数苏威的罪状，将他削职为民。一个多月后，又有人奏报苏威暗中勾结突厥图谋不轨，这事交给裴蕴追查审理，裴蕴判苏威死刑，苏威无法为自己辩白，只是叩头流血谢罪而已，隋炀帝怜悯他就把他放了，说：“不忍心立即诛杀。”苏威和他的子孙三代都被削职为民。

秋季，七月初八日，济景公樊子盖去世。

江都重新制造的龙舟完成，送到东都；宇文述劝隋炀帝巡幸东都，右候卫大将军酒泉人赵才劝谏说：“现今百姓疲惫，府库空虚，造反的人蜂拥而起，政令无法推行，希望陛下返回京师，安定亿万黎民。”隋炀帝勃然大怒，把赵才交给司法官吏惩治。过了十天，隋炀帝怒气稍为消解，才把他放出来。朝中大臣都不愿隋炀帝出行，但隋炀帝出行之意极为坚决，没有人敢于进谏。建节尉任宗上书极力劝谏，当天就在朝堂上被刑杖活活打死。七月初十日，隋炀帝巡幸江都，命越王杨侗与光禄大夫段达、太府卿元文都、检校民部尚书韦津、右武卫将军皇甫无逸、右司郎卢楚等人共同掌理东都留守政务。韦津是韦孝宽的儿子。隋炀帝作诗向宫人作别：“我梦江都好，征辽亦偶然。”奉信郎崔民象认为造反的人遍地皆是，在建国门上表劝阻，隋炀帝勃然大怒，先割下崔民象的下巴，然后将他斩首。

七月十四日，冯翊郡人孙华起兵造反。虞世基认为盗贼遍布，请求隋炀帝派兵屯驻洛口仓，隋炀帝说：“你真是文弱书生，天下安定却还如此忧惧。”七月十四日，隋炀帝到达巩义市，敕令有关部门将箕山、公路二府移到洛口仓内，并命令修筑城池以备不测。隋炀帝到达汜水县，奉信郎王爱仁又上表请求隋炀帝回西京，隋炀帝将他斩首，又继续南行。隋炀帝到达梁郡，梁郡有人拦阻车驾，上书说："陛下如果一定要巡幸江都，天下就将不再是陛下的了！"隋炀帝又斩了上书人。这时，李子通占据海陵，左才相劫掠淮北，杜伏威屯兵六合，他们各自拥有部众几万人。隋炀帝派光禄大夫陈棱率领宿卫精兵八千人前往讨伐，官军连连获胜。

八月二十一日，反隋军首领赵万海率领部众数十万，从恒山郡进犯高阳郡。

冬季，十月初六日，许恭公宇文述去世。当初，宇文述的儿子宇文化及、宇文智及都是无赖。宇文化及曾在东宫侍奉隋炀帝，隋炀帝非常宠爱他。等到隋炀帝即位后，就任用宇文化及为太仆少卿。隋炀帝巡幸榆林时，宇文化及、宇文智及违反禁令与突厥人做买卖，隋炀帝大怒，准备将两人斩首，已经解开了他们的衣服和发辫，随即又赦免了他们，赏赐给宇文述为奴仆。宇文智及的弟弟宇文士及，因为娶了公主为妻，向来看不起宇文智及，只有宇文化及与宇文智及亲近。宇文述死了以后，隋炀帝又起用宇文化及为右屯卫将军，宇文智及为将作少监。

【原文】

李密之亡也，往依郝孝德，孝德不礼之；又入王薄，薄亦不之奇[①]也。密困乏，至削树皮而食之，匿于淮阳村舍，变姓名，聚徒教授[②]。郡县疑而捕之，密亡去，抵其妹夫雍丘[③]令丘君明。君明不敢舍[④]，转寄密于游侠[⑤]王秀才家，秀才以女妻之。君明从侄怀义告其事，帝令怀义自赍敕书与梁郡通守杨汪[⑥]相知收捕。汪遣兵围秀才宅，适值[⑦]密出外，由是获免，君明、秀才皆死。

韦城翟让[⑧]为东都[⑨]法曹[⑩]，坐事当斩。狱吏黄君汉奇其骁勇，夜中潜谓让曰："翟法司，天时人事，抑[⑪]亦可知，岂能守死狱中乎！"让惊喜[⑫]，曰："让，圈牢[⑬]之豕，死生唯黄曹主[⑭]所命。"君汉即破械出之。让再拜曰："让蒙再生之恩则幸矣，奈黄曹主何！"因泣下。君汉怒曰："本以公为大丈夫，可救生民之命，故不顾其死以奉脱[⑮]，奈何反效儿女子涕泣相谢乎！君但努力自免，勿忧吾也！"让遂亡命于瓦岗[⑯]为群盗，同郡单雄信[⑰]，骁健，善用马槊，聚少年往从之。离狐徐世勣[⑱]家于卫南[⑲]，年十七，有勇略，说让曰："东郡[⑳]于公与勣皆为乡里，人多相识，不宜侵掠。荥阳[㉑]、梁郡，汴水所经，剽行舟，掠商旅，足以自资。"让然之，引众入二郡界，掠公私船，资用丰给，附者益众，聚徒至万余人。

时又有外黄王当仁、济阳王伯当[㉒]、韦城周文举、雍丘李公逸[㉓]等皆拥众为盗。李密自雍州[24]亡命，往来诸帅间，说以取天下之策，始皆不信。久之，稍[25]以为然，相谓曰："斯人公卿子弟，志气若是。今人人皆云杨氏[26]将灭，李氏将兴。吾闻王者不死，斯人再三获济[27]，岂非其人乎！"由是渐敬密。

密察诸帅唯翟让最强，乃因[28]王伯当以见让，为让画策[29]，往说诸小盗，皆下之[30]。让悦，稍亲近密，与之计事，密因说让曰："刘、项[31]皆起布衣为帝王。今主昏于上，民怨于下，锐兵尽于辽东，和亲绝于突厥，方乃巡游扬、越[32]，委弃东都，此亦刘、项奋起之会[33]也。以足下雄才大略，士马精锐，席卷二京，诛灭暴虐，隋氏不足亡也！"让谢曰："吾侪[34]群盗，旦夕偷生草间[35]，君之言者，非吾所及也。"会[36]有李玄英者，自东都逃来，经历诸贼，求访李密，云："斯人当代隋家[37]。"人问其故，玄英言："比来民间谣歌[38]有《桃李章》曰：'桃李子，皇后[39]绕扬州，宛转花园里。勿浪语[40]，谁道许！''桃李子'，谓逃亡者李氏之子也；皇与后，皆君也；'宛转花园里'，谓天子在扬州无还日，将转于沟壑[41]也；'莫浪语，谁道许'者，密也。"既与密遇，遂委身事之。前宋城[42]尉齐郡房玄藻，自负其才，恨不为时用，预于杨玄感之谋，变姓名亡命，遇密于梁、宋之间[43]，遂与之俱游汉、沔[44]，遍入诸贼，说其豪杰；还日，从者数百人，仍为游客[45]，处于让营。让见密为豪杰所归，欲从其计，犹豫未决。

有贾雄者，晓阴阳[46]占候[47]，为让军师[48]，言无不用。密深结于雄，使之托术数[49]以说让；雄许诺，怀之未发。会让召雄，告以密所言，问其可否，对曰："吉不可言。"又曰："公自立恐未必成，若立斯人，事无不济。"让曰："如卿言，蒲山公[50]当自立，何来从我？"对曰："事有相因。所以来者，将军姓翟，翟者，泽也，蒲[51]非泽不生，故须将军也。"让然之，与密情好日笃[52]。

密因说让曰："今四海糜沸[53]，不得耕耘，公士众虽多，食无仓廪[54]，唯资野掠[55]，常苦不给[56]。若旷日持久[57]，加以大敌临之，必涣然[58]离散。未若先取荥阳，休兵馆谷[59]，待士马肥充[60]，然后与人争利。"让从之，于是破金堤关[61]，攻荥阳诸县，多下之。

荥阳太守郇王庆[62]，弘之子也，不能讨，帝徙张须陀为荥阳通守以讨之。庚戌[63]，须陀引兵击让，让曩数为须陀所败，闻其来，大惧，将避之。密曰："须陁勇而无谋，兵又骤胜，既骄且狠，可一战擒也。公但列陈以待，密保为公破之。"让不得已，勒兵将战，密分兵千余人伏于大海寺[64]北林间。须陁素轻让，方陈而前，让与战，不利，须陁乘之，逐北十余里；密发伏掩之[65]，须陁兵败。密与让及徐世勣、王伯当合军围之，须陁溃围[66]出，左右不能尽出，须陁跃马[67]复入救之，来往数四，遂战死。所部兵昼夜号哭，数日不止，河南郡县为之丧气。鹰扬郎将河东贾务本为须陁之副，亦被伤，帅余众五千余人奔梁郡，务本寻卒。诏以光禄大夫裴仁基为河南讨捕大使，代领其众，徙镇虎牢[68]。

让乃令密建牙[69]，别统所部，号蒲山公营。密部分[70]严整，凡号令士卒，虽盛夏，皆如背负霜雪[71]。躬[72]服俭素，所得金宝，悉颁赐麾下，由是人为之用。麾下士卒多为让士卒所陵辱[73]，以威约[74]有素，不敢报[75]也。让谓密曰："今资粮粗足[76]，意欲还向瓦岗，公若不往，唯公所适[77]，让从此别矣。"让帅辎重东引，密亦西行至康城[78]，说下数城，大获资储[79]。让寻悔，复引兵从密。

（以上为第二段，写瓦岗军兴起，翟让、李密计败张须陁，从此，北方地区农民起义军占据了主导地位。）

【注释】

①不之奇：即不奇之，不以为李密有特殊才能。奇，特异，稀罕。 ②教授：传授学业。 ③雍丘：县名。县治在今河南杞县。 ④舍：留住，住宿。 ⑤游侠：敢于反抗、救人急难的人。 ⑥杨汪（？—621）：字元度，弘农华阴（今陕西华阴市）人。官至大理卿。传见《隋书》卷五十六、《北史》卷七十四。 ⑦适值：恰巧遇上。适，恰好。值，相遇。 ⑧翟让（？—617），韦城（今山东东明县西北）人。曾领导隋末农民大起义，成为主力之一。后被李密所杀。事散见《隋书》卷七十、七十一等。 ⑨东都：据胡注和严衍《通鉴补正略》，"都"应改作"郡"字。 ⑩法曹：官名。掌司法。 ⑪抑：连词，表示转折，相当于"则""然"。 ⑫惊喜：据章校，"喜"下应补"叩头"二字。 ⑬圈牢：饲养家畜的地方。牢，养牲畜的栏圈。 ⑭黄曹主：黄君汉大概是狱吏中的主持人，故称为曹主。 ⑮奉脱：开脱，解脱。奉，对别人的敬称。 ⑯瓦岗：地名。在今河南滑县东。翟让以瓦岗寨为起义军根据地。 ⑰单雄信（？—621）：曹州（今山东菏泽市定陶区西南）人。农民起义军骁将。传见《旧唐书》卷五十三、《新唐书》卷八十四。 ⑱徐世勣（592—667）：曹州离狐（今山东菏泽市西北李家集）人。

唐朝赐姓李氏，因避讳太宗，单名勣。先参加农民起义，后降唐，官至尚书左仆射、司空。传见《旧唐书》卷六十七、《新唐书》卷九十三。 ⑲卫南：县名。县治在今河南滑县东。 ⑳东郡：郡名。治所滑台，在今河南滑县东。 ㉑荥阳：郡名。治所成皋县，在今河南荥阳市西北。 ㉒王伯当（？—618）：济阳（今河南兰考东北）人。农民起义军骁将之一。事散见《隋书》卷七十等。 ㉓李公逸：汴梁雍丘（今河南杞县）人。传见《旧唐书》卷一百八十七上、《新唐书》卷一百九十一。 ㉔雍州：据章校，"州"应改作"邱"。 ㉕稍：逐渐。 ㉖杨氏：指隋杨氏王朝。 ㉗获济：得到救助。济，救助，接济。 ㉘因：依靠。 ㉙画策：计划，谋划。画，谋划，计策。 ㉚下之：降服，归顺。 ㉛刘、项：刘指刘邦，项指项羽，于秦末起义，刘邦建立汉朝称帝，项羽也称楚王。 ㉜扬、越：指扬州和越州一带，即今浙江绍兴市。因隋炀帝改州为郡，故扬、越指古地名。 ㉝会：时机，机会。 ㉞吾侪（chái）：我辈。侪，辈，类。 ㉟草间：野间。草，草野，野间。 ㊱会：恰巧，适逢。 ㊲隋家：隋王朝。 ㊳谣歌：即歌谣。古代以曲合乐伴奏者称歌，随口唱者称谣。 ㊴皇后：君主。皇，大。后，君。 ㊵浪语：随便乱说。浪，轻率。 ㊶沟壑：溪谷，山沟。壑，山谷，坑地。 ㊷宋城：县名。县治在今河南商丘市西南。 ㊸梁、宋之间：指梁郡宋城县一带。梁郡，治所宋城县，在今河南商丘市西南。 ㊹汉、沔：指汉水与沔水流域。沔水，一名沮水，源出陕西略阳，东南流至勉县，西南入汉水，为汉水的上游。 ㊺游客：从事游说活动的人。 ㊻阴阳：古代以阴阳解释万物化生，凡天地、日月、昼夜、男女以至腑脏、气血等皆属阴阳。 ㊼占候：古代视天象变化以测吉凶。 ㊽军师：官名。主出谋划策。师，师事之意。 ㊾术数：用阴阳五行相生相克的数理，来推断人事吉凶，如占候、卜筮、星命等。 ㊿蒲山公：指李密。李密袭爵蒲山公。 51蒲：草名。生长在沼泽江河水里。 52情好日笃：情谊一天比一天深厚。日，日渐。笃，笃厚，真诚。 53糜沸：言如锅里煮的粥一样沸腾。比喻动乱纷扰。糜，粥。 54仓廪：储藏米谷的仓库。廪，粮仓。 55野掠：在民间掠夺。 56不给：供给不足。 57旷日持久：空废时日，相持长久。旷，荒废。 58涣然：流散的样子。 59馆谷：居其馆，食其谷。 60肥充：肥壮而繁多。充，满，繁多。 61金堤关：关名。在今河南荥阳市东北。 62郇王庆：河间王杨弘之子，袭爵为郇王。后降唐，官至宜州刺史。传附《隋书·河间王弘传》《北史·河间王弘传》。 63庚戌：十月二十七日。 64大海寺：寺名。故址在今河南荥阳市北。 65发伏掩之：出动伏兵，突然袭击张须陁。 66溃围：冲破包围。 67跃马：策马驰骋腾跃。 68虎牢：即汜水县。县治在今荥阳市汜水镇。北临黄河，绝岸峻壁，自古为戍守要地。 69建牙：牙，军前大旗。古代出兵，在军前树立大旗称牙，后来也称兴兵建幕府或武将出镇为建牙。此指让李密建立幕府。 ⑦⓪部分：处分整治。 ⑦①如背负霜雪：形容李密军威整肃，士兵威服，背冒冷汗。 ⑦②躬：亲自，自身。 ⑦③陵辱：侵侮。陵，同“凌”，侵犯，欺侮。 ⑦④威约：约束森严。约，约束，制约。 ⑦⑤报：回答，报复。⑦⑥粗足：稍微充足。粗，粗略。 ⑦⑦所适：所往，去什么地方。适，往，去。 ⑦⑧康城：地名。故址在今河南禹州市西北。 ⑦⑨资储：储备，积蓄。

【译文】

李密逃亡，前去投奔郝孝德，郝孝德对李密没有以礼相待；李密又去投奔王薄，王薄也没有重用他。李密穷困疲乏，以至于剥树皮充饥，躲藏在淮阳郡的乡村里，改名换姓，收了几个学生教他们读书认字。郡县官员产生怀疑派人去抓他，李密只得再次逃亡，投奔他妹夫雍丘县令丘君明。丘君明不敢收留，就把李密转送到游侠王秀才家。王秀才把女儿嫁给李密。丘君明的堂侄丘怀义告发了这件事，隋炀帝命令丘怀义亲自携带敕书交给梁郡通守杨汪，由杨汪去抓人。杨汪派兵包围了王秀才住宅，正巧李密外出不在，因而幸免于难。丘君明、王秀才都被处死。

韦城人翟让担任东郡法曹，被控有罪该当斩首。狱吏黄君汉赏识翟让骁勇不凡，便在夜里暗中对翟让说：“翟法司，天时人事，或许能够看得很清楚，怎能守在狱中等死呢？”翟让又惊又喜，说：“我翟让是关在圈里的猪，是生是死，只能听从黄曹主的吩咐了。”黄君汉当即打开了翟让的脚镣手铐，把他释放，翟让再三拜谢说：“我蒙您的再生之恩，实在幸运，但黄曹主您怎么办呢？”说着流下泪来，黄君汉生气说：“我原本认为你是个大丈夫，可以拯救百姓的生命，所以不顾杀头死罪来解救你，你怎么却像一个女人一样用哭泣流泪来表示感谢呢？您尽管努力逃命吧，不必替我担忧！”翟让于是逃亡到瓦岗拉起队伍造反。同郡人单雄信骁勇矫健，擅长在马上使用长矛，合聚了一群青年人去投奔翟让。离狐人徐世勣家在卫南县，年十七岁，有勇有谋，劝说翟让：“东郡对你和我都算是家乡，人们都互相认识，不方便侵扰掠夺。荥阳、梁郡是汴水流经的地方，到那里抢掠过往行船，夺取商人旅客的资财，足够用度。”翟让非常赞同，率领部众进入荥阳、梁郡两郡边境，抢掠公私船只，资用丰足，依附的人越来越多，聚集部众达一万多人。

当时，又有外黄人王当仁、济阳人王伯当、韦城人周文举、雍丘人李公逸等都拉起队伍造反。李密从雍州逃亡，在各个首领之间来往游说，向他们进献取天下的计谋，开始，他们都不相信。过了很久，渐渐有人认为李密说得对，议论说："这个人是公卿子弟，有吞并天下的志气。现今人人都说杨氏将要灭亡，李氏将要兴起。我听说命当称王的人大难不死。这个人多次逃脱危难，难道称王的就是这个人吗？"因此，渐渐敬重李密。

李密观察各部首领，认为翟让势力最强，便通过王伯当的引荐见到了翟让。李密为翟让出谋划策，又成功劝说其他小股造反军，归附了翟让。翟让很高兴，渐渐亲近李密，与他一起议事，李密于是进一步对翟让说："刘邦、项羽都出自平民而做了帝王，如今皇帝在上面昏庸无道，百姓在下面怨愤不平，精锐兵力都在辽东丧失了，与突厥的和亲也告断绝，皇帝却仍在巡游扬、越，抛弃东都，现在正是效法刘邦、项羽奋起的大好时机。凭您的雄才大略、兵强马壮，完全可以席卷东、西二京，诛灭暴君，推翻隋朝并不是难事！"翟让向李密推辞说："我辈身为群盗，日夜在草野间苟且偷生，你所说的，不是我们这些人做得到的。"恰巧有个叫李玄英的人，从东都逃出来，遍寻各部反隋军所在地，求访李密下落，并宣扬说："这个人当取代隋家天下。"别人问他缘故，李玄英说："近来民间流行一首叫《桃李章》的歌谣，歌谣唱道：'桃李子，皇后绕扬州，宛转花园里。勿浪语，谁道许！''桃李子'，是说逃亡的人是李氏之子；皇与后都是指国君；'宛转花园里'，指的是隋炀帝在扬州回不来了，将会葬身于沟壑；'莫浪语，谁道许'是指密字。"不久他遇到李密，便委身投靠李密。原宋城县尉齐郡人房玄藻，自恃才学，恨自己不被朝廷重用，曾参与过杨玄感的谋乱，后来改名换姓逃亡，在梁郡、宋城之间遇见了李密，于是就和李密遍游汉、沔地区，深入各部反隋军，游说其中的豪杰之士；返回时，有几百人跟从他们，李密仍以游客身份，留在翟让的营寨内。翟让看见豪杰们都归附李密，打算采纳李密的计谋，但仍然犹豫不决。

有一个叫贾雄的人，通晓阴阳占卜，是翟让的军师，说的话没有不被采用的。李密用心与贾雄交朋友，让他用占卜之术劝说翟让，贾雄答应了，心中盘算好了正要找机会说。恰好翟让召见贾雄，翟让把李密说称王的事告知贾雄，询问对不对。贾雄回答说："大吉大利，不可言说。"贾雄又说："你自己称王恐怕不能成功，如果让李密称王，事情一定成功。"翟让说："照你的说法，蒲山公应当自己称王，何必来追随我？"贾雄回答说："事情是相辅相成的，他之所以到你这来，因为将军姓翟，翟是水泽的意思，蒲草只能生在水泽中，所以必须依靠将军你啊。"翟让相信了，与李密的感情一天比一天深。

李密便对翟让说："如今全国沸腾，百姓得不到耕种，您的兵马虽然众多，但没有供军粮的仓储，只有依靠野外掠夺，经常苦于供给不足，如果旷日持久，再加上大敌来临，一定会分崩离析。不如先攻取荥阳，然后驻兵休整，就地取粮，等到兵强马壮后，再去和别人较量高低。"翟让听从了李密的计谋，于是打破金堤关，攻打荥阳等县城，多数县城被攻占了。

荥阳郡太守郇王杨庆，是杨弘的儿子，不能讨伐翟让，隋炀帝调张须陁为荥阳通守讨伐翟让。十月二十七日，张须陁率军攻击翟让，翟让先前几次都败在张须陁手下，听说他到来，大为恐惧，打算逃走躲避。李密说："张须陁有勇无谋，他的军队又屡次打胜仗，既骄傲又凶狠，正可以一战把他擒获。您只管严阵以待，我保证为您打败他。"翟让不得已，部署军队准备交战，李密分兵一千多人埋伏在大海寺北面的树林之中。张须陁一向轻视翟让，排方阵向前推进，翟让与张须陁交战，战败，张须陁乘胜追击，追赶了十余里，李密发动伏兵突然袭击，张须陁大败。李密与翟让以及徐世勣、王伯当等合兵一处包围了张须陁，张须陁冲破重围，但他的亲信部将有的没有冲出包围圈，张须陁又跃马冲入包围圈去救援，这样冲出又冲入，来回好几次，终于战死。张须陁的部众号哭了几天几夜，都没有停止。河南各郡县因为张须陁之死而士气低落。鹰扬郎将河东贾务本是张须陁的副手，也受了重伤。贾务本率领残兵五千多人逃到梁郡，没多久，贾务本也死了。隋炀帝诏令光禄大夫裴仁基为河南讨捕大使，接替张须陁统领这支队伍，移驻虎牢关镇守。

翟让于是让李密建立独立的大营，另外率领所属的部众，称为蒲山公营。李密军纪严明整肃，对士兵下达号令，即使是盛夏，士兵们背上都能感受到沉重得像霜雪一样的寒意。李密自己穿戴节俭朴素，得到了金银财宝，全部分给部属，因此，人人乐意为他效劳。他的部下很多受到翟让部属的凌辱，由于一向军纪严明，没有人敢报复。翟让对李密说："如今军资粮食已经充足，我想回到瓦岗，你如果不想一同前去，随便你去哪里，我翟让和你告别。"翟让携带辎重向东走，李密领兵向西行。李密来到康城，劝说几座城池归降，获得了大批军资粮食。翟让不久后悔了，便又率领部众追随李密。

【原文】

鄱阳[①]贼帅操师乞自称元兴王，建元始兴，攻陷豫章郡[②]，以其乡人林士弘[③]为大将军。诏治书侍御史刘子翊[④]将兵讨之。师乞中流矢死，士弘代统其众，与子翊战于彭蠡湖[5]，子翊败死。士弘兵大振，至十余万人。十二月，壬辰[6]，士弘自称皇帝，国号楚，建元太平；遂取九江、临川、南康、宜春[7]等郡，豪杰争杀隋守令，以郡县应之。其地北自九江，南及番禺[8]，皆为所有。

诏以右骁卫将军唐公李渊为太原[9]留守，以虎贲郎将[10]王威、虎牙郎将[11]高君雅为之副，将兵讨甄翟儿，与翟儿遇于雀鼠谷[12]。渊众才数千，贼围渊数匝[13]，李世民将精兵救之，拔渊于万众之中，会步兵至，合击，大破之。

帝疏薄骨肉[14]，蔡王智积每不自安，及病，不呼医，临终，谓所亲曰："吾今日始知得保首领[15]没于地矣！"

张金称、郝孝德、孙宣雅、高士达、杨公卿等寇掠河北，屠陷郡县；隋将帅败亡者相继，唯虎贲中郎将[16]蒲城王辩[17]、清河郡丞华阴杨善会[18]数有功，善会前后与贼七百余战，未尝负败[19]。帝遣太仆卿杨义臣讨张金称。金称营于平恩[20]东北，义臣引兵直抵临清[21]之西，据永济渠为营，去金称营四十里，深沟高垒，不与战。金称日引兵至义臣营西，义臣勒兵擐甲[22]，约与之战，既而不出。日暮，金称还营，明旦[23]，复来；如是月余，义臣竟不出。金称以为怯，屡逼其营詈辱[24]之，义臣乃谓金称曰："汝明旦来，我当必战。"金称易[25]之，不复设备。义臣简精骑二千，夜自馆陶[26]济河[27]，伺金称离营，即入击其累重[28]。金称闻之，引兵还，义臣从后击之，金称大败，与左右逃于清河之东。月余，杨善会讨擒之。吏立木于市，悬其头，张[29]其手足，令仇家割食之；未死间，歌讴[30]不辍。诏以善会为清河通守。

涿郡通守郭绚[31]将兵万余人讨高士达。士达自以才略不及窦建德，乃进建德为军司马[32]，悉以兵授之。建德请士达守辎重，自简精兵七千人拒绚，诈为与士达有隙而叛，遣人请降于绚，愿为前驱，击士达以自效[33]。绚信之，引兵随建德至长河[34]，不复设备。建德袭之，杀虏数千人，斩绚首，献士达，张金称余众皆归建德。杨义臣乘胜至平原[35]，欲入高鸡泊讨之。建德谓士达曰："历观隋将，善用兵者无如义臣，今灭张金称而来，其锋[36]不可当[37]。请引兵避之，使其欲战不得，坐费[38]岁月，将士疲倦，然后乘间击之，乃可破也。不然，恐非公之敌。"士达不从，留建德守营，自帅精兵逆击义臣，战小胜，因纵酒高宴。建德闻之曰："东海公[39]

未能破敌，遽自矜大[40]，祸至不久矣。”后五日，义臣大破士达，于陈斩之，乘胜逐北，趣其营，营中守兵皆溃。建德与百余骑亡去，至饶阳[41]，乘其无备，攻陷之，收兵，得三千余人。义臣既杀士达，以为建德不足忧，引去。建德还平原，收士达散兵，收葬死者，为士达发丧，军复大振[42]，自称将军。先是，群盗得隋官及士族[43]子弟；皆杀之，独建德善遇[44]之；由是隋官稍以城降之，声势日盛，胜兵[45]至十余万人。

内史侍郎虞世基以帝恶闻[46]贼盗，诸将及郡县有告败求救者，世基皆抑损[47]表状[48]，不以实闻，但云：“鼠窃狗盗[49]，郡县捕逐，行当殄尽[50]，愿陛下勿以介怀[51]！”帝良以为然，或杖其使者，以为妄言，由是盗贼遍海内，陷没郡县，帝皆弗之知[52]也。杨义臣破降河北贼数十万，列状[53]上闻，帝叹曰：“我初不闻贼顿[54]如此，义臣降贼何多也！”世基对曰：“小窃虽多，未足为虑，义臣克之，拥兵不少，久在阃外[55]，此最非宜。”帝曰：“卿言是也。”遽追义臣，放散其兵，贼由是复盛。

治书侍御史韦云起劾奏：“世基及御史大夫裴蕴职典[56]枢要[57]，维持内外，四方告变，不为奏闻。贼数实多，裁减言少，陛下既闻贼少，发兵不多，众寡悬殊[58]，往皆不克，故使官军失利，贼党日滋。请付有司结正[59]其罪。”大理卿郑善果奏：“云起诋訾[60]名臣，所言不实，非毁[61]朝政，妄作威权[62]。”由是左迁云起为大理司直[63]。

帝至江都，江、淮郡官谒见者，专问礼饷丰薄[64]，丰则超迁丞、守[65]，薄则率从停解[66]。江都郡丞王世充献铜镜屏风，迁通守；历阳郡[67]丞赵元楷[68]献异味[69]，迁江都郡丞。由是郡县竞务刻剥[70]，以充贡献。民外为盗贼所掠，内为郡县所赋，生计无遗；加之饥馑[71]无食，民始采树皮叶，或捣藁为末，或煮土而食之，诸物皆尽，乃自相食[72]；而官食犹充牣[73]，吏皆畏法，莫敢振救[74]。王世充密为帝简阅[75]江淮民间美女献之，由是益有宠。

河间贼帅格谦拥众十余万，据豆子䴚，自称燕王，帝命王世充将兵讨斩之。谦将勃海高开道[76]收其余众，寇掠燕地[77]，军势复振。

初，帝谋伐高丽，器械资储，皆积于涿郡；涿郡人物殷阜[78]，屯兵数万。又，临朔宫多珍宝，诸贼竞来侵掠；留守官虎贲郎将赵什住等不能拒，唯虎贲郎将云阳罗艺[79]独出战，前后破贼甚众，威名日重，什住等阴忌之。艺将作乱，先宣言以激其众曰：“吾辈讨贼数有功，城中仓库山积，制[80]在留守之官，而莫肯散施[81]以济贫乏，将何以劝将士！”众皆愤怨。军还，郡丞出城候艺，艺因执之，陈兵而入。什住等惧，皆来听命，乃发库物以赐战士，开仓廪以赈贫乏，境内咸服；杀不同己者勃海太守唐祎等数人，威振燕地，柳城、怀远并归之。艺黜[82]柳城[83]太守杨林甫，改郡为营州，以襄平太守邓暠为总管，艺自称幽州总管。

突厥数寇北边。诏晋阳留守[84]李渊帅太原道兵与马邑太守王仁恭[85]击之。时突厥方强，两军众不满五千，仁恭患之。渊选善骑射者二千人，使之饮食舍止[86]一如突厥，或与突厥遇，则伺便[87]击之，前后屡捷，突厥颇惮之。

（以上为第三段，写河北、江淮起义军如火如荼，而隋炀帝在江都信用权奸，花天酒地，充耳不闻。隋炀帝甚至猜忌功臣，斥逐杨义臣，自毁长城。等到罗艺造反，预示隋朝官吏基础动摇，隋炀帝的末日为期不远了。）

【注释】

①鄱阳：郡名。治所鄱阳县，在今江西鄱阳县北。 ②豫章郡：郡名。治所南昌县，在今江西南昌市。 ③林士弘（？—622）：饶州鄱阳（今江西鄱阳县北）人。传见《旧唐书》卷五十六、《新唐书》卷八十七。 ④刘子翊（548—622）：彭城丛亭里（今江苏徐州市）人。官至治书侍御史。传见《隋书》卷七十一、《北史》卷八十五。 ⑤彭蠡湖：湖名。即今鄱阳湖，在今江西九江市与鄱阳县之间。 ⑥壬辰：十二月十日。 ⑦九江、临川、南康、宜春：皆郡名。九江郡，治所湓口城，在今江西九江市。临川郡，治所临汝县，在今江西抚州市临川区西北。南康郡，治所赣县，在今江西赣州市。宜春郡，治所宜春县，在今江西宜春市。 ⑧番禺：地名。南海郡治所，在今广东广州市。 ⑨太原：郡名。治所太原县，在今山西太原市西南。 ⑩虎贲郎将：武官名。十二卫将军之副官，掌禁卫。 ⑪虎牙郎将：武官名。虎贲郎将之副官，掌禁卫。 ⑫雀鼠谷：山谷名。故址在今山西灵石县境内。 ⑬数匝（zā）：围了好几周。匝，环绕一周叫一匝。 ⑭骨肉：比喻至亲。父母对于子女，子女对于父母，都称为骨肉之亲。 ⑮保首领：指保全头颈。领，颈项。 ⑯虎贲中郎将：按《隋书·百官志》无中郎将。《隋书·王辩传》作“虎贲郎将”，《北史》本传同。“中”字衍，当删。 ⑰王辩（562—617）：字警略，冯翊蒲城（今陕西蒲城县）人。传见《隋书》卷六十四、《北史》卷七十八。 ⑱杨善会：字敬仁，弘农华阴（今陕西华阴市）人。官至清河通守。传见《隋书》卷七十一、《北史》卷八十五。 ⑲负败：失败。负，败。 ⑳平恩：县名。县治在今河北曲周县东南。 ㉑临

清：县名。县治在今河北临西县。㉒擐（guān，又读“huàn”）甲：穿戴盔甲。擐，贯，穿。㉓明旦：明天早晨。旦，天明，早晨。㉔詈（lì）辱：辱骂。詈，骂，责怪。㉕易：轻视，小瞧。㉖馆陶：县名。县治在今河北馆陶县。㉗河：指清河。㉘累重：指家属与资产。累，家室。㉙张：伸展，张开。㉚歌讴：同“讴歌”。讴，也作“呕”。歌唱，吟诵。㉛郭绚（xuàn）（？—613）：河东安邑（今山西运城市东北）人。官至涿郡通守，兼领留守。传见《隋书》卷七十三、《北史》卷八十六。㉜军司马：官名。掌军事、用兵作战。㉝自效：自我立功，以表示自己的真诚。效，功效，效验。㉞长河：县名。县治在今山东德州市东。㉟平原：郡名。治所安德县，在今山东德州市陵城区。㊱锋：锋芒。比喻军队的锐气。㊲当：抵挡，抵敌。㊳坐费：自然消费。坐，副词，无故，自然而然。㊴东海公：指高士达。高士达自号东海公。㊵矜大：骄傲自大。㊶饶阳：县名。县治在今河北饶阳县。㊷大振：十分振作。振，奋起。㊸士族：又称“世族”或“势族”，是东汉以后在地主阶级内部逐渐形成的世家大族，世代为官，经学传世，在政治、经济等方面享有特权。到了隋朝，士族已处于衰落阶段。㊹善遇：待遇很好。㊺胜兵：足以克敌制胜的军队。㊻恶（wù）闻：厌恶听到。㊼抑损：限制，减少。㊽表状：给朝廷的上疏奏表。表，臣子给君主上言的文表。多用于陈述衷情。状，文体的一种，向上级陈述事实的文书。㊾鼠窃狗盗：也作“鼠窃狗偷”。指小窃小盗。㊿殄（tiǎn）尽：消灭光。殄，断绝，灭绝。(51)介怀：同“介意”。指放在心上。(52)弗之知：不知道这些事。弗，不。(53)列状：条列情状。(54)顿：顿时，即时。(55)阃（kǔn）外：指统兵在外。阃，门槛，指郭门或国门。(56)典：掌管，主持。(57)枢要：中心。指中央政权中机要部门或官职。(58)悬殊：差别很大。悬，遥远。(59)结正：结案判定。(60)诋訾（zǐ）：诬蔑，诋毁。訾，诋毁。(61)非毁：诋毁，讥讽。非，讥讽。(62)威权：威势和权力。(63)大理司直：官名。隶属大理卿，不署曹事，只复理御史劾奏的事。(64)礼饷：奉献给天子的礼物。丰薄：丰厚和微薄。(65)超迁丞、守：破格提拔为郡丞、太守（或通守）。(66)停解：停职或罢免官职。解，罢任。(67)历阳郡：郡名。治所历阳县，在今安徽和县。(68)赵元楷：天水西（今甘肃天水市西南）人。官至江都郡丞，兼领江都宫使。传附《隋书·赵芬传》《北史·赵芬传》。(69)异味：异常的美味。(70)刻剥：侵夺，侵害。(71)饥馑（jǐn）：无谷吃叫饥，无菜吃叫馑。(72)自相食：指人吃人。(73)充牣（rèn）：充满。牣，盈满，塞。(74)振救：救济。振，救助，通“赈”。(75)简阅：考察，挑选。(76)高开道（？—620）：沧州阳信（今山东阳信县东南）人。曾参加隋末农民大起义，自称燕王。传见《旧唐书》卷五十五、《新唐书》卷八十六。(77)燕地：战国时燕国旧境，包括今北京市及河北中部地区、辽宁西部。(78)般皋：富实。皋，肥大，多。 ⑲罗艺（？—627）：字子延，本襄阳人，寓居京兆云阳（今陕西泾阳县西北），历仕隋、唐，官至左翊卫大将军。传见《旧唐书》卷五十六、《新唐书》卷九十二。 ⑳制：节制，控制，制止。 ㉑散施：发放。施，给予。 ㉒黜：废免。 ㉓柳城：县名。辽西郡治所，在今辽宁朝阳市。 ㉔晋阳留守：即太原留守。太原有晋阳宫，故也称晋阳留守。 ㉕王仁恭（558—617）：字元实，天水上邽（今甘肃天水）人。官至马邑太守。传见《隋书》卷六十五、《北史》卷七十八。 ㉖舍止：住宿，止宿。㉗伺便：伺机，乘机。

【译文】

鄱阳郡反隋军首领操师乞自称元兴王，建年号为始兴，攻占豫章郡，任用同乡人林士弘为大将军。隋炀帝下诏，命令治书侍御史刘子翊领兵征讨。操师乞被流箭射中而死，林士弘接替统领部众，与刘子翊在彭蠡湖交战，刘子翊战败身亡，林士弘军威大振。十二月初十日，林士弘自称皇帝，国号楚，建年号为太平。林士弘又攻占了九江、临州、南康、宜春等郡，各地豪杰都争先恐后起来杀了隋朝的郡守县令，献出郡县归附林士弘。北起九江，南到番禺，这一广大地区全被林士弘控制。

隋炀帝下诏任命右骁卫将军唐公李渊为太原留守，任命虎贲郎将王威、虎牙郎将高君雅为李渊的副将。李渊率兵讨伐甄翟儿，在雀鼠谷与甄翟儿遭遇。李渊部众只有几千人，被甄翟儿的军队包围了好几层。李世民率领精兵救援，把李渊从万众重围中救出来，正好步兵也赶到了，隋军合兵攻击，把甄翟儿打得大败。

隋炀帝对亲生骨肉也极为刻薄，蔡王杨智积一直恐惧不安，后来他患病，不愿请医生治疗，临死时，对他的亲人说："我今天才确知能够保全头颅而葬于地下了！"

张金称、郝孝德、孙宣雅、高士达、杨公卿等抢掠河北，攻陷郡县，大肆屠杀；隋朝的将帅败亡的人接连不断，只有虎贲郎将蒲城人王辩、清河郡丞华阴人杨善会多次获胜立功。杨善会前后与反隋军交战七百多次，没打过败仗，隋炀帝派遣太仆卿杨义臣讨伐张金称，张金称在平恩县东北扎营，杨义臣率兵直抵临清以西，紧靠永济渠扎营，距离张金称的营地四十里。杨义臣深挖壕沟，高筑营墙，不出来交战。张金称每天进兵到杨义臣军营西边挑战，杨义臣率领士兵，身穿铠甲，约定日期交战，到时却不出来。一天过去，直到太阳落山，张金称只好率军返回营地。第二天一早，张金称又来挑战，就这样过了一个多月，杨义臣始终没有出来交战。张金称认为杨义臣胆怯，多次逼近杨义臣的军营辱骂挑战。杨义臣对张金称说："你明天早上再来，我一定和你决战。"张金称不当一回事，不再警戒。杨义臣挑选精锐骑兵两千人，在夜里从馆陶渡河，趁张金称率领军队离开营地之时，立即偷袭张金称的营地，打击辎重。张金称得知消息，领兵退回，杨义臣从后追击，张金称大败，和随身侍从逃到清河的东边。一个多月后，杨善会讨伐抓获了张金称。隋朝官吏在闹市中立了一根木头，把张金称的头吊起来，又伸开张金称的手脚，命令张金称的仇人活活割吃张金称的肉。张金称没死的时候，还不断唱歌。隋炀帝下诏，任命杨善会为清河郡通守。

涿郡通守郭绚领兵一万多人讨伐高士达。高士达自认为才能谋略赶不上窦建德，于是就提拔窦建德为军司马，把兵权全部交给他。窦建德请高士达看守辎重，自己挑选精兵七千人抵抗郭绚。窦建德诈称与高士达有矛盾而叛变，派人向郭绚请求投降，表示愿意做郭绚的前锋，进攻高士达，以图报效。郭绚相信了他，率兵跟随窦建德到长河，不加防备。窦建德突然袭击郭绚，杀死和俘虏了几千人，砍下郭绚的首级献给高士达。张金称的残余部众也全部归附了窦建德。杨义臣乘胜进兵到平原郡，打算进入高鸡泊讨伐高士达。窦建德对高士达说："我一个个观察隋朝将领，善于用兵打仗的人，没有一个赶得上杨义臣，他如今灭了张金称杀来，他的士气正锋利，不可阻挡，请你率领部众先避开他，让他想战却得不到，白白浪费时间，等到将士疲惫，然后找机会袭击他，才可以打败他。不这样，恐怕你赢不了他。"高士达不听从，留下窦建德守住军营，亲自率领精兵迎战杨义臣，初战小胜，便大肆饮酒庆祝。窦建德听到了说："东海公还没打败敌人，就自高自大，大祸不久就要临头了。"过了五天，杨义臣大败高士达，在交战阵前杀了高士达，乘胜追击，直到军营，营中守兵全都逃散。窦建德率领一百多骑兵逃出，到达饶阳县，趁官兵没有防备，攻占了饶阳县，得到了三千多人。杨义臣已经杀了高士达，认为窦建德不值得忧虑，就领兵撤离。窦建德回到平原，收留集聚高士达的散兵，埋葬死了的人，为高士达办了丧事，军威又重新振作起来，窦建德自称将军。起先，各路反隋军抓获隋军官吏和士族子弟，全都杀了，只有窦建德善待他们，因此，隋朝官员逐渐献城投降，声势一天天强大，部众士兵达到了十万人。

内史侍郎虞世基因为隋炀帝不愿意听到盗贼的情况，所以就把诸将及各地郡县报告战败、请求救援的奏章全都扣下或毁损，不据实奏报，只说："鼠窃狗盗，郡县搜捕追逐，快要消灭干净了。请陛下不要在意！"隋炀帝认为说得很对，有时还用手杖打报告实情的使者，认为他们说的都是谎话，因此盗贼遍布海内，不断攻陷郡县，隋炀帝全然不知。杨义臣击败并收降河北贼众几十万，他条列情状上奏隋炀帝，隋炀帝看后感叹道："我原来没听说过，盗贼为何突然多到如此地步，杨义臣降服的贼人怎么这样多？"虞世基回答说："小贼虽然多，但不必担心，杨义臣击败小贼，却拥兵不少，将帅久在京城之外，这是最不妥当的。"隋炀帝说："你说得对。"立刻派人追回杨义臣，将其部众遣散，盗贼因此又多了起来。

治书侍御史韦云起上奏弹劾，说："虞世基和御史大夫裴蕴职掌枢要机密，维持朝廷内外联系，现在四方告急，却不上奏皇上，盗贼的数量实际很多，他们却谎报很少，陛下既然听说贼少，发兵自然不多，以致众寡悬殊，出讨的官兵往往不能取胜，所以多次失败，而贼党却一天比一天增多。请将他们二人交付有关部门追查定罪。"大理卿郑善果上奏说："韦云起诬蔑国家重臣，他所说的都不属实，他诽谤朝政，妄自作威作福。"韦云起因此被贬为大理司直。

隋炀帝到达江都后，凡江、淮各郡官员谒见，隋炀帝只问进献礼物多少，礼物丰富则越级升迁为郡丞、郡守，礼物稍薄则大多停职罢官。江都郡丞王世充进献铜镜屏风，升迁为通守；历阳郡丞赵元楷进献珍美食品，升迁为江都郡丞。因此各郡县争相刻剥民众，搜刮进献物品。平民外受盗贼抢掠，内受官吏征税逼迫，没有了生的活路，加上饥荒缺粮，平民开始采集树皮树叶充饥，有的人把稻草捣成碎末为食，有的煮泥土来吃，所有能吃的东西都吃光了，于是人吃人，而官方粮库仍然充足，官吏都害怕法律惩办，没有人敢开仓救济灾民。王世充暗中挑选江淮美女进献隋炀帝，因此更加受到宠信。

河间郡反隋军首领格谦拥有部众十多万人，占据豆子䴚，自称燕王。隋炀帝命令王世充率兵讨伐，杀了格谦。格谦的部将勃海人高开道收集余部，劫掠燕地，军势又振作起来。

当初，隋炀帝准备征伐高丽，把器械军资和粮食贮备都集中在涿郡；涿郡人口众多、物产殷实，有几万军队驻守。另外，涿郡临朔宫里藏有很多珍宝，各地的贼寇纷纷前来抢掠，留守官虎贲郎将赵什住等人没办法抵抗，只有虎贲郎将云阳人罗艺独自出战，前后打败贼兵很多人，罗艺的威名越来越高，赵什住等人暗中嫉妒他。罗艺想要造反，他先大力宣传以鼓动他的部众，说："我们讨贼屡建战功，城中的仓库粮食堆积如山，但控制在留守官手中，不肯发放一些来救济贫苦困乏的百姓，这怎么能够勉励将士？"大家听后都极为愤怒。军队回城，郡丞出城迎接罗艺，罗艺便把郡丞抓起来，列队入城。赵什住等人害怕了，都前来听命，于是打开府库赏赐战士，打开粮仓救济贫苦困乏的百姓，涿郡之内都归服了罗艺。罗艺杀了不同心的勃海太守唐祎等几个人，声威震动燕地，柳城、怀远等郡都归附了罗艺。罗艺罢免了柳城太守杨林甫，改郡为营州，任命襄平太守邓暠为营州总管。罗艺自称幽州总管。

突厥多次侵扰北边，隋炀帝下诏晋阳留守李渊率领太原道的兵马与马邑太守王仁恭反击突厥。当时突厥正强，李渊、王仁恭两支军队总计不满五千，王仁恭很担忧。李渊挑选善于骑射的两千人，让他们装扮成突厥人，饮食起居与突厥人一样，用这个办法接近突厥人，一有机会就攻击突厥人，前后多次告捷，突厥人很害怕。

【原文】

恭皇帝上[①]

义宁元年（丁丑，617）

春，正月，右御卫将军[②]陈稜讨杜伏威，伏威帅众拒之。稜闭壁[③]不战，伏威遗以妇人之服，谓之“陈姥[④]”。稜怒，出战，伏威奋击，大破之，稜仅以身免。伏威乘胜破高邮[⑤]，引兵据历阳，自称总管，以辅公祏为长史，分遣诸将徇[⑥]属县，所至辄下，江淮间小盗争附之。伏威常选敢死之士五千人，谓之“上募”，宠遇甚厚，有攻战，辄令上募先击之，战罢阅视，有伤在背者即杀之，以其退而被击故也。所获资财，皆以赏军。士有战死者，以妻、妾徇葬[⑦]。故人自为战[⑧]，所向无敌。

丙辰[⑨]，窦建德为坛于乐寿[⑩]，自称长乐王，置百官，改元丁丑[⑪]。

辛巳[⑫]，鲁郡[⑬]贼徐圆朗[⑭]攻陷东平，分兵略地，自琅邪[⑮]以西，北至东平[⑯]，尽有之，胜兵二万余人。

卢明月转掠河南，至于淮北，众号四十万，自称无上王；帝命江都通守王世充讨之。世充与战于南阳[⑰]，大破之，斩明月，余众皆散。

二月，壬午[⑱]，朔方[⑲]鹰扬郎将梁师都[⑳]杀郡丞唐世宗，据郡，自称大丞相，北连突厥。

马邑太守王仁恭，多受货赂[㉑]，不能振施。郡人刘武周[㉒]，骁勇喜任侠[㉓]，为鹰扬府校尉[㉔]，仁恭以其土豪，甚亲厚之，令帅亲兵屯阁[㉕]下。武周与仁恭侍儿[㉖]私通，恐事泄，谋作乱，先宣言曰：“今百姓饥馑，僵尸满道，王府君[27]闭仓不赈恤[28]，岂为民父母[29]之意乎！”众皆愤怒。武周称疾卧家，豪杰来候问，武周椎牛[30]纵酒，因大言曰：“壮士岂能坐待沟壑！今仓粟烂积[31]，谁能与我共取之？”豪杰皆许诺。己丑[32]，仁恭坐听事[33]，武周上谒，其党张万岁等随入，升阶，斩仁恭，持其首出徇，郡中无敢动者。于是开仓以赈饥民，驰檄[34]境内属城。皆下之，收兵得万余人。武周自称太守，遣使附于突厥。

李密说翟让曰：“今东都空虚，兵不素练[35]；越王冲幼[36]，留守诸官政令不壹[37]，士民离心。段达、元文都，暗[38]而无谋，以仆料之，彼非将军之敌。若将军能用仆计，天下可指麾而定。”乃遣其党裴叔方觇东都虚实，留守官司觉之，始为守御之备，且驰表[39]告江都。密谓让曰：“事势[40]如此，不可不发。兵法曰：‘先则制于己，后则制于人[41]。’今百姓饥馑，洛口仓多积粟，去都百里有余，将军若亲帅大众，轻行[42]掩袭，彼远未能救，又先无豫备，取之如拾遗[43]耳。比[44]其闻知，吾已获之，发粟以赈穷乏，远近孰不归附！百万之众，一朝可集，枕威养锐[45]，以逸待劳[46]，纵[47]彼能来，吾有备矣。然后檄召[48]四方，引贤豪而资计策，选骁悍[49]而授兵柄[50]，除亡隋之社稷，布[51]将军之政令，岂不盛哉！”让曰：“此英雄之略，非仆所堪[52]；惟君之命[53]，尽力从事，请君先发，仆为后殿。”庚寅[54]，密、让将精兵七千人出阳城[55]北，逾方山[56]，自罗口[57]袭兴洛仓，破之；开仓恣[58]民所取，老弱襁负[59]，道路相属[60]。

朝散大夫[61]时德叡以尉氏[62]应密，前宿城[63]令祖君彦[64]自昌平[65]往归之。君彦，珽之子也，博学强记，文辞赡敏[66]，著名海内，吏部侍郎薛道衡尝荐之于高祖，高祖曰：“是歌杀[67]斛律明月人儿邪？朕不须此辈！”炀帝即位，尤疾其名，依常调[68]选东平书佐[69]，检校[70]宿城令。君彦自负其才，常郁郁思乱，密素闻其名，得之大喜，引为上客，军中书檄[71]，一以委之。

越王侗遣虎贲郎将刘长恭、光禄少卿房崱[72]帅步骑二万[73]五千讨密。时东都人皆以密为饥贼盗米，乌合[74]易破，争来应募，国子三馆[75]学士及贵胜亲戚皆来从军，器械修整[76]，衣服鲜华[77]，旌旗钲鼓甚盛。长恭等当其前，使河南讨捕大使裴仁基等将所部兵自汜水而入以掩其后，约十一日会于仓城[78]南，密、让具知其计。东都兵先至，士卒未朝食[79]，长恭等驱之渡洛水，陈于石子河[80]西，南北十余里。密、让选骁雄[81]，分为十队，令四队伏横岭下以待仁基，以六队陈于石子河东。长恭等见密兵少，轻之。让先接战，不利，密帅麾下横冲之。隋兵饥疲[82]，遂大败，长恭等解衣潜窜[83]得免，奔还东都，士卒死者什五六。越王侗释长恭等罪，慰抚之。密、让尽收其辎重器甲[84]，威声大振。

让于是推密为主，上密号为魏公；庚子[85]，设坛场[86]，即位，称元年，大赦。其文书行下[87]，称行军元帅府；其魏公府置三司[88]、六卫[89]，元帅府置长史以下官属。拜翟让为上柱国[90]、司徒、东郡公，亦置长史以下官，减元帅府之半；以单雄信为左武候大将军，徐世勣为右武候大将军，各领所部；房彦藻为元帅左长史，东郡邴元真为右长史，杨德方为左司马，郑德韬为右司马，祖君彦为记室，其余封拜各有差[91]。于是赵、魏[92]以南，江、淮以北，群盗莫不响应，孟让、郝孝德、王德仁及济阴房献伯、上谷王君廓[93]、长平李士才、淮阳魏六儿、李德谦、谯郡张迁、魏郡李文相、谯郡黑社、白社、济北张青特、上洛周比洮、胡驴贼等皆归密。密悉拜官爵，使各领其众，置百营簿以领之。道路降者不绝如流，众至数十万。乃命其护军[94]田茂广筑洛口城[95]，方四十里而居之，密遣房彦藻将兵东略地[96]，取安陆、汝南、淮安[97]、济阳[98]，河南郡县多陷于密。

雁门郡丞河东陈孝意[99]与虎贲郎将王智辩共讨刘武周，围其桑干镇[100]。壬寅[101]，武周与突厥合兵击智辩，杀之；孝意奔还雁门。三月，丁卯[102]，武周袭破楼烦郡，进取汾阳宫，获隋宫人，以赂突厥始毕可汗；始毕以马报之[103]，兵势益振，又攻陷定襄[104]。突厥立武周为定杨可汗[105]，遗以狼头纛[106]。武周即皇帝位，立妻沮氏为皇后，改元天兴。以卫士杨伏念为尚书左仆射，妹婿同县苑君璋为内史令。武周引兵围雁门，陈孝意悉力[107]拒守，乘间出击武周，屡破之；既而外无救援，遣间使诣江都，皆不报[108]。孝意誓以必死，旦夕向诏敕库[109]俯伏流涕，悲动左右。围城百余日，食尽，校尉张伦杀孝意以降。

梁师都略定雕阴[110]、弘化[111]、延安等郡，遂即皇帝位，国号梁，改元永隆。始毕遗以狼头纛，号为大度毗伽可汗。师都乃引突厥居河南[112]之地，攻破盐川郡[113]。

左翊卫[114]蒲城郭子和坐事徙榆林。会郡中大饥[115]，子和潜结敢死士十八人攻郡门，执郡丞王才，数[116]以不恤[117]百姓，斩之，开仓赈施[118]。自称永乐王，改元丑平。尊其父为太公，以其弟子政为尚书令，子端、子升为左右仆射。有二千余骑，南连梁师都，北附突厥，各遣子为质以自固，始毕以刘武周为定杨天子，梁师都为解事天子[119]，子和为平杨天子[120]；子和固辞不敢当，乃更以为屋利设。

汾阴薛举[121]，侨居[122]金城[123]，骁勇绝伦[124]，家赀钜万，交结豪杰，雄于西边，为金城府校尉[125]。时陇右盗起，金城令郝瑗募兵得数千人，使举将而讨之。夏，四月，癸未[126]，方授甲，置酒飨士[127]，举与其子仁果[128]及同党十三人，于座劫瑗发兵，囚郡县官，开仓赈施。自称西秦霸王，改元秦兴。以仁果为齐公，少子仁越为晋公，招集群盗，掠官牧马。贼帅宗罗睺帅众归之，以为义兴公。将军皇甫绾将兵一万屯枹罕[129]，举选精锐二千人袭之[130]。岷山[131]羌酋钟利俗拥众二万归之，举兵大振。更以仁果为齐王，领东道行军元帅，仁越为晋王，兼河州[132]刺史，罗睺为兴王，以副仁果；分兵略地，取西平[133]、浇河[134]二郡。未几，尽有陇西之地，众至十三万。

李密以孟让为总管、齐郡公，己丑[135]夜，让帅步骑二千入东都外郭[136]，烧掠丰都市[137]，比晓[138]而去。于是东京居民悉迁入宫城[139]，台省府寺[140]皆满。巩义市[141]长柴孝和、监察御史郑颋以城降密，密以孝和为护军，颋为右长史。

裴仁基每破贼得军资，悉以赏士卒，监军御史[142]萧怀静不许，士卒怨之；怀静又屡求仁基长短劾奏之。仓城之战，仁基失期不至，闻刘长恭等败，惧不敢进，屯百花谷[143]，固垒[144]自守，又恐获罪于朝。李密知其狼狈[145]，使人说之，啖以厚利[146]。贾务本之子闰甫在军中，劝仁基降密，仁基曰："如萧御史何？"闰甫曰："萧君如栖[147]上鸡，若不知机变，在明公一刀耳。"仁基从之。遣闰甫诣密请降。密大喜，以闰甫为元帅府司兵参军[148]，兼直[149]记室事，使之复命，遗仁基书，慰纳之[150]，仁基还屯虎牢。萧怀静密表其事，仁基知之，遂杀怀静，帅其众以虎牢降密。密以仁基为上柱国、河东公；仁基子行俨[151]，骁勇善战，密亦以为上柱国、绛郡公。

密得秦叔宝及东阿程咬金[152]，皆用为骠骑[153]。选军中尤骁勇者八千人，分隶四骠骑以自卫，号曰内军，常曰："此八千人足当百万。"咬金后更名知节。罗士信、赵仁基皆帅众归密，密署为总管，使各统所部。

癸巳[154]，密遣裴仁基、孟让帅二万余人袭回洛[155]东仓，破之；遂烧天津桥[156]，纵兵大掠。东都出兵击之，仁基等败走，密自帅众屯回洛仓。东都兵尚二十余万人，乘城击柝[157]，昼夜不解甲。密攻偃师[158]、金墉[159]，皆不克；乙未[160]，还洛口。

东都城内乏粮，而布帛山积[161]，至以绢为汲绠[162]，然[163]布以爨[164]。越王侗使人运回洛仓米入城，遣兵五千屯丰都市，五千屯上春门[165]，五千屯北邙山，为九营，首尾相应，以备密。

丁酉[166]，房献伯陷汝阴[167]，淮阳太守赵陁举郡降密。

己亥[168]，密帅众三万复据回洛仓，大修营堑[169]以逼东都；段达等出兵七万拒之。辛丑[170]，战于仓北，隋兵败走。丁未[171]，密使其幕府移檄[172]郡县，数炀帝十罪，且曰："罄[173]南山之竹，书罪无穷；决[174]东海之波，流恶[175]难尽。"祖君彦之辞也。

越王侗遣太常丞元善达间行[176]贼中，诣江都奏称："李密有众百万，围逼东都，据洛口仓，城内无食。若陛下速还，乌合必散；不然者，东都决没[177]。"因歔欷呜咽，帝为之改容。虞世基进曰："越王年少，此辈诳之。若如所言，善达何缘[178]来至！"帝乃勃然[179]怒曰："善达小人，敢廷辱[180]我！"因使经贼中向东阳[181]催运[182]，善达遂为群盗所杀。是后人人杜口[183]，莫敢以贼闻[184]。

世基容貌沉审[185]，言多合意，特为帝所亲爱，朝臣无与为比；亲党凭之[186]，鬻官卖狱，贿赂公行，其门如市[187]。由是朝野共疾怨之。内史舍人封德彝[188]托附世基，以世基不闲[189]吏务，密为指画[190]，宣行诏命，谄顺帝意，群臣表疏忤旨者，皆屏而不奏。鞫狱[191]用法，多峻文深诋，论功行赏，则抑削就薄。故世基之宠日隆而隋政益坏，皆德彝所为也。

（以上为第四段，写魏公李密兵围东都。）

【注释】

①恭皇帝：隋朝第三代皇帝杨侑，元德太子杨昭之子，隋炀帝之孙。谥法，尊贤让善曰恭。617年11月—618年5月在位。 ②右御卫将军：武官名。隋十二卫将军之一，掌禁兵。 ③闭壁：关闭营垒门。 ④陈姥（mǔ）：陈老太婆。陈稜闭垒不敢出战，怯如老太婆，故用此语以羞辱他。姥，老太太，通"姆"。 ⑤高邮：县名。县治在今江苏高邮市西北。 ⑥徇（xùn）：夺取。 ⑦徇葬：用人或物陪葬。徇，通"殉"，用人从葬。 ⑧人自为战：人人主动奋战。 ⑨丙辰：正月初五日。 ⑩乐寿：县名，县治在今河北献县。 ⑪改元丁丑：义宁元年（617）即丁丑年，窦建德以干支表示年号。 ⑫辛巳：正月三十日。 ⑬鲁郡：郡名。治所瑕丘县，在今山东济宁市兖州区。 ⑭徐圆朗：

兖州人，先参加隋末农民起义，后归唐，官至兖州总管。传见《旧唐书》卷五十五、《新唐书》卷八十六。 ⑮琅邪：郡名。治所临沂县，在今山东临沂县。 ⑯东平：郡名。治所无盐（今山东东平东南）。 ⑰南阳：郡名。治所穰县，在今河南邓州市。 ⑱壬午：二月一日。 ⑲朔方：郡名。治所岩绿县，在今陕西靖边东北。 ⑳梁师都（?—628）：夏州朔方（今陕西靖边东北）人。仕隋为鹰扬郎将，后归唐，又叛。传见《旧唐书》卷五十六、《新唐书》卷八十七。 ㉑货赂：以财货贿赂人。 ㉒刘武周（?— 620）：河间景城（今河北沧州市西景城）人。仕隋为鹰扬府校尉。后叛。传见《旧唐书》卷五十五、《新唐书》卷八十六。 ㉓任侠：抱打不平，使气仗义。 ㉔鹰扬府校尉：武官名。掌鹰扬府兵。鹰扬府，官署名。十二卫下属官署，由骠骑将军府所改。 ㉕閤：大门旁的小门。 ㉖侍儿：侍女。 ㉗王府君：指王仁恭。府君，尊称太守为府君。 ㉘赈恤（xù）：救济。恤，忧念，救济。 ㉙为民父母：古代称郡县地方官为父母官。 ㉚椎（chuí）牛：杀牛。椎，捶击的工具。 ㉛烂积：仓谷长期堆积，以至腐烂变质。 ㉜己丑：二月初八日。 ㉝坐听事：坐在厅里处理政事。 ㉞驰檄：迅速传檄。檄，文书。古代官方文书用木简，长一尺二寸，多做征召、晓喻、申讨等用。若有急事，则插上羽毛，称为羽檄。后泛称这类官文书为檄。 ㉟素练：平时训练。素，平素，往常。 ㊱冲幼：年幼。冲，幼小在位称为冲。 ㊲政令不壹：政令不统一。壹，一致，统一，通“一”。 ㊳暗：昏昧。 ㊴驰表：迅速上表。 ㊵事势：事情的趋势。 ㊶先则制于己，后则制于人：意思是先发制人，后发则为人所制。 ㊷轻行：轻装行进。 ㊸拾遗：拾取他人遗失的东西为己有。遗，丢失，遗失。 ㊹比：及，等到。 ㊺枕威养锐：坐枕威风，养精蓄锐。 ㊻以逸待劳：指作战时养精蓄锐，待敌人疲乏后相机出击。 ㊼纵：即使。 ㊽檄召：用文书召告。 ㊾骁悍：勇猛。骁，勇捷。悍，勇敢。 ㊿兵柄：兵权。柄，器物的把，比喻权力。 51布：发布，行使。 52堪：能承当或忍受。 53惟君之命：绝对服从你的命令。 54庚寅：二月初九日。 55阳城：县名。县治在今河南登封市东南。 56方山：山名。故址在今河南登封市北。 57罗口：地名。故址在今河南巩义市南。 58恣：任意，放纵。 59襁负：用襁褓背负。襁，背负小儿的背带。 60属：接连，跟随。 61朝散大夫：官名。文散官，无职事。 62尉氏：县名。县治在今河南尉氏县。 63宿城：县名。县治在今山东东平县东。 64祖君彦（？—618）：范阳（今北京市）人。北齐尚书仆射祖珽之子。仕隋，官至检校宿城令。后加入李密义军。传见《北齐书》卷三十九、《隋书》卷七十六、《北史》卷四十七、《新唐书》卷八十四。 65昌平：县名。县治在今北京市昌平区东南。 66赡敏：丰富而敏捷。赡，充足，丰富。 67歌杀：谓编歌谣而杀害。歌杀斛律光事详见《资治通鉴》卷一百七十一《陈纪五 · 宣帝太建四年》。 68常调：正常的迁转。 ⑲书佐：官名。州郡皆有书佐，主办文书。 ⑳检校：未得实授的加官称为检校。 ㉑书檄：泛指军中的文书。 ㉒房崱（zè）：人名。 ㉓二万：据张校，“二”当作“三”。 ㉔乌合：仓卒集合之众，如乌鸦忽聚忽散。 ㉕三馆：隋朝以国子、太学、四门为三馆。 ㉖修整：装饰很整齐。 ㉗鲜华：新鲜而华丽。 ㉘仓城：指兴洛仓城。㉙朝食：吃早饭。 ㉚石子河：水名。故址在今河南巩义市境。 ㉛骁雄：勇猛善战的军队。 ㉜饥疲：又饥饿又疲惫。 ㉝解衣潜窜：脱掉武官服，穿上便服，偷偷逃跑。㉞器甲：指器械衣甲。 ㉟庚子：二月十九日。 ㊱坛场：在平坦的土地上，用土筑的高台。古代以坛为祭天神及远祖之所。遇大事如朝会，盟誓、封拜都立坛以表示郑重。㊲文书行下：指对部下所颁发的文书。 ㊳三司：即三公。东汉改大司马为太尉，与司徒、司空并称三公，亦称三司。 ㊴六卫：隋唐武职有十六卫，六卫所指不详。 ㊵上柱国：官名。隋置上柱国、柱国，以赏有功勋之人，并为散官，不理事。而李密所拜上柱国则与此不同，既赏功勋，又开府置僚佐，当是理事的武官。 ㊶差：等差，差别。㊷赵、魏：地区名。指战国时期赵国、魏国旧地，大致包括今山西、河北、河南东部、山东南部与安徽西北部。 ㊸王君廓（？—628）：并州石艾（今山西平定县南）人。先参加隋末农民义军，后归唐，官至左领军大将军。传附《旧唐书·庐江王瑗传》《新唐书》卷九十二。 ㊹护军：武官名。隋诸卫各置护军，以作为将军之副将。 ㊺洛口城：城名。洛水入黄河之口，故址在今河南巩义市东南。 ㊻略地：攻略土地。略，掠夺，占领。 ㊼安陆、汝南、淮安：皆郡名。安陆郡，治所安陆市，在今湖北安陆。汝南郡，治所汝阳县，在今河南汝南县。淮安郡，治所比阳县，在今河南泌阳县。 ㊽济阳：县名。县治在今河南兰考县东北垌阳镇。 ㊾陈孝意（？—617）：河东（今山西永济市西南）人。官至雁门郡丞。传见《隋书》卷七十一、《北史》卷八十五。 ㊿桑干镇：镇名。故址在今山西朔州市朔城区东南。 (101)壬寅：二月二十一日。 (102)丁卯：三月十七日。 (103)报之：回报刘武周。报，报答。 (104)定襄：郡名。治所大利县，在今内蒙古和林格尔县西北。 (105)定杨可汗：据《大唐创业起居注》，刘武周攻占楼烦郡，自称天子，国号定杨。故始毕可汗立他为定杨可汗。定杨就是灭隋的意思。 (106)狼头纛（dào）：绣有狼头的大旗。相传突厥为狼的后裔（即图腾是狼），牙门建狼头纛，以表示承袭狼的机智、狠猛和不忘本。 (107)悉力：全力。悉，尽。 (108)不报：接人书信，或皇帝对臣下奏疏，置之而不答复。 (109)诏敕库：存放诏敕的屋舍。 (110)雕阴：郡名。治所上县，在今陕西绥德县。 (111)弘化：郡名。治所合水县，在今甘肃庆阳。 (112)河南：指河套以南地区。 (113)盐川郡：郡名。治所五原县，在今陕西定边。 (114)左翊卫：官署名。隋十二卫府之一。 (115)大饥：大荒年。饥，五谷不熟，荒年。 (116)数：数落，责备。 (117)恤（xù）：救济，顾惜。

⑱赈施：以财物救济。赈，救济。施，给予。⑲解事天子：精明干练者称为解事，解事天子亦略取此意。⑳平杨天子：平杨为定杨之意。胡注释为“言将使之定扬州”。似以平定杨隋政权为宜。㉑薛举（？—618）：河东汾阴（今山西万荣县西南）人。仕隋为金城府校尉，后叛，自称西秦霸王。传见《旧唐书》卷五十五、《新唐书》卷八十六。㉒侨居：寓居。㉓金城：郡名。治所金城县，在今甘肃兰州市。㉔绝伦：无与伦比。㉕金城府校尉：武官名。掌管金城郡军事的长官。㉖癸未：四月初三日。㉗飨（xiǎng）士：犒赏兵士。㉘仁果（？—618）：薛举长子。传附《旧唐书·薛举传》《新唐书·薛举传》。㉙枹（fú）罕：郡名。治所枹罕县，在今甘肃临夏县西南。㉚袭之：据章校，“之”下应补“遂克枹罕”四字。㉛岷山：山名。故址在今甘肃岷县境。㉜河州：即枹罕郡。枹罕原为河州，隋炀帝改河州为枹罕郡。㉝西平：郡名。治所湟水县，在今青海海东市乐都区。㉞浇河：郡名。治所河津县，在今青海黄河南岸贵德县。㉟己丑：四月初九日。㊱外郭：罗郭，即外城。㊲丰都市：隋东都三市，此为东市。唐以其在洛水南，故叫南市。其内东西南北居两坊之地，一百二十行，三千余店肆。㊳比晓：到天将亮时。㊴宫城：又称紫微城，是皇帝与臣下议事和寝宫所在地，位于郭城西北隅，皇城以北。㊵台省府寺：官署名。皆中央官署。㊶巩义市：县名。县治在今河南巩义市东北。㊷监军御史：官名。以御史监军，故称监军御史。掌监军事。㊸百花谷：山谷名。故址在今河南巩义市东南。㊹固垒：加固堡垒。㊺狼狈：进退两难，为难窘迫。㊻啖以厚利：用厚利来引诱。啖，以利诱人。㊼栖（qī）：栖息的地方，此指鸡窝。㊽司兵参军：武官名。掌参谋军事。㊾直：值班，值勤。此指兼作记室事。㊿慰纳之：指李密接纳了裴仁基的投降，并以书信安慰他。(151)行俨（？—619）：裴仁基子裴行俨。河东（今山西永济市西南）人。先降李密，后降王世充，封为左辅大将军。传附《北史·裴仁基传》。(152)程咬金（？—665）：后改名知节，济州东阿（今山东东阿县西南）人。先参加了李密义军，后降王世充，又归唐。官至左卫大将军。传见《旧唐书》卷六十八、《新唐书》卷九十。(153)骠骑：武官名。此用开皇官制，隋炀帝改为鹰扬郎将。(154)癸巳：四月十三日。(155)回洛：地名。故址在今河南孟津东。隋在此曾建回洛仓。(156)天津桥：桥名。位于东都城内洛水之上。因洛水横贯东都，有河汉之象，故名其桥为天津桥。(157)柝（tuò）：巡夜时所敲的木梆。(158)偃师：县名。县治在今河南偃师东南。(159)金墉：城名。故址在今河南洛阳东北。(160)乙未：四月十五日。(161)山积：堆积如山，形容数量很多。(162)汲绠（gěng）：汲水的绳。绠，汲水器上的绳索。(163)然：“燃”的本字，燃烧。(164)爨（cuàn）：炊，做饭。(165)上春门：隋东都洛阳外郭城东面三门，北面的称上春门，唐改称上东门。(166)丁酉：四月十七日。(167)汝阴：郡名。治所汝

阴县，在今安徽阜阳市。⑯⁸己亥：四月十九日。⑯⁹营堑：军营及周围的沟池。⑰⁰辛丑：四月二十一日。⑰¹丁未：四月二十七日。⑰²移檄：传送檄书。移，传送。⑰³罄（qìng）：器中空。引申为尽、完。⑰⁴决：导引水流。⑰⁵流恶：冲刷罪恶。流，用水冲洗。⑰⁶间行：行动隐秘。⑰⁷决没：肯定失陷。决，绝，完毕。⑰⁸何缘：凭借什么。缘，凭借，因。⑰⁹勃然：发怒变色。⑱⁰廷辱：在朝廷上当面污辱人。⑱¹东阳：郡名。治所金华县，在今浙江金华市。⑱²催运：催促运输粮草。⑱³杜口：闭口不说话。⑱⁴以贼闻：把贼（诬指农民义军）的情况上报朝廷。⑱⁵沉审：深沉而慎重。审，周密，慎重。⑱⁶凭之：凭借隋炀帝对虞世基的亲爱。⑱⁷其门如市：比喻去他家的人众多。⑱⁸封德彝（568—627）：名伦，字德彝，观州蓨（今河北景县）人。历仕隋、唐，官至尚书右仆射，封赵国公。传见《旧唐书》卷六十三、《新唐书》卷一百。⑱⁹不闲：不熟悉。闲，熟练。⑲⁰指画：指点规划。⑲¹鞫狱：审讯囚犯。鞫，审讯，查问。

【译文】

恭皇帝上

隋恭帝义宁元年（丁丑，617）

春季，正月，右御卫将军陈稜讨伐杜伏威，杜伏威率领部众抗击。陈稜紧闭营垒，不肯出战。杜伏威派人送妇人衣服给陈稜，称他为“陈姥”。陈稜被激怒，出营作战，杜伏威率军奋力攻击，大败官军，陈稜仅只身逃脱。杜伏威乘胜攻破高邮，率兵占据历阳，自称总管，任命辅公祏为长史，派出将领分路攻取江都郡所属各县，大军所到之处，城池全都投降，江淮间小股反隋军争相归附杜伏威。杜伏威经常选拔敢死勇士五千人，称之为“上募”，对这支队伍特别宠爱待遇优厚。凡是战斗，就命令“上募”作先锋，战斗结束后逐一检查将士，凡背上有伤的立即处死，认为他是转身后退才被敌人击伤的。所缴获的军资财物，全都用来犒赏战士，战士有战死的，杜伏威就用女人作为死者的妻妾以殉葬。因此这支“上募”军队人人奋勇作战，所向披靡。

正月初五日，窦建德在乐寿县设坛，自称长乐王，设置文武百官，改年号丁丑。

正月三十日，鲁郡反隋军首领徐圆朗攻陷东平，他继续分兵攻占土地，从琅邪以西，北边到东平，全都占有，拥有作战士兵两万余人。

卢明月转移劫掠河南，到达淮北，拥有的部众号称四十万，自称无上王。隋炀帝令江都通守王世充讨伐卢明月。王世充与卢明月在南阳交战，大败卢明月，并杀了卢明月，其他部众四散逃走。

二月初一日，朔方郡鹰扬郎将梁师都杀了郡丞唐世宗，占据郡城，自称大丞相，北边勾结突厥为援。

马邑太守王仁恭收受大量财物贿赂，却不赈济百姓。马邑郡人刘武周非常勇敢，喜欢行侠仗义，担任鹰扬府校尉。王仁恭因为刘武周是本郡豪族，对他格外亲信厚待，让他率领亲兵驻防内宅。刘武周与王仁恭的侍女私通，担心事情败露，就图谋作乱，先扬言说："如今百姓闹饥荒，饿死的尸体满路都是，而王府君却关闭粮仓不肯赈济抚恤，做父母官的怎么能这样呢？"大家听了都非常愤怒。然后刘武周装病躺在家里，当地豪杰都来问候，刘武周便杀牛摆酒宴请他们，放出大话说："壮士怎么可以坐在这里等死！如今仓里堆积的粮食已经腐烂，谁能和我一起去取粮？"在场的豪杰都答应愿意前往。二月初八日，王仁恭正坐在厅堂里办理公事，刘武周上堂谒见，他的党羽张万岁等人随后而入，登上台阶，杀了王仁恭。刘武周拿着王仁恭的首级出来示众，郡内无人敢动。于是，刘武周打开粮仓赈济饥民，向郡属各县发布檄文，各县全都降附，集结兵马一万余人。刘武周自称太守，派遣使者归附突厥。

李密向翟让献计说："如今东都空虚，守城士兵平时缺乏训练，越王杨侗年幼，留守官员政令不能统一，军民离心离德，段达、元文都，昏暗没有谋略，我私下估计，他们不是将军您的对手，如果将军能够用我的计策，天下一挥手就可安定。"于是派遣同党裴叔方侦察东都虚实，被留守东都的官员觉察，开始了防御准备，并且驰马送表到江都报告。李密对翟让说："形势既然这样，不能不发兵攻击。兵法说：'抢先下手主动权控制在自己手中，后动手就会被别人控制。'如今百姓饥饿，洛口仓有很多积粮，距离东都有一百多里，将军如果亲自率领大军，轻装偷袭，敌人因为路远不能及时救援，事先又没有防备，夺取洛口仓如同拾起遗失物一样容易。等到敌人得知消息，我们已经夺取到手。发放粮食救济穷苦百姓，远近的人谁不来归附？百万大军，一个早晨就可集结，依靠这样的军威，可以养精蓄锐，以逸待劳，敌人即使来攻，我军已有防备。然后传檄号召四方，招揽豪杰贤士，听取他们的计策，选拔骁勇强悍的将军，交给他兵权，除掉隋朝的社稷，颁行将军的政令，难道不是壮举吗？"翟让说："这是英雄的伟略，不是我能胜任的。我只能听从你的号令，拼尽全力去办，请你打头阵，我随后进发。"二月初九日，李密、翟让率领精兵七千人，从阳城北边出发，翻过方山，从罗口偷袭兴洛仓，攻占了它。于是，开仓听凭百姓随意取粮，前来取粮的人携老扶幼，沿路络绎不绝。

朝散大夫时德叡献出尉氏县响应李密，原宿城县令祖君彦从昌平前往归附李密。祖君彦，是祖珽的儿子。他博学强记，文章辞藻详赡流利，著称国内。吏部侍郎薛道衡曾经推荐给隋文帝，隋文帝说："他就是用歌谣来杀害了斛律明月那个人的儿子吗？朕不要这种人！"隋炀帝即位，尤其嫉妒祖君彦的名声，按常规把他选调到东平郡做书佐，为宿城县候补县令。祖君彦自认为有才，总是郁郁不得志想要作乱。李密早就听说了他的名声，得到他非常高兴，把他待为上宾，军中书信文告，全都交给祖君彦办理。

越王杨侗命令虎贲郎将刘长恭、光禄少卿房崱率领步骑两万五千人讨伐李密。当时东都人都认为李密是一群抢粮的饥饿盗贼，乌合之众，容易打败，争着应募从军，国子、太学、四门三个馆的学子，以及贵族豪富皇亲国戚也来从军，兵器精良，衣服华美，旌旗满天，钲鼓震响，声势极为盛壮。刘长恭等人率领军队正面攻击，又派出河南讨捕大使裴仁基等率领本部兵马从汜水关进入袭击李密的后背，约定二月十一日在兴洛仓南面会师。李密、翟让打探到了这个计谋。东都官兵先到达兴洛仓，士兵都还没有吃早饭，刘长恭驱赶他们渡过洛水，在石子河西岸布阵，南北十多里。李密、翟让分兵为十队，命令四个队埋伏在横岭山脚拦截裴仁基，其余六个队在石子河东边布阵。刘长恭等看见李密兵少，不放在眼里。翟让打头阵与隋兵交战，不占上风，李密率领部下横冲过去，隋军又饿又疲乏，于是大败。刘长恭等人脱掉官服，躲藏起来逃脱，跑回东都，士兵死亡十之五六。越王杨侗免了刘长恭等人兵败之罪，慰问安抚一番。李密、翟让收缴了隋军的全部辎重兵器，声威大振。

翟让推举李密为全军的首领，尊奉李密为魏公。二月十九日，设置坛场，李密即位，称元年，大赦天下。发布的文告命令，称为行军元帅府。魏公府设置三司、六卫，元帅府设置长史以下的官员。拜授翟让为上柱国、司徒、东郡公，也设置长史以下官职，减人数是元帅府的一半。任命单雄信为左武候大将军，徐世勣为右武候大将军，各自统领原有部众；任命房彦藻为元帅左长史，东郡人邴元真为右长史，杨德方为左司马，郑德韬为右司马，祖君彦为记室，其他的人都有不同等级的封拜。于是赵、魏以南，江、淮以北地区的反隋军全都云集响应，孟让、郝孝德、王德仁以及济阴人房献伯，上谷人王君廓，长平人李士才，淮阳人魏六儿、李德谦，谯郡人张迁，魏郡人李文相，谯郡的黑社、白社，济北人张青特，上洛人周比洮、胡驴贼等都归顺李密。李密对他们全都封官授爵，让他们各自率领原有部众，设置百营簿来统领他们。前来归降的人源源不绝，部众达数十万人。于是，李密命令护军田茂广修筑洛口城，方圆四十里，以供居住。李密派房彦藻率兵往东扩展土地，先后攻占了安陆、汝南、淮安、济阳，黄河以南的郡县大部分被李密控制。

雁门郡丞河东人陈孝意与虎贲郎将王智辩一起讨伐刘武周，包围了刘武周的据点桑干镇。二月二十一日，刘武周与突厥人合兵进攻，斩杀了王智辩；陈孝意逃回雁门。三月十七日，刘武周攻陷楼烦郡，又进兵夺取了汾阳宫，俘获隋朝宫人。这些宫人被作为礼品送给了突厥的始毕可汗。始毕可汗用马匹作为回报，刘武周兵势因此愈发强大，又攻占了定襄。突厥人立刘武周为定杨可汗，送给他狼头大旗。刘武周即皇帝位，立妻沮氏为皇后，改元天兴。任命卫士杨伏念为尚书左仆射，妹夫同县人苑君璋为内史令。刘武周领兵包围雁门，陈孝意全力抵抗防守，伺机出击，几次打败刘武周；以后的战斗因外面没有援兵，陈孝意派密使去江都告急，可是一直没有回音。陈孝意誓死守卫雁门，每日早晚向存放皇帝诏敕的库房跪拜哭泣，悲恸之情感动了左右的人。雁门被包围一百多天，城中粮尽，校尉张伦杀了陈孝意，出城投降。

梁师都攻占了雕阴、弘化、延安等郡，于是即皇帝位，国号梁，改年号为永隆。始毕可汗送给他狼头大旗，号称大度毗伽可汗。梁师都引突厥人入侵河南之地，攻破盐川郡。

左翊卫蒲城人郭子和因事获罪流放榆林。适逢榆林郡闹饥荒，郭子和带领他暗地结交的敢死之士十八人进攻郡门，抓获了郡丞王才，列举他不体恤百姓疾苦的罪状，将他斩首，开仓赈济百姓。郭子和自称永乐王，改年号丑平。尊称父亲为太公，任命弟弟郭子政为尚书令，郭子端、郭子升为左、右仆射。郭子和拥有两千多名骑兵，南面勾结梁师都，北面依附突厥，双方各送一个儿子作为人质以求得联盟稳固。始毕可汗封刘武周为定杨天子，梁师都为解事天子，郭子和为平杨天子，郭子和坚决不接受，于是改封他为屋利设。

汾阴人薛举，侨居金城，骁勇过人，有亿万家财，喜欢结交豪杰之士，称雄于西边，担任金城府校尉。当时陇右盗贼纷纷起事，金城令郝瑗招募了几千士兵，命薛举率领他们前去讨伐盗贼。夏季，四月初三日，给新募士兵发铠甲，金城府摆设酒宴犒劳将士，薛举和他的儿子薛仁果以及同党十三人，在筵席座位上劫持郝瑗，举兵造反，并囚禁其他郡县官吏，开仓赈济百姓。薛举自称西秦霸王，改年号秦兴。封薛仁果为齐公，幼子薛仁越为晋公。薛举招抚集中群盗，抢掠官府牧马。贼兵首领宗罗睺率众归附，被封为义兴公。将军皇甫绾率兵一万屯驻枹罕，薛举挑选精兵两千人袭击他。岷山羌人酋长钟利俗率领部众两万人归附薛举，薛举兵势大振。薛仁果被改封为齐王，兼领东道行军元帅，薛仁越为晋王，兼河州刺史；宗罗睺为兴王，任薛仁果的副将。薛举分兵攻占土地，夺取了西平、浇河二郡。不久，薛举全部占有陇西之地，部众达十三万人。

李密任命孟让为总管，封为齐郡公。四月初九日，夜晚，孟让率领步兵和骑兵两千人，攻入东都外城，焚烧抢掠丰都市区，到天快亮时才离去。于是，东京居民全都迁入宫城，台、省、府、寺都住满了人。巩义市人柴孝和、监察御史郑颋献出城池归降李密，李密任命柴孝和为护军，郑颋为右长史。

裴仁基每次打败敌兵把缴获的军粮物资全部赏赐给士卒。监军御史萧怀静不准许，士卒们对他心怀怨恨；萧怀静又多次搜求裴仁基的过失上奏弹劾他。洛口仓城之战，裴仁基误期没按时赶到，他听说刘长恭等人已败，十分惧怕，不敢进城，屯驻在百花谷，坚壁自守，又害怕被朝廷治罪。李密侦知裴仁基处境狼狈，派人劝说投降，用厚利引诱。贾务本的儿子贾闰甫在裴仁基军中，也劝裴仁基投降。裴仁基说："怎样处置萧怀静御史呢？"贾闰甫说："萧君就像栖止窝里的一只鸡，如果他不懂得随机应变，您一刀就结果了他。"裴仁基听从了，就派贾闰甫到李密军营请求投降。李密非常高兴，任命贾闰甫为元帅府司兵参军，兼任直记室事，派他向裴仁基复命，并送去一封信，安慰招抚，表示接纳裴仁基。裴仁基返回虎牢关镇守。萧怀静暗中上表奏报这件事，裴仁基知道后，于是杀了萧怀静，率领部众献出虎牢关投降了李密。李密任命裴仁基为上柱国、河东公。裴仁基的儿子裴行俨，骁勇善战，李密也任命他为上柱国、绛郡公。

李密得到了秦叔宝和东阿人程咬金，都被任命为骠骑将军。李密挑选军中勇敢过人的士兵八千人，分别隶属于四位骠骑将军，作为自卫队，称为"内军"。他经常说："这八千人能够抵挡百万大军。"程咬金后来改名为程知节。罗士信、赵仁基都率领各自的部众归附李密，李密任命他们为总管，让他们依旧统领各自的原有部众。

四月十三日，李密派遣裴仁基、孟让率领两万人攻击回洛东仓，打下东仓后，放火烧了天津桥，任凭士兵抢掠。东都出兵攻击，裴仁基等败逃，李密亲自率领部众屯驻回洛仓。东都还有二十多万军队，登城击柝加强防守，昼夜都不脱掉铠甲。李密进攻偃师、金墉，都没有攻克。四月十五日，回军洛口。

东都城内缺粮，但布帛却堆积如山，甚至用丝绢作汲水的绳子，用布烧火煮饭。越王杨侗命人把回洛仓的米运入城内，派五千士兵驻守丰都市，五千兵驻守上春门，五千兵驻守北邙山，分为九营，前后呼应，严密防备李密。

四月十七日，房献伯攻下汝阴，淮阳太守赵陁献出郡城投降李密。

四月十九日，李密率领部众三万人又占据回洛仓，大规模修筑营垒壕堑逼近东都。段达等率领七万隋军抵抗。四月二十一日，李密命他的幕府向各郡县发布檄文，宣布隋炀帝十大罪状，说："罄南山之竹，书罪无穷；决东海之波，流恶难尽。"这是祖君彦撰写的文辞。

越王杨侗派遣太常丞元善达穿过李密军的控制区域，到江都向隋炀帝奏报，说："李密拥有部众百万人，包围进逼东都，占据了洛口仓，东都城内已经没有粮食了。如果陛下能迅速返回东都，乌合之众一定四散；否则，东都必定会陷落。"一边说一边呜咽流泪，隋炀帝也显露出忧戚的脸色。虞世基却进言说："越王年纪轻，受了这些人的欺骗。如果真像元善达说的那样，元善达为何能到这里来？"隋炀帝勃然大怒，说："元善达小人，竟敢在朝廷上侮辱我！"于是派元善达经过起义军的控制区回到东阳去催运粮食，元善达终于被起义军所杀。从这以后，人人闭上嘴巴，没有人再把实情向隋炀帝报告。

虞世基外貌深沉稳重，说话投合隋炀帝的心意，特别受到信任宠爱，朝臣没有人能与他相比。虞世基的亲朋党羽依仗他的势力，卖官枉法，公开收受贿赂，他的家门口就像市场一样。因此，朝野上下都痛恨虞世基。内史舍人封德彝依附虞世基，因为虞世基不熟悉官场事务，封德彝暗中替他出谋划策，大造声势执行皇帝的诏命，迎合隋炀帝的心意，群臣表章疏奏违忤旨意，都丢在一边不上奏。审理案件，执法用刑，多引用严厉苛刻的条文，深加诬陷；论功行赏，则极力削减，压到最低标准。因此，隋炀帝对虞世基的宠爱日益隆盛，而隋朝的政治日益败坏，这都是封德彝干的。

【原文】

初，唐公李渊娶于神武肃公窦毅，生四男，建成、世民、玄霸、元吉[①]，一女，适太子千牛备身临汾柴绍[②]。

世民聪明勇决，识量过人，见隋室方乱，阴有安天下之志，倾身[③]下士[④]，散财结客，咸得其欢心。世民娶右骁卫将军长孙晟之女；右勋卫[⑤]长孙顺德[⑥]，晟之族弟也，与右勋侍[⑦]池阳刘弘基[⑧]皆避辽东之役，亡命在晋阳依渊，与世民善。左亲卫[⑨]窦琮[⑩]，炽之孙也，亦亡命在太原，素与世民有隙，每以自疑；世民加意待之，出入卧内，琮意乃安。

晋阳宫监[11]猗氏裴寂[12]，晋阳[13]令武功刘文静[14]，相与同宿，见城上烽火，寂叹曰："贫贱如此，复逢乱离，将何以自存！"文静笑曰："时事可知，吾二人相得，何忧贫贱！"文静见李世民而异之，深自结纳，谓寂曰："此非常人，豁达类汉高[15]，神武同魏祖[16]，年虽少，命世才[17]也。"寂初未然之。

文静坐与李密连昏[18]，系太原狱，世民就省之。文静曰："天下大乱，非高、光[19]之才，不能定也。"世民曰："安知其无，但人不识耳。我来相省，非儿女子之情[20]，欲与君议大事也。计将安出？"文静曰："今主上南巡江、淮，李密围逼东都，群盗殆以万数。当此之际，有真主[21]驱驾而用之，取天下如反掌[22]耳。太原百姓皆避盗入城，文静为令[23]数年，知其豪杰，一旦收拾，可得十万人，尊公所将之兵复且数万,一言出口，谁敢不从！以此乘虚入关，号令天下，不过半年，帝业成矣。"世民笑曰："君言正合吾意。"乃阴部署宾客，渊不之知也。世民恐渊不从，犹豫久之，不敢言。

渊与裴寂有旧，每相与宴语，或连日夜。文静欲因寂关说[24]，乃引寂与世民交。世民出私钱数百万，使龙山[25]令高斌廉与寂博，稍以输之，寂大喜，由是日从世民游，情款益狎[26]。世民乃以其谋告之，寂许诺。

会突厥寇马邑，渊遣高君雅将兵与马邑太守王仁恭并力拒之；仁恭、君雅战不利[27]，渊恐并获罪，甚忧之。世民乘间屏人说渊曰："今主上无道，百姓困穷，晋阳城外皆为战场；大人若守小节，下有寇盗，上有严刑，危亡无日[28]。不若顺民心，兴义兵；转祸为福，此天授之时也。"渊大惊曰："汝安得为此言，吾今执汝以告县官[29]！"因取纸笔，欲为表。世民徐曰[30]："世民观天时[31]人事如此，故敢发言；必欲执告，不敢辞死！"渊曰："吾岂忍告汝，汝慎勿出口！"明日，世民复说渊曰："今盗贼日繁[32]，遍于天下，大人受诏讨贼，贼可尽乎！要之[33]，终不免罪。且世人皆传李氏当应图谶[34]，故李金才无罪，一朝族灭。大人设能[35]尽贼，则功高不赏，身益危矣！唯昨日之言，可以救祸，此万全之策也，愿大人勿疑。"渊乃叹曰："吾一夕思汝言，亦大有理。今日破家亡躯[36]亦由汝，化家为国[37]亦由汝矣！"

先是，裴寂私以晋阳宫人侍渊，渊从寂饮，酒酣，寂从容言曰："二郎[38]阴养士马，欲举大事，正为寂以宫人侍公，恐事觉并诛，为此急计耳。众情已协[39]，公意如何？”渊曰：“吾儿诚有此谋，事已如此，当复奈何，正须从之耳。”

帝[40]以渊与王仁恭不能御寇，遣使者执诣[41]江都，渊大惧，世民与寂等复说渊曰：“今主昏[42]国乱，尽忠无益。偏裨[43]失律[44]，而罪及明公[45]。事已迫矣，宜早定计。且晋阳士马精强，宫监蓄积[46]巨万，以兹举事，何患无成！代王幼冲，关中豪杰并起，未知所附，公若鼓行[47]而西[48]，抚而有之，如探囊[49]中之物耳。奈何受单使[50]之囚，坐取夷灭[51]乎！”渊然之，密部勒[52]，将发；会帝继遣使者驰驿赦渊及仁恭，使复旧任，渊谋亦缓。

渊之为河东讨捕使也，请大理司直[53]夏侯端[54]为副。端，详之孙也，善占候及相人[55]，谓渊曰：“今玉床[56]摇动，帝座[57]不安，参墟得岁[58]，必有真人[59]起于其分，非公而谁乎！主上猜忍，尤忌诸李，金才既死，公不思变通，必为之次矣。”渊心然之。及留守晋阳，鹰扬府司马[60]太原许世绪[61]说渊曰：“公姓在图箓，名应歌谣；握五郡[62]之兵，当四战之地[63]，举事则帝业可成，端居[64]则亡不旋踵；唯公图之。”行军司铠[65]文水武士彟[66]、前太子[67]左勋卫唐宪[68]、宪弟俭[69]皆劝渊举兵。俭说渊曰：“明公北招戎狄，南收豪杰，以取天下，此汤、武之举[70]也。”渊曰：“汤、武非所敢拟[71]，在私则图存，在公则拯乱[72]，卿姑[73]自重，吾将思之。”宪，邕之孙也。时建成、元吉尚在河东，故渊迁延未发。

刘文静谓裴寂曰：“先发制人，后发制于人[74]。何不早劝唐公举兵，而推迁[75]不已！且公为宫监，而以宫人侍客，公死可尔，何误唐公也！”寂甚惧，屡趣[76]渊起兵。渊乃使文静诈为敕书，发太原、西河[77]、雁门、马邑民年二十已上五十已下悉为兵，期岁暮[78]集涿郡，击高丽，由是人情恟恟[79]，思乱者益众。

及刘武周据汾阳宫，世民言于渊曰：“大人为留守，而盗贼窃据离宫，不早建大计[80]，祸今至矣！”渊乃集将佐谓之曰：“武周据汾阳宫，吾辈不能制，罪当族灭，若之何？”王威等皆惧，再拜请计。渊曰：“朝廷用兵，动止[81]皆禀节度。今贼在数百里内，江都在三千里外，加以道路险要，复有他贼据之；以婴城胶柱[82]之兵，当巨猾[83]豕突[84]之势，必不全矣。进退维谷，何为而可？”威等皆曰：“公地[85]兼亲贤[86]，同国休戚[87]，若俟奏报，岂及事机；要在平贼，专之可也。”渊阳若[88]不得已而从之者，曰：“然则[89]先当集兵。”乃命世民与刘文静、长孙顺德、刘弘基等各募兵，远近赴集，旬日间近万人，仍密遣使召建成、元吉于河东，柴绍于长安。

王威、高君雅见兵大集，疑渊有异志，谓武士彟曰：“顺德、弘基皆背征[90]三侍[91]，所犯当死，安得将兵[92]！”欲收按[93]之。士彟曰：“二人皆唐公客，若尔，必大致纷纭。”威等乃止。留守司兵[94]田德平欲劝威等按募人之状[95]，士彟曰：“讨捕之兵，悉隶唐公，威、君雅但寄坐[96]耳，彼何能为！”德平亦止。

晋阳乡长[97]刘世龙[98]密告渊云：“威、君雅欲因晋祠[99]祈雨，为不利。”五月，癸亥[100]夜，渊使世民伏兵于晋阳宫城之外。甲子[101]旦，渊与威、君雅共坐视事，使刘文静引开阳府[102]司马胙城刘政会[103]入立庭中，称有密状。渊目威等取状视之，政会不与，曰：“所告乃副留守事，唯唐公得视之。”渊阳惊曰：“岂有是邪！”视其状，乃云：“威、君雅潜引突厥入寇。”君雅攘袂[104]大诟曰：“此乃反者欲杀我耳。”时世民已布兵塞衢路，文静因与刘弘基、长孙顺德等共执威、君雅系狱。丙寅[105]，突厥数万众寇晋阳，轻骑入外郭北门，出其东门。渊命裴寂等勒兵为备，而悉开诸城门，突厥不能测，莫敢进。众以为威、君雅实召之也，渊于是斩威、君雅以徇。渊部将王康达将千余人出战，皆死，城中恟惧[106]。渊夜遣军潜出城，旦则张旗[107]鸣鼓自他道来，如援军者；突厥终疑之，留城外二日，大掠而去。

炀帝命监门将军[108]泾阳庞玉、虎贲郎将霍世举将关内兵援东都。柴孝和说李密曰：“秦地[109]山川之固，秦、汉所凭以成王业者也。今不若使翟司徒[110]守洛口，裴柱国[111]守回洛，明公自简精锐西袭长安。既克京邑[112]，业固兵强，然后东向以平河、洛[113]，传檄而天下定矣。方今隋失其鹿[114]，豪杰竞逐，不早为之，必有先我者，悔无及矣！”密曰：“此诚上策，吾亦思之久矣。但昏主[115]尚存，从兵[116]犹众，我所部皆山东人，见洛阳未下，谁肯从我西入！诸将出于群盗，留之各竞雌雄，如此，则大业隳矣。”孝和曰：“然则大军既未可西上，仆请间行观衅[117]。”密许之。孝和与数十骑至陕县[118]，山贼归之者万余人。时密兵锋甚锐，每入苑[119]，与隋兵连战。会密为流矢所中，尚卧营中，丁丑[120]，越王侗使段达与庞玉等夜出兵，陈于回洛仓西北。密与裴仁基出战，达等大破之，杀伤太半[121]，密乃弃回洛，奔洛口。庞玉、霍世举军[122]于偃师，柴孝和之众闻密退，各散去。孝和轻骑归密，杨德方、郑德韬皆死。密以郑颋为左司马，荥阳郑乾象为右司马。

李建成、李元吉弃其弟智云[123]于河东而去，吏执智云送长安，杀之。建成、元吉遇柴绍于道，与之偕行[124]。

（以上为第五段，写唐公李渊在其次子李世民推动下策划反隋的过程。）

【注释】

①建成、世民、玄霸、元吉：唐太宗李世民与其三同胞兄弟，李渊窦氏所生的四个儿子。建成（589—626），唐高祖李渊长子，先封为太子，玄武门之变时被杀。传见《旧唐书》卷六十四、《新唐书》卷七十九。玄霸，李渊第三子，早卒，传见《旧唐书》卷六十四、《新唐书》卷七十九。元吉（603—626），李渊第四子，封齐王，玄武门之变时，与李建成同时遇害。传见《旧唐书》卷六十四、《新唐书》卷七十九。 ②柴绍（?—638）：字嗣昌，晋州临汾（今山西临汾市）人。历仕隋、唐，官至左卫大将军。传见《旧唐书》卷五十八、《新唐书》卷九十。 ③倾身：侧身，对人谦虚之意。 ④下士：谦恭对待贤士。 ⑤右勋卫：武官名。掌宿卫。 ⑥长孙顺德：历仕隋、唐，官至左骁卫大将军。传见《旧唐书》卷五十八、《新唐书》卷一百零五。 ⑦右勋侍：武官名。隋炀帝改右勋卫为右勋侍，亦掌宿卫。 ⑧刘弘基（582—650）：雍州池阳（今陕西三原县北）人。历仕隋、唐，官至辅国大将军，封夔国公。传见《旧唐书》卷五十八、《新唐书》卷九十。 ⑨左亲卫：武官名。开皇时置亲、勋、武三卫，此是其一。掌宿卫。 ⑩窦琮（？—622）：历仕隋、唐，官至右领军大将军。传附《旧唐书·窦威传》《新唐书·窦威传》。 ⑪晋阳宫监：官名。隋离宫皆置宫监，总领宫事。 ⑫裴寂（570—629）：字玄真，蒲州桑泉（今山西临猗县）人。历仕隋、唐，官至尚书左仆射。唐开国功臣。传见《旧唐书》卷五十七、《新唐书》卷八十八。 ⑬晋阳：县名。县治在今山西太原市西南。 ⑭刘文静（568—619）：字肇仁，自称彭城人，世居京兆武功（今陕西武功县西北）。历仕隋、唐，官至纳言，封鲁国公。唐开国功臣之一。传见《旧唐书》卷五十七、《新唐书》卷八十八。 ⑮汉高：即汉高祖刘邦。 ⑯魏祖：即魏武帝曹操。 ⑰命世才：著名于世的杰出人才。 ⑱连昏：联姻。昏，通“婚”。 ⑲高、光：高，指汉高祖刘邦；光，指光武帝刘秀。二人为两汉开国皇帝。 ⑳儿女子之情：即儿女情，指男女恋爱或亲人之间的感情。 ㉑真主：封建社会所谓的真命天子。 ㉒反掌：同“反手”，比喻事情轻而易举。 ㉓为令：指做晋阳县令。 ㉔关说（shuì）：通关节以进说辞劝说。关，通关。 ㉕龙

山：胡注说，当时没有龙山县，疑高斌廉在开皇中曾为龙山县令。但赵绍祖《通鉴注商》引温大雅《大唐创业起居注》龙山作“辽山”。据此，“龙山”当改作“辽山”。辽山在今山西太原市附近。 ㉖情款益狎：情谊诚挚融洽。 ㉗仁恭、君雅战不利：按王仁恭于同年二月为刘武周所杀。此当追述往年李渊起兵由来之事。 ㉘无日：无时日，即时间不久，随时。 ㉙县官：朝廷，也专指皇帝。 ㉚徐曰：不紧不慢地说。 ㉛天时：自然运行的时序。 ㉜日繁：一天比一天多。 ㉝要之：如果这样，若是这样下去。 ㉞应图谶：指应“李氏当为天子”的谶言。 ㉟设能：如果能。设，假设。 ㊱亡躯：指被杀身死。 ㊲化家为国：把家变为国，意指夺得天下。 ㊳二郎：李世民为李渊第二子，故称世民为二郎。 ㊴众情已协：大家想法一致。协，相同，相合。 ㊵帝：此指隋炀帝。 ㊶执诣：拘捕并送到。 ㊷主昏：君主昏暗。 ㊸偏裨：偏将与裨将。将佐的通称。 ㊹失律：行军无纪律，假借为行军作战失利之称。 ㊺明公：对李渊的尊称。明，英明。 ㊻蓄积：积蓄。 ㊼鼓行：古代行军，击鼓则进，鸣金则止，因称行进为鼓行。 ㊽而西：指向关中长安进发。 ㊾探囊：伸手到袋中取东西，比喻极容易办到的事。囊，口袋。 ㊿单使：一个使者。 51夷灭：除灭、消灭。 52部勒：部署约束。 53大理司直：官名。隶属大理卿，不署曹事，只管复查御史所检劾之事。 54夏侯端（？—627）：寿州寿春（今安徽寿县）人。历仕隋、唐，官至秘书监。传见《旧唐书》卷一百八十七上、《新唐书》卷一百九十一。 55相人：通过观察人的形貌以占测其命运。 56玉床：天上星座名。据《晋书·天文志》载，紫宫门内有六星，称天床（即玉床）。 57帝座：星座名。在天市垣内，候星西。今属武仙座。 58参墟得岁：参墟，参为晋星，故以晋阳为参墟。得岁，称岁星移居参星之位为得岁。 59真人：谓帝王。 60鹰扬府司马：武官名。在鹰扬府掌军事。 61许世绪：并州（今山西太原市西南）人。历仕隋、唐，官至蔡州刺史。传见《旧唐书》卷五十七、《新唐书》卷八十八。 62五郡：指太原、雁门、马邑、楼烦、西河等五郡。 63四战之地：四面平坦，无险可守，容易受攻击之地。 64端居：平居。 65行军司铠：官名。掌衣甲兵器。 66武士彟：并州文水（今山西文水县东）人。官至工部尚书，封应国公。传见《旧唐书》卷五十八、《新唐书》卷二百零六。 67前太子：指隋文帝长子杨勇。 68唐宪：历仕隋、唐，官至金紫光禄大夫。传附《新唐书·唐俭传》。 69宪弟俭：据《新唐书·唐俭传》作“俭弟宪”。疑此有误。唐俭（579—656），字茂约，并州晋阳（今山西太原市西南）人。官至民部尚书。传见《旧唐书》卷五十八、《新唐书》卷八十九。 70汤、武之举：指商汤灭夏桀、周武王灭商纣王的举动。 71拟：即拟主，自比于君主。 72拯乱：治乱。拯，援救，整治。 73姑：姑且，暂且。 74后发者制于人：

后发者为人所制。发，行动。 ⑮推迁：推故迁延。 ⑯趣（cù）：催促。从速。 ⑰西河：郡名。治所隰城县，在今山西汾阳市。 ⑱期岁暮：以年终为期。岁暮，一年将尽时。 ⑲人情恟恟：人心惶惶。纷扰不安的样子。 ⑳大计：重大的谋划。此指起兵灭隋。 ㉑动止：行动举止。此指军事行动。 ㉒胶柱：鼓瑟的人要转动弦柱，以调节音量的高低，如胶其柱，则音量无法调节。比喻拘泥而不知变通。 ㉓巨猾：大恶人。㉔豕突：豕受惊骇则奔突难制，因用以比喻人的横冲直撞，流窜侵扰。豕，俗名为猪。㉕地：门地，同"门第"。 ㉖亲贤：与隋炀帝有亲戚关系，人品又贤良。 ㉗休戚：喜乐与忧虑。休，喜庆。戚，难过。 ㉘阳若：表面上好像。 ㉙然则：既然如此，那么。㉚背征：违背征兵令，即逃避兵役，指避辽东之役而亡命。 ㉛三侍：隋炀帝改制，把开皇时的亲、勋、武三卫改为亲、勋、武三侍，三侍也皆分左、右。 ㉜将兵：统领军队。㉝收按：收捕而推案其罪。 ㉞留守司兵：武官名。留守僚佐，参谋军事。 ㉟按募人之状：审查招募人的具体情况。 ㊱寄坐：是说王威等无实权，不过寄身在留守座间。㊲乡长：地方基层官员。开皇初，在地方置保长、党长，乡长也是此类地方官，维护地方治安与征收赋税。 ㊳刘世龙：曾改名义节。并州晋阳（今山西太原市西南）人。历仕隋、唐，官至鸿胪卿。传见《旧唐书》卷五十七、《新唐书》卷八十八。 ㊴晋祠：祠名。即晋阳晋王祠，故址在今山西太原市西南悬瓮山下。 ⑽癸亥：五月十四日。 ⑾甲子：五月十五日。 ⑿开阳府：府名。按《新唐书·地理志三》，太原郡有府十八个，此其一。开阳，《新唐书》作"闻阳"。 ⒀刘政会（？—635）：渭州胙城（今河南延津县东北）人。历仕隋、唐，官至刑部尚书，封邢国公。传见《旧唐书》卷五十八、《新唐书》卷九十。⒁攘袂（ráng mèi）：揎袖捋臂，奋起的样子。袂，古代称衣袖为袂。 ⒂丙寅：五月十七日。 ⒃恼惧：震动恐惧。 ⒄张旗：悬挂旗帜。 ⒅监门将军：武官名。隶属监门府，分左、右，掌宫殿门禁及守卫事。 ⒆秦地：指关中地区。习称陕西为秦。 ⒇翟司徒：翟让封为司徒，故称翟司徒。 ⑾裴柱国：裴仁基封为上柱国，故称他为裴柱国。⑿京邑：京都长安。邑，都城。 ⒀河、洛：黄河与洛水。此指两河流域地区。 ⒁隋失其鹿：《史记·淮阴侯列传》说："秦失其鹿，天下共逐之。"后因称天下分裂为失其鹿。此指隋王朝已四分五裂。 ⒂昏主：昏暗的君主。此指隋炀帝。 ⒃从兵：随从的兵士。⒄观衅：看准空隙而欲有所图。衅，嫌隙。 ⒅陕县：县名。县治在今河南三门峡市西。⒆苑：即西苑，在洛阳宫城西。 ⒇丁丑：五月二十八日。 ⑿太半：过半。太，极大，通"大""泰"。 ⑿军：驻扎。 ⑿智云（604—617）：本名稚诠。唐高祖李渊第五子。后追封为楚王。传见《旧唐书》卷六十四、《新唐书》卷七十九。 ⑿偕行：相伴出发。偕，共同，一起。

【译文】

当初，唐公李渊娶了神武肃公窦毅的女儿为妻，生了四个儿子：李建成、李世民、李玄霸、李元吉；一个女儿，嫁给太子千牛备身临汾人柴绍。

李世民聪明、勇敢、果决，见识器量超过一般的人。他看到隋王室正开始混乱，便暗中怀抱安定天下的雄心壮志。他礼贤下士，乐善好施，结交宾客，得到众人的敬仰。李世民娶右骁卫将军长孙晟的女儿为妻。右勋卫长孙顺德，是长孙晟的族弟，他和右勋侍池阳人刘弘基都因躲避辽东征役，逃亡到晋阳投奔了李渊，与李世民交情深厚。左亲卫窦琮是窦炽的孙子，也逃亡在太原，先前与李世民不和，常常疑虑不安。但李世民特意善待他，让他出入自己的卧房，窦琮的心情才安定下来。

晋阳宫监猗氏县人裴寂，和晋阳令武功人刘文静，两人在一起住，看到城上的烽火，裴寂叹息说："我们是这样贫贱，又遇上战乱，骨肉分离，自己靠什么来求生存呢？"刘文静笑道："现在时事可以看得很清楚，只要我们二人投合，何必担忧贫贱！"刘文静看到李世民，非常惊异，就用心和他结交，并对裴寂说："李世民不是一个平常人，他豁然大度就像汉高祖刘邦，神采英武如同魏武帝曹操，年纪虽轻，却是一个时代的杰出人才。"裴寂起初并不这样看。

刘文静因和李密联姻而获罪，被囚禁在太原监狱，李世民去探望他。刘文静说："天下大乱，没有汉高祖、汉光武帝那样的大才，不能安定天下。"李世民说："怎么知道没有那样的人才呢？只是人们不认识罢了。我来看望你，不是儿女情长的感情，是想来和你商议大事的，你有什么好计谋？"刘文静说："如今皇上到南方巡幸江、淮，李密包围逼近东都，反隋的军队有上万支。在这个时候，有一个真正的天下之主出来驱使驾驭这些人，夺取天下易如反掌。太原郡的百姓为了躲避群盗都进了城，刘文静当了几年县令，知道其中的豪杰人士，一旦集结起来，可以得到十万人。你父亲率领的兵马又有几万，一声令下，谁敢不听从？用这些兵力乘虚入关，号令天下，用不了半年，就可以成就帝王之业了。"李世民笑着说："你的话正合我的心意。"于是暗中部署宾客，李渊并不知道。李世民担心李渊不赞同，犹豫了很久，一直没敢说。

李渊和裴寂是老朋友，常常在一起宴饮交谈，有时夜以继日。刘文静想通过裴寂劝说李渊，便引荐裴寂和李世民结交。李世民拿出自己的几百万钱，让龙山令高斌廉与裴寂赌博，一次又一次地输给裴寂，裴寂非常高兴，因此每天与世民在一道游乐，感情越来越亲密。李世民于是把自己的意图告诉裴寂，裴寂答应助一臂之力。

恰好突厥人侵犯马邑，李渊派遣高君雅率兵与马邑太守王仁恭合力抵抗。王仁恭、高君雅与突厥交战失利，李渊害怕被牵连治罪，十分忧虑。李世民乘机屏退左右劝说李渊："如今主上无道，百姓穷困，晋阳城外都成了战场，大人您如果谨守小节，那样就会下有流寇盗贼，上有严刑峻法，您随时都有大祸来临。不如顺应民心，兴兵起义，转祸为福，这是天赐良机啊！"李渊大吃一惊说："你怎么说出这种话，我现在就把你抓起来去报官！"于是拿起纸笔，要写奏表。世民不慌不忙地说："我观察天时人事已是如此，才敢说这样的话。如果一定要把我抓起来告发，我不怕一死！"李渊说："我哪里忍心告发你，你要谨慎，不要胡言乱语！"第二天，李世民又劝李渊说："如今盗贼一天多似一天，遍布天下，大人受诏讨贼，贼众能消灭干净吗？总之，最后还是免不了获罪。况且世人都传言李氏当应验图谶，所以李金才没有任何罪过，却在一天之内被诛灭全族。大人您如果真的把贼众完全剿灭了，那么功劳太高没法赏赐，您自己会更加危险！只有昨天的话可以免除灾祸，这是万全之策，望大人不要疑虑。"李渊叹息说："我一夜都在思考你的话，确实很有道理。今天就是家破人亡也由你，把家变成国也由你了！"

起先，裴寂私自用晋阳的官人侍候李渊，李渊和裴寂一起饮酒，喝到高兴的时候，裴寂从容地说："二郎暗中蓄养兵马，想要起兵办大事，只因我私自让官女侍候你，害怕事情败露株连被杀头，才作出这应急的计划。大家都同心协助，你的心意如何？"李渊说："我的儿子真的有了这个图谋，事情到了这一步，就只好听从了。"

隋炀帝认为李渊与王仁恭抵御突厥不尽力，派使者逮捕送到江都，李渊非常恐惧。李世民与裴寂再次劝说李渊，说："如今主上昏庸，国家动乱，尽忠没有益处，本来是部将违失军律，却要加罪到您身上。事情已经危急了，应当及早拿定主意。况且晋阳兵马精锐强大，宫监积蓄的军资物品价值亿万，拿这些来举办大事，何愁不能成功？代王年幼，关中豪杰纷纷起来造反，不知道依附谁，你要是起兵大张旗鼓向西进兵，招抚他们为自己的部属，如同探囊取物一样容易。怎么去接受一介之使的囚禁，坐等被杀呢？"李渊认为说得对，秘密部署军队，正要起事时，恰好隋炀帝后派的使者赶到，赦免李渊和王仁恭，让他们官复原职，李渊造反的谋划暂缓执行。

李渊任职河东讨捕使的时候，请求大理司直夏侯端做他的副手。夏侯端，是夏侯详的孙子，善于占卜天象和相人的祸福。夏侯端对李渊说："如今玉床星座摇动，帝座星也不安定，岁星进入参宿的位置，一定有真人从参宿的分野兴起，不是您还是谁呢？主上猜忌残忍，尤其猜忌姓李的人，李金才已死在前头，你若不考虑变通，一定是下一个李金才。"李渊很赞同。等到李渊官复晋阳留守时，鹰扬府司马太原人许世绪劝李渊说："您的姓氏在图谶上，名字应验歌谣，手握五个郡的兵马，处在四战之地，造反则帝业可成，稳稳地坐着很快就会灭亡，希望你好好想一想。"行军司铠文水人武士彟、前太子左勋卫唐宪、唐宪弟弟唐俭都劝李渊起兵造反。唐俭劝谏李渊说："明公你北面招抚戎狄，南面收揽豪杰，拿这些来夺取天下，这是成就商汤王、周武王一样的大业啊！"李渊说："我不敢与商汤王、周武王相比，论私是为了生存，论公是为拯救祸乱，你暂且自我珍重，我要认真考虑。"唐宪，是唐邕的孙子。当时李建成、李元吉还在河东，所以李渊一再拖延，没有起兵。

刘文静对裴寂说："先发制人，后发制于人，您为何不早劝唐公起兵，却一直推故拖延呢？况且您身为宫监，竟敢私自用宫女侍候他人，您死也就算了，为何要误唐公呢？"裴寂极为恐惧，多次催促李渊起兵。李渊就让刘文静伪造敕书，征调太原、西河、雁门、马邑等地年在二十岁以上、五十岁以下的人全部从军，约定年底在涿郡集合，去攻打高丽。因此人心扰动，更多的人图谋造反。

等到刘武周占据汾阳宫，李世民对李渊说："大人您担任留守，而盗贼窃据离宫，如果不早定大计，大祸马上就要临头！"李渊于是召集将佐属吏，对他们说："刘武周占据汾阳宫，我们这些人没能制止，罪当灭族，怎么办？"王威等人都很恐惧，一再叩头求问对策。李渊说："朝廷用兵，一举一动都要奏报请求。如今贼众在数百里之内，江都在三千里之外，加上道路险要，又有其他盗贼盘踞，用只够据城自守而动辄受制的军队，来抵抗十分狡诈狂奔乱窜的盗贼，必难保全。我们现在是进退两难，怎么办才好呢？"王威等人都说："您的身份既是皇亲国戚又是显贵贤臣，同国家命运休戚与共，如果等着奏报，怎么可以及时相机行事，只要可以平定盗贼，专擅行事也是可以的。"李渊假装无可奈何听从的样子，说："既然如此就应当先征集军队。"于是让李世民与刘文静、长孙顺德、刘弘基等人各自招募军队。远近的百姓都纷纷像赶集一样汇聚，十天之内募得近一万人。又暗中派人到河东召回李建成、李元吉，到长安去召回柴绍。

王威、高君雅看到军队大规模集中，怀疑李渊要造反，对武士彟说："长孙顺德、刘弘基两人是逃避征辽的三侍官员，犯的是死罪，怎么能带兵？"想把两人逮捕定罪。武士彟说：“两人都是唐公的客人，如果这样做，肯定要引起大的纷争。”王威等这才作罢。留守司兵田德平想劝王威等人调查招募军人的情况，武士彟说：“讨伐搜捕盗贼的军队，全部隶属于唐公，王威、高君雅不过是寄坐在唐公身边，他们有什么能耐？”田德平只好作罢。

晋阳乡长刘世龙密告李渊说：“王威、高君雅想利用到晋祠祷祈求雨的机会，对你下手。”五月十四日夜晚，李渊让李世民在晋阳宫城之外埋伏军队。五月十五日早晨，李渊与王威、高君雅同坐议事，派刘文静带领开阳府司马胙城人刘政会进入站在厅堂上，宣称有机密情况的状子禀报。李渊用眼睛示意王威等去取状子来看，刘政会不给，说：“所要告发的是副留守的事，只有唐公有权看状子。”李渊假装吃惊地说：“岂有这等事？”接过状子来看，然后说：“王威、高君雅暗地勾结突厥人来侵犯。”高君雅挽起袖子举臂大骂说：“这是造反的人想诬陷我。”这时李世民已经在交通要道部署了军队，刘文静就和刘弘基、长孙顺德等人一起把王威、高君雅抓起来投入监狱。五月十七日，几万突厥骑兵入侵晋阳，突厥轻骑从外城北门进入，然后从东门出去。李渊命令裴寂等人部署军队监控防备，而全部大开城门，突厥人不能断定虚实，不敢进城。众将领都认为确实是王威、高君雅招来的，李渊于是杀了王威、高君雅，用他俩的人头示众。李渊部将王康达率领一千多人出战，全部战死，城中震动恐惧。李渊夜里暗中派军队出城，天明大张旗鼓从另一条道路上开来，好像是援军来到一样。突厥始终狐疑不决，在城外停留两天，大肆抢劫一番离去。

隋炀帝命令监门将军泾阳人庞玉、虎贲郎将霍世举带领关内军救援东都。柴孝和劝李密说：“秦地山川险固，秦、汉依靠它建立帝王之业。现在如果派翟司徒防守洛口，裴柱国防守回洛，明公您亲自挑选精锐部队西进袭击长安。京师攻下之后，基业稳固，兵强马壮，然后再挥师东下平定河、洛地区，只要发布一纸文告，天下就会平定。如今隋朝已失其鹿，天下豪杰竞相追逐，您若不早下手，必定有人抢在我们之前，那时后悔就来不及了！”李密说：“这确实是上策，我也考虑好久了。但是昏君还在，听从他号令的军队还很多，我的部下都是华山以东的人，看到洛阳没有攻下，谁肯跟我向西入关？众将领都是群盗出身，留在这里就会互相争斗，这样，大业就完蛋了。”柴孝和说：“既然大军不能西进，我请求从小路去探察实情，寻找机会。”李密同意了。柴孝和与几十名骑兵到了陕县，山区盗贼归附的有一万多人。当时李密军队兵锋甚锐，常常攻入东都西苑与隋兵交战。不巧李密被流箭射中，躺在营中养伤。五月二十八日，越王杨侗派段达和庞玉等人乘夜出兵，在回洛仓西北列阵，李密与裴仁基率兵迎战，段达等人大败李密，杀伤过半。李密只好放弃回洛，逃奔洛口。这时庞玉、霍世举驻屯偃师，柴孝和的部众听到李密败退，纷纷逃散，柴孝和轻骑回到李密军中，杨德方、郑德韬全都战死。李密任命郑颋为左司马，荥阳人郑乾象为右司马。

李建成、李元吉在河东丢下弟弟李智云逃走了，当地官吏捉住李智云送到长安，把他杀死。李建成、李元吉在路上遇到柴绍，和他同行。

【评析】

魏公李密，号称智能之士，兼资文武，自诩平定天下，非己莫属。李密曾经劝说杨玄感解围东都，直接西进关中，东向以争天下，进可攻，退可守，对形势的判断，何其明朗。当他自统大军，又一次屯兵东都坚城之下，却相持不决，不能采纳柴孝和西取关中的策谋，借口部众皆山东之人，不愿入关，识见又何其短视！究其因，杨玄感、李密均过高地估计自己，过低地估计亡隋昏君仍有号召力，于是想急于求成称帝，侥幸破东都以成其事，结果败不旋踵。只因私欲太重，一叶障目，不见泰山，实在可悲。

卷第一百八十四 隋纪八

隋恭帝义宁元年（617）

【起强圉赤奋若（丁丑，617）六月，不满一年】

【大事提要】

本卷载述617年6月至12月，不足一年。当隋炀帝大业十三年之下半年，史又称恭皇帝义宁元年。这一时期，事繁变剧，述史头绪繁多，分为十四段。这是隋王朝崩溃前的垂死挣扎时期，全国烽烟遍地，战争最为激烈。东都争夺是主战场，李密率领瓦岗军围困东都，隋王朝全力救援，隋军云集，四面空虚。于是，河北、江淮，农民起义军窦建德、杜伏威等皆称王，西北梁师都、刘武周、薛举、李轨等形成边塞军阀割据。李渊乘间起兵，夺取了关中，拥立代王杨侑为恭皇帝，为隋唐禅代奠基。

【原文】

恭皇帝下

义宁元年（丁丑，617）

六月，己卯[①]，李建成等至晋阳。

刘文静劝李渊与突厥相结，资[②]其士马以益兵势。渊从之，自为手启[③]，卑辞厚礼[④]，遗始毕可汗云："欲大举义兵[⑤]，远迎主上[⑥]，复与突厥和亲，如开皇之时。若能与我俱南，愿勿侵暴[⑦]百姓；若但和亲，坐受宝货[⑧]，亦唯可汗所择。"始毕得启，谓其大臣曰："隋主为人，我所知也，若迎以来，必害唐公而击我无疑矣。苟[⑨]唐公自为天子，我当不避盛暑[⑩]，以兵马助之。"即命以此意为复书。使者七日而返，将佐皆喜，请从突厥之言，渊不可。裴寂、刘文静皆曰："今义兵虽集而戎马[⑪]殊乏[⑫]，胡兵[⑬]非所须，而马不可失；若复稽回[⑭]，恐其有悔。"渊曰："诸君宜更思其次。"寂等乃请尊天子[⑮]为太上皇，立代王为帝，以安隋室；移檄郡县；

改易旗帜，杂用绛白[16]，以示突厥。渊曰："此可谓'掩耳盗钟[17]'，然逼于时事，不得不尔[18]。"乃许之，遣使以此议告突厥。

西河郡不从渊命，甲申[19]，渊使建成、世民将兵击西河；命太原令太原[20]温大有[21]与之偕行，曰："吾儿年少，以卿参谋军事；事之成败，当以此行卜之[22]。"时军士新集，咸未阅习，建成、世民与之同甘苦，遇敌则以身先之。近道菜果，非买不食，军士有窃之者，辄求其主偿之，亦不诘窃者，军士及民皆感悦[23]。至西河城下，民有欲入城者，皆听其入。郡丞[24]高德儒闭城拒守，己丑[25]，攻拔之。执德儒至军门，世民数之曰："汝指野鸟为鸾，以欺人主，取高官，吾兴义兵，正为诛佞人[26]耳！"遂斩之。自余不戮一人，秋毫无犯[27]，各尉抚[28]使复业，远近闻之大悦。建成等引兵还晋阳，往返凡九日。渊喜曰："以此行兵，虽横行天下可也。"遂定入关之计。

渊开仓以赈贫民，应募者日益多。渊命为三军，分左右，通谓之义士。裴寂等上渊号为大将军，癸巳[29]，建大将军府；以寂为长史，刘文静为司马，唐俭及前长安尉温大雅[30]为记室，大雅仍与弟大有共掌机密，武士彟为铠曹[31]，刘政会及武城崔善为[32]、太原张道源[33]为户曹[34]，晋阳长[35]上邽姜謩[36]为司功参军，太谷长殷开山[37]为府掾[38]，长孙顺德、刘弘基、窦琮及鹰扬郎将高平王长谐、天水姜宝谊[39]、阳屯为左右统军[40]；自余文武，随才授任。又以世子建成为陇西公，左领军大都督，左三统军隶焉；世民为敦煌公，右领军大都督，右三统军隶焉；各置官属。以柴绍为右领军府长史；谘议[41]谯人刘赡领西河通守。道源名河，开山名峤，皆以字行。开山，不害之孙也。

李密复帅众向东都，丙申[42]，大战于平乐园[43]。密左骑、右步[44]，中列强弩，鸣千鼓以冲之，东都兵大败，密复取回洛仓。

突厥遣其柱国康鞘利等送马千匹诣李渊为互市[45]，许发兵送渊入关，多少随所欲。丁酉[46]，渊引见康鞘利等，受可汗书，礼容尽恭，赠遗康鞘利等甚厚。择其马之善者，止市[47]其半；义士[48]请以私钱市其余，渊曰："虏饶马[49]而贪利，其来将不已，恐汝不能市也。吾所以少取者，示贫，且不以为急故也，当为汝贯[50]之，不足为汝费。"

乙巳[51]，灵寿[52]贼帅郗士陵帅众数千降于渊，渊以为镇东将军、燕郡公，仍置镇东府，补僚属，以招抚山东郡县。

己巳[53]，康鞘利北还。渊命刘文静使于突厥以请兵，私谓文静曰："胡骑入中国，生民之大蠹[54]也。吾所以欲得之者，恐刘武周引之共为边患；又，胡马行牧，不费刍粟[55]，聊欲藉之以为声势耳。数百人之外，无所用之。"

秋，七月，炀帝遣江都通守王世充将江、淮劲卒，将军王隆帅邛黄蛮[56]，河北大使[57]太常少卿韦霁[58]、河南大使[59]虎牙郎将王辩等各帅所领同赴东都，相知讨李密。霁，世康之子也。

壬子[60]，李渊以子元吉为太原太守，留守晋阳宫，后事悉以委之。癸丑[61]，渊帅甲士三万发晋阳，立军门誓众[62]，并移檄郡县，谕以尊立代王之意；西突厥阿史那大柰[63]亦帅其众以从。甲寅[64]，遣通议大夫[65]张纶将兵徇稽胡。丙辰[66]，渊至西河，慰劳吏民，赈赡[67]穷乏；民年七十以上，皆除散官[68]，其余豪俊，随才授任，口询功能，手注官秩，一日除千余人；受官皆不取告身[69]，各分渊所书官名而去。渊入雀鼠谷；壬戌[70]，军贾胡堡[71]，去霍邑[72]五十余里。代王侑遣虎牙郎将宋老生帅精兵二万屯霍邑，左武侯大将军屈突通[73]屯河东以拒渊。会积雨[74]，渊不得进，遣府佐沈叔安等将羸兵还太原，更运一月粮。乙丑[75]，张纶克离石[76]，杀太守杨子崇[77]。

刘文静至突厥，见始毕可汗，请兵，且与之约曰："若入长安，民众土地入唐公，金玉缯帛[78]归突厥。"始毕大喜，丙寅[79]，遣其大臣级失特勒先至渊军，告以兵已上道。

（以上为第一段，写李渊起兵，联结突厥，解除了后顾之忧，传檄郡县，大举南进。）

【注释】

①己卯：六月庚辰朔，无己卯。按此干支源于《大唐创业起居注》，当为五月三十日，误记于六月。 ②资：凭借，依托。 ③手启：亲笔写信。启，书信。 ④卑辞厚礼：此时李渊为求助于突厥，向始毕可汗称臣。 ⑤义兵：正义的军队。历代王朝把镇压农民起义的武装也称为义兵。 ⑥主上：指隋炀帝。 ⑦侵暴：侵略与糟蹋。暴，欺侮，糟蹋。 ⑧宝货：珍贵的物品。 ⑨苟：假若，如果。 ⑩盛暑：大热天，最炎热的天气。盛，旺盛。 ⑪戎马：战马、军马。 ⑫殊乏：特别缺乏。殊，极，甚。 ⑬胡兵：指突厥兵。 ⑭稽回：停留。稽，停，留止。 ⑮天子：此天子仍指隋炀帝。 ⑯杂

用绛白：旗帜用绛色，掺杂白色。隋朝崇尚红色，今改用绛色并掺杂白色，以表示不完全是为了隋朝，消除突厥的疑虑。⑰掩耳盗钟：是说盗钟人因盗钟时怕耳朵听到钟声，于是捂上耳朵去偷。比喻自欺而不能欺骗别人。一般习称“掩耳盗铃”。掩，捂着。⑱不尔：不然，不这样。⑲甲申：六月初五日。⑳太原：县名。县治在今山西太原市西南。㉑温大有（？—618）：字彦将，太原祁县（今山西祁县）人。历仕隋、唐，官至中书侍郎。传附《旧唐书·温大雅传》《新唐书·温大雅传》。㉒以此行卜之：把这次进攻西河郡的成败作为估量起兵的结果。卜，估量。㉓感悦：感动，心悦诚服。㉔郡丞：官名。佐助郡太守治理郡政。㉕己丑：六月初十日。㉖佞人：善于花言巧语、阿谀奉承的人。㉗秋毫无犯：不取民一点一滴。常形容行军纪律严明。秋毫，鸟兽之毛，至秋更生，毛细而末端尖锐，称作秋毫。㉘尉抚：安抚。尉，同“慰”。㉙癸巳：六月十四日。㉚温大雅（？—628）：字彦弘，太原祁县（今山西祁县）人。历仕隋、唐，官至礼部尚书，封黎国公。著有《大唐创业起居注》三卷。传见《旧唐书》卷六十一、《新唐书》卷九十一。㉛铠曹：此为李渊开大将军府所置官署，掌兵甲。㉜崔善为：贝州武城（今山东武城县西北）人。历仕隋、唐，官至大理卿。传见《旧唐书》卷一百九十一、《新唐书》卷九十一。㉝张道源（？—624）：太原祁县（今山西祁县）人。仕唐，官至太仆卿。传见《旧唐书》卷一百八十七上、《新唐书》卷一百九十一。㉞户曹：也是李渊大将军官署，掌户口、财税与土地。㉟晋阳长：官名。晋阳县长，掌一县之行政。㊱姜謩（？—627）：秦州上邽（今甘肃天水）人，历仕隋、唐，官至陇州刺史。传见《旧唐书》卷五十九、《新唐书》卷九十一。㊲殷开山（？—623）：名峤，字开山，雍州鄠县（今陕西西安市鄠邑区）人。历仕隋、唐，官至吏部尚书，兼陕东道大行台吏部尚书。传见《旧唐书》卷五十八、《新唐书》卷九十。㊳府掾：官名，佐助大将军治事。㊴姜宝谊：秦州上邽（今甘肃天水）人。传见《新唐书》卷八十八。㊵左右统军：李渊分为三军，各分左右。下文有左三统军、右三统军。㊶谘议：官名。此大将军府谘议参军，咨询谋议军事。㊷丙申：六月十七日。㊸平乐园：地名。由平乐观所改。故址在今河南洛阳市东。㊹左骑、右步：左军为骑兵，右军为步兵。㊺互市：往来贸易。多指中国与周边少数民族物物交换。㊻丁酉：六月十八日。㊼止市：只买。止，只，仅。市，购买。㊽义士：一般指有节操的人。此指李渊的义兵。㊾虏饶马：指突厥游牧族有很多的马。饶，富足，多。㊿贳（shì）：赊欠。51乙巳：六月二十六日。52灵寿：县名。县治在今河北灵寿县西北。53己巳：六月庚辰朔，无己巳。按《大唐创业起居注》卷三己巳作“乙巳”。这里取材于《起居注》，当以“乙巳”为是。乙巳，六月二十六日。54大蠹（dù）：大害。

蠹，蛀虫。 ㊺刍（chú）粟：饲养牲口的草和料。刍，喂牲口的草。 ㊻邛黄蛮：中国古代西南地区的少数民族名。邛，指今四川邛崃一带。 ㊼河北大使：官名。派往河北主持镇压农民义军的临时差遣。 ㊽韦霁：位至太常少卿，封安邑县伯。传附《隋书·韦世康传》《北史·韦孝宽传》。 ㊾河南大使：官名。派往河南主持镇压农民义军的临时差遣。 ㊿壬子：七月初四日。 ⑥①癸丑：七月初五日。 ⑥②誓众：出兵时告诫众将士。⑥③阿史那大柰（？—638）：即史大柰。原突厥人，归隋，历仕隋、唐。官至右武卫大将军。传见《旧唐书·突厥传》下、《新唐书》卷一百一十。 ⑥④甲寅：七月初六日。 ⑥⑤通议大夫：官名。文散官，无职事。 ⑥⑥丙辰：七月初八日。 ⑥⑦赈赡：用财物周济人。⑥⑧散官：官职的一种。有官名而无职事的官，但有品秩和俸禄。隋朝开始定散官之制。⑥⑨告身：委任官职的文凭。 ⑦⓪壬戌：七月十四日。 ⑦①贾胡堡：地名。故址在今山西灵石县西南。 ⑦②霍邑：县名。县治在今山西霍州市。 ⑦③屈突通：据章校，“通”下应补“将骁果数万”五字。 ⑦④积雨：连续下雨。积，多。 ⑦⑤乙丑：七月十七日。 ⑦⑥离石：郡名。治所离石县，在今山西吕梁市离石区。 ⑦⑦杨子崇（？—617）：隋文帝族弟。官至候卫将军。传见《隋书》卷四十三、《北史》卷七十一。 ⑦⑧缯（zēng）帛：丝织物的总称，古代称为帛，汉代称为缯。 ⑦⑨丙寅：七月十八日。

【译文】

恭皇帝下

隋恭帝义宁元年（丁丑，617）

五月三十日，李建成等人到达晋阳。

刘文静劝李渊外联突厥，借用突厥的兵马来壮大自己的声势。李渊赞同，写了一封亲笔信，言辞谦恭，加上厚礼，送给始毕可汗。信中说：“我想大兴正义之师，到远方去迎接皇上，与突厥重新和亲，就如同开皇年间一样。如果可汗能和我一同去南方，希望突厥士兵不要侵暴百姓；如果只是和亲，坐收金银财宝，也由可汗自己选择。”始毕可汗得到这封信，对他的大臣们说：“隋朝皇上的为人，我非常了解，如果把他迎接回来，一定会加害唐公并攻击突厥，这是没有疑问的。假如唐公自己做天子，我突厥不避寒暑，用我们的兵马帮助他。”就按这个意思写了回信。使者第七天回来了，李渊部将都非常高兴，请求李渊听从突厥可汗的意见，李渊不同意。裴寂、刘文静说：“如今正义之师已经集结，但缺少战马，突厥兵不是我们需要的，但战马是不能缺少的。如果拖延回信，恐怕突厥后悔。”李渊说：“诸位再想一想别的办法。”裴寂等人于是请求尊奉隋炀帝为太上皇，立代王杨侑为帝，用来安定隋皇室；传布檄文到各郡县，改换旗帜，杂用红色和白色，按这样回信突厥，示意与隋朝不同。李渊说：“这样可以说是‘掩耳盗钟’，但为形势所逼，不得不这样做。”于是同意这样做，派使者把这个决议通告突厥。

西河郡不服从李渊的命令，六月初五日，李渊派李建成、李世民领兵攻打西河郡，命令太原令太原人温大有随军出征。李渊对温大有说：“我儿子年轻，请你参加谋划军事方略，事情的成败，就拿这次出征的结果作预测。”当时，士兵都是新近招募来的，全都没有经过训练。李建成、李世民与士兵们同甘共苦，遇到敌人就身先士卒，道路两旁的蔬菜瓜果，不是买的不准吃，士兵有偷吃的，一定找到物主给予赔偿，也不责怪偷吃的，士兵及百姓们都十分感激喜悦。大军进抵西河城下，百姓想要进城的，都听任他们进入。西河郡丞高德儒紧闭城门坚守，六月初十日，李建成攻克西河城，把高德儒押到军营门口，李世民责备高德儒说：“你指着野鸟说是凤凰来欺骗人主，获取高官，我们兴义兵，就是为了诛灭像你这样的奸佞之人！”于是将高德儒斩首。其余官员一个不杀，秋毫无犯，派人分头抚慰百姓，让他们各复其业，远近的人听到消息都非常高兴。李建成等人率军回到晋阳，往返一共才九天。李渊高兴地说：“像这样用兵，就是横行天下也是可以的！”于是决定了进兵关中的计划。

李渊大开粮仓赈济贫民，应募当兵的人一天比一天多。李渊下令分部众为三军，三军再分左、右翼，通称为义士。裴寂等人给李渊奉上大将军的尊号。六月十四日，设置大将军府，任命裴寂为长史，刘文静为司马，唐俭和前长安尉温大雅为记室，温大雅于是和他弟弟温大有共同掌管机密，任命武士彟为铠曹，刘政会和武城人崔善为、太原人张道源都为户曹，晋阳长上邽人姜謩为司功参军，太谷长殷开山为府掾，长孙顺德、刘弘基、窦琮以及鹰扬郎将高平人王长谐、天水人姜宝谊、阳屯分别为左、右统军，其余的文武僚佐都按照才能分别授予官职。李渊又封世子李建成为陇西公、左领军大都督，左三统军归他统率；封李世民为敦煌公、右领军大都督，右三统军归他统辖，二人各自设置官府僚属。任命柴绍为右领军府长史，谘议谯县人刘赡任西河通守。张道源名河，殷开山名峤，都以字号行世。殷开山是殷不害的孙子。

李密又率部众攻打东都，六月十七日，与隋军在平乐园大战。李密左边是骑兵，右边是步兵，中间部署强弩，擂动千面战鼓向敌军猛冲，东都隋军大败，李密再次夺回洛仓。

突厥派他们的柱国康鞘利等人送一千匹马到李渊处做交易，并答应派兵送李渊入关，兵马的多少由李渊确定。六月十八日，李渊召见康鞘利等人，接受了可汗的书信，礼仪容止都非常恭敬，送给康鞘利等人的礼物十分丰厚。李渊挑选其中的良马，只买下一半。义士们请求用自己的钱把余下的马都买下来，李渊说："胡人马匹很多，却又十分贪利，他们会不断地送马来，恐怕你们就没有钱再买了。我所以买得很少，是表示贫穷，而且也不是那么急用。我当为你们赊欠下来，用不着你们出钱。"

六月二十六日，灵寿县贼兵首领郗士陵率领部众几千人投降李渊。李渊任命郗士陵为镇东将军、燕郡公，并设置镇东府，补充镇东府僚属，用这样优抚的办法来招抚潼关以东的各个郡县。

己巳日，康鞘利返回北方。李渊派刘文静出使突厥请求出兵，李渊私下告诉刘文静说："胡人骑兵进入中原，是百姓的一大祸害。我之所以要得到突厥的援兵，是怕刘武周勾结他们一起成为边境上的祸害。此外，胡马是野外放牧饲养，不用耗费草料，只不过暂且借突厥人的兵马来壮大声势。只需要几百人，再多的就用不着了。"

秋季，七月，隋炀帝派江都通守王世充率领江淮精锐士兵，将军王隆率领邛地黄蛮，河北讨捕大使太常少卿韦霁、河南讨捕大使虎牙郎将王辩等人各自率领所属部队一同赶赴东都，互相配合讨伐李密。韦霁是韦世康的儿子。

七月初四日，李渊任命儿子李元吉为太原太守，留守晋阳宫，后方事务委托他全权处理。七月初五日，李渊统帅甲士三万人从晋阳出发，在军营门前誓师，并向各郡县发布檄文，晓谕大家尊立代王为帝的主张，西突厥阿史那大柰也率领部众随从。七月初六日，李渊派出通议大夫张纶领兵征讨稽胡。七月初八日，李渊到达西河，慰劳官吏百姓，救济贫民，凡是七十岁以上的老人，都授给散官的头衔，其他的豪杰英才，随个人的才能授给职务。李渊一边询问求职人的功绩才能，一边随手写出授给的官职品秩，一天之内任用了一千多人。得到官职的人都不拿委任状，各自拿着李渊亲手写的官名离去。李渊进入雀鼠谷。七月十四日，驻屯贾胡堡，距离霍邑五十多里。代王杨侑派遣虎牙郎将宋老生率领精兵两万屯守霍邑，左武侯大将军屈突通屯守河东，抵抗李渊。正赶上连天大雨，李渊无法向前推进，派府佐沈叔安等率领老弱兵回到太原，再运一个月的粮食。七月十七日，张纶攻克离石郡，杀了太守杨子崇。

刘文静到达突厥，拜见始毕可汗，请求派兵援助，并且与始毕可汗约定："如果进入长安，民众土地归唐公，金玉丝帛归突厥。”始毕可汗很高兴。七月十八日，始毕可汗派大臣级失特勤提前赶到李渊的军营，通知突厥援兵已经上路。

【原文】

渊以书[①]招李密。密自恃兵强，欲为盟主[②]，使祖君彦复书曰：“与兄派流虽异[③]，根系本同[④]。自唯[⑤]虚薄，为四海英雄共推盟主。所望左提右挈[⑥]，戮力同心，执子婴[⑦]于咸阳，殪商辛[⑧]于牧野[⑨]，岂不盛哉！”且欲使渊以步骑数千自至河内[⑩]，面结盟约。渊得书，笑曰：“密妄自矜大[⑪]，非折简[⑫]可致。吾方有事关中，若遽绝之，乃是更生一敌；不如卑辞推奖[⑬]以骄其志，使为我塞成皋之道[⑭]，缀东都之兵，我得专意西征。俟关中平定，据险养威，徐观鹬蚌之势[⑮]以收渔人之功，未为晚也。”乃使温大雅复书曰：“吾虽庸劣[⑯]，幸承余绪，出为八使[⑰]，入典六屯[⑱]，颠而不扶[⑲]，通贤[⑳]所责。所以大会义兵，和亲北狄[㉑]，共匡天下，志在尊隋。天生蒸民[㉒]，必有司牧[㉓]，当今为牧，非子而谁！老夫年逾知命[㉔]，愿不及此。欣戴[㉕]大弟[㉖]，攀鳞附翼[㉗]，唯弟早膺图箓，以宁兆民！宗盟之长，属籍[㉘]见容，复封于唐，斯荣足矣。殪商辛于牧野，所不忍言；执子婴于咸阳，未敢闻命。汾晋[㉙]左右，尚须安辑；盟津[㉚]之会，未暇卜期[㉛]。”密得书甚喜，以示将佐曰：“唐公见推，天下不足定矣！”自是信使[㉜]往来不绝。

雨久不止，渊军中粮乏；刘文静未返，或传突厥与刘武周乘虚袭晋阳；渊召将佐谋北还。裴寂等皆曰：“宋老生、屈突通连兵据险，未易猝下[㉝]。李密虽云连和，奸谋难测。突厥贪而无信，唯利是视[㉞]。武周，事胡者也。太原一方都会[㉟]，且义兵家属在焉，不如还救根本，更图后举。”李世民曰：“今禾菽被野[㊱]，何忧乏粮！老生轻躁[㊲]，一战可擒。李密顾恋[㊳]仓粟，未遑[㊴]远略[㊵]。武周与突厥外虽相附，内实相猜[㊶]。武周虽远利太原，岂可近忘马邑！本兴大义，奋不顾身以救苍生，当先入咸阳[㊷]，号令天下。今遇小敌，遽已班师，恐从义之徒一朝解体，还守太原一城之地为贼耳，何以自全！”李建成亦以为然。渊不听，促令引发[㊸]。世民将复入谏，会日暮[㊹]，渊已寝；世民不得入，号哭于外，声闻帐中。渊召问之，世民曰：“今兵以义动，进战则克，退还则散；众散于前，敌乘于后[㊺]，死亡无日，何得不悲！”渊乃悟曰：“军已发，奈何？”世民曰：“右军[46]严[47]而未发，左军虽去，计[48]亦未远，请自追之。”渊笑曰：“吾之成败皆在尔[49]，知复何言，唯尔所为。”世民乃与建成[50]夜追左军复还。丙子[51]，太原运粮亦至。

（以上为第二段，写李渊用计联结李密，仍畏首畏尾，李世民挺身而出，坚定了李渊的信心。）

【注释】

①书：书函，书信。 ②盟主：据章校，“主”下应补“己巳”二字。 ③派流虽异：李渊为李虎之孙，李密是李弼后裔，二人出身不同，即所谓异派。 ④根系本同：李弼的祖先，本辽东襄平人。李虎的祖先，本陇西成纪人。所谓根系，是说二人同为李姓。⑤自唯：胡三省注，“唯”当作“惟”，思。 ⑥左提右挈：相互扶持。 ⑦子婴：秦代最后一位君主。刘邦进攻咸阳，子婴出城投降。 ⑧殪商辛：杀死商辛。商辛，即商纣王。周武王伐纣，他兵败自焚而死。 ⑨牧野：地名。故址在今河南淇县南。 ⑩河内：郡名。治所野王县，在今河南沁阳市。 ⑪妄自矜大：狂妄自大。矜，骄傲。 ⑫折简：古人以竹简作书，简长二尺四寸，短者为其一半。折简，折半之简，言其轻薄、随便。⑬推奖：推崇鼓励。 ⑭塞成皋之道：成皋在今河南荥阳市汜水镇。此句是指断绝在江都的隋炀帝信使。 ⑮鹬（yù）蚌之势：即鹬蚌相持之势。 ⑯庸劣：平凡低劣。 ⑰八使：汉顺帝曾派遣八使巡察地方。此泛指临时差遣的使节。李渊为河东讨捕使，故称为八使。 ⑱六屯：隋制为六军十二卫，掌宿卫。李渊曾为右骁卫将军，故称入典六屯。⑲颠而不扶：人跌倒而不去扶。颠，倒，仆。 ⑳通贤：犹言大贤。 ㉑北狄：此指突厥。 ㉒蒸民：众民，百姓。 ㉓司牧：治理百姓的官吏。 ㉔年逾知命：《论语》中有“五十而知天命”。此指年龄已超过五十岁。 ㉕欣戴：乐于拥护。欣，喜悦。 ㉖大弟：对年轻同辈的亲近称呼。 ㉗攀鳞附翼：比喻依附帝王以立功业。 ㉘属籍：宗属之籍。李渊与李密同为李姓，故自称为同宗。 ㉙汾晋：地区名。指今山西太原周围地区。㉚盟津：地名。在今河南孟津南。周武王伐纣，曾在这里大会诸侯。 ㉛卜期：预测日期。古代迷信，常以占卜的方法预测吉凶，选定吉日。 ㉜信使：古称使者为信，也叫信使。 ㉝未易猝下：不能轻易一举攻下。猝，突然。 ㉞唯利是视：只看到有利就干。㉟一方：一方面。都会：大城市。 ㊱禾菽：粮食。禾，泛指谷类。菽，泛指豆类。被（pī）野：满地。被，盖着。 ㊲轻躁：轻佻急躁。 ㊳顾恋：眷念，留恋。 ㊴未遑：未及。遑，来得及。 ㊵远略：长远的打算。 ㊶相猜：相互猜忌。 ㊷咸阳：地名。原是秦朝都城，此用咸阳借喻隋都长安。 ㊸引发：领队出发。 ㊹日暮：日落时，傍

晚。㊺乘于后：利用后退的机会进行袭击。乘，利用，趁机。㊻右军：古代作战分为三军，称中军、左军、右军。㊼严：穿戴装束，指戎装整严，处于戒备状态。㊽计：计算，估计。㊾尔：你。㊿建成：据章校，“成”下应补“分道”二字。51丙子：七月二十八日。

【译文】

李渊写信招抚李密，李密自恃兵力强盛，想当盟主。他让祖君彦回信说：“我和兄长虽然支派不同，但都是李姓同宗，我虽然觉得自己势单力薄，却蒙天下英雄共同推举为盟主。希望你提携辅助，同心协力，完成在咸阳活捉子婴、在牧野杀死商辛这样的大业，这难道不是壮举吗？”并且李密还想要李渊亲自率领几千步骑到河内郡，当面缔结盟约。李渊接到回信，笑着说：“李密狂妄自大，不是一封信就可以招来的，我正要进兵关中，如果立即断绝和他的来往，就又树了一个强敌；不如用谦恭的言辞给他戴高帽子，使他更加骄傲，替我挡住成皋的道路，牵制东都的军队，使我们能够专心一意地西征。等关中平定以后，我们据守险要，养精蓄锐，静观鹬蚌相争，坐收渔人之利，也为时不晚。”于是，李渊让温大雅回信说：“我虽然平庸愚劣，却很幸运继承了祖宗的遗业，出朝为巡行天下的使者，入朝掌管六军。国家颠危若不出来扶持，就会受到通达贤人的责备。因此，我大规模出动正义之师，北边与突厥和亲，共同匡正天下，志在尊奉隋朝。上天降生了众多的民众，一定会安置管理的官吏，当今谁能主宰万民，非你莫属！老夫我已经过了五十岁，没有了主宰人民的心意。我十分高兴拥戴老弟，攀龙附凤，希望老弟早日应验图谶，也好安定天下万民。你是宗族的盟长，能容纳我们这一支同宗，又封我在唐地，这样的殊荣足够了。在牧野杀死商辛，我不忍心说这样的话；在咸阳活捉子婴，我不敢接受这样的命令。汾晋一带，必须我去安抚，到盟津会盟，我还定不下日期。”李密得到回信非常高兴，他拿给部将们看，说：“唐公拥护我，天下就很容易平定。”从此双方信使往来不断。

雨下了好几天还不停止，李渊大军缺粮，刘文静还没有回来，有传言说突厥与刘武周趁空虚袭击晋阳。李渊召集部将商量返回北方。裴寂等人都说：“宋老生、屈突通两军联合据守险要，不容易很快攻下，李密虽然说和我们联合，他的阴谋诡计很难预测。突厥人贪婪而无信义，唯利是图。刘武周，是向突厥称臣的人，太原是一个地区的都会，况且又是义军家属居住的地方，不如回去救援根本的地方，改日再做以后的打算。”李世民说：“现今禾谷豆子遍地都是，还愁没粮食吗？宋老生轻狂急躁，一战就可抓获，李密留恋粮仓，还考虑不到长远打算，刘武周和突厥表面上互相依附，骨子里互相猜疑。刘武周虽然追求远利去进攻太原，但岂能忘记附近的马邑。我们原来是兴举大义，奋不顾身拯救天下百姓，应当抢先进入咸阳，号令天下。如今遇上小小敌人，就立即班师，恐怕跟随起义的人一旦散离，我们只能回去守住太原一座孤城当贼了，怎么能保全自己呢？”李建成也认为是这个理。李渊不听，催促军队出发。李世民将要进入李渊营帐劝阻，当时已经天黑，李渊睡下了。李世民进不了营帐，就在营门外大声哭喊，哭声传进了帐中，李渊召进李世民问话，李世民说：“如今大军为了大义而出动，前进攻战必胜，后退就要离散，如果部众在前面溃散，敌人趁机在后追击，死期就在眼前，怎么不伤心？”李渊立即醒悟过来，说：“军队已经出发了，怎么办？”李世民说：“右路军严阵以待还没出发，左路军虽然出发，估计还没有走多远，我请求亲自去追回来。”李渊笑着说：“我的成败全靠你了，知道了不必再说什么，随你去做吧！”李世民于是与李建成连夜追左路军回来。七月二十八日，太原运送的粮食也到了。

【原文】

武威[①]鹰扬府司马[②]李轨[③]，家富，好任侠；薛举作乱于金城，轨与同郡曹珍、关谨、梁硕、李赟、安修仁等谋曰：“薛举必来侵暴，郡官庸怯，势不能御，吾辈岂可束手并妻孥[④]为人所虏邪！不若相与并力拒之，保据河右[⑤]以待天下之变。”众皆以为然，欲推一人为主，各相让，莫肯当。曹珍曰：“久闻图谶李氏当王；今轨在谋中，乃天命也。”遂相与拜轨，奉以为主。丙辰[⑥]，轨令修仁集诸胡，轨结民间豪杰，共起兵，执虎贲郎将谢统师、郡丞韦士政。轨自称河西大凉王，置官属并拟开皇故事[⑦]。关谨等欲尽杀隋官，分其家赀，轨曰：“诸人既逼以为主，当禀[⑧]其号令。今兴义兵以救生民，乃杀人取货，此群盗耳，将何以济[⑨]！”于是以统师为太仆卿，士政为太府卿[⑩]。西突厥阙度设据会宁川[⑪]，自称阙可汗，请降于轨。

薛举自称秦帝[⑫]，立其妻鞠氏为皇后，子仁果为皇太子。遣仁果将兵围天水[⑬]，克之，举自金城徙都之[⑭]。仁果多力，善骑射，军中号万人敌[⑮]；然性贪而好杀。尝获庾信子立[⑯]，怒其不降，磔于火上[⑰]，稍割以啖军士。及克天水，悉召富人，倒悬之，以醋灌鼻，责[⑱]其金宝。举每戒之曰："汝之才略足以办事，然苛虐[19]无恩，终当覆我国家。"

举遣晋王仁越将兵趋剑口[20]，至河池郡[21]，太守萧瑀拒却之。又遣其将常仲兴济河击李轨，与轨将李赟战于昌松[22]，仲兴举军败没。轨欲纵遣之，赟曰："力战获俘，复纵以资敌，将焉用之！不如尽坑之。"轨曰："天若祚[23]我，当擒其主，此属[24]终为我有；若其无成，留之何益！"乃纵之。未几，攻张掖、敦煌[25]、西平、枹罕，皆克之，尽有河西五郡之地。

（以上为第三段，写李轨、薛举乘乱分别割据河西、陇右之地。）

【注释】

①武威：郡名。治所姑臧县，在今甘肃武威市。 ②鹰扬府司马：官名。各郡置鹰扬府，有郎将、副郎将、长史、司马。司马掌军事。 ③李轨（？—619）：字处则，武威姑臧（今甘肃武威）人。原仕隋，后叛，自称河西大凉王。为李渊所灭。传见《旧唐书》卷五十五、《新唐书》卷八十六。 ④妻孥（nú）：妻子儿女。 ⑤河右：即河西。指黄河以西地区，相当于今宁夏回族自治区与甘肃一带。 ⑥丙辰：七月己酉朔，丙辰当是七月八日，不当在丙子之后，疑误。 ⑦拟：仿效，类似。开皇故事：隋文帝开皇年间的典章制度。故事，先例，旧日的典章制度。 ⑧禀：承受。 ⑨济：成事。 ⑩太府卿：官名。太府寺长官，掌左右库藏及尚方、司染、甄官等署。 ⑪会宁川：地名。故址在今甘肃永登县东南。 ⑫秦帝：薛举原自称西秦霸王，改元秦兴，今称尊号，故称秦帝。 ⑬天水：郡名。治所上邽县，在今甘肃天水市西南。 ⑭徙都之：都城由金城郡迁往天水郡。徙，迁移。 ⑮万人敌：一人可敌万人，极言其勇武过人。 ⑯立：庾立（？—617），嗣父爵为义城县侯。传附《北史·庾信传》。 ⑰磔（zhé）于火上：剁成肉块，扔进火中。磔，剁。 ⑱责：求，索取。 ⑲苛虐：苛刻暴虐。 ⑳剑口：地名。即剑门关口。故址在今四川剑阁县东北剑门关。 ㉑河池郡：郡名。治所梁泉县，在今陕西凤县东北凤州镇。 ㉒昌松：县名。县治在今甘肃武威市东南。 ㉓祚：福，赐福。指赐以皇位。 ㉔此属：此辈，这些人。 ㉕敦煌：郡名。治所敦煌市，在今甘肃敦煌市西。

【译文】

武威鹰扬府司马李轨，家中富有，喜欢行侠仗义。薛举在金城作乱，李轨和同郡人曹珍、关谨、梁硕、李赟、安修仁等商量说："薛举一定会前来侵犯施暴，郡官昏庸胆小，肯定不能抵御，我们难道自缚双手连同妻子儿女一起被人俘虏吗？不如大家同心协力共同抵抗，占据保卫河西以等待天下的变化。"大家都认为是这个理。众人想推选一个人为首领，可是互相推让，没有人肯当首领。曹珍说："我长久以来听到图谶上说李氏应当为王，今天李轨也参加了我们的谋划，这是天命。"于是大家一起参拜李轨，推举他为首领。七月初八日，李轨命令安修仁召集各部落胡人，聚结民间豪杰，共同起兵，抓捕了虎贲郎将谢统师，郡丞韦士政。李轨自称河西大凉王，建置官府僚属，按照开皇年间的制度办理。关谨等人想把隋朝官吏杀光，瓜分他们的家财。李轨说："各位既然逼我为王，就应当听从我的号令，如今我们是兴起正义之师用来拯救黎民百姓，如果杀人取货，这就是一群强盗，我们如何能成功？"于是，李轨任命谢统师为太仆卿，韦士政为太府卿。西突厥的阙度设占据会宁川，自称阙可汗，请求投降李轨。

薛举自称大秦皇帝，册立妻子为皇后，儿子薛仁果为皇太子。薛举派薛仁果领兵包围天水，当攻下天水后，薛举从金城迁都天水。薛仁果力气大，善于骑马射箭，军中称他为万人敌。但是，薛仁果生性贪婪，喜欢杀人。薛仁果曾经抓获庾信的儿子庾立，他愤怒庾立不向自己投降，就把庾立剁成肉块投在火中烧烤，再割成碎片让士兵们吃。当攻下天水的时候，薛仁果集中了全部富人，把他们倒吊起来，用醋灌鼻，索取金银财宝。薛举常常训诫他说："你的才干谋略可以办成大事，但你苛刻残暴，对人无恩，最终要倾覆我的国家。"

薛举派晋王薛仁越率领军队直逼剑口，到达河池郡时，河池太守萧瑀出兵抵抗，把薛仁越打退。薛举又派部将常仲兴渡过黄河进击李轨，与李轨的部将李赟在昌松交战，常仲兴全军覆没。李轨要把俘虏全部释放，李赟说："我们奋力作战才抓到俘虏，又放他们回去增强敌军实力，为什么这样做呢？不如全部活埋。"李轨说："上天如果赐福给我，就应当活捉他们的首领，这些人终归还是为我所有。如果事情不能成功，留下他们又有什么好处？"于是将俘虏全部释放。不久，李轨进攻张掖、敦煌、西平、枹罕，全部攻克，占据了全部河西五郡之地。

【原文】

炀帝诏左御卫大将军涿郡留守薛世雄将燕地精兵三万讨李密，命王世充等诸将皆受世雄节度，所过盗贼，随便诛翦[①]。世雄行至河间，军于七里井[②]，窦建德士众惶惧，悉拔诸城南遁，声言还入豆子䴚。世雄以为畏己，不复设备[③]，建德谋还袭之。其处去世雄营百四十里，建德帅敢死士二百八十人先行，令余众续发[④]，建德与其士众约曰："夜至，则击其营；

已明，则降之。”未至一里所，天欲明，建德惶惑议降；会天大雾，人咫尺[⑤]不相辨，建德喜曰：“天赞[⑥]我也！”遂突入其营击之，世雄士卒大乱，皆腾栅[⑦]走。世雄不能禁，与左右数十骑遁归[⑧]涿郡，惭恚[⑨]发病卒。建德遂围河间。

（以上为第四段，写隋炀帝身在江都，仍在遥控军事。涿郡薛世雄兵败，隋朝河北军事力量枯竭。）

【注释】

①诛翦：杀戮翦灭。翦，同“剪”。 ②七里井：地名。故址在今河北河间市南近郊。 ③设备：设军备以制敌。 ④续发：继续先行部队出发。 ⑤咫（zhǐ）尺：一咫为八寸。咫尺比喻距离很近。 ⑥赞：助。 ⑦腾栅：翻过木栅。腾，跳跃。 ⑧遁归：逃回。遁，逃走。 ⑨惭恚（huì）：羞愧而怨恨。恚，发怒，怨恨。

【译文】

隋炀帝下诏，命令左御卫大将军涿郡留守薛世雄率领燕地三万精兵讨伐李密，又命令王世充等将领都受薛世雄指挥，沿途遇见盗贼，可以随时诛杀。薛世雄前进到河间，驻扎在七里井。窦建德部众惊惶恐惧，放弃所占领的城池，向南逃走，声称要回豆子䴚。薛世雄认为窦建德是害怕自己，不再戒备。窦建德密谋回军袭击。窦建德军队的驻地距薛世雄的军营只有一百四十里，窦建德率领敢死队二百八十人先出发，命令其余的人随后陆续出发，并与士兵约定：“如果夜晚到达，就进攻薛营；如果到达时天已经大亮，就向薛世雄投降。”当大军走到距离薛营一里处，天就要亮了，窦建德惶惑不安，和大家商议是否投降；正巧天降大雾，人相距咫尺就看不清，都无法辨认。窦建德非常高兴地说：“这是老天爷帮助我啊！”于是率军突然袭击薛世雄军营，薛世雄士卒大乱，全都翻越营寨逃走。薛世雄无法制止，只好与左右几十名骑兵逃回涿郡。薛世雄惭愧愤恨，发病而死。窦建德于是包围河间。

【原文】

八月，己卯[①]，雨霁[②]。庚辰[③]，李渊命军中曝[④]铠仗[⑤]行装。辛巳[⑥]旦，东南由山足细道[⑦]趣霍邑。渊恐宋老生不出，李建成、李世民曰：“老生勇而无谋，以轻骑挑之[⑧]，理无不出；脱[⑨]其固守，则诬以贰[⑩]于我。彼恐为左右所奏，安敢不出！”渊曰：“汝测之善，老生不能逆战贾胡[11]，吾知其无能为也！”渊与数百骑先至霍邑城东数里以待步兵，使建成、世民将数十骑至城下，举鞭指麾[12]，若将围城之状，且诟之。老生怒，引兵三万自东门、南门分道而出，渊使殷开山趣召后军。后军至，渊欲使军士先食而战，世民曰：“时不可失。”渊乃与建成陈于城东，世民陈于城南。渊、建成战小却[13]，世民与军头[14]临淄段志玄[15]自南原引兵驰下，冲老生陈，出其背，世民手杀数十人，两刀皆缺，流血满袖，洒之[16]复战。渊兵复振，因传呼曰：“已获老生矣！”老生兵大败，渊兵先趣其门，门闭，老生下马投堑[17]，刘弘基就斩之，僵尸[18]数里。日已暮，渊即命登城，时无攻具，将士肉薄[19]而登，遂克之。

渊赏霍邑之功，军吏疑奴应募者不得与良人[20]同，渊曰：“矢石[21]之间，不辨贵贱，论勋之际，何有等差，宜并从本勋授。”壬午[22]，渊引见霍邑吏民，劳赏如[23]西河，选其丁壮使从军；关中军士欲归者，并授五品散官[24]，遣归。或谏以官太滥，渊曰：“隋氏吝惜勋赏，此所以失人心也，奈何效之！且收众以官，不胜于用兵乎！”

丙戌[25]，渊入临汾郡[26]，慰抚如霍邑。庚寅[27]，宿鼓山[28]。绛郡[29]通守陈叔达[30]拒守；辛卯[31]，进攻，克之。叔达，陈高宗之子，有才学，渊礼而用之。

癸巳[32]，渊至龙门[33]，刘文静、康鞘利以突厥兵五百人、马二千匹来至。渊喜其来缓，谓文静曰：“吾西行及河，突厥始至，兵少马多，皆君将命之功也。”

汾阳[34]薛大鼎[35]说渊：“请勿攻河东，自龙门直济河，据永丰仓，传檄远近，关中可坐取也。”渊将从之。诸将请先攻河东，乃以大鼎为大将军府察非掾[36]。

河东县[37]户曹任瓌[38]说渊曰：“关中豪杰皆企踵[39]以待义兵。瓌在冯翊[40]积年[41]，知其豪杰，请往谕之，必从风而靡。义师自梁山[42]济河，指韩城[43]，逼郃阳[44]。萧造文吏，必当望尘请服。孙华之徒，皆当远迎，然后鼓行而进，直据永丰[45]，虽未得长安，关中固已定矣。”渊悦，以瓌为银青光禄大夫。

时关中群盗，孙华最强；丙申[46]，渊至汾阴，以书招之。己亥[47]，渊进军壶口[48]，河滨之民献舟者日以百数，仍置水军。壬寅[49]，孙华自郃阳轻骑渡河见渊。渊握手与坐，慰奖之，以华为左光禄大夫、武乡县[50]公，领冯翊太守，其徒有功者，委华以次授官，赏赐甚厚。使之先济[51]；继遣左、右统军王长谐、刘弘基及左领军长史陈演寿、金紫光禄大夫史大奈将步骑六千自梁山济，营[52]于河西[53]以待大军。以任瓌为招慰大使，瓌说韩城，下之。渊谓长谐曰："屈突通精兵不少，相去五十余里，不敢来战，足明其众不为之用。然通畏罪，不敢不出。若自济河击卿等，则我进攻河东，必不能守；若全军守城，则卿等绝其河梁[54]：前扼其喉，后拊其背[55]，彼不走必为擒矣。"

（以上为第五段，写李渊克霍邑，下临汾，渡龙门，进兵关中，一路势如破竹。）

【注释】

①己卯：八月初一日。 ②霁（jì）：雨停。 ③庚辰：八月初二日。 ④曝（pù）：日晒。曝，本作"暴"，后人加"日"旁。 ⑤铠仗：铠甲与兵器。 ⑥辛巳：八月初三日。 ⑦细道：小路。细，小。 ⑧挑之：挑战宋老生。 ⑨脱：如果，假如。 ⑩贰：两属，脚踏两只船。 ⑪贾胡：指贾胡堡。李渊曾于此地驻军。 ⑫指麾：本指手的动作，引申为发令调遣。麾，指挥，招手，同"挥"。 ⑬小却：稍微且退。却，退。 ⑭军头：武官名，一军之长。 ⑮段志玄（？—642）：齐州临淄（今山东淄博市东北）人。官至右卫大将军，封樊国公。传见《旧唐书》卷六十八、《新唐书》卷八十九。 ⑯洒之：把衣袖的血抖落。 ⑰投堑：跳进护城河。堑，壕沟，护城河。 ⑱僵尸：倒毙的尸体。僵，死。 ⑲肉薄：即肉搏。两军相近，用短兵或徒手搏斗。 ⑳良人：平民，良家子。 ㉑矢石：箭与石。古代作战，发矢抛石以打击敌人。矢，箭。 ㉒壬午：八月初四日。 ㉓如：比照。 ㉔五品散官：隋炀帝置散官九大夫，朝请大夫为正五品，朝散大夫为从五品。 ㉕丙戌：八月初八日。 ㉖临汾郡：郡名。治所临汾县，在今山西临汾市南。 ㉗庚寅：八月十二日。 ㉘鼓山：地名。故址在今山西新绛县北。 ㉙绛郡：郡名。治所正平县，在今山西新绛县。 ㉚陈叔达（？—635）：字子聪，陈宣帝第十六子。历仕陈、隋、唐三代，官至侍中，封江国公。传见《旧唐书》卷六十一、《新唐书》卷一百。 ㉛辛卯：八月十三日。 ㉜癸巳：八月十五日。 ㉝龙门：县名。县治在今山西河津市。 ㉞汾阳：按《旧唐书·薛大鼎传》《新唐书·薛大鼎传》，"汾阳"皆作"汾阴"。据此，"阳"应改为"阴"字。汾阴，县名。县治在今山西万荣县西南。 ㉟薛大鼎（？—654）：蒲州汾阴（今山西万荣县西南）人。官至鸿胪少卿。传见《旧唐书》卷一百八十五上、《新

唐书》卷一百九十七。 ㊱察非掾：官名。掌纠察。 ㊲河东县：县名。河东郡治所。县治在今山西永济市西南。 ㊳任瓌（？—629）：字玮，庐州合肥（今安徽合肥市）人。历仕陈、隋、唐三代，官至徐州总管，封管国公。传见《旧唐书》卷五十九、《新唐书》卷九十。 ㊴企踵：踮起脚跟。企，踮起脚。 ㊵冯翊：郡名。治所冯翊县，在今陕西大荔县。 ㊶积年：多年。 ㊷梁山：山名。故址在今陕西韩城市西北。 ㊸韩城：县名。县治在今陕西韩城市。 ㊹郃阳：县名。县治在今陕西合阳县。 ㊺永丰：即永丰仓。因位于广通渠旁，又称广通仓。位于今陕西大荔县境。 ㊻丙申：八月十八日。 ㊼己亥：八月二十一日。 ㊽壶口：山名。故址在今山西吉县西南黄河岸边。 ㊾壬寅：八月二十四日。 ㊿武乡县：县名。本为华阴县，西魏改称武乡县，隋炀帝又改为冯翊。县治在今陕西大荔县。 ⑤①先济：先渡过黄河。济，渡。 ⑤②营：安营扎寨。 ⑤③河西：指黄河西岸。 ⑤④河梁：河上桥梁。此指蒲津桥。 ⑤⑤拊（fǔ）其背：从背后出击。后比喻控制要害之地。拊，拍，轻击。

【译文】

八月初一日，雨停天晴。八月初二日，李渊命令部队在太阳下晒铠甲、武器、行装。八月初三日早晨，队伍沿着东南山麓小路抵达霍邑。李渊担心宋老生不出战，李建成、李世民说："宋老生有勇无谋，用轻骑向他挑战，按理他不会不出战。假如他固守不出战，那么我们就散布他要叛变投降我们。宋老生害怕左右的人奏报，怎敢不出战？"李渊说："你推测得很好，宋老生不敢在贾胡堡与我军交战，我就知道他没什么能耐。"李渊与几百个骑兵先到达霍邑城东面几里远的地方等待步兵，派李建成、李世民率领几十名骑兵来到城下，举起鞭子指指点点，好像要包围城的样子，还一边大骂。宋老生被激怒了，领兵三万从东门、南门分路出击，李渊派殷开山迅速召集后续部队。后续部队赶到，李渊想让军士先吃饭再交战，李世民说："机不可失。"李渊于是与李建成在城东布阵，李世民在城南布阵。李渊、李建成刚一交战即稍稍往后退，李世民与军头临淄人段志玄从南原领兵飞驰而下，冲击宋老生的军阵，从背后打击，李世民亲手击杀几十个人，两把刀都砍缺了口，飞溅的血沾满衣袖，李世民甩掉鲜血又投入战斗。李渊的军队也振作起来，乘势大喊："宋老生被活捉了！"宋老生的军队大败，李渊的士兵先冲到城门，城门已经关闭，宋老生下马跳入护城河中，刘弘基赶上砍了他的头。隋军的死尸遍布几里。天已经黑下来了，李渊立即命令登城。当时没有攻城器具，将士们就用血肉之身靠近城墙强行登城，终于攻下了霍邑。

李渊赏赐攻打霍邑的战功，军官们疑心从奴仆中应募的军士不能和良家子弟同样论功。李渊说：“飞石流箭，不认贵贱，论功的时候，哪有等级差别，应当一律按功劳大小颁赏授官。”八月初四日，李渊召见霍邑的吏民，慰劳赏赐，如同攻克西河郡一样，挑选其中的壮士从军。关中的军士想回家的，一律授五品散官，遣送回家。有人劝谏，认为授官太滥，李渊说：“隋朝吝惜勋位赏赐，这是大失人心的啊，为什么要效法他？况且用官位来收揽人心，不是比用兵要好吗？”

八月初八日，李渊进入临汾郡，慰劳安抚如同霍邑。八月十二日，军宿鼓山。绛郡通守陈叔达守城抵抗。八月十三日，李渊攻城，打下了绛郡。陈叔达，是陈宣帝的儿子，有才学，李渊以礼相待，让他做官。

八月十五日，李渊到达龙门，刘文静、康鞘利带领突厥兵五百人，马两千匹到来。李渊非常高兴突厥来增援，对刘文静说：“我向西进兵到达黄河，突厥才到来，而且兵少马多，这都是你贯彻执行使命的功劳。”

汾阳人薛大鼎对李渊献策说：“请不要进攻河东，从龙门直接渡过黄河，占据永丰仓，向远近各地发布檄文，关中可以坐着取得。”李渊想要听从。众将欲请求先进攻河东，于是任用薛大鼎为大将军府察非掾。

河东县户曹任瓌对李渊说：“关中豪杰都踮起脚尖盼望义军，我在冯翊郡多年，了解那里的豪杰，请让我前去晓谕他们，一定会望风归附。义军从梁山渡过黄河，指向韩城，进逼郃阳。萧造是一个文官，一定是看到尘土飞起就会请求投降。孙华这样的人，都会远远迎接，然后大张旗鼓向前进军，直接攻占永丰仓，虽然还没得到长安，关中却已经稳稳地平定了。”李渊非常高兴，任用任瓌为银青光禄大夫。

当时关中群盗，孙华最强。八月十八日，李渊进军到汾阴，写信招抚孙华。八月二十一日，李渊又进军到壶口，黄河岸边的民众献船的人每天有上百人，李渊便设置了水军。八月二十四日，孙华从郃阳带轻骑来见李渊。李渊和孙华握着手坐在一起，慰问奖赏，任用孙华为左光禄大夫、武乡县公，兼冯翊太守，他的部属中有功的人，授权孙华依次授予军职，赏赐的物品极其丰厚。李渊让孙华先渡过黄河，随即又派遣左、右统军王长谐、刘弘基以及左领军长史陈演寿、金紫光禄大夫史大柰率领步骑兵共六千人从梁山渡过黄河，在黄河西岸扎营等待主力大军。任命任瓌为招慰大使，任瓌前去游说韩城，韩城投降了。李渊对王长谐说：“屈突通精兵众多，离我军只有五十多里，但不敢来战，这足以说明他的部下已经不肯效命了。但是屈突通害怕获罪，又不敢不出战。如果他亲自渡河袭击你们，那我就进攻河东，河东一定守不住；如果屈突通不出战，全力守城，那么你们就拆除河上的桥梁：这样前面扼住他的咽喉，后面攻击他的脊背，他如果不逃走，必定被我们活捉。”

【原文】

骁果从炀帝在江都者多逃去，帝患之，以问裴矩，对曰：“人情非有匹偶①，难以久处，请听军士于此纳室②。”帝从之。九月，悉召江都境内寡妇、处女集宫下，恣将士所取；或先与奸者听自首，即以配之。

武阳郡③丞元宝藏以郡降李密，甲寅④，密以宝藏为上柱国、武阳公。宝藏使其客巨鹿魏徵⑤为启谢密，且请改武阳为魏州；又请帅所部西取魏郡⑥，南会诸将取黎阳仓。密喜，即以宝藏为魏州总管，召魏徵为元帅府文学参军⑦，掌记室⑧。徵少孤贫，好读书，有大志，落拓⑨不事生业⑩。始为道士，宝藏召典书记。密爱其文辞，故召之。

初，贵乡⑪长弘农魏德深⑫，为政清静，不严而治。辽东之役，征税百端⑬，使者旁午⑭，责成郡县，民不堪命，唯贵乡闾里不扰，有无相通⑮，不竭其力，所求皆给。元宝藏受诏捕贼，数调器械，动以军法从事。其邻城营造⑯，皆聚于听事，官吏递⑰相督责⑱，昼夜喧嚣，犹不能济。德深听随便修营，官府寂然⑲，恒若无事，唯戒吏以不须过胜余县，使百姓劳苦；然民各自竭心，常为诸县之最⑳，民爱之如父母。宝藏深害其能，遣将千兵赴东都。所领兵闻宝藏降密。思其亲戚，辄出都门，东向恸哭㉑而返；或劝之降密，皆泣曰：“我与魏明府㉒同来，何忍弃去！”

河南、山东大水，饿殍㉓满野，炀帝诏开黎阳仓赈之，吏不时㉔给，死者日数万人。徐世勣言于李密曰：“天下大乱，本为饥馑。今更得黎阳仓，大事济矣。”密遣世勣帅麾下五千人自原武㉕济河，会元宝藏、郝孝德、李文相及洹水㉖贼帅张升、清河贼帅赵君德共袭破黎阳仓，据之，开仓恣民就食㉗，浃旬㉘间，得胜兵二十余万。武安、永安、义阳、弋阳、齐郡㉙相继降密。窦建德、朱粲之徒亦遣使附密。密以粲为扬州总管、邓公㉚。泰山道士徐洪客献书于密，以为：“大众久聚，恐米尽人散，师老㉛厌战，难可成功。”劝密“乘进取之机，因㉜士马之锐，沿流东指，直向江都，执取独夫㉝，号令天下。”密壮其言，以书招之，洪客竟不出，莫知所之㉞。

乙卯㉟，张纶徇龙泉、文成㊱等郡，皆下之，获文成太守郑元琦㊲。元琦，译之子也。

（以上为第六段，写隋炀帝日暮途穷仍困守江都。李密军夺取黎阳仓，河北群雄归服，势力达到了鼎盛。）

【注释】

①匹偶：对偶，婚配。匹，对。 ②纳室：娶妻。室，妻。 ③武阳郡：郡名，治所贵乡县，在今河北大名县东北。 ④甲寅：九月初六日。 ⑤魏徵（580—643）：字玄成，巨鹿曲城（今河北巨鹿县西北）人。小时曾出家为道士，后参加农民义军，随李密归唐，官至侍中，封郑国公。极言直谏，为贞观名臣。曾主持《隋书》的编纂工作。传见《旧唐书》卷七十一、《新唐书》卷九十七。 ⑥魏郡：郡名。治所安阳县，在今河南安阳市。 ⑦文学参军：官名。掌侍奉，参议军事。 ⑧记室：官名。掌章表书记文檄。 ⑨落拓：穷困失意，景况零落。 ⑩生业：职业，产业。 ⑪贵乡：县名。武阳郡治所。县治在今河北大名县东北。 ⑫魏德深（?—617）：本巨鹿（今河北巨鹿县西北）人。家居弘农（今河南灵宝市），官至贵乡县长。传见《隋书》卷七十三、《北史》卷八十六。 ⑬百端：多种多样。指赋税繁多。 ⑭旁午：交错，纷繁。 ⑮有无相通：富有的和贫乏的互相周济。通，流通，交换。 ⑯营造：制作，建造。 ⑰递：交替，顺次更迭。 ⑱督责：督察责罚。 ⑲寂然：寂静无事。 ⑳最：军功居上者称最。 ㉑恸哭：痛哭。恸，极其悲痛。 ㉒魏明府：对魏德深的尊称。古代州县官习称府君，英明者称明府。 ㉓饿殍（piǎo）：饿死的人。殍，饿死。 ㉔不时：不及时，不准时。 ㉕原武：县名。县治在今河南原阳县西南。 ㉖洹（huán）水：县名。县治在今河北魏县西南旧魏县。 ㉗就食：把人移至粮多处，就地吃饭。 ㉘浃（jiā）旬：十天，一旬。浃，周匝。 ㉙武安、永安、义阳、弋阳、齐郡：皆郡名。武安治所永年县，在今河北邯郸市永年区东南。永安郡，治所新城县，在今河南光山县。义阳郡，治所义阳县，在今河南信阳市。弋（yì）阳郡，治所光城县，在今河南光山县。齐郡，治所历城县，在今山东济南市。 ㉚邓公：爵位名。是李密以朱粲做扬州总管，封为邓公。 ㉛师老：军队丧失了锐气。老，暮气，衰落。 ㉜因：凭借。 ㉝独夫：指隋炀帝。 ㉞所之：往何处去。之，往。 ㉟乙卯：九月初七日。 ㊱龙泉、文成：两郡名。龙泉郡，治所隰川县，在今山西隰县。文成郡，治所吉昌县，在今山西吉县。 ㊲郑元琦（？—646）：历仕隋、唐，官至鸿胪卿。传附《隋书·郑译传》《北史·郑译传》《旧唐书·郑善果传》《新唐书·郑善果传》。

【译文】

跟从隋炀帝到江都的骁果勇士，大多逃亡，隋炀帝十分忧心，向裴矩询问对策。裴矩回答说："人的常情，没有配偶，难以在一个地方久留。请求让军士在这里娶妻。"隋炀帝听从了。九月，把江都境内的寡妇、处女全部召集在宫门前，任凭将士选取，有的原来就有奸情的人，让他们自首，即正式婚配为夫妻。

武阳郡丞元宝藏献出郡城投降李密。九月初六日，李密封元宝藏为上柱国、武阳公。元宝藏让他的门客巨鹿人魏徵写信向李密表示感谢，并且请求把武阳郡改为魏州，又请求率领所部向西攻打魏郡，南下会合众将攻取黎阳仓。李密非常高兴，立即任命元宝藏为魏州总管，征召魏徵为元帅府文学参军，掌管记室。魏徵小时候死了父亲，家境贫寒，他喜欢读书，胸怀大志，穷困潦倒不善于谋生。魏徵最初当过道士，元宝藏召他掌管文书事务。李密喜欢魏徵的文辞，因此征召他。

当初，贵乡县长弘农人魏德深，为政清静无为，不用严法治理。征伐辽东的时候，苛捐杂税多如牛毛，征税的使者前后交错地来苛求郡县，百姓都承受不了。唯独贵乡县乡里没有受到骚扰，贫富之间互相调剂，百姓的财力没有耗竭，上边需求的都能供给。元宝藏受诏讨捕盗贼，几次征调武器和军用辎重，动不动就以军法论处。贵乡县的邻县把营造工匠都集中在县衙厅堂，官吏轮流监督催促，昼夜喧嚣，还完不成任务。魏德深却听凭工匠随意选择场所修造，官府里安安静静的，就像是什么事也没有发生一样。他只是告诫官吏们，没有必要比邻县造得多造得好，而使百姓劳苦不堪。然而工匠们却都尽心竭力造作，常常为各县之冠。百姓们爱戴魏德深如同父母。元宝藏很妒忌他的才能，派他率领一千名士兵赶赴东都。魏德深率领的士兵听到元宝藏投降李密的消息，大家思念自己的亲戚，常常走出东都城门，面向东方放声痛哭，然后返回城内。有人劝他们投降李密，大家哭着说："我们与魏明府一同来的，怎能忍心丢下他？"

河南、山东发大水，遍野都是饿死的尸体。隋炀帝下诏打开黎阳仓赈济饥民，但官吏们却不及时发给饥民，每天饿死的有上万人。徐世勣对李密说："天下大乱，本来就是因为饥荒的缘故，现在如果再把黎阳仓夺取，大事就可以成功了。"李密派徐世勣率领部众五千人从原武渡过黄河，会同元宝藏、郝孝德、李文相，以及洹水反隋军首领张升、清河反隋军首领赵君德共同攻破了黎阳仓，并占据了它，然后开仓听任饥民取食，十天之内得到二十余万能作战的士兵。武安、永安、义阳、弋阳、齐郡也相继投降了李密。窦建德、朱粲等也派遣使者表示归附李密。李密任命朱粲为扬州总管，封邓公。泰山道士徐洪客向李密呈递书信，献计说："大量部众长久聚集，恐怕粮食一吃完，人就散了，军心疲惫，人人讨厌作战，难以获得成功。"他劝李密："乘着有利进取的时机，凭借军队的锐气，沿运河东下，直取江都，捉拿暴君独夫，号令天下。"李密认为他的建议很有远见，就写信召他来。但徐洪客始终没有来，也没有人知道他的下落。

九月初七日，张纶攻打龙泉、文成等郡，全部攻克，俘获文成太守郑元琇。郑元琇是郑译的儿子。

【原文】

屈突通遣虎牙郎将桑显和将骁果数千人夜袭王长谐等营，长谐等战不利，孙华、史大柰以游骑①自后击显和，大破之。显和脱走②入城，仍自绝河梁。丙辰③，冯翊大守萧造降于李渊。造，修之子也。

戊午④，渊帅诸军围河东，屈突通婴城自守。

将佐复推⑤渊领太尉，增置官属，渊从之。时河东未下，三辅豪杰至者日以千数⑥。渊欲引兵西趣长安，犹豫未决。裴寂曰："屈突通拥大众⑦，凭坚城，吾舍之而去。若进攻长安不克，退为河东所踵⑧，腹背⑨受敌，此危道也。不若先克河东，然后西上。长安恃通为援，通败，长安必破矣。"李世民曰："不然。兵贵神速，吾席⑩累胜⑪之威，抚归顺之众，鼓行而西，长安之人望风震骇，智不及谋⑫，勇不及断⑬，取之若振槁叶⑭耳。若淹留⑮自弊于坚城之下，彼得成谋⑯修备⑰以待我，坐费日月，众心离沮⑱，则大事去矣。且关中蜂起之将，未有所属，不可不早招怀也。屈突通自守虏耳，不足为虑。"渊两从之，留诸将围河东，自引军而西。

朝邑⑲法曹武功靳孝谟，以蒲津⑳、中潬㉑二城降，华阴令李孝常㉒以永丰仓降，仍应接河西诸军。孝常，圆通之子也。京兆诸县亦多遣使请降。

（以上为第七段，写李渊分兵围河东，自己亲率大军直进关中。隋朝关中郡县望风请降。）

【注释】

①游骑：无固定防地，流动出击的骑兵。 ②脱走：逃脱而走。 ③丙辰：九月初八日。 ④戊午：九月初十日。 ⑤推：尊崇，拥戴。 ⑥日以千数：每天数以千计。

⑦拥大众：拥有多数之人。 ⑧所踵：追逐，跟随。 ⑨腹背：指前后。 ⑩席：凭借，倚仗。 ⑪累胜：接连打胜仗。 ⑫智不及谋：有智谋的人来不及谋画。形容动作神速。 ⑬勇不及断：勇武之士来不及决断。 ⑭槁（gǎo）叶：枯木上的叶子。槁，干枯的树木。 ⑮淹留：滞留，停留不前。 ⑯成谋：考虑成熟的计谋。 ⑰修备：整治武备。修，整治。 ⑱离沮：人心离散而意气沮丧。 ⑲朝邑：县名。县治在今陕西大荔县东朝邑镇。 ⑳蒲津：城名。于蒲津所修之城，扼守津口。故址在今山西永济市境。 ㉑中潬（dàn）：城名。在今山西永济市、陕西大荔县之间蒲津关下黄河中流沙洲上。 ㉒李孝常：先仕隋，后降唐，封义安王。传附《北史·李圆通传》。

【译文】

屈突通派虎牙郎将桑显和率领骁果数千人乘夜偷袭王长谐等的军营，王长谐等交战失利，孙华、史大柰用游骑从背后袭击桑显和，把桑显和打得大败。桑显和脱身逃回河东城，便自己断绝了河桥。九月初八日，冯翊太守萧造投降了李渊。萧造，是萧修的儿子。

九月初十日，李渊率领各路军围攻河东，屈突通闭城坚守。

众将领又推举李渊兼职太尉，增加设置太尉府僚属，李渊接受了。当时河东郡还没有攻下，三辅地区的豪杰来投奔李渊的每天有上千人。李渊打算领兵西进，直指长安，犹豫不决。裴寂说："屈突通手握重兵，据守坚固的城池，我军丢开他向前推进，如果进攻长安打不下来，身后遭到河东隋军的跟踪追击，一旦撤退，腹背受敌，这是非常危险的。不如先攻下河东，然后西上。长安依靠屈突通为外援，屈突通战败，长安一定会被攻破。"李世民说："不对。兵贵神速，我军凭借屡战屡胜的军威，安抚归顺的民众，大张旗鼓地西进，长安的人就会望风震恐，有智慧的人来不及谋划，有勇力的人来不及决断，夺取长安如同摇动枯槁的树叶一样容易。我们要是滞留在坚城之下使自己疲惫不堪，使敌人有时间完成谋划加强防备，严阵以待，而我军却待在这里白白浪费时间，就会士气沮丧，军心离散，那么大事就全完了。况且关中纷纷起事的将领还没有归属，不能不尽早招抚。屈突通只是一个自守巢穴的强盗，不值得忧虑。"李渊采纳了双方的意见，留下众将包围河东，自己率军西进。

朝邑县法曹武功人靳孝谟献出蒲津、中潬两座城池投降李渊。华阴县令李孝常也献出永丰仓投降，并去接应河西的各路李渊军队。李孝常是李圆通的儿子。京兆各县也大多数派遣使者请求投降。

【原文】

王世充、韦霁、王辩及河内通守孟善谊、河阳郡尉[①]独孤武都[②]各帅所领会东都，唯王隆后期[③]不至。己未[④]，越王侗使虎贲郎将刘长恭等帅留守兵，庞玉等帅偃师兵，与世充等合十余万众，击李密于洛口，与密夹洛水相守。炀帝诏诸军皆受世充节度。

帝遣摄[⑤]江都郡丞冯慈明[⑥]向东都，为密所获，密素闻其名，延[⑦]坐劳问，礼意甚厚，因谓曰："隋祚已尽，公能与孤[⑧]立大功乎？"慈明曰："公家历事先朝，荣禄兼备。不能善守门阀[⑨]，乃与玄感举兵，偶脱罔罗[⑩]，得有今日，唯图反噬，未谕高旨。莽、卓、敦、玄[⑪]非不强盛，一朝夷灭，罪及祖宗。仆死而后已，不敢闻命！"密怒，囚之。慈明说防人席务本，使亡走。奉表江都，及致书东都论贼形势，至雍丘[⑫]，为密将李公逸所获，密又义而释之；出至营门，翟让杀之。慈明，子琮之子也。

密之克洛口也，箕山府郎将张季珣[⑬]固守不下，密以其寡弱，遣人呼之。季珣骂密极口[⑭]，密怒，遣兵攻之，不能克。时密众数十万在其城下，季珣四面阻绝[⑮]，所领不过数百人，而执志弥固[⑯]，誓以必死。久之，粮尽水竭，士卒羸病[⑰]，季珣抚循[⑱]之，一无离叛，自三月至于是月，城遂陷。季珣见密不肯拜，曰："天子爪牙[⑲]，何容[⑳]拜贼！"密犹欲降之，诱谕[㉑]终不屈，乃杀之。季珣，祥之子也。

（以上为第八段，写隋朝地方官吏冯慈明、张季珣尽忠殉国。）

【注释】

①郡尉：隋制，旧有兵处，由州刺史统管。隋炀帝罢州置郡，另置都尉领兵。按《独孤武都传》，也作都尉。据此，"郡"应改为"都"字。 ②独孤武都：官至河阳都尉。传附《北史·独孤信传》。 ③后期：比指定的日期晚。 ④己未：九月十一日。 ⑤摄：代理。 ⑥冯慈明（550—617）：字无佚，信都长乐（今河北衡水市冀州区）人。历仕北齐、周与隋三代，官至尚书兵曹郎，摄江都郡丞。传见《隋书》卷七十一、《北史》卷五十五。 ⑦延：引进，接待。 ⑧孤：古代帝王的谦称。意思是少德之人。 ⑨门阀：指祖先建立功勋者的家世。谓名门贵族。 ⑩罔罗：捕猎的工具。此指法网。 ⑪莽、卓、敦、玄：古代四大乱政权臣。莽，指王莽，西汉末皇戚，后篡汉称帝，被绿林军所杀。卓，指董卓，东汉末年豪强，后被吕布杀死。敦，指王敦，东晋初掌军权的人，后叛晋，兵败而死。玄，指桓玄，于东晋末年叛晋，兵败被杀。 ⑫雍丘：县名。县

治在今河南杞县。 ⑬张季珣（590—617）：京兆（今陕西西安市）人。传见《隋书》卷七十一、《北史》卷八十五。 ⑭极口：极力地说。 ⑮阻绝：受阻而隔绝。 ⑯执志弥固：保持意志更为坚固。执，拿。弥，更，越。 ⑰羸（léi）病：瘦弱而有病。羸，瘦弱，疲病。 ⑱抚循：安抚。同“拊循”。 ⑲爪牙：爪和牙。引申指武臣。 ⑳容：容许，允许。 ㉑诱谕：引诱告谕。

【译文】

王世充、韦霁、王辩以及河内通守孟善谊、河阳郡尉独孤武都各自率领所属部队在东都会师，只有王隆过了期限还没到达。九月十一日，越王杨侗派虎贲郎将刘长恭等率领东都的留守部队，庞玉等率领偃师的军队，与王世充等部合兵在一起有十余万人，进攻李密据守的洛口。隋军与李密军队隔着洛水对峙，隋炀帝诏令各军都归王世充指挥。

隋炀帝派遣江都代理郡丞冯慈明到东都，被李密抓获。李密早就听说冯慈明的大名，请他上座，慰劳问候，礼节很隆重。李密对冯慈明说：“隋朝帝业气数已尽，您能和我一同建立大业吗？”冯慈明说：“你们家几代人事奉先朝，荣华富贵和高官厚禄都兼有了，却不能很好地守住世家门第，与杨玄感一起造反，侥幸漏网逃脱，活到今天，只是一门心思造反，不懂得最高的真理。王莽、董卓、王敦、桓玄不是不强盛，一旦诛灭，罪及祖宗。我只求一死，不敢从命。”李密大怒，把冯慈明囚禁起来。冯慈明劝说看管他的席务本，放他逃走。冯慈明揣着向江都的奏表，又写信陈述盗贼的形势。他逃到了雍丘，被李密的部将李公逸抓获，李密又一次仗义释放了他。冯慈明走到营门，被翟让杀死。冯慈明，是冯子琮的儿子。

李密攻克洛口时，箕山府郎将张季珣坚守不降，李密认为他兵少势弱，派人劝他投降，张季珣破口大骂李密，李密大怒，派兵攻打，却不能攻克。当时李密围城军队有几十万人，张季珣四面交通被切断，所率领的部众只有几百人，而意志更加坚定，誓死不屈。时间长了，粮食吃完，水也枯竭，士兵体弱多病，张季珣安抚慰问，没有一个背叛的人，从三月坚守到九月，城池终于被攻陷。张季珣见了李密不肯下拜，说：“天子的爪牙，岂能向贼人叩头？”李密仍想劝降，用尽心思劝说，张季珣始终不屈，于是杀了他。张季珣，是张祥的儿子。

【原文】

庚申[①]，李渊帅诸军济河；甲子[②]，至朝邑，舍于长春宫[③]，关中士民归之者如市。丙寅[④]，渊遣世子建成、司马刘文静帅王长谐等诸军数万人屯永丰仓，守潼关以备东方兵，慰抚使窦轨[⑤]等受其节度；敦煌公世民帅刘弘基等诸军数万人徇渭北[⑥]，慰抚使殷开山等受其节度。轨，琮之兄也。

冠氏长于志宁[⑦]、安养尉颜师古[⑧]及世民妇兄长孙无忌[⑨]谒见渊于长春宫。师古名籀，以字行；志宁，宣敏之兄子；师古，之推之孙也；皆以文学知名，无忌仍有才略。渊皆礼而用之，以志宁为记室，师古为朝散大夫，无忌为渭北行军典签[⑩]。

屈突通闻渊西入，署鹰扬郎将汤阴尧君素[⑪]领河东通守，使守蒲坂[⑫]，自引兵数万趣长安，为刘文静所遏。将军刘纲戍潼关，屯都尉[⑬]南城[⑭]，通欲往依之，王长谐先引兵袭斩纲，据城以拒通，通退保北城。渊遣其将吕绍宗等攻河东，不能克。

柴绍之自长安赴太原也，谓其妻李氏[⑮]曰："尊公举兵，今偕行则不可，留此则及祸，奈何？"李氏曰："君弟[⑯]速行，我一妇人，易以潜匿[⑰]，当自为计。"绍遂行。李氏归鄠县别墅[⑱]，散家赀，聚徒众。渊从弟神通[⑲]在长安，亡入鄠县山中，与长安大侠[⑳]史万宝等起兵以应渊。西域商胡何潘仁入司竹园[㉑]为盗，有众数万，劫前尚书右丞李纲[㉒]为长史，李氏使其奴马三宝说潘仁与之就神通，合势攻鄠县，下之。神通众逾一万，自称关中道行军总管，以前乐城[㉓]长令狐德棻[㉔]为记室。德棻，熙之子也。李氏又使马三宝[㉕]说群盗李仲文、向善志、丘师利等，皆帅众从之。仲文，密之从父；师利，和之子也。西京留守屡遣兵讨潘仁等，皆为所败。李氏徇盩厔、武功、始平[㉖]，皆下之，众至七万。左亲卫段纶，文振之子也，娶渊女，亦聚徒于蓝田[㉗]，得万余人。及渊济河，神通、李氏、纶各遣使迎渊。渊以神通为光禄大夫[㉘]，子道彦[㉙]为朝请大夫，纶为金紫光禄大夫；使柴绍将数百骑并南山迎李氏。何潘仁、李仲文、向善志及关中群盗，皆请降于渊，渊一一以书慰劳授官，使各居其所，受敦煌公世民节度。

刑部尚书领京兆内史[㉚]卫文昇年老，闻渊兵向长安，忧惧成疾，不复预事，独左翊卫将军阴世师[㉛]、京兆郡丞骨仪[㉜]奉代王侑乘城拒守。已巳[33]，渊如蒲津；庚午[34]，自临晋[35]济渭，至永丰劳军，开仓赈饥民。辛未[36]，还长春宫；壬申[37]，进屯冯翊[38]。世民所至，吏民及群盗归之如流，世民收其豪俊以备僚属，营于泾阳[39]，胜兵九万。李氏将精兵万余会世民于渭北，与柴绍各置幕府，号"娘子军[40]"。

先是，平凉[41]奴贼数万围扶风太守窦琎[42]，数月不下，贼中食尽。丘师利遣其弟行恭[43]帅五百人负米麦持牛酒诣奴贼营，奴帅长揖，行恭手斩之，谓其众曰："汝辈皆良人，何故事奴为主，使天下谓之奴贼！"众皆俯伏曰："愿改事公。"行恭即帅其众与师利共谒世民于渭北，世民以为光禄大夫。琎，琮之从子也。隰城[44]尉房玄龄[45]谒世民于军门，世民一见如旧识，署记室参军，引为谋主。玄龄亦自以为遇知己，罄竭[46]心力，知无不为。

渊命刘弘基、殷开山分兵西略扶风，有众六万，南渡渭水，屯长安故城[47]。城中出战，弘基逆击，破之。世民引兵趣司竹[48]，李仲文、何潘仁、向善志皆帅众从之，顿于阿城[49]，胜兵十三万，军令严整，秋毫不犯。乙亥[50]，世民自盩厔遣使白渊，请期日[51]赴长安。渊曰："屈突[52]东行不能复西，不足虞矣！"乃命建成选仓上精兵自新丰[53]趣长乐宫[54]，世民帅新附诸军北屯长安故城，至并听教[55]。延安、上郡、雕阴[56]皆请降于渊。丙子[57]，渊引军西行，所过离宫园苑皆罢之，出宫女还其亲属。冬，十月，辛巳[58]，渊至长安，营[59]于春明门[60]之西北，诸军皆集，合二十余万。渊命各依壁垒，毋得入村落侵暴。屡遣使至城下谕卫文昇等以欲尊隋之意，不报。辛卯[61]，命诸军进围城。甲午[62]，渊迁馆于安兴坊[63]。

（以上为第九段，写李渊成功地阻隔屈突通，用重兵围长安。）

【注释】

①庚申：九月十二日。 ②甲子：九月十六日。 ③长春宫：离宫名。故址在今陕西大荔县东朝邑镇。 ④丙寅：九月十八日。 ⑤窦轨（？—630）：字士则，扶风平陵（今陕西咸阳市西北）人。历仕隋、唐，官至右卫大将军。传附《旧唐书·窦威传》《新唐书·窦威传》。 ⑥渭北：泛指渭水以北地区。 ⑦于志宁（588—665）：雍州高陵（今陕西西安市高陵区）人。历仕隋、唐，官至尚书左仆射、同中书门下三品，封燕国公，监修国史。有文集二十卷。传见《旧唐书》卷七十八、《新唐书》卷一百零四。 ⑧颜师古（581—645）：名籀，字师古。雍州万年（今陕西西安市）人。历仕隋、唐，官至秘书

监、弘文馆学士。曾为《汉书》作注，有文集六十卷。传见《旧唐书》卷七十三、《新唐书》卷一百九十八。 ⑨长孙无忌（？—659）：字辅机，河南洛阳（今河南洛阳市）人。太宗长孙皇后之兄。官至尚书右仆射、太尉，封齐国公。唐初功臣。传见《旧唐书》卷六十五、《新唐书》卷一百零五。 ⑩典签：官名。自亲王府至州郡皆有此官，以掌管文书。⑪尧君素（？—618）：魏郡汤阴（今河南汤阴县东）人。官至鹰扬郎将。传见《隋书》卷七十一、《北史》卷八十五。 ⑫蒲坂：古地名。河东郡治所，故址在今山西永济市西南。 ⑬都尉：官名，潼关有守兵，故隋设都尉以镇守。 ⑭南城：与下文中的"北城"当是扼守潼关的南、北二城。 ⑮李氏（？—623）：即唐高祖女平阳公主。曾聚众配合李渊起兵，所部号"娘子军"。传见《新唐书》卷八十三。 ⑯弟：与"第"同。只管，尽管。 ⑰潜匿：躲藏。 ⑱别墅：于本宅外另建的园林游息处所。也称别业、别馆。⑲神通（？—630）：唐高祖从父弟。官至开府仪同三司，封淮安王。传见《旧唐书》卷六十、《新唐书》卷七十八。 ⑳大侠：有名的见义勇为的侠客。 ㉑司竹园：地名。故址在今陕西周至县境。 ㉒李纲（547—631）：字文纪，观州蓨县（今河北景县）人。历仕隋、唐，官至太子少师。传见《旧唐书》卷六十二、《新唐书》卷九十九。 ㉓乐城：县名。县治在今广东德庆县东。 ㉔令狐德棻（583—666）：宜州华原（今陕西铜川市耀州区）人。历仕隋、唐，官至太常卿、金紫光禄大夫。曾修撰《晋书》《五代史志》和《周书》等史书。传见《旧唐书》卷七十三、《新唐书》卷一百零二。 ㉕马三宝：平阳公主家奴。事附《旧唐书·柴绍传》《新唐书·裴寂传》。 ㉖盩厔（zhōu zhì）、武功、始平：皆县名。盩厔县治在今陕西周至县。武功县治在今陕西武功县西。始平县治在今陕西兴平市东南。 ㉗蓝田：县名。县治在今陕西蓝田县。 ㉘光禄大夫：官名。隋代文散官，无职事。 ㉙道彦：李神通之子。官至凉州都督，封胶东公。传附《旧唐书·李神通传》《新唐书·李神通传》。 ㉚京兆内史：官名。隋炀帝改京兆、河南尹为内史。掌治都城。 ㉛阴世师（565—617）：官至左翊卫将军。传附《隋书·阴寿传》《北史·阴寿传》。㉜骨仪（？—617）：京兆长安（今陕西西安市）人。官至京兆郡丞。传附《隋书·阴寿传》《北史·阴寿传》。 ㉝己巳：九月二十一日。 ㉞庚午：九月二十二日。 ㉟临晋：即朝邑县，古称临晋。 ㊱辛未：九月二十三日。 ㊲壬申：九月二十四日。 ㊳冯翊：县名。冯翊郡治所，县治在今陕西大荔县。 ㊴泾阳：县名，县治在今陕西泾阳县。㊵娘子军：因平阳公主李氏置幕府，故称娘子军。 ㊶平凉：郡名。治所平高县，在今宁夏固原市。 ㊷窦琎（？—633）：字之推。历仕隋、唐，官至秘书监，封邓国公。传附《旧唐书·窦威传》《新唐书·窦威传》。 ㊸行恭（586—665）：丘和之子。官至右武候大将军。传附《旧唐书·丘和传》《新唐书·丘和传》。 ㊹隰城：县名。县治在今山西汾阳市。 ㊺房玄龄（579—648）：名乔，齐州临淄（今山东淄博市临淄区）人。历仕隋、唐，官至尚书左仆射。监修国史，主撰《晋书》。封梁国公。为贞观名相。传见《旧唐书》卷六十六、《新唐书》卷九十六。 ㊻罄竭：竭尽，不遗余力。罄，空，尽。 ㊼长安故城：城名。故址在今陕西西安市西北。 ㊽司竹：即司竹园，故址在今陕西周至县东。 ㊾阿城：即秦阿房宫城。故址在今陕西西安市西南。 ㊿乙亥：九月二十七日。 51期日：约定的日数、日期。 52屈突：即隋将屈突通，时欲西救长安，为刘文静所阻。 53新丰：县名。县治在今陕西西安市临潼区东北。 54长乐宫：故汉宫名。故址在今陕西西安市长安区西北。 55至并听教：并至所预定之地听从教令。教，太子与王的命令称教。 56雕阴：郡名。治所上县，在今陕西绥德县。 57丙子：九月二十八日。 58辛巳：十月初四日。 59营：安营，驻扎。 60春明门：城门名。长安东面三门之中门。 61辛卯：十月十四日。 62甲午：十月十七日。 63安兴坊：坊名。胡注说当在安兴门外。唐长安城东面三门之南门延兴门，隋时为安兴门。

【译文】

九月十二日，李渊统帅各路人马西渡黄河。九月十六日，到达朝邑，住在长春宫，关中的士人、百姓前来归附的人像赶集一样多。九月十八日，李渊派遣世子李建成、司马刘文静率领王长谐等各路兵马几万人屯驻永丰仓，据守潼关以防备东边的军队，慰抚使窦轨等人受李建成的指挥；敦煌公李世民率领刘弘基等各路军队几万人进攻渭北，慰抚使殷开山等人受李世民的指挥。窦轨，是窦琮的哥哥。

冠氏县长于志宁、安养县尉颜师古，以及李世民的妻兄长孙无忌到长春宫谒见李渊。颜师古名籀，以字号行世；于志宁，是于宣敏哥哥的儿子；颜师古，是颜之推的孙子，他们都以文学闻名。长孙无忌也有才干谋略。李渊礼敬他们，随才任用。于志宁为记室，颜师古为朝散大夫，长孙无忌为渭北行军典签。

屈突通听说李渊西进关中，就署用鹰扬郎将汤阴人尧君素为河东代理通守，让他守卫蒲坂，自己领兵数万直驱长安，被刘文静拦阻。隋朝将军刘纲戍守潼关，屯驻在都尉南城，屈突通想去依附他。王长谐先领兵袭击刘纲，并杀了刘纲，占据城池抵抗屈突通。屈突通退守北城。李渊派出部将吕绍宗等攻打河东，没能攻克。

柴绍从长安赶往太原的时候，对妻子李氏说：“你父亲起兵，如今不能一起走，你留在这里就要遭受灾祸，怎么办呢？”李氏说：“你只管快速逃走，我是一个妇人，容易躲藏，我自己想办法。”柴绍于是走了。李氏回到鄠县的别墅，变卖家产，聚集部众。李渊的堂弟李神通家住长安，也逃入鄠县山中，他与长安大侠史万宝等人起兵响应李渊。西域的胡商何潘仁流窜到司竹园为盗贼，有部众几万人，劫持前尚书右丞李纲为长史，李氏派家奴马三宝去劝说何潘仁，和她一起去投奔李神通，合兵一起进攻鄠县，结果攻下了鄠县。李神通部众超过一万人。李神通自称关中道行军总管，任命前乐城长令狐德棻为记室。令狐德棻，是令狐熙的儿子。李氏又派马三宝去劝说群盗李仲文、向善志、丘师利等人，他们都率众归附。李仲文，是李密的堂叔；丘师利，是丘和的儿子。西京留守屡次派兵讨伐何潘仁等，都被何潘仁等打败。李氏率军进攻盩厔、武功、始平，全部攻克，部众多达七万人。左亲卫段纶，是段文振的儿子，娶李渊的女儿为妻，也在蓝田聚众起兵，得到一万余人。等到李渊渡过黄河，李神通、李氏、段纶，各自派遣使者迎接李渊。李渊任命李神通为光禄大夫，李神通的儿子李道彦为朝请大夫，段纶为金紫光禄大夫，派柴绍率领几百骑兵顺着南山去迎接李氏。何潘仁、李仲文、向善志，以及关中的群盗都请求归降李渊。李渊一一去信慰劳，授予官职，让他们各自留在自己的属地，接受敦煌公李世民的指挥。

刑部尚书兼领京兆内史卫文昇年纪已老，他听说李渊军队进逼长安，忧惧成疾，不能与预政事，只有左翊卫将军阴世师、京兆郡丞骨仪奉代王杨侑的命令登上城墙抵抗防守。九月二十一日，李渊到达蒲津。九月二十二日，李渊从临晋渡过渭河，到永丰仓慰劳守军，开仓救济饥民。九月二十三日，李渊回到长春宫。九月二十四日，李渊进军屯驻冯翊。李世民所到之处，官吏平民以及群盗，归附的人像流水一样，李世民从中挑选出豪杰之士用来补充僚属，在泾阳扎营，能打仗的有九万人。李氏率领精兵一万多人在渭北与李世民会师。李氏与柴绍各自设置幕府，李氏的部众号称“娘子军”。

起先，平凉郡由一支奴仆组成的贼军包围了扶风太守窦琎，几个月没有攻下来，贼军的粮食快要吃完。丘师利派他的弟弟丘行恭率领五百人背着米麦拿着牛酒到奴贼的军营，奴帅向丘行恭敬行礼，丘行恭趁机亲手杀了奴帅，对贼众说：“你们都是良民，为什么要奉奴为主，让天下的人称你们奴贼呢？”大家都跪拜在地上说：“愿意改过而侍奉您！”丘行恭就率领这些人与丘师利一起到渭北谒见李世民。李世民任命丘行恭为光禄大夫。窦琎，是窦琮的侄子。隰城县尉房玄龄到军门谒见李世民，李世民与房玄龄一见如故，就像是老朋友。李世民署用房玄龄为记室参军，留在身边作谋主，房玄龄也自认为遇见了知己，竭尽心力，凡是知道了就努力去做。

李渊命令刘弘基、殷开山分兵西进攻略扶风，共有部众六万人，向南渡过渭水，屯驻在长安故城。长安城中的隋军出战，刘弘基迎击，打败了隋军。李世民率兵直指司竹，李仲文、何潘仁、向善志都率众跟随，屯驻在阿城，共有能作战士兵十三万，军纪严整，秋毫无犯。九月二十七日，李世民从盩厔派使者向李渊报告，请求约定日期进兵长安，李渊说："屈突通向东行军，无法再回头向西，已不必忧虑了！"于是命李建成挑选在永丰仓的精兵，从新丰直指长乐宫；李世民率领新归附的各军北上进驻长安故城，到达规定的地点，听候调遣。延安、上郡、雕阴等郡都请求投降李渊。九月二十八日，李渊率军西进，所经过的隋炀帝宫苑都予以罢废，放出宫女交还她们的亲属。冬季，十月初四日，李渊到达长安，在春明门西北扎营，各路军队全部汇合，共二十余万人。李渊命令部队各自坚守营垒，不准进村侵扰百姓。李渊多次派使者到城下对卫文昇等人说明自己尊奉隋室的意思，没有回音。十月十四日，李渊命令诸军围城。十月十七日，李渊把中军指挥部迁到安兴坊。

【原文】

巴陵[①]校尉[②]鄱阳董景珍、雷世猛、旅帅[③]郑文秀、许玄彻、万瓒、徐德基、郭华、沔阳张绣等谋据郡叛隋，推景珍为主。景珍曰："吾素寒贱，不为众所服。罗川[④]令萧铣[⑤]，梁室[⑥]之后，宽仁大度，请奉之以从众望。"乃遣使报铣。铣喜从之，声言讨贼，召募得数千人。铣，岩之孙也。

会颍川[⑦]贼帅沈柳生寇罗川，铣与战不利，因谓其众曰："今天下皆叛，隋政不行[⑧]，巴陵豪杰起兵，欲奉[⑨]吾为主。若从其请以号令江南，可以中兴梁祚[⑩]，以此召柳生，亦当从我矣。"众皆悦，听命，乃自称梁公，改隋服色旗帜皆如梁旧。柳生即帅众归之，以柳生为车骑大将军。起兵五日，远近归附者至数万人，遂帅众向巴陵。景珍遣徐德基帅郡中豪杰数百人出迎，未及见铣，柳生与其党谋曰："我先奉梁公，勋居第一。今巴陵诸将，皆位高兵多，我若入城，返出其下。不如杀德基，质[⑪]其首领，独挟梁公进取郡城，则无出我右[⑫]者矣。"遂杀德基。入白铣，铣大惊曰："今欲拨乱反正[⑬]，忽自相杀，吾不能为若[⑭]主矣。"因步出军门。柳生大惧，伏地请罪，铣责而赦之，陈兵入城。景珍言于铣曰："徐德基建义[15]功臣，而柳生无故擅杀[16]之，此而不诛，何以为政！且柳生为盗日久，今虽从义，凶悖不移[17]，共处一城，势必为变。失今不取，后悔无及！”铣又从之。景珍收柳生，斩之，其徒皆溃去。丙申[18]，铣筑坛燔燎，自称梁王。改元鸣凤。

壬寅[19]，王世充夜渡洛水，营于黑石[20]，明日，分兵守营，自将精兵陈于洛北。李密闻之，引兵渡洛逆战，密兵大败，柴孝和溺死。密帅麾下精骑渡洛南，余众东走月城[21]，世充追围之。密自洛南策马[22]直趣黑石，营中惧，连举六烽，世充释月城之围，狼狈自救；密还与战，大破之，斩首三千余级。

（以上为第十段，写后梁宗室萧铣起兵于巴陵，自称梁王，以及隋将王世充救援东都，与李密交战情况。）

【注释】

①巴陵：郡名。治所巴陵县，在今湖南岳阳市。 ②校尉：官名。由大都督所改，掌都管军事。 ③旅帅：官名。由帅都督所改，掌管军事。 ④罗川：县名。县治在今湖南汨罗市北。 ⑤萧铣（583—621）：后梁宣帝曾孙。仕隋为罗川令，后叛，称帝，为唐所灭。传见《旧唐书》卷五十六、《新唐书》卷八十七。 ⑥梁室：指后梁宗室后裔。⑦颍川：郡名。治所颍阴县，在今河南许昌市。 ⑧不行：指隋朝政令不能推行。⑨奉：辅助，拥戴。 ⑩梁祚：后梁的帝位。祚，皇位。 ⑪质：抵押，人质。 ⑫我右：在我之上。右，上，古者以右为尊。 ⑬拨乱反正：谓治理乱世，使之恢复正常安定。⑭若：你，你们。 ⑮建义：树立义旗。 ⑯擅杀：任意、随便杀人。擅，独断专行。⑰凶悖（bèi）不移：凶恶违乱的本性不改。悖，违反，逆乱。移，改变。 ⑱丙申：十月十九日。 ⑲壬寅：十月二十五日。 ⑳黑石：地名。故址在今河南巩义市西南。㉑月城：指临洛水修筑的偃月城，与仓城相呼应。 ㉒策马：以鞭击马。策，马鞭。

【译文】

巴陵校尉鄱阳人董景珍、雷世猛，旅帅郑文秀、许玄彻、万瓒、徐德基、郭华，沔阳人张绣等人图谋占据巴陵郡，背叛隋朝。大家推举董景珍为盟主。董景珍说：“我出身贫贱，不被众人所信服。罗川县令萧铣是梁王室的后代，他宽怀大度，请尊奉他为盟主以顺从众望吧。”于是派使者报告萧铣。萧铣高兴地接受了。他声称起兵讨贼，招募到了几千人。萧铣是萧岩的孙子。

恰逢颍川贼兵首领沈柳生侵犯罗川，萧铣出战失利，便对自己的部众说:“现在天下都造反了，隋朝政令已无法推行，巴陵的豪杰聚众起兵，要推举我为盟主。如果接受他们的请求，就可以号令江南，中兴梁氏社稷，以此召纳沈柳生，他也会跟随我们。”部众都很高兴，愿意听从命令。于是萧铣自称梁公，把隋朝的服色旗帜换成梁朝旧制。沈柳生果然率众归附了萧铣。萧铣任命沈柳生为车骑大将军。起兵五天，远近前来归附的多达几万人，于是萧铣率众向巴陵进军。董景珍派徐德基率领巴陵郡的豪杰几百人出城迎接。董景珍等人还没见到萧铣时，沈柳生就与他的同党商议说：“我是首先尊奉梁公的人，功勋应列第一。现在巴陵众将，都位高兵多，如果我进城，反而要位列他们之下。不如杀了徐德基，扣留他们的首领，独自辅佐梁公进兵夺取巴陵郡城，那就没有人在我之上了。”于是杀了徐德基，进入军帐报告萧铣。萧铣大惊说：“如今兴起义兵拨乱反正，突然自相残杀，我不能做你们的盟主。”于是起身走出军门。沈柳生非常害怕，跪伏在地上请罪，萧铣责备了一番，就赦免了他，随后整队入城。董景珍对萧铣说：“徐德基是起义的功臣，而沈柳生无故独断专行杀害了他，这样的人还不诛杀他，怎能当政？况且沈柳生长时间为盗，如今虽然起义，但凶残悖逆的本性很难改变，我们与他同在一个城中，势必发生变乱。失掉今天抓他的机会，就会后悔莫及。”萧铣又听从了董景珍的意见。董景珍抓捕了沈柳生，把他杀了，沈柳生的部众溃散离去。十月十九日，萧铣筑坛焚烧柴火，祭祀上天，自称梁王，改元鸣凤。

十月二十五日，王世充乘夜渡过洛水，在黑石扎营。第二天，王世充分兵守营，自己率领精兵在洛水北岸列阵。李密得知消息，领兵渡过洛水迎战，李密军大败，柴孝和溺亡。李密率领精锐骑兵渡过洛水到南岸，其余部众逃入东边的月城，王世充追击包围了月城。李密从洛水南岸策马直扑王世充的宿营地黑石。黑石军营中的守军恐惧，接连举了六次烽火以报警，王世充撤了对月城的包围，狼狈回军自救；李密掉头迎击，大败王世充，斩首三千多级。

【原文】

甲辰[①]，李渊命诸军攻城，约“毋得犯七庙及代王、宗室，违者夷三族！”孙华中流矢卒。十一月，丙辰[②]，军头雷永吉先登，遂克长安。代王在东宫，左右奔散，唯侍读[③]姚思廉[④]侍侧。军士将登殿，思廉厉声诃[⑤]之曰:“唐公举义兵、匡帝室，卿等毋得无礼！”众皆愕然[⑥]，布立[⑦]庭下。

渊迎王于东宫，迁居大兴殿后[8]，听思廉扶王至顺阳阁下，泣拜而去。思廉，察之子也。渊还，舍于长乐宫，与民约法十二条，悉除隋苛禁[9]。

渊之起兵也，留守官发其坟墓，毁其五庙[10]。至是，卫文昇已卒，戊午[11]，执阴世师、骨仪等，数以贪婪苛酷，且拒义师，俱斩之，死者十余人，余无所问。

马邑郡丞三原李靖[12]，素与渊有隙，渊入城[13]，将斩之。靖大呼曰："公兴义兵，欲平暴乱，乃以私怨杀壮士乎！"世民为之固请，乃舍之。世民因召置幕府[14]。靖少负志气，有文武才略，其舅韩擒虎每抚之曰："可与言将帅之略者，独此子耳！"

（以上为第十一段，写李渊破长安，护代王，释李靖。）

【注释】

①甲辰：十月二十七日。 ②丙辰：十一月九日。 ③侍读：官名。掌给帝王讲学。 ④姚思廉（？—637）：字简之，雍州万年（今陕西西安市）人。历仕隋、唐，官至散骑常侍。曾受诏与魏徵修史，撰成《梁书》五十卷、《陈书》三十卷。传见《旧唐书》卷七十三、《新唐书》卷一百零二。 ⑤诃：怒斥，大声呵斥。同"呵"。 ⑥愕然：惊讶的样子。 ⑦布立：排列而立。布，陈列。 ⑧大兴殿后：大兴殿是隋宫正殿，因代王未即皇位，故居于殿后。 ⑨苛禁：苛刻的禁令。 ⑩五庙：隋制，诸公立五庙，即二昭二穆和太祖庙。李渊袭爵为唐公，故得以立五庙。 ⑪戊午：十一月十一日。 ⑫李靖（571—649）：本名药师，雍州三原（今陕西三原县东北）人。历仕隋、唐，官至兵部尚书、尚书右仆射，封卫国公。著有《李卫公兵法》一书。是唐代著名的军事家。传见《旧唐书》卷六十七、《新唐书》卷九十三。 ⑬入城：据章校，"城"下应补"收靖"二字。 ⑭幕府：将帅在外的营帐。军旅无固定的住所，以帐幕为府署，故称幕府。

【译文】

十月二十七日，李渊命令包围长安的各军发起攻城战斗，严申军纪说："不得侵犯隋皇室七庙，以及代王、宗室，违犯军令的人夷灭三族！"孙华被流矢射死了。十一月初九日，军头雷永吉首先登上城墙，于是攻克了长安。代王在东宫，左右的人都逃散了，只有侍读姚思廉陪伴在身旁。军士想要登上殿堂，姚思廉严厉地呵斥说："唐公兴起义兵，为的是匡正帝室，你们不得无礼！"众军士都非常惊讶，并排站在殿庭下。李渊到东宫迎接代王，迁居到大兴殿后宫，让姚思廉扶着代王杨侑到顺阳阁下，李渊流泪叩拜后离去。姚思廉，是姚察的儿子。李渊返回，住在长乐宫，与百姓约法十二条，完全废除了隋朝的苛刻法令。

李渊起兵时，长安的留守官挖了李渊的祖坟，毁掉了李氏的五庙。到这时，卫文昇已死。十一月十一日，李渊抓获了阴世师、骨仪等人，列举他们贪婪苛酷的罪行，以及抗拒义师的罪行，全都斩首，共杀了十几个人，其他的人一律不追究。

马邑郡丞三原人李靖，早就与李渊有矛盾，李渊入城，要杀掉李靖。李靖大喊："您兴起义兵，想平息暴乱，怎么以私怨而杀壮士呢？"李世民再三替李靖求情，李渊才放了他。李世民便把李靖安置在自己的幕府。李靖从小就很有志气，能文能武，他的舅舅韩擒虎常常摸着他的脑袋说："可以和我谈论将帅谋略的人，只有这个孩子啊！"

【原文】

王世充自洛北之败，坚壁[①]不出；越王侗遣使劳之[②]，世充惭惧，请战于密。丙辰[③]，世充与密夹石子河[④]而陈，密布陈南北十余里。翟让先与世充战，不利而退；世充逐之，王伯当、裴仁基从旁横断其后[⑤]，密勒中军击之，世充大败，西走。

翟让司马王儒信劝让自为大冢宰[⑥]，总领众务，以夺密权，让不从。让兄柱国荥阳公弘，粗愚[⑦]人也，谓让曰："天子汝当自为，奈何与人！汝不为者，我当为之！"让但[⑧]大笑，不以为意，密闻而恶之。总管崔世枢自鄢陵[⑨]初附于密，让囚之私府，责其货，世枢营求[⑩]未办，遽欲加刑。让召元帅府记室邢义期博，逡巡[⑪]未就，杖之八十。让谓左长史房彦藻曰："君前破汝南，大得宝货，独与魏公，全不与我！魏公我之所立，事未可知！"彦藻惧，以状告密，因与左司马郑颋共说密曰："让贪愎[⑫]不仁，有无君之心，宜早图之。"密曰："今安危未定，遽相诛杀，何以示远！"颋曰："毒蛇螫[⑬]手，壮士解腕[⑭]，所全者大故也。彼先得志，悔无所及。"密乃从之，置酒召让。戊午[⑮]，让与兄弘及兄子司徒府长史摩侯同诣密，密与让、弘、裴仁基、郝孝德共坐，单雄信等皆立侍[⑯]，房彦藻、郑颋往来检校[⑰]。密曰："今日与达官饮，不须多人，左右止留[⑱]给使[⑲]而已。"密左右皆引去，让左右犹在。彦藻白密曰："今方为乐，天时甚寒，司徒左右，请给酒食。"密曰："听司徒进止⑳。"让曰："甚佳。"乃引㉑让左右尽出，独密下壮士蔡建德持刀立侍。食未进，密出良弓，与让习射，让方引满，建德自后斫之，踣㉒于床前，声若牛吼，并弘、摩侯、儒信皆杀之。徐世勣走出，门者斫之伤颈，王伯当遥诃止之。单雄信叩头请命，密释之。左右惊扰，莫知所为，密大言曰："与君等同起义兵，本除暴乱。司徒专行暴虐，陵辱群僚，无复上下㉓；今所诛止其一家，诸君无预也。"命扶徐世勣置幕下，亲为傅疮㉔。让麾下欲散，密使单雄信前往宣慰㉕，密寻独骑㉖入其营，历㉗加抚谕㉘，令世勣、雄信、伯当分领其众，中外㉙遂定。让残忍，摩侯猜忌，儒信贪纵，故死之日，所部无哀之者；然密之将佐始有自疑之心矣。始，王世充知让与密必不久睦㉚，冀其相图㉛，得从而乘之。及闻让死，大失望，叹曰："李密天资明决㉜，为龙为蛇，固不可测也！"

（以上为第十二段，写瓦岗军内讧，李密火并翟让，削弱了义军的凝聚力和战斗力。）

【注释】

①坚壁：坚守壁垒，不与敌方决战。壁，营垒，壁垒。 ②劳之：慰劳王世充。③丙辰：十一月九日。按前文已有丙辰、戊午，作者分别叙西京、东都事，使时间不相乱，故重出。 ④石子河：水名，即今河南巩义市东石河，为洛河支流。 ⑤横断其后：冲断王世充军的后队。 ⑥大冢宰：官名。在《周礼》为辅导天子之官。郑玄曾注释说：总领百官称为冢，列职于王则称为大。后世因以大冢宰为宰相之称。 ⑦粗愚：粗鲁而蠢笨。 ⑧但：只，仅仅。 ⑨鄢陵：县名。县治在今河南鄢陵县。 ⑩营求：经营财富。营，经营，谋划。 ⑪逡（qūn）巡：迟疑徘徊，欲行又止。逡，退让，退却。 ⑫贪愎（bì)：贪婪而执拗。愎，任性，执拗。 ⑬螫（shì)：毒虫刺人。 ⑭壮士解腕：毒蛇咬手，勇士砍断自己的手腕，以防延及全身。比喻做事到要害关头，须下定决心，当机立断。 ⑮戊午：十一月十一日。因分别叙述东都与西京事，使不相乱，故重复出现。⑯立侍：站立侍卫。 ⑰检校：查核。 ⑱止留：据章校，"留"下应补"数人"二字。⑲给使：指供差遣使唤。 ⑳进止：进退，去留。 ㉑引：拉开。 ㉒踣（bó)：僵仆，仆倒。 ㉓上下：指尊卑、贵贱等界限。 ㉔傅疮：在创伤上敷药。傅，布陈，分布，同"敷"。 ㉕宣慰：安慰。 ㉖独骑：单骑。即独自一人骑马，不带有随从侍卫。 ㉗历：依次，一一。 ㉘抚谕：安抚。 ㉙中外：内外。指翟让营内外。中，内。 ㉚久睦：长

期和睦相处。㉛相图：相互图谋杀害。㉜明决：果断。

【译文】

王世充在洛水北岸战败后，就坚守营垒不出战。越王杨侗派使者慰劳他，王世充既惭愧又忧惧，就向李密挑战。十一月初九日，王世充与李密在石子河两岸对阵，李密布下南北长十多里的阵营。翟让先与王世充交战，不利后退，王世充追击，王伯当、裴仁基从侧面横冲切断王世充的后军，李密组织中军攻击，王世充大败，向西逃走。

翟让的司马王儒信劝说翟让自任大冢宰，总管政务，剥夺李密的权力，翟让没有听从。翟让的哥哥柱国荥阳公翟弘，是个粗鲁的笨人，他对翟让说："你应该自己当天子，为何要让给别人？你不做天子，我就来做！"翟让只是哈哈大笑，并不在意，但李密听说后非常厌恶这件事。总管崔世枢最初在鄢陵起事时就归附李密，翟让把他囚禁在自己的私宅，向他索取钱财，崔世枢想方设法也没有凑足，翟让就要给崔世枢加刑。翟让召元帅府记室邢义期来一起赌博，邢义期迟疑徘徊没有来，翟让就把邢义期杖责八十棍。翟让对左长史房彦藻说："你从前攻破汝南时，得到了大量金银财宝，只送给了魏公，一点也不给我！魏公是我拥立的，事情的结果还不知道呢！"房彦藻害怕，把情况报告了李密，还与左司马郑颋一起劝李密说："翟让贪婪而刚愎自用，不仁不义，心目中没有君王，您应该早想办法处置他。"李密说："现在我们的安危还未确定，突然互相残杀，怎能昭示远人归附！"郑颋说："毒蛇咬手，壮士砍断手腕，是为了保全性命。如果他们先下手，您后悔就来不及了。"李密于是听从了，便摆设酒席，宴请翟让。十一月十一日，翟让和他哥哥翟弘及侄子司徒府长史翟摩侯一起到李密那里赴宴。李密和翟让、翟弘、裴仁基、郝孝德坐在一起，单雄信等人站着侍卫。房彦藻、郑颋来往张罗。李密说："今天和各位高官饮酒，不需要很多人，左右只留几个供差遣的就可以了。"李密身边的人全都退出，翟让身边的人还在。房彦藻对李密说："今天正好饮宴作乐，天气很冷，司徒左右的侍卫，请赏给酒食。"李密说："听司徒的安排。"翟让说："很好。"于是房彦藻就把翟让左右侍卫全部带走了。只有李密手下壮士蔡建德仍提刀站立。酒菜还没端上来，李密拿出一把良弓，交给翟让试射。翟让双手正拉满了弓，蔡建德从背后砍杀翟让，翟让倒在了坐床前面，声叫如牛吼。蔡建德把翟弘、翟摩侯、王儒信全都杀了。徐世勣逃出，被看门人砍伤了脖子，王伯当在远处呵斥制止。单雄信叩头请求饶命，李密放了他。左右的人惊恐慌乱，不知道怎么办，李密高声说："我和各位一同兴起义兵，原本是清除暴乱。翟司徒专行暴虐，凌辱僚属，眼里没有上下，今天只诛杀翟让一家，与各位没有关系。"李密命人把徐世勣扶到幕帐下边，亲自替他敷药。翟让的部属打算逃散，李密让单雄信前去宣慰安抚。不一会儿，李密单人独骑进到翟让军营，一一加以安抚劝说，命令徐世勣、单雄信、王伯当分别率领翟让的部众，于是内外安定下来。翟让性格残忍，翟摩侯猜疑嫉妒，王儒信贪婪放纵，因此死的那一天，所属部众，没有一个人哀伤。但是，李密的部将从此有了惧疑之心。最初，王世充知道翟让与李密一定不会长久和睦，希望他们互相残杀，自己可以从中浑水摸鱼，等到他听说翟让死了，大失所望，叹息说："李密天资聪明果断，到底成龙还是为蛇，根本难以预测。"

【原文】

壬戌[①]，李渊备法驾迎代王即皇帝位于天兴殿[②]，时年十三，大赦改元[③]，遥尊炀帝为太上皇。甲子[④]，渊自长乐宫入长安。以渊为假黄钺[⑤]、使持节、大都督内外诸军事、尚书令、大丞相，进封唐王。以武德殿为丞相府，改教称令，日于虔化门视事[⑥]。乙丑[⑦]，榆林、灵武、平凉、安定[⑧]诸郡皆遣使请命。丙寅[⑨]，诏军国机务，事无大小，文武设官，位无贵贱，宪章[⑩]赏罚，咸归相府；唯郊祀天地，四时[⑪]禘祫[⑫]给奏闻。置丞相府官属，以裴寂为长史，刘文静为司马。何潘仁使李纲入见，渊留之，以为丞相府司录[⑬]，专掌选事。又以前考功郎中[⑭]窦威[⑮]为司录参军，使定礼仪。威，炽之子也。渊倾府库以赐勋人[⑯]，国用不足，右光禄大夫刘世龙献策，以为"今义师数万，并在京师，樵苏[⑰]贵而布帛贱，请伐六街[⑱]及苑中树为樵，以易布帛，可得数十万匹。"渊从之。己巳[⑲]，以李建成为唐世子[⑳]，李世民为京兆尹、秦公，李元吉为齐公。

（以上为第十三段，写李渊拥立隋恭帝掩人耳目，大权独揽丞相府。）

【注释】

①壬戌：十一月十五日。 ②天兴殿：大兴殿，隋宫正殿。《隋书·恭帝纪》作"上即皇帝位于大兴殿"。据此，"天"应改作"大"。 ③改元：将大业十三年改为义宁元年。 ④甲子：十一月十七日。 ⑤假黄钺：以黄金装饰的钺称为黄钺，天子所用。为尊崇李渊，也假以天子仪仗。假，借。钺，大斧。 ⑥虔化门：在大兴殿东。视事：处理

政事。 ⑦乙丑：十一月十八日。 ⑧安定：郡名。治所安定州市，在今甘肃泾川县北。 ⑨丙寅：十一月十九日。 ⑩宪章：典章制度。 ⑪四时：四季。 ⑫禘祫（dì xiá）：古代祭祀名。四季祭祀宗庙，夏祭称祫，又说三年一祭称祫，五年一祭称禘。 ⑬司录：官名。总录丞相府事。 ⑭考功郎中：官名。属吏部，掌考第及孝秀贡士。 ⑮窦威（？—618）：字文蔚，扶风平陵（今陕西咸阳市西北）人。历仕隋、唐，官至内史令。传见《旧唐书》卷六十一、《新唐书》卷九十五。 ⑯勋人：有功之人。勋，大功劳。 ⑰樵苏：柴草。樵，柴。苏，草。 ⑱六街：长安城中左右有六条大街。 ⑲己巳：十一月二十二日。 ⑳世子：即帝王和诸侯的正妻所生的长子，将来要嗣位。

【译文】

十一月十五日，李渊准备法驾礼仪迎接代王杨侑在天兴殿即皇帝位。当时代王十三岁。大赦天下，改年号，遥尊隋炀帝为太上皇。十一月十七日，李渊从长乐宫进入长安。恭帝任命李渊假黄钺、使持节、大都督内外诸军事、尚书令、大丞相，进位封唐王。以武德殿为丞相府，把从前的教改称为令，每天在虔化门处理政事。十一月十八日，榆林、灵武、平凉、安定等郡都派遣使者来请求听命。十一月十九日，恭帝下诏，令军政事务无论大小，文武官员的任用，无论职位高低，以及法令制定，功罪赏罚，全部归丞相府处理。只有在郊外祭祀天地以及四季祭祀祖先才奏报恭帝。李渊设置丞相官属，任命裴寂为长史，刘文静为司马。何潘仁派李纲入京晋见，李渊留下李纲，任命他为丞相府司录，专门负责选用官员事宜。又任命前考功郎中窦威为司录参军，让他制定礼仪。窦威是窦炽的儿子。李渊把府库中所有的财物都拿出来赏赐给有功的人，导致国家财用不够，右光禄大夫刘世龙献策，认为："现在义军有几万人，都在京师，柴草昂贵而布帛便宜，请砍伐长安城中六街以及苑中的树木为柴，用来换取布帛，可以得到几十万匹。"李渊采纳了这个建议。十一月二十二日，李渊册封李建成为唐世子，任命李世民为京兆尹，封秦公，封李元吉为齐公。

【原文】

河南诸郡尽附李密，唯荥阳太守郇王庆、梁郡太守杨汪尚为隋守。密以书招庆，为陈利害，且曰："王之家世，本住山东，本姓郭氏，乃非杨族。芝焚蕙叹[①]，事不同此。"初，庆祖父元孙早孤，随母郭氏养于舅族。及武元帝[②]从周文[③]起兵关中，元孙在邺，恐为高氏[④]所诛，冒姓郭氏，故密云然。庆得书惶恐，即以郡降密，复姓郭氏。

十二月，癸未[5]，追谥唐王渊大父襄公[6]为景王；考[7]仁公[8]为元王，夫人窦氏[9]为穆妃。

薛举遣其子仁果寇扶风，唐弼据汧源[10]拒之。举遣使招弼，弼乃杀李弘芝，请降于举，仁果乘其无备，袭破之，悉并其众。

弼以数百骑走诣扶风请降，扶风太守窦琎杀之。举势益张[11]，众号三十万，谋取长安；闻丞相渊已定长安，遂围扶风。渊使李世民将兵击之。又使姜謩、窦轨俱出散关[12]，安抚陇右；左光禄大夫李孝恭[13]招慰山南；府户曹[14]张道源[15]招慰山东。孝恭，渊之从父兄子也。

癸巳[16]，世民击薛仁果于扶风，大破之，追奔至垅坻[17]而还。薛举大惧，问其群臣曰："自古天子有降事乎？"黄门侍郎钱唐褚亮[18]曰："赵佗归汉[19]，刘禅仕晋[20]，近世萧琮，至今犹贵。转祸为福，自古有之。"卫尉卿郝瑗趋进曰："陛下失问！褚亮之言又何悖也！昔汉高祖屡经奔败[21]，蜀先主[22]亟亡妻子，卒成大业；陛下奈何以一战不利，遽为亡国之计乎！"举亦悔之曰："聊以此试君等耳。"乃厚赏瑗，引为谋主。

乙未[23]，平凉留守张隆，丁酉[24]，河池太守萧瑀及扶风汉阳郡[25]相继来降。以窦琎为工部尚书、燕国公，萧瑀为礼部尚书、宋国公。

姜謩、窦轨进至长道[26]，为薛举所败，引还。渊使通议大夫[27]醴泉刘世让[28]安集唐弼余党；与举相遇，战败，为举所虏。

李孝恭击破朱粲，诸将请尽杀其俘，孝恭曰："不可，自是以往，谁复肯降矣[29]！"于是自金川[30]出巴[31]、蜀[32]，檄书所至，降附者三十余州。

屈突通与刘文静相持月余，通复使桑显和夜袭其营，文静与左光禄大夫段志玄悉力苦战，显和败走，尽俘其众，通势益蹙。或说通降，通泣曰："吾历事两主[33]，恩顾[34]甚厚。食人之禄[35]而违其难，吾不为也！"每自摩[36]其颈曰："要当为国家受一刀！"劳勉[37]将士，未尝不流涕，人亦以此怀之。丞相渊遣其家僮[38]召之，通立斩之。及闻长安不守[39]，家属悉为渊所虏，乃留显和镇潼关，引兵东出，将趣洛阳。通适去，显和即以城降文静。文静遣窦琮等将轻骑与显和追之，及于稠桑[40]。通结陈自固，窦琮遣通子寿[41]往谕之，通骂曰："此贼何来！昔与汝为父子，今与汝为仇雠[42]！"命左右射之。显和谓其众曰："今京城已陷，汝辈皆关中人，去欲何之！"众皆释仗[43]而降。通知不免，下马东南向再拜号哭曰："臣力屈至此，非敢负国，天地神祇[44]实知之！”军人执通送长安，渊以为兵部尚书，赐爵蒋公，兼秦公元帅府长史。

渊遣通至河东城下招谕尧君素，君素见通，歔欷不自胜[45]，通亦泣下沾衿[46]，因谓君素曰：“吾军已败，义旗所指，莫不响应，事势如此，卿宜早降。”君素曰：“公为国大臣，主上[47]委公以关中，代王付公以社稷，奈何负国生降[48]，乃更为人作说客[49]邪！公所乘马，即代王所赐也，公何面目乘之哉！”通曰：“吁[50]，君素，我力屈而来！”君素曰：“方今力犹未屈，何用多言！”通惭而退。

东都米斗三钱[51]，人饿死者什二三。

庚子[52]，王世充军士有亡降李密者，密问：“世充军中何所为？”军士曰：“比见益募兵，再飨将士，不知其故。”密谓裴仁基曰：“吾几落奴度中[53]，光禄[54]知之乎？吾久不出兵，世充刍粮将竭，求战不得，故募兵飨士，欲乘月晦[55]以袭仓城耳，宜速备之。”乃命平原公郝孝德、琅邪公王伯当、齐郡公孟让勒兵分屯仓城之侧以待之。其夕三鼓[56]，世充兵果至，伯当先遇之，与战，不利。世充兵即陵城，总管鲁儒拒却之，伯当更收兵击之，世充大败，斩其骁将费青奴，士卒战溺死者千余人。世充屡与密战，不胜，越王侗遣使劳之，世充诉以兵少，数战疲弊；侗以兵七万益之。

刘文静等引兵东略地[57]，取弘农郡[58]，遂定新安[59]以西。

甲辰[60]，李渊遣云阳令詹俊、武功县正[61]李仲衮徇[62]巴、蜀，下之。

乙巳[63]，方与[64]贼帅张善安袭陷庐江郡[65]，因渡江，归林士弘[66]于豫章[67]；士弘疑之，营于南塘[68]上。善安恨之，袭破士弘，焚其郛郭[69]而去，士弘徙居南康[70]。萧铣遣其将苏胡儿袭豫章，克之，士弘退保余干[71]。

（以上为第十四段，写河南、陇右、关中、巴蜀等地的战斗，主战场仍是争夺东都，李密与王世充对决，陷入胶着状态。）

【注释】

①芝焚蕙叹：比喻同类相感。芝，香草名。蕙，也是香草名。　②武元帝：指杨忠，谥为武元皇帝。　③周文：据章校，“文”下应补“帝”字。　④高氏：北齐皇帝高氏。⑤癸未：十二月初七日。　⑥大父襄公：大父，祖父。襄公，即李虎，仕北魏，官至左仆

射。追封唐国公，谥曰襄。 ⑦考：父亲。 ⑧仁公：即李昞。北周安州总管，柱国大将军。谥曰仁。 ⑨窦氏：窦毅之女。上元元年（674），改上尊号为太穆顺圣皇后。传见《旧唐书》卷五十一、《新唐书》卷七十六。 ⑩汧源：县名。县治在今陕西陇县。 ⑪势益张：声势更加强大。张，大，强大。 ⑫散关：关名。关中四关中的西关。故址在今陕西宝鸡市西南。 ⑬李孝恭（591—640）：襄武王李琛之弟。官至礼部尚书，封河间郡王。传见《旧唐书》卷六十、《新唐书》卷七十八。 ⑭府户曹：指丞相府户曹参军。 ⑮张道源（？—624）：并州祁县（今山西祁县）人。仕唐，官至大理卿。传见《旧唐书》卷一百八十七上、《新唐书》卷一百九十一。 ⑯癸巳：十二月十七日。 ⑰垅坻：地名。故址大约在今陕西陇县西陇山一带。 ⑱褚亮：字希明，杭州钱塘（今浙江杭州市西）人。历仕陈、隋、唐三代，官至通直散骑常侍、文学馆学士。传见《旧唐书》卷七十二、《新唐书》卷一百零二。 ⑲赵佗归汉：赵佗本为秦南海龙川令，秦灭，自立为南越武王，后归汉，吕后当政时，叛汉自立为南越武帝，文帝时去帝号，向汉称臣。 ⑳刘禅仕晋：刘禅为三国蜀后主，魏灭蜀，降魏，封安乐公，后仕晋。 ㉑奔败：战败逃亡。 ㉒蜀先主：三国时刘备，于成都创建蜀国，称帝。 ㉓乙未：十二月十九日。 ㉔丁酉：十二月二十一日。 ㉕汉阳郡：郡名。治所上禄县，在今甘肃礼县。 ㉖长道：县名。县治在今甘肃礼县东北长道镇。 ㉗通议大夫：官名。隋文散官，无职事。 ㉘刘世让（？—623）：字元钦，雍州礼泉（今陕西礼泉县北）人。历仕隋、唐，官至广州总管。传见《旧唐书》卷六十九、《新唐书》卷九十四。 ㉙降矣：据章校，“矣”下应补“皆释之”三字。 ㉚金川：县名。县治在今陕西安康市。 ㉛巴：指巴州。治所化成县，在今四川巴中市。 ㉜蜀：指蜀郡。治所成都县，在今四川成都市。 ㉝两主：指隋文帝与隋炀帝。 ㉞恩顾：受皇帝的恩遇、宠爱。 ㉟禄：俸禄。 ㊱摩：摸，抚摩。 ㊲劳勉：慰劳，鼓励。勉，鼓励。 ㊳家僮：对男女奴仆的通称。 ㊴不守：失守。 ㊵稠桑：驿站名。故址在今河南灵宝市北。 ㊶通子寿：即屈突通之子屈突寿。袭父爵。传附《旧唐书·屈突通传》《新唐书·屈突通传》。 ㊷仇雠（chóu）：仇人。雠，仇敌。 ㊸释仗：放下兵器。仗，兵仗。 ㊹神祇（qí）：天地之神。祇，地神。 ㊺不自胜：自己经受不起。胜，经得起，受得住。 ㊻沾衿（jīn）：浸湿衣襟。沾，浸湿。衿，同“襟”，衣襟。 ㊼主上：指隋炀帝。 ㊽生降：活着投降敌人。 ㊾说（shuì）客：游说的人。 ㊿吁：叹词。 51米斗三钱：据章校，“钱”应改作“千”字，或“三”应改作“千”，因当时东都被长期围困，粮食奇缺而价贵，“三钱”误，作“千钱”或“三千”都通。 52庚子：十二月二十四日。 53几落奴度中：几乎陷入王世充的算计之中。几，几乎。奴，指王世充。度，忖度，揣度。 54光禄：指裴仁基。仁基时任光禄大夫。 55月晦：月色昏暗。

晦，昏暗。 ㊻三鼓：三更。也称丙夜，即夜半。古代把一夜分为一鼓、二鼓、三鼓、四鼓、五鼓，也称一更、二更、三更、四更、五更。 ㊼略地：攻占地盘。略，攻略，掠夺。 ㊽弘农郡：郡名。治所弘农县，在今河南灵宝市。 ㊾新安：县名。县治在今河南新安县。 ㊿甲辰：十二月二十八日。 ㉛县正：官名。隋炀帝改县尉为县正，掌管一县治安，纠察奸宄。 ㉜徇：夺取。 ㉝乙巳：十二月二十九日。 ㉞方与：县名。县治在今山东鱼台县西。 ㉟庐江郡：郡名。治所合肥县，在今安徽合肥市西。 ㊱林士弘（？—622）：饶州鄱阳（今江西鄱阳县）人。曾于隋末起义中自称皇帝。传见引《旧唐书》卷五十六、《新唐书》卷八十七。 ㊲豫章：郡名。治所南昌县，在今江西南昌市。 ㊳南塘：地名。属南昌县，在今江西南昌市南。 ㊴郛（fú）郭：外城。 ㊵南康：郡名。治所南康县，在今江西赣州市南康区。 ㊶余干：县名。县治在今江西余干县。

【译文】

河南各郡全都归附李密，只有荥阳太守郇王杨庆、梁郡太守杨汪还效忠隋朝，坚守不屈。李密写信招抚郇王杨庆，陈述利害，并说："您的家世，原住在山东，本来姓郭，不属于杨氏家族。虽然同类相感，但您和他们并不是一类。"当初，杨庆的祖父元孙早年丧父，他跟随母亲郭氏在舅舅家长大。等到隋武元帝杨忠跟随周文帝宇文泰在关中起兵，元孙在邺城，他害怕北齐高氏杀害元氏，就冒姓郭，所以李密才这样说。杨庆收到信很惶恐，立即献出郡城投降李密，并恢复郭姓。

十二月初七日，恭帝追赠唐王李渊的祖父襄公李虎谥号为景王，父亲仁公李昞谥号为元王，李昞的夫人窦氏为穆妃。

薛举派他的儿子薛仁果侵犯扶风郡，唐弼据守汧源进行抵抗。薛举派使者招降唐弼，唐弼便杀死自己所立的伪唐王李弘芝，请求归降薛举。薛仁果乘唐弼没有防备，袭击并攻取了汧源，吞并了唐弼的部众。

唐弼率领几百名骑兵逃到扶风郡请求投降，扶风太守窦琎杀了他。薛举的势力更加强大，部众号称三十万人。他图谋攻取长安，听说丞相李渊已平定长安，便包围了扶风。李渊派李世民率兵攻打薛举。又派姜謩、窦轨由散关出发，安抚陇右；左光禄大夫李孝恭招抚山南；府户曹张道源招抚崤山以东各地。李孝恭，是李渊的堂侄。

十二月十七日，李世民率兵在扶风郡进攻薛仁果，大败薛仁果军，并追击到垅坻才返回。薛举极为恐惧，问他的臣属说："自古以来，有天子投降的事吗？"

黄门侍郎钱唐人褚亮说："赵佗归附汉朝，刘禅降晋为臣，近世则有萧琮，他的子孙到现在还享受荣华富贵。转祸为福这样的事，自古以来就有。"卫尉卿郝瑗快步上前说："陛下不该问这种话！褚亮的回答又是多么荒谬！从前汉高祖经过多次逃亡与失败，蜀汉先主刘备也多次失去妻子儿女，而他们最终建立了大业；陛下怎么能因为一次战役失败，便马上作亡国的打算呢！"薛举也后悔了，说："我不过试探一下各位的态度罢了。"于是重赏郝瑗，提升他为谋主。

十二月十九日，平凉留守张隆，十二月二十一日，河池太守萧瑀以及扶风、汉阳郡相继来投降，李渊任命窦琎为工部尚书，封燕国公；任命萧瑀为礼部尚书，封宋国公。

姜謩、窦轨进军到长道县，被薛举打败，率军退回。李渊派遣通议大夫醴泉人刘世让安抚收容唐弼的残余部众。刘世让与薛举遭遇，战败，被薛举俘虏。

李孝恭击败朱粲，众部将请求将俘虏全部杀掉。李孝恭说："不可以，如果这样，从此以后谁还肯投降？"于是从金川到巴蜀，檄文所到之处，投降归附的有三十多州。

屈突通和刘文静相持了一个多月，屈突通又派桑显和乘夜偷袭刘文静大营。刘文静和左光禄大夫段志玄竭力苦战，桑显和大败而逃，所领部众全部被俘获，屈突通的处境更加艰难。有人劝屈突通投降，屈突通流着泪说："我事奉过两代皇上，他们对我的恩宠照顾非常优厚，吃人家的俸禄却在危难时背叛人家，我不能这样做！"他常常摸着自己的脖子说："终究应当为国家挨一刀！"他慰劳勉励将士，没有一次不痛哭流涕，大家也因此很受感动。丞相李渊派屈突通的家僮去劝降，屈突通当即杀了家僮。等到听说长安已经失守，家属都被李渊俘获，便留下桑显和镇守潼关，率军东下，准备奔向洛阳。屈突通刚走，桑显和就献出城池投降了刘文静，刘文静派窦琮等人率领轻骑兵同桑显和一起去追赶，在稠桑追上了。屈突通结成阵势坚守不动，窦琮派屈突通的儿子屈突寿去劝说他，屈突通骂道："你这个贼子怎么来了？先前我和你是父子，现在我和你是仇敌！"屈突通命令身边的人用弓箭射屈突寿。桑显和对屈突通的部众说："如今京城已经陷落，你们都是关中人，你们向东到哪里去呢？"屈突通的部众都放下武器投降。屈突通知道自己不能幸免，于是下马面向东南方向叩头大声说："臣用尽了力量落到这个地步，我没有辜负国家，天地神灵都是知道的！"军士捉住屈突通押送长安，李渊任命他为兵部尚书，赐封爵为蒋公，兼任秦公李世民元帅府的长史。

李渊派屈突通到河东城下招抚晓谕尧君素，尧君素见了屈突通，止不住悲伤叹息，屈突通也流泪浸湿了衣襟，便对尧君素说：“我军已经战败，义军旌旗所指之处，没有不响应的。事势到了这个地步，您还是及早投降吧。”尧君素说：“您身为国家大臣，皇上把关中交给你，代王把国家托付给你，您怎么能辜负国家活着投降，回过头来替人做说客呢？您所骑的马，就是代王赐的啊，您还有什么脸面骑它呢？”屈突通说：“唉，尧君素啊，我是用尽了力量才来的。”尧君素说：“现今我的力量还没有用尽，不必多说了。”屈突通羞愧地离开。

东都的米一斗值钱三千钱，饿死的人十有二三。

十二月二十四日，王世充的士兵有逃亡去投降李密的，李密问：“王世充在军中有什么举动？”降兵回答说：“近来见他大量招兵，一再犒劳将士，不知是什么缘故。”李密对裴仁基说：“我差点落入王世充这个奴才的算计，裴光禄大夫你知道是什么缘故吗？我长时间没有出兵，王世充的粮草快要用完，求战不得，所以招募士兵犒赏将士，想趁月黑昏暗之夜袭击仓城，我们要尽快防备。”于是命令平原公郝孝德、琅邪公王伯当、齐郡公孟让率领军队分别驻扎在仓城的两旁等待。当天夜里三更时分，王世充的军队果然来了，王伯当首先遭遇敌军，交战不利，王世充的军队立即登城，总管鲁儒率军把敌人压了回去，王伯当又集结军队攻击，王世充大败，骁将费青奴被杀死，士兵战死的有一千多人。王世充多次与李密交战，都失败了，越王杨侗派使者慰问，王世充诉说兵力太少，经过多次作战，疲惫不堪，杨侗给他增加了七万兵力。

刘文静等领兵向东攻城夺地，占领了弘农郡，于是平定了新安以西的地方。

十二月二十八日，李渊派云阳县令詹俊、武功县正李仲衮进兵巴蜀，攻占了这些地方。

十二月二十九日，方与县的贼帅张善安袭击攻下了庐江郡，趁势渡江，到豫章郡归附林士弘。林士弘猜疑张善安，安排张善安在南塘上扎营。张善安怀恨林士弘，发动偷袭打败了林士弘，焚烧了豫章郡的外城离去。林士弘移居南康县城。萧铣派部将苏胡儿袭击豫章，占领了豫章城，林士弘退守余干县。

【评析】

本卷有两件大事引人深思，都直接与李密关联。其一，李密火并翟让，时间、地点、手段都是错误的，表现了他的心胸褊狭，不是真命天子。当义军与隋军争夺东都进入关键时刻，李密发起内讧，且手段卑劣，大伤部属之心，沉重地打击了义军的凝聚力与战斗力，李密后来之败，固宜。其二，对待隋王朝，李密不以大义而以仇怨之心煽动民众，与自己贵族之身份不相宜，故冯慈明诛其心，曰："公家历事先朝，荣禄兼备。不能善守门阀"，而"唯图反噬"，李密无辞以应。李密军事并无绝对优势，而倡言"殪商辛于牧野""执子婴于咸阳"，不利于争取社会上层。再看李渊起兵，乘虚入关中，取胜可十全，而仍战战兢兢，打出匡扶正义之旗，北联突厥，示好李密，兵围长安，口口声声"以安隋言"，颁示三军："犯七庙及代王、宗室者，夷三族。"两相对照，李渊之宽仁豁达，非李密可比。乱世争雄，真命天子者，政治成熟之谓也，李渊所作所为，确实是命世之才，非凡夫俗子所能望其项背。

卷第一百八十五　唐纪一

唐高祖武德元年（618）

【起著雍摄提格（戊寅，618）正月，尽七月，不满一年】

【大事提要】

本卷记事起618年正月，讫七月，共七个月史事。当唐高祖武德元年。本卷详细记载了宇文化及背叛隋朝，弑杀隋炀帝的过程。这一事件，直接导致了隋朝的灭亡。三月十一日，隋炀帝被弑。五月十四日，李渊在长安即皇帝位，建立唐朝。五月二十四日，越王杨侗在东都即皇帝位，改元皇泰，史称杨侗为皇泰主。宇文化及北上，欲返东都。李密遭到夹击，皇泰主利用这一形势招安李密，册封李密为魏国公。李密率众阻击宇文化及，取得大胜，将入朝皇泰主。此时，东都发生内讧，王世充诛杀元文都，专擅大权，阻挡李密入朝。形势一朝突变，隋朝彻底灭亡不可逆转。萧梁后裔萧铣乘势而起，割据了荆襄以及交州，在长江中游建起了一个政权，占有今两湖及两广地区。西北割据政权，如河西李轨、陇右薛举、朔方梁师都，加紧割据活动。薛举与唐室交战，取得一时胜利。

【原文】

高祖神尧大圣光孝皇帝上之上①

武德元年（戊寅，618）

春，正月，丁未朔②，隋恭帝诏唐王剑履上殿③，赞拜不名④。

唐王既克长安⑤，以书谕诸郡县，于是东自商洛⑥，南尽巴、蜀⑦，郡县长吏及盗贼渠帅、氐、羌⑧酋长，争遣子弟入见请降，有司复书，日以百数。

王世充⑨既得东都⑩兵，进击李密⑪于洛北⑫，败之，遂屯巩⑬北。辛酉⑭，世充命诸军各造浮桥渡洛击密，桥先成者先进，前后不一。虎贲郎将⑮王辩⑯破密外栅⑰，密营中惊扰，将溃；世充不知，鸣角⑱收众，密因帅敢死士乘之，世充大败，争桥溺死者万余人。王辩死，世充仅自免[19]，洛北诸军皆溃。世充不敢入东都，北趣[20]河阳[21]，是夜，疾风寒雨，军士涉水沾湿，道路冻死者又以万数。世充独与数千人至河阳，自系狱请罪[22]，越王侗[23]遣使赦之，召还东都，赐金帛、美女以安其意。世充收合亡散，得万余人，屯含嘉城[24]，不敢复出。

密乘胜进据金墉城[25]，修其门堞、庐舍[26]而居之，钲鼓[27]之声，闻于东都；未几[28]，拥兵三十万，陈于北邙[29]，南逼上春门[30]。乙丑[31]，金紫光禄大夫[32]段达[33]、民部尚书[34]韦津[35]出兵拒之；达望见密兵盛，惧而先还，密纵兵乘[36]之，军遂溃，韦津死。于是偃师[37]、柏谷[38]及河阳都尉[39]独孤武都[40]、检校[41]河内[42]郡丞[43]柳燮[44]、职方郎[45]柳续[46]等，各举所部降于密。窦建德[47]、朱粲[48]、孟海公[49]、徐圆朗[50]等并遣使奉表劝进，密官属裴仁基[51]等亦上表请正位号[52]，密曰："东都未平，不可议此。"

戊辰[53]，唐王以世子建成[54]为左元帅[55]，秦公世民[56]为右元帅，督诸军十余万人救东都。

东都乏食，太府卿[57]元文都[58]等募守城不食公粮者进[59]散官[60]二品；于是商贾执象[61]而朝者，不可胜数。

（以上为第一段，写李密兵围东都大败王世充。）

【注释】

①高祖神尧大圣光孝皇帝：唐代开国皇帝李渊（566—635），字叔德。陇西成纪（今甘肃秦安县西北）人，一说陇西狄道（今甘肃临洮）人，自云西凉太祖李暠七世孙，渊父虎自武川（今内蒙古武川县西南）徙家长安。618—627年在位。 ②丁未朔：一月一日。 ③剑履上殿：据《隋书·礼仪志》，开皇十二年（592）始制朝会应登殿坐者，须解佩剑和脱履。恭帝优礼唐王，故诏其升殿时可以带剑着履。履（lǚ），鞋。 ④赞拜不名：臣子朝拜君王时，则曰某官某。不名，不须称名。这亦是一种崇高的礼遇。 ⑤唐王既克长安：据上卷，李渊于恭帝义宁元年（617）十一月九日攻克长安。至是，渊据京师已五十三日。克，攻下。长安，隋、唐等朝代国都，在今陕西西安市。 ⑥商洛：县名。县治在今陕西商洛市商州区东南商洛镇西北。武德二年（619）移治今商洛镇。 ⑦巴、蜀：郡名。巴郡治所在今重庆市，蜀郡治所在今四川成都市。 ⑧氐、羌：中国古代民族名。主要分布在今陕、甘、青、川一带。 ⑨王世充（?—621）：隋末割据者。字行满。祖籍西域。传见《隋书》卷八十五、《旧唐书》卷五十四、《新唐书》卷八十五。 ⑩东

都：洛阳（今河南洛阳市）。 ⑪李密（582—619）：隋末瓦岗起义军领袖。字玄邃，一字法主。传见《隋书》卷七十、《旧唐书》卷五十三、《新唐书》卷八十四。 ⑫洛北：洛水（今洛河）之北。 ⑬巩：县名。县治在今河南巩义市东。 ⑭辛酉：正月十五日。 ⑮虎贲（bēn）郎将：武官名。掌宿卫事。 ⑯王辩（562—618）：传见《隋书》卷六十四。⑰栅（zhà，又读“shān”）：栅栏。军营外部构筑的防御工事。 ⑱角：画角。以竹木或皮革制成，似今军号，故又称号角。并与鼓结合，曰鼓角。用以报时、警众，或发号施令。 ⑲仅自免：仅，才能够。自免，己身脱难。因王辩死战，王世充才得以脱逃。⑳趣（qū）：通“趋”，快步急行。 ㉑河阳：县名。县治在今河南孟州市南。 ㉒自系狱请罪：自缚入狱请求治罪。 ㉓越王侗（?—619）：隋炀帝孙。大业二年（606），封越王。炀帝死，即位于东都，改元皇泰，史称“皇泰主”。在位十一月，为王世充所弑，王世充谥为恭皇帝。传见《隋书》卷五十九。 ㉔含嘉城：隋仓城名。遗址在今河南洛阳市东北。 ㉕金墉城：城名，三国魏明帝时筑。今称故址为阿斗城。遗址在今河南洛阳市东北十五公里，位于汉、魏洛阳故城西北隅。 ㉖堞、庐舍：堞（dié），又称女墙，城上的矮墙。庐舍，房屋。 ㉗钲（zhēng）鼓：古代行军时用的钲和鼓两种乐器。后人言兵事，常以钲鼓并称。 ㉘未几：不久。 ㉙陈于北邙：陈，“阵”的本字。邙山东段，即北邙山，在今河南洛阳市北。 ㉚上春门：即隋洛阳城（今河南洛阳市）东城最北门。 ㉛乙丑：正月十九日。 ㉜金紫光禄大夫：官名。汉制光禄大夫带银印青绶，魏晋以后，有特加金印紫绶者，称金紫光禄大夫。始置掌顾问应对，后为加官或褒赠之官。 ㉝段达（?—621）：隋朝大臣。武威姑臧（今甘肃武威市）人。累官左骁卫大将军、开府仪同三司、纳言。在周袭爵襄垣县公，隋末封陈国公。后媚事王世充，唐平东都，达坐诛。传见《北史》卷七十九、《隋书》卷八十五。 ㉞民部尚书：官名，即户部尚书，尚书省六部长官之一。掌全国土地、户籍、赋税、财政收支等事。 ㉟韦津（?—618）：隋大臣。京兆杜陵（今陕西西安市东南）人。事迹见《隋书》卷四十七。 ㊱乘：追逐。 ㊲偃师：县名。县治在今河南偃师县东。 ㊳柏谷：古坞名，又名钩锁坞。在今河南偃师东南洛河南岸。 ㊴都尉：官名。地位略低于将军的武官。 ㊵独孤武都（?—618）：《旧唐书·窦琮传》《新唐书·窦琮传》作“独孤武”。隋室外戚。姑母为隋文帝皇后。武都潜谋投唐，事觉，为王世充杀害。传见《北史》卷六十一。 ㊶检校：代理官称。 ㊷河内：郡名。治所在今河南沁阳市。 ㊸郡丞：官名。郡守佐官，掌兵马。 ㊹柳燮：隋地方官。河东解县（今山西运城市西南解州镇）人。降李密后，复说密投唐。仕唐至都官郎中。㊺职方郎：官名。隶兵部，掌管地图与四方职贡。 ㊻柳续：隋官出身。河东解县人。降唐后，擢仪曹郎中。 ㊼窦建德（573—621）：隋末河北地区农民军领袖，清河漳南（今山东武城县东北）人。618年于乐寿建立国号为夏的地方政权。后为李世民所败，俘至长安被杀。传见《旧唐书》卷五十四、《新唐书》卷八十五。 ㊽朱粲（?—621）：隋末豫南地区农民军败类。传见《旧唐书》卷五十三、《新唐书》卷八十七。 ㊾孟海公（?—621）：隋末曹州农民军领袖。事迹见《旧唐书》卷五十四、《新唐书》卷八十五。 ㊿徐圆朗（?—623）：隋叛将。传见《旧唐书》卷五十五、《新唐书》卷八十六。 51裴仁基（?—621）：隋叛将。传见《隋书》卷七十。 52请正位号：劝请即位称帝。 53戊辰：正月二十二日。 54世子建成（589—626）：李渊长子。 55元帅：唐代战时最高统帅，多以皇子、亲王充任。 56秦公世民（599—649）：李渊次子。时封秦国公。后称帝，史称唐太宗，626年至649年在位。 57太府卿：太府寺长官。掌京都四市及供官市易，以及国家财库左右藏。 58元文都（? —620）：隋末大臣。传见《隋书》卷七十一。 59进：加官，晋职。 60散官：表示官员阶品但无职事的官号。 61象：象牙制作的朝笏之略称。

【译文】

高祖神尧大圣光孝皇帝上之上

唐高祖武德元年（戊寅，618）

春季，正月初一日，隋恭帝下诏：唐王李渊可以佩剑穿鞋上殿觐见皇帝，言事下拜时只报官职与姓而不用报上名字。

唐王李渊攻克长安之后，向各郡县发出书信进行劝谕，于是东自商洛县，南至整个巴、蜀，各郡县的官长属吏以及起兵造反的首领，氐、羌的部落酋长，都争相派遣子弟前来长安觐见，请求归顺，唐王属下的官员回复书信，每日多达数百封。

王世充获得东都的兵马之后，进军攻击位于洛水北岸的李密，击败了他，于是驻扎在巩义市之北。正月十五日，王世充下令各部队分头建造浮桥渡过洛水攻击李密，先建好浮桥的部队率先进攻，各部的行动前后不一。其部下虎贲郎将王辩攻破李密军营的外围栅栏，李密军营内一片惊恐慌乱，即将崩溃。王世充不知道这一情况，反而吹号角收兵，李密于是率领敢死队乘机反攻，王世充大败，其部下争桥过河，溺死者多达一万余人。王辩死于乱军之中，王世充只身逃脱，洛水北岸的各部队全都崩溃。王世充不敢逃回东都，向北赶往河阳。这天夜里，刮起了疾风，下起了寒雨，士兵们涉水过河，衣服全都打湿了，逃跑的路上受寒冻死的又数以万计。王世充只与数千人逃到河阳，自己受缚下狱向越王请罪，越王杨侗派来使节赦免其罪，召他回到东都，赏赐金帛、美女，进行安抚。王世充于是召回并集合四处逃散的部队，共有一万余人，驻扎在含嘉城，不敢再次出战。

李密乘胜进军，占据了金墉城，修缮了城门、城墙、堞口和城内的房屋，在城中驻扎下来，其军营中的钲鼓之声，东都的人都可听到。不久，李密的兵力就达到三十余万，在北邙山一带分布排列，向南直逼东都的上春门。正月十九日，隋金紫光禄大夫段达、民部尚书韦津出兵抗击。段达望见李密兵势强盛，畏惧而先行撤回。李密纵兵乘势反攻，隋军于是崩溃，韦津战死。在此情况下，偃师、柏谷及河阳都尉独孤武都、检校河内郡丞柳燮、职方郎柳续等人都各率所部投降李密。窦建德、朱粲、孟海公、徐圆朗等人都派遣使节上表劝说李密称帝，李密的下属裴仁基等人也上表请李密登基改国号，李密说："东都尚未攻下，不可商议称帝之事。"

正月二十二日，唐王李渊任命世子李建成为左元帅，任命秦公李世民为右元帅，督率诸军十余万人救援东都。

东都城内缺乏粮草，太府卿元文都等人招募人员守城，凡是不吃公粮的人，都授予二品散官，于是许多商人都当上了官，手执象笏进宫朝见，多得不可胜数。

【原文】

二月，己卯①，唐王遣太常卿②郑元琦③将兵出商洛，徇④南阳⑤，左领军府⑥司马安陆马元规⑦徇⑧安陆⑨及荆、襄⑩。

李密遣房彦藻⑪、郑颋⑫等东出黎阳⑬，分道招慰州县。以梁郡⑭太守杨汪⑮为上柱国⑯、宋州总管⑰，又以手书与之曰："昔在雍丘⑱，曾相追捕，射钩斩袂⑲，不敢庶几。⑳"汪遣使往来通意，密亦羁縻㉑待之。彦藻以书招窦建德，使来见密。建德复书，卑辞厚礼，托以罗艺㉒南侵，请捍御北垂㉓。彦藻还，至卫州㉔，贼帅王德仁㉕邀杀之。德仁有众数万，据林虑山㉖，四出抄掠，为数州之患。

（以上为第二段，写唐王李渊出兵南阳，李密招抚东方未遂。）

【注释】

①己卯：二月初四日。 ②太常卿：官名。太常寺长官。掌祭祀礼乐之事。 ③郑元琦（？—646）：唐初大臣。传见《旧唐书》卷六十二、《新唐书》卷一百。 ④徇：攻取。⑤南阳：郡名。隋炀帝改邓州为南阳郡，治所在今河南邓州市。 ⑥左领军府：禁军官署

名。隋禁军置有左、右领军府，各掌十二军籍帐、差科、辞讼等事。不置将军，以长史、司马等综理军府事。 ⑦马元规（?—618）：唐初功臣，事迹见《旧唐书》卷一百八十七上、《新唐书》卷一百九十一《吕子臧传》。 ⑧徇（xùn）：略地。 ⑨安陆：县名。县治在今湖北安陆市。 ⑩荆、襄：荆州（治所在今湖北江陵县）和襄阳郡（治所在今湖北襄樊市）的略称。 ⑪房彦藻（?—618）：隋末瓦岗军将领。事迹见《隋书》卷七十、《旧唐书》卷五十三、《新唐书》卷八十四《李密传》。 ⑫郑颋（? —621）：瓦岗军将领。事迹见《旧唐书·李密传》、《新唐书》卷八十五《王世充传》等。 ⑬黎阳：县名。县治在今河南浚县东北。 ⑭梁郡：郡名。炀帝改宋州置。治所在今河南商丘市。 ⑮杨汪（?—621）：王世充亲信。事迹见《旧唐书》卷五十四、《新唐书》卷八十五《王世充传》。 ⑯上柱国：官名。隋置上柱国、柱国以酬功勋，皆为散官。 ⑰总管：官名。掌一州的军政。 ⑱雍丘：县名。县治在今河南杞县。 ⑲射钩斩袂（mèi）：春秋时，管仲曾射中齐桓公衣带钩，但桓公不念旧恶，用以为相；晋寺人披曾斩断晋文公的衣袖，但文公不怨。袂，衣袖。 ⑳不敢庶几：不，不当。敢，自谦词。庶几，妄起邪意。李密表白自己决不加害过去的仇人杨汪。 ㉑羁縻：谓笼络使不生异心。 ㉒罗艺（?—627）：隋末割据者。字子延。襄州襄阳（今湖北襄阳市）人。降唐后，封燕王，赐姓李。贞观初，因叛唐被诛。传见《旧唐书》卷五十六、《新唐书》卷九十二。 ㉓北垂：北边。垂同“陲”，即边陲。 ㉔卫州：郡名。治所在今河南淇县东。 ㉕王德仁（?—621）：隋末农民军领袖。据林虑山（今河南林州市西），活动于魏郡（治今河南漳县西南）、上党郡（治今山西长治市）一带。后降唐复反，附王世充，兵败为李世民诛杀。 ㉖林虑山：山名。又称隆虑山。在今河南林州市境内。

【译文】

二月初四日，唐王李渊派遣太常卿郑元璹率兵到商洛地区，攻占南阳，又派左领军府司马安陆人马元规攻占安陆及荆、襄地区。

李密派遣房彦藻、郑颋等向东出兵前往黎阳，分路招抚各州县。任命梁郡太守杨汪为上柱国、宋州总管，又亲自写信对他说：“从前在雍丘的时候，你曾奉命追捕我，管仲射中齐桓公带钩而后来被任命为国相、寺人披斩断晋文公衣袖而文公不怨的事，我不敢和他们相比，但愿做得差不多。”杨汪派遣使节来见李密表示顺服之意，李密也用心拉拢他。房彦藻写信招抚窦建德，让他来见李密。窦建德回信，言辞谦卑，献上厚礼，却借口罗艺将要南侵，请求留在北方保护边境。房彦藻返回，走到卫州，一支造反军的首领王德仁伏击杀死了他。王德仁有兵数万人，占据林虑山，四出抢掠，成为几个州的大患。

【原文】

三月，己酉[1]，以齐公元吉[2]为镇北将军、太原道行军元帅[3]、都督十五郡[4]诸军事，听以便宜从事[5]。隋炀帝[6]至江都[7]，荒淫益甚，宫中为百余房，各盛供张[8]，实以美人，日令一房为主人。江都郡丞赵元楷[9]掌供酒馔，帝与萧后[10]及幸姬[11]历就宴饮，酒卮[12]不离口，从姬千余人亦常醉。然帝见天下危乱，意亦扰扰[13]不自安，退朝则幅巾[14]短衣，策杖[15]步游，遍历台馆，非夜不止，汲汲[16]顾景[17]，唯恐不足。

帝自晓占候卜相[18]，好为吴语[19]；常夜置酒，仰视天文[20]，谓萧后曰："外间大有人图侬[21]，然侬不失为长城公[22]，卿[23]不失为沈后[24]，且共乐饮耳！"因引满[25]沈醉。又尝引镜自照，顾谓萧后曰："好头颈，谁当斫[26]之！"后惊问故，帝笑曰："贵贱苦乐，更迭[27]为之，亦复何伤。"

帝见中原已乱，无心北归，欲都丹阳[28]，保据江东[29]，命群臣廷议之，内史侍郎[30]虞世基[31]等皆以为善，右候卫大将军[32]李才极陈不可，请车驾还长安，与世基忿争而出。门下录事[33]衡水李桐客曰："江东卑湿，土地险狭，内奉万乘[34]，外给三军，民不堪命，亦恐终散乱耳。"御史[35]劾[36]桐客谤毁朝政。于是公卿皆阿意[37]言："江东之民望幸[38]已久，陛下过江，抚而临之，此大禹[39]之事也。"乃命治丹阳宫，将徙都之。

时江都粮尽，从驾骁果[40]多关中[41]人，久客思乡里，见帝无西意，多谋叛归，郎将[42]窦贤遂帅所部西走，帝遣骑追斩之，而亡者犹不止，帝患之。虎贲郎将扶风司马德戡[43]素有宠于帝，帝使领骁果屯于东城，德戡与所善虎贲郎将元礼、直阁[44]裴虔通[45]谋曰："今骁果人人欲亡，我欲言之，恐先事受诛；不言，于后事发，亦不免族灭，奈何？又闻关内沦没，李孝常[46]以华阴叛，上囚其二弟，欲杀之。我辈家属皆在西，能无此虑乎！"二人皆惧，曰："然则计将安出？"德戡曰："骁果若亡，不若与之俱去。"二人皆曰："善！"因转相招引，内史舍人[47]元敏[48]、虎牙郎将赵行枢、鹰扬郎将孟秉、符玺郎[49]牛[50]方裕、直长[51]许弘仁[52]、薛世良、城门郎[53]唐奉义、医正[54]张恺、勋侍[55]杨士览等皆与之同谋，日夜相结约，于广座明论叛计，无所畏避。有宫人[56]白[57]萧后曰："外间人人欲反。"后曰："任汝奏之。"宫人言于帝，帝大怒，以为非所宜言，斩之。其后宫人复白后，后曰：“天下事一朝至此，无可救者，何用言之，徒令帝忧耳！”自是无复言者。

赵行枢与将作少监[58]宇文智及[59]素厚，杨士览，智及之甥也，二人以谋告智及；智及大喜。德戡等期以三月望日[60]结党西遁，智及曰：“主上虽无道，威令尚行，卿等亡[61]去，正如窦贤取死耳。今天实丧隋，英雄并起，同心叛者已数万人，因行大事，此帝王之业也。”德戡等然之[62]。行枢、薛世良请以智及兄右屯卫将军[63]许公化及[64]为主，结约既定，乃告化及。化及性驽怯[65]，闻之，变色流汗，既而从之。

德戡使许弘仁、张恺入备身府[66]，告所识者云：“陛下闻骁果欲叛，多酝[67]毒酒，欲因享会[68]，尽鸩杀之，独与南人留此。”骁果皆惧，转相告语，反谋益急。乙卯[69]，德戡悉召骁果军吏，谕以所为，皆曰：“唯将军命！”是日，风霾昼昏[70]。晡[71]后，德戡盗御厩[72]马，潜厉兵刃[73]。是夕，元礼、裴虔通直阁下，专主殿内；唐奉义主闭城门，与虔通相知[74]，诸门皆不下键[75]。至三更，德戡于东城集兵得数万人，举火与城外[76]相应。帝望见火，且闻外喧嚣，问何事。虔通对曰：“草坊失火，外人共救之耳。”时内外隔绝，帝以为然。智及与孟秉于城外集千余人，劫候卫虎贲[77]冯普乐布兵分守衢巷[78]。燕王倓[79]觉有变，夜，穿芳林门[80]侧水窦[81]而入，至玄武门[82]，诡奏[83]曰：“臣猝[84]中风，命悬俄顷[85]，请得面辞。”裴虔通等不以闻[86]，执[87]囚之。丙辰[88]，天未明，德戡授虔通兵，以代诸门卫士[89]。虔通自门将数百骑至成象殿，宿卫者[90]传呼有贼，虔通乃还，闭诸门，独开东门，驱殿内宿卫者令出，皆投仗[91]而走。右屯卫将军[92]独孤盛[93]谓虔通曰：“何物兵势太异[94]！”虔通曰：“事势已然，不预[95]将军事，将军慎毋动！”盛大骂曰：“老贼，是何物语[96]！”不及被甲，与左右十余人拒战，为乱兵所杀。盛，楷[97]之弟也。千牛[98]独孤开远[99]帅殿内兵数百人诣玄览门，叩阁[100]请曰：“兵仗尚全，犹堪破贼。陛下若出临战，人情自定；不然，祸今至矣。”竟无应者，军士稍[101]散。贼执开远，义而释之。先是，帝选骁健官奴[102]数百人置玄武门，谓之给使[103]，以备非常，待遇优厚，至以宫人赐之。司宫[104]魏氏为帝所信，化及等结之使为内应。是日，魏氏矫诏悉听给使出外，仓猝际制无一人在者。

德戡等引兵自玄武门入，帝闻乱，易服逃于西阁。虔通与元礼进兵排左阁[105]，魏氏启[106]之，遂入永巷[107]，问：“陛下安在？”有美人[108]出，指之。

校尉[109]令狐行达拔刀直进，帝映窗扉[110]谓行达曰："汝欲杀我邪？"对曰："臣不敢，但欲奉陛下西还耳。"因扶帝下阁。虔通，本帝为晋王时亲信左右也，帝见之，谓曰："卿非我故人[111]乎！何恨而反？"对曰："臣不敢反，但将士思归，欲奉陛下还京师耳。"帝曰："朕方欲归，正为上江[112]米船未至，今与汝归耳！"虔通因勒兵[113]守之。

至旦[114]，孟秉以甲骑[115]迎化及，化及战栗不能言，人有来谒[116]之者，但俯首据鞍[117]称罪过。化及至城门[118]，德戡迎谒，引入朝堂，号为丞相[119]。裴虔通谓帝曰："百官悉在朝堂，陛下须亲出慰劳。"进其从骑[120]，逼帝乘之；帝嫌其鞍勒弊[121]，更易新者，乃乘之。虔通执辔[122]挟刀出宫门，贼徒喜噪动地。化及扬言曰："何用持此物出，亟还与手[123]。"帝问："世基何在？"贼党马文举曰："已枭首[124]矣！"于是引帝还至寝殿[125]，虔通、德戡等拔白刃[126]侍立。帝叹曰："我何罪至此？"文举曰："陛下违弃宗庙[127]，巡游不息，外勤征讨，内极奢淫，使丁壮[128]尽于矢刃，女弱填于沟壑[129]，四民[130]丧业，盗贼蜂起；专任佞谀[131]，饰非拒谏[132]：何谓无罪！"帝曰："我实负百姓；至于尔辈[133]，荣禄兼极，何乃如是[134]！今日之事，孰[135]为首邪？"德戡曰："溥[136]天同怨，何止一人！"化及又使封德彝[137]数帝罪，帝曰："卿乃士人[138]，何为亦尔？"德彝赧然[139]而退。帝爱子赵王杲[140]，年十二，在帝侧，号恸不已[141]，虔通斩之，血溅御服。贼欲弑帝，帝曰："天子死自有法，何得加以锋刃！取鸩酒[142]来！"文举等不许，使令狐行达顿帝令坐。帝自解练巾[143]授行达，缢[144]杀之。初，帝自知必及于难，常以罂[145]贮毒药自随，谓所幸诸姬曰："若贼至，汝曹[146]当先饮之，然后我饮。"及乱，顾索药，左右皆逃散，竟不能得。萧后与宫人撤漆床板为小棺，与赵王杲同殡[147]于西院流珠堂。

帝每巡幸，常以蜀王秀[148]自随，囚于骁果营。化及弑帝，欲奉秀立之，众议不可，乃杀秀及其七男。又杀齐王暕[149]及其二子并燕王倓[150]，隋氏宗室、外戚，无少长皆死。唯秦王浩[151]素与智及往来，且以计全之。齐王暕素失爱于帝，恒相猜忌，帝闻乱，顾[152]萧后曰："得非阿孩邪？"化及使人就第[153]诛暕，暕谓帝使收[154]之，曰："诏使[155]且缓儿，儿不负国家！"贼曳[156]至街中，斩之，暕竟不知杀者为谁，父子至死不相明。又杀内史侍郎虞世基、御史大夫裴蕴[157]、左翊卫大将军[158]来护儿[159]、秘书监袁充[160]、右翊卫将军宇文协[161]、千牛宇文皛[162]、梁公萧钜[163]等及其子。钜，琮[164]之弟子也。

难将作，江阳长[165]张惠绍驰告裴蕴，与[166]惠绍谋矫诏[167]发郭下兵收化及等，扣门援帝。议定，遣报虞世基；世基疑告反者不实，抑而不许。须臾，难作，蕴叹曰："谋及播郎[168]，竟误人事！"虞世基宗人[169]伋谓世基子符玺郎熙[170]曰："事势已然，吾将济[171]卿南渡，同死何益！"熙曰："弃父背君，求生何地！感尊之怀，自此决[172]矣！"世基弟世南[173]抱世基号泣请[174]代，化及不许。黄门侍郎[175]裴矩[176]知必将有乱，虽厮役[177]皆厚遇之，又建策为骁果娶妇[178]；及乱作，贼皆曰："非裴黄门之罪。"既而化及至，矩迎拜马首，故得免。化及以苏威[179]不预朝政，亦免之。威名位素重，往参化及；化及集众而见之，曲加殊礼。百官悉诣朝堂贺，给事郎[180]许善心[181]独不至。许弘仁[182]驰告之曰："天子已崩[183]，宇文将军摄政，阖朝文武咸集，天道人事[184]自有代终，何预于叔而低回[185]若此！"善心怒，不肯行。弘仁反走[186]上马，泣而去。化及遣人就家擒至朝堂，既而[187]释之。善心不舞蹈而出，化及怒曰："此人大负气[188]！"复命擒还，杀之。其母范氏，年九十二，抚柩[189]不哭，曰："能死国难，吾有子矣！"因卧不食，十余日而卒。唐王之入关也，张季珣[190]之弟仲琰[191]为上洛令，帅吏民拒守，部下杀之以降。宇文化及之乱，仲琰弟琮为千牛左右[192]，化及杀之，兄弟三人皆死国难，时人愧之。

化及自称大丞相，总百揆[193]。以皇后令[194]立秦王浩为帝，居别宫，令发诏画敕书而已，仍以兵监守之。化及以弟智及为左仆射，士及[195]为内史令[196]，裴矩为右仆射。

乙卯[197]，徙秦公世民为赵公。

戊辰[198]，隋恭帝诏以十郡益唐国，仍以唐王为相国，总百揆，唐国置丞相以下官，又加九锡[199]。王谓僚属曰："此谄谀者所为耳。孤[200]秉大政而自加宠锡，可乎！必若循魏、晋之迹[201]，彼皆繁文伪饰，欺天罔人；考其实不及五霸[202]，而求名欲过三王[203]，此孤常所非笑，窃亦耻之。"或曰："历代所行，亦何可废！"王曰："尧、舜、汤、武[204]，各因其时，取与异道，皆推其至诚以应天顺人[205]，未闻夏、商之末必效唐、虞之禅[206]也。若使少帝[207]有知[208]，必不肯为；若其无知，孤自尊而饰让[209]，平生素心[210]所不为也。"但改丞相为相国府，其九锡殊礼，皆归之有司[211]。

宇文化及以左武卫将军[212]陈稜[213]为江都太守，综领留事[214]。壬申[215]，令内外戒严，云欲还长安。皇后六宫[216]皆依旧式为御营，营前别立帐，化及视事[217]其中，仗卫部伍，皆拟乘舆[218]。夺江都人舟楫[219]，取彭城[220]水路西归。以折冲郎将[221]沈光[222]骁勇，使将给使营于禁内[223]。行至显福宫[224]，虎贲郎将麦孟才[225]、虎牙郎[226]钱杰与光谋曰："吾侪[227]受先帝厚恩，今俯首事仇[228]，受其驱帅，何面目视息[229]世间哉！吾必欲杀之，死无所恨！"光泣曰："是所望于将军也。"孟才乃纠合恩旧[230]，帅所将数千人，期以晨起将发时袭化及。语泄[231]，化及夜与腹心[232]走出营外，留人告司马德戡等，使讨之。光闻营内喧，知事觉，即袭化及营，空无所获，值内史侍郎元敏，数[233]而斩之。德戡引兵入围之，杀光，其麾下[234]数百人皆斗死，一无降者，孟才亦死。孟才，铁杖[235]之子也。

武康沈法兴[236]，世为郡著姓[237]，宗族数千家。法兴为吴兴[238]太守，闻宇文化及弑逆，举兵以讨化及为名，比至乌程[239]，得精卒六万，遂攻余杭[240]、毗陵[241]、丹阳[242]，皆下之；据江表[243]十余郡，自称江南道大总管，承制[244]置百官。

陈国公窦抗[245]，唐王之妃兄也，炀帝使行长城于灵武[246]；闻唐王定关中，癸酉[247]，帅灵武、盐川[248]等数郡来降。

（以上为第三段，详载隋宇文化及背叛、弑杀暴君隋炀帝的过程。）

【注释】

①己酉：三月初四日。 ②齐公元吉（603—626）：李渊第四子。时封齐国公。"玄武门之变"中，为李世民所杀。传见《旧唐书》卷六十四、《新唐书》卷七十九。 ③太原道行军元帅：太原，郡名，治所在今山西太原市。道，行军路线。行军元帅，为战时某一方面军的最高统帅。 ④十五郡：太原等十五郡。 ⑤便宜从事：不必请示上司，斟酌事势所宜，自行裁夺处理。 ⑥隋炀帝（569—618）：隋二世皇帝杨广。604年至618年在位。传见《隋书》卷三、卷四。 ⑦江都：郡名。治所在今江苏扬州市。炀帝下江南以江都为行都。 ⑧供张：同"供帐"，即陈设帷帐等用物。 ⑨赵元楷：隋末唐初官僚。天水西县（今陕西勉县西老城东南）人。历事隋炀帝、唐高祖、唐太宗，皆以谄佞为人不齿。 ⑩萧后（?—648）：隋炀帝皇后，梁明帝萧岿女。传见《隋书》卷三十六。 ⑪幸姬：为君王所宠爱的姬妾。 ⑫卮（zhī）：杯酒。 ⑬扰扰：纷乱貌。 ⑭幅巾：谓不加冠，仅用绢一幅束发，古代男子的一种儒雅闲适的装束。 ⑮策杖：策，扶、拄。杖，拐

杖。⑯汲汲：心情急切的样子。⑰顾景：观景。⑱占候卜相：占候，根据天象的变化来预测吉凶。卜相，以占卜和观相来预言祸福。⑲吴语：吴地（今江苏）方言。⑳天文：日月星辰等天体现象的通称。㉑侬：吴地方言自称曰“侬”。㉒长城公：即陈后主陈叔宝（553—604）。582年至589年在位。国破，为隋所俘，封长城公。㉓卿：古代君对臣，长辈对晚辈的称谓，朋友夫妇也以“卿”为爱称。㉔沈后：陈叔宝皇后沈氏。㉕引满：举饮满杯的酒。㉖斫（zhuó）：本意为大锄，引申为砍、斩、削。㉗更迭：交替，轮换。㉘丹阳：郡名。炀帝改蒋州为丹阳郡。治所在今江苏南京市。㉙江东：又称“江左”，地区名。长江在芜湖、南京间略呈南北流向，故古人习惯上称自此以下的长江南岸地区为江东。㉚内史侍郎：官名。内史省长官内史令之副。掌诏书草拟等事。㉛虞世基（?—618）：隋大臣。越州余姚（今浙江余姚市）人。传见《隋书》卷六十七。㉜右候卫大将军：官名。隋十二卫大将军之一。掌天子车驾出入、巡察营禁、烽候道路等事。㉝门下录事：官名。门下省置有正八品录事六人。掌文簿等事。㉞万乘：本意指万辆车，后引申为万乘之尊，即帝位之称。㉟御史：官名。原为史官，汉以后职权专纠察。㊱劾（hé）：举发他人罪状。㊲阿意：曲意迎合。㊳望幸：盼望天子驾临。㊴大禹：夏王朝的建立者，治水英雄。据《史记·夏本纪》：“或言禹会诸侯江南”，死后葬会稽（今浙江杭州市余杭区）。㊵骁果：本意为骁勇果断，此指宿卫府兵或招募之武健。㊶关中：地区名。相当于今陕西中部。旧说在东函谷、西散关、南武关、北萧关等四关之中。㊷郎将：武官名。大业三年（607），隋炀帝广置四至五品的郎将，并分别以鹰扬、鹰击、虎贲、虎牙、备身、折冲、果毅、雄武、武勇等为名号，掌领府兵及宿卫侍从等事。㊸司马德戡（?—618）：隋叛将。传见《隋书》卷八十五。㊹直阁：官名。隋炀帝置，正五品。掌左右监门，定员各六人。㊺裴虔通：隋叛臣。传见《隋书》卷八十五。㊻李孝常（?—627）：京兆泾阳（今陕西泾阳县）人。李渊入关，其时李孝常为华阴令，以永丰仓降。后因谋反被诛。㊼内史舍人：官名，正五品。隶内史省，为撰拟诰敕之专官。内史省，原为中书省，隋改称内史省。㊽元敏（?—618）：洛阳人。事迹见《隋书》卷六十三《元寿传》。㊾符玺郎：官名。门下省符玺局长官。掌天子符玺印信。㊿牛：章校“牛”上有“李覆（复）”二字。(51)直长：官名。殿内省尚食等六局长官，奉御的副职，掌天子衣食住行之事。(52)许弘仁（?—619）：弑炀帝的主要参加者。(53)城门郎：官名。门下省城门局长官。掌京城、皇城、宫殿诸门开合、管钥出纳等事。(54)医正：殿内省尚药局属官。(55)勋侍：官名。原称“勋卫”，炀帝改称“勋侍”，为“三侍”（亲、勋、武）之一。(56)宫人：宫女。(57)白：禀告。(58)将作少监：官名。掌工程营建。(59)宇文智及（?—619）：隋叛臣。弑炀帝主谋。传见《隋书》卷八十五。 ⑥⓪期以三月望日：以三月十五日为约期。望日，阴历十五日。 ⑥①亡：逃亡。 ⑥②然之：表示同意。 ⑥③右屯卫将军：官名。大业三年（607）炀帝改左右领军为左右屯卫，置将军，领羽林兵，掌侍卫。 ⑥④许公化及（?—619）：隋叛臣，割据者。传见《隋书》卷八十五。 ⑥⑤驽怯：驽，劣马。怯，懦弱胆小。谓才能劣下性格怯懦。 ⑥⑥备身府：官署名。大业三年（607），炀帝以诸卫大将军所领左右府为左右备身府，各置备身郎将一人。 ⑥⑦酝：酿制。 ⑥⑧享会：谓祭祀天地鬼神或酒会。享，祭祀，通"飨"。 ⑥⑨乙卯：三月初十日。 ⑦⓪风霾（mái）昼昏：因风中挟带大量烟尘而造成的空气浑浊、天色昏黄现象。 ⑦①晡（bū）：申时；黄昏。 ⑦②御厩：帝王专用的马厩。 ⑦③潜厉兵刃：潜，暗中。厉，同"砺"，磨刀石。兵，兵器。偷偷地磨兵器。 ⑦④相知：彼此关照。 ⑦⑤键：门闩；锁簧。 ⑦⑥城外：指江都宫城外。 ⑦⑦候卫虎贲：即左右候卫虎贲郎将。主昼夜巡察。 ⑦⑧衢（qú）巷：四通八达的大道与胡同；大街小巷。 ⑦⑨燕王倓（603—618）：炀帝长子杨昭之次子。传见《隋书》卷五十九。 ⑧⓪芳林门：江都宫外城门。 ⑧①水窦：水洞。 ⑧②玄武门：江都宫城北门。 ⑧③诡奏：编造假话奏报。 ⑧④猝（cù）：突然。 ⑧⑤俄顷：顷刻；一会儿。 ⑧⑥不以闻：不给传报。 ⑧⑦执：捉拿；逮捕。 ⑧⑧丙辰：三月十一日。 ⑧⑨诸门卫士：守宫城诸门的宿卫府兵。 ⑨⓪宿卫者：指守卫宫禁的将士。 ⑨①投仗：丢弃兵械。 ⑨②屯卫将军：官名。掌领羽林卫士。 ⑨③独孤盛（?—618）：隋将领。传见《隋书》卷七十一。 ⑨④何物兵势太异：何物，谓什么人。太异，极不寻常。 ⑨⑤不预：无关，不牵涉。 ⑨⑥何物语：什么话。 ⑨⑦楷：指独孤楷，隋大臣。本姓李。传见《隋书》卷五十五。 ⑨⑧千牛：官名。后魏始置，掌执千牛刀（即御刀），为君主贴身护卫。 ⑨⑨独孤开远：文帝独孤皇后侄。事迹见《隋书》卷七十九《独孤罗传》。 ⑩⓪叩閤：敲打侧门。閤，"阁"的异体字。 ⑩①稍：渐渐。 ⑩②骁健官奴：骁勇体健的官府奴隶。 ⑩③给使：紧急时派用场。给，急。 ⑩④司宫：官名。初由宦官任职，隋时则以宫中女官充。 ⑩⑤排左閤：推西阁门。 ⑩⑥启：开。 ⑩⑦永巷：宫中深巷。此当指妃嫔住所。 ⑩⑧美人：妃嫔的一种称号。隋唐时后宫美人为正四品，在贵妃、昭仪、婕妤之下。 ⑩⑨校尉：官名。隋唐为武散官，位次将军。 ⑪⓪窗扉：窗门。 ⑪①故人：旧友。 ⑪②上江：长江夏口（今武汉汉口）以上称上江。 ⑪③勒兵：部署和统领军队。 ⑪④旦：天亮。此指三月十一日之旦。 ⑪⑤甲骑：披铠甲的骑士。 ⑪⑥谒：进见。 ⑪⑦据鞍：拉着马鞍。 ⑪⑧城门：指宫城门。 ⑪⑨丞相：官名。朝廷的最高行政官，协助天子处理国家政务。 ⑫⓪从骑：随行坐骑。 ⑫①鞍勒弊：马鞍和勒（带嚼口的马络头）破旧。 ⑫②辔（pèi）：驾驭牲口的缰绳。 ⑫③亟还与手：赶快下毒手。亟（jí），急切。与手，毒手。 ⑫④枭首：斩首高悬以示众。 ⑫⑤寝殿：天子正殿、卧室。 ⑫⑥白刃：利刃。 ⑫⑦宗庙：帝王祭祀祖宗的处所；亦作王室代称。 ⑫⑧ 丁壮：壮丁，壮年男子。 ⑫⑨ 沟壑：溪谷，引申为野死之处。 ⑬⓪ 四民：旧指士、农、工、商。 ⑬① 佞谀：善以巧言献媚的人。 ⑬② 饰非拒谏：文饰过错，拒绝批评意见。 ⑬③ 尔辈：你们。 ⑬④ 何乃如是：为什么这样。 ⑬⑤ 孰：谁。 ⑬⑥ 溥：通“普”，普遍。 ⑬⑦ 封德彝（568—627）：名伦，字德彝，观州蓨县（今河北景县）人。降唐后，官至宰相。传见《旧唐书》卷六十三、《新唐书》卷一百。 ⑬⑧ 士人：士大夫；读书人。 ⑬⑨ 赧（nǎn）然：脸红，难为情的样子。 ⑭⓪ 赵王杲（607—618）：小字季子，萧嫔所生。传见《隋书》卷五十九。 ⑭① 号恸不已：大声哭叫不止。 ⑭② 鸩酒：毒酒。 ⑭③ 练巾：白绢巾带。 ⑭④ 缢：吊死，勒死。 ⑭⑤ 罂（yīng）：小口大腹状盛酒器。 ⑭⑥ 汝曹：尔辈；你等。 ⑭⑦ 殡：殓而未葬。 ⑭⑧ 蜀王秀（?—618）：隋文帝杨坚第四子。传见《隋书》卷四十五。 ⑭⑨ 齐王暕（585—618）：小字阿孩。炀帝第二子，萧后生。传见《隋书》卷五十九。 ⑮⓪ 燕王倓（603—618）：炀帝长子杨昭之子。传见《隋书》卷五十九。 ⑮① 秦王浩（?—618）：文帝第三子杨俊之子。传见《隋书》卷四十五。 ⑮② 顾：视，回头看。 ⑮③ 第：府第；大住宅。 ⑮④ 收：逮捕；拘押。 ⑮⑤ 诏使：持诏命的差遣官。 ⑮⑥ 曳（yè）：拖；牵引。 ⑮⑦ 裴蕴（?—618）：隋大臣。传见《隋书》卷六十七。 ⑮⑧ 左翊卫大将军：炀帝改左右卫为左右翊卫，其长官翊卫大将军掌宫禁宿卫。 ⑮⑨ 来护儿（?—618）：隋大将，封荣国公。传见《隋书》卷六十四。 ⑯⓪ 袁充（544—618）：隋大臣。传见《隋书》卷六十九。 ⑯① 宇文协（?—618）：隋将。河南洛阳人。事迹见《隋书》卷五十《宇文庆传》。 ⑯② 宇文皛（xiǎo，又读“jiǎo”）（?—618）：宇文协弟。事迹见《隋书》卷五十《宇文庆传》。 ⑯③ 萧钜（?—618）：萧皇后侄。袭封梁国公。 ⑯④ 琮：萧琮，后梁主。585年至587年在位。传见《隋书》卷七十九。 ⑯⑤ 江阳长：江阳县（县治在今江苏扬州市）县长。县长，一县之行政长官。秦汉时，万户以上县置县令，万户以下县置县长。历代沿置。北齐、隋之县分九等，亦设县令、县长。唐以下无。 ⑯⑥ 与：胡注“与”上应有“蕴”字。 ⑯⑦ 矫诏：假托君命，发布诏令。 ⑯⑧ 播郎：虞世基小字。 ⑯⑨ 宗人：同宗族的人。 ⑰⓪ 郎熙（?—618）：虞世基次子。事迹见《隋书》卷六十七《虞世基传》。 ⑰① 济：帮助。 ⑰② 决：通“诀”。诀别。 ⑰③ 世南（558—638）：唐初大臣，封永兴县公。太宗称其“德行”“忠直”“博学”“文辞”“书翰”为“五绝”。传见《旧唐书》卷七十二、《新唐书》卷一百零二。 ⑰④ 请：章校，“请”下有“以身”二字。 ⑰⑤ 黄门侍郎：官名。门下省长官侍中（或称纳言）之副，掌机要，备皇帝顾问。 ⑰⑥ 裴矩（547—627）：历官北齐、隋、唐初，位尊禄厚。传见《隋书》卷六十七、《旧唐书》卷六十三、《新唐书》卷一百。 ⑰⑦ 厮役：旧指服贱役的人。 ⑰⑧ 妇：妻。 ⑰⑨ 苏威（540—621）：隋大臣。传见《隋书》卷四十一。 ⑱⓪ 给事郎：官名。门下省要员，侍从皇帝左右，掌献纳得失，驳正文书。 ⑱许善心（558—618）：隋大臣。传见《隋书》卷五十八。 ⑱许弘仁：许善心的侄儿。 ⑱崩：旧谓天子死。 ⑱天道人事：自然法则和人间事情。 ⑱低回：流连、盘桓难以割舍。回，通“徊”。 ⑱反走：倒退。 ⑱既而：不久。 ⑱负气：恃其意气，不肯屈居人下。 ⑱柩（jiù）：灵柩；已盛尸的棺材。 ⑲张季珣（590—617）：隋鹰击郎将。大业末，守洛口仓城，瓦岗军克城后，杀季珣。 ⑲仲琰：隋上洛县（县治在今陕西商洛市商州区）县令。为部下杀之降唐。其弟琮，被宇文化及杀害。季珣兄弟传及事迹见《隋书》卷七十一《张季珣传》。 ⑲千牛左右：官名。隋制，左右领左右府置有千牛左右十六人，掌执千牛刀宿卫。⑲百揆：尧舜时官名，总理国政之官。这里指各种政务。 ⑲令：皇后、太子之命谓之令。 ⑲士及（?—642）：宇文化及弟，尚炀帝女南阳公主。传见《旧唐书》卷六十三、《新唐书》卷一百。并见《隋书》卷八十《南阳公主传》。 ⑲内史令：官名。内史省长官，职任为宰相，掌草拟诏敕等事。 ⑲乙卯：三月初十日。 ⑲戊辰：三月二十三日。⑲九锡：古帝王赐给有大功或有权势的诸侯大臣的车马、衣服等九种物品。后世权臣篡位之前，辄加九锡。 ⑳孤：侯王自称。 ⑳魏、晋之迹：指曹魏代汉、司马晋代魏故事。 ⑳五霸：同“五伯”。一般指春秋时先后称霸的齐桓公、宋襄公、晋文公、秦穆公、楚庄王。一说指齐桓公、晋文公、楚庄王、吴王阖闾、越王勾践。 ⑳三王：夏禹、商汤、周文王。一说指夏禹、商汤和周代文王、武王。 ⑳尧、舜、汤、武：我国古代早期的四位贤明君王。尧，陶唐氏，名放勋。舜，姚姓，有虞氏，名重华。汤，商朝的建立者。武，周武王姬发，西周王朝的建立者。 ⑳应天顺人：顺应天命人心。 ⑳唐、虞之禅：唐尧禅让虞舜。 ⑳少帝：即隋恭帝。 ⑳知：见识。 ⑳饰让：伪装成礼让的样子。 ㉑素心：本心。 ㉑有司：指主管官吏。因官吏各有专司，故称。 ㉑左武卫将军：官名。掌宫廷警卫等事。 ㉑陈稜（?—619）：隋将。传见《隋书》卷六十四。㉑综领留事：综理滞留未了事宜。 ㉑壬申：三月二十七日。 ㉑六宫：皇后寝宫有六，故曰六宫；统指皇后妃嫔及其住处。 ㉑视事：办公。 ㉑乘舆：本指天子车马，后用为皇帝代称。 ㉑舟楫：舟，船。楫，桨。泛指船只。 ㉒彭城：郡名。治所在今江苏徐州市。 ㉒折冲郎将：炀帝置。掌领骁果，属领左右府。 ㉒沈光（591—618）：传见《隋书》卷六十四。 ㉒使将给使营于禁内：让带领由给使（官奴）组成的军营，以在禁内（即御营）执行警卫事务。 ㉒显福宫：炀帝置，在今江苏扬州市东北。 ㉒麦孟才（?—618）：隋大将麦铁杖嗣子。事迹见《隋书·麦铁杖传》。 ㉒虎牙郎：“郎”下当脱“将”字。虎牙郎将为虎贲郎将之副。 ㉒侪（chái）：同辈。 ㉒俯首事仇：低头侍奉仇人。㉒视息：生存。 ㉓恩旧：与之有旧恩者。 ㉓泄：泄露。 ㉓腹心：亲信，心腹。

㉝数（shǔ）：数说，列举罪状。 ㉞麾（huī）下：亦作“戏下”。犹言在主帅的旌麾之下，即部下。 ㉟铁杖：隋大将。始兴（今广东始兴县）人。累战有功，封宿国公。传见《隋书》卷六十四。 ㊱沈法兴（?—620）：隋末割据者。武康（今浙江德清西）人。传见《旧唐书》卷五十六、《新唐书》卷八十七。 ㊲著姓：土著大姓。 ㊳吴兴：郡名。治所在今浙江吴兴南。 ㊴比至乌程：等到达乌程。乌程，县名。县治在今浙江湖州市南下菰城。 ㊵余杭：郡名。郡治在今浙江杭州市。 ㊶毗陵：郡名。郡治在今江苏常州市。 ㊷丹阳：郡名。郡治在今江苏南京市江宁区。 ㊸江表：指长江以南地。以地在长江之外，故称。 ㊹承制：秉承君王制命。 ㊺窦抗（?—621）：隋末唐初大臣。李渊妻窦氏之从兄。袭爵陈国公。传见《旧唐书》卷六十一、《新唐书》卷九十五，并见《隋书·窦荣定传》。 ㊻灵武：郡名。治所在今宁夏灵武西南。 ㊼癸酉：三月二十八日。 ㊽盐川：郡名，盐州改置。治所在今陕西定边县。

【译文】

三月初四日，唐王李渊任命齐公李元吉为镇北将军、太原道行军元帅、都督十五郡诸军事，允许他根据情况自行决断。隋炀帝到江都，荒淫的程度更为厉害，宫中建有一百多所卧房，都布置得极为奢华，让美人住在里面，每天让其中一房为主人，自己前去享受。江都郡丞赵元楷负责供奉酒席，隋炀帝与萧后及宠幸的美姬前往进行宴饮，酒杯不离口，跟从的一千余名美姬也经常喝醉。但隋炀帝见天下战乱不止，心里也慌乱而不能安宁，退朝之后就头戴缣丝巾，身穿短衣，拿着手杖徒步漫游，走遍每一处的台馆，不到黑夜不停止，心里急于游览风景，只怕没有看够。

隋炀帝自己也懂得占卜看相，喜欢说江南吴地方言，常在夜里摆下酒菜，仰观天文，对萧皇后说：“外面想害我的大有人在，但我就算不当皇帝也能像陈叔宝一样当个长城公，你也能像陈叔宝的皇后沈皇后一样当我的夫人，还是一起开心地喝酒吧！”于是倒满酒杯，喝得烂醉。隋炀帝又曾经拿起镜子自己照自己，回头对萧皇后说：“一副好头颈，当是谁来砍断它？”萧皇后非常吃惊，询问缘故，隋炀帝笑着说：“贵贱苦乐，相互更替，又有什么值得伤心的呢？”

隋炀帝见中原已乱，就无心返回北方的都城，想以丹阳为都城，保住江东地区，命群臣在朝廷上商议此事。内史侍郎虞世基等人都以为隋炀帝的想法好，右候卫大将军李才极力说明不可建都丹阳，请隋炀帝车驾返回长安，他与虞世基争辩，气愤之极，夺门而出。门下录事衡水人李桐客说：“江东地势低洼而潮湿，土地险要而狭窄，对内要供奉皇上，对外要供给三军，民众承受不了这些负担，也怕终会逃散作乱啊。”御史弹劾李桐客，罪名是诽谤诋毁朝政。在这种情况下，公卿大臣都顺着隋炀帝的心意说：“江东的民众已经盼望皇上驾临很久了，陛下过长江，驾临此地进行安抚，这是大禹当年做过的事情。”于是命令修建丹阳宫，准备迁都到丹阳。

当时，江都的粮食已经吃完，跟随隋炀帝的禁军骁果兵多是关中人，长期客居江南，思念故乡，看到隋炀帝没有西归之意，很多人就谋划反叛回归关中。郎将窦贤于是率领部下向西逃跑，隋炀帝派遣骑兵追上斩杀了他，但逃亡的将士仍然没有停止，隋炀帝对此非常发愁。虎贲郎将扶风人司马德戡一向受到隋炀帝的恩宠，隋炀帝派他率领骁果禁军驻扎在东城。司马德戡与关系亲近的虎贲郎将元礼、直阁裴虔通谋策划说：“现在骁果兵人人都想逃亡，我想告诉皇上，怕在事前就被诛杀；不告诉皇上，事后也会被发觉，也免不了灭族之罪，怎么办？又听说关内已经沦陷，李孝常在华阴反叛，皇上囚禁了他的两个弟弟，准备杀死他们。我们的家属都在关中，能没有忧虑吗？”两人都感到害怕，说：“那么有什么好办法呢？”司马德戡说：“骁果如果逃亡，不如和他们一起逃走。”二人都说：“好！”于是人们串连，内史舍人元敏，虎牙郎将赵行枢，鹰扬郎将孟秉，符玺郎牛方裕，直长许弘仁、薛世良，城门郎唐奉义，医正张恺，勋侍杨士览等人都与司马德戡同谋，日夜联系相互约定，在众人聚会的场合也公开地讨论反叛之事，无所畏惧，也不避嫌。有个宫女告诉萧皇后说：“外面人人都想造反。”萧皇后说：“你可以上奏此事。”那个宫女告诉隋炀帝，隋炀帝大怒，认为不是该说的话，就斩杀了那宫女。其后别的宫女又告诉萧皇后，萧皇后说：“天下事一朝到了这种地步，无可挽救了，还用得着去说吗？只会让皇帝发愁而已！”从此再也没有人报告了。

赵行枢与将作少监宇文智及一向关系深厚，杨士览是宇文智及的外甥，二人把众人谋反的事告诉宇文智及，宇文智及大喜。司马德戡等人约定在三月十五日一起西逃，宇文智及说：“皇上虽然无道，但他的威令还能施行，你们逃走，正像窦贤一样是自找死路。现在上天实已要隋灭亡，英雄并起，心愿相同而要叛逃的人已有数万，借此机会干大事，这才是帝王的大业。”司马德戡等人都赞同这个主意。赵行枢、薛世良请求让宇文智及的哥哥右屯卫将军许公宇文化及为干大事的首领，与谋划叛逃的众人达成一致之后，就告诉了宇文化及。宇文化及性格卑弱胆小，听说这件事，就变了脸色流下虚汗，但过后就同意了。

司马德戡派遣许弘仁、张恺进入左右备身府，告诉认识的人："陛下听说骁果想叛逃，酿了许多毒酒，想趁宴会喝酒的机会，把骁果全都毒死，只让自己与南方人留下来。"骁果都很害怕，相互转告，反叛计划进行得更加急迫。三月初十日，司马德戡把骁果的军吏全部召集起来，宣布了自己的计划，骁果军吏们都说："听从将军的命令！"这一天，刮起了大风，天空昏暗，白天如同夜晚。黄昏时分，司马德戡偷出皇上御厩中的马匹，暗中磨砺兵器。这天晚上，元礼、裴虔通在宫内值班，负责隋炀帝寝殿的守卫；唐奉义负责照管皇宫的城门，与裴虔通相互通气，皇宫的各城门、宫殿门都没有上锁。到了三更，司马德戡在东城集合士兵共有数万人，举起火把与城外的军队相互呼应。隋炀帝看到火把，又听到宫外一片嘈杂喧嚣，就问发生了什么事。裴虔通回答说："百姓街坊失火，外面的人都在救火。"当时，皇宫内外消息隔绝，隋炀帝就信以为真。宇文智及和孟秉在皇宫之外集合了一千余人，劫持了候卫虎贲冯普乐，分兵把守大街小巷。燕王杨倓觉察发生了兵变，在夜里穿过芳林门旁的水洞进入皇宫，走到玄武门，谎报说："臣突然中风，性命就在片刻之间，请求和皇上当面告辞。"裴虔通等人不为他通报，把他逮捕关押起来。三月十一日，天还未亮，司马德戡派部队给裴虔通，用来替换各门的守卫士兵。裴虔通从宫门率数百骑兵来到成象殿，宫殿守卫的士兵相互高喊"有贼"，裴虔通于是返回，关闭了皇宫的各个城门，只打开东门，驱赶宫中殿内的守卫士兵，让他们离开皇宫，守卫士兵都扔下兵器逃走。右屯卫将军独孤盛对裴虔通说："哪来的这些兵士，形势太怪异！"裴虔通说："事势已是如此，不关将军的事，将军小心不要乱动！"独孤盛大骂说："你这个老贼，说什么鬼话！"独孤盛来不及披上盔甲，和亲随的十几个卫兵进行抵抗，被乱兵杀死。独孤盛，就是独孤楷的弟弟。千牛卫队长独孤开远率领宫内卫兵数百人来到玄览门，敲着隋炀帝的寝殿门请求说："兵器还完备，还能击败叛兵。陛下如果出来率领士兵作战，人心自会稳定下来，不然的话，大祸就要临头了！"竟然没有人回应，所率士兵有一部分就离散而去。叛兵捉住独孤开远，认为他有义气就释放了他。在此之前，隋炀帝挑选强健的官家奴仆数百人部署在玄武门，称为"给使"，用来应付非常事变，待遇非常优厚，甚至把宫女赏赐给他们。司宫魏氏受到隋炀帝的信任，宇文化及等人串通他作为内应。这一天，魏氏谎称皇帝诏令让全部给使外出，到夜里发生叛乱之时，尽管情况紧急，给使们没有一个人守在玄武门。

司马德戡等人率领兵士从玄武门进入皇宫，隋炀帝听说发生了叛乱，就换了衣服逃到西阁。裴虔通和元礼进兵冲进左阁殿门，魏氏从里面打开殿门，于是叛兵进入永巷，问："陛下在哪里？"有个美人出来指着西阁。校尉令狐行达拔出军刀直冲向前，隋炀帝的身影映在窗扉上，对令狐行达说："你想杀我吗？"令狐行达回答："臣不敢，只是想保护陛下西归关中而已。"于是扶隋炀帝走下西阁。裴虔通本是隋炀帝当晋王时的身边亲信，隋炀帝看到他，就对他说："卿不是我的老部下吗？你有什么仇恨要来谋反？"裴虔通回答："臣不敢谋反，只是将士们盼望回故乡，想保护陛下回到京师长安罢了。"隋炀帝说："朕正准备西归长安，只是因为上江运米的船还没有到，现在就和你一起西归吧！"裴虔通于是部署士兵守着隋炀帝。

到了早晨，孟秉率领披甲骑兵迎接宇文化及，宇文化及吓得颤抖说不出话，有人来晋见他，宇文化及只是低头拉着马鞍自称罪过。宇文化及来到皇宫城门，司马德戡迎接晋见，引他进入朝堂，称呼他为丞相。裴虔通对隋炀帝说："百官都在朝堂了，陛下必须亲自出来慰劳他们。"拉过自己的坐骑，逼隋炀帝上马，隋炀帝嫌他的马鞍破旧，换了新马鞍，才上马。裴虔通拉着马缰挟着刀走出宫门，叛乱士兵高兴地群起鼓噪，声音震动大地。宇文化及大声说："何必把这东西拿出来，赶快回去下手。"隋炀帝问："虞世基在哪里？"参加叛乱的同党马文举说："已斩首示众了！"于是拉着隋炀帝回到寝殿，裴虔通、司马德戡等人拔刀，亮出锋利的刀刃，站在隋炀帝身旁。隋炀帝叹着气说："我有什么罪过，到了这一步？"马文举说："陛下抛弃宗庙，巡游不止，对外一再发兵进行征讨，对内极为奢侈荒淫，使得强壮男丁全都死于箭矢刀刃，妇女老弱死亡填满路旁沟壑，士民工商四民全都丧失本业，各地造反民众成群出现，专信重用佞谀小人，文过饰非，拒绝谏言，怎么说没有罪？"隋炀帝说："我确实有负于百姓，但对于你们这些人，荣华爵禄都达到极点，为何还这样对我！今日之事，谁是首领呢？"司马德戡说："普天同怨，何止一人！"宇文化及又让封德彝列数隋炀帝之罪。隋炀帝说："卿乃是士人，为何也这样！"封德彝脸色惭愧，于是退下。隋炀帝的爱子赵王杨杲，只有十二岁，在隋炀帝身旁，号啕恸哭不止。裴虔通杀了赵王杲，鲜血溅到隋炀帝的御服上。叛乱者准备杀死隋炀帝，隋炀帝说："天子自有自己的死法，怎能用刀剑砍头！取鸩酒来！"马文举等人不允许，让令狐行达强按着隋炀帝坐下。隋炀帝自己解下练巾交给令狐行达，令狐行达就用练巾勒死了隋炀帝。当初，隋炀帝自知必定会遇上祸难，经常让身边的人用小瓶装着毒药跟着自己，并对临幸的妃姬说："如果叛乱者来了，你们当先喝了毒药，然后我再喝。”等到了兵乱的时候，回头找药，身边的人都逃散了，竟然找不到准备好的毒药。萧皇后与宫女拆下漆制床板当作小棺材，把隋炀帝与赵王杨杲一同殡殓在西院的流珠堂。

隋炀帝每次外出巡幸，经常让蜀王杨秀跟随，囚禁在骁果营中。宇文化及杀死隋炀帝后，打算尊奉蜀王杨秀立为皇帝，众人商议认为不可以，于是杀死杨秀及其七个儿子。又杀死齐王杨暕及其两个儿子和燕王杨倓，隋王朝的宗室外戚，不论年长年少全都杀死。只有秦王杨浩一向与宇文智及来往，智及出计谋保全了他。齐王杨暕一向不得隋炀帝宠爱，双方一直相互猜忌。隋炀帝听说发生叛乱，回头对萧皇后说："莫非是杨暕进行叛乱？"宇文化及派人到杨暕府中杀死他，杨暕以为是隋炀帝派使节来逮捕自己，就说："皇上的使节，请你暂且缓一步杀我，作为儿子，我没有对不起国家！"叛兵把他拖到街上，砍了他的头。杨暕最终竟然不知道杀他的人是谁，父子至死都没有相互弄明白。叛兵又杀死内史侍郎虞世基、御史大夫裴蕴、左翊卫大将军来护儿、秘书监袁充、右翊卫将军宇文协、千牛宇文晶、梁公萧钜等人及他们的儿子。萧钜是萧琮弟弟的儿子。

当祸乱即将爆发时，江阳县令张惠绍派人骑快马报告裴蕴，裴蕴就和张惠绍计划，矫称皇帝下诏征发城外的部队前去逮捕宇文化及等人，敲城门救援隋炀帝。商议已定，派人向虞世基报告，虞世基怀疑揭发叛乱的消息不可靠，压下这个计划而不同意。很快祸乱就爆发了，裴蕴叹气说："和虞播郎商议，竟误了大事！"虞世基同宗族的人虞伋对虞世基的儿子符玺郎虞熙说："事势已是如此，我要救你南渡长江，一同死了，有何益处？"虞熙说："抛弃父亲，背离君主，有什么地方可以自己求活？感谢您的好心，我现在已经下定决心了！"虞世基的弟弟虞世南抱着虞世基号啕哭泣，请允许自己代替虞世基去死，宇文化及不允许。黄门侍郎裴矩知道必将有一场叛乱，对待奴仆也都非常优厚，又向隋炀帝建议给骁果士兵娶妻；等到叛乱爆发，叛兵们都说："裴黄门没有罪。"等到宇文化及进宫，裴矩就迎拜在宇文化及的马首之前，所以能免于一死。宇文化及认为苏威不参与朝政，也免他死罪。苏威的名位素来很重，前往参见宇文化及，宇文化及召集众人来见苏威，给予特殊的礼遇。百官全都来到宫内朝堂表示祝贺，只有给事郎许善心不来祝贺。许弘仁骑快马前来告诉他说："天子已经驾崩，宇文将军掌摄国家大政，满朝文武都来了。天道人间之事自有更相代替之时，这与叔叔你有什么相干而如此徘徊犹豫？"许善心发怒，不肯启行。许弘仁转身走出上马，哭泣而去。宇文化及派人到许善心家里，把他逮捕到朝堂，然后就释放了他。许善心不叩头谢恩就出来了，宇文化及大怒，说："此人太自负了！"又下令捉回来，杀了他。许善心的母亲范氏，已有九十二岁，抚着棺材不哭，说："我儿子能死于国难，我有好儿子了！"于是范氏卧床绝食，十余天后死去。当唐王李渊进入关中的时候，张季珣的弟弟张仲琰任上洛县令，率吏民抵抗守城，部下杀了他向唐王投降。宇文化及作乱时，张仲琰的弟弟张琮任千牛左右官，宇文化及杀了他，兄弟三人都死于国难，当时人都感到惭愧。

宇文化及自称大丞相，总掌国家各种事务。以皇后的名义下令立秦王杨浩为帝，居住在别宫，让他在发诏书时画押签字而已，仍然用士兵监管着他。宇文化及任命其弟宇文智及为左仆射，任命其弟宇文士及为内史令，任命裴矩为右仆射。

三月初十日，改命秦公李世民为赵公。

三月二十三日，隋恭帝下诏为唐国再增加十个郡的领地，仍让唐王李渊任相国，总掌全部政务，唐国设置丞相以下官职，又对唐王赋予九锡等级。唐王对下属们说："这是谄媚阿谀之人干的事。我秉执国家大政而自己给自己加上优宠的九锡，可以吗？一定要仿效魏晋禅代的做法，他们都用烦琐的文辞和虚伪的掩饰，欺骗上天，诬罔人民，考察他们的实际情况赶不上春秋时的五霸，而追求名誉却想超过尧舜禹三代圣王，这是我经常嘲笑的，内心也以为这是可耻的。"有人说："禅让是历代都施行的制度，哪里可以废除？"唐王说："尧、舜、汤、武，各自根据其当时的情况，获得帝位和禅让帝位都有不同的道理，都是推其至诚之心以响应天意和顺从人心，未听说夏、商两代的末期一定要效法唐、虞进行禅让。如果少帝知道，一定不肯这样做的；如果少帝不知道，我是自我尊高而假装推让，按照我的平生愿望又是不肯这样做的。"唐王李渊只改丞相为相国府，而对封赐的九锡大礼，都归还有关部门。

宇文化及任命左武卫将军陈稜为江都太守，总管留守之事。三月二十七日，宇文化及下令城内城外进行戒严，声称准备返回长安。皇后及六宫都按原来的制度作为御营，在营前另立帷帐，宇文化及在里面办公，他的警卫部队都用皇帝出行的规格。抢夺江都人的船只，由彭城走水路向西返回长安。因为折冲郎将沈光胆大骁勇，宇文化及让他在宫内率领给使营。走到显福宫时，虎贲郎将麦孟才、虎牙郎钱杰与沈光谋划说："吾辈受到先帝的深厚恩遇，现在俯首侍奉仇人，受他的驱使，有何面目在人世间生存呢？我一定要杀了他，死了也无所恨！"沈光哭着说："这正是我们期待于将军的！"麦孟才于是召集以前与他有交情的人，率领自己所管辖的数千人，约定在早晨将要出发时袭击宇文化及。结果计谋不慎泄露，宇文化及在夜里与心腹逃到营外，留人报告司马德戡等人，让他们讨伐麦孟才等人。沈光听到营内喧哗，知道事情已被发觉，当即袭击宇文化及的营帐，但帐中已经空无一人，因而毫无所获，遇到内史侍郎元敏，沈光列举其罪行然后斩杀了他。司马德戡率兵攻进营帐包围沈光，杀死沈光，他的部下数百人全都战斗至死，没有一个人投降，麦孟才也战死。麦孟才是麦铁杖的儿子。

武康人沈法兴，世代为本郡的大姓，同宗族的人有数千家。沈法兴任吴兴太守，听说宇文化及杀死隋炀帝，就举兵前来讨伐宇文化及。等走到乌程时，沈法兴已有精兵六万，于是攻击余杭、毗陵、丹阳，把这些城池都攻克下来，占据江南十余郡，自称江南道大总管，按皇帝的旨意设置文武百官。

陈国公窦抗，是唐王李渊妃嫔的哥哥。隋炀帝派他在灵武巡视长城，听说唐王李渊平定关中，于三月二十八日率领灵武、盐川等郡前来投降。

【原文】

夏，四月，稽胡[①]寇富平[②]，将军王师仁击破之。又五万余人寇宜春[③]，相国府谘议参军[④]窦轨[⑤]将兵讨之，战于黄钦山[⑥]。稽胡乘高纵火，官军小却[⑦]；轨斩其部将十四人，拔队中小校代之，勒兵复战。轨自将数百骑居军后，令之曰："闻鼓声有不进者，自后斩之！"既而鼓之，将士争先赴敌，稽胡射之不能止，遂大破之，虏男女二万口。

世子建成等至东都，军于芳华苑[⑧]；东都闭门不出，遣人招谕，不应。李密出军争之，小战，各引去。城中多欲为内应者，赵公世民曰："吾新定关中，根本未固[⑨]，虽得东都，不能守也。"遂不受。戊寅[⑩]，引军还。世民曰："城中见吾退，必来追蹑。"乃设三伏[⑪]于三王陵[⑫]以待之，段达[⑬]果将万余人追之，遇伏而败。世民逐北[⑭]，抵其城下，斩四千余级。遂置新安、宜阳[⑮]二郡，使行军总管史万宝[⑯]、盛彦师[⑰]镇宜阳，吕绍宗[⑱]、任瓌[⑲]将兵镇新安而还。

初，五原[⑳]通守[㉑]栎阳张长逊[㉒]以中原大乱，举郡附突厥，突厥以为割利特勒[㉓]。郝瑗[㉔]说[㉕]薛举[㉖]，与梁师都[㉗]及突厥连兵以取长安，举从之。时启民可汗[㉘]之子咄苾[㉙]号莫贺咄设[㉚]，建牙[㉛]直五原之北，举遣使与莫贺咄设谋入寇；莫贺咄设许之。唐王使都水监[㉜]宇文歆[㉝]赂莫贺咄设，且为陈利害，止其出兵，又说莫贺咄设遣张长逊入朝，以五原之地归之中国，莫贺咄设并从之。己卯㉞，武都、宕渠㉟、五原等郡皆降，王即以长逊为五原太守。长逊又诈为诏书与莫贺咄设，示知其谋。莫贺咄设乃拒举、师都等，不纳其使。

戊戌㊱，世子建成等还长安。

东都号令不出四门，人无固志，朝议郎㊲段世弘等谋应西师㊳。会㊴西师已还，乃遣人招李密，期以己亥㊵夜纳之。事觉，越王命王世充讨诛之。密闻城中已定，乃还。

（以上为第四段，写唐王李渊遣世子李建成兵进东都，不胜而还。）

【注释】

①稽胡：民族名。又称山胡、步落稽。源于匈奴。南北朝时，分布于今山西、陕北山谷间。 ②富平：县名。县治在今陕西富平县东北。 ③宜春：当为“宜君”误。宜君县治在今陕西宜君县西南。 ④谘议参军：官名。为诸王、丞相、将军府幕僚，以备诸王等咨询计议。 ⑤窦轨（?—630）：唐开国功臣。传见《旧唐书》卷六十一、《新唐书》卷九十五。 ⑥黄钦山：又作黄嵌山。在今陕西铜川市西北。 ⑦却：退，退却。 ⑧芳华苑：即东都西苑。又名会通苑、东都苑、上林苑、神都苑。故址在今河南洛阳市涧西工业区西苑路。 ⑨固：章校“固”下有“悬军远来”四字。 ⑩戊寅：四月初四日。 ⑪三伏：谓三面或三路埋伏。 ⑫三王陵：周景王、悼王、定王（或言敬王）葬此得名。陵冢高大，气势壮观，俗称“三山”。在今洛阳市西南郊三山村附近。 ⑬段达（?—621）：隋大臣。传见《隋书》卷八十八。 ⑭逐北：追击败军。北，败军。 ⑮新安、宜阳：郡名。新安郡治所在今河南新安县。宜阳郡治所在今河南宜阳县西。 ⑯史万宝：唐开国功臣。封原国公。于隋末号称“长安大侠”，疑为昭武九姓胡居京师者。李渊起兵，万宝率先响应。 ⑰盛彦师（?—623）：唐初大将。封葛国公。传见《旧唐书》卷六十九、《新唐书》卷九十四。 ⑱吕绍宗：郓州东平（今山东东平县东）人。官至右拾遗。事迹见《旧唐书》卷一百五十四《吕元膺传》。 ⑲任瓌（guī）（?—629）：唐开国功臣。封管国公。传见《旧唐书》卷五十九、《新唐书》卷九十。 ⑳五原：郡名。治所在内蒙古五原县西南黄河北岸。 ㉑通守：官名。炀帝置。佐理郡务，职位略低于太守。 ㉒张长逊（?—637）：唐初大将。封息国公。传见《旧唐书》卷五十七、《新唐书》卷八十八。 ㉓特勒：应为特勤。突厥语可汗子弟官衔曰“特勤”，或王子称号。 ㉔郝瑗：隋金城（今甘肃兰州）令，后被薛举引为谋主。 ㉕说（shuì）：游说。 ㉖薛举（?—618）：隋末割据者。传见《旧唐书》卷五十五、《新唐书》卷八十六。 ㉗梁师都（?—628）：隋末割据

者。传见《旧唐书》卷五十六、《新唐书》卷八十七。 ㉘启民可汗（?—609）：东突厥可汗。姓阿史那，名染干。降隋后被册为意利珍豆启民可汗。 ㉙咄苾（?—634）：启民少子，即后来的颉利可汗。 ㉚设：又译"察"或"杀"，突厥、回纥典兵者官衔。 ㉛建牙：武臣出镇称"建牙"。牙，牙旗，旗杆上饰以象牙，建于军门。 ㉜都水监：官名。掌川泽、渠堰等水利事务。 ㉝宇文歆：唐初大臣。事迹见《旧唐书》卷七十六、《新唐书》卷七十九《李元吉传》等。 ㉞己卯：四月初五日。 ㉟武都、宕渠：郡名。武都郡治所在今甘肃陇南市武都区东南。宕渠郡在今四川渠县。 ㊱戊戌：四月二十四日。 ㊲朝议郎：隋置文散官名。 ㊳西师：指李建成等所统军旅。 ㊴会：适逢。 ㊵己亥：四月二十三日。

【译文】

夏季四月，稽胡人劫掠富平，将军王师仁击退稽胡。又有五万余名稽胡人劫掠宜春，相国府谘议参军窦轨率兵进行讨伐，在黄钦山与之作战。稽胡人乘地势高而纵火，官军稍稍后退，窦轨斩杀部下军官十四人，选拔队中的低级军官来代替他们，整顿部队再次作战。窦轨亲自率领数百名骑兵在大军之后，命令他们说："听到鼓声如果有人不前进冲锋，你们就从后面斩杀他们！"然后击鼓进军，将士争先冲向敌人，稽胡人射箭也不能阻止，于是大破稽胡，俘虏稽胡男女二万人。

唐王世子李建成等人到达东都，军队驻扎在芳华苑，东都关闭城门不出来应战，李建成派人招抚也不回应。李密派出军队争夺芳华苑，双方小战一场，各自退去。东都城中有很多人想当内应，赵公李世民说："我军刚刚平定关中，根据地还未稳固，军队远离根据地前来，就是得到了东都，也守不住。"于是没有响应城中内应的要求。四月初四日，李建成率军撤退。李世民说："城中见我退兵，一定前来追击。"于是就在三王陵布下三支伏兵等待追兵，段达果然率领一万余人追来，遇到伏兵而败退。李世民追逐败兵，直达东都城下，斩首四千余级。于是设置新安、宜阳二郡，派遣行军总管史万宝、盛彦师镇守宜阳，派遣吕绍宗、任瓌率兵镇守新安，其他部队则返回。

当初，五原的通守官栎阳人张长逊因中原大乱，率全郡依附突厥，突厥让他做割利特勒。郝瑗劝说薛举，与梁师都及突厥联合出兵攻取长安，薛举听从这个建议。当时，突厥的启民可汗之子咄苾，称号为莫贺咄设，建立牙帐正处于五原之北，薛举派遣使节与莫贺咄设谋划入侵内地，莫贺咄设允许他的请求。唐王派都水监宇文歆贿赂莫贺咄设，并且向他说明利害关系，阻止他出兵，又劝说莫贺咄设派遣张长逊前来朝见，把五原地区归还中原，莫贺咄设都听从了。四月初五日，武都、宕渠、五原等郡都向唐投降，唐王就任命张长逊为五原太守。张长逊又假传一封诏书送与莫贺咄设，表示已知薛举与突厥合兵的计谋。莫贺咄设于是拒绝薛举、梁师都等人，不接纳他们的使节。

四月二十四日，世子李建成等人回到长安。

隋朝的越王在东都城中发布的号令传达不出四门之外，人们都已没有固守的意志，朝议郎段世弘等人谋划接应西方唐王的军队。正好此时李建成已经率军西还，他们就派人与李密联系，约定在四月二十三日的夜里把李密部队放进城中。结果事情败露，越王命王世充杀死段世弘等人。李密听说东都城内已经安定，于是退军。

【原文】

宇文化及拥众十余万，据有六宫，自奉养一如炀帝。每于帐中南面①坐，人有白事②者，嘿然③不对，下牙④，方取启状与唐奉义、牛方裕、薛世良、张恺等参决之⑤。以少主浩付尚书省⑥，令卫士十余人守之，遣令史⑦取其画敕⑧，百官不复朝参⑨。至彭城，水路不通，复夺民车牛得二千两⑩，并载宫人珍宝；其戈甲戎器，悉令军士负之，道远疲剧，军士始怨。司马德戡窃谓赵行枢曰："君大谬误我！当今拨乱，必借英贤；化及庸暗⑪，群小⑫在侧，事将必败，若之何⑬？"行枢曰："在我等耳，废之何难！"初，化及既得政，赐司马德戡爵温国公，加光禄大夫⑭，以其专统骁果，心忌之。后数日，化及署⑮诸将分部士卒，以德戡为礼部尚书⑯，外示美迁，实夺其兵柄。德戡由是愤怨，所获赏赐，皆以赂智及；智及为之言，乃使之将后军万余人以从。于是德戡、行枢与诸将李本⑰、尹正卿⑱、宇文导师⑲等谋，以后军袭杀化及，更立德戡为主；遣人诣孟海公，结为外助，迁延未发，待海公报。许弘仁、张恺知之，以告化及，化及遣宇文士及阳⑳为游猎，至后军，德戡不知事露，出营迎谒，因执之。化及让㉑之曰："与公㉒戮力㉓共定海内㉔，出于万死。今始事成，方愿共守富贵，公又何反也？"德戡曰："本杀昏主，苦其淫虐；推立足下，而又甚之；逼于物情㉕，不得已也。"化及缢杀之，并杀其支党十余人。孟海公畏化及之强，帅众具牛酒迎㉖之。李密据巩洛㉗以拒化及，化及不得西，引兵向东郡[28]，东郡通守王轨[29]以城降之。

辛丑[30]，李密将井陉王君廓[31]帅众来降。君廓本群盗[32]，有众数千人，与贼帅[33]韦宝、邓豹合军虞乡[34]，唐王与李密俱遣使招之。宝、豹欲从唐王，君廓伪与之同，乘其无备，袭击，破之，夺其辎重[35]，奔李密；密不礼之，复来降，拜上柱国，假河内太守[36]。

（以上为第五段，写叛军宇文化及内部不稳，西还东都受阻。）

【注释】

①南面：帝王之位南向，故称居帝座者为“南面之尊”。 ②白事：禀告事情。 ③嘿然：嘿同“默”。不言貌。 ④下牙：离开牙帐。 ⑤方取启状与唐奉义……等参决之：启状，报告文书。唐奉义等均为宇文化及心腹左右。参决，共同审议决定。 ⑥尚书省：中央最高行政机构。掌政令推行。 ⑦令史：门下省属官名。 ⑧画敕：在敕书签字，表示同意照发。 ⑨朝参：指臣下参拜天子。 ⑩两：同“辆”。 ⑪庸暗：平庸不明。 ⑫群小：众小人。 ⑬若之何：奈何，如何是好。 ⑭光禄大夫：官名。隋正二品加官及褒赠之官。 ⑮署：部署或任命暂代官职。 ⑯礼部尚书：官名。尚书省礼部长官，掌礼仪、祭享、贡举之政。 ⑰李本：隋将。 ⑱尹正卿：隋官。河间（今河北河间市）人。为时“俊才”，“名显于世”。 ⑲宇文导师：隋将。李本、尹正卿、宇文导师等人事迹见《隋书》卷八十五《司马德戡传》。 ⑳阳：通“佯”，假装。 ㉑让：责备。 ㉒公：对尊长或平辈敬称。 ㉓戮力：努力，勉力。 ㉔海内：四海之内，天下。 ㉕逼于物情：迫于公众情绪。 ㉖牛酒：牛和酒，用作赏赐、慰劳、馈赠的物品。 ㉗巩洛：巩义市（今河南巩义市东南）和洛口仓城（在巩义市境）；或言洛水至巩义市入黄河，故称巩洛。 ㉘东郡：郡名。治所在今河南滑县旧县城。 ㉙王轨：隋官。京兆霸城（今陕西西安市东北）人。事迹见《隋书》卷五十四《王长述传》、卷八十五《宇文士及传》、《旧唐书》卷五十四、《新唐书》卷八十五《窦建德传》。 ㉚辛丑：四月二十七日。 ㉛王君廓：唐大将，彭国公。井陉（今河北井陉县西北）人。传见《旧唐书》卷六十、《新唐书》卷九十二。 ㉜群盗：对农民军的侮称。 ㉝贼帅：对农民军将领的侮称。 ㉞虞乡：县名。县治在今山西运城市西南解州镇。 ㉟辎重：军用物资如器械、粮草、营帐、服装等的统称。 ㊱假河内太守：代理河内郡（治所在今河南沁阳市）长官。

【译文】

宇文化及拥有兵力十余万人，把隋炀帝的六宫据为己有，把自己奉养得如同隋炀帝一样。宇文化及常在营帐中面朝南坐着，有人来汇报请示事务，他都沉默无语，不作回答。退出营帐后，才拿着那些奏状文书与唐奉义、牛方裕、薛世良、张恺等人议定处理。他把杨浩交给尚书省，令卫士十余人监守，派遣令史让杨浩在奏状文书上画押签字，文武百官不再每朝参见。到了彭城，水路不通，又夺取民众的车和牛共有两千辆，都用来装载宫女珍宝，而命令军士背着所有戈甲兵器，路途遥远，行军极为疲劳，军士们开始埋怨。司马德戡私下对赵行枢说："你当初的主意太荒谬，误我不浅！当今拨正乱局，必须借助精英贤才，宇文化及如此昏庸愚昧，一群小人在他身边，事情必将失败，怎么办？"赵行枢说："事情由我们决定，废了他有什么困难？"当初，宇文化及掌握朝政，对司马德戡赐爵为温国公，加光禄大夫，因为他专门统率骁果，所以宇文化及内心非常猜忌他。过了几天，宇文化及重新部署诸将，另行分配士卒，让司马德戡当礼部尚书，表面上升官，实际上夺其兵柄。司马德戡因此气愤怨恨，把得到的赏赐全都用来贿赂宇文智及。宇文智及为他说情，宇文化及才让他率领后军一万余人。此时司马德戡、赵行枢与部下诸将李本、尹正卿、宇文导师等人谋划利用后军袭击杀掉宇文化及，另立司马德戡为首领。派人去见孟海公，让他作为外助。但计划拖延没有实施，等着孟海公的回音。许弘仁、张恺知道了这个阴谋，向宇文化及报告。宇文化及派遣宇文士及佯装外出游猎，来到后军，司马德戡还不知道阴谋已经败露，出营迎见宇文士及，于是宇文士及趁机逮捕了司马德戡。宇文化及责问他说："我与公戮力同心平定海内，出于万死，现在大事才告成功，正想与你共守富贵，公为何又谋反呢？"司马德戡说："本来我们起兵杀死昏庸君主，是因为他的淫虐造成的苦难太重。我们推立足下为首，可你的淫虐昏庸又超过了他。迫于人心与情势，不得不反。"宇文化及勒死了司马德戡，同时杀死党羽十余人。孟海公畏惧宇文化及的势力太强，率部下杀牛备酒迎接宇文化及。李密占据巩洛一带抵抗宇文化及，宇文化及不能继续西进，就率军转向东郡，东郡通守官王轨以东郡全城投降宇文化及。

四月二十七日，李密部将井陉人王君廓率其部下前来投降。王君廓本是民众造反的首领，有部众数千人，与造反首领韦宝、邓豹在虞乡合并了军队，唐王李渊与李密都派遣使节前往招抚。韦宝、邓豹想投靠唐王，王君廓假装赞同他们的想法，乘其不备，袭击并打败二人，夺取了他们的辎重，投奔李密；李密并不加以礼遇，王君廓又来投降唐王，拜为上柱国，暂代河内太守。

【原文】

萧铣[①]即皇帝位，置百官，准梁室故事。谥其从父琮为孝靖皇帝，祖岩[②]为河间忠烈王，父璇[③]为文宪王，封董景珍等功臣[④]七人皆为王。遣宋王杨道生击南郡[⑤]，下之，徙都江陵，修复园庙[⑥]。引岑文本[⑦]为中书侍郎，使典文翰[⑧]，委以机密。又使鲁王张绣徇岭南[⑨]，隋将张镇周[⑩]、王仁寿等拒之；既而闻炀帝遇弑，皆降于铣。钦州[⑪]刺史宁长真[⑫]亦以郁林[⑬]、始安[⑭]之地附于铣。汉阳[⑮]太守冯盎[⑯]以苍梧[⑰]、高凉[⑱]、珠崖[⑲]、番禺[⑳]之地附于林士弘[㉑]。铣、士弘各遣人招交趾[㉒]太守丘和[㉓]，和不从。铣遣宁长真帅岭南之兵自海道攻和，和欲出迎之，司法书佐高士廉[㉔]说和曰："长真兵数虽多，悬军远至，不能持久，城中胜兵足以当之，奈何望风受制于人！"和从之，以士廉为军司马[㉕]，将水陆诸军逆击[㉖]，破之，长真仅以身免，尽俘其众。既而有骁果自江都至，得炀帝凶问[㉗]，亦以郡附于铣。士廉，劢[㉘]之子也。

始安郡丞李袭志[㉙]，迁哲之孙也。隋末，散家财，募士得三千人，以保郡城；萧铣、林士弘、曹武彻[㉚]迭[㉛]来攻之，皆不克。闻炀帝遇弑，帅吏民临[㉜]三日。或说袭志曰："公中州[㉝]贵族，久临鄙郡[㉞]，华、夷悦服。今隋室无主，海内鼎沸，以公威惠，号令岭表，尉佗[㉟]之业可坐致也。"袭志怒曰："吾世继忠贞，今江都虽覆，宗社[㊱]尚存，尉佗狂僭[㊲]，何足慕也！"欲斩说者，众乃不敢言。坚守二年，外无声援，城陷，为铣所虏，铣以为工部尚书[㊳]，检校[㊴]桂州总管。于是东自九江[㊵]，西抵三峡[㊶]，南尽交趾，北距汉川[㊷]，铣皆有之，胜兵四十余万。

（以上为第六段，写萧铣割据长江中游及荆襄以南地区，达于岭南。）

【注释】

①萧铣（583—621）：隋末割据者。传见《旧唐书》卷五十六、《新唐书》卷八十七。②祖岩：萧铣之祖萧岩，后梁安平王。开皇初降陈，陈亡，隋文帝诛之。 ③璇（xuán）：萧璇，事迹不详。 ④董景珍等功臣：据《旧唐书·萧铣传》《新唐书·萧铣传》，七"功臣"为董景珍、雷世猛、郑文秀、许玄彻、万瓒、张绣、杨道生。 ⑤南郡：郡名。治所在今湖北江陵市。 ⑥园庙：园陵寝庙；帝王陵庙及其陵旁庙寝。 ⑦岑文本（595—645）：降唐后官至中书令。传见《旧唐书》卷七十、《新唐书》卷一百零二。 ⑧典文翰：掌公文信札的撰写。 ⑨岭南：地区名。即岭表、岭外。泛指五岭以南。 ⑩张镇

周：《隋书》为张镇州。隋朝请大夫。曾同陈稜率师至琉球（今我国台湾地区）。事迹见《隋书》卷三《炀帝纪上》。 ⑪钦州：州名。治所在今广西钦州市东北钦江西北岸。 ⑫宁长真：隋末唐初南平僚族首领，世袭钦州刺史。事迹见《新唐书》卷二百二十二下。⑬郁林：郡名。治所在今广西贵县东南郁江南岸。 ⑭始安：郡名。治所在今广西桂林市。 ⑮汉阳：郡名。治所在今甘肃礼县西南。 ⑯冯盎（?—646）：岭南越族首领。隋末唐初大将。传见《旧唐书》卷一百零九、《新唐书》卷一百一十。 ⑰苍梧：郡名。治所在今广东封开县南。 ⑱高凉：郡名。治所在今广东阳江市西。 ⑲珠崖：郡名。治所在今海南琼山区东南。 ⑳番禺：县名。治所在今广州市。 ㉑林士弘（?—622）：隋末南方（今江西一带）农民军领袖。传见《旧唐书》卷五十六、《新唐书》卷八十七。 ㉒交趾：郡名。治所在今越南河内市。 ㉓丘和（552—637）：隋末唐初大臣。传见《旧唐书》卷五十九、《新唐书》卷九十。 ㉔司法书佐：官名。郡守佐吏，掌刑法。高士廉（576—647）：长孙皇后舅父，相太宗。传见《旧唐书》卷六十五、《新唐书》卷九十五。㉕军司马：官名。位次将军，掌综理军府事务，并参与军机大事。 ㉖逆击：迎击。 ㉗凶问：噩耗。 ㉘劢（mài）：即高劢，北齐清河王高岳之子。七岁袭爵，后历北周、隋，皆显官。传见《北史》卷五十一、《隋书》卷五十五。 ㉙李袭志：金州安康（今陕西安康市）人。祖迁哲，北周信州总管，封安康郡公。袭志久任桂州（今广西桂林市），凡二十八载。传见《旧唐书》卷五十九、《新唐书》卷九十一。 ㉚曹武彻：隋末桂阳（今湖南郴州市）农民军领袖。 ㉛迭：轮番，更迭。 ㉜临：哭吊死者。 ㉝中州：中原。㉞鄙郡：边远小郡。 ㉟尉佗（?—前137）：即南越王赵佗。赵佗原为南海尉，故名。秦末，赵佗兼并桂林、南海、象三郡，建立南越国。 ㊱宗社：宗庙社稷。用以指国家。㊲狂僭：狂妄僭越不守本分。 ㊳工部尚书：官名。尚书省工部长官。掌工程、工匠、屯田、水利、交通等政令。 ㊴检校：官名。本指代理官职，后演变为加衔。 ㊵九江：郡名。治所在今江西九江市。 ㊶三峡：地名。长江三峡简称。 ㊷汉川：汉水以南地区。

【译文】

萧铣即皇帝位，设置文武百官，均按梁朝的旧例。为他的叔父萧琮追加谥号为孝靖皇帝，其祖父萧岩谥号为河间忠烈王，父亲萧璇谥号为文宪王，封董景珍等七名功臣都为王。派遣宋王杨道生攻打南郡，攻下南郡的城池，迁都江陵，修复园林宗庙。萧铣任命岑文本为中书侍郎，让他掌管机要文书，委托机密之事让他参与。又派鲁王张绣进攻岭南地区，隋朝在岭南任命的将领张镇周、王仁寿等人加以抵抗。不久，听说炀帝已经被杀，他们都向萧铣投降。钦州刺史宁长真也率郁林、始安等地投靠萧铣。汉阳太守冯盎率苍梧、高凉、珠崖、番禺等地依附于林士弘。萧铣、林士弘各自派人招抚交趾太守丘和，丘和没有投靠。萧铣派宁长真率领岭南兵从海路进攻丘和，丘和准备出城迎降，司法书佐高士廉劝说丘和："宁长真兵数虽多，但离开根据地远来攻我，所以不能持久，城中的兵力足以抵挡他，为何要望风投降，受制于人？"丘和听从这个建议，任命高士廉为军司马，率领水陆诸军反攻，击败宁长真的军队，只有宁长真单身一人得以逃脱，丘和俘虏了宁长真的全部人马。之后有骁果从江都过来，获悉隋炀帝被杀的消息，也以其郡依附于萧铣。高士廉是高劢的儿子。

始安郡丞李袭志，是李迁哲的孙子。隋朝末年，李袭志散发家财，招募士兵，得到三千人，用来保卫本郡的城池。萧铣、林士弘、曹武彻相继前来攻城，都不能攻克。李袭志听说隋炀帝遇害，就率领吏民为隋炀帝举哀三天。有人劝说李袭志说："主公是中原的贵族，长期在鄙郡做官，无论是汉人还是夷民，都心悦诚服。现在隋室没了皇帝，整个海内一片鼎沸，依靠主公的威严和恩惠，可以在岭南地区发号施令，就可以轻易缔造像当年尉佗那样的事业。"李袭志发怒，说："我世世代代用忠贞的态度相续承继，现在江都虽然颠覆，但隋朝的宗社还存在，尉佗是狂妄僭越之人，哪里值得羡慕！"想斩杀劝说之人，众人于是不敢再提此事。李袭志坚守郡城二年，外无声援，结果郡城被攻陷，李袭志被萧铣俘虏，萧铣任命他为工部尚书，并兼检校桂州总管。至时，东自九江，西至三峡，南从交趾，北到汉川，都被萧铣控制占据，拥有强兵四十余万。

【原文】

炀帝凶问至长安，唐王哭之恸[①]，曰："吾北面[②]事人，失道[③]不能救，敢[④]忘哀乎！"

五月，山南[⑤]抚慰使[⑥]马元规击朱粲于冠军[⑦]，破之。

王德仁既杀房彦藻，李密遣徐世勣[⑧]讨之。德仁兵败，甲寅[⑨]，与武安通守袁子干[⑩]皆来降，诏以德仁为邺郡[⑪]太守。

戊午[⑫]，隋恭帝禅位于唐，逊居代邸[⑬]。甲子[⑭]，唐王即皇帝位于太极殿[⑮]，遣刑部尚书[⑯]萧造[⑰]告天于南郊，大赦，改元[⑱]。罢郡，置州[⑲]，以太守为刺史。推五运[⑳]为土德，色尚黄[㉑]。

隋炀帝凶问至东都，戊辰[㉒]，留守[㉓]官奉越王即皇帝位，大赦，改元皇泰。是时于朝堂宣旨，以时钟金革[㉔]，公私皆即日大祥[㉕]。追谥[㉖]大行[27]曰明皇帝，庙号[28]世祖；追尊元德太子[29]曰成皇帝，庙号世宗。尊母刘良娣[30]为皇太后。以段达为纳言[31]、陈国公[32]，王世充为纳言、郑国公，元文都为内史令、鲁国公，皇甫无逸[33]为兵部尚书、杞国公；又以卢楚[34]为内史令，郭文懿[35]为内史侍郎[36]，赵长文[37]为黄门侍郎，共掌朝政。时人号"七贵"。皇泰主眉目如画，温厚仁爱，风格俨然[38]。

辛未[39]，突厥始毕可汗[40]遣骨咄禄特勒来，宴之于太极殿，奏九部乐[41]。时中国人避乱者多入突厥，突厥强盛，东自契丹[42]、室韦[43]，西尽吐谷浑[44]、高昌[45]诸国，皆臣之，控弦百余万。帝以初起资其兵马，前后饷遗，不可胜纪。突厥恃功骄倨，每遣使者至长安，多暴横，帝优容之。

壬申[46]，命裴寂、刘文静[47]等修定律令[48]。置国子、太学、四门生[49]，合三百余员，郡县学亦各置生员[50]。

六月，甲戌朔[51]，以赵公世民为尚书令[52]，黄台公瑗[53]为刑部侍郎[54]，相国府长史[55]裴寂为右仆射[56]、知政事[57]，司马[58]刘文静为纳言，司录[59]窦威[60]为内史令，李纲[61]为礼部尚书、参掌选事[62]，掾[63]殷开山[64]为吏部侍郎[65]，属赵慈景[66]为兵部侍郎，韦义节[67]为礼部侍郎，主簿陈叔达[68]、博陵崔民干[69]并为黄门侍郎，唐俭[70]为内史侍郎，录事参军裴晞[71]为尚书左丞[72]；以隋民部尚书萧瑀[73]为内史令，礼部尚书窦琎[74]为户部尚书，蒋公屈突通[75]为兵部尚书，长安令独孤怀恩[76]为工部尚书。瑗，上之从子；怀恩，舅子也。

上待裴寂特厚，群臣无与为比，赏赐服玩，不可胜纪；命尚书奉御[77]日以御膳赐寂，视朝必引与同坐，入阁则延之卧内；言无不从，称为裴监[78]而不名。委萧瑀以庶政[79]，事无大小，无不关掌。瑀亦孜孜尽力，绳违举过[80]，人皆惮之，毁之者众，终不自理。上尝有敕而内史不时[81]宣行，上责其迟，瑀对曰："大业之世，内史宣敕，或前后相违，有司不知所从，其易在前，其难在后；臣在省日久，备见[82]其事。今王业经始[83]，事系安危，远方有疑，恐失机会，故臣每受一敕必勘审[84]，使与前敕不违，始敢宣行，稽缓之愆[85]，实由于此。"上曰："卿用心如是，吾复何忧！"

初，帝遣马元规慰抚山南，南阳郡丞[86]河东吕子臧[87]独据郡不从；元规遣使数辈谕之，皆为子臧所杀。及炀帝遇弑，子臧发丧成礼，然后请降；拜邓州[88]刺史，封南[89]郡公。

废大业律令[90]，颁新格[91]。

上每视事，自称名，引贵臣同榻[92]而坐。刘文静谏曰："昔王导[93]有言：'若太阳俯同[94]万物，使群生[95]何以仰照！'今贵贱失位[96]，非常久之道。"上曰："昔汉光武与严子陵共寝[97]，子陵加足于帝腹。今诸公皆名德旧齿[98]，平生亲友，宿昔[99]之欢，何可忘也。公勿以为嫌[100]！"

戊寅[101]，隋安阳令吕珉[102]以相州[103]来降，以为相州刺史。

己卯[104]，祔四亲庙主[105]。追尊皇高祖瀛州府君[106]曰宣简公；皇曾祖司空[107]曰懿王；皇祖景王曰景皇帝[108]，庙号太祖，祖妣[109]曰景烈皇后；皇考[110]元王曰元皇帝[111]，庙号世祖，妣[112]独孤氏曰元贞皇后，追谥[113]妃窦氏曰穆皇后。每岁祀昊天上帝[114]、皇地祇[115]、神州地祇[116]，以景帝配[117]，感生帝[118]、明堂[119]，以元帝配。庚辰[120]，立世子建成为皇太子，赵公世民为秦王，齐公元吉为齐王，宗室黄瓜公白驹[121]为平原王，蜀公孝基[122]为永安王，柱国道玄[123]为淮阳王，长平公叔良[124]为长平王，郑公神通[125]为永康王，安吉公神符[126]为襄邑王，柱国德良[127]为新兴王，上柱国博义[128]为陇西王，上柱国奉慈[129]为勃海王。孝基、叔良、神符、德良，帝之从父弟；博义、奉慈，弟子[130]；道玄，从父兄子也。

癸未[131]，薛举寇泾州[132]，以秦王世民为元帅，将八总管兵以拒之。

遣太仆卿[133]宇文明达招慰山东[134]，以永安王孝基为陕州[135]总管。时天下未定，凡边要之州，皆置总管府，以统数州之兵。

乙酉[136]，奉隋帝为酅[137]国公。诏曰："近世以来，时运迁革，前代亲族，莫不诛夷[138]。兴亡之效，岂伊人力[139]！其隋蔡王智积[140]等子孙，并付所司，量才选用。"

（以上为第七段，写李渊称帝，建立唐王朝，遣使四出招抚，关东多有降附，唐室一派兴旺气象。）

【注释】

①恸（tòng）：大哭；极度哀痛。 ②北面：古代帝王面南坐，臣子朝见时面北，故谓称臣于人为"北面"或北面事人。 ③失道：无路、道路阻隔；或无道、违背做人道德。 ④敢：不敢、岂敢的省词。 ⑤山南：地区名、道名。此山南当指伏牛山以南豫、鄂交界地区。 ⑥抚慰使：差遣官名。朝廷为安抚某处而临时遣派的官称之一。 ⑦冠军：县名。县治在今河南邓州市西北。 ⑧徐世勣（594—669）：即李世勣或李勣。投唐后

历事唐初三帝，封英国公，兼将相之任。传见《旧唐书》卷六十七、《新唐书》卷九十三。⑨甲寅：五月十日。 ⑩袁子干：降唐后授洺州（今河北永年县东南）总管，不久为窦建德所俘。 ⑪邺郡：郡名。治所在今河南安阳市。 ⑫戊午：五月十四日。 ⑬逊居代邸：退居代王府邸。 ⑭甲子：五月二十日。 ⑮太极殿：隋大兴殿改名。西京宫城正殿，朔望视朝之所。 ⑯刑部尚书：官名。尚书省刑部长官。掌刑法。 ⑰萧造：唐初大臣。原隋冯翊太守，李渊入关，封造梁郡公。 ⑱改元：改元武德。 ⑲罢郡，置州：大业三年（607）改州为郡，至是复旧。 ⑳五运：谓水、火、木、金、土五种物质德性相生相克终而复始的循环变化。隋为"火德","火生土"，故唐为"土德"。 ㉑色尚黄：以黄色为贵。㉒戊辰：五月二十四日。 ㉓留守：官名。自隋唐始置，天子离京时指定大臣留守京城，得便宜行事，称京城留守。陪京和行都亦常以地方行政官兼任留守。 ㉔以时钟金革：以时当战乱。钟，当，值。金革，兵革。 ㉕大祥：又称"除灵"，父母丧二周年祭礼。㉖谥（shì）：封建时代在人死后按其生前事迹评定的以示褒贬的称号。 ㉗大行：古代称初死的皇帝。此指炀帝。 ㉘庙号：皇帝死后，于太庙立室奉祀，特立名号，如某祖某宗等，谓之庙号。 ㉙元德太子（?—606）：名昭。炀帝长子，杨侗生父。传见《隋书》卷五十九。 ㉚刘良娣：又称小刘良娣，元德太子妃，侗生母。 ㉛纳言：官名。门下省长官（宰相），掌"出纳王命"等事。 ㉜国公：五等爵中最高一级。 ㉝皇甫无逸：隋末唐初大臣，唐封滑国公。传见《隋书》卷七十一、《旧唐书》卷六十二、《新唐书》卷九十一。 ㉞卢楚（?—619）：隋大臣，封涿郡公。传见《隋书》卷七十一。 ㉟郭文懿（?—619）：隋末大臣。事迹见《隋书》卷八十五《段达传》等。 ㊱内史侍郎：官名。内史令佐官。 ㊲赵长文（?—619）：隋末大臣。为王世充杀。 ㊳俨然：庄严貌。 ㊴辛未：五月二十七日。 ㊵始毕可汗（?—619）：东突厥可汗。姓名为阿史那咄吉世。609年至619年在位。 ㊶九部乐：本隋乐九部，唐"因隋制，用九部之乐"。据《隋书·音乐志》：大业中，炀帝定《清乐》《西凉》《龟兹》《天竺》《康国》《疏勒》《安国》《高丽》《礼毕》，以为《九部》。 ㊷契丹：中国古代民族名。源于东胡。北魏以后游牧于辽河上游一带。 ㊸室韦：中国古代民族名。北魏以后分布于嫩江流域及黑龙江南北岸地区。㊹吐谷浑：中国古代民族名和政权名。本为鲜卑的一支，西晋末西迁今青海、甘肃后与羌人融合形成。其政权后被吐蕃所灭。 ㊺高昌：政权名。在今新疆吐鲁番。 ㊻壬申：五月二十八日。 ㊼裴寂（573—632）、刘文静（568—619）：唐创业功臣，相高祖。传见《旧唐书》卷五十七、《新唐书》卷八十八。 ㊽律令：法令。 ㊾国子、太学、四门生：中国封建时代首都国立大学的贵族学生。国子生，由三品以上官子孙充。太学生，五品以上官子孙充。四门生，七品以上官子充。 ㊿生员：唐代国学及郡、县学有学生员额限制的规定，故称这些学校的学生为生员。以后又称秀才、诸生。 ㊿甲戌朔：六月初一日。 52尚书令：尚书省最高长官。掌全国政令推行。 53瑗：即李瑗，李渊从父兄子，封黄台县公。传见《旧唐书》卷六十、《新唐书》卷七十八。 54刑部侍郎：刑部尚书之副。 55相国府长史：官名。丞相佐官，综理丞相府事。 56右仆射（yè）：官名。尚书省长官之一。职位低于尚书令，但亦为宰相。 57知政事：主持政务。 58司马：官名。兵部尚书代称。此指丞相佐官，与长史综理府事，并参预军机。 59司录：官名。窦威为丞相府司录参军，掌朝章国典制定等事。 60窦威（?—618）：唐初大臣、外戚。传见《旧唐书》卷六十一、《新唐书》卷九十五。 61李纲（547—631）：唐初大臣。传见《旧唐书》卷六十二、《新唐书》卷九十九。 62参掌选事：主持科举选官。 63掾（yuàn）：属官通称。 64殷开山（?—622）：唐开国功臣。传见《旧唐书》卷五十八、《新唐书》卷九十。 65吏部侍郎：吏部尚书之副。掌官员铨选。 66赵慈景（?—618）：李渊婿，尚长广公主。事迹见《新唐书》卷八十三《诸帝公主传》。 67韦义节：唐初大臣。京兆杜陵（今陕西西安市东南）人，封襄城郡公。 68陈叔达（?—635）：陈宣帝第十六子，入唐官至宰相。传见《旧唐书》卷六十一、《新唐书》卷一百。 69崔民干：后避太宗讳，名干，字道贞。博陵（今河北蠡县）人，封博陵郡公。 70唐俭（579—656）：唐开国功臣，莒国公。传见《旧唐书》卷五十八、《新唐书》卷八十九。 71裴晞（?—621）：官至深州刺史，为州人所杀。 72尚书左丞：尚书省都省长官之一，掌尚书省机关事务。 73萧瑀（575—648）：唐初大臣。传见《旧唐书》卷六十三、《新唐书》卷一百零一。 74窦琎（?—633）：唐初大臣，邓国公。传见《旧唐书》卷六十一、《新唐书》卷九十五。 75屈突通（557—628）：隋末唐初大臣。封蒋国公。屈突，复姓源出库莫奚族。传见《旧唐书》卷五十九、《新唐书》卷八十九。 76独孤怀恩（585—620）：隋唐外戚，后谋反被诛。传见《旧唐书》卷一百八十三、《新唐书》卷二百零六。 77尚书奉御："尚书"当为"尚食"。殿中省尚食局长官，掌天子之常馔。 78裴监：裴寂原为隋晋阳宫副监。 79庶政：各种行政事务。 80绳违举过：纠正错误，检举过失。 81不时：拖延；不按时。 82备见：完全看到。 83王业经始：谓李唐王朝刚刚开始。 84勘审：推究详查。 85稽缓之愆（qiān）：稽缓，迟延。愆，过失。 86郡丞：郡太守之副，掌兵马。 87吕子臧（?—618）：蒲州河东（今山西永济市蒲州镇）人。降唐后封南阳郡公。传见《旧唐书》卷一百八十七、《新唐书》卷一百九十一。 88邓州：州名。治所在今河南邓州市。 89南：据《旧唐书·吕子臧传》，"南"下有"阳"字。 90大业律令：大业三年（607）所颁法令。 91格：为唐代法律，即律令格式的表现形式之一。格为百官办事规则的规定。 92榻：床。 93王导（276—339）：东晋大臣。传见《晋书》卷六十五。 94俯同：低就浑同。

⑮群生：众生；泛指一切生物。 ⑯失位：错位；失去旧有地位。 ⑰昔汉光武与严子陵共寝：事见《后汉书·严光传》。 ⑱名德旧齿：名德，谓有名望德行。旧齿，谓长久相处。 ⑲宿昔：又作“夙昔”。从前，旧日。 ⑳嫌：疑，嫌疑。 ㉑戊寅：六月初五日。 ㉒吕珉（?—619）：珉后为窦建德所杀。 ㉓相州：州名。治所在今河南安阳市。 ㉔己卯：六月六日。 ㉕祔（fù）四亲庙主：祔，新死者附祭于先祖。四亲，指高祖、曾祖、祖、父。庙主，太庙本主。 ㉖瀛州府君：指李渊的高祖李熙。 ㉗司空：指李渊的曾祖李天锡。 ㉘景皇帝：李渊祖父李虎。 ㉙祖妣：已故祖母之称。 ㉚考：亡父之称。 ㉛元皇帝：李渊之父李昞。 ㉜妣：亡母之称。 ㉝追谥：追加谥号。 ㉞昊（hào）天上帝：天帝。昊，天之泛称。 ㉟皇地祇：亦称“皇祇”，即地神。 ㊱神州地祇：神州（中国）地神。 ㊲配：祭祀时配享。 ㊳感生帝：迷信说法，帝王先祖皆感太微五帝（即赤、黄、白、黑、青五帝）之精气以生；赤熛怒由赤帝派生；含枢纽由黄帝派生；白招拒由白帝派生；汁光纪由黑帝派生；灵威仰由青帝派生。故赤熛怒等为感生帝。唐以土德王，祀含枢纽为感生帝。 ㊴明堂：天子宣明政教举行祭祀等大典的地方。又，墓前祭台亦称明堂。 ㊵庚辰：六月初七日。 ㊶白驹：李白驹，唐宗室。初封黄瓜县公。疑李白驹即李琼，琼封平原王。事迹见《旧唐书》卷六十四、《新唐书》卷七十上。 ㊷孝基（?—619）：李孝基，李渊从父弟。 ㊸道玄（604—622）：李道玄，李渊从父兄子。 ㊹叔良（?—621）：李叔良，李渊从父弟。 ㊺神通（?—630）：李神通，李渊从父弟。初封永康王，不久改封淮安王，官至左武卫大将军、开府仪同三司。 ㊻神符（579—651）：李神符，李神通弟。官至宗正卿、开府仪同三司。 ㊼德良（?—637）：李德良，李叔良弟。孝基、道玄、叔良、神通、神符、德良传见《旧唐书》卷六十、《新唐书》卷七十八。 ㊽博义（?—671）：李博义，李渊兄湛之子。 ㊾奉慈：李奉慈，李博义弟。博义、奉慈传见《旧唐书》卷六十、《新唐书》卷七十八。 ㊿弟子：弟字误，应为兄。 (131)癸未：六月十日。 (132)泾州：州名。治所在今甘肃泾川县北泾河北岸。 (133)太仆卿：官名。即太仆寺卿。掌马政。 (134)山东：地区名。崤山以东地区。 (135)陕州：州名。治所在今河南三门峡市陕州区。 (136)乙酉：六月十二日。 (137)鄐：音xí。 (138)莫不诛夷：没有不遭杀戮的。 (139)岂伊人力：岂是人力所致。 (140)智积（?—616）：杨智积，隋文帝侄。传见《隋书》卷四十四。

【译文】

隋炀帝被害的消息传到长安，唐王悲恸痛哭，说：“我面向北称臣，为皇上做事，皇上失道而我不能救他，还敢忘记哀痛吗？”

五月，山南抚慰使马元规在冠军县进击朱粲，打败了朱粲。

王德仁杀死房彦藻之后，李密派遣徐世勣讨伐王德仁。王德仁战败，于五月初十日，与武安通守袁子干前来向唐王投降。唐王下诏任命王德仁为邺郡太守。

五月十四日，隋恭帝禅让皇位给唐王，离开皇宫住到代邸。五月二十日，唐王在太极殿即皇帝位，派遣刑部尚书萧造在南郊祭祀上天，大赦天下，改年号为武德。废除郡一级区划，设置州一级区划，把太守改为刺史。按五德终始的顺序推算，唐朝属于土德，颜色崇尚黄色。

隋炀帝的死讯传到东都，五月二十四日，留守东都的隋朝官员拥戴隋朝的越王杨侗即皇帝位，大赦天下，改年号为皇泰。当时就在朝堂宣布诏旨，因为正值战乱，公家私人都在当天奉行守丧的大祥之礼。为刚刚死去的皇帝追加谥号为明皇帝，庙号称世祖；追尊元德太子谥号为成皇帝，庙号为世宗。尊奉越王侗母亲刘良娣为皇太后。越王侗任命段达为纳言、陈国公，任命王世充为纳言、郑国公，任命元文都为内史令、鲁国公，任命皇甫无逸为兵部尚书、杞国公，又任命卢楚为内史令，郭文懿为内史侍郎，赵长文为黄门侍郎，共同掌握朝政。当时人称之为“七贵”。皇泰主杨侗眉目如画，待人温厚仁爱，仪容风度庄严稳重。

五月二十七日，突厥始毕可汗派遣骨咄禄特勒前来觐见唐高祖，在太极殿举行宴会，演奏了九部乐。当时中原百姓为了躲避战乱，有很多人逃到突厥地区，突厥于是强盛起来，东自契丹、室韦，西至吐谷浑、高昌等国，全都向突厥臣服，可以拉弓作战的士兵号称一百多万。唐高祖因为在起兵初期突厥曾经资助过兵马，前后赠送突厥的物品，无法计算。突厥仗恃有功而傲慢无礼，每次派遣使者来长安，多有暴烈横行之事，但唐高祖都宽容优待他们。

五月二十八日，唐高祖命令裴寂、刘文静等人修订审定法律条令。设置国子学、太学、四门生，共三百多人，各郡县学校也各自设置生员。

六月初一日，唐高祖发布任命：赵公李世民为尚书令，黄台公李瑗为刑部侍郎，相国府长史裴寂为右仆射、知政事，司马刘文静为纳言，司录窦威为内史令，李纲为礼部尚书、参掌选事，掾殷开山为吏部侍郎，属员赵慈景为兵部侍郎，韦义节为礼部侍郎，主簿陈叔达、博陵人崔民干都为黄门侍郎，唐俭为内史侍郎，录事参军裴晞为尚书左丞，隋民部尚书萧瑀为内史令，礼部尚书窦琎为户部尚书，蒋公屈突通为兵部尚书，长安令独孤怀恩为工部尚书。李瑗是唐高祖的侄子，独孤怀恩是唐高祖舅舅的儿子。

唐高祖对待裴寂特别优厚，群臣无人能与之相比，赏赐给裴寂的服饰和玩赏物品多得无法计算，又命尚书奉御每天把皇帝的御膳赏赐给裴寂，上朝时一定让裴寂与自己坐在一起，回到寝宫则一定邀请裴寂到卧室，对裴寂的建议，唐高祖无不听从，不称裴寂的名字而称其原来的官名“裴监”。唐高祖把各种政务都托付给萧瑀，事情无论大小，全都由萧瑀掌握。萧瑀也孜孜不倦地尽心尽力，纠正错误，检举过失，人们都惧怕他，诋毁他的人很多，但他始终不作辩解。唐高祖曾有诏书而内史没有及时宣布，唐高祖责备内史迟缓，萧瑀回答说：“隋炀帝大业年间，内史宣布皇帝的诏书，有时前后自相矛盾，有关官员和部门不知应该遵循哪一个，只好把易行的命令放在前面，难行的命令放在后面。臣子我在隋朝内史省当侍郎的时间很长，这种事见得多了。如今陛下的王业正在开始经营，事情关系到朝廷的安危，远方的人们还有疑虑，恐怕失去机会，所以臣子我每接受一个诏令，必须仔细核对审察，使先后发布的诏令不致相互矛盾，然后才敢宣布施行。迟缓之过，实是由于这个原因。”唐高祖说：“你的用意既是如此，我还有什么忧虑呢？”

当初，唐高祖派马元规慰问安抚山南，只有南阳郡丞河东人吕子臧占据该郡不顺从，马元规派出使节前后数次前去劝谕，都被吕子臧杀死。等到隋炀帝被害，吕子臧为之发丧，尽行臣子之礼，然后请求投降。唐高祖任命他为邓州刺史、封南郡公。

唐朝废除隋朝大业年间制定的法律条令，颁布新的法律条文。

唐高祖每次上朝处理政务，都自称名字，请贵臣们同坐一榻。刘文静进谏说：“过去王导有一句话：‘如果太阳俯低身子而与万物一样，那么万物又靠什么在上面照耀它们呢？’现在皇帝与大臣同坐一榻，这使贵贱失去正常秩序，不是国家长久之道。”唐高祖说：“过去汉光武帝与严子陵一起睡觉，严子陵把脚压到汉光武帝的肚子上。今天诸位公卿都是著名大臣，素有德声，又是老朋友，平生的亲友，往日的欢情，怎能忘怀？您不要有所疑虑！”

六月初五日，隋安阳令吕珉率相州向唐高祖投降，唐高祖封吕珉为相州刺史。

六月初六日，唐祭祀四代宗庙的祖先。追尊唐高祖的高祖瀛州府君为宣简公；追尊皇上的曾祖司空为懿王；追尊皇上的祖父景王为景皇帝，庙号为太祖，祖母为景烈皇后；追尊皇上的父亲元王为元皇帝，庙号为世祖，母亲独孤氏为元贞皇后，为皇妃窦氏追加谥号为穆皇后。每年祭祀昊天上帝、皇地祇、神州地祇，以景皇帝配享，祭礼感生帝含枢纽、明堂，以元皇帝配享。六月初七，册立世子李建成为皇太子，赵公李世民为秦王，齐公李元吉为齐王，宗室黄瓜公李白驹为平原王，蜀公李孝基为永安王，柱国李道玄为淮阳王，长平公李叔良为长平王，郑公李神通为永康王，安吉公李神符为襄邑王，柱国李德良为新兴王，上柱国李博义为陇西王，上柱国李奉慈为勃海王。李孝基、李叔良、李神符、李德良，都是唐高祖的堂弟。李博义、李奉慈是唐高祖弟弟的儿子，李道玄是唐高祖堂兄的儿子。

六月初十日，薛举侵犯泾州，唐高祖任命秦王李世民为元帅，率八路总管的军队前去抵御。

唐朝派遣太仆卿宇文明达招抚慰问山东地区，任命永安王李孝基为陕州总管。当时天下还未全部平定，凡是边远重要的州，都设置总管府，统率几个州的军队。

六月十二日，唐尊奉隋恭帝为酅国公。唐高祖的诏书说："近世以来，天时国运不断变革改换，前代朝廷的皇室宗族，全都被杀戮除灭。不同朝代相继兴亡更替，难道只靠人力就能办到的吗？隋朝的蔡王杨智积等王室子孙，都交付有关官署，根据他们的才能选拔任用。"

【原文】

东都闻宇文化及西来，上下震惧。有盖琮[①]者，上疏[②]请说李密与之合势拒化及。元文都谓卢楚等曰："今仇耻未雪而兵力不足，若赦密罪使击化及，两贼自斗，吾徐承其弊[③]。化及既破，密兵亦疲；又其将士利[④]吾官赏，易可离间，并密亦可擒也。"楚等皆以为然，即以琮为通直散骑常侍[⑤]，赍[⑥]敕书赐密。

丙申[⑦]，隋信都[⑧]郡丞东莱麴稜[⑨]来降，拜冀州刺史。

万年县[⑩]法曹[⑪]武城孙伏伽[⑫]上表[⑬]，以为："隋以恶闻其过[⑭]亡天下。陛下龙飞晋阳[⑮]，远近响应，未期年[⑯]而登帝位，徒知得之之易，不知隋失之之不难也。臣谓宜易其覆辙[⑰]，务尽下情。凡人君言动，不可不慎。窃见[⑱]陛下今日即位而明日有献鹞雏[⑲]者，此乃少年之事，岂圣主所须哉！又，百戏散乐[⑳]，亡国淫声[㉑]。近太常[㉒]于民间借妇女裙襦[㉓]五百余袭[㉔]以充妓衣，拟五月五日玄武门游戏，此亦非所以为子孙法也。凡如此类，悉宜废罢。善恶之习，朝夕渐染，易以移人[㉕]。皇太子、诸王参僚左右，宜谨择其人；其有门风不能雍睦[㉖]，为人素无行义[㉗]，专好奢靡，以声色[28]游猎为事者，皆不可使之亲近也。自古及今，骨肉乖离[29]，以至败国亡家，未有不因左右离间而然也。愿陛下慎之。”上省表大悦，下诏褒称[30]，擢为治书侍御史[31]，赐帛[32]三百匹[33]，仍颁示远近。

辛丑[34]，内史令延安靖公窦威薨[35]。以将作大匠[36]窦抗兼纳言[37]，黄门侍郎陈叔达判纳言。

宇文化及留辎重于滑台[38]，以王轨为刑部尚书，使守之，引兵北趣黎阳[39]。李密将徐世勣据黎阳，畏其军锋，以兵西保仓城[40]。化及渡河，保黎阳，分兵围世勣。密帅步骑二万，壁于清淇[41]，与世勣以烽火相应，深沟高垒[42]，不与化及战。化及每攻仓城，密辄[43]引兵以掎[44]其后。密与化及隔水[45]而语，密数之曰：“卿本匈奴皂隶破野头[46]耳；父兄子弟，并受隋恩，富贵累世，举朝莫二。主上失德，不能死谏，反行弑逆，欲规[47]篡夺。不追诸葛瞻[48]之忠诚，乃为霍禹[49]之恶逆，天地所不容，将欲何之[50]！若速来归我，尚可得全后嗣。”化及默然，俯视良久，瞋目[51]大言曰：“与尔[52]论相杀事，何须作书语[53]邪！”密谓从者曰：“化及庸愚如此，忽欲图为帝王，吾当折杖驱之[54]耳！”化及盛修攻具[55]以逼仓城，世勣于城外掘深沟以固守，化及阻堑[56]，不得至城下。世勣于堑中为地道，出兵击之，化及大败，焚其攻具。

时密与东都相持日久，又东拒化及，常畏东都议[57]其后，见盖琮至，大喜，遂上表乞降，请讨灭化及以赎罪，送所获[58]雄武郎将[59]于洪建[60]，遣元帅府记室参军[61]李俭、上开府[62]徐师誉等入见。皇泰主命戮洪建于左掖门[63]外，如斛斯政之法[64]。元文都等以密降为诚实，盛饰宾馆于宣仁门[65]东。皇泰主引见俭等，以俭为司农卿[66]，师誉为尚书右丞，使具导从[67]，列铙吹[68]，还馆，玉帛酒馔，中使[69]相望。册拜密太尉[70]、尚书令、东南道大行台[71]行军元帅、魏国公，令先平化及，然后入朝辅政。以徐世勣为右武候大将军。仍下诏称密忠款[72]，且曰：“其用兵机略，一禀[73]魏公节度。”

元文都喜于和解，谓天下可定，于上东门[74]置酒作东，自段达已下皆起舞。王世充作色谓起居侍郎[75]崔长文曰：“朝廷官爵，乃以与贼[76]，其志欲何为邪！”文都等亦疑世充欲以城应化及，由是有隙，然犹外相弥缝[77]，阳为亲善[78]。

秋，七月，皇泰主遣大理卿[79]张权、鸿胪卿[80]崔善福赐李密书曰：“今日以前，咸共刷荡[81]，使至以后，彼此通怀[82]。七政[83]之重，伫公匡弼[84]，九伐[85]之利，委公指挥。”权等既至，密北面拜受诏书。既无西虑，悉以精兵东击化及。密知化及军粮且尽，因伪与和；化及大喜，恣其兵食[86]，冀密馈之[87]。会密下有人获罪，亡抵化及，具言其情，化及大怒，其食又尽，乃渡永济渠[88]，与密战于童山[89]之下，自辰达酉[90]；密为流矢[91]所中，堕马闷绝[92]，左右奔散，追兵且至，唯秦叔宝独捍卫之，密由是获免。叔宝复收兵与之力战，化及乃退。化及入汲郡[93]求军粮，又遣使拷掠东郡吏民以责米粟。王轨等不堪其弊[94]，遣通事舍人[95]许敬宗[96]诣密请降；以[97]轨为滑州[98]总管，以敬宗为元帅府记室[99]，与魏徵[100]共掌文翰[101]。敬宗，善心之子也。房公苏威在东郡，随众降密，密以其隋氏大臣，虚心礼之。威见密，初不言[102]帝室艰危，唯再三舞蹈[103]，称“不图[104]今日复睹圣明！”时人鄙之[105]。化及闻王轨叛，大惧，自汲郡引兵欲取以北诸郡，其将陈智略[106]帅岭南骁果万余人，樊文超帅江淮排穳[107]，张童儿[108]帅江东骁果数千人，皆降于密。文超，子盖[109]之子也。化及犹有众二万，北趣魏县[110]；密知其无能为，西还巩洛，留徐世勣以备之。

（以上为第八段，写李密降隋皇泰主，大破宇文化及于河南。）

【注释】

①盖琮：事迹见《隋书》卷五十九《越王侗传》。 ②疏：奏章。 ③徐承其弊：慢慢利用其疲困。 ④利：贪图。 ⑤通直散骑常侍：官名。隶门下省。掌“部从朝直”，即陪从天子，侍奉规讽，并备顾问应对。 ⑥赍（jī）：带。 ⑦丙申：六月二十三日。 ⑧信都：隋郡名。入唐时为冀州，治所在今河北衡水市冀州区。 ⑨麴稜：事迹见《新唐书》卷八十五《窦建德传》。 ⑩万年县：县名。与长安县同治都城（今陕西西安市），辖都城东部。万，据章校“万”上有“丁酉”（六月二十四日）二字。 ⑪法曹：官名。州县司法官。 ⑫孙伏伽（?—658）：唐初大臣，封乐安县男。传见《旧唐书》卷七十五、《新唐书》卷一百零三。 ⑬表：章奏的一种。 ⑭恶闻其过：讨厌有人批评他的过错。 ⑮龙飞晋阳：龙飞，比喻天子即位。晋阳，县名，县治在今山西太原西南古城营西古城。 ⑯期年：一整年。 ⑰覆辙：犹言覆车，比喻失败的教训。 ⑱窃见：个人认为。 ⑲鹞雏：鹞鹰科，俗称鹞子。雏，幼禽。 ⑳百戏散乐：古代乐舞杂技表演的总称。 ㉑淫声：靡靡之音。 ㉒太常：官署名。即太常寺。主持祭祀礼乐事。 ㉓裙襦（rú）：裙子和短衣。 ㉔袭：全套衣物。 ㉕移人：变人品性和行为。 ㉖雍睦：和睦。

㉗行义：品行；道义。㉘声色：乐舞女色。㉙乖离：分离；不合。㉚褒称：嘉奖；称美。㉛治书侍御史：官名。即后来的御史中丞。掌狱案审理、囚徒按复、御史奏弹等事。㉜帛：泛指丝织物。㉝匹：织物四丈为匹。㉞辛丑：六月二十八日。㉟薨（hōng）：唐代称二品以上官之死。㊱将作大匠：官名。掌土木工程营建等事。㊲兼纳言：兼代纳言之职。兼，与下文判，均为非正官之称。㊳滑台：古城名。治所在今河南滑县东。㊴黎阳：县名。县治在今河南浚县东。㊵仓城：即黎阳仓城。故址在今河南浚县西南。㊶清淇：隋废县名。故县县治在今河南浚县西。㊷高垒：高筑坚固的营垒。㊸辄：犹“即”。㊹掎：拖住；牵制。㊺隔水：隔着淇水（今卫河支流）。㊻匈奴皂隶破野头：据化及父宇文述本传（《隋书》卷六十一），本姓破野头，役属于鲜卑俟豆归，遂从其主人姓为宇文氏。匈奴皂隶，即匈奴族出身的从事贱役的人。㊼规：效法。㊽诸葛瞻（227—263）：诸葛亮子。邓艾伐蜀，瞻与之战于绵竹（今属四川），兵败而死。㊾霍禹：西汉大臣。宣帝时因谋反被族诛。㊿将欲何之：想往哪里走；意谓走投无路。(51)瞋（chēn）目：瞪大眼睛，表示愤怒。(52)尔：你。(53)书语：书生话；字义上的争论。(54)折杖驱之：折，折辱，挫折侮辱。杖，用棍拷打。驱，驱使或驱逐。(55)攻具：攻城器械，如云梯之类。(56)阻堑：为堑（深沟）所阻。(57)议：图谋。(58)获：据章校，“获”下有“凶党”二字。(59)雄武郎将：官名。掌统雄武府骁果。(60)于洪建：宇文化及亲信。据《隋书·李密传》：“于洪建”作“于洪达”。(61)记室参军：官名。诸王府，元帅府属官。掌书记并预军事。(62)上开府：官名。全称为上开府仪同三司，隋从三品文散官。(63)左掖门：东都皇城南面三门之一。(64)如斛斯政之法：据《隋书·斛斯政传》：斛斯政就刑时，被缚于柱，公卿百僚并亲击射，脔割其肉，多有生食其肉者。食后之余烹煮，余骨焚而扬之。斛斯，复姓。源出高车斛斯（唐称斛薛）部。(65)宣仁门：东都东城东门。(66)司农卿：官名。司农寺长官。掌仓储、农林园苑、管理等事务。(67)导从：谓前导与后从之人。(68)铙（náo）吹：军乐，即铙歌，乐府《鼓吹曲》的一部。用于激励士气和宴享功臣。(69)中使：帝王宫廷中派出的使者，指宦官。(70)太尉：官名。隋唐时为加官，地位崇高，但无实权。(71)大行台：在大行政区代表中央的机构称行台，若任职的人权位特重，则称大行台。(72)忠款：忠诚。(73)禀：承受，接受。节度，指挥制约。(74)上东门：东都城东面三门之一。(75)起居侍郎：官名。皇泰帝始置。掌记录天子起居之事。(76)贼：对农民军的侮称。(77)外相弥缝：表面上在弥合破裂。(78)阳为亲善：佯装友好。(79)大理卿：官名。大理寺长官，中央最高法官。(80)鸿胪卿：官名。鸿胪寺长官。掌外事接待、少数民族事务及凶丧之仪。(81)咸共刷荡：全部洗雪，既往不咎。(82)通怀：敞开胸怀。(83)七政：日、月、五星（水、火、木、金、

土）总称。 ⑧④伫（zhù）公匡弼：待公（谓李密）匡正辅佐。 ⑧⑤九伐：惩罚九种罪恶的讨伐。 ⑧⑥恣其兵食：任凭他的军士食用军粮。 ⑧⑦冀密馈之：希望李密接济他军粮。冀，希望。馈，赠送。 ⑧⑧永济渠：大业四年（608），炀帝调发军民百余万，引沁水南达黄河，北通涿郡，全长二千余里，是谓永济渠。 ⑧⑨童山：山名。又名同山。在今河南浚县西南。 ⑨⓪自辰达酉：从早晨到黄昏。辰，七时至九时。酉，十七时至十九时。 ⑨①流矢：乱箭。 ⑨②闷绝：昏死。医学名词叫作休克。 ⑨③汲郡：郡名。治所在今河南淇县东。 ⑨④弊：弊端。引申为祸害、骚扰。 ⑨⑤通事舍人：官名。隶中书省，掌朝见引纳、承旨劳问等事。 ⑨⑥许敬宗（592—672）：唐初大臣，相高宗。著述甚多，有文集八十卷。传见《旧唐书》卷八十二、《新唐书》卷二百一十三上。 ⑨⑦以：据章校，“以”上有“密”字。 ⑨⑧滑州：州名。治所在今河南滑县东。 ⑨⑨记室：官名。诸王、三公、大将军、元帅府属官。亦用为秘书代称。 ⑩⓪魏徵（580—643）：唐初杰出的政治家，相太宗。传见《旧唐书》卷七十一、《新唐书》卷九十七。 ⑩① 文翰：文章，公文信札。⑩② 初不言：从不说。初，从来；根本。 ⑩③ 舞蹈：臣子朝拜天子时的一种仪节。 ⑩④ 不图：未曾料到。 ⑩⑤时人鄙之：同时代的人瞧不起他。 ⑩⑥陈智略：事迹见《隋书·王充传》。 ⑩⑦ 排矟：矛类兵器。此谓排矟手。 ⑩⑧ 张童儿：《隋书·李密传》作“张童仁”。张童儿与陈智略等后来又降于王世充。 ⑩⑨子盖：隋大将。传见《隋书》卷六十三。 ⑪⓪魏县：县名。县治在今河北大名县西南。

【译文】

东都的人们听说宇文化及率军西进而来，上上下下都感到震惊恐慌。盖琮上疏，请求劝说李密联合起来抵抗宇文化及。元文都对卢楚等人说：“现在宇文化及弑杀皇帝的大仇尚未雪耻，而我们的兵力又不足以抵抗，如果赦免李密的罪过，让他攻击宇文化及，两贼自会相斗，我们随后再来利用他们的疲困。宇文化及既可被打败，李密的部队也会疲劳无力，而且他们的将士贪图我们赏给的官职与钱财，就会容易离间他们，包括李密也可以活捉。”卢楚等人都认为元文都说得对，便任命盖琮为通直散骑常侍，携带皇帝诏书赐给李密。

六月二十三日，隋信都郡郡丞东莱人麴稜前来降唐，被任命为冀州刺史。

万年县法曹武城人孙伏伽上表，认为：“隋朝因为皇帝讨厌听到别人批评他的过失而最终丧失了天下。陛下如龙一样从晋阳起飞，远近纷纷响应，不到一年就登上帝位，只知道得天下容易，而不知隋朝失天下也不难。臣认为应当改变隋朝灭亡的做法，务必全面了解下面的民情。凡是人君的言谈与行动，不可不谨慎。臣看到今天陛下即位，明天就有人献鹞雏，玩鹞雏是少年人的事，哪里是圣明的皇上所需要的呢？另外，杂技和雅乐之外的散乐，乃是使国家灭亡的淫声。最近太常寺在民间借了五百多套妇女的裙子短衣用作宫内歌伎的服装，准备于五月五日在玄武门进行游戏，这也不是可以作为子孙后代效法的事。诸如此类，应当全部废除停止。善的和恶的习惯，朝夕受其熏染，很容易改变人的本性。皇太子、诸王身边的属官，应当谨慎地挑选合适的人选。若有门风不能雍容和睦，为人一向不知按道义行事，专门爱好奢侈淫靡，整天沉迷于声色犬马，到处游猎的人，都不能让他们与皇太子、诸王亲近。从古到今，骨肉亲人反目分离，以至于使国与家败亡，没有不是因为身边亲近的人恶意离间而造成的。望陛下谨慎小心地对待。”皇帝看了上表非常高兴，下诏表扬，提升孙伏伽为治书侍御史，赐丝帛三百匹，并将表扬奖赏的诏书公布到远近各处。

六月二十八日，唐内史令延安靖公窦威去世。任命将作大匠窦抗兼任纳言，黄门侍郎陈叔达为判纳言。

宇文化及把辎重留在滑台，任命王轨为刑部尚书，让他守护辎重，自己率军向北朝黎阳进发。李密的部将徐世勣占据黎阳，畏惧宇文化及军队的攻击之势，就率军西撤据守仓城。宇文化及渡过黄河，占领黎阳，分兵包围徐世勣。李密率领两万步兵骑兵，在清淇坚壁固守，与徐世勣用烽火相互呼应，深挖城壕，筑高城墙，不与宇文化及交战。宇文化及每次进攻仓城，李密就率兵攻击他的后方。李密隔着淇水和宇文化及说话。李密历数宇文化及的罪行：“你本来是匈奴的奴隶破野头而已，父兄子弟都受到隋朝的恩赏，连着几代都享受富贵，整个朝廷没有第二家。主上丧失德行，你不能以死劝谏，反而谋反弑君，又想图谋篡夺帝位。你不效法诸葛亮之子诸葛瞻因蜀汉灭亡而为之献身的忠诚，却效法霍光之子霍禹的丑恶叛逆，正是天地所不能容，又想到什么地方去？如果赶快来归顺我，还可以得以保全你的后嗣。”宇文化及默不作声，低头半天，瞪眼大声说：“和你比试打仗相互砍杀的事，哪里用得着说书上的话？”李密对身边的人说：“宇文化及昏庸愚昧，忽然想谋划当帝王，我当折断棍子驱赶他！”宇文化及让部队大量制作攻城的用具，逼近仓城，徐世勣在城外挖了深沟加以固守，宇文化及被深壕阻拦，无法进到城下。徐世勣在壕里挖地道，出兵攻打宇文化及。宇文化及大败，徐世勣于是焚烧了宇文化及准备的攻城用具。

当时李密与东都对峙已有很长时间，又要在东方抵御宇文化及，经常担心东都袭击他的后方，看到东都派来劝降的盖琮，非常高兴，于是上表要求投降皇泰主，并请求让他讨伐消灭宇文化及来赎罪，送上他俘获的宇文化及手下的雄武郎将于洪建，派元帅府记室参军李俭、上开府徐师誉等人进入东都觐见。皇泰主杨侗下令在左掖门外诛戮于洪建，与以前诛戮斛斯政的方式一样。元文都等人认为李密是真心诚意地投降，在宣仁门东面豪华装饰宾馆。皇泰主引见李俭等人，任命李俭为司农卿，徐师誉为尚书右丞，为他们配备了引导队和鼓吹乐队，排着队将他们送到宾馆，赏赐美玉丝帛以及美酒佳食，宫中派出的使者接连不断，相望于路。皇泰主册封李密为太尉、尚书令、东南道大行台行军元帅、魏国公，命他先平定宇文化及，然后入朝辅助国政。又任命徐世勣为右武候大将军。皇泰主还下诏表彰李密的忠诚，并且说："凡是用兵及其谋略，全由魏公李密掌管指挥。"

元文都因为和李密达成和解而感到高兴，认为天下可以平定了，在上东门摆下酒宴，演奏音乐，从段达以下的官员都要起来跳舞。王世充变了脸色对起居侍郎崔长文说："朝廷的官位爵号，竟然赏给了叛贼，他是想干什么？"元文都等人也怀疑王世充想以东都响应宇文化及，因此双方有了仇隙，不过表面上相互和解，佯作亲善。

秋季，七月，皇泰主杨侗派遣大理卿张权、鸿胪卿崔善福赐给李密书信说："今天以前的事情，全都相互忘记干净，让我们今后彼此真诚相待。朝廷各项重要政务，等着明公前来匡正辅弼，征伐各种叛乱的大权，全都委托给明公指挥。"张权等人到达李密驻军处，李密面朝北下拜接受了皇泰主的诏书。在消除了来自西方的担忧之后，李密就率全部精锐兵力向东攻击宇文化及。李密知道宇文化及的军粮即将吃光，就假装与宇文化及和谈，宇文化及大为高兴，让士兵随意饱餐，希望李密会馈送粮草。正好此时李密手下有人犯罪，逃亡来到宇文化及军中，详细地说明了李密的计谋，宇文化及大为愤怒，但是他的军队粮食也已经吃完了，于是渡过永济渠，在童山脚下与李密交战，从辰时打到酉时，李密被流箭射中，落马昏迷不醒，左右卫兵都逃跑散去，追兵将要来到，只有秦叔宝一人奋战保护他，李密才得以免除被俘。秦叔宝又收聚兵力与宇文化及力战，宇文化及于是退军。宇文化及进入汲郡找军粮，又派使节拷打东郡的官吏百姓，向他们索取粮食。王轨等人不能忍受这种残暴做法，派遣通事舍人许敬宗去见李密要求投降，李密任命王轨为滑州总管，任命许敬宗为元帅府记室，和魏徵一同掌管文书。许敬宗是许善心的儿子。房公苏威在东郡，跟随众人投降李密，李密因为他是隋朝大臣，虚心地以礼相待。苏威见李密，开始时不谈隋朝的艰难危险，只是再三地舞蹈，称颂说："没想到今天又见到圣明天子！"当时的人都鄙视他。宇文化及听说王轨叛变，大为惊慌，从汲郡率军队准备攻取汲郡以北各郡县，他的将领陈智略率领一万多名岭南骁果兵，樊文超率江淮排兵，张童儿率领数千名江东骁果兵，都投降了李密。樊文超是樊子盖的儿子。宇文化及尚有兵力二万人，向北进兵魏县。李密知道宇文化及不能再有作为，就向西返回巩洛，留下徐世勣防备宇文化及。

【原文】

乙巳[①]，宣州[②]刺史周超击朱粲，败之。

丁未[③]，梁师都寇灵州[④]，骠骑将军[⑤]蔺兴粲击破之。

突厥阙可汗[⑥]遣使内附。初，阙可汗附于李轨[⑦]；隋西戎使者[⑧]曹琼据甘州[⑨]诱之，乃更附琼，与之拒轨；为轨所败，窜于达斗拔谷[⑩]，与吐谷浑相表里[⑪]，至是内附[⑫]。寻为李轨所灭。

薛举进逼高墌[⑬]，游兵至于豳、岐[⑭]，秦王世民深沟高垒不与战。会世民得疟疾，委军事于长史[⑮]、纳言刘文静、司马殷开山，且戒之曰："薛举悬军深入，食少兵疲，若来挑战，慎勿应也。俟[⑯]吾疾愈，为君等破之。"开山退，谓文静曰："王虑公不能办，故有此言耳。且贼闻王有疾，必轻我，宜曜武以威之。"乃陈于高墌西南，恃众而不设备[⑰]。举潜师掩其后，壬子[⑱]，战于浅水原[⑲]，八总管[⑳]皆败，士卒死者什五六，大将军慕容罗睺[㉑]、李安远[㉒]、刘弘基[㉓]皆没[㉔]。世民引兵还长安，举遂拔高墌，收唐兵死者为京观[㉕]；文静等皆坐除名[㉖]。

乙卯[㉗]，榆林[㉘]贼帅郭子和[㉙]遣使来降，以为灵州总管。

（以上为第九段，写陕北割据者梁师都、河西割据者李轨、陇右割据者薛举的活动。）

【注释】

①乙巳：七月二日。 ②宣州：当为"宜州"。治所在今湖北宜昌市西北。 ③丁未：七月四日。 ④灵州：州名。治所在今宁夏灵武县西南。 ⑤骠骑将军：官名。李渊改鹰扬郎将为军头，不久，改军头为骠骑将军，掌领骠骑将军府。 ⑥阙可汗：即阙度设。西突厥处罗可汗弟。大业七年（611）随处罗内附，次年，炀帝将其部万余口安置于会宁郡（治今甘肃靖远县东北）。义宁元年（617），自称可汗。 ⑦李轨（?—619）：隋末割据者。传见《旧唐书》卷五十五、《新唐书》卷八十六。 ⑧西戎使者：官名。炀帝置。 ⑨甘

州：州名。治所在今甘肃张掖市。 ⑩达斗拔谷：一作大斗拔谷、大斗谷。即今甘肃民乐县东南甘、青交界处扁都口隘路。 ⑪相表里：又称相为表里。谓相需而成。 ⑫附：据章校，“附”下有“上厚加抚慰”五字。 ⑬高墌：古城名。在今陕西长武县西北。 ⑭豳、岐：州名。豳州治所在今陕西彬县。岐州治所在今陕西宝鸡市凤翔区。 ⑮长史：官名。刘文静以纳言（宰相）充秦王（西讨元帅）行军长史。 ⑯俟：等待。 ⑰恃（shì）众而不设备：凭借人多而不构筑防御工事。 ⑱壬子：七月九日。 ⑲浅水原：高原名。在今陕西长武县境。 ⑳八总管：指西讨元帅李世民所统八位行军总管。 ㉑慕容罗睺：唐初大将。事迹见《旧唐书·薛举传》《新唐书·薛举传》。 ㉒李安远（?—633）：唐开国功臣，封广德郡公。传见《旧唐书》卷五十七、《新唐书》卷八十八。 ㉓刘弘基（582—650）：唐开国功臣，封夔国公。传见《旧唐书》卷五十八、《新唐书》卷九十。 ㉔没：陷没。 ㉕京观：收敌尸积高为冢，以夸耀武功，谓京观。京，立绝高曰京。 ㉖坐除名：因罪除去官籍。 ㉗乙卯：七月十二日。 ㉘榆林：郡名。治所在今内蒙古准格尔旗东北十二连城。 ㉙郭子和（?—664）：农民军领袖出身，降唐后赐姓李，封夷国公。传见《旧唐书》卷五十六、《新唐书》卷九十二。

【译文】

七月初二日，唐宣州刺史周超攻击朱粲，打败朱粲。

七月初四日，梁师都侵犯灵州，唐骠骑将军蔺兴粲击败他。

突厥阙可汗派遣使节表示归附内地的王朝。当初，阙可汗投靠李轨，隋朝西戎使者曹琼占据甘州引诱阙可汗，阙可汗于是又依附曹琼，与曹琼一起抵御李轨，被李轨打败，逃窜到达斗拔谷，和吐谷浑内外响应，到此时才归附于内地的王朝，但不久就被李轨消灭。

薛举向前进军攻逼高墌，其下的游击部队到达豳州、岐州一带。秦王李世民深挖壕沟，加高城垒，不和薛举交战。此时李世民得了疟疾，把作战事务委托给长史纳言刘文静、司马殷开山，并且告诫二人说：“薛举孤军深入，粮食不多，士卒疲惫，假如前来挑战，你们要小心谨慎应战。等我病好，为你们打败他。”殷开山退下，对刘文静说：“秦王担心公不能指挥作战，所以才有这样的话。如果敌兵听说秦王有病，必定轻视我军，应该显示武力来威慑敌人。”于是在高墌西南列阵，仗着人多不部署防备。薛举秘密进军偷袭唐军背后，七月初九日，在浅水原交战，唐的八位总管都战败，士卒战死者达到十分之五六，大将军慕容罗睺、李安远、刘弘基都战死。李世民率兵返回长安，薛举于是攻克高墌，收敛唐兵尸体筑成京观高台，刘文静等人都因犯有错误而被除名。

七月十二日，榆林叛乱首领郭子和派使节前来投降，唐任命郭子和为灵州总管。

【原文】

李密每战胜，必遣使告捷于皇泰主，隋人皆喜，王世充独谓其麾下曰："元文都辈，刀笔吏①耳，吾观其势，必为李密所擒。且吾军士屡与密战，没其父兄子弟，前后已多，一旦为之下，吾属无类②矣！"欲以激怒其众。文都闻之，大惧，与卢楚等谋因③世充入朝，伏甲④诛之。段达性庸懦，恐其事不就⑤，遣其婿张志以楚等谋告世充。戊午夜三鼓⑥，世充勒兵袭含嘉门⑦。元文都闻变，入奉皇泰主御乾阳殿⑧，陈兵自卫，命诸将闭门拒守。将军跋野纲⑨将兵出，遇世充，下马降之。将军费曜、田阇⑩战于门外，不利。文都自将宿卫兵欲出玄武门以袭其后，长秋监⑪段瑜称求门钥不获，稽留遂久。天且曙⑫，文都复欲引兵出太阳门⑬逆战，还至乾阳殿，世充已攻太阳门得入。皇甫无逸弃母及妻子，斫右掖门⑭，西奔长安。卢楚匿于太官署⑮，世充之党擒之，至兴教门⑯，见世充，世充令乱斩杀之；进攻紫微宫⑰门。皇泰主使人登紫微观⑱，问："称兵欲何为？"世充下马谢曰："元文都、卢楚等横见规图⑲，请杀文都，甘从刑典。"段达乃令将军黄桃树执送文都。文都顾谓皇泰主曰："臣今朝死，陛下夕及矣！"皇泰主恸哭遣之，出兴教门，乱斩如卢楚，并杀卢、元诸子。段达又以皇泰主命开门纳世充，世充悉遣人代宿卫者，然后入见皇泰主于乾阳殿。皇泰主谓世充曰："擅相诛杀，曾⑳不闻奏，岂为臣之道乎？公欲肆其强力，敢及我邪！"世充拜伏流涕谢曰："臣蒙先皇采拔，粉骨非报。文都等苞藏祸心，欲召李密以危社稷，疾臣违异㉑，深积猜嫌；臣迫于救死，不暇闻奏。若内怀不臧㉒，违负陛下，天地日月，实所照临，使臣阖门殄灭㉓，无复遗类。"词泪俱发。皇泰主以为诚，引令升殿，与语久之，因与俱入见皇太后㉔；世充被发为誓，称不敢有贰心㉕。乃以世充为左仆射、总督内外诸军事㉖。比及日中㉗，捕获赵长文、郭文懿，杀之。然后巡城，告谕以诛元、卢之意。世充自含嘉城移居尚书省，渐结党援，恣行威福。用兄世恽㉘为内史令，入居禁中㉙，子弟咸典兵马㉚，分政事为十头，悉以其党主之，势震内外，莫不趋附[31]，皇泰主拱手而已[32]。

李密将入朝，至温[33]，闻元文都等死，乃还金墉。东都大饥[34]，私钱滥恶[35]，太半杂以锡镮[36]，其细如线，米斛[37]直钱八九万。

初，李密尝受业于儒生徐文远[38]。文远为皇泰主国子祭酒[39]，自出樵采，为密军所执；密令文远南面坐，备弟子礼，北面拜之。文远曰："老夫既荷厚礼，敢不[40]尽言！未审将军之志欲为伊、霍[41]以继绝[42]扶倾乎？则老夫虽迟暮[43]，犹愿尽力；若为莽、卓[44]，乘危邀利[45]，则无所用老夫矣！"密顿首[46]曰："昨奉朝命，备位上公，冀竭庸虚，匡济国难，此密之本志也。"文远曰："将军名臣之子[47]，失涂[48]至此，若能不远而复[49]，犹不失为忠义之臣！"及王世充杀元文都等，密复问计于文远。文远曰："世充亦门人[50]也，其为人残忍褊隘[51]，既乘此势，必有异图，将军前计为不谐[52]矣。非破世充，不可入朝也。"密曰："始谓先生儒者，不达时事[53]，今乃坐决大计，何其明也！"文远，孝嗣[54]之玄孙也。

（以上为第十段，写隋皇泰主内讧，王世充杀元文都，阻断李密入朝，隋大势去矣。）

【注释】

①刀笔吏：简称"刀笔"，指办理文书的小吏。 ②吾属无类：我辈无一幸免。③因：因势，利用。 ④伏甲：埋伏甲士。 ⑤不就：不能成功。 ⑥戊午夜三鼓：七月十五日三更。三鼓，即三更，指夜间十二时左右。 ⑦含嘉门：含嘉仓城（城址在今洛阳市老城北）南门。 ⑧乾阳殿：隋东都皇宫正殿。 ⑨跋野纳：人名。跋野，复姓。跋野族出铁勒族拔野古部落。 ⑩田阇：《隋书·王充传》作"田阇世"，当因避讳省"世"。⑪长秋监：官署名。大业三年（607）炀帝改内侍省为长秋监，置令一人，领掖庭等署。⑫曙：破晓的时候。 ⑬太阳门：东都宫城东门。 ⑭右掖门：东都皇城南面三门的右门。 ⑮太官署：在东都东城光禄寺。隶属光禄寺，掌膳食供设。 ⑯兴教门：东都宫城南面三门之左门。后改称明德门。 ⑰紫微宫：即东都皇城北宫城。隋曰紫微宫，唐太宗改名洛阳宫，武则天称其宫为太初宫。 ⑱紫微观：紫微宫门阙。 ⑲横见规图：暴露阴谋。横见，暴露。规图，谋求，目的。 ⑳曾：怎，怎么。 ㉑违异：违拗，离绝。㉒不臧：不善。 ㉓殄（tiǎn）灭：灭绝。 ㉔皇太后：杨侗生母刘良娣。 ㉕贰心：背叛之心。 ㉖总督内外诸军事：总领全国军务。内外，京城和地方。 ㉗比及日中：待到

中午。㉘世恽：王世恽，事迹见《隋书》卷八十五《王充传》、《旧唐书》卷五十四、《新唐书》卷八十五《王世充传》。㉙禁中：宫内。㉚咸典兵马：皆掌管军队。㉛趋附：巴结逢迎。㉜拱手而已：谓大权旁落，只有敛手向人致敬的份儿。㉝温：县名。县治所在今河南温县。㉞大饥：严重饥荒。㉟私钱滥恶：私铸铜钱既多且薄恶。㊱太半杂以锡镮：太半，多半。锡镮，以锡铅合金为之，用来滥充铜钱。“镮”同“环”，圜形之物。㊲斛：量器名。古代十斗为一斛。㊳徐文远：隋末唐初大儒。撰有《左传音》等六十卷。传见《旧唐书》卷一百八十九上、《新唐书》卷一百九十八。㊴国子祭酒：国子监长官。掌儒学训导之政。㊵敢不：岂敢不，不敢不。㊶伊、霍：商初大臣伊尹和西汉大臣霍光。二人皆以辅佐王室著称。㊷继绝：“继绝世”之省称，恢复已断绝的飨祀。㊸迟暮：暮年，晚年。㊹莽、卓：篡夺西汉政权的王莽（前45—23）和专断东汉末朝政的董卓。㊺邀利：取利。㊻顿首：叩头。㊼名臣之子：李密父宽，自周及隋，位柱国、蒲山郡公，号为名将。㊽失涂：迷路，走错道路。涂通“途”。㊾复：回归。㊿门人：门生，弟子。51褊（biǎn）隘：心底狭隘。52不谐：不合。53不达时事：不通晓时势世事。54孝嗣：徐孝嗣，南齐宰相。传见《南齐书》卷四十四。

【译文】

李密每次打了胜仗，一定要派出使节向皇泰主报捷，隋人都很高兴，只有王世充对部下说：“元文都这些人，不过是刀笔吏，我观察现在的形势，必定被李密活捉。而且我的部队多次与李密作战，打死他军士的父兄子弟，前前后后已经很多，一旦成为他的下属，我们都要被杀！”想以此激怒他的部下。元文都听说此事，大为恐惧，就和卢楚等人谋划，趁王世充入朝来见皇泰主时，埋伏士兵杀死王世充。段达性格懦弱，害怕此事不能成功，就派他的女婿张志把卢楚等人的计谋告诉了王世充。七月十五日半夜三更时分，王世充率兵袭击含嘉门。元文都听说发生兵变，进入内宫侍奉皇泰主来到乾阳殿，部署军队进行自卫，命令手下将领关闭宫门进行抵抗。将军跋野纲领兵出战，遇到王世充，下马向王世充投降。将军费曜、田阇在宫门外与王世充交战，作战失利。元文都亲自率领宿卫禁兵准备从玄武门出去，从后面袭击王世充，长秋监段瑜谎称找不到开宫门的钥匙，拖延了很长时间。天将亮，元文都又打算领兵从太阳门出去迎战王世充，回到乾阳殿，王世充已攻破太阳门进入皇宫。皇甫无逸抛下母亲和妻子儿女，砍开右掖门，向西逃往长安。卢楚藏在太官署，被王世充部下活捉，带到兴教门，来见王世充。王世充下令乱刀砍死卢楚，又进兵攻击紫微宫门。皇泰主派人登上紫微观，质问王世充："举兵想干什么？"王世充下马谢罪说："元文都、卢楚等人背后阴谋害我，请求杀死元文都，我甘愿受刑罚。"段达于是下令将军黄桃树逮捕元文都送交王世充。元文都回头对皇泰主说："臣今天早上死，陛下黄昏就要受害！"皇泰主悲恸大哭，送他出去。元文都一出兴教门，如卢楚一样，被乱刀砍死。王世充还。段达还把卢楚、元文都二人的儿子全都杀死。段达又用皇泰主的命令打开宫门，让王世充进宫。王世充派遣自己的手下，将宫内的宿卫禁兵全部换掉，然后来到乾阳殿觐见皇泰主。皇泰主对王世充说："擅自相互诛杀，我不曾听到你们的上奏，这难道是做臣子的规矩吗？你想炫耀武力，敢来杀我吗？"王世充伏身下拜流泪谢罪说："臣蒙受先皇的选用和提拔，粉身碎骨也无法报答。元文都等人包藏祸心，想招来李密来危害社稷，恨我与他们意见不合，深深积下了猜疑嫌忌，臣被迫行动使自己免于杀戮，所以来不及向皇上奏报。如果臣内心怀有险恶之意要背叛陛下，天地日月都会照察明鉴，让臣下满门灭绝，不再有遗留。"王世充说着，流下了眼泪。皇泰主以为王世充诚心，令人带他登上大殿，与他谈话很久，然后与他一起进入后宫见皇太后。王世充披散着头发向太后发誓，声称不敢有二心。于是，皇泰主就任命王世充为左仆射、总督内外诸军事。到了中午，王世充捕获赵长文、郭文懿，杀死他们。然后他巡视全城，说明诛杀元文都、卢楚的原因。王世充从含嘉城移居尚书省，逐渐拉拢联合同党作为声援，恣意横行，作威作福。王世充任命自己的哥哥王世恽为内史令，进住到皇宫内，让自己的子弟都掌握兵权，把政事分为十类，全部任命同党主持，势力震动皇宫内外，人们莫不争相趋附，皇泰主拱手听任王世充控制一切。

李密将要进入东都朝见皇泰主，走到温县，听说元文都等人已死，于是返回金墉城。东都发生严重饥荒，私人铸钱质量极差而且泛滥成灾，大半都在铜中掺杂锡和铁，钱币又薄又细，如线一般，米价飞涨，一斛卖到八九万钱。

当初，李密曾以儒生徐文远为师读书学习。徐文远担任皇泰主的国子祭酒，自己出城打柴，被李密部下捉住，李密让徐文远面朝南坐，自己尽弟子之礼，面朝北叩拜徐文远。徐文远说："老夫既然受到厚礼，哪还敢不有话直说？不知道将军的志向是想如同伊尹、霍光一样，中兴已亡的朝廷、扶起已倒的王朝吗？若是如此，则老夫虽然年老，但仍愿意尽力相助。如果要做王莽、董卓，利用国家有危难而为自己谋利，则没有什么地方可以用老夫了！"李密叩头说："最近我接到朝廷的任命，官位列于上公，希望竭尽自己平庸空虚的头脑，救济国家的灾难，这是我本来的志向。"徐文远说："将军是名臣之子，迷失了道路才到今天的地步，如果能趁走得不太远而及早回头，仍然不失为忠义之臣！”等到王世充杀了元文都等人，李密又向徐文远请教计策。徐文远说：“王世充也是我的弟子，但他为人残忍狭隘，既然利用国家有难的形势，必然有不同的图谋，将军以前的计划不能成功了。除非打败王世充，就不能入朝。”李密说：“原来以为先生是儒生，不通时势，现在却能坐在帐中就决定大计，是多么明智啊！”徐文远是徐孝嗣的玄孙。

【原文】

庚申①，诏隋氏离宫游幸之所并废之。

戊辰②，遣黄台公瑗安抚山南。

己巳③，以隋右武卫将军皇甫无逸为刑部尚书。

隋河间郡丞王琮④守郡城以拒群盗，窦建德攻之，岁余不下；闻炀帝凶问，帅吏士发丧，乘城者皆哭。建德遣使吊之，琮因使者请降，建德退舍⑤具馔以待之。琮言及隋亡，俯伏流涕，建德亦为之泣。诸将曰：“琮久拒我军，杀伤甚众，力尽乃降，请烹⑥之。”建德曰：“琮，忠臣也，吾方赏之以劝事君，奈何杀之！往在高鸡泊为盗，容可妄杀人；今欲安百姓，定天下，岂得害忠良乎！”乃徇军中曰：“先与王琮有怨敢妄动者，夷三族⑦！”以琮为瀛州⑧刺史。于是河北⑨郡县闻之，争附于建德。

先是，建德陷景城⑩，执户曹⑪河东张玄素⑫，将杀之，县民千余人号泣，请代其死，曰：“户曹清慎无比，大王杀之，何以劝善⑬！”建德乃释之，以为治书侍御史⑭，固辞；及江都败，复以为黄门侍郎⑮，玄素乃起。饶阳⑯令宋正本⑰，博学有才气，说建德以定河北之策，建德引为谋主。建德定都乐寿⑱，命所居曰金城宫，备置百官。

（以上为第十一段，写窦建德割据河北。）

【注释】

①庚申：七月十七日。②戊辰：七月二十五日。③己巳：七月二十六日。④王琮：事迹见《旧唐书》卷五十四《窦建德传》等。⑤退舍：后退三十里，或退归舍下。⑥烹（pēng）：酷刑之一。以鼎镬煮杀。⑦夷三族：酷刑之一。三族，父母、兄弟、妻子，或父、母、妻族。⑧瀛州：州名。治所在今河北河间市。⑨河北：地区名。泛指今河南、山东古黄河以北地区。⑩景城：县名。县治在今河北沧州市西景城。⑪户

曹：官名。县掾之一，曹掌一县的户口籍账等事。 ⑫张玄素（?—664）：唐初大臣。贞观中以谏诤闻名。传见《旧唐书》卷七十五、《新唐书》卷一百零三。 ⑬劝善：勉励人学好向善。 ⑭治书侍御史：官名。御史大夫之副。掌监察和部分司法事务。 ⑮黄门侍郎：官名。门下省长官侍中之副。掌机要，备顾问。 ⑯饶阳：县名。县治在今河北饶阳县东北。 ⑰宋正本（?—620）：降窦建德后拜纳言（宰相），后建德信谗言杀之。事迹见《旧唐书》卷五十四、《新唐书》卷八十五《窦建德传》。 ⑱乐寿：县名。县治在今河北献县。

【译文】

七月十七日，唐高祖下诏把隋代皇帝的离宫与游幸地的行宫全都废除。

七月二十五日，唐高祖派遣黄台公李瑗巡视山南。

七月二十六日，唐高祖任命原隋朝右武卫将军皇甫无逸为刑部尚书。

隋河间郡郡丞王琮守卫郡城抵抗各路叛军。窦建德进攻郡城，一年多仍没有攻下。王琮得知隋炀帝被弑的消息，就领着官吏和百姓为炀帝发丧，守城的人都为炀帝哭丧。窦建德派遣使节前来吊唁，王琮通过使者向窦建德请求投降，窦建德退军备好酒菜招待王琮。王琮说到隋朝亡国，俯着身子流泪，窦建德也为之哭泣。诸位将领说："王琮长期抵抗我军，被他杀伤的士兵很多，力量用尽了才投降，请大王用鼎烹杀他。"窦建德说："王琮是忠臣，我正要奖赏他以勉励人们忠于君主，怎么能杀他？以前在高鸡泊做强盗，也许可以随便杀人，现在要安定百姓，平定天下，怎么可以杀害忠良呢？"于是遍告全军说："以前与王琮有仇怨而敢随意有所行动者，夷三族！"任命王琮为瀛州刺史。在此情况下，河北各郡县听说此事后，都争相归附窦建德。

在此之前，窦建德攻下了景城，活捉户曹河东人张玄素，将要杀他，县里老百姓有一千多人号啕大哭，请求代替张玄素去死，说："张户曹清廉谨慎无人可比，大王杀他，怎能劝人行善？"窦建德于是释放了张玄素，任命张玄素为治书侍御史，张玄素坚决推辞。等到隋炀帝在江都被杀，窦建德又任命张玄素为黄门侍郎，张玄素这才起身接受任命。隋饶阳令宋正本，博学而有才气，向窦建德献上平定河北的策略，窦建德吸收他，作为自己的军师。此时窦建德定都于乐寿，下令将其居住的地方改称金城宫，全面设置文武百官。

【评析】

隋炀帝被他的叛逆者宇文化及送进了坟墓，隋朝灭亡了。隋朝是怎样灭亡的？这是本卷评析的最大问题。

在中国古代史上，有两个强盛的朝代：一是汉朝，二是唐朝。汉代大一统，由秦奠其基；唐代大一统，由隋奠其基。秦、隋两朝，都是二世而亡。隋唐之际与秦汉之际仿佛是一个历史周期的重演。唐代史家在总结隋亡唐兴的历史经验的时候，就把隋秦做了比较，结论是："其隋之得失存亡，大较与秦相类。始皇并吞六国，高祖统一九州，二世虐用威刑，炀帝肆行猜毒，皆祸起于群盗，而身殒于匹夫。原始要终，若合符契矣。"（《隋书》卷七十史论）

所谓"群盗"，是对农民大起义的蔑称。秦、隋两代，都是用武力削平长期分裂割据的纷乱之世，不仅武力强大，而且甚得民心。秦二世与隋炀帝，蒙故业，践丕基，自矜天命在躬，忽王业之艰难，不务仁道以恤众，外征内作，虐用其民，倏忽之间，天翻地覆，"率土分崩"，"子孙殄灭"，载舟之水，覆了水上之舟。为何历史有这样的重演，值得人们深思！

唐代史臣，还把隋朝的两代皇帝做了对比。隋文帝开皇之初，只据有北方，户三百零三万；炀帝继位的大业之初，隋混一戎夏，户八百九十万，号称盛强。前后相较，"度土地之广狭，料户口之众寡，算甲兵之多少，校仓廪之虚实"，真是不可同日而语。"高祖扫江南以清六合"，一战平陈；"炀帝事辽东而丧天下"，三征高句丽而折兵。论敌之实力，高句丽不强于陈国，而事势何以有如此不同的结果？唐代史臣的答卷认为："所为之迹同，所用之心异也。"也就是说，隋文帝用兵，进行的是统一战争，故"十有余载，戎车屡动，民亦劳止，不为无事。然其动也，思以安之，其劳也，思以逸之。是以民致时雍，师无怨讟，诚在于爱利，故其兴也勃焉"。至于隋炀帝，穷兵黩武，则是另一回事。他嗣承平之基，守已安之业，肆其淫放，虐用其民，视亿兆如草芥，顾群臣如寇仇，劳近以事远，求名而丧实。兵缠魏阙，阽危弗图，围解雁门，慢游不息。天夺之魄，人益其灾，群盗并兴，百殃俱起，自绝民神之望，故其亡也忽焉。唐代史臣所总结的"高祖之所以兴，而炀帝之所灭"的这些原因，在今天看来也是十分中肯的。这是因为以魏徵为首的撰修《隋书》的史臣亲身经历了隋唐之际的大变化，又亲身参与了兴唐的治理恢复实践，故所言皆中的。

秦亡于横征暴敛，戍徭无已。而隋炀帝的横征暴敛，方之秦朝，有过之而无不及。大业元年（605），隋炀帝即位伊始就营建东都，开运河，两大工程同时并举。营建东都，务求宏大而督役严急，每月役丁二百万。死者十之四五，有司以车载死丁，东至城皋，北至河阳，相望于道。炀帝开运河，第一期工程挖通济渠就征发河南民夫一百万，两千余里，宽四十余步的大运河，督期五个月完成。筑京师，修运河，对于巩固统一的中央集权和便利交通都是必需的。但如此不惜民力，用集权的主观意志盲目修筑运河，那就是一场社会灾难。秦朝如是，隋朝亦如是，历代集权之主皆如是，这就不难理解隋唐之际的风云突变为重演秦汉之际的历史活剧的内在原因了。

如果说营建东都、修运河还有历史进步意义的话，那么隋炀帝三征高句丽、三游江都，发动更大的征役，可以说纯是专制肆虐了。炀帝三次畅游江都（今江苏扬州），每次数千艘的船队，舳舻相接，绵延二百余里，耗费不赀；他为了进攻高句丽，先限期在东莱（今山东莱州）督造大船三百艘。民夫日夜劳作于水下，腰下腐烂生蛆，死者十之三四；后又调拨江淮船只，将洛东仓米经永济渠转运琢郡，数十万民夫日夜辗转于运粮路上；同时调发全国青壮年，集中涿郡作为兵员。大业八年（613）进攻高句丽时，出兵一百一十三万多人，加上转运粮饷的民夫，共三四百万人。繁重的兵役、徭役和经济上的横征暴敛，永济渠沿岸居民，几乎找不到男丁，劳力缺乏，田园荒芜，再加上一场洪水，粮价上涨，百姓只有靠野菜树皮来艰难度日。齐郡邹平人王薄不堪隋朝统治者的残酷压迫，首义于长白山（位于今山东章丘），从此拉开了隋末农民大起义的序幕。紧接着全国各地到处响起了烽火之警，起义农民军达一百多支，参加者数百万之多，“大则跨州连郡，称帝称王，小则千百为群，攻剽城邑”。就这样，隋朝土崩瓦解了！

秦二世死于贼臣赵高之手，隋炀帝死于叛臣宇文化及之手，两者也竟然相似。秦二世与隋炀帝临近末日，完全醉生梦死，已知大势已去，整日胆战心惊，不允许任何人说叛乱，完全是地地道道的孤家寡人。隋炀帝一表人才，感慨他的好头颅不知谁来砍，他万万没有想到要他命的人，恰恰是他的心腹。因为，心腹整日伴君如伴虎，深知昏暴君主脾性，已被权力异化成了虎狼之性，全没了人性。昏暴之君的心腹因耳濡目染，同样被异化成了虎狼之性。他们也时时刻刻在觊觎孤家寡人的宝座，因此昏暴之君豢养叛逆之臣也是必然的规律。隋炀帝走了秦二世的老路，得了同样的下场，也就是自然的了。

卷第一百八十六 唐纪二

唐高祖武德元年（618）

【起著雍摄提格（戊寅，618）八月，尽十二月，不满一年】

【大事提要】

本卷记事起618年八月，讫当年十二月，凡五个月史事，当唐高祖武德元年。数月间，全国军阀混战发生大逆转，最强的势力李密因与强敌宇文化及和王世充连续作战，左右开弓而又轻敌，偃师之战遭到灭顶之灾，被迫降唐，寻又反唐而被诛戮。李密部众一部分降王世充，智能之士皆降唐，于是唐室势力大增。其间，李世民平定陇右，解了后顾之忧，坐观关东军阀混战而养精蓄锐，占有了全局的主动权。王世充虽然得胜却受重创。窦建德在河北得势，但偏于一隅，不足为唐室之忧。全国各地的割据者，只是苟安一时。李密失败后，逐鹿中原形势形成了唐王室、王世充、窦建德三足鼎立之势，而以唐王室最强。为了生存，王世充与窦建德合力抗唐已是必然之势。

【原文】

高祖神尧大圣光孝皇帝上之中

武德元年（戊寅，618）

八月，薛举遣其子仁果[①]进围宁州[②]，刺史[③]胡演击却之。郝瑗言于举曰：“今唐兵新破，关中骚动，宜乘胜直取长安。”举然之，会有疾而止。辛巳[④]，举卒[⑤]。太子仁果立，居于折墌城[⑥]，谥举曰武帝。

上欲与李轨共图秦、陇[⑦]，遣使潜诣凉州[⑧]，招抚之，与之书，谓之从弟[⑨]。轨大喜，遣其弟懋入贡。上以懋为大将军，命鸿胪少卿[⑩]张俟德[⑪]册拜轨为凉州总管，封凉王。

初，朝廷以安阳令吕珉[⑫]为相州[⑬]刺史，更以相州刺史王德仁[⑭]为岩州[⑮]刺史。德仁由是怨愤，甲申[⑯]，诱山东[⑰]大使[⑱]宇文明达入林虑山[⑲]

而杀之，叛归王世充。

己丑[20]，以秦王世民为元帅[21]，击薛仁果。

丁酉[22]，临洮[23]等四郡来降。

隋江都太守陈稜求得炀帝之柩[24]，取宇文化及所留辇辂鼓吹[25]，粗备天子仪卫[26]，改葬于江都宫[27]西吴公台[28]下，其王公以下，皆列瘗[29]于帝茔[30]之侧。

宇文化及之发江都也，以杜伏威[31]为历阳太守；伏威不受，仍上表[32]于隋，皇泰主[33]拜伏威为东道大总管[34]，封楚王。

沈法兴[35]亦上表于皇泰主，自称大司马[36]、录尚书事[37]、天门公，承制置百官，以陈杲仁为司徒[38]，孙士汉为司空[39]，蒋元超为左仆射，殷芊为左丞，徐令言为右丞[40]，刘子翼为选部侍郎[41]，李百药[42]为府掾[43]。百药，德林之子也。

（以上为第一段，写江都太守陈稜安葬隋炀帝。唐高祖忙于安集背后陇右，没有大举东出，隋室仍有相当影响力，杜伏威、沈法兴等归服皇泰主。）

【注释】

①仁果：薛举长子。传见《旧唐书》卷五十五、《新唐书》卷八十六。 ②宁州：州名。治所在今甘肃宁县。 ③刺史：官名。秦代始置。原为朝廷派往各郡检举不法的官员。隋代以刺史为一州的行政长官。 ④辛巳：八月初九。 ⑤举卒：《旧唐书·高祖纪》武德元年文作："八月壬午，薛举死。"二书相差一日。 ⑥折墌城：城名。西魏筑，在今甘肃泾川县东北。 ⑦秦、陇：古泛指今陕西西部与甘肃东部。 ⑧凉州：州名。治所在今甘肃武威市。 ⑨从弟：堂弟。用以称伯父或叔父的儿子中年纪比自己小者。 ⑩鸿胪少卿：官名。从四品下。佐鸿胪卿掌宾客及凶仪之事，常受册出使诸蕃。 ⑪张俟德：唐初大臣。高祖武德初为鸿胪少卿。 ⑫安阳：县名。县治在今河南安阳市。 吕珉（？—619）：唐初地方官。原为安阳令，后任相州刺史，被窦建德所杀。事迹见《旧唐书》卷五十四《窦建德传》。 ⑬相州：州名。治所在今河南安阳市。 ⑭王德仁（？—621）：隋末群雄之一，起于邺（今河南北部），号太公。后降唐，除岩州刺史，不久又叛归王世充。武德四年被秦王李世民所杀。事迹见《新唐书》卷一《高祖纪》。 ⑮岩州：州名。治所在今四川松潘县西北。 ⑯甲申：八月十二日。 ⑰山东：太行山以东地区。 ⑱大使：官名。特派巡视各地的使节。 ⑲林虑山：一名隆虑山。在今河南林州市西。 ⑳己丑：八月十七日。 ㉑元帅：武官名。全军的统帅、主将。上卿。 ㉒丁酉：八月二十五

日。㉓临洮：郡名。治所在今甘肃临潭县。㉔柩（jiù）：装着尸体的棺材。㉕辇辂（niǎn lù）：辇车。辇，古时用人拉的车，指皇帝坐的车；辂，古代的一种大车。鼓吹：古代演奏鼓吹乐的乐队。㉖仪卫：仪仗侍卫。㉗江都宫：隋炀帝置，在今江苏扬州市西。㉘吴公台：又名鸡台，在今江苏扬州市西北。㉙瘗（yì）：埋葬品或尸体、随葬物。此处指坟墓。㉚茔（yíng）：墓地。㉛杜伏威（？—624）：隋末江淮地区农民起义领袖。齐州章丘（今属山东）人。传见《旧唐书》卷五十六、《新唐书》卷九十二。㉜上表：给皇帝送奏章。㉝皇泰主：指隋越王侗。皇泰为越王杨侗年号。㉞大总管：官名。地方军政长官。隋及唐初在各州设总管，边镇或大州设大总管。㉟沈法兴（？—620）：隋末割据者。湖州五康（今浙江德清西）人。传见《旧唐书》卷五十六、《新唐书》卷八十七。㊱大司马：官名。各朝所掌职务不同。秦汉时以大司马、大司徒、大司空并称“三公”，为共同负责的政务长官。隋唐仍有此官，但为虚衔。㊲录尚书事：官名。录是总领之意，录尚书事独揽大权，无所不总，位在三公上。隋以后废此职。㊳司徒：官名。初为主管教化的官。隋唐时作为大官之加官，仅是一种崇高的虚衔。㊴司空：官名。初为主管建筑工程、制造车服器械、监督手工业奴隶的官。隋唐时作为对大官之加官，仅是一种崇高的虚衔。㊵左丞、右丞：官名。按《旧唐书·沈法兴传》，左丞右丞，作尚书左丞、尚书右丞。又据《隋书·百官志》载，尚书左丞、尚书右丞，为从四品。其职是辅佐尚书令及左、右仆射，分别管理尚书省事。㊶选部侍郎：官名。选部，即吏部。掌管全国官吏的任免、考课、升降、调动之事。长官为吏部尚书，副长官为侍郎。㊷李百药（565—648）：唐初史学家。字重规，安平（今属河北）人。唐时，历任中书舍人，散骑常侍。传见《旧唐书》卷七十二、《新唐书》卷一百零二。㊸府掾（yuàn）：府内属官。

【译文】

高祖神尧大圣光孝皇帝上之中

唐高祖武德元年（戊寅，618）

八月，薛举派他的儿子薛仁果进军围攻宁州，唐宁州刺史胡演击退薛仁果。郝瑗对薛举说：“现在唐兵刚刚战败，关中骚动不安，应当乘胜直接攻取长安。”薛举同意他的看法，却遇上自己生病而停止进兵。八月初九日，薛举去世。太子薛仁果继位，居住在折墌城，追谥薛举为武帝。

唐高祖打算和李轨共同攻取占据秦、陇的薛举父子，派使节秘密前往凉州，招抚李轨，带书信给李轨，信中称李轨为堂弟。李轨大为高兴，派其弟李懋前来长安进贡。唐高祖任命李懋为大将军，命鸿胪少卿张俟德册封李轨为凉州总管，封为凉王。

当初，朝廷任命安阳令吕珉为相州刺史，改命相州刺史王德仁为岩州刺史。王德仁因此而怨恨愤怒，八月十二日，他引诱山东大使宇文明达进入林虑山，然后杀死他，背叛唐朝归附王世充。

八月十七日，唐高祖任命秦王李世民为元帅，攻击薛仁果。

八月二十五日，临洮等四郡派人前来表示投降唐朝。

隋朝的江都太守陈稜寻找到隋炀帝的灵柩，拿来宇文化及留下的皇帝车驾和鼓吹器具，大体备齐了天子所用的仪仗，将隋炀帝改葬在江都宫西面的吴公台下。当时一同遇难的王公以下大臣，都成列埋葬在隋炀帝坟墓两侧。

宇文化及在离开江都时，任命杜伏威为历阳太守，杜伏威不接受任命，仍然向隋朝上表称臣，皇泰主任命杜伏威为东道大总管，封为楚王。

沈法兴也向皇泰主上表，自称大司马、录尚书事、天门公，按皇帝旨意设置文武百官，任命陈杲仁为司徒，孙士汉为司空，蒋元超为左仆射，殷芊为左丞，徐令言为右丞，刘子翼为选部侍郎，李百药为府掾。李百药是李德林的儿子。

【原文】

九月，隋襄国[①]通守[②]陈君宾来降，拜邢州[③]刺史。君宾，伯山[④]之子也。

虞州[⑤]刺史韦义节，攻隋河东[⑥]通守尧君素，久不下，军数不利；壬子[⑦]，以工部尚书独孤怀恩代之。

初，李密既杀翟让[⑧]，颇自骄矜，不恤士众；仓粟虽多，无府库钱帛，战士有功，无以为赏；又厚抚初附之人[⑨]，众心颇怨。徐世勣尝因宴会刺讥其短；密不怿[⑩]，使世勣出镇黎阳，虽名委任，实亦疏之。

密开洛口仓[⑪]散米，无防守典当者[⑫]，又无文券[⑬]，取之者随意多少；或离仓之后，力不能致，委弃衢路，自仓城至郭门[⑭]，米厚数寸，为车马所轥践[⑮]；群盗来就食者并家属近百万口，无瓮盎[⑯]，织荆筐淘米，洛水[⑰]两岸十里之间，望之皆如白沙。密喜，谓贾闰甫曰："此可谓足食矣！"闰甫对曰："国以民为本，民以食为天[⑱]。今民所以襁负如流而至[⑲]者，以所天在此故也。而有司曾无爱吝[⑳]，屑越[㉑]如此，窃恐一旦米尽民散，明公[㉒]孰[㉓]与成大业哉！"密谢之，即以闰甫判[㉔]司仓参军事[㉕]。

密以东都[26]兵数败微弱，而将相自相屠灭，谓旦夕[27]可平；王世充既专大权，厚赏将士，缮治器械，亦阴图取密。时隋军乏食，而密军少衣，世充请交易，密难之；长史邴元真等各求私利，劝密许之。先是，东都人归密者，日以百数[28]；既得食，降者益少，密悔而止。

密破宇文化及还，其劲卒[29]良马多死，士卒疲病。世充欲乘其弊击之，恐人心不壹，乃诈称左军卫士张永通三梦周公[30]，令宣意[31]于世充，当勒兵相助[32]击贼；乃为周公立庙，每出兵，辄先祈祷。世充令巫宣言周公欲令仆射急讨李密，当有大功，不即[33]兵皆疫死。世充兵多楚人[34]，信妖言，皆请战。世充简练精锐得二万余人，马二千余匹。壬子[35]，出师击密，旗幡之上皆书永通字[36]，军容甚盛。癸丑[37]，至偃师，营于通济渠[38]南，作三桥于渠上。密留王伯当守金墉[39]，自引精兵出偃师，阻邙山[40]以待之。

密召诸将会议，裴仁基[41]曰："世充悉众而至，洛[42]下必虚，可分兵守其要路，令不得东[43]，简精兵三万，傍河西出以逼东都。世充还，我且按甲[44]，世充再出，我又逼之。如此，则我有余力，彼劳奔命，破之必矣。"密曰："公言大善。今东都兵有三不可当：兵仗精锐，一也；决计深入，二也；食尽求战，三也。我但乘城[45]固守，蓄力以待之；彼欲斗不得，求走无路，不过十日，世充之头可致麾下[46]。"陈智略、樊文超、单雄信皆曰："计世充战卒甚少，屡经摧破，悉已丧胆。《兵法》曰，'倍则战'[47]，况不啻[48]倍哉！且江、淮新附之士，望因此机展其勋效[49]，及其锋[50]而用之，可以得志。"于是诸将喧然[51]，欲战者什七八，密惑[52]于众议而从之。仁基苦争不能得，击地叹曰："公后必悔之。"魏徵言于长史郑颋曰："魏公虽骤胜[53]，而骁将锐卒多死，战士心怠[54]，此二者难以应敌。且世充乏食，志在死战，难与争锋，未若深沟高垒以拒之，不过旬月[55]，世充粮尽，必自退，追而击之，蔑[56]不胜矣。"颋曰："此老生之常谈耳。"徵曰："此乃奇策，何谓常谈！"拂衣而起。

程知节[57]将内马军[58]与密同营[59]在北邙山上，单雄信将外马军营于偃师城北。世充遣数百骑渡通济渠攻雄信营，密遣裴行俨与知节助之。行俨先驰赴敌，中流矢，坠于地；知节救之，杀数人，世充军披靡，乃抱行俨重骑[60]而还；为世充骑所逐，刺槊[61]洞过[62]，知节回身捩折[63]其槊，兼斩追者，与行俨俱免。会日暮，各敛兵还营。密骁将孙长乐等十余人皆被重创。

密新破宇文化及，有轻世充之心，不设壁垒[64]。世充夜遣二百余骑潜入北山[65]，伏谿谷[66]中，命军士皆秣马蓐食[67]。甲寅[68]旦[69]，将战，世充誓众曰："今日之战，非直[70]争胜负；死生之分，在此一举。若其捷也，富贵固所不论；若其不捷，必无一人获免。所争者死，非独为国，各宜勉之！"迟明[71]，引兵薄[72]密。密出兵应之，未及成列，世充纵兵击之。世充士卒皆江、淮剽勇，出入如飞。世充先索得一人貌类密者，缚而匿[73]之，战方酣[74]，使牵以过阵前，噪曰："已获李密矣！"士卒皆呼万岁。其伏兵发，乘高而下，驰压[75]密营，纵火焚其庐舍[76]。密众大溃，其将张童仁[77]、陈智略[78]皆降，密与万余人驰向洛口[79]。

世充夜围偃师；郑颋守偃师，其部下翻城纳世充[80]。初，世充家属在江都，随宇文化及至滑台，又随王轨[81]入李密，密留于偃师，欲以招世充。乃偃师破，世充得其兄世伟、子玄应、虔恕、琼等，又获密将佐[82]裴仁基、郑颋、祖君彦等数十人。世充于是整兵向洛口，得邴元真[83]妻子、郑虔象[84]母及密诸将子弟，皆抚慰之，令潜[85]呼其父兄。

初，邴元真为县吏，坐赃亡命[86]，从翟让于瓦岗[87]；让以其尝为吏，使掌书记。及密开幕府[88]，妙选时英[89]，让荐元真为长史；密不得已用之，行军谋画，未尝参预。密西拒世充，留元真守洛口仓。元真性贪鄙，宇文温[90]谓密曰："不杀元真，必为公患。"密不应。元真知之，阴谋叛密；杨庆[91]闻之，以告密，密固疑[92]焉。至是，密将入洛口城，元真已遣人潜引世充矣。密知而不发，因与众谋，待世充兵半济[93]洛水[94]，然后击之。世充军至，密候骑[95]不时觉[96]，比将[97]出战。世充军悉已济矣。单雄信[98]等又勒兵自据；密自度不能支，帅麾下轻骑奔虎牢[99]，元真遂以城降。

初，雄信骁捷，善用马槊，名冠诸军，军中号曰"飞将"。彦藻[100]以雄信轻于去就[101]，劝密除之；密爱其才，不忍也。及密失利，雄信遂以所部降世充。

密将如黎阳[102]，或曰："杀翟让之际，徐世勣几死[103]，今失利而就之，安可保乎！"时王伯当[104]弃金墉保河阳，密自虎牢归之，引诸将共议。密欲南阻河[105]，北守太行[106]，东连黎阳，以图进取。诸将皆曰："今兵新失利，众心危惧，若更停留，恐叛亡不日而尽。又人情不愿，难以成功。"

密曰："孤[107]所恃者众也，众既不愿，孤道穷矣。"欲自刎以谢众。伯当抱密号绝[108]，众皆悲泣，密复曰："诸君幸不相弃，当共归关中[109]；密身虽无功，诸君必保富贵。"府掾[110]柳燮曰："明公与唐公[111]同族，兼有畴昔[112]之好；虽不陪起兵，然阻东都，断隋归路。使唐公不战而据长安，此亦公之功也。"众咸[113]曰："然。"密又谓王伯当曰："将军[114]室家重大[115]，岂复与孤俱行哉！"伯当曰："昔萧何[116]尽帅子弟以从汉王[117]，伯当恨不兄弟俱从，岂以公今日失利遂轻去就乎！纵身分原野[118]，亦所甘心！"左右莫不感激，从密入关者凡二万人。于是密之将帅、州县多降于隋。朱粲亦遣使降隋，皇泰主以粲为楚王。

（以上为第二段，写李密轻敌为王世充所大破，困迫降唐。）

【注释】

①襄国：郡名。治所在今河北邢台市。 ②通守：官名。隋炀帝时设置，管理一郡军民事务，职位略低于太守。 ③邢州：郡名。治所在今河北邢台市。 ④伯山：陈文帝之子。 ⑤虞州：州名。治所在今山西运城市东北安邑。 ⑥河东：郡名。治所在今永济县西南蒲州镇。 ⑦壬子：九月初十。 ⑧翟让（？—617）：隋末瓦岗军领袖。东郡韦城（今河南滑县东南）人。李密投奔翟让后，曾为瓦岗军的发展作过重大贡献，并取得全军领导权，后因李密重用隋降官降将，又于义宁元年（617）十一月杀害翟让，致使部众离心。事迹见《旧唐书》卷五十三《李密传》、《新唐书》卷八十四《李密传》。 ⑨初附之人：刚刚归附的人。 ⑩怿（yì）：喜悦。 ⑪洛口仓：一名兴洛仓。隋大业二年（606）筑，在今河南巩义市东北。 ⑫无防守典当者：没有防守掌管的负责人。 ⑬文券（quàn）：凭证、凭据。 ⑭仓城、郭门："城"与"郭"并称时，"城"指内城，"郭"指外城。这里"仓城"指洛口仓。 ⑮辚（lìn）践：碾轧，践踏。 ⑯瓮盎：瓦器。 ⑰洛水：一作雒水，即今河南洛河。 ⑱民以食为天：天，比喻赖以生存的最重要的东西。强调粮食的重要。 ⑲襁负如流而至：背着婴孩像流水般汹涌而来。 ⑳爱吝：爱惜。 ㉑屑越：形容狼藉遍地。 ㉒明公：对于位尊者之敬称，此指李密。 ㉓孰：疑问代词，谁。 ㉔判：高位兼低职或京官带职出任地方官称为判。 ㉕司仓参军事：官名。掌管公廨、度量、庖厨、仓库、租赋征收、田园、市肆等事。 ㉖东都：隋大业五年（609）改东京洛阳为东都。 ㉗旦夕：比喻时间短。 ㉘日以百数：每天有上百人来降。 ㉙劲卒：强兵。 ㉚周公：周公旦，又称叔旦。西周初杰出的政治家。 ㉛宣意：告诉。 ㉜当勒兵相助：谓周公当率兵相助。 ㉝不即：不然的话。 ㉞楚人：楚在西周时都丹阳（今湖北

秭归县东南）。此处的楚人，当指湖南人。 ㉟壬子：九月初十。 ㊱皆书永通字：以张永通宣周公之意，故旗幡书永通字，以表神助。 ㊲癸丑：九月十一日。 ㊳通济渠：隋大业元年（605）凿，唐改名广济渠。时习又通称其西段为漕渠和洛水，东段为汴水或汴渠。 ㊴金墉：城名。三国魏明帝时筑，在今河南洛阳市东北魏、晋洛阳故城西北隅。唐贞观后城废。 ㊵邙山：山名。在今河南洛阳市北。 ㊶裴仁基（?—619）：河东（今山西永济西）人，字德本。隋朝大臣，后归李密。密败，为王世充所虏，署为礼部尚书。仁基谋归唐，被世充所杀。传见《隋书》卷七十。 ㊷洛：州名。唐初改河南郡置，治所在洛阳县（今河南洛阳市东北）。 ㊸令不得东：使其军队不能东进。 ㊹按甲：按兵不动。 ㊺乘城：凭借城池。 ㊻麾下：旗下。 ㊼倍则战：超过一倍的军力就可以攻战。 ㊽不啻（chì）：不只。 ㊾展其勋效：表现其功绩。 ㊿及其锋：趁这股锋锐。 51喧然：哗然。 52惑：迷惑。 53骤胜：急速取胜。 54心怠：内心厌怠。 55旬月：十天以至一月。 56蔑：无。 57程知节（?—665）：即程咬金。唐初将领。济州东阿（今属山东）人。传见《旧唐书》卷六十八，《新唐书》卷九十。 58内马军：《旧唐书·程知节传》：时密于军中简勇士尤异者八千人，隶四骠骑，分为左右以自卫，号为“内军”。 59同营：一起扎营。 60重骑：二人共骑一马。 61槊（shuò）：古代兵器，杆比较长的矛。 62洞过：通过。 63捩（liè）折：拗而折之。 64壁垒：营垒。 65北山：即北邙山。 66豀谷：即溪谷。地面上向一定方向倾斜的低凹地。 67秣（mò）马蓐（rù）食：秣马，喂马。蓐食，坐在草垫上吃饭。 68甲寅：九月十二日。 69旦：早晨。 70直：只。 71迟明：黎明。 72薄：迫近。 73匿：藏。 74战方酣：战斗正激烈。 75驰压：快马迫近。 76庐舍：房舍。 77张童仁（?—621）：原为宇文化及部将，后归李密。武德四年被李世民所杀。事迹见《旧唐书》卷五十三《李密传》、《新唐书》卷八十四《李密传》。 78陈智略：原为宇文化及部将。化及败，归李密。后被李世民所擒。事迹见《旧唐书·李密传》《新唐书·李密传》。 79洛口：地名。在今河南巩义东北。 80翻城纳世充：倒转而以城迎纳王世充。 81王轨（?—619）：原为宇文化及所署刑部尚书，留守东都。后降李密。武德二年被奴所杀。事迹见《旧唐书·李密传》《新唐书·李密传》。 82将佐：部将。武官的通称。 83邴元真：原为隋县吏，后投奔翟让、李密。 84郑虔象：李密部下。邴元真与郑虔象事迹均见《旧唐书·李密传》《新唐书·李密传》。 85潜：暗地。 86坐赃亡命：因犯贪污罪而出奔逃命。 87瓦岗：瓦岗寨。在今河南滑县南。 88幕府：古代将帅办公的地方。 89妙选时英：精选当时彦俊之士。 90宇文温：李密部将。 91杨庆：隋朝宗室，河间王杨弘之子，袭封郇王。降唐，为宜州刺史、郇国公。传见《隋书》卷四十三。 92固疑：本来就怀疑。 93半济：渡到河中间。 94洛水：河南洛河。 ⑮候骑：守望、放哨的骑兵。 ⑯不时觉：未及时发觉。 ⑰比将：及将。 ⑱单雄信（?—621）：曹州（今山东曹县西北）人。李密将，后降王世充，为大将。东都平，斩于洛阳。事迹见《旧唐书》卷五十三、《新唐书》卷八十四《李密传》。 ⑲虎牢：地名。在今河南荥阳西北汜水镇西。 ⑳彦藻：即李密部将房彦藻。是年二月彦藻死。此为追叙日前事。 ㉑去就：离去来就。轻于去就，指容易背叛。 ㉒将如黎阳：打算前往黎阳。黎阳，郡名。治所在今河南浚县东北。 ㉓徐世勣几死：指义宁元年（617）十一月李密杀翟让时，徐世勣也差一点被杀。 ㉔王伯当（?—618）：荥阳浚仪（今河南开封市）人。隋末为瓦岗军将领。事迹见《旧唐书·李密传》《新唐书·李密传》。 ㉕南阻河：南面以黄河为阻。 ㉖太行：即今山西、河北、河南三省交界处的太行山。 ㉗孤：我。王公自谦之称。 ㉘号绝：因痛哭而昏过去。 ㉙关中：地区名。相当于今陕西中部。旧说在东函谷关、南武关、西散关、北萧关等四关之中。 ㉚府掾（yuàn）：府内属官。 ㉛唐公：指袭封唐公的李渊。 ㉜畴昔：从前。 ㉝咸：都。 ㉞将军：官名。高级军事长官。此为对王伯当之尊称。 ㉟室家重大：家室庞大。 ㊱萧何（?—前193）：西汉初大臣。沛（今江苏沛县）人。秦二世元年（前209）佐刘邦起义。楚汉相争，萧何悉率子弟诣刘邦，是高祖刘邦的得力谋臣。传见《汉书》卷三十九。 ㊲汉王：指汉高祖刘邦。 ㊳身分原野：分尸原野。

【译文】

九月，隋襄国通守陈君宾前来投降唐朝，封邢州刺史。陈君宾是陈伯山的儿子。

唐虞州刺史韦义节攻打隋河东通守尧君素，很久也不能攻下，军队数次陷于不利境地，九月初十日，任命工部尚书独孤怀恩代替韦义节。

当初，李密杀死翟让后，自己非常骄傲自大，不体恤部下的士卒，仓库的粮食虽然很多，却没有储藏金钱布帛的府库，战士作战有功，没有东西用来行赏，却对刚来归附的人给予优厚待遇，众人颇为怨恨。徐世勣曾趁开宴会的机会讥刺他的短处，李密心里不高兴，让徐世勣外出镇守黎阳，名义上虽然是委以重任，实际上是疏远他。

李密打开洛口仓分发粮食，没有防卫仓库和主持发粮的人员，分粮也没有文书凭证，分粮的人不问多少随意而取，有的人离开粮仓之后，没有力气背走分得的粮食，就丢弃在半路上。从仓城到外城门，路上堆积的米有几寸厚，被车马践踏。各处叛军前来要粮的人及其家属有近百万人，没有瓮盆装米，就编成荆条筐淘米，洛水两岸十里之内，看上去都像白沙。李密很高兴，对贾闰甫说：“这样可以说是足食了！”贾闰甫回答道：“国家以民众为根本，民以食为天。现在老百姓之所以背着扛着（米）像潮水一样涌来，是因为他们所依赖的天在此。而有关官府却不曾爱惜，这样随意糟蹋抛弃，我担心一旦粮食发完百姓全都散去，明公靠谁来完成大业啊？”李密对他表示感谢，当即任命贾闰甫为判司仓参军事。

李密因为东都的军队数次战败而兵力弱小，将相之间自相攻击残杀，认为旦夕之间就可以平定东都。王世充专掌大权之后，重赏将士，修整器械，也暗中准备攻打李密。当时隋朝军队缺粮，而李密军队缺少服装，王世充请求相互交换，李密感到为难，长史邴元真等人各自谋求私利，劝李密答允。在此之前，东都每天都有数百人跑来归顺李密，在双方交换而王世充部队得到粮食之后，投降的人就越来越少，李密感到后悔于是停止了交换。

李密打败宇文化及后回师，他的劲兵良马大多战死，剩下的士卒也都疲劳、生病。王世充准备趁着李密军队疲敝而攻击他，又怕众人不能同心协力，于是谎称左军卫士张永通三次梦到周公，让张永通把周公的意思转告给王世充：应该部署军队互相协助打击敌人。于是为周公建立庙宇，每次出兵作战，总要先到庙里祈祷。王世充命祭祀的巫师声称周公准备命令仆射紧急讨伐李密，当会建立大功，否则士兵都会染上瘟疫死去。王世充的士兵多是楚地的人，相信巫师的妖言，都请求出战。王世充挑选出精锐士卒有两万多人，配上战马两千多匹。九月初十日，王世充出兵攻打李密，旗帜上都写上“永通”字样，阵容甚为盛大。九月十一日，王世充军到达偃师，在通济渠南边扎营，在渠上搭建了三座桥梁。李密留下王伯当守卫金墉城，自己带领精兵前往偃师，守住邙山作为屏障，等候王世充的军队。

李密召集各位将领开会商议，裴仁基说：“王世充率领他的全部军队来到这里，洛阳城下必然空虚，我们可以分兵守住王世充军队将要经过的要道，使他不能继续东进，我们另外挑选三万精兵，沿黄河西进逼近东都。王世充如果撤回，我们就按兵不动，王世充如果再次进军，我们就再次逼近东都。这样，我们占有主动而总有余力，对方则疲于奔命，打败他是必然的。”李密说：“公所言甚好。但现在东都的军队有三点不可抵挡：武器精良，这是一；决心深入我方，这是二；粮食用尽了而求决一死战，这是三。我们只要利用城池加以固守，积蓄力量等待时机，他想交战却打不成，想退兵又没退路，不过十天，王世充的头颅就可以送到我们帐下。”陈智略、樊文超、单雄信都说：“计算起来，王世充手下能作战的士兵很少，又屡次被我们打败，全都已经吓破了胆。《兵法》说：‘己方兵力是对方的一倍就可以作战。’何况不止一倍！况且最近从江、淮降附的士兵，正想趁此机会展示自己的功勋和效能，趁着他们有这样的锐气而用他们作战，就可以成功。”于是众将领喧哗起来，想作战的占了十之七八，李密受众人议论的影响而感到困惑，就听从了他们的要求。裴仁基苦苦争辩说不能这样干，却不能说服众人，他用力击地，叹息说：“阁下以后一定会后悔。”魏徵对长史郑颋说：“魏公虽然最近骤然打了胜仗，但是精兵骁将战死很多，士兵心身怠倦，有这两点就难以应敌。况且王世充缺粮，志在死战，很难和他争锋决战，不如挖深壕沟，加高壁垒进行防御，不过十天半月，王世充粮食吃光，必会自己退兵，那时再追踪攻击他，没有不取胜的。”郑颋说：“这是老生常谈。”魏徵说：“这是奇策，怎么说是老生常谈？”拂袖起身而去。

程知节带领内马军同李密一起扎营在北邙山上，单雄信带领外马军驻扎在偃师城北。王世充派遣数百名骑兵渡过通济渠攻打单雄信的营寨，李密派遣裴行俨和程知节援助单雄信。裴行俨率先驰马冲向敌军，被流箭射中，坠马落到地上。程知节救起裴行俨，杀死数人。程知节见王世充军队所向披靡，于是抱着裴行俨，两人骑一匹马返回，被王世充的骑兵追上，长矛刺穿程知节的身体，程知节返身折断刺在身上的长矛，又杀了追兵，和裴行俨都逃脱回来。正好此时天色已暗，双方各自收兵回营。李密手下的猛将孙长乐等十几人也都受了重伤。

李密刚刚打败了宇文化及，心中有些轻视王世充，不设置防御壁垒。王世充夜里派遣两百多名骑兵潜藏进入北邙山，埋伏在谿谷中，命令士兵都喂好马匹吃饱饭。九月十二日，清晨，即将作战，王世充向众人发布誓词说：“今天的作战，不只是争胜负，还是生与死的分水岭，就在此一举。如果战胜，荣华富贵固然不用说，如果战败，必定没有一个人可以活着回来。所要争夺的是活下来，不只是为国家作战，各位应该努力了！”天将亮，王世充率兵逼近李密部队。李密出兵迎战，还没来得及摆好阵势，王世充就放出士兵进行攻击。王世充的士兵都是江、淮一带的剽悍勇猛之人，冲锋之中行动如飞。王世充事先找到一个样貌好似李密的人，把他捆起来藏着。当战斗正激烈时，王世充让人牵着此人走过阵前，大声鼓噪说：“已经捉住李密了！”士兵们都高呼万岁。此时又让埋伏的骑兵出击，从山高处冲下来，奔驰着压向李密营地，放火焚烧李密营舍。李密部队一片溃散，其将领张童仁、陈智略都向王世充投降了，李密和一万多人骑马驰奔洛口。

王世充在夜里包围偃师，郑颋在偃师防守，他的部下翻过城墙出来让王世充入城。当初，王世充的家属在江都，随宇文化及到达滑台，又跟随王轨进入李密军营中，李密把他们留在偃师，想以此招引王世充。等到偃师被攻破，王世充找到他的兄长王世伟、儿子王玄应、王虔恕、王琼等人，又俘虏李密的将佐裴仁基、郑颋、祖君彦等几十人。王世充于是整顿兵马向洛口进发，获得邴元真的妻子儿女、郑虔象的母亲以及李密部下诸位将领的子弟，对他们都进行安抚宽慰，让他们暗中招引还在李密军中的父兄亲人。

当初，邴元真当县吏的时候，因犯有贪污罪而逃亡，后来跟随翟让到了瓦岗，翟让因为他曾经当过县吏，让他掌管军中的文书工作。到李密开设幕府，精心挑选优秀人才，翟让推荐邴元真担任长史，李密不得已才任用了他，但关于军事行动的谋划，不曾让他参与。李密西进抵抗王世充时，让邴元真留守洛口的粮仓。邴元真性情贪婪而卑鄙，宇文温对李密说："不杀邴元真，必然成为明公的祸患。"李密没有回应。邴元真知道了此事，就阴谋背叛李密。杨庆听说了，向李密告密，李密本来就对邴元真怀疑。到这时，李密将要进入洛口城，邴元真已经派人偷偷引来王世充的部队。李密知道后并没有揭穿邴元真，于是和众人谋划，准备等前来的王世充军队在横渡洛水行至河中间时，突然发起攻击。王世充军队到了洛水，李密的骑兵侦察队没有及时发现，等到将要出击时，王世充的军队已经全部渡过了洛水。单雄信等人又领着自己的部下自保而不前来救援，李密自己估计支撑不住，于是率领部下轻装乘马逃奔到虎牢，邴元真于是就以洛口城向王世充投降。

当初，单雄信骁勇敏捷，善于骑马使用长枪，名声在各军居于首位，军中号称他为"飞将"。房彦藻认为单雄信很容易投降叛变，就劝李密除掉他。但李密爱惜单雄信的才能，不忍心下手。等到李密这次失利，单雄信便率领他的部下投降了王世充。

李密打算去黎阳，有人说："杀翟让的时候，徐世勣也差点被杀掉，现在失利了前去依靠他，怎么能保险呢？"当时王伯当丢弃了金墉城驻守在河阳，李密从虎牢回到河阳，召集诸将共同商议。李密想南面以黄河为险阻，北面守住太行山，东面联合黎阳，再设法进取。众将都说："现在军队刚刚失利，众人心中觉得害怕恐惧，如果再作停留，恐怕叛逃的人不用几天就全部走光了。而且人心不愿意如此，恐怕难以成功。"李密说："我所依靠的就是大家，大家既然不愿意，我的路就走到头了。"打算自刎来向众人谢罪。王伯当抱住李密号啕大哭以至于昏厥，大家也都悲伤哭泣，李密又说："诸位幸而不抛弃我，应当一起回到关中，密虽然自身没有功劳，诸位必能保有富贵。"府掾柳燮说："明公和唐公是同一宗族，加上过去曾经友好，虽然没有陪同唐公一同起兵，但阻截东都，切断隋军的归路，使唐公不用作战就占领了长安，这也是明公的功劳。”众人都说：“的确如此。”李密又对王伯当说：“将军的家族重要而人多，难道还能和孤一同前行吗？”王伯当说：“过去萧何率领所有的子弟跟随汉王，伯当只恨兄弟们不能都来跟随明公，怎么能因为明公今天的失利就轻易离去呢？纵使身首分离在原野上，也心甘情愿！”左右无不大受感动，跟随李密入关的共有两万人。此时，原来归属李密的将帅、州县大多归顺了隋王朝。朱粲也派使节投降隋朝，皇泰主封朱粲为楚王。

【原文】

甲寅[①]，秦州[②]总管[③]窦轨击薛仁果，不利；骠骑将军刘感镇泾州，仁果围之。城中粮尽，感杀所乘马以分将士，感一无所啖[④]，唯煮马骨取汁和木屑食之。城垂陷[⑤]者数矣；会长平王叔良[⑥]将士至泾州，仁果乃扬言食尽，引兵南去；乙卯[⑦]，又遣高墌[⑧]人伪以城降。叔良遣感帅众赴之；己未[⑨]，至城下，扣[⑩]城中人曰：“贼已去，可逾城入。”感命烧其门，城上下水灌之。感知其诈，遣步兵先还，自帅精兵为殿[⑪]。俄而城上举三烽[⑫]，仁果兵自南原[⑬]大下，战于百里细川[⑭]，唐军大败，感为仁果所擒。仁果复围泾州，令感语城中云：“援军已败，不如早降。”感许之，至城下，大呼曰：“逆贼饥馁[⑮]，亡在旦夕，秦王帅数十万众，四面俱集，城中勿忧，勉之！”仁果怒，执感，于城旁埋之至膝；驰骑射之[⑯]；至死，声色逾厉。叔良婴城[⑰]固守，仅能自全。感，丰生[⑱]之孙也。

庚申[⑲]，陇州[⑳]刺史陕人常达击薛仁果于宜禄川[㉑]，斩首千余级。

上遣从子[㉒]襄武公琛、太常卿[㉓]郑元琦，以女妓遗始毕可汗[㉔]。壬戌[㉕]，始毕复遣骨咄禄特勒[㉖]来。

癸亥[㉗]，白马[㉘]道士傅仁均[㉙]造《戊寅历》[㉚]成，奏上，行之。

薛仁果屡攻常达[㉛]，不能克，乃遣其将仵士政以数百人诈降，达厚抚之。乙丑[㉜]，士政伺隙以其徒劫达，拥[㉝]城中二千人降于仁果。达见仁果，词色不屈，仁果壮而释之[㉞]。奴贼帅张贵谓达曰：“汝识我乎？”达曰：“汝逃死奴贼耳！”贵怒，欲杀之；人救之，得免。

辛未[㉟]，追谥隋太上皇为炀帝。

宇文化及至魏县[㊱]，张恺[㊲]等谋去之；事觉，化及杀之。腹心稍尽[38]，兵势日蹙[39]，兄弟更无他计，但相聚酣宴，奏女乐。化及醉，尤[40]智及[41]曰：“我初不知，由汝为计，强来立我。今所向无成，士马日散，负弑君之名，天下所不容。今者灭族，岂不由汝乎！”持[42]其两子而泣。智及怒曰：“事捷之日，初不赐尤，及其将败，乃欲归罪，何不杀我以降窦建德！”数相斗阋[43]，言无长幼；醒而复饮，以此为恒[44]。其众多亡，化及自知必败，叹曰：“人生固当死，岂不[45]一日为帝乎！”于是鸩杀[46]秦王浩[47]，即皇帝位于魏县，国号许[48]，改元天寿，署置百官。

（以上为第三段，写唐高祖遣兵争陇右，宇文化及穷途末路称帝。）

【注释】

①甲寅：九月十二日。 ②秦州：州名。治所在今甘肃天水市。 ③总管：官名，督军之官，即地方军政长官。隋及唐初在各州设总管。边镇或大州设大总管。镇守一方者，谓之某州总管，出任征讨者，则称某道行军总管。 ④啖（dàn）：吃。 ⑤垂陷：将陷。 ⑥长平王叔良（?—621）：唐高祖从父弟。武德元年拜刑部侍郎，进爵为王。率军御薛举，遭伏击，战败。武德四年在抵御突厥入侵时战死。传见《旧唐书》卷六十、《新唐书》卷七十八。 ⑦乙卯：九月十三日。 ⑧高墌：高墌城，在今陕西长武县西北。 ⑨己未：九月十七日。 ⑩扣：叩城门。 ⑪殿：行军走在最后的。 ⑫举三烽：烽为烽火，古代报警的火。举三烽，表示至为紧急。 ⑬南原：城南高原之地。古代陕西境内多以“原”为名。 ⑭百里细川：百里，即今甘肃灵台县西南百里镇。细川，即今甘肃泾川县、灵台县一带平川。 ⑮饥馁：饥饿。 ⑯驰骑射之：骑着马来回飞驰对他射箭。 ⑰婴城：围城。 ⑱丰生：即刘丰（?—549）：字丰生，北齐将领。传见《北齐书》卷二十七。 ⑲庚申：九月十八日。 ⑳陇州：州名。治所在今陕西陇县。 ㉑宜禄川：在邠州与泾州之间。 ㉒从子：侄子，即从父的儿子。 ㉓太常卿：官名。为九卿之一，掌宗庙礼仪，兼掌选试博士。 ㉔始毕可汗（?—619）：东突厥可汗。名咄吉世。传见《旧唐书》卷一百九十四上、《新唐书》卷二百一十五上。 ㉕壬戌：九月二十日。 ㉖骨咄禄特勒（?—691）：一作骨笃禄。东突厥可汗。唐高宗、中宗时，屡扰并、岚、妫等州。传见《旧唐书》卷一百九十四上、《新唐书》卷二百一十五上。 ㉗癸亥：九月二十一日。 ㉘白马：县名。县治在今河南滑县。 ㉙傅仁均：滑州白马（今河南滑县）人。唐初历法家。传见《旧唐书》卷七十九、《新唐书》卷二百零四。 ㉚《戊寅历》：唐朝建国，岁在戊寅，故以名历。 ㉛常达：陕州（今河南三门峡市陕州区）人。拜陇州刺史。传见《旧唐书》卷一百八十七、《新唐书》卷一百九十一。 ㉜乙丑：九月二十三日。 ㉝拥：裹胁。 ㉞壮

而释之：称赞其勇敢而释放他。㉟辛未：九月二十九日。㊱魏县：县名。县治在今河北大名县西南。㊲张恺：隋朝官员。宇文化及弑炀帝的同党。后被化及所杀。事迹见《隋书》卷八十五《宇文化及传》。㊳腹心稍尽：心腹之人渐被除尽。㊴日蹙（cù）：日益紧迫。㊵尤：责怨、归咎。㊶智及：即宇文智及，宇文化及弟。传见《隋书》卷八十五。㊷持：扶着。㊸斗阋（xì）：争斗、争吵。㊹以此为恒：常常如此。㊺岂不：何不，难道不。㊻鸩（zhèn）杀：用毒酒杀。㊼秦王浩（？—618）：即杨浩，隋文帝第三子秦孝王杨俊之子。宇文化及弑炀帝，立浩为帝。后被宇文化及所杀，传见《隋书》卷四十五。㊽国号许：宇文化及袭封许公，因以为国号。

【译文】

九月十二日，唐秦州总管窦轨进攻薛仁果，作战不利，唐骠骑将军刘感镇守泾州，薛仁果包围泾州。泾州城中粮食吃光了，刘感杀了自己的坐骑把马肉分给将士，自己却一点儿也不吃，只用煮马骨头的汤拌着木屑吃。泾州城数次濒临陷落，正好唐长平王李叔良率兵来到泾州，薛仁果就扬言粮食已经吃完，带兵向南离去。九月十三日，薛仁果又派高墌人假装以城池投降。李叔良派遣刘感率部下前往高墌。九月十七日，刘感来到高墌城下，敲城门，城里的人说："叛军已经离开，你们可以翻过城墙进城。"刘感下令火烧高墌城门，城上的人放水浇火，刘感知道高墌人是诈降，就让步兵先返回，自己带领精兵作为全军的后卫。不久，城上点燃三堆烽火，薛仁果的大批军队从南原冲下来，与刘感的部队在百里细川交战。唐军大败，刘感被薛仁果俘获。薛仁果再次包围了泾州，命令刘感向城中喊话，说："援军已被打败，不如尽早投降。"刘感答应喊话，到了城下却大声呼喊："叛贼无粮正在挨饿，灭亡就在旦夕，秦王率领数十万大军，从四面赶来，城里的人不要担心，努力啊！"薛仁果大怒，捉住刘感，在城旁把刘感活埋到膝盖，让骑兵奔驰着用箭射刘感，一直到死，刘感的喊声更高、脸色更为壮烈。李叔良环绕着全城进行固守，仅能保住孤城，无力救援刘感。刘感是刘丰生的孙子。

九月十八日，唐陇州刺史陕人常达在宜禄川攻击薛仁果，斩首一千多人。

唐高祖派他的侄子襄武公李琛、太常卿郑元璹把舞女歌伎送给突厥始毕可汗。九月二十日，始毕可汗又派骨咄禄特勒为使来唐。

九月二十一日，白马县的道士傅仁均编成《戊寅历》，上奏进呈给朝廷，唐朝于是通行《戊寅历》。

薛仁果屡次进攻常达，不能攻克，于是派他的将领仵士政带几百人诈降，常达以优厚的待遇抚慰仵士政。九月二十三日，仵士政伺机带令部下劫持了常达，带着城中的两千人投降薛仁果。常达见到薛仁果，言辞脸色都不屈服，薛仁果为他的豪壮感动而释放了常达。原为常达奴仆的张贵此时当了薛仁果的将领，他对常达说："你还认识我吗？"常达说："你不过是逃跑的该死的奴才盗贼而已。"张贵发怒，要杀常达，别人救下常达，常达才得以免于一死。

九月二十九日，唐高祖为隋王朝的太上皇追加谥号为隋炀帝。

宇文化及到了魏县，张恺等人谋划要离开他。结果计划被发觉，宇文化及就杀了张恺等人。此时宇文化及的心腹逐渐逃散，兵力日见衰弱，宇文化及与他的兄弟也拿不出别的计策，只是相互聚会喝酒聚餐，让舞女歌伎表演。宇文化及喝醉后，埋怨宇文智及说："当初我并不知道你们的计划，是由你决定了大计，强行要来立我为首。如今四向征战一事无成，兵马日益逃散，又背负着弑君的罪名，为天下所不容。如今将被人诛灭整个家族，难道不是因为你吗？"宇文化及抱着两个儿子哭泣。宇文智及发怒，说："事情成功的时候，你当初不赐给我这些责怪，等到将要失败，才想归罪于我，为何不杀了我前去投降窦建德？"二人数次相互争吵翻脸，争吵时说的话不分长幼，酒醒了又饮酒，经常是这样。宇文化及的很多部下逃跑了，他自知必定失败，叹息说："人生本来是要死的，难道不当一天皇帝吗？"于是用毒酒害死秦王杨浩，自己在魏县即皇帝位，国号改为许，年号改为天寿，设置百官。

【原文】

冬，十月，壬申朔[①]，日有食之。

戊寅[②]，宴突厥骨咄禄，引骨咄禄升御坐以宠之。

李密将至，上遣使迎劳，相望于道[③]。密大喜，谓其徒[④]曰："我拥众百万，一朝解甲[⑤]归唐，山东连城数百[⑥]，知我在此，遣使招之，亦当尽至；比于窦融[⑦]，功亦不细[⑧]，岂不以一台司[⑨]见处[⑩]乎！"己卯[⑪]，至长安，有司供待稍薄，所部兵累日[⑫]不得食，众心颇怨。既而以密为光禄卿[⑬]、上柱国[⑭]，赐爵邢国公[⑮]。密既不满望[⑯]，朝臣又多轻之，执政者或来求贿[⑰]，意甚不平；独上亲礼之，常呼为弟，以舅子[⑱]独孤氏妻之。

庚辰[⑲]，诏右翊卫大将军[⑳]淮安王神通为山东道安抚大使[㉑]，山东诸军并受节度；以黄门侍郎崔民干[㉒]为副。

邓州[23]刺史吕子臧[24]与抚慰使马元规[25]击朱粲，破之。子臧言于元规曰："粲新败，上下危惧，请并力击之，一举可灭。若复迁延[26]，其徒稍集，力强食尽，致死于我，为患方深。"元规不从。子臧请独以所部兵击之，元规不许。既而粲收集余众，兵复大振，自称楚帝于冠军[27]，改元昌达，进攻邓州。子臧抚膺[28]谓元规曰："老夫今坐公死矣[29]！"粲围南阳，会霖雨城坏[30]，所亲[31]劝子臧降。子臧曰："安有天子[32]方伯[33]降贼者乎！"帅麾下赴敌而死[34]。俄而城陷，元规亦死。

癸未[35]，王世充收李密美人珍宝及将卒十余万人还东都，陈于阙[36]下。乙酉[37]，皇泰主大赦。丙戌[38]，以世充为太尉、尚书令、内外诸军事[39]，仍使之开太尉府，备置官属，妙选人物。世充以裴仁基父子骁勇，深礼之。徐文远[40]复入东都，见世充，必先拜。或问曰："君倨[41]见李密而敬王公，何也？"文远曰："魏公，君子也，能容贤士；王公，小人也，能杀故人[42]，吾何敢不拜！"

李密总管李育德[43]以武陟[44]来降，拜陟州[45]刺史。育德，谔[46]之孙也。其余将佐刘德威[47]、贾闰甫[48]、高季辅[49]等，或以城邑，或帅众，相继来降。

初，北海[50]贼帅綦公顺[51]。帅其徒三万攻郡城，已克其外郭[52]，进攻子城[53]；城中食尽，公顺自谓克在旦夕，不为备。明经刘兰成[54]纠合城中骁健百余人袭击之，城中见兵继之[55]，公顺大败，弃营走，郡城获全。于是郡官及望族分城中民为六军，各将之，兰成亦将一军。有宋书佐[56]者，离间诸军曰："兰成得众心，必为诸人不利，不如杀之。"众不忍杀，但夺其兵[57]以授宋书佐。兰成恐终及祸，亡奔公顺；公顺军中喜噪[58]，欲奉以为主，固辞，乃以为长史[59]，军事咸听焉。居五十余日，兰成简军中骁健者百五十人，往抄[60]北海。距城四十里，留十人，使多芟草[61]，分为百余积[62]；二十里，又留二十人，各执大旗；五六里，又留三十人，伏险要；兰成自将十人，夜，距城一里许潜伏；余八十人分置便处[63]，约闻鼓声即抄取人畜亟[64]去，仍一时[65]焚积草。明晨，城中远望无烟尘，皆出樵牧[66]。日向中[67]，兰成以十人直抵城门，城上钲[68]鼓乱发；伏兵四出，抄掠杂畜十余头[69]及樵牧者而去。兰成度抄者已远，徐步而还。城中虽出兵，恐有伏兵，不敢急追；又见前有旌旗、烟火，遂不敢进而还。既而城中知兰成前者[70]众少，悔不穷追。居月余，兰成谋取郡城，更以二十人直抵城门。城中人竟出逐之，行未十里，公顺将大兵总至。郡兵奔驰还城，公顺进兵围之；兰成一言招谕⑪，城中人争出降。兰成抚存老幼，礼遇郡官，见宋书佐，亦礼之如旧，仍资送出境，内外安堵⑫。

时海陵⑬贼帅臧君相闻公顺据北海，帅其众五万来争之；公顺众少，闻之大惧。兰成为公顺画策曰："君相今去此尚远，必不为备，请将军倍道⑭袭击其营。"公顺从之，自将骁勇五千人，赍熟食⑮，倍道袭之。将至，兰成与敢死士二十人前行，距君相营五十里，见其抄者负担⑯向营，兰成亦与其徒负担蔬米、烧器⑰，诈为抄者，择空而行听察⑱，得其号⑲及主将姓名；至暮，与贼比肩而入，负担巡营，知其虚实，得其更号⑳。乃于空地燃火营食，至三鼓，忽于主将幕前交刀乱下，杀百余人，贼众惊扰；公顺兵亦至，急攻之，君相仅以身免，俘斩数千，收其资粮甲仗以还。由是公顺党众大盛㉑。及㉒李密据洛口，公顺以众附之，密败，亦来降。

隋末群盗起，冠军司兵㉓李袭誉㉔说㉕西京㉖留守㉗阴世师㉘，遣兵据永丰仓㉙，发粟以赈贫乏，出库物赏战士，移檄㉚郡县，同心讨贼。世师不能用㉛。乃求募兵山南㉜，世师许之。上克长安，自汉中㉝召还，为太府少卿㉞；乙未㉟，附袭誉籍于宗正㊱。袭誉，袭志㊲之弟也。

（以上为第四段，写李密及其部众纷纷降唐，唐王朝力量大增。）

【注释】

①壬申朔：十月初一日。②戊寅：十月初七日。③相望于道：络绎于道途中。④其徒：指其士兵。⑤解甲：脱去铠甲而不事武职。⑥连城数百：每邑一城，故连城即连邑。⑦窦融（前16—62）：东汉初将领。字周公，扶风平陵（今陕西咸阳市西北）人。累世为河西官吏。窦融以河西归汉光武帝。传见《汉书》卷一百。李密自比窦融。⑧细：小。⑨台司：唐代尚书省为中台，门下省为东台，中书省为西台，总称台省。台司即指这三省之长官令卿而言。⑩见处：见为助词，处即处置、安排。此指待遇。⑪己卯：十月初八日。⑫累日：数日。⑬光禄卿：官名。专掌皇室祭品、膳食及招待酒宴之官。⑭上柱国：官名。唐宋以上柱国为武官勋级中的最高级，柱国次之。历代沿用。⑮国公：封爵名。古代五等爵中有公，位第一。隋之国公，位次郡王而在郡公之上。其后历代相沿。⑯不满望：未完全达到希望。⑰求贿：求索财货。⑱舅子：子，古代兼指男女而言。此处为舅父之女。⑲庚辰：十月初九日。⑳翊卫大将军：官名。唐

代十六卫皆领府兵，府兵分内府与外府。翊卫大将军为内府中最高将领。 ㉑安抚大使：官名。隋仁寿四年置安抚大使，由行军主帅兼任。唐前期派大臣巡视经战争或受灾地区，以安定社会秩序，称安抚大使或安抚使。 ㉒崔民干：又名崔干，唐初大臣。事迹见《旧唐书》卷六十五《高士廉传》。 ㉓邓州：州名。治所在今河南邓州市。 ㉔吕子臧（?—618）：蒲州（今山西永济市西南蒲州镇）人。隋末官吏，后归唐，拜邓州刺史。传见《旧唐书》卷一百八十七、《新唐书》卷一百九十一。 ㉕马元规（?—618）：安陆（今湖北安陆）人。隋末从李渊征战。武德元年与吕子臧共击朱粲，被朱粲所杀。传见《新唐书》卷一百九十一。 ㉖迁延：拖延。 ㉗冠军：县名。县治在今河南邓州市西北。 ㉘抚膺（yīng）：抚胸。 ㉙坐公死矣：因你而死定了。 ㉚会霖雨城坏：碰巧下大雨，城墙毁坏。 ㉛所亲：亲近的人。 ㉜天子：古代君主的称号。 ㉝方伯：古代对一方诸侯中的领袖的尊称。 ㉞赴敌而死：与敌人战斗到死。 ㉟癸未：十月十二日。 ㊱阙：宫门前两边供瞭望的楼，泛指帝王的住所。 ㊲乙酉：十月十四日。 ㊳丙戌：十月十五日。 ㊴内外诸军事：据章校，十二行本"内外诸军事"之上有"总督"二字。 ㊵徐文远：名旷，字文远。洛州偃师（今河南偃师）人。唐高祖授国子博士，封东莞县男。传见《旧唐书》卷一百八十九上、《新唐书》一百九十八。 ㊶倨：骄傲、傲慢。 ㊷故人：故旧，老朋友。 ㊸李育德：赵州（今河北赵县）人。隋末地方豪富。后降唐。拜陟州刺史。后被王世充所杀。传见《新唐书》卷一百九十一。 ㊹武陟（zhì）：县名。县治在今河南武陟县南。 ㊺陟州：州名。治所在今河南获嘉县。 ㊻谔（è）：即李谔，隋朝治书侍御史。传见《隋书》卷六十六。 ㊼刘德威（582—652）：隋末官吏，降唐后官至刑部尚书。传见《旧唐书》卷七十七、《新唐书》卷一百零六。 ㊽贾闰甫：李密部属，署为司仓。 ㊾高季辅（595—653）：蓨县（今河北景县）人。名冯，字季辅。随李密降唐，先后拜监察御史、中书舍人、吏部尚书、侍中。传见《旧唐书》卷七十八、《新唐书》卷一百零四。 ㊿北海：郡名。治所在今山东益都县。 (51)綦（qí）公顺：隋末群雄之一，据青、莱起兵。后归李密。武德二年降唐。 (52)郭：古代在城的外围加筑的一道城墙。 (53)子城：即内城。 (54)刘兰成：隋末北海郡城民。从綦公顺、李密。李密败，降于唐。 (55)见兵继之：见（xiǎn），出现。派兵支援。 (56)宋书佐：谓姓宋的书佐。书佐，官名。炀帝改郡诸曹参军为书佐。 (57)夺其兵：剥夺他的兵权。 (58)喜噪：因欢喜而大声呼叫。 (59)长史：官名。历代执掌不同。此指负责军事之官。 (60)抄：掠夺。 (61)芟（shān）草：割草。 (62)积：堆。 (63)分置便处：分别布置在方便的地方。 (64)亟：急迫地。 (65)一时：同时。 (66)樵牧：打柴放牧。 (67)日向中：接近中午。 (68)钲：古代行军时用的打击乐器，有柄，形状像钟，但比钟狭而长，用铜制成。 (69)十余头：据章校，十二行本"十"作

“千”，乙十一行本同，孔本同。 ⑦前者：前次。 ⑦招谕：招诱告谕。 ⑦安堵：安居。 ⑦海陵：县名。县治在今江苏泰州市。 ⑦倍道：昼夜兼程。 ⑦赍（jī）熟食：带着干粮。 ⑦负担：背着挑着。 ⑦烧器：锅釜之类。 ⑦择空而行听察：选择行列空疏的地方打听观察。 ⑦号：军号、暗号。 ⑧更号：持更信号。 ⑧大盛：大增。 ⑧及：等到。 ⑧冠军司兵：官名，即冠军府司兵。从六品。 ⑧李袭誉：唐初大臣。字茂实。狄道（今甘肃临洮）人。传见《旧唐书》卷五十九、《新唐书》卷九十一。 ⑧说（shuì）：劝说，说服。 ⑧西京：隋炀帝建洛阳为东京，因称长安为西京。 ⑧留守：官名。古代帝王巡幸、出征时，以亲王或重臣镇守京师，处理政务，称京城留守。 ⑧阴世师（?—617）：武威（今甘肃武威）人。炀帝时左翊卫将军。与代王留守京师。城陷被杀。事迹见《旧唐书·高祖纪》。 ⑧永丰仓：隋大业初以广通仓改名，在今陕西华阴市东北渭河入黄河口处。 ⑨移檄：移，谓移其事于他司。檄，官文书之通称。移檄，即用公文通令。 ⑨世师不能用：阴世师的军队不能用。 ⑨山南：道名。山南道为唐初十道之一。 ⑨汉中：秦汉时郡名。隋改为梁州，又改为汉川郡。唐武德元年改为褒州。治所在今陕西汉中市。 ⑨太府少卿：官名。太府寺副长官，从四品，掌库藏财物。 ⑨乙未：十月二十四日。 ⑨附袭誉籍于宗正：李袭誉之先辈，亦出于陇西，与李唐祖先籍贯相同，故附之属籍表示亲重。宗正：官名。是王室亲族事务机关的长官。唐以其机构为宗正寺，掌天子族亲属籍。 ⑨袭志：李袭志，唐初大臣。李袭誉之兄。字重光。

【译文】

冬季，十月初一日，发生日食。

十月初七日，唐高祖宴请突厥骨咄禄，引着骨咄禄登上皇帝的宝座表示恩宠。

李密即将到达长安，唐高祖派出使节迎接慰问，使节在路上络绎不绝，前后相望。李密大为高兴，对他的部下说：“我拥有百万兵力，一朝脱下盔甲归顺唐朝，崤山以东几百座城镇相互连接，知道我在这里，派人招降他们，也应当全部前来归顺，这与东汉归顺光武帝的窦融相比，功劳也不比他小，难道不用三公之一来安置我吗？”十月初八日，李密到了长安，有关官衙对他的招待供应并不是十分丰厚，李密部下的士兵好几天没有饭吃，众人心里颇多怨气。不久唐王朝任命李密为光禄卿、上柱国，赐予爵位为邢国公。李密既未达到原来的期望，朝廷内的大臣们又大多轻视他，有些掌权的人还来向李密索取贿赂，李密内心大为不平，唯有唐高祖对他表示亲热和礼遇，经常称他为弟，并把自己舅舅的女儿独孤氏嫁给他。

十月初九日，唐高祖下诏任命右翊卫大将军淮安王李神通为山东道安抚大使，山东各路兵马都受他的指挥，又任命黄门侍郎崔民干为淮安王的副使。

邓州刺史吕子臧和抚慰使马元规攻打朱粲，击败朱粲。吕子臧对马元规说："朱粲最近刚打了败仗，上上下下感到危险而恐惧，我们应合兵攻击他，就可一举消灭他。如果又拖延下去，朱粲的部队逐渐集中收拢，兵力就会增加，等到他们粮食吃光，就会拼死作战，那时就会成为大患。"马元规没有听从吕子臧的意见。吕子臧又要求让他单独率领自己的部队攻打朱粲，马元规也不允许。不久，朱粲集中他的余部，兵力再次大为振作，在冠军县自称楚帝，改年号为昌达，又来进攻邓州。吕子臧捶着胸口对马元规说："老夫我今天要因为你而死！"朱粲围攻南阳，正好此时连绵大雨冲毁了城墙，亲信都劝吕子臧投降。吕子臧说："哪有天子的方伯会向叛贼投降的？"吕子臧率领部下冲向敌人而战死。城池很快就被攻陷，马元规也被打死。

十月十二日，王世充收罗了李密的美女、珍宝及其部下十几万人回到东都，排列在皇宫正门的阙楼之下。十四日，皇泰主宣布大赦。十五日，任命王世充为太尉、尚书令、总督内外诸军事，又让他设置太尉府，全面设置各种官属，选拔优秀人才。王世充认为裴仁基父子作战骁勇，深为尊重，以礼相待。徐文远又进入东都，来见王世充，必定先行拜见礼。有人问他："您见李密时很傲慢，却这样尊敬王公，是什么原因？"徐文远说："魏公李密，是君子，能够容纳贤士，王公是小人，能杀老友和熟人，我哪里敢不行拜礼？"

李密的总管李育德率武陟郡投降唐朝廷，唐朝廷封他为陟州刺史。李育德是李谔的孙子。李密手下其他的将领刘德威、贾闰甫、高季辅等人，有的率城邑，有的率部下，相继前来投降唐朝廷。

当初，北海郡的叛军首领綦公顺率领他的三万人进攻郡城，已经攻陷了郡城的外城，继续攻击内城。城中粮食已经吃光，綦公顺自认为旦夕就能攻下内城，因此己方不加防备。曾在隋朝参加过明经科考试的刘兰成集中了城中骁勇强健的士兵一百多人偷袭綦公顺，城中的其他士兵跟在后面一同进攻，綦公顺大败，放弃营地仓皇逃走，郡城得以保全。于是郡里的官员和大族把城里的百姓分编为六军，各自统领一军，刘兰成也率领一军。有个名叫宋书佐的人，在各军之间挑拨离间，说："刘兰成已得人心，必定对诸位有所不利，不如杀了他。"大家不忍杀刘兰成，只是剥夺了他所统领的一军，改由宋书佐统领。刘兰成担心最终还要遭祸，就逃跑投奔綦公顺。綦公顺的部队十分高兴而鼓噪喧哗，想拥戴刘兰成为首领，刘兰成坚决推辞，于是綦公顺任命他为长史，军事行动全都听由刘兰成指挥安排。过了五十多天，刘兰成从军队中挑选骁勇健壮的士兵一百五十人，前往北海郡城抢掠。走到离城四十里的地方，留下十人，让他们多割草，分成一百多堆。走到离城二十里的地方，又留下二十人，让他们每人举一面大旗。走到离城五六里的地方，又留下三十人，埋伏在险要之处。刘兰成自己带领十个人，夜里在离城一里多的地方潜伏下来。其余八十人分别布置在方便之处，约定听到鼓声就出动抢夺人员牲畜，然后马上撤退，并且同时点燃草堆。第二天清晨，城中远远望去没有兵马行动带起的烟尘，于是全都出城砍柴放牧。快到中午的时候，刘兰成率领十人直接抵达城门，城上铜钲战鼓匆忙乱敲，刘兰成的伏兵四处出击，抢夺了各种牲畜一千多头并劫持砍柴放牧的人，然后撤走。刘兰成估计抢劫牲畜与人口的人已经走远，这才不慌不忙地回撤。城里虽然出兵，但是怕有伏兵，不敢急追，又看到前方有旌旗、烟火，于是不敢前进而退回城中。不久城里知道刘兰成带来的人很少，后悔没有追击到底。又过了一个多月，刘兰成谋划攻取北海郡城，改而率领二十人直接抵达城门，城中的人竞相出城追逐，走了不到十里，綦公顺率领大军一齐来到。郡里的军队奔驰回城，綦公顺进军包围郡城。刘兰成劝谕城里人投降，只说一句话，城里的人就争相出城投降。刘兰成安抚保护老人儿童，对郡里的官员以礼相待，见到宋书佐，还像过去一样以礼相待，并且给予费用，送他出境，于是北海郡内外民众完全平安无事。

当时，海陵叛军首领臧君相听说綦公顺占领了北海，率领他的五万人前来争夺郡城，綦公顺的兵少，闻讯大为恐惧。刘兰成为公顺谋划计策说："臧君相现在离此地还远，一定不加防备，请将军兼程行军袭击他的军营。"綦公顺听从了他的建议，亲自带领五千名骁勇的士兵，携带熟食，日夜兼程前去袭击臧君相。当快要到达时，刘兰成率二十名敢死兵士先行，走到距离臧君相营地五十里时，见到臧君相手下出外掠夺的人肩挑背扛着物品向营地走去，刘兰成也和他的手下背负着蔬菜粮食、炊具，冒充外出抢夺的人，找空隙前行以偷听侦察，知道了对方军中的口令暗号以及主将的姓名。到了傍晚，刘兰成和士兵们就与对方的士兵并肩进入营地，背负着东西在营内巡视，了解了敌营阵中的虚实，还得到了他们的口令暗号。刘兰成和士兵们于是在空地点火扎营吃饭，到三更时分，忽然在主将帐前一起拔刀乱砍，杀了一百多人，敌营中士兵一片惊恐慌乱，綦公顺的部队此时也到达了，发动急攻，臧君相仅单身逃脱。綦公顺等俘虏并杀死了几千人，缴获臧君相的物资粮食、盔甲兵器，然后回师。自此以后，綦公顺的人马大为强盛。当李密占据洛口，綦公顺率部下前往归附，等李密失败后，也来向唐降附。

隋朝末年，各地叛军纷纷起兵，冠军司兵李袭誉劝说西京留守阴世师派兵占据永丰仓，发放粮食救济贫民和缺粮的人，拿出库房里的物品赏给士兵，向其他郡县传发檄书，希望大家同心讨伐叛贼。阴世师不能采纳，于是李袭誉请求去山南招募士兵，阴世师答应了他。唐高祖攻陷长安后，从汉中召李袭誉回长安，任命他为太府少卿。十月二十四日，又命宗正把李袭誉登记列入皇家宗族。李袭誉是李袭志的弟弟。

【原文】

丙申①，朱粲寇淅州②，遣太常卿郑元琫③帅步骑一万击之。

是月，纳言窦抗④罢为左武候大将军⑤。

十一月，乙巳⑥，凉王李轨⑦即皇帝位，改元安乐。

戊申⑧，王轨以滑州来降。

薛仁果之为太子也，与诸将多有隙；及即位，众心猜惧。郝瑗⑨哭举得疾，遂不起，由是国势浸弱⑩。秦王世民至高墌，仁果使宗罗睺⑪将兵拒之；罗睺数挑战，世民坚壁不出。诸将咸请战，世民曰："我军新败，士气沮丧，贼恃胜而骄，有轻我心，宜闭垒以待之。彼骄我奋⑫，可一战而克也。"乃令军中曰："敢言战者斩！"相持六十余日，仁果粮尽，其将梁胡郎等帅所部来降。世民知仁果将士离心，命行军总管⑬梁实营于浅水原以诱之。罗睺大喜，尽锐⑭攻之，梁实守险不出；营中无水，人马不饮者数日。罗睺攻之甚急；世民度贼已疲，谓诸将曰："可以战矣！"迟明⑮，使右武候大将军庞玉陈于浅水原。罗睺并兵击之，玉战，几不能支，世民引大军自原北出其不意，罗睺引兵还战。世民帅骁骑数十先陷陈，唐兵表里⑯奋击，呼声动地，罗睺士卒大溃，斩首数千级⑰。世民帅二千余骑追之，窦轨叩马⑱苦谏曰："仁果犹据坚城，虽破罗睺，未可轻进，请且按兵⑲以观之。"世民曰："吾虑之久矣，破竹之势，不可失也，舅勿复言！"遂进。仁果陈于城下，世民据泾水⑳临之，仁果骁将浑干等数人临陈来降。仁果惧，引兵入城拒守。日向暮，大军继至，遂围之。夜半，守城者争自投下㉑。仁果计穷，己酉㉒，出降；得其精兵万余人，男女五万口。

诸将皆贺，因问曰："大王一战而胜，遽舍[23]步兵，又无攻具，轻骑直造[24]城下，众皆以为不克，而卒取之，何也？"世民曰："罗睺所将皆陇外[25]之人，将骁卒悍；吾特出其不意而破之，斩获不多。若缓之[26]，则皆入城，仁果抚而用之，未易克也；急之，则散归陇外，折墌虚弱，仁果破胆，不暇[27]为谋，此吾所以克也。"众皆悦服。世民所得降卒，悉使仁果兄弟及宗罗睺、翟长孙等将之，与之射猎，无所疑间[28]。贼畏威衔恩，皆愿效死。世民闻褚亮[29]名，求访，获之，礼遇甚厚，引为王府文学[30]。

上遣使谓世民曰："薛举父子多杀我士卒，必尽诛其党以谢冤魂。"李密谏曰："薛举虐杀无辜，此其所以亡也，陛下何怨焉！怀服之民[31]，不可不抚！"乃命戮其谋首，余皆赦之。

上使李密迎秦王世民于豳州，密自恃智略功名，见上犹有傲色；及见世民，不觉惊服，私谓殷开山曰："真英主也，不如是，何以定祸乱乎！"

诏以员外散骑常侍[32]姜謩[33]为秦州刺史，謩抚以恩信[34]，盗贼悉归首[35]，士民安之。

（以上为第五段，写李世民平定陇右，灭薛仁果。）

【注释】

①丙申：十月二十五日。 ②淅州：州名。治所在今河南淅川县西南。 ③郑元璹（?—646）：唐初大臣。郑州荥泽（今河南郑州市）人。字德芳。传见《旧唐书》卷六十二、《新唐书》卷一百。 ④窦抗（?—621）：唐初大臣。岐州（今陕西宝鸡市凤翔区）人。字道生。传见《旧唐书》卷六十一、《新唐书》卷九十五。 ⑤左武候大将军：官名。隋代左右武卫、左右武候各置大将军，为禁军高级武官。而《唐六典》及《旧唐书·职官志》俱无此官，未审何故。 ⑥乙巳：十一月初四。 ⑦李轨（?—619）：隋末地方割据者。凉州姑臧（今甘肃武威）人。字处则。传见《旧唐书》卷五十五、《新唐书》卷八十六。 ⑧戊申：十一月初七。 ⑨郝瑗：薛举部将。事迹见《旧唐书》卷五十五、《新唐书》卷八十六《薛举传》。 ⑩浸弱：渐弱。 ⑪宗罗睺（hóu）：薛举部将。事迹见《旧唐书·薛举传》。 ⑫奋：奋发。 ⑬行军总管：官名。督军之官。隋唐时在各州设总管。边镇或大州设大总管。镇守一方者，谓之某州总管，出任征讨者，则称某道行军总管。 ⑭尽锐：派出所有精兵。 ⑮迟明：黎明。 ⑯表里：内外。 ⑰级：首级。古代指战争中或用刑时斩下的人头。 ⑱叩马：拦马。 ⑲按兵：使军队暂不行动，等待时

机。 ⑳泾水：水名。发源于甘肃，流入陕西。 ㉑投下：于城下投降。 ㉒己酉：十一月初八。 ㉓遽舍：竟然舍去。 ㉔造：至。 ㉕陇外：即陇西、陇右。 ㉖缓之：缓而不追。 ㉗不暇：没时间。 ㉘疑间：怀疑间隔。 ㉙褚亮（560—647）：唐初学者。字希明。原籍阳翟（今河南禹州市），徙居钱塘（今浙江杭州市）。历陈、隋、唐三朝。贞观中，官至散骑常侍。传见《旧唐书》卷七十二、《新唐书》卷一百零二。 ㉚文学：官名。汉代于州郡及诸侯国置“文学”，略如后世的教官。隋唐亲王府有文学。 ㉛怀服之民：心存归服之民。 ㉜员外散骑常侍：官名。在皇帝左右规谏过失，以备顾问。 ㉝姜謩（mó）：上邽（今甘肃天水市）人。隋末为晋阳长，高祖引入司功参军。及平薛仁果，擢秦州刺史。传见《旧唐书》卷五十九、《新唐书》卷九十一。 ㉞恩信：恩德而有信用。 ㉟归首：归服自首。

【译文】

十月二十五日，朱粲侵犯淅州，唐派太常卿郑元璹率领一万名步兵、骑兵攻打朱粲。

该月，唐纳言窦抗被降职为左武候大将军。

十一月初四日，凉王李轨登基称帝，将年号改为安乐。

十一月初七日，王轨以滑州前来降唐。

薛仁果做太子时，和诸多将领都有仇隙矛盾。等他当了皇帝，这些将领心中都不免猜疑恐惧。郝瑗因薛举去世而哭得生了病，于是病重不起，由此而使国家的势力逐渐衰弱。秦王李世民来到高墌，薛仁果派宗罗睺领兵抵抗，宗罗睺数次挑战，李世民坚守营垒不出战。诸位将领都来请战，李世民说：“我军才打了败仗，士气沮丧，贼军仗着得胜而骄傲，有轻视我军的意思，我们应当紧闭营垒耐心等待时机。他们骄傲轻敌，我军就会有奋勇之心，然后可以一仗打败他们。”于是命令全军：“有敢说作战的一律斩首！”双方相持六十多天，薛仁果军队的粮食吃完了，其将领梁胡郎等人率领各自的队伍前来向唐军投降。李世民知道了薛仁果军中的将士都有叛离之心，命令行军总管梁实在浅水原扎营，引诱薛仁果。宗罗睺知道后大为高兴，出动全部精锐攻梁实，梁实凭借险要防守而不出营。营地中没有水，士兵与马匹连续数日没有水喝。宗罗睺进攻得非常猛烈，李世民估计对方已经疲乏，对诸位将领说：“可以出战了！”快天亮时，李世民派右武候大将军庞玉在浅水原列阵。宗罗睺集合部队攻击庞玉，庞玉与之作战，几乎支持不住，李世民带领大军出其不意出现在浅水原之北，宗罗睺带军回来与李世民作战。李世民率领几十名骁勇骑兵率先冲入敌阵，唐军内外奋力搏斗，呼声动地，宗罗睺的士兵完全崩溃，唐军斩首几千人。李世民率领两千多名骑兵追击宗罗睺，窦轨拉住李世民的战马苦苦劝谏说："薛仁果还占据着坚固的城池，虽然打败了宗罗睺，但不可轻易冒进，请求暂且按兵不动，观察对方的动静。"李世民说："我对此次作战已经考虑很久了，现在已成为破竹之势，机不可失，舅舅您不要再说了！"于是继续进军。薛仁果在城下列阵，李世民占据泾河，居高临下，面对薛仁果军阵。薛仁果手下的骁将浑干等人临阵而向唐军投降。薛仁果害怕，带兵进城拒守。天快黑时，唐朝大军相继到达，于是包围了薛仁果。半夜，守城的人争相下城投降。薛仁果计谋已尽，十一月初八日，薛仁果出城投降，唐军俘获薛仁果一万多名精兵、五万名民众。

各位将领都来祝贺，于是问李世民："大王一仗就获得胜利，之后马上舍弃步兵，又没有攻城的器具，只率轻骑直至城下，大家都认为不能攻克城池，却很快就取得此城，是什么原因呢？"李世民说："宗罗睺所率领的军人都是陇山之西的人，将领骁勇，士卒剽悍，我只是出其不意打败了他，但斩杀和俘虏并不多。如果停缓而不追击，则他们都会进入城内，薛仁果对他们进行抚慰再派出作战，就不容易战胜。如果急速攻击，则他们就会逃散回到陇山之西。战败的高墌城已经虚弱，薛仁果也已吓破了胆，没有时间仔细谋划，这就是我取胜的原因。"众人都心悦诚服。李世民所获得的投降士兵，全部让薛仁果兄弟及宗罗睺、翟长孙等人统领，和他们一起外出打猎，无所猜疑和离间。这些战败投降的将领士兵都畏惧李世民的威严，又感怀受到的恩德，都愿以死效劳。李世民听说褚亮的名气，访求并找到了褚亮，对他的礼遇非常丰厚，用他担任秦王府的文学。

唐高祖派遣使者对李世民说："薛举父子杀了我们很多士卒，所以务必杀光他们的同党以告慰死去的冤魂。"李密进谏说："薛举残暴杀害无辜，这是他灭亡的原因，陛下怨恨什么呢？对已经在内心顺服的百姓，不可不加以安抚！"于是下令杀掉其主谋，其余的人都予以赦免。

唐高祖派李密到豳州迎接秦王李世民，李密仗着自己有智略和功名，觐见唐高祖时还有傲慢的脸色，等到见了李世民，不觉十分惊叹佩服，私下对殷开山说："真是英明的君主，如果不是这样，又怎么能平定天下的祸乱呢？"

唐下诏任命员外散骑常侍姜謩为秦州刺史，姜謩对秦州进行安抚，施加恩惠和诚信，当地叛乱的盗贼全都归来和自首，感到安定。

【原文】

徐世勣据李密旧境，未有所属。魏徵随密至长安，乃自请安集[①]山东，上以为秘书丞[②]，乘传[③]至黎阳，遗[④]徐世勣书，劝之早降。世勣遂决计西向，渭长史阳翟[⑤]郭孝恪[⑥]曰："此民众土地，皆魏公[⑦]有也；吾若上表献之，是利主之败[⑧]，自为功以邀富贵也，吾实耻之。今宜籍[⑨]郡县户口士马之数以启[⑩]魏公，使自献之。"乃遣孝恪诣[⑪]长安，又运粮以饷淮安王神通。上闻世勣使者至，无表[⑫]，止有启与密，甚怪之。孝恪具言[⑬]世勣意，上乃叹曰："徐世勣不背德[⑭]，不邀功，真纯臣也！"赐姓李。以孝恪为宋州[⑮]刺史，使与世勣经略虎牢以东，所得州县，委之选补[⑯]。

癸丑[⑰]，独孤怀恩攻尧君素[⑱]于蒲反[⑲]。行军总管赵慈景尚[⑳]帝女桂阳公主，为君素所擒，枭首[㉑]城外，以示无降意。

癸亥[㉒]，秦王世民至长安，斩薛仁果于市，赐常达帛三百段[㉓]。赠刘感[㉔]平原郡公[㉕]，谥忠壮。扑杀[㉖]仵士政于殿庭。以张贵尤淫暴，腰斩之。上享劳将士，因谓群臣曰："诸公共相翊戴[㉗]以成帝业，若天下承平[㉘]，可共保富贵。使王世充得志，公等岂有种[㉙]乎！如[㉚]薛仁果君臣，岂可不以为前鉴也！"己巳[㉛]，以刘文静为户部尚书，领陕东[㉜]道行台左仆射；复殷开山爵位[㉝]。

李密骄贵日久，又自负[㉞]归国之功，朝廷待之不副本望[㉟]，郁郁不乐。尝遇大朝会，密为光禄卿，当进食[㊱]，深以为耻；退[㊲]，以告左武卫大将军[㊳]王伯当。伯当心亦怏怏，因谓密曰："天下事在公度内[㊴]耳。今东海公[㊵]在黎阳，襄阳公[㊶]在罗口[㊷]，河南兵马，屈指可计[㊸]，岂得久如此也！"密大喜，乃献策于上曰："臣虚蒙荣宠，安坐京师，曾无报效；山东之众皆臣故时麾下，请往收而抚之。凭借国威，取王世充如拾地芥[㊹]耳！"上闻密故将士多不附世充，亦欲遣密往收之，群臣多谏曰："李密狡猾好反，今遣之，如投鱼于泉，放虎于山，必不反[㊺]矣！"上曰："帝王自有天命，非小子所能取[㊻]。借使[㊼]叛去，如以蒿箭射蒿中[㊽]耳！今使二贼交斗[㊾]，吾可以坐收其弊。"辛未[㊿]，遣密诣山东，收其余众之未下者[51]。密请与贾闰甫偕行，上许之，命密及闰甫同升御榻[52]，赐食，传饮卮[53]酒曰："吾三人同饮是酒以明同心，善建功名，以副朕意。丈夫一言许人，千金不易。有人确执[54]不欲弟行[55]，朕推赤心于弟，非他人所能间也。"密、闰甫再拜受命。上又以王伯当为密副而遣之。

（以上为第六段，写唐高祖在徐世勣降唐的情况下，遣李密东行招抚旧部，其实是故意纵虎归山，李密不安本分而中其圈套，无所作为是必然的。）

【注释】

①安集：安定集聚。 ②秘书丞：官名。秘书省的副长官，从五品上，掌判省事。 ③乘传：乘驿车。 ④遗（wèi）：赠送、给予。 ⑤阳翟：县名。县治在今河南禹州市。 ⑥郭孝恪（?—648）：阳翟（今河南禹州市）人。秦王李世民用其谋平窦建德，迁上柱国。历贝、赵、江、泾四州刺史。贞观中拜昆丘道副大总管。传见《旧唐书》卷八十三、《新唐书》卷一百十一。 ⑦魏公：李密建国，称魏公。 ⑧利主之败：以主人的失败当自己的利益。 ⑨宜籍：应编算。 ⑩启：古代文书的一种。唐时，凡下达上，其制有六种：表、状、牋、启、辞、牒。 ⑪诣：到。 ⑫无表：无上天子的表疏。⑬具言：备言。 ⑭不背德：不违背有恩德之人，即不忘恩。 ⑮宋州：州名。治所在今河南商丘市。 ⑯委之选补：指委任选派官吏。 ⑰癸丑：十一月十二日。 ⑱尧君素（?—618）：汤阴（今河南汤阴县东）人。炀帝时累迁鹰击郎将。大业末署河东通守。传见《隋书》卷七十一。 ⑲蒲反：县名。本为蒲坂，西汉时一度改为蒲反，东汉复为蒲坂县。县治在今山西永济市西南蒲州镇。 ⑳尚：娶公主为妻曰尚。 ㉑枭（xiāo）首：旧时的刑罚，把人头砍下并悬挂起来示众。 ㉒癸亥：十一月二十二日。 ㉓赐常达帛三百段：唐制，凡赐十段，其率绢三匹，布三端，绵四屯。若杂彩十段，则丝布二匹，紬二匹，绫二匹，缦四匹。 ㉔刘感：凤泉（今陕西眉县东南）人。武德初以骠骑将军戍泾州。传见《旧唐书》卷一百八十七、《新唐书》卷一百九十一。 ㉕郡公：爵名。晋始定郡公制度，历代因之。唐代郡公为正二品。 ㉖扑杀：击杀。 ㉗翊（yì）戴：辅佐拥戴。㉘承平：太平。 ㉙种：种族。 ㉚如：像。 ㉛己巳：十一月二十八日。 ㉜陕东：指今河南三门峡市陕州区以东黄河下游地区。 ㉝复殷开山爵位：殷开山（?—619），名峤，字开山。鄠县（今陕西西安市鄠邑区）人。仕隋太谷长。唐高祖起兵，召补大将军掾。随太宗征讨薛举，因违背太宗告诫，兵败除名。后从平薛仁果，复其爵位。传见《旧唐书》卷五十八、《新唐书》卷九十。 ㉞自负：自恃。 ㉟不副本望：不符合本来的愿望。㊱当进食：依职掌当供给膳馐。 ㊲退：罢宴之后。 ㊳武卫大将军：官名。魏文帝置武卫将军以主禁旅。隋唐武卫为十六卫之一，分左、右，各置大将军一人、将军二人统领。㊴度内：计划之中。 ㊵东海公：李密封徐世勣为东海公。 ㊶襄阳公：胡注："襄阳公，未知为谁。按李密将张善相时为伊州刺史，据襄城，自襄城北出则罗口。盖李密封善相为襄城公，伯当指言之也。'襄阳公'，疑当作'襄城公'。" ㊷罗口：即罗口城。在今

河南巩义西南。㊸屈指可计：弯着指头可以计算出。㊹拾地芥：地芥，指横在地上的草芥。拾地芥，谓俯而拾之，极易得到。㊺反：返。㊻非小子所能取：小子决不能取得帝王。小子，对人的贬称。㊼借使：假使。㊽以蒿箭射蒿中：蒿为贱而无用之物。刿蒿为箭，射之蒿中，言其无用而不足惜。㊾交斗：相斗。㊿辛未：十一月无此日。应为十二月初一日。(51)未下者：没有投降王世充的人。(52)御榻：天子所用之榻。礼遇稍重，每引见，即升御榻。(53)卮：古代一种盛酒器。(54)确执：坚持。(55)不欲弟行：不要吾弟前去。

【译文】

徐世勣占据李密原有的地盘，还没有归顺哪一方。魏徵随李密到长安，于是自己请求前去招抚潼关以东地区，唐高祖任命他为秘书丞，乘驿站的车辆到达黎阳，寄信给徐世勣，劝他尽早投降。徐世勣于是决定向西投顺唐王朝，他对长史阳翟人郭孝恪说："这方的百姓和土地，都是属于魏公李密的，我如果向唐上表奉献这些百姓和土地，就是趁着主公的失败而为自己谋利，以此作为自己的功劳以求富贵，我实在是以为耻的。现在应当登记各郡县的户口、士兵及马匹的数目，上报魏公，让魏公自己献给唐。"于是派遣郭孝恪到长安，又运粮食供给淮安王李神通。唐高祖听说徐世勣的使者到长安，没有奉献土地和民众的上表，只有书信给李密，就非常奇怪。郭孝恪详细说明了徐世勣的意思，唐高祖于是感叹说："徐世勣不违弃道德，不邀求功劳，真是纯粹的臣子呀！"于是赐徐世勣姓李。任命郭孝恪为宋州刺史，让他和李世勣经营管辖虎牢以东地区，获得的州县，委任他们自行选补官吏。

十一月十二日，独孤怀恩在蒲反县攻打尧君素。行军总管赵慈景娶唐高祖的女儿桂阳公主为妻，被尧君素俘虏。尧君素杀了他，把头挂在城外示众，表示绝不会投降唐王朝。

十一月二十二日，秦王李世民到长安，在街市将薛仁果斩首，赐给常达三百段的丝帛。追赠刘感为平原郡公，谥号忠壮。在宫殿庭院中击杀仵士政。因为张贵尤其荒淫残暴，于是腰斩张贵。唐高祖宴请慰劳将士，于是对群臣说："诸位公卿大臣共同辅助拥戴我，使我成就了帝王之业，假如天下能够长期太平安定，我们可以共同保有富贵。如果让王世充得志，诸位公卿难道还有后辈子孙传留下去吗？像薛仁果这样的君臣，难道能不作为我们的前车之鉴吗？"十一月二十八日，任命刘文静为户部尚书，兼任陕东道行台左仆射，并恢复了殷开山的爵位。

李密长期以来骄狂而富贵，又仗着自己有归附唐王朝的功劳，而朝廷给他的待遇不合乎他本来的愿望，因此闷闷不乐。曾经参加一次朝廷的大型聚会，李密作为光禄卿，应当为参会的官员供应食物，他认为自己来做此事是耻辱，退朝后，把此事告诉了左武卫大将军王伯当。王伯当随李密归顺唐王朝之后心里也一直怏怏不乐，于是对李密说："天下的事情都在主公的谋划之内。现在东海公徐世勣在黎阳，襄阳公在罗口，黄河以南的兵马屈指可数，怎能长期这样下去？"李密大为高兴，于是向唐高祖献策说："臣白白地承受朝廷的荣宠，安闲地住在京师，不曾报效朝廷。现在山东各地的将领都是臣子过去的部下，请让臣子前往山东招抚他们。凭借国家的威严，拿下王世充就像拾取地下的草芥一样容易！"唐高祖听说李密过去的部下大多不服王世充，也准备派遣李密前往收服他们，但是群臣大多都对唐高祖进行劝谏，认为："李密狡猾而好反复背叛，现在派他去山东，犹如把鱼放到泉水中，把老虎放归深山，他肯定不会回来了！"唐高祖说："谁当帝王自有天命，不是小人所能取得的。假如他背叛离去，就像把蒿秆箭射到蒿草中而已，毫不足惜！现在让李、王二贼互相争斗，我们可以坐收他们自相残杀的好处。"十二月初一日，派李密往崤山以东地区，收服他的尚未归附之余部。李密请求和贾闰甫一同前往，唐高祖答应了他的请求，临行时让李密和贾闰甫一起登上皇上的坐榻，赐给他们食品，拿一杯酒三人传喝，并说："我们三人同饮这杯酒，以此来表明我们三人同心，二位努力去建立功勋，以符合朕的心意。大丈夫向别人许诺一句话，虽有千金也不能改变这个诺言。有人坚持要求不想让我同意老弟前去，朕以赤诚之心对待老弟，不是别人能够离间的。"李密、贾闰甫两次下拜接受使命。唐高祖又让王伯当担任李密的副手，也派他同去山东。

【原文】

有大鸟五[①]集于乐寿[②]，群鸟数万从之，经日乃去。窦建德以为己瑞，改元五凤。宗城[③]人有得玄圭[④]献于建德者，宋正本[⑤]及景城[⑥]丞[⑦]会稽[⑧]孔德绍[⑨]皆曰："此天所以赐大禹也，请改国号曰夏[⑩]。"建德从之，以正本为纳言，德绍为内史侍郎。

初，王须拔[⑪]掠幽州[⑫]，中流矢死，其将魏刀儿[⑬]代领其众，据深泽[⑭]，掠冀、定[⑮]之间，众至十万，自称魏帝。建德伪与连和，刀儿弛备[⑯]，建德袭击破之，遂围深泽；其徒执刀儿降，建德斩之，尽并其众。

易、定[17]等州皆降，唯冀州刺史麴稜[18]不下。稜婿崔履行[19]，暹[20]之孙也，自言有奇术，可使攻者自败，稜信之。履行命守城者皆坐，毋得妄斗，曰："贼虽登城，汝曹勿怖，吾将使贼自缚。"于是为坛，夜，设章醮[21]，然后自衣衰绖[22]，杖竹登北楼恸哭；又令妇女升屋四面振裙[23]。建德攻之急，稜将战，履行固止之。俄而城陷，履行哭犹未已。建德见稜曰："卿忠臣也！"厚礼之，以为内史令[24]。

十二月，壬申[25]，诏以秦王世民为太尉、使持节[26]、陕东道大行台[27]，其蒲州[28]、河北诸府[29]兵马并受节度。

癸酉[30]，西突厥曷娑那[31]可汗自宇文化及所来降。

隋将尧君素守河东，上遣吕绍宗、韦义节、独孤怀恩相继攻之，俱不下。时外围严急，君素为[32]木鹅，置表于颈[33]，具论事势，浮之于河；河阳守者得之，达于东都。皇泰主见而叹息，拜君素金紫光禄大夫。庞玉[34]、皇甫无逸[35]自东都来降，上悉遣诣城下，为陈利害，君素不从。又赐金券，许以不死。其妻又至城下，谓之曰："隋室已亡，君何自苦！"君素曰："天下名义[36]，非妇人所知！"引弓射之，应弦而倒。君素亦自知不济[37]，然志在守死，每言及国家，未尝不歔欷[38]。谓将士曰："吾昔事主上于藩邸[39]，大义不得不死。必若隋祚[40]永终，天命有属，自当断头以付诸君，听[41]君等持取[42]富贵。今城池甚固，仓储丰备，大事犹未可知，不可横生[43]心也！"君素性严明，善御[44]众，下莫敢叛。久之，仓粟尽，人相食；又获[45]外人，微知[46]江都倾覆。丙子[47]，君素左右薛宗、李楚客杀君素以降，传首长安。君素遣朝散大夫[48]解[49]人王行本[50]将精兵七百在他所[51]，闻之，赴救不及，因捕杀君素者党与[52]数百人，悉诛之，复乘城[53]拒守，独孤怀恩引兵围之。

丁酉[54]，隋襄平太守[55]邓暠[56]以柳城[57]、北平[58]二郡来降，以暠为营州[59]总管。

辛巳[60]，太常卿郑元璹击朱粲于商州[61]，破之。

初，宇文化及遣使招罗艺，艺曰："我隋臣也。"斩其使者，为炀帝发丧，临三日[62]。窦建德、高开道各遣使招之，艺曰："建德、开道，皆剧[63]贼耳！吾闻唐公已定关中，人望[64]归之。此真吾主也，吾将从之，敢沮议[65]者斩！"会张道源慰抚山东，艺遂奉表，与渔阳[66]、上谷[67]等诸郡皆来降。癸未[68]，诏以艺为幽州总管。薛万均，世雄[69]之子也，与弟万彻俱以勇略为艺所亲待，诏以万均为上柱国、永安郡公，万彻为车骑将军[70]、武安县公[71]。

窦建德既克冀州，兵威益盛，帅众十万寇幽州。艺将逆战[72]，万均曰："彼众我寡，出战必败，不若使羸兵[73]背城阻水为陈[74]，彼必渡水击我。万均请以精骑百人伏于城旁，俟其半渡击之，蔑[75]不胜矣。"艺从之。建德果引兵渡水，万均邀击，大破之。建德竟不能至其城下，乃分兵掠霍堡[76]及雍奴[77]等县，艺复邀击，败之。凡相拒百余日，建德不能克，乃还乐寿[78]。

艺得隋通直谒者[79]温彦博[80]，以为司马。艺以幽州归国，彦博赞成之；诏以彦博为幽州总管府长史，未几，征为中书侍郎[81]。兄大雅，时为黄门侍郎，与彦博对居近密[82]，时人荣[83]之。

以西突厥曷娑那可汗为归义王[84]，曷娑那献大珠，上曰："珠诚至宝；然朕宝王赤心[85]，珠无所用。"竟还之。

乙酉[86]，车驾幸周氏陂[87]，过故墅[88]。

初，羌[89]豪旁企地[90]以所部附薛举，及薛仁果败，企地来降，留长安。企地不乐，帅其众数千叛，入南山[91]，出汉川[92]，所过杀掠。武候大将军庞玉击之，为企地所败。企地行至始州[93]，掠女子王氏，与俱醉卧野外；王氏拔其佩刀，斩首送梁州[94]，其众遂溃。诏赐王氏号为崇义夫人。

壬辰[95]，王世充帅众三万围谷州[96]，刺史任瓌拒却之。

（以上为第七段，写唐平定河东，窦建德得势于河北。）

【注释】

①大鸟五：五只大鸟。 ②乐寿：县名。县治在今河北献县西南。 ③宗城：县名。县治在今河北威县东。 ④玄圭：黑色的玉器。据说大禹治水，天赐之玄圭，终告成功。 ⑤宋正本（?—620）：窦建德部将。 ⑥景城：县名。县治在今河北沧州市西。⑦丞：官名。多作为辅佐官员的称号。隋唐时，县置令、丞。 ⑧会稽：郡名。治所在今浙江绍兴市。 ⑨孔德绍：隋朝著名文学之士，后从窦建德。宋正本、孔德绍事迹，均见《旧唐书·窦建德传》《新唐书·窦建德传》。 ⑩改国号曰夏：把国号改为夏。 ⑪王须拔：隋末河北义军首领。上谷（今河北易县）人。事迹见《旧唐书》卷五十四、《新唐书》卷八十五《窦建德传》。 ⑫幽州：州名。治所在今北京市。 ⑬魏刀儿（?—618）：隋末河北义军首领。事迹见《旧唐书·窦建德传》《新唐书·窦建德

传》。⑭深泽：县名。县治在今河北深泽县。⑮冀、定：州名。冀州，治所在今河北衡水市冀州区。定州，治所在今河北定州市。⑯弛备：放松守备。⑰易、定：皆州名。易州，州名。治所在今河北易县。⑱麴稜（?—621）：唐初冀州刺史。后被刘黑闼所杀。事迹见《新唐书》卷八十五《窦建德传》。⑲崔履行：麴稜之婿，崔暹（xiān）之孙。⑳暹：指崔暹（?—559），字季伦。安平（今山东淄博市临淄区）人。北齐大臣，累迁至尚书右仆射。为官有盛名。传见《北齐书》卷三十。㉑设章醮：道家所作之法事。㉒自衣衰绖（dié）：自己穿上丧服。㉓振裙：将裙向空中振抖。㉔内史令：官名。隋初改中书省为内史省，中书令为内史令。内史令正三品，为事实上的宰相。㉕壬申：十二月初二。㉖使持节：魏晋以后，掌地方军政的官往往加使持节的称号，给以诛杀中级以下官吏之权。次一等的称持节，再次称假节。㉗大行台：东汉以后，朝廷政务由三公改归台阁（尚书），习惯上遂称朝廷为“台”。晋以后，朝官称“台官”，军称“台军”。在地方代表朝廷行尚书省事的机构称行台。由军事征伐而设置，若任职的人权位特重，则称大行台。唐初亦置行台。㉘蒲州：州名。治所在今山西永济市西南蒲州镇。㉙诸府：指诸总管府。㉚癸酉：十二月初三。㉛曷娑那：即处罗可汗。因从炀帝征高丽，赐号为曷娑那可汗。炀帝被杀，从宇文化及至河北。化及败，故从其所来，归长安，高祖封归义郡王。传见《旧唐书》一百九十四、《新唐书》卷二百一十五。㉜为：制作。㉝置表于颈：将表疏置于木鹅的脖子上。㉞庞玉：泾阳（今陕西泾阳县）人。初仕隋，后降于唐。累官至梁州总管。事迹见《旧唐书》卷二《太宗纪》。㉟皇甫无逸：安定（今甘肃泾川）人。字仁俭。隋旧臣。入唐为御史大夫、益州大都督。传见《旧唐书》卷六十二、《新唐书》卷九十一。㊱天下名义：君臣之义。㊲不济：不成。㊳歔欷：哽咽，抽噎。㊴昔事主上于藩邸：《隋书·尧君素传》：炀帝为晋王，君素以左右从。㊵祚：君主的位置。㊶听：听任。㊷持取：换取。㊸横生：乱生。㊹御：统帅，驾御。㊺获：俘虏。㊻微知：稍知。㊼丙子：十二月初六。㊽朝散大夫：官名。从五品。隋置，赐文武官员中德高望重者。唐因之。㊾解：县名。县治在今山西运城市西南解州镇。㊿王行本：隋河东守将。尧君素死后，据蒲州拒守。武德三年（620）降唐。事迹见《旧唐书》卷一百八十三《独孤怀恩传》等。51在他所：驻扎他地。52捕杀君素者党与：逮捕杀害君素的同党。53乘城：凭城。54丁酉：章校：十二行本“酉”作“丑”。丁丑为十二月初七。55太守：官名。为一郡之最高行政长官。56邓暠：隋襄平（今辽宁辽阳市）太守。武德元年（618）降唐，署为营州总管。事迹见《旧唐书》卷五十六《罗艺传》。57柳城：郡名。治所在今辽宁朝阳市。58北平：郡名。治所在今河北卢龙县。59营州：州名。治所在今辽宁朝阳市。 ⑥辛巳：十二月十一日。 ⑥商州：州名。治所在今陕西商洛市商州区。 ⑥临（lìn）三日：哭三日。 ⑥剧：凶烈，厉害。 ⑥人望：众望。 ⑥沮议：阻止，反对。⑥渔阳：郡名。治所在今天津市蓟州区。 ⑥上谷：郡名。治所在今河北易县。 ⑥癸未：十二月十三日。 ⑥世雄：薛世雄（555—617），隋将领。字世英，河东汾阴（今山西万荣县西）人。炀帝时，官至左御卫大将军、涿郡留守。其子万淑、万均、万彻、万备均为唐朝立下战功。四子传均见《旧唐书》卷六十九、《新唐书》卷九十四。 ⑦车骑将军：官名。为诸卫郎将之职，正五品。 ⑦县公：爵名。唐代县公为从二品。 ⑦逆战：迎战。 ⑦羸兵：弱兵。 ⑦背城阻水为陈：背后依城面对河水摆阵。 ⑦蔑：无。⑦霍堡：当乱世时，霍氏宗党筑堡以自固，因以为名。 ⑦雍奴：县名。县治在今天津市武清区西北。 ⑦乐寿：县名。县治在今河北献县西南。 ⑦谒者：始置于春秋、战国，为国君掌管传达之事。南北朝时常引见臣下，传达使命。隋置通事谒者。唐为通事舍人。⑧温彦博（573—636）：唐初大臣。字大临，并州祁县（今山西祁县东南）人。官至中书令，封虞国公，进尚书右仆射。传见《旧唐书》卷六十一、《新唐书》卷九十一。 ⑧中书侍郎：官名。晋代始置，为中书省长官中书监、令之副职。唐初曾改称西台侍郎、凤阁侍郎。唐宋多以中书侍郎“同中书门下平章事”为宰相之职衔。因中书令不轻易授人，故中书侍郎亦等于中书省的长官。 ⑧对居近密：黄门侍郎居门下省，谓之东省；中书侍郎居中书省，谓之西省，故曰对居近密。 ⑧荣：称赞。 ⑧归义王：《旧唐书·突厥传》下，归义王作归义郡王。按同书《职官志》一，王，正一品。 ⑧宝王赤心：以王的忠心为宝。 ⑧乙酉：十二月十五日。 ⑧周氏陂：地名。在今陕西咸阳市东北。 ⑧故墅：地名。在今陕西西安市高陵区西。皇上旧所居。武德六年（623）改名为龙跃宫。 ⑧羌：中国古代少数民族名。主要分布在今甘、青、川一带。 ⑨旁企地：人名。为羌族部众首领。旁为羌姓，读作“傍”（bàng）。 ⑨南山：一名终南山、中南山、周南山。即今陕西秦岭山脉。 ⑨汉川：郡名。治所在今陕西汉中市。 ⑨始州：州名。治所在今四川剑阁县。 ⑨梁州：州名。唐改隋之汉川郡为梁州。治所在今陕西汉中市。 ⑨壬辰：十二月二十二日。 ⑨谷州：州名。治所在今河南新安县。

【译文】

有五只大鸟一起降落在乐寿，数万只成群的鸟随着这五只大鸟，过了一整天才离去。窦建德以为这是自己称帝的祥瑞征兆，于是把年号改为五凤。宗城有人得到了一块黑色的玉圭，把它献给窦建德，宋正本和景城丞会稽人孔德绍都说：“这是上天当年用来赐给大禹的宝物，请将国号改称为夏。”窦建德听从这一建议。任命宋正本为纳言，孔德绍为内史侍郎。

当初王须拔夺取幽州时，被流箭射中而死，他的部将魏刀儿代替他率领军队，占据了深泽，在冀州、定州一带掠夺，部队增加到十万人，于是自称魏帝。窦建德假装与魏刀儿进行联合，魏刀儿放松了戒备。窦建德偷袭并打败了魏刀儿，于是包围深泽城，魏刀儿的部下活捉了魏刀儿前来投降，窦建德斩杀魏刀儿，将他的队伍全部兼并。

易州、定州等地都向窦建德投降，只有冀州刺史麴稜尚未降服。麴稜的女婿崔履行是崔暹的孙子，自称有奇妙法术，可以让进攻的人自己失败，麴稜相信了他。崔履行命令守城的士兵都在原地坐下，不得随意作战，并说："敌人虽然登上了城墙，你们也不用害怕，我将会使敌兵自己捆绑自己。"于是筑起法坛，晚上在坛上举行法事设符祈祷，然后自己穿上丧服，拄着竹杖登上北楼恸哭，又让妇女爬上屋顶，在四面抖动裙子。窦建德派兵急攻冀州城，麴稜将要出兵迎战，崔履行坚持阻止他。很快城池就陷落了，崔履行恸哭还没有哭完。窦建德见了麴稜说："你是忠臣！"用优厚的礼节对待他，任命他为内史令。

十二月初二日，唐高祖下诏任命秦王李世民为太尉、使持节、陕东道大行台，蒲州及黄河以北各府的兵马都受他指挥。

十二月初三日，西突厥曷娑那可汗从宇文化及处前来投降。

隋将领尧君素守卫河东，高祖派吕绍宗、韦义节、独孤怀恩相继前往攻击，都未能攻克。当时，城外包围很严，攻城很急，尧君素制作一只木鹅，把表章放在木鹅颈中，详细论述形势，把木鹅放到黄河上漂走。守卫河阳的人得到木鹅，送到东都。皇泰主看了表章叹息不已，拜尧君素金紫光禄大夫。庞玉、皇甫无逸从东都前来投降，唐高祖把他们都派往河东城下，向尧君素陈述利害关系，尧君素不听。唐高祖又赐给尧君素金券，答允他可以不被处死。又让尧君素的妻子来到城下，对尧君素说："隋朝王室已经灭亡，夫君何必自己吃苦？"尧君素说："天下的名分大义，不是女人所知道的！"说完就拉弓射他妻子，妻子随着弓弦声响而倒下。尧君素自己也知道事情不能成功，但是志在守城至死，每当说到朝廷国家，未尝不为之叹息感伤。他对将士们说："从前皇上登基前，我就在晋王府侍奉皇上，按照君臣大义我不能不死。如果隋的天下一定要永远完结，天命另有所属，我会自己砍了自己的头交给各位，听任你们拿着我的头去换取富贵。现在城池非常坚固，仓库储备丰足完备，天下大事还不能预料，你们不能另外产生贰心啊！"尧君素性格严厉而能明察，善于统御部下，部下没有敢反叛的。但是守城的时间长了，仓库里的粮食吃完了，没有东西吃，以至于人吃人。又抓获外面攻城的人，大致知道炀帝及隋王室在江都已被颠覆。十二月初六日，尧君素的左右亲随薛宗、李楚客杀死尧君素投降唐军，把尧君素的头颅传送到长安。此前，尧君素派朝散大夫解县人王行本带七百名精兵驻扎在其他地方。王行本听说尧君素被杀的消息后，来不及赶赴救援，于是捉住杀害尧君素的凶手的同党几百人，全部杀死，重新登城防守。独孤怀恩又带兵围攻王行本。

十二月初七日，隋襄平太守邓暠献上柳城、北平二郡投降唐朝。唐封邓暠为营州总管。

十二月十一日，太常卿郑元琦在商州进攻朱粲，打败了他。

当初，宇文化及派使节招降罗艺，罗艺说："我是隋朝的大臣。"于是杀了宇文化及的使节，为隋炀帝发丧，哭丧三天。窦建德、高开道各自派遣使节招降罗艺，罗艺说："建德、开道，不过是个大叛贼罢了！我听说唐公已经平定关中，人心所向都归于唐公。这才是真正的主人，我将要跟随他，有敢破坏这一意旨的人，斩！"恰逢唐高祖派张道源抚慰山东，罗艺于是奉上表章，与渔阳、上谷等郡一起降服。十二月十三日，唐高祖下诏任命罗艺为幽州总管。薛万均是薛世雄的儿子，和弟弟薛万彻都因为机智勇敢受到罗艺的信任和重用，唐高祖又下诏令任命薛万均为上柱国、永安郡公，薛万彻为车骑将军、武安县公。

窦建德攻克冀州后，兵势声威更为盛大，又率十万人侵犯幽州。罗艺准备应战，薛万均说："敌众我寡，出战必然失败，不如用老弱士兵背靠城堡隔着河水列阵，对方必然要渡河前来攻击。我请求用精锐骑兵一百人埋伏在城边，待他们渡河到河中央时发动攻击，就会没有不胜的。"罗艺听从了他的建议。窦建德果然领军渡河，薛万均半途截击，大败窦建德。窦建德最终也没有靠近幽州城下，于是分兵抢掠霍堡及雍奴等县，罗艺又派兵截击，打败了窦建德的军队。相互攻战一百多天，窦建德不能攻克幽州，于是回到乐寿。

罗艺得到隋通直谒者温彦博，任命他为司马。罗艺以幽州归附唐朝，温彦博赞成此事，唐高祖下诏任命温彦博为幽州总管府长史，不久，调他担任中书侍郎。温彦博的兄长温大雅，当时是黄门侍郎，与温彦博任职的衙门相对而居，当时的人都认为兄弟俩非常荣耀。

唐高祖任命西突厥曷娑那可汗为归义王，曷娑那献上大珍珠，唐高祖说："这颗珍珠确实是顶级的宝物，但朕认为王的赤诚之心更宝贵，珍珠没有什么用处。"最后把珍珠归还了曷娑那可汗。

十二月十五日，唐高祖御驾临幸周氏陂，经过故墅宫。

当初，羌族豪强旁企地率领所属部落归附薛举，等到薛仁果败亡，旁企地前来降唐，留在长安。旁企地不乐意，又率领部属数千人反叛，进入了南山，再出山到汉川，经过之处烧杀抢掠。唐武候大将军庞玉攻打旁企地，被旁企地打败。旁企地到始州，抢了一个姓王的女子，与她一起喝醉了，睡卧在野外。王氏女拔出旁企地的佩刀，割下旁企地的头颅送到梁州，旁企地的部下于是溃散。唐高祖下诏赐给王氏尊号为崇义夫人。

十二月二十二日，王世充率领三万人包围谷州，刺史任瓌抵御并击退了王世充。

【原文】

上使李密分其麾下之半留华州[①]，将其半出关[②]。长史张宝德预在行中[③]，恐密亡去，罪相及；上封事[④]，言其必叛。上意乃中变[⑤]，又恐密惊骇，乃降敕书劳来，令密留所部徐行，单骑入朝，更受节度。

密至稠桑[⑥]，得敕，谓贾闰甫曰："敕遣我去，无故复召我还，天子向云[⑦]，'有人确执不许'，此谮行矣[⑧]。吾今若还，无复生理[⑨]，不若破桃林县[⑩]，收其兵粮，北走渡河，比信达熊州[⑪]，吾已远矣。苟得至黎阳，大事必成。公意如何？"闰甫曰："主上待明公甚厚；况国家姓名，著在图谶[⑫]，天下终当一统。明公既已委质[⑬]，复生异图；任瓌、史万宝据熊、谷二州，此事朝举[⑭]，彼兵夕至，虽克桃林，兵岂暇集[⑮]，一称叛逆，谁复容人！为明公计，不若且应朝命，以明元无[⑯]异心，自然浸润[⑰]不行；更欲出就[⑱]山东，徐思其便[⑲]可也。"密怒曰："唐使吾与绛、灌[⑳]同列，何以堪之！且谶文之应，彼我所共[㉑]。今不杀我，听使东行，足明王者不死[㉒]；纵使唐遂定关中，山东终为我有。天与不取[㉓]，乃欲束手投人[㉔]！公，吾之心腹，何意如是[㉕]！若不同心，当斩而后行！"闰甫泣曰："明公虽云应谶，近察天人[㉖]，稍已相违。今海内分崩，人思自擅，强者为雄；明公奔亡甫尔[㉗]，谁相听受！且自翟让受戮之后，人皆谓明公弃恩忘本，今日谁肯复以所有之兵束手委公[㉘]乎！彼必虑公见夺，逆相拒抗，一朝失势，岂有容足之地哉！自非荷恩殊厚[㉙]者，讵[㉚]肯深言不讳乎！愿明公熟思之，但恐大福不再。苟明公有所措身[㉛]，闰甫亦何辞就戮[㉜]！"密大怒，挥刃欲击之；王伯当等固请，乃释之。闰甫奔熊州。伯当亦止密，以为未可；密不从。伯当乃曰："义士之志，不以存亡易心[㉝]。公必不听，伯当与公同死耳！然恐终无益也。”

密因执使者，斩之。庚子旦[34]，密给[35]桃林县官曰：“奉诏暂还京师，家人请寄县舍。”乃简骁勇数十人，着妇人衣，戴羃䍦[36]，藏刀裙下，诈为妻妾，自帅之入县舍，须臾，变服突出，因据县城。驱掠徒众，直趣[37]南山，乘险而东，遣人驰告故将伊州[38]刺史襄城[39]张善相，令以兵应接。

右翊卫将军[40]史万宝镇熊州，谓行军总管盛彦师[41]曰：“李密，骁贼[42]也，又辅以王伯当，今决策而叛，殆[43]不可当也。”彦师笑曰：“请以数千之众邀[44]之，必枭其首。”万宝曰：“公以何策能尔？”彦师曰：“兵法尚诈，不可为公言之。”即帅众逾熊耳山[45]南，据要道，令弓弩夹路乘高，刀楯伏于溪谷[46]，令之曰：“俟[47]贼半渡，一时俱发。”或问曰：“闻李密欲向洛州[48]，而公入山，何也？”彦师曰：“密声言向洛，实欲出人不意，走襄城，就[49]张善相耳。若贼入谷口，我自后追之，山路险隘，无所施力，一夫殿后[50]，必不能制。今吾先得入谷，擒之必矣。”

李密既渡陕，以为余不足虑，遂拥众徐行，果逾山南出。彦师击之，密众首尾断绝，不得相救，遂斩密及伯当，俱传首长安。彦师以功赐爵[51]葛国公，仍领熊州。

李世勣在黎阳，上遣使以密首示之，告以反状。世勣北面拜伏号恸，表请收葬；诏归其尸[52]。世勣为之行服[53]，备君臣之礼。大具[54]仪卫，举军缟素，葬密于黎阳山[55]南。密素得士心，哭者多欧血[56]。

（以上为第八段，写李密叛唐，不得士众心，以悲剧结局。）

【注释】

①华州：州名。治所在今陕西渭南市华州区。 ②关：关名。此指潼关。 ③预在行中：与军队同行。 ④封事：古时臣下上书奏事，防有泄露，以袋封缄，称为封事。上封事，即奏上密表。 ⑤上意乃中变：皇上的心意才中途改变。 ⑥稠桑：驿名。在今河南灵宝市北黄河南岸。 ⑦向云：以前说。 ⑧此谮行矣：这表示已听到了诬陷的话。谮（zèn），说坏话诬陷别人。 ⑨无复生理：没有再生存的理由。 ⑩桃林县：县名。县治在今河南灵宝市北老城。 ⑪比信达熊州：等到消息传到熊州。熊州，州名。治所在今河南宜阳市西。 ⑫图谶（chèn）：方士、巫师编造的隐语或预言叫谶。他们宣扬，这些隐语或预言都是出自“天意”，必将应验。谶附有图，因此叫“图谶”。 ⑬委质：本谓初次拜见尊长时送礼。引申为臣服、归顺。 ⑭朝举：早上反叛。 ⑮兵岂暇集：哪里有

时间聚集兵士。⑯元无：本无。⑰浸润：谮人之言，如水之浸润，渐以成之。⑱出就：开拓。⑲徐思其便：慢慢找适当的机会。⑳绛、灌：指汉初大臣周勃、灌婴。周勃（?—前169），汉初大臣。沛县（今属江苏沛县）人。封绛侯。灌婴，睢阳（今河南商丘市南）人。与周勃共立文帝，任丞相。传见《汉书》卷四十一。㉑谶文之应，彼我所共：谶文说姓李的当为天子，而李密与唐均为李姓。㉒王者不死：为王的，决不至中途死亡。㉓天与不取：老天给予而不取。㉔束手投人：束缚双手而投降于人。㉕何意如是：何料竟如此议论。㉖天人：天道人心。㉗奔亡甫尔：如此奔亡。㉘委公：委身于公。㉙荷恩殊厚：蒙受特殊恩惠。㉚讵：副词。表示反问，相当于现代汉语的"难道""哪里"。㉛有所措身：有安身之处。㉜就戮：被戮。㉝不以存亡易心：不以存亡之故而变易其心志。㉞庚子旦：十二月三十日早晨。㉟绐（dài）：哄骗，欺骗。㊱羃䍦（lí）：《旧唐书·舆服志》："武德贞观之时，宫人骑马者，依齐隋旧制，多着羃䍦，虽发自戎夷，而全身障蔽，不欲途路窥之。王公之家亦同此制。"可知羃䍦为古代的一种头巾。用以遮盖头脸，不使人看到。㊲趣：趋向，奔赴。㊳伊州：州名。治所在今河南嵩县东北。㊴襄城：地名。一作新城。即今河南襄城县。㊵翊（yì）卫将军：官名。侍卫之官。隋始置，唐因之。㊶盛彦师（?—623）：宋州虞城（今河南虞城）人。隋末为澄城长，归唐授行军总管。传见《旧唐书》卷六十九、《新唐书》卷九十四。㊷骁贼：骁勇的贼寇。㊸殆（dài）：副词。大概，恐怕。㊹邀：拦截。㊺熊耳山：山名。在河南卢氏县南。㊻令弓弩夹路乘高，刀楯伏于溪谷：让弓箭手守在路的两旁高地，持刀楯的埋伏在溪谷。楯（dùn），通"盾"，盾牌。㊼俟：等到。㊽洛州：州名。治所在今河南洛阳市东北。㊾就：从，靠近。㊿殿后：行军走在最后的。51爵：周代爵位有五等：公、侯、伯、子、男。三国以后，历代封爵制度不尽相同，但同姓封王却是一致的。异姓一般分公、侯、伯、子、男。52诏归其尸：诏命将李密的尸体归李世勣处理。53行服：着丧服。54大具：盛备。55黎阳山：即黎山。在今河南浚县东南。56欧血：吐血。

【译文】

唐高祖让李密分出其属下的人马一半留在华州，率领另一半人马出关。长史张宝德留在预定出关的那一半中。他怕李密叛逃，自己会受到牵连，就在临行时献上密封奏章，说李密此行必定反叛。唐高祖于是中间改变了想法，又怕李密闻讯会受到惊动，于是降下敕书慰问李密，命李密让其所属的部队缓慢前进，让李密本人单独骑马入朝，另外接受安排。

李密走到稠桑，接到唐高祖的敕书，对贾闰甫说："敕书派我去山东，没有理由又召我回去，天子以前曾经说过：'有人坚持不同意让我东出。'这是谗言在起作用了。我现在如果回去，不可能再得活命，不如攻下桃林县，获取县里的军队和粮食，向北渡过黄河。等消息到了熊州，我们已经走远了。假如能到黎阳，大事必定能成功。您的意向如何？"贾闰甫说："皇上对待明公非常优厚，何况国家属于李姓，已经明白地写在图谶中，天下最终将要达成一统。明公既然已经归顺，又产生异图，任瓌、史万宝占据熊、谷二州，这次反叛如果早晨发动，晚上他们的军队就会赶到，虽然攻陷桃林，但大军也没有时间召集起来，一旦被称为叛逆，谁还会容纳你？为明公考虑，不如暂且服从朝廷的命令，以表明根本没有异心，谗言诬陷自然不被人相信。如果还想出关前往山东，以后可以慢慢考虑方便的机会。"李密生气地说："唐让我处于绛侯周勃、灌婴一样的地位，不能割地称王，这怎么受得了？况且谶文说的李姓，他和我都符合。现在他不杀我，听任允许我向东前进，足以证明王者是不会死的，纵使唐平定了关中，可是山东终会为我所有。天给予的你不去拿，却要自己束手向别人投降！你是我的心腹，为什么这样想？如果不能同心协力，就要斩了你然后走！"贾闰甫哭着说："明公您虽然也符合图谶所说的姓李，但近来观察天道与人事，已经稍有相违背的地方。现在海内分崩离析，人人都想自己专擅称帝，强大的人称雄，明公您如此狼狈逃亡，谁能听从接受您呢？况且自从杀了翟让以后，人人都说明公您弃恩忘本，现在谁还肯把自己的军队束手交给明公呢？他们必定认为明公被剥夺了兵权，反过来要加以抗拒，一朝失去权势，哪里还有立足之地呢？如果不是受过您特殊而优厚的恩典的人，哪里愿意深切坦率、毫无忌讳地这样说话呢？但愿明公仔细思考这个事情，只怕大福不会再有了。如果明公有安身之处，闰甫我哪里会找借口被戮呢？"李密大为愤怒，挥刀要砍贾闰甫，王伯当等人一再为贾闰甫求情，这才放了贾闰甫。贾闰甫逃到熊州。王伯当也阻止李密，认为不可以反叛，李密不听。王伯当于是说："义士的志向，不会因为存亡而改变。明公必定不会听从，伯当和明公一同死而已，但恐怕最终也得不到好处。"

李密于是抓捕唐王朝派来的使者，砍了他的头。十二月三十日清晨，李密骗桃林县官说："我奉诏暂时返回京师，请让我的家人寄居在县衙。"于是挑选了骁勇的士兵数十名，穿上妇女的服装，戴着面罩，把刀藏在裙子下，冒充人家的妻妾，李密自己率领这些士兵进入县城，过了一会儿，换了服装突然冲出，于是占领了县城。李密率军驱赶抢掠县里百姓，然后直奔南山，凭借险要向东行进，派人骑马奔驰前来通报从前的将领伊州刺史襄城人张善相，命令他派兵接应。

右翊卫将军史万宝镇守熊州，对行军总管盛彦师说："李密是骁勇的贼人，又有王伯当辅助，现在决定反叛，大概是不可抵挡的。"盛彦师笑着说："请用几千兵马伏击他，必能将他的头挂在城头上。"史万宝说："你用什么计策能做到这样？"盛彦师说："兵法崇尚用诈，不能对公说出来。"随即率兵翻过熊耳山来到山南，占据来往的要道，命令弓弩手在道路两旁的高处埋伏，又命使用刀和盾牌的士卒埋伏在溪谷，下令说："等到贼军渡河到河中央时，在同一时间一起发起攻击。"有人问："听说李密要去洛州，而公率军进山，这是为什么？"盛彦师说："李密声称去洛州，实际上想出人不意，前往襄城投奔张善相而已。如果贼军进了谷口，我们从后面追赶，由于山路险要狭隘，我们没办法施展力量。贼军只要派一个人殿后，我们就肯定不能制服他们。现在我们抢先进入山谷，活捉他们则是必然的了。"

李密过了陕州后，认为其他地方都不用担忧，于是率领部队慢慢前进，果然翻过山向南面进军。盛彦师发动攻击，李密的部队首尾断绝联系，相互不能救援，于是杀了李密和王伯当，二人的首级都被传送到长安。盛彦师因为这一功劳被赐予葛国公爵位，仍然镇守熊州。

李世勣在黎阳，唐高祖派使节拿李密的首级给他看，并且告诉他李密反叛的情况。李世勣面朝北伏地下拜号啕恸哭，上表请求收葬李密，唐高祖下诏将李密的尸体送给李世勣。李世勣为李密穿丧服，行丧礼，尽到了君臣之间的礼节，又大规模排出仪仗卫队，全军为李密穿白色孝服，将李密埋葬在黎阳山之南。李密平时能得士兵的心，将士为他痛哭，很多人哭得吐血。

【原文】

隋右武卫大将军李景守北平[①]，高开道围之，岁余不能克。辽西[②]太守邓暠将兵救之，景帅其众迁于柳城；后将还幽州，于道为盗所杀。开道遂取北平，进陷渔阳郡，有马数千匹，众且万，自称燕王，改元始兴，都渔阳。

怀戎[③]沙门[④]高昙晟，因县令设斋[⑤]，士民大集，昙晟与僧五千人拥斋众而反，杀县令及镇将，自称大乘[⑥]皇帝，立尼静宣为邪输皇后，改元法轮[⑦]。遣使招开道，立为齐王。开道帅众五千人归之，居数月，袭杀昙晟，悉并其众。

有犯法不至死[8]者，上特命杀之。监察御史[9]李素立[10]谏曰：“三尺法[11]，王者所与天下共[12]也；法一动摇，人无所措手足。陛下甫创洪业[13]，奈何弃法！臣忝法司[14]，不敢奉诏。”上从之。自是特承恩遇，命所司授以七品清要官[15]；所司拟雍州[16]司户[17]，上曰：“此官要而不清。”又拟秘书郎[18]，上曰：“此官清而不要。”遂擢[19]授侍御史[20]。素立，义深[21]之曾孙也。

上以舞胡[22]安比奴为散骑侍郎[23]。礼部尚书李纲谏曰：“古者乐工不与士齿[24]，虽贤如子野、师襄[25]，皆世不易其业[26]。唯齐末[27]封曹妙达为王，安马驹为开府[28]，有国家者以为殷鉴[29]。今天下新定，建义功臣[30]，行赏未遍，高才硕学，犹滞草莱[31]；而先擢舞胡为五品，使鸣玉曳组[32]，趋翔廊庙[33]，非所以规模[34]后世也。”上不从，曰：“吾业已[35]授之，不可追也。”

陈岳[36]论曰：受命之主，发号出令，为子孙法[37]；一不中理[38]，则为厉阶[39]。今高祖曰“业已授之，不可追”，苟授之而是，则已；授之而非，胡[40]不可追欤[41]！君人之道[42]，不得不以“业已授之”为诫哉！

李轨吏部尚书[43]梁硕，有智略[44]，轨常倚之以为谋主。硕见诸胡浸盛[45]，阴[46]劝轨宜加防察[47]，由是与户部尚书安修仁有隙。轨子仲琰尝诣[48]硕，硕不为礼，乃与修仁共谮硕于轨，诬以谋反，轨鸩[49]硕，杀之。有胡巫谓轨曰：“上帝当遣玉女自天而降。”轨信之，发民筑台以候玉女，劳费甚广。河右[50]饥，人相食，轨倾家财以赈之；不足，欲发仓粟，召群臣议之，曹珍等皆曰：“国以民为本，岂可爱仓粟而坐视其死乎！”谢统师[51]等皆故隋官，心终不服，密与群胡为党，排轨故人，乃诟[52]珍曰：“百姓饿者自是羸弱，勇壮之士终不至此。国家仓粟以备不虞[53]，岂可散之以饲羸弱！仆射苟悦[54]人情，不为国计，非忠臣也。”轨以为然，由是士民离怨。

（以上为第九段，写高开道割据幽州，唐高祖纳谏，李轨不恤民而衰败。）

【注释】

①北平：县名。县治在今河南方城东南。 ②辽西：郡名。治所在今辽宁朝阳市。

③怀戎：县名。县治在今河北涿鹿县西南桑干河南岸。 ④沙门：佛教称谓。原为古印度反婆罗门教思潮各个派别出家者的通称，佛教盛行后专指佛教僧侣。 ⑤斋：舍饭给僧人。 ⑥大乘：一世纪左右形成的佛教派别，亦名大乘佛教。 ⑦法轮：佛教名称。对佛法的喻称。 ⑧不至死：不及死罪。 ⑨监察御史：官名。唐代御史台分为三院，其中监察御史属察院，职掌“分察百僚，巡按郡县，纠视刑狱，肃整朝仪”（《唐六典》），品秩低而权限广。 ⑩李素立：高邑（今属河北）人，武德初擢监察御史，后擢侍御史，贞观中转扬州大都督府司马。后历绵州、蒲州刺史。传见《旧唐书》卷一八五上、《新唐书》卷一九七。 ⑪三尺法：指法律。古时把法律条文写在三尺长的竹简上，故称为“三尺法”，也简称“三尺”。 ⑫王者所与天下共：法律是君王与天下人共守的准则。 ⑬甫创洪业：刚刚创下大业。 ⑭臣忝（tiǎn）法司：臣忝为掌法之有司。忝，愧。 ⑮清要官：高贵显要的官。 ⑯雍州：州名。治所在今陕西西安市西北。 ⑰司户：官名。汉、魏以下有户曹掾，主管民户，为郡的佐吏。唐制，在府曰户曹参军，在州曰司户参军，在县曰司户。 ⑱秘书郎：官名。魏晋时置，属秘书省，掌管图书经籍的收藏管理事务。 ⑲擢：提拔。 ⑳侍御史：官名。掌推鞫、弹劾、举荐等。 ㉑义深：李义深（495—552），赵郡高邑（今河北柏乡县北）人。仕北齐，为梁州刺史。传见《北齐书》卷二十二。 ㉒舞胡：胡人中善歌舞者。 ㉓散骑侍郎：官名。魏晋时置，其后或置或省。唐武德初，置之作为加官。贞观初，改置为散骑常侍，为职事官，隶属门下省，作为加官。 ㉔不与士齿：不与士为伍。齿，并列、排列。 ㉕子野、师襄：子野，晋乐师旷的字。襄，鲁乐师。 ㉖世不易其业：子孙世袭为乐工。 ㉗齐末：指齐后主。 ㉘开府：原指成立府署，自选僚属。汉代仅三公、大将军、将军可以开府，魏晋以后开府的逐渐增多，因此有开府仪同三司（开府置官，援照三公成例的名号）。 ㉙有国家者以为殷鉴：统治者拿他作殷鉴。殷鉴，《诗经·大雅·荡》：“殷鉴不远，在夏后之世。”原谓殷人灭夏，殷的子孙应以夏的灭亡作为鉴戒。后泛称可作借鉴的往事。 ㉚建义功臣：指首建举义起兵的功臣。 ㉛高才硕学，犹滞草莱：有才能有学问的人，仍然闲置民间。草莱，野草荒地。 ㉜鸣玉曳组：佩带玉印。鸣玉是说行走时佩玉相撞而鸣。曳组，拖着绶带。组即绶，一种彩色的丝带，用来系官印或勋章。 ㉝趋翔廊庙：出入朝廷。趋翔，趋行张拱如鸟之舒翼。 ㉞规模：规范。 ㉟业已：已经。 ㊱陈岳：唐末人。曾任江南西道观察使钟传的判官。著有《唐统纪》《折衷春秋》《大唐实录撰圣记》。 ㊲法：榜样。 ㊳中理：合理。 ㊴厉阶：祸端。祸患的来由。 ㊵胡：何。 ㊶欤：句末语气词，表示疑问或感叹。 ㊷君人之道：治理人民的方法。 ㊸吏部尚书：官名。隋唐尚书省下设六部，吏部为其首，主管全国官吏的任免、考课、升降、调动等事务。长官为吏部尚书。 ㊹智

略：智慧谋略。㊺浸盛：渐盛。㊻阴：暗中。㊼防察：预防观察。㊽尝诣：曾去（看望）。㊾鸩（zhèn）：毒酒。㊿河右：指河西诸郡而言。51谢统师：隋虎贲郎将，被李轨所俘，李轨以其为太仆卿。52诟：诋毁。53不虞：出乎意料。54苟悦：苟且图悦。

【译文】

隋右武卫大将军李景守卫北平，高开道包围北平，围了一年多还不能攻陷。辽西太守邓暠领兵救援，李景带领其部下转移到柳城，后来准备返回幽州，在路上被强盗杀死。高开道于是攻下了北平，又进军攻陷渔阳郡，有马数千匹，士兵近万人，自称燕王，把年号改为始兴，都城设在渔阳。

怀戎县的沙门高昙晟看到县令设斋举行法事，县里的士人与民众都前来聚会，高昙晟趁此机会与五千名僧人率领民众发动反叛，杀了县令以及镇守的将领，自称大乘皇帝，把尼姑静宣立为邪输皇后，把年号改为法轮。派出使节招降高开道，把高开道立为齐王。高开道率领五千人归顺高昙晟，过了几个月，高开道发动袭击，杀了高昙晟，兼并了他的全部人马。

有人犯法但罪不够判死刑，唐高祖专门下令杀死此人。监察御史李素立劝谏说："法律是帝王和天下共同遵守和使用的，法律如果一旦动摇，人们就会不知道如何办才是。陛下才开创帝王大业，怎么可以抛弃法律？臣忝列法律部门，不敢奉行这个诏命。"唐高祖听从了他的规劝。从此李素立特别受到高祖的恩遇，高祖命令有关部门授予他七品清要官。有关部门准备任命他为雍州司户，高祖说："这个官职虽然重要，但不清雅。"又准备任命他为秘书郎，高祖说："这个官职虽然清雅，却不重要。"于是提拔任命为侍御史。李素立是李义深的曾孙。

唐高祖任命会跳舞的胡人安比奴为散骑侍郎。礼部尚书李纲劝谏说："古代乐工不能与士人并列，即便是贤明的乐工，如晋国的子野、鲁国的师襄这样有名的乐工，也是世世代代不改变所从事的职业。只有北齐末年封曹妙达为王，封安马驹为开府，凡是拥有国家的人，都要以此作为亡国之鉴。现在天下刚刚平定，那些参加义举的功臣，皇上对他们还没有全部论功行赏，高明的有才之人和博学的学者，都还滞留在民间没有得到任用，却要先来提拔跳舞的胡人当五品官，让他们穿着官服佩戴玉器，拖着包官印的带子，来往行走于庙堂之上，这可不是为后世立下好规矩啊。"唐高祖不听，说："我已经授予他官衔了，不可以再追回成命了。"

陈岳评论说：接受了天命的君主，他的发号施令，都要成为子孙后代仿效的法则和榜样，一个号令不合乎道理，就会成为带来灾祸的阶梯。现在高祖说“已经授予官职了，不可追回成命”，如果授予官职是正确的，就不用追回成命了，如果授予官职是错误的，怎么不可以追回成命呢？君主用人之道，不能不把“已经授予”作为鉴戒啊！

李轨的吏部尚书梁硕，有智谋韬略，李轨常常依靠他作为自己的谋主。梁硕见各部胡人逐渐强盛，暗中劝说李轨应当加强提防和侦察，因此与户部尚书安修仁产生了仇隙。李轨的儿子李仲琰曾去见梁硕，梁硕对他不大讲究礼节，李仲琰就和安修仁一起向李轨诬陷梁硕，诬告他阴谋反叛，李轨用鸩酒毒死梁硕。有一个胡人巫师对李轨说：“上帝要派玉女从天而降。”李轨相信他的话，征发百姓修建高台迎候玉女，花费很多劳力和经费。黄河以西发生饥荒，人吃人，李轨拿出全部家财救济饥民，仍然不够，想分发仓库的粮食，召集群臣商议，曹珍等人都说：“国家以人民为根本，怎么可以吝惜仓库的粮食而坐视百姓饿死呢？”谢统师等人都是原来隋朝的官员，心里始终对李轨不服，暗中与各部胡人结成同党，排挤李轨的旧部下，于是诟骂曹珍说：“百姓饿死的是他们自己瘦弱，勇健强壮的人最终也不会被饿死。国家仓库的粮食是用来防备意外灾祸的，怎可分发出去喂那些瘦弱的百姓？曹仆射如果要取悦百姓的心，不为国家考虑，就不是忠臣。”李轨认为谢统师说得对，从此士人和百姓都对李轨产生了离心和怨恨。

【评析】

李密之死

李密是一位悲剧英雄，不过他的落幕太令人齿冷。

李密，字玄邃，祖籍辽东襄平人，后徙为京兆长安人，是关陇贵族世家。其曾祖父李弼为北魏司徒，祖父李曜为北周太保、魏国公。父亲李宽，骁勇善战，号称名将，从北周到隋，位至上柱国、蒲山公。李密成长于这样一个贵族家庭，自幼长于谋略，才兼文武，志气雄远，素有以天下大事为己任的情怀。隋文帝时，李密袭父爵为蒲山公，轻财好士，赈赡亲故，养客礼贤，交游甚广。炀帝大业初年，李密任左亲侍，在宫廷上侍卫，隋炀帝见了生畏，李密便称病辞官，闭门谢客，专心读书。有一天，李密在路上遇见了宰相杨素出行，杨素见李密骑在一头黄牛上，一边走一边在看书，好生奇怪，就把李密请到家中交谈，非常赏识李密的才干。杨素介绍自己的儿子杨玄感等与李密相见，并对儿子们说："我看李密的识度，你们远远不及。"于是，杨玄感深结李密，两人成了刎颈之交。

大业九年（613），隋炀帝第二次征伐高句丽，杨玄感屯驻黎阳（今河南浚县）负责粮运，举兵反隋。李密赶到黎阳为杨玄感的谋主，提出了上、中、下三策。上策建议杨玄感占据幽州，卡断隋炀帝退路，不过旬月，隋军粮草俱尽，必然溃散，隋炀帝将被活捉。中策是轻骑疾行，占据关中，居高以争天下，这是万全之策。下策是兵围东都，一旦得手，可号令天下。但若东都有备，久攻不下，勤王之军四面而来，就是死路一条。杨玄感选用了下策，很快败亡。李密遭通缉，屡经厄难，投身瓦岗寨，成为翟让的谋主。在李密的运筹下，瓦岗军屡败隋军，迅速壮大。到了大业十三年（617），瓦岗军一举攻占了兴洛仓（今河南巩义东），声势大振。兴洛仓是隋朝的最大粮仓。瓦岗军开仓放赈，饥民蜂拥而至，大批加入起义军，号称百万。此时瓦岗军是全国最大的反隋力量。李密声望日隆，翟让让贤，推举李密为瓦岗军首领，于是李密称魏公，行军元帅。建元永平，封翟让为司徒，东郡公，设官授职，建立政权。瓦岗军拥有大批的豪杰英雄，徐世勣、秦叔宝、程知节、王伯当、单雄信等，谋臣武将，知名当时。李密兵围东都，连战皆捷，瓦岗势力达于鼎盛。

在这大好形势下，瓦岗军却发生了内讧。翟让的部属有人不满李密，劝翟让夺回兵权，翟让没有同意。这却引起了李密的猜忌，又作出了不妥的策略，在大业十三年十一月设宴诛杀翟让，混乱中砍伤徐世勣，单雄信伏地求饶，才幸免于难。这场火并，使将士离心，大大削弱了瓦岗军的战斗力。武德元年（618）正月，李密大败东都王世充，王世充的七万军队只剩下了几千人。王世充召集残兵败将仅一万余人，退守东都含嘉城，不敢出战。李密乘胜攻占偃师，率领三十万大军进驻金墉城（今河南洛阳东），钲鼓之声，闻于东都。此时，"东至海岱，南至江淮，郡县莫不遣使归密"（《旧唐书·李密传》）。窦建德、朱粲、孟海公、徐圆朗、周法明等多支起义军表示拥戴李密称帝，李密的部属也劝进。而李密认为"东都未平，不可此议"，可谓明智。瓦岗军势力复振。

不久，宇文化及弑隋炀帝，率领十余万江都兵北上。如果李密让开大路，引宇文化及这股祸水到东都，或许是一上策。大业十三年，当瓦岗久攻东都不下之时，柴孝和建言李密进兵关中为根据地，这样"业固兵强，然后东向以平河洛，传檄而天下定矣"。这是李密当年替杨玄感谋划的策略之一，这更是一条上策。李密均未采用。为了避免两线作战，李密接受皇泰主招安，放下义旗，降为隋臣，已是大为失计。随后，拼了全力，打败宇文化及，瓦岗军丧失精兵良将，没有休整，又连续与王世充进行主力决战，是更大的失计。得胜而骄，骄兵必败。李密犯忌，遭了劫数，因当年火并翟让，伤了徐世勣而不敢去投奔，率众投唐，又是一大失误。由于李密投唐，他丧失了东山再起的资本，到了这时再回头谋反，只有死路一条。贤如李密，有如此之多的失误，证明他不是一个“真龙天子”，也就不奇怪了。

李密初到瓦岗，义军只有一万多人，不到半年就发展到十多万人，接着进兵东都。两年间，驰骋中原，叱咤风云，号称百万之众，大有夺取天下之势，其兴何其骤也。可是，正当瓦岗义军连战皆捷，如日中天之时，却因偃师一战，全军覆没，顷刻瓦解，其败又何其速也。李密骤兴骤灭，如同一场暴风骤雨，比之楚汉相争时的项羽，大有类似。项羽灭秦，李密覆隋，扫荡旧世界，这是他们垂名千秋的业绩，也是称为一个英雄的理由。他们骤兴骤灭，也大有类似，都是悲剧英雄。项羽之死，何其悲壮，生为人杰，死为鬼雄。李密之死，叛逆被诛，难免被钉在历史的耻辱柱上。李密最后落幕，显示出其反复无常的小人嘴脸，着实可悲。这是他们最大的不同。

卷第一百八十七 唐纪三

唐高祖武德二年（619）

【起屠维单阏（己卯，619）正月，尽十月，不满一年】

【大事提要】

本卷记事起619年正月，讫十月，凡十个月史事，当唐高祖武德二年。这一时期，唐高祖平定了河西，李轨败亡。晋北刘武周引突厥南下。朔方梁师都亦不时扰边，两股势力牵制了唐兵东出。王世充乘机篡逆称帝，部属不愿从逆者，西向降唐。罗士信、秦叔宝、程知节皆降唐为大将。窦建德在河北灭掉了宇文化及，势力达于极盛。江南杜伏威降唐。荆襄萧铣仍为南方最大割据势力。

【原文】

高祖神尧大圣光孝皇帝上之下

武德二年（己卯，619）

春，正月，壬寅[①]，王世充悉取隋朝显官、名士为太尉府官属[②]，杜淹[③]、戴胄[④]皆预[⑤]焉。胄，安阳人也。隋将军王隆帅屯卫将军张镇周、都水少监[⑥]苏世长[⑦]等以山南兵始至东都[⑧]。王世充专总朝政，事无大小，悉关[⑨]太尉府；台省[⑩]监署，莫不阒[⑪]然。世充立三牌于府门外：一求文学才识，堪济时务[⑫]者；一求武勇智略，能摧锋陷敌者；一求身有冤滞，拥抑不申[⑬]者。于是上书陈事日有数百，世充悉引见，躬自省览[⑭]，殷勤慰谕，人人自喜，以为言听计从，然终无所施行。下至士卒厮养[⑮]，世充皆以甘言悦之，而实无恩施。

隋马军总管独孤武都为世充所亲任，其从弟[⑯]司隶大夫[⑰]机与虞部郎[⑱]杨恭慎、前勃海郡[⑲]主簿[⑳]孙师孝、步兵总管刘孝元、李俭、崔孝仁谋召唐兵，使孝仁说武都曰："王公徒为儿女之态以悦下愚[㉑]，而鄙隘贪忍[㉒]，不顾亲旧，岂能成大业哉！图谶之文，应归李氏，人皆知之。唐起晋阳，奄有[23]关内[24]，兵不留行[25]，英雄景附[26]，且坦怀待物[27]，举善责功[28]，不念旧恶，据胜势[29]以争天下，谁能敌之！吾属托身非所[30]，坐待夷灭[31]。今任管公[32]兵近在新安[33]，又吾之故人也，若遣间使[34]召之，使夜造[35]城下，吾曹[36]共为内应，开门纳之，事无不集[37]矣。”武都从之。事泄，世充皆杀之。恭慎，达之子也。

癸卯[38]，命秦王世民出镇长春宫[39]。

宇文化及攻魏州[40]总管元宝藏[41]，四旬不克。魏徵往说之，丁未[42]，宝藏举州[43]来降。

戊午[44]，淮安王神通击宇文化及于魏县，化及不能抗，东走聊城[45]。神通拔魏县，斩获二千余人，引兵追化及至聊城，围之。

甲子[46]，以陈叔达为纳言。

丙寅[47]，李密所置伊州刺史张善相来降。

朱粲有众二十万，剽掠汉、淮[48]之间，迁徙无常，每破州县，食其积粟未尽，复他适[49]，将去，悉焚其余资[50]；又不务稼穑，民馁[51]死者如积[52]。粲无可复掠，军中乏食，乃教士卒烹妇人、婴儿啖[53]之，曰：“肉之美者无过于人，但使[54]他国有人，何忧于馁！”隋著作佐郎[55]陆从典、通事舍人[56]颜愍楚，谪官[57]在南阳，粲初引为宾客，其后无食，阖家皆为所啖。愍楚，之推[58]之子也。又税[59]诸城堡细弱[60]以供军食，诸城堡相帅叛之。

淮安[61]土豪杨士林、田瓒[62]起兵攻粲，诸州皆应之。粲与战于淮源[63]，大败，帅余众数千奔菊潭[64]。士林家世蛮酋，隋末，士林为鹰扬府校尉[65]，杀郡官而据其郡。既逐朱粲，己巳[66]，帅汉东[67]四郡遣使诣信州[68]总管庐江王瑗请降，诏以为显州道[69]行台[70]。士林以瓒为长史。

初，王世充既杀元、卢[71]，虑人情未服，犹媚事皇泰主，礼甚谦敬。又请为刘太后假子[72]，尊号曰圣感皇太后。既而渐骄横，尝赐食于禁中，还家大吐，疑遇毒，自是不复朝谒[73]。皇泰主知其终不为臣，而力不能制，唯取内库彩物[74]大造幡花[75]；又出诸服玩[76]，令僧散施贫乏以求福。世充使其党张绩、董浚守章善、显福二门[77]，宫内杂物，毫厘不得出。是月，世充使人献印及剑。又言河水[78]清，欲以耀众[79]，为己符瑞[80]云。

（以上为第一段，写王世充加紧篡逆步伐，以及宇文化及、朱粲拥众顽抗。）

【注释】

①壬寅：正月初二日。 ②太尉府官属：以世充为太尉，因此，太尉府官属，即世充的僚属。 ③杜淹（?—628）：字执礼，杜如晦叔父。京兆杜陵（今陕西西安市东南）人。高祖时，官至吏部尚书。传见《旧唐书》卷六十六、《新唐书》卷九十六。 ④戴胄（zhòu）（?—633）：字玄胤，安阳（今河南安阳市东南）人。太宗时为尚书左丞、检校吏部尚书。传见《旧唐书》卷七十、《新唐书》卷九十九。 ⑤预：参预。 ⑥都水少监：官名。都水监为官署名，主官称使者，少监为其副。职掌河渠、津梁、堤堰等事务。 ⑦苏世长：京兆武功（今陕西武功县）人。唐初拜谏议大夫。秦府开文学馆，引为学士。后出为巴州（今四川巴中市）刺史。传见《旧唐书》卷七十五、《新唐书》卷一百零三。 ⑧东都：隋大业五年（609）改东京洛阳为东都。 ⑨悉关：都要报告。 ⑩台省：汉代尚书台在宫禁之中，元帝时为避皇后父王禁之讳，改禁中为省中，故称台省。唐代一度称尚书省为中台，门下省为东台，中书省为西台，总称台省。 ⑪阒（qù）：寂静。 ⑫时务：当前的重大事情或客观形势。 ⑬拥抑不申：受压抑不能申诉。 ⑭躬自省览：亲自察看。 ⑮厮养：析薪为厮，炊烹为养。厮养指伙夫。 ⑯从弟：堂弟。⑰司隶大夫：官名。隋设司隶台，长官为司隶大夫，掌管诸巡察，正四品。 ⑱虞部郎：官名。隋初为虞部侍郎，属工部，炀帝改为虞部郎。唐于工部置虞部司，虞部郎中为其长官，从五品上，掌山泽、苑囿及草木、薪炭供顿等事。 ⑲勃海郡：郡名。治所在今河北沧州市东南。 ⑳主簿：官名。为中央和地方郡县官署主管文书簿籍和印鉴的官吏，乃掾吏之首。 ㉑徒为儿女之态以悦下愚：只用小恩小惠讨好地位低下之人。 ㉒鄙隘贪忍：卑鄙、狭隘、贪婪、残忍。 ㉓奄有：覆盖，包。 ㉔关内：秦、汉、隋、唐等王朝定都今西安市，通称古函谷关（今河南灵宝市东北）或今潼关以西王畿附近地区为关内，又称关中。 ㉕兵不留行：军队行进中毫无停留。此处指军队所到之处没有不受欢迎的。㉖英雄景附：各路英雄景仰归附。 ㉗坦怀待物：坦诚待人。 ㉘举善责功：奖善求功。责，要求。 ㉙据胜势：占据了得胜的形势。 ㉚托身非所：投靠错了地方。 ㉛夷灭：诛灭。 ㉜任管公：任瓌以谷州刺史镇新安，封管国公。 ㉝新安：县名。治所在今河南新安县。 ㉞间使：非正式的使者。 ㉟造：至。 ㊱吾曹：我辈。 ㊲集：成功。㊳癸卯：正月初三。 ㊴长春宫：北周武帝置，在今陕西大荔县朝邑镇西北。 ㊵魏州：州名。治所在今河北大名县东北。 ㊶元宝藏：原隋武阳郡丞。大业末，举兵归李密。武德二年（619）因魏徵劝说而降唐。事迹见《旧唐书》卷七十一《魏徵传》。 ㊷丁未：正月初七。 ㊸举州：全州。举，全。 ㊹戊午：正月十八日。 ㊺聊城：县名。县治在今山东聊城东北。 ㊻甲子：正月二十四日。 ㊼丙寅：正月二十六日。 ㊽汉、淮：

指汉水、淮水。㊾他适：到其他地方。㊿余资：主要指余粮。51馁（něi）：饥饿。52积：堆垛。53啖（dàn）：吃。54但使：只要。55著作佐郎：官名。唐代设著作郎，主管著作局，职掌撰拟文字。著作郎下有著作佐郎、校书郎、正字等属官。56通事舍人：官名。掌引见臣下，传达使命。57谪官：贬官。58之推：即颜之推（531—约595）。北朝北周文学家。字介。琅邪临沂（今属山东）人。官至黄门侍郎。著有《颜氏家训》传于世。传见《北齐书》卷四十五、《北史》卷八十三。59税：征纳。60细弱：羸弱的人。61淮安：郡名。治所在今河南泌阳县。62杨士林、田瓒：均为淮安郡土豪。63淮源：县名。县治在今河南信阳市西北。64菊潭：县名。县治在今河南内乡县北。65鹰扬府校尉：武官名。隋炀帝大业三年（607）改骠骑府为鹰扬府，其长官为鹰扬郎将，正五品。隶属于各卫，统领府兵。校尉在隋唐时为武散官。太宗贞观十年（636），正式确定军府名称，由隋之鹰扬府改为折冲府。唐折冲府以三百人为团，团有校尉。66己巳：正月二十九日。67汉东：郡名。治所在今湖北随县。68信州：郡名。治所在今重庆奉节白帝城。69显州道：道名。治所在今河南泌阳县。70行台：东汉以后，朝廷政务由三公改归台阁（尚书），习惯上称朝廷为“台”。晋以后，朝官称台官，在地方代表朝廷行尚书省事的机构称行台。由军事征伐而设置，若任职的人权位特重，则称大行台。71元、卢：指元文都、卢楚。武德二年（619）被王世充所杀。72假子：义子。假子之风，隋唐时颇为流行。73朝谒：朝见上谒。74彩物：各种绫罗锦绢。75幡花：用绵帛做的花。76服玩：装饰玩物。77章善、显福二门：东都宫城南面有三扇门：中为应天门，左为兴教门，右为光政门。兴教门内有会昌门，它的北面是章善门；光政门内有广运门，北面是显福门。78河水：黄河。79耀众：夸耀于民。80为己符瑞：是自己的符应祥瑞。

【译文】

高祖神尧大圣光孝皇帝上之下

唐高祖武德二年（己卯，619）

春季，正月初二日，王世充把全部隋朝显要官员、名士任命为太尉府的官吏，杜淹、戴胄也在其中。戴胄是安阳人。隋朝的将军王隆统率屯卫将军张镇周、都水少监苏世长等人遵奉命令前来东都，此时才率领山南的军队到达东都。王世充一个人控制了朝政，事情无论大小，都要由太尉府办理。隋王朝的台、省、监、署各官府，都空寂无人了。王世充在太尉府的门外竖立三个牌子：一个牌子招求文学才识之士，能够办理现实政务的人；一个牌子招求武勇智略人才，能够摧毁敌人兵锋、攻陷敌人军阵的人；一个牌子招求自身遭受冤屈、受到压制而不能申冤的人。于是前来上书报告事情的人，每天都有数百人，王世充全都让进府接见，亲自阅读奏章文件，诚恳地对他们加以慰问和告谕，人们都自为欢喜，以为王世充言听计从，然而王世充最终还是什么事都没有实施。对于最下层的士兵、仆役这些人，王世充全都以好听的话来取悦他们，但实际上没有施舍什么恩惠。

隋朝的马军总管独孤武都受到王世充的宠信，独孤武都的堂弟司隶大夫独孤机与虞部郎杨恭慎、前勃海郡主簿孙师孝，步兵总管刘孝元、李俭、崔孝仁谋划招来唐兵，让崔孝仁对独孤武都说："王世充只是做出儿女亲爱的样子以取悦低层的愚民，实际上鄙陋狭隘、贪婪残忍，并不关照以前的部下与亲信，怎么能成就大业呢？根据图谶之文，天下应归李氏，人人都知道这一点。唐从晋阳起事，占有了关内地区，军队一路顺利进军，各地的英雄都敬仰依附唐主。而且唐主李氏以坦荡胸怀待人处事，任用善人，用事功激励部下，不计较过去的仇怨，占据了得胜的形势来争夺天下，谁能与之对抗呢？我们这些人托身到不该托身的地方，只能坐等被人夷灭家族。现在任管公的军队就在新安，离我们很近，又是我们的老朋友，假如派使者暗中前去，把他们招来，让他们夜里来到城下，我们共同作为内应，打开城门放他们进来，事情没有不成功的。"独孤武都听从了此计。但事情败露，王世充把他们全都杀死。杨恭慎是杨达的儿子。

正月初三日，唐高祖李渊命令秦王李世民出京镇守长春宫。

宇文化及带兵攻打魏州总管元宝藏，经过四十天还攻不下来。魏徵前去游说，正月初七日，元宝藏率部前来投降。

正月十八日，淮安王李神通在魏县进攻宇文化及，宇文化及抵挡不住，向东逃往聊城。李神通攻克魏县，杀死、俘虏两千多人，率兵追击宇文化及到聊城，包围聊城。

正月二十四日，唐高祖任命陈叔达为纳言。

正月二十六日，李密原先任命的伊州刺史张善相前来降唐。

朱粲有部众二十万人，在汉水、淮河之间抢掠，不断迁徙而不固定住在一地，每攻破一个州县，就让军队食用当地的积粮，不等全部吃完就再次转移到另一个州县，将要离开当地时，就把当地剩余的粮食与物资全部焚毁，又不注重各地的农业生产，饿死的百姓尸体都聚成了堆。朱粲没有再可掠夺的州县，军队缺乏粮草，他就让士兵煮妇女和小孩吃，并说："最好吃的肉，莫过于人肉，只要其他城镇里有人，何必为挨饿发愁！”隋朝的著作佐郎陆从典、通事舍人颜愍楚，之前因贬官而住在南阳，朱粲起初把他们请来当作宾客，其后朱粲没有粮草，二人全家都被朱粲部队吃掉了。颜愍楚是颜之推的儿子。朱粲又把各城堡的小孩和体弱的人当作税收征收来供给军队为军粮，于是各城堡相继背叛朱粲。

淮安当地的豪强杨士林、田瓒起兵攻打朱粲，各州县都起兵响应。朱粲在淮源和他们交战，大败，率领余部数千人逃奔菊潭。杨士林家族世代都是蛮族首领，隋朝末年，杨士林担任鹰扬府校尉，杀了郡里的官员并占据了郡县。在赶跑朱粲以后，正月二十九日，杨士林率领汉东四郡派遣使节到唐信州总管庐江王李瑗处请求投降，唐高祖下诏任命杨士林为显州道行台。杨士林任命田瓒为长史。

当初，王世充杀掉元文都、卢楚之后，担心人心不服，所以仍然谄媚隋皇泰主，礼节甚为谦恭尊敬。他又请求做刘太后的干儿子，尊称刘太后为圣感皇太后。后来王世充渐渐骄横起来，皇泰主曾在宫中赏赐王世充食物，回到家里呕吐不止，他怀疑食物有毒。从此以后，王世充就不再上朝拜谒皇泰主。皇泰主知道王世充最终不会称臣，而自己的力量又无法控制他，只能从宫内仓库中取出丝绸，大量制作求佛保佑的幡花，又拿出各种衣服器玩，让僧人施舍给贫困的人来求福。王世充让其党羽张绩、董浚守住章善、显福二门，宫内的杂物一丝一毫都不能拿出去。该月，王世充让人向他献上印玺和宝剑。王世充又说黄河水变清，想以此向众人炫耀，作为自己称帝的祥瑞。

【原文】

上遣金紫光禄大夫武功[①]靳孝谟安集[②]边郡，为梁师都所获。孝谟骂之极口[③]，师都杀之。二月，诏追赐爵武昌县公，谥曰忠。

初定租、庸、调法[④]，每丁租二石，绢二匹，绵三两；自兹以外，不得横有[⑤]调敛。

丙戌[⑥]，诏：“诸宗姓[⑦]居官者在同列之上，未仕者免其徭役；每州置宗师[⑧]一人以摄总，别为团伍。”

张俟德至凉，李轨召其群臣廷议曰：“唐天子，吾之从兄[⑨]，今已正位京邑[⑩]。一姓不可自争天下，吾欲去帝号，受其封爵，可乎？”曹珍曰：“隋失其鹿，天下共逐之，称王称帝者，奚啻[⑪]一人！唐帝关中，凉帝河右[⑫]，固不相妨。且已为天子，奈何复自贬黜[⑬]！必欲以小事大，请依萧詧事魏故事[⑭]。”轨从之。戊戌[⑮]，轨遣其尚书左丞[⑯]邓晓入见，奉书称

“皇从弟大凉皇帝臣轨”而不受官爵。帝怒，拘晓不遣，始议兴师讨之。

初，隋炀帝自征⑰吐谷浑⑱，吐谷浑可汗伏允以数千骑奔党项⑲，炀帝立其质子⑳顺为主，使统余众，不果㉑入而还。会中国丧乱，伏允复还收其故地。上受禅，顺自江都还长安，上遣使与伏允连和，使击李轨，许以顺还之。伏允喜，起兵击轨，数遣使入贡请顺，上遣之。

（以上为第二段，写唐高祖安集西北，始议兴师讨李轨。）

【注释】

①武功：县名。县治在今陕西武功县西北武功镇。 ②安集：安抚绥集。 ③极口：在言谈中极力称道或诋毁。 ④租、庸、调（diào）法：唐代中期以前向受田课丁（人丁）征派的田租、力庸、户调等三种赋役的合称。源于北魏到隋以均田制为基础的租、调、力役制度。武德二年（619）制定，名租庸调法。武德七年又作详明规定。每丁每年缴“租”粟二石；调随乡土所产缴纳，绢、绫二丈，布加五分之一，缴绫、绢、絁的加绵三两，缴布的加麻三斤。“庸”是代替力役的赋税。人丁每年服二十日力役，不服役的每日折纳绢三尺。因事加役十五日的免调，三十日的租、调都免。但连正役不得超过五十日。 ⑤横有：滥有。 ⑥丙戌：二月十六日。 ⑦宗姓：同宗同族的人。 ⑧宗师：官名。宗师本指受人尊重堪为师表的人。王莽摄政，诏各郡国设置宗师，训导宗室子弟，为宗师定为官职的开始。 ⑨从兄：堂兄。 ⑩正位京邑：正式在京城即天子之位。⑪奚啻（chì）：何止。 ⑫河右：即河西。 ⑬贬黜：贬退。 ⑭萧詧（chá）事魏故事：魏恭帝初，宇文泰令柱国于谨伐江陵，萧詧以兵会之。及江陵平，泰立詧为梁主，居江陵东城。詧乃称皇帝于其国，唯上疏则称臣，奉正朔。 ⑮戊戌：二月二十八日。 ⑯尚书左丞：官名。唐代尚书省有左、右丞。尚书省左丞总辖吏、户、礼三部，右丞总辖兵、刑、工三部。 ⑰自征：亲征。 ⑱吐谷（yù）浑（hún）：亦作吐浑。我国古代西北部的一个民族。是鲜卑族的一支。 ⑲党项：我国古代民族名。羌人的一支。南北朝时，分布在今青海省东南部河曲和四川松潘以西山谷地带。唐前期，大部分党项人迁徙到今甘肃、宁夏、陕北一带。 ⑳质子：以子为人质。 ㉑不果：没有结果。

【译文】

唐高祖派金紫光禄大夫武功人靳孝谟带兵安抚平定边境州郡，靳孝谟被梁师都俘虏。靳孝谟极力大骂梁师都，梁师都杀死了他。二月，唐高祖下诏追赐靳孝谟爵位为武昌县公，谥号为“忠”。

首次制定租庸调法，每个成年男丁每年交粮二石作为租，交绢二匹、绵三两作为调，男丁每年为国家服役可用绢代替，称为庸。除此之外，不得另外征收和调用。

正月十一日，唐高祖下诏："皇室宗族在朝做官的，品位在同等官员之上，没有做官而在民间的，免除其徭役，每州设立宗师一名总管宗族，单独编为军队的团伍。"

张俟德到达凉州，李轨召集群臣在朝廷上议论说："唐朝的天子是我的堂兄，现在已在京邑登基称帝。同为一姓不可自家争夺天下，我想去掉帝号，接受唐朝的封爵，可以吗？"曹珍说："隋朝失去天下，天下人都来追逐帝位，称王称帝的，岂止一人！唐主在关中称帝，凉王在河右称帝，本来不相妨碍。况且您已经做了天子，何必又自己贬黜自己呢？如果您想以小事大，就请依照过去梁朝萧詧尊奉北魏的旧例去做。"李轨听从这个建议。正月二十八日，李轨派遣他的尚书左丞邓晓入朝觐见唐高祖，其奉上的书信中自称"皇帝的堂弟大凉国皇帝臣李轨"，而不接受唐朝的官爵。唐高祖大为愤怒，抓捕了邓晓不让他返回，开始商议出兵讨伐李轨。

当初，隋炀帝亲自征讨吐谷浑，吐谷浑的可汗伏允带领几千名骑兵逃到党项，隋炀帝扶立吐谷浑的人质伏允之子伏顺为吐谷浑君主，让伏顺统领吐谷浑剩余的民众，但伏顺没能回到吐谷浑便返回中原。正好遇上中原皇帝被杀，战乱四起，伏允又返回吐谷浑收复原有的领地。唐高祖即位时，伏顺从江都回到长安，唐高祖派使者与伏允讲和，让伏允进攻李轨，答应把伏顺归还给伏允。伏允非常高兴，发兵进攻李轨，数次派遣使者前来唐朝进贡并请求归还伏顺，唐高祖便让伏顺返回吐谷浑。

【原文】

闰月[①]，朱粲遣使请降，诏以粲为楚王，听自置官属，以便宜从事。

宇文化及以珍货[②]诱海曲[③]诸贼，贼帅王薄[④]帅众从之，与共守聊城。

窦建德谓其群下[⑤]曰："吾为隋民，隋为吾君；今宇文化及弑逆，乃吾仇也，吾不可以不讨！"乃引兵趣聊城。

淮安王神通攻聊城，化及粮尽，请降，神通不许。安抚副使[⑥]崔世干[⑦]劝神通许之，神通曰："军士暴露日久[⑧]，贼食尽计穷，克在旦暮，吾当攻取以示国威，且散其玉帛以劳将士，若受其降，将何以为军赏乎！"

世干曰："今建德方至，若化及未平，内外受敌，吾军必败。夫不攻而下之[9]，为功甚易，奈何贪其玉帛而不受乎！"神通怒，囚世干于军中。既而宇文士及自济北[10]馈之[11]，化及军稍振，遂复拒战[12]。神通督兵攻之，贝州[13]刺史赵君德[14]攀堞先登[15]，神通心害[16]其功，收兵不战，君德大诟[17]而下，遂不克。建德军且至，神通引兵退。

建德与化及连战，大破之，化及复保聊城。建德纵兵四面急攻，王薄开门纳之。建德入城，生擒[18]化及，先谒隋萧皇后，语皆称臣，素服哭炀帝尽哀；收传国玺[19]及卤簿[20]仪仗，抚存隋之百官，然后执逆党宇文智及、杨士览、元武达、许弘仁、孟景，集隋官[21]而斩之，枭首军门[22]之外。以槛车[23]载化及并二子承基、承趾至襄国[24]，斩之。化及且死，更无余言[25]，但云："不负夏王[26]！"

建德每战胜克城，所得资财，悉以分将士，身无所取。又不啖肉，常食蔬，茹粟饭[27]；妻曹氏，不衣纨绮[28]，所役婢妾，才十许人。及破化及，得隋宫人千数，即时散遣之。以隋黄门侍郎裴矩[29]为左仆射，掌选事，兵部侍郎崔君肃[30]为侍中[31]，少府令[32]何稠[33]为工部尚书[34]，右司郎中[35]柳调[36]为左丞，虞世南[37]为黄门侍郎，欧阳询[38]为太常卿。询，纥之子也。自余[39]随才授职，委以政事。其不愿留，欲诣关中及东都者亦听之，仍给资粮，以兵援之[40]出境。隋骁果尚近万人，亦各纵遣，任其所之[41]。又与王世充结好，遣使奉表于隋皇泰主，皇泰主封为夏王。建德起于群盗，虽建国，未有文物法度[42]，裴矩为之定朝仪，制律令，建德甚悦，每从之谘访[43]典礼。

（以上为第三段，写窦建德讨平宇文化及。）

【注释】

①闰月：闰二月。 ②珍货：珍宝财货。 ③海曲：县名。县治在今山东日照市西。 ④王薄：齐郡邹平（今山东邹平北）人。隋末农民起义领袖。事迹见《隋书》卷七十一《张须陁传》。 ⑤群下：僚属。 ⑥安抚副使：官名。隋仁寿四年（604）设安抚大使，由行军主帅兼任。唐代各州如有水旱灾害，就派遣巡察、安抚或存抚等使节巡视抚恤，倘由节度使兼任，另有副使。 ⑦崔世干：武德元年十月，遣李神通安抚山东，书"崔民干为副"。今书"崔世干"，当有一误。 ⑧暴露日久：暴露于风雨中很久。 ⑨不攻而下之：不攻打而能使其投降。 ⑩济北：郡名。治所在今山东茌平县西南。 ⑪馈之：馈

送粮食。 ⑫拒战：抗战。 ⑬贝州：州名。治所在今河北清河县西北。 ⑭赵君德：隋末群雄之一，起于清河（今河北清河县），后归李密。随李密降唐，为贝州刺史。事迹见《旧唐书》卷五十三《李密传》、卷六十《淮安王神通传》。 ⑮攀堞先登：攀墙先行登城。 ⑯心害：嫉妒。 ⑰大诟：大骂。 ⑱生擒：活捉。 ⑲传国玺：秦以后封建帝王历代相传的玉玺。传为秦始皇所作。方圆四寸，上纽交五龙，正面刻李斯所写篆文："受命于天，既寿永昌。"秦亡归汉。后代帝王争以得玺为符应。 ⑳卤簿：古代帝王出外时在其前后的仪仗队。自汉以后，后、妃、太子、王公、大臣皆有卤簿，各有定制，并非为天子所专有。 ㉑集隋官：在隋朝百官面前。 ㉒军门：领兵将帅的营门，亦即辕门。 ㉓槛车：古代运送囚犯的车。 ㉔襄国：郡名，治所在今河北邢台市。 ㉕余言：其他的话。 ㉖夏王：窦建德的称号。 ㉗茹粟饭：吃去壳带糠的米饭。 ㉘衣纨绮：穿带花纹的细绢。 ㉙裴矩（?—627）：字弘大。河东（今山西闻喜县）人。仕隋为吏部侍郎。唐初任殿中侍御史、民部尚书等。传见《旧唐书》卷六十三、《新唐书》卷一百。 ㉚崔君肃：郑州新郑（今河南新郑县）人。仕隋为兵部侍郎。后归窦建德，署为侍中。唐武德初为黄门侍郎、鸿胪卿。事迹见《旧唐书》卷五十四、《新唐书》卷八十五《窦建德传》。 ㉛侍中：官名。门下省长官，负责传达皇帝诏敕。 ㉜少府令：隋代少府监的长官，始称少府监，后改少府令。领尚方、织染等署。 ㉝何稠：字桂林。性聪敏，善营造。隋末为少府令。后归窦建德，署为工部尚书，建德败，归唐，授将作少匠。传见《隋书》卷六十八。 ㉞工部尚书：官名。正三品。工部职掌天下百工、屯田、山译事宜。 ㉟右司郎中：官名。隋炀帝于尚书都司置左右司郎各一人，掌都省之职。品同诸曹郎，从五品。 ㊱柳调：河东解（今山西运城市西南）人。仕隋为秘书郎、侍御史、尚书左司郎等，后归窦建德，署为尚书左丞。传见《隋书》卷四十七。 ㊲虞世南（558—638）；唐初杰出书法家，字伯施。越州余姚（今浙江余姚市）人。官至秘书监。传见《旧唐书》卷七十二、《新唐书》卷一百零二。 ㊳欧阳询（557—641）：唐初杰出书法家。字信本。潭州临湘（今湖南长沙市）人。官至太子率更令。传见《旧唐书》卷一百八十九、《新唐书》卷一百九十八。 ㊴自余：其余。 ㊵援之：护送。 ㊶任其所之：任他们到哪里去。 ㊷文物法度：典章制度政策法令。 ㊸谘访：请教。

【译文】

闰二月，朱粲派使者到唐朝请求投降，高祖下诏立朱粲为楚王，听凭朱粲自己设立官属，便宜行事。

宇文化及用珍奇货物引诱海边的贼众，贼帅王薄率贼众服从宇文化及，与宇文化及一起守护聊城。

窦建德对其群下说："我是隋朝百姓，隋是我的君主，现在宇文化及叛逆杀了皇帝，就是我的仇人，我不能不讨伐！"于是带兵开赴聊城。

淮安王李神通攻打聊城，宇文化及的粮草吃光了，请求投降，李神通不允许。安抚副使崔世干劝李神通准许宇文化及投降，李神通说："军队士卒长期在野外风餐露宿，敌人粮食已尽，计谋也穷尽了，攻克他们就在朝夕之间，我应当攻下聊城以展示国家的威严，并且将俘获的宝物丝帛散发给将士以示慰劳，如果接受他们投降，将用什么东西赏赐军队呢？"崔世干说："现在窦建德就要到达，如果宇文化及还没有平定，我们就会里外受敌，我军必然失败。不通过攻城就使其城投降，得到成功非常容易，为什么贪图他的宝物丝帛而不接受他们投降呢？"李神通很生气，就把崔世干囚禁在军中。不久，宇文士及从济北郡运送粮草给宇文化及，宇文化及的兵势稍有恢复，于是又来抵抗作战。李神通督率军队攻城，贝州刺史赵君德攀上城堞首先登上城墙，李神通心中嫉妒他的功劳，下令收兵不再攻城，赵君德非常痛恨，从城上退下，最终未能攻克聊城。窦建德的军队即将抵达，李神通于是带兵撤退。

窦建德和宇文化及连续交战，大败宇文化及，宇文化及又退守聊城。窦建德率兵从四面猛攻，王薄打开城门把窦建德的军队放进城内。窦建德进城，活捉了宇文化及，先去拜谒了隋朝的萧皇后，言谈中都自称臣下，身着白色丧服为隋炀帝恸哭以尽哀，收得隋朝的传国玉玺及车驾仪仗，安抚隋朝的文武百官，然后捉住弑杀隋炀帝的叛臣的同党宇文智及、杨士览、元武达、许弘仁、孟景，集合隋朝官员当面斩杀这些人，割下首级悬挂于军营门外示众。用槛车拉着宇文化及和他的两个儿子宇文承基、宇文承趾到达襄国，将他们斩首。宇文化及临死时，也没有多余的话，只是说："没有枉称夏王！"

窦建德每次打了胜仗、攻陷城市，将所缴获的物资财产全部分给将士，自己不要任何东西。窦建德不吃肉，经常吃蔬菜，吃粗米饭，他的妻子曹氏，不穿绫绢绸缎，役使的奴婢侍妾才十几个人。等到打败宇文化及，获得隋朝的宫女上千名，当时就把她们全部遣散。窦建德任命隋朝的黄门侍郎裴矩为左仆射，掌管选择官吏的事务，任命隋朝的兵部侍郎崔君肃为侍中，任命隋朝的少府令何稠为工部尚书，任命隋朝的右司郎中柳调为左丞，任命隋朝的虞世南为黄门侍郎，任命欧阳询为太常卿。欧阳询是欧阳纥的儿子。其余的隋朝官员全都根据才能授予官职，把朝廷的政事交付他们。其中不愿意留下任职，准备去关中或东都的人，也都听任他们前往，并给予路费和粮食，派兵保护他们出境。隋朝的骁果兵此时还有近万人，也都分别放行遣返，听任他们前往自己愿意去的地方。窦建德又与王世充联合交好，派遣使节向东都的隋朝皇泰主奉上表章，皇泰主封窦建德为夏王。窦建德出身于造反的叛军，虽然建立国家，但没有典章制度，裴矩为他制定朝廷礼仪，制定律令，窦建德甚为高兴，经常向裴矩咨询礼仪典章之事。

【原文】

甲辰①，上考第②群臣，以李纲、孙伏伽为第一，因置酒高会③，谓裴寂等曰："隋氏以主骄臣谄④亡天下，朕即位以来，每虚心求谏，然惟李纲差尽忠款⑤，孙伏伽可谓诚直，余人犹踵敝风⑥，俯眉⑦而已，岂朕所望哉！朕视卿如爱子，卿当视朕如慈父，有怀必尽⑧，勿自隐也！"因命舍君臣之敬⑨，极欢而罢。

遣前御史大夫段确使于朱粲。

初，上为隋殿内少监⑩，宇文士及为尚辇奉御⑪，上与之善。士及从化及至黎阳，上手诏召之，士及潜遣家僮间道诣长安，又因使者献金环⑫。化及至魏县，兵势日蹙⑬，士及劝之归唐，化及不从，内史令⑭封德彝说士及于济北征督军粮以观其变。化及称帝，立士及为蜀王。化及死，士及与德彝自济北来降。时士及妹为昭仪⑮，由是授上仪同⑯。上以封德彝隋室旧臣，而谄巧不忠，深诮⑰责之，罢遣就舍⑱。德彝以秘策干上⑲，上悦，寻拜内史舍人，俄迁侍郎。

甲寅⑳，隋夷陵㉑郡丞安陆许绍帅黔安㉒、武陵㉓、澧阳等诸郡来降。绍幼与帝同学；诏以绍为峡州㉔刺史，赐爵安陆公。

丙辰㉕，以徐世勣为黎州㉖总管。

丁巳㉗，骠骑将军张孝珉以劲卒㉘百人袭王世充汜水城㉙，入其郛㉚，沉米船百五十艘。

己未㉛，世充寇谷州。世充以秦叔宝㉜为龙骧大将军，程知节为将军，待之皆厚。然二人疾世充多诈，知节谓叔宝曰："王公器度㉝浅狭而多妄语，好为咒㉞誓，此乃老巫妪㉟耳，岂拨乱㊱之主乎！"世充与唐兵战于九曲㊲，叔宝、知节皆将兵㊳在陈㊴，与其徒数十骑，西驰百许步，下马拜世充曰："仆荷公殊礼㊵，深思报效；公性猜忌，喜信谗言，非仆托身之所，今不能仰事㊶，请从此辞。"遂跃马来降。世充不敢逼。上使事[42]秦王世民，世民素闻其名，厚礼之，以叔宝为马军总管，知节为左三统军[43]。时世充骁将又有骠骑武安[44]李君羡、征南将军[45]临邑[46]田留安，亦恶世充之为人，帅众来降。世民引君羡置左右，以留安为右四统军。

王世充囚李育德之兄厚德于获嘉[47]，厚德与其守将赵君颖逐殷州[48]刺史段大师，以城来降。以厚德为殷州刺史。

窦建德陷邢州，执总管陈君宾。

上遣殿内监[49]窦诞[50]、右卫将军宇文歆助并州[51]总管齐王元吉守晋阳。诞，抗[52]之子也，尚帝女襄阳公主。元吉性骄侈，奴客婢妾数百人，好使之被甲，戏为攻战，前后死伤甚众，元吉亦尝被伤。其乳母陈善意苦谏，元吉醉，怒，命壮士殴杀之。性好田猎，载罔罟[53]三十车，尝言："我宁三日不食，不能一日不猎。"常与诞游猎，蹂践人禾稼。又纵左右夺民物，当衢[54]射人，观其避箭。夜，开府门，宣淫他室[55]。百姓愤怨，歆屡谏不纳，乃表言其状。壬戌[56]，元吉坐免官。

癸亥[57]，陟州刺史李育德攻下王世充河内堡聚[58]三十一所。乙丑[59]，世充遣其兄子君廓侵陟州，李育德击走之，斩首千余级。李厚德归省亲疾[60]，使李育德守获嘉，世充并兵攻之；丁卯[61]，城陷，育德及弟三人皆战死。

己巳[62]，李公逸[63]以雍丘[64]来降，拜杞州[65]总管，以其族弟善行为杞州刺史。

隋吏部侍郎杨恭仁[66]，从宇文化及至河北；化及败，魏州总管元宝藏获之，己巳[67]，送长安。上与之有旧，拜黄门侍郎，寻以为凉州总管。恭仁素习边事，晓羌、胡情伪[68]，民夷悦服，自葱岭[69]已东，并入朝贡。

突厥始毕可汗将其众渡河至夏州[70]，梁师都发兵会之，以五百骑授刘武周[71]，欲自句注[72]入寇太原。会始毕卒，子什钵苾幼，未可立，立其弟俟利弗设为处罗可汗。处罗以什钵苾为尼步设[73]，使居东偏，直[74]幽州之北。先是，上遣右武候将军高静奉币使于突厥，至丰州[75]，闻始毕卒，敕纳于所在之库[76]。突厥闻之，怒，欲入寇；丰州总管张长逊遣高静以币出塞为朝廷致赙[77]，突厥乃还。

（以上为第四段，写王世充部属纷纷降唐。）

【注释】

①甲辰：闰二月初四。 ②考第：考核而评其等级。 ③高会：大会。 ④主骄臣谄：皇帝骄横，臣下谄媚。 ⑤差尽忠款：稍稍尽了忠心。 ⑥犹踵敝风：仍沿承坏风气。 ⑦俯（fǔ）眉：低眉。俯，谓听话而不敢进谏。 ⑧有怀必尽：有意见要全说出来。 ⑨舍君臣之敬：去掉君臣间的敬礼。 ⑩殿内少监：官名。隋殿内省唐改为殿中省，掌诸供奉，领尚食、尚药、尚衣、尚舍、尚乘、尚辇六局，有监一人，从三品，少监二人，从四品上，丞二人，从五品上。 ⑪尚辇奉御：官名。隋炀帝于殿内省置尚辇局，其主官为奉御，掌乘舆。 ⑫献金环：献金环的意思是表示要回长安。 ⑬蹙（cù）：紧迫。 ⑭内史令：官名。隋初改中书省为内史省，中书令为内史令。 ⑮昭仪：女官名。汉元帝时始置，位视丞相，爵比诸侯王，为妃嫔中的第一级。 ⑯上仪同：《旧唐书·百官志》载，“开府仪同三司，从第一品”。开府仪同三司即上仪同。 ⑰诮：责备、讥讽。 ⑱罢遣就舍：罢官遣回自己家。 ⑲干上：求皇上。 ⑳甲寅：闰二月十四日。 ㉑夷陵：郡名。治所在今湖北宜昌市。 ㉒黔安：郡名。治所在今四川彭水县。 ㉓武陵：郡名。治所澧阳在今湖南澧县。 ㉔峡州：州名。治所在今湖北宜昌市。 ㉕丙辰：闰二月十六日。 ㉖黎州：州名。治所在今河南浚县东北。 ㉗丁巳：闰二月十七日。 ㉘劲卒：精兵。 ㉙汜水城：县名。县治在今河南荥阳西北汜水镇。 ㉚郛：即“郭”。 ㉛己未：闰二月十九日。 ㉜秦叔宝（?—638）：名秦琼，字叔宝。齐州历城（今山东济南）人。官至左武卫大将军，封翼国公。死后陪葬昭陵，改封胡国公。传见《旧唐书》卷六十八、《新唐书》卷八十九。 ㉝器度：度量。 ㉞咒：宗教迷信或巫术中的密语。 ㉟老巫妪：老巫婆。 ㊱拨乱：平乱。 ㊲九曲：城名。 ㊳将兵：率兵。 ㊴陈：同“阵”。 ㊵仆荷公殊礼：我承蒙您的特殊礼遇。仆，自谦之词。 ㊶仰事：向上而事奉之，仰为谦恭语。 ㊷上使事：皇上使他们事奉。 ㊸统军：官名。唐北衙禁军有左右龙武军、左右神武军、左右神策军，号六军，各置统军一人，位次于大将军。左三统军即左龙武军、左神武军和左神策军的统军。 ㊹武安：郡名。治所在今河北永年县东南。 ㊺征南将军：官名。三国时，魏武官设置四征将军：征东、征西、征南、征北。其中征南将军统领荆豫二州，屯驻新野（今河南新野县）。 ㊻临邑：县名。县治在今山东济南市济阳区西南。 ㊼获嘉：县名。县治在今河南获嘉县。 ㊽殷州：州名。治所在今河南新乡市西南。 ㊾殿内监：官名。炀帝时，殿内省制监，掌诸供奉，正四品。 ㊿窦诞：窦静弟。从太宗征薛举，为元帅府司马。累迁太常卿。传见《旧唐书》卷六十一、《新唐书》卷九十五。 (51)并州：州名。治所在今山西太原市西南。 (52)抗：窦抗，窦诞之父，皇后之兄。 (53)罔罟（gǔ）：罔、罟均为网。 (54)衢（qú）：大路。 (55)宣淫他室：好淫别人的家室。 (56)壬戌：

闰二月二十二日。 ㊼癸亥：闰二月二十三日。 ㊽河内堡聚：河内，郡名。治所在今河南沁阳市。堡，小城。聚，聚落。 ㊾乙丑：闰二月二十五日。 ㊿省亲疾：探视父母的病。 (61)丁卯：闰二月二十七日。 (62)己巳：闰二月二十九日。 (63)李公逸：雍丘（今河南杞县）人。始附王世充，后归高祖，拜杞州总管，封阳夏郡公。传见《旧唐书》卷一百八十七、《新唐书》卷一百九十一。 (64)雍丘：县名。县治在今河南杞县。 (65)杞州：州名。治所在今河南杞县。 (66)杨恭仁（?—639)：隋仁寿中为甘州刺史，归唐封观国公，为凉州总管。后迁洛州都督。传见《旧唐书》卷六十二、《新唐书》卷一百。 (67)己巳：闰二月二十九日。 (68)情伪：情况真伪。 (69)葱岭：即今帕米尔高原与喀喇昆仑山脉的总称。 (70)夏州：州名。治所在今陕西靖边县东北白城子。 (71)刘武周（?—622)：隋末割据者。河间景城（今河北献县东北）人，迁马邑（今山西朔州市）。任马邑鹰扬府校尉。大业十三年（617）杀太守王仁恭，自称太守，遣使附突厥，受封为定扬可汗，自称皇帝，年号天兴。传见《旧唐书》卷五十五、《新唐书》卷八十六。 (72)句注：山名。一名陉岭、西陉山。在今山西代县西北。 (73)设：突厥、回纥典兵官衔。 (74)直：当。 (75)丰州：州名。治所在今内蒙古五原县西南黄河北岸。 (76)敕纳于所在之库：诏命纳于当地的财库。 (77)以币出塞为朝廷致赙（fù)：拿币出塞作为朝廷送去助丧的财物。赙，用财物帮助别人办理丧事。

【译文】

闰二月初四日，唐高祖考核评定群臣的等级，以李纲、孙伏伽为第一等级，于是摆下酒席举行盛大宴会，对裴寂等人说："隋朝因为君主骄奢和臣子谄媚而亡失天下，朕即位以来，经常虚心寻求臣子的进谏，但是只有李纲还能竭尽忠诚，孙伏伽可以称为忠诚正直，其余的人仍然沿袭隋朝的谄媚风气，只是低着头而已，这难道是朕所希望的吗？朕看待各位大臣就像自己心爱的儿子，爱卿应当把朕看作慈父，有什么想法必定畅所欲言，不要隐藏在心里。"于是下令免去君臣之间的礼数，极尽欢乐才罢宴。

唐派遣前任御史大夫段确作为使节前去见朱粲。

当初，唐高祖为隋王朝的殿内少监，宇文士及为隋的尚辇奉御，唐高祖与他关系很好。宇文士及随宇文化及到达黎阳后，唐高祖亲笔写诏书要宇文士及归顺，宇文士及暗中派家僮从小路赴长安，又通过使者献上金环，表示想回到长安。宇文化及到魏县后，兵力日益衰弱，宇文士及劝他归顺唐朝，宇文化及不听，内史令封德彝劝宇文士及在济北郡征收督运军粮静观时势变化。宇文化及称帝，把宇文士及立为蜀王。宇文化及死后，宇文士及和封德彝从济北前来降唐。当时宇文士及的妹妹是唐高祖的昭仪，因此对宇文士及授予上仪同之衔。唐高祖因为封德彝是隋朝旧臣，对隋帝谄媚佞巧而不忠诚，深切地讽刺和斥责他，罢免了他的官职遣返回家。封德彝又向唐高祖献上秘密策谋，唐高祖心情喜悦，很快就将封德彝拜官为内史舍人，不久又升迁为侍郎。

闰二月十四日，隋朝夷陵郡郡丞安陆人许绍带领黔安、武陵、澧阳等郡官吏前来降唐。许绍幼年时曾与唐高祖一起读书，唐高祖下诏任命许绍为峡州刺史，赐给爵位为安陆公。

闰二月十六日，唐高祖任命徐世勣为黎州总管。

闰二月十七日，唐骠骑将军张孝珉率领一百名精兵袭击王世充的汜水城，进入汜水城的外城，将其一百五十艘运米船凿穿，沉入水中。

闰二月十九日，王世充侵犯谷州。王世充任命秦叔宝为龙骧大将军，程知节为将军，对二人特别优待。但是二人憎恨王世充多狡诈，程知节对秦叔宝说："王公器量狭隘心胸浅薄而多说狂妄的话，喜欢用咒语、发誓，这是老巫婆的手段，哪里是拨乱反正的君主呢？"王世充在九曲与唐军交战，秦叔宝、程知节都率兵在阵中与他们部下的几十名骑兵，向西奔跑一百多步，下马朝王世充拜谢说："我们受到主公的特别优遇，非常想为主公报效，但主公生性多疑，喜欢听信谗言，不是我们的托身之处，如今不能再奉侍主公，请让我们从此分别。"于是跳上马前来降唐，王世充不敢追赶。唐高祖让二人在秦王李世民手下做事，李世民早已听说他们的名声，给予优厚待遇，任命秦叔宝为马军总管，程知节为左三统军。当时王世充的骁勇将领还有骠骑将军武安人李君羡、征南将军临邑人田留安，也讨厌王世充的为人，带领部下前来投降。李世民将李君羡安置在身边，任命田留安为右四统军。

王世充把李育德的哥哥李厚德囚禁在获嘉县，李厚德与获嘉县的守将赵君颖赶走了殷州刺史段大师，以城池降唐。唐任命李厚德为殷州刺史。

窦建德攻陷了邢州，活捉了邢州总管陈君宾。

唐高祖派遣殿内监窦诞、右卫将军宇文歆协助并州总管齐王李元吉镇守晋阳。窦诞是窦抗的儿子，娶唐高祖的女儿襄阳公主为妻。李元吉性情骄傲自大，奴仆宾客以及婢女小妾有数百人，喜欢让这些人穿上盔甲，相互攻打，作为游戏，前后死伤了很多人，李元吉也曾受伤。李元吉的奶妈陈善意苦苦劝谏，李元吉醉酒，对奶妈的劝谏十分生气，命令力士打死了陈善意。李元吉生性喜欢到野外打猎，用三十辆车载着捕捉鸟兽鱼虾的各种网罟。他曾经说：“我宁可三天不吃饭，也不能一天不打猎。”李元吉常常和窦诞外出游猎，践踏百姓的庄稼。他还放纵左右的亲信抢夺民众的财物，在大街上射人，看人躲避箭矢的样子。夜里，他打开王府大门，外出到别人家奸淫妇女。百姓气愤怨恨，宇文歆屡次进行规劝，李元吉却不听从，于是宇文歆上表报告李元吉不轨的行为。闰二月二十二日，李元吉因罪免官。

闰二月二十三日，唐陟州刺史李育德攻下王世充在河内地区的三十一座堡垒据点。二十五日，王世充派遣其哥哥的儿子王君廓侵犯陟州，李育德将他击败赶走，斩首一千多人。李厚德回乡探望生病的父母，让李育德守卫获嘉城，王世充合并部队攻打获嘉，二十七日，获嘉城陷落，李育德与三个弟弟全部战死。

闰二月二十九日，李公逸率雍丘县降唐，被任命为杞州总管，任命他的同族弟弟李善行为杞州刺史。

隋朝吏部侍郎杨恭仁，跟随宇文化及来到河北，宇文化及失败后，被唐魏州总管元宝藏俘虏，闰二月二十九日，杨恭仁被押送到长安。唐高祖以前与他认识，于是封杨恭仁为黄门侍郎，不久又任命为凉州总管。杨恭仁素来熟悉边境情况，了解羌、胡各族的虚实真伪，在他的治理下，凉州的百姓与羌、胡各族人都心悦诚服，自葱岭以东的地区，各国都前来长安朝拜进贡。

突厥始毕可汗带领军队渡过黄河到达夏州，梁师都出动军队和始毕可汗会合，把五百名骑兵交给刘武周使用，准备从句注入侵太原。正好此时始毕可汗逝世，始毕可汗的儿子什钵苾年龄还小，不能立为可汗，突厥人就把始毕可汗的弟弟俟利弗设立为处罗可汗。处罗任命什钵苾为尼步设，把他安置在东部边境，正处于幽州的北面。在此之前，唐高祖派遣右武候将军高静携带礼物出使突厥，走到丰州，听说始毕可汗去世，朝廷下令将所带的礼物收进当地的仓库。突厥听说了，感到愤怒，打算入侵内地，丰州总管张长逊就派高静带这些礼物来到塞外，代表朝廷向突厥赠送始毕可汗丧事的礼物，突厥这才撤回准备入侵的军队。

【原文】

三月，庚午[①]，梁师都寇灵州，长史杨则击走之。

壬申[②]，王世充寇谷州，刺史史万宝战不利。

庚辰[③]，隋北海[④]通守郑虔符、文登[⑤]令方惠整及东海[⑥]、齐郡[⑦]、东平[⑧]、任城[⑨]、平陆[⑩]、寿张[⑪]、须昌[⑫]贼帅王薄等并以其地来降。

王世充之寇新安也，外示攻取，实召文武之附己者议受禅⑬。李世英深以为不可，曰："四方所以奔驰归附东都者，以公能中兴隋室故也。今九州之地，未清其一⑭，遽正位号⑮；恐远人⑯皆思叛去矣！"世充曰："公言是也！"长史韦节、杨续等曰："隋氏数穷⑰，在理昭然。夫非常之事，固不可与常人议之。"太史令⑱乐德融曰："昔岁长星出⑲，乃除旧布新之征；今岁星⑳在角、亢㉑，亢，郑之分野㉒。若不亟㉓顺天道，恐王气衰息。"世充从之，外兵曹㉔参军戴胄，言于世充曰："君臣犹父子也，休戚㉕同之。明公莫若竭忠徇国，则家国俱安矣。"世充诡辞称善而遣之。世充议受九锡㉖，胄复固谏，世充怒，出为郑州㉗长史，使与兄子行本镇虎牢。乃使段达等言于皇泰主，请加世充九锡。皇泰主曰："郑公近平李密，已拜太尉，自是以来，未有殊绩，俟天下稍平，议之未晚。"段达曰："太尉欲之。"皇泰主熟视㉘达曰："任公！"辛巳㉙，达等以皇泰主之诏命世充为相国㉚，假黄钺㉛，总百揆㉜，进爵郑王，加九锡，郑国置丞相㉝以下官。

初，宇文化及以隋大理卿㉞郑善果㉟为民部尚书，从至聊城，为化及督战，中流矢。窦建德克聊城，王琮获善果，责之曰："公名臣之家㊱，隋室大臣，奈何为弑君之贼效命，苦战伤痍㊲至此乎！"善果大惭，欲自杀，宋正本驰往救止之；建德复不为礼，乃奔相州㊳，淮安王神通送之长安。庚午㊴，善果至，上优礼㊵之，拜左庶子㊶、检校㊷内史侍郎。

齐王元吉讽㊸并州父老诣阙留己；甲申㊹，复以元吉为并州总管。

戊子㊺，淮南㊻五州皆遣使来降。

辛卯㊼，刘武周寇并州。

壬辰㊽，营州㊾总管邓暠击高开道，败之。

甲午㊿，王世充遣其将高毗寇义州51。

东都道士桓法嗣献《孔子闭房记》于王世充，言相国当代隋为天子。世充大悦，以法嗣为谏议大夫52。世充又罗取杂鸟，书帛系颈53，自言符命而纵之。有得鸟来献者，亦拜官爵。于是段达以皇泰主命，加世充殊礼，世充奉表三让54。百官劝进，设位于都堂55。纳言苏威年老，不任朝谒56，世充以威隋氏重臣，欲以眩耀士民，每劝进，必冠威名57。及受殊礼之日，扶威置百官之上，然后南面正坐受之。

夏，四月，刘武周引突厥之众，军于黄蛇岭58，兵锋甚盛。齐王元吉使车骑将军张达以步卒尝寇[59]；达辞以兵少不可往，元吉强遣之，至则俱没。达忿恨，庚子[60]，引武周袭榆次[61]，陷之。

散骑常侍段确，性嗜酒，奉诏慰劳朱粲于菊潭。辛丑[62]，乘醉侮粲曰："闻卿好啖人，人作何味？"粲曰："啖醉人正如糟藏彘肉[63]。"确怒，骂曰："狂贼入朝，为一头奴[64]耳，复得啖人乎！"粲于座收确及从者数十人，悉烹之以啖左右。遂屠菊潭，奔王世充，世充以为龙骧[65]大将军。

王世充令长史韦节、杨续等及太常博士[66]衡水[67]孔颖达[68]，造禅代仪[69]，遣段达、云定兴等十余人入奏皇泰主曰："天命不常，郑王功德甚盛，愿陛下遵唐、虞之迹[70]！"皇泰主敛膝据案[71]，怒曰："天下，高祖之天下，若隋祚未亡，此言不应辄发[72]；必天命已改，何烦禅让！公等或祖祢[73]旧臣，或台鼎高位[74]，既有斯言，朕复何望！"颜色凛冽[75]，在廷者皆流汗。退朝，泣对太后。世充更使人谓之曰："今海内未宁，须立长君，俟四方安集，当复子明辟[76]，必如前誓[77]。"癸卯[78]，世充称[79]皇泰主命，禅位于郑，遣其兄世恽幽皇泰主于含凉殿，虽有三表陈让及敕书敦劝[80]，皇泰主皆不知也。遣诸将引兵入清宫城，又遣术人以桃汤苇火祓除[81]禁省。

隋将帅、郡县及贼帅前后继有降者，诏以王薄为齐州[82]总管，伏德为济州[83]总管，郑虔符为青州[84]总管，綦公顺为淮州[85]总管，王孝师为沧州[86]总管。

甲辰[87]，遣大理卿新乐[88]郎楚之安抚山东，秘书监夏侯端[89]安抚淮左。

乙巳[90]，王世充备法驾[91]入宫，即皇帝位；丙午[92]，大赦，改元开明[93]。

丁未[94]，隋御卫将军[95]陈稜以江都来降；以稜为扬州[96]总管。

戊申[97]，王世充立子玄应为太子，玄恕为汉王，余兄弟宗族十九人皆为王。奉皇泰主为潞国公。以苏威为太师[98]，段达为司徒，云定兴为太尉，张仅为司空[99]，杨续为纳言，韦节为内史[100]，王隆为左仆射，韦霁为右仆射，齐王世恽为尚书令，杨汪为吏部尚书，杜淹[101]为少吏部[102]，郑颋为御史大夫。世恽，世充之兄也。又以国子助教[103]吴人陆德明[104]为汉王师，令玄恕就其家行束脩礼[105]。德明耻之，服巴豆散[106]，卧称病，玄恕入跪床下，对之遗利[107]，竟不与语。德明名朗，以字行。

世充于阙[108]下及玄武门[109]等数处皆设榻，坐无常所，亲受章表；或轻骑历衢市，亦不清道[110]，民但避路而已。世充按辔[111]徐行，语之曰："昔时天子深居九重[112]，在下事情无由闻彻[113]。今世充非贪天位[114]，但欲救恤时危，正如一州刺史，亲览庶务，当与士庶共评朝政，尚恐门有禁限[115]，今于门外设坐听朝，宜各尽情。"又令西朝堂[116]纳冤抑，东朝堂[117]纳直谏。于是献策上书者日有数百，条流既烦[118]，省览难遍，数日后，不复更出。

（以上为第五段，写王世充篡逆称帝。）

【注释】

①庚午：三月初一。 ②壬申：三月初三。 ③庚辰：三月十一日。 ④北海：郡名。治所在今山东益都县。 ⑤文登：县名。县治在今山东威海市文登区。 ⑥东海：郡名。治所在今江苏连云港市西南海州镇。 ⑦齐郡：郡名。治所在今山东济南市。 ⑧东平：郡名。治所在今山东郓城东。 ⑨任城：县名。县治在今山东济宁市区。 ⑩平陆：县名。县治在今山东汶上县西北。 ⑪寿张：县名。县治在今山东梁山县西北。 ⑫须昌：县名。县治在今山东东平县西北。 ⑬禅：禅位。 ⑭未清其一：连一州尚未肃清。⑮遽正位号：急于正位建号。 ⑯远人：远方的人。 ⑰数穷：历数已尽。 ⑱太史令：官名。专掌天文、历法。 ⑲岁长星出：岁长星出现。 ⑳岁星：我国古代指木星。因为木星每十二年在空中绕行一周，每天移动周天的十二分之一，古代以木星所在的位置作为纪年标准，所以叫岁星。 ㉑角、亢：星官名。又称角宿、亢宿，均为二十八宿之一。分别为青龙七宿的第一宿和第二宿。 ㉒郑之分野：郑之分野属兖州（治所在今山东济宁市兖州区）。 ㉓亟：赶紧。 ㉔外兵曹：官名。隋官无此制。王世充取魏、晋以来官制而置之。 ㉕休戚：甘苦。 ㉖九锡：旧时天子赐诸侯中有大功者衣物等凡九事，谓九锡。 ㉗郑州：州名。治所在今河南荥阳西北汜水镇。 ㉘熟视：仔细端详甚久。㉙辛巳：三月十二日。 ㉚相国：官名，即宰相。唐以后多用作实际任宰相者的尊称。㉛假黄钺：黄钺，以黄金为饰的斧，古代为帝王所专用。帝王特赐给专主征伐的重臣，称为假黄钺。 ㉜总百揆：总理国家大政。 ㉝丞相：官名，即宰相。 ㉞大理卿：官名，掌刑法之事。 ㉟郑善果（?—629）：荥泽（今河南郑州市西北）人。仕隋历沂州刺史。入唐累迁检校大理卿。后历刑部尚书。传见《旧唐书》卷六十二、《新唐书》卷一百。㊱公名臣之家：郑善果父诚，讨尉迟回，以力战死，由是为隋名臣。 ㊲痍：创伤。㊳相州：州名。治所在今河南安阳市。 ㊴庚午：严注："庚"改"壬"。壬午，三月十三日。 ㊵优礼：殊礼，高规格的礼仪。 ㊶左庶子：官名。唐时设左右春坊，属东宫。春坊官有庶子，正四品上。 ㊷检校：官名。唐代的检校官有两种，唐前期多为代理

某官。唐后期多指地方使职带台省官衔者。这里应是代理的意思。㊸讽：用含蓄的话暗示。㊹甲申：三月十五日。㊺戊子：三月十九日。㊻淮南：道名。辖境相当今淮河以南、长江以北，东至海，西至今湖北应山、应城、汉川一带。㊼辛卯：三月二十二日。㊽壬辰：三月二十三日。㊾营州：州名。治所在今湖南道县西。㊿甲午：三月二十五日。51义州：州名。治所在今河南卫辉市西南。52谏议大夫：官名。隋唐隶属门下省，掌侍从规谏，凡四人。53书帛系颈：书字于帛，系于鸟颈之上。54三让：再三谦让。55都堂：唐之政事堂，为宰相理政事的地方。56不任朝谒：不能入朝拜见。57必冠威名：将苏威之名，列于最前。58黄蛇岭：地名。在今山西晋中市榆次区北。59尝寇：试敌。60庚子：四月初二。61榆次：县名。县治在今山西晋中市榆次区。62辛丑：四月初三。63糟藏彘（zhì）肉：酒糟猪肉。64一头奴：一个奴隶。65龙骧：军队的名号。66太常博士：官名。职掌礼仪，从七品。67衡水：县名。县治在今河北衡水市西。68孔颖达（574—648）：唐代著名经学家。字冲远，冀州衡水（今属河北）人。传见《旧唐书》卷七十三、《新唐书》卷一百九十八。69造禅代仪：造作禅代的仪式。70遵唐、虞之迹：指唐尧、虞舜让位的故事。71敛膝据案：把腿弯起，把手据在案上。72辄发：随便发出。73祖祢（nǐ）：先祖。借指朝廷。祢，生称父，死称考，入庙称祢。74台鼎高位：官居宰辅高位。75凛冽：严厉。76复子明辟：恢复您的君位。77必如前誓：指去年（618）七月王世充对皇泰主披发而誓，所谓“不敢有贰心”的表白。78癸卯：四月初五日。79称：诈称。80敦劝：笃劝。81祓（fú）除：扫除。82齐州：州名。治所在今山东济南市。83济州：州名。治所在今山东茌平西南。84青州：州名。治所在今山东益都县。85淮州：州名。据胡注，“淮”，当作“潍”。潍州，治所在今山东潍坊市西。86沧州：州名。治所在今河北沧州市东南。87甲辰：四月初六日。88新乐：县名。县治在今河北新乐市东北。89夏侯端：寿春（今安徽寿春县）人。仕隋为大理司直。唐高祖拜秘书监，出为梓州刺史。传见《旧唐书》卷一百八十七、《新唐书》卷一百九十一。90乙巳：四月初七日。91法驾：天子的车驾。92丙午：四月初八日。93开明：隋末王世充年号（619—621）。94丁未：四月初九日。95御卫将军：军将名。左右御卫的首领称左右御卫将军，从三品。96扬州：州名。治所在今江苏扬州市。97戊申：四月初十日。98太师：官名。西周始置，原为军队的最高统帅。春秋时成为辅弼国君的官。历代相沿以太师、太傅、太保为“三公”，多为大官加衔，表示恩宠，无实际职务。99司空：官名。西周始置，春秋战国沿置，掌管工程。汉成帝时改御史大夫为大司空，后去“大”字，称司空。魏为三公官，参议国事，隋唐沿用。100内史：官名。负责政务。炀帝时改内史为内书。101杜淹（?—628）：

字执礼。隋文帝时累擢御史中丞。唐高祖时为吏部尚书。传见《旧唐书》卷六十六、《新唐书》卷九十六。 ⑩² 少吏部：即吏部侍郎。 ⑩³ 国子助教：官名。晋武帝立国子学，置助教，掌佐博士分经教授。 ⑩⁴ 陆德明（约550—630）：吴县（今江苏苏州市）人。名元朗。高祖时为国子博士。著有《经典释文》。传见《旧唐书》卷一百八十九、《新唐书》卷一百九十八。 ⑩⁵ 束脩礼：弟子事师之礼。脩，干肉。十脩为束。古时初次拜见长辈必执贽以为礼，后人引为致送塾师的礼金。 ⑩⁶ 巴豆散：一种有毒性的药，能使人拉痢。 ⑩⁷ 遗利：即拉痢。利，通"痢"。 ⑩⁸ 阙：宫门前两边供瞭望的楼，泛指帝王的住所。 ⑩⁹ 玄武门：这里的玄武门指洛阳宫城北门。 ⑪⁰ 清道：帝王或大官外出，清除道路，驱逐行人。 ⑪¹ 按辔（pèi）：拉着缰绳。 ⑪² 九重：古代传说天有九重。 ⑪³ 彻：通达。 ⑪⁴ 天位：天子的位子。 ⑪⁵ 门有禁限：为门禁所阻。 ⑪⁶ 西朝堂：唐代的中书省。 ⑪⁷ 东朝堂：唐代的门下省。 ⑪⁸ 条流既烦：条疏很烦杂。

【译文】

三月初一日，梁师都侵犯灵州，唐的灵州长史杨则击退了他。

三月初三日，王世充侵犯谷州，唐的谷州刺史史万宝迎战不利。

三月十一日，隋朝北海郡的通守郑虔符、文登县令方惠整以及东海、齐郡、东平、任城、平陆、寿张、须昌的叛乱首领王薄等人都以各自的属地向唐投降。

王世充侵犯新安，对外表示要攻取城池，实则召集文武官员中附和自己的人商议准备让隋禅让帝位。李世英表示坚决不可以这样做，他说："四方的群雄奔驰而来归附东都，是认为主公能够中兴隋王朝的缘故。如今全国各地，还没有完全平定达到统一，就匆忙地称帝改国号，恐怕远方各地豪杰都想叛离而去了！"王世充说："你说得对！"长史韦节、杨续等说："隋朝的气数已经穷尽，这在天理上已是非常清楚。说到那些非同寻常的事情，本来就不能与一般人商量它。"太史令乐德融说："往年岁长星出现在天空，这是除旧布新的征兆，现在岁星走到角宿、亢宿，亢宿是郑的分野。如果不马上顺应天道，恐怕帝王之气就会消失。"王世充听从了这种意见。外兵曹参军戴胄对王世充说："君臣就像父子，双方休戚与共，明公不如为国家竭尽忠诚，则个人和国家都会平安无事。"王世充用虚假的话表示戴胄的意见不错，但用别的事把他支开。王世充又让群臣商议接受最高等级的九锡，戴胄又坚持进行劝谏，王世充发怒，让他离开东都去做郑州长史，让他和王世充哥哥的儿子王行本镇守虎牢。王世充就让段达等人向隋朝皇泰主提出要求，请对王世充赐予最高等级的九锡。皇泰主说："郑公近来平定了李密，已经官拜太尉，从此以后，就没有特别的功勋，待天下大致平定了，再论此事也不为晚。”段达说：“太尉想要主上给他加赐九锡。”皇泰主端详了段达半天，说：“你们想干什么就随意吧！”三月十二日，段达等人以皇泰主的名义下诏命王世充为相国，让他持有黄金大钺可以自主进行讨伐，又让他总管朝廷的所有政务，爵位晋升为郑王，赐给最高等级的九锡礼仪，郑王在自己的王国中可以设置丞相以下文武百官。

当初，宇文化及任用隋朝的大理卿郑善果为民部尚书，郑善果跟随宇文化及到了聊城，为宇文化及督战，被流箭射中。窦建德攻克聊城后，王琮俘获郑善果，责备他说：“公出身于名臣之家，是隋王室的大臣，为什么替弑君的反贼效命，拼命苦战受伤到如此程度？”郑善果大为惭愧，想自杀，宋正本急忙跑去制止救了他。窦建德对他也不用礼节，于是郑善果逃往相州，唐淮安王李神通把他送到长安。三月十三日，郑善果到达长安，唐高祖对他给予优厚礼遇，拜为左庶子、检校内史侍郎。

齐王李元吉暗示并州的父老前往皇宫门前要求留他在并州，三月十五日，唐高祖又任命李元吉为并州总管。

三月十九日，淮南的五个州都派遣使节前来降唐。

三月二十二日，刘武周侵犯并州。

三月二十三日，唐营州总管邓暠进攻高开道，打败了他。

三月二十五日，王世充派遣他的将领高毗侵犯义州。

东都的道士桓法嗣向王世充献上《孔子闭房记》，称相国王世充应当取代隋王朝自己做天子。王世充大为高兴，任命桓法嗣为谏议大夫。王世充又命人网住各种飞鸟，在丝帛上写字，然后系在这些禽鸟的颈上，自称这是自己要当皇帝的符命而把这些禽鸟放飞。有人得到这些鸟就来献给王世充，也都封给官爵。于是，段达用皇泰主的名义下令，对王世充再次增加特殊的礼仪，王世充多次上表推辞。满朝文武百官都劝王世充称帝，在都堂设下皇帝座位。纳言苏威年纪很大，不便于进宫朝见，王世充认为苏威是隋朝的重臣，想利用他的名望来向百姓炫耀，每次百官劝进，必定把苏威的名字写在第一位。等到了接受皇泰主加赐特殊礼仪的日子，命人扶着苏威让他站在百官之上，然后王世充面朝南方坐在皇帝座位上接受这些礼仪。

夏季，四月，刘武周引来突厥人的军队，驻扎在黄蛇岭，兵势非常强盛，齐王李元吉让车骑将军张达率步兵向对方挑战。张达推辞说兵力太少不可前往，李元吉强行派他出兵，士兵前进到敌阵就全部阵亡。张达愤怒怨恨，四月初二日，张达引来刘武周袭击榆次城，并攻陷了这座城。

唐散骑常侍段确，生性嗜好喝酒，奉诏到菊潭慰劳朱粲。四月初三日，段确趁着酒醉侮辱朱粲说："听说你喜欢吃人肉，人肉是什么滋味？"朱粲回答道："吃喝醉酒的人的肉就像吃酒糟腌的猪肉。"段确发怒，骂道："狂贼投降朝廷，不过是一个奴仆头目罢了，还能吃人肉吗？"朱粲就在席间把段确和几十名随从抓起来，全部用大锅烹煮了，让身边的人分来吃了，朱粲对菊潭进行屠城，随后投奔了王世充，王世充任命他为龙骧大将军。

王世充命令长史韦节、杨续等人以及太常博士衡水人孔颖达制定禅代的礼仪，派段达、云定兴等十几个人进宫禀告皇泰主说："天命不会永恒不变，郑王的功德非常隆盛，希望陛下遵循唐尧、虞舜进行禅位的先例。"皇泰主收起双膝挺起身体手撑案几，发怒说："天下是高祖的天下，如果隋的国运尚未亡绝，这种话不应随便说出来，如果天命已经改变，何必麻烦使用禅让的仪式？你们或者是先皇的旧臣，或者是身居三公高位的大臣，既然说出这种话，朕还指望什么？"神色非常凛冽严峻，在场的人都流出冷汗。退朝后，皇泰主面对着太后流泪。王世充又派人对皇泰主说："如今海内尚未安宁，需要立年长的人做君主，待到天下太平安宁了，就会恢复您的帝位，就像去年对您发过的誓言。"四月初五日，王世充声称遵皇泰主之命，隋禅位于郑，派他的哥哥王世恽把皇泰主幽禁在含凉殿，虽然举行禅让时有王世充三次上表推辞以及皇泰主反复下命敦促劝进的事，但实际上皇泰主全都不知道。王世充派遣众将领带兵进入皇宫进行清理，又派术士用桃汤和苇子火在宫中和中央官府里祓除凶灾。

隋朝的将帅、郡县以及各地起兵的首领前前后后相继而来降唐的，唐高祖下诏任命王薄为齐州总管，伏德为济州总管，郑虔符为青州总管，綦公顺为淮州总管，王孝师为沧州总管。

四月初六日，唐派遣大理卿新乐人郎楚之安抚山东地区，派秘书监夏侯端安抚淮河以东地区。

四月初七日，王世充备好皇帝的全套车驾进入皇宫，登上皇帝宝位，初八日，大赦天下，把年号改为开明。

四月初九日，隋御卫将军陈稜率江都来降唐朝，唐任命陈稜为扬州总管。

四月初十日，王世充立他的儿子王玄应为太子，王玄恕为汉王，其余兄弟以及同宗族中的十九人都封为王。又把皇泰主改称为潞国公。任命苏威为太师，段达为司徒，云定兴为太尉，张仅为司空，杨续为纳言，韦节为内史令，王隆为左仆射，韦霁为右仆射，齐王王世恽为尚书令，杨汪为吏部尚书，杜淹为吏部侍郎，郑颋为御史大夫。王世恽是王世充的哥哥。又任命国子助教吴人陆德明为汉王王玄恕的老师，命汉王王玄恕到陆德明家中送上一束干肉行拜师礼。陆德明认为这是耻辱，吃了泻药巴豆散，卧床说有病，王玄恕进入房内跪在陆德明床前，陆德明对着王玄恕拉痢，到最后也没有和王玄恕说一句话。陆德明，名朗，通常只称字而不称名。

王世充在皇宫前的阙门下及玄武门等处都摆了坐榻，坐在哪里并不固定，亲自接受大臣的奏章上表，有时率人骑马穿行于街市中，也不派人清道，老百姓只是躲避他站在路旁而已，王世充则拉着马缰缓慢行进。他对大臣们说："过去天子深居于宫殿中，民间的情况无法畅通听闻。现在我不是贪图皇帝的宝座，只是想拯救现实的危难，正如一个州的刺史一样，亲自过问众多政务，应当与士人百姓共同评议朝政，还怕宫门有人禁止和限制，现在在宫门外摆下坐榻听取政事，你们应当各自尽心来助我治理朝政。"又命令西厢朝堂用来受理民众的冤情，东厢朝堂接受人们的直言进谏。于是，来向他献策上书的人每天都有数百名，由于文件太多，一一分类非常麻烦，难以全部阅览，几天之后，王世充就不再出宫听政。

【原文】

窦建德闻王世充自立，乃绝之，始建天子旌旗，出警入跸[①]，下书称诏，追谥隋炀帝为闵帝。齐王暕之死也，有遗腹子[②]政道，建德立以为郧公，然犹依倚突厥以壮其兵势。隋义成公主遣使迎萧皇后及南阳公主，建德遣千余骑送之，又传宇文化及首以献义成公主。

丙辰[③]，刘武周围并州，齐王元吉拒却之[④]。戊午[⑤]，诏太常卿李仲文将兵救并州。

王世充将军丘怀义居门下内省，召越王君度、汉王玄恕、将军郭士衡杂妓妾饮博[⑥]，侍御史张蕴古[⑦]弹[⑧]之。世充大怒，令散手[⑨]执君度、玄恕，批其耳数十；又命引入东上阁[⑩]，杖之各数十。怀义、士衡不问。赏蕴古帛百段，迁太子舍人[⑪]。君度，世充之兄子也。

世充每听朝，殷勤诲谕[⑫]，言词重复，千端万绪[⑬]，侍卫之人不胜倦弊，百司奏事，疲于听受。御史大夫苏良谏曰："陛下语太多而无领要[⑭]，计云尔[15]即可，何烦许辞[16]也！”世充默然良久，亦不罪良，然性如是，终不能改也。

王世充数攻伊州，总管张善相[17]拒之；粮尽，援兵不至，癸亥[18]，城陷，善相骂世充极口而死。帝闻，叹曰：“吾负善相，善相不负吾也！”赐其子襄城郡公。

五月，王世充陷义州，复寇西济州[19]。遣右骁卫大将军刘弘基[20]将兵救之。

李轨将安修仁兄兴贵，仕长安，表请说轨，谕以祸福。上曰：“轨阻兵恃险，连结吐谷浑、突厥[21]，吾兴兵击之，尚恐不克，岂口舌所能下乎！”兴贵曰：“臣家在凉州，奕世豪望[22]，为民夷所附；弟修仁为轨所信任，子弟在机近[23]者以十数。臣往说之，轨听臣固善；若其不听，图之肘腋[24]，易矣！”上乃遣之。

兴贵至武威[25]，轨以为左右卫大将军。兴贵乘间说轨曰：“凉地不过千里，土薄民贫。今唐起太原，取函秦[26]，宰制[27]中原，战必胜，攻必取，此殆天启[28]，非人力也。不若举河西归之，则窦融[29]之功复见于今日矣！”轨曰：“吾据山河之固，彼虽强大，若我何！汝自唐来，为唐游说耳。”兴贵谢曰：“臣闻富贵不归故乡，如衣绣夜行，臣阖门受陛下荣禄，安肯附唐！但欲效[30]其愚虑，可否在陛下[31]耳。”于是退与修仁阴结诸胡起兵击轨，轨出战而败，婴城自守。兴贵徇曰[32]：“大唐遣我来诛李轨，敢助之者夷三族！”城中人争出就兴贵。轨计穷，与妻子登玉女台[33]，置酒为别。庚辰[34]，兴贵执之以闻，河西悉平。

邓晓在长安，舞蹈称庆，上曰：“汝为人使臣，闻国亡，不戚[35]而喜，以求媚于朕，不忠于李轨，肯为朕用乎！”遂废之终身。

轨至长安，并其子弟皆伏诛。以安兴贵为右武候大将军、上柱国、凉国公，赐帛万段，安修仁为左武候大将军、申国公。

隋末，离石[36]胡刘龙儿，拥兵数万，自号刘王，以其子季真为太子；虎贲郎将[37]梁德击斩龙儿。至是，季真与弟六儿复举兵为乱，引刘武周之众攻陷石州[38]，杀刺史王俭。季真自称突利可汗[39]，以六儿为拓定王。六儿遣使请降，诏以为岚州[40]总管。

壬午[41]，以秦王世民为左武候大将军、使持节、凉、甘[42]等九州[43]诸军事、凉州总管，其太尉、尚书令、雍州牧、陕东道行台[44]并如故。遣黄门侍郎杨恭仁[45]安抚河西。

丙戌[46]，刘武周陷平遥[47]。

癸巳[48]，梁州总管、山东道安抚副使陈政为麾下所杀，携其首奔王世充。政，茂[49]之子也。

王世充以礼部尚书裴仁基、左辅大将军裴行俨有威名，忌之。仁基父子知之，亦不自安，乃与尚书左丞宇文儒童、儒童弟尚食直长[50]温、散骑常侍[51]崔德本谋杀世充及其党，复尊立皇泰主；事泄，皆夷三族。齐王世恽言于世充曰："儒童等谋反，正为皇泰主尚在故也，不如早除之。"世充从之，遣兄子唐王仁则及家奴梁百年鸩皇泰主。皇泰主曰："更为请[52]太尉，以往者之言[53]，未应至此。"百年欲为启陈，世恽不许；又请与皇太后辞诀[54]，亦不许。乃布席[55]焚香礼佛[56]："愿自今已往，不复生帝王家！"饮药，不能绝，以帛缢杀之，谥曰恭皇帝。世充以其兄楚王世伟为太保[57]，齐王世恽为太傅，领尚书令。

（以上为第六段，写唐高祖平定河西，以及王世充弑皇泰主。）

【注释】

①出警入跸：警，警戒。跸，帝王出行时，开路清道，禁止通行。出警入跸是说出入禁止行人。 ②遗腹子：父死时尚未降生的孩子。 ③丙辰：四月十八日。 ④拒却之：把他打退。 ⑤戊午：四月二十日。 ⑥杂妓妾饮博：与妓女婢妾一起饮酒博戏。 ⑦张蕴古（?—631）：相州（今河南安阳市）人。敏书传，晓世务，唐初文坛名士。太宗即位，上《大宝箴》以讽谏，擢大理丞。后坐事被诛。传见《旧唐书》卷一百九十上。 ⑧弹：弹劾。 ⑨散手：即散手仗，隋时衙内五卫之一。 ⑩东上阁：东都皇宫正殿曰乾阳殿，殿左曰东上阁，右曰西上阁，阁各有门。 ⑪太子舍人：官名。太子宫属，掌管文书。 ⑫殷勤诲谕：教诲不厌其详。 ⑬千端万绪：头绪繁多。 ⑭领要：要领。 ⑮计云尔：指出计策应如何。 ⑯何烦许辞：何用讲许多无用的话。 ⑰张善相（?—619）：襄城（今河南襄城县）人。大业末据许州，后归唐授伊州总管。传见《新唐书》卷一百九十一。 ⑱癸亥：四月二十五日。 ⑲西济州：州名。治所在今河南济源市。 ⑳刘弘基（581—650）：池阳（今陕西泾阳县）人。从高祖举兵太原，引兵先济河，次长安，京师平，功第一。累封夔国公。传见《旧唐书》卷五十八、《新唐书》卷九十。 ㉑突厥：公元6世纪时游牧于中国北部金山（今阿尔泰山）一带的少数民族。广义包括突厥、铁勒各部落，狭义专指突厥。隋开皇二年（582）分裂为东突厥和西突厥。

㉒奕世豪望：累世为豪门望族。㉓机近：机要近密。㉔图之肘腋：肘腋，胳膊肘和夹肢窝。比喻极近的地方。㉕武威：郡名。治所在今甘肃武威市。㉖函秦：函谷关以西全秦之地。㉗宰制：控制。㉘天启：天意。㉙窦融（前16—62）：东汉初扶风平陵（今陕西咸阳西北）人，字周公。累世为河西官吏。新莽末，降刘玄。刘玄败，他联合酒泉、敦煌等五郡，割据河西。后归刘秀，协助攻灭隗嚣，封安丰侯，任大司空。传见《后汉书》卷二十三《窦融传》。㉚效：报效。㉛可否在陛下：可否全由陛下决定。㉜徇曰：对众宣示说。㉝玉女台：李轨于上年筑玉女台。㉞庚辰：五月十三日。㉟戚：忧愁，悲哀。㊱离石：州名。治所在今山西省吕梁市离石区。隋为离石郡，唐为石州。㊲虎贲郎将：武官名。汉置虎贲中郎将、虎贲郎、虎贲校尉等，主宿卫事，历代因之，至唐废。㊳石州：州名。治所在今山西省吕梁市离石区。㊴突利可汗（602—631）：突厥酋长。名什钵苾。始毕可汗嫡子。武德时与太宗深相结。贞观时归附唐朝，授右卫大将军，封北平郡王。传见《旧唐书》卷一百九十四、《新唐书》卷二百一十五。㊵岚州：州名。治所在今山西岚县北之岚城。㊶壬午：五月十五日。㊷凉、甘：皆为州名。凉州，治所姑藏，在今甘肃武威市。甘州，治所在今甘肃张掖市。㊸九州：凉、甘、瓜、鄯、肃、会、兰、河、廓，均为李轨所据之地。㊹行台：晋以后，在地方代表朝廷行尚书省事的机构称行台。㊺杨恭仁（?—639）：隋仁寿中为甘州刺史。归唐封观国公，为凉州总管。传见《旧唐书》卷六十二、《新唐书》卷一百。㊻丙戌：五月十九日。㊼平遥：县名。县治在今山西平遥。㊽癸巳：五月二十六日。㊾茂：陈茂，河东猗氏（今山西临猗）人。传见《隋书》卷六十四。事隋文帝，典机密。㊿尚食直长：官名。隋制，尚食局属殿中省，有奉御，有直长，掌膳羞之事。(51)散骑常侍：官名。在皇帝左右规谏过失，以备顾问。唐代分隶门下省和中书省。在门下省者称左散骑常侍，在中书省者称右散骑常侍。(52)更为请：替我请求。(53)以往者之言：指武德二年（619）王世充对皇泰主所许的诺言。据《旧唐书》卷五十四《王世充传》载，世充使人谓皇泰主曰：“今海内未定，须得长君，待四方安集，复子明辟。必若前盟，义不违负。”(54)辞诀：诀别。(55)布席：把席子铺在地上。(56)礼佛：向佛行礼。(57)太保：官名。周代三公之一，位次于太傅，与太师、太傅合称“三公”，共当宰相之任。隋唐仍沿此称，无实际职务，仅作为大臣的最高荣衔。

【译文】

窦建德听说王世充自立为帝，于是与王世充断绝关系，自己也开始设立天子使用的旗帜，进出都要设警卫实行清道回避。下达的文书称为诏，为隋炀帝追加谥号为隋闵帝。隋的齐王杨暕临死的时候，有一个遗腹子名为杨政道，窦建德把他立为郧公，但是仍然依靠突厥以壮自己的声势。隋朝的义成公主派人来迎接隋朝的萧皇后和南阳公主，窦建德派遣一千多名骑兵护送，又把宇文化及的首级献给义成公主。

四月十八日，刘武周包围并州，齐王李元吉抵抗并击退来敌。二十日，唐下诏命太常卿李仲文带兵救援并州。

王世充的将军丘怀义在门下内省，招来越王王君度、汉王王玄恕、将军郭士衡和歌伎侍女混杂在一起饮酒赌博，侍御史张蕴古上章弹劾他们。王世充知道后大怒，命令散手仗卫士把王君度、王玄恕捉来，打了他们几十个耳光，又下令把他们带入东上阁，各打几十大板。对丘怀义、郭士衡则不问罪。赏给张蕴古一百段丝帛，迁官为太子舍人。王君度是王世充哥哥的儿子。

王世充每次听朝，都对大臣殷勤地进行训谕，言辞重复，千头万绪，让侍卫之人都疲倦得受不了，各部门官吏上奏政事，也对长时间听他训谕感到疲惫。御史大夫苏良劝谏说："陛下的话太多而且没有要点，觉得应该怎样做直接说出来就行了，何必费这么多口舌？"王世充听后沉默了很长时间，也不怪罪苏良，但他的性格就是这样，最终也不能改变。

王世充数次攻打伊州，唐伊州总管张善相进行抵抗，粮食吃光了，而援军还没到来。四月二十五日，伊州城陷落，张善相痛骂王世充而被处死。唐高祖听说后，感慨地说："我对不起善相，善相没有对不起我！"赐给张善相的儿子襄城郡公爵位。

五月，王世充攻陷义州，又侵犯西济州。唐派右骁卫大将军刘弘基带兵救援。

李轨将领安修仁的哥哥安兴贵在长安做官，上表请求前去说服李轨，用祸福关系劝他归顺。唐高祖说："李轨仗恃着军队，凭借险要，联合吐谷浑、突厥，我起兵攻打他，还怕不能取胜，哪里是仅用口舌就可以说服的？"安兴贵回答说："臣的家在凉州，数代都是当地的豪门望族，突厥等族以及百姓都对我附顺，我弟弟安修仁受到李轨的信任，另有十几个子弟在李轨的身边和机要部门任职，臣前去劝说他，李轨听从臣的劝谕当然很好，如果他不听从，在他的身边再想办法解决，就很容易了！"于是，唐高祖派他前往凉州。

安兴贵到达武威，李轨任命他为左右卫大将军。安兴贵找机会劝说李轨："凉州的辖地不过千里，土地贫瘠，百姓贫困。如今唐从太原起兵，夺取了函谷关内的秦地，控制了中原，每战必胜，攻则必取，这大概是上天给他的启示，而不是仅靠人力所能做到的。不如率河西地区归附唐朝，那么汉代窦融的功勋就会重现于今天了！”李轨说：“我凭据着山河的险要牢固，他唐朝虽然强大，能拿我怎么样？你从唐朝来，是为唐朝游说的吧？”安兴贵连忙谢罪说：“我听说人在外富贵了还不回家乡，就像穿着锦绣衣服在夜间行走而不为人所知一样，臣全家享受陛下的荣禄，怎么肯归附唐朝？只不过想献上我的愚蠢想法，可不可行由陛下决定。”于是退下和安修仁暗中联合各处胡人起兵攻打李轨，李轨出战而打了败仗，于是环绕全城进行防守。安兴贵向众人宣告说：“大唐派我来诛灭李轨，有谁敢去帮助他，就诛杀三族。”城中的人争相出城投奔安兴贵。李轨计谋穷尽，和妻子儿女逃到玉女台上，摆下酒宴相互道别。五月十三日，安兴贵捉住李轨，上报朝廷，河西于是全部平定。

李轨的使者邓晓在长安，对唐高祖行礼表示祝贺，高祖说：“你身为人家的使臣，听说自己的国家灭亡，不悲戚反而高兴，向朕献媚，你不忠于李轨，难道还能为朕所用吗？”于是废黜他，终身不加任用。

李轨被押送到长安，与他的儿子兄弟等全部被诛杀。唐任命安兴贵为右武候大将军、上柱国、凉国公，赐给丝帛一万段，任命安修仁为左武候大将军、申国公。

隋朝末年，离石胡人刘龙儿拥兵数万，自己号称刘王，让儿子刘季真为太子，唐虎贲郎将梁德攻击并斩杀刘龙儿。到此时，刘季真与弟弟刘六儿又起兵叛乱，引来刘武周的军队攻陷石州，杀死唐石州刺史王俭。刘季真自称突利可汗，以刘六儿为拓定王。刘六儿派来使节向唐朝请降，唐下诏任命他为岚州总管。

五月十五日，唐任命秦王李世民为左武候大将军，让他持具有军队指挥权的符节，督凉、甘等九州诸军事、凉州总管，原太尉、尚书令、雍州牧、陕东道行台等官职仍旧保留。又派遣黄门侍郎杨恭仁安抚河西地区。

五月十九日，刘武周攻陷平遥。

五月二十六日，唐梁州总管、山东道安抚副使陈政被部下杀死，部下携带他的首级投奔王世充。陈政是陈茂的儿子。

王世充看到礼部尚书裴仁基、左辅大将军裴行俨素有威望名声，对他们十分猜忌。裴仁基父子知道此情后，内心不安，于是与尚书左丞宇文儒童、宇文儒童的弟弟尚食直长宇文温、散骑常侍崔德本谋划杀死王世充及其党羽，重新尊奉皇泰主杨侗为君主，事情泄露，都被王世充诛灭了三族。齐王王世恽对王世充说：

“宇文儒童等人谋反，正是因为皇泰主还活着，不如把皇泰主除掉。”王世充听从这一建议，派他哥哥的儿子唐王王仁则和家奴梁百年去毒死皇泰主。皇泰主杨侗说：“请你们再向太尉请求，按他以前所说的话，不应该到这个地步。”梁百年想为皇泰主向王世充启奏，王世恽不准，皇泰主又请求与皇太后诀别，王世恽也不准。于是，皇泰主设席焚香拜佛祈祷说：“愿从今以后，不再生在帝王家！”就喝下毒药，但还没有马上气绝，王世恽等人就用丝帛带勒死他，死后为他加的谥号为恭皇帝。王世充任命他的哥哥楚王王世伟为太保，齐王王世恽为太傅，兼尚书令。

【原文】

六月，庚子[①]，窦建德陷沧州。

初，易州贼帅宋金刚，有众万余，与魏刀儿连结。刀儿为窦建德所灭，金刚救之，战败，帅众四千西奔刘武周。武周闻其善用兵，得之，甚喜，号曰宋王，委以军事，中分家赀以遗之[②]。金刚亦深自结[③]，出其故妻[④]，纳武周之妹。因说武周图晋阳，南向争天下。武周以金刚为西南道大行台，使将兵三万寇并州。丁未[⑤]，武周进逼介州[⑥]，沙门道澄以佛幡缒之[⑦]入城，遂陷介州；诏左武卫大将军姜宝谊[⑧]、行军总管李仲文击之。武周将黄子英往来雀鼠谷[⑨]，数以轻兵挑战，兵才接，子英阳[⑩]不胜而走，如是再三，宝谊、仲文悉众逐之，伏兵发，唐兵大败，宝谊、仲文皆为所虏。既而俱逃归，上复使二人将兵击武周。

己酉[⑪]，突厥使来告始毕可汗之丧，上举哀于长乐门[⑫]，废朝三日[⑬]，诏百官就馆[⑭]吊其使者，又遣内史舍人郑德挺吊处罗可汗[⑮]，赙[⑯]帛三万段。

上以刘武周入寇为忧，右仆射裴寂请自行。癸亥[⑰]，以寂为晋州[⑱]道行军总管，讨武周，听以便宜从事。

秋，七月，初置十二军[⑲]，分关内诸府以隶焉，皆取天星为名，以车骑府[⑳]统之。每军将、副各一人，取威名素重者为之，督以耕战之务。由是士马精强，所向无敌。

海岱[㉑]贼帅徐圆朗以数州之地请降，拜兖州[㉒]总管，封鲁国公。

王世充遣其将罗士信[㉓]寇谷州，士信帅其众千余人来降。先是，士信从李密击世充，兵败，为世充所得，世充厚礼之，与同寝食。既而得邴元真等，待之如士信，士信耻之。士信有骏马，世充兄子赵王道询欲之，不与，世充夺之以赐道询；士信怒，故来降。上闻其来，甚喜，遣使迎劳，廪食其所部，以士信为陕州[24]道行军总管。世充左龙骧将军临泾[25]席辩与同列杨虔安、李君义皆帅所部来降。

丙子[26]，王世充遣其将郭士衡寇谷州，刺史任瓌大破之，俘斩且尽[27]。

甲申[28]，行军总管刘弘基遣其将种如愿袭王世充河阳城，毁其河桥而还。

乙酉[29]，西突厥统叶护可汗[30]、高昌王麴伯雅各遣使入贡。

初，西突厥曷娑那可汗[31]入朝于隋，隋人留之，国人立其叔父，号射匮可汗[32]。射匮者，达头可汗[33]之孙也，既立，拓地东至金山[34]，西至海，遂与北突厥为敌，建庭于龟兹[35]北三弥山。射匮卒，子统叶护立。统叶护勇而有谋，北并铁勒[36]，控弦[37]数十万，据乌孙[38]故地，又移庭于石国[39]北千泉；西域诸国皆臣之，叶护各遣吐屯[40]监之，督其征赋。

辛卯[41]，宋金刚寇浩州[42]，浃旬[43]而退。

八月，丁酉[44]，酅公薨，谥曰隋恭帝；无后，以族子行基嗣。

窦建德将兵十余万趣洺州[45]，淮安王神通帅诸军退保相州。己亥[46]，建德兵至洺州城下。

丙午[47]，将军秦武通军至洛阳，败王世充将葛彦璋。

丁未[48]，窦建德陷洺州，总管袁子干降之。

乙卯[49]，引兵趣相州，淮安王神通闻之，帅诸军就李世勣于黎阳。

梁师都与突厥合数千骑寇延州[50]，行军总管段德操兵少不敌，闭壁不战，伺师都稍怠，九月，丙寅[51]，遣副总管梁礼将兵击之。师都与礼战方酣，德操以轻骑多张[52]旗帜，掩击其后，师都军溃，逐北二百里，破其魏州，虏男女二千余口。德操，孝先之子也。

萧铣遣其将杨道生寇峡州[53]，刺史许绍[54]击破之。铣又遣其将陈普环帅舟师上峡，规取[55]巴、蜀。绍遣其子智仁及录事参军[56]李弘节等追至西陵[57]，大破之，擒普环。铣遣兵戍安蜀城[58]及荆门城[59]。

先是，上遣开府李靖[60]诣夔州[61]经略[62]萧铣。靖至峡州，阻铣兵，久不得进。上怒其迟留[63]，阴敕[64]许绍斩之；绍惜其才，为之奏请，获免。

己巳[65]，窦建德陷相州，杀刺史吕珉。

民部尚书鲁公刘文静，自以才略功勋在裴寂之右而位居其下，意甚不平。每廷议，寂有所是，文静必非之，数侵侮寂，由是有隙。文静与弟通直散骑常侍[66]文起饮，酒酣怨望[67]，拔刀击柱曰："会当斩裴寂首！"家数有妖，文起召巫于星下被发衔刀为厌胜[68]。文静有妾无宠，使其兄上变告之。上以文静属吏，遣裴寂、萧瑀问状，文静曰："建义之初，忝[69]为司马，计与长史位望略同。今寂为仆射，据甲第[70]；臣官赏不异众人，东西征讨，老母留京师，风雨无所庇[71]，实有觖望[72]之心，因醉怨言，不能自保。"上谓群臣曰："观文静此言，反明白矣。"李纲、萧瑀皆明其不反，秦王世民为之固请曰："昔在晋阳，文静先定非常之策[73]，始告寂知，及克京城，任遇悬隔[74]，令文静觖望则有之，非敢谋反。"裴寂言于上曰："文静才略实冠时人，性复粗险，今天下未定，留之必贻后患。"上素亲寂，低回久之，卒用寂言。辛未[75]，文静及文起坐死，籍没其家[76]。

（以上为第七段，写唐高祖冤杀刘文静，以及全国各地军阀混战。河北窦建德、东都王世充、荆襄萧铣、并州刘武周为最大军阀。）

【注释】

①庚子：六月初三日。 ②中分家赀以遗之：分一半家财送给他。 ③深自结：内心很感激。 ④出其故妻：休掉自己的妻子。 ⑤丁未：六月初十。 ⑥介州：州名。治所在今山西介休市。 ⑦以佛幡縋（zhuì）之：将佛幡悬坠之。 ⑧姜宝谊（?—619）：上邽（今甘肃天水市）人。从高祖太原起兵，历右武卫大将军、永安县公。传见《新唐书》卷八十八。 ⑨雀鼠谷：河谷名。即今山西介休市西南、霍县之北汾河河谷。 ⑩阳：佯。⑪己酉：六月十二日。 ⑫长乐门：长安宫城南面有三门：中曰承天，东曰长乐，西曰永安。 ⑬废朝三日：重臣死，废朝三日、五日或七日，以示哀悼。此制起于隋唐。废朝，亦作辍朝，即停止参朝，不理政事。 ⑭就馆：到其客馆。 ⑮处罗可汗：隋西突厥主，603—611年为可汗。名达漫，号泥撅处罗可汗。从炀帝征高句丽，赐号曷萨那可汗。传见《旧唐书》卷一百九十四、《新唐书》卷二百一十五。 ⑯赙（bù）：赠送财物助人办丧事。 ⑰癸亥：六月十六日。 ⑱晋州：州名。治所在今山西临汾市西南。 ⑲初置十二军：开始设置十二军。据《新唐书·兵志》：以万年道为参旗军，长安道为鼓旗军，富平道为玄戈军，礼泉道为井钺军，同州道为羽林军，华州道为骑官军，宁州道为折威军，岐州道为平道军，豳州道为招摇军，西麟州道为苑游军，泾州道为天纪军，宜州道为天节军。 ⑳车骑府：官署名。隋代府兵制，初定地方军府为骠骑府，有时也设立与骠骑府平行的车骑府。其长官为车骑将军。贞观十一年改称折冲府。 ㉑海岱：谓其

所跨据之地，东至瀛海，西距岱岳。㉒兖州：州名，治所在今山东兖州区。㉓罗士信（594—622）：齐州历城（今山东济南市）人，唐初名将。年十四，助张须陁破起义军于潍水上，后降高祖，拜陕州道行军总管。后以功授绛州总管。传见《旧唐书》卷一百八十七、《新唐书》卷一百九十一。㉔陕州：州名。治所在今河南三门峡市陕州区。㉕临泾：县名。县治在今甘肃镇原县。㉖丙子：七月初十。㉗且尽：将尽。㉘甲申：七月十八日。㉙乙酉：七月十九日。㉚统叶护可汗（?—630）：西突厥可汗。传见《旧唐书》卷一百九十四下、《新唐书》卷二百一十五下。㉛曷娑那可汗：西突厥主。名达漫，号泥撅处罗可汗。传见《旧唐书》卷一百九十四、《新唐书》卷二百一十五。㉜射匮可汗（?—615）：西突厥达头可汗孙。传见《旧唐书》卷一百九十四。㉝达头可汗：西突厥可汗。又称步迦可汗。㉞金山：地名。在今青海西宁市西北。㉟龟兹：古西域国名。在今新疆库车一带。㊱铁勒：古族名。汉称丁零。后音变为敕勒、铁勒等。因所用车轮高大，亦称高车。《隋书》记载铁勒各部分布于东至独洛河（今图拉河）以北、西至西海（今里海）的广大地区，分属东、西突厥。其漠北十五部，以薛延陀与回纥为最著。㊲控弦：谓能射之士。㊳乌孙：古族名。西汉时，分布在今伊犁河和伊塞克湖一带，从事游牧。汉武帝时张骞曾使乌孙。与汉关系密切。后属西域都护。南北朝时乌孙已西迁至葱岭北。辽以后渐与邻族融合。㊴石国：古国名。故地在今乌兹别克共和国塔什干一带。见《北史》《隋书》《新唐书》各《西域列传》，国王姓石，唐时为昭武诸国之一,一度属唐管辖。㊵吐屯：官名。突厥御史之称。㊶辛卯：七月二十五日。㊷浩州：州名。治所在今山西汾阳市。㊸浃（jiā）旬：一旬。浃，遍及，满。㊹丁酉：八月初一。㊺洺州：州名。治所在今河北永年县。㊻己亥：八月初三。㊼丙午：八月初十。㊽丁未：八月十一日。㊾乙卯：八月十九日。㊿延州：州名。治所在今陕西延安市城东延河东岸。51丙寅：九月初一。52张：张设。53峡州：州名。治所在今湖北宜昌市。54许绍：安陆（今湖北安陆市）人。字嗣宗，隋末任夷陵通守。后归唐，授陕州刺史。传见《旧唐书》卷五十九、《新唐书》卷九十。55规取：图取。56录事参军：官名。晋置录事参军，本为公府官，非州郡职。掌总录众曹文簿，举善弹恶。其后刺史领军而开府者亦置，职任甚为亲重，省称为录事。隋唐以录事参军为郡官，相当于汉时州郡主簿之职。57西陵：县名。县治在今湖北宜昌市东南。58安蜀城：北周筑，在今湖北宜昌市西北长江西陵峡口。59荆门城：在今湖北宜都市西北长江边。安蜀城与荆门城均为荆州西南要地。60李靖（571—649）：唐初军事家。本名药师，京兆三原（今陕西三原东北）人。太宗时历任兵部尚书，兼检校中书令。传见《旧唐书》卷六十七、《新唐书》卷九十三。61夔州：州名。治所在今重庆奉节。62经略：筹划经营。63迟留：

迟缓稽留。 ⑭阴敕：暗下敕书。 ⑮己巳：九月初四。 ⑯通直散骑常侍：官名。在皇帝左右规谏过失，以备顾问。往往预闻要政。隋代属门下省，唐代分隶门下省和中书省。 ⑰酒酣怨望：酒喝到畅快的时候发牢骚。 ⑱厌（yā）胜：古代方士的一种巫术，谓能以诅咒制服人或物。 ⑲忝（tiǎn）：自谦之词，犹辱。 ⑳据甲第：据有甲等第宅。 ㉑庇：庇蔽。 ㉒觖（jué）望：因不满意而怨恨。 ㉓文静先定非常之策：指隋恭帝义宁元年（617），刘文静与李世民密谋，乘隋末战乱举兵反隋，夺取天下之事。 ㉔任遇悬隔：任职待遇悬殊。 ㉕辛未：九月初六。 ㉖籍没其家：没收他所有登录的家财。

【译文】

六月初三日，窦建德攻陷沧州。

当初，易州叛军首领宋金刚，有一万多人马，和魏刀儿联合。魏刀儿被窦建德消灭，宋金刚救援魏刀儿，战败，带领四千人马向西投奔刘武周。刘武周听说宋金刚善于用兵，得到他后非常高兴，给他加封号为宋王，将军事大权交给宋金刚，并将自己的财产分出一半送给宋金刚。宋金刚也与刘武周深加交结，休掉原来的妻子，娶了刘武周的妹妹。于是他劝刘武周攻打晋阳，然后南下争夺天下。刘武周任命宋金刚为西南道大行台，让他带领三万兵马侵犯并州。六月初十日，刘武周进逼介州。僧人道澄用佛幡从城上把他拉上城墙，于是刘武周攻陷了介州。唐命左武卫大将军姜宝谊、行军总管李仲文攻击刘武周。刘武周的将领黄子英来往于雀鼠谷，数次率轻装部队向唐军挑战，但是两军才一接战，黄子英就假作打不赢而逃走，几次三番这样做，姜宝谊、李仲文便出动全部兵力追击，对方伏兵出击，唐军大败，姜宝谊、李仲文都被对方俘虏。不久二人都逃了回来，唐高祖又让二人率军攻打刘武周。

六月十二日，突厥使节前来通报始毕可汗去世的讣闻，唐高祖在长乐门为他举行哀悼仪式，废止上朝听事三天，命文武百官到使者居住的宾馆进行吊唁。又派内史舍人郑德挺去见处罗可汗，进行吊唁，并赠送丧礼三万段丝帛。

唐高祖对刘武周的入侵感到担心，右仆射裴寂请求自己单独前往。六月二十六日，唐朝任命裴寂为晋州道行军总管，讨伐刘武周，允许他根据情况临机决断。

秋季，七月，唐初次设置十二军，分为关内诸府，以十二军分别隶属，各军的名称都用天上星宿的名字，由车骑府统领十二军。每军设将军、副将各一人，选择素有很高威望名声的人担任，让他们督察平时的农耕和战时的作战事务。从此以后，唐朝的军队变得精锐强大，对外作战所向无敌。

东海至岱岳之间地区的叛军首领徐圆朗率数州土地请求降唐，唐拜他为兖州总管，封为鲁国公。

王世充派遣他的将领罗士信侵犯谷州，罗士信带领他的一千多人马前来投降。此前，罗士信跟随李密攻打王世充，作战失败，被王世充俘获，王世充对他给予优厚待遇，和他一同就寝进餐。不久王世充又俘获邴元真等人，对待他们如对待罗士信一样，罗士信认为这是耻辱。罗士信有一匹骏马，王世充哥哥的儿子赵王王道询想要这匹马，罗士信不给他，王世充夺去罗士信的骏马赐给王道询，罗士信为此而愤怒，因此前来投降。唐高祖听说罗士信来投降，非常高兴，派人前去迎接慰问，对他的人马给予军粮，任命罗士信为陕州道行军总管。王世充的左龙骧将军临泾人席辩和同僚杨虔安、李君义都率领自己的人马前来降唐。

七月初十日，王世充派遣他的将领郭士衡侵犯谷州，唐谷州刺史任瓌大败郭士衡，郭士衡的人马几乎全被杀死、俘虏。

七月十八日，唐行军总管刘弘基派遣他的将领种如愿袭击王世充部队占据的河阳城，破坏了他们在黄河上设置的渡桥，然后返回。

七月十九日，西突厥统叶护可汗、高昌王麴伯雅分别派遣使节入朝纳贡。

当初，西突厥曷娑那可汗到隋觐见，隋炀帝把他留下了，西突厥人就把曷娑那的叔父立为可汗，称射匮可汗。射匮是达头可汗的孙子，他即位后，开拓疆土东至金山，西到西海，于是就与北突厥为敌，在龟兹以北的三弥山建立王庭。射匮死后，他的儿子统叶护即位为可汗。统叶护有勇又有谋略，向北吞并了铁勒，拥有几十万名可以骑马拉弓的兵士，占据了乌孙国原来的土地，又将王庭迁移到石国之北的千泉，这时西域各国都向他表示臣服，统叶护分别派遣吐屯监管各国，督促他们交纳赋税。

七月二十五日，宋金刚侵犯浩州，十天后撤军。

八月初一日，酅公去世，谥号为隋恭帝，他没有后裔，就让他的同族兄弟之子杨行恭继承为后嗣。

窦建德率兵十余万向洺州进军，淮安王李神通率领各路兵马后退到相州进行防守。八月初三日，窦建德的军队到达洺州城下。

八月初十日，唐将军秦武通的军队到达洛阳，打败了王世充的将领葛彦璋。

八月十一日，窦建德攻陷洺州，唐总管袁子干向他投降。八月十九日，窦建德率军向相州前进，淮安王李神通听说后，率领各路兵马到黎阳与李世勣会合。

梁师都与突厥会合，率数千骑兵侵犯延州，唐行军总管段德操兵力不足抵抗不住，关闭城门不予应战，窥伺梁师都稍有松懈，到九月初一日，段德操派遣副总管梁礼率军攻击梁师都。梁师都与梁礼战斗正为激烈的时候，段德操率轻骑竖起很多旗帜，从背后突然袭击梁师都，梁师都的军队溃败，唐军一路追击两百里，攻克了梁师都的魏州，俘虏了两千多名民众。段德操是段孝先的儿子。

萧铣派他的将领杨道生侵犯峡州，唐刺史许绍击败杨道生。萧铣又派部将陈普环率领水军溯江而上进攻峡州，计划夺取巴、蜀。许绍派他的儿子许智仁和录事参军李弘节等人追到西陵，大败萧铣的军队，活捉陈普环。萧铣派兵守住安蜀城和荆门城。

在此之前，唐高祖派遣开府李靖到夔州经营开拓，李靖到峡州后，被萧铣军队阻挡，久久不能前进。唐高祖对他的停滞不前感到愤怒，暗中下令许绍斩杀李靖，许绍爱惜李靖的才能，替他上奏求情，李靖才免于一死。

九月初四日，窦建德攻陷相州，杀死唐相州刺史吕珉。

唐民部尚书鲁公刘文静，认为自己的才智谋略和功勋都比裴寂高，可职位却在裴寂之下，内心非常愤恨不平。每当在朝堂议政，裴寂表示赞同的，刘文静必定提出非议，还多次欺凌羞辱裴寂，二人因此产生仇隙。刘文静与弟弟通直散骑常侍刘文起一起喝酒，酒喝得酣畅时就有怨恨之气，拔出佩刀砍击柱子，说道："应当斩下裴寂的脑袋！"他家里多次出现妖异怪事，刘文起招来巫师在星光下披散头发、口中衔刀举行驱邪仪式。刘文静有一个侍妾不受宠爱，于是她让其兄长向上告发。唐高祖因为刘文静是老部下，派裴寂、萧瑀询问情况，刘文静说："在太原刚起兵时，我忝任司马之职，算起来与长史的职位、声望大致相当。如今裴寂官为仆射，获得了最优等的府第，臣的官衔和奖赏与一般人没有不同，臣跟随主公东征西讨，老母留在京师，不能庇护她躲避风雨，确实有些怨愤不满的心情，因为喝醉了而口出怨言，不能保护自己。"唐高祖对群臣说："听刘文静说的话，反而事情就明白了。"李纲、萧瑀都表明刘文静没有谋反之意，秦王李世民替他反复求情说："过去在晋阳，刘文静首先为我们拿定了起兵的谋略，然后才告诉裴寂，而攻克京城后，任职待遇却相差巨大，使刘文静产生怨恨之心确实是有的，但他不敢谋反。"裴寂对唐高祖说："刘文静的才智谋略确实超出众人，但他的性情粗疏险恶，如今天下尚未安定，留着他必会产生后患。"唐高祖一向与裴寂亲近，低头想了很久，最终采纳了裴寂的意见。九月初六日，刘文静与他弟弟刘文起因罪被处死，其家产全部被没收。

【原文】

沈法兴既克毗陵，谓江、淮之南指㧑[①]可定，自称梁王，都毗陵，改元延康，置百官。性残忍，专尚[②]威刑，将士小有过，即斩之，由是其下离怨。

时杜伏威据历阳[③]，陈稜据江都，李子通[④]据海陵，俱有窥江表之心[⑤]。法兴军数败；会子通围稜于江都，稜送质求救于法兴及伏威，法兴使其子纶将兵数万与伏威共救之。伏威军清流[⑥]，纶军扬子[⑦]，相去数十里。子通纳言毛文深献策，募江南人诈为纶兵，夜袭伏威营，伏威怒，复遣兵袭纶。由是二人相疑，莫敢先进。子通得尽锐[⑧]攻江都，克之，稜奔伏威。子通入江都，因纵击纶，大破之，伏威亦引去。子通即皇帝位，国号吴，改元明政。丹阳[⑨]贼帅乐伯通帅众万余降之，子通以为左仆射。

杜伏威请降；丁丑[⑩]，以伏威为淮南安抚大使、和州[⑪]总管。

裴寂至介休[⑫]，宋金刚据城拒之。寂军于度索原[⑬]，营中饮涧水，金刚绝之，士卒渴乏。寂欲移营就水，金刚纵兵击之，寂军遂溃，失亡略尽[⑭]；寂一日一夜驰至晋州。先是，刘武周屡遣兵攻西河[⑮]，浩州刺史刘赡拒之，李仲文引兵就之，与共守西河。及裴寂败，自晋州以北城镇俱没，唯西河独存。姜宝谊复为金刚所虏，谋逃归，金刚杀之。裴寂上表谢罪，上慰谕之，复使镇抚河东。

刘武周进逼并州，齐王元吉绐[⑯]其司马刘德威曰："卿以老弱守城，吾以强兵出战。"辛巳[⑰]，元吉夜出兵，携其妻妾弃州奔还长安。元吉始去，武周兵已至城下，晋阳土豪薛深以城纳武周。上闻之，大怒，谓礼部尚书李纲曰："元吉幼弱，未习时事，故遣窦诞、宇文歆辅之。晋阳强兵数万，食支[⑱]十年，兴王之基，一旦弃之。闻宇文歆首画此策，我当斩之！"纲曰："王年少骄逸，窦诞曾无规谏，又掩覆之，使士民愤怨，今日之败，诞之罪也。歆谏，王不悛[⑲]，寻皆闻奏[⑳]，乃忠臣也，岂可杀哉！"明日，上召纲入，升御座曰："我得公，遂无滥刑。元吉自为不善，非二人所能禁也。"并诞赦之。卫尉[㉑]少卿刘政会在太原，为武周所虏，政会密表论武周形势。

武周据太原，遣宋金刚攻晋州，拔之，虏右骁卫大将军刘弘基，弘基逃归。金刚进逼绛州[㉒]，陷龙门[㉓]。

西突厥曷娑那可汗与北突厥有怨；曷娑那在长安，北突厥遣使请杀之，上不许。群臣皆曰："保一人而失一国，后必为患！"秦王世民曰："人穷来归，我杀之不义。"上迟回[24]久之，不得已，丙戌[25]，引曷娑那于内殿宴饮，既而送中书省[26]，纵北突厥使者使杀之。

礼部尚书李纲领太子詹事[27]，太子建成始甚礼之。久之，太子渐昵近[28]小人，疾秦王世民功高，颇相猜忌；纲屡谏不听，乃乞骸骨[29]。上骂之曰："卿为何潘仁长史，乃耻为朕尚书邪[30]！且方使卿辅导建成，而固求去，何也？"纲顿首曰："潘仁，贼也，每欲妄杀人，臣谏之即止，为其长史，可以无愧。陛下创业明主，臣不才，所言如水投石[31]，言于太子亦然，臣何敢久污天台[32]、辱东朝[33]乎！"上曰："知公直士，勉留辅吾儿。"戊子[34]，以纲为太子少保，尚书、詹事如故。纲复上书谏太子饮酒无节，及信谗慝[35]，疏骨肉；太子不怿[36]，而所为如故。纲郁郁不得志，是岁，固称老病辞职，诏解尚书，仍为少保。

淮安王神通使慰抚使张道源镇赵州[37]。庚寅[38]，窦建德陷赵州，执总管张志昂及道源。建德以二人及邢州刺史陈君宾不早下[39]，欲杀之，国子祭酒凌敬谏曰："人臣各为其主用，彼坚守不下，乃忠臣也。今大王杀之，何以励群下[40]乎！"建德怒曰："吾至城下，彼犹不降，力屈就擒，何可舍也！"敬曰："今大王使大将高士兴拒罗艺于易水[41]，艺才至，兴即降，大王之意以为何如？"建德乃悟，即命释之。

乙未[42]，梁师都复寇延州[43]，段德操击破之，斩首二千余级，师都以百余骑遁去。德操以功拜柱国[44]，赐爵平原郡公。鄜州[45]刺史鄜城壮公梁礼战没。

冬，十月，己亥[46]，就加凉州总管杨恭仁纳言；赐幽州总管燕公罗艺姓李氏，封燕郡王。

辛丑[47]，李艺破窦建德于衡水[48]。

癸卯[49]，以左武候大将军庞玉为梁州总管。时集州獠[50]反，玉讨之，獠据险自守，军不得进，粮且尽。熟獠[51]与反者皆邻里亲党，争言贼不可击，请玉还。玉扬言："秋谷将熟，百姓毋得收刈[52]，一切供军，非平贼吾不返。"闻者大惧曰："大军不去，吾曹皆将馁死。"其中壮士乃入贼营，与所亲潜谋，斩其渠帅[53]而降，余党皆散，玉追讨，悉平之。

刘武周将宋金刚进攻浍州[54]，陷之，军势甚锐。裴寂性怯[55]，无将帅之略，唯发使骆驿[56]，趣[57]虞、泰[58]二州居民入城堡，焚其积聚。民惊扰愁怨，皆思为盗，夏县[59]民吕崇茂聚众自称魏王，以应武周，寂讨之，为所败。诏永安王孝基、独孤怀恩、陕州总管于筠、内史侍郎唐俭[60]等将兵讨之。

时王行本犹据蒲反[61]，未下，亦与武周相应，关中震骇。上出手敕[62]曰："贼势如此，难与争锋，宜弃大河以东，谨守关西[63]而已。"秦王世民上表曰："太原，王业所基，国之根本；河东富实，京邑[64]所资，若举而弃之，臣窃愤恨。愿假臣精兵三万，必冀平殄[65]武周，克复汾、晋。"上于是悉发关中兵以益世民所统，使击武周。乙卯[66]，幸华阴[67]，至长春宫[68]以送之。

（以上为第八段，写杜伏威降唐，裴寂讨刘武周不利。）

【注释】

①指㧑（huī）：指挥。 ②专尚：专重。 ③历阳：郡名。治所在今安徽和县。④李子通（?—622）：隋末江淮地区农民起义领袖。东海承（今山东枣庄）人。传见《旧唐书》卷五十六、《新唐书》卷八十七。 ⑤窥江表之心：图谋江外之意。 ⑥清流：县名。县治在今安徽滁州市。 ⑦扬子：县名。县治在今江苏扬州市南扬子桥附近。 ⑧尽锐：以全军精锐之卒。 ⑨丹阳：郡名。治所在今江苏南京市。 ⑩丁丑：九月十二日。⑪和州：州名。治所在今安徽和县。 ⑫介休：县名。县治在今山西介休市。 ⑬度索原：地名。在今山西介休市东南介山下。 ⑭失亡略尽：逃走死亡将尽。 ⑮西河：郡名。治所在今山西汾阳市。 ⑯绐（dài）：欺哄。 ⑰辛巳：九月十六日。 ⑱食支：供给。此处是说培养十年。 ⑲悛（quān）：悔改。 ⑳寻皆闻奏：马上就来上奏。 ㉑卫尉：官名。秦始置，汉时为九卿之一，掌管宫门警卫。魏、晋、南北朝多沿置，北齐称卫尉寺，有卿、少卿各一人。隋时改掌军器、仪仗、帐幕之事。唐因之。 ㉒绛州：州名。治所在今山西闻喜县东北。 ㉓龙门：县名。县治在今山西河津市东南。 ㉔迟回：踌躇。 ㉕丙戌：九月二十一日。 ㉖中书省：官署名。在唐代，中书省与门下、尚书三省同为中央行政总汇，由中书决定政策，通过门下，然后交尚书省执行。 ㉗太子詹事：官名。汉有詹事，掌皇后、太子家中之事。后代"詹事"多专为太子属官。唐置詹事府，有太子詹事、少詹事，统东宫三寺、十率府之政令。 ㉘昵近：亲近。 ㉙乃乞骸骨：旧称大臣辞职为乞骸骨。意思是使骸骨得归葬其乡土。 ㉚耻为朕尚书邪：以做朕的尚书为可耻吗？ ㉛所言如水投石：胡注："言以水投石，虽沾湿而不能受水。"意思是说，自己的话根本不起作用，一点不被采纳。 ㉜天台：即尚书省。 ㉝东朝：即东宫。 ㉞戊

子：九月二十三日。㉟谗慝（tè）：邪恶，邪恶之人。㊱怿（yì）：喜悦。㊲赵州：州名。治所在今河北赵县。㊳庚寅：九月二十五日。㊴不早下：不早投降。㊵群下：群臣。㊶易水：水名。源出于今河北易县境。㊷乙未：九月三十日。㊸延州：州名。治所在今陕西延安市城东延河东岸。㊹柱国：官名。战国时楚、赵等国设置，原为保卫国都之官。隋设上柱国及柱国，以酬功勋。唐以后为勋官的名称。㊺鄜州：州名。治所在今陕西富县。㊻己亥：十月初四。㊼辛丑：十月初六。㊽衡水：县名。县治在今河北衡水市西。㊾癸卯：十月初八。㊿集州獠（lǎo）：集州治所在今四川南江县。獠，是当地的少数民族。51熟獠：靠近唐边境者称为熟獠，远者为生獠。52刈（yì）：割。53渠帅：大帅。54浍州：州名。治所在今山西翼城县。55性怯：生性胆怯。56发使骆驿：派使者相继不绝。骆驿，同“络绎”。57趣：催促。58虞、泰：虞，州名。治所在今山西运城市东北安邑。泰，州名。治所在今山西河津市东南。59夏县：县名。县治在今山西夏县西北禹王城。60唐俭（578—656）：晋阳（今山西太原）人，字茂系。初为天策府长史，封莒国公。贞观初为民部尚书。传见《旧唐书》卷五十八、《新唐书》卷八十九。61蒲反：县名。秦为蒲坂县，西汉时一度改为蒲反县。县治在今山西永济市西南蒲州镇。62手敕：皇帝亲手所书之敕。63关西：秦、汉、唐等时代泛指故函谷关（今河南灵宝市东北）或今潼关以西地区。64京邑：京城、京师。65殄（tiǎn）：灭。66乙卯：十月二十日。67华阴：县名。治所在今陕西华阴市东南。68长春宫：北周武帝置，在今陕西大荔县朝邑镇西北。

【译文】

沈法兴攻克毗陵之后，认为江淮以南的地区只要自己发出指令就可以平定，于是自称梁王，在毗陵建都，把年号改为延康，设置文武百官。沈法兴性情残忍，专门崇尚严刑峻法，将士有一点小过错，就立即斩首，因此他的部下产生叛离怨恨之心。

当时杜伏威占据历阳，陈稜占据江都，李子通占据海陵，都有窥伺江南的意图。沈法兴的军队几次战败，正好此时李子通包围了江都的陈稜，陈稜送来人质向沈法兴和杜伏威求救。沈法兴让他儿子沈纶率兵数万与杜伏威一同救援陈稜。杜伏威驻扎在清流县，沈纶驻扎在扬子县，相隔数十里。李子通的纳言毛文深献计，招募江南人伪装成沈纶的士兵，夜晚袭击杜伏威的军营，杜伏威为之愤怒，于是派兵袭击沈纶。因此二人相互猜疑，谁也不敢首先进军。李子通得以集中全部精锐兵力攻打江都，终于攻下了江都城，陈稜投奔杜伏威。李子通进入江都，乘势挥兵进攻沈纶，大败沈纶，杜伏威也带领军队撤走。李子通登上皇帝宝座，国号为吴，年号改为明政。丹阳叛军的首领乐伯通率领部下一万多人投降李子通，李子通任命乐伯通为左仆射。

杜伏威向唐朝请求投降，九月十二日，唐任命杜伏威为淮南安抚大使、和州总管。

裴寂到达介休，宋金刚凭借城池进行抵抗。裴寂让军队驻扎在度索原，军营中饮用山涧的溪水。宋金刚就切断了水源，唐军士兵又渴又乏。裴寂想迁移军营靠近水源，宋金刚趁机出兵进攻，裴寂的军队于是溃败，几乎使军队全部损失和伤亡，裴寂跑了一天一夜逃到晋州。在此之前，刘武周屡次派兵攻打西河，唐浩州刺史刘赡加以抵抗，李仲文率军与之会合，与刘赡共同守卫西河。等到裴寂战败，晋州以北的城镇全部丧失，只有西河单独得以保存。姜宝谊又被宋金刚俘虏，计划逃回，宋金刚就杀死了他。裴寂上书谢罪，唐高祖安慰劝导他，又让他镇抚河东。

刘武周进逼并州，齐王李元吉欺骗他的司马刘德威说："你带领老弱守城，我带强兵出城作战。"九月十六日，李元吉在夜里出兵，携带妻妾放弃并州，逃回长安。李元吉刚一离开，刘武周的大军就已抵达城下，晋阳当地豪强薛深将城池献给刘武周，让他进城。唐高祖闻讯大为震怒，对礼部尚书李纲说："李元吉年幼弱小，不熟悉实际事务，所以才派窦诞、宇文歆辅佐他。晋阳有几万强兵，粮食够吃十年，是王业兴起的根基，一个早上就放弃了。听说宇文歆首先提出这个计策，我当要斩他！"李纲说："齐王年轻而骄狂放逸，窦诞不曾有所规谏，反而为他掩饰，使百姓愤怒，今天的失败，是窦诞的罪过。宇文歆劝谏，齐王不改，不久就把情况上奏朝廷，乃是忠臣，怎么可以杀掉呢？"第二天，唐高祖召见李纲进入皇宫，登上御座说："我得到了你，才没有滥施刑罚。元吉自己不干善事，不是窦诞、宇文歆二人所能禁止的。"于是连窦诞一起赦免。卫尉少卿刘政会在太原，被刘武周俘虏，刘政会秘密上表论说刘武周方面的情况和形势。

刘武周占据太原，派宋金刚进攻晋州，攻下晋州城，俘虏了唐右骁卫大将军刘弘基，刘弘基逃回。宋金刚进逼绛州，攻陷龙门县。

西突厥曷娑那可汗与北突厥有仇怨。曷娑那在长安，北突厥派使节前来请求杀死曷娑那，唐高祖不答应。群臣都说："保护了一个人而失去一个国家，今后必定成为祸患！"秦王李世民说："别人无路可走前来投奔，我们杀他就是不义。"唐高祖犹豫了很长时间，不得已，九月二十一日，请曷娑那在内殿设宴饮酒，然后把他送到中书省，北突厥的使者杀了他。

礼部尚书李纲兼任太子詹事，太子李建成起初对他十分尊重。时间长了，太子逐渐亲近小人，嫉妒秦王李世民功高，相互之间颇为猜忌，李纲屡次对李建成进行劝谏却都不被听从，于是李纲请求告老退休。唐高祖骂他说："你当何潘仁的长史，现在以当朕的尚书为耻辱吗？况且正让你辅导建成，却一再要求告老退休，这是什么原因？"李纲叩头谢罪说："何潘仁是叛贼，经常想乱杀人，我劝谏了他就停止不杀，做他的长史，可以无愧。陛下是创立帝业的明主，臣没有才能，说的话如同用水泼石头，石头虽被水打湿，可不能容纳水，臣对太子的规劝也是同样，臣怎敢长期玷污皇帝的府台，而使东宫蒙受耻辱呢？"唐高祖说："朕知道你是正直之士，请你勉力留下辅导我儿子。"九月二十三日，任命李纲为太子少保，礼部尚书、太子詹事的官职依旧保留。李纲又上书批评太子李建成饮酒没有节制，以及信任谄媚邪恶之人，疏远骨肉兄弟。太子李建成对此很不高兴，所作所为依然如故。李纲非常郁闷亦不得志，这一年，一再提出因为自己年老多病而要求辞职，唐高祖下诏解除他的尚书职务，仍然担任太子少保。

淮安王李神通让慰抚使张道源镇守赵州。九月二十五日，窦建德攻陷赵州，捉住唐总管张志昂及张道源。窦建德因为他们二人以及邢州刺史陈君宾没有尽早投降，打算杀了他们。国子祭酒凌敬劝谏说："人臣各为其主而效力用命，他们坚守城池不投降，乃是忠臣。现在大王杀他们，用什么来激励部下呢？"窦建德发怒说："我到了城下，他们还不投降，力量用尽才被擒，怎么能放过他们？"凌敬说："现在大王派大将高士兴在易水抵御罗艺，罗艺一到城下，高士兴就投降，大王认为怎样？"窦建德于是醒悟，立即下令释放张志昂和张道源不杀。

九月三十日，梁师都再次侵犯延州，段德操打败了他，斩首两千多人，梁师都只率一百多名骑兵逃掉。段德操因战功拜为柱国，赐予爵位为平原郡公。鄜州刺史鄜城壮公梁礼战死。

冬十月初四日，唐对凉州总管杨恭仁加官纳言，赏赐幽州总管燕公罗艺姓李，封为燕郡王。

十月初六日，李艺在衡水打败窦建德。

十月初八日，唐任命左武候大将军庞玉为梁州总管。当时集州獠民反叛，庞玉讨伐他们，獠民占据险要进行防守，唐军不能前进，军粮即将吃光。靠近边境的熟獠与反叛的獠民都是邻里的乡亲，争相进言说反叛的獠民不可攻击，请求庞玉回军。庞玉故意扬言说："秋天的庄稼即将成熟，百姓不得收割，全部都要供给军队，不平定叛贼我不撤军。”人们听说此言都大为惊恐，说：“大军不走，我们都要饿死。”其中的壮士便进入反叛的獠人营地，和亲近反叛獠人暗中谋划，杀了反叛獠军的头领投降唐军，剩余的叛军也全部溃散，庞玉追击讨伐，全部平定了反叛。

刘武周的将领宋金刚进攻浍州，攻陷浍州城，军势甚为勇锐。裴寂性格怯懦，没有将帅的谋略，只有不断派出使者，催促虞州、泰州的居民进入城堡，焚毁他们积蓄的物资。百姓受到惊吓扰乱而忧愁抱怨，都想当反叛的盗贼。夏县的百姓吕崇茂聚众自称魏王，响应刘武周，裴寂讨伐他，被吕崇茂打败。唐下诏命令永安王李孝基、工部尚书独孤怀恩、陕州总管于筠、内史侍郎唐俭等人带兵前来讨伐吕崇茂。

当时，王行本还占据着蒲反城，尚未被攻下，也与刘武周相互呼应，关中为此而震动惊骇，唐高祖下亲笔敕书说：“叛贼势头到了如此地步，很难与他们争锋，宜放弃黄河以东地区，只能小心防守关西地区而已。”秦王李世民上表说：“太原是帝王大业的根基，国家的根本，河东地区富饶丰实，京城需要河东地区供给物资，如果一举放弃，臣私下深感愤恨。希望给臣三万精兵，一定有希望平定消灭刘武周，收复汾州、晋州。”于是，唐高祖征发关中所有兵力以增加李世民统率的部队，让他攻击刘武周。十月二十日，唐高祖驾临华阴，至长春宫为秦王送行。

【原文】

窦建德引兵趣卫州。建德每行军，常为三道，辎重、细弱居中央，步骑夹左右，相去三里许。建德以千骑前行，过黎阳三十里，李世勣遣骑将丘孝刚将三百骑侦[①]之。孝刚骁勇，善马槊[②]，与建德遇，遂击之，建德败走；右方兵救之，击斩孝刚。建德怒，还攻黎阳，克之，虏淮安王神通，李世勣父盖、魏徵及帝妹同安公主。唯李世勣以数百骑走渡河，数日，以其父故，还诣[③]建德降；卫州闻黎阳陷，亦降。建德以李世勣为左骁卫将军，使守黎阳，常以其父盖自随为质。以魏徵为起居舍人[④]。滑州刺史王轨奴杀轨，携其首诣建德降。建德曰：“奴杀主大逆，吾何为受之！”立命斩奴，返其首于滑州。吏民感悦，即日请降。于是其旁州县及徐圆朗等皆望风归附。己未[⑤]，建德还洺州，筑万春宫，徙都之。置淮安王神通于下博[⑥]，待以客礼。

行军总管罗士信帅勇士夜入洛阳外郭，纵火焚清化里而还。壬戌[7]，士信拔青城堡[8]。

王世充自将兵徇地[9]至滑台，临黎阳；尉氏[10]城主时德叡、汴州[11]刺史王要汉、亳州[12]刺史丁叔则遣使降之。以德叡为尉州刺史。要汉，伯当之兄也。

夏侯端至黎阳，李世勣发兵送之，自澶渊[13]济河，传檄[14]州县，东至于海，南至于淮，二十余州，皆遣使来降。行至谯州[15]，会汴、亳降于王世充，还路遂绝。端素得众心，所从二千人，虽粮尽不忍委去，端坐泽中，杀马以飨士，因嘘唏谓曰："卿等乡里皆已从贼，特以[16]共事之情，未能见委[17]。我奉王命，不可从卿；卿有妻子，无宜效我。可斩吾首归贼，必获富贵。"众皆流涕曰："公于唐室非有亲属，直以忠义，志不图存。某等虽贱，心亦人也，宁肯[18]害公以求利乎！"端曰："卿不忍见杀，吾当自刎。"众抱持之，乃复同进[19]，潜行五日，馁死及为贼所击奔溃相失[20]者太半[21]，唯余五十二人同走，采雷豆[22]生食之。端持节未尝离身，屡遣从者散，自求生，众又不可。时河南之地皆入世充，唯杞州刺史李公逸为唐坚守，遣兵迎端，馆给之[23]。世充遣使召端，解衣遗[24]之，仍送除书[25]，以端为淮南郡公、尚书少吏部[26]。端对使者焚书毁衣，曰："夏侯端天子大使，岂受王世充官乎！汝欲吾往，唯可取吾首耳。"因解节旄怀之，置刃于竿，自山中西走，无复蹊径，冒践荆棘，昼夜兼行，得达宜阳[27]，从者坠崖溺水，为虎狼所食，又丧其半；其存者鬓发秃落，无复人状。端诣阙见上，但谢无功，初不自言艰苦，上复以为秘书监。

郎楚之[28]至山东，亦为窦建德所获，楚之不屈，竟得还。

王世充遣其从弟世辩以徐[29]、亳之兵攻雍丘，李公逸遣使求救，上以隔贼境，不能救。公逸乃留其属李善行守雍丘，身帅轻骑入朝，至襄城，为世充伊州刺史张殷所获，世充谓曰："卿越郑[30]臣唐，其说安在[31]？"公逸曰："我于天下，唯知有唐，不知有郑。"世充怒，斩之。善行亦没。上以公逸子为襄邑公。

甲子[32]，上祠华山[33]。

（以上为第九段，写夏侯端历尽艰辛还唐。）

【注释】

①侦：侦察。 ②马槊（shuò）：兵器。唐初诸将军于马上常用的马矛。矛长丈八曰槊。 ③诣：到……去。 ④起居舍人：官名。隋代于内史省（中书省）设起居舍人二员，唐又于门下省和中书省分别设起居郎和起居舍人分掌侍从皇帝、记录皇帝言行事。 ⑤己未：十月二十四日。 ⑥下博：县名。县治在今河北深州市东南。 ⑦壬戌：十月二十七日。 ⑧青城堡：胡注："盖因青城宫为堡。"青城宫在今河南洛阳市西北。⑨徇地：攻取土地。谓率军队巡行各地，使之降服。 ⑩尉氏：县名。县治在今河南尉氏县。 ⑪汴州：州名。治所在今河南开封市西北。 ⑫亳州：州名。治所在今安徽亳州市谯城区。 ⑬澶渊：县名。隋开皇十六年置澶渊县，县治在今河南濮阳县西。 ⑭檄：古代用来征召、声讨的文书。 ⑮谯州：州名。治所在今安徽宿州市西。 ⑯特以：但因。⑰未能见委：不能放弃（我）。 ⑱宁肯：岂肯、哪肯。 ⑲同进：一同进发。 ⑳相失：相散失。 ㉑太半：大半。 ㉒藰（láo）豆：野豆。 ㉓馆给之：使居于客馆并供给其资粮。 ㉔遗（wèi）：给予、赠送。 ㉕除书：任命的文书，如今天的委任状。 ㉖尚书少吏部：《旧唐书·夏侯端传》作"吏部尚书"，此则为吏部侍郎，两书有异。 ㉗宜阳：县名。县治在今河南宜阳县西。 ㉘郎楚之：名颖，字楚之。定州新乐（今河北新乐市）人。隋大业中为尚书民曹郎。唐武德初为大理卿，参与撰定律令。受诏招谕山东，被窦建德所获，英勇不屈。贞观初卒，年八十。事迹见《旧唐书》卷一百八十九、《新唐书》卷一百九十九。 ㉙徐：徐州，治所在今江苏徐州市。 ㉚越郑：逾越郑国。 ㉛其说安在：道理何在。 ㉜甲子：十月二十九日。 ㉝华山：山名。五岳之一，在今陕西华阴市南。

【译文】

窦建德带兵向卫州进军。窦建德每次行军都将部队分为三路，辎重、弱小为中央一路，步兵骑兵夹在两边，相隔三里左右。窦建德率一千名骑兵走在前面，走过黎阳三十里，李世勣派遣骑兵将领丘孝刚率领三百名骑兵侦察窦建德的军情。丘孝刚骁勇善战，善于骑马使用长枪，和窦建德遭遇，便攻击窦建德，窦建德败退，右路兵马前来救援，进攻并斩杀了丘孝刚。窦建德大怒，回头攻打黎阳，攻克黎阳城，俘虏唐淮安王李神通、李世勣的父亲李盖、魏徵以及唐高祖的妹妹同安公主。只有李世勣率数百骑兵逃走渡过黄河，数天后，李世勣因为父亲被俘，返回黎阳向窦建德投降。卫州听说黎阳陷落，也投降了窦建德。窦建德任命李世勣为左骁卫将军，命他守卫黎阳，经常把李世勣的父亲李盖作为人质带在身边。又任命魏徵为起居舍人。唐滑州刺史王轨的奴仆杀死王轨，携带王轨的首级来向窦建德投降。窦建德说：“奴仆杀死主人是大逆不道，我怎能接受他？”立即下令斩杀了这个奴仆，将王轨的首级送回滑州。滑州的官吏和百姓为之感动而喜悦，当天就请求投降。于是附近的州县以及徐圆朗等人都望风归附。十月二十四日，窦建德返回洺州，修建万春宫，将夏国都城迁到洺州。窦建德将唐淮安王李神通安置在下博，用宾客的礼节对待他。

唐行军总管罗士信率领勇士夜晚进入洛阳外城，放火焚烧清化里然后返回营地。十月二十七日，罗士信攻下青城堡。

王世充亲自带领兵马攻占扩张地盘到了滑台，逼近黎阳。唐尉氏城主时德叡、汴州刺史王要汉、亳州刺史丁叔则派出使节向王世充投降。王世充任命时德叡为尉州刺史。王要汉是王伯当的哥哥。

夏侯端来到黎阳，李世勣发兵护送他，从澶渊渡过黄河，传送檄文到各个州县，于是东至大海，南到淮河，二十多个州都派使者前来投降。夏侯端走到谯州，正好汴州、亳州投降了王世充，返回的道路于是断绝。夏侯端一向能得人心，随从他的人员有两千人，虽然粮食吃光了，但也不忍心丢下他离去，夏侯端坐在沼泽中，杀了马匹犒劳士兵，于是非常感慨地对他们说：“你们的家乡都已投降了叛贼，只是因为与我共事的情分，不能丢下我。我奉王命，不能随你们去，你们有妻子儿女，不宜效仿我。可以砍下我的首级投降叛贼，一定能得到富贵。”众人都流泪说：“你与唐王室没有亲属关系，只是靠着忠义，立志不求自保。我们虽然是卑贱之人，也有人心，怎能杀害你以求得利益呢？”夏侯端说：“你们不忍心杀我，我当自刎而死。”众人抱住他，于是又一起前进，秘密地行军五天，两千人中饿死以及被王世充军队攻击逃散而失去联系的超过了一大半，只剩下五十二个人与他同行，采摘野豆生着吃。夏侯端拿着出使的节杖始终不离开身边，屡次让随从离去，自求生路，众人还是不同意。当时河南地区都在王世充的控制之下，只有杞州刺史李公逸为唐朝坚守城池，李公逸派兵迎接夏侯端，供给住处与饮食。王世充派人招降夏侯端，还脱下自己的衣服送给他，并送去封官的文件，任命夏侯端为淮南郡公、尚书少吏部。夏侯端当着使者的面焚烧文件、撕毁衣服，说：“夏侯端是天子派出的大使，怎能接受王世充的官职？你想我前去，只能取了我的首级！”于是解下出使节杖的旄头放入怀中，将刀插在节杖的竿上，从山中向西走，已经没有大小路径，踏着荆棘，昼夜兼程，得以到达宜阳，随行的人有的坠崖，有的溺水，有的被虎狼吃掉，又丧失了一半，活下来的人都已头发脱落，不成人样。夏侯端到皇宫阙门来见皇上，只说有罪而没有功劳，丝毫不提路上的艰苦，唐高祖仍然任命他为秘书监。

郎楚之出使到山东，也被窦建德俘获。郎楚之不屈服，最终得以返回长安。

王世充派遣他的堂弟王世辩率徐州、亳州的军队攻打雍丘，李公逸派出使节向唐求救，唐高祖因为雍丘与关中隔着敌人占领的地区，无法前去救援。李公逸于是留下他的下属李善行守着雍丘，自己率领轻骑前来京城，走到襄城，被王世充的伊州刺史张殷抓获，王世充对他说："你越过郑国向唐称臣，其道理在哪里？"李公逸回答："我对于天下，只知道有唐，不知道有郑。"王世充大怒，杀了李公逸。李善行也战死。唐高祖封李公逸的儿子为襄邑公。

十月二十九日，唐高祖祭祀华山。

【评析】

刘文静之死

刘文静是唐朝开国功臣，他的死会带给我们什么样的启迪呢？刘文静，字肇仁，祖籍彭城（今江苏徐州）人，后居京兆武功（今属陕西）。祖父刘懿，北周时历官石州（今山西离石），其父刘韶，隋时战没，赠上仪同三司。刘文静十四岁出仕，因其父身死王事，袭仪同三司。史称刘文静"伟姿仪，有器干，倜傥多权略"。四十岁以后，为官晋阳令。

刘文静任晋阳令时，隋王朝已风雨飘摇，刘文静暗结豪杰，察观时变，常与晋阳宫副监裴寂深交，时常谈论局势。刘文静对裴寂说："天下乱离，时事可知，你我二人相得，何愁没有一试身手的机会？"显然，刘文静希望成为乱世英雄。

大业十三年（617），唐国公李渊被隋炀帝任命为太原留守。李渊认为这是"天下之授"，他对李世民说："今我来斯，是为天与，与而不取，祸将斯及。"所以，李渊一到太原就广积恩信，这被刘文静看在眼里。刘文静对裴寂说："我看二郎（指李世民）其人，大度类于汉高，神武同于魏祖，其年虽少，必为匡世之才。"于是，刘文静与李渊父子"深自结托"，并带动裴寂赞助李氏父子。李渊晋阳起兵，刘文静首功。其后，刘文静奉使北连突厥，随征关中，东据潼关，西平陇右，为李唐王朝建立了卓越的功勋。

刘文静首建非常之功，但其地位始终在裴寂之下，时间一久，两人产生了矛盾，每次朝议廷争"寂有所是，文静必非之"，而唐高祖始终亲信裴寂，刘文静于是牢骚满腹，免不了口出怨言。有一次，刘文静与其弟通直散骑常侍刘文起在一起饮酒，酒至半酣，刘文静拔刀击柱说："必当斩裴寂首。"刘文静的一个爱妾失宠，便将此言告诉其兄，妾兄便以谋反罪诬告刘文静，唐高祖派裴寂与萧瑀审案。刘文静直言不讳地说："起义之初，忝为司马，计与长史位望略同。今裴寂身居仆射，而臣赏不异众人，东征西讨，家口无托，故有觖望之心，酒后出了怨言。"朝臣李纲、萧瑀为刘文静辩护，秦王李世民也再三固请，认为刘文静"定非常之功"，只是口出怨言，而不是谋反。裴寂却说："文静才略，实冠时人，性复粗险，急不思难，丑言悖逆，其状已彰，当今天下未定，外有强敌，今若赦之必留后患。"刘文静教唆李渊反隋，成了李渊的心头之病，刘文静因功未封，本来就是唐高祖疏远的迹象。唐高祖心知刘文静蒙冤，也必杀之。武德二年（619）九月初六日，刘文静兄弟被诛杀，其家被籍没。死时，刘文静时年五十二岁。

刘文静是促使李唐王朝建立的一位重要人物，是开国元勋，由于贪恋权位、争宠受谗被冤杀，实在可惜。专制帝王反复无常，谋反者深受猜忌，刘文静的下场既可悲，又令人深思。

附录　人物新传

隋文帝杨坚传

一、欺孤负寡　建立隋朝

杨坚是弘农华阴（今陕西华阴）人，其父杨忠，随周太祖宇文泰在关西起兵，是北周开国功臣、府兵十二大将军之一，赐姓普六茹氏，封隋国公。

西魏大统七年（541）六月十三日，杨坚出生于冯翊般若寺，相传当时有个尼姑，深异杨坚“长相”奇特，将他安顿到尼姑庵，亲自抚养长大。杨坚十四岁时，被京兆尹薛善推荐当了一名功曹小官，从此开始从政。周武帝即位后，升任隋州刺史，进位大将军。后随周武帝平齐，屡立战功。宣帝即位，征拜上柱国、大司马。杨坚的妻子独孤氏，是鲜卑大贵族、柱国大将军独孤信之女，其女儿又是周宣帝的皇后，因此杨坚在北周政权中有很高的地位。大象二年（580），周宣帝死，继位的周静帝年仅八岁，杨坚以大丞相的身份辅政，掌握了北周的军政大权。杨坚辅政后，北周的地方大员相州（今河南安阳）总管尉迟迥、郧州（今湖北安陆）总管司马消难、益州（今四川成都）总都王谦先后起兵反对，但不久即被平定。在朝廷内，北周宗室诸王也谋划推翻杨坚，结果均遭杀戮。杨坚在镇压了反对自己的各种势力后，依恃国丈身份，欺孤负寡，于大象三年（581）废周静帝自立，建国号为隋（以父杨忠封隋国公，因改国号为“随”，又恶“随”字带“走之”，故去“走之”为“隋”），改元开皇，仍都长安，是为隋文帝。

二、攻灭陈朝　南北统一

杨坚即位后，便积极准备灭掉江南的陈朝，以实现南北统一。为此，他坚持改革，调整了民族关系，发展了北方的经济，增强了军事力量，打破了南北长期对峙的局面。开皇七年（587），杨坚首先灭掉建都江陵（今湖北江陵）的后梁，扫除了向江南进军的障碍。开皇八年（588）杨坚命儿子杨广领兵五十一万八千，大举攻陈。这时陈的政治腐败已达极点，陈后主（陈叔宝）荒淫无度，日夜同妃嫔佞臣赋诗、纵酒作乐，过着醉生梦死的生活。他善于作宫体诗，其内容充满了花月、酒色、脂粉的气味。他的《玉树后庭花》《三妇艳》便是代表作。他的诗和他这个人一样的腐朽糜烂。杨坚在大举攻陈前，曾下伐陈诏，历数陈后主的二十条罪恶，并书写三十万份，遍撒江南各地。隋师进军十分顺利，行军元帅杨素很快击败长江两岸的敌军，迅即渡过三峡。秦王杨俊率部屯驻汉口，控制了长江上游。当隋朝大兵临江时，陈朝边将飞章告急，陈后主还毫不在意，认为“王气在此，齐兵三来，周师再来，无不摧败，彼何为者耶”。坚信“长江天堑，自古就由它隔断南北”，以边将的火急军报为贪功妄言，不予理睬，这就为隋军迅速推进敞开了大门。开皇九年（589）正月初一日，隋将韩擒虎、贺若弼率兵渡江，分两路进攻陈都建康（今江苏南京）。当时建康尚有守兵十余万，但陈后主不晓兵事，只知日夜啼泣；佞臣施文庆怕将士立功，于己不利，诸将凡有献策，施文庆便千方百计阻挠陈后主采纳。如隋将贺若弼进攻京口时，陈将萧摩诃即请率兵迎战，陈后主不许。贺军已到钟山时，摩诃又建议：“弼悬军深入，垒堑未固，出兵掩袭，保证成功。”后主又不允。陈将任忠献计：“给臣精兵一万，金翅船三百艘，顺江而下，掩击六合……断彼归路，则诸军不击自去。”陈后主还是不听。结果，隋军很快攻陷建康。陈叔宝在隋军入城后，慌忙挟宠妃张丽华及孔贵妃躲进宫内枯井里，被隋军用绳子拉上来，当了俘虏，陈朝灭亡。陈亡以后，杨坚又使岭南（今广东广西一带）也很快地归附隋朝。岭南地方首领冼夫人是南朝梁高凉（今广东阳江西）太守冯宝之妻，所统部落有十余万家，实力很强。冯宝死，陈朝亡后，她受到岭南数郡的拥戴，杨坚派遣韦洸安抚岭南，她即派人迎接韦洸入广州，于是岭南尽入隋朝版图，杨坚册封她为谯国夫人。这样，自东汉末年以来近四百年的分裂局面结束了，全国复归于统一。

三、励精图治　锐意改革

杨坚在取得政权及统一全国后，为了加强中央集权的统治，巩固国家的统一，在政治、经济、军事等方面进行了一系列改革。

在政治方面，杨坚的改革，集中体现在扼制南朝世族、改革官职、改革法律和创立科举制度四个方面。

（一）扼制南朝世族势力

杨坚在灭亡陈朝后将陈朝的皇室大臣及豪族等迁入长安。被迁者自陈后主以下，大小官、商人等在路五百余里，络绎不绝。这些南方豪族离开原来乡土以后，他们的力量便大为削弱下来。接着杨坚又派杨素率兵镇压了南方各地豪族发动的叛乱，彻底击溃了陈朝的残余力量，给予南朝的门阀世族以沉重打击。

（二）改革官制

杨坚即位后，在中央机构方面，宣布废除北周仿效《周礼》的六官制，将两汉、魏晋、南朝各代的中央职官做了一次大综合，废丞相而不设，将过去的相权一分为三，划分了明确的职责范围，建立了三省六部制：内史省（原称中书省，因避杨忠讳，杨坚改为内史省），是决策机构，负责草拟和颁布皇帝的诏令，长官称内史令；门下省，是审议机构，负责审核政令，驳正违失，长官称纳言；尚书省，是执行机构，负责执行全国政令，长官称尚书令，副长官称仆射。尚书省下设六部，即吏、度支、礼、兵、都官、工六部。长官皆称尚书，负责分管官吏任免考核、户口赋税、礼仪、军政、刑法、工程营建等各方面事务。三省六部制作为国家的中央机构，自杨坚在隋初确立之后，一直相沿到清末。为了防止三省权力过重，杨坚对于各省职官，往往设而不给，或给而复夺。如尚书令为正二品，杨坚以其位高权重，故虚其职，令左、右仆射（从二品）主持省事。左仆射主管吏部、礼部、兵部三尚书事，还可以“纠弹”御史的缺误；右仆射主管都官部、度支部、工部三尚书事，又兼管国家财政收支。三省互相配合，又互相牵制，直接听命于皇帝。杨坚对中央机构的改革，适应了统一大帝国建立之后行政效能提高和组织扩大的要求，对封建社会政治经济的发展起了相应的作用。

杨坚在改革中央机构的同时，对地方行政机构也进行了改革。他首先废除了由州县长官辟举本地士人担任属官的旧制，在开皇三年（583）规定：九品以上的地方官一律由中央的吏部任免，并每年由吏部考核优劣。后来又规定州县僚属三年一换，不得连任，不许任用本地人。同年，为了改变“官多民少，十羊九牧”的局面，杨坚采纳了杨尚希的建议，下令将州、郡、县三级制改为州、县二级制。到后来杨广又改为郡、县两级。州上则直属中央政府，下则直接统县。杨坚对地方机构的改革，节省了国家的开支，也便于政令的推行，更重要的是打击了士族地主的政治特权，加强了中央对地方的控制。为了避免因大力削弱地方和臣下权力而引起官僚和地方势力的不满，杨坚又采取广设勋、散官名号的对策。首先将前代所设的勋、散官名号整齐划一，定为制度，然后授予众多的功臣名将和一般征战有功人员。隋初，勋官共设十一等级：上柱国、柱国、上大将军、大将军、上开府仪同三司、开府仪同三司、上仪同三司、仪同三司、大都督、帅都督、都督。散官共设七等，六品以下，又设诩军等四十三号将军，品分十六等。此外，还有九等爵位。以上根据名望、功劳加给文武官员只代表品级而无实权的荣誉称号，以示优礼和奖励。这一做法，对于调整、平衡统治阶级内部诸关系，笼络人心，维护国家统一等起到了一定作用，因而不仅能够顺利地行之于当世，而且也为后来各代的统治阶级所效法。

（三）改革法律

为了用法律手段维护地主阶级的统治，加强中央集权，杨坚曾多次命人修订刑律，制定新律。开皇元年（581），杨坚命高颎、郑译、杨素等更定新律，其刑名规定有五：死、流、徒、杖、笞。废除前代枭首（斩后悬头木上）、车裂、鞭刑等酷法。其流徙之罪皆减从轻。此外，又规定“十恶”之条，即谋反、谋大逆、谋叛、恶逆、不道、大不敬、不孝、不睦、不义、内乱，凡有犯者皆从重治罪，并且遇赦不赦。凡民有冤屈而州郡县不为理者，可以逐级上告，甚至可以挝“登闻鼓”，直接向皇帝申诉。开皇三年，杨坚以为“律尚严密，故人多陷罪”，再次命苏威、牛弘等更定新律，制定《开皇律》。律文仅五百条，极为简要。规定死罪囚皆须经中央的大理寺复按，并且死罪囚经过三次奏请，才能决定行刑。死刑也只分绞、斩二等。经过这一改革，法律压迫人民的本质固然没有改变，但刑法有所减轻，实是法律上的一大进步。至于后来，杨坚又时常法外用刑，则大大损害了新律的进步性。由于隋律刑纲简要，基本上为以后封建社会各朝代所沿用。

（四）推行分学制度

我国自魏晋以来官吏的选拔实行九品中正制。其办法是：在中央选择所谓“贤有识鉴”的官员，兼任其本郡的“中正”，负责察访与他们同籍的散在各地的士人，按其才能分别评定为九品（九等），作为吏部除授官职的依据。九品中正制在三国曹魏初行之时，基本上遵循了曹操所提出的“唯才是举”的用人原则。但是到后来，各州郡的“中正”逐渐被当地世族豪门所垄断，选取原则以“家世”为重，从此“上品无寒门，下品无士族”，仕途完全为世族豪门所把持。

杨坚即位后，下令废除九品中正制，改行荐举制。规定每州每岁贡士三人。开皇十八年（598）杨坚令京官五品以上，地方总管、刺史，以志行修谨（有德）、清平干济（有才）二科举人。到隋炀帝时，又创立了进士等。

科举制度代替九品中正制度，这是选官制度上的重大变革。科举制度把读书、应考和做官三件事联系起来。从此，一般地主子弟甚至某些贫寒子弟，也可以通过读书应考获得做官的机会。由此打破了世族豪门垄断做官的局面，扩大了封建政权的阶级基础。因此，杨坚创立科举制，对于巩固中央集权的封建统治起到了很大的作用。这一制度到了唐朝，有了进一步的发展和完善，以后便成为封建统治者选拔官吏的主要途径。

在经济方面，杨坚的改革主要有：

（一）推行均田制、租调制

杨坚于开皇二年（582），颁布了均田、租调的新令。据《隋书》记载，隋初实行的均田制度，基本上是“遵后齐之制”，但在内容上作了许多调整。均田令规定：一夫受露田八十亩，永业田二十亩，妇女只受露田四十亩。露田本人死后要交还给国家。奴婢受田与平民相同，唯人数有限制，亲王最多可有三百奴婢受田，一般地主限六十名奴婢受田。耕牛一头受田六十亩，限止四头。在官僚贵族受田方面，规定自亲王至都督都可以受永业田，多者百余顷，少者三十顷。这些永业田可以世代享有。此外，还规定京官从一品至九品都有职分田，多者五顷，少者一顷。外官也可分到一定数量的职分田。所有官吏都可以得到公廨田。职分田作为官吏俸禄的一部分，公廨田作为官吏的办公费用。这两种田在官吏之间更代相付，不归个人所有。

由于均田制并不是把地主的土地拿来分配，拿来分配的只是一些公田荒地，因此，农民实际得到的土地并不多，特别在一些地少人多的狭乡，实际得到的土地还不及规定数的三分之一，得到土地多的还是那些官僚贵族。所以，均田制并没有触动封建地主土地所有制，没有解决农民的土地问题。尽管如此，均田制的施行在当时还是起到了积极的作用。在均田制之下，地主的土地兼并多少受到一些限制，农民总是可以得到一些土地。社会上有比较多的自耕农存在，这就很有利于农业生产的恢复和发展。

在继续实行均田制的基础上，杨坚又实行了轻徭薄赋的“裕民之政”。对租调力役作了新的规定。规定“男女十八已上为丁。丁从课役，六十为老，乃免”。即民十八岁至六十岁的才可作为丁负担租调力役。租调一般以床（一夫一妇）为单位计算，丁男一床，纳租粟三石。调根据占有桑田和麻田情况而有所不同，桑田调绢一匹（四丈），绵三两；麻田调布一端（五丈），麻三斤。单丁及奴婢纳一半租调。没受地者皆不纳调。在力役方面，每丁每年服役一个月。这一规定，杨坚不久又加以改变。开皇三年正月，他下令把成丁年龄由十八岁提到二十一岁，但十八岁受田的规定未变。每年服役期由一月减为二十天，调绢由一匹改为二丈。开皇十年（590）又规定：丁男五十免役收庸。一般是三尺绢顶一日役。

杨坚租调徭役的改革和“以庸代役”的规定，使农民能够有较多的时间从事农业生产，有利于稳定生产秩序，对当时社会经济的发展起到了一定作用。

（二）“大索貌阅”与“输籍之法”

南北朝以来，户口隐漏情况很严重。农民为了逃避赋税徭役，往往虚报年龄或附豪强作属民，这种现象大大减少了国家赋役来源，削弱了国家经济力量，并且增强了各地豪强大族的势力。隋朝建立后，杨坚为加强对人民的搜刮，严防脱漏户口和隐瞒年龄者逃避赋役，于开皇五年（585）下令各州县“大索貌阅”，即按照户籍上的年龄核对本人体貌，以检查是否有虚报年龄，“诈老诈小”逃避课役的情况。并规定户口不实的一经查出，其里正、党长流配远方。鼓励民户互相检举，这次“貌阅”共清出四十四万三千丁，另有一百六十四万户隐漏户新编入籍。

对于依附豪强的农民，杨坚采纳了大臣高颎的建议，于同年颁布了“输籍之法”。其办法是：由政府将划分户等的标准发到州县，每年正月地方官在乡里挨户依样划等，写成定簿，以此作为纳税应役的依据。由于政府规定的各级民户所应负担的赋税播役定额低于豪强地主对于依附农民的榨取量。所以，这一办法公布后，过去依附豪强的农民，觉得作政府的编户比作豪强的属民所受的剥削为轻，于是纷纷向政府报出自己的户口，向政府纳税服役。这样，政府掌握的纳税户口大为增加，加强了政府的经济力量，削弱了豪强地主的力量。

在军事方面，杨坚主要对旧的府兵制度进行了改革。

隋朝建立初年，沿从北魏以来的府兵制，府兵由军府管理，不列州、县户籍。全国统一后，杨坚于开皇十年（590），下令改革府兵制度。规定府兵及其家属在州、县落籍垦种田地，“一与民同”，从事农业生产，同时仍保留军籍。在军府接受训练，按规定轮番到京城担任戍卫或执行其他军事任务。在管理体制上，规定兵部负责全国军事，全军分为十二军府，军府有领兵权，而无调动军队的权力；兵部掌管军令和军官的任免，但不具体领兵。

杨坚对府兵制的这种改革，完成了“兵农合一”的军事制度。这种建立在均田制基础上的府兵制度，加强了主要是用来镇压人民的封建武装力量，也加强了对农民的控制。原来统帅府兵的十二卫大将军，改为只负责统领轮番宿卫的府兵，兵将之间没有固定的隶属关系，可以防止将领握有兵权，加强了封建政权对军队的控制。同时，军人入民籍参加劳动生产，也增加了农业生产的劳动力，替国家节省了大量的养兵费用。

四、由俭入奢　崇权尚武

杨坚在即位前和刚即位时，在生活上还是比较节俭的。《隋书》记载，这时的杨坚“尤有俭德”“居处服玩务在节俭”，除非宴会，平时吃饭只有一个肉菜；后宫妃嫔都穿着浆洗过的衣服；车驾上的套饰烂了也不准更换。有一次，相州刺史卢通进贡一匹色泽艳丽的绫文布，杨坚知道后甚为恼怒，以为此物可导致奢侈之风发生，竟下令将此布在朝廷当众焚毁。由于杨坚的倡导和以身作则，隋初出现了“男人只穿麻布，不着绫罗绸缎，衣带只饰以铜骨角之类，而不尚金玉之饰”的淳朴社会风气。国库里的绢粮越积越多，人口也增加了许多。

然而，为时不久，杨坚觉得他所创建的隋王朝已经稳固，节俭的思想也开始动摇，并且逐渐被贪恋奢侈所取代，特别到了晚年，追求享乐的思想日益严重。开皇十三年（593），杨坚下令在岐州（今陕西宝鸡市凤翔区）之北营建仁寿宫，据史书记载，这次营建“夷山堙谷以立宫殿”“役使严急”“死者以万数”。两年后，仁寿宫建成，此后，杨坚几乎每年都要到那儿居住，常常流连忘返，一住就是大半年。杨坚在统一全国后，随着生活上的由俭入奢，政治上则越来越崇尚权力。他深恐臣下也像他那样搞政变，篡夺政权，因此，对臣下防范极严。即使是功臣宿将也不放心，常派人暗中进行监视，发现稍有过失即处以重刑。他担心地方官吏贪污受贿，故意派人给他们送去钱帛，谁若收下，便立即处死。他常在殿廷上对臣下施刑，有时一日之内受杖刑的有好几人，如发现行杖之人使劲不大，便将行杖之人也即处死。一次，大臣高颎、柳彧等劝谏道：“朝堂不是杀人的地方，殿廷上是不能行刑的。”他根本听不进去。高颎、柳彧见杨坚无动于衷，便齐集朝堂强谏，杨坚问大臣田元道：“我杖人重吗？”田回答：“重”。“怎么重法？”田举手道：“陛下使用的杖具很粗，杖人三十下顶一般杖具的几百下，因此很多人就被活活地打死了。”杨坚听了很不高兴，后虽勉强同意撤去殿廷上的杖具，但不久又恢复了殿廷上杖杀人的做法。兵部侍郎冯基一次进谏惹恼了杨坚，在殿廷上当众杖杀。杨坚越到后来，越喜怒无常，常因一件小事，甚至一句话便贬斥生杀臣僚。一次，曾帮助杨坚夺得帝位的佐命元勋李德林劝谏杨坚不要随便更改律令制度，杨坚大怒道：“你竟敢把我看作王莽！”原来王莽篡汉后，因屡屡变更法令而招致灭亡。他将李德林痛骂一顿，并将其贬为怀州刺史，李德林最后死在那里。开皇十七年（597）元旦朝会，有一武官衣着佩剑违反制度，杨坚便以御史没有弹劾失职，将御史处死。谏官毛思祖认为这样处罚太重了，杨坚认为这是为罪犯说情，便发怒将毛也处死了。一次，将作寺一位小吏未能按规定时间督收民间麦秸，卫尉寺一名小官办事出了点差错，近臣出使时接受了地方官赠送的一点小礼品，如一条马鞭、一只鹦鹉等，杨坚察知后，也予以重惩，一一处死。一次，大理寺掌故来旷上书弹劾大理寺处刑太宽，杨坚认为来旷"忠诚直率"，破格恩准他朝见时可站在五品官行列中。不久，来旷又控告大理寺少卿赵绰私自赦免罪犯，杨坚派人查无此事，便将来旷立即处死。杨坚不仅待臣下残酷，对百姓更是任情施法，甚至有盗一线或三人共窃一瓜者，也处以死刑。

在与周边各族的关系上，杨坚愈来愈注重于武力。隋朝初，他采纳了长孙晟"离强合弱，远交近攻"的建议，促使突厥族分裂为东、西两部。突厥分裂后力量削弱，无力与隋朝抗衡，遂感慕隋王朝的安抚政策，不敢"恃险阻兵"，和隋朝保持了相当一段时间的友好关系。吐谷浑也在杨坚战、防、抚策略的兼用下，朝贡岁至，甘作隋朝藩属。开皇后期，随着国家政治经济状况的好转，杨坚的骄奢作风日益严重，在对待周边各族关系上，随便感情用事，轻开边衅。对高句丽的战争，就是典型的一例。

陈朝灭亡以后，高句丽王高汤担心隋朝进攻，便"治兵积谷，为拒守之策"，杨坚认为这是"虽称藩附，诚节未尽"，因而赐书恐吓。信中写道："王谓辽水之广，何如长江？高丽之人，多少陈国？朕若不存含育，责王前愆，命一将军，何待多力？"（《通鉴纪事本末》卷二十六）开皇十八年，新继位的高句丽王高元兴兵进攻中国的辽西，在营州总管韦冲已将来犯者击退的情况下，杨坚仍然不甘罢休，发动大规模的反击，派兵三十万攻打高句丽，由于陆路"馈运不继，军中乏粮"，又遇疾疫，水路遭暴风袭击，船多漂没，结果隋军作战失败，"死者十八九"。（同前书）后来高句丽王派人请和，杨坚即借此罢兵，这次冲突才算结束。

杨坚在处理对外关系上的崇尚武力，感情用事，直接影响到后来继位的杨广。大业年间杨广的三次征伐高句丽，不能说与杨坚这次的轻举妄动没有一点关系。

仁寿四年（604）七月，杨坚卧病仁寿宫，失悔废嫡立宠。太子杨广获知后，与大臣杨素密谋，派人杀死了杨坚。杨坚最后落得如此下场，实在是咎由自取。但作为中国历史上有所建树的开国皇帝，他的一生，还是值得人们称道的。

隋炀帝杨广传

一、矫情饰行　沽名夺嫡

开皇元年二月，杨坚即位后第三天，就确定长子杨勇为皇太子，按封建法统解决了皇储问题。然而杨勇生活作风奢侈，不讨杨坚喜欢。一次，杨勇穿了一件制作精良、装饰得十分漂亮的铠甲。杨坚看见后不高兴地说："自古帝王未有好奢侈而能长久者。"他把节俭看作长保权位的法宝，因而送给杨勇一柄自己用过的刀和一盒自己年轻时常吃的腌菜，训诫他勿忘俭朴。然而，杨勇并不自我检点，甚至在君臣礼节上还有越轨行为，如在东宫接受百官的朝贺等，因而遭到杨坚的斥责，并对其产生了猜疑。独孤皇后是杨勇的生母，曾为太子娶元氏为妃，太子并不喜欢，他所宠爱的云氏，又被独孤皇后讨厌，元氏病死，独孤后怀疑是太子害死的，又认为这是对她的不孝。

与杨勇恰好相反，杨广矫情饰貌，百般讨好于双亲。他内宠很多，表面却只和萧妃居处，婢妾生子，一概不育，以示不好声色，而又千方百计结交权臣。杨坚和独孤后每遣人来，无论贵贱，他都和萧妃亲到门口迎接，卑躬屈节，用好酒菜招待，离开时还要送一份厚礼，奴仆个个满意，都称他很仁孝。遇到杨坚和皇后到他那里去，杨广窥知，就先将美姬藏起来，留下老丑的，穿着无花纹的缯衣侍候，屏帐也改用缣素，还故意切断乐器上的绳弦，尘土不拂，骗取杨坚和独孤皇后的信任。

开皇十年，江南高智慧等发动叛乱，朝廷任杨广为扬州总管，镇守江都（今扬州）。一次，杨广到京师朝见杨坚，离京前，向母后辞别，杨广故意伏在地上流泪，独孤氏也泫然泣下。于是，杨广说："臣性识愚下，常守平生兄弟之义，不知因何得罪了东宫，对我那么气大，非要陷害不可，我经常提心吊胆，生怕遇上不测。"独孤氏愤然骂道："睍地伐（杨勇小字）愈来愈不像话，我给他娶元氏姑娘，他不以礼相待，偏宠那个阿云，让她生了那么多猪狗。不久前新妇（元氏）被他们毒死，我都没法处治，现在又对你起了恶心。我活着都是这样，我死后他能不摧残你？每想到东宫没有正室、嫡子，皇帝千秋万岁之后，让你们兄弟向那个阿云下拜问安，这是多大的痛苦啊！"杨广再拜，呜咽不止，独孤氏也悲不自胜。从此，她决心劝杨坚废黜杨勇，立杨广为皇太子。

杨广和安州总管宇文达平素交好，为了便于联系，他奏请调宇文达做寿州（今安徽寿县）刺史。杨广夺宗的阴谋，最初是由他的总管司马张衡策划的。杨广带着张衡的意见去问宇文达，宇文达赞同，并建议与杨素商量，杨素听了，颔首认可。没过几天，杨素入宫侍宴，借机探测皇后的口气。他说："晋王孝悌恭俭，很像至尊。"这句话正说到独孤氏心坎上。她哭着说："您说得对呀，我儿大孝爱，每听到至尊和我遣内使去，一定要到辖境上接迎；每次提到离别我们的事，就会伤心流泪；他的媳妇也很可爱，我派婢女去，常与她同食共寝。哪像睍地伐和阿云，对坐无仪，终日宴欢，亲近小人，疑阻骨肉！我之所以更加怜念阿麽（杨广小字）者，就是因为怕他遭暗害。"杨素摸清独孤氏的心思，便极言太子不才。独孤后赠以黄金，要杨素帮助皇上废黜太子。

在杨广、杨素和独孤皇后等觇视下，东宫大事小事，皇帝无不知道，而且是加油添醋报上去的。为了加强防范，杨坚令从大兴城正北的玄武门到宫城的至德门都安置了暗探，同时还将比较出色的武官和勇健的卫士调走，将东宫宿卫侍官以上名籍，交由诸卫府管理。杨广又贿赂东宫幸臣姬威，将太子的动静密告杨素。于是，宫室内外喧谤，天天都能听到太子的过失。

开皇二十年（600）九月，杨坚正式提出要废黜太子。左卫大将军元旻劝杨坚不要听信谗言，干后悔不及的事。杨坚不理，命令姬威公布太子的罪过。姬威说："太子骄奢，拒谏饰非，曾扬言要杀劝谏他的人，杀百十人，就没有人敢谏了；太子常年不停地营建台殿，东宫所需，尚书执法不给，就发怒说要杀死仆射，让百官知道怠慢他的下场。太子还常说，至尊嫌我庶子多，可高纬、陈叔宝那样的亡国之君，并不是庶子，而是嫡子呀！太子还常命巫媪占卜吉凶，对我说，至尊忌在（开皇）十八年（谓开皇十八年杨坚将死），这个日子不远了……"说到这里，杨坚老泪纵横地说："谁不是父母生的，他竟到了这种地步！我最近看《齐书》，看到高欢放纵儿子，十分气愤。我怎能学他的样！"他命令将杨勇及其子女都拘禁起来，逮捕他的党羽。杨素在杨广母子的唆使下，舞文弄墨，百般诋毁，制造了所谓杨勇谋反的冤案。

这年十月，杨坚戎服陈兵，登上武德殿，集百官诸亲，分立于东、西两侧，召杨勇及其子女列于殿庭，正式宣布废黜杨勇及其子女的太子、王、公主称号。元旻、唐令则、邹文腾、夏侯福、元淹、萧子宝、何谏等共处斩，妻妾子女没官，其他被杀、杖、抄家的东宫官还有不少。杨勇泣不沾襟，拜别而出，囚于东宫，交杨广监管。诸大臣有同情心，但不敢发一言。十一月，杨广被立为皇太子。

废立太子是决定封建国家前途命运的大事，杨广夺嫡成功，为他此后十数年的政治生涯奠定了基础，也为隋王朝的命运埋下了严重的隐患。当时有个监察御史房彦谦把杨坚忌刻而苛酷、太子（勇）卑弱、诸王擅权，看作天下危乱的根源，其子房玄龄也认为杨坚本无功德，以诈取天下，诸子皆骄奢不仁，必自相诛夷……其亡可翘足而待。他们把杨坚、杨广父子必将导致隋王朝危亡的事理看得清清楚楚。

杨广做太子后，还伙同杨素，诬陷废黜了蜀王秀，逼反和幽杀了汉王谅。杨广兄弟五人，除秦王俊被杨坚废为庶人，忧惧而死外，其他三个兄弟都是直接遭杨广陷害的。杨坚曾以“五子同母，可谓是真兄弟”而夸耀于群臣，但到他晚年，父子兄弟互相猜忌，五个儿子都遭惨死，这不光是杨坚父子一个比一个更崇权所致，也是整个世族地主阶级没落后的惨毒心理的典型表现。

二、弑父自立　征役繁兴

开皇仁寿之际，杨坚刻薄待下，奢侈奉己，每年大部分时间都住在仁寿宫，把国家事务交给杨广处理，这就给杨广培植亲信、总揽国家大权提供了一个很好的机会。

仁寿四年（604）七月，杨坚已经卧病三个多月了，仍住在仁寿宫。陈、蔡二夫人及左仆射杨素，兵部尚书柳述，黄门侍郎元岩等守候在侧，杨广也在大宝殿侍候。他怕事出仓促，手足无措，便写纸条给杨素，商量杨坚的后事。宫人误将杨素的纸条传送到杨坚枕下，杨坚看了非常恼火。黎明时分，陈夫人仓皇地从外面跑进来，哭诉说“太子无礼”。杨坚怒火千丈，一下子倒在床上，骂道：“畜生哪堪交付大事，独孤误我！”他唤柳述、元岩到床前，吩咐说：“召我儿！”柳述等要喊杨广，杨坚说：“是勇儿。”柳述、元岩去写敕书。杨素急向杨广报信，杨广矫诏逮捕了柳述、元岩，投入大理狱。同时，调东宫兵士宿卫，出入由宇文述、郭衍审查，又将后宫女子统统赶到别室，然后由张衡等进入寝殿，将杨坚毒死。又派人杀死哥哥杨勇。杨广在父兄的血泊里宣布即皇帝位。

杨广从他父兄手中夺过来的是一个中央权力不断强化的封建政权。当时，国家仓库日增，钱粮充实，社会秩序也比较安定，封建国家走向进一步安定富强有一定的物质基础。然而，杨广巩固和扩大个人权力的欲望远甚于其父，而在指导思想和策略上又远不如他的父亲。杨坚无论在灭陈还是对付周边少数部族的入侵上，尚能谨慎行事，充分准备，量力推进，因而成功多、失败少。而杨广则感情用事，穷兵黩武，不计后果，因而导致了亡国丧生的下场。

杨广为增强其政权的统治机能，即位伊始就采取了这样几项措施。

（一）营建东京

隋朝建立以后，山东和江南世族地主势力还很强大，他们对中央政权表现出离心倾向。杨坚死后，汉王杨谅起兵反对杨广称帝，山东数十州、县响应。叛乱平息后，杨广将汉王封地并州数十万居民移到河南，又需要加强监视。洛邑自古是帝王之都，“控以三河，固以四塞，水陆通，贡赋均”，自古皇王都很看重。何况杨广将事辽东，洛阳便于指挥调度。这一切，促成了杨广一即位就于仁寿四年十一月提出营建东京的问题。大业元年（605）三月，杨广命尚书令杨素、纳言杨达、将作大匠宇文恺正式负责营建东都事宜。工程每月役丁二百万人，“死者什四五，所司以车载死丁，东至城皋，北至河阳，相望于道”。由于工程“督役严急”，但求工期，不计民命，所以前后历时只十个月左右，到次年正月，就竣工了。东京的营建，从当时政治需要来说，本来是未尝不可的事，但由于它和其他工程同时并举，不分缓急，故非但没有起到对山东、江南加强控制的作用，反而激化了当时的阶级矛盾。

（二）开运河

隋炀帝杨广在营建东京的同时，还开凿了大运河。大运河包括永济渠、通济渠、邗沟、江南河四段，整个工程分三期完成。第一期，大业元年三月，命尚书右丞皇甫议发河南、淮北诸郡民百余万，首开通济渠，从西苑引谷、洛二水流入黄河，又从板渚引黄河水经荥泽流入汴河，再从大梁（今河南开封）之东引汴河水流入泗水，汇于淮河。同时，调淮南十余万民夫，从山阳（今江苏淮安市）到扬子（今江苏仪征市）修复了春秋时吴王夫差所开的邗沟，将淮河水引入长江。于是，从东京到江都（今江苏扬州），二千余里，渠宽四十步，两旁筑有御道，道旁植柳，从长安到江都之间，建离宫四十余所，还让黄门侍郎王弘等到江南造龙舟及杂船数万艘，以备巡游。第二期，大业四年（608）正月，征发河北诸郡县男女百余万开永济渠。这期工程主要是引沁水南入黄河，北到涿郡（今北京），全长二千余里，各地男丁不足，役及妇女，在严重的威胁压迫下，工程进展很快。第三期大业六年（610）十二月，令开江南河。从京口（今江苏镇江）至余杭（今浙江杭州），引长江水流入钱塘江，这段工程全长八百余里，河宽十余丈，又拟通龙舟，旁置驿宫、草顿。大运河从南到北，贯通今浙江、江苏、安徽、河南、河北等省，沟通了钱塘江、长江、淮河、黄河几大水系，将祖国的南北紧紧地联成一气，对巩固统一局面，交流南北经济、文化起了重大的历史作用。运河沿岸，商业都市日益繁兴，如杭州、镇江、扬州、楚州、开封、洛阳、涿郡等，在千余年历史的发展中，都成为物资和人文荟萃的地方。大运河到今天已成为祖国悠久文化的象征之一。然而，在隋炀帝的残暴统治下，它不仅没有发挥积极作用，反而在无休止的劳役征发下促进了隋朝的灭亡。

（三）改革国家制度

在创造物质条件的同时，隋炀帝继其父之后，还在国家制度方面“多所改革”（《隋书》卷二十八）。例如，废除妇女奴婢的课役，将男子服役年龄从隋文帝时的二十一岁提高到二十二岁。在国家机构建制上，将隋文帝时的执事机构改为五省（殿内、尚书、门下、内史、秘书）三台（谒者、司隶、御史），五监（少府、长秋、国子、将作、都水）十六军府（隋文帝时的十二军府加左右备身、左右监门），其他机构和官名也改变很多。在选官制度上，隋炀帝在其父废除九品中正制，实行州郡荐举制的基础上，还创设进士科，分科取士，为整个世族地主阶级敞开了入仕的大门。我国唐朝以后的科举制度，就是以此为先声的。在军制建设上，他增置隋文帝时的十二军府为十六府，又招募百姓组成一支名叫“骁果”的军队，从属于左右备身府，还在地方上另置左右雄武率领，是一支皇帝的亲兵。隋炀帝改军府为鹰扬府，每府设鹰扬郎将一人，副将一人。兵府领兵，而无调动军队的权力；兵部掌管军令和军官的任命等，却不具体领兵，二者互相牵制，保证军权完全操于皇帝手中。在法律制度上，隋炀帝认为他父亲隋文帝的禁网太密，因此下令修改《开皇律》，废除“十恶”之条，笞、杖、徒、流、死五刑之内，从重改轻的有一百多条，枷杖决罚审讯制度，都比过去减轻。这次修改后的律令叫《大业律》，其部分内容比《开皇律》有所改进。这一点，连对隋炀帝持否定态度的《隋书》作者也不否认。至于隋炀帝像他父亲一样，立法毁法，律外用刑，必要时又恢复前朝各种酷刑，“无辜无罪，横受夷戮者不可胜记”（《隋书·炀帝纪》）则既是事实，又是封建帝王在其法制失效后凶残面目的表现。

（四）巡游四方

隋炀帝认为：“听采舆颂，谋及庶民，故能审政刑之得失。”“古者帝王观风问俗，皆所以忧勤兆庶，安集遐荒。”（《隋书·炀帝纪上》）因此，他即位以后，十多年间，南游江都，北巡赵、魏，西讨河右吐谷浑，东征辽左高句丽，几乎没有一年不是在颠沛巡游中度过的。大业元年游江都；次年四月回到洛阳；三年又到榆林（今内蒙古托克托西南）至启民可汗牙帐；四年到五原，出长城巡行塞外；五年西征至张掖会见西域二十七国使者；六年再游江都；七年由江都到涿郡，大举进攻高句丽；九年、十年再到涿郡、辽东；十一年北巡长城，被突厥始毕可汗围于雁门；十二年，三到江都，终于被杀死在那里。隋炀帝不改世族地主奢靡无度的恶习，而又有对地方豪强势力和边境少数部族耀兵示威的政治需要，故他每次出巡，总是千乘万骑，惊天动地，极尽其狂躁骚扰之能事。如大业元年八月，隋炀帝行幸江都，乘坐的龙舟有四层，高四十五尺，长二百丈，龙舟最高一层有正殿、内殿、东西朝堂。中间二层有一百二十间屋子，都用金玉装饰，底层陈设较简，是内侍居住的地方。皇后乘翔螭舟，规模比龙舟稍小。而装饰与龙舟没有差别。另有名叫浮景的九艘船，各高三层，都是水殿。还有漾彩、朱鸟、苍螭、白虎、玄武、飞羽、青凫、凌波、五楼、道场、玄坛、板艙、黄篾等数千艘，除后宫、诸王、公主、百官、僧、尼、道士、藩客乘坐外，还载有内外百司供奉物品。这些船只，共用船夫八万多人，挽漾彩以上供帝后等乘坐船只的人就有九千余人，挽船的“殿脚”，都穿锦彩。还有平乘、青龙、艨艟、艚䑧、八擢、艇舸等数千艘，是载十二卫兵士和军器帐幕的，这些船只都由兵士自挽。所过江河，舳舻相接二百余里，照耀川陆，骑兵夹岸而行，旌旗蔽野，沿途州县，五百里内都要献食，多者一州百舆，水陆珍奇，后宫吃厌了，出发前埋入地下。从江都回洛阳，又命盛修车辇旌旗羽仪等，课天下州县，凡骨角、齿牙、皮革、毛羽可饰器用，堪为氅毦者，皆责焉，征发仓卒，朝命夕办。百姓求捕，网罟遍野，水陆禽兽殆尽，“犹不能给”（《隋书・食货志》）。用这些东西，制成黄麾三万六千人仪仗和车舆仪服等。大业三年（607）四月，隋炀帝北巡赵、魏，发河北十余郡丁男凿太行山，直到并州（今山西太原），以通驰道。这年和次年七月，发丁男一百二十多万筑长城。隋炀帝在出巡中，所到之处，地方官争献食物，“献食丰办者加官爵，阙乏者谴至死”（《隋书・食货志》）。于是竞为丰侈。还令宇文恺等造了可以组合移动的观风行殿、六合板城，以及列坐数千人的大帐。这一切，都旨在弹压地方，稳定社会秩序，但它的客观结果却恰恰加重了百姓的负担，而使社会秩序更加混乱。

如果说营东京，开运河，修驰道，掘长堑，筑长城、仓城、大兴城等虽然工程浩大，百姓负担很重，但还在政治、经济、军事上有一些意义的话，那么，显仁宫、亚阳宫、江都宫、汾阳宫、西苑等土木工程就纯出于享乐的目的了。史载隋炀帝无日不治宫室，两京及江都，苑囿亭殿虽多，久而益厌，每游幸，左右顾瞩，无可意者，不知所适。乃备责天下山川之图，躬自历览，似求胜地可置宫苑者。（《资治通鉴》卷一百八十一）即以大业元年开筑的西苑而言，苑周二百里，内有周长十余里的人工海。海上又造起蓬莱、方丈、瀛洲等象征性的三座神山，高出水面一百多尺。台观殿阁，罗络山上，不论从正面还是反面望去，都神妙莫测。海北有龙鳞渠，萦纡注海内。沿渠造了十六座院落，向渠开门，每院选四品夫人主之，堂殿楼观，穷极华丽，宫树秋冬凋落，更用彩绸剪作花叶形状，点缀到枝条上，颜色褪了，再换新的，故能四季如春。池沼里也有彩剪的荷芰菱芡。十六院竞做精美的菜肴，换取隋炀帝的恩宠。而隋炀帝则夜以继日地带宫女数千，骑游西苑，作《清夜游曲》，在马背上演奏。建筑这些苑园宫殿、迷楼广厦所需大柱，要从江南采集运到东京。民夫挽运，络绎于路，千里不绝，每根大柱，须二千人共挽，所耗民力，不知其几。《隋书》以“天下死于役而家伤于财”的话来描述当时的徭役之重，是一点也不过分的。

三、三驾辽左　灭国丧身

杨广在对内横征暴敛、大兴兵徭的同时，还对周边民族穷兵黩武，发动了一系列的征服战争，尤其是对高句丽的三次用兵，劳费更多，牵动面更大，直接导致了全国性的人民大起义和隋王朝的灭亡。

高句丽是当时建立在朝鲜半岛上的封建制国家。它经常勾结我国北方、西北各少数民族统治者，对中原地区进行武装骚扰活动，中原王朝对它的警惕和防范是势在必行的。但隋炀帝对高句丽的三次战争，都是意在征服，不顾百姓死活穷兵黩武，给全国人民带来了深重的灾难，也给隋朝带来了灭亡的命运。

大业八年（612）正月，隋炀帝不听群臣劝谏，决定亲征高句丽。他调集四方之兵一百一十三万余人齐集涿郡，号二百万；运送粮秣者多一倍。全国农夫，被征服兵役徭役者三百余万，天下骚动。二月隋炀帝随军上道，进至辽水，为高句丽军所阻。隋军付出沉重代价才渡过辽水。左翊卫大将军宇文述，右屯卫将军辛世雄等九军三十万五千人前出至平壤三十里的地方屯营。但高句丽军恃险固守，隋军久攻不下。两军相持至七月，隋军缺粮引退，高句丽军尾随追击，隋军大溃，辛世雄战死。三十余万隋军，生还辽东城者仅二千七百人。隋炀帝第一次征高句丽，就这样惨败而归。

大业九年（613）正月，再次下令东征。四月，隋炀帝又一次渡辽水亲征。隋军诸将猛攻辽东城，四面围困，昼夜不息。高句丽军也顽强坚守，二十余天攻不下来，双方死亡如山积。隋炀帝大怒，令隋军造布袋百余万条，装满土，准备垒成三十步宽的鱼梁大道，高与城齐，以便兵士攻城，隋军又做八轮楼车，比城更高，夹鱼梁道，以俯射城内。准备就绪，还未及攻城，传来杨玄感叛乱的消息，隋炀帝十分惊惧，急令诸军引还。隋军资储、器械、攻具、营垒、帐幕积如丘山，尽行弃之而去。隋炀帝二次亲征，又无功而还。

大业十年（614）二月，隋炀帝又令百官议伐高句丽，几天时间，竟没有一人敢发一言。于是，他下令复征天下之兵，百道俱进。隋军三月起出征，至七月才进至怀远镇（在今辽宁辽阳市西）。当时天下已大乱，所征之兵多失期不至，上路之兵，亦四处逃亡。不过这时高句丽经过两次大战，也已困弊。当隋将来护儿大破高句丽兵，将进军平壤时，高句丽王高元遣使乞降，并送回隋降臣。隋炀帝趁势下台，宣布撤兵。三次东征高句丽之战，至此结束。

隋炀帝发动的三次征高丽之战，并没有取得真正的胜利，反而给人民带来了无比深重的灾难。为了增置军府，他不顾农民的生产，采取“扫地为兵”的政策。被征军士伤亡惨重，“大半不归”，但隋王朝的兵徭征发仍然每年不停。大业七年（611）二月，杨广令幽州总管元弘嗣往东莱海口造船三百艘，官吏督役，匠工昼夜立于水中，不敢休息，腰以下都长了蛆，十分之三四的人病累死了。同时他下令征天下兵，不论远近，都到涿郡会师。又发江淮以南水手一万人，弩手三万人，岭南排镩手三万人，于是四方奔赴如流。五月，令河南、淮南、江南造戎车五万乘送高阳，准备装载衣甲幔幕，让兵士自己牵挽。发河南、河北民夫以供军需。七月，又发江、淮以南民夫及船运黎阳及洛口等仓米达涿郡，舳舻相次千余里，载兵甲及攻取之具，经常有数十万人往返于道路，熙来攘往，昼夜不绝，死者相枕，臭秽盈路，天下骚动。又发六十余万鹿车（小车）夫运输粮食。两人合推米三石，由于道路险远，这些米还不够当干粮。民夫到镇无米可交，只好趁早逃命。在无休止的兵役徭役的干扰下，百姓“耕稼失时，田畴多荒”，但官府所在皆以征敛供军为务，“百姓虽困，而弗之恤也”，造成“乡亭绝其烟火，人相啖食，十而四五。关中疠疫，炎旱伤像……死人如积，不可胜计”（《隋书·食货志》）的惨象。大业七年，山东、河南大水，漂没四十余郡。大业八年辽东覆败，又有疫疾炎旱到处流行，百姓死者以数十万计。还有比天灾更加严重的地方官吏的盘剥，官府向民间征收一样东西，长吏先低价购入，然后宣布征收令，接着，将购入的东西高价卖出，“旦暮之内，价盈数倍”，这无异于税上又加了好几倍税。隋末农民大起义，就是在这种情况下爆发的。

隋炀帝坐在农民起义的火山口上，又被左右佞臣蒙上了眼睛。他“恶闻贼盗”，内使侍郎虞世基就不给他讲实情。诸将和郡县战败来告，请求朝廷救援，虞世基压下表状不报。一提起人民造反的事，虞世基总是说：“鼠窃狗盗，郡县捕逐，行当殄尽，愿陛下勿以介怀。”杨广听了，也深以为然，甚至杖责汇报军情的人，以为他们都是谎报军情。由此，人民起义已是遍地烽火，到处攻陷郡县，而杨广却一概不知。直到隋将杨义臣破降河北数十万起义军，列状上奏以后，杨广才惊叹道：“我初不闻贼顿如此，义臣降贼何多也？”到了这时候，虞世基还回答说：“小窃更多，未足为虑。杨义臣拥兵不少。久在阃外，这是最可怕的。”杨广听了他的话，急令义臣回朝。解散了他的军队，就这样，起义军又振作起来。臣僚中，有人劾奏虞世基一伙的蒙蔽欺君之罪，反以“诋訾名臣”“非毁朝政”的罪名遭到贬官。

大业十二年七月，杨广最后一次巡游到江都。这时候他已经看到农民起义的烈火就要烧到自己身边，但贪婪荒淫的本性并没有些许改变。当时，北方路断，音讯难通，江淮郡官谒见者，不论政事得失，专门礼饷丰薄，丰者超迁，薄则停解。江都郡丞王世充向他献了铜镜屏风，便立即升为通守。历阳郡丞赵元楷献上珍馐美味，也被擢为江都郡丞。其他郡县官见此情形，便尽力刻薄百姓，以充贡献，搞得民众家资穷尽，饥馑无食，开始采树皮树叶，或捣藁草为末，或煮土而食，甚至发生了人相食的惨象。与此同时，杨广又在江都宫设置了百余间豪华的房子，每间房子配一美人为主，他与萧后等逐日依次到各房去宴饮，酒卮不离口，从姬千余人，也常在醉中。杨广自知作恶将尽，常引镜自照，无可奈何地对萧后说：“好头颈，谁当斫之？”这个暴君自己已感到末日将要来临。

大业十三年（617），各地农民起义军如火如荼方兴未艾。隋朝地方官和带兵镇将，眼见隋朝大势已去，也纷纷起兵反隋，割地称王。如朔方鹰扬郎将梁师都杀郡丞而反，自称大丞相；马邑人刘武周杀太守王仁恭，自称太守；左翊卫郭子和自称永乐王，改元丑平；薛举据金城，自称西秦霸王；武威鹰扬府司马李轨自称河西大凉王；罗川令萧铣自称梁王。隋末形成军阀割据态势，标志着隋王朝已经土崩瓦解。在这种形势下，李渊起兵于太原，进据关中，抢占了天下地利，为天下英雄所瞩目。

大业十四年（618），江都粮尽，炀帝亲兵骁果大都是关中人，他们思乡哗变，在江都行宫杀死了隋炀帝。就这样，立国只有三十八年的隋王朝，如同秦王朝二世而亡一样，历经两代，与杨广同归于尽了。

但是，秦、隋相较，既有许多相似的地方，也有许多不同点。拿杨广与秦二世相比，就有很大的差异。秦二世昏庸愚昧，完全被赵高玩于股掌之上。秦始皇身死之日，天下已大坏，加之二世昏庸，秦亡不足论。杨广则不然，青年时很有美誉，他带兵出征，南平吴、会，北却匈奴，在昆弟之中，独著声绩，甚得母后独孤氏的宠爱，于是夺嫡继位。炀帝初立，天下承平，民殷国富，可以说一个好端端的隋朝，完全败在杨广手里。炀帝丧国，比秦二世负有更大的责任。《隋书·炀帝纪》中史臣有较深刻的评论，认为炀帝内兴土木之功不息，外事征伐不已，导致国家土崩瓦解，是"自作孽，不可逭"，又说"兵犹火也，不戢将自焚"。迷信武力者，以暴亡身，可从炀帝这里取鉴。《隋书》作者，并不就此止步。史臣在《高祖纪》中指出，隋之亡，"起自高祖，成于炀帝，所由来远矣，非一朝一夕"。隋文帝高度集权，听信奸佞，穷奢极欲，很快导致隋朝君臣的全面腐化，才有杨广的矫情肆志，才有杨素这样开国功臣的纵恶。秦、隋两代的高度集权而导致政权的迅速瓦解，这一历史兴亡的重演和同异，是值得深入研究和思索的。

隋权臣杨素传

一、智诈自立　功臣无右

杨素很早就参与了隋文帝杨坚的夺权活动，这是他获致功名的主因。早在北周末年，杨坚为丞相而图谋篡夺皇位的时候，杨素即已心领神会，深自结纳，得到杨坚的器重，被荐为汴州（治今河南开封市）刺史。行至洛阳，正逢尉迟迥起兵反抗杨坚篡夺北周政权的阴谋，荥州（治今河南郑州市）刺史宇文胄也从武牢起兵响应尉迟迥。于是，高祖拜杨素为大将军，发河内（治今山西沁阳）兵打败宇文胄，杨素升任徐州总管。开皇四年（584），又升任御史大夫。至此，杨素已经表现得有些得意忘形了，并流露出不小的政治野心。他的妻子郑氏秉性凶悍，杨素看不惯，一次杨素愤愤地对她说："我若做天子，卿定不堪为皇后。"（《隋书·杨素传》）他居然也和杨坚一样，考虑做天子的事了。郑氏将此话上奏朝廷，杨坚给杨素一个免官的处分。

杨素能爬上最高统治层，是由于他立下一系列的战功。平陈之役，杨素负责从长江上游牵制陈朝兵力，配合下游韩擒虎、贺若弼等部的进攻活动。杨素在永安（今重庆奉节）制造了一种名叫“五牙”的大舰，上起楼五层，高百余尺，左右前后置六拍竿，各高五十尺，这种大舰可以容纳八百名士兵，还有一种叫“黄龙”的战舰能载士兵百人。伐陈战役开始后，杨素任行军元帅，他率领舟师通过三峡东进，在山势险峭的狼尾滩，遇到陈将戚欣的阻击。杨素亲率“黄龙”数千艘，衔枚夜渡，又遣开府王长袭领步兵从南岸攻戚欣的军栅，令大将军刘仁恩率甲骑到白沙北岸击败戚欣，尽俘其众，从而使杨素大军舟舻被江，旌甲耀日地向东驶去。军至岐亭（今湖北宜昌市北），陈朝南康（治今江西赣州市）内史吕仲肃正据江峡，他于北岸凿岩石，缀上三条铁链，横截长江，阻遏战船。杨素和刘仁恩弃舟登陆，乘夜攻其军栅，击溃吕仲肃军，然后从容地解除了锁链。吕仲肃整顿军队，又据延州顽抗，杨素遣巴蜑卒千人，乘“五牙”舰四艘，以拍竿击碎吕仲肃十余舰，遂大破之，俘甲士二千余人，吕仲肃仅以身免。安蜀城（今湖北宜昌市北）守将顾觉，公安（今湖北公安县北）守将陈纪见此，都不战而逃。巴陵（今湖南岳阳县）以东，无敢守者，连陈朝的岳阳王陈叔慎，也遣使请降。杨素下至汉口，与秦孝王杨俊会师，完成了牵制陈朝西部兵力的任务。凯旋回朝，拜荆州总管，赏赐粟帛金宝等以万数。一年多时间内，又先后升任纳言、内史令，至此，已经位极人臣了。

不久，江南又接连发生了几起叛乱活动。他们大者数万，小者数千，互相影响，杀隋长吏。于是，隋文帝以杨素为行军总管，率军讨伐。先后平定了朱莫问、顾世兴、鲍迁、叶略、沈玄侩、陆孟孙、沈雪、沈能、汪文进、蔡道人、沈孝彻等部叛军，又逐捕遗寇，前后百余战，所向克捷。浙江叛军首领高智慧自号东扬州刺史，拥有船舰千艘，屯据要害之处，兵势很盛。杨素率军从早上战到下午，终于将其打败，智慧逃向大海，杨素穷追，从余姚（今浙江余姚市）泛海追至永嘉（治今浙江丽水市东），智慧拒战，杨素猛攻，智慧招架不住，败逃到闽越（今福建沿海一带），继续顽抗。

这时候，隋文帝以杨素久劳在外，诏令驰传入朝。给其子杨玄感加官为上开府，又赐彩缎三千段。杨素以余贼未尽，再次请戎讨贼。隋文帝下诏优奖：“宜任以大兵，总为元帅。”“擒剪叛亡，慰劳黎庶，军民事务，一以委之。”（《隋书》卷四十八）杨素乘传又到会稽，说服叛人王国庆执送高智慧，斩于泉州（治今福建泉州市）。其余叛军支党，都来投降，江南叛乱被彻底平定下来了。杨素以这次平叛功劳，其子玄奖被拜为仪同，得赐黄金四十斤，加银瓶，实以金钱，缣三千段，马二百匹，羊二千只，公田百顷，住宅一处。杨素代苏威为尚书右仆射，与左仆射高颎专掌朝政。

开皇十八年（598），突厥达头可汗犯塞，杨素又任灵州道（治今宁夏灵武南）行军总管，出塞反击，打败了达头的十余万精骑兵，达头被重创而逃，群虏号哭而去。仁寿初，杨素又出云州（治今山西大同市）击突厥，连获胜仗，“自是突厥远遁，碛南无复虏庭”（《隋书》卷四十八）。杨素也步步高升，到仁寿（601—604）初，终于代高颎为尚书左仆射，朝廷上下，无与可比者。

杨素用兵，灵活应变，然其取胜的秘诀，首先是残忍的杀戮和威逼手段。每次出征前，他总要找一些将士的过失而斩之，多者百余人，少者不下十数。流血盈前，言笑自若。及至对阵，先让一二百人赴敌，陷阵则已，如不能陷阵而还者，不问多少人，一律斩首。然后再派二三百人，不胜则一如前者杀头。将士股栗，只好冒死以赴，由是战无不胜，杨素也就成了名将。其次是时方贵幸，隋文帝对他言听计从，跟随杨素征战的将士，有功必赏，不像其他将帅，部下虽有大功，多被文官压制，得不到应有的奖励，这就使那些从征将士乐于随杨素打仗。杨素正是用这些智诈和权术，取得了杨坚的赏识和高位。

二、导君奢侈　负冒财货

在封建社会生产力不高的状况下，统治集团用度的奢俭，直接影响到全国人民的生活，至于兵赋劳役，土木工程的繁省，更被史家用来作为衡量一代治乱的风向标。杨坚即位前期，薄赋敛，轻刑罚，每旦听朝，日昃忘倦，居处服玩，务存节俭。他所乘车上的套饰烂了就补着用，除宴会外平时食不两肉，后宫都穿着洗过的衣服。在其影响之下，社会风气也较淳朴。一般男人只穿麻布，不着绫绮等贵重衣料。衣带也饰以铜铁骨角之类，而不尚金玉之饰。因此，国库里的绢粮越积越多，人口繁殖也较迅速。

开皇十三年（593）二月，杨坚要在岐州（治今陕西宝鸡市凤翔区）建仁寿宫，令杨素做大监官，主持工役。善于阿谀逢迎的杨素接旨以后，推荐当时的大建筑师宇文恺检校将做大匠，于是夷山堙谷以立宫殿，崇台累榭，宛转相属，督役严急，丁夫多死，有些疲累倒地，还没有死去，就被下令推进坑坎里，压上土石，填成平地，这样致死的人以万计。经过两年多时间，仁寿宫于开皇十五年（595）三月建成了。杨坚要来视察，当时天气较热，役夫死者布满道路，杨素采取紧急措施，将尸体就地焚烧以后清除。杨坚听到这些情况，开头表示不悦，及至见了仁寿宫规模那样壮丽豪华，便大怒说：“杨素殚民力为离宫，为吾结怨天下。”（《资治通鉴》卷一百七十八）杨素听了，怕受处罚，于是去走独孤皇后的后门。他对皇后说：“帝王法有离宫别馆，今天下太平，造此一宫，何足损费！”（《隋书》卷四十八）经他这一轻巧的拨弄，皇后动心了。第二天，杨坚召杨素入宫回话，杨素一进来，独孤皇后就从旁慰劳说：“公知吾夫妇老，无以自娱，盛饰此宫，岂非忠孝！”于是，当场给杨素赐钱百万，锦绢三千段。从此以后，杨坚逐渐失去了节俭的美德，而步上了奢侈的道路。开皇十八年十二月，自京师至仁寿宫，又修行宫十二所。而从仁寿宫修成那年到仁寿四年杨坚被弑，他几乎年年都要偕皇后到仁寿宫去玩乐，有时从二月至十月，流连忘返，大半年在那里。最后也就被杨素等害死在那里。杨坚走向奢侈，自有其本身的原因，而杨素的诱导，不能说没有相当重要的作用。

仁寿二年（602）八月，皇后独孤氏死了。杨素更是亲自踏遍山原，悉心选择陵地，纤介不善，即更寻求。他孜孜不倦，竭尽心力，大肆张皇地营建山陵，其劳费仅次于仁寿宫。这一次，隋文帝不仅没有责备他，反而专门下诏书赞扬说：“论素此心，事极诚孝，岂与夫平戎定寇，比其功业？”（《隋书·杨素传》）就是说，杨素此举对杨坚夫妇表现出来的忠诚和孝敬，比灭陈和平定江南等功业还要大，难怪杨素由此得到别封一子为义康郡公，邑万户，子子孙孙，承袭不绝，并赐田三十顷，绢万匹，米万石，装满金子的金钵一个，装满珍珠的银钵一个，还有绫锦五百匹的殊赏。

杨素能将号称节俭的隋文帝杨坚一步一步地领上铺张浪费的道路，也就完全有办法使“雅爱宏玩，肆情方骋”，本来就不知俭约为何物的隋炀帝杨广变得更加侈丽骄矜和奢靡无度。可以说，隋炀帝的营东都、建离宫、修迷楼、作仪仗等等疯狂的奢侈行为，无一不与杨素的导虐作伥有关。就以东都的营建来说，在他与纳言杨达，将作大匠宇文恺的主持下，每月役使二百万人，按照南朝梁、陈宫殿的式样，扩大规模穷诸巨丽地进行仿造。“曾雉逾芒，浮桥跨洛，金门象阙，咸竦飞观，颓岩塞川，构成云绮，移岭树以为林薮，包芒山以为苑囿。长城御河，不计于人力，运驴武马，指期于百姓，天下死于役而家伤于财。”（《隋书》卷二十四《食货志》）终于将杨广和隋王朝一起领上了绝路。

杨素在隋代见于记载的世族地主和朝廷官僚中，都是地位最高、资产最多的一个。他以累代名门世宦，祖上遗留下来的田产财物无疑是相当可观的。入隋以后，他和五个儿子玄感、玄奖、玄纵、万石（硕）、仁行（即民行）及数千奴僮等，在均田制下按规定应受田七百顷以上。此外，“前后赏赐，不可胜计”

(《隋书·杨素传》)。仅就《隋书》本传中所见，撮其大端，计有公田一百三十顷，宅二区，邑一万七千户，真食三千五百户，黄金一百四十斤，钱二百万，绫锦绮罗杂彩一十二万六千五百段，马七百匹。据杨勇揭露，他家有马“数万匹”(《隋书》卷四十五)，米麦粟等二万五千石，“家僮数千，后庭妓妾曳绮罗者以千数，第宅华侈，制拟宫禁”(《隋书·杨素传》)，然而，杨素并不以此为满足，而仍然“负冒财货，营求产业，东、西二京，居宅侈丽，朝毁夕复，营缮无已，爰及诸方都会处，邸店、水硙并利田宅以千百数。”(同上)他遭到时议的鄙薄和谴责，并非是没有缘由的。

三、废嫡弑君　擅作威福

一系列战功、加上操办隋文帝独孤皇后丧事有劳，杨素青云直上，贵宠日隆。他的弟弟杨约、从父杨文思、杨文纪及族父杨异，都升任为尚书列卿。儿子玄感、玄奖、玄纵、积善、万石、仁行、侄子玄挺等都无汗马之劳而列柱国、刺史。亲戚故吏，布列清显，富贵盛况，前所未闻。

如何保持既得的富贵荣宠世世代代长盛不衰呢？这是世族地主统治阶层中每个人都在考虑的问题，杨素为了长保荣禄，传祚子孙，竟达到了凶残险狠不择手段的地步。

周隋之际，杨素曾以上开府，累世县公，其父杨敷为临贞县公，杨素为清河县子、成安县公，宣帝即位，袭父爵临贞县公的身份，深结杨坚，以得高位。那是他见周祚将衰，杨坚代周已成必然之势，而为邀功固宠走出的一步。隋文帝晚年，晋王杨广阴谋夺宗，遣宇文述通过杨约，将此意转告杨素，并说独孤皇后对太子十分反感。杨素听了，惊恐地朝四面一看说：“但不知皇后如何？必如所言，吾又何为者！”过了几天，杨素乘进宫侍宴的机会，揣摩皇后心意，等皇后直言不讳地哭诉出一大篇晋王夫妇大孝，不若睍地伐(太子勇，字睍地伐)与阿云(昭训云氏)不知礼仪地相对而坐，终日酣宴，昵近小人，疑阻骨肉的话后，杨素也就肆无忌惮地诋毁起太子来了。权欲压倒母仪的独孤皇后见他谈得投机，“遂遗素金，始有废立之意”(《隋书》卷四十五)。在皇后和杨素等人的媒孽下，杨坚对杨勇也越来越怀疑了。一次，杨坚在仁寿宫，派杨素去察看杨勇的动静。杨素来到东宫门口，故意摆架子不进去，太子穿上礼服等待，还是迟迟不进，故意激怒杨勇，使杨勇流露出怨忿的辞色。杨素回到仁寿宫，诋毁说杨勇对朝廷不满，“恐有他变，愿深防察”(《隋书》卷四十五)。加上独孤皇后的作用，隋文帝对太子更加疑忌了。杨素还和杨广密谋，收买了东宫一个名叫姬威的官吏，“令取太子消息，密告杨素。于是内外喧谤，过失日闻”（同上）。姬威还准备直接在隋文帝面前告杨勇的状。

开皇二十年（600）九月壬子，隋文帝杨坚从仁寿宫回到大兴殿。第二天，他来到大兴殿，对侍臣说：“我刚刚回到京师，应当开怀欢乐，但不知何故，反而感到非常苦闷。”吏部尚书牛弘解释说：“这都是由于我们做臣下的不称职，因而使您忧劳。”杨坚本想听到太子的过失，听牛弘这么一说，大乖本旨，便怒形于色地对东宫官说：“仁寿宫离此不远，而让我每次回京师，都要严备仗卫，如入敌国。我患痢疫，入睡时不脱衣服。昨晚为上厕所方便，住在后房，刚睡不久，怕有不测，就又移到前殿。这岂不是你们想要颠覆我的国家造成的吗？”于是逮捕了唐令则等人，交付有关部门去审问。令杨素向近臣宣告太子的罪状。杨素编造说：“臣奉命来到京师，令皇太子搜查刘居士余党。太子接受诏书时，声色俱厉地对臣说：‘居士同党全伏法了，叫我到哪里穷讨？你是右仆射，职任不轻，自去搜查好了，关我何事？’又说：‘当初鼎革之际，若大事不成功，我先被诛。现在做了天子，反而待我不如诸弟，任何一件事都由不得我。’说完就长吁短叹地摇头说：‘我太不自由了。’”在杨素的挑唆下，杨坚也数说了太子的种种过失，并提出要废太子，以安天下。正在这火头上，姬威又编造出一套和杨素一样离奇的状词，硬说太子对朝廷、皇帝怎样怎样的忿怒。说得杨坚都落泪了，他下令软禁了杨勇及其所有的孩子，并逮捕太子的同党。杨素舞文弄墨、巧言诋毁，铸成隋朝历史上的一大冤假错案，杨勇失败了，杨广被立为太子。这时高祖的三子秦王杨俊已死，蜀王杨秀为太子打抱不平，于是杨广又与杨素商量找杨秀的茬儿。他们暗暗地做了一个偶人，写上杨坚和汉王谅的名字，缚手钉心，派人埋到华山脚下，又让杨素大肆张扬地把它挖出来；他们还以杨秀的名义编造了一篇反叛朝廷，“指期问罪”的檄文，暗放到杨秀的书中，然后两事一并告发。在杨素和杨广的谗言陷害下，隋文帝又以“苞藏凶慝，图谋不轨”（《隋书》卷四十五）的罪名，将蜀王秀废为庶人。当初杨勇被废牵动了领有山东五十二州的隋文帝少子杨谅的心，他“居常怏怏，阴有异图”（《隋书》卷四十五），准备举兵反抗；及蜀王秀被废后，杨谅愈不自安，遂以诛叛臣杨素为名，发动了武装反抗。炀帝得知消息，遣杨素率骑五千，打败杨谅。于是，杨谅又被除名为民，绝其属籍，竟以幽死。隋文帝五个儿子，遭到杨素的陷害而“莫有终其天命”者就有三人。

杨素如此不顾一切地排陷文帝诸子，完全是摸着极权主义的杨坚夫妇的心意行事的，也完全是出于结托杨广、固宠安位的卑污心理。杨广通过宇文述说给杨素亲弟杨约的一段话也从侧面说明了这一点。他说："公之兄弟，功名盖世，当涂用事，有年岁矣。朝臣为足下家所屈辱者，可胜数哉！又储宫以所欲不行，每切齿于执政。公虽自结于人主，而欲危公者，固亦多矣。主上一旦弃群臣，公亦何以取庇？今皇太子失爱于皇后，主上素有废黜之心，此公所知也。今若请立晋王，在贤兄之口耳。诚能因此时建大功，王必镌铭于骨髓，斯则去累卵之危，成太山之安也。"（《隋书》卷四十八）杨素兄弟料定晋王杨广声名日盛，必能夺得天下，因而敢于孤注一掷为其效命。也正因为杨素认为杨广比杨坚对他更为重要，故在仁寿四年隋文帝卧病中，直接安排杀害了杨坚。当时，隋文帝寝疾于仁寿宫，杨素与兵部尚书柳述、黄门侍郎元岩等入阁侍疾。召皇太子杨广入居大宝殿。杨广考虑文帝将死，手书问杨素应做哪些准备工作。杨素写了几条报告太子，不巧宫人将杨素写的"事状"误送到了杨坚手中，杨坚看后大恨。他所宠爱的陈贵人又告太子无礼。杨坚于是发怒，骂道："畜生何足付大事！"令召杨勇入宫。杨素听到以后，急报杨广，矫诏调来东宫兵士上台宿卫，门禁出入，并听其党宇文述、郭衍节度，然后由杨素和右庶子张衡进毒药，毒杀了杨坚（《资治通鉴》卷一百八十引赵毅《大业略记》）。

瓦岗英雄翟让传

一、死里逃生　瓦岗举义旗

翟让，在隋末初为东郡法曹（执法小吏）。他为人朴实可亲，富于正义感。在任法曹期间，看到一些无辜百姓被冤入狱，遭严刑拷打，他愤愤不平，就偷偷放走一些囚犯。为此，他被判处死刑，打入大牢关押。狱吏黄君汉，知道翟让为人正直，是个难得的人物，有心要救他。一天夜里，黄君汉趁人不备，潜入死牢，对他说："翟司法，现今天下形势，尚难预料，像你这样的才子，是能够做一番大事业的，你不能白白在牢里等死。"于是替他打开枷锁，让他逃走。翟让痛哭流涕，感谢黄君汉的活命之恩，听从了黄君汉的劝告，带着对隋政权的满腔仇恨，逃到瓦岗（今河南滑县东南），组织亡命的农民反抗官府。隋大业十二年（616），翟让领导成立了农民起义军，因地处瓦岗，起义军即因地得名，号称“瓦岗军”。瓦岗军的成立，掀起了反隋斗争的高潮，不少英雄好汉，也闻讯而来，其中有单雄信、徐世勣、邴元真等人，他们带上自己的农民起义队伍，参加了瓦岗军。

二、袭击运河　首战震昏君

瓦岗农民起义军，多是来自山东、河南一带的猎人和渔夫，他们武艺高强，骁勇善战。翟让对这支队伍，又严加训练，使之纪律严明，作战勇敢。在不长的时间里，几经战斗，瓦岗军已经对隋王朝形成了巨大的威胁。

为使部队不断发展壮大，必须提供物资、武器作为保障。翟让博采众议，接受了徐世勣的建议。经过精心选择，翟让等首领选中了运河为攻击目标。运河，是隋朝运送物资、武器和马匹的水上大动脉，与瓦岗的距离又近，便于夺取起义军所需给养。于是，翟让亲率队伍，到靠近通济渠很近的荥州（今郑州）、商丘活动，乘机夺得了来往于运河的许多隋朝船只和大量军需物资、装备，还给予隋军迎头痛击。经过这次战斗，起义军队伍迅速扩大，瓦岗军已发展到一万多人。

由于瓦岗军的向南扩展，又截夺了运河上大量物资，隋炀帝闻讯，十分震惊，特任张须陁为河南讨捕，令他前去镇压瓦岗军。张须陁是隋朝名将，隋炀帝妄图派他一举消灭瓦岗军。瓦岗军在翟让的带领下，采用了虚虚实实和迂回流动的战术，与张须陁交锋三十余次，战斗中双方各有胜负。双方经过较量，张须陁并没能打垮瓦岗军，而瓦岗军在各次战斗中，却受到了锻炼，士气高涨，战斗力不断提高，成为一支扎根人民群众之中的坚强的义军队伍。

三、团结战斗　力挫隋军

瓦岗军力量的发展壮大，也吸引了一些从隋朝统治阶级内部分化出来的官僚、士人投靠到起义军队伍中来，李密就是他们的代表人物。由于他们在隋朝统治集团内部角逐失利，于是改换门庭投机革命，以起义军为掩护，不断积蓄力量，实现自己的野心。

翟让对李密开始并不信赖，因为李密是隋将杨玄感旧部，跟随杨玄感反隋炀帝失败后被捕，逃脱后才来投瓦岗军的。当时，有人劝翟让把李密杀了，李密知道后很害怕，连忙去求助王伯当和翟让的军师贾雄，请他们替自己说好话，这样，李密才站住脚。

李密从小熟读兵书，善谋略，有一定的军事才能，经常在翟让面前献计献策，逐渐得到了翟让的信任。他建议翟让效法刘邦、项羽，亲率精兵袭击长安、洛阳，一举灭掉隋朝而称帝。翟让觉得李密的话很有见地，于是，派李密回去联络各地起义军，集结力量，推翻隋朝。义军王伯当、王当仁、李公逸、周文举等部都主动与翟让联合，欲共成大业。

队伍不断壮大，粮饷和地盘的问题迫在眉睫。翟让又接受李密的建议，派兵去攻荥阳，一举攻下金堤关（今河南荥阳境内）和荥阳附近的几个县城。隋炀帝得知后，十分恼怒，急忙又调遣隋朝悍将张须陁率二万精兵，与瓦岗军再次较量。为保存实力，翟让想暂避其锋，李密鼓动翟让迎战，经过精心部署，瓦岗军与张须陁在荥阳大海寺展开了空前规模的激战。

张须陁自恃不凡，向来看不起翟让的农民军，他狂妄自大，盲目冒进。翟让采用小分队出击，诱敌深入，全面包围的战术，对张须陁布下了天罗地网。先是由李密率精兵一千余人，埋伏在大海寺北边的树林中，王伯当与徐世勣分别率人马埋伏在大海寺两侧，翟让自领一支部队去与张须陁交锋。张须陁率二万士兵倾城而出，翟让佯败，张须陁紧追不舍，被诱进瓦岗军的包围圈。这时，几万瓦岗军杀出阵来，把张须陁部队打得丢盔弃甲，鬼哭狼嚎，隋军四处突围不能出，二万军队被歼灭，张须陁被击毙。这次战斗，是隋军在镇压农民起义军以来第一次大的惨败。自此，瓦岗军取得了军事上的主动权，各地起义军也由防守转入进攻，瓦岗军更进一步确定了在各路起义军中的领导核心地位。

四、建立政权　声威震神州

历经战斗，尤其是大海寺一役，翟让对李密的军事指挥才能更为赏识，于是决定让他独立指挥一支队伍，号“蒲山公营”，李密着意把这支队伍训练得具有很强的战斗力，为实现自己的野心做准备。

617年，河南闹大饥荒，百姓饿死不计其数，翟让又采纳李密之谋，亲率劲旅七千人袭击兴洛仓，开仓济贫。这样一来，上百万群众，扶老携幼，前来领粮，反隋情绪更加高涨。

兴洛仓是当时最大的粮仓，丢失兴洛仓，隋王朝慌了手脚，忙派虎贲郎将刘长恭，光禄少卿房崱，率步骑兵二万五千人，从洛阳出发与河南讨捕大使裴仁基从东夹击瓦岗军。翟让指挥瓦岗军设下埋伏，刘长恭被打得弃甲而逃，裴仁基被迫投降，义军缴获大量辎重器甲。经这一仗，瓦岗军声威大震，成为可以置隋王朝于死地的强大武装力量。

随着起义形势的发展，要求瓦岗军尽快地建立政权。翟让以大局为重，推举智谋高于自己的李密为义军领袖，筹划政权建设。大业十三年（617）二月，在巩义市南郊设立坛场，瓦岗军召开大会，推举李密为魏公兼行军元帅。李密即位，建号为永平，封翟让为上柱国、司徒、东郡公，单雄信、徐世勣为左右大将军，筑洛口城，周围四十里，作为农民政权的大本营。

瓦岗政权的建立，影响很大，各地起义军纷纷与之建立联系，拥护其领导，山东、河南、江淮等地数十股力量归顺瓦岗政权。紧接着，瓦岗军又攻下了回洛仓、黎阳仓，至此，隋朝三大粮仓都在瓦岗军控制之下。两仓攻下后，又赈济农民，这一次，就有二十万农民参加起义军。

瓦岗军乘胜挥戈东向，步步进逼洛阳，隋炀帝几次派兵都被打败，后又派了江都通守王世充率江淮劲旅迎战，又吃了几次败仗。从此，王世充一直龟缩在城内不敢出来。

以瓦岗军为首的起义军，这时已控制隋朝人口之半（约五百万人），又占领了隋的三大粮仓，切断大运河，隋政权岌岌可危，它的灭亡，指日可待。

五、壮志未酬　遭暗算身亡

在胜利面前，瓦岗政权内部两种力量的较量也日趋尖锐。在李密手下，聚集了一批隋朝的降官降将，对翟让等起自贫寒的义军首领始终怀有戒心。在翟让身边，团结着瓦岗军的元老。翟让虽然让出了最高领导权，但他在瓦岗军中仍享有很高的威望，以他为代表的一股势力，是反对隋朝的中坚。但这些起义军首领不习惯李密的约束，他们劝翟让夺回领导权。翟让并没把这事放在心上，但消息却传到了李密耳中，于是，在其亲信房彦藻的煽动下，李密决定向翟让下毒手了。大业十三年十一月十一日，李密请翟让赴宴，暗中设下埋伏，在酒食还未上桌前，李密故意拿一把弓要翟让试试臂力，翟让接过弓，刚把弦拉满，这时，李密部下壮士蔡建德从背后把翟让砍倒在地，翟让顿时气绝身亡，他的部下随从亦有数人被杀。

翟让一死，起义军内部裂痕加剧，王世充乘机反攻，李密连吃败仗，西入关中降唐。于是，这支战败隋军主力、奠定隋朝灭亡的瓦岗军顷刻之间瓦解了。翟让之死的悲剧也导致李密之死和瓦岗军的悲剧。农民军的内讧带来了极为惨痛的历史教训。

义军首领李密传

一、少有才略　志气雄远

李密曾祖父李弼为北魏司徒，祖父李曜为北周太保、魏国公。父亲李宽，骁勇善战，号为名将，自北周至隋，皆为高级将领，位至上柱国，蒲山公。在这样的家庭环境熏陶下，李密自幼便长于谋略，才兼文武，志气雄远，素以天下大事为己任。隋文帝开皇年间，李密袭父爵蒲山公，他轻财好士，赈赡亲故，养客礼贤，交游甚广。炀帝大业初年，李密任左亲侍，在宫廷上侍卫。炀帝见到他，对宇文述说："刚才左仗下黑色小儿，瞻视异常，勿令宿卫。"宇文述把此事转告了李密。李密便称病辞官，闭门谢客，专心读书，拜国子助教包恺为师，攻读《史记》《汉书》，包恺众多门徒中无人能比上他。

一天，李密去见包恺。他骑着黄牛，将一帙《汉书》挂在牛角上，一手执缰绳，一手执书诵读。恰逢宰相杨素出行，从后追上来，问道："何处书生，如此好学？"李密认出是杨素，便下牛拜见。杨素又问所读何书，答曰："《项羽传》。"杨素引李密至家中详谈，非常赏识他的才能，便对其子杨玄感等说："我看李密的识度，你们远远不及。"于是，杨玄感便与李密结成了刎颈之交。

二、投身反隋　被俘潜逃

大业九年（613），反隋起义军已遍布各地，而炀帝仍一意孤行，又发动了第二次征伐高句丽的战争，大肆征发兵役、劳役，调集物资，这就使农民起义势如燎原地发展起来。在这种形势下，统治阶级内部的矛盾也激化起来。这年六月，在黎阳（今河南浚县）负责督运粮草的杨玄感密谋举兵反隋，派人潜入关中通知李密。李密火速赶到黎阳，杨玄感大喜，以李密为谋主，向他请教用兵之计。李密说："现在炀帝领兵远在辽东，我们应当出其不意，占据幽州。隋军前有高句丽，后无退路，不过旬月，粮草皆尽，其众必然溃散，可不战而擒，此上计也。关中之地，四面有关河之险，物产丰富，而守军薄弱，我们轻骑疾行，经城勿攻，直取长安，据险而守，再图发展，这是万全之策，此为中计。挑选精锐，突袭东都，可号令天下。但恐东都已得到消息，据城固守，久攻不下，敌援军四面而来，胜败就难以预料了，此为下计。”这一番分析非常精辟，但杨玄感急于求功，决意进攻东都洛阳。洛阳守军全力防守，杨玄感虽在外围取得一些胜利，城池却无法攻破。相持到七月底，隋朝援军从四面围了上来。杨玄感见形势不利，才又听从李密的意见，决定西进关中，行至阌乡（今河南灵宝西），被隋朝大军追及，经数日激战，全军溃败，杨玄感被杀。

李密脱身逃至关中，藏匿于民间，为人告发，被官府捕获。此时，炀帝回军驻于高阳（今河北高阳县），下令将李密等十余名要犯押送到高阳。李密清楚地知道，一到高阳必然被杀，便暗中与王仲伯等犯人商议逃跑之计。他们把随身所带金银都拿出来，对押送的使者说："我们死后，这些钱都留给你，请把我们埋葬，其余的都报答你的恩情。"使者贪图金钱，答应了他的请求，对他们的防备逐渐松弛。每到驻地，李密就拿出钱买酒食，通宵饮酒喧哗，使者也不在意，行至魏郡（今河南安阳）石梁驿，李密等人把使者及士兵灌醉，在墙上挖了个洞，连夜逃跑了。

李密逃离虎口后，前往平原郡投奔郝孝德起义军，郝孝德对他十分冷淡，只得又继续逃亡，一路饥寒交迫，甚至削树皮果腹。最后到达淮阳（今河南淮阳），改姓名为刘智选，隐藏在农村给学生教书。几个月后，李密吟诗抒怀，引起别人怀疑，向官府告发，李密又仓皇逃走，投奔其妹夫雍丘令丘君明。丘君明把他藏在王秀才家。不久，又有人告发，官府派兵来围捕，恰巧李密外出不在，丘君明、王秀才被杀。李密四处流亡，于大业十二年（616）辗转到达东郡（州治在今河南滑县）。

三、投奔瓦岗　领导义军

东郡境内的瓦岗寨聚着以翟让为首的一支起义军，人数有一万余人，并有骁将单雄信、王伯当、徐世勣等，是中原地区一支较强的反隋力量。李密经王伯当的介绍，见到了翟让。起初翟让对李密并不很看重，让他去联络其他起义军。李密四处奔走，劝说许多小股义军加入了瓦岗军，出色地完成了使命。翟让对李密的才能日渐敬重，便与他商讨大计。李密建议："今四海糜沸，不得耕耘，公士众虽多，食无仓廪，唯资野掠，常苦不给。若旷日持久，加以大敌临之，必涣然离散。未若先取荥阳，休兵馆谷，待士马肥充，然后与人争利。"（《资治通鉴》卷一百八十三）翟让听从李密的意见，领兵攻破金堤关，又相继占领荥阳周围数县。隋王朝大为震惊，急命张须陁为荥阳通守，进攻瓦岗军。翟让曾几次被张须陁击败，心中畏惧，打算退避，而李密却认为张须陁有勇无谋，骄傲轻敌，可一战而擒。于是，李密定计，由翟让率军正面交战，自己引兵在大海寺（今河南荥阳北）设下埋伏，一举将隋军围攻歼灭，杀死张须陁。

大海寺之战使瓦岗军声威大振，“河南郡县为之丧气”（《资治通鉴》卷一百八十三），翟让遂分出一部军队由李密统率，号为“蒲山公营”。李密号令严明，军容整肃，所得金宝皆分赐部下，深受士卒拥戴。

大业十三年二月，经李密谋划，瓦岗军一举攻占了兴洛仓（今河南巩义东）。兴洛仓又名洛口仓，距东都百余里，是隋王朝最重要的粮食仓库。义军开仓放赈，饥民蜂拥而至，随意取粮，还有大量群众参加了义军。

镇守东都的越王杨侗急忙调兵遣将，命虎贲郎将刘长恭率二万五千大军从洛阳由西向东进攻，河南讨捕大使裴仁基自虎牢（今河南汜水镇）由东向西夹击。李密侦知敌军的意图，便集中精锐兵力攻击刘长恭，将这支隋军歼灭，刘长恭化装狼狈逃回东都。裴仁基也退缩至虎牢，不久便投降了义军。

由于李密屡建奇功，显示了其杰出的领导才能，声望日增，翟让便推举李密为瓦岗军的领袖。于是，李密称魏公，行军元帅，建元永平，封翟让为司徒、东郡公，设官授职，建立了政权。中原地区众多的小股义军，如孟让、郝孝德、王君廓等纷纷归附瓦岗军，前来投军的农民不绝如流，义军很快发展到几十万人。李密下令在兴洛仓扩修城池，修成周长四十里的洛口城，作为基地。同时，又四面派兵出击，占领了河南的大部分郡县。瓦岗军迅速发展成为一支在全国声势最大的起义武装力量。

四、火并翟让　逐鹿中原

大业十三年三月，李密率军向洛阳进攻，攻占了城东北方的回洛仓，断绝了洛阳的粮食供应，并修筑营堑，将洛阳围困起来。杨侗派将军段达率七万军队出城交战，被李密击败。隋军龟缩在城中不敢出战。李密向各郡县发布檄文，列数炀帝的十大罪状，痛斥其罪恶“罄南山之竹，书罪未穷；决东海之波，流恶难尽”。

五月，炀帝调关中的隋军增援东都，与瓦岗军连日交锋。不巧李密为流矢所伤，作战失利，放弃回洛仓，退回洛口。七月，炀帝又命王世充率江淮劲旅五万讨伐李密。双方夹洛水相持百余日。李密乘机向东发展，派兵攻占隋朝又一重要仓储之地黎阳仓，开仓济贫，又有二十万人加入瓦岗军。十月，王世充率军渡洛水，抢占洛口侧翼之黑石关，李密率军反击，斩杀三千余人，隋军狼狈地逃回东都。十一月，王世充又集结数万人进犯洛口，李密在石子河设伏，将隋军击溃。几个月来，王世充与瓦岗军交战四十余次，屡战屡败，东都已陷入危急之中。

在这形势大好之际，瓦岗军却发生内讧。翟让的部下中有人劝他夺回李密的兵权，翟让并未同意。但这件事被人报告了李密，李密心中猜忌，决心除掉翟让。十一月的一天，李密以宴请为名，在席间杀死翟让。混乱中徐世勣头被砍伤，单雄信伏地求饶，李密释放了他们，并好言安慰，让他们分统翟让所属军队，基本稳定了局势。火并翟让，对瓦岗军的发展造成极为不利的影响，“将佐始有自疑之心矣”（《资治通鉴》卷一百八十四）。

武德元年正月，王世充造浮桥渡过洛水，集中七万军队进攻洛口。瓦岗军先败后胜，隋军争渡浮桥，溺死万余人。王世充不敢回东都，带领数千人狼狈逃回河阳（今河南孟州市），自己下狱请罪。杨侗下令赦免，把他召回东都。王世充召集残兵败将仅得万余人，据守在含嘉城（今河南洛阳北），再不敢出战。李密乘胜攻占偃师（今河南省洛阳市偃师区），三十万大军驻于金墉城（今河南洛阳东）；钲鼓之声，闻于东都。留守韦津出城迎战，被俘虏，于是“东至海、岱，南至江、淮，郡县莫不遣使归密”（《旧唐书·李密传》）。窦建德、朱粲、孟海公、徐圆朗、周法明等义军都表示拥戴李密称帝，李密的部下也纷纷劝说。而李密认为：“东都未平，不可议此。”没有答应称帝。

五、兵败归唐　谋叛被杀

武德元年三月，宇文化及在江都发动兵变，杀死炀帝，立秦王杨浩为傀儡皇帝。不久越王杨侗也在东都称帝。五月，李渊在长安称帝，建立唐王朝。

六月，宇文化及率十余万大军北上争夺中原，驻军于滑台（今河南滑县），分兵围攻黎阳。李密率军二万赶至黎阳增援，他知道宇文化及缺乏粮草，利于急战，便深沟高垒，不与其交锋。双方相持不下。正在此时，杨侗派使者来招降李密，封他为太尉、尚书令、东南道大行台行军元帅、魏国公，让他先打败宇文化及，然后入东都辅政。李密正与宇文化及相持，害怕东都军队在背后攻击，使自己腹背受敌，便接受了杨侗的封官。

七月，李密与宇文化及大战于童山之下，李密中流矢坠马，幸赖部下死战，方将敌军击退。不久，宇文化及粮尽，部下纷纷叛逃，最后只剩下二万余人，只得率残兵逃往河北。

李密得胜后，领兵向东都进发。但王世充在东都发动政变，控制了大权。李密只得驻军于金墉城。

九月，王世充粮尽，便孤注一掷，率军与李密决战。李密大意轻敌，偃师一战失利，败退洛口，而洛口守将邴元真投降了王世充，李密领少数军队退至虎牢，并准备前往徐世勣驻守的黎阳。这时有人劝他："杀翟让时，徐世勣也差点被杀，现在失利后去投奔他，是非常危险的。"李密便到河阳与王伯当合军，计划以河阳为基地再图进取，但诸将皆不愿再战。李密见大势已去，只得与王伯当率二万多人，西入关中向唐朝投降。

李密到达长安，满以为会受到重用，没想到唐朝对他十分冷淡，只封他为光禄卿、上柱国，赐爵邢国公，没有什么实权。对他带来的军队供给很少，竟至累日不得食，军士怨言四起，加以朝臣对他很轻视，执政者又常常来索求贿赂，这一切使李密愤愤不平，便与王伯当暗中计议，打算再回中原，招集旧部，重新起事。于是，李密去见李渊，请求让他去中原招抚旧部归顺唐朝。李渊同意，并让王伯当与李密一同前往。

十二月，李密一行离开长安，但刚出潼关，有人向朝廷密报他意欲叛唐，李渊便急令李密回朝。李密决意叛唐，化装成妇女，袭取桃林县（今河南灵宝北），集聚少量军队，然后沿山路奔襄城郡（今河南临汝），准备去投靠旧部张善相。唐熊州守将史万宝得到消息，急命副将盛彦师追击。李密行至陆浑县（今河南嵩县北）南七十里处，中盛彦师的埋伏，与王伯当同时被杀，时年三十七岁。

六、青史留名　功不可没

李密的反隋事业自参加杨玄感兵变开始，到领导瓦岗军达到高潮。他初到瓦岗时，义军仅万余人，不到半年，就发展到数十万人，号称百万之众。在两年的时间里，李密驰骋中原，叱咤风云，大有夺取天下之势，其胜何其骤也！究其原因，有许多方面。

其一，是当时的形势创造了有利条件。炀帝即位后，穷奢极欲，穷兵黩武，狂征暴敛，严刑苛法，搞得民不聊生，铤而走险，起义烽火遍及全国，使隋王朝顾此失彼，无法全力对付瓦岗军。大业十三年七月，炀帝调江都王世充与涿郡薛世雄两军夹攻李密，而薛世雄三万大军却被窦建德歼灭。遂使李密专意与王世充作战，连连取胜。如无各路义军分散敌人力量，仅瓦岗一支孤军是很难得到迅速发展的。

其二，炀帝昏聩残暴，虞世基等一批佞臣讨好炀帝，粉饰太平，“以帝恶闻贼盗，诸将及郡县有告败求救者，世基皆抑损表状，不以实闻”。东都危急之时，曾派元善达间道往江都求救，虞世基竟诬他谎报军情，引得炀帝大怒，罚他往义军出没之地催粮，死于途中。“是后人人杜口，莫敢以贼闻”。（《资治通鉴》卷一百八十三）朝廷腐朽如此，决策自是连连失误，遂给瓦岗军带来许多可乘之机。

其三，李密杰出的领导才能对瓦岗军的发展起了重要作用。翟让原在瓦岗拥兵自据，并无大发展的雄心。李密到达后，提出“席卷二京，诛灭暴虐”的纲领，并谋划夺取洛口、回洛、黎阳这三大仓储，开仓济民，吸引大批饥民参军，团聚了众多小股义军，把瓦岗军引上了蓬勃发展的道路。李密善于用兵，两年间指挥数十战，斩张须陁，败刘仁恭，重创王世充，击溃宇文化及，威震中原，受到各路义军的拥戴，实际上成为反隋力量的盟主。

然而，正当瓦岗军连战连胜如日中天之时，却因偃师一战失利，顷刻瓦解，其败又何其速也！作为瓦岗军领袖的李密自应担负主要责任。

在总的战略上，李密决策出现失误。大业十三年五月，柴孝和曾建议李密急速占领关中为根据地，“业固兵强，然后东向以平河、洛，传檄而天下定矣”。但李密却坚持要先攻下东都，再图关中，结果久驻于坚城之下，用武于四战之地，一战失利，便无立足之地。回想当初杨玄感就是因不听李密的西进之策，执意攻打东都，错过了战机，以至于兵败身死，几年之后，李密自己又重蹈覆辙。而李渊却正确地估计形势，抢占关中，赢得了战略上的优势。

李密连战连胜，逐渐滋生骄傲轻敌之心。偃师之战，他没有看到部队刚与宇文化及恶战，“骁将锐卒多死，战士心怠”的弱点，不听裴仁基、魏徵的劝告，轻率出战结果遭到惨败。李密初到瓦岗之时，就是抓住了张须陁骄傲轻敌的弱点而夺得大海寺之捷，奠定了在瓦岗军中的地位，但最后自己又因骄傲轻敌而为王世充所乘。这胜负之间又一次证实了“骄兵必败”的深刻道理。

李密最致命的失误还是火并翟让之举。对于二人之间的嫌隙，李密如能坦诚相待，采取比较稳妥比较策略的方式处理，尚不致出现大乱。但他却轻信谗言，枉杀翟让，致使将士齿寒，众心颇怨，上下猜忌。偃师之战的关键时刻，单雄信按兵不动，邴元真以城降敌，二人俱是翟让亲信。偃师失利后，李密如能打消猜忌徐世勣之心，前往黎阳，招集诸部，再与王世充争锋，胜败之势或未可知。由此观之，瓦岗军的失败，祸根实起于诛杀翟让。